MOTIVAÇÃO E EMOÇÃO

O GEN | Grupo Editorial Nacional – maior plataforma editorial brasileira no segmento científico, técnico e profissional – publica conteúdos nas áreas de ciências humanas, exatas, jurídicas, da saúde e sociais aplicadas, além de prover serviços direcionados à educação continuada e à preparação para concursos.

As editoras que integram o GEN, das mais respeitadas no mercado editorial, construíram catálogos inigualáveis, com obras decisivas para a formação acadêmica e o aperfeiçoamento de várias gerações de profissionais e estudantes, tendo se tornado sinônimo de qualidade e seriedade.

A missão do GEN e dos núcleos de conteúdo que o compõem é prover a melhor informação científica e distribuí-la de maneira flexível e conveniente, a preços justos, gerando benefícios e servindo a autores, docentes, livreiros, funcionários, colaboradores e acionistas.

Nosso comportamento ético incondicional e nossa responsabilidade social e ambiental são reforçados pela natureza educacional de nossa atividade e dão sustentabilidade ao crescimento contínuo e à rentabilidade do grupo.

QUARTA EDIÇÃO

MOTIVAÇÃO E EMOÇÃO

JOHNMARSHALL REEVE
University of Iowa

Tradução

Luís Antônio Fajardo Pontes
Mestre em Educação pela Universidade Federal de Juiz de Fora (UFJF)

Stella Machado
Pós-graduação e Especialização em Inglês-Tradução
Universidade Federal de Juiz de Fora (UFJF)

Revisão Técnica

Maurício Canton Bastos
Doutor em Psicologia pela Universidade Federal do Rio de Janeiro (UFRJ)
Professor do Curso de Psicologia da Universidade Estácio de Sá (UNESA)
Professor do Curso de Psicologia da Universidade Veiga de Almeida (UVA)

Nei Gonçalves Calvano
Doutor em Psicologia pela Universidade Federal do Rio de Janeiro (UFRJ)
Anteriormente Professor Adjunto do Instituto de Psicologia da Universidade Federal do Rio de Janeiro (UFRJ)
Coordenador do Curso de Psicologia da Universidade Estácio de Sá (UNESA)

- O autor deste livro e a editora empenharam seus melhores esforços para assegurar que as informações e os procedimentos apresentados no texto estejam em acordo com os padrões aceitos à época da publicação, *e todos os dados foram atualizados pelo autor até a data do fechamento do livro*. Entretanto, tendo em conta a evolução das ciências, as atualizações legislativas, as mudanças regulamentares governamentais e o constante fluxo de novas informações sobre os temas que constam do livro, recomendamos enfaticamente que os leitores consultem sempre outras fontes fidedignas, de modo a se certificarem de que as informações contidas no texto estão corretas e de que não houve alterações nas recomendações ou na legislação regulamentadora.

- O autor e a editora se empenharam para citar adequadamente e dar o devido crédito a todos os detentores de direitos autorais de qualquer material utilizado neste livro, dispondo-se a possíveis acertos posteriores caso, inadvertida e involuntariamente, a identificação de algum deles tenha sido omitida.

- **Atendimento ao cliente: (11) 5080-0751 | faleconosco@grupogen.com.br**

- Traduzido de:
  UNDERSTANDING MOTIVATION AND EMOTION, Fourth Edition
  Copyright © 2005, John Wiley & Sons, Inc.
  All Rights Reserved. Authorized translation from the English language edition published by John Wiley & Sons, Inc.

- Direitos exclusivos para a língua portuguesa
  Copyright © 2006 by
  LTC — LIVROS TÉCNICOS E CIENTÍFICOS EDITORA LTDA.
  Uma editora integrante do GEN | Grupo Editorial Nacional
  Travessa do Ouvidor, 11
  Rio de Janeiro – RJ – 20040-040
  www.grupogen.com.br

- Reservados todos os direitos. É proibida a duplicação ou reprodução deste volume, no todo ou em parte, em quaisquer formas ou por quaisquer meios (eletrônico, mecânico, gravação, fotocópia, distribuição pela Internet ou outros), sem permissão, por escrito, da LTC | LIVROS TÉCNICOS E CIENTÍFICOS EDITORA LTDA.

- Editoração eletrônica: UNION TASK

- Ficha catalográfica:

CIP-BRASIL. CATALOGAÇÃO-NA-FONTE
SINDICATO NACIONAL DOS EDITORES DE LIVROS, RJ.

R257m

Reeve, Johnmarshall
Motivação e emoção / Johnmarshall Reeve ; tradução Luís Antônio Fajardo Pontes, Stella Machado ; revisão técnica Maurício Canton Bastos, Nei Gonçalves Calvano. - [Reimpr.]. - Rio de Janeiro : LTC, 2022.

Tradução de: Understanding motivation and emotion, 4th ed
Inclui bibliografia
ISBN 978-85-216-1494-4

1. Motivação (Psicologia). 2. Emoções. 3. Personalidade e emoção. 4. Personalidade e motivação. I. Título.

06-1701.   CDD 153.8
            CDU 159.947

PREFÁCIO

Bem-vindo à idade de ouro da motivação e da emoção. Jamais, nos seus 100 anos de estudo formal, essa área foi mais interessante do que hoje. Todos os meses, aparecem novas e importantes descobertas nos periódicos acadêmicos e muitas delas encontram acolhida na imprensa popular. Todos os anos, novos acadêmicos unem-se ao que já foi estudado em termos de motivação e emoção. Assim sendo, há mais pessoas interessadas em compreender a motivação e a emoção, e o que elas estão descobrindo vem se mostrando de interesse e importância na vida das pessoas.

Não era o que acontecia apenas vinte anos atrás. O campo estava estagnado. Mas alguma coisa mudou nos anos 1990. Apareceram idéias criativas, surgiram novas teorias, as aplicações de mudança de vida tornaram-se óbvias e proliferou o número de pessoas interessadas em compreender e aplicar a motivação e a emoção. Toda essa atividade produziu uma quantidade enorme de conhecimentos novos e esses avanços abriram novas áreas de aplicação no lar, no trabalho, na prática de esportes e exercícios e na assistência à saúde e ao bem-estar das pessoas. Lendo este livro hoje, você está acompanhando a onda intelectual do que foi a explosão do novo interesse pelo estudo da motivação. Isto significa que este é o melhor momento possível para se fazer um curso de motivação e emoção. Se você tivesse feito esse mesmo curso há 10 ou 15 anos, a área não lhe teria oferecido material tão interessante e tão significativo como agora. Espero que este livro ajude você a identificar, nessa área, aquilo que tanto nos entusiasma.

Neste livro você encontrará algumas das informações mais úteis em psicologia e na vida. A motivação trata dos esforços, das vontades, dos desejos e das aspirações humanas — tanto as suas como os esforços e a vontade daqueles com quem você se preocupa, como seus futuros alunos, empregados e seus próprios filhos. O estudo da motivação diz respeito a todas as condições que existem dentro da pessoa e dentro do ambiente e da cultura que explicam "por que queremos o que queremos" e "por que fazemos o que fazemos".

Até chegar ao fim do livro, espero que você se sinta à vontade com o estudo da motivação em dois níveis. Primeiro: na teoria, a compreensão da motivação e da emoção fornece respostas a perguntas como: "Por que ela fez isso?", "Como isso funciona?" e "De onde vem o sentido de 'querer'?". Segundo, na prática, a compreensão da motivação e da emoção fornece meios para o desenvolvimento da arte de motivar tanto a si mesmo como aos outros. Cada capítulo procura fornecer respostas concretas a perguntas como: "Como motivar a mim mesmo?" e "Como motivar os outros?"

Supus no leitor algum conhecimento básico, tal como um curso de introdução à psicologia. O público-alvo do livro são alunos dos últimos períodos dos cursos de graduação do departamento de psicologia. Escrevo também para alunos de outras disciplinas, principalmente porque as pesquisas sobre a motivação em si alcançam muitas áreas de estudo e aplicação. Entre elas estão as áreas de educação, saúde, aconselhamento, clínica, esportes, industrial/organizacional e de negócios. O livro concentra-se na motivação humana, e não na motivação não-humana. Inclui algumas experiências em ratos, cães, e macacos serviram como participantes na pesquisa, mas as informações respigadas desses estudos são sempre enquadradas na análise da motivação e da emoção humanas.

O QUE HÁ DE NOVO NA QUARTA EDIÇÃO

O que há de novo na quarta edição é também o que há de novo no campo da motivação. Desde a terceira edição, o estudo da motivação veio se expandindo, se diversificando e atraindo muitos novos aliados. Esse crescimento tem trazido consigo muitas novas perspectivas teóricas e áreas de aplicação. A terceira edição destacou-se pelo número enorme de novas idéias que apresentava, inclusive metas de realizações, esforços pessoais, tipos de motivação extrínseca, intenções de implementação, capacitação pessoal, o inconsciente não-freudiano, e assim por diante. A novidade na quarta edição é um esforço conjugado para expandir mais essas idéias teóricas em aplicações práticas, especialmente nas áreas de educação, trabalho, terapia, esportes e em casa, incluindo a criação de filhos.

Cada capítulo apresenta um boxe que aborda um interesse específico. Por exemplo, o boxe do Capítulo 3 usa as informações sobre o cérebro motivado e emocional para se compreender como os medicamentos antidepressivos atuam para aliviar a depressão. O boxe do Capítulo 8 usa informações sobre metas para apresentar um programa progressivo de estabelecimento de metas que possam ser aplicadas a muitos objetivos diferentes. No fim de cada capítulo, apresentamos várias leituras recomendadas. São artigos que representam sugestões para estudos posteriores. Selecionamos essas leituras a partir de quatro critérios: (1) enfoque representando o que é mais importante no capítulo; (2) tópico que apela para um público amplo; (3) tamanho curto; e (4) metodologia e análise de dados fáceis de ler.

AGRADECIMENTOS

Há muitas pessoas que falam através das páginas deste livro. Muito do que escrevemos surgiu de conversas com colegas e da leitura que fizemos de seus trabalhos. Recebemos ajuda de tantos colegas que parece impossível agradecer aqui a todos. Mesmo assim, gostaríamos de tentar.

Nossa primeira expressão de gratidão é para com todos os colegas que, formal ou casualmente, intencional ou inadvertidamente, sabedores ou não, partilharam suas idéias em nossas conversas: Roy Baumesiter, Daniel Berlyne, Virginia Blankenship, Jerry Burger, Steven G. Cole, Mihaly Csikszentmihalyi, Richard deCharms, Ed Deci, Andrew Elliot, Wendy Grolnick, Alice Isen, vi Prefácio

Carroll Izard, Richard Koestner, Randy Larsen, Wayne Ludvig-son, David McClelland, Henry Newell, Glen Nix, Brad Olson, Dawn Robinson, Tom Rocklin, Richard Ryan, Carl Rogers, Lynn Smith-Lovin, Richard Solomon, Silvan Tomkins, Robert Valle-rand e Dan Wegner. Consideramos cada um desses colaboradores um colega, comungando interesses e divertindo-se no esforço de compreender as lutas humanas.

Nossa segunda expressão de gratidão é para com aqueles que explicitamente doaram tempo e energia para a revisão dos primeiros esboços deste livro, incluindo Sandor B. Brent, Gustavo Carlo, Robert Emmons, Valeri Farmer-Dougan, Eddie Harmon-Jones, Wayne Harrison, Carol A. Hayes, John Hinson, Mark S. Hoyert, Wesley J. Kasprow, Norman E. Kinney, John Kounios, Robert Madigan, Randall Martin, Michael McCall, Jim McMartin, James J. Ryan, Peter Senkowski, Michael Sylvester, Ronald R. Ulm e A. Bond Woodruff.

Nossa terceira expressão de gratidão é para com os colegas que forneceram comentários e sugestões valiosas para esta edição: Debora R. Baldwin, University of Tennessee; Herbert L. Colston, University of Wisconsin-Parkside; Richard Dienstbier, University of Nebraska; Todd M. Freeberg, University of Tennessee; Teresa M. Heckert, Truman State University; August Hoffman, California State University Northridge; Kraig L. Schell, Angelo State University; Henry V. Soper, California State University Northridge; e Wesley White, Morehead State University.

Somos sinceramente gratos a todos os alunos com quem tivemos o prazer de trabalhar durante anos. Foi lá no Ithaca College que nos convencemos de que nossos alunos queriam e necessitavam de um livro como este. Em sentido bem real, redigimos a primeira edição para eles. Os alunos de que hoje nos ocupamos são os que estão conosco na Iowa University, em Iowa City. Para os leitores familiarizados com as primeiras edições, esta quarta edição apresenta um tom decididamente mais prático e aplicado. Esse equilíbrio vem em parte de nossas conversas diárias com alunos. Cada capítulo agora apresenta tanto o que os pesquisadores em motivação sabem quanto o que os alunos consideram ser o que mais vale a pena aprender.

Sem dúvida, Ithaca é importante para nós porque foi nessa bela cidade do norte do Estado de New York que ficamos conhecendo Deborah Van Paten, da Wiley (então Harcourt College Publishers). Deborah foi tão responsável quanto nós por fazer este livro se tornar realidade. Embora já se tenham passado quinze anos, ainda desejamos expressar quanto lhe somos gratos de coração, Débora. Os profissionais da Wiley foram maravilhosos. Todos na Wiley têm sido um recurso valioso e uma fonte de satisfação, especialmente Anne Smith, Ryan Flahive, Deepa Chungi, Christine Cordek, Kate Stewart, Lisa Gee, Karin Kincheloe e Trish McFadden.

Somos especialmente gratos, pelo conselho, pela paciência, pela assistência e pela orientação fornecidas, a Lili DeGrasse, minha editora de psicologia. Obrigado.

— Johnmarshall Reeve

Para Richard Troelstrup, que me apresentou à psicologia.

Para Edwin Guthrie, que me despertou interesse pela psicologia.

Para Steven Cole, que foi meu mentor e me motivou a abraçar esta maravilhosa profissão.

Material Suplementar

Este livro conta com materiais suplementares, restritos a docentes.

O acesso ao material suplementar é gratuito. Basta que o leitor se cadastre e faça seu login em nosso site (www.grupogen.com.br), clicando em GEN-IO, no menu superior do lado direito.

O acesso ao material suplementar online fica disponível até seis meses após a edição do livro ser retirada do mercado.

Caso haja alguma mudança no sistema ou dificuldade de acesso, entre em contato conosco pelo e-mail gendigital@grupogen.com.br.

GEN-IO (GEN | Informação Online) é o ambiente virtual de aprendizagem do GEN | Grupo Editorial Nacional

Sumário Geral

Capítulo 1	Introdução 1
Capítulo 2	A Motivação Segundo as Perspectivas Histórica e Contemporânea 14
Capítulo 3	O Cérebro Emocional e Motivado 28

Parte I Necessidades 43

Capítulo 4	Necessidades Fisiológicas 45
Capítulo 5	Necessidades Psicológicas 64
Capítulo 6	Motivação Intrínseca e os Tipos de Motivação Extrínseca 82
Capítulo 7	Necessidades Sociais 103

Parte II Cognições 125

Capítulo 8	Metas 127
Capítulo 9	Crenças Pessoais de Controle 145
Capítulo 10	O Self e Seus Enfrentamentos 166

Parte III Emoções 187

Capítulo 11	Natureza da Emoção: Cinco Questões Permanentes 189
Capítulo 12	Aspectos da Emoção 208

Parte IV Diferenças Individuais 231

Capítulo 13	Características de Personalidade 233
Capítulo 14	Motivação Inconsciente 246
Capítulo 15	Motivação para o Crescimento e Psicologia Positiva 261
Capítulo 16	Conclusão 278

Referências Bibliográficas 288

Lista de Créditos 346

Índice 349

SUMÁRIO

PREFÁCIO V

CAPÍTULO 1   INTRODUÇÃO 1

Duas Permanentes Questões 2
   O que Causa o Comportamento? 2
   Por que o Comportamento Varia de
     Intensidade? 3
Temas Essenciais 4
   Motivos Internos 4
   Eventos Externos 5
As Expressões da Motivação 5
   O Comportamento 5
   A Fisiologia 6
   O Auto-Relato 6
Temas para o Estudo da Motivação 7
   A Motivação Beneficia a Adaptação 7
   Os Motivos Direcionam a Atenção 7
   Os Motivos Variam no Tempo e Influenciam
     o Fluxo do Comportamento 8
   Existem Tipos de Motivação 8
   A Motivação Inclui Tanto as Tendências de
     Aproximação Quanto as de Afastamento 9
   Os Estudos sobre Motivação Revelam
     Aquilo que as Pessoas Querem 10
   É Preciso Haver Situações Favoráveis para
     que a Motivação Floresça 10
   Não Há Nada tão Prático como uma Boa
     Teoria 11
Juntando as Peças: Uma Estrutura para se
   Entender o Estudo da Motivação 12
Resumo 13

CAPÍTULO 2   A MOTIVAÇÃO SEGUNDO AS PERSPECTIVAS
HISTÓRICA E CONTEMPORÂNEA 14

As Origens Filosóficas dos Conceitos
   Motivacionais 14
A Vontade: A Primeira Grande Teoria 15
Instinto: A Segunda Grande Teoria 16
Impulso: A Terceira Grande Teoria 17
   A Teoria do Impulso de Freud 17
   A Teoria do Impulso Segundo Hull 18
   O Declínio da Teoria do Impulso 19
   Os Anos Posteriores à Teoria do Impulso 19
O Surgimento das Miniteorias 20
   A Natureza Ativa da Pessoa 21
   A Revolução Cognitiva 21
   A Pesquisa Aplicada e de Relevância Social 22
A Era Contemporânea das Miniteorias 23
   O Retorno dos Estudos da Motivação nos
     Anos 1990 25

Conclusão 26
Resumo 27
Leituras para Estudos Adicionais 27

CAPÍTULO 3   O CÉREBRO EMOCIONAL E MOTIVADO 28

O Cérebro Emocional e Motivado 29
   Três Princípios 29
Olhando Dentro do Cérebro 31
A Aproximação *Versus* a Evitação Geradas
   no Cérebro 32
   Hipotálamo 32
   Feixe Prosencefálico Medial 33
   Amígdala 34
   Circuito Septo-Hipocampal 34
   Formação Reticular 35
   Córtex Pré-Frontal e Afeto 35
As Vias dos Neurotransmissores no Cérebro 38
   Dopamina 38
   A Liberação de Dopamina e a Antecipação
     da Recompensa 38
   A Biologia da Recompensa 39
   A Dopamina e a Ação Motivada 39
O Mundo em que o Cérebro Vive 40
   A Motivação Não Pode Ser Separada do
     Contexto Social em que Está Inserida 40
   Nem Sempre Temos Consciência da
     Base Motivacional do Nosso
     Comportamento 41
Conclusão 41
Resumo 42
Leituras para Estudos Adicionais 42

PARTE I NECESSIDADES 43

CAPÍTULO 4   NECESSIDADES FISIOLÓGICAS 45

Necessidade 46
Os Fundamentos da Regulação 47
   Necessidade Fisiológica 47
   Impulso Psicológico 47
   Homeostase 47
   "Feedback" Negativo 48
   "Inputs" Múltiplos/ "Outputs" Múltiplos 48
   Mecanismos Intra-Organísmicos 49
   Mecanismos Extra-Organísmicos 49
Sede 49
   Regulação Fisiológica 49
Fome 51
   Apetite de Curto Prazo 51
   Equilíbrio de Energia de Longo Prazo 52
   Influências Ambientais 53

xii Sumário

Sexo 56
Regulação Fisiológica 56
Métrica Facial 57
Roteiros Sexuais 58
Orientação Sexual 60
Base Evolucionista da Motivação Sexual 61
As Falhas de Auto-Regulação das Necessidades
Fisiológicas 62
Resumo 62
Leituras para Estudos Adicionais 63

CAPÍTULO 5 NECESSIDADES PSICOLÓGICAS 64

Necessidades Psicológicas 65
A Estrutura da Necessidade 65
*Uma Abordagem Organísmica da
Motivação 65*
Autonomia 67
Apoiando a Autonomia 68
*Apoiando a Autonomia Momento a
Momento 70*
*Beneficiando um Estilo Motivacional de
Apoio à Autonomia 71*
Dois Exemplos 71
A Competência 73
Envolvendo Competência 73
Apoiando a Competência 76
Relacionamento com os Outros 77
*Envolvendo o Relacionamento: Interação
com os Outros 77*
*Satisfazendo os Relacionamentos: a
Percepção do Vínculo Social 77*
Internalização 78
Juntando as Peças: Contextos Sociais que
Envolvem e Satisfazem as Necessidades
Psicológicas 78
Compromisso 79
O que Dá Qualidade ao Nosso Dia? 79
Vitalidade 81
Resumo 81
Leituras para Estudos Adicionais 81

CAPÍTULO 6 MOTIVAÇÃO INTRÍNSECA E OS TIPOS DE
MOTIVAÇÃO EXTRÍNSECA 82

Motivações Intrínseca e Extrínseca 84
Motivação Intrínseca 84
Motivação Extrínseca 85
Tipos de Motivação Extrínseca 85
Incentivos e Conseqüências 85
Incentivos 85
O que É um Reforço? 86
Conseqüências 87
Os Custos Ocultos da Recompensa 89
*Recompensa Esperada e Recompensa
Tangível 91*
Implicações 91
Benefícios do Incentivo e da Recompensa 92

Teoria da Avaliação Cognitiva 93
*Dois Exemplos de Eventos Controladores e
Informativos 96*
*Os Benefícios dos Facilitadores da
Motivação Intrínseca 96*
Teoria da Autodeterminação 97
Tipos de Motivação Extrínseca 98
Juntando as Peças: Motivando os Outros
a Participarem de Atividades
Desinteressantes 99
Resumo 102
Leituras para Estudos Adicionais 102

CAPÍTULO 7 NECESSIDADES SOCIAIS 103

Necessidades Adquiridas 104
Quase-Necessidades 104
Necessidades Sociais 105
*Como as Necessidades Sociais Motivam o
Comportamento 106*
Realização 106
Origens da Necessidade de Realização 107
O Modelo de Atkinson 108
O Modelo das Dinâmicas de Ação 109
*Condições que Envolvem e Satisfazem a
Necessidade de Realização 111*
Metas de Realização 111
*Integrando as Abordagens Clássica e
Contemporânea da Motivação para a
Realização 112*
Motivação de Evitação e Bem-Estar 114
Teorias Implícitas 114
Afiliação e Intimidade 117
*As Condições que Envolvem as
Necessidades de Afiliação e de
Intimidade 118*
Poder 120
*Condições que Envolvem e Satisfazem a
Necessidade de Poder 120*
O Padrão de Motivo de Liderança 122
Resumo 123
Leituras para Estudos Adicionais 124

PARTE II COGNIÇÕES 125

CAPÍTULO 8 METAS 127

A Perspectiva Cognitiva na Motivação 128
Planos 128
Motivação Corretiva 129
Discrepância 130
Dois Tipos de Discrepância 130
Metas 131
Desempenho 131
*Metas Difíceis e Específicas Aprimoram o
Desempenho 132*
Feedback 133
Aceitação da Meta 134

Críticas *134*
O Estabelecimento de Metas de Longo Prazo 135
Esforços Pessoais 136
Intenções de Implementação 137
Simulações Mentais: Concentrando-se na Ação 137
Formulando as Intenções de Implementação 139
Busca de uma Meta: Começando 140
Busca de uma Meta: Persistindo e Terminando 140
Auto-Regulação 140
Desenvolvendo uma Auto-Regulação Mais Competente 142
Resumo 143
Leituras para Estudos Adicionais 143

CAPÍTULO 9 CRENÇAS PESSOAIS DE CONTROLE 145

Motivação para se Exercitar o Controle Pessoal 146
Dois Tipos de Expectativa 146
Auto-Eficácia 147
As Fontes da Auto-Eficácia 148
Efeitos da Auto-Eficácia sobre o Comportamento 149
Dotação de Poder 151
Dotando as Pessoas de Poder: Programa de Modelagem de Domínio 152
Crenças Pessoais de Controle 152
Orientações Motivacionais de Domínio versus Orientações Motivacionais de Desamparo 152
Desamparo Aprendido 153
A Aprendizagem do Desamparo 154
Aplicação a Humanos 155
Componentes 156
Efeitos do Desamparo 157
Desamparo e Depressão 158
Estilo Explicativo 159
Críticas e Explicações Alternativas 160
Teoria da Reatância 162
Reatância e Desamparo 162
Juntando as Peças: A Esperança 163
Resumo 164
Leituras para Estudos Adicionais 165

CAPÍTULO 10 O SELF E SEUS ENFRENTAMENTOS 166

O Self 167
O Problema com a Auto-Estima 168
Autoconceito 169
Auto-Esquemas 169
Propriedades Motivacionais dos Auto-Esquemas 169
Self Consistente 170
Selves Possíveis 171

Dissonância Cognitiva 173
Situações Excitantes da Dissonância 174
Processos Motivacionais Subjacentes à Dissonância Cognitiva 175
Teoria da Autopercepção 176
Identidade 176
Papéis 177
Teoria do Controle do Afeto 177
Energia e Direção 178
Por que as Pessoas se Autoverificam 179
Agenciamento 180
O Self como Ação e Desenvolvimento Interno 181
Autoconcordância 182
Resumo 184
Leituras para Estudos Adicionais 185

PARTE III EMOÇÕES 187

CAPÍTULO 11 NATUREZA DA EMOÇÃO: CINCO QUESTÕES PERMANENTES 189

O que É uma Emoção? 190
Relação entre Emoção e Motivação 191
O que Causa a Emoção? 192
Biologia e Cognição 193
Visão dos Dois Sistemas 194
O Problema da Galinha e do Ovo 195
Modelo Abrangente da Biologia e da Cognição 195
Quantas Emoções Existem? 195
Perspectiva Biológica 196
Perspectiva Cognitiva 196
Conciliação da Questão dos Números 197
Emoções Básicas 198
Qual a Utilidade das Emoções? 201
Funções de Enfrentamento 201
Funções Sociais 202
Por que Temos Emoções 202
Que Diferença Há entre Emoção e Humor? 204
Humor Cotidiano 204
Afeto Positivo 205
Resumo 206
Leituras para Estudos Adicionais 207

CAPÍTULO 12 ASPECTOS DA EMOÇÃO 208

Aspectos Biológicos da Emoção 208
Teoria de James-Lange 209
Perspectiva Contemporânea 209
Teoria Diferencial das Emoções 211
Hipótese do Feedback Facial 212
Teste da Hipótese do Feedback Facial 213
Aspectos Cognitivos da Emoção 216
Avaliação 216
Avaliação Complexa 217
Processo de Avaliação 219
Conhecimento das Emoções 221

xiv Sumário

Atribuições 223
Aspectos Sociais e Culturais das Emoções 224
   Interação Social 225
   Socialização Emocional 226
   Manejando as Emoções 227
   Deduzindo Identidades a Partir de
     Demonstrações Emocionais 227
Resumo 228
Leituras para Estudos Adicionais 229

PARTE IV DIFERENÇAS INDIVIDUAIS 231

CAPÍTULO 13 CARACTERÍSTICAS DE PERSONALIDADE 233

Felicidade 234
   Extroversão e Felicidade 235
   Neuroticismo e Sofrimento 235
   Os Extrovertidos São Geralmente Felizes,
     os Neuróticos São Geralmente
     Infelizes 236
Ativação 236
   Desempenho e Emoção 236
   Estimulação Insuficiente e Subativação 237
   Estimulação Excessiva e Superativação 238
   Credibilidade da Hipótese do U Invertido 238
   Busca de Sensações 238
   Intensidade do Afeto 240
Controle 241
   Percepção de Controle 241
   Ciclos de Autoconfirmação de Engajamento
     Alto e Baixo 242
   Desejo de Controle 243
Resumo 245
Leituras para Estudos Adicionais 245

CAPÍTULO 14 MOTIVAÇÃO INCONSCIENTE 246

Perspectiva Psicanalítica 246
   O que É Psicanalítico Passa a Ser
     Psicodinâmico 247
   Teoria do Instinto Dual 247
   Impulso ou Desejo?
   Teoria Psicodinâmica Contemporânea 248
O Inconsciente 249
   O Inconsciente Freudiano 249
   O Inconsciente Não-Freudiano 250
Psicodinâmica 251
   Repressão 251
   Supressão 252
   O Id e o Ego Existem Realmente? 253
Psicologia do Ego 253
   Desenvolvimento do Ego 253
   Defesa do Ego 254
   Efectância do Ego 256
Teoria das Relações Objetais 257
Críticas 259
Resumo 260

Leituras para Estudos Adicionais 260

CAPÍTULO 15 MOTIVAÇÃO PARA O CRESCIMENTO E
PSICOLOGIA POSITIVA 261

Holismo e Psicologia Positiva 262
   Holismo 262
   Psicologia Positiva 263
Auto-Atualização 263
   Hierarquia de Necessidades Humanas 263
   Necessidades por Deficiências 264
   Necessidades de Crescimento 264
   Pesquisas sobre a Hierarquia de
     Necessidades 264
   Encorajando o Crescimento 265
Tendência Atualizante 265
   Emergência do Self 266
   Condições de Valor 267
   Congruência 268
   O Indivíduo de Funcionamento Integral 268
Orientações de Causalidade 268
Busca de Crescimento *versus* Busca de
   Validação 270
Como os Relacionamentos Apóiam a Tendência
   Atualizante 271
   Auxiliando os Outros 272
   Relacionamento com os Outros 272
   Liberdade para Aprender 272
   Autodefinição e Definição Social 273
O Problema do Mal 273
Psicologia Positiva e Saúde Mental 274
   Otimismo 274
   Significado 275
Críticas 275
Resumo 276
Leituras para Estudos Adicionais 277

CAPÍTULO 16 CONCLUSÃO 278
Compreendendo e Aplicando a Motivação 278
   Explicando a Motivação: Por que Fazemos
     o que Fazemos 279
   Prevendo a Motivação: Identificando
     Antecedentes 279
   Aplicando a Motivação: Resolução de
     Problemas 279
Motivando a Si Mesmo e aos Outros 280
   Motivando a Si Mesmo 280
   Motivando aos Outros 281
   Feedback: O Esforço para Motivar a Si
     Mesmo e aos Outros Está Indo Bem ou
     Mal 283
Projetando Intervenções Motivacionais 283
   Quatro Estudos de Caso 283
   Quatro Histórias de Êxito 284

REFERÊNCIAS BIBLIOGRÁFICAS 288
LISTA DE CRÉDITOS 346
ÍNDICE 349

MOTIVAÇÃO E EMOÇÃO

Capítulo 1

Introdução

DUAS PERMANENTES QUESTÕES
    O que Causa o Comportamento?
    Por que o Comportamento Varia de Intensidade?
TEMAS ESSENCIAIS
    Motivos Internos
    Eventos Externos
AS EXPRESSÕES DA MOTIVAÇÃO
    O Comportamento
    A Fisiologia
    O Auto-Relato
TEMAS PARA O ESTUDO DA MOTIVAÇÃO
    A Motivação Beneficia a Adaptação

    Os Motivos Direcionam a Atenção
    Os Motivos Variam no Tempo e Influenciam o Fluxo do Comportamento
    Existem Tipos de Motivação
    A Motivação Inclui tanto as Tendências de Aproximação quanto as de Afastamento
    Os Estudos sobre Motivação Revelam Aquilo que as Pessoas Querem
    É Preciso Haver Situações Favoráveis para que a Motivação Floresça
    Não Há Nada tão Prático como uma Boa Teoria
JUNTANDO AS PEÇAS: UMA ESTRUTURA PARA SE ENTENDER O ESTUDO DA MOTIVAÇÃO
RESUMO

O que é motivação? O que é emoção? Um motivo para você ler este livro é, naturalmente, encontrar respostas para essas perguntas. Porém, comece essa jornada fazendo uma pequena pausa para dar suas próprias respostas a essas duas questões, ainda que em uma forma preliminar e experimental. Uma boa idéia talvez seja anotar suas definições em um caderno ou nas margens deste livro.

Para definir motivação e emoção, observe que primeiro é preciso escolher um nome com o qual você deve começar sua definição (algo como: "motivação é um ___"). A motivação é um desejo? um sentimento? um modo de pensar? um sentimento de esforço? uma necessidade, ou um conjunto de necessidades? um processo, ou um conjunto de processos? Mais adiante, o texto oferece uma definição quanto à qual quase todos os estudiosos da motivação estão em acordo (veja a seção Temas Essenciais). Pouco depois, oferece-se uma definição definitiva de emoção (veja a subseção Motivos Internos). À medida que você for avançando na leitura deste livro, as suas definições irão aumentar em sofisticação até o ponto em que você se tornará cada vez mais apto a explicar todo o espectro de fenômenos motivacionais, bem como de aplicar com sucesso os princípios da motivação em sua própria vida.

Entretanto, a jornada para se compreender o que vem a ser a motivação e a emoção pode ser longa. Por isso, faça de novo uma pausa e, antes de tudo, pergunte-se por que trilhar esse caminho. Por que ler estas páginas? E o que leva você a fazer essas indagações em sala de aula? E por que passar noites em claro, meditando

sobre as questões referentes à motivação humana? Considere dois motivos que justifiquem esta jornada.

Em primeiro lugar, aprender motivação é bastante interessante. Poucos tópicos despertam e envolvem nossa imaginação. Qualquer coisa que nos diga quem somos, por que queremos o que queremos e de que modo podemos melhorar nossas vidas, é algo que se reveste de interesse para nós. E igualmente nos interessa saber quem são as outras pessoas, por que elas querem o que querem e de que modo elas podem melhorar suas vidas. Ao tentarmos explicar o porquê das atitudes das pessoas, podemos empregar as teorias da motivação para aprendermos sobre tópicos tais como a natureza humana; os esforços para a realização de conquistas e para a obtenção de poder; os desejos de sexo biológico e intimidade psicológica; as emoções, como o medo e a raiva; o cultivo do talento e a promoção da criatividade; o desenvolvimento de interesses e o aperfeiçoamento de competências; e o estabelecimento de planos e de metas.

Em segundo lugar, poucos tópicos têm tanta utilidade para nossa vida como este. A motivação é importante por si só, e torna-se ainda mais importante em função da sua capacidade de prenunciar certas manifestações da vida com que nos preocupamos bastante, como, por exemplo, a qualidade de nossos desempenhos e o nosso bem-estar. Nesse sentido, aprender sobre a motivação é algo extremamente prático e que vale a pena ser feito. Também pode ser muito útil saber de onde vem a motivação, por que às vezes ela se altera e outras vezes não, em que condições ela aumenta ou diminui, quais de seus aspectos

2 Capítulo Um

podem ser mudados e quais não podem, e que tipos de motivação produzem envolvimento e bem-estar, e que tipos não produzem. Ficando a par desses assuntos, podemos aplicar nossos conhecimentos a situações com que nos deparamos quando, por exemplo, tentamos motivar empregados, treinar atletas, aconselhar clientes, criar filhos, orientar alunos ou mudar nossas próprias maneiras de pensar, de sentir e de nos comportar. Na medida em que um estudo como esse nos informa sobre como melhorar nossa vida e também a vida de outras pessoas, terá valido a pena empreendermos essa jornada para compreender o que vem a ser a motivação.

O estudo da motivação nos proporciona tanto a compreensão teórica de como funcionam a motivação e a emoção quanto o conhecimento prático que nos permite conquistar objetivos considerados importantes. Um exemplo disso são os exercícios físicos.

Pense por um momento: por que uma pessoa quer fazer exercícios físicos? De onde lhe vem motivação para isso? Terão as pessoas mais motivação para se exercitar em certas condições do que em outras? É possível fazer algo para aumentar a motivação de uma pessoa para se exercitar? E no caso de um indivíduo detestar atividade física, poderá outra pessoa ser capaz de fazê-lo mudar de idéia, convertendo-o em um verdadeiro entusiasta do exercício? O próximo parágrafo trata de exercícios físicos, mas também poderia se referir à motivação subjacente a quase qualquer outra atividade — estudar, aprimorar um talento, aprender a ler, tocar piano, formar-se em uma faculdade, comer menos, aprimorar um saque no tênis, e assim por diante.

Por que ficar dando voltas e mais voltas em uma pista de corrida, pular sem parar numa aula de aeróbica, tentar se mover sobre uma máquina que não leva a lugar algum, caminhar com pressa por um parque ou dar várias voltas nadando em uma piscina? E o que leva você a correr quando você sabe que seus pulmões correm o risco de sofrer um colapso por falta de ar? Ou por que pular, se você sabe que seus músculos podem se distender e romper-se? E por que tirar uma hora do dia para caminhar quando você não está disposto a fazer isso ou quando seus compromissos não o permitem? Por que se exercitar, quando a vida nos oferece tantas outras coisas interessantes para fazer?

Na Tabela 1.1, mencionam-se treze diferentes razões baseadas na motivação para se exercitar. Quem poderá dizer quais dessas razões são válidas e quais não o são? O objetivo das pesquisas sobre motivação é investigar um fenômeno (assim como os exercícios físicos) e construir teorias e testar hipóteses que expliquem como a motivação funciona de modo a produzir o fenômeno em questão. Por exemplo, se um pesquisador motivacional decide concentrar sua atenção nas razões pelas quais as pessoas se exercitam fisicamente, ele bem poderia fazer algumas ou todas as seguintes perguntas: As pessoas se exercitarão mais quando estabelecem uma meta? Será verdade que a atividade física alivia o estresse, reduz a depressão, proporciona um sentido de realização ou dá uma certa "embriaguez"? Caso qualquer um desses efeitos seja verdade, então em que condições isso acontece? Ao ser validada pelas pesquisas, uma hipótese possibilita tanto uma melhor compreensão do fenômeno (isto é, um aumento do conhecimento teórico) quanto *insights* sobre como obter soluções factíveis para

problemas que afetam nossa vida e a vida de outras pessoas (isto é, um ganho de conhecimento prático).

DUAS PERMANENTES QUESTÕES

O estudo da motivação procura fornecer as melhores respostas possíveis para duas questões fundamentais:

1. O que causa o comportamento?
2. Por que o comportamento varia de intensidade?

O que Causa o Comportamento?

A primeira questão fundamental da motivação é: "O que causa o comportamento?" Ou, dito de outra maneira, "Por que essa pessoa fez isso?" Observamos o comportamento dos indivíduos, mas não podemos enxergar a causa ou causas subjacentes que produziram tal comportamento. Às vezes vemos nas pessoas um grande esforço e persistência (ou também o contrário disso), mas as razões pelas quais elas agem assim continuam fora de nossa observação. A motivação existe como campo científico para responder a essa questão.

Para explicar realmente a questão "O que causa o comportamento?", precisamos expandir essa indagação geral em uma série de cinco perguntas específicas:

- Por que o comportamento se inicia?
- Uma vez começado, porque o comportamento se mantém no tempo?
- Por que o comportamento se direciona para algumas metas, ao mesmo tempo que se afasta de outras?
- Por que o comportamento muda de direção?
- Por que o comportamento cessa?

No estudo sobre motivação, não basta perguntar por que uma pessoa pratica um esporte, por que uma criança lê livros, ou por que um adolescente se recusa a cantar no coral. Para chegarmos a uma compreensão mais sofisticada de por que as pessoas fazem o que fazem, também é preciso nos perguntar, por exemplo, sobre os fatores que levam os atletas a iniciar suas atividades. O que os faz se esforçarem hora após hora, dia após dia, meses após meses? E por que eles praticam um determinado esporte e não outro? E o que os faz treinar quando poderiam, digamos, estar batendo papo com os amigos? E o que faz um atleta deixar de praticar o esporte por um dia, ou pela vida toda? Podem-se fazer essas mesmas perguntas sobre as crianças e seus hábitos de leitura: por que elas começam esse hábito? Por que continuam a ler após a primeira página? E após o primeiro capítulo? E por que escolheram um determinado livro e não outro da mesma prateleira? Por que pararam de ler? Continuarão a ler nos próximos anos? Para tomar um exemplo pessoal, façamos a seguinte pergunta: o que fez você começar a ler este livro hoje? Você continuará a ler até o final deste capítulo? E até o final do livro? Se você parar antes do fim, em que ponto irá interromper a leitura, e por que fará isso? Ou, após ler este livro, que outro livro você lerá, e por quê?

A primeira questão permanente da motivação — "O que causa o comportamento?" — pode, portanto, relacionar-se com

Tabela 1.1   Razões Motivacionais para se Fazer Exercício Físico

Por que se Exercitar?	Fonte de Motivação	Exemplo
Para nos divertirmos	Motivação intrínseca	As crianças se exercitam espontaneamente — correndo, pulando, perseguindo umas às outras, e fazem isso pelo simples prazer que essas atividades lhes dão.
Desafio pessoal	Fluência	Os atletas chegam "no limite" quando otimizam sua capacidade de vencer desafios.
Para atender às expectativas que os outros têm de nós	Motivação extrínseca	Atletas iniciam um programa de exercícios por determinação do técnico.
Para cumprirmos uma meta	Meta	Corredores querem saber se conseguem correr um quilômetro e meio em 6 minutos ou menos.
Porque é algo que nos é de utilidade	Valor	As pessoas se exercitam para perder peso ou fortalecer o coração.
Por ser algo que ficamos animados a fazer	Possível existência de si	Ao ver os outros se exercitarem, as pessoas têm vontade de fazer o mesmo.
Para satisfazer nossos próprios padrões de excelência	Esforço na realização	Esquiadores descem a montanha em alta velocidade, na tentativa de superar seu melhor tempo.
Para obtermos a satisfação de ter um trabalho bem-feito	Constatação da própria competência	À medida que os atletas fazem progressos, aumenta sua sensação de competência e eficiência.
Busca de sensações	Processo oponente	Uma corrida vigorosa dá ao atleta uma sensação de embriaguez (que é um reflexo da dor que eles experimentam).
Bom humor	Afeto positivo	Um tempo bom pode animar os atletas, fazendo-os exercitar-se espontaneamente com mais vigor, o que os mantém em incessante atividade sem que saibam exatamente por quê.
Diminuir sensações de culpa	Introjeção	As pessoas se exercitam porque pensam que é isso que elas precisam, devem, ou são obrigadas a fazer para se sentirem bem consigo mesmas.
Atenuar o estresse e a depressão	Controle pessoal	Após um dia estressante, as pessoas procuram uma academia, que, para elas, é um ambiente controlável e estruturado.
Encontrar amigos	Socialização	Muitas vezes, os exercícios são um evento social, um tempo simplesmente dedicado a se divertir com os amigos.

a maneira como a motivação afeta o início, a persistência, a mudança na direção de meta e a eventual cessação do comportamento. Pode-se tratar dessas perguntas como uma grande questão, ou como cinco questões inter-relacionadas. Seja como for, o primeiro problema essencial em uma análise motivacional do comportamento é compreender de que modo a motivação participa, influencia e ajuda a explicar o fluxo comportamental de uma pessoa.

Por que o Comportamento Varia de Intensidade?

A segunda questão fundamental da motivação é: "Por que o comportamento varia de intensidade?" Uma outra maneira de fazer essa mesma pergunta seria: "Por que às vezes a vontade é forte e persistente, enquanto que, outras vezes, diminui paulatinamente até desaparecer por completo?" O comportamento varia de intensidade, além de se alterar tanto em um mesmo indivíduo como entre diferentes indivíduos. A idéia de que a motivação pode variar em um único indivíduo significa que, em um momento, uma pessoa pode estar bastante engajada em certa atividade, enquanto que, em outro momento, pode ficar passiva e desinteressada. A idéia de que a motivação pode variar entre os indivíduos significa que, mesmo diante de situações iguais, algumas pessoas podem ativamente se engajar na situação,

enquanto outras pessoas podem se mostrar passivas e desinteressadas.

Em um mesmo indivíduo, a motivação varia com o tempo. E, quando varia, o comportamento também se altera, pois a pessoa pode fazer um esforço maior ou menor, e sua persistência pode se mostrar mais forte ou mais frágil. Por exemplo, há dias em que um empregado trabalha com rapidez e eficiência, enquanto que, em outros, mostra-se desanimado. Um dia, um estudante demonstra ter entusiasmo, esforça-se por conseguir excelência nos resultados em direção a uma meta bem definida; entretanto, no dia seguinte, o mesmo estudante pode parecer desatento, fazendo apenas o mínimo de trabalho possível e evitando desafios acadêmicos. Por que uma mesma pessoa, em um determinado momento, aparenta uma motivação forte e persistente, enquanto em outro fica apática, é algo que necessita ser explicado. E por que um trabalhador teve um bom desempenho na segunda-feira, mas não na terça? E por que as crianças disseram não estar com fome de manhã, mas reclamam por comida à tarde? Sendo assim, o segundo problema essencial em uma análise motivacional de comportamento é compreender por que o comportamento de uma pessoa varia de intensidade de acordo com a hora, o dia, ou o ano.

A motivação varia de forma diferente nas pessoas. Todos nós compartilhamos muitas das mesmas motivações básicas (p. ex., fome, necessidade de afiliação, raiva), porém é certo que as pessoas diferem quanto ao que as motiva. Alguns motivos podem ser relativamente fortes para uma pessoa e relativamente fracos para outra. Por que certas pessoas vivem à caça de emoções, envolvidas em uma contínua busca por estímulos fortes, como correr de motocicleta, enquanto outras procuram evitar sensações, achando que os estímulos fortes são mais uma fonte de irritação do que de prazer? Em um concurso, por que algumas pessoas diligentemente se esforçam para vencer, enquanto outras pouca importância dão à vitória, estando mais interessadas em fazer amigos? Há pessoas que se irritam com extrema facilidade, enquanto outras raramente se perturbam. A respeito dos motivos pelos quais existem grandes diferenças individuais, os estudos de motivação investigam de que modo essas diferenças surgem e que implicações elas têm. Dessa forma, um outro problema motivacional a ser resolvido é reconhecer que os indivíduos diferem quanto ao que os motiva, e explicar por que alguns indivíduos se envolvem intensamente em um tipo de comportamento, enquanto outros, não.

TEMAS ESSENCIAIS

Para explicar por que as pessoas fazem o que fazem, necessitamos de uma teoria da motivação. O objetivo de uma teoria é explicar o que dá ao comportamento a sua energia e a sua direção. A energia de um atleta vem de algum tipo de motivo, e é também algum motivo que faz um estudante dedicar-se a um objetivo em particular, e não a outro. *O estudo da motivação refere-se aos processos que fornecem ao comportamento sua energia e direção.* A energia implica que o comportamento é dotado de força — podendo ser relativamente forte, intenso e persistente. A direção quer dizer que o comportamento tem um propósito — ou seja, que é direcionado ou orientado para alcançar um determinado objetivo ou resultado. Cabe à teoria explicar quais são os processos motivacionais e também como eles funcionam para energizar e direcionar o comportamento do indivíduo.

Os processos que energizam e direcionam o comportamento de um indivíduo emanam tanto das forças do indivíduo como do seu ambiente, como mostra a Figura 1.1. Os motivos são as experiências internas — necessidades, cognições e emoções — que energizam as tendências de aproximação ou de afastamento do indivíduo. Os eventos externos são os incentivos ambientais que atraem ou repelem o indivíduo em relação a um curso particular de ação.

Motivos Internos

Um motivo é um processo interno que energiza e direciona o comportamento. Portanto, trata-se de um termo geral para se identificar o campo comum compartilhado pelas necessidades, cognições e emoções. A diferença entre um motivo e uma necessidade, cognição ou emoção é simplesmente o nível de análise. Necessidades, cognições e emoções são nada mais que tipos específicos de motivos (veja a Figura 1.1).

As necessidades são condições internas do indivíduo que são essenciais e necessárias à manutenção da sua vida e à promoção de seu crescimento e de seu bem-estar. A fome e a sede exemplificam duas necessidades biológicas que surgem das exigên-

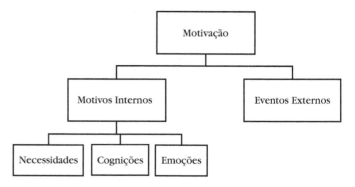

Figura 1.1 Hierarquia das Quatro Fontes de Motivação

cias que o corpo requer de comida e de água, ambas as quais são essenciais e necessárias para a manutenção da vida, para o crescimento e o bem-estar do indivíduo. Já a competência e o pertencimento exemplificam duas necessidades psicológicas que surgem das exigências para que o próprio indivíduo se adapte bem ao seu ambiente e estabeleça boas relações interpessoais. A competência e o pertencimento são tanto essenciais como necessários para a manutenção do bom estado psicológico e para o bem-estar e o crescimento do indivíduo. As necessidades servem ao organismo, e o fazem gerando vontades, desejos e esforços que motivam quaisquer comportamentos que sejam necessários para a manutenção da vida e a promoção do bem-estar e do crescimento do indivíduo. A Parte I discute os tipos específicos de necessidades: as necessidades biológicas (Capítulo 4), as necessidades psicológicas (Capítulo 5) e as necessidades sociais (Capítulo 7).

As cognições referem-se aos eventos mentais, tais como as crenças, as expectativas e o autoconceito. As fontes cognitivas de motivação relacionam-se ao modo de pensar do indivíduo. Por exemplo, quando estudantes, atletas ou vendedores ocupam-se de sua tarefa, eles têm em mente algum plano ou objetivo, alimentam certas crenças sobre suas próprias habilidades, alimentam expectativas de sucesso ou de fracasso, possuem maneiras de explicar um bom ou um mau resultado e têm uma compreensão do que eles são e qual é o seu papel na sociedade como um todo. Na Parte II discutiremos as fontes cognitivas específicas da motivação: planos e objetivos (Capítulo 8), expectativas (Capítulo 9) e o self[1] (Capítulo 10).

As emoções são fenômenos subjetivos, fisiológicos, funcionais, expressivos e de vida curta, que orquestram a maneira como reagimos adaptativamente aos eventos importantes de nossas vidas. Ou seja, as emoções organizam e orquestram quatro aspectos inter-relacionados da experiência:

- Sentimentos — descrições subjetivas e verbais da experiência emocional.
- Prontidão fisiológica — como nosso corpo fisicamente se mobiliza para atender às demandas situacionais.

---

[1]Manteremos o termo *self* tendo em vista que, na literatura psicológica traduzida, está absorvido pelos profissionais da Psicologia e áreas afins. (N.R.T.)

- Função — o que especificamente queremos realizar neste momento.
- Expressão — como comunicamos nossa experiência emocional a outros.

Ao orquestrar esses quatro aspectos da experiência em um padrão coerente, as emoções nos permitem reagir adaptativamente aos eventos importantes de nossas vidas. Por exemplo, quando nos defrontamos com uma ameaça ao nosso bem-estar, sentimo-nos amedrontados, nosso batimento cardíaco aumenta, temos vontade de fugir e os músculos do canto dos lábios se contraem, de uma maneira que os outros indivíduos podem reconhecer e responder à nossa experiência. Outras emoções, tais como a raiva e a alegria, também apresentam padrões coerentes similares que organizam nossos sentimentos, nossa prontidão fisiológica, nossas funções e expressões de uma maneira que nos possibilita enfrentar com sucesso as circunstâncias que se apresentarem. A Parte III deste livro discute a natureza da emoção (Capítulo 11), bem como os seus diferentes aspectos (Capítulo 12).

Eventos Externos

Os eventos externos são incentivos ambientais que têm a capacidade de energizar e direcionar o comportamento. Por exemplo, oferecer dinheiro como incentivo à tomada de uma ação é algo que freqüentemente energiza o comportamento de aproximação, ao passo que um odor desagradável costuma energizar um afastamento de evitação defensiva. O incentivo (dinheiro, odor) adquire a capacidade de energizar e direcionar o comportamento na medida em que sinaliza que um determinado comportamento poderá produzir conseqüências de recompensa ou de punição. Dessa maneira, os incentivos precedem o comportamento e funcionalmente levam a pessoa para mais perto dos eventos externos que lhe prometem experiências agradáveis, ou funcionalmente afastam a pessoa de eventos externos que lhe prometem experiências desagradáveis. A partir de uma perspectiva mais ampla, os eventos externos incluem não só os estímulos ambientais específicos, mas também situações mais gerais, tais como aquelas que surgem na sala de aula, na família e no local de trabalho. E, em nível ainda mais amplo, também incluem forças sociológicas, como a cultura. O Capítulo 6 discute o modo como os incentivos e os contextos sociais mais amplos se agregam à análise do comportamento motivado.

AS EXPRESSÕES DA MOTIVAÇÃO

Além da identificação dos problemas permanentes da motivação e de seus temas essenciais, resta-nos ainda uma outra tarefa introdutória — a saber, especificar de que modo a motivação se expressa. Em outras palavras, de que modo você consegue dizer a alguém que está, não está ou está um pouco motivado? De certa maneira, é possível dizer que todas as pessoas estão motivadas, de modo que essa questão poderia ser reformulada da seguinte maneira: como podemos informar a intensidade da motivação de uma outra pessoa? É necessário também indagar: como é possível informar a qualidade da motivação de uma outra pessoa? Por exemplo, à medida que você observa o comportamento de duas pessoas — digamos, de dois adolescentes que jogam uma partida de tênis —, como consegue saber que uma delas está mais motivada que a outra? Como saber se o que um dos jogadores demonstra é maior qualidade de motivação que o outro?

Existem duas maneiras de inferir motivação em outra pessoa. A primeira delas é observar as manifestações comportamentais da motivação. Por exemplo, para inferirmos que João está com fome, observamos se ele está comendo mais depressa que de costume, se está mastigando com mais força, se está falando de iguarias enquanto come, ou se está trocando o respeito a certas convenções sociais pela possibilidade de se alimentar. O comportamento mais rápido, intenso e determinado de João implica que alguma força o está energizando e direcionando a se alimentar. A segunda maneira de inferir a motivação é observar atentamente os antecedentes que, segundo se sabe, conduzem a estados motivacionais. Por exemplo, depois de ficar 72 horas privada de alimento, uma pessoa fica faminta. Quando recebe uma ameaça, a pessoa sente medo. Quando vence uma competição, o vencedor sente-se competente. A privação de comida leva à fome, a percepção de uma ameaça leva ao medo, e mensagens objetivas de realização levam a uma sensação de competência. Quando conhecemos os antecedentes da motivação de uma pessoa, não temos necessidade de inferir a motivação a partir do seu comportamento. Ou seja, é possível dizer por antecipação qual é o estado motivacional da pessoa, podendo-se fazer isso com uma boa dose de confiança, pelo menos na medida em que percebemos que a pessoa ficou sem comer, foi ameaçada ou acaba de ganhar um campeonato. Entretanto, nem sempre é possível conhecer esses antecedentes. Às vezes, é necessário inferir a motivação a partir das expressões do indivíduo — do seu comportamento, da sua fisiologia e do seu auto-relato.

O Comportamento

Há sete aspectos do comportamento que expressam a presença, a intensidade e a qualidade da motivação (Atkinson & Birch, 1970, 1978; Bolles, 1975; Ekman & Friesen, 1975): o esforço, a latência, a persistência, a escolha, a probabilidade de resposta, as expressões faciais e os gestos corporais. Esses sete aspectos do comportamento, mostrados na Tabela 1.2, fornecem ao observador dados que lhe permitem inferir a presença e a intensidade da motivação do sujeito observado. Quando no comportamento se constata a presença de um intenso esforço, de uma pequena latência, uma grande persistência, uma alta probabilidade de ocorrência, uma grande expressividade facial ou gestual, ou quando o indivíduo persegue uma meta ou objeto específico ao mesmo tempo que deixa de perseguir outros, tudo isso constitui evidências que nos permitem inferir a presença de um motivo relativamente intenso. Por outro lado, quando no comportamento se observa uma participação apática, uma longa latência, uma pequena persistência, uma baixa probabilidade de ocorrência, um nível mínimo de expressões faciais e gestuais, ou o indivíduo persegue um objetivo ao mesmo tempo que também se dedica a um outro, tudo isso são evidências que nos permitem inferir que o motivo está ausente ou, pelo menos, é relativamente fraco. O termo "engajamento" dá muito bem um senso geral de quão intensa é a motivação da pessoa. O engajamento refere-se

6 Capítulo Um

Tabela 1.2 Expressões Comportamentais da Motivação

Esforço	Quantidade de energia empregada na tentativa de execução de uma tarefa
Latência	Tempo durante o qual uma pessoa adia sua resposta após ter sido inicialmente exposta a um estímulo
Persistência	Tempo decorrido entre o início e o fim de uma resposta
Escolha	Quando se está diante de duas ou mais possibilidades de ação, mostra-se preferência por uma delas, em detrimento das demais
Probabilidade de resposta	Número (ou porcentagem) de ocasiões em que se verifica uma resposta orientada para um determinado objetivo, quando ocorrem diversas oportunidades diferentes para o comportamento ocorrer
Expressões faciais	Movimentos faciais, como torcer o nariz, levantar o lábio superior e baixar um pouco as sobrancelhas (p. ex., numa expressão facial de desgosto)
Sinais corporais	Sinais corporais, tais como postura, mudanças no apoio do peso e movimentos de pernas, braços e mãos (p. ex., ficar com os punhos cerrados)

à intensidade e à qualidade emocional do envolvimento de uma pessoa em uma atividade (Connell & Wellborn, 1991; Skinner & Belmont, 1993), referindo-se aos aspectos tanto do comportamento quanto emocionais, tais como o fato de que em um estudante engajado percebe-se não só bastante esforço, persistência, atenção, etc., mas também um tom emocional positivo (p. ex., alto interesse, baixa ansiedade), durante as atividades que ele realiza.

A Fisiologia

Quando as pessoas e os animais se preparam para realizar diversas atividades, os sistemas nervoso e endócrino produzem e liberam diversas substâncias químicas (p. ex., neurotransmissores, hormônios), que fornecem sustentação biológica para os estados motivacionais e emocionais (Andreassi, 1986; Coles, Ponchin & Porges, 1986). Por exemplo, ao fazer um discurso, o orador pode experimentar diversos graus de estresse emocional, e essa sensação manifesta-se fisiologicamente por meio de um aumento das catecolaminas plasmáticas (p. ex., da adrenalina; Bolm-Avdorff et al., 1989). Para mensurar essas alterações neurais e hormonais, os pesquisadores se valem de exames de sangue, de saliva, de urina, bem como de uma grande quantidade de medidas psicofisiológicas que envolvem complexos equipamentos eletrônicos, com o propósito de observar a atividade neural do cérebro (p. ex., EEG, ou eletroencefalograma). Utilizando essas medidas, os pesquisadores da motivação moni-

toram o batimento cardíaco, a pressão sanguínea, a taxa respiratória, o diâmetro da pupila, a condutância da pele, o conteúdo do plasma sanguíneo, e outros índices do funcionamento fisiológico da pessoa, com o objetivo de inferir a presença ou intensidade de estados emocionais e motivacionais subjacentes. Os seis sistemas corporais de excitação que expressam a emoção e a motivação são o sistema cardiovascular, o sistema plasmático, o sistema ocular, o sistema eletrodérmico, a atividade musculoesquelética e a atividade cerebral, conforme listados na Tabela 1.3.

O Auto-Relato

Uma terceira maneira de coletar dados para inferir a presença, a intensidade e a qualidade da motivação é simplesmente fazer perguntas. Em uma entrevista ou questionário, é comum as pessoas informarem sua motivação. Por exemplo, para avaliar a ansiedade de seu entrevistado, o entrevistador pode lhe perguntar quão ansioso ele fica em determinadas situações, ou então pedir-lhe que relate sintomas relacionados à ansiedade, tais como sentir uma indisposição estomacal ou ter pensamentos de fracasso. Os questionários apresentam algumas vantagens. São fáceis de aplicar, podem ser respondidos por várias pessoas ao mesmo tempo e têm a versatilidade de tratar de informações específicas (Carlsmith, Ellsworth & Aronson, 1976). Entretanto, os questionários também apresentam certas armadilhas, que podem levantar algumas suspeitas quanto à sua utilidade. Por exemplo, muitos pesquisadores reclamam da falta de correspondência entre

Tabela 1.3 Expressões Psicofisiológicas da Motivação

Atividade cardiovascular	A atividade do coração e dos vasos sangüíneos aumenta quando se está diante de tarefas difíceis ou desafiadoras, ou de incentivos atraentes.
Atividade plasmática	Substâncias contidas na corrente sangüínea, particularmente as catecolaminas, tais como epinefrina e norepinefrina, reguladoras da reação que prepara o indivíduo para a luta ou a fuga.
Atividade ocular	Comportamento ocular — tamanho da pupila, freqüência de piscadelas e dos movimentos oculares. O tamanho da pupila tem relação com o nível de atividade mental; piscadelas involuntárias expressam alterações nos estados cognitivos, além de pontos de transição no fluxo de processamento da informação; e os movimentos laterais dos olhos aumentam de freqüência durante o pensamento reflexivo.
Atividade eletrodérmica	Alterações elétricas na superfície da pele, como nos momentos em que a pessoa sua. Estímulos novos, emotivos, ameaçadores e capazes de prender a atenção evocam todos uma atividade eletrodérmica para exprimir ameaça, aversão e significância dos estímulos.
Atividade esquelética	Atividade muscular, tal como ocorre com as expressões faciais e os gestos corporais.
Atividade cerebral	Atividade de várias partes do cerebro, tais como o córtex e o sistema límbico.

o que as pessoas dizem que fazem e o que elas de fato fazem (Quattrone, 1985; Wicker, 1969). Além disso, também existe uma falta de correspondência entre a maneira como as pessoas dizem que se sentem e o que a atividade psicofisiológica delas indica que elas podem estar sentindo (Hodgson & Rachman, 1974; Rachman & Hodgson, 1974). Em virtude disso, o que as pessoas dizem sobre seus motivos às vezes não equivale ao que suas expressões comportamentais e fisiológicas sugerem. Por exemplo, que conclusão se pode tirar de alguém que verbalmente informa estar sentindo pouca raiva, quando essa pessoa apresenta uma pronta latência para agredir, uma rápida aceleração no batimento cardíaco e tem o cenho franzido? Em virtude dessas discrepâncias, quem pesquisa a motivação geralmente confia e se baseia nas medidas comportamentais e fisiológicas, mas desconfia das medidas de auto-relato, e só se baseia nelas de modo conservador. Portanto, as medidas de auto-relato são utilizadas principalmente para confirmar a validade das medidas comportamentais e fisiológicas.

TEMAS PARA O ESTUDO DA MOTIVAÇÃO

O estudo da motivação abrange uma ampla gama de suposições, hipóteses, teorias, constatações e domínios de aplicação, como será visto nos próximos capítulos. Mas o estudo da motivação também tem alguns temas unificadores, que integram todos esses elementos em um campo de estudo coerente, o qual inclui os seguintes pontos:

- A motivação beneficia a adaptação.
- Os motivos direcionam a atenção.
- Os motivos variam no tempo e influenciam o fluxo do comportamento.
- Existem tipos de motivação.
- A motivação inclui tanto as tendências de aproximação quanto as de afastamento.
- Os estudos sobre a motivação revelam aquilo que as pessoas desejam.
- É preciso haver situações favoráveis para que a motivação floresça.
- Não há nada tão prático como uma boa teoria.

A Motivação Beneficia a Adaptação

As pessoas são complexos sistemas adaptativos, e isso é importante, visto que os ambientes em que vivemos estão em contínua mudança. Por exemplo, as ofertas de emprego crescem e decrescem, as oportunidades educacionais surgem e desaparecem, as relações melhoram e pioram, uma temporada esportiva aumenta e diminui de intensidade, a saúde das pessoas sofre crises e se recupera, e assim por diante. A motivação beneficia a adaptação para essas circunstâncias de constante mudança porque o estado motivacional permite às pessoas serem sistemas adaptativos complexos no sentido de que, sempre que ocorrem discrepâncias entre as demandas momentâneas e o nosso bem-estar, experimentamos estados motivacionais que prontamente nos levam a tomar ações corretivas.

Se as pessoas ficam horas sem comer ou se o suprimento de alimento é escasso, a fome aparece. Quando aumentam os

prazos dos compromissos, o estresse aumenta. Quando uma pessoa ganha o controle sobre um problema difícil, um sentido de competência surge. Portanto, um tema que sempre aparecerá neste livro é o de que os estados motivacionais (p. ex., fome, estresse, competência) fornecem meios-chave para os indivíduos serem bem-sucedidos ao enfrentarem as inevitáveis exigências da vida. Sem os estados motivacionais, as pessoas rapidamente perderiam um recurso vital no qual se baseiam para se adaptar e manter o seu bem-estar. Qualquer pessoa que tente perder peso, escrever um poema original ou aprender uma língua estrangeira, sem primeiro estabelecer a motivação, rapidamente perceberá que a motivação beneficia a adaptação. A lição que aprendemos disso é que a motivação nos prepara e nos permite perder peso, atuar criativamente e aprender habilidades complexas.

Quando a motivação diminui, a adaptação pessoal fica prejudicada. As pessoas que se sentem impotentes ao tentarem controlar seu próprio destino tendem a desistir rapidamente quando desafiadas (Peterson, Maier & Seligman, 1993). A sensação de desamparo destrói a capacidade que as pessoas têm de enfrentar os desafios da vida. Os indivíduos que costumam ser espezinhados, coagidos e controlados pelos outros tendem a se tornar emocionalmente prostrados e insensíveis às esperanças e aspirações próprias de suas necessidades psicológicas internas (Deci, 1995). O fato de ser controlado por outros destrói a capacidade do indivíduo de gerar motivação dentro de si mesmo. Por outro lado, quando os estados motivacionais forem fortes e determinados, a adaptação pessoal floresce. Quando, por exemplo, as crianças estão excitadas com a escola, quando os trabalhadores têm confiança em sua própria capacidade e quando os atletas propõem a si mesmos desafios mais e mais ambiciosos, seus respectivos professores, supervisores e treinadores podem contar que haverá sucesso na adaptação de seus subordinados ao ambiente que lhes é único. Os indivíduos que têm alta qualidade motivacional se adaptam bem e prosperam; e os indivíduos com insuficiência motivacional fracassam.

Os Motivos Direcionam a Atenção

Os ambientes exigem constantemente nossa atenção, e o fazem em uma profusão de maneiras. Por exemplo, o simples ato de dirigir um carro por uma estrada obriga-nos a fazer diversas coisas — encontrar nosso destino, cooperar com os outros motoristas, evitar bater nos outros veículos, ouvir e responder ao que nossos passageiros dizem, não derramar o café que porventura estejamos bebendo, e assim por diante. De modo semelhante, um universitário deve simultaneamente obter boas notas, manter suas velhas amizades, alimentar-se de forma saudável, administrar com eficiência seu tempo e seu dinheiro, fazer planos para o futuro, lavar suas roupas, desenvolver seus dotes artísticos, manter-se informado sobre o que se passa no mundo, e assim por diante. Quem nos pode dizer se nossa atenção está voltada para uma direção ou para outra? Muito desse "dizer" relaciona-se com os nossos estados motivacionais. Os motivos chamam, e às vezes exigem, a nossa atenção, fazendo-nos ater a aspectos específicos do ambiente em detrimento de outros.

Os motivos afetam nosso modo de agir porque direcionam nossa atenção com o propósito de selecionar determinados

8 Capítulo Um

Tabela 1.4 Como os Motivos Influenciam o Comportamento de um Aluno Sentado à Mesa de Estudo

Evento Ambiental	Motivo da Excitação	Ação Relacionada com o Motivo Relevante	Urgência do Motivo Conseguindo *Status* de Atenção
Livro	Interesse	Ler o capítulo	*
Refrigerante	Sede	Tomar a bebida	*
Vozes conhecidas	Afiliação	Conversar com os amigos	***
Dor de cabeça	Evitar a dor	Tomar um analgésico	*****
Falta de sono	Descanso	Deitar-se e cochilar	*
Perspectiva de competição	Realização	Estudar	**

Observação: na quarta coluna, o número de asteriscos representa a intensidade do motivo da excitação. Um asterisco representa o mais baixo nível de intensidade, enquanto que cinco asteriscos representam o nível mais alto.

comportamentos e ações, e de relegar outros. Uma ilustração de como os motivos prendem nossa atenção e determinam nosso comportamento aparece na Tabela 1.4. As quatro colunas desta tabela listam, da esquerda para a direita, (a) os diversos aspectos do ambiente, (b) um motivo que o evento ambiental costuma suscitar, (c) uma direção da ação apropriada para esse motivo e (d) uma prioridade hipotética ou sentido de urgência para cada direção da ação, conforme determinada pela intensidade do motivo subjacente. Embora sejam possíveis seis direções da ação, a atenção do indivíduo não está dividida igualmente entre cada uma delas, porque a intensidade dos motivos que estão associados a elas varia (como se nota pelo número de asteriscos na última coluna à direita). Uma vez que o interesse, a sede e o descanso não são prementes naquele instante em particular (um asterisco), sua intensidade é fraca e insuficiente para chamar a atenção do indivíduo. Já o motivo para evitar uma dor de cabeça é altamente premente (cinco asteriscos), sendo, portanto, forte candidato a chamar a atenção e direcionar o comportamento do indivíduo, fazendo-o tomar um analgésico. A dor, assim como muitos outros motivos, tem uma habilidade intrínseca para prender, manter e direcionar nossa atenção (Bolles & Fanselow, 1980; Eccleston & Crombez, 1999). Portanto, os motivos influenciam o comportamento prendendo nossa atenção, fazendo-nos interromper nossas ocupações, distraindo-nos de fazer outras coisas e impondo-nos prioridades sobre o nosso comportamento.

Os Motivos Variam no Tempo e Influenciam o Fluxo do Comportamento

A motivação é um processo dinâmico — que está sempre mudando, ora aumentando, ora diminuindo — e não um evento discreto ou uma condição estática. Não só a força da motivação fica constantemente subindo e descendo, mas também a cada instante específico as pessoas nutrem uma profusão de diferentes motivos. Nutrir uma profusão de motivos é importante para a adaptação porque as circunstâncias e as situações são complexas, e as pessoas precisam ser motivacionalmente complexas para se adaptarem. Geralmente, um motivo se destaca como o mais forte e apropriado para uma determinada situação, ao mesmo tempo que os outros ficam relativamente subordinados (isto é, um motivo domina nossa atenção, enquanto os outros ficam relativamente dormentes, como na Tabela 1.4). Em geral, o motivo mais forte exerce a maior influência sobre nosso comportamento,

mas cada um dos motivos subordinados pode se tornar dominante caso as circunstâncias se alterem, exercendo incessantemente sua influência sobre o fluxo do comportamento.

Como ilustração disso, imagine uma típica tarefa de estudo, em que um estudante senta-se à mesa com um livro nas mãos. O objetivo do estudante é ler o livro, um motivo relativamente forte nessa ocasião, visto que ele terá em breve que fazer uma prova. Nosso estudante então estuda durante uma hora, mas durante esse tempo pode ocorrer que sua curiosidade já esteja satisfeita, que o cansaço se manifeste e que diversos motivos subordinados — tais como fome e desejo de se juntar aos colegas — comecem a aumentar de intensidade. Talvez um cheiro da pipoca vindo do cômodo vizinho tenha entrado em sua sala, ou talvez a visão de um amigo próximo passando no corredor tenha aumentado seu motivo de estar com amigos. Se este último motivo crescer até assumir um nível dominante, então o estudante mudará seu comportamento, largando o livro e indo se encontrar com os amigos.

A Figura 1.2 mostra um fluxo contínuo de comportamento em que uma pessoa realiza um conjunto de três procedimentos, X, Y e Z (p. ex., estudar, comer e socializar-se; Atkinson, Bongort & Price, 1977). A figura representa graficamente as mudanças de intensidade de cada um desses três motivos, que produzem o fluxo observado de comportamento. No instante 1, o motivo X (estudar) é o dominante, enquanto que os motivos Y e Z encontram-se relativamente subordinados. Já no instante 2, o motivo Y (comer) suplantou em intensidade o motivo X, enquanto o Z permaneceu subordinado. E no instante 3, o motivo Z (estar com amigos) tornou-se o dominante, passando a exercer sua influência no fluxo do comportamento. No geral, a Figura 1.2 ilustra que (a) as intensidades dos motivos variam com o tempo; (b) durante todo o tempo atuam nas pessoas diversos motivos de diferentes intensidades, cada qual tendo a capacidade de chamar a atenção e de participar do fluxo de comportamento, dependendo das circunstâncias apropriadas; e (c) os motivos não são algo que a pessoa tem ou não tem; na verdade eles crescem e decrescem, à medida que mudam as circunstâncias.

Existem Tipos de Motivação

Para algumas pessoas, a motivação é um conceito unitário. O aspecto-chave da motivação é a sua quantidade ou nível de intensidade. Partindo-se desse ponto de vista popular, a única pergunta

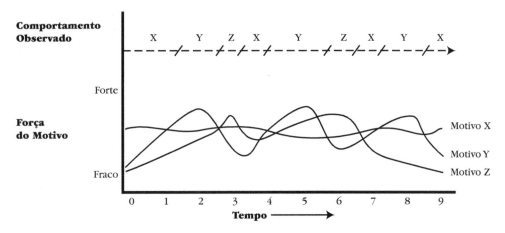

Figura 1.2 O Fluxo do Comportamento e as Alterações na Força de Seus Motivos Subjacentes
Fonte: Adaptado de *Cognitive Control of Action*, de D. Birch, J. W. Atkinson e K. Bongort, em B. Weiner (ed.), *Cognitive View of Human Motivation* (pp. 71-84), 1974, Nova York: Academic Press.

que se deve fazer sobre a motivação é "quanto?" Ou seja, considerada como um constructo unitário, a motivação varia desde inexistente, passando por pouca, moderada, até alta ou muito alta. Ao mesmo tempo, os profissionais envolvidos com problemas de motivação (professores, gerentes, treinadores) seguem essa mesma linha para tratar da permanente questão: "De que maneira é possível aumentar a motivação de meus alunos, empregados ou atletas?"

Por outro lado, diversos teóricos desse assunto sugerem a existência de importantes tipos de motivação (Ames, 1987; Ames & Archer, 1988; Atkinson, 1964; Condry & Stokker, 1992; Deci, 1992a). Por exemplo, a motivação intrínseca é diferente da motivação extrínseca (Ryan & Deci, 2000a). A motivação para aprender é diferente da motivação para fazer (Ames & Archer, 1988). E a motivação para se atingir sucesso é diferente da motivação para se evitar o fracasso (Elliot, 1997). Em outras palavras, os seres humanos são motivacionalmente complexos (Vallerand, 1997).

Observe um atleta treinando, um aluno estudando, um empregado trabalhando e um médico cuidando de um paciente, e você verá variações na intensidade da motivação de cada um. Mas uma observação igualmente importante a ser feita é perguntar-se por que cada um desses indivíduos executa essas tarefas específicas. Ater-se aos tipos de motivação é importante porque alguns desses tipos proporcionam experiências mais elevadas, desempenhos mais favoráveis ou resultados psicologicamente mais gratificantes do que outros. Por exemplo, os estudantes que aprendem em decorrência de uma motivação intrínseca (provocada pelo seu próprio interesse ou curiosidade) demonstram mais criatividade e mais emoção positiva do que aqueles que aprendem a partir de uma motivação extrínseca (provocada por ameaças físicas ou pela imposição de prazos a serem cumpridos; Deci & Ryan, 1987). Quando desejam alcançar um objetivo, os estudantes cuja meta é obter o sucesso ("Meu propósito é conseguir um A") apresentam um desempenho enormemente superior ao de estudantes igualmente capazes, mas cujo objetivo é evitar o fracasso ("Meu propósito é não tirar um F"; Elliot, 1999). Freqüentemente — numa escola em que há muitos alunos, em um hospital em que há muitos médicos, ou em uma equipe de atletas esforçados — as pessoas não diferem muito quanto a seu nível de motivação; em vez disso, podem variar quanto ao tipo — ou qualidade — dessa motivação.

As emoções também mostram que os motivos variam não só de intensidade, mas também de tipo. Por exemplo, uma pessoa que está sentindo muita raiva comporta-se de maneira bastante diferente de uma outra que sente muito medo. Ambas estão altamente motivadas, e se a pergunta "quanto?" é importante, "que tipo?" (de emoção) igualmente o é. Sendo assim, uma análise motivacional completa do comportamento responde a ambas as perguntas: "quanto?" e "que tipo?" Provavelmente a experiência já deve ter ensinado a você a importância da pergunta "quanto?"; os próximos 15 capítulos irão ilustrar o fato de que a pergunta "que tipo?" também é igualmente importante.

A Motivação Inclui tanto as Tendências de Aproximação quanto as de Afastamento

Em geral, as pessoas pressupõem que estar motivado é melhor do que não estar. De fato, as duas perguntas que se fazem com maior freqüência quanto à motivação são: "De que modo eu consigo motivar a mim mesmo para fazer melhor (ou mais)?" e "Como poderei motivar outra pessoa para que ela faça melhor (ou mais)?" Em outras palavras, como é possível conseguir mais motivação do que agora se tem, seja para si mesmo, seja para os outros? É claro que a motivação é um estado que as pessoas tentam obter tanto para si próprias quanto para outras.

O problema é que às vezes a motivação não é nada agradável. Na realidade, vários sistemas motivacionais são aversivos por natureza — a dor, a fome, o sofrimento, o medo, desavenças, a ansiedade, a pressão, o desamparo, e assim por diante. Os estados emocionais de fato nos fazem aproximar-nos das oportunidades ambientais e melhorar nossas vidas, e temos muitos motivos para isso (p. ex., interesse, esperança, alegria, motivação para realizar, auto-atualização). Entretanto, outros estados emocionais fazem-nos evitar as situações aversivas, de ameaça ou de ansiedade. Há motivos que prendem nosso interesse, como a ansiedade e a tensão, que essencialmente nos tiranizam, até que façamos com eles o que lhes é devido, ajustando nosso comportamento

10 Capítulo Um

de acordo com as circunstâncias. E nesse caso, mais freqüentemente do que nunca, vale a observação de que "quanto maior a irritação, maior a mudança" (Kimble, 1990, p. 36).

Os seres humanos são animais curiosos, intrinsecamente motivados e continuamente em busca de sensações, sendo dotados de objetivos e de planos que lhes permitem vencer desafios, desenvolver relações de afeto com seus semelhantes, serem incentivados de maneira positiva, aprimorar-se e crescer psicologicamente. Entretanto, também é verdade que as pessoas são estressadas, frustradas, inseguras, coagidas, amedrontadas, magoadas, deprimidas, além de estarem sempre se deparando com situações que gostariam de evitar. Também é freqüente, e talvez até normal, que as pessoas experimentem esses estados motivacionais e emocionais positivos e negativos ao mesmo tempo. Para obter uma adaptação ótima, os seres humanos dispõem de um repertório motivacional que inclui tanto os motivos aversivos, baseados na evitação, quanto os motivos positivos, baseados na aproximação.

Os Estudos sobre Motivação Revelam Aquilo que as Pessoas Querem

Além de revelar o motivo de as pessoas quererem algo, o estudo da motivação também revela qual é de fato o seu desejo — mostrando literalmente o conteúdo da natureza humana. Os fatos essenciais da motivação e da emoção dizem respeito às nossas esperanças, nossos anseios, nossas vontades, nossas necessidades e nossos temores. São questões como saber se as pessoas são essencialmente boas ou más, naturalmente ativas ou passivas, cordiais ou agressivas, altruístas ou egocêntricas, se são livres para escolher ou se agem sob a determinação de pressões biológicas, e se trazem ou não dentro de si tendências que lhes permitem crescer e auto-realizar-se.

As teorias da motivação revelam o que existe de igual entre os esforços que todos os seres humanos fazemos, com vistas a identificar os pontos em comum entre as pessoas de diferentes culturas, diferentes experiências de vida e diferentes dotações genéticas. Todos nós experimentamos necessidades fisiológicas tais como a fome, a sede, o sexo e a dor. Todos nós herdamos condições biológicas, como o temperamento e os circuitos neurais no cérebro, para o prazer e a aversão. Todos nós compartilhamos um pequeno número de emoções básicas, e sentimos essas emoções nas mesmas condições, tais como o medo diante de uma ameaça e o sofrimento diante da perda de algo ou alguém que nos é caro. Todos nós interagimos com o que nos cerca por meio de uma mesma plêiade de necessidades, à medida que exploramos nosso ambiente, desenvolvemos nossas competências, aperfeiçoamos nossas habilidades e estreitamos vínculos com quem amamos. Todos somos hedonistas (buscamos o prazer e evitamos a dor), dando a impressão de estarmos sempre em busca de diversão, bem-estar e crescimento pessoal (Seligman & Csikszentmihalyi, 2000).

Essas teorias também revelam as motivações que são apreendidas por meio da experiência — motivos que nitidamente estão fora do domínio da natureza humana. Por exemplo, por meio de nossas experiências pessoais e únicas, adquirimos crenças de

habilidade, expectativas de desempenho, maneiras de explicar nossos sucessos e nossos fracassos, valores, aspirações pessoais, o sentido de *self*, e assim por diante. Essas maneiras de energizar e direcionar nosso comportamento provêm de forças ambientais, desenvolvimentais, sociais e culturais (p. ex., incentivos, reforçadores, modelos de papéis, possíveis *selves* de inspiração social, papéis culturais). Portanto, o estudo da motivação nos informa qual parte da vontade e do desejo deriva da natureza humana, e qual parte provém da aprendizagem pessoal, social e cultural.

É Preciso Haver Situações Favoráveis para que a Motivação Floresça

Não se pode separar a motivação de um indivíduo do contexto social em que ele se situa. Ou seja, a motivação de uma criança é fortemente afetada pelo contexto social determinado por seus pais, e a motivação de um estudante é fortemente afetada pelo contexto social oferecido pela escola. O mesmo se pode dizer da motivação dos atletas, que são afetados por seus técnicos, dos pacientes, afetados pelos médicos, e dos cidadãos, influenciados pela sua cultura. Em relação à motivação de crianças, estudantes, atletas, e assim por diante, os ambientes podem ser vantajosos e favoráveis, ou podem ser negligentes e prejudiciais. Os indivíduos inseridos em contextos sociais que os apóiam e que favorecem suas necessidades e seus esforços apresentam maior vitalidade e maior crescimento pessoal, prosperando mais que aqueles que estão imersos em um ambiente de desamparo social e frustração (Ryan & Deci, 2000a). Reconhecendo o papel que os contextos sociais desempenham na motivação e no bem-estar, os pesquisadores motivacionais procuram aplicar os princípios da motivação com vistas a fazer a motivação florescer nos indivíduos.

Este livro enfatiza quatro áreas de aplicação:

- Educação
- Trabalho
- Esportes e Exercício físico
- Terapia

Em termos educacionais, uma compreensão da motivação pode ser aplicada para promover maior participação do aluno em sala de aula, para estimular a motivação que faça o aluno desenvolver seus talentos, como na música, e para informar aos professores de que modo obter em sala de aula um ambiente favorável, que satisfaça às necessidades e aos interesses dos alunos. No trabalho, uma compreensão da motivação pode ser aplicada à melhoria da produtividade e da satisfação dos trabalhadores, a construir crenças confiantes e de recuperação rápida, a evitar o estresse e a estruturar tarefas que lhes ofereçam níveis ótimos de desafio, de variedade e de relacionamento com os companheiros. Nos esportes, pode-se aplicar a compreensão da motivação ao problema de identificar as razões pelas quais os jovens participam de atividades físicas, a planejar programas de exercícios que promovam uma adesão a longo prazo dos atletas, e a predizer os efeitos sobre o desempenho exercidos por fatores tais como a competição interpessoal, a avaliação do desempenho e o estabelecimento de metas. Em terapia, uma compreensão da motivação pode ser utilizada para melhorar o bem-estar mental e emocional, para cultivar um senso de otimismo, favorecer o amadurecimento dos mecanismos de defesa, explicar o paradoxo de por que os esforços para se obter controle mental podem tão freqüentemente surtir efeito contrário, e avaliar o papel que as relações interpessoais de boa qualidade desempenham na motivação e na saúde mental.

À medida que observa pais, professores, gerentes, técnicos e terapeutas tentando motivar seus filhos, alunos, trabalhadores, atletas e pacientes, você notará que nem todas as tentativas de motivação são bem-sucedidas, e que realmente existe uma arte de motivar os outros. O mesmo pode ser dito das tentativas de se motivar a você mesmo. Por exemplo, dê-se o trabalho de monitorar as emoções expressas por crianças, estudantes, trabalhadores, atletas e pacientes, à medida que são motivados por outros. Quando as pessoas se adaptam com sucesso e seus estados motivacionais florescem, elas expressam emoções positivas, tais como alegria, esperança, interesse e otimismo. Porém quando são dominados por seu ambiente e seus estados motivacionais se confundem, os indivíduos passam a expressar emoções negativas, tais como tristeza, desesperança, frustração e estresse. Nos próximos capítulos, uma boa parte do texto será dedicada às aplicações práticas e à arte de motivar a si mesmo e aos outros.

Não Há Nada tão Prático como uma Boa Teoria

Imagine de que maneira você responderia a uma pergunta motivacional como: "O que faz João estudar tanto e por tanto tempo?" Para responder a isso, você precisaria começar com uma análise de senso comum (p. ex., "João estuda demais porque tem uma altíssima auto-estima.") Além disso, você poderia se lembrar de uma situação similar a partir da sua própria experiência, quando você também se esforçou muito, e poderia generalizar essa experiência para esta situação particular (p. ex., "A última vez que estudei tanto assim foi porque eu tinha uma prova muito importante no dia seguinte.") Uma terceira estratégia seria encontrar uma especialista nesse assunto e inquiri-la (p. ex., "Minha vizinha é uma professora experiente, de modo que vou lhe perguntar por que ela acha que João está estudando tanto.") Todos esses recursos são legítimos, informativos e ajudam-nos a resolver questões motivacionais; porém, outro importante recurso para se responder a esse tipo de questão é uma boa teoria.

Uma teoria é um conjunto de variáveis (p. ex., auto-eficácia, metas, esforço) e as relações que supomos existir entre elas (p. ex., uma forte crença na auto-eficácia incentiva as pessoas a estabelecerem metas, e, feito isso, as metas incentivam a promoção

---

BOXE 1 — *Por que Fazemos o que Fazemos*

Pergunta: Por que essa informação é importante?

Resposta: Ela nos torna aptos a realmente explicar por que as pessoas fazem o que fazem.

Explicar a motivação — por que as pessoas fazem o que fazem — não é algo fácil. Há uma miríade de possíveis teorias motivacionais ("Ele fez isso porque ..."), mas o problema é que muitas das teorias propostas pelos indivíduos para explicar por que as pessoas fazem o que fazem podem não se mostrar de muita utilidade.

Quando converso com as pessoas no dia-a-dia, ou quando na primeira semana de aula pergunto aos meus alunos sobre suas teorias motivacionais, ou quando leio nos jornais colunas de aconselhamento psicológico, as teorias que as pessoas adotam com maior freqüência são:

- Auto-estima
- Incentivos
- Recompensas
- Elogios

No topo da lista dessas teorias populares de motivação figura o "aumento da auto-estima". A visão da auto-estima soa como algo do tipo "Encontre uma maneira de as pessoas estarem satisfeitas consigo mesmas, e então boas coisas começarão a acontecer". "Elogie as pessoas, recompense-as, cumprimente-as, ofereça-lhes pequenos presentes ou troféus; dê-lhes alguma certeza de que elas são importantes e que dias mais felizes virão." O problema dessa estratégia é que ela simplesmente está errada, e não há qualquer evidência empírica que a sustente (Baumeister et al., 2003). Por exemplo, os psicólogos educacionais rotineiramente constatam que o aumento da auto-estima dos estudantes não provoca aumento de sua realização acadêmica (Marsh, 1990; Scheier & Kraut, 1979; Shaalvik & Hagtvet, 1990). Um ex-presidente da Associação Americana de Psicologia (APA) chegou a concluir que "quase não há constatações

de que a auto-estima seja capaz de produzir o que quer que seja" (Seligman, citado em Azar, 1994, p. 4).

Obviamente, a auto-estima tem seu valor. É absurdo desejar uma baixa auto-estima a alguém. Mas o problema é que a auto-estima não é uma variável causal, mas sim um efeito — um reflexo de como está nossa vida, ou seja, um barômetro do nosso bem-estar. Quando nossa vida está bem, a auto-estima sobe; e quando está mal, a auto-estima cai. Entretanto, isso é muito diferente de dizer que a auto-estima *causa* melhora da nossa vida. A falha lógica de se considerar a auto-estima como uma fonte de motivação assemelha-se ao dito popular de "colocar o carro na frente nos bois". A auto-estima é uma expressão, não uma causa da motivação. Ela é o carro, não os bois.

Se a motivação não provém de um reservatório visível de elevada auto-estima, então de onde ela vem? De que maneira as pessoas conseguem se sair bem em suas tentativas de estudar mais, de começarem a se exercitar fisicamente, reverter maus hábitos, resistir a tentações ou dominar impulsos e apetites, tais como uso abusivo de álcool ou de comida, de fumar, jogar, comprar e agredir? Para melhor compreendermos as fontes de motivação que influenciam nosso comportamento de uma maneira causal, desviemos um pouco nossa atenção da auto-estima para as teorias que aparecem na Tabela 1.5. Há nessas teorias evidências empíricas sobre como alterar a maneira de as pessoas pensarem, sentirem e se comportarem. Algumas dessas teorias giram em torno das necessidades dos indivíduos; outras relacionam-se ao cultivo de modos otimistas e animados de pensamento (cognições); outras estabelecem as condições responsáveis pelas emoções positivas; e outras ainda referem-se à administração criteriosa de incentivos e conseqüências. Portanto, voltando ao provérbio, recomendamos ao leitor que leve a auto-estima de volta para seu lugar secundário, deixando que a parte principal seja ocupada pelas novas teorias da motivação (baseadas nas necessidades, nas cognições, nas emoções e nos incentivos dos indivíduos, que explicam a causa de suas atitudes).

12 Capítulo Um

Tabela 1.5 Vinte e Quatro Teorias para o Estudo da Motivação e da Emoção (com Suas Respectivas Referências Bibliográficas)

Teoria da Motivação	Referências para Informações Adicionais
Motivação por realização	Elliot (1997)
Excitação	Berlyne (196)
Atribuição	Weiner (1986)
Dissonância cognitiva	Harmon-Jones e Mills (1999)
Avaliação cognitiva	Deci e Ryan (1985a)
Emoções diferenciais	Izard (1991)
Impulso	Bolles (1975)
Dinâmica da ação	Atkinson e Birch (1978)
Motivação e competência	Harter (1981)
Desenvolvimento do ego	Loevinger (1976)
Expectativa × valor	Vroom (1964)
Hipótese do feedback facial	Laird (1974)
Experiência máxima	Csikszentmihalyi (1997)
Estabelecimento de metas	Locke e Latham (2002)
Desamparo aprendido	Peterson, Maier e Seligman (1993)
Processo oponente	Solomon (1980)
Afeto positivo	Isen (1987)
Psicodinâmica	Westin (1998)
Reatância	Wortman e Brehm (1975)
Auto-realização	Rogers (1959)
Autodeterminação	Ryan e Deci (2000a)
Auto-eficácia	Bandura (1997)
Busca de sensações	Zuckerman (1994)
Estresse e enfrentamento	Lazarus (1991a)

de grandes esforços). As teorias também fornecem uma estrutura conceitual para a interpretação das observações comportamentais, funcionando como pontes intelectuais que unem as questões aos problemas motivacionais, fornecendo respostas e soluções satisfatórias. Com uma teoria motivacional em mente, o pesquisador aborda uma questão ou problema do seguinte modo: "Bem, segundo a teoria do estabelecimento de metas, a razão pela qual João estuda tanto e por tanto tempo é porque..." À medida que você avançar pelas páginas de cada capítulo e se familiarizar com cada uma das teorias motivacionais, considere sua utilidade para responder às questões que mais lhe interessam.

A Tabela 1.5 apresenta 24 teorias motivacionais que serão mencionadas nos próximos capítulos. As teorias aqui figuram por dois motivos. Em primeiro lugar, a lista apresenta a idéia de que o cerne de uma análise motivacional de comportamento são as suas teorias. Em vez de um árido e abstrato domínio de cientistas, uma boa teoria é a ferramenta mais prática e utilizável para a resolução de problemas com que se defrontam estudantes, professores, trabalhadores, empregadores, gerentes, atletas, treinadores, pais, terapeutas e pacientes. Parafraseando Kurt Lewin, não há nada tão prático quanto uma boa teoria, que pode servir como um guia útil para a resolução de um problema.

Em segundo lugar, a lista das teorias pode servir como um meio de monitorar a sua crescente familiaridade com o estudo contemporâneo da motivação. É provável que agora você só possa reconhecer algumas das teorias listadas na tabela, mas você verá sua familiaridade com elas aumentar a cada semana. E daqui a alguns meses, você se sentirá mais à vontade com todos os 24 nomes que aparecem na Tabela 1.5, quando experimen-

tará a confiança de ter adquirido uma compreensão sofisticada e completa de motivação e emoção. Isto porque compreende-se o que seja motivação quando se compreendem as teorias da motivação.

JUNTANDO AS PEÇAS: UMA ESTRUTURA PARA SE ENTENDER O ESTUDO DA MOTIVAÇÃO

Uma maneira de integrar as questões permanentes, os fatos essenciais e expressões da motivação está resumido na Figura 1.3. As condições antecedentes afetam a condição do motivo subjacente do indivíduo, e os aumentos e diminuições dessa condição do motivo criam uma sensação de "querer", que se expressa por meio do comportamento ativo e direcionado para a meta, bem como por meio da fisiologia e do auto-relato.

Tome em consideração uns poucos exemplos ilustrativos. Algumas horas de privação de alimento (condição antecedente) provocam uma subseqüente queda no nível de glicose no plasma (alteração da necessidade fisiológica), que na consciência será representada como uma sensação de fome e um sentido de querer comer, sensações essas que energizam e direcionam o comportamento prestes a aparecer, a fisiologia e o auto-relato. Da mesma maneira, receber um elogio por um trabalho bem-feito (condição antecedente) fortalece uma percepção de competência que estimula um sentido de querer melhorar, que intensifica o comportamento de persistência, acalma a fisiologia e inspira auto-relatos como "Isso é bom". Assim também, uma ameaça pessoal

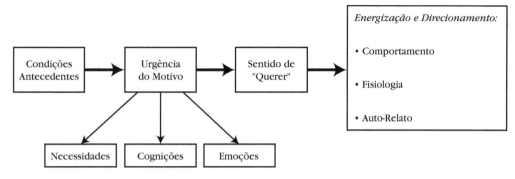

Figura 1.3 Esquema para se Compreender o Estudo da Motivação

(condição antecedente) pode fazer surgir o medo (emoção) e daí uma sensação de querer fugir e de proteger a si mesmo, um sentido que prenuncia o comportamento da pessoa (fazendo-a correr), a fisiologia (aumentando seu batimento cardíaco) e o auto-relato (preocupação, nervosismo).

O resumo apresentado (Figura 1.3) ilustra o modo como os psicólogos motivacionais respondem a essas questões permanentes. Ou seja, o modelo identifica as condições em que os motivos aumentam e diminuem de intensidade (à medida que são influenciados pelas condições antecedentes), ilustra o objeto do estudo da motivação (necessidades, cognições, emoções) e mostra de que maneira as mudanças na motivação se manifestam (comportamento, fisiologia, auto-relato). A maneira como todos esses processos trabalham juntos para explicar um fenômeno motivacional específico é o dever de uma teoria. Por exemplo, o propósito essencial de cada uma das teorias listadas na Tabela 1.5 é explicar como o modelo mostrado na Figura 1.3 funciona em relação a um motivo particular (p. ex., realização, excitação, atribuição).

RESUMO

A jornada para se compreender a motivação e a emoção começa pela permanente pergunta "O que causa o comportamento?" Essa pergunta geral convida-nos a fazer indagações que constituem os problemas essenciais a serem resolvidos pelos estudos motivacionais: o que dá início ao comportamento? O que mantém o comportamento ao longo do tempo? Por que o comportamento se orienta em direção a determinados fins enquanto se afasta de outros? Por que o comportamento muda de direção? Por que o comportamento cessa? Quais são as forças que determinam a intensidade do comportamento? Por que, em determinado momento, uma pessoa tem um tipo de comportamento em uma determinada situação, ao passo que, em outro momento, ela se comporta de maneira diferente? Quais são as diferenças motivacionais entre os indivíduos e de que modo surgem essas diferenças?

O objeto de estudo da motivação preocupa-se com os processos que energizam e direcionam o comportamento. Os quatro processos capazes de dar força e propósito ao comportamento — ou seja, sua energia e direção — são as necessidades, as cognições, as emoções e eventos externos. As necessidades são as condições internas ao indivíduo que são essenciais e necessárias para a manutenção da vida e para o crescimento e o bem-estar. As cognições são os eventos mentais, tais como as crenças, as expectativas e o autoconceito, que representam maneiras permanentes de pensar. As emoções são fenômenos subjetivos, fisiológicos, funcionais, expressivos e de vida curta que organizam os sentimentos, a fisiologia, o propósito e a expressão, fazendo com que o indivíduo responda coerentemente às condições ambientais, tais como uma ameaça. Os eventos externos são os incentivos ambientais que energizam e direcionam o comportamento para aqueles eventos que assinalam conseqüências positivas e o afastam daqueles que assinalam conseqüências aversivas.

Tanto por meio de sua presença quanto por sua intensidade, a motivação pode se expressar de três maneiras: pelo comportamento, pela fisiologia e pelo auto-relato. Os sete aspectos do comportamento motivado incluem o esforço, a latência, a persistência, a escolha, a probabilidade de resposta, as expressões faciais e os sinais corporais. Os estados psicofisiológicos expressam a atividade dos sistemas nervoso central e hormonal, fornecendo dados que nos permitam inferir sobre as bases biológicas da motivação e da emoção. As avaliações dos auto-relatos mensuram os estados motivacionais por meio de entrevistas ou de questionários. Todas essas três expressões podem ser úteis para se inferir a motivação, mas os pesquisadores baseiam-se mais nas medidas comportamentais e fisiológicas, e menos nos auto-relatos.

O estudo da motivação inclui oito temas, que são os seguintes: (1) a motivação beneficia a adaptação; (2) os motivos afetam o comportamento, direcionando a atenção; (3) a intensidade da motivação varia com o tempo e influencia o fluxo do comportamento; (4) existem diferentes tipos de motivação; (5) a motivação inclui tanto as tendências de aproximação quanto as de afastamento; (6) os estudos motivacionais revelam o que as pessoas desejam; (7) para florescer, a motivação necessita de condições favoráveis e (8) não há nada tão prático quanto uma boa teoria. Esses princípios são importantes porque fornecem uma perspectiva geral que unifica os diversos pressupostos, hipóteses, perspectivas, teorias, achados e aplicações dos estudos motivacionais em um campo de estudo prático, interessante e coerente. A Figura 1.3 apresenta uma estrutura geral para a compreensão do fenômeno motivacional, que será tratada nos próximos capítulos.

Capítulo 2

A Motivação Segundo as Perspectivas Histórica e Contemporânea

AS ORIGENS FILOSÓFICAS DOS CONCEITOS
   MOTIVACIONAIS
A VONTADE: A PRIMEIRA GRANDE TEORIA
INSTINTO: A SEGUNDA GRANDE TEORIA
IMPULSO: A TERCEIRA GRANDE TEORIA
   A Teoria do Impulso de Freud
   A Teoria do Impulso Segundo Hull
   O Declínio da Teoria do Impulso
   Os Anos Posteriores à Teoria do Impulso

O SURGIMENTO DAS MINITEORIAS
   A Natureza Ativa da Pessoa
   A Revolução Cognitiva
   A Pesquisa Aplicada e de Relevância Social
A ERA CONTEMPORÂNEA DAS MINITEORIAS
   O Retorno dos Estudos da Motivação nos anos 1990
CONCLUSÃO
RESUMO
LEITURAS PARA ESTUDOS ADICIONAIS

Talvez você já tenha visto o filme *De Volta para o Futuro*, estrelado por Michael J. Fox. O protagonista dessa história pilota um carro que funciona como uma máquina do tempo capaz de transportar seus passageiros de volta à década de 1950. Se pegássemos uma carona nesse carro, poderíamos deixar Michael J. Fox andando de *skate* nas ruas de sua cidade e vivendo sua aventura, enquanto visitaríamos uma universidade local para ver como eram os cursos sobre motivação dados no ensino superior daquela época.

Além das meias soquete e dos cortes de cabelo engraçados das estudantes, o que nos chamaria a atenção em um curso universitário sobre esse assunto seria a falta de um livro-texto. O primeiro livro-texto sobre motivação veio surgir apenas em 1964 (Cofer & Appley, 1964). Outro item a nos chamar a atenção seria a ementa da disciplina. A folha mimeografada da ementa mencionaria tópicos como a teoria do impulso, o incentivo e o reforço, impulsos adquiridos, conflito e emoção. Mas, por mais que procurássemos na ementa, não encontraríamos nada de realmente interessante sobre como aplicar a motivação — não haveria nada sobre motivação nas escolas, na psicologia esportiva, no trabalho, no tratamento da obesidade e na aplicação de dietas, nas crenças de controle pessoal, e assim por diante. Entretanto, o curso provavelmente incluiria conceitos psicanalíticos e de auto-atualização — com uma semana de estudos dedicada a Freud e outra a Maslow. Também haveria uma semana dedicada a atividades de laboratório. Cada aluno ficaria com um rato, no qual estudaria efeitos de manipulações, como, por exemplo, a influência que um período de 24 horas de privação de alimento exer-

ceria sobre a velocidade da cobaia ao correr para uma caixa cheia de sementes de girassol. E, após entrar novamente na máquina do tempo de De Lorean e retornar ao presente, você provavelmente concordaria em que o estudo da motivação mudou e se aperfeiçoou mais ainda do que os cortes de cabelo e a moda.

AS ORIGENS FILOSÓFICAS DOS CONCEITOS MOTIVACIONAIS

E se nossa tecnologia de ficção científica fizesse você voltar 100 anos no tempo, você simplesmente não encontraria nenhum curso de motivação, uma vez que esses cursos (e também o próprio campo da motivação) têm uma história recente — de menos de um século.

As raízes do estudo da motivação devem suas origens aos antigos gregos — Sócrates, Platão e Aristóteles. Platão (que foi discípulo de Sócrates) propôs que a motivação surgia de uma alma (ou mente, ou psique) disposta segundo uma hierarquia tripartida. No nível mais primitivo, encontrava-se o aspecto do apetite da alma, que contribuía para os apetites corporais e os desejos, tais como a fome e o sexo. No segundo nível, situava-se o aspecto competitivo, que contribuía para os padrões socialmente referenciados, como a sensação de honra e de vergonha. No nível mais elevado estava o aspecto calculista, que contribuía para as capacidades de tomada de decisão, tais como a razão e a escolha. Para Platão, esses três aspectos diferentes da alma motivavam diferentes domínios de comportamento. Além disso, cada aspecto superior tinha a capacidade de regular os motivos dos aspectos inferiores (p. ex., a razão poderia controlar o apetite corporal). É interessante notar que a descrição que Platão fez da motivação antecipou bastante bem a psicodinâmica de Sigmund Freud (p. ex., veja o Livro IX de Platão, pp. 280-281): de maneira simplificada, o aspecto apetitivo de Platão corresponde ao id de Freud, o aspecto competitivo, ao superego, e o aspecto calculista, ao ego (Erdelyi, 1985).

Aristóteles endossou a idéia da alma tripartida e hierarquicamente organizada de Platão (apetitiva, competitiva e calculista), embora preferisse utilizar uma terminologia diferente (nutritiva, sensível e racional). O aspecto nutritivo era o mais impulsivo, irracional e animalesco, que contribuía para as necessidades corporais urgentes relacionadas à manutenção da vida. O aspecto sensível também se relacionava com o corpo, mas regulava o prazer e a dor. Já o componente racional da alma era único aos seres humanos, uma vez que se relacionava com as idéias e o intelecto, caracterizando a vontade. A vontade funcionava como o nível mais elevado da alma, que se valia da intenção, da escolha e do que é divino e imortal.

Séculos depois, a psique tripartida dos gregos reduziu-se a um dualismo — as paixões do corpo e a razão da mente. Essa alma de duas partes conservou a natureza hierárquica dos gregos, já que fazia a distinção principal entre o que era físico, irracional, impulsivo e biológico (o corpo) e o que era imaterial, racional, inteligente e espiritual (a mente). O ímpeto por trás dessa reinterpretação deveu-se principalmente ao compromisso intelectual da época com as dicotomias motivacionais, tais como paixão contra razão, o bem contra o mal, e natureza animal contra alma humana. Por exemplo, Tomás de Aquino sugeriu que o corpo fornecia os impulsos motivacionais irracionais e baseados no prazer, ao passo que a mente era a responsável pelas motivações racionais e baseadas na vontade.

Na era pós-renascentista, o filósofo francês René Descartes prestou uma nova contribuição a esse dualismo entre mente e corpo, fazendo uma distinção entre os aspectos passivo e ativo da motivação. O corpo era um agente mecânico, semelhante a uma máquina, e motivacionalmente passivo, enquanto a vontade era um agente imaterial, espiritual e motivacionalmente ativo. Como uma entidade física, o corpo possuía necessidades de nutrição e respondia ao ambiente de maneira mecânica, através de seus sentidos, seus reflexos e sua fisiologia. Por outro lado, a mente era uma entidade pensante e espiritual, possuidora de uma vontade dotada de um propósito. A mente controlaria o corpo; o espírito governaria os desejos corporais. Essa distinção era muito importante, uma vez que ditou as regras para o estudo da motivação durante os 300 anos seguintes: o que era preciso para compreender os motivos passivos e reativos era uma análise mecânica do corpo (p. ex., o estudo da fisiologia); e o que era preciso para entender os motivos ativos e intencionais era uma análise intelectual da vontade (p. ex., o estudo da filosofia).

A VONTADE: A PRIMEIRA GRANDE TEORIA

Para Descartes, a principal força motivacional era a vontade. Descartes pensava que, se houvesse condições de entender a vontade, seria possível compreender a motivação. Segundo ele, a vontade inicia e direciona a ação; cabe a ela decidir se e quando agir. Já as necessidades corporais, as paixões, os prazeres e as dores criam impulsos à ação, mas esses impulsos só excitam a vontade. A vontade é uma faculdade (ou poder) que a mente, agindo no interesse da virtude e da salvação e exercendo seu poder de escolha, tem para controlar os apetites corporais e as paixões. Ao atribuir os poderes exclusivos da motivação à vontade, Descartes proporcionou à motivação sua primeira grande teoria.

A expressão "grande teoria" será utilizada aqui e ao longo de todo este capítulo com o propósito de conotar uma teoria que tudo engloba, ou seja, um modelo geral que procura explicar todo o espectro da ação motivada — por que nos alimentamos, bebemos, trabalhamos, competimos, tememos certas coisas, lemos, nos apaixonamos, e assim por diante. A afirmativa de que "a vontade motiva todas as ações" é uma grande teoria da motivação, da mesma maneira que "o amor ao dinheiro é a raiz de todos os males" é uma grande teoria do mal. Ambas identificam uma causa única, que tudo abrange e que explica plenamente um fenômeno (toda a motivação, todos os males).

A esperança de Descartes era que, uma vez entendida a vontade, inevitavelmente também se compreenderia a motivação. Portanto, a compreensão da motivação reduziu-se e tornou-se sinônimo de compreensão da vontade. E em decorrência disso, os filósofos empenharam enorme energia no esforço de compreender a vontade. Fizeram-se alguns progressos, tais como a identificação dos atos de vontade como sendo escolhas (ou seja, a decisão sobre se se deve agir ou não; Rand, 1964), esforços (ou seja, a criação de impulsos para agir; Ruckmick, 1936) e resistências (ou seja, a abnegação ou a resistência à tentação). Entretanto, no fim de tudo isso, dois séculos de análises filosóficas produziram resultados desapontadores. A vontade mostrouse uma faculdade mental malcompreendida, que de alguma maneira surgia de um amontoado de capacidades inatas, sensações ambientais, experiências de vida e reflexões sobre si própria e suas idéias. Além disso, uma vez surgida a vontade, de alguma maneira ela se contemplava de intenções e propósitos. E também se constatava que algumas pessoas demonstravam ter maior força de vontade do que outras.

Para resumir essa longa história, os filósofos constataram que a vontade é algo tão misterioso e difícil de explicar quanto a motivação que supostamente ela gera. Esses pensadores nada descobriram da natureza da vontade, nem das leis pelas quais ela operava. Essencialmente, foi como se os filósofos estivessem fabricando mais obstáculos para si próprios, multiplicando o problema que eles estavam tentando resolver. Ao utilizar a vontade, eles agora tinham que explicar não só a motivação, mas também o agente motivador — ou seja, a vontade. Como se pode ver, o problema simplesmente duplicou. Por essa razão, os pesquisadores envolvidos com a nova ciência da psicologia, que surgiu nos anos 1870 (Schultz, 1987), viram-se em busca de um princípio motivacional menos misterioso. E de fato encontraram um, não dentro da filosofia, mas dentro da fisiologia — o instinto.

Porém, antes de deixarmos a discussão histórica da vontade, consideremos que os psicólogos contemporâneos reconhecem

16 Capítulo Dois

que a mente (a vontade) com efeito pensa, planeja e forma intenções que precedem a ação. Mas, se não é a vontade que está produzindo o pensamento e o planejamento, de onde então esses dois provêm? Em outras palavras, como as pessoas resistem à tentação (Mischel, 1996), mantêm seu esforço (Locke & Kristof, 1996), exercitam o autocontrole (Mischel & Mischel, 1983), controlam seu pensamento (Wegner, 1994), formam intenções de agir (Gollwitzer, 1993) e concentram sua atenção na tarefa que têm à mão (Rand, 1964)? Considere duas explicações. Primeiro, observe como as crianças conseguem concentrar a força de vontade de que necessitam para retardar a gratificação e resistir a uma tentação (Mischel, Shoda & Rodriguez, 1989; Patterson & Mischel, 1976). Em um experimento, uma criança da pré-escola está sozinha sentada a uma mesa sobre a qual há um doce tentador. O pesquisador propõe então à criança uma escolha — um doce agora ou dois doces se ela conseguir esperar 20 minutos. Em vez de invocarem a força de vontade (ou seja, a abnegação, a determinação severa de algo), os pesquisadores constataram que o meio pelo qual as crianças conseguiram resistir à tentação e retardaram sua gratificação foi convertendo a espera frustrante em algo mais tolerável e divertido (p. ex., brincando com um jogo, cantando ou mesmo tirando um cochilo). As crianças que usaram essas estratégias resistiram à tentação, enquanto as que não usaram tais estratégias agiram impulsivamente (comeram logo o doce que estava disponível). Em outro exemplo, universitários fizeram um teste, enquanto pesquisadores tentavam predizer quão bem ou mal eles se sairiam (Locke & Kristof, 1996). Os pesquisadores registraram o objetivo de cada estudante (a nota que pretendiam tirar) e os métodos de estudo. Os estudantes que tinham planos claros e métodos eficazes de estudo tiveram bom desempenho, enquanto os estudantes que não tinham objetivos e possuíam métodos de estudo superficiais tiveram mau desempenho. Portanto, objetivos e estratégias, e não a força de vontade pessoal, produziram um desempenho eficaz. Logo, no estudo contemporâneo da motivação, os pesquisadores deixaram de lado os modelos gerais da motivação como "força de vontade", especificando, em vez disso, os processos psicológicos que eles podem mais rapidamente relacionar ao comportamento das pessoas. Ou seja, os pesquisadores estudam os processos mentais mensuráveis, tais como planos, metas e estratégias, em vez dessa coisa misteriosa chamada vontade (Gollwitzer & Bargh, 1996).

INSTINTO: A SEGUNDA GRANDE TEORIA

O determinismo biológico de Charles Darwin exerceu dois principais efeitos no pensamento científico. Em primeiro lugar, forneceu à biologia sua mais importante idéia (a evolução). E, ao fazê-lo, o determinismo biológico fez com que os cientistas se afastassem dos conceitos motivacionais mentalísticos (p. ex., à vontade), passando a se aproximar dos conceitos mecanicistas e genéticos. Em segundo, o determinismo biológico de Darwin acabou com o dualismo homem-animal que dominava os estudos motivacionais anteriores. Em vez disso, ele introduziu questões tais como a maneira como os animais utilizam seus recursos (ou seja, a motivação) para se adaptar às demandas mais importantes de um dado ambiente. Para os filósofos anteriores, a vontade

era um poder mental exclusivamente humano, e a quebra da distinção entre motivação humana e motivação animal foi ainda mais uma razão para que a vontade deixasse de constituir uma grande explicação do comportamento motivado.

Para Darwin, muito do comportamento animal parecia ser algo não-aprendido, automatizado e mecanicista (Darwin, 1859, 1872). Com ou sem experiência, os animais se adaptam a seus ambientes principais: os pássaros constroem ninhos, as galinhas chocam seus ovos, os cães caçam coelhos, e os coelhos fogem dos cães. Para explicar esse comportamento adaptativo aparentemente predeterminado, Darwin propôs o instinto.

O feito de Darwin foi que seu conceito motivacional tinha condições de explicar o que a vontade dos filósofos não conseguia — ou seja, de onde a força motivacional provém em primeiro lugar. Os instintos surgem de uma substância física, de uma dotação genética. Os instintos são fisicamente reais: eles existem nos genes. Os animais têm dentro de si uma substância material que os faz agir segundo uma maneira específica. Com isso, o estudo da motivação deixou o campo da filosofia e entrou no campo das ciências naturais.

Dada a presença do estímulo apropriado, os instintos expressam-se por meio de reflexos corporais herdados — o pássaro constrói o ninho, a galinha choca os ovos e o cachorro caça, tudo isso porque cada um deles tem um impulso geneticamente dotado e biologicamente excitado para fazer isso. Essencialmente, os pensadores motivacionais do século XIX retiraram a porção inanimada do dualismo filosófico (ou seja, a alma racional) e mantiveram o que restou — os ímpetos, os impulsos e os apetites biológicos.

O primeiro psicólogo a popularizar a teoria instintiva da motivação foi William James (1890). James baseou-se bastante no clima intelectual criado por Darwin e seus contemporâneos para atribuir aos seres humanos a dotação de um grande número de instintos físicos (p. ex., o ato de sugar, a locomoção) e mentais (p. ex., a imitação, o brincar, a sociabilidade). Tudo o que era preciso para traduzir os instintos em um comportamento direcionado para uma meta (ou seja, motivado) era a presença de um estímulo apropriado. Os gatos caçam ratos, fogem de cães e evitam o fogo simplesmente porque biologicamente eles devem fazer isso (ou seja, porque um rato traz ao gato o instinto de caça, o cão lhe traz o instinto de fuga, e as chamas lhe trazem o instinto de proteção). Ou seja, a visão de um rato (ou de um cachorro, ou das chamas) ativa no gato um conjunto complexo de reflexos herdados que gera impulsos para ações específicas (p. ex., caçar, correr). Por meio do instinto, os animais herdam uma natureza dotada de impulsos para agir e os reflexos necessários para produzir essa ação intencional.

A afeição, ou mesmo compromisso dos psicólogos por essa grande teoria da motivação cresceu rapidamente. Uma geração depois de James, William McDougall (1908, 1926) propôs uma teoria do instinto que incluía os instintos de exploração, de luta, de proteção materna das crias, e assim por diante. McDougall considerava os instintos como sendo forças motivacionais irracionais e impulsivas, que orientavam a pessoa em direção a uma determinada meta. É o instinto que "faz seu possuidor perceber e atentar para os objetos de uma certa classe, experimentar uma excitação emocional de uma determinada qualidade ao perceber esse objeto, e agir em relação ao objeto de modo particular, ou, pelo menos, experimentar um impulso para essa ação" (McDougall, 1908, p. 30). Portanto, os instintos (e as emoções a eles associadas) explicavam o atributo do direcionamento para uma meta, algo tão facilmente perceptível no comportamento humano. Em muitos aspectos, a doutrina instintiva de McDougall foi paralela às idéias de James. Entretanto, a grande diferença entre as duas era o fato de que a doutrina de McDougall sustentava de maneira um tanto extrema que, sem os instintos, os seres humanos seriam incapazes de iniciar qualquer ação. Sem esses "motores primários", os seres humanos seriam como massas inertes, corpos sem quaisquer impulsos para a ação. Em outras palavras, toda a motivação humana deve sua origem a um conjunto de instintos geneticamente dotados (ou seja, uma grande teoria da motivação).

Após os pesquisadores terem adotado o instinto como uma grande teoria da motivação, a tarefa seguinte foi identificar quantos instintos os seres humanos possuem. Porém, a partir desse ponto, o processo rapidamente saiu de controle. A doutrina do instinto tornou-se irremediavelmente especulativa, à medida que diferentes listas de instintos foram aumentando até fornecer 6.000 tipos diferentes (Bernard, 1924; Dunlap, 1919). Na prática de compilar as listas de instintos, reinava a promiscuidade intelectual: "se o indivíduo sai com seus companheiros, então está sendo ativado pelo 'instinto de manada'; se sai sozinho, o que está em ação é o 'instinto anti-social'; se fica girando os polegares, é o 'instinto de girar os polegares'; e se não gira os polegares, é o 'instinto de não girar os polegares'" (Holt, 1931, p. 428). O problema aqui é a tendência a confundir a nomeação com a explicação (p. ex., dizer que as pessoas são agressivas porque elas têm o instinto de serem agressivas). Confundir nomeação e explicação é algo que nada acrescenta ao entendimento da motivação e da emoção.

Além disso, constatou-se que a lógica subjacente à teoria instintiva era circular (Kuo, 1921; Tolman, 1923). Considere a explicação de como o instinto de luta motiva os atos de agressão. A única evidência de que as pessoas possuem o instinto de luta é o fato de elas às vezes se comportarem agressivamente. Para o teórico, esse é o pior tipo de circularidade: a causa explica o comportamento (instinto → comportamento), porém o comportamento é a evidência de sua própria causa (comportamento → instinto). O que está faltando aqui é um modo independente de determinar se o instinto realmente existe. Uma maneira de determinar isso é criar dois animais muito semelhantes (p. ex., animais dotados de instintos similares) de modo a oferecer-lhes diferentes experiências de vida, para então esperar até que esses animais atinjam a fase adulta, e verificar se seus comportamentos são essencialmente os mesmos. Se os instintos dirigem o comportamento, então dois animais geneticamente equivalentes devem se comportar essencialmente da mesma maneira, a despeito das diferenças entre suas experiências e suas circunstâncias de vida. Quando os pesquisadores realizaram experimentos desse tipo sobre o instinto maternal em ratos (Birch, 1956) e sobre o instinto de utilização das mãos (destros ou canhotos) em seres humanos (Watson, 1924), os ratos e os humanos comportaram-se de modos que refletiam suas diferentes experiências (em vez de seus instintos similares).

O conceito de instinto surgiu para preencher a lacuna do que é a motivação, e de onde ela provém (Beach, 1955). O romance da psicologia com a teoria instintiva começou com uma aceitação calorosa, mas acabou com uma negação categórica.[1] Da mesma maneira que anteriormente abandonou a vontade, a psicologia também abandonou o instinto, e viu-se então em busca de um conceito motivacional substituto que explicasse a natureza intencional do comportamento.

IMPULSO: A TERCEIRA GRANDE TEORIA

O conceito motivacional que surgiu para substituir o instinto foi o impulso (introduzido por Woodworth, 1918). O impulso surge da biologia funcional, segundo a qual a função do comportamento está a serviço das necessidades corporais. À medida que ocorrem os desequilíbrios biológicos (p. ex., falta de alimento ou de água), os animais experimentam esses déficits de necessidade biológica psicologicamente como "impulso". Portanto, o impulso motiva qualquer comportamento que sirva às necessidades do corpo (p. ex., comer, beber, aproximar-se). As duas teorias do impulso mais amplamente aceitas foram propostas por Sigmund Freud (1915) e Clark Hull (1943).

A Teoria do Impulso de Freud

Freud, que estudou fisiologia, acreditava que todo comportamento é motivado, e que o propósito do comportamento seria servir à satisfação de necessidades. Sua visão do sistema nervoso era de que as exigências biológicas (p. ex., a fome) seriam constante e inevitavelmente condições recorrentes que produziriam acúmulos energéticos dentro de um sistema nervoso que funcionaria em torno de uma tendência herdada de manter um nível baixo e constante de energia (Freud, 1915). Ao mesmo tempo que tentava manter baixo e constante o nível de energia, o sistema nervoso seria perpetuamente afastado desse objetivo pela emergência e reemergência das exigências biológicas. Cada acúmulo de energia perturbaria a estabilidade do sistema nervoso e produziria um desconforto

---

[1] A psicologia contemporânea não mais utiliza o instinto para explicar a complexidade do comportamento humano. Não obstante, a proposição de que os animais não-humanos apresentam padrões de comportamento consistentes, não-aprendidos e estereotípicos é uma observação inegável. As abelhas constroem células hexagonais, os machos do esgana-gato atacam os peixes de coloração vermelha, e os pássaros constroem ninhos. Os psicólogos contemporâneos (mas especialmente os etologistas) admitem que esses atos estereotipados podem ser atribuídos aos instintos nos animais. Como James escreveu há mais de um século: "o fato de que os instintos [...] existem em uma enorme escala no reino animal é algo que não necessita de qualquer comprovação" (1890, p. 383). Ao utilizar o termo "instinto", os etologistas (Eibl-Eibesfeldt, 1989; Lorenz, 1965; Moltz, 1965) falam agora de estruturas neuronais herdadas que não são modificadas pelo ambiente durante o desenvolvimento do ser vivo. Essas estruturas neuronais herdadas geram, não padrões gerais de comportamento, mas sim frações particulares de comportamentos situacionalmente específicos, referentes a "padrões fixos de ação". A mudança de foco do instinto de causa do comportamento complexo para causa das frações de comportamento (padrões fixos de ação) mostrou ser um compromisso teórico confortável. Por outro lado, mesmo sendo teoricamente vantajoso, esse compromisso nitidamente evidenciou o declínio de mais uma grande teoria. Uma explicação que se vale de frações de comportamento ou frações de motivação simplesmente não é capaz de explicar plenamente nem o comportamento nem a motivação.

18   Capítulo Dois

psicológico (ou seja, ansiedade). Se o acúmulo de energia crescesse excessivamente, poderia mesmo ameaçar a saúde física e psicológica. Portanto, o impulso surgia como um tipo de sinal de emergência para que se tomasse alguma providência. O comportamento continuaria até que o impulso ou a exigência que o motivou fossem satisfeitos. Em outras palavras, o comportamento serviria às necessidades corporais, e a ansiedade (impulso) atuaria como um tipo de intermediário para assegurar que o comportamento ocorresse no tempo certo e conforme o necessário.

Uma maneira de entender a visão freudiana da energia do sistema nervoso (ou seja, a libido) é por meio da analogia com um sistema hidráulico no qual a energia (em forma de um fluxo de água constante) aumenta continuamente. À medida que os impulsos corporais continuam a acumular energia, a exigência ansiosa de descarregar essa energia vai se tornando cada vez mais imperiosa e eficaz (caso contrário, a água irá transbordar). Quanto mais alta for a energia psíquica, maior será o impulso para agir. O comportamento adaptativo acalma temporariamente o impulso, mas o constante acúmulo da energia do sistema nervoso sempre retorna (ou seja, a afluência de água no sistema nunca termina).

Freud (1915) resumiu sua teoria do impulso como tendo quatro componentes: fonte, ímpeto, propósito e objeto. A fonte do impulso é um déficit corporal (p. ex., a falta de alimento). O impulso é dotado de um ímpeto (força) que tem o propósito da satisfação, a qual é a remoção (por meio da satisfação) do déficit corporal subjacente. Para alcançar esse propósito, o indivíduo experimenta a ansiedade em um nível psicológico, e é essa ansiedade que motiva a busca comportamental por um objeto capaz de remover o déficit corporal. A satisfação do déficit corporal acalma o impulso/ansiedade. Após essa introdução, pode-se representar a teoria freudiana do impulso da seguinte maneira:

Fonte do Impulso →	Ímpeto do Impulso →	Objetivo do Impulso →	Propósito do Impulso →
Déficit Corporal	Intensidade do desconforto psicológico (ansiedade)	Objeto ambiental capaz de satisfazer o déficit corporal	Satisfação pela remoção do déficit corporal

A despeito de sua criatividade, a teoria do impulso de Freud se ressentiu de pelo menos três críticas: (1) uma relativa superestimação da contribuição das forças biológicas para a motivação (e, com isso, uma relativa subestimação de fatores relacionados à aprendizagem e à experiência); (2) um excesso de confiança nos dados retirados dos estudos de casos de indivíduos portadores de transtornos (e, com isso, uma falta de confiança nos dados provenientes de pesquisas experimentais com amostras representativas); e (3) idéias que não são cientificamente (ou seja, experimentalmente) testáveis (p. ex., como é possível criar um teste empírico sobre o fato de as pessoas possuírem ou não impulso para a agressividade?). Por outro lado, nenhuma dessas três críticas se aplica à segunda grande teoria do impulso, proposta por Clark Hull.

A Teoria do Impulso Segundo Hull

Para Hull (1943, 1952), o impulso é uma fonte de energia agrupada e composta de todos os déficits/distúrbios experimentados momentaneamente pelo corpo. Em outras palavras, as necessidades particulares de alimento, água, sexo, sono, e assim por diante, são concentradas para constituírem uma necessidade corporal total. Para Hull, assim como para Freud, a motivação (ou seja, o impulso) tem uma base puramente fisiológica, e a necessidade corporal constitui a fonte última da motivação (tendo-se com isso uma outra grande teoria da motivação).

A teoria do impulso de Hull tem um aspecto notável que nenhuma outra teoria anterior da motivação apresentou — ou seja, a de que a motivação pode ser prevista antes de ocorrer. Tanto com o instinto quanto com a vontade, era impossível dizer *a priori* quando e se uma pessoa estaria ou não motivada. Porém, se um animal é privado de alimento, água, sexo ou sono, o impulso irá inevitavelmente crescer proporcionalmente à duração dessa privação. A motivação é responsável pelas condições antecedentes do ambiente. O impulso é uma função monotonicamente crescente da necessidade corporal total, e esta, por sua vez, é uma função monotonicamente crescente do número de horas de privação. O fato de que o impulso pode ser conhecido a partir das condições ambientais antecedentes marcou o início de um estudo *científico* da motivação. Isso foi assim porque, se conhecermos as condições ambientais que criaram a motivação, poderemos manipular (e predizer) os estados motivacionais no laboratório. Também é possível explorar os efeitos do estado motivacional manipulado sobre um grande número de resultados (p. ex., desempenho, esforço, bem-estar).

O impulso surge de uma ampla faixa de distúrbios corporais, que incluem a fome, a sede, o sexo, a dor, a respiração, a regulação da temperatura, a micção, o sono, a atividade corporal, a construção de ninhos e o cuidado com os filhotes (Hull, 1943, pp. 59-60). Uma vez surgido, o impulso energiza o comportamento (Bolles, 1975). Porém, embora energize o comportamento, o impulso não o direciona. É o hábito, e não o impulso, que direciona o comportamento. Como um contemporâneo disse: "O impulso é um energizador, não um guia" (Hebb, 1955, p. 249). Os hábitos que guiam o comportamento provêm da aprendizagem, e a aprendizagem ocorre como conseqüência do reforço. As pesquisas de Hull levaram-no a demonstrar que, se uma resposta é seguida rapidamente de uma redução no impulso, ocorre uma aprendizagem e, com isso, o hábito é reforçado. Qualquer resposta que diminua o impulso (p. ex., comer, beber, copular) produz um reforço, e o animal aprende qual resposta produz a redução de um impulso nessa situação particular. Para mostrar como o hábito e o impulso (ou seja, a aprendizagem e a motivação) produzem o comportamento, Hull (1943) elaborou a seguinte fórmula:

$$_sE_r = {_sH_r} \times D$$

A variável $_sE_r$ é a intensidade do comportamento (E significa "potencial excitatório") na presença de um determinado estímulo. $_sH_r$ é a força do hábito (ou seja, a probabilidade de ocorrência de uma resposta redutora do impulso diante de um determinado estímulo). D é o impulso (*drive*).[2] Os aspectos observáveis do

---

[2]Os subscritos *s* e *r* significam *stimulus* e *response* ["estímulo" e "resposta"], e informam que $_sH_r$ refere-se a uma determinada resposta na presença de um determinado estímulo. De modo semelhante, os subscritos associados a $_sE_r$ referem-se à "energia" potencial da resposta na presença desse estímulo específico.

comportamento — correr, persistir etc. — são representados por $_sE_r$. As variáveis $_sH_r$ e D referem-se às causas subjacentes e inobserváveis do comportamento. O sinal de multiplicação é importante no sentido de que o comportamento só ocorre quando o hábito e o impulso estão em níveis não-nulos. Em outras palavras, na ausência de impulso ($D = 0$), ou na ausência de hábito ($H = 0$), não há potencial excitatório ($E = 0$).

Posteriormente, Hull (1952) ampliou seu sistema comportamental para além de $H \times D$, a fim de incluir uma terceira causa de comportamento: a motivação do incentivo, abreviada como K.[3] Além das propriedades motivacionais de D, o valor do incentivo exercido por um objeto-alvo (sua qualidade, sua quantidade, ou ambas) também energiza o animal. Afinal de contas, as pessoas em geral trabalham com mais empenho por US$50 do que por US$1. Ao reconhecer que a motivação pode provir tanto de fontes internas (D) quanto de fontes externas (K), Hull (1952) propôs a seguinte fórmula:

$$_sE_r = {_sH_r} \times D \times K$$

Tanto D quanto K são termos motivacionais. A principal diferença entre eles está em que D origina-se de uma estimulação interna via distúrbios corporais, enquanto K origina-se de uma estimulação externa via qualidade do incentivo.

A teoria comportamental de Hull granjeou enorme popularidade. Em seu apogeu, sua teoria do impulso foi uma das mais populares teorias da história da psicologia. Apesar de obviamente essa afirmativa parecer exagerada, considere três ocorrências históricas que a justificam. Em primeiro lugar, aproximadamente metade de todos os artigos publicados nos principais periódicos de psicologia do início dos anos 1950 (p. ex., no *Psychological Review* e no *Journal of Experimental Psychology*) fazia referência ao livro de Hull de 1943. Em segundo, enquanto livros sobre motivação eram praticamente inexistentes em meados do século XX, dez anos depois eles se tornariam lugar-comum (Atkinson, 1964; Bindra, 1959; Brown, 1961; Hall, 1961; Lindzey, 1958; Madsen, 1959; McClelland, 1955; Maslow, 1954; Olds, 1956; Peters, 1958; Stacey & DeMartino, 1958; Toman, 1960; Young, 1961). Em terceiro lugar, nos anos 1950, a American Psychological Association (APA) solicitou a seus membros que fizessem uma lista das personalidades mais importantes da história da psicologia (até meados do século XX). O resultado da pesquisa está mostrado na Tabela 2.1. Observe os dois nomes no topo da lista.[4]

---

[3]Por acaso, se você se perguntar por que a motivação de incentivo foi abreviada em inglês por *K* em vez de *I* (de *incentive*), o motivo disso é que *K* vem de Kenneth Spence (Weiner, 1972). Spence convenceu Hull da necessidade de se incorporar a motivação de incentivo a seu sistema comportamental. Além disso, *I* era usado para outra variável, *inhibition* (inibição), que não será discutida aqui.

[4]No alvorecer do século XXI, a lista dos psicólogos eminentes alterou-se bastante (Haggbloom et al., 2002). Em 2002, Sigmund Freud havia caído para o 3º lugar, enquanto Clark Hull caía para o 21º. Os dez nomes mais importantes segundo a lista, do primeiro para o décimo, em uma relação que apresenta vários pesquisadores da motivação, são: B. F. Skinner, Jean Piaget, Sigmund Freud, Albert Bandura, Leon Festinger, Carl Rogers, Stanley Schachter, Neal Miller, Edward Thorndike e Abraham Maslow.

Tabela 2.1 Os Dez Mais Importantes Nomes da Psicologia, Segundo uma Classificação de Meados do Século XX

1. Sigmund Freud
2. Clark Hull
3. Wilhelm Wundt
4. Ivan Pavlov
5. John Watson
6. Edward Thorndike
7. William James
8. Max Wertheimer
9. Edward Tolman
10. Kurt Lewin

O Declínio da Teoria do Impulso

A teoria do impulso — tanto na versão freudiana quanto na versão hulliana — baseava-se em três pressupostos fundamentais:

1. O impulso emerge de necessidades corporais.
2. A redução do impulso é reforçada e produz a aprendizagem.
3. O impulso energiza o comportamento.

Ao longo dos anos 1950, testes empíricos desses três pressupostos revelaram muitos pontos de apoio, mas também alguns motivos de preocupação. Em primeiro lugar, alguns motivos existem com ou sem necessidades biológicas correspondentes. Por exemplo, as pessoas anoréxicas não comem (e não querem comer), a despeito da existência de uma forte necessidade biológica de fazê-lo (Klien, 1954). Portanto, é possível que a motivação surja de outras fontes que não os distúrbios corporais. Em segundo lugar, freqüentemente a aprendizagem ocorre sem a correspondente experiência da redução do impulso. Por exemplo, ratos famintos aprendem mesmo quando seu comportamento de comer é reforçado pela recompensa de sacarina não-nutritiva (Sheffield & Roby, 1950). Uma vez que não representa qualquer benefício nutricional, a sacarina não pode reduzir o impulso (ou seja, não serve às necessidades do corpo). Outras pesquisas mostraram que a aprendizagem ocorre após a indução do impulso (ou seja, ocorre um aumento do impulso; Harlow, 1953). No final, ficou claro que, para a aprendizagem ocorrer, a redução do impulso não era nem necessária nem suficiente (Bolles, 1972). Em terceiro lugar, as pesquisas reconheceram a importância das fontes externas (não-fisiológicas) de motivação. Por exemplo, uma pessoa que não está necessariamente com sede pode experimentar um motivo bastante forte para beber após ter provado (ou visto, ou cheirado) sua bebida favorita. Hull acrescentou a motivação de incentivo (K), mas a questão importante é que os motivos surgem mais do que simplesmente a partir da fisiologia corporal. Para explicar fenômenos motivacionais como comer, beber e ter relações sexuais, tornou-se claro que os pesquisadores necessitavam concentrar ao menos parte de sua atenção nas fontes externas (ambientais) de motivação.

Os Anos Posteriores à Teoria do Impulso

Os anos 1950 e 1960 representaram uma transição no estudo da motivação. No início dos anos 1950, as teorias motivacionais dominantes eram consideradas grandes teorias, sendo historicamente fundamentadas e bem conhecidas. A teoria do impulso era a principal perspectiva relativa à motivação (Bolles, 1975; Hull, 1952). Nesse meio de século, outras teorias motivacionais importantes incluíam a teoria do nível ótimo de excitação (Hebb, 1955; Berlyne, 1967), a teoria dos centros de prazer no cérebro (Olds, 1969), a teoria dos conflitos de aproximação-evitação (Miller, 1959), a teoria das necessidades universais (Murray, 1938), a teoria dos motivos condicionados (Miller, 1948), e a teoria da auto-atualização (Rogers, 1959). À medida que o estudo da motivação progredia e novos achados apareciam, tornou-se claro que, para haver progresso, era preciso que a área extrapolasse as fronteiras de suas grandes teorias. Nos anos que se seguiram à teoria do impulso, apareceram de fato teorias alternativas, que tentaram se impor como as novas grandes teorias do momento. Porém, os psicólogos motivacionais estavam simplesmente ganhando informações demais para se restringirem a uma grande teoria. Para investigar seus novos achados, os psicólogos motivacionais dos anos 1970 começaram a adotar miniteorias da motivação (Dember, 1965). A próxima seção discutirá essas miniteorias. Porém, será útil fazer aqui uma pausa para considerarmos os dois princípios motivacionais que, nos anos 1960, surgiram como possíveis substitutos teóricos do impulso para compor uma grande teoria da motivação: o incentivo e a excitação.

Consideremos o incentivo, que é um evento externo (ou estímulo) capaz de energizar ou direcionar um comportamento de aproximação ou de evitação. Segundo a teoria de redução do impulso, as pessoas são motivadas por meio de seus impulsos, que as "empurram" em direção a determinados objetivos (p. ex., a fome empurra a pessoa a explorar seu ambiente em busca de alimento). Já as teorias motivacionais do incentivo dizem que as pessoas são motivadas pelo valor incentivador de diversos objetos presentes em seu ambiente, que as "atraem" em direção a esses objetos (p. ex., a visão de uma torta de morangos faz a pessoa se aproximar da mesa). Observe que, nesse caso, a motivação primária não é a redução do impulso, mas, ao contrário, o aumento e a manutenção do contato com os estímulos incentivadores. As teorias do incentivo surgidas nos anos 1960 fundamentalmente tentavam explicar por que as pessoas buscavam os incentivos positivos e evitavam os incentivos negativos. Essencialmente, o foco dessas teorias era o K, e não o D, de Hull, e elas adotaram o conceito de hedonismo, que essencialmente postula que os organismos se aproximam de sinais de prazer e evitam sinais de dor. Por meio da aprendizagem, as pessoas formam associações (ou expectativas) de quais objetos no ambiente são gratificantes — sendo, portanto, merecedores de aproximação — e quais outros objetos infringem dor — sendo, portanto, merecedores de evitação. As teorias do incentivo apresentavam três novas características: (1) novos conceitos motivacionais, tais como os incentivos, (2) a idéia de que os estados motivacionais podem ser adquiridos por meio da experiência e (3) uma descrição da motivação que salienta as alterações que ocorrem de momento a momento (uma vez que os incentivos ambientais podem variar de um momento para outro).

Consideremos agora a excitação. A crescente insatisfação com a teoria do impulso foi contrabalançada por um crescente interesse pela teoria da excitação. O achado que assentou as bases para essa transição proveio da descoberta neurofisiológica de um sistema de excitação no tronco cerebral (Lindsley, 1957; Moruzzi & Magoun, 1949). As idéias centrais eram as de que (1) os aspectos do ambiente (o grau a que eles são estimulantes, novos, estressantes) afetam a maneira de o cérebro ser excitado e (2) as variações no nível de excitação apresentam uma relação curvilínea (que têm a forma de um U invertido) com o comportamento. Ou seja, os ambientes não-estimulantes geram baixos níveis de excitação e emoção, tais como o tédio; já ambientes um pouco mais estimulantes geram níveis ótimos de excitação e emoções, tais como o interesse; e ambientes extremamente estimulantes geram excitações e emoções como o medo. O nível de excitação terminou sendo entendido como algo "sinônimo de um estado geral de impulso" (Hebb, 1955, p. 249): as pessoas preferem um nível ótimo de excitação, evitando seus níveis muito baixos ou muito altos. Observe então o que aconteceu com a teoria do impulso — que foi reinterpretada de uma maneira que a afastou de suas raízes biológicas, levando-a para a época da neuropsicologia e da cognição. No fim dos anos 1960, os psicólogos motivacionais daquele período poderiam se concentrar nas necessidades biológicas (impulso), nos incentivos ambientais ou nos estados cerebrais de excitação.

Com a crescente insatisfação em relação à teoria do impulso, tornou-se cada vez mais evidente que qualquer grande teoria era simplesmente incapaz de arcar sozinha com todo o ônus de explicar a motivação (Appley, 1991). Em sua tentativa de cobrir todo o espectro dos fenômenos motivacionais, o panorama contemporâneo dos estudos da motivação é agora caracterizado por uma enorme diversidade de teorias ("miniteorias"), e não por um consenso qualquer em torno de uma única grande teoria.

O SURGIMENTO DAS MINITEORIAS

Diferentemente das grandes teorias que explicam todo o espectro da motivação, as miniteorias limitam sua atenção a um fenômeno motivacional específico. As miniteorias buscam compreender ou investigar um(a) determinado(a):

- Fenômeno motivacional (p. ex., o fluxo da experiência)
- Circunstância que afeta a motivação (p. ex., a retroalimentação de um fracasso)
- Grupos de pessoas (p. ex., extrovertidas, crianças, trabalhadores)
- Questão teórica (p. ex., "Qual é a relação entre cognição e emoção?")

Uma miniteoria explica parte, porém não todo o comportamento motivado. Sendo assim, uma teoria motivacional de realização (uma miniteoria) surgiu para explicar por que as pessoas respondem a padrões de excelência, e por que algumas pessoas demonstram ter entusiasmo e aproximação e agem com método, ao passo que outras demonstram ansiedade e evitação diante desses padrões. A teoria motivacional de realização não consegue explicar uma grande parte da ação motivada, mas, por outro lado, presta uma boa contribuição à explicação de uma interessante fatia da ação motivacional. A lista a seguir identifica algumas das miniteorias (com uma referência básica) surgidas nos anos 1960 e 1970 com o objetivo de substituir as grandes teorias enfraquecidas do impulso, do incentivo e da excitação:

- Teoria motivacional de realização (Atkinson, 1964)
- Teoria atribucional da motivação de realização (Weiner, 1972)
- Teoria da dissonância cognitiva (Festinger, 1957)
- Motivação dos efeitos (White, 1959; Harter, 1978a)
- Teoria da expectativa × valor (Vroom, 1964)
- Teoria do fluxo (Csikszentmihalyi, 1975)
- Motivação intrínseca (Deci, 1975)
- Teoria do estabelecimento de metas (Locke, 1968)
- Teoria do desamparo aprendido (Seligman, 1975)
- Teoria da reatância (Brehm, 1966)
- Teoria da auto-eficácia (Bandura, 1977)
- Auto-esquemas (Markus, 1977)

Três tendências históricas explicam por que o estudo da motivação deixou para trás a tradição das grandes teorias em favor das miniteorias. Em primeiro lugar, os pesquisadores motivacionais reavaliaram a propriedade da idéia de que os seres humanos são inerentemente passivos. A próxima seção discutirá essa tendência. Em segundo, a motivação, como todo o campo da psicologia, tornou-se acentuadamente cognitiva. Essa tendência veio a ser conhecida como a revolução cognitiva. E, em terceiro lugar, os pesquisadores motivacionais tornaram-se cada vez mais interessados nos problemas e nas questões aplicadas e socialmente relevantes. Além dessas tendências históricas, o primeiro jornal dedicado exclusivamente ao tópico da motivação surgiu em 1977, *Motivation and Emotion*. Esse jornal focalizou quase toda a sua atenção na exploração empírica das miniteorias motivacionais.

A Natureza Ativa da Pessoa

O propósito da teoria do impulso era explicar como um animal passava de inativo a ativo (Weiner, 1990). Em meados do século XX, supunha-se que os animais (inclusive os seres humanos) eram naturalmente inativos, e que o papel da motivação seria excitá-los, fazendo com que, de passivos, eles passassem a ser ativos. Com efeito, "motivar" significa "mover". Dessa forma, o impulso, como todos os constructos motivacionais anteriores, explicava o motor instigante do comportamento. A título de ilustração, uma definição comum para motivação em meados do século XX era: "o processo de excitar a ação, sustentar a atividade em progresso e regular o padrão de atividade" (Young, 1961, p. 24). A motivação era o estudo da energização dos passivos.

Já os psicólogos da segunda metade do século XX pensavam de maneira bastante diferente. Eles enfatizariam o fato de que as pessoas estão sempre conseguindo e fazendo algo. As pessoas são inerentemente ativas, estando sempre motivadas. Segundo um dos proponentes da natureza ativa das pessoas, "uma teoria motivacional bem fundada deve [...] supor que a motivação é constante, incessante, flutuante e complexa, e que é uma característica quase universal de praticamente qualquer processo que envolva interesse do organismo" (Maslow, 1954, p. 69). Talvez nas crianças, mais do que em quaisquer outros seres, isso seja mais evidente: "elas pegam os objetos, sacodem-nos, cheiram-nos, colocam-nos na boca, atiram-nos para longe e estão sempre perguntando 'O que é isso?' Sua curiosidade é infindável" (Deci & Ryan, 1985a, p. 11).

Na revisão das teorias motivacionais que fizeram em meados dos anos 1960, Charles Cofer e Mortimer Appley (1964) dividiram as teorias motivacionais da época entre aquelas que supunham que os organismos eram passivos e conservadores de energia e aquelas que supunham que os indivíduos eram ativos e que buscavam o crescimento. O número das teorias de orientação passiva era dez vezes superior ao das teorias de orientação ativa. Entretanto, as teorias ativas começaram a se propagar. Nos dias de hoje, as idéias sobre a motivação e a emoção aceitam a premissa da existência do organismo ativo, tratando bem pouco das motivações ocorridas por déficit (p. ex., redução na tensão, homeostase, equilíbrio) e bem mais das motivações por crescimento (p. ex., criatividade, competência, significados pessoais possíveis, auto-atualização; Appley, 1991; Benjamin & Jones, 1978; Rapaport, 1960; White, 1960). O estudo da motivação é hoje o estudo do direcionamento do propósito nas pessoas inerentemente ativas.

A Revolução Cognitiva

Os primeiros conceitos motivacionais — impulso, excitação, homeostase — fundamentavam-se na biologia e na fisiologia. Portanto, muito do pensamento sobre a motivação era moldado em uma herança e uma perspectiva biológicas. Os estudos contemporâneos da motivação continuam a manter essa aliança com a biologia, a fisiologia e a sociobiologia. Entretanto, no início dos anos 1970, o *Zeitgeist* ("clima intelectual") da psicologia passou decisivamente a ser cognitivo (Gardner, 1985; Segal & Lachman, 1972), e a revolução cognitiva tomou conta da área da motivação da mesma maneira que fez com praticamente todas as outras áreas da psicologia (D'Amato, 1974; Dember, 1974). Os pesquisadores da motivação começaram a complementar seus conceitos biológicos com os conceitos que enfatizavam os processos mentais internos. Alguns desses constructos motivacionais mentalísticos incluem os planos (Miller, Galanter & Pribram, 1960), as metas (Locke & Latham, 1990), as expectativas (Seligman, 1975), as crenças (Bandura, 1977), as atribuições (Weiner, 1972) e o autoconceito (Markus, 1977).

A revolução cognitiva exerceu dois outros efeitos sobre o pensamento referente à motivação. Primeiro, as discussões intelectuais sobre a motivação enfatizaram os constructos cognitivos (ou seja, as expectativas, as metas), deixando de enfatizar os constructos biológicos e ambientais. Essas discussões alteraram a imagem que a psicologia fazia do funcionamento humano, deixando-a "humana em vez de mecânica" (McKeachie, 1976, p. 831). Essa passagem ideológica da mecânica para a dinâmica (Carver & Scheier, 1981, 1990; Markus & Wurf, 1987) foi muito bem captada no título de um dos mais populares textos motivacionais daquela época, *Theories of Motivation: From Mechanism to Cognition* (Weiner, 1972). Uma revisão dos estudos motivacionais realizados a partir dos anos 1960 e 1970 mostra um acentuado declínio de experimentos que manipulam estados de privação em ratos, acompanhado por um igualmente acentuado aumento nos experimentos que manipulam a retroalimentação que acompanhava o sucesso ou o fracasso no desempenho humano (Weiner, 1990). O planejamento experimental não é muito diferente, mas é inegável o fato de seu foco ter passado a se concentrar em pessoas, em vez de animais.

Segundo, a revolução cognitiva veio complementar o emergente movimento do humanismo. Os psicólogos humanistas criticavam as teorias motivacionais dominantes nos anos 1960 como sendo decididamente não-humanas. Os humanistas resistiram a utilizar a metáfora da máquina, que apresenta a motivação de uma maneira determinista, como sendo uma resposta a forças biológicas incômodas, a destinos desenvolvimentais (p. ex., experiências traumáticas na infância), ou a controles exercidos pelo ambiente ou pela sociedade (Bugental, 1967; Wertheimer, 1978). As idéias de Abraham Maslow e Carl Rogers (Capítulo 15) expressam a nova compreensão que a psicologia tem dos seres humanos como seres inerentemente ativos, cognitivamente flexíveis e motivados para o crescimento (Berlyne, 1975; Maslow, 1987; Rogers, 1961).

A Pesquisa Aplicada e de Relevância Social

Uma terceira importante alteração que ajudou a iniciar a era das miniteorias foi o fato de que os pesquisadores voltaram sua atenção para questões relevantes à solução dos problemas motivacionais enfrentados pelas pessoas em sua vida diária (McClelland, 1978) — no trabalho (Locke & Latham, 1984), na escola (Weiner, 1979), ao enfrentarem o estresse (Lazarus, 1966), na solução de problemas de saúde (Polivy, 1976), na luta contra a depressão (Seligman, 1975), e assim por diante. À medida que estudavam menos os animais não-humanos e mais as pessoas, os pesquisadores descobriram uma riqueza de exemplos de motivação que ocorrem naturalmente fora do laboratório. Em função disso, os pesquisadores motivacionais começaram cada vez mais a se concentrar em problemas e questões aplicadas e de relevância social. Também passaram a ter contato mais freqüente com os psicólogos de outras áreas, tais como os da psicologia social, da psicologia industrial/organizacional, da psicologia clínica e de aconselhamento, e assim por diante. No geral, a área tornou-se menos interessada em estudar, por exemplo, a fome como fonte do impulso, e mais interessada em estudar as motivações que se encontram por trás do comer, da dieta, da obesidade e da bulimia (Rodin, 1981; Taubes, 1998).

A ênfase na pesquisa aplicada e socialmente relevante fez com que os estudos motivacionais contemporâneos assumissem um tipo de papel de "Johnny Appleseed"[5], em que os pesquisadores motivacionais saíram de seus laboratórios para fazer perguntas do tipo "O que causa o comportamento?" nas mais diversas áreas de especialização da psicologia. As novas alianças motivacionais com outros campos da psicologia podem ser ilustradas na Figura 2.1, que mostra explicitamente como a motivação se relaciona com os outros cursos de psicologia que o leitor possivelmente já fez ou fará. Ou seja, parte do conteúdo dos cursos de psicologia social, da psicologia da personalidade e da psicologia da educação é certamente motivacional. Em virtude dessa superposição, às vezes é difícil dizer onde o estudo da cognição acaba e onde o estudo da motivação começa (Sorrentino & Higgins, 1986), ou onde o estudo da percepção acaba e onde o estudo da motivação começa (Bindra, 1979). As tênues fronteiras entre a motivação e seus campos afins em geral sugerem a existência de uma crise de identidade no estudo da motivação; por outro

---

[5]Literalmente, "Joãozinho Plantador de Maçãs", apelido de um sujeito chamado John Chapman, que, nas primeiras décadas após a independência dos EUA, perambulou pela costa leste do país plantando macieiras e estimulando os outros a fazerem o mesmo. O nome passou então a se aplicar a qualquer pessoa que se torna adepta ou propagandista entusiasta de uma causa. (N. T.)

Figura 2.1 Relação entre o Estudo da Motivação e as Áreas de Especialização da Psicologia

lado, na prática, a ausência de fronteiras bem definidas facilita a troca de idéias e estimula uma exposição a diferentes perspectivas e metodologias (Feshbach, 1984), incluindo aquelas vindas de fora da psicologia (p. ex., a sociologia; Turner, 1987). Como conseqüência disso, os estudos contemporâneos da motivação ganharam uma riqueza, um interesse e uma vitalidade especiais (McNally, 1992).

A ERA CONTEMPORÂNEA DAS MINITEORIAS

Thomas Kuhn (1962, 1970) descreveu a história da maioria das ciências enfatizando o fato de que uma certa disciplina tanto faz progressos contínuos quanto descontínuos. Quando ocorre um progresso contínuo, os participantes realizam progressos lentos, incrementais e cumulativos, à medida que novos dados vão sendo acrescentados e vão suplantando os velhos dados, e as novas idéias se somam e suplantam as idéias antigas. Por outro lado, quando ocorre um progresso descontínuo, aparecem idéias radicais que rivalizam (e não mais se somam) com as idéias antigas. Se as idéias radicais ganharem aceitação, há uma rápida e drástica alteração no modo de pensar dos pesquisadores, fazendo com que os antigos modelos caiam em desuso para dar lugar aos novos modelos.

A Tabela 2.2 mostra a visão desenvolvimental de Kuhn. Em seu estágio pré-paradigmático, os estágios primitivos de uma disciplina começam a se enraizar à medida que os participantes vão formulando diferentes questões, utilizam métodos diferentes, tentam resolver problemas diferentes, sugerem diferentes soluções e, basicamente, discordam e discutem bastante entre si. Já no estágio paradigmático, os participantes da disciplina conseguem alcançar um consenso sobre o que constitui sua estrutura teórica e metodológica comum. Essa estrutura compartilhada (um "paradigma") possibilita que cada contribuinte compreenda os métodos e problemas da disciplina da mesma maneira. Com isso, os participantes têm condições de trabalhar coletivamente, o que os faz ganhar em uma compreensão cada vez mais detalhada e apurada da sua área de interesse. Entretanto, com o tempo as limitações e as inadequações do paradigma aceito tornam-se evidentes, à medida que vão surgindo anomalias que não podem ser explicadas com o paradigma então endossado.

Isso faz com que toda a área experimente um desconforto geral. Em conseqüência, surgem novos *insights* e novas descobertas, e esses insights e descobertas fazem surgir um novo modo de pensar ("um paradigma"). Munidos desse novo modo de pensar, os pesquisadores terminam por chegar a um acordo sobre um novo e aperfeiçoado paradigma, em um processo que geralmente engloba várias gerações de cientistas. Por exemplo, dois casos clássicos de mudança de paradigma ocorreram com a revolução copernicana, que substituiu as antigas idéias do geocentrismo, e com a teoria einsteiniana da relatividade geral, que substituiu a geometria euclidiana. Com essas mudanças, a astronomia e a física ficaram para sempre alteradas.

Como disciplina, o estudo da motivação tem participado da ascensão e da queda de três principais modos de pensar: a vontade, o instinto e o impulso. Cada um desses conceitos motivacionais ganhou ampla aceitação, mas, à medida que novos dados foram surgindo, constatou-se que cada um desses conceitos era bastante limitado para produzir mais progressos, e isso fez com que, no final, cada um deles fosse substituído por uma idéia mais nova, radical e aperfeiçoada. Atualmente, o estudo da motivação encontra-se em meio à era das miniteorias, e os três avanços recentes (ou seja, a natureza ativa da pessoa, a revolução cognitiva e a pesquisa socialmente relevante) que há pouco revisamos explicam por que a era das miniteorias acabou se mostrando mais produtiva do que a era da teoria do impulso entre nós. Outra tendência dos estudos motivacionais contemporâneos é o afastamento que essa área vem experimentando das ciências naturais e sua aproximação das ciências sociais. Entretanto, essas atuais especializações, debates e discordâncias têm produzido nos estudos motivacionais uma "crise de identidade".

Nessa "crise de identidade" que acompanhou a transição da teoria do impulso para a era atual das miniteorias, houve conseqüências boas e más. No lado ruim, a motivação perdeu o trono que tinha como talvez a mais importante disciplina da psicologia para ser relegada a um tipo de área de estudo de segunda classe. Esse destronamento da motivação foi tão severo que, em certa medida, a área sofreu um colapso que durou uma década e meia.

Entretanto, o estudo da motivação não desapareceu. As questões que definem a motivação, discutidas no Capítulo 1, permanecem. E, em vez de desaparecer, os especialistas motivacionais se dispersaram para praticamente todas as outras áreas da

Tabela 2.2 Esboço do Desenvolvimento Típico de uma Disciplina Científica

1. Pré-paradigmático	Floresce uma nova ciência, cujos participantes não compartilham uma mesma linguagem ou um mesmo conhecimento básico. São freqüentes os debates sobre quais deveriam ser os métodos, os problemas e as soluções da disciplina.
2. Paradigmático	As facções pré-paradigmáticas se fundem em um consenso sobre o que constitui os métodos, os problemas e as soluções da disciplina. Esse consenso é chamado de paradigma. Os participantes que compartilham desse paradigma acumulam conhecimento e fazem avanços consideráveis.
3. Crise e revolução	Surge uma anomalia que não pode ser explicada pelo consenso/paradigma existente. Desencadeia-se então um choque entre a velha maneira de pensar (que não consegue explicar a anomalia) e a nova maneira de pensar (que consegue explicá-la).
4. Novo paradigma	A nova maneira de pensar produz um progresso que modifica a disciplina. Ao chegar a um novo consenso, os participantes se estabilizam em um novo paradigma (ou novo estágio paradigmático). O progresso retorna, e com ele são feitos novos avanços consideráveis.

24 Capítulo Dois

psicologia. Sem o uso de conceitos motivacionais, os teóricos da aprendizagem, os psicólogos da personalidade, os psicólogos sociais, os clínicos e outros eram incapazes de explicar todos os tipos de comportamento que tentavam entender. Em outras palavras: os demais campos da psicologia precisavam de respostas para suas questões motivacionais. E o que emergiu disso foram as teorias da motivação social (Pittman & Heller, 1988), da motivação fisiológica (Stellar & Stellar, 1985), da motivação cognitiva (Sorrentino & Higgins, 1986), da motivação no desenvolvimento (Kagan, 1972), e assim por diante. Além disso, também surgiram teorias motivacionais específicas a domínios particulares de aplicação: teorias que explicam a motivação relacionada ao ato de fazer dieta e de se embebedar (Polivy & Herman, 1985), ao trabalho (Locke & Latham, 1984, 1990; Vroom, 1964), aos esportes (Roberts, 1992; Straub & Williams, 1984), à educação (Weiner, 1979), e assim por diante. Por volta de 1980, os psicólogos motivacionais estavam em literalmente todas as áreas da psicologia, enquanto investigavam as bases motivacionais da cognição, da interação social, da saúde, da personalidade, da educação, e daí por diante.

Nos anos 1960, o estudo da motivação basicamente entrou em colapso. Os conceitos motivacionais foram postos de lado, enquanto a disciplina era dominada pelos behavioristas, que viam a motivação como algo que acontece fora da pessoa (em forma de incentivos e reforçadores). E quando as forças internas à pessoa eram reconhecidas, elas eram tidas como forças fisiológicas, inconscientes ou subconscientes. Em função disso, estudar nessa época os aspectos conscientes da motivação era algo, por assim dizer, proibido (Locke & Latham, 2002). O estudo da motivação necessitava de teorias que explicassem como as pessoas intencionalmente regulam seu próprio comportamento. Felizmente, em outras áreas, os psicólogos não-motivacionais desejavam saber a mesma coisa. Ou seja, veio a se constatar que as questões sobre a motivação eram significantes e relevantes para praticamente todas as áreas da psicologia. Portanto, os pesquisadores motivacionais estabeleceram uma série de alianças com outras áreas, formando assim uma rede dispersa de pesquisadores que compartilhavam uma mesma preocupação e compromisso com as questões e problemas relevantes do ponto de vista motivacional. Foi nas especialidades da psicologia — psicologia social, psicologia educacional, psicologia industrial/organizacional, etc. — que se criaram as teorias sobre como as pessoas intencionalmente regulam seu comportamento.

Diante desse presente "estado de crise", há duas maneiras de conceitualizar os estudos contemporâneos da motivação. A primeira delas é basicamente admitir que a área da motivação é jovem, imatura e basicamente arraigado a um estágio pré-paradigmático de 100 anos de duração (veja a Tabela 2.2). Em vez de existir em forma de uma disciplina própria e bem-estabelecida, o estudo contemporâneo da motivação depende das alianças desta com outros campos da psicologia, como mostra a Figura 2.1. A Figura 2.1 também apresenta uma superposição intelectual entre o núcleo dos estudos motivacionais e esses dez campos afins. A título de ilustração, observa-se que a psicologia educacional estuda como os estudantes aprendem e como os professores os ajudam a aprender (Renninger, 1996). Como a motivação afeta a maneira como os estudantes estudam, e como os professores afetam a motivação dos estudantes para aprender, o campo da motivação é relevante para a psicologia educacional. Esse interesse mútuo é mostrado em forma de círculos superpostos, mostrados na Figura 2.1, e manifesta-se nas pesquisas realizadas pelos psicólogos educacionais, que fazem perguntas como "Qual é o papel do interesse na aprendizagem?" (Ainley, Hidi & Berndorff, 2002) e "De que modo o elogio de um professor afeta a motivação dos alunos?" (Henderlong & Lepper, 2002).

Uma segunda maneira de conceitualizar os estudos contemporâneos da motivação pode ser vista na Figura 1.1 (do Capítulo 1). Essa figura identificou o assunto dos estudos motivacionais em torno de quatro constructos: necessidades, cognições, emoções e eventos externos. Todos os pesquisadores da motivação enfatizam a contribuição de um ou mais desses constructos para explicar a energia e a direção do comportamento. Por exemplo, no estudo das necessidades, alguns teóricos argumentam que "o estudo da motivação humana é o estudo das necessidades humanas e dos processos dinâmicos relacionados a essas necessidades" (Deci, 1980, p. 31). Já os teóricos motivacionais preocupados com a emoção argumentam que "as emoções constituem o sistema motivacional primário" (Tomkins, 1970, p. 101). E um estudo cognitivo da motivação supõe que "as crenças [...] das pessoas determinam seu nível de motivação" (Bandura, 1989, p. 1176). Outros teóricos concentram-se nas propriedades motivacionais de eventos externos, enfatizando-se para uma análise de como os eventos ambientais energizam e direcionam o comportamento (Baldwin & Baldwin, 1986; Skinner, 1953).

A organização dos capítulos deste livro reflete essa última conceitualização do estudo motivacional. Ou seja, um capítulo cobre as maneiras como as necessidades motivam o comportamento, outro capítulo trata de como as cognições motivam o comportamento, e assim por diante. Essa é uma observação crítica a fazer, pois revela que quem estuda a motivação e a emoção reconhece que os fenômenos motivacionais inerentemente possuem vários níveis (Driver-Linn, 2003). Ou seja, é possível entender um estado motivacional em nível neurológico, em nível cognitivo, em nível social, e assim por diante (veja o Boxe 2). Reconhecer que a motivação e a emoção são inerentemente fenômenos de vários níveis significa que essa área de estudo necessariamente inclui suposições contraditórias, métodos variados e diferentes formas de compreensão dos fenômenos.

Uma boa maneira de concluir essa análise da motivação como sendo uma disciplina em desenvolvimento é fazer uma revisão das atuais definições de motivação e emoção. Essas definições estão aqui repetidas do Capítulo 1:

Motivação: refere-se aos processos que dão ao comportamento sua energia e sua direção.

O termo *processos* faz reconhecer que os pesquisadores da motivação não chegaram a um acordo sobre se os motivos são essencialmente necessidades, cognições, emoções ou reações a eventos ambientais. Portanto, o uso desse termo é uma confissão involuntária de que o estudo contemporâneo da motivação é multiparadigmático, encontrando-se, por conseqüência, em um estágio pré-paradigmático de desenvolvimento.

Emoção: fenômeno subjetivo, fisiológico, funcional, expressivo e de vida curta, que orquestra a maneira como reagimos adaptativamente aos eventos importantes de nossa vida.

A expressão *subjetivo, fisiológico, funcional, expressivo* reconhece que os pesquisadores da motivação compreendem as emoções observando-as a partir de diferentes pontos de vista. Portanto, essa expressão é outra confissão involuntária de que os estudos contemporâneos da emoção apresentam vários níveis e, por conseqüência, também se encontram em um estágio pré-paradigmático de desenvolvimento.

Admitir que os estudos motivacionais encontram-se em um estágio pré-paradigmático de desenvolvimento poderia soar como algo pejorativo. Afinal, qualquer disciplina gostaria de ver a si mesma como madura, avançada, paradigmática e coesa (como a física), e não como imatura, lenta, pré-paradigmática e dividida (como a motivação; Driver-Linn, 2003). Dessa forma, os estudos motivacionais existem como um "trabalho intelectual em progresso".

O Retorno dos Estudos da Motivação nos Anos 1990

A partir de 1952, a Universidade de Nebraska passou a convidar os mais proeminentes teóricos motivacionais da época a se reunirem anualmente em um simpósio sobre motivação. No primeiro ano desse encontro, entre os participantes estavam Harry Harlow, Judson Brown e Hobart Mowrer (nomes célebres nos estudos da motivação). No ano seguinte, John Atkinson e Leon Festinger apresentaram artigos, o mesmo ocorrendo no terceiro ano com Abraham Maslow, David McClelland, James Olds e Julian Rotter (de novo, todos eles pesquisadores famosos no estudo da motivação). O simpósio logo se tornou um sucesso,

---

BOXE 2 — *As Muitas Vozes no Estudo da Motivação*

Pergunta: Por que essa informação é importante?

Resposta: Para que se perceba todo o espectro de vozes participantes do esforço de compreender a motivação.

Os fenômenos motivacionais são eventos complexos que existem em diversos níveis (p. ex., neurológico, cognitivo, social, ambiental). Entretanto, na prática, a maioria das tentativas de explicar uma experiência motivacional baseia-se em uma única perspectiva. Por exemplo, quando um adolescente perde interesse pela escola, o pai ou a mãe (ou um pesquisador) geralmente sai à procura "da" explicação para a diminuição do interesse. As pessoas tendem a escolher a primeira idéia razoável e satisfatória que lhes vem à mente. Entretanto, uma outra maneira de pensar sobre a motivação é tornar-se consciente de uma ampla gama de possíveis idéias, para então selecionar aquelas que melhor se adequem a uma experiência em particular.

Muitas vozes participam das discussões sobre os estudos contemporâneos da motivação, das quais, sete são particularmente importantes:

Perspectiva:	Os motivos são de origem...
Comportamental	Incentivos e recompensas ambientais (p. ex., dinheiro)
Fisiológica/ neurológica	Atividade cerebral e hormonal (p. ex., fome)
Cognitiva	Eventos mentais e modos de pensar (p. ex., metas)
Cognitivo-social (cultural)	Maneiras de pensar após uma exposição a outros indivíduos, tais como aqueles que desempenham papéis modelares (p. ex., possíveis significados pessoais)
Evolucionária	Dotação genética de cada indivíduo (p. ex., extroversão)
Humanista	Encorajamento do potencial humano (p. ex., auto-atualização)
Psicanalítica	Vida mental inconsciente (p. ex., ansiedade)

A título de ilustração, considere como é possível ter a melhor compreensão e explicação da motivação sexual. Os behavioristas apontam para a parte do desejo que depende do grau a que a outra pessoa é atraente e tem a capacidade de reforçar essa atração física. Já os psicofisiologistas apontam para a parte do desejo que depende da liberação de dopamina no sistema límbico do cérebro. Os cognitivistas acrescentam que o desejo provém de expectativas, metas, valores, esquemas e crenças sobre o que é e o que não é possível. Os pesquisadores cognitivo-sociais ajuntam que nossas crenças e expectativas surgem das interações com os outros, tais como nossos colegas e as pessoas que para nós representam modelos de papel culturais. Os evolucionistas dizem que os homens e as mulheres têm diferentes estratégias de acasalamento e que, portanto, desejam encontrar diferentes qualidades em um parceiro. Os humanistas salientam a parte do desejo que deriva da oportunidade de participar de uma relação íntima e promotora de crescimento. E os psicanalistas acrescentam que desejamos relações com as pessoas que se enquadram nos nossos primeiros vínculos e do modelo mental enraizado na infância a respeito de quão próximo de um ideal romântico o parceiro deve se situar.

Quando ouvimos todas essas vozes que participam da discussão sobre motivação, temos a impressão de estarmos diante tanto de um ponto forte quanto de um ponto fraco. Quanto ao ponto fraco, poderíamos ter a impressão (correta) de que a motivação não parece ser um campo de estudo isolado — ou seja, ela está dividida em especialidades, e ninguém parece chegar a um acordo que nos permita compreender e explicar o que são a motivação e a emoção. Quanto ao ponto forte, entretanto, vemos que se ganha a oportunidade de juntar mais peças do quebra-cabeça. Pesquisadores de diferentes perspectivas fazem diferentes perguntas sobre a motivação, muitas das quais poderiam ser impensáveis a nós, caso não tivessem sido formuladas por meio de perspectivas que nos são pouco familiares. É provável que você não ache todas as respostas satisfatórias, mas uma compreensão profunda e sofisticada da motivação e da emoção começa primeiro colocando todo o conhecimento disponível sobre a mesa, para então selecionar aquelas idéias que são mais empiricamente defensáveis e pessoalmente utilizáveis.

passando a desempenhar um papel de liderança na definição e na reflexão sobre a área. Ao longo de 25 anos, o simpósio se realizou ininterruptamente, até que uma mudança fundamental ocorreu em 1978 (Benjamin & Jones, 1978). Em 1979, o simpósio quebrou a seqüência de seu tema motivacional, passando, em vez disso, a considerar tópicos que variavam de ano para ano, sendo que nenhum deles tinha muito, ou mesmo nada a ver, com motivação. O simpósio de 1979 concentrou-se nas atitudes, e simpósios posteriores detiveram-se em tópicos como gênero, comportamentos de adictos e envelhecimento. Lembre-se de que esses anos correspondem à perda de posto que a motivação sofreu, de ser talvez o campo mais importante da psicologia para se ver relegada a uma área de segunda classe. Basicamente, o Simpósio de Nebraska, assim como a psicologia em geral, perdeu o interesse pelo estudo da motivação (pelas razões descritas anteriormente). Com o declínio de suas grandes teorias, os estudos da motivação perderam seu foco e sua identidade.

Entretanto, a história não termina com a motivação vivendo essa crise irremediável. Reconhecendo o renascimento dos estudos da motivação e de seus feitos contemporâneos (ou seja, da era das miniteorias), os organizadores do Simpósio de Nebraska de 1990 mais uma vez convidaram os pesquisadores mais proeminentes da motivação para se reunirem em um simpósio dedicado exclusivamente ao conceito de motivação (Dienstbier, 1991). Durante essa conferência, os organizadores perguntaram aos participantes — Mortimer Appley, Albert Bandura, Edward L. Deci, Douglas Derryberry, Carol Dweck, Don Tucker, Richard Ryan e Bernard Weiner (de novo, todos nomes famosos no estudo da motivação) — se eles achavam que a motivação era novamente um campo forte e maduro o suficiente para merecer que houvesse um retorno exclusivo aos tópicos sobre motivação. De maneira unânime e entusiástica, os participantes disseram que a motivação era de novo um campo de estudo rico o suficiente para justificar o encontro anual em Nebraska. Os organizadores concordaram com essa decisão e, ao fazerem isso, deram ao estudo da motivação um voto de confiança e um senso de identidade pública. Desde então, a cada ano o simpósio voltou a ter seu foco na motivação.

Nos anos 1970, os estudos da motivação encontravam-se à beira da extinção, "com as costas achatadas", conforme disseram dois pesquisadores (Sorrentino & Higgins, 1986, p. 8). O simples fato de que os organizadores da conferência tiveram que perguntar aos participantes do simpósio se a motivação, por si só, constitui ou não um campo diz algo sobre sua crise de identidade. O estudo da motivação sobreviveu aliando-se a outros campos de estudo, e o Simpósio de Nebraska de 1990 simbolicamente apregoou seu retorno em direção a um campo integrado e coerente de estudo. Com o novo milênio, o estudo da motivação mais uma vez logrou atingir uma massa crítica de participantes interessados e proeminentes. Para documentar essa conclusão otimista, o leitor pode consultar os principais periódicos de psicologia (p. ex., *Psychological Review*, *Psychological Bulletin*, *Psychological Science*) e esperar encontrar um artigo relacionado à motivação em praticamente todas as edições. O que parece é que as questões e problemas motivacionais são simplesmente interessantes e importantes demais para serem ignorados. E o mesmo se pode dizer em relação aos periódicos de diversas outras áreas de especialidade (p. ex., *Journal of Educational Psychology*, *Journal of Personality and Social Psychology*). No novo milênio, o estudo da motivação está claramente de volta à fronteira da psicologia. Nos 14 capítulos que se seguirão, o leitor pode esperar encontrar um campo crescente e em estado de florescimento — um pouco desorganizado, porém interessante, relevante e vital.

Como disse um participante do simpósio, "se o que você tem é uma maneira de ajudar as pessoas a tratar de questões significantes em suas vidas, então você verá por todos os lugares avisos do tipo 'Precisa-se de Ajuda'".

CONCLUSÃO

Muito se pode ganhar percorrendo os 24 séculos de pensamento sobre a motivação. Considere as antigas questões: por que se comportar? Por que fazer algo — por que se levantar de manhã cedo para fazer alguma coisa? Diante de questões como essas, ao longo da história, os pesquisadores da motivação começaram a buscar os agentes instigadores do comportamento — ou seja, começaram a procurar identificar o que energiza ou inicia o comportamento. Durante dois milênios (de Platão [c. 428-348 a.C.] a Descartes [c. 1596-1650]), o esforço intelectual para se compreender a motivação concentrava-se na vontade, que reside na alma imaterial. Estudar essa substância imaterial e espiritual foi algo que se mostrou muito difícil para a nova ciência da psicologia. A biologia (fisiologia) mostrou-se uma alternativa mais conveniente, uma vez que seu sujeito era material e mensurável. Ao responder à pergunta "Por que se comportar?", a resposta veio a ser que o comportamento serve às necessidades do organismo. O instinto, o impulso e a excitação, todos esses motivos se tornaram atraentes, visto que cada um deles era nitidamente capaz de energizar os tipos de comportamento que servem às necessidades do organismo (p. ex., as pessoas levantam-se da cama porque têm fome e precisam comer algo). O incentivo também se somou a esses constructos, uma vez que o hedonismo (a busca do prazer e a evitação da dor) explica o motivo pelo qual os eventos ambientais também são capazes de energizar o comportamento (ou seja, as pessoas se levantam da cama para buscar o prazer e afastar a dor). Século após século, os pensadores foram aperfeiçoando suas respostas à questão sobre o que instiga o comportamento, propondo a vontade, o instinto, o impulso, o incentivo, a excitação.

Todo o processo estava indo relativamente bem, até que uma massa crítica de pesquisadores da motivação percebeu que se estava fazendo e tratando da questão errada! A questão da instigação do comportamento pressupõe um organismo passivo e biologicamente regulado; ou seja, alguém que está adormecido e, ao acordar, precisa de algum motivo para agir de um modo comportamental. Em algum ponto, os pensadores motivacionais perceberam que dormir era também um comportamento, e que o dorminhoco notório estava ativamente engajado em seu ambiente. A percepção que se teve é de que estar vivo significa estar ativo: portanto, os organismos estão sempre ativos, sempre se comportando. Não existe tempo em que um organismo vivo não esteja se comportando; e não existe tempo no qual um organismo não esteja apresentando tanto energia quanto direção de comportamento. Portanto, as questões fundamentais da motivação passaram a ser as do tipo: por que o comportamento varia de intensidade? E por que as pessoas fazem uma coisa e não outra?

Essas duas questões aumentaram o poder do estudo da motivação. Os estudos contemporâneos da motivação passaram a se concentrar não só na energia do comportamento, mas também na sua direção. Esse é o motivo pelo qual três tendências históricas — a do organismo ativo, a da revolução cognitiva e a da preocupação com as pesquisas aplicadas e socialmente relevantes —, são tão importantes, uma vez que o campo passou a se basear menos nos agentes instigadores do comportamento, na biologia e nos experimentos laboratoriais com cobaias, e a se interessar cada vez mais pelos agentes diretores do comportamento, da cognição e dos problemas motivacionais humanos.

Essa mudança de perspectiva abriu as comportas intelectuais para a chegada ao campo das miniteorias. No lugar das grandes teorias, o cenário contemporâneo agora oferece uma coleção de miniteorias, como a motivação de realização, do estabelecimento de metas e da auto-eficácia. Essas miniteorias respondem a questões específicas e explicam a motivação em situações particulares de maneira um tanto eficiente, como veremos nas próximas páginas.

RESUMO

Uma visão histórica do estudo da motivação permite ao leitor considerar como o conceito de motivação veio a atingir sua proeminência, como o campo se modificou e se desenvolveu, como suas idéias foram desafiadas e substituídas e, finalmente, como o campo ressurgiu e passou a englobar diversas disciplinas na psicologia (Bolles, 1975). Os conceitos motivacionais têm origens filosóficas. Desde a Antiguidade grega até a Renascença européia, a motivação era entendida dentro de dois temas, sendo um deles o de que a motivação era boa, racional, imaterial e ativa (ou seja, a vontade) e outro de que a motivação era primitiva, impulsiva, biológica e reativa (ou seja, os desejos corporais). Entretanto, o estudo filosófico da vontade veio a se tornar um beco-sem-saída, que explicava muito pouco sobre a motivação, e que de fato fazia muito mais perguntas do que podia responder.

Para explicar a motivação, o novo campo da psicologia passou a buscar uma análise mais fisiológica, concentrando-se no conceito mecanicista do instinto gerado geneticamente. O aspecto atraente da doutrina do instinto era sua capacidade de explicar o comportamento não-aprendido dotado de energia e de propósito (isto é, os impulsos biológicos direcionados para uma meta). Entretanto, o estudo fisiológico do instinto também provou ser um beco-sem-saída, pelo menos em termos da sua capacidade de servir como uma grande teoria da motivação. A terceira grande teoria da motivação foi o impulso. Na teoria do impulso, o comportamento é motivado à medida que serve às necessidades do organismo e restaura a homeostase biológica. Assim como a vontade e o instinto, o impulso a princípio pareceu algo bastante promissor, especialmente porque era capaz de fazer o que nenhuma outra teoria motivacional havia conseguido antes — ou seja, predizer a motivação antes que ela ocorresse, a partir de suas condições antecedentes (p. ex., passar horas de privação). Em conseqüência, essa teoria conquistou grande aceitação, especialmente manifestada nas teorias de Freud e de Hull. Porém, também no final a teoria do impulso se mostrou extremamente limitada em termos de escopo, e com essa rejeição sobreveio a desilusão do campo com as grandes teorias em geral, embora diversos princípios adicionais derivados das grandes teorias tenham aparecido com algum sucesso, podendo-se mencionar entre eles o incentivo e a excitação.

No final, tornou-se claro que, para se obter um progresso na compreensão da motivação, era preciso que o campo saísse dos limites de suas grandes teorias e abraçasse o campo menos ambicioso, porém mais promissor, das miniteorias. Três tendências históricas explicam essa transição. Em primeiro lugar, os estudos da motivação rejeitaram seu compromisso com uma visão passiva da natureza humana, passando a adotar um retrato mais ativo dos seres humanos. Em segundo, a motivação tornou-se algo decididamente cognitivo, e também um tanto humanista. Em terceiro, o campo concentrou-se nos problemas aplicados e de relevância social. O fato de o campo ter mudado o foco para as miniteorias foi em parte um desastre e em parte um golpe de sorte. No que diz respeito ao desastre, a motivação perdeu seu status confortável de principal disciplina da psicologia, caindo rapidamente para um status de segunda classe. Diante disso, os pesquisadores da motivação se dispersaram para praticamente todas as áreas da psicologia (p. ex., para a psicologia social, do desenvolvimento e clínica) e forjaram alianças com outros campos, com eles dividindo idéias, constructos, metodologias e perspectivas. Porém, isso acabou sendo o golpe de sorte da motivação, uma vez que a dispersão do campo por uma ampla faixa de outros campos de estudo provou ser um terreno fértil para o desenvolvimento de um grande número de miniteorias esclarecedoras.

O tema que perpassa todo este capítulo é que os estudos motivacionais têm sofrido um constante processo de desenvolvimento, embora continuem a permanecer em um estágio pré-paradigmático de desenvolvimento. Em retrospecto, os estudos da motivação progrediram desde conceitualizações relativamente simplistas para uma coleção cada vez mais crescente de *insights* sofisticados e empiricamente defensáveis a respeito das forças que energizam e direcionam o comportamento. Com a virada do novo milênio, as grandes teorias acabaram. E o que surgiu para substituir um campo outrora unificado e dominado por um compromisso consensual a uma série de grandes teorias foi a adoção de três pontos em comum por parte de um eclético grupo de pesquisadores: (1) questões fundamentais (p. ex., o que causa o comportamento energético e direcionado?); (2) constructos fundamentais (ou seja, necessidades, cognições, emoções e eventos externos) e (3) uma história compartilhada.

LEITURAS PARA ESTUDOS ADICIONAIS

A Era das Grandes Teorias

BOLLES, R. C. (1975). Historical origins of motivational concepts, em *A Theory of Motivation*, 2ª ed. (pp. 21-50). Nova York: Harper & Row.

COFER, C. N. & APPLEY, M. H. (1964). Motivation in historical perspective, *Motivation: Theory and Research* (pp. 19-55), Nova York: Wiley.

HULL, C. L. (1943). Primary motivation and reaction potential, *Principles of Behavior* (pp. 238-253). New York: Appleton-Century-Crofts.

KOCH, S. (1951). The current status of motivational psychology. *Psychological Review, 58*, 147-154.

KUO, Z. Y. (1921). Giving up instincts in psychology. *Journal of Philosophy, 17*, 645-664.

A Era das Miniteorias

APPLEY, M. H. (1991). Motivation, equilibration and stress. Em R. A. Dienstbier (Ed.), *Nebraska symposium on motivation* (Vol. 38, pp. 1-67). Lincoln: University of Nebraska Press.

BENJAMIN, L. T., JR. & JONES, M. R. (1978). From motivational theory to social cognitive development: Twenty-five years of the Nebraska Symposium. *Nebraska symposium on motivation* (Vol. 26, pp. ix-xix). Lincoln: University of Nebraska Press.

BOLLES, R. C. (1972). A motivational view of learning, performance and behavior modification. *Psychological Review, 81*, 199-213.

DEMBER, W. N. (1974). Motivation and the cognitive revolution. *American Psychologist, 29*, 161-168.

WEINER, B. (1990). History of motivational research in education. *Journal of Educational Psychology, 82*, 616-622.

Capítulo 3

O Cérebro Emocional e Motivado

O CÉREBRO EMOCIONAL E MOTIVADO
    Três Princípios
        1. Estruturas cerebrais específicas geram estados motivacionais e emocionais específicos.
        2. Agentes bioquímicos estimulam essas estruturas cerebrais.
        3. Os eventos do dia-a-dia fazem os agentes bioquímicos entrarem em ação.
OLHANDO DENTRO DO CÉREBRO
A APROXIMAÇÃO *VERSUS* A EVITAÇÃO GERADAS NO CÉREBRO
    Hipotálamo
    Feixe Prosencefálico Medial
    Amígdala
    Circuito Septo-Hipocampal
    Formação Reticular

    Córtex Pré-Frontal e Afeto
AS VIAS DOS NEUROTRANSMISSORES NO CÉREBRO
    Dopamina
    A Liberação de Dopamina e a Antecipação da Recompensa
    A Biologia da Recompensa
    A Dopamina e a Ação Motivada
O MUNDO EM QUE O CÉREBRO VIVE
    A Motivação Não Pode Ser Separada do Contexto Social em que Está Inserida
    Nem Sempre Temos Consciência da Base Motivacional do Nosso Comportamento
CONCLUSÃO
RESUMO
LEITURAS PARA ESTUDOS ADICIONAIS

Quanto mais você fica sem comer, mais fome você sente. Mas, como o comediante Jerry Seinfeld costumava dizer: "E daí?" O culpado pelo surgimento da sensação de fome é provavelmente a grelina, um hormônio fabricado no estômago que entra na circulação sangüínea e é detectado pelo cérebro. Quando uma pessoa passa muito tempo consumindo pouco ou nenhum alimento (ou seja, quando faz dieta), o estômago e os intestinos detectam a falta de nutrientes e começam a liberar grelina na corrente sangüínea. Existe uma estrutura cerebral (o hipotálamo) que constantemente monitora a quantidade de grelina no sangue, de modo que, quando o nível desse hormônio aumenta, o hipotálamo detecta a mensagem enviada pelo estômago e pelos intestinos: "estamos em falta de nutrientes, mande-nos mais". Essa mensagem estimula o hipotálamo a criar a experiência psicológica da fome.

Veja como isso funciona. É meio-dia, e alguns psicólogos seus amigos convidam você a se juntar a um grupo de voluntários que irão participar de um almoço em que se pode comer tudo o que puder (Wren et al., 2001). O almoço é grátis, e cada convidado pode comer quanto quiser. Porém, há um detalhe. Trinta minutos antes do banquete, os pesquisadores aplicam em alguns voluntários uma injeção intravenosa de grelina, enquanto que os demais voluntários recebem uma injeção de placebo. Depois de aplicar as injeções, os pesquisadores pegam suas cadeiras, sentam-se e ficam observando o que acontece. E o que eles vêem é que os voluntários que receberam placebo almoçam normal-mente, enquanto os voluntários que receberam uma dose extra de grelina se empanturram.

Considere um segundo caso. Pesquisadores monitoraram o nível natural de grelina em adultos ao longo de um período de vários dias (Cunnings et al., 2002). Após medir os níveis naturais diários de grelina nesses adultos, os pesquisadores pediram a alguns deles que iniciassem uma dieta de três meses. A dieta foi cuidadosamente elaborada e incluía um programa de intensos exercícios físicos. Verificou-se que a dieta funcionou. Em média, os que fizeram dieta perderam cerca de 20% de seu peso corporal, e mantiveram essa perda de peso por mais três meses. Ao longo desse tempo após o término da dieta, os pesquisadores continuaram a monitorar os níveis de grelina nos indivíduos em questão. E, sem que esses indivíduos soubessem, seus níveis de grelina continuaram elevados. Mesmo três meses após o fim da dieta, quem a havia feito estava se sentindo "faminto o tempo todo". A Figura 3.1 mostra a quantidade de grelina no sangue de indivíduos que fizeram dieta ao longo de um dia normal. A figura mostra os níveis diários de grelina verificados tanto na ocasião em que essas pessoas iniciaram a dieta (linha tracejada) quanto em um período de três meses após terem perdido peso (linha contínua).

A Figura 3.1 salienta quatro pontos importantes. Primeiro, vê-se que o nível de grelina apresentou-se cronicamente elevado após a conclusão da dieta (a linha contínua está sempre acima

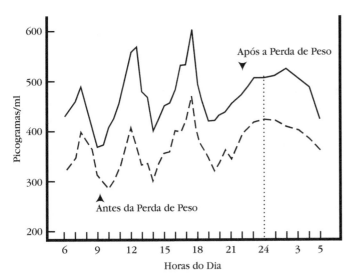

Figura 3.1 Níveis de Grelina na Corrente Sangüínea ao Longo de um Período de 24 Horas, em Indivíduos que Fizeram e que Não Fizeram Dieta

Obervação. A linha contínua representa os níveis de grelina a cada hora em indivíduos que terminaram uma dieta três meses atrás, perdendo 20% do seu peso corporal. A linha tracejada representa os níveis horários de grelina desses mesmos indivíduos antes de começarem a dieta e, portanto, antes de haverem perdido 20% do seu peso corporal.

Fonte: extraído de *Plasma Ghrelin Levels After Diet-induced Weight Loss or Gastric Bypass Surgery.* D. E. Cummings, D. S. Weigle, R. S. Frayo, P. A. Breen, M. K. Ma, E. P. Dellinger e J. Q. Purnell, 2002, *New England Journal of Medicine, 346,* 1623-1630. Copyright © 2002 Massachusetts Medical Society. Todos os direitos reservados.

da linha tracejada). Segundo, o nível de grelina se eleva e cai ao longo de um dia normal (atingindo picos em torno das horas correspondentes ao café da manhã, ao almoço e ao jantar). Terceiro, quando se come, o nível de grelina sofre uma rápida diminuição. Quarto, o menor nível de grelina (e, conseqüentemente, a menor sensação de fome) experimentado após o término da dieta igualou-se ao mais alto nível de grelina (logo, mais fome) antes da dieta, o que significa que a menor fome experimentada por quem havia passado pela dieta foi equivalente à maior fome experimentada por quem ainda não havia feito dieta.

A mensagem é que a privação de alimento por dieta induzida faz o corpo gerar uma intensa força contrária, que tenta interromper a dieta e a privação de alimento (isto é, que produz um pico de grelina). Como disse uma mulher que passou pela dieta e experimentou um desses períodos de intensa fome correspondentes aos picos de grelina: "Quando olhei para aqueles biscoitos amanteigados no freezer, foi como se na minha cabeça começassem a repicar os sinos de uma catedral". De um ponto de vista motivacional, o papel da grelina é estimular o cérebro, dizendo-lhe: "Coma, coma, coma!"

Por outro lado, mais otimista, o corpo também é dotado de hormônios supressores da fome. Da mesma maneira que o estômago e os intestinos secretam grelina para a corrente sangüínea com o propósito de estimular o apetite (produzir a sensação de fome), o estômago e os intestinos também secretam leptina no sangue, com o propósito de comunicar a saciedade (a sensação de estar cheio). Só que, durante a privação de alimento, o nível de leptina cai (Cummings et al., 2001). Dessa forma, ao fazerem uma dieta, as pessoas têm que suportar um duplo golpe motivacional — os elevados níveis de grelina estimulam a fome, ao mesmo tempo que os baixos níveis de leptina suprimem a sensação de saciedade. Se isso é ruim para quem faz dieta, por outro lado ajuda a explicar a fome e a saciedade. Ao produzir, secretar e monitorar esses dois hormônios, nosso corpo regula os estados motivacionais tanto em relação à escassez de alimento e à perda de peso (quando ocorre um aumento de grelina e uma diminuição de leptina) quanto em relação à abundância de alimento e ao ganho de peso (quando ocorre uma diminuição de grelina e um aumento de leptina).

O CÉREBRO EMOCIONAL E MOTIVADO

Por que o cérebro é importante? A maioria das pessoas, ou mesmo praticamente todo mundo, diria que o cérebro é importante porque executa as funções cognitivas e intelectuais, incluindo o pensamento, a aprendizagem, a memória, a tomada de decisões e a solução de problemas. Esses processos cerebrais são muito importantes; porém o cérebro faz mais do que isso. O cérebro não é somente algo pensante, mas é também o centro da motivação e da emoção, gerando ânsias, necessidades, desejos, prazer e mais todo o espectro de emoções. Em outras palavras: enquanto executa suas funções, o cérebro se encarrega não só da tarefa que está sendo executada (utilizando suas funções cognitivo-intelectuais), como também se envolve bastante com o fato de você querer fazer essas tarefas (cérebro motivado) e também com o modo como você se sente enquanto as faz (cérebro emocional) (Gray, Braver & Raichle, 2002).

Todos os estados motivacionais e emocionais envolvem a participação do cérebro. Para verificar essa afirmação, faça com você mesmo um experimento: tente experimentar raiva, fome ou curiosidade sem primeiro recrutar a participação do cérebro. É algo um tanto difícil. E, ao tentar fazer isso, você acaba se dando conta de que, quando se trata de compreender o que sejam motivação e emoção, o cérebro é o astro do show. Por outro lado, o cérebro também dispõe de uma lista de atores coadjuvantes, que inclui os principais órgãos do corpo (p. ex., o fígado e o estômago), e toda a atividade bioquímica que se processa pelo corpo (p. ex., os hormônios). Para ilustrar como o cérebro cria, mantém e regula os estados motivacionais e emocionais, considere os três princípios que arrolamos a seguir, os quais organizam a maneira como os pesquisadores motivacionais estudam o cérebro.

Três Princípios

Como mostram os pares de exemplos listados na Tabela 3.1, os pesquisadores motivacionais mapeiam quais estruturas cerebrais estão associadas a quais estados motivacionais, além de estudarem como essas estruturas cerebrais são ativadas, e como os eventos do dia-a-dia promovem esse processo de ativação. No caso da fome, por exemplo, fazer dieta é algo que leva o intestino a produzir grelina; a grelina é então lançada na circulação sangüínea, o que a faz estimular o hipotálamo lateral; por sua vez, a estimulação hipotalâmica produz a sensação de fome. E quando uma pessoa experimenta uma boa sensação em decorrência de

30 Capítulo Três

Tabela 3.1 Duas Ilustrações do Cérebro Motivado (Sensação de Fome) e Emocional (Sensação de Prazer)

Sensação de Fome: a privação de alimento provoca a fome por meio de seus afetos sobre a grelina e o hipotálamo:

A. Evento Ambiental →	B. Agente Bioquímico →	C. Estrutura Cerebral Ativada →	D. Estado Motivacional Excitado
Privação de alimento (isto é, dieta)	Grelina (hormônio) produzida e em circulação na corrente sangüínea	A grelina estimula o hipotálamo	O hipotálamo estimulado cria a experiência de fome

Princípio 1: O hipotálamo gera a sensação de fome (C → D).
Princípio 2: O aumento da grelina estimula o hipotálamo (B → C).
Princípio 3: A privação de alimento (dieta) aumenta o nível de grelina (A → B).

Sensação de Bem-Estar: um evento bom e inesperado gera sensações prazerosas através de seus efeitos sobre a dopamina e as estruturas límbicas:

A. Evento Ambiental →	B. Agente Bioquímico →	C. Estrutura Cerebral Ativada →	D. Estado Emocional Excitado
Evento prazeroso e inesperado	Dopamina (neurotransmissor) liberada no cérebro	A dopamina estimula as estruturas límbicas, tais como o feixe prosencefálico medial (FPM)	Sensação de bem-estar, de prazer

Princípio 1: As estruturas límbicas (p. ex., o FPM) geram o prazer e a sensação de bem-estar (C → D).
Princípio 2: O aumento do nível de dopamina estimula as estruturas límbicas (B → C).
Princípio 3: Eventos agradáveis e inesperados estimulam a liberação de dopamina (A → B).

---

um evento inesperado e agradável (por exemplo, receber uma carta de um amigo), essa experiência faz a área tegmental ventral liberar dopamina; por sua vez, a liberação de dopamina estimula as estruturas límbicas, e a estimulação das estruturas límbicas, assim como do feixe prosencefálico medial, acaba gerando uma calorosa sensação de bem-estar.

1. Estruturas cerebrais específicas geram estados motivacionais e emocionais específicos.

A estimulação de um ponto específico do cérebro gera a experiência de um estado motivacional específico. No exemplo que acabamos de dar, a estimulação hipotalâmica faz surgir a sensação de fome. Outra maneira de dizer isso seria a de que, se acontecer algo que danifique uma determinada estrutura cerebral (como ocorre em um acidente ou em uma cirurgia), a capacidade da pessoa de experimentar um estado motivacional específico pode ficar comprometida. Em alguns casos, não é a estimulação de uma determinada estrutura cerebral que faz surgir a experiência motivacional; em vez disso, é a estimulação de um circuito neural — um grande número de estruturas cerebrais interconectadas — que gera o estado motivacional. Como veremos, muitas estruturas cerebrais do sistema límbico estão interconectadas, e a estimulação do circuito gera um estado motivacional específico. Ainda em outros casos, a estimulação de uma via neurotransmissora gera um estado motivacional específico. Ao longo deste capítulo, vamos explorar a maneira como a estimulação de estruturas cerebrais específicas, de circuitos neurais e de vias

neurotransmissoras no cérebro faz surgir estados motivacionais específicos.

2. Agentes bioquímicos estimulam essas estruturas cerebrais.

Se estruturas cerebrais específicas dão origem a estados motivacionais específicos, então a próxima pergunta a ser feita é: de que maneira essas estruturas cerebrais são, em primeiro lugar, estimuladas? As estruturas cerebrais têm receptores localizados que as dotam de potencial para serem estimuladas. Os agentes bioquímicos que estimulam esses locais dos receptores são os neurotransmissores e os hormônios. Os neurotransmissores são os mensageiros de comunicação do sistema nervoso (que fazem com que um neurônio possa se comunicar com outro), ao passo que os hormônios são os mensageiros de comunicação do sistema endócrino (que fazem as glândulas se comunicar com os órgãos do corpo, tais como o coração e os pulmões). Portanto, para compreender o sobe-e-desce dos estados motivacionais, precisamos atentar para a maneira como os neurotransmissores e os hormônios estimulam e desestimulam os locais cerebrais específicos.

3. Os eventos do dia-a-dia fazem os agentes bioquímicos entrarem em ação.

Para realizar estudos relacionados a esse tipo de pesquisa, os cirurgiões e os pesquisadores motivacionais estimulam artificialmente as estruturas cerebrais (veja a Figura 3.2). Assim agindo,

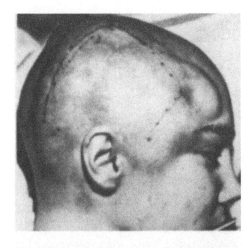

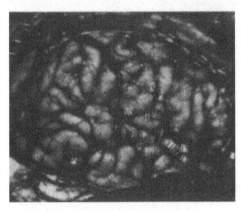

Figura 3.2 Fotografia de um Córtex Humano Exposto
Fonte: ilustração extraída de *The Excitable Cortex in Conscious Man*, de W. Penfield, 1958, Inglaterra: Liverpool University Press.

eles conseguem de isolar uma função específica de uma estrutura cerebral. Porém, é fora do laboratório, ou seja, em situações como em casa, na escola, no trabalho e na quadra de esportes — em suma, nos eventos do dia-a-dia —, que o cérebro emocional e motivado é estimulado para entrar em ação. No exemplo da fome, foi o fato de se fazer dieta, ou de se privar de alimento, que fez com que o hormônio grelina entrasse em ação. Já no exemplo da sensação de bem-estar, um acontecimento trivial, inesperado e positivo estimulou a liberação de dopamina, a qual fez ocorrer no cérebro eventos que terminaram por produzir uma sensação de bem-estar. Se, para conhecer a motivação e a emoção, é preciso compreender como o cérebro funciona, também é necessário estabelecer uma conexão entre os eventos diários da vida e a ativação do cérebro. A última seção deste capítulo volta a essa discussão sobre como os eventos do cotidiano ativam os neurotransmissores e os hormônios, colocando assim as estruturas cerebrais em ação.

OLHANDO DENTRO DO CÉREBRO

Os pesquisadores dispõem de diversas maneiras de olhar dentro do cérebro com o objetivo de ver o que nele está se passando durante os estados motivacionais e emocionais. A primeira maneira é o velho recurso da cirurgia (que discutiremos a seguir). Uma segunda maneira de observar o cérebro depende dos recursos da alta tecnologia: a IMR[1] (que também iremos comentar).

Imagine que você esteja sofrendo de uma dor crônica, e decide consultar uma médica, a qual lhe diz que é preciso fazer uma cirurgia para aliviar a dor. Durante a cirurgia, parte do seu córtex cerebral — ou seja, as camadas exteriores do cérebro — ficará exposta, como ilustra a Figura 3.2. Serrar o crânio para ter acesso ao cérebro (com o propósito de, por exemplo, remover um tumor cerebral) ainda é, nos dias de hoje, um procedimento bastante utilizado, embora estejam sendo desenvolvidos e testados procedimentos menos invasivos. Por exemplo, hoje em dia há cirurgias em que se insere uma pequena câmera por uma narina ou por uma incisão atrás do ouvido, a qual envia imagens internas do corpo a uma tela de computador remoto. Vamos imaginar, porém, que você será submetido a uma cirurgia mais tradicional.

Enquanto se prepara para a cirurgia, você é informado de que terá que ficar acordado durante a operação! Isso é necessário porque a cirurgiã precisa coordenar a estimulação que ela fará nos locais de seu cérebro com as percepções e respostas específicas que você dará. Primeiro, a médica toca a superfície do seu córtex com uma pinça pequena e delgada, que emite uma corrente elétrica extremamente fraca. (Como o cérebro não tem receptores da dor, a estimulação cerebral é indolor.) Quando ela toca a primeira área, súbita e involuntariamente você mexe um dedo da mão; e depois que ela retira a pinça, você retrai a boca de um jeito que lhe faz parecer imitar o Humphrey Bogart. Você não entende o que está se passando, e os movimentos ocorrem fora do seu controle intencional. A cirurgiã vai estimulando seu cérebro, e seu corpo vai se mexendo de maneira automática. Quando a cirurgiã estimula eletricamente o seu tronco cerebral, a dor subitamente desaparece. Antes que você pense que se trata de ficção científica, devemos dizer que é uma história baseada em dois estudos reais (Hosobuchi, Adams & Linchitz, 1977; Penfield, 1958).

O córtex cerebral mostrado na Figura 3.2 está em grande parte associado a funções cognitivas como o pensamento, o planejamento e a lembrança. Se a cirurgiã continuasse a aplicar a pinça mais profundamente (algo que iremos fazer em breve), acabaria por entrar em contato com o sistema límbico — a parte do cérebro intricadamente envolvida na motivação e na emoção.

Nos dias de hoje, o método mais avançado de observar o cérebro em profundidade é o emprego do IRM funcional (IRMf). O IRM (*magnetic resonance imaging* — mapeamento por ressonância magnética*) produz uma imagem instantânea detalhada — uma fotografia eletrônica — da estrutura cerebral do paciente quando este se deita sob uma enorme máquina dotada de um grande ímã e ligada a um computador, estando a cabeça do paciente conectada à máquina por meio de sensores. Enquanto o paciente experimenta certos estados motivacionais e emocionais, a máquina vai detectando alterações na oxigenação de seu sangue, causadas pela atividade cerebral. Com o tempo, a IRMf vai produzindo uma versão em fita de vídeo da atividade cerebral da pessoa momento a momento, à medida que ela vai experimentando esses diferentes estados motivacionais e emocionais.

---

[1]Originalmente a sigla é fMRI (*functional magnetic resonance imaging*). Adotaremos IRMf (mapeamento por ressonância magnética funcional). (N.R.T.)

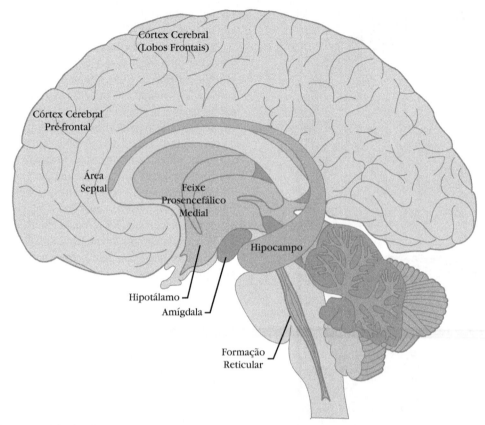

Figura 3.3 Seção Transversal do Cérebro Mostrando a Posição Anatômica das Principais Estruturas Cerebrais Envolvidas na Motivação e na Emoção

A Figura 3.3 mostra a localização anatômica de diversas estruturas cerebrais relacionadas à motivação e à emoção. Essa imagem é o tipo de fotografia que se pode produzir por meio de um IRM. Várias estruturas mostradas na figura existem dentro do sistema límbico, também chamado de lobo cerebral interno, que encobre o tronco cerebral e encontra-se situado abaixo do córtex (Nauta, 1986). As principais estruturas límbicas do cérebro são o hipotálamo, a amígdala, o hipocampo, a área septal, a área tegmental ventral e as fibras que conectam essas estruturas a uma rede de comunicações (Isaacson, 1982; veja a Figura 3.3).

Observando a IRMf, os pesquisadores podem associar determinados estados motivacionais e emocionais a determinados locais do cérebro. O indivíduo investigado pode estar privado de alimento (isto é, faminto), contar um episódio em que experimentou medo, ou relatar uma experiência positiva, como o recebimento de uma compensação financeira. À medida que a motivação e a emoção da pessoa se modificam, também se modifica sua atividade cerebral. E a IRMf é capaz de captar essas mudanças dos estados cerebrais para confirmar qual é o comportamento cerebral durante a fome, o medo, um evento positivo e assim por diante. As principais estruturas cerebrais envolvidas na motivação e na emoção aparecem listadas na Tabela 3.2.

A APROXIMAÇÃO *VERSUS* A EVITAÇÃO GERADAS NO CÉREBRO

Quando imaginamos uma pessoa experimentando um estado de motivação, provavelmente pensamos que a motivação se relaciona com o fato de o indivíduo estar realizando um grande esforço. Porém, uma outra dimensão fundamental relacionada à motivação e à emoção é a aproximação *versus* a evitação. Boa parte da atividade cerebral está organizada em torno da produção de uma disposição manifestada por uma mensagem excitatória do tipo "Sim, quero isso", ou por uma mensagem inibidora do tipo "Não, não quero isso".

Nesta seção, as principais estruturas motivacionais e emocionais do cérebro listadas na Tabela 3.2 foram organizadas em dois grupos: as associadas à geração de aproximação e as associadas à geração de evitação. A seção que se segue salienta os principais papéis motivacionais e emocionais desempenhados por: (1) duas estruturas relacionadas à aproximação — o hipotálamo e o feixe prosencefálico medial, (2) duas estruturas relacionadas à evitação — a amígdala e o hipocampo, (3) o córtex cerebral pré-frontal, associado tanto à abordagem quanto à evitação, e (4) uma estrutura associada à excitação: a formação reticular.

Hipotálamo

O hipotálamo é uma pequena estrutura cerebral que corresponde a menos de 1% do volume total do cérebro. A despeito do pequeno tamanho, é um gigante motivacional. O hipotálamo constitui-se de uma coleção de 20 núcleos vizinhos e interconectados que servem a funções separadas e distintas. Através da estimulação desses 20 núcleos separados, o hipotálamo regula um grande espectro de importantes funções biológicas, incluindo os atos de comer, beber e copular (por meio das motivações para

O Cérebro Emocional e Motivado **33**

Tabela 3.2 Estados Motivacionais e Emocionais Associados a Estruturas Cerebrais Específicas

Estrutura Cerebral	Experiência Motivacional ou Emocional Associada
Estruturas Orientadas para a Aproximação	
Hipotálamo	Sensações prazerosas associadas ao ato de comer, beber e copular
Feixe prosencefálico medial	Prazer, reforço
Área septal	Centro de prazer associado à sociabilidade e à sexualidade
Córtex cerebral (lobos frontais)	Elaboração de planos, determinação de objetivos, formulação de intenções
Córtex cerebral pré-frontal esquerdo	Tendências motivacionais e emocionais de aproximação
Estruturas Orientadas para a Evitação	
Córtex cerebral pré-frontal direito	Tendências motivacionais e emocionais de afastamento
Amígdala	Detecção e resposta às ameaças e ao perigo (p. ex., por meio do medo, da raiva e da ansiedade)
Hipocampo	Sistema de inibição comportamental durante eventos inesperados
Estrutura Orientada para a Excitação	
Formação reticular	Excitação

fome, saciedade, sede e sexo; Tabela 3.2). No Capítulo 4, vamos detalhar o papel do hipotálamo na regulação dessas necessidades fisiológicas. Como mostrará o Capítulo 4, a estimulação hipotalâmica gera desejo por, e o prazer associado a água, alimento e contato com parceiros sexuais. Porém, aqui nossa discussão está centrada no papel do hipotálamo na regulação tanto do sistema endócrino quanto do sistema nervoso autônomo. Regulando esses dois sistemas, o hipotálamo também é capaz de regular o ambiente corporal interno (p. ex., a taxa de batimentos cardíacos e a secreção hormonal), de modo a criar uma adaptação ótima do indivíduo ao ambiente (p. ex., fazendo o indivíduo enfrentar um estressor).

O hipotálamo controla a glândula pituitária — conhecida como "glândula mestra" do sistema endócrino (Agnati, Bjelke & Fuxe, 1992; Pert, 1986). Anatomicamente, o hipotálamo encontra-se imediatamente acima da pituitária e regula esta glândula secretando hormônios para pequenos vasos capilares a ela conectados. Por sua vez, a glândula pituitária regula o sistema endócrino. Assim, enquanto a glândula pituitária regula o sistema endócrino (hormonal), o hipotálamo regula a glândula pituitária. Por exemplo, para aumentar a excitação, o hipotálamo estimula a glândula pituitária a liberar hormônios na corrente sangüínea, com o propósito de estimular as glândulas supra-renais, para que estas, por sua vez, liberem hormônios (epinefrina, norepinefrina) que irão desencadear a bem conhecida resposta de "lutar ou fugir".

O hipotálamo também controla o sistema nervoso autônomo. O sistema nervoso autônomo (SNA) inclui todas as inervações neuronais conectadas aos órgãos corporais que estão sob controle involuntário (p. ex., o coração, os pulmões, o fígado, os intestinos, a musculatura). O SNA é dividido entre o sistema excitatório simpático, que acelera as funções corporais e alerta o corpo (como acontece no aumento dos batimentos cardíacos), e o sistema inibidor parassimpático, que facilita o repouso, a recuperação e a digestão que se seguem a experiências corporais de estresse e emergência. Assim, o sistema nervoso autônomo começa no hipotálamo (o hipotálamo é o gânglio cefálico, ou ponto de partida, do SNA) e estende seus nervos pelo corpo por meio da inervação de seus diversos órgãos.

Quando experienciamos uma alteração importante no ambiente (p. ex., o surgimento de uma ameaça ou de uma oportunidade), o hipotálamo tem duas maneiras principais de regular a reação do corpo, fazendo-o enfrentar com eficácia essa alteração ambiental. Por um lado, o hipotálamo pode gerar uma excitação (ativação simpática) ou um relaxamento (ativação parassimpática) por meio de uma estimulação do SNA. Por outro lado, o hipotálamo pode estimular o sistema endócrino a, por sua vez, estimular a glândula pituitária a liberar hormônios na corrente sangüínea.

Feixe Prosencefálico Medial

O feixe prosencefálico medial é uma coleção relativamente grande de fibras semelhantes a vias que unem o hipotálamo a outras estruturas límbicas, incluindo a área septal, os corpos mamilares e a área tegmental ventral. O feixe prosencefálico medial encontra-se tão estreitamente conectado ao hipotálamo que muitos dizem não ser possível dissociar o hipotálamo lateral das fibras do feixe prosencefálico medial que o atravessam — ou seja, tem-se com isso uma estrutura única (Isaacson, 1982). Em termos de motivação, o feixe prosencefálico medial é algo próximo de um "centro do prazer" em nosso cérebro. Se uma cobaia for equipada com uma pequena mochila eletrônica, conforme mostra a Figura 3.4, e se os pesquisadores utilizarem um computador portátil para estimular o feixe prosencefálico medial do animal, este irá repetir sempre o mesmo comportamento que apresentava durante a estimulação de seu feixe prosencefálico medial. Ou seja, a estimulação do feixe prosencefálico medial cria uma sensação de prazer, que faz com que a cobaia aja como se estivesse recebendo um reforço positivo, de modo bastante parecido com o que ocorreria se ela estivesse recebendo um reforço real, tal como seu alimento favorito. Ao estimular o feixe prosencefálico medial no tempo certo, os pesquisadores podem, por exemplo, motivar/reforçar um animal a aprender como atravessar um labirinto (Talwar et al., 2002).

Figura 3.4 Rato com uma "Mochila Eletrônica" Capaz de Liberar uma Pequena Estimulação Elétrica no Cérebro por Meio de Controle Remoto

Nos seres humanos, a estimulação do feixe prosencefálico medial não produz sensações intensas de prazer ou êxtase, mas gera sensações positivas (Heath, 1964), como indica a seguinte observação clínica de pacientes esquizofrênicos que receberam estimulação elétrica no cérebro:

Os pacientes adquiriam um semblante brilhante, parecendo ficar mais alertas e atentos ao ambiente durante o período de estimulação, ou pelo menos durante uns poucos minutos após. Ao experimentar essa alteração afetiva básica, a maioria dos indivíduos falava mais rapidamente, e o conteúdo da fala era mais produtivo; as mudanças de pensamento eram freqüentemente surpreendentes, e as alterações mais drásticas ocorriam quando as associações da pré-estimulação eram impregnadas de afeto depressivo. Expressões de angústia, autocondenação e desespero mudaram drasticamente para expressões de otimismo e elaborações de experiências agradáveis, passadas e antecipadas (Heath, 1964, p. 224).

Amígdala

A amígdala (palavra que significa algo que tem forma de amêndoa) é uma coleção de núcleos interconectados e associados a diferentes funções. Em geral, a amígdala detecta e responde a eventos ameaçadores, embora cada um de seus diferentes núcleos tenha uma função distinta. A estimulação de uma parte da amígdala gera uma raiva emocional, enquanto a estimulação de outra parte gera a emoção do medo e o comportamento de defesa (Blander, 1988). Assim, a amígdala regula as emoções que a autopreservação, o medo, a raiva e a ansiedade envolvem. Conseqüentemente, uma lesão na amígdala pode produzir alterações notáveis, inclusive uma submissão geral, neutralidade afetiva, falta de responsividade emocional, preferência por isolamento social em detrimento de afiliação social, desejo de se aproximar de estímulos anteriormente ameaçadores e deficiência na capacidade de aprender que um estímulo assinala um reforço positivo ou uma punição (Aggleton, 1992; Kling & Brothers, 1992; Rolls, 1992). A amígdala está também envolvida na percepção das emoções e das expressões faciais das outras pessoas, e também no nosso próprio comportamento, especialmente em relação às informações emocionais negativas (Adolphs et al., 1994; LeDoux, Romanski & Xagoraris, 1989; Rolls, 1992). Portanto, a amígdala processa a informação emocional (Hamann et al., 2002).

A amígdala também desempenha papel-chave na aprendizagem de novas associações emocionais (Gallagher & Chiba, 1996). Por exemplo, a amígdala nos faz aprender a temer perigos ambientais (Davis, 1992). Experienciamos o medo por meio de reações físicas como a aceleração dos batimentos cardíacos, aumento da tensão muscular, paralisação comportamental e expressões faciais de pavor. Como mostra a Figura 3.6, quando a pessoa encontra objetos potencialmente atemorizantes no ambiente, ocorre a estimulação da amígdala, que ativa as estruturas cerebrais vizinhas (p. ex., o hipotálamo e a área tegmental ventral), as quais promovem uma resposta coordenada de medo, incluindo aumento do ritmo da respiração (Harper et al., 1984), aceleração dos batimentos cardíacos (Kapp et al., 1982), elevação da pressão arterial (Morgenson & Calaresu, 1973), bem como uma descarga hormonal e o surgimento de expressões faciais de emoção (Davis, Hitchcock & Rosen, 1987). A título de ilustração, um rato que tem a amígdala lesionada é capaz de passar sobre um gato que esteja dormindo, chegando mesmo a brincar com a orelha do felino (Blanchard & Blanchard, 1972). O que falta nesse rato destemido é a capacidade de gerar uma resposta física de medo coordenada pela amígdala, como mostra o lado direito da Figura 3.5. Sem a amígdala, o rato fica privado de meios de responder emocionalmente ao gato, perdendo também a capacidade de aprender a temer o felino quando este se levanta e começa a agir de modo ameaçador. Quando a amígdala é removida de seres humanos (por exemplo, para controlar ataques epilépticos), estes se tornam calmos, dóceis e emocionalmente indiferentes, mesmo diante de provocações (Aggleton, 1992; Ramamurthi, 1988).

A amígdala tem uma relação anatômica interessante com outras áreas cerebrais. Ela envia projeções para quase todas as partes do cérebro, embora somente um pequeno número dessas projeções traga de volta informações para a amígdala. Esse desequilíbrio ajuda a explicar por que as emoções, especialmente as emoções negativas, geralmente têm uma capacidade de superar a cognição mais do que a cognição tem capacidade de superar as emoções. Em função disso, a amígdala é capaz de produzir uma profusão de mensagens de medo e raiva, ao passo que as mensagens racionais que lhe chegam para acalmá-la são relativamente poucas.

Circuito Septo-Hipocampal

O circuito septo-hipocampal envolve uma ação integrada de diversas estruturas límbicas, incluindo a área septal, o hipocampo, o giro cingulado, o fórnix, o tálamo, o hipotálamo e os corpos mamilares (veja a Figura 3.3). Como é um circuito límbico, o sistema septo-hipocampal também tem interconexões com o córtex cerebral. Em função disso, boa parte da atividade cognitiva da memória e da imaginação é enviada como entrada (input) para o circuito. Portanto, o circuito septo-hipocampal prevê a emoção associada a eventos futuros, tanto em termos de prazer antecipado quanto de ansiedade antecipada (Gray, 1982).

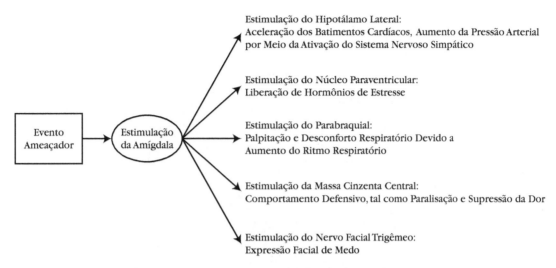

Figura 3.5 Conexões da Amígdala que Expressam Medo em Resposta a um Evento Ameaçador

O hipocampo opera como um "comparador", que constantemente compara as informações sensoriais que chegam aos eventos esperados (a partir da memória) (Smith, 1982; Vinogradova, 1975). Se uma pessoa, enquanto dá conta de suas atividades diárias, encontra eventos e circunstâncias equivalentes àqueles que são esperados pela memória, então o hipocampo funciona em um modo "O.K." de checagem. Por exemplo, se você, toda vez que chega a casa, espera encontrar a porta trancada e do outro lado da porta Rex o saudando e, em um determinado dia, ao chegar, encontra de fato a porta trancada e Rex a saudá-lo, então os eventos que você esperava encontrar de fato aconteceram. Nessa situação de confirmação de expectativas, o circuito septo-hipocampal não provoca qualquer estado motivacional de ansiedade (uma vez que os eventos estão acontecendo conforme o esperado — tudo está bem). Por outro lado, se os eventos não ocorrem de acordo com o que esperamos — a porta está destrancada e Rex desapareceu —, o hipocampo passa a funcionar em um modo "não-O.K.". Quando funciona nesse modo não-O.K., o hipocampo ativa o sistema septo-hipocampal, gerando um estado motivacional ansioso (aumento da atenção, excitação) que passa a controlar o comportamento.

Drogas ansiolíticas (p. ex., o álcool e os barbitúricos) devem seus efeitos calmantes essencialmente ao fato de aquietarem (desligarem) o modo de checagem não-O.K. do sistema septo-hipocampal (Gray, 1982). As substâncias químicas ansiolíticas naturais do cérebro são as endorfinas, que desligam o modo de controle "não-O.K." do hipocampo. Decepção, fracasso, punição e novidade são experiências que estimulam o hipocampo a instigar inibições comportamentais ansiosas (ou seja, fazem o sistema septo-hipocampal atuar no modo "não-O.K."). O enfrentamento ativo dos estressores ambientais, quando é bem-sucedido, gera a liberação de endorfina. A enforfina bloqueia o sistema septo-hipocampal, promovendo assim o alívio da ansiedade e estimulando o surgimento de sentimentos positivos, que contrabalançam a situação negativa experimentada anteriormente (Gold & Fox, 1982; Gold et al., 1980, Sweeney et al., 1980). Essa ação complexa — pela qual a ansiedade e a expectativa de punição são contrabalançadas com o prazer e a expectativa de recompensa — requer o funcionamento integrado de um circuito límbico, uma vez que algumas estruturas do circuito regulam a ansiedade (o hipocampo), enquanto outras estruturas desse mesmo circuito regulam o prazer e os afetos positivos associados ao sexo e à sociabilidade (área septal; MacLean, 1990).

Formação Reticular

A formação reticular desempenha um papel-chave na excitação e no despertar das preocupações motivacionais e emocionais do cérebro. A formação reticular constitui-se de um aglomerado de neurônios do tamanho de um dedo mínimo, estando situada dentro do tronco cerebral (veja a Figura 3.6). Consiste em duas partes: o sistema reticular ativador ascendente, que projeta seus nervos para cima no cérebro com o propósito de alertar e excitar o córtex, e a formação reticular descendente, que projeta seus nervos para baixo a fim de regular o tônus muscular. A Figura 3.6 mostra um gato respondendo a um ruído, com o propósito de ilustrar que é o sistema reticular ativador que desperta, alerta e excita o córtex, para que este possa processar as informações que chegam. Uma vez excitado, o córtex em estado de alerta processa as informações recebidas (p. ex., toma uma decisão sobre o que fazer) para, um ou dois segundos depois, responder de maneira apropriada.

Córtex Pré-Frontal e Afeto

As estimulações sensoriais (visões, cheiros, gostos) que chegam ao sistema límbico ativam as reações emocionais deste último de maneira um tanto automática. Entretanto, além disso, também chega ao sistema límbico uma quantidade considerável de informações provenientes do córtex cerebral. Diante disso, a estimulação do córtex tem a capacidade de indiretamente gerar estados emocionais. Os lobos pré-frontais do córtex cerebral situam-se imediatamente atrás da testa. Um lobo encontra-se no lado direito do cérebro e, o outro, no lado esquerdo. Essa distinção direito-esquerdo é importante porque a ativação de um lado e de outro gera tonalidades emocionais qualitativamente diferentes.

36 Capítulo Três

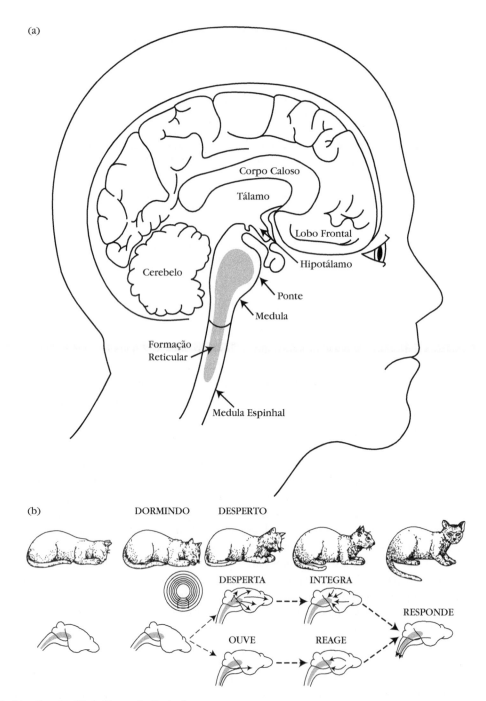

Figura 3.6 Anatomia (a) e Função (b) da Formação Reticular
Fonte: adaptado de *The Reticular Formation*, de J. D. French, 1957, *Scientific American*, *196*, 54-60.

O córtex pré-frontal abriga as metas do indivíduo (Miller & Cohen, 2001). Essas metas rotineiramente competem umas com as outras (p. ex., ao objetivo de comer se contrapõe o objetivo de perder peso); enquanto isso, os dois lobos do córtex pré-frontal imergem esses objetivos em um banho de emoções (Davidson, 2003). Os pensamentos que estimulam o córtex pré-frontal direito geram sentimentos negativos, enquanto os pensamentos que estimulam o córtex pré-frontal esquerdo geram sentimentos positivos (Gable, Reis & Elliot, 2000; Sackeim et al., 1982). Por exemplo, em uma TEP (tomografia por emissão de pósitrons), a visão atemorizante de uma serpente faz o córtex pré-frontal direito se acender como uma árvore de Natal (Fischer et al., 2002; veja a Figura 2 desse livro, à página 238). A emoção negativa experimentada após essa visão tinge com cores bastante fortes as metas que o indivíduo irá ou não adotar em relação ao que viu.

Além disso, existem diferenças básicas de personalidade entre as pessoas, uma vez que algumas apresentam o lobo pré-frontal direito especialmente sensível, o que as deixa extremamente vulneráveis a emoções negativas, ao passo que outras pessoas têm o lobo pré-frontal esquerdo especialmente sensível, o que as deixa extremamente vulneráveis a emoções positivas (Gable, Reis & Elliot, 2000). Em geral, os psicólogos que estudam a personalidade estão de acordo em que existem duas amplas dimensões de personalidade. A primeira diz respeito a quão sensível ou insensível uma pessoa é a incentivos e à experiência de emoções positivas (ou seja, a extroversão); a segunda diz respeito a quão sensível ou insensível uma pessoa é a ameaças, punições, e à experiência de emoções negativas (ou seja, o neuroticismo; Eysenck, 1991). Os pesquisadores do cérebro utilizam termos diferentes daqueles empregados pelos psicólogos estudiosos da personalidade, preferindo chamar essas dimensões da personalidade respectivamente de sistema de ativação comportamental (SAC)[2] e sistema de inibição comportamental (SIC[3], Carver & White, 1994). Para se ter uma idéia dessas duas dimensões da personalidade, considere as reações que você próprio experimenta em relação aos itens do questionário da Tabela 3.3. Os quatro primeiros itens interrogam você sobre seu grau de sensibilidade em relação a motivações orientadas para a evitação (ou seja, quão sensível você é em termos do "sistema de inibição comportamental"). Os últimos seis itens o interrogam sobre seu grau de sensibilidade em relação a motivações, emoções e comportamentos orientados para a aproximação, classificados segundo três diferentes subescalas de resposta à recompensa, impulso e busca de diversão (ou seja, quão sensível você é em termos do "sistema de aproximação comportamental").

Essas duas amplas dimensões da personalidade têm base neurobiológica. Algumas pessoas apresentam maior atividade no lobo pré-frontal esquerdo ("assimetria esquerda"), ao passo que outras apresentam maior atividade no lobo pré-frontal direito ("assimetria direita"). Pessoas que têm o lobo pré-frontal direito relativamente sensível — ou seja, aquelas que têm maior assimetria direita — obtêm escores elevados nos itens SIC da Tabela 3.3, e apresentam maior sensibilidade a comportamentos voltados

para a punição e as emoções negativas. As pessoas que têm o lobo pré-frontal esquerdo relativamente sensível — ou seja, aquelas que têm maior assimetria esquerda — obtêm escores elevados nos itens SAC da Tabela 3.3, e apresentam maior sensibilidade a comportamentos voltados para a aproximação, como a recompensa e as emoções positivas.

A correlação entre os escores obtidos pelas pessoas nos questionários de itens SAC e SIC e a assimetria dos lobos pré-frontais é importante porque o grau de assimetria corresponde à emocionalidade típica da pessoa (SAC *versus* SIC; Sutton & Davidson, 1997). Ou seja, mesmo quando não chegam a se expor realmente a um evento, as pessoas apresentam um certo estilo de personalidade, que as torna bastante sensíveis à emocionalidade negativa ou positiva. Em virtude disso, o maior grau relativo de atividade do lobo pré-frontal esquerdo de uma pessoa constitui a base biológica de uma personalidade orientada para a ambição e para uma orientação de aproximação; por outro lado, o maior grau relativo de atividade do lobo pré-frontal direito de uma pessoa constitui a base biológica de uma personalidade voltada para a ansiedade e para uma orientação de evitação.

Porém a pesquisa vai além disso. Também identifica as fontes da emocionalidade de uma pessoa segundo: (1) um tom hedonista ditado pelo evento (uma recompensa produz uma emocionalidade positiva, ao passo que uma punição produz uma emocionalidade negativa); (2) a sensibilidade da pessoa aos sistemas SAC e SIC (o SAC produz uma emocionalidade positiva, ao passo que o SIC produz uma emocionalidade negativa); e (3) uma interação entre essas duas fontes, quando o SIC de algumas pessoas é estimulado de modo mais intenso que o SIC de outras durante a ocorrência de eventos negativos (ou seja, pessoas que têm maior assimetria direita), e quando o SAC de algumas pessoas é estimulado de modo mais intenso que o SAC de outras durante a ocorrência de eventos positivos (ou seja, pessoas que têm maior assimetria direita).

---

[2]No original, Behavioral Activation System (BAS). (N.R.T.)

[3]Behavioral Inhibition System (BIS) no original. (N.R.T.)

Tabela 3.3 Itens de Questionário Referente ao Sistema de Inibição Comportamental (SIC) e ao Sistema de Ativação Comportamental (SAC)

Itens SIC

1. Se penso que algo desagradável vai acontecer, geralmente fico "arrasado".
2. Ouvir críticas ou repreensões é algo que me magoa muito.
3. Fico bastante preocupado ou perturbado ao imaginar ou saber que alguém está com raiva de mim.
4. Fico preocupado quando penso que fiz algo mal feito.

Itens SAC

5. Quando consigo algo que desejo, sinto-me excitado e cheio de energia.[a]
6. Quando coisas boas me acontecem, isso me afeta fortemente.[a]
7. Quando quero algo, geralmente faço tudo o que posso para consegui-lo.[b]
8. Eu saio do meu caminho para conseguir as coisas que quero.[b]
9. Freqüentemente faço coisas pelo simples fato de serem divertidas.[c]
10. Anseio experimentar excitação e novas sensações.[c]

Observação: SIC = Sistema de Inibição Comportamental; SAC = Sistema de Ativação Comportamental. Ao completar o questionário, os respondentes são solicitados a concordar ou discordar de cada item, utilizando para isso uma escala de 1 a 7 (1 = discordo toralmente, até 7 = concordo totalmente). A escala SAC consiste em três subescalas: a resposta à recompensa (denotada pelo [a] acima), impulso (denotado pelo [b]) e busca de diversão (denotada pelo [c]). O Questionário SIC/SAC verdadeiro contém 20 itens, sendo 7 do tipo SIC e 13 do tipo SAC, de modo que esta tabela mostra somente parte do questionário completo.

Fonte: adaptado de *Behavioral Inhibition, Behavioral Activation, and Affective Responses to Impending Reward and Punishment The BIS/BAS Scales*, de C. L. Carver e T. L. White, 1994, *Journal of Personality and Social Psychology, 67*, 319-333. Copyright © 1994 da American Psychological Association. Adaptado sob permissão.

AS VIAS DOS NEUROTRANSMISSORES NO CÉREBRO

Os neurotransmissores atuam como mensageiros químicos dentro do sistema nervoso central no cérebro. Os neurônios comunicam-se uns com os outros por meio de neurotransmissores, pois o neurônio que envia uma informação libera um neurotransmissor, que é recolhido pelo neurônio vizinho, ação esta que faz esse neurônio vizinho receber a mensagem. "Via neurotransmissora" é uma expressão que se refere a um aglomerado de neurônios que se comunicam com outros utilizando um determinado neurotransmissor. As quatro vias neurotransmissoras relevantes do ponto de vista da motivação são: a dopamina — que gera sensações agradáveis associadas à recompensa (Montague, Dayan & Sejnowski, 1996); a serotonina — que influencia o humor e a emoção (Schildkraut, 1965); a norepinefrina — que regula a excitação e o estado de alerta (Heimer, 1995; Robbins & Everitt, 1996); e a endorfina — que inibe a dor, a ansiedade e o medo, gerando sensações agradáveis para contrabalançar essas sensações negativas (Wise, 1989).

A anatomia das vias da serotonina e da dopamina é mostrada na Figura 3.7. A via da dopamina é particularmente importante para se compreender a motivação e a emoção, uma vez que sua função motivacional primária é gerar sensações positivas — uma experiência de prazer ou recompensa (Ashby, Isen & Turken, 1999).

Dopamina

A liberação de dopamina gera sensações agradáveis. Enquanto as pessoas vão vivendo os eventos do seu dia, um certo nível de dopamina encontra-se sempre presente no cérebro. Entretanto, ao longo do dia as pessoas se deparam com eventos diferentes, e aqueles eventos que assinalam o recebimento de uma recompensa e a antecipação de um prazer acionam os neurônios da via da dopamina para que liberem dopamina nas sinapses (Bozarth, e 1991; Phillips, Pfaus & Blaha, 1991). Essa liberação de dopamina desencadeia uma positividade emocional, e o afeto positivo resultante produz um funcionamento melhorado, tal como aumento da criatividade e insights para a resolução de problemas (Ashby, Isen & Turken, 1999).

O achado de que a liberação de dopamina gera sensações positivas é um dado significativo porque, à medida que vivem seu dia, as pessoas têm que escolher o que fazer e o que não fazer. Parte do "querer" seguir um curso de ação em detrimento de outro é regulada pelas informações fornecidas pela produção de dopamina da área tegmental ventral (ATV). A ATV libera dopamina em outros locais do cérebro (p. ex., no córtex pré-frontal) e o padrão de liberação é previsível em proporção à recompensa que a pessoa espera receber e à que de fato recebe por um determinado curso de ação. Quando os eventos se sucedem de modo melhor que o esperado, um aumento na liberação de dopamina funciona como uma informação de que um determinado curso de ação está produzindo mais recompensa do que havia sido antecipado. E quando os eventos se sucedem de maneira pior que o esperado, um decréscimo na liberação de dopamina funciona como uma informação de que um determinado curso de ação está produzindo menos recompensa do que havia sido antecipado (Montague, Dayan & Sejnowski, 1996).

A Liberação de Dopamina e a Antecipação da Recompensa

Os estímulos que prenunciam a chegada iminente de uma recompensa provocam a liberação de dopamina no cérebro (Mirenowicz & Schultz, 1994). O prazer resulta de um afluxo de dopamina no sistema de recompensa. Quando você sente o cheiro de biscoitos de chocolate sendo assados no forno, ocorre uma liberação de dopamina. Não é o ato de comer os biscoitos que faz o cérebro liberar a dopamina mas, em vez disso, é a antecipação da recompensa da refeição que provoca a liberação de dopamina. Uma vez que ocorre com a antecipação da recompensa, a liberação de dopamina, portanto, participa das fases preparatórias do comportamento motivado, incluindo, por exemplo, uma ereção que precede a atividade sexual, ou um aumento da atenção à cozinha, depois que você sente o cheiro dos biscoitos. Por esse motivo, freqüentemente experimentamos mais prazer quando pensamos em fazer sexo ou comer biscoitos de chocolate do que quando de fato realizamos essas atividades. Entretanto, se as coisas se saem melhor do que o esperado durante o sexo ou a

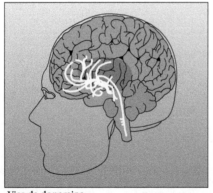
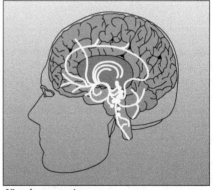

Vias da dopamina   Vias da serotonina

Figura 3.7 Duas Vias Neurotransmissoras

Fonte: extraído de *Mapping the Mind*, de R. Carter, 1998, Berkeley: University of California Press. Publicada mediante acordo com Weidenfeld & Nicolson.

refeição, a liberação de dopamina continua, da mesma maneira que a boa sensação correspondente.

À medida que a pessoa se movimenta em seu ambiente, diversos estímulos invariavelmente estimulam seus sentidos (p. ex., o indivíduo vê diferentes pessoas, escuta risadas, examina diferentes frutas em uma banca de feira). Alguns desses eventos são biologicamente significantes para a pessoa (p. ex., aqueles que se relacionam à fome, à sede e ao acasalamento), e quando antecipam a possibilidade de recompensa, ocorre a liberação de dopamina, que motiva a pessoa a se preparar para entrar em ação, a fim de aproveitar esse evento ambiental. Se a liberação de dopamina não ocorre, não percebemos qualquer dos eventos que nos cercam como sendo atrativos, de modo que não nos preparamos para abordá-los.

A Biologia da Recompensa

A liberação de dopamina não só assinala a perspectiva de uma recompensa iminente, mas também nos ensina quais eventos no ambiente são compensadores. Ou seja, a liberação de dopamina explica a biologia da recompensa. Se um evento ambiental e a contínua manutenção de propriedades motivacionais de incentivo estão para ser alcançados, é preciso que ocorra a liberação de dopamina (Beninger, 1983). A liberação de dopamina é maior quando os eventos recompensatórios ocorrem de modo imprevisto — por exemplo, alguém diz: uau, é incrível o perfume dessa flor — ou se mostram melhores do que o esperado — uau, o perfume dessa flor é muito melhor do que eu poderia imaginar (Mirenowicz & Schultz, 1994). Em função disso, a geração de sensações agradáveis ocorre não só em decorrência de eventos recompensadores, mas também devido a recompensas imprevistas e inesperadas. A liberação de dopamina após o recebimento de uma recompensa inesperada é algo que permite às pessoas aprenderem a significância motivacional desse evento. E, uma vez que a liberação de dopamina define um evento como recompensador, a pessoa aprende que esse evento, quando encontrado no futuro, provavelmente produzirá uma experiência recompensadora. Portanto, a ativação da via da dopamina desempenha papel significativo na biologia da recompensa.

A evidência de que a estimulação da via da dopamina cria uma experiência de recompensa provém de estudos sobre a auto-estimulação intracraniana e a auto-aplicação de drogas (Figura 3.8) (Bozarth, 1991). Pesquisadores podem implantar no cérebro de um animal um eletrodo que, quando estimulado, envia uma pequena corrente elétrica capaz de estimular essa estrutura cerebral (estimulação intracraniana) ou então administrar uma pequena dose de uma determinada droga (aplicação de drogas). Tanto em um caso como no outro, as cobaias são colocadas em uma gaiola na qual podem pressionar uma barra com as patas dianteiras. Quando a barra é pressionada, ativa-se um interruptor que aplica no animal uma pequena estimulação elétrica ou uma pequena dosagem da droga. Uma vez que a cobaia controla quando o cérebro é estimulado (porque depende da sua escolha pressionar ou não a barra), o animal pode então produzir sua própria estimulação intracraniana e/ou a auto-aplicação da droga. As pesquisas sobre a estimulação intracraniana revelam que os animais pressionam a barra que estimula as estruturas cerebrais

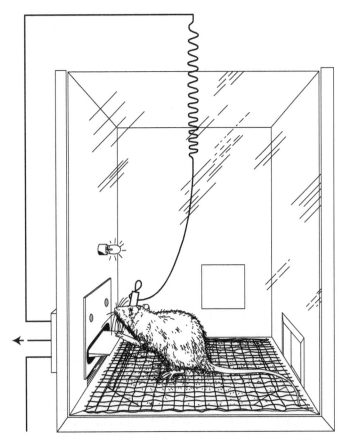

Figura 3.8 Ilustração de um Procedimento de Auto-Estimulação Intracraniana

Observação. Quando o rato pressiona a alavanca para baixo, é ativado um microinterruptor que envia um pequeno impulso elétrico, que passa pelo fio e alcança o cérebro do rato através de um eletrodo implantado. Com esse procedimento, o rato consegue produzir uma estimulação auto-induzida em seu próprio cérebro.

Fonte: extraído de *Pleasure Centers in the Brain*, de J. Olds, 1956, *Scientific American, 195,* 105-106.

associadas à liberação de dopamina. E as pesquisas com a auto-aplicação de drogas mostram que os animais pressionam a barra que os faz receber drogas psicoestimulantes, como a anfetamina e a cocaína (Roberts, Corcoran & Fibiger, 1977). O fato de os animais praticarem essa auto-estimulação intracraniana e essa auto-aplicação de drogas quando os implantes encontram-se localizados na via da dopamina, leva os pesquisadores a inferirem que a liberação de dopamina é prazerosa e compensadora.

A Dopamina e a Ação Motivada

A liberação de dopamina associa-se a dois eventos cerebrais. Primeiro, a liberação de dopamina gera sensações positivas, como acabamos de discutir. Mas, além disso, a liberação de dopamina também ativa as respostas voluntárias de aproximação direcionadas para a meta. A via da dopamina inclui uma interface com o sistema muscular/motor do corpo através do *"nucleus accumbens"*, que é a estrutura cerebral envolvida na liberação da locomoção do comportamento direcionado a meta (Kelley & Stinus, 1984). Portanto, a estimulação da via da dopamina

40 Capítulo Três

BOXE 3 *Como e por que as Drogas Antidepressivas Minoram a Depressão*

Pergunta: Por que essa informação é importante?

Resposta: Para compreendermos como as drogas antidepressivas funcionam para minorar a depressão.

Cada um de nós empreende ao longo de toda a vida uma contínua luta contra a depressão. Eventos aversivos e estressantes inevitavelmente cruzam nosso caminho, uma vez que experiências de perda, rejeição, crítica, apuros financeiros, fracasso, excesso de obrigações, abandono, falta de perspectivas, disputas e desapontamentos compõem o fluxo das experiências humanas. Esses eventos afetam nossa bioquímica corporal, que está sempre se modificando, e quando exaurem nossos recursos bioquímicos podem nos deixar vulneráveis à depressão. A maioria de nós enfrenta bem esses problemas durante a maior parte do tempo, mas estamos sempre vulneráveis à sensação de estarmos a um passo de sermos esmagados pelo estresse e pela decepção.

A depressão é um complexo transtorno psicológico associado a dois tipos principais de reação ao ambiente. Por um lado, exposições a decepções e a situações incontroláveis de estresse fazem demandas ao sistema límbico que gradualmente nos roubam a serotonina do cérebro. E a deficiência de serotonina deixa-nos vulneráveis à depressão (Kramer, 1993; Weiss & Simson, 1985).

As drogas antidepressivas populares (p. ex., Prozac, Zoloft, Paxil) são chamadas de ISRS, ou inibidores seletivos de recaptação de serotonina. Esses antidepressivos funcionam na suposição de que a causa da depressão são os baixos níveis de serotonina nas vias de serotonina. Mesmo quando está altamente estressado, a serotonina contida no cérebro continua em sua via, mas não está prontamente disponível para uso. Durante eventos estressantes da vida, a serotonina é liberada nas sinapses, mas também rapidamente retorna ao neurônio que a liberou (experimentando uma recaptação). Para reverter a depressão, a droga antidepressiva precisa aumentar o fornecimento e a transmissão de serotonina no cérebro, e faz isso impedindo a recaptação, ou seja, fazendo com que seja mais utilizada a serotonina disponível (em vez de permitir que seja rearmazenada por meio da recaptação). O antidepressivo atua restaurando a liberação de serotonina e fazendo a atividade voltar ao normal.

O segundo tipo de depressão está associado a uma diminuição da capacidade de experimentar prazer e sensações positivas. Baixos níveis de dopamina podem deixar a pessoa vulnerável à apatia, ao tédio, à dificuldade de concentração e à falta de iniciativa para o enfrentamento da vida cotidiana. Por outro lado, a liberação de dopamina e a atividade que se processa em sua respectiva via cerebral geram sensações boas e afetos positivos, essencialmente deixando a pessoa em condições ótimas de apresentar um humor positivo (Ashby, Isen & Turken, 1999). Alguns antidepressivos atuam aumentando a taxa de resposta dos receptores de dopamina, restaurando com isso a capacidade da pessoa de experimentar prazer e emoções positivas (Willner et al., 1991). As drogas de abuso (p. ex., cocaína, anfetaminas) também atuam na base de aumentar a atividade de dopamina no cérebro. Por exemplo, a cocaína funciona inibindo a recaptação de dopamina (Di Chiara, Acquas & Carboni, 1992).

De modo geral, a depressão tem duas faces — a deficiência de serotonina, que deixa a pessoa menos capaz de enfrentar o estresse da vida, e a deficiência de dopamina, que deixa a pessoa inapta a prevenir e experimentar o prazer. Sabendo disso, os pesquisadores farmacológicos podem elaborar drogas que ajudem as pessoas a enfrentar essa luta permanente contra a depressão. E, por sua vez, os pesquisadores motivacionais podem elaborar e implementar programas de intervenção cujo objetivo é manter e regular os níveis naturais de serotonina e dopamina nos indivíduos.

---

aumenta a probabilidade de ocorrência do comportamento de aproximação (Morgenson, Jones & Yim, 1980) — em parte porque as sensações agradáveis criam uma motivação para a aproximação e, em parte, porque a ativação do sistema motor libera o comportamento de aproximação direcionado para a meta. Tendo a liberação de dopamina iniciado o comportamento de aproximação em direção ao evento recompensador, o comportamento de aproximação da pessoa continua, e vai aumentando cada vez mais de intensidade até a meta ser alcançada. Voltando ao exemplo dos biscoitos de chocolate, a liberação de dopamina gera não só sensações positivas, mas também o comportamento de busca motivada necessário para a pessoa encontrar e consumir o alimento desejado.

Portanto, de modo geral, à medida que os eventos vão se sucedendo ao longo do dia, o cérebro detecta alguns deles como sendo "biologicamente significantes", e libera a dopamina que gera sensações agradáveis e o comportamento de aproximação direcionado para a meta. Além disso, a experiência prazerosa da dopamina faz a pessoa aprender quais eventos ambientais estão associados ao prazer e à aproximação, e quais eventos ambientais estão associados ao estresse e ao afastamento. A liberação de dopamina é, portanto, um mecanismo neural pelo qual a motivação se traduz em ação (Morgenson, Jones & Yim, 1980).

O MUNDO EM QUE O CÉREBRO VIVE

As pesquisas sobre o cérebro geralmente se baseiam em métodos artificiais de estimulação dos estados motivacionais e emocionais do cérebro (como mostram as Figuras 3.2, 3.4 e 3.8). Nessas pesquisas, em geral se aplica uma pequena corrente elétrica ou um agente químico (uma droga, um neurotransmissor ou um hormônio) em um local específico do cérebro para se investigar o papel que a estrutura cerebral desempenha na motivação. Essas pesquisas permitem-nos coletar o tipo de informações que estão resumidas na Tabela 3.2, tais como o fato de sabermos que o feixe prosencefálico medial é um centro de prazer, a amígdala é um centro de medo e assim por diante, para cada estrutura cerebral específica. Entretanto, o que esses estudos não mostram é de que maneira os eventos do dia-a-dia, que ocorrem naturalmente em nosso mundo social, estimulam essas estruturas cerebrais para gerar a motivação e a emoção que utilizamos ao nos adaptarmos ao mundo que nos cerca.

A Motivação Não Pode Ser Separada do Contexto Social em que Está Inserida

As pessoas têm necessidades, tais como as de sobrevivência, crescimento e bem-estar. E o mundo social oferece um ambiente repleto de eventos que atendem e ameaçam essas necessidades. Por exemplo, o tempo pode estar ameno e favorável ao seu bem-estar, ou pode estar gelado ou tórrido e ameaçar seu bem-estar. Uma relação entre duas pessoas pode ser calorosa e proveitosa, mas também pode ser fria e cruel. O cérebro é o meio pelo qual geramos os estados motivacionais e emocionais de que necessitamos para nos adaptarmos de maneira ótima ao mundo físico e social que nos cerca. Dessa maneira, para respondermos a perguntas do tipo "Como posso motivar a mim mesmo?" e "Como posso motivar aos outros?", podemos utilizar o conhecimento que temos do cérebro para criar ambientes sociais que atuem como estimulantes naturais da motivação e da emoção no cérebro.

Por exemplo, considere os estimulantes naturais das estruturas do cérebro motivacional que discutimos ao longo deste capítulo. A privação de alimento explicou a subida e descida dos níveis dos hormônios grelina e leptina. Os sinais de recompensa e dos eventos inesperadamente positivos — um odor agradável, um presente, um filme engraçado — explicam a liberação de dopamina. Relógios despertadores e passeios em montanha-russa excitam a formação reticular. Ameaças como a presença de predadores, de sujeitos brigões, de inimigos e oponentes hostis estimulam a amígdala. Decepção, fracasso, horríveis dores de dente, novidades e a separação de pessoas amadas estimulam o hipocampo a entrar em um modo "não-O.K.", da mesma maneira que o enfrentamento bem-sucedido desses agentes aversivos estimula a liberação de endorfina e o retorno prazeroso ao modo "O.K.". E drogas como a cocaína e as anfetaminas estimulam os centros de prazer do sistema límbico. O que todos esses exemplos ilustram é que os eventos ambientais no mundo social atuam como estimulantes naturais dos processos motivacionais básicos do cérebro (p. ex., prazer, ansiedade, excitação e humor).

Sendo assim, enquanto os pesquisadores do cérebro realizam estudos em que estimulam artificialmente e alteram os estados motivacionais dos animais, os pesquisadores que atuam nas escolas, nos locais de trabalho, em clínicas e estádios sabem que o estado motivacional de um indivíduo não pode ser dissociado do contexto social em que ele está inserido. Embora conheçamos a maneira como o cérebro gera seus estados motivacionais, também sabemos que a motivação experimentada pelos estudantes, atletas, pacientes, crianças e trabalhadores está inerentemente interligada ao contexto social fornecido por seus professores, técnicos, médicos, pais e supervisores. Dessa maneira, este capítulo apresentou as bases em que se assentam a motivação e a emoção no cérebro. Os próximos capítulos mostrarão como o contexto social fornece estimulações naturais que fazem o cérebro motivado e emocional entrar em ação.

Nem Sempre Temos Consciência da Base Motivacional do Nosso Comportamento

O estudo do cérebro motivado ressalta um último ponto importante sobre a motivação humana, ou seja, o fato de que nem sempre estamos conscientes da base motivacional do nosso comportamento. Os motivos variam em termos de sua acessibilidade à consciência e ao relato verbal. Alguns motivos originam-se nas estruturas da linguagem e no córtex cerebral (p. ex., as

metas) e, portanto, encontram-se facilmente disponíveis à atenção consciente do indivíduo (p. ex., "minha meta é vender essas apólices de seguro hoje"). Para esses motivos, se você perguntar a uma pessoa por que ela selecionou essa meta em particular, com bastante freqüência a pessoa lhe apresentará uma lista de razões racionais e lógicas que a fizeram agir assim. A despeito do fato de que as pessoas podem freqüentemente fornecer motivos imediatos e satisfatórios que expliquem seu comportamento, alguns atos motivados são impulsivos, e as razões pelas quais os fazemos não são claras, mesmo para nós que os praticamos. Alguns motivos têm suas origens em estruturas não-lingüísticas, e estão, portanto, muito menos disponíveis à nossa atenção consciente e ao relato verbal. Esses são os motivos originados nas estruturas emocionais límbicas, e não nas estruturas do córtex cerebral, sede da linguagem. Tais motivos manifestam-se em nossa atenção somente em forma de impulsos e apetites.

Existem muitas evidências experimentais de que há motivos que podem ter origem, e de fato têm, nas estruturas límbicas inconscientes, em vez de se originarem do córtex cerebral consciente. Considere o fato de que as pessoas que se sentem bem após terem recebido um presente inesperado têm maior probabilidade de ajudar um estranho em apuros do que as pessoas que estão com um humor neutro (Isen, 1987). As pessoas também ficam mais sociáveis em um dia ensolarado do que em um dia nublado (Kraut & Johnston, 1979). E as pessoas cometem mais atos de violência nos meses de verão do que em outras épocas do ano (Anderson, 1989). Os arremessadores da liga principal de beisebol norte-americana têm maior probabilidade de intencionalmente atingir os rebatedores adversários quando a temperatura está alta do que quando está baixa ou amena (Reifman, Larrick & Fein, 1991). Em cada um desses exemplos, a pessoa não está consciente do motivo pelo qual cometeu o ato social ou anti-social. Por exemplo, poucas pessoas diriam que ajudaram o estranho porque estavam se sentindo bem, e poucas diriam que cometeram um assassinato ou arremessaram a bola na cabeça do adversário porque estava fazendo muito calor. Ainda assim, essas são condições que causam as motivações. A breve lição que se pode tirar desses exemplos empíricos é que os motivos, as ânsias, os apetites, os desejos, os humores, as necessidades e as emoções que regulam o comportamento humano nem sempre são imediatamente óbvios.

CONCLUSÃO

Meio século atrás, um jovem neurocientista chamado James Olds estava fazendo seu trabalho rotineiro de laboratório, implantando um eletrodo no tronco cerebral de um rato. Em um dia em que as coisas não deram muito certo, o eletrodo implantado por Olds acidentalmente curvou-se e acabou por atingir outra parte do cérebro de um rato. Não sabendo que o eletrodo se curvara, Olds estimulou o rato e observou com surpresa que o animal de repente passara a repetir seu comportamento e a continuar entusiasticamente a voltar para a parte da gaiola em que a primeira estimulação elétrica do cérebro havia ocorrido. O rato gostou da estimulação. Na verdade, gostou demais. Estudos que se seguiram mostraram que animais que têm a oportunidade de estimular a si próprios de fato fazem isso (por exemplo, pressionando uma

42 Capítulo Três

barra que envia uma corrente elétrica a seu próprio cérebro; veja a Figura 3.8). A pesquisa de Olds logo iria confirmar que ele havia acidentalmente descoberto um centro de prazer no cérebro do rato (Olds & Milner, 1954).

Os pesquisadores logo começaram a intencionalmente entortar suas pinças elétricas, levando com isso o campo da neurociência rumo à compreensão da base neural do prazer e da aversão (Hoebel, 1976; Olds & Fobes, 1981; Wise & Bozarth, 1984). Primeiro, estruturas cerebrais específicas como a área septal, o hipotálamo, os corpos mamilares e o feixe prosencefálico medial foram identificados como sendo importantes para os processos motivacionais (Olds & Olds, 1963). Depois, o consenso convergiu para a idéia de que as experiências motivacionais (p. ex., o prazer e a aversão) não estão localizadas em qualquer estrutura cerebral específica, mas, em vez disso, apresentam-se coordenadas entre diversas áreas cerebrais conhecidas como circuitos neurais, tais como as encontradas no sistema límbico (Isaacson, 1982). Pesquisas posteriores estenderam o estudo dos circuitos cerebrais para incluir o estudo dos circuitos químicos ou vias pelas quais diversos locais do cérebro se intercomunicam por meio de um neurotransmissor específico, tal como a dopamina. Esses esforços para mapear as estruturas cerebrais específicas de significado motivacional, dos circuitos neurais e das vias químicas possibilitaram aos pesquisadores compreender como o cérebro cria, mantém e regula a motivação, a emoção e o humor. Nos próximos capítulos, mudaremos nossa ênfase para os eventos externos de significado motivacional, das relações e dos ambientes complexos com que os indivíduos se deparam, como, por exemplo, uma sala de aula. Por isso, os conteúdos deste capítulo irão nos permitir entender a biologia e a neurociência subjacentes aos estados motivacionais a serem discutidos.

RESUMO

Quando se discute o cérebro, a maioria das pessoas focaliza a atenção nas funções cognitivas e intelectuais, incluindo o pensamento, a aprendizagem e a tomada de decisões. Porém o cérebro não é somente um agente de pensamento, mas também um agente de motivação e de emoção. É o cérebro que gera as ânsias, apetites, necessidades, desejos, prazeres e todo o espectro de emoções. Para ilustrar como o cérebro cria, mantém e regula os estados motivacionais e emocionais, considere os três princípios que organizam a maneira como os pesquisadores motivacionais estudam o cérebro. Primeiro, estruturas cerebrais específicas (p. ex., o hipotálamo e a amígdala) geram estados motivacionais específicos. Segundo, agentes bioquímicos (p. ex., neurotransmissores e hormônios) estimulam essas estruturas cerebrais. Terceiro, acontecimentos do dia-a-dia (p. ex., receber uma carta de um amigo, ou passar por um tráfego perigoso) são os eventos de nossas vidas que fazem entrar em ação os agentes bioquímicos estimuladores do cérebro.

Olhar dentro do cérebro com técnicas como a cirurgia e a IRMf (imagem por ressonância magnética funcional) permite-nos obter um mapa da localização anatômica de diversas estruturas-chave do cérebro relacionadas à motivação e à emoção. As estruturas cerebrais associadas às sensações positivas e à motivação de aproximação incluem o hipotálamo, o feixe prosencefálico medial, a área central, o córtex cerebral e o córtex pré-frontal esquerdo. As estruturas cerebrais associadas às sensações negativas e à motivação de evitação incluem a amígdala, o hipocampo e o córtex pré-frontal direito. Por exemplo, a estimulação do feixe prosencefálico medial leva as pessoas a relatarem sensações positivas e os animais a se comportarem de uma maneira que sugere que eles receberam um reforço positivo. Já a estimulação da amígdala leva as pessoas a relatarem sensações negativas e a apresentarem uma ativação comportamental associada a uma resposta coordenada de medo.

Os neurotransmissores atuam como mensageiros químicos dentro do cérebro, e uma "via neurotransmissora" refere-se a um aglomerado de neurônios que se comunicam com outros neurônios utilizando um determinado neurotransmissor. As quatro vias neurotransmissoras motivacionalmente relevantes são: a dopamina, a serotonina, a norepinefrina e a endorfina. A via da dopamina é particularmente importante, uma vez que sua principal função motivacional é gerar sensações positivas, o que explica a biologia da compensação. À medida que eventos motivacionalmente significantes vão acontecendo ao longo do dia, o cérebro detecta alguns desses eventos como sendo "biologicamente significantes", o que provoca a liberação de dopamina, gera sensações agradáveis e estimula o comportamento de aproximação orientado para uma meta. Além disso, a experiência prazerosa da dopamina permite à pessoa aprender quais eventos ambientais associam-se ao prazer e à aproximação e quais eventos ambientais associam-se ao estresse e à evitação. A liberação de dopamina é, portanto, um mecanismo neural pelo qual a motivação se traduz em ação.

O propósito deste capítulo não foi sobrecarregar o leitor com termos extravagantes de neurofisiologia, como leptina e sistema septo-hipocampal, mas sim erguer o véu de mistério dos motivos pelos quais o cérebro gera e mantém os estados motivacionais e emocionais.

LEITURAS PARA ESTUDOS ADICIONAIS

ASHBY, F. G., ISEN, A. M. & Turken, A. U. (1999). A neuropsychological theory of positive affect and its influence on cognition. *Psychological Review, 106,* 529-550.

CUMMINGS, D. E., WEIGLE, D. S., FRAYO, R. S., BREEN, P. A., MA, M. K., DELLINGER, E. P. & PURNELL, J. Q. (2002). Plasma ghrelin levels after diet-induced weight loss or gastric bypass surgery. *New England Journal of Medicine, 346,* 1623-1630.

DAVIDSON, R. J. & IRWIN, W. (1999). The functional neuroanatomy of emotion and affective style. *Trends in Cognitive Science, 3,* 11-21.

GRAY, J. A. (1994). Three fundamental emotion systems. In P. Ekman & R. J. Davidson (Eds.), *The nature of emotion: Fundamental questions* (pp. 243-247). Nova York: Oxford University Press.

LEDOUX, J. E. (1964). Emotion, memory and the brain. *Scientific American, 270,* 32-39.

LEDOUX, J. E. (1995). Emotion: Clues from the brain. *Annual Review of Psychology, 46,* 209-235.

SUTTON, S. K. & Davidson, R. J. (1997). Prefrontal brain asymmetry: A biological substrate of the behavioral approach and inhibition systems. *Psychological Science, 8,* 204-210.

WISE, R. A. & ROMPRÉ, P. P. (1989). Brain dopamine and reward. *Annual Review of Psychology, 40,* 191-225.

Parte Um

Necessidades

Capítulo 4

Necessidades Fisiológicas

NECESSIDADE
OS FUNDAMENTOS DA REGULAÇÃO
    Necessidade Fisiológica
    Impulso Psicológico
    Homeostase
    Feedback Negativo
    Inputs Múltiplos/Outputs Múltiplos
    Mecanismos Intra-Organísmicos
    Mecanismos Extra-Organísmicos
SEDE
    Regulação Fisiológica
        Ativação da sede
        Saciedade da sede
        O hipotálamo e o fígado
        Influências ambientais
FOME
    Apetite de Curto Prazo

Equilíbrio de Energia de Longo Prazo
Influências Ambientais
    Situações de restrição-liberação
    Estilo de comer regulado cognitivamente
    Ganho de peso e obesidade
SEXO
    Regulação Fisiológica
    Métrica Facial
    Roteiros Sexuais
    Orientação Sexual
    Base Evolucionista da Motivação Sexual
AS FALHAS DE AUTO-REGULAÇÃO DAS NECESSIDADES
    FISIOLÓGICAS
RESUMO
LEITURAS PARA ESTUDOS ADICIONAIS

Considere a seguinte proposta: você é convidado a participar de um experimento por uma pesquisadora que lhe promete recompensar muito bem pelo seu esforço. Tudo o que você tem que fazer é tentar ganhar 10% do seu atual peso corporal. Isso parece ser bastante fácil e compensador, de maneira que você aceita a oferta. No início, tudo vai bem, e você ganha 2 kg na primeira semana e mais 1 kg na segunda. Entretanto, na terceira semana, seu apetite diminui, a comida vai perdendo o poder de lhe apetecer, e você tem a impressão de que seu corpo começa a erguer defesas para conter seu aumento de peso. E, ao ingerir comida extra, você fica surpreso com a enorme sensação de desconforto que experimenta. Além disso, o seu antigo estilo de vida ativo transformou-se em um ritmo sedentário, à medida que você passou a se exercitar menos e a usar mais os elevadores. Vai se tornando cada vez mais difícil ganhar mais meio quilo, e muito mais difícil ainda alcançar os 10% de peso a mais em relação ao que você tinha antes. São necessários dois meses de esforços, ao fim dos quais você acaba ganhando os 10% de peso extra.

Com o tempo, seu peso corporal, seu apetite e seu estilo de vida se recuperam. Porém, infelizmente, a pesquisadora vem com outra oferta. Dessa vez, ela quer ver se você é capaz de perder 10% do seu peso corporal. Confiante no sucesso que já

teve, você aceita a proposta e inicia uma dieta rigorosa. Se antes o excesso de comida lhe tirava o apetite, a privação de alimento que você experimenta agora é algo simplesmente horrível. Se antes as defesas do seu corpo eram brandas e pacíficas, agora tudo mudou. Seu corpo não mais quer brincar. Você passa a se sentir carrancudo e irritadiço, com a atenção totalmente centrada no apetite. Depois de dois meses de esforços contínuos, você começa a pensar em chutar tudo para o alto. Quanto mais você tenta segurar seu apetite e mais ignora seu impulso corporal para comer, mais obcecado com comida você fica, e os alimentos de alto teor calórico mais atração exercem sobre você. A irritação constante que você sente também começa a afetar sua vida cotidiana. Você então telefona para a pesquisadora e decide cancelar essa experiência fútil que lhe custou um mês de sofrimento. E depois, enquanto retorna ao seu peso normal, você vê acabar sua tristeza e suas fantasias noturnas com pizzas e bolos.

Após o término dos experimentos, duas coisas mudaram. Por um lado, você ganhou bastante dinheiro. E, por outro, você agora pensa de modo diferente sobre a fome, o comer e o controle de peso. A experiência pela qual você passou lhe mostra que o corpo dispõe de uma predisposição e algum guia automatizado, que lhe permite controlar quanto você deve pesar. De fato, o corpo possui diversos guias de auto-regulação, e quando esses guias são perturbados, ignorados ou simplesmente rejeitados, ocorre uma elevação dos estados motivacionais. Esses estados motivacionais (p. ex., a fome, a tristeza) irão continuar e intensificar até que o indivíduo aja de modo a corrigir os guias reguladores que foram perturbados. Portanto, a tese do presente capítulo é que as necessidades fisiológicas, os sistemas biológicos, os estados motivacionais e o comportamento atuam em comum acordo com os outros, de modo a fazer com que o indivíduo alcance uma regulação fisiológica estável.

Um estudo similar foi realizado com animais, e os resultados aparecem na Figura 4.1. Durante os primeiros 30 dias, todos os animais receberam uma dieta normal. Começando no 30º dia (ponto #1), alguns animais passaram a ser forçadamente alimentados (linha a), outros animais foram colocados em uma dieta rigorosa (linha c), e outros ainda continuaram a receber sua dieta normal (linha b). Três semanas depois (48º dia; ponto #2), todos os animais retornaram à dieta normal. Como era de se esperar, os animais que passaram por uma alimentação forçada ganharam bastante peso entre o 30º e o 48º dias, ao passo que os animais que fizeram a dieta rigorosa perderam bastante peso. Com o retorno à dieta normal (no 48º dia), os animais que haviam passado pela alimentação forçada manifestaram pouca fome, e comiam a intervalos bem espaçados, ao passo que os animais que haviam saído da dieta apresentavam muita fome e comiam vorazmente. Entretanto, por volta do 75º dia, todos os três grupos de animais estavam aproximadamente com o mesmo peso. Ou seja, independentemente de alimentação forçada ou de fome, os animais motivacionalmente se adaptaram à sua nova situação, e esses estados motivacionais fizeram com que, no final, eles retornassem a seu peso corporal normal.

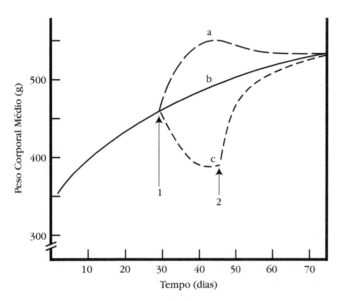

Figura 4.1 Flutuações do Peso Corporal ao Longo do Tempo para Animais Superalimentados (a), Normalmente Alimentados (b) e Subalimentados (c).

Fonte: extraído de *The Role of the Lateral Hypothalamus in Determining the Body Weight Set Point*, de R. E. Keesey, P. C. Boyle, J. W. Kemnitz & J. S. Mitchel, 1976, em D. Novin, W. Wyrwicka & G. A. Bray (Eds.), *Hunger: Basic mechanisms and clinical implications* (pp. 243-255). Nova York: Raven Press.

NECESSIDADE

Uma necessidade é uma condição qualquer que ocorre na pessoa e que é essencial ou necessária à sua vida, a seu crescimento e a seu bem-estar. Quando as necessidades são alimentadas e satisfeitas, nosso bem-estar é conservado e acentuado. Porém, se negligenciada ou frustrada, a necessidade não-atendida irá produzir danos que desequilibram nosso bem-estar biológico ou psicológico. Portanto, os estados motivacionais fornecem o ímpeto para agirmos antes de ocorrerem danos ao nosso bem-estar psicológico e corporal.

Os danos podem afetar o corpo, de maneira que os motivos para a ação surgem das necessidades fisiológicas cujo propósito é evitar a danificação dos tecidos e promover a manutenção dos recursos corporais (p. ex., sede, fome e sexo). Os danos podem também afetar o "self", de modo que os motivos para a ação também surgem das necessidades psicológicas dos indivíduos com o propósito de orientar seu desenvolvimento para o crescimento e a adaptação (p. ex., autodeterminação, competência e relacionamento). Também ocorrem danos no que diz respeito à nossa relação com o mundo social, e nesse caso os motivos surgem das necessidades sociais de preservação das identidades, das crenças, dos valores e das relações interpessoais (p. ex., realização, afiliação, intimidade e poder). Juntas, as necessidades fisiológicas, psicológicas e sociais fornecem uma diversidade de motivos que servem de modo geral à nossa vida, ao nosso crescimento e ao nosso bem-estar.

As necessidades fisiológicas envolvem sistemas biológicos, tais como os circuitos neurais cerebrais, os hormônios e os órgãos do corpo. Quando insatisfeitas durante um período prolongado, as necessidades fisiológicas passam a constituir emergências que põem em risco a vida e, portanto, geram estados motivacionais capazes de dominar a consciência. Quando gratificadas, as necessidades deixam de ser prementes e são esquecidas, pelo menos durante um certo tempo. Por sua vez, as necessidades psicológicas envolvem os processos do sistema nervoso central. Entretanto, em vez de obedecerem a períodos temporais cíclicos (ascensão, queda, e nova ascensão), como fazem as necessidades fisiológicas, as necessidades psicológicas estão o tempo todo presentes em nossa consciência, pelo menos em certo grau. E elas ganham ênfase na consciência principalmente na presença de condições ambientais que os indivíduos acreditam serem capazes de compreender e satisfazer essas necessidades. Por exemplo, encontrar amigos é algo que evidencia nossa necessidade de afiliação, ao passo que ser controlado é algo que frustra nossa necessidade de autonomia. Existem duas categorias de necessidades psicológicas, e a distinção entre as necessidades psicológicas e as necessidades sociais é que as primeiras são inatas e inerentes a todos os indivíduos, ao passo que as últimas refletem a história peculiar de socialização de cada indivíduo.

Todas as necessidades geram energia. O que difere uma necessidade da outra são seus efeitos direcionais sobre o comportamento (Murray, 1937). Por exemplo, uma necessidade de fome é diferente de uma necessidade de sede, não em termos da quantidade de energia que gera, mas sim em sua capacidade de direcionar a atenção e a ação para a busca de alimento, em vez da busca de água. De modo semelhante, uma necessidade de competência é diferente de uma necessidade de ter relações, não em termos da quantidade de motivação despertada, mas sim quanto ao conseqüente desejo de buscar desafios em um nível ótimo, em vez de relações íntimas.

Outra maneira pela qual as necessidades diferem entre si é que algumas geram uma motivação de deficiência, ao passo que outras geram uma motivação de crescimento (Maslow, 1987). Com as necessidades de deficiência, a vida vai bem até que algum estado de privação (p. ex., faz 10 horas que a pessoa comeu pela última vez) ativa uma necessidade de interagir com o mundo de uma maneira que aquiete o déficit (ou seja, o consumo de alimento). Já com as necessidades de crescimento, os estados motivacionais energizam e direcionam o comportamento de modo a desenvolver avanços (buscar desafios, melhorar as relações interpessoais). O indício que nos faz distinguir uma necessidade baseada em deficiência de uma necessidade baseada no crescimento são as emoções que cada tipo de necessidade gera. As necessidades de deficiência geralmente geram emoções tensas e prementes, tais como ansiedade, frustração, dor, estresse e alívio. Já as necessidades de crescimento costumam gerar emoções positivas, como interesse, diversão e vitalidade.

OS FUNDAMENTOS DA REGULAÇÃO

Meio século atrás, Clark Hull (1943) criou uma teoria da motivação de base biológica, que foi chamada de teoria do impulso (veja o Capítulo 2). Segundo a teoria do impulso, as privações e os déficits fisiológicos (p. ex., falta de água, de alimento e de sono) criam necessidades biológicas. Caso a necessidade permaneça insatisfeita, a privação biológica torna-se potente o suficiente para dominar a atenção do indivíduo e gerar um impulso psicológico. "Impulso" é um termo teórico utilizado para se referir ao desconforto psicológico (sensação de tensão e inquietação) derivado de um déficit biológico persistente e subjacente. O impulso energiza o animal para a ação e direciona sua atividade para comportamentos específicos que são capazes de servir (satisfazer) às necessidades corporais.

A Figura 4.2 ilustra a necessidade fisiológica — impulso psicológico —, processo de ação comportamental. Após beber um copo d'água e comer, o indivíduo experimenta uma condição biológica de saciedade, na qual nem a sede nem a fome apresentam conseqüências motivacionais, como está mostrado em (1). Entretanto, à medida que o tempo passa, a água do corpo evapora e o indivíduo consome calorias. Com a ocorrência natural dessa perda de água e de nutrientes, os desequilíbrios ou déficits fisiológicos começam a se acumular (2). Caso os desequilíbrios fisiológicos persistam ou se intensifiquem, a continuidade da privação produzirá uma necessidade corporal de água ou calorias (3). Com o tempo, a necessidade fisiológica aumenta o suficiente para produzir uma sensação de tensão e de inquietação, que corresponde ao impulso psicológico (4). Uma vez motivado pelo impulso, o indivíduo passa a agir direcionado para uma meta (5). Quando o indivíduo sedento encontra água potável, ou quando o indivíduo faminto encontra comida, ocorre o comportamento consumatório (6). A ingestão de água ou alimento satisfaz e remove a necessidade corporal subjacente, o que aquieta o impulso psicológico, por meio de um processo chamado redução do impulso (7). Após essa redução, o

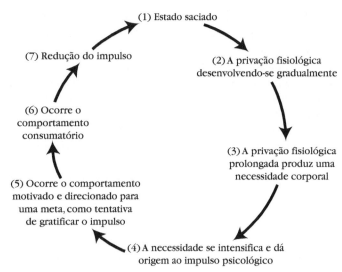

Figura 4.2 Modelo da Seqüência Necessidade-Impulso-Comportamento

indivíduo retorna a um estado saciado (isto é, não mais motivado) (1), e todo esse processo cíclico inicia de novo um ciclo.

O padrão cíclico que mostra o aumento e a diminuição do impulso psicológico (Figura 4.2) envolve sete processos fundamentais: necessidade, impulso, homeostase, "feedback negativo", inputs múltiplos/outputs múltiplos, mecanismos intra-organísmicos e mecanismos extra-organísmicos.

Necessidade Fisiológica

A necessidade fisiológica descreve uma condição de deficiência biológica. As necessidades fisiológicas ocorrem a partir dos déficits nos tecidos do corpo e pela corrente sangüínea, tais como a perda de água, a privação de nutrientes ou injúria física. Se não atendidas, as necessidades fisiológicas se fazem acompanhar de lesões corporais ou patologias. Em função disso, quando insatisfeitas e intensas, as necessidades fisiológicas representam emergências capazes de pôr em risco a nossa vida.

Impulso Psicológico

O impulso é um termo psicológico, e não biológico. Trata-se da manifestação consciente de uma necessidade biológica subjacente e inconsciente. É o impulso, e não as necessidades fisiológicas subjacentes por si mesmas, que tem propriedades motivacionais. Por exemplo, é o apetite (impulso psicológico), e não a baixa taxa de açúcar ou o esvaziamento das células adiposas (necessidade fisiológica), que energiza e direciona o comportamento. Quando é evidente o suficiente para chamar nossa atenção, o impulso nos prepara motivacionalmente para iniciar comportamentos orientados para uma meta, capazes de produzir a redução desse impulso.

Homeostase

Os sistemas corporais apresentam uma notável capacidade de manter um estado estável de equilíbrio. Isso é verdadeiro mesmo

48 Capítulo Quatro

quando esses sistemas executam suas funções e se expõem a condições ambientais extremamente diferentes e estressantes. O termo que descreve a tendência do corpo de manter um estado estável é homeostase. Por exemplo, a corrente sangüínea apresenta uma notável constância quanto a seus níveis de água, sal, açúcar, cálcio, oxigênio, temperatura, acidez, proteínas e gorduras (Cannon, 1932, Dempsey, 1951). Por outro lado, as pessoas constantemente estão se deparando com alterações nos ambientes externos e internos, e apenas o tempo já é suficiente para produzir condições de privação. Ou então as pessoas comem, bebem e dormem em excesso. Em função disso, os sistemas corporais encontram-se inevitável e continuamente sendo deslocados de sua homeostase, ou por meio de alterações nas condições ambientais, ou através de seus próprios comportamentos de consumo. A homeostase é essencialmente a capacidade que o corpo tem de fazer com que um determinado sistema (por exemplo, a corrente sangüínea) volte a seu estado basal. Para fazer isso, os sistemas corporais geram estados motivacionais. Portanto, o corpo tem tanto uma tendência a manter um estado estável quanto os meios que geram a motivação necessária para energizar e direcionar os comportamentos relacionados à restauração e à homeostase.

"Feedback" Negativo

O feedback negativo refere-se ao sistema de brecagem fisiológica da homeostase (Mook, 1988). As pessoas comem e dormem, mas até o ponto em que não mais têm fome ou sono. O impulso ativa o comportamento; o feedback negativo o interrompe.

Sem o feedback e sem um modo de inibir o comportamento motivado pelo impulso, uma vez satisfeita a necessidade subjacente, as pessoas se comportariam como na história "O Aprendiz de Feiticeiro" (do poema de Dukas, que serviu de tema do desenho animado *Fantasia*, de Walt Disney; Cofer & Appley, 1964). No início da história, o aprendiz, imitando o feiticeiro, aprende a dar ordens a uma vassoura, mandando-a trazer um balde de água. A vassoura obedece e traz ao aprendiz um balde d'água. Depois de ter feito isso umas duas vezes, a água já é suficiente, mas a vassoura continua a trazer mais e mais baldes. É então que o aprendiz, para seu desespero, se dá conta de que não aprendeu a fazer a vassoura parar de trazer água. Se o corpo fosse incapaz de inibir um impulso, ocorreria um desastre. Caso as pessoas não tivessem condição de interromper a sensação de fome, elas literalmente morreriam de comer.

Na verdade, os sistemas de feedback negativo assinalam a saciedade bastante antes que a necessidade fisiológica esteja completamente satisfeita (Adolph, 1980). Primeiro, a pessoa come e bebe rapidamente, mas a taxa à qual ela faz isso diminui rapidamente ao longo da refeição (Spitzer & Rodin, 1981). À medida que vamos digerindo a comida e a água, nosso corpo apresenta uma notável aptidão para estimar a quantidade certa de alimento ou de água que, quando transformados e absorvidos, serão necessários para satisfazer às necessidades fisiológicas subjacentes. Por exemplo, enquanto bebemos, nosso corpo continuamente monitora o volume de líquido ingerido a cada gole, e utiliza essa informação para predizer a quantidade de água que no final entrará na corrente sangüínea e nas células corporais. A compreensão precisa de como o corpo assinala a saciedade constitui o estudo dos sistemas de feedback negativo.

"Inputs" Múltiplos/"Outputs" Múltiplos

O impulso apresenta diversos inputs, ou meios de ativação. Por exemplo, é possível experimentar a sede depois de suar, ingerir alimentos salgados ou doar sangue, em resposta à estimulação elétrica de uma estrutura cerebral específica ou durante uma hora específica do dia. De maneira bastante análoga, o impulso também tem diversas formas de saídas, ou respostas comportamentais, que o satisfazem. Ao sentir frio, podemos vestir uma jaqueta, acender o aquecedor, fazer exercícios físicos ou tremer. Cada um desses comportamentos consegue o mesmo resultado final — produzir uma elevação da temperatura corporal. A idéia básica é que o impulso surge de fontes (inputs) diferentes e motiva diferentes comportamentos direcionados para uma meta (outputs).

A convergência de múltiplos inputs com múltiplos outputs, mostrada na Figura 4.3, é na verdade o que faz o impulso ser um constructo motivacional bastante atraente. Em termos teóricos, o impulso é uma variável intervenientes, que integra as relações entre vários inputs e outputs, os quais, de outra maneira, divergiriam entre si. Por exemplo, a dor, como variável interveniente, ajuda a explicar o que é comum entre os processos motivacionais que ocorrem imediatamente depois que, por exemplo, levamos uma martelada no dedo (Antecedente 1 na figura), encostamos a mão na chapa quente do fogão (Antecedente 2), ou pisamos em um prego com o pé descalço (Antecedente 3), eventos que nos fazem sacudir o dedo freneticamente (Conseqüência 1), meter a mão na água fria (Conseqüência 2) ou pular em uma perna só enquanto seguramos o pé machucado (Conseqüência 3). Portanto, o impulso intervém entre os estados de privação (estímulos de input) e ações restauradoras direcionadas para uma meta (respostas de output).

Considere a vantagem teórica de se utilizar o impulso como uma variável interveniente para conectar os múltiplos inputs aos múltiplos outputs.[1] Imagine que os três inputs da Figura 4.3 foram muitas horas de privação de alimento, o aroma tentador de pipoca sendo preparada e a presença em uma festa em que há comida em cada mesa. Imagine agora que os três outputs sejam a quantidade de calorias consumidas, o tempo decorrido para começarmos a comer (latência) e a probabilidade de se alimentar *versus* a de jejuar. O cheiro de pipoca e a presença em uma festa não causam o comportamento de comer em excesso (quantidade de calorias consumidas). Somente às vezes comemos em excesso ou muito depressa. Nosso comportamento motivado depende da intensidade da fome que sentimos (impulso), e não da atração exercida pela pipoca ou da fácil disponibilidade da comida. Por esse motivo, os psicólogos que estudam a motivação concentram-se nas propriedades motivacionais das variáveis motivacionais e de centenas de inputs individuais para o impulso (horas de privação de alimento, cheiro da pipoca, abundância de alimentos e assim por diante.)

---

[1]A perspectiva de variável interveniente mostrada na Figura 4.3 aplica-se a todos os motivos, e não só ao impulso. Por exemplo, os inputs e os outputs para a necessidade de realização podem ser os desafios em níveis ótimos, o feedback rápido e a responsabilidade pessoal por um determinado resultado (inputs múltiplos) e a persistência diante do fracasso, a escolha de empreendimentos de dificuldade moderada e o espírito empreendedor (outputs múltiplos).

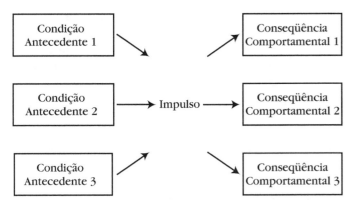

Figura 4.3 O Impulso como Variável Interveniente

Mecanismos Intra-Organísmicos

Os mecanismos intra-organísmicos incluem todos os sistemas reguladores biológicos da pessoa que atuam em comum acordo para ativar, manter e cessar as necessidades fisiológicas subjacentes ao impulso. As estruturas cerebrais, o sistema endócrino e os órgãos do corpo constituem as três principais categorias de mecanismos intra-organísmicos. Para a fome, os principais mecanismos intra-organísmicos são o hipotálamo (estrutura cerebral), os hormônios glicose e insulina (sistema endócrino) e o estômago e o fígado (órgãos do corpo). Juntos, esses mecanismos corporais afetam uns aos outros de modo a explicar os eventos fisiológicos responsáveis pela criação, pela manutenção e pela cessação da experiência psicológica do impulso. O estudo dos mecanismos intra-organísmicos é o estudo do papel desempenhado pelas estruturas cerebrais, pelos hormônios e pelos órgãos corporais durante o aumento e a diminuição das necessidades fisiológicas.

Mecanismos Extra-Organísmicos

Os mecanismos extra-organísmicos incluem todas as influências ambientais que atuam na ativação, na manutenção e na cessação do impulso psicológico. As principais categorias de mecanismos extra-organísmicos são as influências cognitivas, ambientais, sociais e culturais. Quanto à fome, as influências extra-organísmicas incluem as crenças sobre as calorias e a meta de perder peso (influências cognitivas), o aroma da comida a uma dada hora do dia (influências ambientais), a presença de outras pessoas e a pressão dos amigos para que comamos ou não (influências sociais), e os papéis sexuais e ideais culturais relativos aos tipos desejáveis e indesejáveis de forma física (influências culturais). O estudo dos mecanismos extra-organísmicos é o estudo dos papéis que as influências cognitivas, ambientais, sociais e culturais desempenham no aumento e na diminuição das necessidades fisiológicas.

SEDE

Nosso corpo é constituído principalmente — cerca de dois terços — de água. Quando nosso volume de água diminui cerca de 2%, começamos a sentir sede. A desidratação ocorre somente depois que perdemos cerca de 3% do nosso volume de água (Weinberg & Minaker, 1995). A sede é o estado motivacional experimentado conscientemente que prepara nosso corpo para executar comportamentos necessários para reabastecer o déficit de água. É a perda de água, abaixo de um nível homeostático ótimo, que cria a necessidade fisiológica subjacente à sede.

A sede surge como uma necessidade fisiológica porque nosso corpo está continuamente perdendo água por meio da transpiração, da urina, da expiração, e até mesmo do sangramento, do vômito e do espirro (ou seja, inputs múltiplos). Sem a reposição de água, podemos morrer dentro de aproximadamente dois dias. Se você já passou pela experiência de ficar mais de 24 horas sem beber um gole de água, sabe que o corpo tem mecanismos intra-organísmicos eficazes para prender completamente sua atenção e motivar comportamentos orientados para a meta de encontrar e consumir água.

Regulação Fisiológica

Dentro do corpo humano, a água é encontrada tanto nos fluidos intracelulares quanto nos fluidos extracelulares. Os fluidos intracelulares consistem em toda a água contida no interior das células (aproximadamente 40% do peso corporal). E o fluido extracelular consiste em toda a água fora das células, que se encontra no plasma sangüíneo e no fluido intersticial (cerca de 20% do peso corporal).

Se, por um lado, a água continua sendo água independentemente do local em que se encontra no corpo, essa diferenciação é importante porque a sede provém dessas duas fontes distintas. Uma vez que a sede surge tanto a partir dos déficits intracelulares quanto dos déficits extracelulares, os fisiologistas adotam para a ativação da sede o "modelo da dupla exaustão" (Epstein, 1973). Quando o fluido intracelular necessita de abastecimento de água, surge a *sede osmométrica*. E enquanto a desidratação celular é a causa da sede osmométrica, a hidratação celular faz essa sede cessar. Por outro lado, quando o fluido extracelular necessita de abastecimento de água (p. ex., após sangramento ou vômito), surge a *sede volumétrica*. A hipovolemia (redução do volume de plasma sangüíneo) provoca a sede volumétrica, e a hipervolemia a faz cessar.

Ativação da Sede

Considere o estudo padrão da privação de água. Em laboratório, animais ficam sem receber água, porém não alimento, durante cerca de 24 horas (Rolls, Wood & Rolls, 1980). Após privar os animais de água, os pesquisadores repõem seletivamente ou a quantidade de água intracelular ou a quantidade extracelular (utilizando técnicas especiais de infusão). Os procedimentos adotam três situações: (1) privação de água durante 24 horas, seguida de reposição intracelular; (2) privação de água durante 24 horas, seguida de reposição extracelular; e (3) privação de água durante 24 horas sem reposição (grupo de controle). A quantidade de água ingerida pelos animais no terceiro grupo (de controle) serve como um padrão para a sede normal (cuja referência é a quantidade de água ingerida). Os ratos que receberam reposição completa de fluidos extracelulares ingeriram apenas

50 Capítulo Quatro

um pouco menos que os ratos que ficaram sem reposição. Ou seja, beberam como se ainda estivessem com bastante sede. Já os ratos que receberam reposição de fluido intracelular ingeriram bem menos. Ou seja, beberam como se já estivessem basicamente satisfeitos. Esses resultados sugerem que a sede osmométrica é a principal causa da ativação da sede. A sede provém principalmente da desidratação das células.

Saciedade da Sede

Quando bebemos, não o fazemos para sempre. Existe algo que alerta nosso corpo a parar de beber. O sistema de feedback negativo é importante porque nosso corpo não só precisa acabar com seus déficits de água, mas também impedir que bebamos água em excesso, o que poderia causar uma disfunção celular capaz de pôr em risco a nossa vida. Nesse sentido, animais que não estão sentindo falta de água não irão querer beber, e, caso sejam forçados a fazê-lo, apenas molharão o canto da boca, sem engolir o líquido (Williams & Teitelbaum, 1956). Naturalmente, os seres humanos costumam cometer excessos de bebida, mas esse comportamento é regulado por fatores outros que não a água, tais como o sabor ou o teor alcoólico do líquido.

Quando bebemos, a água passa da boca para o esôfago, indo em seguida para o estômago e depois para os intestinos, sendo então absorvida na corrente sangüínea. Por meio do processo de osmose, a água termina por passar dos fluidos extracelulares para os fluidos intracelulares, para hidratar as células. O mecanismo de feedback negativo para a associação deve, portanto, estar situado em um (ou mais) dos seguintes locais do corpo: boca, estômago, intestinos, corrente sangüínea e células.

Para localizar o mecanismo de feedback negativo da sede, os fisiologistas conceberam um grande número de experimentos. Em um deles, os animais bebiam água, mas os pesquisadores faziam a água passar pela boca mas não alcançar o estômago (nem os intestinos, nem a corrente sangüínea, nem as células; Blass & Hall, 1976). Em média, os animais bebiam quatro vezes mais água do que o normal, mas acabavam parando de beber. Portanto, o fato de a água passar pela boca fornece um meio, embora fraco, de inibição da sede. Pesquisas feitas posteriormente identificaram que o sistema específico de cessação da sede na boca está relacionado com a quantidade de goles que se dá durante o ato de beber (Mook & Wagner, 1989). Após um grande número de goles (mas não necessariamente um grande volume de água), para-se de beber.

Em estudos subseqüentes, houve arranjos em que a água bebida pelos animais passava pela boca e ia até o estômago, mas não alcançava os intestinos, nem a corrente sangüínea, nem as células (Hall, 1973). Os animais que receberam água na boca e no estômago beberam duas vezes mais que o normal. Portanto, o estômago, assim como a boca, também é dotado de um mecanismo de inibição da sede, embora esse mecanismo também seja fraco. Outros estudos fizeram com que a água bebida pelos animais passasse pela boca, pelo estômago, pelos intestinos e para os fluidos extracelulares (Mook & Kozub, 1968). Entretanto, a água bebida pelos animais era soro fisiológico. A ingestão desse soro fisiológico fazia com que muita água se acumulasse nos fluidos extracelulares mas pouca água

passase para os fluidos intracelulares. (Segundo o princípio da osmose, a água salgada não se difunde para áreas intracelulares.) Esses animais beberam mais que o normal. Portanto, as próprias células devem também abrigar dentro de si um mecanismo de feedback negativo. Portanto, o simples consumo de água não é suficiente para aliviar completamente a sede, e o animal só pára de beber quando finalmente ocorre uma hidratação das células do corpo (Mook, 1996). Vistos como um todo, existem múltiplos sistemas de feedback negativo para a sede — na boca, no estômago e nas células.

O Hipotálamo e o Fígado

A boca, o estômago e as células coordenam a ativação da sede e a saciedade, porém essas atividades são também executadas pelo fígado, pelo hipotálamo e pelos hormônios específicos. O cérebro (através do hipotálamo) monitora o encolhimento intracelular (causado pelos baixos níveis de água) e libera um hormônio no plasma sangüíneo que envia uma mensagem ao fígado, para que este conserve suas reservas de água (produzindo uma urina mais concentrada, em vez de diluída). Também os rins liberam água caso nosso nível de fluidos esteja baixo. Enquanto o hipotálamo administra o comportamento involuntário do fígado, ele também cria o estado psicológico consciente de sensação de sede, que direciona a atenção e o comportamento para a realização de ações que façam o corpo se abastecer de água. É no hipotálamo que a experiência psicológica da sede se origina, entra na consciência (ao enviar uma mensagem de alerta para os lobos frontais do neocórtex) e gera a urgência motivacional de beber.

Influências Ambientais

Três influências extra-organísmicas no comportamento de beber são a percepção da disponibilidade de água, a adesão do indivíduo a esquemas de consumo de bebida e o sabor. Animais que vivem em um ambiente em que há abundância de água bebem menos ao longo do dia do que animais que vivem em ambientes em que a água é escassa (Toates, 1979). Assim, se você quiser reduzir sua sede, encha a geladeira de bebida; e se quiser aumentar sua sede, deixe apenas um vidro na geladeira. Os animais também adquirem e aderem firmemente a esquemas de consumo de bebida, independentemente de sua necessidade fisiológica por água (Toates, 1979). Entretanto, a influência ambiental mais importante para a bebida é o sabor (Pfaffmann, 1960, 1961, 1982).

Em estado puro, a água é insípida e, portanto, não oferece qualquer valor de incentivo que vá além do reabastecimento. Porém, quando a água é dotada de sabor, o comportamento associado ao ato de beber muda de acordo com o valor de incentivo da bebida. A Figura 4.4 apresenta os valores de incentivo para quatro sabores: doce, azedo, salgado e amargo, representados para diversas intensidades de estímulo. Utilizando a água insípida (em estado puro) como linha básica (ausência de atrativo), qualquer sabor é ligeiramente agradável quando apresentado a uma intensidade bastante baixa (algo que acontece mesmo com o amargo). A intensidades mais substanciais, a água com sabor de sacarose (adocicada) é acentuadamente mais agradável do que a água sem sabor. Já a água com ácido tartárico (azeda), a água

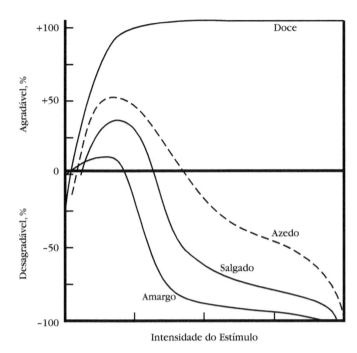

Figura 4.4 A Agradabilidade Relativa de Quatro Soluções de Sabores
Fonte: extraído de *The Pleasures of Sensation*, de C. Pfaffmann, 1960, *Psychological Review*, 67, pp. 253-268. Copyright 1960 by American Psychological Association. Reproduzido sob permissão.

salgada e a água com sabor de quinino (amarga) são acentuadamente mais desagradáveis do que a água sem sabor. Assim, uma vez que a água com sabor tem um valor de incentivo, as pessoas tendem a beber mais água adocicada, a beber a água insípida com o propósito de suprir suas necessidades homeostáticas e a beber menos água de sabor azedo, salgado ou amargo.[2]

Outra influência extra-organísmica sobre o comportamento de beber é a prescrição cultural de tomar oito copos de água por dia. Entretanto, não existem evidências científicas que apóiem essa sugestão (Valtin, 2002), em grande parte porque a típica dieta de 2.000 calorias já contém o equivalente a nove copos de água (Woods, Bell & Thorwart, 1999).

Quando fatores como o sabor adocicado da água representam um incentivo significativo para beber, os seres humanos costumam fazê-lo em excesso, às vezes consumindo quantidades perigosamente elevadas (em termos biológicos) de líquido (Rolls, Wood & Rolls, 1980). Freqüentemente as pessoas consomem refrigerantes e chás apenas pelo gosto dessas bebidas. E quanto às bebidas cuja base é a água e que contêm álcool ou cafeína, podem surgir complicações relacionadas a adicção. Portanto, tanto o álcool quanto a cafeína introduzem diversos processos fisiológicos adicionais que motivam as pessoas a beberem em excesso. Além disso, existem em torno das bebidas alcoólicas e cafeinadas algumas influências sociais e culturais que tornam o comportamento de beber mais complexo do que o simples consumo de água para regular a sede. Por exemplo, há estudantes universitários que costumam consumir bebidas alcoólicas em uma quantidade impressionantemente elevada. E certas drogas (p. ex., o ecstasy) também podem fazer as pessoas experimentarem uma sede intensa, levando-as a beber muito além de suas necessidades fisiológicas, podendo mesmo chegar a intoxicação por água e morte (Valtin, 2002). Portanto, o ato de beber ocorre por três motivos: a reposição de água, que satisfaz às necessidades fisiológicas, o gosto adocicado; e adicção a uma substância contida na água (a não à água em si).

FOME

A fome é um motivo mais complexo do que a sede. A perda de água instiga a sede, e a reposição de água a sacia. Por essa linha, poderíamos pensar que a fome simplesmente envolveria o ciclo de falta e reposição de alimento. Entretanto, apenas de maneira aproximada o modelo "falta-reposição" é aplicável quando tratamos da fome. Com efeito, a privação de alimentos ativa a fome e o ato de comer (ou seja, as pessoas comem três vezes por dia para evitar a privação de alimento). No entanto, a regulação da fome envolve tanto processos diários a curto prazo que operam sob a regulação homeostática (p. ex., a privação e a reposição de calorias e de glicose no sangue) quanto processos a longo prazo que operam obedecendo à regulação metabólica e às condições de armazenamento de energia (p. ex., as células adiposas). A fome e o ato de comer são também afetados, e de maneira substancial, por influências cognitivas, sociais e ambientais, de modo que, para se compreender a fome e o ato de comer, é preciso que se adotem: (1) modelos fisiológicos de curto prazo; (2) modelos fisiológicos de longo prazo; e (3) modelos que levem em conta aspectos cognitivos, sociais e ambientais (Weingarten, 1985).

Há dois modelos de grande importância para os pesquisadores da fome. O primeiro é um modelo de curto prazo, no qual a energia imediatamente disponível (glicose no sangue) está sendo constantemente monitorada. Esta é a hipótese glicostática, bastante eficiente para determinar o início e o término da fome e do ato de comer. O segundo modelo é de longo prazo, no qual a energia armazenada (grande quantidade de gordura) está disponível e é utilizada como um recurso para suplementar a regulação da energia monitorada pelo nível de glicose. Este é o modelo lipostático, bastante eficiente em mostrar como os acúmulos de gordura contribuem com um segundo nível de complexidade para a compreensão da fome e do ato de comer.

Apetite de Curto Prazo

As pistas de fome de curto prazo regulam o início do ato de comer, a quantidade que se come nas refeições e também o seu término. Segundo a hipótese glicostática, os níveis de açúcar no sangue são de importância fundamental para a ocorrência da fome — quando o nível de glicose cai, as pessoas sentem fome e querem comer (Campfield et al., 1996; Mayer, 1952,1953).

As células requerem glicose para produzir energia, de maneira que, depois de utilizá-la para executar suas funções, experimentam

---

[2] A relação entre gosto e comportamento de beber é complicada pelo fato de que a privação de água afeta a percepção do sabor. A água vai se tornando hedonicamente mais positiva (mais recompensadora) com o aumento da privação, e também vai se tornando hedonicamente mais aversiva com a saciedade (Beck, 1979; Williams & Teitelbaum, 1956).

52 Capítulo Quatro

um aumento de necessidade fisiológica por mais glicose.[3] O órgão do corpo que monitora o nível de glicose no sangue é o fígado, e quando o nível de glicose sanguínea está baixo, o fígado envia um sinal excitatório para o hipotálamo lateral (HL), que é o centro no cérebro responsável pela geração da experiência psicológica da fome (Anand, Chhina & Singh, 1962; Wyrwicka, 1988). A estimulação do HL é importante, porque leva os animais a comer em excesso e, caso a estimulação seja contínua, leva-os à obesidade (Elmquist, Elias & Saper, 1999).

A estrutura do cérebro envolvida no término da refeição é o hipotálamo ventromedial (HVM). Quando estimulado, o HVM atua como o centro de saciedade do cérebro — ou seja, o HVM é o sistema de feedback negativo do apetite de curto prazo (Miller, 1960). Sem o HVM, os animais se tornariam comilões crônicos, capazes de duplicar seu peso corporal (Stevenson, 1969). A maneira pela qual o HVM fica estimulado em primeiro lugar é pela detecção por parte do fígado de níveis elevados de glicose (Russek, 1971; Schmitt, 1973), distensões estomacais (estômago intumescido) durante o ato de comer (Moran, 2000), e a liberação de colecistocinina, um peptídeo no sistema digestivo (CCK; Woods, Seeley, Porte & Schwartz, 1998).

Segundo a hipótese glicostática, o apetite aumenta e diminui em resposta às alterações na glicose do plasma, que estimulam o HL a aumentar a fome e estimulam o HVM a diminuí-la. Portanto, baixos níveis de glicose ativam o HL com um sinal de fome, ao passo que altos níveis de glicose ativam o HVM com um sinal de feedback negativo. Outros mecanismos intra-organísmicos também regulam o aumento e a diminuição da fome. Por exemplo, o HL contém neurônios especializados que respondem à visão e ao gosto da comida, e esses neurônios especializados tornam-se ativados somente quando o animal já se encontra com certa fome (Rolls, Sanghera & Roper-Hall, 1979). Os hormônios também estimulam o HL e o HVM, como discutimos na história de abertura do Capítulo 3, quando dissemos que a grelina do plasma estimula o HL (e a fome), ao passo que a leptina do plasma estimula o HVM (e a saciedade). Por exemplo, a leptina é o hormônio secretado para o sangue pelas células adiposas, com o propósito de produzir a saciedade (Campfield, Smith & Burn, 1996, 1997b; Spiegelman & Flier, 2001). O HL também produz peptídeos capazes de aumentar o apetite, chamados orexinas (termo derivado da palavra grega que significa apetite; Sakurai et al., 1998). As orexinas são poderosos agentes estimuladores do apetite, e quando injetadas no cérebro de ratos fazem esses animais comerem três a seis vezes mais que os ratos do grupo de controle.

Achados como esses, feitos com a grelina e as orexinas, são bastante excitantes para os pesquisadores farmacêuticos que tentam encontrar maneiras de estimular o apetite em seres humanos, como ocorre com os pacientes de quimioterapia (Woods et al., 1998). E os achados com a leptina são ainda mais estimulantes para a pesquisa farmacológica, em sua tentativa de encontrar meios de diminuir o apetite em humanos, tal como ocorre com indivíduos que lutam contra a obesidade (Campfield, Smith & Burn, 1998).

O apetite também aumenta e diminui em resposta a sugestões não-baseadas no cérebro, uma vez que a fome surge tanto de pistas corporais cerebrais quanto de pistas periféricas (não-cerebrais). Essas pistas corporais periféricas incluem a boca (Cabanac & Duclaux, 1970), as distensões estomacais (Deutsch, Young & Kalogeris, 1978; McHugh & Moran, 1985), e a temperatura corporal (Brobeck, 1960). (Uma vez que baixas temperaturas estimulam a fome, é costume nos restaurantes os aparelhos de ar-condicionado estarem ligados no máximo.) O principal regulador não-cerebral da fome é o estômago. Este se esvazia a uma taxa constante de calorias (cerca de 210 calorias por hora), de modo que o apetite retorna mais rápido após uma refeição com poucas calorias do que após uma refeição com muitas calorias (McHugh & Moran, 1985). Estando de estômago cheio, as pessoas relatam não sentir fome. Com o estômago 60% vazio, relatam sentir uma ligeira fome; e com o estômago 90% vazio, relatam estar com fome máxima, embora ainda haja algum alimento no estômago (Sepple & Read, 1989).[4]

Equilíbrio de Energia de Longo Prazo

Assim como a glicose, a gordura (tecido adiposo) também produz energia. E da mesma maneira que monitora seus níveis de glicose de modo preciso, o corpo também monitora com bastante precisão suas células adiposas (Faust, Johnson & Hirsch, 1977a, 1977b). Segundo a hipótese lipostática (lipo = gorduroso; estática = equilíbrio), quando a quantidade de gordura armazenada fica abaixo de seu equilíbrio homeostático, o tecido adiposo secreta hormônios (p. ex., grelina) para a corrente sangüínea a fim de promover motivação para ganho de peso, o que aumenta o consumo de alimento (Borecki et al., 1995; Cummings et al., 2002; Wren et al., 2001). Alternativamente, quando a quantidade de gordura armazenada aumenta acima de seu equilíbrio homeostático, o tecido adiposo secreta hormônios (p. ex., leptina) para a corrente sangüínea a fim de reduzir o consumo de alimento e promover motivação de perda de peso (Harvey & Ashford, 2003; Schwartz & Seeley, 1997). Uma vez que as reservas de gordura são fontes de energia relativamente estáveis e duradouras, a hipótese lipostática ilustra o sistema neuro-hormonal necessário para neutralizar, com base nos níveis sangüíneos de glicose, o que seriam flutuações de curto prazo no equilíbrio de energia.

Uma derivação da hipótese lipostática é a teoria do set-point (Keesey, 1980; Keesey et al., 1976; Keesey & Powley, 1975;

---

[3]O nível de glicose no sangue não explica completamente o início da fome, conforme se vê nos diabéticos, que freqüentemente têm um alto nível de glicose no sangue mas também sentem muita fome. Porém, embora os diabéticos apresentem um elevado nível de glicose no sangue, o que eles precisam (e não têm) é de um alto nível de glicose celular. Os diabéticos necessitam de insulina (hormônio que eles têm em pouca quantidade) porque a insulina aumenta a permeabilidade da membrana celular, de maneira que a glicose pode livremente fluir da corrente sangüínea para dentro das células (Schwartz et al., 2000). Portanto, na presença da insulina, a glicose sangüínea pode se tornar glicose celular.

[4]Deutsch e Gonzalez (1980) constataram posteriormente que o estômago sinaliza não só informações referentes ao volume de alimento, mas também ao conteúdo. Esses dois pesquisadores removeram nutrientes específicos da dieta de animais e constataram que o animal respondia ingerindo alimentos que continham esses nutrientes específicos e recusando alimentos que não os continham. Portanto, o estômago monitora tanto o volume quanto o conteúdo dos alimentos, e volume e conteúdo regulam a fome e sua saciedade.

Powley & Keesey, 1970). A teoria do set-point sustenta que cada indivíduo tem um peso corporal biologicamente determinado, algo como um "termostato de gordura" geneticamente estabelecido ao nascimento ou pouco depois. A genética cria as diferenças individuais nos números de células adiposas que cada pessoa tem. Na teoria do set-point, a ativação da fome e a saciedade dependem do tamanho (e não do número) das nossas células adiposas, que podem variar com o tempo. Quando o tamanho das células adiposas é reduzido (p. ex., por meio de dieta), a fome surge e persiste até que o comportamento de alimentação possibilita que as células adiposas retornem a seu tamanho natural (set-point). Portanto, a fome é o meio pelo qual o corpo defende seu set-point genético (Bennett, 1995; Rosenbaum et al., 1997).

A hipótese lipostática exprime os fatores permanentes e de longo prazo (p. ex., a genética e as taxas metabólicas) que regulam o equilíbrio entre ingestão de alimento, gasto de energia e peso corporal. Quanto à genética, as pessoas herdam taxas metabólicas (processos bioquímicos que convertem a energia armazenada em energia consumível) relativamente consistentes. As pessoas também herdam células adiposas e um set-point homeostático que determinam quanto de extensão (preenchimento) apropriada terão essas células. Apesar de serem relativamente constantes ao longo do tempo, esses processos reguladores podem mudar, e de fato mudam. O set-point aumenta com a idade, o metabolismo diminui após uma restrição calórica prolongada (por exemplo, durante uma dieta) e um consumo excessivo de alimentos pode levar a um aumento tanto do tamanho das células adiposas (lipogênese) quanto do número dessas células (adipogênese) (Kassirer & Angell, 1998; Keesey, 1989; Mandrup & Lane, 1997).

Um modelo abrangente que combina influências de curto e de longo prazos sobre o apetite aparece na Figura 4.5. As duas linhas verticais contínuas representam a hipótese glicostática do apetite de curto prazo, em que a fome motiva a ingestão de alimentos, ao passo que a ingestão de alimentos sacia a fome. O retângulo imediatamente acima do consumo de energia ilustra que, além da fome, influências ambientais estimulam a ingestão de alimento. Uma vez ingerido, o alimento é usado ou como energia a ser gasta durante a atividade física (Fome → Gasto de Energia) ou armazenado no tecido adiposo como gordura (Fome → Depósitos de Gordura). A linha pontilhada representa a hipótese lipostática do apetite a longo prazo, em que a existência de grandes reservas de gordura sacia a fome e a existência de pequenas reservas de gordura excita a fome.

Influências Ambientais

As influências ambientais que afetam o comportamento de comer incluem a hora do dia, o estresse, e a visão, o cheiro, a aparência e o sabor da comida. Por exemplo, o comportamento de comer aumenta significativamente quando um indivíduo se depara com uma grande variedade de alimentos, de nutrientes e de sabores (Rolls, 1979; Rolls, Rowe & Rolls, 1982). A simples disponibilidade de alimentos variados estimula o apetite mais do que faria uma dieta monótona (Sclafani & Springer, 1976). Quando o indivíduo dispõe apenas de um único tipo de comida (p. ex., sorvete), a existência de diversos sabores disponíveis aumenta a ingestão de alimento (Beatty, 1982). A disponibilidade de alimentos (p. ex., em uma festa, em que há grande variedade de comida sobre as mesas) e sua abundância também são fatores que levam as pessoas a comerem em excesso (Hill & Peters, 1998). Por exemplo, quanto à disponibilidade de alimento, as pessoas ficam mordiscando aqui e ali, quando uma quantidade de dierentes alimentos está à mesa em uma festa. Cada novo alimento traz um novo sabor, e pode iniciar o ato de comer de uma maneira que independe da fome. E, quanto à abundância, as pessoas comem mais quando as porções são enormes do que quando não são.

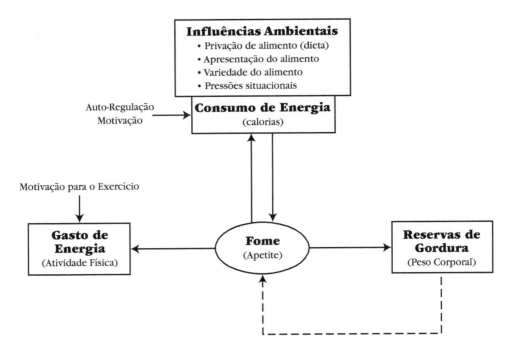

Figura 4.5 Modelo Geral da Regulação da Fome

Tabela 4.1   Ingestão de Sorvete (em Gramas), para Estudantes Sozinhos *versus* Estudantes em Grupo, e para Um Sabor *versus* Três Sabores

	Situação social			
	Sozinho		Grupo de três pessoas	
	Número de sabores		Número de sabores	
	1	3	1	3
Homens	113,8	211,1	245,6	215,6
Mulheres	76,9	137,7	128,5	170,8

Fonte: extraído de *Sensory and Social Influences on Ice Cream Consumption by Males and Females in a Laboratory Setting*, de S. L. Berry, W. W. Beatty e R. C. Klesges, 1985, *Appetite, 6*, pp. 41-45.

Comer é, com freqüência, uma ocasião social. As pessoas comem mais quando estão na presença de outras (que também estão comendo) do que quando estão sozinhas (Berry, Beatty & Klesges, 1985; deCastro & Brewer, 1991). Pessoas que estão tentando fazer dieta têm maior probabilidade de abandonar o regime quando estão na presença de outras pessoas que estão comendo (Grilo, Shiffman & Wing, 1989). Uma demonstração desse efeito de facilitação social envolveu um experimento de degustação de sorvetes por universitários. Metade dos estudantes comeu sozinha, enquanto a outra metade comeu em grupos de três. Aos estudantes eram oferecidos sorvetes de apenas um sabor, ou então lhes era dada a possibilidade de escolher entre três sabores (ou seja, eles podiam manipular a variedade). A Tabela 4.1 apresenta os resultados: tanto os homens quanto as mulheres comeram mais na presença de outras pessoas do que quando lhes era oferecida a variedade de sabores.

Outra influência ambiental sobre o comportamento alimentar é a pressão situacional para comer ou fazer dieta. Por exemplo, comer em excesso é um padrão comportamental adquirido sob um substancial controle social (Crandall, 1988). Freqüentemente esse tipo de comportamento ocorre em pequenos grupos, tal como em equipes de atletas (Crago et al., 1985) e de chefes de torcida (Squire, 1983), em parte porque os pequenos grupos criam e impõem normas sobre o que é um comportamento adequado. O desvio dessas normas geralmente resulta em algum tipo de rejeição interpessoal e em diminuição de popularidade. Se comer é um comportamento importante para o grupo, então a pressão do grupo pode se tornar um motivo para comer ainda mais poderoso do que a própria fisiologia da pessoa. Comer também é um comportamento importante na vida das crianças, e as crianças preferem os mesmos alimentos consumidos pelas pessoas que elas admiram (Birch & Fisher, 1996).

Situações de Restrição-Liberação

De maneira bastante semelhante ao fato de que as pressões sociais podem interferir na regulação fisiológica e mesmo anulá-la, também a dieta é capaz de interferir nos guias fisiológicos e anulá-los. Ao fazer dieta, a pessoa tenta trazer o comportamento alimentar para o controle cognitivo, tirando-o do controle fisioló-

gico (dizendo, p. ex., "dessa vez vou comer somente esta quantidade", em vez de dizer "vou comer sempre que tiver fome"). Entretanto, paradoxalmente, e com uma boa freqüência, a dieta acaba fazendo com que a pessoa cometa excessos alimentares subseqüentes. Quem faz dieta torna-se cada vez mais suscetível à desinibição (ou "liberação da restrição"), especialmente em condições de ansiedade, estresse, consumo alcoólico, depressão ou exposição a alimentos de alto teor calórico (Greeno & Wing, 1994; Polivy & Herman, 1983, 1985). Por exemplo, um estudo constatou que, como seria de se esperar, pessoas que faziam dieta tomavam menos sorvete do que as pessoas que não estavam de dieta; porém, se antes fosse dado a todos um *milkshake* de quase meio litro, aqueles que estavam de dieta acabavam tomando mais sorvete do que os que não estavam. As pessoas que fazem dieta, depois de ingerirem um alimento com alto teor calórico, tornam-se progressivamente mais vulneráveis a cometer excessos alimentares (Herman, Polivy & Esses, 1987). Esse fenômeno, conhecido como liberação da restrição, corresponde a um padrão de cometimento de excessos denominado contra-regulação (Polivy & Herman, 1985). Para quem faz dieta, é verdadeiro o lema de cautela: "É impossível comer um só".

A contra-regulação descreve o padrão paradoxal apresentado pelas pessoas que fazem dieta e que comem pouquíssimo quando beliscam, mas que se empanturram depois de consumir uma grande quantidade de "aperitivos" de alto teor calórico (Herman & Mack, 1975; Polivy, 1976; Ruderman & Wilson, 1979; Spencer & Fremouw, 1979; Woody et al., 1981). Porém, consumir alimentos de alto teor calórico é apenas uma das diversas condições que podem desencadear excessos alimentares cometidos por quem faz dieta. A depressão também pode desencadear a liberação da restrição. Por exemplo, pessoas em dieta que estão deprimidas geralmente engordam, ao passo que pessoas que não estão em dieta mas que também estão deprimidas costumam emagrecer (Polivy & Herman, 1976a). O mesmo padrão se observa em relação à ansiedade, na medida em que os indivíduos que fazem dieta e que estão ansiosos comem mais do que aqueles que também estão ansiosos mas não fazem dieta (Baucom & Aiken, 1981). As condições que ameaçam o ego da pessoa (p. ex., fracassar em uma tarefa fácil ou falar diante de uma banca examinadora) produzem esse mesmo efeito paradoxal de fazer as pessoas sob restrição alimentar comerem mais do que aquelas que não estão sob essa restrição (Heatherton, Herman & Polivy, 1991). O álcool tem o mesmo efeito de liberação da restrição sobre as pessoas que fazem dieta (Polivy & Herman, 1976b). Vistas como um todo, as pesquisas sobre a facilitação, a pressão social e a liberação da restrição documentam que o comportamento alimentar pode se afastar da regulação fisiológica rumo a algum tipo de regulação não-fisiológica contraprodutiva, tal como regulação social, cognitiva ou emocional (Polivy & Herman, 1985).

Estilo de Comer Regulado Cognitivamente

Como foi ilustrado pelas hipóteses glicostáticas e lipostáticas, o corpo defende o peso que tem. Entretanto, às vezes, as pessoas chegam à conclusão de que seu peso corporal fisiologicamente regulado não está bem de acordo com suas aspirações pessoais ou culturais. Como se fosse um tipo de guerra civil, as pessoas decidem que é hora de sua mente, ou sua vontade, começar uma revolução que assuma e institua uma nova regulação para o peso corporal. A revolta começa quando os controles cognitivos tentam anular os controles fisiológicos. O sucesso de uma dieta (em termos de alcançar a meta de perder peso) requer que o indivíduo que está em dieta primeiro consiga enfraquecer seu modo de responder a pistas internas (p. ex., as sensações de fome e de satisfação alimentar) e, em segundo lugar, consiga substituir os controles fisiológicos inconscientes pelos controles cognitivos conscientes (Heatherton, Polivy & Herman, 1989). Entretanto, o grande problema é que os controles cognitivos não têm um sistema de feedback negativo. Em função disso, quem faz dieta encontra-se altamente vulnerável a cometer excessos alimentares quando eventos situacionais interferem nas inibições cognitivas (p. ex., a presença de outras pessoas, depressão, ansiedade, álcool e ingestão de aperitivos calóricos).

Ganho de Peso e Obesidade

Obesidade é um termo médico que descreve um estado de aumento do peso corporal (de tecido adiposo), que adquire uma magnitude suficiente para produzir consequências adversas para a saúde, incluindo um aumento do risco de doenças cardíacas, diabetes, problemas respiratórios, alguns tipos de câncer e morte prematura (Stevens et al., 1998). Nos Estados Unidos, nada menos que 65% dos adultos encontram-se acima do peso, e 35% de todos os adultos podem ser classificados como obesos ou morbidamente obesos (Yanovsky & Yanovsky, 2002). Infelizmente, há pouca ou nenhuma pesquisa sustentando a afirmativa de que a perda de peso traz benefícios à saúde (Blackburn, 1995), ao passo que a cura da obesidade (ou seja, a perda de peso) pode muitas vezes ser pior que o problema original (Kassirer & Angell, 1998). Portanto, em vez de se concentrar em incentivar à perda de peso, a maioria dos pesquisadores da obesidade enfatiza a prevenção (freqüen-

temente os adultos na faixa dos 20 e 30 anos experimentam um acentuado ganho de peso) e o cultivo de um estilo de vida mais saudável, centrado no exercício físico (veja o Boxe 4).

A Figura 4.5 apresentou um modelo bem abrangente de consumo e gasto de energia. Essa figura também pode ser usada para mostrar que o controle do peso é uma função do equilíbrio (ou do desequilíbrio) da razão entre "consumo de alimento" e "gasto de energia". Se as pessoas ingerem mais energia (comem mais) do que gastam por meio de atividades físicas, elas irão engordar; e se as pessoas gastam mais calorias (praticam mais atividade física) do que consomem (ingestão de alimento), elas irão emagrecer. Além da cirurgia (veja Cummings et al., 2001), as duas únicas maneiras pelas quais as pessoas podem prevenir ou inverter o ganho de peso e a obesidade são diminuir a alimentação até se chegar ao ponto de consumir menos calorias do que se gasta durante a atividade física (p. ex., a motivação de auto-regulação na Figura 4.5) ou aumentar a atividade física até chegar a um ponto de gastar mais calorias do que se consome (p. ex., a motivação de exercício na Figura 4.5). Essas duas motivações estão discutidas no Boxe 4, e também em capítulos posteriores deste livro. Ambas essas motivações — auto-regulação da ingestão de alimento e motivação para se exercitar — são importantes de serem mencionadas aqui, porque comer e exercitar-se envolvem comportamentos voluntários, em vez de processos reguladores fisiológicos. Os processos regulatórios fisiológicos (como já descrevemos) afetam a motivação da fome, e a motivação da fome é notoriamente difícil de ser controlada conscientemente (veja a seção sobre a Liberação da Restrição). A observação otimista a ser feita aqui é que os comportamentos voluntários, como a prática de exercício físico, não são difíceis de serem controlados conscientemente. Assim, motivar a si mesmo para regular o peso corporal pode ser uma ação eficaz na medida em que a pessoa concentra sua motivação para energizar e direcionar seus comportamentos voluntários, como a prática de exercício físico.

BOXE 4 *Terapia da Obesidade: Revertendo o Fracasso da Auto-Regulação*

Pergunta: Por que essa informação é importante?

Resposta: Porque o fracasso da auto-regulação é responsável por uma epidemia nacional de obesidade.

O peso corporal e a obesidade assemelham-se bastante ao clima: todo mundo o comenta, embora não pareça haver muito o que se possa fazer sobre ele. Mas uma razão pela qual as pessoas tanto falam sobre obesidade é simplesmente o fato de que esta se tornou nada menos que uma epidemia nos Estados Unidos, ameaçando tornar-se também uma epidemia global (OMS, 1998). Entre os adultos norte-americanos, dois terços estão acima do peso normal (Hill & Peters, 1998). Portanto, a maioria dos norte-americanos encontra-se acima do peso — e, ainda que não sejam necessariamente obesos, estão chegando perto disso. Essa tendência parece vir se acelerando a cada ano que passa. Atualmente, 35% da população norte-americana são obesos, em comparação com 33% em 1997, 23% em 1995, 15% em 1980, 14% em 1974 e 13% em 1962 (Taubes, 1998). Como podemos ver, as taxas de obesidade vêm crescendo rapidamente (Flegel et al., 1998).

Esses números baseiam-se na medida do índice de massa corporal (IMC), que é calculado dividindo-se o peso da pessoa em quilos por sua altura medida em metros e elevada ao quadrado. Um IMC entre 18 e 25 é normal; se for superior a 25, indica que a pessoa encontra-se acima do peso, e se ficar acima de 30 significa que a pessoa é obesa (Yanovski & Yanovski, 2002). Desse modo, uma pessoa que tem 1,78 m de altura será considerada acima do peso se estiver pesando 80 kg, e obesa se estiver pesando 95 kg.

Para prevenir o ganho de peso e a obesidade, é preciso conhecer as origens desses fenômenos (Jeffrey & Knauss, 1981; Rodin, 1982). A obesidade, que basicamente nada mais é que um excesso de gordura corporal, é um fenômeno multifacetado que integra causas e influências tanto genéticas (Foch & McClearn, 1980; Price, 1987; Stunkard, 1988) quanto ambientais (Grilo & Pogue-Geile, 1991; Jeffrey & Knauss, 1981). Por exemplo, algumas influências ambientais associadas à obesidade incluem o modo de criação das crianças (Birch, Zimmerman & Hind, 1980), a prática de alimentação das crianças (Klesges et al., 1983), baixa condição socioeconômica (Sobal & Stunkard, 1989), uma dieta com um elevado teor de gordura (Sclafani, 1980), falta de exercícios físicos (Stern & Lowney, 1986) e estresse (Greeno & Wing, 1994). Nitidamente, os fatores genéticos, tais como a eficiência metabólica, a quantidade de células adiposas, distúrbios hepáticos e sensibilidade hipotalâmica (Hill, Pagliassotti & Peters, 1994) também são fatores importantes, na medida em que alguns corpos têm maior predisposição genética a acumular seus recursos de gordura do que outros.

Nossos genes coletivos não se alteraram muito no último quarto de século, durante o qual as taxas de obesidade atingiram níveis estratosféricos. Os principais culpados disso são, por um lado, um ambiente cultural que deliberadamente incentiva o excesso alimentar e, por outro, a inatividade física (Hill & Peters, 1998). Nos EUA, há uma fácil disponibilidade de comida (considerando-se esse aspecto em um contexto histórico), e as refeições são servidas em grandes porções, além de conterem um alto teor de gordura (Hill & Peters, 1998). Os ambientes incentivam à inatividade física ao reduzirem a necessidade de as pessoas se exercitarem, em decorrência dos avanços experimentados pelos meios de transporte e pela tecnologia (inclusive a televisão, os computadores e os jogos eletrônicos). E, infelizmente, o aumento do consumo alimentar e o decréscimo da atividade física estão inextricavelmente ligados, uma vez que, quanto mais gordos ficamos, mais o exercício físico, mesmo a caminhada, passa a nos incomodar.

A indústria farmacêutica (medicamentos) está trabalhando ativamente tentando criar drogas que estimulem a perda de peso, bem como outras que combatam o aumento de peso e a obesidade (Yanovski & Yanovski, 2002). Porém, a criação dessas drogas tem se mostrado difícil. Considere, por exemplo, a terapia através da leptina.

Lembre-se de que a leptina (que vem do termo grego para "magro") é um hormônio que estimula a saciedade e a motivação para terminar uma refeição. Dessa maneira, a terapia através de leptina faz sentido, mas não funciona porque as pessoas rapidamente desenvolvem uma resistência à leptina (El-Haschimi et al., 2000).

Mas, se não temos remédios para nos ajudar a combater essa epidemia nacional de obesidade, podemos ao menos tentar regular o equilíbrio de longo prazo entre a ingestão de energia (comendo) e o gasto de energia (praticando exercício). Porém, ganhar controle sobre esses comportamentos não é fácil, e freqüentemente é uma meta malsucedida por razões surpreendentes. Por exemplo, o jejum raramente funciona, pois está associado a uma grande redução da energia gasta pelo corpo, o que diminui o metabolismo e contribui para uma liberação da restrição. Jejuar é também problemático porque é algo que se baseia em sugestões cognitivas, e não nas sugestões fisiológicas relacionadas à fome e à saciedade, além do fato de o jejum levar o indivíduo para abaixo de seu set-point relacionado ao peso (Lowe, 1993).

Um achado otimista é que a atividade física intensa pode mitigar os efeitos detrimentais dos excessos alimentares e proteger contra o ganho de peso (Birch et al., 1991). Logo, a motivação para o exercício parece essencialmente importante no esforço de reverter essa epidemia de obesidade. Para se alcançar um equilíbrio contínuo entre a ingestão e o gasto de energia, é a atividade física que se apresenta como o componente da equação que pode ser rapidamente alterado e submetido aos programas de intervenção oferecidos pelos gurus da boa forma e pelos psicólogos motivacionais.

SEXO

Nos animais inferiores, a motivação e o comportamento sexuais ocorrem somente durante o período de ovulação das fêmeas (Parkes & Bruce, 1961). Durante a ovulação, a fêmea secreta um ferormônio cujo odor estimula a aproximação sexual dos machos. Quanto aos machos, injeções de testosterona (outro hormônio) podem aumentar ainda mais seu comportamento sexual. Em função disso, nos animais inferiores, o sexo apresenta-se em conformidade com o processo de necessidade fisiológica cíclica → impulso psicológico, conforme mostra a Figura 4.2 — à medida que o tempo passa, a necessidade surge e estimula o impulso psicológico, e o comportamento consumatório que se segue sacia tanto o impulso psicológico quanto a necessidade biológica.

Regulação Fisiológica

O comportamento sexual humano é influenciado, porém não determinado, pelos hormônios. Os hormônios sexuais são os androgênios (p. ex., a testosterona) e os estrogênios, e a sua liberação na corrente sangüínea (a partir da glândula supra-renal) é controlada pelo hipotálamo. Esses hormônios aumentam em períodos como a ovulação da mulher e diminuem à medida que a pessoa passa da juventude para a meia-idade e a velhice (Guay, 2001). Aos 40 anos de idade, por exemplo, os níveis de testosterona nos homens passam a diminuir cerca de 1% por ano. Tanto nos homens quanto nas mulheres, o desejo sexual e os hormônios

que lhe estão subjacentes sofrem um acentuado declínio a partir de meados da faixa dos 20 anos (Laumann, Paik & Rosen, 1999), de modo que os hormônios e o desejo sexual de uma pessoa de 40 anos correspondem a cerca da metade do que são para uma pessoa de 20 (Zumoff et al., 1995). Apesar de estarem presentes em ambos os sexos, os androgênios contribuem para a motivação sexual masculina, ao passo que os estrogênios contribuem para a motivação sexual feminina (Money et al., 1976). Entretanto, mesmo para as fêmeas, os androgênios desempenham papel-chave na regulação da motivação sexual, uma vez que decréscimos de testosterona (como os decorrentes do envelhecimento) prenunciam decréscimo do desejo sexual e acréscimo de testosterona (como ocorre em terapias de reposição de androgênios) reativando o desejo sexual (Apperloo et al., 2003; Davis, 2000; Guay, 2001; Munarriz et al., 2000; Tuiten et al., 2000).

Homens e mulheres experimentam e reagem ao desejo sexual de maneiras bastante diferentes (Basson, 2001). Nos homens, a correlação entre excitação fisiológica e desejo psicológico é bastante elevada. Por exemplo, a correlação entre a resposta erétil do homem e o desejo que ele próprio relata sentir é bastante elevada (Meston, 2000). Desse modo, o desejo sexual do homem pode ser predito e explicado no contexto de sua excitação sexual. Na presença de um elemento desencadeador de excitação sexual (p. ex., a estimulação feita por um parceiro sexual), os homens apresentam um ciclo trifásico de resposta sexual: desejo, excitação e orgasmo (Masters & Johnson, 1966; Segraves, 2001). O ciclo trifásico de resposta sexual que tão bem descreve a motivação sexual masculina — o ciclo tradicional de resposta sexual

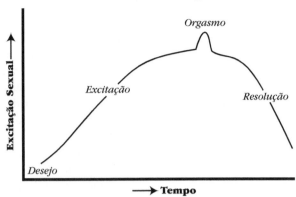

Figura 4.6 Dois Modelos do Ciclo da Resposta Sexual: Tradicional (Superior) e Alternativo (Inferior)
Fonte: extraído de *Using a Different Model for Female Sexual Response to Address Women´s Problematic Low Sexual Desire*, de R. Basson, 2001, *Journal of Sex and Marital Therapy, 27*, 395-403.

— aparece na metade superior da Figura 4.6. Nesse modelo, o desejo sexual surge de maneira um tanto espontânea a partir da presença de um elemento desencadeador da excitação, e esse desejo sexual crescente gera uma excitação fisiológica e psicológica (em forma de pensamentos e fantasias sexuais, e também de uma sensação consciente de urgência sexual). Essa excitação sexual torna possível o orgasmo, e com o orgasmo o tradicional ciclo de resposta termina, sendo seguido de um período de resolução relativamente breve, que leva a pessoa de volta a um estado basal.

Nas mulheres, a correlação entre excitação fisiológica e desejo psicológico é bastante baixa. Por exemplo, a correlação entre a lubrificação vaginal e o desejo que elas próprias relatam é baixa ou inexistente (Meston, 2000). Assim, não se pode predizer ou explicar o desejo sexual das mulheres no contexto da sua necessidade fisiológica (p. ex., estrogênio, testosterona) ou da excitação (p. ex., intumescimento genital). Em vez disso, o desejo sexual feminino é altamente sensível a fatores relacionais, tais como a intimidade emocional (Basson, 2001, 2002). O modelo de desejo sexual baseado na intimidade, que tão bem descreve a motivação sexual feminina, aparece na metade inferior da Figura 4.6. Nesse modelo alternativo, um nível elevado de intimidade emocional antecipa o desejo sexual. É a intimidade emocional (e não o intumescimento genital) que leva a mulher de um estado de neutralidade sexual a um estado de abertura e sensibilidade aos estímulos sexuais. Nesse contexto, a motivação e o comportamento sexuais refletem a proximidade e o desejo de compartilhamento com um parceiro, mais do que uma necessidade fisiológica (Basson, 2003). Nesse modelo alternativo, o sexo começa com as necessidades de intimidade (e não com o desejo sexual). Além disso, o desejo promove e melhora uma relação de intimidade a longo prazo (em vez de conduzir a uma resolução, como no ciclo tradicional de resposta sexual).

Métrica Facial

Muitos estímulos originam-se no parceiro sexual — podendo ser químicos (cheiro), tácteis (toque), auditivos (voz) e visuais (visão, aparência). A atração física exercida por um parceiro potencial é talvez o estímulo externo mais potente que afeta a motivação sexual. As culturas ocidentais geralmente consideram atraentes as mulheres de corpo esbelto (Singh, 1993a,

58 Capítulo Quatro

1993b). Entretanto, padrões desse tipo variam de uma cultura para outra, em grande parte em virtude do fato de eles serem adquiridos pela experiência, pela socialização e pelo consenso cultural (Mahoney, 1983). Dito isso, também é preciso observar que algumas características físicas são universalmente consideradas atrativas, incluindo a saúde (p. ex., uma pele sem manchas; Symons, 1992), a juventude (Cunningham, 1986) e a capacidade reprodutora (Singh, 1993a).

As mulheres esbeltas são consideradas atraentes tanto pelos homens quanto por outras mulheres. Por outro lado, a percepção feminina da atratividade exercida pelos homens apresenta pouco consenso sobre quais formas ou partes do corpo masculino são atraentes (Beck, Ward-Hull & McClear, 1976; Horvath, 1979, 1981; Lavrakas, 1975). O principal preditor da classificação dada pelas mulheres em relação ao corpo masculino é a proporção cintura-quadris (PCQ, uma medida que geralmente varia de 0,7 a 1,0; é calculada tomando-se a menor circunferência da cintura e dividindo-a pela maior circunferência dos quadris/nádegas). Segundo as mulheres, valores moderadamente esbeltos de PCQ nos homens correspondem a uma maior atratividade (Singh, 1995).

O estudo dos julgamentos que as pessoas fazem da atratividade das características faciais denomina-se *métrica facial* (Cunningham, 1986; Cunningham, Barbee & Pike, 1990; Cunningham et al., 1995). Considere a face — e seus respectivos parâmetros métricos — mostrada na Figura 4.7. As questões que relacionam a métrica facial ao estudo da motivação sexual são: "Em que dimensões as faces variam entre si, e quais dimensões fazem uma face ser atraente?" Curiosamente, diferentes culturas apresentam uma notável convergência a respeito das características faciais que são consideradas atraentes, e também a respeito de quais não são.

As faces variam bastante, e a Figura 4.7 ilustra 24 diferentes características estruturais (p. ex., tamanho dos olhos, largura da boca, proeminência do queixo). Três categorias explicam os tipos de face considerados atraentes: as características neonatais, as características de maturidade sexual e as características expressivas. As características neonatais correspondem àquelas associadas aos recém-nascidos, tais como olhos grandes e nariz pequeno, estando relacionadas a mensagens não-verbais atrativas de juventude e agradabilidade (Berry & McArthur, 1985, 1986). As características de maturidade sexual correspondem àquelas associadas ao status pós-pubescente, tais como maçãs do rosto salientes e, para os homens, espessa pelagem no rosto e sobrancelhas fartas, aspectos associados a mensagens não-verbais atraentes de vigor, status e competência (Keating, Mazur & Segall, 1981). Já as características expressivas, como boca/sorriso abertos e sobrancelhas arqueadas são maneiras de expressar emoções positivas, tais como felicidade e receptividade (McGinley, McGinley & Nicholas, 1978).

Portanto, uma simples olhada nas características faciais de uma pessoa já nos dá pistas para fazermos um julgamento sobre sua juventude/agradabilidade, vigor/status e felicidade/receptividade. É com base nessas percepções, fundamentadas em classificações implícitas da métrica facial, que tomamos uma decisão sobre quão atraente é o rosto de uma pessoa. Essa conclusão associa-se de modo interessante à questão de a beleza estar nos olhos de quem a vê. De certa maneira, pode-se discordar dessa afirmativa, uma vez que as classificações faciais métricas são características faciais objetivas, que fornecem um consenso pancultural sobre o que é um rosto bonito. Entretanto, em outro sentido, pode-se concordar com ela, uma vez que uma face se torna bonita na medida em que o observador percebe (e subjetivamente avalia) a juventude, o status e a felicidade/receptividade da outra pessoa. Na verdade, a beleza está na juventude, no status e na felicidade/receptividade, e a face é simplesmente um conduto que comunica essas informações referentes à pessoa.

As pesquisas sobre métrica facial são feitas mostrando-se (em um projetor de slides) dezenas de faces diferentes de homens e de mulheres a um grupo de indivíduos heterossexuais do sexo oposto (ou a um grupo de indivíduos homossexuais do mesmo sexo; Donovan, Hill & Jankowiak, 1989). Os indivíduos julgam cada face segundo uma variedade de dimensões (p. ex., Quão atraente é esse rosto? Quão desejável é essa pessoa em termos de parceria sexual?), enquanto os pesquisadores meticulosamente medem cada face segundo todas as dimensões métrico-faciais listadas na Figura 4.7. Dispondo então desses dados, os pesquisadores investigam as correlações que surgem entre as classificações de atratividade e as diversas características faciais. Para você pessoalmente ter uma idéia de como é um experimento desse tipo, observe as sete diferentes faces mostradas na Figura 4.8; em questão de milissegundos você provavelmente perceberá que algumas dessas faces são mais atraentes do que outras. Dadas essas diferentes percepções de atratividade, a questão é: por que isso acontece? Por que uma face da Figura 4.8 é mais atraente do que outra? Para responder a essas questões, é preciso analisar cada face segundo os 24 parâmetros de métrica facial apresentados na Figura 4.7.

A métrica facial prediz a classificação de atratividade para a face de mulheres (Cunningham 1986), de homens (Cunningham, Barbee & Pike, 1990), de diferentes culturas (Cunningham, et al., 1995) e de diferentes idades (Symons, 1992). Quanto às faces femininas, a métrica facial mais associada à atratividade física corresponde às características neonatais (olhos grandes, nariz e queixo pequenos). A maturidade sexual (maçãs do rosto salientes e magreza) e as características expressivas (altura das sobrancelhas e altura e largura do sorriso) também contribuem positivamente para a atratividade das faces femininas. Quanto às faces masculinas, a métrica facial mais associada à atratividade física são as características de maturidade sexual (sobrancelhas espessas e queixo proeminente). Também as características expressivas (altura e largura do sorriso) contribuem positivamente para a atratividade das faces masculinas.

Roteiros Sexuais

Um roteiro sexual é uma representação mental, passo a passo, da seqüência de eventos ocorridos durante um episódio sexual típico (Gagnon, 1974, 1977; Simon & Gagnon, 1986). De maneira não muito diferente do roteiro de um filme, um roteiro sexual inclui atores específicos, com seus respectivos motivos e sentimentos, além de um conjunto de comportamentos verbais e não-verbais apropriados, que devem ser bem-sucedidos na conclusão de um comportamento sexual. Em sua essência, o roteiro sexual é a

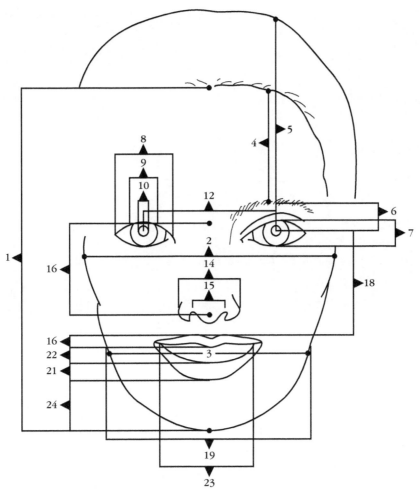

1, Comprimento da face, distância da linha do cabelo até a base do queixo; 2, Largura da face na altura do osso malar, distância entre as bordas exteriores dos malares em seu ponto mais proeminente; 3, Largura da face na boca, distância entre as bordas exteriores das bochechas na altura média do sorriso; 4, Altura da testa, distância da sobrancelha até a linha do cabelo; 5, Altura da parte superior da cabeça, medida do centro das pupilas até o topo da cabeça, estimado sem o cabelo; 6, Altura das sobrancelhas, medida do centro das pupilas até a extremidade inferior das sobrancelhas; 7, Altura dos olhos, distância entre as extremidades superiores e inferiores do olho visível com as pálpebras no centro pupilar; 8, Largura dos olhos, medida entre os cantos interno e externo do olho; 9, Largura da íris, diâmetro medido do olho; 10, Largura da pupila, diâmetro medido do centro do olho; 11, Largura padronizada da pupila, calculada como sendo a razão entre a largura da pupila e a da íris (não mostrada); 12, Separação entre os olhos, distância entre os centros das pupilas; 13, Largura do osso malar, avaliação da proeminência relativa do osso malar calculada como uma diferença entre a largura da face na altura do osso malar e a largura da face na altura do comprimento facial da boca (não mostrada); 14, Largura das narinas, ou seja, largura do nariz medida nas extremidades externas das narinas no ponto mais largo; 15, Largura da ponta do nariz, ou seja, a largura da protrusão do nariz na ponta, em geral associada às pregas das narinas; 16, Comprimento do nariz, medido a partir da ponte da testa na altura da borda superior do olho visível até a ponta do nariz; 17, Área do nariz, calculada como o produto do comprimento pela largura do nariz no comprimento da ponta da face (não mostrada); 18, Altura do meio da face, distância do centro pupilar até a extremidade de cima do lábio superior, calculado subtraindo-se do tamanho da face a altura da testa, a altura das sobrancelhas, a largura do lábio superior, a altura do sorriso, a largura do lábio inferior e o comprimento do queixo; 19, Largura das bochechas, calculada como uma avaliação do grau de arredondamento facial, com base na largura medida da face na boca; 20, Espessura do lábio superior, medida verticalmente no centro; 21, Espessura do lábio inferior, medida verticalmente no centro; 22, Altura do sorriso, distância vertical entre os lábios no centro do sorriso; 23, Largura do sorriso, distância entre os cantos internos da boca; 24, Comprimento do queixo, distância da extremidade de baixo do lábio inferior até a base do queixo.

Figura 4.7 Parâmetros Masculinos e Femininos de Métrica Facial

Fonte: extraído de *Measuring the Physical Attractiveness: Quasi-Experiments on the Sociobiology of Female Facial Beauty*, de M. R. Cunningham, 1986, *Journal of Personality and Social Psychology*, *50*, pp. 925-935. Copyright 1986 da American Psychological Association. Reproduzido sob permissão.

história que um típico encontro sexual envolve, e que deve ser seguida pelo indivíduo. Os jovens do sexo masculino aprendem a coordenar seu roteiro sexual de maneira a coincidir com os três estágios lineares do ciclo de resposta sexual composto do desejo (estímulo), excitação e orgasmo (veja, na Figura 4.6, o Ciclo Tradicional de Resposta Sexual). As fantasias masturbatórias ajudam a combinar o roteiro sexual (cognitivo) com o ciclo desejo-excitação-orgasmo.

Entre as mulheres, a coordenação entre o roteiro sexual e a atividade física é mais fraca, em parte porque um número menor de mulheres se masturba nos primeiros anos da adolescência, mas principalmente porque a excitação sexual feminina é mais calcada em fatores relacionais do que na atividade física. Além disso, para as mulheres, o conteúdo dos roteiros sexuais que lhes ocorrem contém pouco material considerado propriamente sexual (do ponto de vista masculino). O conteúdo sexual para as

Figura 4.8 Sete Faces que Variam em Sua Métrica Facial (e, Portanto, em Sua Atratividade). (Foto de David Young-Wolff/Photo Edit.)

mulheres tem maior probabilidade de incluir eventos tais como o ato de se apaixonar (em vez da participação no sexo).

Quando experimentam um namoro, tanto homens quanto mulheres ganham a oportunidade de deixarem de ter roteiros independentes e baseados em fantasias para adquirirem roteiros interpessoais e conjuntos. Quando o casal não consegue coordenar seus roteiros sexuais, provavelmente suas experiências sexuais estarão repletas de sofrimento, conflitos e ansiedade, e o desempenho sexual incômodo e malsucedido. Porém, quando as seqüências manipuláveis do comportamento sexual tornam-se coordenadas, adquirindo uma convenção e um foco não só em si próprio como também no parceiro, os roteiros sexuais do casal começam a assumir um caráter adaptativo, cumulativo e reeducativo, promovendo assim a satisfação sexual e relacional (Simon & Gagnon, 1986).

Além de portarem roteiros que guiam seus episódios sexuais, as pessoas também portam esquemas, ou representações cognitivas, de seus selves sexuais (Anderson & Cyranowski, 1994). Os esquemas sexuais são crenças sobre o self sexual que derivam de experiências passadas que englobam tanto pensamentos e comportamentos positivos e orientados para a aproximação quanto pensamentos e comportamentos negativos orientados para a evitação. Logo, o self sexual de uma pessoa inclui uma inclinação a experimentar desejo e participação sexuais (aspectos positivos de aproximação) e também uma inclinação a experimentar ansiedade, medo, conservadorismo e inibição sexuais (aspectos negativos de evitação). Os elementos positivos dos esquemas sexuais promovem o desejo e a excitação sexuais; e os elementos negativos dos esquemas sexuais inibem o desejo e a excitação sexuais (Anderson & Cyranowski, 1994). Esses elementos que correspondem a um sinal verde (aspectos positivos de aproximação) e a um sinal vermelho (aspectos negativos de evitação) no esquema sexual de uma pessoa são importantes porque a excitação sexual é sempre produto da competição de tendências excitatórias (desejo) e inibidoras (ansiedade) (Janssen, Vorst, Finn & Bancroft, 2002).

Orientação Sexual

Um componente-chave dos roteiros sexuais pós-pubescentes é o estabelecimento da orientação sexual, ou seja, a preferência por parceiros sexuais do mesmo sexo ou de outro. A orientação sexual existe ao longo de um *continuum*, e cerca de um terço de todos os adolescentes já experimentou pelo menos um ato homossexual (sendo essa ocorrência mais comum entre os rapazes do que entre as garotas; Money, 1988). Portanto, o *continuum* de orientação sexual estende-se desde uma orientação exclusivamente heterossexual, passando por uma orientação bissexual e indo até uma orientação exclusivamente homossexual. A maioria dos adolescentes adota de maneira rotineira uma orientação heterossexual, mas cerca de 4% dos adolescentes do sexo masculino e 2% dos do sexo feminino não o fazem, e esses percentuais são maiores quando se inclui a orientação bissexual.

Embora ainda estejam longe de ser conclusivas, as pesquisas sugerem que a orientação sexual não é uma escolha; trata-se de algo que acontece ao adolescente, e não de algo deliberado, ou de resultados de uma busca interior (Money, 1988). Parte da explicação de por que as pessoas desenvolvem uma orientação homossexual ou heterossexual é genética (veja os estudos de gêmeos feitos por Bailey & Pillard, 1991; Bailey et al., 1993) e parte é ambiental. Infelizmente, a literatura sobre esse assunto caracteriza-se mais pela rejeição do que pela confirmação de hipóteses. Por exemplo, há poucas evidências em favor da idéia de que a homossexualidade emana de uma mãe dominante e um pai fraco (Bell, Weinberg & Hammersmith, 1981) ou da exposição a um sedutor mais velho e do mesmo sexo (Money, 1988).

As fronteiras de pesquisa mais promissoras para se compreender a orientação sexual são as relacionadas à genética (Bailey & Pillard, 1991; Hamer et al., 1993) e ao ambiente hormonal pré-natal (Berenbaum & Snyder, 1995; Kelly, 1991; Paul, 1993). Quanto ao ambiente hormonal pré-natal, a exposição hormonal prematura (androgênios, estrogênios) afeta a orientação e o comportamento sexuais subseqüentes.

Uma maneira pela qual as pessoas aprendem sobre sua orientação sexual (em vez de intencionalmente escolhê-la) ocorre, por exemplo, por meio da excitação genital que o indivíduo observa em si próprio como resposta a homens ou mulheres atraentes. Entre os indivíduos do sexo masculino, os heterossexuais apresentam uma resposta erétil diante de mulheres atraentes, mas não diante de homens atraentes, ao passo que os homens *gays* apresentam uma resposta erétil diante de homens atraentes, porém não diante de mulheres atraentes. A resposta genital masculina a indivíduos do sexo oposto ou do mesmo sexo é, portanto, uma maneira confiável de o próprio indivíduo aprender sobre sua orientação sexual. Entre as pessoas do sexo feminino, porém, as heterossexuais, as bissexuais e as lésbicas não apresentam esse tipo de padrão discriminatório de associação entre uma excitação genital e subjetiva quando observam homens e mulheres atraentes.

Base Evolucionista da Motivação Sexual

A motivação sexual tem uma óbvia função e base evolucionistas (a reprodução e a sobrevivência da espécie). Em uma análise evolucionista, especulou-se que homens e mulheres desenvolveram mecanismos psicológicos distintos e subjacentes a suas respectivas motivações sexuais e estratégias de acasalamento (Buss & Schmitt, 1993). Comparados às mulheres, os homens têm motivações sexuais de curto prazo, impõem padrões menos rigorosos, valorizam o acesso a pistas sexuais tal como a juventude e valorizam a castidade das parceiras. Comparadas aos homens, as mulheres valorizam os sinais de riqueza (os gastos, os presentes e a adoção de um estilo de vida extravagante), o status social, a ambição e o potencial de crescimento profissional do parceiro (Buss & Schmitt, 1993).

Os psicólogos evolucionistas partem dos pressupostos de que o comportamento sexual é fortemente restringido pelos genes, e que os genes determinam as estratégias de acasalamento pelo menos tanto quanto (e freqüentemente mais) o pensamento racional. Além disso, os genes deixam uma mensagem evolucionista simples: os homens querem parceiras jovens e atraentes; as mulheres querem parceiros poderosos e de status elevado.[5] A Tabela 4.2 apresenta as diferenças de preferências na seleção de parceiros entre homens e mulheres (Sprecher, Sullivan & Hatfield, 1994). Os dados confirmam que, essencialmente, os homens acham importante a atração física e a juventude ao selecionar suas parceiras, ao passo que as mulheres acham importante o potencial econômico ao selecionar seus parceiros. Esses dados provêm de questionários aplicados a milhares de homens e mulheres de 19 a 35 anos, solteiros, de ascendência afro-americana (36%) e branca (64%), aos quais se fez a seguinte pergunta: "Com que intensidade você gostaria de se casar com alguém que...", após o que se pedia a cada participante para responder segundo uma escala que variava de 1 (simplesmente não gostaria) a 7 (gostaria muito). A coluna da direita da tabela resume de forma verbal em quais variáveis as diferenças de gênero existem e em quais variáveis as diferenças não existem.

Para apreciarmos as diferentes estratégias de acasalamento de homens e mulheres, basta abrirmos o jornal local (ou um website de encontros amorosos) e vermos os anúncios pessoais que lá estão (Baize & Schroeder, 1995; Harrison & Saeed,

---

[5]Algumas diferenças surgem quando se examina a preferência dos homossexuais (Bailey et al., 1994). Os homens homossexuais (da mesma maneira que os heterossexuais) classificam a atração física de seus parceiros como muito importante, mas, diferentemente dos homens heterossexuais, não demonstram ter uma preferência muito forte por parceiros mais jovens, nem uma inclinação acentuada para o ciúme sexual.

Tabela 4.2 Diferenças de Gênero nas Preferências por Parceiros

Variável	Homens	Mulheres	Diferenças de Gênero?
Aparência Física			
É bonito(a)	3,59	2,58	Sim, maior preferência entre os homens
Idade			
É mais novo que eu 5 anos	4,54	2,80	Sim, maior preferência entre os homens
É mais velho(a) que eu 5 anos	4,15	5,29	Sim, maior preferência entre as mulheres
Potencial Econômico			
Tem um emprego estável	4,27	5,38	Sim, maior preferência entre as mulheres
Ganha mais do que eu	5,19	5,93	Sim, maior preferência entre as mulheres
Tem mais escolaridade do que eu	5,22	5,82	Sim, maior preferência entre as mulheres
Outras Variáveis			
Já foi casado	3,35	3,44	Nenhuma diferença de gênero significativa
Tem filhos	2,84	3,11	Sim, maior preferência entre as mulheres
É de religião diferente da minha	4,24	4,31	Nenhuma diferença de gênero significativa
É de uma raça diferente da minha	3,08	2,84	Sim, maior preferência entre os homens

Observação: Os escores podiam variar de 1 (não gostaria) a 7 (gostaria muito de me casar com alguém que...).

Fonte: extraído de "Mate Selection Preferences: Gender Differences Examined in a National Sample", de S. Sprecher, Q. Sullivan e E. Hatfield, 1994, *Journal of Personality and Social Psychology, 66*, pp. 1074-1080. Copyright 1994 da American Psychological Association. Adaptado sob permissão.

1997; Wiederman, 1993). Constatamos que os homens estão à procura de algo parecido com uma esposa/parceira-troféu. Por outro lado, quanto mais atraentes são as mulheres, maiores são as suas exigências em relação a um parceiro potencial no que diz respeito a *status* e riqueza. Os homens, por sua vez, quanto mais elevado o status social e a riqueza, mais esperam das mulheres em termos de aparência.

Embora sejam gritante e inegavelmente sexistas, essas conclusões representam as preferências que homens e mulheres expressam. Essas preferências podem não ser consistentes com aspirações culturais, mas são consistentes com as aspirações evolucionistas. Entretanto, pode ser que essa hipótese sexista para a estratégia de acasalamento seja limitada a algumas pessoas apenas. Parece que "os opostos se atraem", uma vez que as mulheres que se preocupam demais com a aparência preferem fortemente homens de status elevado, da mesma maneira que os homens que pensam demais em dinheiro e status também se preocupam demais com a juventude e a aparência da mulher (Buston & Emlen, 2003). Entretanto, quando homens e mulheres valorizam em si mesmos fatores outros que não o status e poder de atração (p. ex., o comprometimento com a família e a fidelidade sexual), passam a preferir parceiros que tenham essas características, mais do que parceiros dotados de um elevado status ou poder de atração.

As pessoas também têm múltiplas estratégias de acasalamento, e consideram primeiramente em suas preferências por parceiro as "necessidades" e depois os "luxos" (Li, Bailey, Kenrick & Linsenmeier, 2002). No nível das necessidades "obrigatórias", os homens valorizam a atratividade física e as mulheres valorizam o status e os recursos. Ao considerarem as possíveis parceiras, os homens realmente desejam saber primeiro se a mulher é pelo menos mediana em termos de atratividade física, e as mulheres desejam saber primeiro se o homem é pelo menos mediano em termos de status social. Ambos os sexos também classificam a inteligência e a gentileza como características necessárias em seus eventuais parceiros. Se o parceiro potencial passar nesse tipo de teste no nível das necessidades, então homens e mulheres começam a considerar os luxos, como senso de humor, vivacidade, criatividade e personalidade excitante. A conclusão que disso se tira é que tanto homens quanto mulheres dispõem de um tipo de orçamento para gastar com o acasalamento (os homens dispõem de um certo nível de status, ao passo que as mulheres dispõem de um certo nível de atratividade física), e o gasto desses orçamentos destina-se primeiramente a assegurar as necessidades mínimas (o parceiro deve ter pelo menos um nível médio de inteligência, gentileza e, dependendo do sexo, status ou atração); em seguida, o orçamento é gasto na aquisição de um nível suficiente dessas necessidades, e finalmente é utilizado para adquirir os luxos, que podem produzir interações interessantes, embora pouco representem em termos de valor reprodutivo (Kenrick, Groth, Trost & Sadalla, 1993).

AS FALHAS DE AUTO-REGULAÇÃO DAS NECESSIDADES FISIOLÓGICAS

Tentar exercer um controle mental consciente sobre nossas necessidades fisiológicas freqüentemente acaba nos fazendo mais mal do que bem. Mesmo assim, tentamos fazê-lo.

As pessoas estão sempre tentando controlar seus apetites — fome, peso, consumo de álcool e café, impulsos sexuais, dor crônica nas costas, e assim por diante. Esses apetites podem às vezes nos esmagar e, ao passarmos por esse sofrimento, muitas vezes buscamos maneiras de anular as nossas necessidades fisiológicas a favor de um controle mental. Quando os estados mentais regulam as necessidades fisiológicas, ocorre a auto-regulação. Por outro lado, quando as urgências biológicas esmagam o controle mental, ocorre falha de auto-regulação (Baumeister, Heatherton & Tice, 1994).

As pessoas falham ao tentarem se auto-regular devido a três razões principais (Baumeister, Heatherton & Tice, 1994). Em primeiro lugar, elas rotineiramente subestimam o poder da força motivacional relacionada às suas urgências biológicas quando não as estão experimentando (Loewenstein, 1996). Ou seja, quando não estamos com fome, tendemos a esquecer o grau de motivação que sentimos para comer quando estamos famintos.

Em segundo, as pessoas podem não ter padrões, ou então têm padrões inconsistentes, conflitantes, irreais ou inadequados (Karoly, 1993). Por exemplo, muitas pessoas têm padrões extremos (irreais) de magreza ou padrões conflitantes entre o tipo de corpo que têm de nascença *versus* o tipo de corpo que gostariam de ter (Brownell, 1991). Controles mentais frágeis (isto é, irreais) são facilmente esmagados pelas forças biológicas naturais.

Finalmente, as pessoas falham na sua auto-regulação porque não conseguem monitorar o que estão fazendo à medida que vão ficando distraídas, preocupadas, sobrecarregadas ou intoxicadas (Kirschenbaum, 1987). Por exemplo, o álcool diminui a autoconsciência e a automonitoração do indivíduo, e as pessoas intoxicadas por álcool têm maior probabilidade de cometer atos que fujam ao seu controle mental normal (Hull, 1981). Assim, mesmo quando têm padrões realistas e adequados para cognitivamente regular suas necessidades fisiológicas, as pessoas ainda assim são altamente suscetíveis a ser esmagadas, caso desviem de seus padrões, pelas forças biológicas represadas.

Em todos esses reveses há dois pontos em comum: (1) o indivíduo subestima o quanto é forte a capacidade de prender a atenção que os motivos de base biológica e fisiológica têm, e (2) o indivíduo perde o controle sobre sua própria atenção. A auto-regulação é freqüentemente uma competição entre as forças biológicas e os controles cognitivos. Um controle mental focalizado em padrões realistas, em metas de longo prazo e na monitoração do que se está fazendo em geral conduz a uma auto-regulação bem-sucedida (Baumeister, Heatherton & Tice, 1994). Todavia, a auto-regulação via controle mental requer um esforço diligente, sendo, portanto, uma estratégia vulnerável e não-confiável.

RESUMO

A sede, a fome e o sexo são necessidades fisiológicas. O ponto básico deste capítulo é a teoria do impulso de Hull, de base biológica (Figura 4.2). Segundo a teoria do impulso, as privações e os déficits fisiológicos fazem surgir os estados de necessidade corporal, que fazem surgir um impulso psicológico, o qual motiva o comportamento consumatório, e este, por sua vez, provoca uma redução do impulso. Portanto, à medida que o tempo passa, as privações fisiológicas voltam a se manifestar, e o processo cíclico se repete. Ao salientar os processos reguladores da sede, da fome e do sexo, este capítulo apresentou sete processos fundamentais: a necessidade fisiológica, o impulso psicológico, a homeostase, o feedback negativo, os inputs e outputs múltiplos, o feedback positivo, as influências intra-organísmicas e as influências extra-organísmicas.

A sede é o estado motivacional experimentado conscientemente que prepara o indivíduo para realizar comportamentos necessários para suprir seu déficit de água. Em termos biológicos, sua ativação e saciedade ocorrem de maneira um tanto direta. A falta de água dentro das células (sede intracelular) e fora delas (sede extracelular) ativa a sede. A reposição de água sacia a sede, especialmente quando a água consumida hidrata as células. O comportamento de beber (que não necessariamente está relacionado à sede) é influenciado também por variáveis extra-organísmicas, tais como a disponibilidade de água, o gosto adoçicado, adicções ao álcool e à cafeína, e prescrições culturais, tais como a recomendação de "beber oito copos de água por dia".

A fome e o ato de comer envolvem um complexo sistema de regulação tanto de curto prazo (hipótese glicostática) quanto de longo prazo (hipótese lipostática, incluindo a teoria do set-point). De acordo com a hipótese glicostática, a deficiência de glicose estimula o ato de comer ao ativar o hipotálamo lateral, ao passo que o excesso de glicose inibe o ato de comer ao ativar o hipotálamo ventromedial. Segundo a hipótese lipostática, quando as células adiposas ficam reduzidas, inicia-se a fome, ao passo que, quando as células adiposas encontram-se em estado normal ou aumentado, elas inibem a fome. O comportamento de comer (que não necessariamente está relacionado à fome) é influenciado também por incentivos ambientais, tais como a visão, o cheiro e o gosto da comida, a presença de outras pessoas, e também pressões situacionais, tais como a norma do grupo. Esses fatores ambientais às vezes interferem nos fatores fisiológicos e competem com eles. Fazer dieta, por exemplo, representa uma tentativa da pessoa de substituir seus controles fisiológicos para comer por controles cognitivos e voluntários. Esse estilo de comer regulado cognitivamente tem implicações associadas a prática de excessos, liberação da restrição, ganho de peso e obesidade.

A motivação sexual aumenta e diminui em resposta a uma plêiade de fatores, incluindo hormônios, estimulação externa, pistas externas (métrica facial), roteiros cognitivos, esquemas sexuais e pressões evolucionistas. A despeito dessa grande quantidade de fatores, a motivação sexual no macho humano é relativamente direta, na medida em que o desejo reflete forças fisiológicas tais como um ciclo de trifásico e linear resposta sexual (desejo-excitação-orgasmo), uma relação bastante próxima entre a resposta erétil e o desejo experimentado psicologicamente, roteiros sexuais relativamente homogêneos e preferências e estratégias estereotípicas de acasalamento. Já nas mulheres, a motivação sexual é mais complexa, na medida em que o ciclo de resposta sexual feminino freqüentemente não é linear, girando em torno de necessidades de intimidade emocional, a correlação entre a resposta genital e o desejo psicológico é baixa, e os roteiros e esquemas sexuais são heterogêneos. As pesquisas sobre os determinantes da orientação sexual apontam para a importância da genética, das influências desenvolvimentais pré-natais e da idéia de que as pessoas descobrem e tornam-se conscientes da sua orientação sexual, em vez de deliberadamente escolhê-la.

Tentar exercer controle mental consciente sobre as necessidades fisiológicas é algo que freqüentemente faz mais mal do que bem. As pessoas não conseguem auto-regular seus apetites corporais por três motivos principais — ou seja, elas (1) subestimam o poder da força motivacional das exigências biológicas quando não as estão experimentando, (2) faltam padrões, ou têm padrões inconsistentes, e (3) falham em monitorar o que estão fazendo, à medida que se distraem de sua regulação cognitiva e constituem presas de suas próprias necessidades fisiológicas represadas.

LEITURAS PARA ESTUDOS ADICIONAIS

Sede

TOATES, F. M. (1979). Homeostasis and drinking. *Behavior and Brain Sciences*, *2*, 95-102.

VALTIN, H. (2002). "Drink at least eight glasses of water a day." Really? Is there scientific evidence for "8 × 8"? *American Journal of Physiology: Regulatory, Integrative and Comparative Physiology*, *283*, R993-R1004.

Fome

CRANDALL, C. S. (1988). Social cognition of binge eating. *Journal of Personality and Social Psychology*, *55*, 588-598.

KEESEY, R. E. & POWLEY, T. L. (1975). Hypothalamic regulation of body weight. *American Scientist*, *63*, 558-565.

POLIVY, J. & HERMAN, C. P. (1985). Dieting and binging. *American Psychologist*, *40*, 193-201.

SPIEGELMAN, B. M. & FLIER, J. S. (2001). Obesity and the regulation of energy balance. *Cell*, *104*, 531-543.

Sexo

BASSON, R. (2001). Human sex-response cycles. *Journal of Sex and Marital Therapy*, *27*, 33-43.

CUNNINGHAM, M. R. (1986). Measuring the physical in physical attractiveness: Quasi-experiments on the sociobiology of female facial beauty. *Journal of Personality and Social Psychology*, *50*, 925-935.

HARRISON, A. A. & SAEED, L. (1977). Let's make a deal: An analysis of revelations and stipulations in lonely heart advertisements. *Journal of Personality and Social Psychology*, *35*, 257-264.

Capítulo 5

Necessidades Psicológicas

NECESSIDADES PSICOLÓGICAS
  A Estrutura da Necessidade
  Uma Abordagem Organísmica da Motivação
    A dialética pessoa-ambiente
    As necessidades psicológicas organísmicas
AUTONOMIA
  Apoiando a Autonomia
    Promovendo os recursos motivacionais internos
    Contando com uma linguagem informacional
    Promovendo a valorização
    Reconhecendo e aceitando o afeto negativo
  Apoiando a Autonomia Momento a Momento
  Beneficiando um Estilo Motivacional de Apoio à Autonomia
  Dois Exemplos
A COMPETÊNCIA
  Envolvendo Competência
    Desafios e fluxo ótimos
    Interdependência entre desafio e *feedback*

    A tolerância ao fracasso
    Estrutura
  Apoiando a Competência
    Feedback positivo
    O prazer do desafio em nível ótimo e *feedback* positivo
RELACIONAMENTO COM OS OUTROS
  Envolvendo o Relacionamento: Interação com os Outros
  Satisfazendo os Relacionamentos: a Percepção do Vínculo Social
    Relações de Comunhão e de Troca
  Internalização
JUNTANDO AS PEÇAS: CONTEXTOS SOCIAIS QUE ENVOLVEM E SATISFAZEM AS NECESSIDADES PSICOLÓGICAS
  Compromisso
  O que dá qualidade ao nosso dia?
  Vitalidade
RESUMO
LEITURAS PARA ESTUDOS ADICIONAIS

Imagine que você está passando a tarde em uma área de *camping* ou em um parque florestal, passeando à beira de um lago. Enquanto se deita e toma sol, você observa uma garotinha brincar de atirar pedras na superfície da água. Para conseguir um melhor arremesso, a menina antes escolhe uma pedra em uma pilha delas. E uma vez com a pedra na mão, ela se esforça para conseguir um bom arremesso. Cada vez que uma pedra é lançada conforme o desejado, a menina sorri e seu entusiasmo aumenta. Porém, quando o lançamento sai errado, sua expressão fica sombria, mas também se percebe um aumento na sua determinação. No começo, ela tentava fazer com que a pedra ricocheteasse somente uma vez na superfície da água. Porém, após algum treino e muitos sorrisos, a menina aprimorou seus lançamentos, dominando três ou quatro técnicas mais apuradas — por exemplo, fazendo a pedra cobrir uma longa distância em um único salto, obtendo vários ricochetes em distâncias mais curtas etc. Ela então passa a atirar outras pedras, pesadas como granadas de mão, que, ao baterem na água, soam como explosões em sua imaginação. E assim ela prossegue entretida com as pedras, sem se lembrar da família, que se ocupa de uma fritada de peixes.

A garota está brincando. Para ela, uma criança urbana, o lago é um ambiente relativamente novo, que lhe permite usar a imaginação de uma maneira diferente da normal. Ao brincar, ela se sente excitada e entretida. Cada pedra e cada lançamento lhe oferecem um resultado diferente e surpreendente. Cada tentativa desafia suas habilidades, fornecendo-lhe uma experiência que, de certo modo, lhe causa uma enorme satisfação. Ao atirar as pedras e valer-se de sua imaginação, a menina se sente competente, livre, e também aprende algo e desenvolve suas habilidades. Tal comportamento, em vez de ser somente uma brincadeira frívola, é algo que lhe proporciona um desenvolvimento saudável. O lago é para a criança um ambiente que lhe fornece a oportunidade de aprender a gostar de uma atividade simplesmente pela experiência e diversão a ela associadas.

Assim como as brincadeiras de crianças, atividades como a prática de esportes, o cultivo de *hobbies*, o estudo, o trabalho e viagens também oferecem oportunidades para as pessoas participarem de atividades capazes de envolver e satisfazer suas necessidades psicológicas. Este capítulo examina o significado motivacional de três necessidades psicológicas: autonomia, competência e relacionamento. O tema que perpassa todo o capítulo é que, quando se encontram em ambientes que apóiam e satisfazem suas necessidades psicológicas, as pessoas, em decorrência disso, experimentam um desenvolvimento saudável e emoções positivas.

NECESSIDADES PSICOLÓGICAS

Pessoas e animais são inerentemente ativos. Quando crianças, puxamos e empurramos as coisas; sacudimos, atiramos, carregamos e exploramos os objetos que nos cercam, e não cessamos de indagar sobre eles. Tampouco quando adultos paramos de explorar e de brincar. Divertimo-nos com jogos, resolvemos mistérios, lemos livros, visitamos amigos, aceitamos desafios, dedicamo-nos a *hobbies*, navegamos na Internet, construímos coisas novas, e exercemos um grande número de outras atividades, pelo fato de que são inerentemente interessantes e agradáveis de fazer.

Quando uma atividade diz respeito a nossas necessidades psicológicas, ela nos desperta interesse. E quando a atividade satisfaz nossas necessidades psicológicas, sentimos prazer nela (por exemplo, dizendo algo como "jogo tênis porque é divertido"); porém, as causas motivacionais subjacente de nosso engajamento ao ambiente são o envolvimento e a satisfação de nossas necessidades psicológicas. Divertir-se com jogos, resolver mistérios e aceitar desafios são atividades interessantes e prazerosas precisamente porque representam para nós uma arena em que somos capazes de envolver e satisfazer nossas necessidades psicológicas.

As necessidades psicológicas constituem uma parte importante de nossa análise sobre a motivação do comportamento. Como discutimos no capítulo anterior, as necessidades fisiológicas de água, alimento, etc., provêm de nossos déficits biológicos. Este tipo de comportamento motivado é essencialmente reativo, no sentido de que seu propósito é aliviar e reagir a uma condição corporal de deficiência. Já as necessidades psicológicas são de natureza qualitativamente diferente. A energia gerada pelas necessidades psicológicas é proativa. As necessidades psicológicas causam em nós uma disposição de exploração e de envolvimento com um ambiente que, conforme esperamos, seja capaz de satisfazer essas necessidades.

A Estrutura da Necessidade

Existem diferentes tipos de necessidade, que podem ser organizados dentro de uma estrutura da necessidade, conforme ilustra a Figura 5.1. As necessidades fisiológicas (sede, fome, sexo) são inerentes ao funcionamento dos sistemas biológicos (Capítulo 4). Já as necessidades psicológicas (autonomia, competência, relacionamento) são inerentes aos esforços próprios da natureza e do desenvolvimento da saúde dos seres humanos (assunto deste capítulo). E as necessidades sociais (realização, intimidade, poder) são internalizadas ou aprendidas a partir de nossas histórias relacionadas à emoção e à socialização (Capítulo 7).

A distinção entre necessidades fisiológicas e necessidades psicológicas é relativamente fácil de fazer; porém, a distinção entre necessidades psicológicas e necessidades sociais é mais sutil. As necessidades psicológicas (autonomia, competência, relacionamento) existem na natureza humana e, portanto, são inerentes a todas as pessoas. Três dessas necessidades organísmicas são a autonomia, a competência e o relacionamento. Já as necessidades sociais surgem a partir de nossas experiências pessoais únicas e, portanto, variam consideravelmente de um indivíduo para outro. As necessidades sociais (de realização, afiliação, intimidade e poder) que adquirimos dependem do tipo de ambiente social em que fomos criados, no qual estamos atualmente vivendo ou que estamos tentando criar futuramente para o nosso self.

Uma Abordagem Organísmica da Motivação

As três necessidades psicológicas que abordaremos neste capítulo são às vezes chamadas de necessidades psicológicas organísmicas (Deci & Ryan, 1991). As teorias organísmicas têm seu nome proveniente do termo *organismo*, ou seja, uma entidade viva e que se encontra em uma troca ativa com seu ambiente (Blasi, 1976). A sobrevivência de qualquer organismo depende do ambiente em que ele se encontra, uma vez que o ambiente

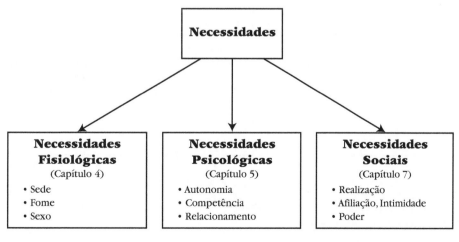

Figura 5.1 Tipos de Necessidades

lhe oferece recursos como alimento, água, apoio social e estimulação intelectual. E todos os organismos são equipados para iniciar e engajar-se em trocas com seu ambiente, uma vez que todos os organismos dispõem de habilidades e de motivação para exercitarem e desenvolverem essas habilidades. As teorias organísmicas da motivação reconhecem que os ambientes estão continuamente mudando e, em função disso, os organismos necessitam de flexibilidade para se ajustar e se acomodar a essas mudanças. Os organismos também precisam de recursos ambientais para crescerem e para utilizarem seus potenciais latentes. Para se adaptar, os organismos devem aprender a substituir uma resposta anteriormente bem-sucedida mas agora ultrapassada (em função da alteração do ambiente), por uma resposta nova, e os organismos precisam também crescer e se desenvolver de modo que neles surjam novas habilidades, novos interesses e novas maneiras de se ajustar. Todo o foco aqui se concentra em como os organismos iniciam suas interações com o ambiente e como os organismos se adaptam, se modificam e crescem em função dessas transações ambientais.

O oposto de uma abordagem organísmica é uma abordagem mecanicista. Nas teorias mecanicistas, o ambiente atua sobre o indivíduo, e o indivíduo reage. Por exemplo, o ambiente produz calor, e o indivíduo responde a isso de uma maneira previsível e automática — suando. O suor leva à perda de líquido, e quando os sistemas biológicos detectam essa perda, a sede surge de modo automático (ou seja, mecanicamente). O Capítulo 4 discutiu essas necessidades de raízes biológicas. Capítulos subseqüentes irão discutir outros motivos relativamente mecanicistas (p. ex., o reforço no Capítulo 6; a unidade TOTE no Capítulo 8). Em cada uma dessas abordagens, você verá que o indivíduo e seu ambiente relacionam-se segundo uma única direção, de modo que o ambiente atua e o indivíduo reage.

A Dialética Pessoa-Ambiente

As teorias organísmicas rejeitam essa representação que leva em conta essa direção única (ambiente → pessoa), enfatizando, em vez disso, a dialética pessoa-ambiente (Deci & Ryan, 1991; Reeve, Deci & Ryan, 2003). Na dialética, o ambiente atua sobre a pessoa e a pessoa atua sobre o ambiente. Tanto a pessoa quanto o ambiente estão continuamente passando por mudanças.

As pessoas atuam sobre o ambiente em função da motivação intrínseca que elas têm por buscar e promover alterações no ambiente e, por outro lado, o ambiente apresenta demandas às pessoas para que elas se ajustem e se acomodem a ele (Deci & Ryan, 1985a). O resultado dessa dialética pessoa-ambiente é uma síntese continuamente mutável, na qual as necessidades da pessoa são satisfeitas pelo ambiente, e o ambiente produz na pessoa novas formas de motivação. A dialética pessoa-ambiente está representada na Figura 5.2.

A abordagem organísmica da motivação parte da suposição de que o organismo é inerentemente ativo. As necessidades psicológicas, os interesses e os valores integrados constituem a fonte dessa atividade inerente (Deci & Rian, 1985a). Essa atividade inerente está representada pela seta superior na Figura 5.2. A dialética pessoa-ambiente supõe que os eventos ambientais afetam o indivíduo, oferecendo-lhe desafios, *feedback*, oportunidades de escolha, atividades interessantes e relações de apoio, que às vezes envolvem e satisfazem o indivíduo mas que, outras vezes, ignoram e frustram suas necessidades psicológicas, seus interesses e suas preferências. Os ambientes também oferecem prescrições (do tipo "faça isso"), proscrições ("não faça aquilo"), aspirações ao bem-estar (como a idéia do "sonho americano"), bem como objetivos e prioridades ("você deve querer isso; você precisa valorizar aquilo"), e diversos papéis que o indivíduo

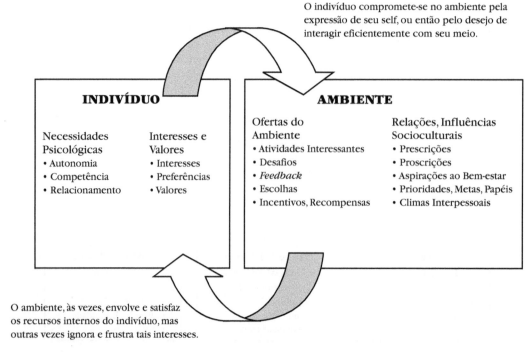

Figura 5.2 Estrutura Dialética Pessoa-Ambiente no Estudo da Motivação

aceita como parte de seu self socializado (por exemplo, como professor, cônjuge, recepcionista) e que afetam os recursos motivacionais internos do indivíduo, tanto para melhor quanto para pior.

As Necessidades Psicológicas Organísmicas

Considere por que as pessoas querem se exercitar e desenvolver suas habilidades para, por exemplo, caminhar, ler, nadar, dirigir, fazer amigos e centenas de outras competências. Em parte, essas competências surgem da maturidade, mas elas surgem principalmente por meio das oportunidades e das manifestações propícias vindas do ambiente (Gibson, 1988; White, 1959). As necessidades psicológicas organísmicas fornecem a motivação que apóia essa iniciativa e a aprendizagem (Deci & Ryan, 1985a; White, 1959). Conforme ilustramos na abertura deste capítulo com a história da garotinha atirando pedras, as crianças são o melhor exemplo de como as necessidades psicológicas organísmicas motivam o exercício e o desenvolvimento de habilidades. Incessantemente, as crianças mudam de um lugar para outro aparentemente sem qualquer motivação para isso, a não ser o fato de desejarem fazer algo melhor do que fizeram antes (ou seja, em função da sua necessidade de competência). Além disso, as crianças têm o desejo de experimentar o mundo à sua própria maneira, decidindo elas mesmas o que fazer, como fazer, quando fazer e mesmo se vão ou não fazer (em decorrência da sua necessidade de autonomia). E quais atividades, habilidades e valores as crianças consideram serem importantes é algo que depende das atitudes, dos valores e dos climas emocionais que lhe são oferecidos pelas pessoas importantes em sua vida (o que decorre da sua necessidade de relacionamento).

Coletivamente, as necessidades psicológicas organísmicas de autonomia, competência e de relacionamento fornecem às pessoas uma motivação natural para aprender, crescer e desenvolver-se. E o sucesso ou fracasso na obtenção dessa aprendizagem, desse crescimento e desse desenvolvimento saudável é algo que depende do fato de os ambientes apoiarem ou frustrarem a expressão de suas necessidades de autonomia, competência e de relacionamento.

AUTONOMIA

Ao decidirmos o que fazer, queremos que haja opções e flexibilidade em nossa tomada de decisão. Desejamos ser pessoas que decidem o que fazer, quando fazer, como fazer, quando parar de fazer e mesmo que possam escolher se algo irá ser feito ou não. Queremos decidir nós mesmos como gastar nosso tempo. Queremos ser quem determina suas próprias ações, em vez de haver outra pessoa ou alguma limitação ambiental que nos force a seguir um determinado curso de ação. Desejamos que nosso comportamento não esteja divorciado, mas sim conectado aos nossos interesses, nossas preferências, nossas vontades e nossos desejos. Queremos que nosso comportamento surja e expresse nossas preferências e nossos desejos. E queremos ter a liberdade de construir nossos próprios objetivos, bem como a liberdade de decidir o que é importante, e o que vale e o que não vale o emprego do nosso tempo. Em outras palavras: temos necessidade de autonomia.

Nosso comportamento é autônomo (ou autodeterminado) quando nossos interesses, nossas preferências e nossas vontades guiam nosso processo de tomada de decisões sobre participarmos ou não de uma atividade em particular. Essa autodeterminação nos falta (ou seja, nossos comportamentos passam a ser determinados por outros) no momento em que certas forças exteriores nos pressionam a pensar, a sentir e a nos comportarmos de maneiras determinadas (Deci, 1980). Formalmente, a autonomia (autodeterminação) é a necessidade de experimentar uma escolha na iniciação e na regulação do comportamento, o que reflete o desejo de fazer suas próprias escolhas, em vez de deixar que os eventos ambientais determinem as ações que se deve tomar (Deci & Ryan, 1985a).

Como mostra a Figura 5.3, três qualidades experienciais operam juntas para definir a experiência subjetiva de autonomia: o lócus de causalidade percebido, a escolha percebida e a volição.

O lócus de causalidade percebido (LCP) refere-se à compreensão que o indivíduo tem da fonte causal de suas ações motivadas (Heider, 1958). O LCP existe dentro de um *continuum* bipolar que varia de interno para externo. Esse *continuum* reflete a percepção do indivíduo de que seu comportamento é iniciado a partir de uma fonte pessoal (LCP interno) ou de uma fonte ambiental (LCP externo). Por exemplo, por que você lê um livro? Se a razão para ler é algum agente interno do seu self (interesse, valor), então o motivo de você ler provém de um LCP interno. Entretanto, se a razão para você ler for algum agente motivacional do ambiente (um teste que você fará, ou o fato de seu chefe obrigá-lo a isso), então o motivo de você ler provém de um LCP externo. Alguns preferem dizer que a pessoa é uma "origem" ou um "peão" para distinguir alguém cujo comportamento emana de um LCP interno de alguém cujo comportamento emana de um LCP externo (deCharms, 1976, 1984; Ryan & Grolnick, 1986). Origem "origina" seu próprio comportamento intencional. Já um "peão", uma metáfora inspirada no jogo de xadrez, capta a experiência que sentimos quando pessoas poderosas nos conduzem de maneira semelhante àquela como os patrões chefiam seus empregados, os sargentos comandam seus subordinados ou os pais mandam em seus filhos.

A volição é uma vontade que o indivíduo tem de se engajar em uma certa atividade, porém sem ser pressionado a fazê-lo (Deci, Ryan & Williams, 1995). A volição está centrada no quanto de liberdade *versus* coação a pessoa sente enquanto está fazendo

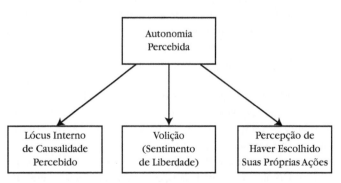

Figura 5.3 Três Qualidades Subjetivas na Experiência de Autonomia

68 Capítulo Cinco

algo que ela quer fazer (p. ex., brincar, estudar, falar), e também no quanto de liberdade *versus* coação a pessoa sente enquanto está evitando fazer algo que não quer fazer (p. ex., não fumar, não comer, não pedir desculpas). A volição é elevada quando a pessoa se engaja em uma atividade ao mesmo tempo em que se sente livre e que suas ações são plenamente endossadas pelo seu self — dizendo essencialmente: "Quero fazer isso por minha própria vontade" (Deci & Ryan, 1987; Ryan, Koestner & Deci, 1991). O oposto da volição e da sensação de liberdade é sentir-se pressionado ou coagido a praticar uma ação. Além de serem pressionadas pelo ambiente, as pessoas às vezes criam dentro de si uma motivação derivada da pressão, capaz de forçá-las a executar uma determinada ação — dizendo essencialmente: "Eu *tenho* que fazer isto" (Ryan, 1982; Ryan, Mims & Koestner, 1983; Ryan, Koestner & Deci, 1991).

A escolha percebida refere-se àquele sentido de escolha que experimentamos quando nos encontramos em ambientes que nos fornecem uma flexibilidade na tomada de decisão, e que nos apresentam diferentes oportunidades a escolher. O oposto da escolha percebida é aquela sensação de obrigação que experimentamos quando nos encontramos em ambientes que, de maneira rígida e inflexível, nos obrigam a tomar um determinado curso de ação. Por exemplo, quando as crianças podem fazer escolhas referentes a seu trabalho escolar (Cordova & Lepper, 1996), quando os residentes de um lar de idosos têm o pode de decidir a maneira como agendar suas atividades diárias (Langer & Rodin, 1976), e quando os pacientes se comunicam com médicos flexíveis (não-autoritários) (Williams & Deci, 1996), então as crianças, os idosos e os pacientes sentem que seu comportamento flui de um certo sentimento de escolha. Entretanto, nem todas as escolhas são iguais e tampouco todas elas são capazes de promover autonomia (Reeve Nix & Hamm, 2003). Uma escolha entre opções oferecidas por outros não consegue se referir nem envolver a necessidade de autonomia (p. ex., quando alguém lhe pergunta: "você quer ouvir música sertaneja ou música clássica?"; Overskeid & Svartdal, 1996; Schraw, Flowerday & Reisetter, 1998). Em vez disso, somente quando as pessoas podem escolher suas próprias ações (p. ex., "para começo de conversa, você quer escutar música?") é que elas experimentam um sentimento de autonomia (Cordova & Lepper, 1996; Reeve et al, 2003).

Apoiando a Autonomia

Os ambientes, os eventos externos, os contextos sociais e as relações variam quanto à intensidade de apoiarem ou não a necessidade que o indivíduo tem de autonomia. Alguns ambientes envolvem e satisfazem nossa necessidade de autonomia, ao passo que outros ignoram e frustram essa necessidade (lembre-se da Figura 5.2). Por exemplo, quando o ambiente impõe uma data-limite para o indivíduo fazer algo, ele interfere na autonomia dessa pessoa; mas, quando lhe oferece oportunidades de auto-direcionamento, o ambiente apóia a autonomia desse indivíduo. Também as relações podem às vezes apoiar e outras contrariar nossa necessidade de autonomia, algo que ocorre quando, por exemplo, um treinador ralha com seus atletas (o que solapa sua autonomia) ou, ao contrário, quando uma professora escuta atentamente seus alunos e utiliza essas informações para lhes

dar a oportunidade de trabalharem do jeito que quiserem e no seu próprio ritmo (o que estimula sua autonomia). Em geral, os contextos sociais e as culturas também variam no mesmo grau em que apóiam a autonomia dos indivíduos, como podemos ver quando observamos os oficiais militares comandando seus soldados, a igreja decidindo o que os paroquianos devem e não devem fazer, ou os profissionais que trabalham em uma creche deixando seus afazeres normais para apoiar os interesses e as iniciativas das crianças sob sua responsabilidade. Quando os ambientes, as relações, os contextos sociais e as culturas são bem-sucedidos em envolver e satisfazer a necessidade que as pessoas têm de autonomia, dizemos que esses são ambientes que apóiam a autonomia; e quando os ambientes, as relações, os contextos sociais e as culturas ignoram, frustram e interferem na necessidade que as pessoas têm de autonomia, dizemos que são "controladores" (Deci & Ryan, 1987).

Os ambientes que apóiam a autonomia incentivam as pessoas a estabelecerem suas próprias metas, a direcionarem seu próprio comportamento, a escolherem suas próprias maneiras de resolver os problemas e, basicamente, a irem ao encontro de seus próprios interesses e valores. Fazendo isso, o apoio à autonomia catalisa na pessoa a motivação intrínseca, a curiosidade e o desejo de desafio (Deci, Nezlak & Sheinman, 1981; Ryan & Grolnick, 1986). Porém, com certeza, os ambientes que apóiam a autonomia não são permissivos, indiferentes ou proponentes do *laissez-faire* (Ryan, 1993). Em vez disso, quando trabalham no sentido de criar ambientes favoráveis à autonomia dos outros (como das crianças, estudantes, trabalhadores, atletas etc.), as pessoas se dedicam bastante a identificar e apoiar os interesses, as necessidades e os esforços feitos pelos outros.

O oposto de um ambiente "apoiador" da autonomia é um ambiente controlador. Essencialmente, os ambientes controladores ignoram a necessidade de autonomia dos indivíduos, pressionando estes, em vez disso, a se ajustarem a uma maneira predeterminada e prescrita externamente de pensar, sentir ou comportar-se. Sendo assim, um ambiente controlador apóia não a autonomia das pessoas, mas sim uma agenda externa a essas pessoas, como acontece, por exemplo, quando o professor, o gerente e o técnico esportivo determinam respectivamente o que os alunos, os empregados e os atletas devem fazer. Em vez de apoiar a autonomia dos indivíduos, esse tipo de ambiente controla seu comportamento.

Quando criam ambientes apoiadores da autonomia ou quando criam ambientes controladores, as pessoas adotam um estilo particular de motivação. Como mostra o Boxe 5, o estilo motivacional de uma pessoa em relação a outras pode ser compreendido ao longo de um *continuum* que se estende desde uma atitude altamente controladora até uma atitude altamente favorável à autonomia do indivíduo (Deci, Schwartz, Sheinman & Ryan, 1981; Reeve et al., 1999). Um estilo controlador geralmente motiva as outras pessoas primeiro através da comunicação de uma agenda informando o que elas devem pensar, sentir e fazer e, depois, oferecendo motivadores extrínsecos e uma linguagem coerciva, com o objetivo de fazer as pessoas se enquadrarem nessa agenda. Por outro lado, no estilo apoiador da autonomia, a motivação se dá através da identificação e do apoio aos interesses, às preferências e à auto-regulação autônoma dos indivíduos. O estilo motivacional é um constructo importante porque as pessoas se beneficiam quando os outros apóiam sua autonomia, em comparação com as situações em que os outros controlam seu comportamento, no sentido de que, quando recebem apoio à sua autonomia, as pessoas experimentam maior motivação intrínseca, maior competência percebida, maior motivação para alcançarem proficiência e também emoções positivas, além de maior grau de aprendizagem, de desempenho e de persistência (Deci & Ryan, 1987; Grolnick & Ryan, 1987; Patrick, Skinner & Connell, 1993; Reeve, 2002; Vallerand, Fortier & Guay, 1997).

A maneira pela qual as pessoas criam e estabelecem ambientes "apoiadores" da autonomia dos demais indivíduos envolve quatro modos essenciais de se relacionar com os outros (veja Deci, 1995; Deci, Connell & Ryan, 1989; Deci et al., 1994; Koestner et al., 1984; McCombs & Pope, 1994; Reeve, 1996; Reeve, Deci & Ryan, 2003), como discutiremos a seguir.

Promovendo os Recursos Motivacionais Internos

As pessoas com estilos motivacionais "apoiadores" da autonomia motivam os outros promovendo seus recursos motivacionais internos. Ou seja, ao tentarem incentivar a iniciativa em outras pessoas, elas fazem isso identificando quais são os interesses, as preferências e as competências dessas pessoas. Tendo uma vez identificado esses elementos, elas encontram maneiras de permitir que os outros indivíduos se comportem de modo a expressar esses interesses, preferências e competências. Por exemplo, em uma escola, um professor "apoiador" da autonomia de seus alunos poderá coordenar a elaboração de um plano diário de lições de acordo com os interesses, as preferências, o senso de desafio e as competências dos alunos. Por outro lado, um professor controlador desconsiderará os recursos motivacionais internos dos alunos, baseando-se, em vez disso, em elementos motivadores extrínsecos, como incentivos, conseqüências, direções, tarefas escolares e datas-limite para a entrega de trabalhos, de modo a, usando a terminologia há pouco apresentada, "ganhar" a obediência dos alunos tratando-os como peões.

Contando com uma Linguagem Informacional

Às vezes, as pessoas que tentamos motivar encontram-se despreparadas, às vezes apresentam mau desempenho e outras vezes comportam-se de maneira inadequada. Aqueles que adotam um estilo motivacional "apoiador" da autonomia tratam essa falta de

---

| BOXE 5 | *Seu Estilo Motivacional* |

Pergunta: Por que essa informação é importante?

Resposta: Para que você veja melhor como é seu próprio estilo motivacional em relação aos outros.

Como você tenta motivar os outros? O que você diz? O que você faz? E, a esse respeito, como agem os professores? Os pais? Os supervisores nos ambientes de trabalho? Os técnicos esportivos e os *personal trainers*? Os psicólogos, os religiosos, os militares e os autores de livros de auto-ajuda? As pessoas variam bastante quanto ao estilo motivacional que adotam (Deci, Schwartz, Scheinman & Ryan, 1981), porém nosso interesse agora é o estilo que você adota. As informações que se seguem foram extraídas do *Problems in Schools Questionnaire*, um questionário utilizado para avaliar o estilo motivacional interpessoal dos indivíduos (Deci, Schwartz, Scheinman & Ryan, 1981; Flink, Boggiano & Barrett, 1990; Reeve, Bolt & Cai, 1999). Em relação a Jim, um aluno que vem se mostrando apático na escola elementar, são oferecidas quatro maneiras de resolver o problema. Quais delas fazem sentido para você, e quais não fazem?

Jim é um aluno mediano matriculado em uma escola de ensino fundamental. Durante as duas últimas semanas, ele tem se mostrado apático, e tampouco tem participado ativamente das aulas de leitura em grupo. Apesar de fazer corretamente os deveres de sala de aula, não tem cumprido as tarefas de casa. Uma conversa telefônica com sua mãe não forneceu qualquer informação útil. Diante disso, a atitude mais apropriada que a professora de Jim deve adotar é:

1. Mostrar a ele a importância de fazer suas tarefas, já que, para seu próprio bem, ele precisa aprender as matérias.
2. Não deixá-lo sair da escola até terminar as tarefas.
3. Dizer-lhe que não é preciso terminar todas as tarefas imediatamente, e ver se é possível ajudá-lo a eliminar a causa de sua apatia.
4. Ter paciência, aprovando e valorizando a participação e o trabalho que ele vier a apresentar.

As duas primeiras opções expressam uma preferência por assumir um estilo relativamente controlador, ao passo que as duas últimas opções expressam uma preferência por endossar um estilo relativamente favorável à autonomia.

Para obter um sentido mais concreto de quais comportamentos você endossaria para motivar os outros, tente fazer o seguinte exercício. Imagine-se no papel de um professor, que ensinará alguém a dirigir automóveis, tocar piano, pintar, lavar roupas, dizer frases básicas em um idioma estrangeiro, ou fazer qualquer outra coisa. A questão logo gira em torno do que dizer e do que fazer para motivar o outro. Como você incentivaria a outra pessoa? Como resolveria um problema motivacional que essa pessoa viesse a apresentar? Os indivíduos que optam por um estilo controlador em geral assumem o domínio da situação e solicitam à outra pessoa que aja de acordo com seus planos. Já os indivíduos que têm um estilo favorável à autonomia em geral são bastante atentos aos interesses e às necessidades dos outros, permitindo-lhes criar maneiras de expressar esses recursos motivacionais internos enquanto se ocupam da atividade de aprendizagem.

Um outro exercício seria observar a distância a maneira como um especialista fornece instruções a um novato. Por exemplo, veja a maneira como um profissional do golfe ensina alguém a praticar esse esporte, ou observe um psicólogo escolar ajudando uma criança agressiva a desenvolver suas habilidades sociais. O que eles fazem especificamente em relação à tarefa de energizar e direcionar o comportamento da outra pessoa — ou seja, o que de fato eles fazem e dizem?

Ao pensar sobre as alternativas que você escolheu do *Problems in Schools Questionnaire* e ao observar sua maneira de motivar os outros, você poderá ter uma idéia inicial de como é seu próprio estilo motivacional. Esperamos que as diretrizes apresentadas neste capítulo lhe possibilitem expandir seu próprio estilo motivacional, a fim de incluir algumas estratégias de apoio à autonomia.

preparo, esse mau desempenho e esse comportamento inadequado como problemas que devem ser resolvidos, e não como alvos de críticas (Deci, Connell & Ryan, 1989). Quando se adota um estilo motivacional que apóia a autonomia das pessoas, em vez de dizer-lhes que façam aquilo que é considerado bom ou obrigatório, opta-se por empregar uma forma de comunicação que usa uma linguagem inflexível e informal. Por exemplo, uma técnica esportiva poderia dizer ao atleta: "Ultimamente tenho notado que sua média de pontos vem diminuindo; você tem alguma idéia de por que isso está acontecendo?" Por outro lado, as pessoas que adotam um estilo controlador preferem um estilo de comunicação coercivo, rígido, que procura "falar sério", e que diz ao outro o que é preferível, obrigatório, aconselhável ou indicado fazer (dizendo, p. ex.: "João, você deve se esforçar mais" ou "É preciso que você termine essa tarefa ainda hoje"). A linguagem informacional também ajuda os outros a diagnosticar a causa da sua falta de preparo, do seu mau desempenho ou do seu mau comportamento, fornecendo um *feedback* capaz de identificar em quais pontos houve melhora e progresso (p. ex., "Notei que seu estilo de escrever ficou mais dinâmico ultimamente"), resistindo, ao mesmo tempo, à emissão de um *feedback* negativo, crítico e sentencioso (p. ex., "Seu trabalho ficou uma droga").

Promovendo a Valorização

Ao tentar motivar os outros, às vezes lhes solicitamos que façam tarefas relativamente desinteressantes. Por exemplo, os pais pedem aos filhos que arrumem o quarto, os professores querem que seus alunos obedeçam a regras, os técnicos querem que seus comandados corram em uma pista e os médicos pedem a seus pacientes que tomem os remédios na hora certa. Para motivar as pessoas a fazerem algo que não lhes interessa, aqueles que se valem de um estilo apoiador da autonomia procuram informar o valor, o mérito, o sentido, a utilidade ou a importância de se dedicar a esse tipo de atividade, dizendo, por exemplo: "É importante obedecer às regras porque é preciso respeitar os direitos de todos nesta sala. Ao obedecer às regras, você está respeitando os outros" (Koestner et al., 1984). Promover o valor significa utilizar um "porque" para explicar o mérito de se empregar tempo e esforço em uma tarefa desinteressante. Entretanto, pessoas que adotam estilos controladores de motivação não gastam tempo em explicar a utilização ou a importância de se participar desses tipos de atividades, preferindo dizer coisas como: "Apenas faça isso" ou "Faça isso porque estou mandando". Quando se oferece um raciocínio para a execução de uma tarefa, a lógica subjacente é que é mais provável que o ouvinte voluntariamente aceite e internalize as regras, os vínculos e os limites que lhe são impostos. E, uma vez ocorrida a internalização (como quando, por exemplo, a pessoa diz: "Tudo bem, passar o fio dental entre os dentes é chato, mas é algo que previne o aparecimento de placa bacteriana, e por isso é uma coisa que vale a pena ser feita"), as pessoas passam a voluntariamente se esforçar mesmo em tarefas que lhes são desinteressantes (porém importantes) (Reeve et al., 2002).

Reconhecendo e Aceitando o Afeto Negativo

Às vezes, as pessoas que estamos tentando motivar apresentam pouca motivação e também expressam um afeto negativo em relação a participar de tarefas nas quais não estão interessadas. Ocasionalmente, essas pessoas procuram demonstrar "atitude", e às vezes resistem a fazer coisas como arrumar o quarto, obedecer às regras, correr em uma pista de atletismo e ser gentis. Quem adota um estilo motivacional apoiador da autonomia procura atentar para essas expressões de afeto negativo e de resistência, aceitando-as como reações válidas de alguém que considera a atividade desinteressante e inútil. Diante dessas reações adversas, o que os indivíduos apoiadores fazem é essencialmente dizer "O.K." e trabalhar em colaboração com a outra pessoa com o propósito de resolver a causa subjacente desse afeto negativo e dessa resistência. Por outro lado, as pessoas com estilos controladores deixam claro que essas expressões de afeto negativo e de resistência são inaceitáveis, dizendo algo como: "É pegar ou largar" ou "Faça isso ou rua". Em vez de trabalhar colaborativamente com alguém desmotivado, os adeptos de um estilo motivacional controlador tentam reduzir o afeto negativo dos outros dizendo-lhes coisas como: "Tire esse sorriso tolo da cara e faça o que eu lhe pedi". Em suma, as pessoas que adotam estilos apoiadores da autonomia tentam resolver o problema motivacional utilizando as expressões de afeto negativo dos outros para ajudá-los nesse aspecto, ao passo que as pessoas que seguem estilos motivacionais controladores tentam confrontar o afeto negativo dos outros, uma vez que desejam obter destes concordância e obediência (e não motivação).

Apoiando a Autonomia Momento a Momento

As quatro características que acabamos de listar ilustram um estilo motivacional geralmente apoiador da autonomia. Mas, além disso, quando as pessoas criam ambientes apoiadores da autonomia dos outros, elas geralmente fazem isso adotando comportamentos característicos que vão se sucedendo de momento a momento. Considere, por exemplo, as interações específicas como as que ocorrem quando um professor tenta motivar seus alunos na aula, ou quando um médico tenta motivar seu paciente durante uma consulta de dez minutos. Diversos estudos utilizaram o paradigma professor-aluno, em que primeiro se avalia o fato de o professor ter um estilo motivacional favorável à autonomia ou ter um estilo motivacional controlador, e depois se pede ao professor que instrua o aluno durante um certo tempo. Os pesquisadores observam então a maneira como o professor tenta motivar o aluno. Na Tabela 5.1, a coluna da esquerda e a coluna da direita mostram respectivamente o que os professores de apoio à autonomia e os professores controladores costumam dizer e fazer para motivar seus alunos (baseado em Deci et al., 1982; Reeve & Jang, 2003; Reeve, Bolt & Cai, 1999).

Considerados em conjunto, os comportamentos que há pouco listamos correspondem a um estilo motivacional associado à promoção de um alto grau de autonomia nas pessoas: escutar com atenção, compartilhar materiais didáticos, criar oportunidades para os outros falarem e trabalharem à sua própria maneira, mencionar argumentos favoráveis à realização de empreendimentos desinteressantes, perguntar aos outros o que eles querem fazer, responder a perguntas, oferecer sugestões, incentivar o esforço, elogiar o progresso e o aperfeiçoamento e reconhecer o ponto de vista das outras pessoas.

Necessidades Psicológicas **71**

Tabela 5.1 O que os Indivíduos que Apóiam a Autonomia e os Indivíduos Controladores Dizem e Fazem para Motivar os Outros

O que Fazem e Dizem os Indivíduos que Apóiam a Autonomia	O que Fazem e Dizem os Indivíduos Controladores
* Escutam com atenção	* Detêm/Controlam os materiais para a aprendizagem
* Permitem que os outros falem	* Mostram quais são as respostas certas
* Fornecem justificativas racionais	* Dizem como responder corretamente
* Incentivam ao esforço	* Comunicam normas e ordens
* Elogiam o progresso e a proficiência	* Dizem o que é desejável, recomendável e obrigatório fazer
* Perguntam o que os outros querem fazer	* Fazem perguntas que denotam controle
* Respondem a perguntas	* Mostram-se exigentes
* Reconhecem a perspectiva dos outros	

Beneficiando um Estilo Motivacional de Apoio à Autonomia

Seja no caso de um professor com seus alunos, de pais com seus filhos, de técnicos com seus atletas, de terapeutas com seus clientes, de médicos com seus pacientes, ou de gerentes com seus empregados, os estilos motivacionais empregados pelos orientadores têm fortes implicações na subseqüente evolução, engajamento, qualidade de aprendizagem, funcionamento ótimo, desempenho e bem-estar apresentados por quem se tenta motivar. As duas colunas da lista a seguir detalham os resultados positivos alcançados quando as pessoas a quem se tenta motivar têm sua autonomia apoiada, em vez de terem seu comportamento controlado. Embora sejam diferentes os resultados, é igual o motivo pelo qual eles são mais positivos com a adoção de um estilo favorável à autonomia, em detrimento de um estilo controlador — a saber, os agentes motivadores de apoio à autonomia envolvem e alimentam a necessidade dos outros por autonomia, ao passo que os agentes motivadores controladores ignoram e frustram essa mesma necessidade. Na lista que se segue, o resultado positivo aparece no lado esquerdo, ao passo que um exemplo de referência aparece no lado direito (para que o leitor interessado possa obter informações adicionais).

Resultado Positivo Experimentado com um Estilo Motivacional Favorável à Autonomia   **Referências Favoráveis**

Ganhos no Desenvolvimento

Maior competência percebida	Ryan & Grolnick, 1986
Maior auto-estima	Deci et al., 1981
Maior senso de valor próprio	Ryan & Grolnick, 1986

Ganhos de Compromisso

Maior compromisso	Reeve et al., 2002
Tom emocional positivo	Patrick, Skinner, & Connell, 1993; Ryan & Connel, 1989
Percepções mais fortes de controle	Boggiano & Barrett, 1985
Preferência pelos desafios ótimos	Shapira, 1976; Boaggiano, Main, & Katz, 1988
Prazer com os desafios ótimos	Harter, 1974, 1978b

Aprendizagem de Alta Qualidade

| Maior flexibilidade de pensamento | McGraw & McCullers, 1979 |

Melhora da aprendizagem conceitual	Benware & Deci, 1984; Boggiano et al., 1993
Processamento mais ativo da informação	Geolnick & Ryan, 1987
Maior criatividade	Amabile, 1985; Koestner et al., 1984

Funcionamento Ótimo

Manutenção da alteração comportamental	Williams et al., 1996
Retenção de longo prazo	Ryan et al., 1997
Menor taxa de atrito/desistência; maior retenção	Hardre & Reeve, 2003; Vallerand, Fortier, & Guay, 1997

Ganhos de Desempenho

| Melhora de desempenho | Miserandino, 1996; Boggiano et al., 1993 |
| Maior realização | Flink, Boggiano, & Barrett, 1990; Flink et al., 1992 |

Os resultados positivos obtidos em conseqüência de se apoiar a autonomia dos outros ocorrem porque a autonomia e também as relações que em geral são favoráveis a ela fornecem às pessoas os "nutrientes psicológicos" de que elas necessitam para satisfazer suas necessidades psicológicas (Ryan, 1995, p. 410). Conforme apresentadas na Figura 5.2, essas experiências de satisfação das necessidades psicológicas energizam os potenciais inerentes de crescimento do indivíduo, de modo a nele promover o crescimento psicológico, a motivação intrínseca, a aprendizagem significativa e o desenvolvimento social (Ryan & Deci, 2000a).

Dois Exemplos

Considere um estudo cujo propósito foi predizer quais estudantes de ensino médio iriam ou não abandonar a escola (Vallerand, Fortier & Guay, 1997). Os estudantes relataram o grau a que percebiam o apoio à sua autonomia dado pelos pais, professores e administradores escolares. O grau de apoio à autonomia *versus* o grau de controle existente no mundo social de cada aluno foi então utilizado para predizer a extensão da autonomia e da competência percebidas por cada aluno na escola. E o grau de autodeterminação (e de competência) experimentado pelo aluno em relação à escola serviu então para predizer a qualidade de sua motivação acadêmica (autônoma *versus* controlada), o que

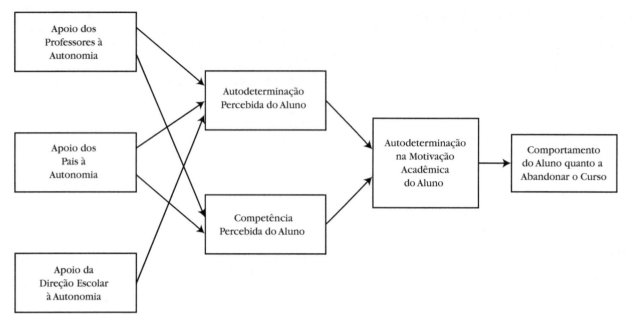

Figura 5.4 Modelo Motivacional de Alunos que Abandonam o Ensino Médio

Fonte: adaptado de *Self-Determination and Persistence in a Real-Life Setting: Toward a Motivational Model of High School Dropout*, de R.J. Vallerand, M.S. Fortier e F. Guay, 1997, *Journal of Personality and Social Psychology, 72*, 1161-1172. Copyright 1997 by American Psychological Association. Adaptado com permissão.

por sua vez predisse o fato de que o estudante desistiria ou não de seu curso.

Em um segundo estudo, os pesquisadores pediram a crianças em uma escola que pintassem, enquanto o professor agia de maneira favorável à autonomia ou de maneira controladora. Em ambas as condições, os professores apresentaram uma lista de limitações (regras) às quais as crianças tinham que obedecer enquanto pintavam, tais como instruções para não misturar as tintas, limpar os pincéis antes de mudar de cor, e pintar somente em um determinado pedaço de papel (Koestner et al., 1984). Algumas crianças pintaram sob essas condições impostas por um professor controlador, que empregava uma linguagem autoritária e impositiva. Já outras pintaram em condições impostas por um professor favorável à autonomia, que utilizava uma linguagem informativa, que apresentava um raciocínio para explicar cada regra, de modo que as crianças compreendiam que os limites eram importantes e valia a pena obedecer-lhes. Depois que todas as crianças concluíram seus trabalhos, os pesquisadores mensuraram a qualidade de sua motivação e avaliaram a obra que cada uma fez, sob diversos pontos de vista artísticos; esses resultados estão apresentados na Tabela 5.2. As crianças que pintaram em condições de apoio à autonomia apreciaram mais o ato de pintar, apresentaram maior motivação intrínseca para se engajar nessa atividade (veja o "comportamento de escolha livre") e produ-

Tabela 5.2 Benefícios Motivacionais Experimentados por Crianças a quem se Apresentam Regras que Apóiam a Autonomia (em vez de Regras Controladoras)

Medida Dependente		Regras Comunicadas de Modo Controlador	Regras Comunicadas de Modo Favorável à Autonomia
Satisfação	M	4,87	5,57
	(DP)	(0,99)	(0,65)
Comportamento de escolha livre	M	107,7	257,1
	(DP)	(166,0)	(212,6)
Criatividade	M	4,80	5,34
	(DP)	(1,16)	(1,17)
Perícia Técnica	M	4,88	5,90
	(DP)	(0,87)	(1,28)
Qualidade	M	4,84	5,62
	(DP)	(0,68)	(1,06)

Notas. M = Média, DP = Desvio Padrão; Escolha Livre = Comportamento intrinsecamente motivado; todas as diferenças entre as médias são estatisticamente significantes, $p < 0,05$.

Fonte: adaptado de *Setting Limits on Children´s Behavior: The Differential Effects of Controlling Versus Informational Styles on Intrinsic Motivation and Creativity*, de R. Koestner, R. M. Ryan, F. Bernieri e K. Holt (1984). *Journal of Personality, 52*, 233-248.

ziram obras criativas, tecnicamente boas e de alta qualidade. O que essa constatação mostra é que, quando o contexto social apóia a necessidade de autonomia da pessoa, ocorre um aumento da qualidade e do desempenho da pessoa, em comparação com o caso em que sua necessidade de autonomia é frustrada.

A COMPETÊNCIA

Todos queremos ser competentes e nos empenhamos para isso. E todos desejamos interagir de maneira eficiente com o que nos cerca, e esse desejo estende-se a todos os aspectos de nossa vida — na escola, no trabalho, nas relações pessoais, na recreação e nos esportes. Todos também queremos desenvolver habilidades e aumentar nossas capacidades, nossos talentos e nosso potencial. O encontro com um desafio é um momento que desperta nossa plena atenção. E quando temos a chance de aumentar nossas habilidades e nossos talentos, experimentamos o desejo de progredir, sentindo-nos satisfeitos, e até mesmo alegres, se formos bem-sucedidos. Em outras palavras: temos uma necessidade de competência.

A competência é uma necessidade psicológica que fornece uma fonte inerente de motivação, capaz de fazer as pessoas buscarem algo e se esforçarem para alcançar o que for necessário para dominar desafios em um nível ótimo. Desafios em um nível ótimo são aqueles apropriados do ponto de vista do desenvolvimento de uma determinada pessoa que é capaz de ser, de maneira eficiente, testada, seja no estudo ou no trabalho, em um aspecto que seja o mais apropriado segundo o nível presente de habilidade ou de talento dessa pessoa. Quando participamos de uma tarefa cujo grau de dificuldade e complexidade encontra-se precisamente no nível de nossas habilidades atuais, experimentamos então o mais forte interesse e o maior envolvimento possível com a nossa necessidade de competência. Definida formalmente, competência é a necessidade de ser efetivo em interações com o ambiente, e isso reflete o desejo que as pessoas têm de exercitar suas capacidades e suas habilidades e, ao fazê-lo, de buscar e dominar desafios em um nível ótimo (Deci & Ryan, 1985a).

Envolvendo Competência

As situações em que nos encontramos podem envolver e satisfazer nossa necessidade de competência, ou, ao contrário, podem desprezá-la e frustrá-la. Do ponto de vista ambiental, as condições-chave que envolvem nossa necessidade de competência é a presença tanto de um desafio quanto de uma estrutura em um nível ótimo, e a condição-chave que satisfaz nossa necessidade de competência é o *feedback* positivo.

Desafios e Fluxo Ótimos

Com o propósito de determinar as condições que criam o prazer, Mihaly Csikszentmihalyi (1975, 1982, 1990) entrevistou e estudou centenas de pessoas que ele presumia que sabiam o que era capaz de lhes proporcionar diversão: montanhistas, dançarinos, campeões de xadrez, jogadores de basquete, cirurgiões e outros. Posteriormente, ele estudou amostras mais representativas, incluindo outros tipos de profissionais, estudantes de ensino

médio, trabalhadores de linha de montagem, grupos de idosos, e pessoas que tinham o hábito de ficar em casa vendo televisão. Independentemente das amostras estudadas, Csikszentmihalyi constatou ser possível traçar a essência do prazer à "experiência de fluxo". O fluxo é uma experiência de tal modo prazerosa, que a pessoa freqüentemente a repete porque tem a esperança de ter essa experiência mais e mais vezes (Csikszentmihalyi & Nakamura, 1989).

O fluxo é um estado de concentração que envolve uma absorção holística em uma atividade. Ocorre sempre que uma pessoa utiliza suas habilidades para vencer algum desafio. A relação entre o desafio imposto pela tarefa e a habilidade pessoal aparece na Figura 5.5, que identifica as conseqüências emocionais surgidas a partir de diferentes comparações entre desafio e habilidade. Quando os desafios encontram-se em um nível superior ao da habilidade (a habilidade é baixa; o desafio é alto), o indivíduo preocupa-se com o fato de que o nível da atividade é alto demais para que suas habilidades lhe permitam vencer. Ser desafiado acima das suas próprias capacidades é algo que ameaça a sensação de competência, e essa ameaça manifesta-se emocionalmente como uma preocupação (se o excesso de desafio se apresentar de maneira moderada) ou ansiedade (se o excesso de desafio se apresentar de modo acentuado). Por outro lado, quando o nível do desafio se equipara ao da habilidade (e tanto o desafio quanto a habilidade são pelo menos moderadamente elevados), surgem a concentração, o envolvimento e o prazer. E quando o nível da habilidade ultrapassa o nível do desafio (a habilidade é alta; o desafio é baixo), o engajamento na tarefa se caracteriza por uma redução na concentração, por um envolvimento mínimo na tarefa e por um tédio emocional. Ao ser desafiado em um nível baixo, o indivíduo negligencia a competência, e essa negligência manifesta-se emocionalmente como indiferença ou tédio.

Ter tanto excesso de desafio quanto excesso de habilidade é algo que produz problemas emocionais e experiências abaixo de um nível ótimo; entretanto, o pior perfil de experiência se verifica quando se reúne um baixo desafio com uma baixa habilidade (situação que corresponde ao canto inferior esquerdo da Figura 5.5). Quando o desafio e a habilidade são baixos, literalmente todas as medidas de emoção, motivação e cognição encontram-se em seus níveis mínimos — a pessoa simplesmente não se importa com a tarefa (Csikszentmihalyi, Rathunde & Whalen, 1993). Portanto, o fluxo constitui algo um pouco mais complicado do que simplesmente um equilíbrio entre desafio e habilidade, visto que a obtenção de um equilíbrio com baixos níveis de habilidade e desafio resulta em apatia. Uma descrição mais acurada da maneira como o desafio se relaciona com a habilidade é dizer que o fluxo surge nas situações em que tanto o desafio quanto a habilidade encontram-se em níveis elevados ou moderadamente elevados (Csikszentmihalyi & Csikszentmihalyi, 1988). Com essa qualificação em mente, uma outra maneira de observar a Figura 5.5 é dividi-la em quatro quadrantes, sendo que o quadrante superior esquerdo representa as condições que fazem surgir a preocupação e a ansiedade, o quadrante inferior esquerdo representa as condições que fazem surgir a apatia, o quadrante inferior direito representa as condições para o surgimento do tédio, e o quadrante superior direito representa as condições para o surgimento do fluxo.

A Figura 5.5 apresenta também os casos hipotéticos de três indivíduos, A, B e C, empenhados em tarefas de níveis moderados de dificuldade e complexidade. A, B e C diferem entre si apenas quanto aos seus níveis de habilidade pessoal referente à execução da tarefa. Dada uma tarefa moderadamente difícil, o indivíduo A, com pouca habilidade, irá se preocupar, visto que suas habilidades não satisfazem às demandas e aos desafios que se lhe impõem; já o indivíduo B, de habilidade moderada, experimentará o fluxo, visto que suas habilidades encontram-se em um nível que se equilibra com o das demandas e dos desafios exigidos pela tarefa; e o indivíduo C, que tem habilidade em excesso, experimentará o tédio, uma vez que suas habilidades excedem às demandas e aos desafios da tarefa. Para aliviar a preocupação, o indivíduo A tem duas opções: diminuir a dificuldade da tarefa ou aumentar sua habilidade pessoal. Para aliviar o tédio, o indivíduo C tem duas opções: aumentar a dificuldade da tarefa ou diminuir sua habilidade pessoal (por exemplo, colocando-se voluntariamente em desvantagem para executar a tarefa). Para mudar o desafio, os indivíduos A e C podem manipular a dificuldade da tarefa, por exemplo, resolvendo problemas de matemática mais fáceis ou mais difíceis, escolhendo um quebra-cabeça mais ou menos desafiador, ou selecionando um competidor mais ou menos habilidoso em uma disputa esportiva. Os indivíduos A e C também poderiam, por exemplo, alterar as regras da tarefa, resolvendo um quebra-cabeça dentro de um certo limite de tempo, ou com a ajuda de um parceiro ou, em um jogo de beisebol, permitindo que o rebatedor cometa mais ou menos erros que o permitido pelo regulamento. Quanto à manipulação das habilidades, os indivíduos A e C poderiam aumentá-las com mais treinamento, ou poderiam voluntariamente colocar-se em desvantagem de modo a ficarem com suas habilidades diminuídas, como no caso de disputar uma corrida com pesos pendurados nos tornozelos ou, sendo destro, jogar com a mão esquerda. Segundo a teoria do fluxo, os indivíduos adotam esse tipo de estratégias — aumentar ou diminuir a dificuldade da tarefa, ou a habilidade pessoal — porque desejam que sua participação na tarefa envolva e satisfaça sua necessidade de competência.

Usando um exemplo concreto, considere que três amigos saíram para esquiar na neve. As rampas de esqui oferecem diferentes níveis de dificuldade, de modo que algumas delas são relativamente planas (para os iniciantes), outras são razoavelmente inclinadas (para os esquiadores de nível intermediário) e ainda outras são muito íngremes e verdadeiramente desafiadoras (para os esquiadores avançados). Se os esquiadores tiverem diferentes níveis de habilidade, a Figura 5.5 prediz que a experiência emocional irá variar, dependendo tanto do esquiador quanto da rampa. A esquiadora novata gostará mais da rampa para principiantes, experimentará uma boa dose de preocupação na rampa de nível intermediário e ficará seriamente ansiosa na rampa de nível avançado. Uma vez que a habilidade da novata é bastante baixa, ela poderá esquiar o dia inteiro e experimentar somente uma pequena sensação de fluxo. Já o esquiador médio apreciará as rampas de nível intermediário, ao mesmo tempo que sentirá tédio nas rampas para principiantes e preocupação nas rampas avançadas. E o esquiador profissional provavelmente apreciará as rampas avançadas, experimentando um tédio enorme nas rampas dos principiantes, e um pouco de tédio nas rampas intermediárias. Entretanto, cada esquiador poderá experimentar o fluxo em uma determinada rampa, intencionalmente ajustando seu nível pessoal de habilidade ao nível de dificuldade da inclinação. Por exemplo, um esquiador poderá aumentar sua habilidade recebendo lições, ou diminuir sua habilidade colocando-se voluntariamente em desvantagem (p. ex., utilizando somente um esqui, ou utilizando esquis mais curtos, ou ainda esquiando de costas); e o esquiador poderia aumentar a dificuldade da prática, por exemplo, competindo com esquiadores exímios, ou diminuir a dificuldade, deslocando-se a uma velocidade abaixo da normal. O fato de que as pessoas são capazes de ajustar tanto seu nível de habilidade quanto o nível de dificuldade da tarefa significa que elas podem estabelecer as condições para ter um desafio em um nível ótimo e, com isso, criar as condições que lhes permitam envolver sua necessidade de competência, experimentando, assim, o fluxo.

A aplicação prática mais importante da teoria do fluxo é a seguinte: dado um desafio em um nível ótimo, qualquer atividade pode ser apreciada. Por exemplo, para a maioria das pessoas, fazer trabalhos de eletricidade, escrever artigos científicos, debater questões, costurar, analisar uma peça de teatro, cortar a grama e outras atividades do gênero não constituem necessariamente aquilo que elas mais desejariam fazer; porém, ao atingirem um equilíbrio entre sua habilidade e o desafio que se lhes apresenta, elas são capazes de experimentar o sabor do fluxo — como a concentração, a absorção, o prazer e uma experiência vivida em nível ótimo. Consistentemente com a idéia de que o desafio ótimo faz surgir o fluxo, Csikszentmihalyi constatou em dois estudos que alunos apreciavam mais fazer seus exercícios de casa e trabalhar em empregos de tempo parcial do que assistir a programas de televisão (algo que para eles era uma tarefa não-desafiadora) (Csikszentmihalyi, Rathunde & Whalen, 1993). E, de fato, as pessoas têm maior experiência de fluxo no trabalho do que no lazer (Csikszentmihalyi, 1982).

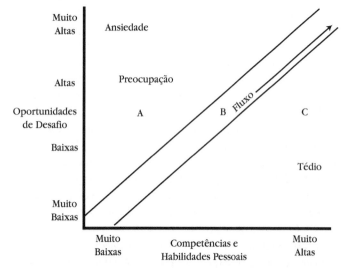

Figura 5.5 Modelo de Fluxo

Fonte: adaptado de *Beyond Boredom and Anxiety: The Experience of Flow in Work and Play*, de M. Csikszentmihalyi, 1975, San Francisco: Jossey-Bass.

Falando de modo geral, as pessoas desejam desafios ótimos, que sejam capazes de envolver sua necessidade de competência (e não desafios que tenham um nível de dificuldade desprezível de tão baixo, ou desanimador de tão elevado) para que, assim, sejam estabelecidas as condições para o fluxo. Porém, as pessoas também são motivacionalmente complexas, e às vezes na verdade apreciam um excesso de desafio (Stein et al., 1995). Com um desafio bastante alto, as pessoas às vezes enxergam na tarefa um potencial de ganho, de crescimento e de aperfeiçoamento pessoal. E essa percepção de aperfeiçoamento e de progresso pode ser prazerosa, pelo menos até o ponto em que a esperança de ganho ceda lugar à realidade de se estar sendo sobrecarregado. Também em outras condições, ocasionalmente os indivíduos apreciam níveis bastante baixos de desafio (Stein et al., 1995). Em geral, as pessoas gostam de receber um *feedback* que confirme que seu nível de habilidade encontra-se acima e além do desafio imposto pela tarefa. O sucesso fácil pode gerar um certo nível de prazer, especialmente nos primeiros estágios do engajamento na tarefa, quando aqueles que a executam têm o máximo de dúvidas a respeito de como está seu desempenho. Entretanto, a qualidade da satisfação gerada pelo sucesso fácil é um tipo de prazer defensivo e baseado no alívio. Esse tipo de satisfação é capaz de manter afastada a ansiedade, mas pouco faz para nutrir a necessidade psicológica de competência. Ao contrário, é o sucesso diante de um desafio em um nível ótimo que é capaz de envolver e nutrir a necessidade de competência, gerando assim um prazer sincero, que satisfaz à necessidade do indivíduo (Clifford, 1990).

Interdependência entre Desafio e *Feedback*

Todos nós enfrentamos desafios todos os dias. Na escola, há os exames que os alunos têm que fazer por determinação dos professores. No trabalho, há os projetos e as tarefas que testam nos funcionários sua capacidade de escrever, de criar e de trabalhar em grupo. Na viagem de volta para casa, a auto-estrada desafia os motoristas tanto na sua paciência quanto nas suas habilidades; e se o automóvel quebrar, eles terão também que testar suas habilidades mecânicas. No ginásio esportivo, a qualidade de um adversário ou o peso dos halteres desafia nossas habilidades atléticas. Essas situações nos apresentam cenários de desafio. Porém, a apresentação de um cenário de desafio não é o mesmo que a criação da experiência psicológica de ser desafiado. Ainda é preciso adicionar a essa equação um outro ingrediente — o *feedback* do desempenho. O confronto com um teste, com um projeto ou com uma competição é algo que nos convida ao desafio, mas uma pessoa não *experimenta* o desafio até que comece a desempenhar ações e a receber as primeiras informações de *feedback*. É precisamente nesse ponto — correspondente ao enfrentamento de um desafio e ao início da recepção de um *feedback* do desempenho — que as pessoas identificam a experiência psicológica de serem desafiadas (Reeve & Deci, 1996).

A Tolerância ao Fracasso

Motivacionalmente falando, o problema com o desafio ótimo é que, quando as pessoas se deparam com tarefas moderadamente difíceis, sua probabilidade de experimentarem o fracasso e a frustração é equivalente à probabilidade de experimentarem o sucesso e o prazer. Com efeito, um sinal característico de um desafio ótimo é que nele o sucesso e o fracasso têm iguais probabilidades de acontecer. Portanto, em um desafio em nível ótimo, o pavor do fracasso pode esmagar as qualidades que envolvem a necessidade de competência. Se for intenso, o medo do fracasso pode motivar comportamentos de evitação, que estimulam as pessoas a fazerem o que for possível para evitarem ser desafiadas (Covington, 1984a, 1984b).

Antes que as pessoas por sua própria vontade participem de tarefas otimamente desafiadoras, o contexto social deve tolerar (e mesmo valorizar) o fracasso e o cometimento de erros (ou seja, em relação ao desempenho das pessoas, deve haver no contexto social um clima rico em "tolerância ao fracasso" ou "tolerância ao erro"; Clifford, 1988, 1990). O desafio ótimo implica que a ocorrência considerável de erros é essencial para otimizar a motivação (Clifford, 1990). A tolerância ao erro, a tolerância ao fracasso e a assunção de riscos fundamentam-se na crença de que aprendemos mais com o fracasso do que com o sucesso. Isso ajuda a explicar por que as pessoas sentem-se mais competentes em ambientes que apóiam a autonomia e são tolerantes ao fracasso do que em ambientes controladores e que não toleram o fracasso (Deci et al., 1981).

O fracasso produz oportunidades de aprendizagem porque tem seus próprios aspectos construtivos, que se verificam quando as pessoas identificam as causas do insucesso, tentam adotar novas estratégias, vão em busca de conselho e instrução, e assim por diante. Quando nosso ambiente — na escola, no trabalho e nos esportes — tolera o fracasso e sinceramente valoriza a contribuição que ele é capaz de prestar à nossa aprendizagem e desenvolvimento, nós, ao executarmos a tarefa, experimentamos uma luz verde emocional para dar vazão ao desejo — gerado em nós pela necessidade de competência — de buscar e tentar dominar desafios ótimos (em vez de desafios fáceis) (Clifford, 1984, 1990).

Estrutura

A estrutura é a comunicação clara do que o ambiente espera que a pessoa faça para que obtenha os resultados desejados. Em uma determinada atividade, quando exercitam suas habilidades de modo a vencer os desafios e a resolver seus problemas, as pessoas têm a oportunidade de envolver sua necessidade de competência quando são orientadas (Hokoda & Fincham, 1995; Nolen-Hoeksema et al., 1995), e, quando recebem um *feedback* consistente, sensível e responsivo (Hokoda & Fincham, 1995; Skinner, 1986), elas exercitam suas habilidades para enfrentar desafios e resolver problemas. Se conseguir fornecer uma estrutura que envolva a competência, será então capaz de diretamente modelar, explicar, preparar e ensinar ao outro. Durante essas interações, o primeiro indivíduo explica as estratégias de solução do problema, informa de maneira clara as expectativas envolvidas, ajuda o outro a moderar suas emoções negativas, fornece *insights* para reparar ou prevenir resultados negativos, detecta nas tarefas orientadas possíveis causas de fracasso, e administra as conseqüências de modo que sejam consistentes, previsíveis e contingentes com as ações da outra pessoa (Connell, 1990;

Connell & Wellborn, 1991; Skinner & Belmont, 1993). No geral, o que os indivíduos fazem ao providenciar uma estrutura para os outros é fornecer-lhes: (1) informações sobre os caminhos para obter os resultados desejados e (2) apoio e orientação para eles realizarem o que for necessário para conseguirem seu objetivo (Connell & Wellborn, 1991; Skinner, 1991, 1995; Skinner, Zimmer-Gembeck & Connell, 1998).

Apoiando a Competência

Feedback Positivo

Freqüentemente existe uma ambigüidade quanto ao fato de o indivíduo perceber seu desempenho como competente ou incompetente. Para fazer uma avaliação desse tipo, o executor de uma ação necessita de um *feedback*. O *feedback* provém de uma (ou mais) de quatro fontes, que relacionamos a seguir (de Boggiano & Ruble, 1979; Dollinger & Thelen, 1978; Grolnick, Frodi & Bridges, 1984; Koestner, Zuckerman & Koestner, 1987; Reeve & Deci, 1996; Schunck & Hanson, 1989):

- A tarefa em si
- Comparações que uma pessoa faz de seu desempenho atual com seus próprios desempenhos anteriores
- Comparações que a pessoa faz de seu desempenho atual com o desempenho de outras pessoas
- Avaliações feitas por outras pessoas

Em algumas tarefas, o *feedback* de competência é inerente ao próprio desempenho da tarefa, como, por exemplo, quando alguém é bem-sucedido (ou não) ao ligar um computador, ao consertar (ou não) uma máquina ou ao pontuar (ou não) no lançamento de uma bola em um jogo de beisebol. Entretanto, na maioria das tarefas, a avaliação de desempenho é mais ambígua do que um resultado do tipo certo-ou-errado. Por exemplo, quando exercemos nossas habilidades sociais, nossos talentos artísticos ou outras tarefas do gênero, são nossos próprios desempenhos anteriores, os desempenhos de nossos pares e as avaliações feitas por outras pessoas (e não a tarefa em si) que fornecem as informações necessárias para inferirmos a competência *versus* a incompetência. Quanto aos nossos próprios desempenhos anteriores, a percepção de progresso é um importante sinal de competência (Schunk & Hanson, 1989), da mesma maneira que a percepção de uma falta de progresso é um sinal de incompetência. Quanto ao desempenho de nossos pares, fazer melhor que os outros é um sinal de competência, ao passo que fazer pior é sinal de incompetência (Harackiewicz, 1979; Reeve & Deci, 1996; Reeve, Olson & Cole, 1985). E quanto às avaliações feitas por outras pessoas, os elogios e o *feedback* positivo estimulam nossas percepções de competência, ao passo que as críticas e o *feedback* negativo as diminuem (Anderson, Manoogian & Reznick, 1976; Blank, Reis & Jackson, 1984; Deci, 1971; Dollinger & Thelen, 1978; Vallerand & Reid, 1984).

Em suma, o *feedback* de desempenho em suas diversas formas — originado na tarefa, na pessoa em si, nas comparações sociais ou na opinião de outros indivíduos — fornece as informações de que as pessoas precisam para formular uma avaliação cognitiva de seu nível percebido de competência. E quando essas fontes de informação convergem para a interpretação de um trabalho bem-feito, experimentamos um *feedback* positivo capaz de satisfazer nossa necessidade psicológica de competência.

O Prazer do Desafio em Nível Ótimo e *Feedback* Positivo

Para confirmar o fato de que realmente as pessoas obtêm prazer diante de desafios em um nível ótimo, Susan Harter (1974, 1978b) forneceu a crianças em idade escolar anagramas com diferentes níveis de dificuldade, e monitorou o prazer expressado por cada estudante (por meio da observação de seu sorriso) ao resolver cada anagrama. (Um anagrama é uma palavra ou frase como *amor*, cujas letras podem ser dispostas em um outro arranjo de modo a formar outra palavra ou frase, como *Roma*.) Em geral, o sucesso na resolução dos anagramas produzia nas pessoas mais sorrisos e prazer do que o fracasso (Harter, 1974), sugerindo que a proficiência em geral gratifica a necessidade de competência. Contudo, além disso, alguns anagramas eram bastante fáceis (constituíam-se de três letras), alguns eram fáceis (quatro letras), outros eram moderadamente difíceis (cinco letras) e ainda outros eram bastante difíceis (seis letras). Como era de se esperar, à medida que os anagramas aumentavam de dificuldade era necessário mais tempo para que os alunos os resolvessem; porém, a medida crítica nesse estudo era a maneira de as crianças sorrirem após resolverem os anagramas de diferentes níveis de dificuldade (Harter, 1978b). Obteve-se então um padrão curvilíneo no formato de um U invertido, no sentido de que as crianças raramente sorriam após resolverem os problemas muito fáceis e fáceis, sorriam o mais possível após resolverem os problemas moderadamente difíceis, e sorriam apenas modestamente após resolverem os problemas muito difíceis. Com isso, o ponto central é que as crianças experimentam um maior prazer após obterem sucesso quando se encontram no contexto de um

Foto: Charles Gupton/Corbis Images

desafio moderado. Segundo as palavras das próprias crianças, "os anagramas de cinco letras eram muito bons, pois desafiavam a gente, mas não demais", e "gosto dos difíceis porque eles me dão uma sensação de satisfação, enquanto que os muito difíceis são frustrantes demais" (Harter, 1978b, p. 796).

RELACIONAMENTO COM OS OUTROS

Todos temos necessidade de pertencer a algo. Todos desejamos interagir socialmente. Todos queremos ter amigos, e fazemos o que for preciso para iniciar e conservar relações calorosas, próximas e afetuosas com os outros. Todos queremos que os outros nos compreendam como indivíduos, e também queremos que as outras pessoas nos aceitem e valorizem. Desejamos que os outros nos reconheçam e sejam capazes de responder às nossas necessidades. Desejamos ter relações com as pessoas a quem, de maneira real e honesta, confiamos nosso bem-estar. Também queremos que nossas relações sejam recíprocas, uma vez que é de nosso interesse não só que nós estabeleçamos relações de proximidade, de resposta e de afeto, mas que também as outras pessoas desejem ter esse mesmo tipo de relações conosco. Esse desejo de ter relações com os indivíduos estende-se também às relações com os grupos, com as organizações e com as comunidades. Em outras palavras: temos necessidade de relacionamento.

O relacionamento com os outros é a necessidade que sentimos de estabelecer elos e vínculos emocionais com outras pessoas, refletindo nosso desejo de estar emocionalmente conectados e interpessoalmente envolvidos em relações calorosas (Baumeister & Leary, 1995; Fromm, 1956; Guisinger & Blatt, 1994; Ryan, 1991; Ryan & Powelson, 1991; Sullivan, 1953). Uma vez que necessitamos de relacionamentos, gravitamos em torno das pessoas a quem confiamos nosso bem-estar, ao mesmo tempo em que nos mantemos afastados das pessoas a quem não confiamos nosso bem-estar. Nas relações capazes de satisfazer essa necessidade, o que as pessoas estão essencialmente buscando é a oportunidade de estabelecer uma relação autêntica entre o self e uma outra pessoa de maneira afetuosa e emocionalmente significativa (Ryan, 1993). O relacionamento é um constructo motivacional importante porque, quando as relações interpessoais apóiam os indivíduos em sua necessidade de relação, eles têm um desempenho melhor, apresentam maior resistência ao estresse e relatam ter menos dificuldades psicológicas (Cohen, Sherrod & Clark, 1986; Lepore, 1992; Ryan, Stiller & Lynch, 1994; Sarason et al., 1991; Windle, 1992).

A necessidade de relacionamento faz com que os laços sociais se formem com facilidade (Baumeister & Leary, 1995). Diante da oportunidade de exercer uma interação face a face com os outros, em geral as pessoas fazem o possível para criar relações (Brewer, 1979). Para a formação de laços de amizade e de alianças, pouco mais parece ser necessário além da proximidade entre as pessoas e do fato de elas passarem um certo tempo juntas (Wilder & Thompson, 1980). Quanto mais as pessoas interagirem e quanto maior for seu tempo de convivência, maior será a probabilidade de elas estabelecerem uma amizade. E, uma vez formado o elo social, em geral as pessoas relutam em quebrá-lo. Por exemplo, quando nos mudamos, quando terminamos um curso ou quando são as outras pessoas que vão embora, tendemos

a resistir à ruptura da relação, prometendo escrever e telefonar, chorando, trocando endereços e números de telefone, e planejando encontros futuros.

Envolvendo o Relacionamento: Interação com os Outros

A interação com os outros é a condição primeira que envolve a necessidade de relacionamento, pelo menos à medida que essas interações prometem a quem nelas se engaja a possibilidade de ter relações calorosas, de afeto e de preocupação mútua. Começar uma nova relação parece ser uma maneira especialmente fácil de envolver a necessidade de relacionamento. Por exemplo, considere o potencial de envolvimento do relacionamento existente nos seguintes eventos, cada um dos quais acenando com a promessa de um surgimento de novas relações sociais: um primeiro encontro, o ato de se apaixonar, o nascimento de um bebê, a aceitação em uma república de estudantes, o começo de um curso ou de um emprego. De modo geral, as pessoas buscam parceiros e interações capazes de lhes proporcionar emoções positivas, ganhando, ao fazerem isso, a oportunidade de envolver sua necessidade psicológica de se relacionar com os outros.

Satisfazendo os Relacionamentos: a Percepção do Vínculo Social

Embora a interação com as pessoas seja suficiente para envolver a necessidade de relacionamento, a satisfação dessa necessidade requer a criação de um vínculo social entre o self e um outro indivíduo (ou entre o self e um grupo de indivíduos). Para ser satisfatório, esse vínculo social precisa ser caracterizado pelas percepções de que a outra pessoa: (1) preocupa-se com o nosso bem-estar e (2) gosta de nós (Baumeister & Leary, 1995). Porém, mais do que preocupação e afeto, as relações que profundamente satisfazem à necessidade de relacionamento são aquelas pautadas no conhecimento de que o "verdadeiro self" do indivíduo — ou seja, seu "self autêntico" — foi percebido e considerado importante aos olhos da outra pessoa (Deci & Ryan, 1995; Rogers, 1969; Ryan, 1993).

As relações que não envolvem o afeto, a apreciação, a aceitação e a valorização não satisfazem à necessidade de relacionamento. Por exemplo, as pessoas solitárias costumam ter contatos sociais assíduos, interagindo com os outros de uma maneira tão freqüente quanto o fazem as pessoas não-solitárias. Entretanto, os solitários sentem falta de relações próximas e íntimas com os outros (Wheeler, Reis & Nezlek, 1983). Percebe-se então que, no que se refere à necessidade de relacionamento e às relações humanas, a qualidade é mais importante do que a quantidade (Carstensen, 1993).

Os casamentos, que obviamente são relações próximas, nem sempre são emocionalmente satisfatórios. Alguns casamentos, apesar de estarem repletos de interações sociais, encontram-se também repletos de conflitos, de estresse e de críticas, basicamente deixando a vida da pessoa nele envolvida mais difícil do que já seria. Por outro lado, os casamentos ricos em apoio, cuidado e afeto mútuo constituem relações emocionalmente satisfatórias,

78 Capítulo Cinco

que levam as pessoas a se sentirem felizes (Coyne & DeLongis, 1986). As relações dos jovens com seus pais também obedecem ao mesmo padrão, no sentido de que, para que os jovens não experimentem depressão, é preciso não só que existam relações entre eles e seus pais, mas também que essas relações sejam ricas em apoio (Carnelley, Pietromonaco & Jaffe, 1994). Quando tem satisfeita a sua necessidade de relacionamento, contrariamente a quando essa necessidade é insatisfeita, o indivíduo experimenta vitalidade e bem-estar (Ryan & Linch, 1989), e vê diminuída a sua solidão e sua depressão (Pierce, Sarason & Sarason, 1991; Windle, 1992). Emoções como tristeza, depressão, ciúme e solidão existem como sinais típicos de uma vida passada sem vínculos sociais íntimos e sem relacionamentos de alta qualidade e capazes de satisfazer às necessidades de relação (Baumeister & Leary, 1995; Williams & Solano, 1983).

Relações de Comunhão e de Troca

Costumamos nos envolver em diversas relações, algumas das quais satisfazem mais às nossas necessidades do que outras. A distinção entre relações de comunhão e relações de troca capta a essência das relações que são de fato capazes de satisfazer à necessidade de relacionamento (as de comunhão) e as relações que não satisfazem a essa necessidade (as de troca) (Mills & Clark, 1982).

As relações de troca são aquelas que ocorrem entre conhecidos ou entre pessoas que fazem negócios entre si. Já as relações de comunhão são aquelas que ocorrem entre pessoas que se importam com o bem-estar do outro, tal como nas amizades, na família e nos relacionamentos românticos. O que distingue as relações de troca das relações de comunhão são as regras implícitas que guiam o ato de dar e receber benefícios tais como dinheiro, ajuda e apoio emocional (Clark, Mills & Powell, 1986). Nas relações de troca, entre as pessoas que interagem não existe qualquer obrigação em se preocupar com as necessidades ou o bem-estar do outro. As coisas se passam mais ou menos como o que se dizia no filme *O Poderoso Chefão*: "negócios são negócios". Por outro lado, nas relações de comunhão, ambas as partes se importam com as necessidades do outro, e ambas sentem-se na obrigação de apoiar o bem-estar do outro. Somente as relações de comunhão satisfazem à necessidade de relacionamento.

Nas relações de comunhão, as pessoas monitoram e atentam para as necessidades do outro, independentemente de quaisquer oportunidades futuras de obter reciprocidade ou ganhos materiais (Clark, 1984; Clark & Mills, 1979; Clark, Mills & Powell, 1986; Clark et al., 1987). Por exemplo, as pessoas envolvidas em relações de comunhão (comparativamente às pessoas envolvidas em relações de troca) freqüentemente desejam saber quais são as necessidades do outro (Clark, Mills & Powell, 1986), evitam contabilizar (ou avaliar) as contribuições individuais dadas a projetos conjuntos (Clark, 1984), agem prestativamente quando o outro está em dificuldades (Clark et al., 1987) e consideram as recompensas econômicas tangíveis como algo capaz de *prejudicar* o provável grau de amizade, de relaxamento e de satisfação existente nas interações futuras com a outra pessoa (Clark & Mills, 1979). Quanto a este último ponto, considere o desconforto emocional que você sentiria se desse uma carona a um amigo

íntimo (com quem você tem uma relação de comunhão) e, ao deixá-lo em casa, ele lhe desse uma nota de R$10 pelo favor (Mills & Clark, 1982).

Internalização

A internalização refere-se ao processo pelo qual um indivíduo transforma uma regulação ou um valor externamente prescrito em algo endossado internamente (Ryan, Rigby & King, 1993). Por exemplo, uma pessoa é capaz de internalizar o valor da educação formal, ou internalizar a utilidade de escovar os dentes. Como um processo, a internalização reflete a tendência do indivíduo de voluntariamente adotar e integrar em seu self os valores e as regras de outras pessoas (ou da sociedade).

O relacionamento com os outros fornece o contexto social para a ocorrência da internalização (Goodenow, 1993; Grolnick, Deci & Ryan, 1997; Ryan & Powelson, 1991). Quando se sente emocionalmente conectada e interpessoalmente envolvida com outra, pessoa acredita que o outro está verdadeiramente interessado em seu bem-estar, de modo que o relacionamento ocorre a um grau elevado e a internalização processa-se voluntariamente. Por outro lado, quando uma pessoa se sente emocionalmente distante e interpessoalmente desvinculada do outro, o relacionamento entre ambos é baixo e a internalização raramente ocorre. Por exemplo, as crianças que têm uma relação positiva com os pais em geral internalizam a maneira de pensar e de se comportar deles. Por outro lado, as crianças cujas relações com os pais são problemáticas ou inexistentes em geral rejeitam as maneiras de pensar e de se comportar dos pais, procurando um sistema de valores em algum outro lugar.

Entretanto, o fato de existir um alto grau de relação com o outro não significa que a internalização ocorrerá. Para que a internalização se verifique, também é preciso que o indivíduo veja valor, significado e utilidade nas prescrições ("faça isso, acredite naquilo") e nas proscrições ("não faça isso, não acredite naquilo") dadas pelo outro. Para internalizar um valor ou um comportamento, é preciso que a pessoa compreenda por que esse valor ou esse comportamento é meritório, tal como acontece, por exemplo, quando alguém diz: "Vejamos qual é a importância de escovar os dentes". Portanto, a relação com os outros é uma condição necessária (mas não suficiente) para que a internalização e a transmissão cultural ocorram. A internalização floresce nas relações ricas em (1) satisfação da necessidade de relação e (2) raciocínios eficientes e capazes de explicar por que as prescrições e as proscrições externas beneficiarão o self.

JUNTANDO AS PEÇAS: CONTEXTOS SOCIAIS QUE ENVOLVEM E SATISFAZEM AS NECESSIDADES PSICOLÓGICAS

Os aspectos específicos do contexto social são notáveis quanto à sua capacidade de envolver e satisfazer as necessidades psicológicas. A título de ilustração, a Tabela 5.3 resume os eventos prototípicos capazes de envolver as necessidades de autonomia, de competência e de relacionamento, e também os eventos prototípicos que satisfazem essas três necessidades. Ao se envolverem

Necessidades Psicológicas **79**

Tabela 5.3 Fatores Ambientais que Envolvem e Satisfazem as Necessidades Psicológicas

Necessidade Psicológica	Condição Ambiental que Envolve a Necessidade	Condição Ambiental que Satisfaz a Necessidade
Autonomia	Oportunidade de autodirecionamento	Apoio à autonomia
Competência	Desafio em nível ótimo	*Feedback* positivo
Relacionamento	Interação social	Relações de comunhão

em atividades que lhes oferecem a oportunidade de experimentarem um autodirecionamento, um desafio ótimo e uma interação social freqüente, as pessoas geralmente vêem sua necessidade ser envolvida, sentindo-se interessadas por aquilo que fazem. E quando envolvidas em atividades que oferecem apoio à autonomia, *feedback* positivo e relações de comunhão, em geral as pessoas experimentam a satisfação de suas necessidades, sentindo prazer naquilo que fazem.

Compromisso

O modelo motivacional de compromisso (veja a Figura 5.7) ilustra de modo abrangente a contribuição dada pelas relações e pelos contextos sociais às necessidades psicológicas (Connell, 1990; Connell & Wellborn, 1991; Skinner & Belmont, 1993). Compromisso é um termo que capta a intensidade e a qualidade emocional percebidas nas pessoas quando iniciam e se dedicam às suas atividades, como, por exemplo, quando vão à escola, estudam música ou praticam esportes. Quando altamente comprometidas, as pessoas comportam-se de uma maneira ativa que lhes faz expressar uma emoção positiva; e quando o compromisso é pequeno, as pessoas comportam-se de modo passivo, que as faz expressar uma emoção negativa (Patrick, Skinner & Connell, 1993). Especificamente, quando as pessoas estão altamente comprometidas com aquilo que fazem, elas demonstram ter altos níveis das seguintes características (Wellborn, 1991):

- Atenção
- Esforço
- Persistência
- Participação verbal
- Emoção positiva

Jim Connell e Ellen Skinner explicaram as condições nas quais as pessoas apresentam níveis elevados e baixos de comprometimento, traçando a origem do compromisso a três necessidades psicológicas. Especificamente, eles argumentam que: (1) o apoio à autonomia é favorável ao compromisso porque envolve e satisfaz a necessidade de autonomia, (2) o fornecimento de uma estrutura favorece o compromisso porque envolve e satisfaz a necessidade de competência e (3) o envolvimento favorece o compromisso porque envolve e satisfaz a necessidade de relacionamento.

O apoio à autonomia refere-se à quantidade de liberdade que damos ao outro, de modo que este tenha condições de conectar seu comportamento (por exemplo, na escola, no trabalho ou em um esporte) a seus objetivos, seus interesses e seus valores. O oposto do apoio à autonomia é a coerção, ou o ato de controlar o

outro. A Figura 5.7 sintetiza a maneira como o apoio à autonomia se expressa, e os quatro elementos-chave são o fato de que o apoio à autonomia alimenta os recursos motivacionais internos, baseia-se em uma linguagem informativa, promove a valorização, e reconhece e aceita as expressões de afeto negativo.

A estrutura refere-se à quantidade e à clareza das informações que uma pessoa, como, por exemplo, um professor ou um técnico esportivo, fornece a outra no que diz respeito às melhores maneiras de se obterem as habilidades e os resultados comportamentais desejados. O oposto da estrutura é o caos ou a confusão. A Figura 5.7 resume a maneira como o apoio à estrutura se expressa. Alguns exemplos incluem o ato de comunicar expectativas claras, fornecer desafios ótimos e oferecer um *feedback* de desempenho que seja ao mesmo tempo rico em informações e capaz de melhorar as habilidades do indivíduo.

O envolvimento refere-se à qualidade da relação entre duas pessoas, como, por exemplo, entre professor e aluno, e também o desejo da pessoa de dedicar seus recursos psicológicos (p. ex., tempo, interesse, atenção) ao outro. O oposto do envolvimento é a rejeição ou a indiferença. A Figura 5.7 resume a maneira como o apoio ao envolvimento se expressa. Alguns exemplos incluem o ato de expressar afeição e de verdadeiramente apreciar o tempo que passamos com o outro.

O que Dá Qualidade ao Nosso Dia?

As experiências que envolvem e satisfazem as necessidades psicológicas geram uma emoção positiva e um bem-estar psicológico (Ryan & Deci, 2001; Reis et al., 2000). Dizendo de maneira simples, quando temos um dia agradável, os eventos da nossa vida ocorrem de modo a envolver e satisfazer nossas necessidades psicológicas. Por outro lado, nos dias ruins, os eventos de nossa vida ocorrem de modo a ignorar e frustrar essas necessidades. Desse modo, a satisfação das necessidades psicológicas prediz e explica o fato de um dia de nossa vida ser "bom" ou "ruim".

Para estudar as flutuações diárias do bem-estar na vida das pessoas, um grupo de pesquisadores pediu a estudantes que mantivessem um registro diário de como se sentiam (por exemplo, se estavam experimentando alegria ou raiva) e também do seu bem-estar (como vitalidade e sintomatologia). Os pesquisadores foram então capazes de relacionar os dias bons àqueles em que os indivíduos tinham suas necessidades psicológicas satisfeitas (Sheldon, Ryan & Reis, 1996). As circunstâncias eram, em parte, capazes de ditar o fato de as pessoas terem um bom dia, algo que era ilustrado, por exemplo, pela constatação de que seus melhores dias eram nos finais de semana. Entretanto, as pessoas

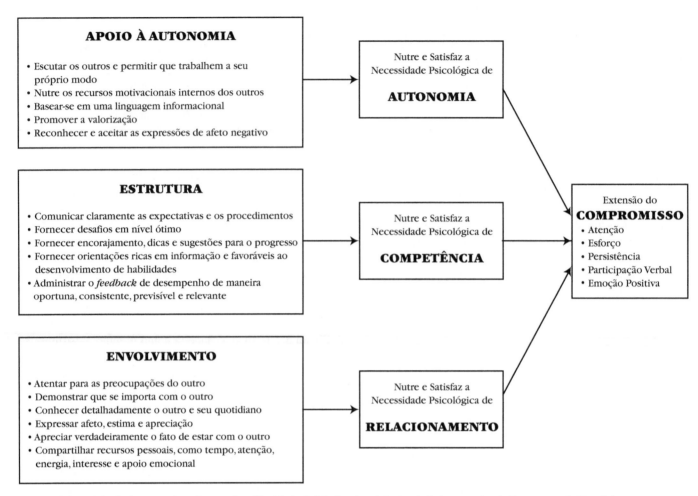

Figura 5.6 Modelo de Compromisso Ilustrando a Significância Motivacional do Apoio à Autonomia, da Estrutura e do Envolvimento

também tinham seus melhores dias quando experimentavam no quotidiano níveis mais elevados de competência e de autonomia. (Infelizmente, os pesquisadores não incluíram no estudo uma mensuração do nível diário de relação com os outros.) Por exemplo, quando as pessoas passavam parte do dia assistindo a aulas, conversando com amigos, ou tocando violoncelo, durante essas atividades quanto mais eficientes elas se sentiam (competência diária) e quanto mais interno era o seu lócus de causalidade percebido (autonomia diária), maiores eram seu afeto positivo e sua vitalidade, e menos elas se queixavam de incômodos físicos, tais como dor de cabeça.

Esses achados são especialmente importantes porque confirmam que as necessidades psicológicas fornecem os nutrientes psicológicos necessários para que as pessoas experimentem um bom dia e um bem-estar positivo (Sheldon, Ryan & Reis, 1998). Considere, por exemplo, uma ida corriqueira à academia de ginástica. Imagine que, após fazer os exercícios, você responda a um questionário que lhe pergunte quão agradável foi o tempo que você passou se exercitando, qual o motivo de você ter feito ginástica, quão desafiante foi o exercício, quanto você melhorou com ele e qual foi a qualidade da interação social durante o tempo que você passou na academia. Observe que essas questões correspondem às necessidades psicológicas de autonomia, de competência e de relacionamento. No estudo, quanto mais os praticantes de ginástica informaram ter experimentado autonomia, competência e relacionamento, mais prazer eles sentiram com sua experiência (Ryan et al., 1997). Por outro lado, as pessoas que se exercitavam por outros motivos (por exemplo, para ter melhor aparência, para melhorar a imagem corporal) apreciaram menos a experiência e exercitaram-se durante um tempo menor. Um estudo conduzido entre idosos em casas de repouso obteve resultados semelhantes, no sentido de que os idosos que apresentavam maior grau de autodeterminação e de prática de relações interpessoais também apresentavam maior vitalidade e bem-estar, e menos sofrimento (Kasser & Ryan, 1999).

Se você se lembra da história do início deste capítulo, em que uma garotinha atirava pedras na superfície de um lago, a questão importante que vale a pena repetir aqui é que ela estava fazendo mais do que simplesmente brincar. Ela também estava comprometida em um tipo de atividade diária que lhe fornecia os nutrientes psicológicos necessários para a promoção de seu desenvolvimento e de seu bem-estar. O mesmo vale para nós quando tocamos um instrumento musical, lemos um livro ou ficamos com nossos amigos, pois, ao fazermos isso, estamos alimentando nossa psicologia com uma dosagem diária de autonomia, de competência e de relacionamento.

Vitalidade

Uma maneira pela qual as pessoas experimentam um bom dia é por meio de uma experiência subjetiva de vitalidade. Considere, por exemplo, estas três sentenças (Ryan & Frederick, 1997):

* Sinto-me desperto e vigoroso.
* Às vezes, sinto-me a ponto de explodir de tanta energia.
* Sinto-me cheio de energia.

Quando as pessoas têm dias que lhes permitem sentir-se autônomas, competentes e pessoalmente relacionadas, a probabilidade de que elas concordem com essas sentenças será significativamente maior (Kasser & Ryan, 1993, 1996; Sheldon, Ryan & Reis, 1996). O envolvimento e a satisfação de nossas necessidades psicológicas oferecem os nutrientes psicológicos necessários para que nos sintamos com energia e bem-dispostos.

RESUMO

O estudo das três necessidades psicológicas de autonomia, competência e relacionamento baseia-se em uma abordagem organísmica da motivação, fundamentada em dois pressupostos essenciais. Primeiro, as pessoas são inerentemente ativas. Segundo, na dialética pessoa-ambiente, a pessoa utiliza suas necessidades psicológicas inerentes para comprometer-se com o ambiente, e o ambiente às vezes apóia esses recursos internos do indivíduo e outras vezes os frustra ou ignora. O quadro que emerge dessa abordagem organísmica da motivação é que os seres humanos têm uma motivação natural para aprender, crescer e desenvolver-se de maneira saudável e madura, e assim o fazem quando os ambientes em que estão envolvem e apóiam suas necessidades psicológicas.

A autonomia é a necessidade que a pessoa tem de fazer escolhas na iniciação e na regulação de seu comportamento, e reflete seu desejo de ter suas ações determinadas por suas escolhas pessoais, em vez de o serem pelos eventos ambientais. Quando autodeterminado, o comportamento emana de um lócus interno de causalidade percebido, dando ao indivíduo uma sensação de liberdade e a percepção de que seu comportamento desenrolou-se a partir de ações por ele próprio escolhidas. O grau a que um indivíduo é capaz de envolver e satisfazer sua necessidade de autodeterminação depende bastante do grau de apoio e de satisfação (ou seja, do grau de apoio à sua autonomia) *versus* o grau de indiferença e de frustração (ou seja, o grau de controle) com que suas relações com o ambiente são percebidas. Um estilo motivacional favorável à autonomia é aquele que alimenta os recursos motivacionais internos, baseia-se em uma linguagem informacional, promove a valorização e reconhece e aceita como válidas as expressões de afeto negativo. As pessoas cujo comportamento é autodeterminado, diferentemente das pessoas cujo comportamento é controlado pelos outros, apresentam resultados positivos, incluindo ganhos de aprendizagem, emoção, desempenho, persistência e realização.

A competência é a necessidade de interagir eficientemente com o ambiente. Reflete o desejo que as pessoas têm de exercitar suas capacidades e suas habilidades e, ao fazerem isso, buscarem e vencerem desafios em um nível ótimo. A necessidade de competência gera no indivíduo a motivação para desejar desenvolver-se, melhorar e apurar suas habilidades e seus talentos pessoais. O principal evento ambiental que envolve a necessidade de competência é o desafio em um nível ótimo. Quando tanto o desafio pessoal quanto a habilidade exigida pelo ambiente são relativamente elevados, as pessoas experimentam um fluxo, que é um estado psicológico caracterizado por um máximo de apreciação, uma intensa concentração e uma absorção completa na tarefa. O principal evento ambiental que satisfaz a necessidade de competência é o *feedback* positivo. Quanto mais o ambiente satisfizer a necessidade de compe-

tência do indivíduo, mais o indivíduo ficará desejoso de buscar e tentar dominar desafios em um nível ótimo, capazes de lhe fornecer oportunidades de desenvolvimento e de crescimento.

O relacionamento é a necessidade de estabelecer conexões e vínculos emocionais próximos com as outras pessoas, e reflete o desejo que o indivíduo tem de estar emocionalmente vinculado e interpessoalmente envolvido com os outros, por meio de relações calorosas e afetuosas. A simples interação com os outros é uma condição suficiente para o envolvimento da necessidade de relacionamento. Entretanto, para que haja satisfação dessa necessidade, o indivíduo precisa confirmar que os vínculos sociais com as outras pessoas envolvem também o afeto e a apreciação. Uma relação de comunhão representa o tipo capaz de satisfazer a necessidade de relacionamento. O relacionamento é importante porque fornece o contexto social que apóia a internalização, que é o processo pelo qual uma pessoa assume e aceita as crenças, os valores e as maneiras de se comportar de outras pessoas.

Um modelo da motivação baseado no compromisso (Figura 5.7) ilustra a maneira como as relações e os contextos sociais são capazes de envolver e satisfazer (ou, ao contrario, ignorar e frustrar) as necessidades psicológicas de autonomia, competência e relacionamento. Em conjunto, o apoio à autonomia, o fornecimento de uma estrutura e o envolvimento são aspectos importantes do contexto social, uma vez que fornecem os meios pelos quais os ambientes adquirem a capacidade de envolver e satisfazer as necessidades psicológicas dos indivíduos. Quando as pessoas satisfazem suas necessidades psicológicas, recebem os nutrientes psicológicos (para a satisfação dessas necessidades), o que lhes permite engajar-se ativamente no que fazem e viver "um bom dia", com experiências subjetivas de vitalidade e de bem-estar psicológico.

LEITURAS PARA ESTUDOS ADICIONAIS

Necessidades Psicológicas

Ryan, R. M. (1995). Psychological needs and the facilitation of integrative processes. *Journal of Personality, 63*, 397-427.

Sheldon, K. M., Ryan, R. M. & Reis, H. T. (1996). What makes for a good day? Competence and autonomy in the day and in the person. *Personality and Social Psychology Bulletin, 22*, 1270-1279.

Ryan, R. M. & Deci, E. L. (2000). Self-determination theory and the facilitation of intrinsic motivation, social development, and well-being. *American Psychologist, 55*, 68-78.

Autodeterminação

Deci, E. L. & Ryan, R. M. (1987). The support of autonomy and the control of behavior. *Journal of Personality and Social Psychology, 53*, 1024-1037.

Ryan, R. M. & Grolnick, W. S. (1986). Origins and pawns in the classroom: Self-report and projective assessments of individual differences in children's perceptions. *Journal of Personality and Social Psychology, 50*, 550-558.

Vallerand, R. J., Fortier, M. S. & Guay, F. (1997). Self-determination and persistence in a real-life setting: Toward a motivational model of high school dropout. *Journal of Personality and Social Psychology, 72*, 1161-1172.

Competência

Harter, S. (1978a). Effectance motivation reconsidered: Toward a developmental model. *Human Development, 21*, 34-64.

Harter, S. (1978b). Pleasure derived from optimal challenge and the effects of extrinsic rewards on children's difficulty level choices. *Child Development, 49*, 788-799.

Relacionamento

Baumeister, R. F. & Leary, M. R. (1995). The need to belong: Desire for interpersonal attachments as a fundamental human motivation. *Psychological Bulletin, 117*, 497-529.

Kasser, V. G. & Ryan, R. M. (1999). The relation of psychological needs for autonomy and relatedness to vitality, well-being, and mortality in a nursing home. *Journal of Applied Social Psychology, 29*, 935-954.

Capítulo 6

Motivação Intrínseca e os Tipos de Motivação Extrínseca

MOTIVAÇÕES INTRÍNSECA E EXTRÍNSECA
  Motivação Intrínseca
  Motivação Extrínseca
  Tipos de Motivação Extrínseca
INCENTIVOS E CONSEQÜÊNCIAS
  Incentivos
  O que É um Reforço?
  Conseqüências
    Reforços positivos
    Reforços negativos
    Punições
    A punição funciona?
OS CUSTOS OCULTOS DA RECOMPENSA
  Recompensa Esperada e Recompensa Tangível
  Implicações
  Benefícios do Incentivo e da Recompensa
TEORIA DA AVALIAÇÃO COGNITIVA
  Dois Exemplos de Eventos Controladores e Informativos

  Elogio
  Competição
  Os Benefícios dos Facilitadores da Motivação Intrínseca
    Persistência
    Criatividade
    Compreensão conceitual/Aprendizagem de alta qualidade
    Funcionamento e bem-estar ótimos
TEORIA DA AUTODETERMINAÇÃO
  Tipos de Motivação Extrínseca
    Regulação externa
    Regulação introjetada
    Regulação identificada
    Regulação integrada
JUNTANDO AS PEÇAS: MOTIVANDO OS OUTROS A PARTICIPAREM DE ATIVIDADES DESINTERESSANTES
RESUMO
LEITURAS PARA ESTUDOS ADICIONAIS

Todo ano, mais de meio milhão de americanos são feridos em acidentes de automóvel, e muitas dessas vítimas vêm a falecer. Felizmente, motoristas e passageiros dispõem de uma maneira de reduzir drasticamente a probabilidade de sofrer ferimentos graves — ou seja, o uso do cinto de segurança (Henry et al., 1996). A despeito da existência de dados convincentes de que o cinto de segurança salva a vida das pessoas, e também a despeito do consenso de que usar o cinto de segurança é um comportamento desejável, um número enorme de pessoas não usa o cinto quando anda de carro.

Para reverter esse quadro de apatia em relação ao uso do cinto de segurança, o governo norte-americano tentou fazer campanhas nacionais para incentivar ao uso do cinto. Entretanto, essas campanhas educativas foram um enorme fracasso. Por exemplo, segundo um estudo feito, uma campanha nacional veiculada em diversos tipos de mídia conseguiu aumentar o uso do cinto de segurança em apenas 0,1% entre os motoristas (Robertson et al., 1974). Diante disso, os promotores dessas campanhas tentaram

oferecer incentivos atraentes para quem utilizasse o cinto (Elman & Killebrew, 1978; Geller, 1988; Geller, Casali & Johnson, 1980; Geller et al., 1987). A lógica por trás desses programas baseados em incentivos era que, se as pessoas não conseguem achar dentro de si mesmas motivação para usarem o cinto, talvez o oferecimento de um incentivo atraente lhes traga essa motivação.

Por exemplo, em uma universidade do estado da Virgínia foi testado um programa de loterias para os usuários do cinto (Rudd & Geller, 1985). Para realizar a loteria, nos quadros de aviso e nas salas de aula os pesquisadores espalharam cartazes como o que está mostrado na Figura 6.1. As estações de rádio do *campus* também anunciaram a loteria. Para a realização do sorteio, os policiais do *campus*, quando viam um motorista usando o cinto de segurança (de ombro), anotavam a placa do veículo. Os números das placas concorriam então a diversos prêmios semanais, com valores variando de US$20 a US$450. Portanto, para concorrer a esses prêmios, primeiro era necessário que os motoristas adotassem o comportamento desejado — usassem o cinto

Figura 6.1 Cartaz de Campus Universitário Anunciando a Loteria do Cinto de Segurança
Fonte: extraído de "A University-Based Incentive Program to Increase Safety Belt Use: Towards Cost-Effective Institutionalization", de J. R. Rudd e E. S. Geller, 1985, *Journal of Applied Behavior Analysis, 18*, pp. 215-226. Copyright 1985, *Journal of Applied Behavior Analysis*. Reproduzido sob permissão.

de segurança. E durante as três semanas de loterias verificou-se que o uso do cinto no *campus* duplicou.

Oferecer um incentivo atraente para alguém que se comporta conforme desejamos representa uma estratégia de motivação extrínseca. Uma segunda estratégia é oferecer um incentivo aversivo. Essa estratégia é diferente da primeira, mas a lógica é a mesma: se as pessoas não conseguem encontrar motivação em si mesmas para, por exemplo, usar o cinto de segurança, talvez o fato de lhes apresentarmos a ameaça de uma conseqüência aversiva (p. ex., uma multa) lhes dê a motivação que falta. No caso do cinto de segurança, o estímulo aversivo pode ser o acionamento de um som alto e desagradável, o surgimento de luzes brilhantes ou piscantes no painel do carro, ou um sistema que impeça a ignição do automóvel (Geller et al., 1980). Hoje em dia, nos Estados Unidos, todos os automóveis apresentam pelo menos um desses estímulos aversivos, e o som, a luz ou o sistema de trava da ignição continuam funcionando até que o motorista obedeça e aperte o cinto de segurança. Portanto, as pessoas usam o cinto não em nome da segurança e da proteção à vida, mas simplesmente para prevenir ou impedir o acontecimento de algo irritante. Esse tipo de incentivo irritante leva as pessoas a usarem o cinto de segurança de uma maneira mais eficiente do que a perspectiva de um incentivo atraente (Geller et al., 1980).

Os pesquisadores dispõem em suas prateleiras intelectuais de outra estratégia motivacional extrínseca — ou seja, oferecer lembretes sobre o uso do cinto. Um lembrete extrínseco para fazer o motorista ter o comportamento desejável poderia ser a colocação de um sinal de trânsito dizendo algo como "Use o cinto, vá com segurança", ou ter um pesquisador no pátio de estacionamento de um supermercado dizendo aos motoristas que passam: "Para sua própria segurança, lembre-se de usar o cinto" (Austin, Alvero & Olson, 1998; Cox, Cox & Cox, 2000; Engerman, Austin & Bailey, 1997; Gras et al., 2003). Esses avisos aumentaram de cerca de 70% para cerca de 90% o uso do cinto de segurança. Ao longo dos anos, nos EUA, o governo, os pesquisadores e os engenheiros da indústria automobilística essencialmente conseguiram resolver o problema nacional da apatia em relação ao cinto de segurança.

A discussão que faremos ao longo de todo este capítulo acompanhará o espírito das loterias do cinto de segurança, do alarme estridente dos automóveis e dos avisos dados pelos cartazes, e trataremos da questão de como eventos externos geram estados motivacionais. Assim como a loteria do cinto de segurança, qualquer outro tipo de programa similar de estímulo apresenta o mesmo apelo baseado em incentivos — por exemplo, os programas de fidelidade do passageiro nas companhias aéreas, pontos de participação em sala de aula, listas dos melhores alunos das faculdades, certificados de qualidade de atendimento, programas de pagamento baseados no desempenho do funcionário, bônus de final de ano, notas nas disciplinas escolares, programas de

84 Capítulo Seis

incentivo à leitura (p. ex., Learn to Earn, e Book It!*), restituições de cartão de crédito e descontos para usuários freqüentes em determinados restaurantes e hotéis. Nesses casos, as pessoas não necessariamente desejam adotar os comportamentos relacionados a essas promoções, mas são motivadas a fazê-lo porque desejam o incentivo oferecido. Basicamente, tudo o que fazem é o necessário para obterem os incentivos que desejam. Uma vez que os incentivos e as recompensas podem exercer esse efeito forte e confiável no comportamento das pessoas, quem trabalha na aplicação de situações como essas tem adotado a motivação extrínseca como uma estratégia para resolver os problemas de motivar as pessoas.

Praticamente todos os ambientes em que nos inserimos oferecem uma discriminação entre comportamentos desejáveis e comportamentos indesejáveis. Além disso, praticamente todos os ambientes nos recompensam por nos comportarmos de maneira desejável, e também nos punem por nos comportarmos de maneira indesejável. Por exemplo, enquanto se está dirigindo, comportamentos desejáveis seriam manter-se na pista certa da estrada, respeitar o limite de velocidade dentro das cidades e cuidar para que o cano de descarga do automóvel não fique expelindo uma nuvem negra de fumaça. Se os motoristas negligenciam esses comportamentos desejáveis, seu ambiente logo trata de apresentar uma série de punições, tais como buzinas de reprovação, multas por excesso de velocidade e olhares insatisfeitos por parte das pessoas que levam no pára-choque mensagens sobre ecologia. Como resultado disso, freqüentemente seguimos nossas tendências hedonistas (de nos aproximarmos do prazer e evitar o sofrimento), passando a adotar as ações que, acreditamos, nos trarão recompensa e evitarão a punição. Com o tempo, ficamos sabendo quais comportamentos nos trazem conseqüências agradáveis e quais nos trazem conseqüências aversivas.

Nos capítulos anteriores que trataram das necessidades, a motivação provinha de fontes internas — as necessidades fisiológicas e psicológicas dos indivíduos. Essas necessidades explicam por que as pessoas comem e bebem, procuram desafios ótimos, tentam ser íntimas de outras, e assim por diante. Entretanto, dizer que as pessoas comem, bebem e buscam desafios e relações porque têm necessidade de fazê-lo é algo que conta apenas parte da história. Uma pessoa também pode apresentar esses mesmos tipos de comportamento se o ambiente em que se encontra lhe fornece um motivo para isso. Alguns exemplos desses motivadores extrínsecos são o dinheiro, as notas na escola, o elogio, os privilégios e a aprovação de outras pessoas. Segundo os teóricos do comportamento que apresentaremos neste capítulo (Baldwin & Baldwin, 1986; Skinner, 1938, 1953, 1986), para fazermos uma análise proveitosa e geral do comportamento motivado é preciso que incluamos nesse estudo a análise de como os incentivos e as conseqüências ambientais promovem em nós um sentido de "querer".

MOTIVAÇÕES INTRÍNSECA E EXTRÍNSECA

As necessidades geram dentro de nós estados motivacionais. Entretanto, a observação causal do comportamento do dia-a-dia

sugere que nossas necessidades são às vezes silenciosas, ou que pelo menos se encontram em um nível abaixo de nossa consciência. Nas escolas, os alunos mostram-se às vezes apáticos e desinteressados em relação às disciplinas que estudam. No trabalho, os empregados às vezes se mostram negligentes e morosos. Nos hospitais, às vezes os pacientes têm pouca vontade de se exercitar, e não querem tomar seus remédios. Essas observações sugerem que nem sempre as pessoas geram sua motivação a partir de si mesmas. Ao contrário, às vezes elas se encontram passivas, tendo que se voltar para o ambiente em busca de motivação. Nas escolas, os professores observam essa falta de motivação interna e, em resposta, lançam mão das notas, frases de estímulo no quadro de avisos, elogios, diminuição de privilégios e ameaças de reprovação para motivar seus alunos. No trabalho, os empregadores utilizam os salários, o bônus, supervisão, competição interna e ameaças de demissão para motivar seus empregados. Nos hospitais, para motivar os doentes os médicos se valem de recomendações, de apelos para que os pacientes procurem agradar seus familiares e de ameaças implícitas (p. ex., "Se você não se exercitar mais, então..."). Esses são eventos externos que constituem os incentivos e as conseqüências que geram motivação extrínseca.

A experiência nos ensina que existem duas maneiras de apreciar uma atividade: de maneira intrínseca ou de maneira extrínseca. Considere atividades como tocar piano, usar um computador ou ler um livro. Por um lado, o que levou a pessoa a iniciar o estudo de piano foi que isso representou para ela uma oportunidade de envolver e satisfazer suas necessidades psicológicas, assim como a necessidade de competência. O músico toca piano para se divertir, para se exercitar e para desenvolver habilidades que ele preza, além de também se sentir livre e autodeterminado. Por outro lado, o mesmo comportamento de tocar piano pode ser apreciado porque é uma oportunidade de o pianista ganhar dinheiro, receber prêmios e troféus, impressionar outras pessoas e conseguir uma bolsa de estudos em uma universidade. Com efeito, qualquer atividade pode ser abordada tanto segundo uma orientação motivacional intrínseca quanto segundo uma orientação motivacional extrínseca (Amabile, 1985; Pittman, Boggiano & Ruble, 1983; Pittman, Emery & Boggiano, 1982; Pittman & Heller, 1988; Ryan & Deci, 2000b).

Motivação Intrínseca

A motivação intrínseca é a propensão inata de a pessoa se comprometer em seus próprios interesses e exercitar suas próprias capacidades, e, ao fazer isso, a pessoa busca e domina desafios em um nível ótimo (Deci & Ryan, 1985a). A motivação intrínseca surge espontaneamente das necessidades psicológicas, das curiosidades pessoais e dos esforços inatos para se obter o crescimento. Quando são intrinsecamente motivadas, as pessoas agem sem interesse, "apenas pelo prazer de fazer", e também pelo senso de desafio que uma determinada atividade lhes proporciona. Esse comportamento ocorre espontaneamente e não resulta de nenhuma razão instrumental (extrínseca). Funcionalmente, a motivação intrínseca fornece a motivação inata para que a pessoa busque seus próprios interesses e exerça o esforço de procura de

---

*Dois programas aplicados a alunos nos EUA, em que os estudantes acumulam pontos e recebem prêmios pelos livros que lêem. (N. T.)

desafios necessário para desenvolver suas próprias habilidades e capacidades.

As pessoas experimentam a motivação intrínseca porque têm necessidades psicológicas dentro de si mesmas. As necessidades psicológicas, quando são envolvidas e satisfeitas durante uma atividade, fornecem espontaneamente o sentimento de satisfação que as pessoas têm ao participar de uma atividade interessante. A motivação intrínseca provém da sensação de se sentir competente e autodeterminado durante a realização de uma atividade. Quando participam de tarefas e sentem-se competentes e autodeterminadas, as pessoas expressam sua motivação intrínseca dizendo: "Isso é interessante", "Isso é divertido", ou "Gosto de fazer isso". Por exemplo, o interesse e o sentimento de liberdade experimentados pelas pessoas podem lhes acender o desejo de ler um livro, e o sentimento de competência pode fazer com que nos ocupemos durante horas de um difícil jogo de palavras cruzadas.

Motivação Extrínseca

A motivação extrínseca surge das conseqüências e dos incentivos ambientais (p. ex., alimento, dinheiro). Em vez de o indivíduo participar de uma atividade com o propósito de experimentar as satisfações inerentes que ela pode proporcionar (como ocorre no caso da motivação intrínseca), a motivação extrínseca surge de alguma conseqüência distinta da atividade em si. Toda vez que agimos para obter uma nota alta na escola, ganhar um troféu, fazer a parte que nos coube, impressionar nossos colegas ou cumprir um prazo estabelecido, nosso comportamento está sendo extrinsecamente motivado. Ou seja, como desejamos obter conseqüências atraentes, e como também desejamos evitar conseqüências desagradáveis, a presença dos incentivos e das conseqüências cria em nós um sentimento de querer adotar comportamentos capazes de produzir as conseqüências por nós desejadas.

A motivação extrínseca surge de uma motivação do tipo "Faça isso e obterá aquilo", e existe como uma motivação voltada "para conseguir" (ou seja, "Faça isso para conseguir aquilo"). Nesse caso, o "isso" que se tem que fazer é o comportamento solicitado, e o "aquilo" que se obterá é a conseqüência ou o incentivo extrínseco. Essa motivação também é do tipo "o que eu ganho com isso?". Dessa maneira, a motivação extrínseca é um motivo criado pelo ambiente para fazer com que o indivíduo inicie ou persista em uma dada ação.

Às vezes, os comportamentos intrínseca e extrinsecamente motivados parecem ser precisamente os mesmos. Uma pessoa intrinsecamente motivada lê um livro, pinta um quadro ou vai para a escola ou para o trabalho; uma pessoa extrinsecamente motivada faz tudo isso da mesma maneira. Portanto, por meio de uma observação casual, é difícil saber se uma pessoa está sendo intrínseca ou extrinsecamente motivada. A diferença essencial entre os dois tipos de motivação reside na fonte que energiza e direciona o comportamento. No comportamento intrinsecamente motivado, a motivação emana das necessidades psicológicas e da satisfação espontânea que a atividade fornece; já no comportamento extrinsecamente motivado, a motivação emana dos incentivos e das conseqüências dependentes do comportamento observado.

Tipos de Motivação Extrínseca

Tradicionalmente, os pesquisadores motivacionais consideravam a motivação extrínseca o oposto da motivação intrínseca (deCharms, 1968; Deci, 1975). Entretanto, nos dias de hoje, os pesquisadores reconhecem que existem diversos tipos de motivação extrínseca (Ryan & Deci, 2000a, 2000b). Alguns tipos de motivação extrínseca ainda correspondem às formas de motivação engendradas pelo ambiente, mas outros tipos existem dentro da própria pessoa e, portanto, representam motivos que o próprio indivíduo endossa e leva volitivamente (livremente) dentro de si. A próxima seção irá focalizar a motivação extrínseca no sentido tradicional, ao passo que as duas últimas seções deste capítulo focalizarão a motivação extrínseca em um sentido mais contemporâneo.

INCENTIVOS E CONSEQÜÊNCIAS

O estudo da motivação extrínseca gira em torno da linguagem e da perspectiva do condicionamento operante. A expressão *condicionamento operante* refere-se ao processo pelo qual uma pessoa aprende como operar de modo eficiente em seu ambiente. Operar de modo eficiente em seu próprio ambiente significa aprender e adotar os comportamentos que produzem conseqüências atraentes ao indivíduo (p. ex., receber aprovação ou dinheiro), e também adotar os comportamentos que previnem conseqüências desagradáveis (p. ex., ser rejeitado ou demitido do emprego).

Para informar como os incentivos e as conseqüências motivam o comportamento, os proponentes do condicionamento operante (Baldwin & Baldwin, 1986) oferecem a seguinte conceitualização de comportamento:

$$S : R \to C$$

Nesse modelo de três termos, S, R e C significam respectivamente pista situacional (ou seja, incentivo), a resposta comportamental e conseqüência. Os dois pontos entre S e R mostram que a pista situacional estabelece a ocasião (mas não a causa) para a resposta comportamental. A seta entre R e C mostra que a resposta comportamental causa uma conseqüência. Por exemplo, ter a atenção de um grupo de amigos (S) não é a causa para que um piadista conte suas anedotas (R), mas o grupo de amigos serve como uma pista situacional que estabelece a ocasião para o piadista contar a anedota ($S : R$). E, uma vez contada, a piada causa a reação dos amigos (C), ou seja, faz a platéia rir ou zombar ($R \to C$).

Incentivos

Um incentivo é um evento ambiental que atrai uma pessoa para o início de um determinado curso de ação, ou que a repele para longe. Os incentivos sempre precedem o comportamento (ou seja, $S : R$) e, ao fazerem isso, criam na pessoa uma expectativa sobre a ocorrência futura de conseqüências agradáveis ou desagradáveis. Entre os incentivos positivos, pode-se citar um sorriso, um aroma atraente, a presença de amigos e colegas, um envelope que parece conter um pagamento, e um ícone na tela do seu computador anunciando que "você recebeu um novo e-

86 Capítulo Seis

mail". Já um incentivo negativo pode ser uma careta, o cheiro de algo podre, a presença de inimigos ou adversários, e-mails indesejáveis e um rangido dentro do computador indicando que este está em vias de dar defeito.

Os incentivos não causam o comportamento, mas afetam a probabilidade de a pessoa iniciar ou não uma resposta. O incentivo é a pista situacional que assinala a probabilidade de que um comportamento produzirá ou não conseqüências compensadoras ou punitivas, e esse conhecimento a respeito do valor de incentivo de um estímulo é apreendido por meio da experiência. O ruído de um carro que tenta frear em alta velocidade não causa na pessoa um terrível sentimento de medo até que esse barulho tenha se mostrado, no passado, um preditor confiável da iminência de um desastre. De modo semelhante, a visão de uma determinada pessoa não constitui um incentivo atraente nem aversivo, até que a experiência nos ensina que essa pessoa provavelmente nos faz sentir ridículos e rejeitados (quando aprendemos que ela é um incentivo aversivo), ou então que essa pessoa nos inspira humor e amizade (quando aprendemos que essa pessoa é um incentivo atraente). É esse processo de aprendizagem (esse "condicionamento") que molda nosso comportamento direcionado para uma meta, à medida que incentivos positivos estimulam um comportamento de aproximação e incentivos negativos estimulam um comportamento de evitação.

Esses exemplos podem confundir alguém sobre o que constitui um incentivo e o que constitui uma conseqüência. Ambos são eventos externos que direcionam o comportamento, mas existem entre eles duas importantes diferenças. Os incentivos diferem das conseqüências no que diz respeito (1) ao momento de ocorrência e (2) à maneira de motivar o comportamento. Os incentivos precedem o comportamento ($S : R$), e excitam ou inibem a iniciação do comportamento. Já as conseqüências sucedem ao comportamento ($R \rightarrow C$) e aumentam ou diminuem a persistência do comportamento.

O que É um Reforço?

De um ponto de vista prático, é fácil definir o que é um reforço. Trata-se de qualquer evento extrínseco que aumenta o comportamento. Se para trabalhar você recebe um cheque bastante generoso, então a experiência prática lhe ensina que esse grande montante de dinheiro é obviamente um reforço, e você continua a trabalhar enquanto continuar a receber outros cheques vultosos.

Entretanto, de um ponto de vista teórico, é mais difícil definir o que é um reforço. Teoricamente, um reforço deve ser definido de maneira independente dos efeitos que exerce sobre o comportamento. Mas o problema de definir o reforço somente em termos de seus efeitos sobre o comportamento é que a definição torna-se circular: a causa produz o efeito (os reforços causam o aumento do comportamento), porém o efeito justifica a causa (o aumento do comportamento significa que existiu um reforço). Em função disso, na prática, a única maneira de identificar um reforço é realmente fornecê-lo e então esperar para ver se ele irá de fato intensificar o comportamento. Entretanto, os pesquisadores e os profissionais de psicologia não dispõem de qualquer meio para identificar um reforço *antes* de utilizá-lo. Portanto, o desafio é

saber antecipadamente se o reforço irá de fato funcionar — ou seja, se ele será capaz de aumentar o comportamento (Timberlake & Farmer-Dougan, 1991).

Outro desafio é explicar por que o reforço irá funcionar: por que é de se esperar que esse evento externo vá aumentar o comportamento de outra pessoa? Para sair dessa dificuldade circular, os pesquisadores precisam antes selecionar um evento extrínseco nunca utilizado e aplicá-lo a uma pessoa em particular (p. ex., oferecendo-lhe uma barra de doce ou uma ida ao zoológico) e saber *a priori* se isso irá ou não aumentar o comportamento desejado. Na história da pesquisa motivacional, foram oferecidas várias definições não-circulares do que constitui um reforço positivo:

1. Estímulo que diminui o impulso (Hull, 1943). A possibilidade de obter alimento intensifica o comportamento porque o alimento diminui a fome.
2. Estímulo que diminui a excitação (Berlyne, 1967). A possibilidade de obter um remédio intensifica o comportamento porque acalma a ansiedade.
3. Estímulo que intensifica a excitação (Zuckerman, 1979). Um concerto de *rock* intensifica o comportamento porque estimula e excita as pessoas.
4. Objeto ambiental atraente (Skinner, 1938). O dinheiro intensifica o comportamento porque é valorizado pelas pessoas.
5. Estimulação cerebral hedonicamente prazerosa (Olds, 1969). A estimulação elétrica do feixe prosencefálico medial intensifica o comportamento porque é prazerosa.
6. Oportunidade de realizar um comportamento habitual (Premack, 1959). Uma estudante faz seu dever de casa para poder depois ver televisão.

A vantagem dessas definições de um reforço, quando comparadas com a definição "qualquer coisa que intensifica o comportamento", é que, com elas, o pesquisador pode explicar antecipadamente *por que* o estímulo irá aumentar o comportamento.

De uma perspectiva mais prática, considere um estudo que utilizou diversos reforços para incentivar uma criança de 8 anos a usar um aparelho ortodôntico (Hall et al., 1972). Os pais rapidamente observaram que a criança tinha pouca motivação intrínseca para usar o aparelho, de modo que tentaram lhe incutir uma motivação extrínseca para que ela viesse a usá-lo. Como mostra a Figura 6.2, os pais registraram o percentual de tempo durante o qual a criança usava o aparelho (fazendo cinco observações diárias em momentos aleatórios, como no café da manhã e na hora de ir para a escola). Usar o aparelho constituía o comportamento desejado, pelo menos segundo o ponto de vista dos pais. Na primeira semana (quando ainda não havia nenhum reforço positivo), a criança utilizou o aparelho durante 25% do tempo. Os pais então começaram a elogiar o filho cada vez que o viam usando o aparelho. Com o elogio, a criança passou a usar o aparelho durante 36% do tempo. Durante as duas semanas seguintes, os pais utilizaram um método de recompensa monetária retardada. Cada vez que viam o filho usando o aparelho, prometiam dar-lhe 25 centavos de dólar no fim do mês. Com a perspectiva da remuneração, a freqüência de uso do aparelho aumentou para 60% do tempo. Durante um outro período de duas semanas, os pais passaram a aplicar uma estratégia de compensação imediata, dando à criança 25 centavos de dólar toda vez que a viam usando o aparelho. Com isso, a freqüência de uso saltou para 97%. Nos cinco dias que se seguiram, não foi aplicado qualquer reforço positivo, e a utilização do aparelho caiu para 64%. Finalmente, durante as duas semanas seguintes, os pais readotaram a estratégia de compensar o filho imediatamente, fazendo com que a freqüência de utilização voltasse a subir, chegando a 100%.

Esse estudo salienta duas considerações sobre a natureza do reforço. Primeiro, o reforço varia quanto à qualidade. Por exemplo, o dinheiro funcionou melhor que o elogio. Para essa criança, a remuneração representou uma recompensa melhor que as palavras de apreço. Segundo, a rapidez com que o reforço é apresentado determina em parte a sua eficácia. O dinheiro dado imediatamente foi mais eficaz que a mesma quantidade de dinheiro prometida para o futuro.[1]

Conseqüências

Existem dois tipos de conseqüências: os reforços e as punições. Entre os reforços, também existem dois tipos — os positivos e os negativos.

Reforços Positivos

Um reforço positivo é qualquer estímulo ambiental que, quando apresentado, aumenta a probabilidade futura de ocorrência do comportamento desejado. Aprovação, remuneração financeira e troféus funcionam como reforços positivos que ocorrem depois que, por exemplo, alguém diz "obrigado", trabalha 40 horas em uma semana e desenvolve suas habilidades atléticas. O que faz a aprovação, a remuneração financeira e o troféu serem reforços positivos é a sua capacidade de aumentar a probabilidade de que o comportamento de ser educado, de trabalhar muito ou de praticar um esporte durante horas irá ocorrer de novo no futuro. Ou seja, a pessoa que recebe o reforço positivo terá maior probabilidade de

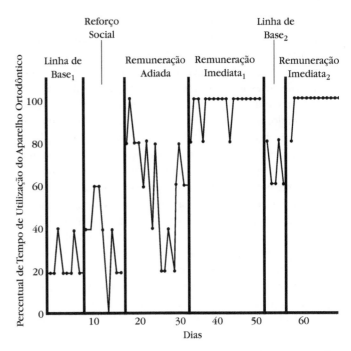

Figura 6.2 Efeito do Reforço na Utilização de um Aparelho Ortodôntico

Fonte: extraído de "Modification of Behavior Problems in the Home With a Parent as Observer and Experimenter", de R. V. Hall, S. Axelrod, L. Tyler, E. Grief, F. C. Jones e R. Robertson, 1972, *Journal of Applied Behavior Analysis*, 5, pp. 53-64, Copyright© 1972 do *Journal of Applied Behavior Analysis*. Reproduzido sob permissão.

repetir seu comportamento do que alguém a quem não sobreveio qualquer conseqüência positiva decorrente desse mesmo comportamento. Outros reforços positivos do ponto de vista cultural são o dinheiro, o elogio, atenção, as notas na escola, bolsas de estudo, aprovação, prêmios, comida, distinções, troféus, reconhecimento público e privilégios.

Reforços Negativos

Um reforço negativo é qualquer estímulo ambiental que, quando removido, aumenta a probabilidade de ocorrência futura do comportamento desejado. Assim como os reforços positivos, os reforços negativos aumentam a probabilidade de ocorrência do comportamento. Mas, diferentemente dos reforços positivos, os reforços negativos são estímulos aversivos e irritantes. Por exemplo, o ruído estridente de um despertador é um estímulo aversivo e irritante. Fazer o despertador parar de tocar é um reforço negativo, porque aumenta a probabilidade de que a pessoa que gostaria de continuar dormindo levante-se da cama. Da mesma maneira, um remédio que acaba com a dor de cabeça é um reforço negativo que aumenta o desejo da pessoa que padeça dessa dor de tomar o mesmo remédio futuramente (ou seja, a remoção da dor reforça negativamente o ato de tomar o remédio). Outros reforços negativos do ponto de vista cultural são as lamúrias, as reclamações, o choro, o policiamento, os prazos a serem cumpridos, os limites de tempo, os miados ou latidos incessantes dos animais de estimação e todos os tipos de dor.

---

[1] Além da qualidade e da rapidez, quatro outras características de uma recompensa determinam o que é e o que não é um reforço. Em primeiro lugar, um reforço pode ser eficaz para uma pessoa mas não para outra, o que sugere que o ajuste pessoa/reforço é tão importante quanto qualquer característica que o reforço tenha em si. Por exemplo, o oferecimento de atenção e de um doce pode ser eficaz para crianças pequenas (mas ineficaz para adultos), ao passo que uma promoção no emprego ou o oferecimento de opções de ações em uma companhia podem ser eficientes para adultos (mas ineficientes para crianças pequenas). Em segundo, o mesmo reforço pode ser eficaz para uma pessoa em um momento e ineficaz em outro. Por exemplo, uma xícara de café pode intensificar nosso comportamento de manhã cedo, mas pode ser ineficaz à noite. Em terceiro lugar, os reforços variam quanto à intensidade. Por exemplo, o dinheiro geralmente é um reforço eficaz, mas só se for considerado excedente em relação a um determinado limiar de intensidade. Um centavo não constitui um reforço eficaz. E, por último, a recompensa que os administradores do reforço (p. ex., pais, professores, empregadores, terapeutas, técnicos) pensam que existe pode funcionar menos do ponto de vista de quem recebe o reforço (Green et al., 1988; Pace et al., 1985; Smith, Iwata & Shore, 1995). Por exemplo, um pai ou uma mãe pode dar um grande abraço no filho pensando que este valoriza bastante o afago; na verdade, porém, a criança preferiria uma taça de pudim de chocolate. Assim, seis considerações determinam a eficácia de um reforço positivo: (1) a qualidade; (2) a rapidez; (3) o ajuste pessoa/reforço; (4) a necessidade que o beneficiário tem de um reforço específico; (5) a intensidade; e (6) o valor do reforço conforme percebido pelo beneficiário.

É relativamente fácil visualizar o comportamento de aproximação motivado pelos reforços positivos. Já uns dois exemplos bastam para ilustrar como os reforços negativos motivam os comportamentos de fuga e evitação. A fuga faz com que a pessoa se afaste de um estímulo aversivo; e a evitação impede que o estímulo aversivo ocorra primeiramente (Iwata, 1987). Considere, por exemplo, a maneira como as pessoas evitam o ruído do despertador, levantando-se da cama; como evitam o alarme do carro, apertando o cinto de segurança; e como evitam uma criança que se queixa, saindo da sala. Uma vez descobertos quais comportamentos são eficazes para nos afastar do ruído do despertador, do alarme do carro ou das lamúrias da criança, tendemos a repetir essas mesmas manobras de escape nas situações em que o ruído, o alarme ou as lamúrias retornem. Entretanto, para impedir que os estímulos aversivos ocorram primeiramente, as pessoas aprendem a se levantar da cama mais cedo (para evitar o ruído do despertador), a usar o cinto de segurança (para evitar que soe alarme do carro) e a ficar longe da criança (para evitar ouvir suas lamúrias). Os comportamentos de fuga são reativos contra os estímulos aversivos; e os comportamentos de evitação são proativos ao prevenir que os encontremos novamente.

Uma ilustração que representa muito bem a maneira como um reforço negativo motiva os comportamentos de fuga e evitação é a utilização de um dispositivo postural (Azrin et al., 1968), conforme mostra a Figura 6.3. Um aparelho automático é adaptado ao ombro da pessoa para incentivá-la a adotar má postura, emitindo um som de 55 decibéis toda vez que ocorrer a queda dos ombros. Ou seja, a queda dos ombros provoca a ocorrência de um som aversivo. Para evitar esse som, o usuário deve de novo ajustar sua postura conforme a posição correta. A cessação do ruído reforça negativamente o comportamento de fuga, que é o posicionamento correto dos ombros. Para evitar ouvir o som, o usuário deve manter uma postura correta, conservando os ombros para trás. A motivação nesse caso provém não do fato de se desejar ter uma boa postura, mas sim de não se querer ouvir o barulho irritante. Em um estudo que observou 25 adultos utilizando esse dispositivo postural, registrou-se uma acentuada melhora na postura. O dispositivo postural (de maneira análoga a um bebê chorando ou a um sargento severo) representa uma boa metáfora que ilustra a motivação extrínseca, uma vez que a fonte de motivação (nesse caso, o ruído de 55 decibéis) obviamente é algo externo ao indivíduo — estando, literalmente, sobre a pessoa, em vez de dentro dela.

Punições

Uma punição é qualquer estímulo ambiental que, quando apresentado, diminui a probabilidade futura de ocorrência de um comportamento indesejado. Críticas, encarceramento e exposição ao ridículo público funcionam como punições que ocorrem ao indivíduo depois de, por exemplo, ele ter se vestido muito mal, ter roubado alguém ou ter tomado atitudes anti-sociais. O que faz as críticas, o encarceramento e a exposição ao ridículo funcionarem como punições é a sua capacidade de diminuir a probabilidade de que os comportamentos de vestir-se mal, roubar e assumir atitudes anti-sociais ocorram no futuro. Ou seja, a pessoa que recebe a punição terá menor probabilidade de repetir

No desenho de cima, a imagem frontal do indivíduo mostra o emissor de sinais que ele usa pendurado no pescoço. Há um fio saindo do emissor, passando debaixo do braço e indo até o interruptor que controla a postura e que está colocado nas costas, como mostra a imagem debaixo. O interruptor é preso aos ombros por meio de tiras, que são ajustadas conforme a postura desejada. Sobre o dispositivo a pessoa usa roupas que o encobrem.

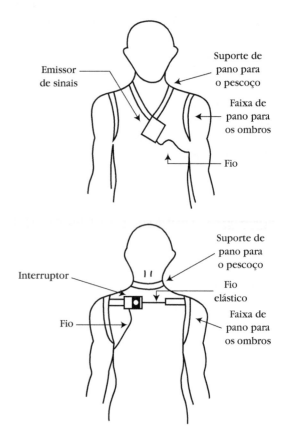

Figura 6.3 Visão Frontal e de Costas de uma Pessoa Utilizando um Dispositivo de Correção Postural

Fonte: extraído de "Behavioral Engineering: Postural Control by a Portable Operant Apparatus", de N. H. Azrin, H. Rubin, F. O'Brien, T. Ayllon e D. Roll, 1968, *Journal of Applied Behavior Analysis, 2,* pp. 39-42. Copyright© 1968 do *Journal of Applied Behavior Analysis.* Reproduzido sob permissão.

esse comportamento do que uma pessoa que não sofreu qualquer conseqüência aversiva por ter cometido esses mesmos atos.

De um ponto de vista comportamental, a idéia é a seguinte: você tem um comportamento indesejado e sofre uma conseqüência aversiva (punição), ou então você não tem um comportamento indesejado e é poupado de uma conseqüência aversiva (punição). Ou seja, caso queira, você pode vestir-se muito mal, roubar alguém ou assumir atitudes anti-sociais, mas terá que pagar o preço por isso (que virá em forma de críticas, encarceramento ou exposição ao ridículo público).

Há uma certa confusão quando se discriminam punições de reforços negativos, uma vez que ambos utilizam estímulos aversivos. Por exemplo, quando os pais repreendem os filhos por não arrumarem o quarto, estarão eles aplicando um reforço negativo ou uma punição? A repreenda é uma punição se seu objetivo for suprimir o futuro comportamento da criança de deixar o quarto bagunçado. É como se a punição dissesse: "Pare de fazer isto!" Entretanto, a repreenda será um reforço negativo se a criança zelosamente arrumar o quarto para fugir ou para evitar a repreenda antes de ocorrer. É como se o reforço negativo dissesse: "Faça isto!" As punições diminuem o comportamento (indesejável); por outro lado, os reforços negativos intensificam o comportamento (de fuga e evitação).

Quando a maioria das pessoas pensa em punições, o que lhes vem à mente são punições negativas. Todas as punições negativas envolvem a aplicação de um estímulo aversivo para suprimir um comportamento futuro. Esse tipo de punição é comumente utilizado em nossa cultura. Porém, existe um segundo tipo de punição — uma punição positiva. As punições positivas envolvem a remoção de conseqüências positivas com o objetivo de suprimir um comportamento futuro. Um sinônimo de punição positiva é o "custo da resposta", que acontece quando as pessoas que adotam um comportamento indesejável perdem algum recurso pessoal — ou seja, arcam com o ônus de terem adotado o comportamento indesejável. Exemplos disso incluem suspender a carteira de habilitação de um motorista que dirigiu embriagado, tirar o brinquedo de uma criança que agir com teimosia, não permitir que a criança assista a seu programa favorito de televisão caso ela tenha agido com falta de modos, aplicar uma multa de US$200 a um motorista que estacionou indevidamente em local exclusivo para deficientes físicos, cobrar US$5 de quem usa excessivamente o caixa automático, e suspender alguém que desrespeitou um toque de recolher.

A Punição Funciona?

O emprego da punição é universal. Para controlar o comportamento das pessoas, freqüentemente recorremos a punições. Criticamos, olhamos feio, reclamamos, retiramos privilégios, batemos, e utilizamos dezenas de outros eventos extrínsecos para fazer as pessoas pararem de se comportar da maneira indesejável. As pesquisas mostram, porém, que a punição é uma estratégia motivacional ineficiente. Assim sendo, a punição é basicamente popular, mas ineficaz. Por que então a punição é tão utilizada? Há cinco razões para isso (Gershoff, 2002):

1. Para impedir a ocorrência de comportamentos indesejáveis no futuro.
2. Para que o indivíduo punido obedeça imediatamente e não repita o comportamento indesejável.
3. Para fazer alguém "receber o que merece" — funcionando como uma espécie de justiça.
4. Para exprimir um estado emocional negativo (p. ex., frustração ou raiva).
5. Para fazer *alguma coisa* a respeito do comportamento indesejável (diante da impossibilidade de adotar uma estratégia melhor).

Essas razões explicam por que as pessoas punem os outros. Porém, permanece a questão de saber se a punição funciona ou não. Ou seja, será que a aplicação da punição após a ocorrência do comportamento indesejável subseqüentemente diminuirá a probabilidade de que outra pessoa adotará no futuro esse mesmo comportamento indesejável? O que em geral se verifica é que

a punição não funciona (Baldwin & Baldwin, 1986). E, pior ainda, a punição com certeza gera diversos "efeitos colaterais" preocupantes e indesejados, incluindo a emocionalidade negativa (pela qual as pessoas choram, gritam e sentem-se amedrontadas), danos na relação entre quem pune e quem é punido e uma modelagem negativa de como enfrentar o comportamento indesejável de outras pessoas.

Uma das utilizações mais controversas da punição talvez seja o castigo físico, ou o ato de bater (Gershoff, 2002). A Figura 6.4 trata da questão de saber se o castigo físico funciona ou não. Pais (e outros) batem nos filhos por uma ou mais das cinco razões que acabamos de listar, mas o principal motivo é fazer com que a criança obedeça no sentido de parar imediatamente o comportamento indesejável. Em geral, essa é a conseqüência pretendida quando se bate. A linha pontilhada na Figura 6.4 significa que o ato de bater *não* produz esse efeito. A figura também identifica algumas conseqüências indesejadas do castigo físico. A linha contínua da Figura 6.4 significa que o ato de bater de fato produz esses efeitos. A punição física faz prenunciar um comportamento agressivo e anti-social, problemas mentais, internalização moral deficiente, além de prejuízos na relação entre pais e filhos; esse tipo de punição também faz com que a criança, quando se torna adulta, apresente agressividade, cometa abusos e tenha problemas mentais.

Quando se observam as conseqüências da punição física em crianças, vê-se pouco mérito no castigo físico como uma estratégia motivacional (Gershoff, 2002), uma vez que essa prática faz mais mal do que bem. O castigo físico não produz as conseqüências desejadas, ao mesmo tempo que traz uma grande quantidade de conseqüências indesejadas e indesejáveis. Mas, se o castigo físico não funciona, o que será que funciona? No esforço de tratar o comportamento indesejável dos outros em nível motivacional, o que de fato funciona é um método que seja capaz de alimentar uma relação positiva entre a criança e seus pais, que produza uma melhora do bem-estar da criança e aumente seu desejo de internalizar os valores, as prescrições e as proscrições dos pais. A última seção deste capítulo apresenta essas estratégias.

OS CUSTOS OCULTOS DA RECOMPENSA

As pesquisas sobre a distinção entre motivação intrínseca e motivação extrínseca partiam da seguinte pergunta: "Se uma pessoa está envolvida em uma atividade intrinsecamente interessante e começa a receber uma recompensa extrínseca para fazê-la, o que acontece à motivação intrínseca dessa pessoa para exercer essa atividade?" (Deci & Ryan, 1985a, p. 43). Por exemplo, o que acontece com a motivação de uma estudante que lê por diversão se ela passar a ser remunerada pelos pais para ler? Poder-se-ia supor que o fato de compensar financeiramente seu comportamento de leitura provocaria um aumento de sua motivação. O senso comum diz que, se uma pessoa gosta de ler e é financeiramente recompensada por isso, as motivações intrínseca (prazer) e extrínseca (dinheiro) vão se somar para produzir algum tipo de supermotivação. Se você pedir às pessoas que façam previsões sobre o que acontecerá a alguém que seja motivado nessas

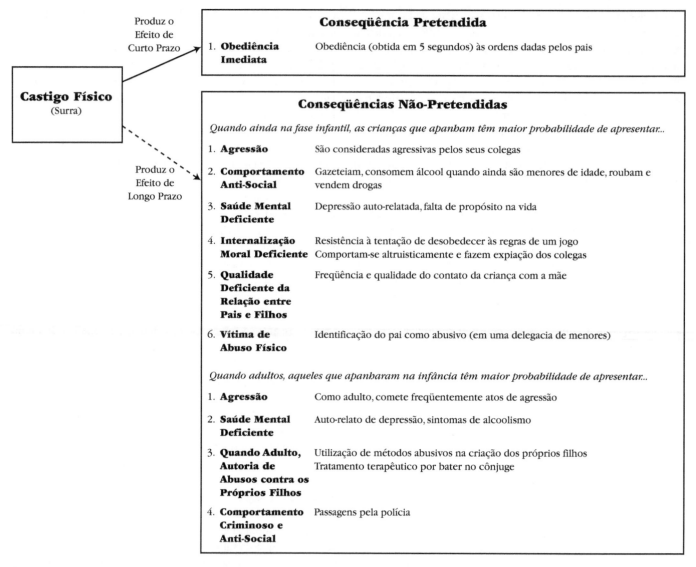

Figura 6.4 Conseqüências Imediatas e de Longo Prazo do Castigo Físico (Surra)
Fonte: extraído de "Corporal Punishment by Parents and Associated Child Behaviors and Experiences: A Meta-Analytical and Theoretical Review", de E. T. Gershoff, 2002, *Psychological Bulletin, 128*, 539-579. Copyright© 2002 da American Psychological Association. Adaptado sob permissão.

condições, a maioria delas irá prever a ocorrência de um aumento da motivação (Hom, 1994).

Entretanto, o aumento da motivação em geral não ocorre. Em vez disso, a imposição de uma recompensa extrínseca em relação a uma atividade intrinsecamente interessante geralmente enfraquece (exerce um efeito negativo sobre) a futura motivação intrínseca (Condry, 1977; Deci, Koestner & Ryan, 1999; Kohn, 1993; Lepper, Greene & Nisbett, 1973). O efeito adverso que a recompensa exerce sobre a motivação intrínseca é denominado "custo oculto da recompensa" (Lepper & Greene, 1978), uma vez que nossa sociedade costuma encarar a recompensa como contribuidor positivo para a motivação (Boggiano et al., 1987). As pessoas utilizam a recompensa na expectativa de obter o benefício de aumentar a motivação e o comportamento de alguém; mas, ao fazerem isso, freqüentemente e sem querer elas acabam pagando o custo oculto de enfraquecer a motivação intrínseca do indivíduo em relação à atividade.

As recompensas extrínsecas podem apresentar efeitos positivos sobre a motivação e o comportamento, conforme discutimos anteriormente ao tratar dos exemplos do uso do cinto de segurança, do dispositivo de correção postural e do aparelho ortodôntico. Porém, as formas extrínsecas de motivação quase sempre têm um preço — cujos custos são ocultos.

A necessidade de autonomia (Capítulo 5) fornece uma maneira de compreender os custos ocultos da recompensa (Deci & Ryan, 1987). Em experimentos, quando se oferece aos participantes dinheiro (Deci, 1972), a promessa de uma recompensa (Lepper et al., 1973), a promessa de um brinquedo (Lepper & Greene, 1975), a ameaça de uma punição (Deci & Casio, 1972), o cumprimento de um prazo (Amabile, DeJong & Lepper, 1976), uma ordem (Koestner et al., 1984), o envolvimento em uma pressão competitiva (Reeve & Deci, 1996) ou uma supervisão enquanto trabalham (ou seja, uma vigilância; Pittman et al., 1980), aos poucos eles perdem a percepção de autonomia e passam a apresentar cada vez menos motivação intrínseca. Em outras palavras, o lócus de causalidade percebido da pessoa (Capítulo 5) gradualmente vai se tornando menos interno e mais externo (deCharms, 1984). O que antes era "diversão" agora se torna "trabalho". Quando as recompensas entram em jogo, as pessoas, por exemplo, passam a ler menos por interesse e mais pela vontade de obter dinheiro ou boas notas na escola. Basicamente, o ato de coagir os indivíduos a executarem uma tarefa, mesmo quando se utilizam recompensas inquestionavelmente atraentes como o dinheiro, faz com que essas pessoas deixem de pensar que optaram autonomamente por realizar a tarefa e passem a achar que realizam a tarefa por causa de meios derivados do ambiente.

Experimentos anteriores conduzidos por Mark Lepper e colegas ilustra muito bem os custos ocultos da recompensa extrínseca (Greene & Lepper, 1974; Lepper & Greene, 1975, 1978; Lepper, Greene & Nisbett, 1973). Crianças da pré-escola que tinham alto interesse por desenho foram agrupadas em uma de três condições experimentais: a de esperarem uma recompensa, a de não haver recompensa e a de receberem uma recompensa inesperada. No grupo que esperou uma recompensa (orientação motivacional extrínseca), apresentou-se às crianças uma recompensa extrínseca — um vistoso certificado de Bom Desenhista, ostentando o nome da criança e uma grande fita azul — e perguntou-se a elas se desejavam desenhar para receber a recompensa. As crianças acharam a recompensa atraente. Quanto ao grupo em que não houve recompensa (orientação motivacional intrínseca), simplesmente se perguntou às crianças se elas queriam ou não desenhar. E no grupo da recompensa inesperada, perguntou-se às crianças se elas desejavam desenhar e, sem que elas esperassem, foi-lhes oferecido o certificado de Bom Desenhista após terem feito o desenho. Uma semana mais tarde, os pesquisadores ofereceram de novo às crianças uma outra oportunidade de desenharem durante o recreio. Nessa segunda semana, as crianças que haviam desenhado para ganhar o certificado (grupo da recompensa esperada) levaram significativamente menos tempo desenhando do que as crianças dos dois outros grupos. As crianças do grupo da recompensa esperada perderam o interesse intrínseco por desenhar. Já os grupos de crianças que não receberam recompensa ou que foram recompensadas inesperadamente não tiveram seu interesse diminuído. A conservação do interesse no grupo de recompensa inesperada foi importante porque mostrou que foi a orientação motivacional extrínseca (e não a recompensa em si) que causou o decréscimo do interesse das crianças por desenhar.

Ao interpretar esses achados, poderíamos ficar um pouco cépticos, considerando os fatos de que a amostra de participantes era composta de crianças em idade pré-escolar, a tarefa experimental era fazer desenhos e a recompensa era um certificado artificial. Talvez se possa com isso concluir que esses achados pouco têm a ver com as motivações mais complexas experimentadas pelos adultos. Entretanto, constatações como essas têm sido também obtidas entre adultos que executam diferentes tarefas e recebem diferentes compensações (veja Deci, Koestner & Ryan, 1999). Ao aceitar a generalidade dos efeitos negativos (ou seja, "dos custos ocultos") de uma orientação motivacional extrínseca (Deci et al., 1999a; Deci & Ryan, 1985a; Kohn, 1993; Lepper & Greene, 1978; Rummel & Feinberg, 1988; Sutherland,

1993), poderíamos então assumir uma postura radical e perguntar se as recompensas sempre diminuem a motivação intrínseca. Essa é precisamente a pergunta que os psicólogos se fizeram em seguida. Após três décadas de pesquisas, a conclusão é que, em geral, as recompensas enfraquecem a motivação intrínseca, mas nem sempre (Deci et al., 1999; Eisenberger, Pierce & Cameron, 1999; Rummel & Feinberg, 1988; Wiersma, 1992). Em particular, dois fatores explicam quais tipos de recompensa diminuem a motivação intrínseca: a expectativa e a tangibilidade.

Recompensa Esperada e Recompensa Tangível

Freqüentemente as pessoas adotam comportamentos com o objetivo de receber uma recompensa. Ao fazerem isso, esperam ser recompensadas se se comportarem de uma determinada maneira. Entretanto, se a pessoa adota o comportamento sem saber qual recompensa receberá, uma vez que só receberá a recompensa após ter concluído a tarefa, então se tem um caso de recompensa inesperada. O estudo que acabamos de mencionar sobre as crianças e o certificado de Bom Desenhista (Lepper, Greene & Nisbett, 1973) mostrou que os reforços só diminuem a motivação intrínseca quando a pessoa espera que sua participação na tarefa resultará em uma recompensa. O sinal típico de que a pessoa espera uma recompensa pela participação em uma tarefa é quando ela adota uma orientação do tipo "se... então" ou "fazer isso para", como, por exemplo, "se eu ler este livro, então poderei assistir à TV". As recompensas esperadas enfraquecem a motivação intrínseca, ao passo que as recompensas inesperadas não têm esse efeito (Greene & Lepper, 1974; Orlick & Mosher, 1978; Pallak et al., 1982).

Um segundo fator para o entendimento de quais recompensas enfraquecem a motivação intrínseca e quais não o fazem é estabelecer uma distinção entre recompensas tangíveis e recompensas verbais. As recompensas tangíveis, tais como dinheiro, prêmios e comida, tendem a diminuir a motivação intrínseca, ao passo que as recompensas verbais (ou seja, intangíveis), tais como o elogio, não funcionam assim (Anderson, Manoogian & Reznick, 1976; Blank, Reis & Jackson, 1984; Cameron & Pierce, 1994; Deci, 1972; Dolliger & Thelen, 1978; Kast & Connor, 1988; Koestner, Zuckerman & Koestner, 1987; Sansone, 1989; Swann & Pittman, 1977). Em outras palavras, as recompensas que podemos ver, tocar, sentir e provar geralmente diminuem a motivação intrínseca, ao passo que as recompensas verbais, simbólicas ou abstratas não o fazem.

Implicações

Os dois fatores que limitam a expectativa e a tangibilidade sugerem que as recompensas diminuem a motivação intrínseca somente quando são esperadas e tangíveis. Essa conclusão é o tipo de mensagem que traz em si uma boa e uma má notícia. A boa notícia é que as recompensas extrínsecas podem ser utilizadas de uma maneira que não colocam em risco a motivação intrínseca. A má notícia é que nossa sociedade baseia-se com bastante freqüência em recompensas esperadas e tangíveis para motivar as pessoas. Dinheiro, bônus, cheques, prêmios, troféus, bolsas de estudo, privilégios, notas escolares, condecorações,

92 Capítulo Seis

honrarias, listas dos melhores alunos, planos de incentivo, reconhecimento, comida, milhas de vôo, etc., são incentivos e conseqüências onipresentes nas sociedades ocidentais (Kohn, 1993). Portanto, na prática, não é muito animador dizer que só as recompensas esperadas e tangíveis diminuem a motivação intrínseca, uma vez que muitas recompensas são apresentadas de uma maneira esperada e tangível.

Recompensas esperadas e tangíveis de fato colocam em risco mais do que simplesmente a motivação intrínseca (Condry, 1977, 1987; Deci & Ryan, 1987; Kohn, 1993). O reforço extrínseco não só diminui a motivação intrínseca, como também interfere tanto no processo quanto na qualidade da aprendizagem. Durante uma atividade de aprendizagem, as recompensas extrínsecas distraem a atenção da pessoa para longe da aprendizagem, desviando-a para a obtenção da recompensa. As recompensas fazem os objetivos do aprendiz passarem da aquisição de proficiência para a aquisição de um ganho extrínseco (Harper, 1978b; Pittman, Boggiano & Ruble, 1983; Shapira, 1976). Os aprendizes extrinsecamente motivados têm também maior probabilidade de experimentar tons emocionais negativos (p. ex., frustração; Garbarino, 1975) e menor probabilidade de experimentar tons emocionais positivos (p. ex., diversão; Harter, 1978b; Ryan & Connell, 1989; Skinner & Belmont, 1993). Além disso, aprendizes extrinsecamente motivados são processadores relativamente passivos da informação (Benware & Deci, 1984).

A recompensa interfere na qualidade da aprendizagem, fazendo com que a atenção do aprendiz se limite à memorização de informações factuais, em detrimento do ganho de uma compreensão conceitual do material de interesse (Benware & Deci, 1984; Boggiano et al., 1993; Flink, Boggiano & Barrett, 1990). Além disso, a recompensa coloca em risco a flexibilidade do aprendiz no que diz respeito à sua maneira de pensar e resolver problemas (como acontece quando ele tenta acertar rapidamente, em vez de apresentar uma solução ótima; McGraw & McCullers, 1979). Recompensas esperadas e tangíveis também diminuem a criatividade (Amabile, 1985; Amabile, Hennessey & Grossman, 1986), no sentido de que, por exemplo, as pessoas são mais criativas quando desenham e escrevem porque estão interessadas em fazê-lo do que quando fazem isso para serem recompensadas. E quando a compensação está envolvida, geralmente os aprendizes deixam de fazer a tarefa tão logo alcançam um certo critério de compensação (p. ex., ler somente as 100 páginas requeridas por um teste). Por outro lado, quando a compensação não está envolvida, os aprendizes costumam persistir até sua curiosidade ser satisfeita, seu interesse ser exaurido, ou sua proficiência ser alcançada (Condry, 1977; Condry & Chambers, 1978). Portanto, não só a motivação intrínseca corre um risco potencial com a utilização de recompensas esperadas e tangíveis, como também corre risco a própria qualidade do processo de aprendizagem (p. ex., a preferência por uma tarefa desafiadora, a atenção, o tom emocional, a compreensão conceitual, a flexibilidade cognitiva e a criatividade).

Uma questão final nessa discussão é que a recompensa interfere no desenvolvimento da auto-regulação autônoma (Lepper, 1983; Ryan, 1993). Quando o ambiente social diz às pessoas o que fazer e também lhes fornece recompensas esperadas e tangíveis para fazê-lo, as pessoas facilmente regulam seu comporta-mento de modo a serem recompensadas. No entanto, a escola, a família, o local de trabalho e outros ambientes freqüentemente valorizam a auto-regulação autônoma (ou seja, a iniciativa e a motivação intrínseca). Aprender a depender de recompensas pode prejudicar o desenvolvimento das habilidades auto-regulatórias. Por exemplo, alunos que não são recompensados por participarem de atividades acadêmicas apresentam uma estreita relação entre aquilo que estão interessados em fazer e a maneira como gastam seu tempo, ao passo que as crianças que são recompensadas por participarem de atividades escolares não apresentam essa relação entre o que estão interessadas em fazer e como gastam seu tempo (Joussemet et al., 2003). Isso se verifica porque o comportamento deste último tipo de estudantes é regulado pelas recompensas que outras pessoas lhes oferecem, e não pelo seu próprio interesse. Se o ambiente não oferecer incentivos e conseqüências, as pessoas que têm pouca auto-regulação autônoma acharão difícil encontrar dentro de si a motivação de que necessitam.

Benefícios do Incentivo e da Recompensa

A recompensa às vezes enfraquece a motivação intrínseca, interfere na aprendizagem e impede a auto-regulação autônoma. Reconhecendo isso, os pesquisadores têm tentado utilizar recompensas de modo a minimizar esses efeitos prejudiciais. Um jeito de fazer isso, como já comentamos, é utilizar as recompensas inesperadas e verbais (p. ex., o elogio) e evitar a utilização daquelas que são esperadas e tangíveis (p. ex., a gorjeta). Uma segunda maneira é limitar a utilização dos motivadores extrínsecos a tarefas socialmente importantes mas que tenham muito pouco apelo intrínseco. Ou seja, se inicialmente uma pessoa tem pouca ou nenhuma motivação intrínseca para executar uma tarefa, é improvável que sua motivação intrínseca será ameaçada pelo oferecimento de recompensas extrínsecas (uma vez que, nesse caso, há pouca ou nenhuma motivação intrínseca a ser ameaçada).

Essa última preocupação levanta o interessante problema de saber se os motivadores extrínsecos irão acarretar os custos ocultos sobre tarefas que não são nada interessantes. Em outras palavras, se em relação a uma determinada tarefa uma pessoa não tem qualquer motivação intrínseca a ser enfraquecida, como então os motivadores extrínsecos utilizados podem enfraquecer a sua motivação intrínseca? As pesquisas mostram que o impacto negativo das recompensas extrínsecas sobre a motivação intrínseca limitam-se às atividades interessantes (Deci, Koestner & Ryan, 1999), ao passo que as recompensas extrínsecas não exercem qualquer efeito — nem um efeito enfraquecedor, nem um efeito fortalecedor — sobre a motivação intrínseca de uma pessoa para executar tarefas que não lhe interessam. Assim sendo, as pesquisas atuais sugerem que não existe motivo para adotar, e também motivo para evitar, a utilização de recompensas quando as outras pessoas encontram-se diante da execução de uma tarefa desinteressante.

Por outro lado, o incentivo e o reforço têm seus benefícios. A recompensa pode fazer com que uma tarefa que antes era desinteressante adquira rapidamente interesse para ser executada. Desde que a recompensa seja suficientemente atraente, os indivíduos que a recebem serão capazes de fazer quase qualquer tarefa. Por exemplo, crianças são capazes de lavar a louça com a maior dedicação se isso significa que elas ganharão um novo brinquedo. Em geral, as crianças não ajudariam tanto se não fossem recompensadas, já que, para a maioria das pessoas, lavar a louça não é uma tarefa interessante, de modo que, sem a existência de uma recompensa, os pratos sujos continuariam a ser empilhados sobre a pia. Em contextos aplicados, os behavioristas freqüentemente prometem recompensas aos clientes se eles adotarem certos comportamentos, tais como fazer o dever de casa, ser pontuais, demonstrar assertividade, comparecer a uma discussão em grupo e ser participativo na discussão. Esses profissionais fazem isso porque sua experiência lhes diz que, sem o aceno de uma recompensa, seus clientes não adotariam esses comportamentos que lhes são de pouco apelo. Considere o valor dos motivadores extrínsecos nas seguintes situações em que os pesquisadores utilizaram recompensas para estimular a prática de tarefas socialmente importantes porém intrinsecamente desinteressantes:

- Desenvolver habilidades de vivência do dia-a-dia, tais como vestir-se (Pierce & Schreibman, 1994)
- Melhorar a fluência de leitura em crianças (Eckert et al., 2002)
- Fazer os motoristas obedecerem às placas de trânsito (Van Houten & Retting, 2001)
- Evitar que os motoristas dirijam embriagados (Geller, Altomari & Russ, 1984)
- Participar de programas de reciclagem de lixo (Brothers, 1994; Austira et al., 1993) e de conservação de energia (Staat, Van Leeuwen & Wit, 2000)
- Motivar crianças pequenas a iniciarem seus deveres de casa (Miller & Kelley, 1994)
- Ensinar crianças autistas a iniciar um diálogo com seus pares (Krantz & McClannahan, 1993)
- Prevenir a ocorrência de comportamentos indesejáveis, tais como chupar dedo (Ellingson et al., 2000), e morder e empurrar os outros (Fisher et al., 1993)
- Ensinar o autocontrole a crianças portadoras de transtorno de déficit de atenção/hiperatividade (TDAH) (Binder, Dixon & Ghezzi, 2000)
- Aumentar a participação de idosos em atividades físicas (Gallagher & Keenan, 2000)

Em cada um desses exemplos, pode-se argumentar que as preocupações da sociedade em promover um comportamento desejável por parte de seus cidadãos é maior do que as preocupações de preservar ou proteger a autonomia, a motivação intrínseca, a qualidade de aprendizagem e a auto-regulação autônoma dos indivíduos. Com isso, seria bom e correto utilizar motivadores extrínsecos quando a motivação intrínseca da outra pessoa for baixa? Não necessariamente. Considere as seguintes razões pelas quais não devemos utilizar motivadores extrínsecos, mesmo quando estamos tratando de empreendimentos intrinsecamente desinteressantes (Kohn, 1993):

1. Os motivadores extrínsecos diminuem a qualidade do desempenho e interferem no processo de aprendizagem.

2. Muitas vezes o uso da recompensa distrai a atenção de uma questão principal (importante) porque está sendo pedido ao indivíduo que se esforce por fazer algo desinteressante para ele.
3. Existem maneiras melhores de incentivar a participação do que o oferecimento de aliciamentos extrínsecos (p. ex., considere os ambientes que apóiam a autonomia).
4. Os motivadores extrínsecos enfraquecem a capacidade a longo prazo de o indivíduo obter sua auto-regulação autônoma.

Observemos um pouco mais de perto essa última questão — a saber, a de que os motivadores extrínsecos diminuem a capacidade a longo prazo de as pessoas obterem a auto-regulação autônoma. Uma área em que as pessoas lançam mão de um grande número de motivadores extrínsecos para regular o comportamento dos outros é a educação especial (p. ex., no tratamento de indivíduos portadores de retardo mental e de distúrbios de aprendizagem). Enquanto muitos profissionais que trabalham com educação especial consideram útil aplicar um grande número de motivadores extrínsecos para regular externamente o comportamento de indivíduos portadores de necessidades especiais, outros se mostram a favor de promover a capacidade a longo prazo de as pessoas obterem uma auto-regulação autônoma (Algozzine et al., 2001). Em vez de, digamos, querer que os portadores de necessidades especiais reajam a incentivos e a conseqüências estrategicamente oferecidos por outros, o esforço que se faz é para ajudar a promover a autodeterminação na vida desses indivíduos. Por exemplo, aos portadores de necessidades especiais ensinam-se habilidades como fazer escolhas e defender sua própria vontade. A idéia é dar aos portadores de necessidades especiais a capacidade de primeiro expressar seus interesses e suas preferências, para então fazê-los exercer escolhas que expressem essas preferências. Após aprenderem essas habilidades, portadores de necessidades especiais foram observados por pesquisadores em contextos da vida real, tais como restaurantes, sobre como agiam em relação às suas preferências, tais como bebidas (Belfoire, Browder & Mace, 1994) e comida (Cooper & Browder, 1998). Uma vez tendo sua vida dotada de maior auto-regulação autônoma (em vez de ser regulada externamente por motivadores extrínsecos), esses indivíduos apresentaram melhor desempenho e maior bem-estar.

Diante de tudo o que foi dito, muitas pessoas acreditam que os motivadores extrínsecos simplesmente representam um custo psicológico alto demais no que se refere aos efeitos negativos que eles exercem sobre a motivação intrínseca, sobre o processo e a qualidade de aprendizagem, e sobre a auto-regulação autônoma. Essa conclusão, porém, vem a ser mais o início da história dos motivadores extrínsecos do que o final, como explicaremos na próxima seção, relativa à teoria da avaliação cognitiva.

TEORIA DA AVALIAÇÃO COGNITIVA

Quando as pessoas utilizam eventos externos como incentivos e conseqüências, em geral elas estão tentando criar nos outros uma motivação extrínseca para fazer com que exerçam uma determinada atividade. Portanto, a maior parte do espírito que envolve

94 Capítulo Seis

a utilização de um motivador extrínseco é o desejo de moldar, influenciar ou simplesmente controlar o comportamento de outra pessoa. Às vezes, a tentativa de controle é óbvia (p. ex., utilizar dinheiro para fazer uma criança usar um aparelho dentário; veja a Figura 6.2), mas outras vezes essa tentativa tem mais um caráter de sedução (p. ex., pagar refrigerantes para um amigo que concorde em não tomar bebida alcoólica para depois levar os outros de carro para casa; Brigham, Maier & Goodner, 1995). Portanto, um propósito potencial subjacente a quase todo motivador extrínseco é controlar o comportamento de outra pessoa — ou seja, estimular nessa pessoa algum comportamento desejável (ou desestimular um comportamento indesejável). Mas há também um segundo propósito. Os incentivos e as conseqüências também fornecem um *feedback* que informa a pessoa sobre sua competência na tarefa que ela realizou. Recompensas como dinheiro, honrarias, boas notas, bolsas de estudo e elogios verbais funcionam não só para intensificar o comportamento (ou seja, controlá-lo), mas também para transmitir a mensagem de que um trabalho foi bem-feito (ou seja, informar a competência do indivíduo).

A teoria da avaliação cognitiva sustenta que *todos* os eventos externos têm tanto um aspecto controlador quanto um aspecto informativo (Deci & Ryan, 1985a). Essa teoria supõe que as pessoas têm necessidades psicológicas de autonomia e de competência (Capítulo 5) e que o aspecto controlador de um evento externo afeta a necessidade de autonomia, enquanto o aspecto informativo afeta a necessidade de competência. Formalmente, a teoria da avaliação cognitiva existe como um conjunto de três proposições, que estão mostradas na Tabela 6.1.

As Proposições 1 e 2 repetem os dois temas apresentados no Capítulo 5. Segundo a Proposição 1, os eventos externos que promovem um lócus de causalidade percebido interno (LCP) também promovem a motivação intrínseca porque envolvem ou satisfazem a necessidade de autonomia. Já os eventos externos que promovem um LCP externo promovem também a motivação extrínseca porque desconsideram a necessidade de autonomia, estabelecendo, em vez disso, uma contingência do tipo se... então entre um comportamento e uma conseqüência que lhe sobrevém. Portanto, a Proposição 1 pergunta: "O evento extrínseco tem o propósito de controlar o comportamento da outra pessoa?" Em caso negativo, a autonomia e a motivação intrínseca serão preservadas; em caso afirmativo, a autonomia e a motivação intrínseca serão enfraquecidas à medida que a motivação extrínseca for substituindo a motivação intrínseca.

De acordo com a Proposição 2, os eventos que aumentam a competência percebida em uma pessoa promovem a motivação intrínseca, ao passo que os eventos que diminuem a competência percebida enfraquecem essa motivação. Logo, quanto mais um evento externo informar um efeito positivo, maior será a probabilidade de o evento satisfazer a necessidade de competência e aumentar a motivação intrínseca. Portanto, a Proposição 2 pergunta: "O evento extrínseco tem o propósito de informar a pessoa sobre a competência que ela sente?" Em caso afirmativo, a competência percebida e a motivação intrínseca irão aumentar e diminuir à medida que o evento externo for capaz de comunicar informações de efeitos positivos ou negativos.

A contribuição que as duas primeiras proposições oferecem para se compreender o significado motivacional dos incentivos e

---

Tabela 6.1 Teoria da Avaliação Cognitiva

Proposição 1

Os eventos externos afetam a motivação intrínseca da pessoa quando influenciam o lócus de causalidade percebido (LCP) para esse comportamento. Os eventos que promovem um LCP mais externo diminuem a motivação intrínseca e aumentam a motivação extrínseca, ao passo que os eventos que promovem um LCP mais interno aumentam a motivação intrínseca e diminuem a motivação extrínseca.

Proposição 2

Os eventos externos afetam a motivação intrínseca de uma pessoa em relação a uma atividade que apresenta um desafio em nível ótimo quando influenciam a competência que a pessoa percebe de si mesma. Os eventos que promovem maior competência percebida aumentam a motivação intrínseca, ao passo que os eventos que diminuem a competência percebida diminuem a motivação intrínseca.

Proposição 3

Eventos relevantes à iniciação e à regulação do comportamento têm três aspectos potenciais, cada qual com uma significância funcional. O aspecto informativo facilita um LCP interno e também a competência percebida, aumentando, portanto, a motivação intrínseca. Já o aspecto controlador facilita um LCP externo, enfraquecendo, portanto, a motivação intrínseca e promovendo a motivação extrínseca. O aspecto da falta de motivação facilita a incompetência percebida, diminuindo portanto a motivação intrínseca e promovendo a falta de motivação. A importância relativa desses três aspectos para uma pessoa determina a significância funcional do evento externo.

Fonte: adaptado sob permissão de *Intrinsic Motivation and Self-Determination in Human Behavior*, de E. L. Deci e R. M. Ryan, 1985a. Nova York: Plenum. Copyright© 1985, Plenum Press.

---

das conseqüências é a seguinte: os incentivos e as conseqüências focalizam a atenção não só em como o evento extrínseco afeta o *comportamento* mas também em como o evento extrínseco afeta as *necessidades psicológicas* das pessoas.

A Proposição 3 engloba as duas primeiras proposições dentro de uma afirmação teórica completa. De acordo com a Proposição 3, é o fato de um evento salientar-se mais como sendo principalmente controlador ou como sendo principalmente informativo que determina os efeitos desse evento sobre a motivação intrínseca e extrínseca. Eventos relativamente controladores enfraquecem a motivação intrínseca (por meio do efeito que exercem sobre a autonomia do indivíduo) e promovem a motivação extrínseca. Já eventos relativamente informativos aumentam a motivação intrínseca (por meio do efeito que exercem sobre a competência do indivíduo). É na Proposição 3 que a utilidade da teoria da avaliação cognitiva fica mais clara. O leitor pode utilizar a teoria da avaliação cognitiva para predizer o efeito que qualquer evento extrínseco exercerá sobre as motivações intrínseca e extrínseca, conforme discutiremos em mais detalhes no Boxe 6. A questão essencial então se torna: por que estou apresentando a essa pessoa este evento externo — meu propósito é controlar seu comportamento, ou é meu propósito informar-lhe sobre sua competência?

BOXE 6 *Predizendo como um Evento Externo Qualquer Afeta a Motivação*

Pergunta: Por que essa informação é importante?

Resposta: Para que possamos dizer antecipadamente qual efeito um evento externo qualquer exercerá sobre a motivação.

Quando, por exemplo, uma professora decora a sala de aula com cartazes de estímulo para os alunos, ela espera que as mensagens irão motivar as crianças a se esforçarem mais. Quando um patrão concede aos empregados um bônus de fim de ano, ele também espera que isso motivará os empregados a trabalharem mais. E quando um flanelinha lava o vidro de um carro que pára no sinal, ele espera receber algum trocado do motorista. A lógica que há por trás de tudo isso é a seguinte: como as mensagens, o dinheiro e os favores são algo bom, a motivação dos alunos, dos empregados e dos motoristas provavelmente irá responder de maneira positiva.

O motivo pelo qual se oferece uma recompensa é pelo menos tão importante quanto aquilo que de fato se dá. Um tapinha nas costas dado com sinceridade pode aumentar mais a motivação de uma pessoa do que um cheque que seja generoso mas venha acompanhado de uma série de condições a serem cumrpridas. Basicamente, o propósito que se encontra por trás da recompensa (a resposta à pergunta: "por que essa pessoa está me recompensando dessa maneira?") é mais importante do que a recompensa em si.

Compreender a maneira como um evento externo afeta a motivação de outra pessoa é o domínio da teoria da avaliação cognitiva. Essa teoria pode ser articulada acompanhando-se o fluxograma apresentado a seguir.

Para compreender melhor a figura, escreva primeiro sobre a linha em branco (à esquerda) um evento externo qualquer. Por exemplo, um professor que esteja interessado nos efeitos motivacionais de eventos externos como mensagens de estímulo, notas, elogios, testes ou prazos. Em seguida, avançando da esquerda para a direita, determine o propósito, ou a significância funcional, do evento externo. Estará o evento externo sendo utilizado para controlar o comportamento, ou para informar a competência? Em particular, quais desses dois aspectos é relativamente mais importante? E estará o propósito que há por trás do evento (ou seja, sua "significância funcional") principalmente se referindo ao comportamento controlador ou principalmente à comunicação de competência?

Se o evento externo estiver sendo bastante utilizado para controlar o comportamento, então seu efeito motivacional irá diminuir a autodeterminação, diminuir também a motivação intrínseca e aumentar a motivação extrínseca. Mas, se o evento externo não for utilizado para controlar o comportamento, então ele não irá diminuir a autodeterminação, não irá diminuir a motivação intrínseca e nem aumentará a motivação extrínseca. E caso o evento externo seja utilizado para informar a uma pessoa que ela fez um trabalho bem-feito, esse efeito motivacional irá aumentar a sensação de competência e, conseqüentemente, a motivação intrínseca do indivíduo. Por outro lado, quando o evento externo comunica ao indivíduo que ele fez um trabalho malfeito, o efeito motivacional disso será diminuir a sensação de competência, diminuindo também a motivação intrínseca da pessoa.

Observe que, ao predizer a maneira como um evento externo qualquer irá afetar a motivação de outra pessoa, a questão crítica não é saber qual é esse evento externo, mas sim por que uma pessoa está aplicando esse evento em relação a outra.

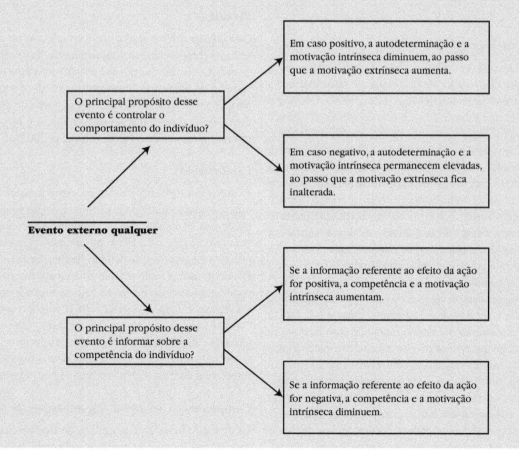

Dois Exemplos de Eventos Controladores e Informativos

Qualquer evento externo — elogio, remuneração, notas escolares, bolsas de estudo, supervisão, prazos a serem cumpridos, competição com outras pessoas etc. — pode ser aplicado de uma maneira relativamente controladora ou de uma maneira relativamente informativa.

Elogio

Considere a maneira como o elogio funciona como um evento extrínseco que às vezes controla o comportamento de uma pessoa, e que às vezes informa sobre sua competência em um trabalho bem-feito. Um supervisor, quando elogia, pode fazer isso informalmente, dizendo: "excelente trabalho, sua produtividade aumentou 10%". Mas o supervisor também pode elogiar de uma maneira controladora, dizendo: "excelente trabalho, você fez como deveria ter feito". Acrescentar expressões do tipo "você deveria", "você tinha que", "você precisava" e "o que era bom que você fizesse" dá ao *feedback* um tom de pressão (Ryan, 1982). Por outro lado, fornecer um *feedback* claro, específico e que comunica um diagnóstico de competência é algo que costuma dotar o elogio de uma função altamente informativa (Brophy, 1981). Por exemplo, um elogio como "Você se saiu muito bem; vi que saudou o cliente de maneira calorosa e sincera" é algo que comunica ao empregado um sentido de competência de uma maneira que algo como dizer simplesmente "excelente trabalho" não faz. A conclusão é que o efeito motivacional não está no elogio em si, mas sim na maneira como ele é expresso (Deci & Ryan, 1985a).

Competição

Uma segunda ilustração de como um mesmo evento externo pode ser relativamente controlador ou relativamente informativo é a competição entre as pessoas (Reeve & Deci, 1996). Quando o contexto social exerce sobre as pessoas uma pressão muito grande para elas ganharem (com a presença de uma platéia avaliadora, de técnicos, colegas, repórteres, perspectivas de ganhar um troféu em um campeonato, e implicações na carreira profissional), os concorrentes geralmente competem experimentando um senso de contingência e pressão, bem como percebem que estão fazendo algo para os outros verem. Experimentada em situações controladoras como essas, a competição diminui a motivação intrínseca porque os competidores importam-se relativamente pouco com a tarefa em si e relativamente muito com o prêmio pela vitória (Deci et al., 1981; Vallerand, Gauvin & Halliwell, 1986). O aspecto mais importante da competição deixa de ser o jogo ou o esporte e passa a ser a vitória. Entretanto, quando o contexto social coloca pouca ênfase na vitória (como no caso da competição recreativa, ou quando não existe uma platéia, nem troféus ou bolsas de estudo a serem ganhos, nem técnicos para apoiarem a autonomia do indivíduo), o aspecto informativo da competição pode se tornar relativamente mais destacado. Por meio dos resultados e também das percepções que os competidores têm do progresso de suas habilidades, as situações competitivas podem constituir um campo útil para enviar uma mensagem de competência aos competidores. Ganhar e progredir aumentam a motivação intrínseca, ao passo que perder e não progredir a diminuem (McAuley & Tammen, 1989; Reeve, Olson & Cole, 1985). Porém, quando a competição entre pessoas concentra-se muito na vitória, a mensagem de alta competência fica pequena em relação à mensagem da pressão. Com efeito, vencer em um contexto controlador não aumenta a motivação intrínseca (Reeve & Deci, 1996). Portanto, para que a motivação intrínseca floresça, é preciso que tanto a competência quanto a autonomia sejam elevadas (Fischer, 1978), e para que a competência e a autonomia sejam elevadas, é preciso apresentar os eventos externos de uma maneira que seja não-controladora e informativa.

Os Benefícios dos Facilitadores da Motivação Intrínseca

A motivação intrínseca é uma motivação natural que surge espontaneamente da necessidade que as pessoas têm de competência e autonomia. Sendo assim, os eventos externos não conseguem criar a motivação intrínseca nos outros, mas, por outro lado, podem ser utilizados para apoiar e facilitar a motivação intrínseca que as pessoas já têm. Portanto, o uso judicioso dos eventos externos pode facilitar e incentivar não só a motivação extrínseca das pessoas, como também sua motivação intrínseca. Vale a pena promover a motivação intrínseca porque esta resulta em diversos benefícios importantes para os indivíduos, tais como a promoção da persistência, da criatividade, da compreensão conceitual e do bem-estar subjetivo.

Persistência

Quanto maior for a motivação intrínseca de uma pessoa, maior será sua persistência em relação à tarefa. Esse efeito de aumento da persistência em função da elevada motivação intrínseca manifesta-se de diferentes maneiras, incluindo o fortalecimento da participação das pessoas em um programa de exercícios (Ryan et al., 1997) e um aumento da freqüência e da continuidade da motivação na escola (Hardre & Reeve, 2003).

Criatividade

Eventos controladores externos enfraquecem a criatividade, uma vez que a criatividade diminui quando a pessoa está sendo observada (Amabile, 1983), avaliada (Amabile, 1979), controlada (Koestner et al., 1984) ou quando estão em jogo prêmios por bom desempenho (Amabile, Hennessey & Grossman, 1986). Por outro lado, a motivação intrínseca aumenta a criatividade. O papel da motivação intrínseca em estimular a criatividade é tão vigoroso que Teresa Amabile (1983) propôs o seguinte Princípio Motivacional Intrínseco da Criatividade: "As pessoas apresentarão maior criatividade quando se sentirem motivadas principalmente pelo interesse, pela diversão, pela satisfação e pelo desafio referente à tarefa em si — em vez de por pressões externas".

Compreensão Conceitual/Aprendizagem de Alta Qualidade

Um terceiro benefício da motivação intrínseca é a sua capacidade de melhorar a compreensão conceitual do aprendiz durante a atividade de aprendizagem. Quando a motivação intrínseca é elevada, quem aprende mostra maior flexibilidade na maneira de pensar (McGraw & McCullers, 1979), atua mais ativamente como processador da informação (Grolnick & Ryan, 1987) e aprende de maneira conceitual, em vez de decorar (Benware & Deci, 1984; Boggiano et al., 1993; Grolnick & Ryan, 1987). Quando intrinsecamente motivados, os aprendizes pensam e integram as informações de maneira mais flexível e menos rígida; e, quando externamente regulados (p. ex., ao terem que fazer um teste), os aprendizes tornam-se mais rígidos quanto à sua maneira de pensar, na medida em que sua atenção vai se concentrando especificamente nas informações factuais e aprendidas por memorização (ou seja, concentram-se para acertar a resposta).

Funcionamento e Bem-Estar Ótimos

As pessoas experimentam o funcionamento ótimo e um bem-estar positivo quando perseguem objetivos que refletem sua motivação intrínseca (p. ex., competência, relacionamento, autonomia na vida), em comparação com as situações em que perseguem objetivos que refletem uma motivação extrínseca (p. ex., sucesso financeiro, reconhecimento social, imagem física). Ou seja, aqueles que percebem a motivação intrínseca na vida apresentam maior auto-realização, maior vitalidade subjetiva, menos ansiedade e depressão, maior auto-estima, relações de maior qualidade com amigos e familiares, vêem menos televisão e utilizam menos drogas como álcool e cigarros (Kasser & Ryan, 1996, 2001).

TEORIA DA AUTODETERMINAÇÃO

Um dos temas sobre a motivação apresentados no Capítulo 1 foi o de que a motivação varia não só quanto à intensidade, mas também quanto ao tipo. Este capítulo salienta a utilidade de distinguir as motivações intrínsecas das motivações extrínsecas. Além disso, existem tipos de motivação extrínseca (Deci & Ryan, 1985a, 1991; Rigby et al., 1992; Ryan & Deci, 2000a, 2000b).

A Figura 6.5 apresenta o *continuum* de autodeterminação da motivação. Segundo a teoria da autodeterminação, existem três tipos de motivação: falta de motivação, motivação extrínseca e motivação intrínseca. Esses tipos de motivação podem ser organizados ao longo de um *continuum* de autodeterminação ou de um lócus de causalidade percebido. Na extremidade esquerda desse *continuum* está a falta de motivação, que literalmente significa "sem motivação", um estado em que a pessoa não se encontra nem intrínseca nem extrinsecamente motivada (p. ex., um aluno que abandona o curso, um atleta desanimado, ou um cônjuge apático). No meio da figura encontram-se quatro tipos de motivação extrínseca, que podem ser distinguidos entre si com base em seu grau de autodeterminação: regulação externa (não de todo autodeterminada), regulação introjetada (um pouco autodeterminada), regulação identificada (geralmente autodeterminada) e regulação integrada (completamente autodeterminada). Na extremidade direita da figura, a motivação intrínseca indica que o indivíduo baseia-se totalmente em sua autodeterminação, e refere-se a todas as situações em que as necessidades psicológicas da pessoa geram motivação para agir. No geral, o *continuum* de autodeterminação varia desde a falta de motivação ou falta de vontade, passa pela concordância passiva e vai até o envolvimento pessoal e o interesse/prazer (Ryan & Deci, 2000b).

Identificar os tipos de motivação é importante porque o montante de autodeterminação dentro de um estado motivacional qualquer exerce um efeito substancial na maneira de as pessoas sentirem, pensarem e fazerem (Gottfried, 1985; Grolnick & Ryan, 1987; Ryan & Connell, 1989; Vallerand et al., 1992). Observe que os quatro tipos de motivação extrínseca variam bastante quanto ao grau a que as pessoas os experimentam na

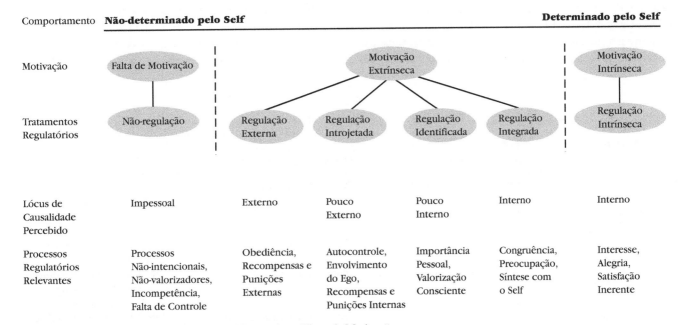

Figura 6.5 O *Continuum* de Autodeterminação Mostrando os Tipos de Motivação

Fonte: Ryan, R. M. & Deci, E. L. (2000a). Self-determination theory and the facilitation of intrinsic motivation, social development, and well-being. *American Psychologist, 55,* 68-78. Copyright© 2000 da American Psychological Association. Reproduzido sob permissão.

98 Capítulo Seis

qualidade de indivíduos autônomos ou autodeterminados. As pessoas experimentam uma regulação externa e introjetada em grande parte por questão de obediência e por uma sensação de obrigação (ou seja, estão sendo controladas), ao passo que as pessoas que experimentam uma regulação identificada e integrada em grande parte fazem isso porque querem e porque optaram por fazê-lo (ou seja, estão agindo autonomamente). Em um estudo, perguntou-se a crianças em idade escolar sobre o que motivava seu comportamento na escola (p. ex., "Por que você faz seu dever de casa?" e "Por que você tenta ir bem nos estudos?"), e em seguida os pesquisadores avaliaram a emoção, o esforço e o desempenho dessas crianças na escola (Ryan & Connell, 1989). As razões dadas pelos alunos refletiam diferentes graus de autodeterminação percebida, que variavam desde muito pouco ("porque essa é a regra; tenho que fazer"), passando por um pouco de autodeterminação ("porque eu me sentiria culpado se não fizesse") a muita autodeterminação ("porque é importante para mim"), até bastante autodeterminação ("porque é divertido, gosto de fazê-lo"). Quanto mais autodeterminada é a motivação dos alunos, mais esforço eles põem em suas atividades, e mais realizados eles são. Já as crianças com pouca autodeterminação empregavam um mínimo de esforço em suas atividades e tinham um desempenho fraco. Dessa forma, alguns tipos de motivação extrínseca (p. ex., a regulação identificada) geram formas mais produtivas de motivação do que outros tipos de motivação extrínseca (p. ex., a regulação externa).

Esses achados mostram a importância de se fazerem distinções entre os tipos de motivação extrínseca, e puderam ser generalizados não só para a motivação dos alunos em relação à escola, como também para os esforços exercidos em um programa de tratamento de alcoolismo (Ryan, Plant & O'Malley, 1995), em um programa de emagrecimento (Williams et al., 1996), numa relação pessoal (Blais et al., 1990) e na participação em um programa de exercícios físicos (Ryan et al., 1997), na participação política (Koestner et al., 1996) e na participação religiosa (Ryan, Rigby & King, 1993). Em cada um desses casos, o tipo de motivação era importante, e quanto mais autodeterminado era o indivíduo, mais positivos eram os resultados por ele obtidos.

Tipos de Motivação Extrínseca

Embora a motivação intrínseca seja um tipo importante de motivação, a maioria das atividades que as pessoas realizam em seu dia-a-dia não é intrinsecamente motivada. Em vez disso, é a responsabilidade pessoal, as exigências sociais e as solicitações de outros que orientam em grande parte aquilo que fazemos. Na prática, todos os tipos de motivação intrínseca envolvem o ato de parear uma contingência extrínseca a algum comportamento solicitado. Quando a contingência externa surge, ela funcionalmente gera uma motivação extrínseca para o indivíduo desempenhar a atividade, motivação que a atividade em si não é capaz de gerar, como ocorre quando se ouve "Faça isso para obter aquilo", no sentido de que "isso" é uma atividade desinteressante e "aquilo" é uma contingência extrínseca. A Tabela 6.2 apresenta uma ilustração do tipo de contingências externas que promovem cada um dos quatro tipos de motivação extrínseca, utilizando como exemplo a reciclagem.

Regulação Externa

A regulação externa é o protótipo da motivação extrínseca, não-determinada pelo self. Os comportamentos externamente regulados são adotados de modo a fazer com que o indivíduo receba uma recompensa ou satisfaça alguma exigência externa. Para quem está sendo regulado externamente, a presença *versus* ausência de motivadores extrínsecos (p. ex., recompensas, ameaças) regula o aumento e a diminuição da motivação. Em geral, a pessoa que está sendo regulada externamente tem dificuldade de começar a fazer uma tarefa, a menos que seja externamente impelida a fazer isso. Por exemplo, um estudante só começa a estudar quando o teste se aproxima, ou só começa a redigir um trabalho quando o prazo de entrega está se esgotando. Sem a proximidade do teste ou do prazo, falta ao estudante a motivação necessária para estudar ou redigir. Com a regulação externa, a pessoa não internaliza um desejo voluntário de realizar a atividade (estudar, redigir). E, sem a internalização, a pessoa simplesmente espera até que incentivos e pressões provenientes do ambiente lhe forneçam uma razão para agir. Em relação aos

Tabela 6.2 Quatro Tipos de Motivação Extrínseca, Ilustrados por Diferentes Motivos de "Por que Devo Reciclar"

Tipo de Motivação Extrínseca	Contingência Externa em Jogo	O motivo de eu reciclar é...	Citação Ilustrativa
Regulação Externa	Incentivos, conseqüências	"alcançar uma conseqüência".	"Reciclo para ganhar 15 centavos por lata."
Regulação Introjetada	Evitar a culpa, aumentar a auto-estima	"porque devo".	"Reciclo porque devo fazê-lo, já que quero me sentir bem (e não culpado) comigo mesmo."
Regulação Identificada	Valorização, senso de importância	"porque é importante".	"Reciclo porque é importante para que tenhamos um ambiente mais limpo."
Regulação Integrada	Congruência de valores	"porque isso reflete os valores que eu cultivo".	"Reciclo porque isso reflete e expressa quem eu sou e aquilo em que acredito."

outros três tipos de motivação extrínseca, os indivíduos que são motivados por meio de regulação externa apresentam fraco desempenho e maus resultados (Deci & Ryan, 1987; Kohn, 1993; Ryan & Connell, 1989; Ryan & Deci, 2000b).

Regulação Introjetada

A regulação introjetada implica obedecer, mas não verdadeiramente aceitar ou aprovar por si próprio as demandas feitas por outros sobre um determinado modo de pensar, sentir ou comportar-se. Essencialmente, a motivação introjetada ocorre quando o indivíduo é motivado em função da culpa ou da "tirania do dever" (Horney, 1937). Em essência, a pessoa, como se estivesse atuando por procuração para o ambiente externo, emocionalmente se recompensa (sentindo-se orgulhosa) por ter um comportamento bom segundo a definição de outros, e emocionalmente se pune (sentindo-se envergonhada ou culpada) por ter um comportamento considerado ruim pelos outros. Portanto, ocorre nesse caso uma internalização parcial, mas essa internalização é mantida a uma certa distância da própria pessoa, em vez de ser realmente integrada ao self de uma maneira autêntica e volitiva. O sinal indicador de que ocorreu somente uma internalização parcial (em vez de total) é o fato de a pessoa sentir elevadas tensão e pressão enquanto manifesta o comportamento introjetadamente motivado (p. ex., "eu simplesmente *tenho* que estudar hoje à noite!"). Com a regulação introjetada, a pessoa leva as prescrições de outros (ou da sociedade) para dentro de sua própria mente, de tal maneira que é a voz introjetada, e não o self em si, que gera a motivação para agir. Entretanto, observe que a regulação introjetada de fato inclui a alteração de estruturas internas, uma vez que o comportamento é regulado não por contingências externas explícitas, mas sim por representações internalizadas dessas contingências (ou seja, a voz de um pai ou de uma mãe, ou expectativas culturais). Por exemplo, os empregados podem chegar pontualmente ao trabalho ou resistir a furtar materiais do escritório não porque optaram por ser pontuais ou honestos, mas porque sabem que a impontualidade e a desonestidade produzirão as sensações punitivas de culpa e vergonha, ao passo que, quando chegam na hora certa e são honestos, essas atitudes os reforçam positivamente com sentimentos de orgulho e aprovação.

Regulação Identificada

A regulação identificada representa geralmente a motivação extrínseca internalizada e autodeterminada. Com a regulação identificada, a pessoa voluntariamente aceita os méritos e a utilidade de uma crença ou comportamento porque essa maneira de pensar ou comportar-se é vista como pessoalmente importante ou útil. Portanto, se um estudante vem a acreditar que é importante dedicar um esforço extra à matemática (p. ex., porque isso será útil para uma possível carreira científica) ou se um tenista vem a acreditar que é importante dedicar um tempo a mais para treinar seus golpes de *backhand*, a motivação para estudar e para treinar é extrínseca, mas livremente escolhida. O trabalho extra feito na matemática ou no tênis é extrínseco porque esses comportamentos são instrumentais para outros propósitos (no caso, seguir uma carreira científica, ou profissionalizar-se no

tênis); por outro lado, essas atitudes são livremente escolhidas porque são percebidas como sendo úteis e valiosas para a vida do indivíduo. O exercício e a cooperação constituem dois outros exemplos de identificação regulada. Muitos indivíduos fazem ginástica religiosamente e cooperam livremente com outras pessoas não porque gostem de se exercitar ou de cooperar, mas porque valorizam o que esses comportamentos podem fazer por eles e pelas relações que eles têm com as outras pessoas. Uma vez que essas maneiras de pensar e de comportar-se são valorizadas e consideradas pessoalmente importantes, os indivíduos internalizam/identificam-se com elas e, internalizando-as, essas maneiras de pensar e de se comportar tornam-se autodeterminadas.

Regulação Integrada

A regulação integrada constitui o tipo de motivação extrínseca de maior autodeterminação. Enquanto a internalização é o processo de adotar um determinado valor ou modo de se comportar, a integração é o processo pelo qual os indivíduos transferem completamente esses comportamentos e valores identificados para dentro do self (Ryan & Deci, 2000a). Trata-se tanto de um processo de desenvolvimento quanto de um tipo de motivação, uma vez que envolve o auto-exame necessário para fazer com que novas maneiras de pensar, de sentir e de se comportar atinjam sem conflitos uma congruência com as maneiras preexistentes de o self pensar, sentir e comportar-se. Ou seja, a integração ocorre à medida que identificações que de outra maneira seriam isoladas (p. ex., "reciclar jornais não é divertido; de qualquer modo, quero fazer isso porque é importante para o ambiente") passem a ser coerentes e congruentes com os valores existentes no self (p. ex., "dou muito valor ao meio ambiente"). Quanto mais a pessoa integra maneiras internalizadas de pensar e de se comportar ao sistema mais amplo do seu self, mais as suas ações extrinsecamente motivadas tornam-se autodeterminadas.

Como é o tipo mais autodeterminado de motivação extrínseca, a regulação integrada é associada à maioria dos resultados positivos, tais como o desenvolvimento pró-social e o bem-estar psicológico (Ryan & Deci, 2000a). A conclusão geral de investigações empíricas sobre o *continuum* de tipos de motivação na teoria da autodeterminação é que, quanto mais autodeterminada for a motivação extrínseca de uma pessoa, melhor será o seu desempenho, como no caso do desempenho escolar (Ryan & Connell, 1989) e do aumento do bem-estar psicológico (Sheldon & Kasser, 1995).

JUNTANDO AS PEÇAS: MOTIVANDO OS OUTROS A PARTICIPAREM DE ATIVIDADES DESINTERESSANTES

As pessoas enfrentam um problema motivacional difícil quando tentam motivar outras a participarem de atividades que, apesar de importantes, são desinteressantes. Exemplos disso ocorrem quando os pais pedem aos filhos para lavarem as mãos antes das refeições, um professor solicita aos alunos que resolvam uma lista de problemas difíceis de matemática, e o gerente de uma loja pede que seus atendentes sejam corteses com os clientes grosseiros. A primeira solução para problemas motivacionais

100 Capítulo Seis

como esses é, geralmente, usar incentivos para fazer as pessoas fazerem aquilo que lhes solicitamos, como acontece quando o pai ou a mãe da criança diz: "se você lavar as mãos, terá sorvete de sobremesa; mas, se não lavar, não ganhará nada depois do jantar". Nesse caso, quem motiva a obediência da criança é a sua vontade de ganhar o sorvete, não o apelo intrínseco ou o valor pessoal que ela dá ao ato de lavar as mãos. O problema em se utilizar os resultados esperados e tangíveis é que eles fornecem somente obediência, aprendizagem de baixa qualidade, desempenho mínimo (que, nesse exemplo, pode traduzir-se em mãos mal lavadas) e uma dependência do indivíduo em receber mais regulações externas. Entretanto, há esperança de que é possível encontrar uma maneira de idealizar estratégias motivacionais que possam fazer com que o indivíduo tenha iniciativa, aprenda de modo eficiente, apresente um desempenho criativo e possua uma auto-regulação autônoma.

O motivo pelo qual um grande número de pessoas utiliza contingências externas para motivar outras é que, ao parear uma contingência externa (recompensa, prazos) com uma atividade desinteressante, elas esperam redefinir essa atividade de modo que esta deixe de ser considerada algo "que não vale a pena fazer" para ser algo "que valha a pena ser feito". Ou seja, a contingência externa que se agrega cria uma motivação para que o outro participe de uma atividade, motivação essa que a atividade em si não é capaz de gerar (em função de ser tão desinteressante). Reconhecendo que as contingências externas podem, em geral, promover formas controladoras de motivação extrínseca associadas a um desempenho fraco, os pesquisadores têm testado o grau a que uma contingência externa não-controladora é capaz de promover uma forma autodeterminada de motivação extrínseca que se associe a melhor desempenho do indivíduo. Uma dessas estratégias é apresentar um raciocínio — uma explicação verbal de por que a dedicação de um certo esforço durante a atividade pode ser algo útil para a pessoa (Deci et al., 1994; Newby, 1991; Reeve et al., 2002). Eis três exemplos disso:

- Um pai explica ao filho por que é importante varrer do chão as folhas caídas:

  "Varrer as folhas é importante porque precisamos limpar o jardim e, assim, nos prepararmos para a festa de Halloween hoje à noite".

- Um professor de engenharia explica aos alunos a necessidade de ler um texto desinteressante antes da próxima aula:

  "Ler hoje à noite o texto das páginas 310 a 325 é importante porque vocês logo vão fazer um trabalho de construção, e as informações de que necessitam para construir encontram-se nessas páginas".

- Uma médica explica à paciente por que exercitar-se é importante:

  "Fazer esses exercícios três vezes por semana é importante porque eles diminuirão significativamente o risco de você ter um ataque cardíaco".

Considere dois estudos que apresentaram aos participantes uma argumentação sobre o motivo para eles participarem de uma

atividade desinteressante, dizendo-lhes que se tratava de "algo que valia a pena ser feito" — ou seja, algo que valeria o esforço despendido. No primeiro estudo, os pesquisadores pediram aos participantes que executassem uma tarefa de vigilância bastante desinteressante (pressionar a barra de espaços do teclado de um computador toda vez que uma luz aparecesse na tela), e apresentavam a alguns participantes, mas não a outros, a seguinte argumentação (Deci et al., 1994, p. 127):

"Comprovou-se que fazer essa atividade é algo útil. Constatamos que as pessoas que a fizeram aprenderam algo sobre sua própria concentração. Isso ocorre porque a atividade envolve o ato de focalizar a atenção, algo que é importante para a concentração. Por exemplo, esse é o tipo de tarefa que os controladores de tráfego aéreo utilizam para aperfeiçoar suas habilidades de detecção de sinais".

No segundo estudo, os pesquisadores pediram a estagiários de licenciatura (universitários que estão estudando para serem professores de escolas de nível fundamental e médio) que tomassem uma lição de língua estrangeira (chinês) com ou sem a seguinte argumentação (Reeve et al., 2002, p. 189):

"O motivo pelo qual estamos lhes pedindo para se esforçarem bastante nessa lição de chinês falado é que isso pode ser útil para vocês. A lição de hoje dará a vocês a oportunidade de adquirir uma habilidade que poderá ser bastante proveitosa quando estiverem trabalhando em sala de aula. Sendo capazes de dizer "Olá" e "Qual é o seu nome?" em chinês, vocês poderão passar uma mensagem de atenção e inclusão aos estudantes de língua chinesa que em breve terão em suas salas".

Em ambos os estudos, tendo ou não ouvido esses argumentos, os participantes passaram cerca de meia hora ocupando-se das atividades, enquanto os pesquisadores monitoravam o grau de sua motivação autodeterminada (por meio de um questionário) e os esforços que eles despendiam na tarefa (por meio da observação comportamental). O resultado do estudo feito com os estagiários que tiveram a aula de conversação em chinês aparece na Figura 6.6. O oferecimento de um argumento ("Um motivo para tentar") de fato fez com que os estagiários valorizassem mais a lição — mostrando que neles houve uma regulação identificada —, e quanto mais eles se identificaram com o valor da lição, mais esforços dedicaram a ela. A linha entre a Regulação Identificada Antes da Lição e a Experiência de Identificação é também importante no sentido de que mostra que os estagiários apresentaram diferenças individuais quanto ao grau de importância e utilidade que atribuíram à lição de chinês (alguns pensaram que foi perda de tempo, enquanto outros acharam que foi algo que valeu a pena ser feito). Portanto, o esforço despendido durante a lição proveio da regulação identificada (a experiência de identificação), e a regulação identificada durante a lição proveio em parte do argumento fornecido pelos pesquisadores sobre os motivos pelos quais o esforço para aprender a lição valia a pena (Razão para Tentar) e, em parte, da regulação identificada preexistente dos estagiários em relação a aprender chinês.

A razão pela qual um argumento fornecido externamente funciona como estratégia motivacional durante a realização de

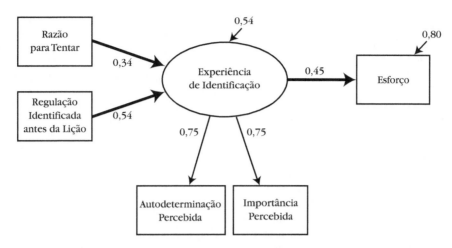

Figura 6.6 Modelo de Equação Estrutural Mostrando a Presença do Aumento de Esforço dos Participantes em Decorrência da Apresentação de um Argumento (ou seja, pelo Cultivo de uma Experiência de Identificação Rica em Motivação)

Fonte: extraído de "Providing a Rationale in an Autonomy-Supportive Way as a Strategy to Motivate Others During an Uninteresting Activity", de J. Reeve, H. Jang, P. Hardre & M. Omura, 2002, *Motivation and Emotion, 26*, 183-207. Copyright© 2002, Plenum Press.

uma atividade desinteressante é que ele é capaz de suscitar um certo grau de valorização, internalização e regulação identificada. A internalização ocorre na medida em que a pessoa vem a concordar com o argumento, dizendo: "Você diz que essa atividade é algo útil de ser feito. Talvez você esteja certo; isso pode de fato ter utilidade para mim". Quanto mais plenamente uma pessoa transforma uma regulação prescrita externamente em uma regulação endossada internamente, mais autodeterminados serão sua motivação e seu comportamento (ou seja, seu esforço) subseqüentes. Ambos os estudos que acabamos de mencionar também constataram que ajudar a pessoa a "adotar" (internalizar) o raciocínio fornecido externamente como se este fosse do próprio indivíduo é algo que requer não só uma articulação do motivo pelo qual a atividade é útil, mas também a presença de condições facilitadoras e favoráveis à autonomia, tais como o uso de uma linguagem não-controladora e o reconhecimento das sensações negativas que poderiam ser experimentadas pelas pessoas quando são solicitadas a participar do que poderia ser uma atividade aborrecida. Portanto, a maneira de informar o argumento (de um modo que seja não-controlador e que também reconheça o afeto negativo da atividade) é tão importante quanto o fato de se mostrar ao outro a utilidade da ação.

A estratégia motivacional de fornecer um raciocínio aplica-se melhor àquelas atividades que verdadeiramente são algo desinteressantes de fazer. Entretanto, uma tarefa aborrecida nem sempre tem que ser aborrecida. Enquanto participam (ou são chamadas a participar) de atividades relativamente desinteressantes (como fazer o dever de casa, lavar a roupa, ou dirigir em uma estrada de terra), as pessoas podem invocar diversas estratégias que possam lhes despertar o interesse, mesmo durante a realização de tarefas aborrecidas (Sansone et al., 1992; Sansone & Smith, 2000). Por exemplo, realçar o desafio oferecido pela atividade de maneira a testar a habilidade pessoal de um indivíduo pode potencialmente aumentar sua motivação intrínseca e sua fluência. As pessoas podem diminuir a sensação de aborrecimento se acrescentarem variedade e estímulos a um melhor desempenho em uma atividade repetitiva. As pessoas também podem mudar mentalmente o contexto da tarefa (utilizando a fantasia). Por exemplo, em vez de ler sobre como motivar os outros a realizar tarefas desinteressantes, você pode usar a imaginação para encontrar um modo de fazer seu colega de quarto lavar a louça que ele deixou sobre a pia na noite passada. Em um outro caso ocorrido com alunos da escola elementar, para tornar mais interessante um programa de computador para o ensino de matemática, um grupo de pesquisadores transformou um exercício sobre frações (bastante baseado em memorização) em um jogo de "Busca Espacial", no qual os estudantes tinham que resolver as frações para salvar a Terra de uma invasão de alienígenas. Resolver as frações dentro da fantasia do jogo da Busca Espacial veio a ser mais interessante e divertido (e também produziu melhor aprendizado) do que resolver as frações conforme a apresentação mais tradicional dessa tarefa (Cordova & Lepper, 1996).

A última estratégia para tentar motivar os outros durante a realização de atividades desinteressantes é utilizar incentivos e conseqüências, tomando-se porém o cuidado de aplicá-los de uma maneira bastante informativa e absolutamente não-controladora (Boxe 6). Assim, de modo geral, os profissionais podem escolher entre três opções efetivas enquanto tentam motivar os outros a fazer atividades desinteressantes:

1. Promover a regulação identificada (e a internalização), reconhecendo que a tarefa pode ser desinteressante mas, ao mesmo tempo, articulando sua importância, sua possibilidade de utilização pessoal ou seu "valor oculto", mostrando as razões pelas quais vale a pena realizá-la.
2. Promover o interesse do indivíduo transformando uma tarefa maçante em algo mais interessante de ser feito (por meio da apresentação de um desafio, de variedades ou de um contexto em que se utilize a fantasia).
3. Promover a competência e preservar a autodeterminação, oferecendo recompensas extrínsecas de uma maneira altamente informativa e não-controladora.

102 Capítulo Seis

RESUMO

A motivação extrínseca surge de uma razão ambientalmente criada para se iniciar uma ação. Eventos externos como a remuneração e os programas de milhagem das companhias aéreas geram uma motivação extrínseca no sentido de que estabelecem na mente da pessoa uma contingência "dos meios para se chegar a um fim", pela qual os meios são o comportamento (ir ao trabalho, escolher uma determinada companhia aérea) e o fim é alguma conseqüência atraente (dinheiro, pontos em um programa de milhagem). Não são as pessoas que desenvolvem um desejo de adotar comportamentos como trabalhar e voar por uma determinada companhia aérea. Em vez disso, as pessoas fazem o que é necessário para que o ambiente lhes recompense por suas atitudes.

O estudo da motivação extrínseca gira em torno dos três conceitos centrais de incentivo, reforço e punição. Um incentivo é um evento ambiental que atrai uma pessoa para um determinado curso de ação ou a repele para longe dessa ação. Um reforço positivo (como o dinheiro) é qualquer evento ambiental que, quando apresentado, aumenta a probabilidade de ocorrência do comportamento no futuro. Um reforço negativo (como o ruído de um despertador) é qualquer evento ambiental que, quando apresentado, aumenta a probabilidade de ocorrência de um determinado comportamento no futuro. E uma punição (como uma multa de trânsito) é qualquer evento ambiental que, quando apresentado, diminui a probabilidade de ocorrência de um determinado comportamento no futuro. As principais diferenças entre os incentivos e as conseqüências são (1) o momento em que cada uma ocorre e (2) a maneira como o comportamento é motivado. Os incentivos precedem o comportamento e excitam ou inibem o início da ação; as conseqüências seguem-se ao comportamento, aumentando ou diminuindo a persistência deste.

Se, por um lado, os eventos extrínsecos podem exercer efeitos positivos sobre a motivação e o comportamento, por outro também podem exercer efeitos seriamente prejudiciais, como resume a expressão "os custos ocultos da recompensa". Os incentivos e as conseqüências esperadas e tangíveis geralmente enfraquecem a motivação, diminuindo a autonomia do indivíduo, interferindo em seu processo de aprendizagem e prejudicando o desenvolvimento da auto-regulação autônoma do indivíduo.

A teoria da avaliação cognitiva fornece uma maneira de predizer os efeitos que qualquer evento extrínseco venha a exercer sobre a motivação. Essa teoria explica a maneira como um evento extrínseco (p. ex., dinheiro, notas escolares, prazos) afeta as motivações intrínseca e extrínseca, conforme mediado pelo efeito que o evento exerce sobre as necessidades psicológicas que o indivíduo tem de competência e autonomia. Quando um evento extrínseco é apresentado de uma maneira relativamente controladora (ou seja, fornecido para se conseguir a obediência da pessoa), ele aumenta a motivação extrínseca, mas diminui a motivação intrínseca, devido aos efeitos prejudiciais que exerce sobre a autonomia da pessoa. E quando um evento extrínseco é apresentado de maneira relativamente informativa (ou seja, fornecido de modo a transmitir a mensagem de que o trabalho foi bem-feito), ele aumenta a motivação intrínseca devido ao efeito favorável que exerce sobre a competência do indivíduo. Por conseguinte, o fato de um evento extrínseco ser motivacionalmente construtivo ou destrutivo depende da importância relativa de seus aspectos controladores e informativos. Portanto, a arte de motivar os outros por meio de eventos externos transforma-se nos esforços de apresentar às pessoas incentivos e recompensas de maneiras que sejam ao mesmo tempo não-controladoras e ricas em informação.

A teoria da autodeterminação expande a distinção entre motivação intrínseca e motivação extrínseca por meio da adoção de um *continuum* de tipos de motivação. Existem quatro tipos de motivação extrínseca. A regulação externa corresponde ao tipo de motivação extrínseca menos autodeterminado, e os comportamentos regulados externamente são realizados de modo que o indivíduo obtém uma recompensa ou satisfaz a uma demanda externa. A regulação introjetada reflete um certo grau de autodeterminação, porque nesse caso a pessoa age como se estivesse passando para dentro de si própria as regras e os comandos de outros, fazendo com que uma voz introjetada gere recompensas e punições auto-administradas. A regulação identificada corresponde a uma motivação extrínseca em sua maior parte internalizada, visto que a pessoa se identifica com a importância pessoal de um modo de pensar e de se comportar externamente prescrito e passa a pensar e a se comportar como se fosse sua própria maneira de pensar ou comportar-se. A integração é o tipo mais autodeterminado de motivação extrínseca, envolvendo o auto-exame necessário para produzir novas maneiras de pensar e de se comportar de um modo congruente com as maneiras preexistentes de pensamento e de comportamento. Os quatro tipos de motivação extrínseca são importantes porque, quanto mais autodeterminada for a motivação extrínseca da pessoa (como nos casos da regulação integrada e da regulação identificada), melhores serão seus resultados em termos de desempenho, desenvolvimento social e bem-estar psicológico.

Este capítulo termina com a apresentação do problema de motivar outras pessoas a participar de atividades desinteressantes. Três recomendações para fazer isso refletem os tipos de motivação salientados neste capítulo. A primeira estratégia motivacional é promover uma regulação identificada (e uma internalização), fornecendo um argumento que articula a maneira pela qual a atividade poderá ser útil ou importante. A segunda estratégia motivacional é promover o interesse transformando uma tarefa aborrecida em algo que seja mais interessante de ser feito, por meio da adoção de um desafio, de variedades ou de um elemento fantasioso. A terceira estratégia motivacional é utilizar incentivos e recompensas extrínsecas, mas fazê-lo de uma maneira que promova a competência e preserve a autonomia, oferecendo recompensas de uma maneira altamente informativa e não-controladora.

LEITURAS PARA ESTUDOS ADICIONAIS

Motivação Extrínseca
ELMAN, D. & KILLEBREW, T. J. (1978). Incentives and seat belts: Changing a resistant behavior through extrinsic motivation. *Journal of Applied Social Psychology, 8,* 73-83.

HALL, R. V., AXELROD, S., TYLER, L., GRIEF, E., JONES, F. C. & ROBERTSON, R. (1972). Modification of behavior problems in the home with a parent as observer and experimenter. *Journal of Applied Behavior Analysis, 5,* 53-64.

GERSHOFF, E. T. (2002). Corporal punishment by parents and associated child behaviors and experiences: A meta-analytic and theoretical review. *Psychological Bulletin, 128,* 539-579.

Os Custos Ocultos da Recompensa
DECI, E. L., KOESTNER, R. & RYAN, R. M. (1999). A meta-analytic review of experiments examining the effects of extrinsic rewards on intrinsic motivation. *Psychological Bulletin, 125,* 627-668.

HOM, H. L., Jr. (1994). Can you predict the overjustification effect? *Teaching of Psychology, 21,* 36-37.

LEPPER, M. R. & GREENE, D. (1975). Turning play into work: Effects of adult surveillance and extrinsic rewards on children's intrinsic motivation. *Journal of Personality and Social Psychology, 31,* 479-486.

Teoria da Autodeterminação
KOESTNER, R., RYAN, R. M., BERNIERI, F. & HOLT, K. (1984). Setting limits on children's behavior: The detrimental effects of controlling versus informational styles on intrinsic motivation. *Journal of Personality, 52,* 233-248.

RYAN, R. M. & CONNELL, J. P. (1989). Perceived locus of causality and internalization: Examining reasons for acting in two domains. *Journal of Personality and Social Psychology, 57,* 749-761.

RYAN, R. M. & DECI, E. L. (2000). Intrinsic and extrinsic motivations: Classic definitions and new directions. *Contemporary Education Psychology, 25,* 54-67.

RYAN, R. M. & DECI, E. L. (2000). Self-determination theory and the facilitation of intrinsic motivation, social development, and well-being. *American Psychologist, 55,* 68-78.

Capítulo 7

Necessidades Sociais

NECESSIDADES ADQUIRIDAS
   Quase-Necessidades
   Necessidades Sociais
   Como as Necessidades Sociais Motivam o Comportamento
REALIZAÇÃO
   Origens da Necessidade de Realização
      Influências da socialização
      Influências cognitivas
      Influências no desenvolvimento
   O Modelo de Atkinson
      A tendência de se aproximar do sucesso
      A tendência a evitar o fracasso
      Combinando as tendências de aproximação e de evitação
      Realização para o futuro
   O Modelo das Dinâmicas de Ação
   Condições que Envolvem e Satisfazem a Necessidade de Realização
      Tarefas moderadamente difíceis
      Competição
      Empreendedorismo
   Metas de Realização
   Integrando as Abordagens Clássica e Contemporânea da Motivação para a Realização

Motivação de Evitação e Bem-Estar
Teorias Implícitas
   Diferentes teorias implícitas significam diferentes metas de realização
   O significado do esforço
AFILIAÇÃO E INTIMIDADE
   As Condições que Envolvem as Necessidades de Afiliação e de Intimidade
      Medo e ansiedade
      Desenvolvimento das relações interpessoais
      Manutenção das redes interpessoais
      Satisfação das necessidades de afiliação e de intimidade
PODER
   Condições que Envolvem e Satisfazem a Necessidade de Poder
      Liderança e relações
      Agressividade
      Ocupações influentes
      Pertences de prestígio
   O Padrão de Motivo de Liderança
      A eficiência dos presidentes norte-americanos
RESUMO
LEITURAS PARA ESTUDOS ADICIONAIS

Imagine que você esteja dirigindo em uma rodovia interestadual por horas e horas. Enquanto dirige, a monotonia vai crescendo cada vez mais. Para se defender da monotonia, sua mente e sua imaginação começam a divagar. Olhando a paisagem rural que passa, você vê cavalos e fazendas. Cavalos correndo no pasto de uma propriedade fazem você imaginar como seria disputar o Kentucky Derby.* Você então se imagina montado em um desses cavalos, disputando a liderança cabeça a cabeça com os melhores jóqueis do mundo. Naturalmente, você ganha a corrida, e leva a multidão à loucura. Conquistado o título de campeão mundial de hipismo, seus pensamentos agora se voltam para a prova que você fez antes de sair da cidade. Você afundou na prova, e esse desempenho abaixo da média deixou você arrasado,

obrigando-o a imaginar possíveis maneiras de melhorar. Você então chega à conclusão de que da próxima vez administrará seu tempo de maneira mais eficiente. Esse plano lhe dá esperanças, e você começa a sonhar com os dias em que estará formado e será médico. Você então pensa no seu futuro trabalho em um laboratório, onde será o responsável por importantes avanços científicos, descobrindo talvez a cura do câncer ou da Aids. Sua carreira será brilhante.

A viagem e a monotonia continuam. Uma canção que toca no rádio lembra a você que seus amigos ficaram quase 1.000 quilômetros atrás. Isso o faz experimentar uma sensação de perda, e essa sensação de separação faz você lembrar da discussão boba que teve com sua namorada pouco antes de viajar. Você então imagina tudo o que poderia fazer para consertar essa situação — telefonar para ela, enviar-lhe um e-mail pedindo-lhe desculpas ou, melhor ainda, virar a direção e surpreendê-la com uma visita

---

*Famosa corrida de cavalos nos EUA. (N. T.)

104   Capítulo Sete

imprevista. Ao passar em frente a uma escola de segundo grau, você agora se lembra de como era agradável o tempo de convivência com seus colegas de colégio. Foi a melhor época de sua vida, e você sorri e dá risadas lembrando-se disso. Sua risada chama a atenção de uma passante e, por um momento, você se pergunta como seria se você viesse a conhecer essa mulher e soubesse da sua vida e de seus interesses. O que será que ela faz? Para onde está indo? Quais são as suas crenças? Quem é ela?

E a viagem continua. Seu carro segue, a 130 quilômetros por hora. Por algum motivo, você sente que o motorista de um outro carro lhe incomoda, pois está dirigindo rápido demais em comparação com você. E a maneira acintosa como ele o ultrapassou pareceu ser desnecessariamente agressiva, como se estivesse provocando você. Sentindo-se ofendido, você tem o impulso de lhe gritar e piscar o farol. Entretanto, você prefere se conter, restringindo-se a murmurar um palavrão, ajeitar o colarinho e colocar seus óculos escuros, o que lhe dá uma certa imagem de impassibilidade. Mas, quando escurece, você tira os óculos escuros, e seus pensamentos começam a divagar sobre como seria se você estivesse viajando em um carro conversível e as pessoas o vissem conversando ao telefone celular. Você poderia estar dirigindo um desses enormes e potentes veículos esportivos. Agrada-lhe a idéia de ser rico e respeitado pelos outros.

Fantasias de vencer uma corrida, ter sucesso em uma competição, tornar-se um estudante melhor e conseguir algo único como a cura de uma doença são pensamentos relacionados à realização. Já os pensamentos de separação e as metas de restaurar uma amizade estremecida, de encontrar amigos íntimos e de fazer novas amizades relacionam-se com a afiliação e a intimidade. Impulsos de assertividade e preocupações com *status* e reputação surgem de pensamentos relacionados ao poder. Em geral, enquanto a mente divaga, nossas necessidades encontram uma maneira de se imiscuírem em nossa consciência para afetar nossos pensamentos, nossas emoções e nossos desejos. Os pensamentos que livremente brotam na nossa mente contam a história de quais necessidades sociais são particularmente importantes para nós.

NECESSIDADES ADQUIRIDAS

Este capítulo discute duas categorias de necessidades psicológicas adquiridas: as necessidades sociais e as quase-necessidades. Nenhum de nós nasce com necessidades de realização, de poder, de dinheiro, de alto desempenho acadêmico ou de um carro novo que impressione os amigos. Entretanto, todos, pelo menos a um certo grau, desenvolvemos dentro de nós esses objetivos. A experiência pessoal, as oportunidades e as demandas de socialização, e também nossa história única de desenvolvimento, nos ensinam a esperar encontrar mais experiências emocionais positivas em algumas situações do que em outras. As experiências nos ensinam a associar uma experiência emocional positiva a certos domínios (p. ex., oportunidades de realização, afiliação, intimidade e poder), e a antecipação de uma experiência emocional positiva nesses domínios leva-nos a organizar nosso estilo de vida em torno dessas experiências. Com o tempo, e em decorrência da repetição dessas experiências emocionais, adquirimos preferências por determinadas situações, *hobbies* e carreiras espe-

cíficas que são capazes de envolver e satisfazer a necessidade ou necessidades por nós adquiridas e valorizadas. Alguns de nós aprendem a preferir e apreciar situações que nos desafiam com padrões explícitos de excelência (ou seja, sentem necessidades de realização). Outros aprendem a preferir e apreciar situações que fornecem oportunidades de relacionamento (ou seja, sentem necessidades de afiliação e de intimidade). E outros ainda aprendem a preferir e apreciar situações que lhes permitem exercitar a influência sobre outros (ou seja, sentem necessidades de poder).

As pessoas trazem dentro de si uma grande quantidade de necessidades, incluindo as necessidades fisiológicas, as psicológicas, as sociais e as quase-necessidades. O que é comum entre as necessidades discutidas neste capítulo — as necessidades sociais e as quase-necessidades — é o fato de que elas têm uma origem social (em vez de inata). As necessidades sociais originam-se das preferências ganhas por meio da experiência, da socialização e do desenvolvimento do indivíduo. Essas necessidades vêm a existir dentro de nós como diferenças individuais adquiridas — ou seja, como parte da nossa personalidade. Já as quase-necessidades são mais efêmeras, e incluem os desejos induzidos pela situação, tais como a necessidade imediata de dinheiro, de auto-estima, de um guarda-chuva quando chove, e assim por diante.

Para manter distintos os diferentes tipos de necessidades, a Tabela 7.1 resume as definições de cada tipo. Lembre-se, do Capítulo 4, de que a definição geral de necessidade é a seguinte: qualquer condição da pessoa que seja essencial e necessária à sua vida e ao seu crescimento, de tal modo que sua satisfação produz bem-estar, ao passo que sua frustração produz danos. Dada essa definição geral, a tabela lista as necessidades específicas que representam quatro subcategorias de necessidade.

A ênfase deste capítulo é nas necessidades sociais que vêm a atuar como características de personalidade: realização, afiliação, intimidade e poder. Este capítulo traça as origens sociais de cada uma dessas necessidades, e discute a maneira como cada uma delas, uma vez adquirida, manifesta-se por meio do pensamento, da emoção, da ação e do estilo de vida. A análise das quatro necessidades sociais de realização, afiliação, intimidade e poder constitui a maior parte deste capítulo, mas existe uma outra classe de necessidades mais efêmeras que também energiza e direciona o comportamento — as quase-necessidades.

Quase-Necessidades

As quase-necessidades são vontades e desejos induzidos por uma determinada situação e que, na verdade, não são necessidades no sentido completo como as necessidades fisiológicas, psicológicas e sociais. As quase-necessidades são assim chamadas porque de algumas maneiras lembram as necessidades verdadeiras. Por exemplo, elas afetam o modo como pensamos, sentimos e agimos (ou seja, afetam nossa cognição, nossa emoção e nosso comportamento). Um conjunto de quase-necessidades que comumente ganha a atenção de estudantes universitários são as quase-necessidades de dinheiro, de obtenção de um emprego seguro e de um plano de carreira profissional capaz de ganhar a aprovação dos pais. As circunstâncias do dia-a-dia nos lembram de nossas necessidades por dinheiro, emprego e aprovação, e eventos

Tabela 7.1 Quatro Tipos de Necessidades e Suas Definições

Tipo de Necessidade	Definição, com Exemplos
Fisiológica	Uma condição biológica dentro do organismo que orquestra as estruturas cerebrais, os hormônios e os principais órgãos para regular os desequilíbrios corporais essenciais e necessários à vida, ao crescimento e ao bem-estar. Exemplos incluem a sede, a fome e o sexo.
Psicológica	Um processo psicológico inato subjacente ao desejo de buscar interações com o ambiente para ganhar experiências e promover a vitalidade, o crescimento e o bem-estar psicológico. Exemplos incluem a autonomia, a competência e o relacionamento.
Social	Um processo psicológico adquirido que se intensifica a partir da própria história de socialização da pessoa e que ativa as respostas emocionais dadas por ela a incentivos relevantes à necessidade. Exemplos incluem as necessidade de realização, afiliação, intimidade e poder.
Quase	Vontades efêmeras e situacionalmente induzidas que criam uma energia tensa para se adotar um comportamento capaz de reduzir a tensão acumulada. Exemplos incluem o desejo de ter dinheiro, diante de artigos à venda em uma loja, um curativo após sofrer um corte, e um guarda-chuva quando chove.

como ir às compras, ter uma entrevista de emprego e visitar nossa família conservam essas vontades induzidas por determinada situação em um lugar de destaque em nossa atenção. Além disso, com bastante freqüência essas quase-necessidades têm um senso de urgência sobre si mesmas, chegando às vezes a dominar nossa consciência, e podendo mesmo em alguns casos ofuscar e suplantar outras necessidades.

As quase-necessidades originam-se das demandas e pressões situacionais. Sempre que a pessoa satisfaz uma demanda ou pressão situacional, a quase-necessidade esmorece. Por exemplo, quando nos chega pelo correio uma conta a pagar, sentimos a necessidade de dinheiro. Depois de sermos rejeitados, sentimos a necessidade de auto-estima. Ao vermos à venda uma mercadoria que nos interessa, sentimos a necessidade de possuí-la. Ao nos aproximarmos dos 20 anos de vida, sentimos necessidade de casar, e assim por diante. Entretanto, uma vez obtido o dinheiro, a auto-estima, a mercadoria ou o casamento, chegamos a uma situação em que não mais experimentamos essas necessidades. (Algumas pressões situacionais, porém, assim como a necessidade de dinheiro ou de aliviar uma dor nas costas, podem durar por um período razoavelmente longo.) No entanto, o fato de uma quase-necessidade desaparecer uma vez que obtemos o que desejamos é um sinal evidente de que não se trata de uma necessidade no sentido completo, já que não é uma condição essencial e necessária à vida, ao crescimento e ao bem-estar do indivíduo (conforme a definição de necessidade). Em vez disso, trata-se de algo que introjetamos a partir do ambiente durante um tempo e algo que tem mais a ver com as pressões que ocorrem no ambiente do que com as necessidades que sentimos. Qualquer mudança no ambiente leva a uma correspondente mudança na quase-necessidade (ou seja, se pára de chover, nossa necessidade de guarda-chuva desaparece).

As quase-necessidades originam-se de eventos situacionais que promovem dentro de nós um sentido psicológico de tensão, pressão e urgência. Logo, as quase-necessidades orientam-se para uma deficiência, sendo situacionalmente reativas. Uma quase-necessidade é aquilo que se encontra no ambiente e de que sentimos falta e necessitamos de uma maneira urgente. Por exemplo, ao se sentir pressionada e estressada por uma determinada situação, uma pessoa poderá dizer que está precisando de férias, que tem necessidade de tirar uma boa nota no teste que irá fazer, que precisa cortar o cabelo, encontrar as chaves perdidas do carro, achar uma folha de papel para escrever, um amigo para conversar, arranjar um emprego, e assim por diante, em resposta às pressões situacionais enfrentadas em um determinado momento. A dimensão adquirida por uma quase-necessidade — ou seja, sua capacidade de ganhar a atenção da pessoa e obrigá-la a entrar em ação — é em grande parte função do grau de pressão e exigência impostas pelo ambiente (p. ex., quando se ouve alguém dizer: "eu simplesmente *tenho* que achar as chaves do carro!"). É esse contexto psicológico de tensão, pressão e urgência situacionalmente induzidas que fornece a motivação para o surgimento da quase-necessidade.

Necessidades Sociais

Os seres humanos adquirem necessidades sociais por meio da experiência, do desenvolvimento e da socialização. Em uma extensa investigação sobre a maneira como as pessoas adquirem necessidades sociais, um grupo de pesquisadores procurou determinar quais foram os antecedentes na criação de crianças referentes às necessidades adultas de realização, afiliação e poder (McClelland & Pilon, 1983). Inicialmente os pesquisadores atribuíram um valor às práticas de criação de mães e pais de 78 meninos e meninas de 5 anos. Quando essas crianças atingiram a idade de 31 anos, os pesquisadores avaliaram as necessidades sociais experimentadas por cada uma delas, com o propósito de verificar quais experiências anteriores de socialização poderiam predizer, se é que o fariam, suas necessidades quando adultas.

Somente um pequeno número de antecedentes na criação das crianças foi significativo, mas esse pequeno número ilustra algumas origens primitivas das necessidades sociais. Os adultos que têm alta necessidade de realização em geral tiveram pais que adotavam rigidamente horários de alimentação e de ida ao banheiro (ou seja, foram criados com padrões elevados). Já os adultos que têm elevada necessidade de afiliação em geral tiveram pais que utilizavam o elogio (em vez da autoridade ou da coerção) como técnica de socialização. E os adultos que têm alta necessidade de poder em geral tiveram pais permissivos a

106 Capítulo Sete

respeito de sexo e agressão (p. ex., eram permissivos em relação à prática da masturbação e ao envolvimento em brigas).

A constatação de que poucas experiências na criação dos filhos predizem os motivos experimentados pelos adultos sugere que as necessidades sociais não são determinadas em uma idade muito tenra, mas que, em vez disso, vão se modificando com o tempo. Por exemplo, algumas atividades profissionais favorecem tentativas de realização a um grau maior do que outras, pois oferecem ao indivíduo oportunidades de ter desafios moderados, um trabalho independente, uma responsabilidade pessoal por resultados e um *feedback* rápido de seu desempenho. Pessoas que se ocupam dessas profissões inerentemente realizadoras (p. ex., os empresários) apresentam acentuados acréscimos em suas tentativas de realização ao longo dos anos, quando comparadas a pessoas que se ocupam de profissões não tão inerentemente realizadoras (p. ex., a enfermagem; Jenkins, 1987). Quanto aos esforços pela obtenção de poder, os trabalhadores que se ocupam de atividades que requerem assertividade (p. ex., vendedores) experimentam um aumento de necessidade de poder ao longo dos anos (Veroff et al., 1980). Portanto, os contextos sociais, assim como a família e o ambiente de trabalho, influenciam as necessidades que adquirimos.

Uma vez adquiridas, experimentamos as necessidades sociais como potenciais emocionais e comportamentais que são ativados por incentivos situacionais específicos (Atkinson, 1982; McClelland, 1985). Ou seja, quando um incentivo associado a uma determinada necessidade encontra-se presente (p. ex., uma data funcionando como um incentivo a experimentar intimidade, ou um discurso inspirado funcionando como um incentivo ao poder), a pessoa que tem um grau elevado dessa necessidade social em particular experimenta uma ativação emocional e comportamental (ou seja, sente esperança, procura uma interação). A experiência ensina a cada um de nós que iremos adquirir certas reações emocionais positivas em resposta a certos incentivos, mas não a outros (McClelland, 1985). A Tabela 7.2 mostra diferentes tipos de incentivo que podem ativar diferentes tipos de necessidade social.

Como as Necessidades Sociais Motivam o Comportamento

As necessidades sociais surgem e ativam o potencial emocional e comportamental quando aparecem incentivos à satisfação dessas necessidades. Por exemplo, dependendo da constelação única de necessidades sociais adquiridas por cada indivíduo, um teste na escola pode ativar uma emoção de medo e um comportamento de evitação, ao passo que um baile na escola pode ativar uma emoção de esperança e um comportamento de aproximação. Já para outra pessoa que tem uma diferente constelação de necessidades sociais, o mesmo teste pode provocar uma emoção de esperança e comportamento de aproximação, ao passo que o baile lhe provocaria emoção de medo e um comportamento de evitação. Com as necessidades sociais, as pessoas reagem a eventos como testes e bailes na escola aprendendo o valor de incentivo (positivo ou negativo) dos objetos que as circundam. E, quando esses objetos aparecem, eles ativam padrões de emoção e de comportamento associados às necessidades sociais das pessoas.

As necessidades sociais são de natureza principalmente reativa. Elas ficam adormecidas dentro de nós até encontrarmos um incentivo potencialmente capaz de satisfazer à necessidade, fazendo então com que a necessidade social passe para o foco de nossa atenção em termos de pensamentos, sentimentos e comportamento. Entretanto, além disso, as pessoas também aprendem a antecipar o surgimento de incentivos relevantes do ponto de vista das necessidades. As pessoas aprendem de maneira um tanto rápida que, por exemplo, certas profissões, organizações e eventos recreativos representam ótimas oportunidades de apresentarem um bom desempenho e demonstrarem competência pessoal para agradar aos outros e ganhar sua aprovação, para participarem de uma relação calorosa e segura, ou para exercerem impacto sobre outros. Portanto, as pessoas adquirem e baseiam-se no conhecimento pessoal de suas necessidades sociais, que os impelem para ambientes capazes de ativar e satisfazer essas necessidades. A pessoa que busca bastante a realização é capaz de abrir um negócio porque deseja ser empresária ou corretora de ações, ao passo que uma pessoa que busca bastante o poder tentará, por exemplo, ser administradora de empresa, concorrer a um cargo político ou dedicar-se a um *hobby* que lhe dê a oportunidade de exercer influência sobre outras pessoas.

REALIZAÇÃO

A necessidade de realização é o desejo de fazer algo bem-feito que corresponda a um padrão de excelência. É a realização que motiva as pessoas a buscarem o "sucesso quando se compete com um padrão de excelência" (McClelland et al., 1953). Padrão de excelência (segundo Heckhausen, 1967) é uma expressão ampla que engloba situações em que uma pessoa compete com:

- Uma tarefa (p. ex., resolver um quebra-cabeça, redigir um texto convincente)
- Si própria (p. ex., melhorar seu próprio tempo de corrida, aumentar sua média de notas na universidade)
- Os outros (p. ex., vencer um concurso, tornar-se o melhor aluno da sala)

O que todos os tipos de situação de realização têm em comum é que a pessoa se depara com um padrão de excelência e é por ele energizada, em grande parte porque sabe que o desempenho futuro que ela terá vai produzir uma avaliação significativa do ponto de vista emocional a respeito da sua competência pessoal.

Tabela 7.2 Incentivo que Ativa o Potencial Emocional e Comportamental de Cada Necessidade Social

Necessidade Social	Incentivo que Ativa Cada Necessidade
Realização	Fazer algo bem para demonstrar competência pessoal
Afiliação	Ter a oportunidade de agradar aos outros e ganhar sua aprovação
Intimidade	Relações calorosas e seguras
Poder	Exercer impacto sobre os outros

Ao se defrontar com os padrões de excelência, as pessoas variam quanto às suas reações emocionais. Indivíduos que têm alta necessidade de realização em geral respondem a esses padrões com emoções orientadas para a aproximação, tais como a esperança, o orgulho e a gratificação antecipatória. Já os indivíduos que têm baixa necessidade de realização em geral respondem a esses mesmos padrões com emoções orientadas para a evitação, tais como a ansiedade, a defesa e o medo de fracassar. Também variam as respostas comportamentais que as pessoas dão aos padrões de excelência. Quando confrontadas com um padrão de excelência, as pessoas diferem umas das outras em termos de escolha, latência, esforço, persistência e desejo de assumir uma responsabilidade pessoal pelos resultados — bons ou ruins — que sobrevirão (Cooper, 1983). Aqueles que têm alta necessidade de realização, comparados com os que têm baixa necessidade, preferem escolher versões de tarefas moderadamente difíceis a difíceis, em vez de versões fáceis (Kuhl & Blankenship, 1979; Slade & Rush, 1991); eles rapidamente iniciam a realização das tarefas relacionadas à realização, em vez de adiá-las ou simplesmente evitá-las (Blankenship, 1987); mostram realizar maior esforço e apresentam melhor desempenho em tarefas moderadamente difíceis, porque são energizados pelo orgulho (Karabenick & Yousseff, 1968; Raynor & Entin, 1982); são mais persistentes diante de dificuldades e do fracasso em tarefas moderadamente difíceis (Feather, 1961, 1963); e responsabilizam-se pessoalmente por seu sucesso ou fracasso, em vez de procurarem ajuda ou conselho de outrem (Weiner, 1980).

Portanto, os padrões de excelência representam para as pessoas uma faca de dois gumes. Às vezes eles nos excitam, fazendo-nos reagir com uma emoção e um comportamento de aproximação. Outras vezes, porém, esses padrões de excelência nos trazem ansiedade, fazendo-nos reagir com uma emoção e um comportamento de evitação.

Origens da Necessidade de Realização

Décadas atrás, pesquisadores passaram a investigar o estilo de criação das crianças com o propósito de descobrir as raízes das suas necessidades de realização. A esperança era poder explicar os determinantes sociais responsáveis pelas altas e baixas necessidades de realização. À medida que as pesquisas progrediam, foi se tornando cada vez mais claro que a necessidade de realização é um fenômeno multifacetado, baseado não só em um único traço de personalidade, mas sim em um espectro de processos sociais, cognitivos e de desenvolvimento.

Influências da Socialização

A socialização explica em parte os níveis de intensidade e resiliência das tentativas de realização das pessoas (Heckhausen, 1967; McClelland & Pilon, 1983). As crianças passam a buscar a realização de maneira relativamente intensa quando recebem de seus pais: treinamento para a independência (p. ex., autoconfiança, autonomia), aspirações por um desempenho elevado, padrões realistas de excelência (Rosen & D'Andrade, 1959; Winterbottom, 1958), autoconceito de habilidade elevada (p. ex., quando ouvem os pais dizerem: "essa tarefa será fácil para você"), uma valorização positiva das tentativas relacionadas à realização (Eccles-Parsons, Adler & Kaczala, 1982), padrões explícitos de excelência (Trudewind, 1982), um ambiente familiar rico em estimulação potencial (p. ex., muitos livros em casa), uma ampla faixa de experiências, tais como viagens, e a exposição a histórias infantis ricas em fantasias de realização (p. ex., *The Little Engine That Could*; deCharms & Moeller, 1962). No entanto, após anos de investigação, os esforços para se identificarem práticas de socialização capazes de produzir nas crianças uma elevada necessidade de realização foram bem-sucedidos apenas em parte, muitas vezes porque estudos longitudinais começaram a mostrar que as buscas de realização mudam bastante da infância para a fase adulta, e que as buscas de realização dos adultos freqüentemente também mudam de uma década de vida para outra (Jenkins, 1987; Maehr & Kleiber, 1980).

Influências Cognitivas

À medida que a revolução cognitiva dos anos 1970 e 1980 se desencadeava sobre o estudo da motivação, os pesquisadores voltaram sua atenção para saber quais seriam as bases cognitivas do pensamento sobre a realização (Ames & Ames, 1984). Algumas maneiras de pensar relacionam-se mais com a realização do que outras, como as que se seguem:

- Percepção de grande habilidade
- Orientação para a obtenção de domínio
- Expectativas elevadas de sucesso
- Forte valorização da realização
- Estilo atribucional otimista

A percepção de se possuir uma grande habilidade facilita tanto a persistência (Felson, 1984; Phillips, 1984) quanto o desempenho (Hansford & Hattie, 1982; Marsh, 1990). Uma orientação para a obtenção de domínio (comparada com uma orientação desleixada) leva as pessoas a escolherem tarefas moderadamente difíceis e a responderem às dificuldades aumentando, e não diminuindo, o esforço despendido (Dweck, 1986, 1999; Elliot & Dweck, 1988). As expectativas de sucesso alimentam os comportamentos orientados para a aproximação, como acontece quando se buscam desafios em um nível ótimo (Eccles, 1984a) e um bom desempenho (Eccles, 1984b; Volmer, 1986). A valorização da realização conseguida por um indivíduo em uma área específica pode predizer a persistência do indivíduo nessa área (Eccles, 1984b; Ethington, 1991). E um estilo otimista de atributos favorece as emoções positivas, como a esperança e o orgulho que se seguem ao sucesso, e mantém distantes as emoções negativas, como o medo e a ansiedade (Weiner, 1985, 1986). Portanto, quando as condições em casa, na escola, nos esportes, no trabalho e na terapia são capazes de promover crenças em uma alta habilidade, uma orientação para a obtenção de domínio, expectativas de sucesso, valorização de conquistas e um estilo otimista de atributo, tais condições representam o solo cognitivo para se cultivar uma maneira de pensar voltada para a realização.

Influências no Desenvolvimento

A identificação das influências cognitivas sobre o comportamento de realização levou os pesquisadores a estudar como as maneiras de pensar se desenvolvem ao longo da vida de uma

108 Capítulo Sete

pessoa (Heckhausen, 1982; Parsons & Ruble, 1977; Ruble et al., 1992; Stipek, 1984; Weiner, 1979). Tanto as crenças, os valores e as emoções relacionados à realização apresentam padrões no desenvolvimento previsíveis (Stipek, 1984). As crianças muito pequenas são notórias amadoras quanto à sua capacidade de estimar suas reais habilidades. Elas nutrem crenças fantasiosas elevadas em sua própria habilidade (Nicholes, 1979; Stipek, 1984), não diminuem as crenças que têm em suas habilidades depois de experimentarem o fracasso (Parsons & Ruble, 1977) e ignoram o mau desempenho que possam ter em relação aos colegas (Ruble, Parsons & Ross, 1976). Entretanto, durante a segunda fase da infância, as crianças vão cada vez mais atentando para as comparações com o desempenho dos colegas e, na fase final da infância, elas já se baseiam em um conjunto bem mais extenso de informações, que lhes permitem construir crenças de habilidade relativamente realistas, por meio de avaliações de si mesmas, dos colegas, dos professores e dos pais (Felson, 1984; Nicholls, 1978, 1979; Rosenholtz & Rosenholtz, 1981; Ruble et al., 1992; Stipek, 1984). No que diz respeito aos valores, as crianças menores valorizam bastante a aprovação de outras pessoas, ao passo que dão muito pouca importância à realização em si (Stipek, 1984). Os valores relacionados à realização precisam ser internalizados, tal como quando os pais valorizam muito ou pouco a realização (Eccles-Parsons et al., 1982) e quando exercem profissões com grande ou pequeno valor de realização (Waterman, 1988). Quanto às emoções, as crianças não nascem com sentimentos de orgulho ou de vergonha, visto que estas não são emoções inatas. Em vez disso, o orgulho surge a partir de uma história do desenvolvimento de episódios de sucesso culminando na proficiência; e a vergonha surge a partir de uma história no desenvolvimento com episódios de fracasso culminando no ridículo (Stipek, 1983). Ou seja, a história do nosso desenvolvimento nos ensina a sentir orgulho ou vergonha quando nos deparamos com padrões de excelência.

O Modelo de Atkinson

Duas abordagens teóricas dominam a compreensão da motivação de realização: a abordagem clássica e a abordagem contemporânea (Elliot, 1997). A visão clássica é o modelo de comportamento de realização de Atkinson, que inclui o modelo das dinâmicas de ação. A visão contemporânea é uma abordagem cognitiva centralizada nas metas que as pessoas adotam em situações de realização.

Cada uma dessas abordagens pode ser discutida separadamente, mas o que há em comum entre elas é o fato de ambas partilharem a mesma descrição da motivação de realização como uma luta inerente entre a aproximação e a evitação. Todos nós experimentamos os padrões de excelência como se fossem uma faca de dois gumes: diante desses padrões, por um lado experimentamos excitação e esperança, antecipando o orgulho que sentiremos por um trabalho bem-feito; e, por outro lado, experimentamos ansiedade e medo, antecipando a vergonha de uma possível humilhação. Portanto, a motivação de realização existe como uma maneira de equilibrar as emoções e as crenças subjacentes à tendência de aproximação do sucesso *versus* as emoções e as crenças subjacentes à tendência a evitar o fracasso.

John Atkinson (1957, 1964) argumentou que a necessidade de realização pode predizer apenas em parte o comportamento de realização, uma vez que este depende não só da tendência à realização do indivíduo, mas também da probabilidade de sucesso dessa pessoa na tarefa em questão, e também do valor de incentivo existente no indivíduo em relação ao sucesso na tarefa. Atkinson observa que algumas tarefas têm alta probabilidade de sucesso, ao passo que outras têm baixa probabilidade de sucesso. Também ocorre que algumas tarefas oferecem maior incentivo para o sucesso do que outras. Considere, por exemplo, as aulas dos cursos que você está freqüentando atualmente. Cada curso tem sua própria probabilidade de sucesso (p. ex., um curso de cálculo avançado no último ano da faculdade é geralmente mais árduo do que um curso de introdução à educação física), e cada um também tem seu próprio valor de incentivo para o sucesso (p. ex., sair-se bem em uma disciplina diretamente relacionada ao seu curso é algo em geral mais valorizado do que se sair bem em uma disciplina que nada tem a ver com o curso que você está fazendo).

A teoria de Atkinson apresenta quatro variáveis: o comportamento de realização e seus três preditores — a necessidade de realização, a probabilidade de sucesso e o incentivo para o sucesso. O comportamento de realização é definido como sendo a tendência de aproximar-se do sucesso, abreviada como Ts. Os três fatores dominantes de Ts são (1) o grau a que a pessoa necessita de realização (Ms, ou motivo para o sucesso), (2) a probabilidade percebida de alcançar o sucesso (Ps), e (3) o valor de incentivo relacionado ao sucesso em uma determinada atividade (Is). Expressa-se o modelo de Atkinson segundo a seguinte fórmula:

$$Ts = Ms \times Ps \times Is$$

A Tendência de se Aproximar do Sucesso

A primeira variável da equação, Ms, corresponde à necessidade de realização da pessoa. A variável Ps é estimada com base na dificuldade percebida de realizar a tarefa e também com base na própria percepção de habilidade que o indivíduo tem para realizar a tarefa. A variável Is é igual a $1 - Ps$. Assim, se a probabilidade de sucesso for de 0,25, o incentivo para o sucesso nessa tarefa será de 0,75 (1,00 − 0,25). Ou seja, o valor de incentivo para o sucesso é elevado nas tarefas difíceis, e é baixo nas tarefas fáceis. Para compreender melhor a tendência comportamental de se aproximar do sucesso (Ts), considere um aluno de ensino médio que pratica luta livre, e que na próxima semana terá que lutar com dois oponentes. O primeiro oponente é o atual campeão estadual ($Ps = 0,1$), de modo que nosso lutador experimenta um forte incentivo para derrotar o campeão ($Is = 1 - Ps$, o que resulta em $Is = 0,9$). Já o segundo oponente é alguém que se encontra no mesmo nível do nosso atleta ($Ps = 0,5$), de modo que este conseqüentemente tem apenas um incentivo moderado para ganhar a luta ($Is = 0,5$). Se utilizarmos um número arbitrário como 10 para caracterizar a necessidade disposicional do nosso atleta por realização (Ms), a teoria de Atkinson prediz que o atleta do nosso exemplo terá maior motivação de realização relativamente ao segundo oponente ($Ts = 2,50$, pois $10 \times 0,5 \times 0,5 = 2,50$) do que relativamente ao primeiro oponente ($Ts = 0,90$, pois $10 \times 0,1 \times$

0,9 = 0,90); disso se depreende que um nível ótimo de desafio ($Ps = 0,5$) fornece a combinação motivacional mais rica para a expectativa e o incentivo de sucesso.

A Tendência a Evitar o Fracasso

Da mesma maneira que, ao se deparar com padrões de excelência, as pessoas experimentam uma necessidade de realização (Ms), às vezes elas, ao se depararem com padrões de excelência, experimentam uma necessidade de evitar o fracasso (Atkinson, 1957, 1964). A tendência a evitar o fracasso motiva o indivíduo a defender-se contra a perda da auto-estima, a perda de respeito social e o medo de passar por situações constrangedoras (Birney, Burdick & Teevan, 1969). A tendência a evitar o fracasso, que abreviaremos como Tef, é calculada por meio de uma fórmula paralela à que utilizamos para Ts:

$$Tef = Mef \times Pf \times If$$

A variável Mef representa o motivo para se evitar o fracasso, Pf é a probabilidade de ocorrência do fracasso (que, por definição, é igual a $1 - Ps$) e If representa o valor de incentivo negativo relativo ao fracasso ($If = 1 - Pf$). Portanto, se o motivo que o indivíduo tem para evitar o fracasso estiver valendo, digamos, 10, em uma tarefa difícil ($Pf = 0,9$) a tendência a evitar o fracasso pode ser calculada como 0,90 ($Mef \times Pf \times If = 10 \times 0,9 \times 0,1 = 0,90$).

Combinando as Tendências de Aproximação e de Evitação

Atkinson conceituou Ms como sendo uma força motivacional que o indivíduo experimenta para buscar situações de realização, e Mef como uma força motivacional para escapar (por meio da sensação de ansiedade) de situações de realização. Portanto, engajar-se em uma atividade qualquer corresponde a viver o dilema sobre correr riscos, no qual a pessoa se esforça para encontrar um equilíbrio entre a atração exercida pelo orgulho, pela esperança e pelo respeito social, por um lado, *versus* a repulsa exercida pela vergonha, pelo medo e pela humilhação social, por outro. Quando Ts for maior que Tef, a pessoa aproxima-se da oportunidade de testar sua competência pessoal em relação a um padrão de excelência; por outro lado, quando Tef for maior que Ts, a pessoa hesita diante da oportunidade, ou simplesmente a evita. A fórmula completa de Atkinson que prediz a tendência de realização (Tr) e que se relaciona, portanto, com os comportamentos de realização (ou seja, com a escolha, a latência, o esforço e a persistência) é a seguinte:

$$Tr = Ts - Tef = (Ms \times Ps \times Is) - (Mef \times Pf \times If)$$

Embora o modelo possa parecer bastante complexo à primeira vista, na verdade para utilizá-lo basta conhecer três variáveis: o motivo que o indivíduo sente para se aproximar (Ms), para se afastar (Mef) e a probabilidade de sucesso (Ps) na tarefa. Observe que os valores de Is, Pf e If são todos calculados somente a partir do valor de Ps [se $Ps = 0,3$, então $Is = 0,7$, $Pf = 0,7$ e $If = 0,3$].

Se você usar uns dois exemplos numéricos para se exercitar com essas contas, perceberá dois princípios gerais subjacentes ao valor numérico de Tr. Primeiro, Tr atinge um valor mais elevado quando Ts é maior que Tef, e atinge um valor mais baixo quando Tef é maior que Ts (um fator de personalidade). Segundo, Tr atinge seu valor máximo quando $Ps = 0,5$, e um valor mínimo quando Ps se encontra em torno de 0,9 (uma tarefa fácil demais para gerar no indivíduo um incentivo ao sucesso), ou então quando $Ps = 0,1$ (uma tarefa difícil demais para motivar a pessoa). Para ter uma idéia da maneira como os números se combinam para predizer a ocorrência de um comportamento de aproximação ou de evitação, considere o caso de uma criança que hesita ao tentar decidir se vai ou não aproveitar a oportunidade de cavalgar o grande pônei do zoológico. Se Ms for igual a 2, Mef for igual a 5 e Ps for igual a 0,2, Tr corresponderá ao valor numérico indicativo de evitação (ou seja, um número negativo) de $-0,48$, de acordo com a seguinte fórmula:

$$Tr = 0,32 - 0,80 = [(2 \times 0,2 \times 0,8) - (5 \times 0,8 \times 0,2)]$$

Realização para o Futuro

Nem todas as situações de realização se parecem, uma vez que algumas têm implicações que afetam os esforços despendidos por alguém que pensa em uma realização futura, ao passo que outras situações de realização têm implicações somente em relação ao presente (Raynor, 1969, 1970, 1974). Por exemplo, um corredor de longa distância tenta vencer uma competição não só para experimentar momentaneamente uma sensação orgulhosa de realização, mas também porque sabe que uma vitória hoje poderá possibilitar convites para participar de outras corridas importantes, tais como as de qualificação para campeonatos estaduais ou a possibilidade de receber uma bolsa de estudos. A "orientação de realização futura" refere-se à distância psicológica entre o indivíduo e uma meta de realização de longo prazo (p. ex., tornar-se campeão estadual). A importância da orientação de realização futura é que, mantendo-se inalteradas as demais variáveis, qualquer meta de realização perseguida a uma grande distância no tempo recebe peso menor do ponto de vista de aproximação *versus* evitação do que uma meta em um futuro bem próximo. Portanto, o comportamento de realização é função não só de Ms, Ps, Is, Mef, Pf e If, mas também da questão de se considerar que a realização atual levará o indivíduo a alguma realização futura. Desse ponto de vista, o comportamento de realização é uma série de passos constituintes de um caminho, e as situações de realização psicologicamente próximas do indivíduo exercem maior impacto sobre Tr do que as situações de realização psicologicamente distantes (Gjesme, 1981).

O Modelo das Dinâmicas de Ação

No modelo das dinâmicas de ação, o comportamento de realização ocorre dentro de um fluxo contínuo de comportamento (Atkinson & Birch, 1970, 1974, 1978). E o fluxo do comportamento é bastante determinado por três forças: instigação, inibição e consumação.

A *instigação* provoca um aumento das tendências de aproximação, e ocorre quando se confronta com estímulos ambientais associados a recompensas passadas (ou seja, qualquer coisa que possa inspirar um aumento de esperança em relação ao sucesso). A instigação é o mesmo que Ts.

A *inibição* provoca um aumento das tendências de evitação, e ocorre quando se confronta com ambientais associados a punições passadas (ou seja, qualquer coisa capaz de inspirar um aumento do medo de fracasso). A inibição é o mesmo que *Tef*. Portanto, a instigação e a inibição correspondem a *Ts* e *Tef*. A única variável nova no modelo da dinâmica da ação é a consumação.

A *consumação* refere-se ao fato de que a realização de uma atividade leva à sua própria cessação (p. ex., correr, comer, beber, dormir, ler este livro). A inclusão das forças consumadoras permite que o comportamento de realização seja compreendido como sendo dinâmico (que muda com o tempo) em vez de episódico ou estático. Por exemplo, quando você assiste às aulas na faculdade, seus esforços de realização variam semana após semana ao longo do semestre letivo, à medida que vão transcorrendo as horas de estudo e as aulas assistidas, e também à medida que você vai recebendo o *feedback* de seu desempenho. Após 16 semanas, freqüentemente as pessoas concluem que o curso já está quase suficiente, e dizem: "O.K., obrigado, mas isso já basta".

Os quatro gráficos da Figura 7.1 representam comportamentos de realização ao longo do tempo (Blankenship, 1987). Cada gráfico mostra a preferência comportamental do indivíduo por uma tarefa de realização (ou seja, uma tarefa que estimula tanto a esperança de sucesso quanto o medo do fracasso) e uma tarefa de não-realização (ou seja, uma tarefa emocionalmente neutra). Os quatro gráficos correspondem a quatro indivíduos imaginários com diferentes níveis de forças instigadoras e inibidoras. O Gráfico 1 apresenta um comportamento com alto nível de instigação e baixo nível de inibição ($Ms > Mef$). O Gráfico 2 mostra um comportamento em que são altos os níveis tanto de instigação quanto de inibição ($Ms = Mef$, sendo ambos elevados). O Gráfico 3 mostra um comportamento em que são baixos os níveis tanto de instigação quanto de inibição ($Ms = Mef$, sendo ambos pequenos). E o Gráfico 4 mostra um comportamento com baixo nível de instigação e alto nível de inibição ($Ms < Mef$).

Observe que, neste exemplo, todos os quatro indivíduos representados nos quatro gráficos da figura começam interagindo primeiro com a atividade de não-realização, (p. ex., ver televisão). A questão então torna-se: "Quanto tempo se passa até que cada pessoa começa a se comprometer com a tarefa de realização (p. ex., estudar)? No Gráfico 1 (do indivíduo que tem alta necessidade de realização), a pessoa apresenta a menor latência para se comprometer com a tarefa de realização (ou seja, o comportamento de realização mais rápido), enquanto no Gráfico 4 (ou seja, baixa necessidade de realização ou alto medo de fracasso) a pessoa mostra a latência mais longa para se comprometer com a tarefa de realização. No Gráfico 4, o indivíduo basicamente atua de maneira procrastinadora. Uma vez iniciado o comportamento de realização, ele tende a se consumir, e o indivíduo termina por retornar a uma atividade não relacionada com a realização, a qual, por sua vez, também se consumirá com o tempo (no exemplo dado, você só pode assistir à televisão o tempo todo). Os perfis de motivação (dados pela relação entre *Mf* e *Mef*) ajudam a explicar não só a latência para iniciar o comportamento de realização, uma vez começado, mas também a sua persistência.

A Figura 7.1 transmite três importantes mensagens:

1. A latência para iniciar uma tarefa de realização varia com a força do motivo (ou seja, uma rápida latência está associada a um alto valor de *Ms*).
2. A persistência de uma tarefa de realização varia com a força do motivo para executá-la (ou seja, uma longa persistência está associada a um baixo valor de *Mef*).
3. As tendências de se dedicar a tarefas de realização e a tarefas de não-realização aumentam em decorrência de incentivos ambientais e emocionais facilitadores, e dimi-

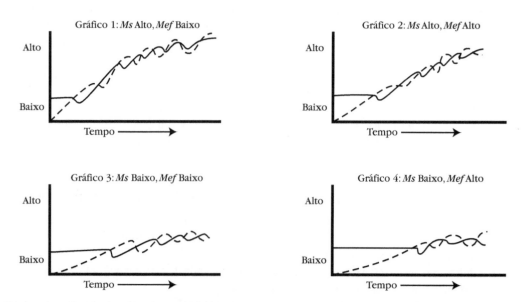

Figura 7.1 Fluxos de Comportamento em Pessoas com Alta e Baixa em *Ms* e *Mef*

Fonte: extraído de "A Computer-Based Measure of Resultant Achievement Motivation", de V. Blankenship, 1987, *Journal of Personality and Social Psychology, 53*, pp. 361-372. Copyright© 1987 da American Psychological Association. Adaptado sob permissão.

Observação: a linha tracejada representa a intensidade da tendência do indivíduo a participar da tarefa relacionada à realização; a linha contínua representa a intensidade da tendência do indivíduo a participar da tarefa de não-realização.

nuem em decorrência das forças consumatórias e dos medos inibidores.

Condições que Envolvem e Satisfazem a Necessidade de Realização

Três situações são particularmente notáveis quanto à sua capacidade de envolver e satisfazer à necessidade de realização: tarefas moderadamente difíceis, competição e empreendedorismo (McClelland, 1985).

Tarefas Moderadamente Difíceis

Em tarefas moderadamente difíceis, as pessoas que têm uma alta necessidade de realização ($Ms > Mef$) apresentam desempenho superior ao das pessoas que têm baixa necessidade de realização ($Mef > Ms$). Entretanto, em tarefas fáceis ou difíceis, as pessoas que têm grande necessidade de realização não apresentam desempenho maior que o das pessoas que têm baixa necessidade de realização (Karabenick & Yousseff, 1968; Raynor & Entin, 1982). O desempenho em uma tarefa moderadamente difícil ativa nas pessoas de alta necessidade de realização um conjunto positivo de incentivos emocionais e cognitivos, que não são socializados nas pessoas de baixa necessidade de realização. Em termos emocionais, as tarefas moderadamente difíceis representam uma arena para uma melhor testagem das habilidades, fazendo, portanto, as pessoas experimentarem emoções como orgulho e satisfação. Em termos cognitivos, as tarefas moderadamente difíceis representam uma arena para melhor diagnóstico do nível de habilidade, e aqueles que têm alta necessidade de realização estão constantemente em busca de informações que diagnostiquem suas habilidades (Trope, 1975, 1983). Portanto, tarefas moderadamente desafiadoras fornecem uma mescla de orgulho oriundo do sucesso e informações para o diagnóstico de habilidades, uma mescla que motiva mais as pessoas que têm maior necessidade de realização do que as pessoas que têm baixa necessidade de realização (Atkinson, 1981; Trope & Brickman, 1975).

Competição

A competição interpessoal capta bastante bem o dilema sobre correr riscos que as pessoas vivem em situações de realização. Em geral, a competição interpessoal promove uma emoção positiva, um comportamento de aproximação e uma melhora de desempenho nas pessoas que têm grande necessidade de realização, mas também produzem uma emoção negativa, comportamentos de evitação e piora de desempenho naqueles que têm baixa necessidade de realização (Covington & Omelich, 1984; Epstein & Harackiewicz, 1992; Ryan & Lakie, 1965; Tauer & Harackiewicz, 1999). Considere que as pessoas que têm alta necessidade de realização em geral procuram diagnósticos que informem sobre suas habilidades (Trope, 1975), oportunidades de testar suas habilidades (Epstein & Harackiewicz, 1992; Harackiewicz, Sansone & Manderlink, 1985), valorizar a competição em si (Harackiewicz & Manderlink, 1984), sentem-se atraídas por atividades que lhes permitam avaliar a si mesmas (Kuhl, 1978) e apreciam as oportunidades de demonstrar ou provar suas habilidades (Harackiewicz & Elliot, 1993). A competição oferece todas essas oportunidades, sendo, portanto, atraente para as pessoas que têm alta necessidade de realização (Harackiewicz & Elliot, 1993). Já para as pessoas que têm baixa necessidade de realização, as pressões competitivas de avaliação suscitam principalmente ansiedade e hesitação (Epstein & Harackiewicz, 1992).

Empreendedorismo

David McClelland (1965, 1987) constatou que as pessoas que têm alta necessidade de realização freqüentemente apresentam um padrão de comportamento empreendedor. Ele avaliou a necessidade de realização em um grupo de estudantes universitários e esperou 14 anos para verificar a escolha profissional de cada estudante. Cada ocupação foi classificada como sendo empreendedora (p. ex., o caso dos que abriram seu próprio negócio, ou ocuparam-se de vendas ou corretagem de ações) ou nãoempreendedora (p. ex., o caso dos gerentes de escritório, e dos empregados de uma equipe prestadora de serviços). Os resultados confirmaram que a maioria dos empreendedores apresentara grande necessidade de realização quando era estudante, ao mesmo tempo que os estudantes que apresentaram baixa necessidade de realização não vieram a se tornar empreendedores. O empreendedorismo atrai os indivíduos que têm alta necessidade de realização porque requer que as pessoas corram riscos moderados e assumam a responsabilidade por seus sucessos e seus fracassos. O empreendedorismo também fornece um *feedback* rápido e concreto do desempenho do indivíduo (p. ex., por meio dos lucros e dos prejuízos que ocorrem a todo momento — como os decorrentes das flutuações do mercado financeiro), um *feedback* que gera emoções como prazer e satisfação, e que também permite ao indivíduo diagnosticar sua competência pessoal e avaliar continuamente a sua evolução. Os indivíduos que têm alta necessidade de realização simplesmente preferem qualquer ocupação que lhes ofereça desafios, responsabilidade pessoal e um rápido *feedback* sobre seu desempenho (Jenkins, 1987; McClelland, 1961).

Metas de Realização

O modelo de Atkinson trata do comportamento de realização como uma escolha: aceitar e aproximar-se de um padrão de excelência ou rejeitá-lo e evitá-lo. O modelo procura compreender se uma pessoa vai procurar o sucesso ou evitar o fracasso e, tomando uma dessas atitudes, com qual intensidade, latência e persistência a pessoa se dedicará a essa escolha. Entretanto, os pesquisadores contemporâneos têm-se interessado cada vez mais por saber *por que* uma pessoa apresenta um comportamento de realização, e não tanto pela questão de saber *se* o comportamento de realização vai ocorrer ou não.

No dia-a-dia, freqüentemente não buscamos muito os padrões de excelência, a menos que sejamos forçados a isso. Ou seja, somos solicitados, e muitas vezes obrigados, a buscar um padrão de excelência que nos é apresentado, como acontece na escola (um teste), no trabalho (o cumprimento de uma quota de vendas), no esporte (um adversário), e assim por diante. Nesse tipo de

112 Capítulo Sete

situações, os pesquisadores contemporâneos da motivação de realização perguntam-se por que as pessoas adotam um tipo de meta de realização em vez de outro.

As duas principais metas de realização são as de desempenho e as de proficiência. Com as metas de desempenho, a pessoa que tem diante de si um padrão de excelência tenta demonstrar ou provar sua competência; já com os objetivos de proficiência, a pessoa tenta desenvolver ou aperfeiçoar sua competência (Ames & Archer, 1988; Dweck, 1986, 1990; Nichols, 1984; Spence & Helmreich, 1983). Em geral, as metas de realização baseiam-se em uma norma para avaliar a competência de uma pessoa, focalizando sua atenção em mostrar a habilidade de quem desempenha a tarefa relativamente à habilidade de outros. Realizar uma meta de desempenho significa fazer melhor do que os outros. Já as metas de proficiência em geral baseiam-se em uma avaliação de competência da própria pessoa (ou na tarefa), enfocando a atenção na própria pessoa enquanto desempenha a tarefa, no sentido de fazer com que ela desenvolva sua competência e sua proficiência. Realizar uma meta de proficiência significa progredir.

A distinção entre metas de desempenho e metas de proficiência é importante porque a adoção das metas de proficiência em um contexto de realização (p. ex., na escola, no trabalho e nos esportes) está associada a modos positivos e produtivos de pensar, sentir e comportar-se, ao passo que a adoção de metas de desempenho em um contexto de realização está associada a modos relativamente negativos e improdutivos de pensar, sentir e comportar-se (Dweck, 1999; Dweck & Leggett, 1988; Harackiewicz & Elliot, 1993; Spence & Helmreich, 1983). Em comparação com quem adota uma meta de desempenho, as pessoas que adotam metas de proficiência geralmente fazem o seguinte:

- Persistem por mais tempo na tarefa (Elliot & Dweck, 1988)
- Preferem tarefas desafiadoras e capazes de lhes ensinar algo, em vez de tarefas fáceis capazes somente de lhes permitir demonstrar a alta habilidade que têm (Ames & Archer, 1988; Elliot & Dweck, 1988)
- Utilizam estratégias de aprendizagem baseadas em conceitos, tais como relacionar informações ao conhecimento existente, em vez de utilizar estratégias superficiais de aprendizagem, tais como a memorização (Meece, Blumenfeld & Hoyle, 1988; Nolen, 1988)
- Diante de dificuldades, esforçam-se mais, em vez de se tornarem passivos ou abandonarem a tarefa (Elliot & Dweck, 1988)
- São menos suscetíveis de apresentar desamparo aprendido (Stipek & Kowalski, 1989)
- Têm maior probabilidade de se tornarem intrinsecamente, em vez de extrinsecamente, motivadas (Heyman & Dweck, 1992)
- Têm melhor desempenho (Spence & Helreich, 1983)
- E têm maior probabilidade de pedir ajuda e informações a outros, de modo a continuarem a trabalhar sozinhas (Newman, 1991)

Segundo os psicólogos educacionais, o conceito de metas de realização é útil para se entender a motivação de realização apresentada pelos alunos em sala de aula (Ames & Archer, 1988). Parte da atração que as metas de realização exercem sobre os educadores deve-se à influência relativamente forte que os professores exercem sobre os tipos de metas de realização adotados por seus alunos. Por exemplo, em um estudo feito com crianças do ensino fundamental, pediu-se aos alunos que manifestassem sua opinião, concordando ou discordando do grau a que seus professores promoviam metas de proficiência ("O professor atenta para o fato de eu estar melhorando ou não" e "Cometer erros é parte da aprendizagem") ou metas de realização ("Esforço-me bastante para tirar boas notas" e "Os estudantes sentem-se mal quando se saem pior do que os outros"). Os pesquisadores então avaliaram os estudantes quanto às suas estratégias de aprendizagem, quanto ao desejo de serem desafiados e quanto a suas atitudes em relação às aulas. Comparados aos estudantes que adotavam metas de desempenho, os estudantes que adotavam metas de proficiência sentiam-se mais atraídos do que intimidados pelos desafios, e também gostavam mais das aulas (Ames & Archer, 1988). Esse padrão de constatações ajuda a explicar por que as pessoas que têm metas de proficiência apresentam melhor desempenho do que as pessoas que têm metas de desempenho. A Tabela 7.3 apresenta de modo geral as diferentes maneiras de construção do clima de sala de aula, dependendo de os estudantes adotarem metas de proficiência ou adotarem metas de desempenho.

Integrando as Abordagens Clássica e Contemporânea da Motivação para a Realização

As abordagens clássica (teoria de Atkinson) e contemporânea (metas de realização) utilizadas no estudo da motivação para a realização podem ser combinadas e integradas em um modelo único e mais abrangente (Elliot, 1997). O modelo integrado inclui as metas de proficiência mais dois tipos diferentes de metas de desempenho e realização: a de aproximação-desempenho e a de evitação-desempenho. As metas de proficiência emanam da competência percebida da pessoa em relação à tarefa que tem à mão. As metas de aproximação-desempenho emanam de uma necessidade da pessoa por realização (Ms), ao passo que as metas de evitação-desempenho emanam do medo que a pessoa tem de fracassar (Mef).

A superposição entre as abordagens clássica e contemporânea ocorre dentro da relação estabelecida entre Ms, Mef e Ps e os tipos de metas adotadas pela pessoa. Os constructos clássicos de motivação de realização (Ms, Mef e Ps) servem como condições antecedentes que influenciam o tipo específico de metas adotadas pela pessoa em uma dada situação de realização. Por exemplo, a Figura 7.2 apresenta as relações que Ms, Mef e Ps têm com os três tipos de metas de realização. As pessoas que têm alta necessidade de realização tendem a adotar metas de aproximação-desempenho, as pessoas que têm grande medo do fracasso tendem a adotar metas de evitação-desempenho, e as pessoas que nutrem altas expectativas de competência tendem a adotar metas de proficiência. A figura mostra os resultados de um estudo real que investigou indivíduos quanto a esforço de

Tabela 7.3 Manifestações de Metas de Proficiência e de Desempenho no Contexto da Sala de Aula

Dimensão do Clima	Meta de Proficiência	Meta de Desempenho
O sucesso é definido como	Aperfeiçoamento, progresso	Notas altas, desempenho elevado segundo as normas
O valor existe no/na	Esforço, aprendizagem	Alto grau de habilidade segundo as normas
Razões de satisfação	Trabalhar intensamente, ter desafios	Fazer melhor que os outros
O professor se orienta para	Como os alunos estão aprendendo	Como os alunos estão se desempenhando
Os erros ou enganos são vistos como	Parte da aprendizagem	Surgimento de ansiedade
O foco de atenção	Processo de aprendizagem	No próprio desempenho em relação ao desempenho dos demais
Razões para se esforçar	Aprender algo novo	Obter notas elevadas, fazer melhor que os outros
Critérios de avaliação	Progresso absoluto	Normativo

Fonte: extraído de "Achievement Goals in the Classroom: Students' Learning Strategies and Motivation Processes", de C. Ames e J. Archer, 1988, *Journal of Educational Psychology, 80*, pp. 260-267. Copyright© 1988, American Psychological Association. Reproduzido sob permissão.

Observação: pode-se interpretar esta tabela selecionando-se uma dimensão de interesse na coluna do clima da sala de aula e, em seguida, lendo-se ao longo de uma linha as diferentes maneiras como os alunos que têm metas de proficiência e os alunos que têm metas de desempenho classificam uma mesma dimensão (ou seja, observando-se as crenças ou as respostas prováveis de cada tipo de aluno).

realização, metas de realização, notas acadêmicas e motivação intrínseca em relação ao curso superior que fizeram (Elliot & Church, 1997).

A necessidade de realização funcionou como um antecedente para os indivíduos adotarem metas de aproximação-desempenho e metas de proficiência, ao passo que o medo do fracasso funcionou como um antecedente para os indivíduos adotarem metas de aproximação-desempenho e metas de evitação-desempenho (ou seja, metas de desempenho em geral), e as expectativas de competência funcionaram como um antecedente para os indivíduos adotarem metas de aproximação-desempenho e metas de proficiência, bem como para rejeitarem as metas de evitação-desempenho (observe o sinal negativo para ≃ 14). Além disso, uma vez adotados esses tipos de metas de realização, as metas de proficiência aumentaram a motivação intrínseca, ao passo que as metas de evitação-desempenho a diminuíram; e as metas de aproximação-desempenho aumentaram o desempenho, ao passo que as metas de evitação-desempenho o diminuíram (Elliot & Church, 1997). Para demonstrar melhor o que são exatamente as metas de aproximação-desempenho e as metas de evitação-desempenho, a Tabela 7.4 apresenta amostras de itens extraídos do Questionário de Metas de Realização (Elliot & Church, 1997).

Integrar as abordagens clássica e contemporânea de estudo da motivação para a realização faz superar as desvantagens de cada método individual (Elliot, 1997). O problema com a abordagem clássica é que as disposições gerais de personalidade (Ms, Mef) são inadequadas para se prever o comportamento de realização em situações específicas. Em outras palavras, os fatores gerais de personalidade não são necessariamente reguladores do comportamento de realização em domínios específicos da vida, como a escola, o esporte e o trabalho. Uma pessoa pode, por exemplo, demonstrar grande esforço de realização no trabalho e, ao mesmo tempo, ter medo do fracasso em situações sociais. Já o problema com a abordagem contemporânea é em primeiro lugar vir a saber de onde provêm esses diferentes tipos de metas de realização. Em outras palavras, se você sabe que um jogador de basquete tem uma meta de aproximação-desempenho (p. ex., tem a maior média de pontuação do seu time), permanece a questão de saber por que motivo esse atleta adotou esse objetivo de realização em detrimento de outro. Juntas, as duas abordagens podem predizer o comportamento de realização em situações específicas (utili-

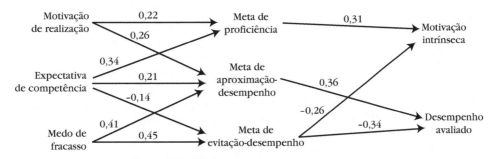

Figura 7.2 Antecedentes e Conseqüências de Três Metas de Realização

Fonte: extraído de "A Hierarchical Model of Approach and Avoidance Achievement Motivation", de A. J. Elliot e M. A. Church, 1997, *Journal of Personality and Social Psychology, 72*, pp. 218-232. Copyright© 1997 da American Psychological Association. Reproduzido sob permissão.

114 Capítulo Sete

Tabela 7.4 Dois Itens Extraídos de Cada uma das Escalas de Metas de Realização

---

META DE PROFICIÊNCIA
1. Tenho enorme vontade de dominar o conteúdo deste curso.
2. Em um curso como este, prefiro um conteúdo que realmente me desafie, de modo que eu possa aprender algo novo.

META DE APROXIMAÇÃO-DESEMPENHO
1. Minha meta neste curso é obter notas melhores que as da maioria dos outros alunos.
2. Quero ter um bom resultado neste curso, para mostrar minha habilidade aos meus familiares, meus amigos, meus orientadores e outros.

META DE EVITAÇÃO-DESEMPENHO
1. Tudo o que eu quero é evitar fracassar neste curso.
2. O medo de me sair mal neste curso é o que freqüentemente me motiva.

Fonte: extraído de "Approach and Avoidance Motivation and Achievement Goals", de A. J. Elliot, 1999, *Educational Psychologist, 34*, pp. 169-189.

zando as metas de realização) e também podem explicar de onde surgem esses objetivos de realização (utilizando as disposições da personalidade e as percepções de competência).

Uma segunda leitura da Figura 7.2 mostra a maneira como as abordagens clássica e contemporânea foram integradas, por meio de um modelo que representa as relações no desenvolvimento entre os fatores de personalidade (lado esquerdo) e as metas específicas de realização (meio da figura):

$$Ms \rightarrow \text{metas de aproximação-desempenho}$$
$$Mef \rightarrow \text{metas de evitação-desempenho}$$
$$\text{percepções de} \rightarrow \text{metas de proficiência}$$
$$\text{competência}$$

O lado esquerdo da figura mostra que as necessidades de realização (*Ms, Mef*) levam a pessoa a adotar um tipo de meta em detrimento de outro. E o lado direito da figura mostra que é o tipo de meta de realização (e não *Ms, Mef* ou *Ps* em si) que prediz os resultados relacionados à realização (ou seja, a motivação intrínseca e a qualidade de desempenho).

Motivação de Evitação e Bem-Estar

Até aqui, nossa discussão sobre a motivação de realização concentrou-se principalmente no lado de "aproximação" da realização. Porém, o medo do fracasso leva as pessoas a regularem seu comportamento de todas as maneiras capazes de interferir no seu desempenho, na sua persistência e na sua emocionalidade (Birney, Burdick & Teevan, 1969; Elliot & Sheldon, 1997; Schmalt, 1982). Ou seja, o medo do fracasso (*Mef*) leva as pessoas a adotarem metas de evitação-desempenho, tais como tentar evitar uma má atuação, e essas metas orientadas para a evitação levam as pessoas a apresentarem um desempenho insatisfatório, a desistirem rapidamente e a perderem o interesse pelo que estão fazendo, seja a tarefa em questão a resolução de anagramas (Roney, Higgins & Shah, 1995) ou o desempenho escolar (Elliot & Church, 1997; Elliot & Harackiewicz, 1996).

Esse tipo de relação (medo do fracasso → metas de evitação-desempenho → estilo desajustado de enfrentamento em situações de realização) tem importantes implicações no ajuste pessoal e na saúde mental. Um grupo de pesquisadores mensurou em universitários o medo do fracasso e o grau a que adotavam metas de evitação-desempenho. Em seguida avaliou os estudantes segundo diversas medidas de bem-estar, como auto-estima, controle pessoal, vitalidade, satisfação com a vida e bem-estar subjetivo. Quanto mais os estudantes temiam o fracasso, maior era a probabilidade de eles adotarem metas de evitação-desempenho. E quanto mais os estudantes endossavam desempenhos de evitação, pior se apresentava seu bem-estar segundo todas as cinco medidas que lhes foram aplicadas (Elliot & Sheldon, 1997). O principal motivo pelo qual o bem-estar é alcançado é que, quando se tenta com tanta intensidade evitar maus desempenhos, os estudantes regulam seu comportamento no dia-a-dia de modo a produzir insatisfação, afetos negativos e poucas sensações de prazer e satisfação. A constante tentativa de evitar situações de embaraço, mesmo quando bem-sucedida, acarreta um preço para o bem-estar. O Boxe 7 fornece um exemplo desse processo.

Uma investigação feita logo depois mostrou que características disposicionais tradicionais predispunham os estudantes a adotar objetivos de evitação-desempenho, incluindo o neuroticismo e deficiências nas habilidades necessárias para a vivência do dia-a-dia (p. ex., insuficiência nas habilidades sociais e na administração do tempo; Elliot, Sheldon & Church, 1997). As pessoas que têm grande medo do fracasso, alto grau de neuroticismo e pouca competência em habilidades da vida diária tendem a adotar metas de evitação-desempenho. Por exemplo, algumas metas de evitação-desempenho podem ter a função de fazer o indivíduo evitar ser um grosseirão em uma festa, evitar ficar solitário e evitar fumar ou beber. Entretanto, percebe-se que evitar fazer algo é mais difícil do que fazer algo (p. ex., ser amigável em uma festa). Quando as pessoas buscam metas de evitação, o progresso que percebem estar fazendo nesse esforço é geralmente menor, e é essa percepção de falta de progresso que as leva à insatisfação, à afetividade negativa e à diminuição de interesse. Estados motivacionais e emocionais como esses, quando experimentados ao longo do tempo, solapam e terminam por acabar com o bem-estar subjetivo (p. ex., a auto-estima, o controle pessoal, a vitalidade e a satisfação com a vida).

Essa linha de pesquisa é particularmente importante porque mostra de maneira um tanto convincente que, do ponto de vista da orientação, as metas de proficiência não são necessariamente mais produtivas que as metas de desempenho. Por outro lado, a busca de metas com uma orientação de aproximação — sejam elas metas de proficiência ou de desempenho — produz um estilo auto-regulatório mais positivo e produtivo do que a busca de metas de evitação de desempenho. Tanto as metas de aproximação-desempenho quanto as de aproximação-proficiência facilitam a realização e os resultados positivos na vida, ao passo que as metas de evitação-desempenho os dificultam (Sansone & Harackiewicz, 2000).

Teorias Implícitas

De modo geral, a maneira como as pessoas pensam sobre suas qualidades pessoais, como a inteligência e a personalidade,

Necessidades Sociais **115**

BOXE 7 — *Reduzindo a Ansiedade de Realização*

Pergunta: Por que essa informação é importante?

Resposta: Para que as pessoas possam diminuir sua ansiedade e evitar o fraco desempenho em situações de realização.

Quanta ansiedade você experimenta ao fazer uma prova na escola, participar de uma competição esportiva, apresentar um trabalho ou participar de um projeto, tal como o conserto de algo? Sempre que nos defrontamos com um padrão de excelência — uma tarefa que sabemos que irá terminar em uma avaliação do tipo sucesso/fracasso, feita tanto por nós mesmos quanto por outros —, sentimos, por um lado, um misto de entusiasmo e desejo de participar e, por outro, uma ansiedade e um desejo de fugir de tudo isso. Por exemplo, uma atleta que participa de uma corrida está tanto desejosa de testar suas habilidades quanto hesitante diante da probabilidade de ter uma atuação constrangedora.

A maneira mais fácil de reduzir a ansiedade em situações de realização é modificar o conteúdo do pensamento. Por exemplo, pouco antes de começar a disputar uma corrida, uma atleta desejosa da vitória pode pensar: "Quero terminar essa corrida em menos de dez minutos", enquanto uma atleta ansiosa pode pensar: "Estou com medo de ser a última colocada na prova" (Schmalt, 1999). Observe que esses pensamentos refletem as metas de aproximação-desempenho e de evitação-desempenho listadas na Tabela 7.3. O grau a que um corredor (ou a pessoa que faz uma prova, que apresenta um trabalho etc.) pode mudar sua meta de desempenho, mudando-a de uma de evitação ("não fracasse") para uma de aproximação ("faça algo especial"), pode resultar em significativa diminuição da sensação de ansiedade. E, com isso, seu desempenho será melhor.

Mas será que o controle da ansiedade de realização é realmente simples assim? Seria ele algo direto — em que a modificação das metas provocaria uma mudança da ansiedade? Na verdade, não, e por dois motivos. Primeiro, mudar a maneira de pensar não é algo tão fácil quanto parece à primeira vista. Com freqüência, nossos pensamentos estão profundamente arraigados. Segundo, as próprias situações de realização produzem em si mesmas ansiedade — prazos a serem cumpridos, a presença de um público assistindo ao que fazemos, a dificuldade da tarefa, e assim por diante. Além disso,

nossa própria tendência ao neuroticismo (instabilidade emocional) também contribui para nossa ansiedade.

A ansiedade de realização se apresenta de duas formas: a preocupação cognitiva e o distúrbio fisiológico ("hiperemocionalidade"). A boa nova é que a hiperemocionalidade *não* prejudica o desempenho em situações de realização; quem exerce esse efeito detrimental é a preocupação cognitiva (Elliot & McGregor, 1999). Nas situações de realização, a principal causa do surgimento da preocupação são as metas de evitação-desempenho. Ou seja, as raízes da preocupação residem em metas de evitação-desempenho como: "Tudo o que eu quero é não cometer um erro". Dessa maneira, em certo sentido, as metas de evitação *atuam* de fato diretamente. Modificando-se as metas de realização, modifica-se também a ansiedade de realização.

Para tentar reduzir a ansiedade baseada na preocupação, um conselho útil é sugerir que a pessoa modifique suas metas, mudando-as de evitação-desempenho para de aproximação-desempenho (ou de proficiência). A ansiedade baseada na excitação pode permanecer (p. ex., você pode ainda se sentir nervoso ou tenso diante de um público), mas a ansiedade baseada na preocupação — que realmente tem o poder de debilitar seu desempenho — vai diminuir à medida que as metas de evitação-desempenho forem sendo sucessivamente traduzidas para metas orientadas de aproximação.

O conselho que acabamos de dar é precisamente o procedimento utilizado em experimentos que investigam como as metas de realização afetam a motivação, a ansiedade e o desempenho. Em um experimento, apresentou-se a um grupo de participantes escolhido aleatoriamente uma meta de aproximação-desempenho, como: "Prove que você tem alta habilidade". Também se apresentou a um outro grupo de participantes escolhido aleatoriamente uma meta de evitação-desempenho, como: "Não se saia pior que os outros". O primeiro grupo experimentou menos ansiedade que o segundo (Elliot, 1999; Elliot & Harackiewicz, 1996; Elliot & McGregor, 1999). Experimentos como esses deixam claro que os pesquisadores podem alterar o conteúdo de nossos pensamentos. Para reduzir sua ansiedade pessoal, o que uma pessoa que se encontra em uma situação de realização deve fazer é adotar esses procedimentos consigo mesma e modificar o conteúdo de seus próprios pensamentos.

---

pode se caracterizar de uma entre duas formas (Dweck, 1999). Algumas pessoas consideram que as qualidades pessoais são características fixas e permanentes. Outras vêem as qualidades pessoais como características maleáveis, passíveis de serem aumentadas com o esforço. A primeira dessas teorias implícitas aplica-se aos "adeptos da teoria da existência", ou seja, pessoas que acreditam que elas (e os outros) são dotadas de qualidades fixas e permanentes. A idéia é: "ou você tem isso ou não tem", no sentido de que algumas pessoas são sagazes e motivadas, enquanto outras pessoas não são. A segunda teoria implícita aplica-se aos "adeptos da teoria do desenvolvimento", pessoas que acreditam que elas (e os outros) são dotadas de qualidades maleáveis e mutáveis. A idéia nesse caso é: "quanto mais você tenta e mais aprende, melhor fica", no sentido de que todas as pessoas tornam-se mais sagazes e mais motivadas, pelo menos na proporção do seu esforço.

Como ilustração do que estamos tratando, considere se você concorda ou discorda das seguintes afirmativas (Dweck, 1999):

- Nossa inteligência é algo que não se pode mudar muito.
- Sempre é possível modificar bastante a inteligência que temos.

Os adeptos da teoria da existência geralmente estão de acordo com a primeira afirmativa, e em desacordo com a segunda. Os partidários da teoria da existência acreditam que as pessoas são dotadas de um montante fixo de inteligência, de personalidade ou de motivação. Em outras palavras, as características existem como entidades ou traços encontrados dentro do indivíduo. Os adeptos da teoria do desenvolvimento geralmente concordam com a segunda afirmativa, e discordam da primeira. Os partidários da teoria do desenvolvimento acreditam que as características pessoais são algo que as pessoas cultivam por meio do esforço e da aprendizagem. Apesar de concordarem com o fato de que algumas pessoas têm determinadas características com maior intensidade do que outras, os adeptos da teoria do desen-

116 Capítulo Sete

volvimento acreditam que a instrução, a orientação, o esforço, a aprendizagem e a experiência podem fazer essas qualidades aumentarem e se aperfeiçoarem.

As teorias implícitas são importantes para os indivíduos que tentam a realização porque orientam o tipo de metas que as pessoas podem perseguir (Dweck, 1999; Dweck & Elliot, 1983; Elliot & Dweck, 1988). Nas situações de realização, os adeptos da teoria da existência em geral adotam as metas de desempenho. As pessoas que adotam as metas de desempenho estão preocupadas em parecer eficientes, e em evitar parecer tolas. Ou seja, elas se preocupam em apresentar bom desempenho, especialmente quando estão sendo observadas por outras pessoas. Portanto, sua meta é utilizar o desempenho como uma maneira de provar que são possuidoras de uma característica desejável (ou seja, a inteligência). Por outro lado, nas situações de realização, os adeptos da teoria do desenvolvimento em geral adotam metas de proficiência. As pessoas que adotam as metas de proficiência estão preocupadas em dominar algo novo ou diferente, tentando melhorar tanto quanto puderem. Ou seja, sua meta é utilizar os esforços despendidos na tarefa para alcançar um aperfeiçoamento — tornarem-se mais eficientes por meio da aprendizagem de algo novo ou importante.

Ambos os tipos de metas — de desempenho e de proficiência — são culturalmente comuns, e ambos incentivam à realização (Elliot & Church, 1997; Harackiewicz et al., 1997). Porém, em geral as situações sociais como o local de trabalho, o ambiente esportivo e a sala de aula fazem essas metas se apresentarem como mutuamente excludentes, e levam (ou forçam) os trabalhadores, atletas e estudantes a escolherem uma meta em detrimento de outra. Freqüentemente, as pessoas são impelidas a escolher entre cursos de ação que lhes permitem:

- Parecer brilhantes e competentes, mas deixando de aprender algo novo.
- Aprender algo novo, útil ou importante, mas deixando de parecer brilhantes e competentes.

Por exemplo, quando os universitários escolhem as disciplinas "eletivas" que irão fazer, às vezes optam por um curso no qual têm certeza de que se sairão bem, darão a impressão de serem brilhantes, não cometerão erros e impressionarão os outros. Ou então optam por um curso no qual têm a esperança de aprender algo novo, de se deparar com oportunidades de aprendizagem e com um novo campo que possa aumentar suas habilidades. Diante de uma escolha desse tipo (na escola, no trabalho, no esporte etc.), em média metade da população prefere uma meta de desempenho, ao passo que a outra metade prefere uma meta de proficiência.

Diferentes Teorias Implícitas Significam Diferentes Metas de Realização

Quando se deparam com situações de realização, os adeptos da teoria da existência e os adeptos da teoria do desenvolvimento optam por adotar diferentes metas de realização. Isso é importante porque o tipo de meta de realização que uma pessoa adota (desempenho *versus* proficiência) prediz a subseqüente motivação, emoção e desempenho dessa pessoa (Ames & Archer, 1988; Stipek & Kowalski, 1989).

Uma série de estudos feitos com alunos dos ensinos fundamental, médio e superior (Dweck & Leggett, 1988; Mueller & Dweck, 1997) avaliou esses alunos quanto à sua preferência pela teoria da existência *versus* a teoria do desenvolvimento, utilizando questões baseadas nas afirmações de Dweck (1999) sobre a inteligência (listadas anteriormente). Os pesquisadores então pediram aos alunos que escolhessem entre tarefas que podiam ser de um dos seguintes tipos:

1. Divertidas e fáceis, sendo fáceis o suficiente para que não fossem cometidos erros, ou
2. Difíceis, novas e diferentes — nas quais o estudante poderia cometer confusões e erros, mas onde ele provavelmente também iria aprender algo útil.

Quanto mais os estudantes endossaram a teoria da existência, mais eles escolheram a oportunidade de desempenho (alternativa 1). E quanto mais os estudantes endossaram a teoria do desenvolvimento, mais eles escolheram a oportunidade de aprender (alternativa 2).

Portanto, da mesma maneira que as tentativas de realização (*Ms, Mef*), as teorias implícitas (entidade, incrementais) podem predizer o tipo de meta de realização escolhida pelo indivíduo — desempenho ou proficiência. Mas será que as teorias implícitas causam as escolhas das metas de realização? Para responder a essa questão de causalidade, os pesquisadores manipularam as crenças de teorias implícitas dos participantes, pedindo-lhes que lessem um livreto informativo que fornecia evidências bastante convincentes (e verdadeiras) que apoiavam uma determinada teoria da inteligência, ou de existência ou do desenvolvimento. O livreto continha passagens comentando a inteligência de indivíduos notáveis (como Albert Einstein, Helen Keller e o campeão infantil do Cubo de Rubik*), dizendo em uma versão que a inteligência era um traço fixo e inato e, em outra versão, que a inteligência era um talento maleável e adquirido. Os participantes foram aleatoriamente designados para ler o livreto favorável à teoria da existência ou o livreto favorável à teoria do desenvolvimento. Todos os participantes tiveram então que escolher entre a adoção de uma meta de aproximação-desempenho (a tarefa é difícil o suficiente para a pessoa demonstrar eficiência), uma meta de evitação-desempenho (a tarefa é fácil demais, de modo que a pessoa não deverá cometer erros grandes), ou uma meta de proficiência (a tarefa é difícil, nova e diferente, de maneira que é possível aprender com ela). Como mostra a Tabela 7.5, os estudantes que leram o texto apoiando a visão de existência da inteligência significativamente optaram por uma meta de desempenho (81,8%), em detrimento de uma meta de proficiência (18,2%), ao passo que os estudantes que leram o texto apoiando a visão de desenvolvimento da inteligência significativamente optaram por uma meta de proficiência (60,9%), em detrimento de uma meta de desempenho (39,1%). Esses resultados permitem-nos tirar duas conclusões. Primeira: as teorias implícitas são maleá-

---

*Nome de um quebra-cabeça que consiste em um cubo no qual cada face é constituída de nove pequenos quadrados de várias cores diferentes. Movendo-se esses quadrados (que na verdade são faces de cubos menores), a meta é fazer com que o cubo maior fique com cada uma de suas faces constituída unicamente por quadrados de uma mesma cor. (N. T.)

Necessidades Sociais 117

Tabela 7.5 O Efeito das Teorias Implícitas (Existência, Desenvolvimento) sobre a Escolha da Meta de Realização (Aproximação-Desempenho, Evitação-Desempenho e Proficiência)

	Escolha da Meta		
Teoria Implícita	Meta de Evitação-Desempenho	Meta de Aproximação-Desempenho	Meta de Proficiência
Existência (n = 22)	50,0	31,8	18,2
Desenvolvimento (n = 41)	9,8	29,3	60,9

Nota. Os números representam percentuais, e a soma das duas linhas dá 100%.

Fonte: extraído de "A Social-Cognitive Approach to Motivation and Personality", de C. S. Dweek e E. L. Leggett, 1988, *Psychological Review*, 95, pp. 256-273. Copyright© 1988 da American Psychological Association. Reimpresso sob autorização.

veis e podem ser modificadas (como se fez através dos livretos informativos). Segunda: as teorias implícitas fazem as pessoas adotarem ou metas de desempenho ou metas de proficiência (como exemplificam os resultados da Tabela 7.5).

O Significado do Esforço

Para um teórico da existência, o significado do esforço é que "quanto mais esforço você faz, mais ineficiente você deve ser". Esforçar-se muito significa ser pouco hábil. E, com efeito, um esforço grande é uma evidência de que quem o executa tem pouca habilidade. Já para um teórico do desenvolvimento, o significado do esforço é que se trata de uma ferramenta, de um meio com o qual as pessoas congregam suas habilidades e delas tiram proveito. Esforçar-se muito significa liberar seu potencial e sua habilidade. Considere a reação que você teria diante do seguinte:

> *Numa revista científica, você vê um quebra-cabeça intitulado "Teste seu Q.I.!" Você então decide fazê-lo, e ao tentar, gasta muito tempo, confunde-se, reinicia várias vezes, até que finalmente começa a progredir, ainda que muito lentamente, e termina então por resolvê-lo. Como você se sente? Um pouco obtuso porque teve que se esforçar demais? Ou inteligente porque se esforçou muito e venceu o desafio? (Dweck, 1999).*

Em uma análise motivacional do comportamento, a interpretação que a pessoa faz do significado de seu próprio esforço adquire maior importância quando o indivíduo enfrenta uma tarefa difícil (Dweck, 1999). Diante de uma tarefa difícil, é preciso esforçar-se muito. Porém, para os adeptos da teoria da existência, um grande dispêndio de esforço representa um dilema motivacional. Se é preciso fazer um grande esforço, esse grande esforço é justamente sinal de pouca habilidade, e a pouca habilidade é precisamente aquilo que o adepto da teoria da existência mais quer evitar. Os adeptos da teoria da existência não acreditam na eficácia do emprego de muito esforço, mesmo quando as tarefas são difíceis. Assim, em empreendimentos difíceis, eles tendem a adotar padrões motivacionais insuficientemente adaptativos, como (1) restringir o esforço, (2) boicotar a si mesmo para proteger-se, e (3) nunca realmente compreender ou avaliar o que a realização do esforço pode representar para sua vida (Dweck, 1999; Stipek & Gralinski, 1996; Zuckermann, Kieffer & Knee, 1998). Por outro lado, os adeptos da teoria do desenvolvimento

compreendem a utilidade do esforço — o esforço é aquilo que se transforma em aprendizagem. Os adeptos da teoria do desenvolvimento não experimentam qualquer conflito entre o esforço que as tarefas desafiadoras requerem e o desejo que eles têm de arregaçar as mangas para trabalhar com vigor e persistência.

Um *feedback* negativo funciona aproximadamente da mesma maneira que uma tarefa difícil em termos do efeito que exerce sobre os adeptos das teorias da existência e do desenvolvimento (Hong, Chiu, Dweck, Lin & Wan, 1999). Ao receberem um *feedback* negativo, os adeptos da teoria da existência atribuem o mau desempenho a baixa habilidade. Atribuindo a si essa baixa habilidade, os adeptos da teoria de existência abandonam a tarefa, em vez de se esforçarem em uma ação remedial para dominá-la. Por outro lado, ao receberem um *feedback* negativo, os adeptos da teoria do desenvolvimento atribuem o mau desempenho ao fato de não terem tentado com a intensidade suficiente. Atribuindo a si esse baixo esforço, os adeptos da teoria do desenvolvimento adotam ações reparadoras que servem como um padrão motivacional altamente adaptativo ao fracasso e ao *feedback* negativo. O ponto importante dessas considerações é que as tarefas difíceis, o *feedback* negativo e especialmente o esforço despendido têm significados diferentes para os adeptos da teoria da existência e para os adeptos da teoria do desenvolvimento. E ocorre que, do ponto de vista motivacional, o sistema de significação adotado pelos adeptos da teoria do desenvolvimento é significativamente mais adaptativo do que o adotado pelos adeptos da teoria da existência.

AFILIAÇÃO E INTIMIDADE

Nos primeiros estudos, a necessidade de afiliação era conceituada como "a necessidade de estabelecer, manter ou restaurar uma relação positiva e afetiva com outra(s) pessoa(s)" (Atkinson, Heyns & Veroff, 1954). Segundo essa definição, a necessidade de afiliação não é o mesmo constructo que a extroversão, a amabilidade ou a sociabilidade. Com efeito, os primeiros pesquisadores constataram que as pessoas que têm uma alta necessidade de afiliação eram freqüentemente menos populares que as pessoas que se esforçam pouco por afiliação (Atkinson, Heyns & Veroff, 1954; Crowne & Marlowe, 1964; Shipley & Veroff, 1952). Em vez de ter suas raízes na extroversão e na popularidade, a necessidade de afiliação enraíza-se no medo de rejeição interpessoal (Heckhausen, 1980). As pessoas que têm alta necessidade de

118 Capítulo Sete

afiliação interagem com as outras para evitar emoções negativas, tais como o medo de desaprovação e de solidão, em geral experimentando maior grau de ansiedade nessas relações. Os indivíduos que têm alta necessidade de afiliação apresentam-se não como pessoas extrovertidas, amigáveis ou sociáveis, mas, em vez disso, como "carentes".

Enquanto tentam aplacar suas ansiedades, os indivíduos que têm elevada necessidade de afiliação ficam monitorando se os outros os desaprovam, além de buscarem afirmação nas outras pessoas, apresentando com isso um padrão de comportamento que possa explicar o motivo de serem vistas como carentes. A necessidade de afiliação pode também ser considerada uma necessidade de aprovação, de aceitação e de segurança nas relações interpessoais.

Uma visão mais contemporânea dos esforços por afiliação reconhece duas facetas desse fenômeno: a necessidade de aprovação e a necessidade de intimidade. Essa visão dupla dos esforços por afiliação responde às críticas segundo as quais a conceituação anterior enfatizava muito a ansiedade de rejeição e enfatizava pouco o interesse de afiliação, que é o aspecto mais positivo da necessidade de afiliação (Boyatzis, 1973; McAdams, 1980).

A exigência por uma conceituação mais positiva para os esforços por afiliação (ou seja, a consideração da motivação para a intimidade) foi satisfeita quando os pesquisadores começaram a atentar para o motivo social para as pessoas se engajarem em relações interpessoais calorosas, próximas, positivas e com pouco espaço para a rejeição (McAdams, 1980, 1982a, 1982b; McAdams & Constantin, 1983; McAdams, Healy & Kraus, 1984). O motivo de intimidade reflete a preocupação com a qualidade do seu envolvimento social. Trata-se de um desejo de "experimentar uma troca calorosa, próxima e comunicativa com uma outra pessoa" (McAdams, 1980).

A Tabela 7.6 apresenta um perfil de expressão da necessidade de intimidade. Um indivíduo que tem alta necessidade de intimidade freqüentemente pensa sobre amigos e sobre suas relações com os outros; escreve histórias imaginosas sobre relações carregadas de afeto; conversa muito com os outros, abre-se e ouve o interlocutor; atribui significação especial ao amor e ao diálogo nas experiências de vida; é classificado pelos outros como uma pessoa calorosa, amável, sincera e não-dominante; e tende a lembrar-se de episódios que envolvam interações interpessoais.

Para se obter um quadro completo dos esforços por afiliação, é preciso adotar uma conceituação teórica que abranja tanto seus aspectos positivos — a necessidade de participar de relações amorosas, próximas e positivas (necessidade de intimidade) — quanto seus aspectos negativos — a necessidade ansiosa de estabelecer, manter e restaurar as relações interpessoais (necessidade de afiliação). Esses aspectos positivos e negativos afetam o grau de felicidade e de ajuste com que as pessoas vivem a vida. Por exemplo, um grupo de pesquisadores avaliou em adultos jovens as necessidades de afiliação e de intimidade, constatando que, após duas décadas de vida, os homens que tinham maior necessidade de intimidade eram mais felizes — mais bem ajustados no trabalho e no casamento — do que os homens que tinham baixa necessidade de intimidade (McAdams & Vaillant, 1982). Percebeu-se que a necessidade de intimidade tem o poder de energizar o crescimento do indivíduo.

As Condições que Envolvem as Necessidades de Afiliação e de Intimidade

A principal condição que envolve a necessidade de afiliação é a falta de interação social (McClelland, 1985). Condições como solidão, rejeição e separação aumentam o desejo, ou a necessidade social, de as pessoas estarem com as outras. Em decorrência disso, a necessidade de afiliação expressa-se como um motivo orientado por uma deficiência (nesse caso, uma falta de interação social). Por outro lado, o desejo, ou necessidade social, de intimidade surge a partir do desejo de cuidado e preocupação interpessoal, calor humano e compromisso com outros, conectividade emocional, diálogo recíproco, ser compatível com o outro e de amor (McAdams, 1980). A necessidade de intimidade expressa-se como um motivo orientado para um crescimento (nesse caso, a oportunidade de a pessoa enriquecer suas relações). Nas palavras de Abraham Maslow (1987), a necessidade de afiliação gira em torno da "falta de amor", ao passo que a necessidade de intimidade com os outros gira em torno da "sensação de amor".

Medo e Ansiedade

O isolamento social e as condições que suscitam o medo são duas situações que aumentam o desejo de uma pessoa de se afiliar a outras (Baumeister & Leary, 1995; Schachter, 1959). Em condições de isolamento e medo, as pessoas dizem experimentar

Tabela 7.6 Perfil de Alta Motivação de Intimidade

Categoria	Descrição
Pensamentos	Sobre amigos e de relações pessoais
Assunto das Histórias	As relações produzem afeto positivo, diálogo recíproco, expressões de união e compromisso com a relação, e expressões de harmonia interpessoal
Estilo da Interação	As pessoas se revelam para as outras
	Forte hábito de escutar o outro
	Muitos diálogos
Autobiografia	Mencionam-se os temas de amor e diálogo como sendo experiências de vida pessoalmente significativas
Classificação do Parceiro	O indivíduo é classificado como caloroso, amável, sincero e não-dominante
Memória	Lembranças detalhadas de histórias envolvendo temas de interações interpessoais

nervosismo, tensão, sensações típicas de quem experimenta sofrimento físico e dor, e sente que vai desmoronar. Para reduzir a ansiedade e o medo, os indivíduos geralmente adotam a estratégia de procurar outros (Rofé, 1984). Quando amedrontadas, as pessoas desejam se afiliar para obter apoio emocional, e também para ver como os outros lidam com as emoções experimentadas por elas em relação ao objeto que amedronta. Imagine, por exemplo, que você esteja acampando em um lugar selvagem e ouve um ruído estridente no meio da noite. Esse ruído súbito e inexplicado o amedronta. Ao sentir medo e ansiedade, as pessoas buscam outras, em parte para ver se as outras também estão com medo, e em parte para receber apoio emocional e físico. Ter outras pessoas por perto durante momentos de ansiedade é confortante, mas além disso nossos confidentes também podem ser aliados práticos, pelo menos na medida em que podem nos ajudar a explicar a situação ameaçadora, fornecer estratégias de enfrentamento e colaborar com nossas tentativas de nos defrontarmos com a situação adversa (Kirkpatrick & Shaver, 1988; Kulik, Mahler & Earnest, 1994).

Stanley Schachter (1959) testou a relação medo-afiliação. Ele criou duas condições experimentais, uma de alta e outra de baixa ansiedade. Todos os participantes foram informados de que iriam receber alguns choques elétricos (o objeto causador de medo). O pesquisador informou aos participantes do grupo de alta ansiedade que os choques seriam fortes: "Esses choques machucam, vão ser dolorosos". Por outro lado, o pesquisador comunicou aos participantes do grupo de baixa ansiedade que eles iriam receber choques brandos, que "de modo algum seriam dolorosos", e que eles sentiriam mais uma coceira do que propriamente um choque. (Obviamente, nenhum participante chegou a tomar qualquer choque elétrico.) Então o pesquisador anunciou que haveria primeiro uma espera de dez minutos, e perguntou aos participantes se preferiam esperar sozinhos, com mais uma pessoa, ou se não importavam com o fato de esperar sozinhos ou com mais alguém. A maioria dos participantes do grupo de alta ansiedade optou pela afiliação (esperar junto com outra pessoa), ao passo que a maioria dos participantes do grupo de baixa ansiedade preferiu esperar sozinha, ou então não se importou com esperar sozinha ou com mais alguém.

Uma segunda investigação constatou que as pessoas ansiosas sentem desejos de afiliação somente em situações em que o motivo da ansiedade se aplica tanto a uma pessoa quanto à outra (ou seja, quando ambas as pessoas enfrentam o mesmo tipo de ameaça). Em função disso, o velho provérbio "a tristeza gosta de companhia" poderia ser qualificado como "a tristeza gosta de companhia triste". Por exemplo, a popularidade dos grupos de apoio mútuo, tais como de indivíduos alcoólicos, de mães solteiras, de portadores de uma doença específica e dos que sofrem de determinados problemas de desajuste, é uma constatação da tendência humana de buscar outras pessoas com problemas similares durante a experiência de medo e de ansiedade.

Desenvolvimento das Relações Interpessoais

Em um visível esforço para iniciar novas amizades, as pessoas que têm alta necessidade de intimidade geralmente se integram a grupos sociais, investem tempo na interação com os outros e, uma vez iniciadas as amizades, constituem relações estáveis e duradouras, comparadas com as pessoas que têm baixa necessidade de intimidade (McAdams & Losoff, 1984). À medida que as relações se desenvolvem, os indivíduos que têm alta necessidade de intimidade vêm também a conhecer mais a história pessoal e outras informações de seus amigos (McAdams & Losoff, 1984; McAdams, Healy & Krause, 1984). Além disso, os indivíduos que têm alta necessidade de intimidade relatam estarem cada vez mais satisfeitos à medida que suas relações progridem, ao passo que os indivíduos que têm baixa necessidade de intimidade relatam estarem progressivamente menos satisfeitos com o desenvolvimento de suas relações (Eidelson, 1980). Os indivíduos que têm alta necessidade de intimidade percebem o estreitamento dos laços da amizade como algo emocionalmente satisfatório e capaz de satisfazer sua necessidade, ao passo que os indivíduos que têm baixa necessidade de intimidade percebem o estreitamento dos laços da amizade como algo sufocante e aprisionador.

Manutenção das Redes Interpessoais

Uma vez estabelecida uma relação, os indivíduos que têm a alta necessidade de afiliação esforçam-se por manter o relacionamento, telefonando mais, escrevendo mais cartas e visitando mais os amigos do que aqueles que têm baixa necessidade de afiliação (Lansing & Heyns, 1959). As pessoas que têm grande necessidade de intimidade também gastam mais tempo com conversas telefônicas (Boyatzis, 1972) e passam mais tempo escrevendo cartas e participando de conversas face-a-face, comparadas com aquelas que têm baixa necessidade de intimidade (McAdams & Constantian, 1983).

Em um estudo, foi pedido a pessoas que tinham alta ou baixa necessidade de intimidade que mantivessem um registro por escrito ao longo de um período de dois meses, durante o qual anotariam dez episódios de 20 minutos cada envolvendo situações de amizade (McAdams, Healy & Krause, 1984). Aqueles que apresentavam alta necessidade de intimidade relataram com maior freqüência episódios diádicos de amizade (em vez de episódios envolvendo grupos maiores de pessoas), e situações em que as pessoas se confessavam, ouviam, confiavam e preocupavam-se mais com o bem-estar dos amigos. Mesmo quando pensavam e conversavam com estranhos, as pessoas que tinham alta necessidade de intimidade tratavam os outros de uma maneira diferente das pessoas que tinham baixa necessidade de intimidade, utilizando adjetivos mais positivos ao descrever os desconhecidos, e evitando referir-se a eles em termos negativos (McClelland et al., 1982).

Durante as interações face-a-face, as pessoas que têm alta necessidade de intimidade riem, sorriem e fazem contato visual com maior freqüência do que as pessoas que têm baixa necessidade de intimidade (McAdams, Jackson & Kirshnit, 1984). O ato de rir, sorrir e olhar nos olhos faz com que as demais pessoas classifiquem os indivíduos que têm alta necessidade de intimidade como seres humanos calorosos, sinceros e amáveis, quando comparados com outros (McAdams & Losoff, 1984).

Satisfação das Necessidades de Afiliação e de Intimidade

Como em grande parte se trata de um motivo orientado pela deficiência, a necessidade de afiliação, quando satisfeita, acarreta emoções como alívio em vez de alegria. Quando interagem com outras, as pessoas que têm alta necessidade de afiliação deixam de agir como agiriam, para evitar conflitos (Exline, 1962), evitam situações competitivas (Terhune, 1968), mostram-se altruístas e cooperativas (McAdams, 1980), evitam falar dos outros de maneira negativa (McClelland, 1985) e resistem a fazer exigências impositivas aos outros (McAdams & Powers, 1981). Os indivíduos que têm alta necessidade de afiliação preferem carreiras que forneçam relações positivas, e que lhes possibilitem ajudar os outros (as profissões de ajuda; Sid & Lindgren, 1981), e saem-se especialmente bem em condições que apóiam sua necessidade de serem aceitas e incluídas (McKeachie et al., 1966). Quando informados de que serão avaliados por outras pessoas, os indivíduos que têm grande necessidade de afiliação experimentam níveis relativamente elevados de ansiedade em função de sentirem medo da rejeição (Byrne, 1961). A aceitação social, a aprovação e a afirmação constituem condições de satisfação de necessidade para quem tem alta necessidade de afiliação.

Devido ao fato de ser em grande parte um motivo orientado para o crescimento, a necessidade de intimidade é satisfeita nas pessoas quando estas estabelecem relações próximas e calorosas com as outras. Em função disso, aqueles que têm alta necessidade de intimidade tocam as outras pessoas com maior freqüência (e de uma maneira não-ameaçadora; McAdams e Powers, 1981), cultivam relações mais profundas e significativas (McAdams & Losoff, 1984), obtêm satisfação em ouvir e abrir-se para os amigos (McAdams, Healey & Krause, 1984) e olham, riem e sorriem com mais freqüência durante a interação com os outros (McAdams, Jackson & Kirshnit, 1984). O sentimento de conexão dentro de uma relação calorosa, próxima, recíproca e duradoura constitui a condição de satisfação de necessidades para as pessoas que têm alta necessidade de intimidade.

PODER

A essência da necessidade de poder é um desejo de fazer o mundo físico e social conformar-se com a imagem ou o plano que a pessoa tem para ele (Winter & Stewart, 1978). Pessoas que têm elevada necessidade de poder desejam exercer "impacto, controle ou influência sobre outras pessoas, grupos ou sobre o mundo que as cerca" (Winter, 1973).

> *O impacto possibilita aos indivíduos que necessitam de poder estabelecer o poder.*
> *O controle possibilita aos indivíduos que necessitam de poder manter o poder.*
> *A influência possibilita aos indivíduos que necessitam de poder expandir ou restaurar o poder.*

Freqüentemente, essas buscas de poder centralizam-se em torno de uma necessidade de dominação, reputação, *status* ou posição. Os indivíduos que têm alta necessidade de poder procuram tornar-se (e permanecer) líderes, e interagem com os outros segundo um estilo dominante e controlador. Quando instados a lembrar quais foram as experiências mais importantes de sua vida, os indivíduos que têm alta necessidade de poder relatam eventos associados a fortes emoções positivas, que ocorreram como resultado do impacto que exerceram sobre os outros,

tais como a vitória na eleição para uma posição de liderança ou os aplausos recebidos do público (McAdams, 1982b).

David Winter (1973) fornece duas situações que retratam a realização de esforços por poder. Na primeira delas, os participantes de uma pesquisa assistiram a um filme em que se via um discurso influente proferido por uma autoridade (o discurso inaugural de John F. Kennedy) e, em uma segunda situação, um outro conjunto de participantes viu um hipnotizador diante de uma platéia dar ordens para alguns estudantes praticarem determinadas ações. Após fazer os participantes virem uma das duas cenas, Winter avaliou o nível de excitação de seus esforços por poder. Como era esperado, esses grupos obtiveram escores mais altos de busca de poder (escreveram histórias ricas em imagens relacionadas ao poder) do que em comparação com um grupo que não assistiu ao filme nem à sessão de hipnose (Winter, 1973).

Outros pesquisadores realizaram experimentos que essencialmente replicaram esse procedimento, mas, além de avaliar as buscas de poder, eles também realizaram medidas de estado de ânimo e excitação fisiológica (Steele, 1977). Quando os indivíduos que tinham alta necessidade de poder escutavam discursos inspiradores, seu estado de ânimo tornava-se significativamente mais vívido e energético, e sua excitação fisiológica (medida pelo nível de epinefrina/adrenalina) experimentou uma elevação notável. Com base nesses achados, constata-se que, ao se apresentar aos indivíduos que têm necessidade de poder a oportunidade de se dedicarem ao que desejam, esses indivíduos respondem com um vigor que pode ser mensurado por meio de suas fantasias, de seus estados de ânimo e de sua ativação psicofisiológica (Steele, 1977).

Condições que Envolvem e Satisfazem a Necessidade de Poder

Existem quatro condições notáveis quanto à sua capacidade de envolver e satisfazer a necessidade de poder: liderança, agressividade, ocupações influentes e pertences de prestígio.

Liderança e Relações

As pessoas que têm alta necessidade de poder almejam ser reconhecidas pelo grupo, e encontram maneiras de se tornarem visíveis aos outros, aparentemente em um esforço de estabelecer influência (Winter, 1973). Por exemplo, universitários desejosos de poder escrevem mais cartas ao jornal acadêmico, e adultos que buscam o poder assumem com satisfação riscos que lhes possibilitem conseguir visibilidade pública (McClelland & Teague, 1975; McClelland & Watson, 1973). Essas pessoas também têm maior probabilidade de falar durante horas ao microfone de uma rádio, presumivelmente na tentativa de exercer impacto sobre os ouvintes (Sonnenfield, 1974, citado em McClelland, 1985). Também discutem mais com os professores, além de procurarem avidamente apresentar seus pontos de vista aos colegas de turma (Veroff, 1957). Ao selecionar seus amigos e colegas de trabalho, os indivíduos que buscam o poder em geral preferem pessoas que não sejam muito conhecidas e que estejam, portanto, em posição de serem lideradas (Fodor & Farrow, 1979; Winter, 1973). Quando passam o tempo com os amigos, preferem ficar em grupos pequenos do que em duplas, e adotam uma orientação interpessoal que tenha mais um tom de influência do que de intimidade (McAdams, Healey & Krause, 1984).

Nas relações de namoro, os homens que têm alta necessidade de poder em geral apresentam mau desempenho (Stewart & Rubin, 1976). E tampouco se dão bem no casamento, pois em geral são maus maridos, pelo menos segundo o ponto de vista de suas esposas (McClelland, 1975). Já as mulheres que têm alta necessidade de poder, tanto no namoro quanto no casamento, não sofrem essas deficiências, em parte porque resistem a utilizar as relações interpessoais como arena para satisfazer suas necessidades de poder (Winter, 1988).

Para testar a influência da necessidade de poder sobre as tendências relativas à liderança, pesquisadores fizeram uma experiência em que um grupo de estranhos interagia entre si durante um curto espaço de tempo (Fodor & Smith, 1982; Winter & Stewart, 1978). Os indivíduos que tinham maior interesse pelo poder falaram mais e, segundo a opinião dos outros, exerceram maior influência. Entretanto, os indivíduos que mais buscavam o poder não eram os mais apreciados, e tampouco foram considerados os que mais contribuíram para a realização das tarefas ou para se chegar a uma conclusão satisfatória. Com efeito, os grupos cujos líderes tinham alta necessidade de poder foram aqueles que produziram os piores resultados. Esses grupos trocaram menos informações, consideraram poucas estratégias alternativas e chegaram a piores decisões finais do que os grupos em que o líder tinha menor necessidade de poder. Essas constatações sugerem que os líderes que buscam o poder tentam fazer os outros seguirem seu plano pessoal, apesar de seu estilo de afirmação e liderança ser freqüentemente prejudicial ao funcionamento do grupo.

Agressividade

Se a necessidade de poder gira em torno de desejos de exercer impacto, controle e influência sobre os outros, a agressão deve ser um meio tanto de envolver quanto de satisfazer as necessidades de poder. De certo modo, existe uma relação entre a necessidade de poder e a agressão, uma vez que os homens que buscam muito o poder envolvem-se mais em discussões e participam com maior freqüência de esportes competitivos (McClelland, 1975; Winter, 1973). Entretanto, a relação entre a necessidade de poder e a agressão é diluída porque a sociedade controla e inibe bastante os atos de agressão cometidos pelas pessoas. Por esse motivo, as manifestações agressivas da necessidade de poder em grande parte expressam-se em forma de impulsos agressivos (e não em forma de atos reais de agressão). Homens e mulheres que têm alta necessidade de poder significativamente dizem sentir mais impulsos para agir agressivamente (McClelland, 1975). Ao serem indagados se "Você já teve vontade de gritar com alguém no trânsito, atirar objetos no chão, quebrar a mobília ou a louça, ou xingar o vendedor em uma loja?", os indivíduos que têm alta necessidade de poder significativamente disseram ter apresentado mais impulsos de realizar esses atos (Boyatzis, 1963). E quando indagados se de fato chegaram a ter esses comportamentos, aqueles que tinham alta necessidade de poder não chegaram às

vias de fato com uma freqüência diferente, comparados aos que tinham baixa necessidade de poder.

As inibições e as restrições da sociedade em grande parte constrangem a expressão de agressão da pessoa que busca o poder, mas, quando as inibições sociais são eliminadas, os homens que têm alta necessidade de poder são mais agressivos que os homens que têm baixa necessidade de poder (McClelland, 1975; McClelland et al., 1972; Winter, 1973). O álcool é um meio socialmente aceitável de se liberar das inibições sociais, e os homens que buscam o poder agem relativamente com mais agressividade depois da bebida (McClelland et al., 1972). É provável que o álcool também contribua para a agressividade dos indivíduos fazendo-os sentirem-se mais poderosos. De modo semelhante, uma vez que os homens, quando bebem, adquirem sensações de poder, os homens que têm maior necessidade de poder bebem mais (McClelland et al., 1972). E quando a vida se torna estressante e frustrante, os homens que têm alta necessidade de poder às vezes buscam no álcool uma maneira de inflar seu senso de controle (Cooper et al., 1995). Assim também, os homens que buscam poder, mas não as mulheres que apresentam essa mesma característica, freqüentemente respondem ao estresse e às frustrações abusando das pessoas que lhes são íntimas (Mason & Blankenship, 1987). Essa pesquisa sugere que as pessoas podem não só aumentar seu poder por meio da reputação, do prestígio e da liderança, como também são capazes de criar a percepção de um aumento de poder por meio de estratégias como ingerir bebidas alcoólicas, correr riscos, gesticular e assumir certas posturas não-verbais, usar linguagem abusiva, consumir drogas e dirigir em alta velocidade.

Ocupações Influentes

As pessoas que têm alta necessidade de poder são atraídas por ocupações tais como executivos de empresas, professores (tanto do ensino superior quanto do ensino básico), psicólogos, jornalistas, clérigos e diplomatas (Winter, 1973). Todas essas ocupações têm um denominador comum, no sentido de que seu papel ocupacional encontra-se na posição de direcionar o comportamento de outras pessoas, fazendo estas agirem em concordância com um plano preconcebido (Winter & Stewart, 1978). Em algumas dessas profissões, as pessoas têm a capacidade de falar e influenciar um público (professores, jornalistas, clérigos), de deter informações restritas que elas utilizam para influenciar os outros (psicólogos, diplomatas), e de possuir um *status* profissional que lhes permita dizer aos outros o que fazer (executivos de empresas). Além disso, essas profissões dão ao indivíduo a possibilidade de distribuir recompensas e punições necessárias para sancionar o comportamento dos outros. Por exemplo, professores, clérigos, diplomatas detêm os meios de recompensar e punir a obediência ou desobediência das outras pessoas (por meio de notas, de perspectivas de salvação ou da realização de acordos). Também os jornalistas podem sancionar o comportamento de outros por meio daquilo que escrevem. E os executivos exercem controle sobre determinações e prazos, fazendo com que estes sejam cumpridos por meio do controle que detêm sobre os salários, os bônus e a estabilidade no emprego. Portanto, as pessoas podem envolver e satisfazer suas buscas de poder por meio da profissão que escolhem.

Pertences de Prestígio

As pessoas que têm alta necessidade de poder tendem a colecionar símbolos de poder ou "pertences de prestígio" (Winter, 1973). Entre os universitários, aqueles que têm alta necessidade de poder apresentam maior probabilidade do que os outros de possuírem automóvel, taças para vinho, aparelhos de televisão, de som, tapetes nas paredes, chão acarpetado etc. Também têm maior probabilidade de colocar seu nome na porta do quarto. Indivíduos de mais idade e que também buscam o poder têm maior probabilidade de possuírem rifle ou pistola, carro conversível, ou uma caminhonete que denota *status* e poder (McClelland, 1975).

O Padrão de Motivo de Liderança

Uma variante especial da necessidade de poder é o padrão de motivo de liderança (McClelland, 1975, 1985; McClelland & Burnham, 1976; Spangler & House, 1991). A motivação para a liderança consiste em um padrão triplo de necessidades: (1) alta necessidade de poder, (2) baixa necessidade de intimidade/afiliação e (3) alta inibição (McClelland, 1982). Portanto, o padrão de motivo de liderança relaciona-se aos indivíduos que desejam exercer influência, não estão preocupados com o fato de serem queridos, e que são bem controlados ou autodisciplinados. Por exemplo, o comandante militar estereotípico ou a figura paterna tradicional enquadram-se bastante bem nesse padrão de motivo de liderança.

Essa constelação de muito poder, pouca afiliação e autocontrole em geral resulta em líderes e gerentes eficazes (Spangler & House, 1991). A característica de possuir um estilo internamente controlador (ou seja, uma alta inibição) é importante porque os gerentes que têm muito poder, pouca afiliação e alta inibição em geral são produtivos, bem-sucedidos e recebem maior aprovação dos trabalhadores (McClelland & Burnham, 1976). Por outro lado, os gerentes que têm muito poder, pouca afiliação mas que também apresentam baixa inibição são freqüentemente improdutivos, malsucedidos e recebem pior aprovação de seus subordinados. Aparentemente, um estilo internamente controlador leva os gerentes que buscam o poder a internalizar características associadas a uma gerência eficiente: respeito pela autoridade institucional, disciplina, autocontrole e preocupação em ser justo nas recompensas (McClelland, 1975, 1985). Dessa forma, para que uma pessoa seja uma líder eficaz, é preciso que seu poder seja complementado por uma inibição autodisciplinada (ficando o poder sob controle).

A Eficiência dos Presidentes Norte-Americanos

O motivo de liderança fornece um quadro para se mensurar a eficácia dos presidentes norte-americanos (Spangler & House, 1991; Winter, 1973, 1987). Winter codificou o conteúdo temático dos discursos inaugurais de cada presidente com base nas menções que fizeram às necessidades sociais de realização, afiliação e poder, e utilizou essas avaliações para predizer a eficiência dos presidentes. Os presidentes geralmente considerados fortes pelos historiadores — Kennedy, Truman, Wilson e os dois Roosevelts — obtiveram escores relativamente altos nas necessidades de poder e relativamente baixos nas necessidades de afiliação.

Cinco variáveis definiram a eficácia dos presidentes: ações presidenciais diretas (p. ex., entrar em guerras e evitá-las), percepção transmitida de grandeza, desempenho em questões sociais, desempenho em questões econômicas e relações internacionais. Para avaliar as necessidades que cada presidente tinha por poder, afiliação e inibição, os pesquisadores codificaram seus discursos inaugurais, suas cartas presidenciais e outros pronunciamentos. O padrão de motivo de liderança que apresentava grande poder, baixa afiliação e grande inibição apresentou uma correlação significativa com todas as cinco medidas de eficiência. O estudo evidenciou que, quando os EUA elegem um candidato que tem disposições pessoais consistentes com o padrão de motivo de liderança, o país está elegendo alguém que provavelmente terá um desempenho bastante bom em relação às demandas e desafios peculiares ao seu cargo. Desse modo, a eficiência ou ineficiência com que cada um dos presidentes mostrados na Figura 7.3 se saiu foi classificada com base na qualidade do seu padrão de motivo de liderança.

Figura 7.3 Presidentes Recentes dos Estados Unidos.

O padrão de motivo de liderança também prediz quando os líderes farão o país entrar em guerra e quando buscarão a paz (Winter, 1993). Naturalmente, a decisão por entrar em uma guerra tem diferentes causas não-psicológicas; porém, do lado psicológico, as pesquisas históricas mostram que, quando os líderes expressam um perfil de motivação de grande poder e pequena afiliação, aumenta a probabilidade de seu país entrar em guerra. Utilizando como base de dados a história da Grã-Bretanha, as comunicações trocadas entre a Inglaterra e Alemanha durante a Primeira Guerra Mundial e as comunicações entre Estados Unidos e União Soviética durante a Crise dos Mísseis em Cuba, Winter constatou que os padrões de motivo expressos nos discursos prenunciaram as decisões de guerra ou paz que se seguiram. Quando a imagem de poder era maior, historicamente a guerra tornava-se um evento mais provável de acontecer. E, quando a imagem de poder era menor, a guerra tornava-se menos provável, e os conflitos armados já existentes tendiam a acabar. Quando a imagem de afiliação era maior, historicamente a guerra tornava-se um evento menos provável de acontecer. E, quando a imagem de afiliação era menor, a guerra tornava-se mais provável de começar (Winter, 1993). Segundo essa pesquisa, se se deseja prever se um país irá ou não entrar, evitar ou sair de uma guerra, devem-se ler os discursos do dia e observar mudanças quanto ao fato de os líderes estarem promovendo influência (poder) ou estarem promovendo relações (afiliação).

RESUMO

As necessidades psicológicas adquiridas incluem tanto as quase-necessidades quanto as necessidades sociais. As quase-necessidades são vontades e desejos situacionalmente induzidos que surgem de um contexto psicológico de tensão e urgência para se satisfazer uma demanda ambiental específica, tal como a necessidade de obter uma nota alta na faculdade ou a necessidade de conseguir dinheiro. Já as necessidades sociais são mais duradouras. Surgem das experiências pessoais, e também do caráter único das histórias do desenvolvimento, cognitivas e de socialização. Uma vez adquiridas, as necessidades sociais funcionam como potenciais emocionais e comportamentais ativados por incentivos situacionais. Os incentivos que podem ativar cada uma das quatro necessidades sociais são os seguintes: de realização, pelo qual se faz algo bem-feito e demonstra-se possuir competência pessoal; de afiliação, pelo qual se tem a oportunidade de agradar outras pessoas e ganhar sua aprovação; de intimidade, pelo qual se obtém uma relação calorosa e segura com outras pessoas; e o de poder, pelo qual se exerce impacto sobre os outros.

A necessidade de realização é o desejo de fazer bem-feito relativamente a um padrão de excelência. Ao se defrontar com os padrões de excelência, as pessoas variam quanto à sua reação emocional. Os indivíduos que têm alta necessidade de realização em geral respondem com comportamentos e emoções orientados de aproximação (p. ex., esperança), ao passo que os indivíduos que têm baixa necessidade de realização (e grande medo do fracasso) em geral respondem com comportamentos e emoções orientados de evitação (p. ex., ansiedade). Portanto, as pessoas que têm alta necessidade de realização optam por tarefas moderadamente difíceis, rapidamente começam a se ocupar das tarefas relacionadas à realização, dedicam mais esforço e apresentam melhor desempenho em tarefas de dificuldade moderada, persistem diante de dificuldades e fracassos, e assumem uma responsabilidade pessoal tanto pelos resultados bons quanto pelos resultados ruins. O modelo da dinâmica da ação acrescenta que um fluxo qualquer de comportamento de realização é determinado não só pela necessidade de realização (instigação) e pelo medo do fracasso (inibição), mas também pelo comportamento de realização em si (consumação).

Segundo o modelo clássico de Atkinson da realização, a aproximação *versus* evitação comportamental é uma função multiplicativa da necessidade que o indivíduo tem de realização, da probabilidade de sucesso e do incentivo para o sucesso (ou seja, $Ts = Ms \times Ps \times Is$), bem como do medo do fracasso, da probabilidade de ocorrência do fracasso e do incentivo para evitar o fracasso (ou seja, $Tef = Mef \times Pf \times If$). Essa fórmula prediz bastante bem os comportamentos de aproximação e de evitação em situações como as de tarefas moderadamente difíceis, competição interpessoal e empreendedorismo.

Existem três tipos de metas de realização: o de aproximação-desempenho, o de evitação-desempenho e o de proficiência. A necessidade de realização prediz a adoção de metas de aproximação-desempenho, o medo do fracasso prediz as metas de evitação-desempenho, e as expectativas de grande competência predizem as metas de proficiência. As metas de proficiência e as de aproximação-desempenho são em geral associadas a resultados positivos e de realização, ao passo que as metas de evitação-desempenho não o são.

As teorias implícitas revelam o fato de as pessoas pensarem que suas qualidades pessoais são fixas e constantes (adeptos da teoria da existência) ou de pensarem que suas qualidades pessoais são maleáveis e podem ser desenvolvidas (adeptos da teoria do desenvolvimento). Os adeptos das teorias implícitas são importantes porque predizem o tipo de metas que as pessoas escolhem almejar, uma vez que os adeptos da teoria da existência em geral adotam metas de desempenho, ao passo que os adeptos da teoria do desenvolvmento adotam metas de aprendizagem. Os adeptos da teoria da existência e da teoria do desenvolvimento também interpretam de maneira diferente o significado do esforço. Os adeptos da teoria da existência em geral acreditam que a realização de um grande esforço é indicador de baixa habilidade: "quanto mais esforço você faz, mais ineficiente você deve ser". Já os adeptos da teoria do desenvolvimento em geral acreditam que o esforço é o meio pelo qual a aprendizagem ocorre e as habilidades se desenvolvem. Ao se defrontarem com tarefas difíceis ou com um *feedback* negativo, os teóricos do desenvolvimento apresentam um estilo motivacional relativamente mais adaptativo, uma vez que compreendem a utilidade do esforço, apresentando um desejo de arregaçar as mangas e trabalhar de maneira vigorosa e persistente.

Os esforços para afiliação têm duas facetas: a necessidade de afiliação (ansiedade de rejeição) e a necessidade de intimidade (interesse de afiliação). A necessidade de afiliação envolve o estabelecimento, a manutenção e a restauração de relações com outras pessoas, principalmente para evitar e fugir de emoções negativas, tais como a desaprovação e a solidão. A necessidade de intimidade é o motivo social que faz as pessoas se engajarem em relações interpessoais calorosas, próximas e positivas, que produzem emoções também positivas e representam pouca ameaça de rejeição. A privação de interação social é a principal condição que suscita nas pessoas sua necessidade de afiliação, e a aceitação social, a aprovação e a afirmação constituem as condições que satisfazem essa necessidade. Já a participação, o desenvolvimento e a manutenção de relações calorosas e próximas referem-se à necessidade de intimidade, e os indivíduos que têm alta necessidade de intimidade apresentam maior probabilidade de participar de grupos sociais, investir tempo na interação com outras pessoas e constituir relações estáveis e duradouras. Essas relações se caracterizam pelo fato de que as pessoas abrem-se mais umas para as outras, e demonstram mais afeto positivo, expressos por meio do olhar, do riso e do sorriso. Participar dessas relações amorosas, recíprocas e duradouras constitui a condição que satisfaz à necessidade de intimidade.

A necessidade de poder é o desejo de fazer o mundo físico e social se conformar com a imagem pessoal que se tem para ele. Os indivíduos que

124 Capítulo Sete

têm alta necessidade de poder esforçam-se por alcançar a liderança e o reconhecimento em pequenos grupos, experimentam impulsos freqüentes de agressão, preferem profissões influentes e acumulam pertences de prestígio. Uma variante especial da necessidade de poder é o padrão de motivo de liderança, que consiste em um padrão triplo de necessidades que envolvem alta necessidade de poder, baixa necessidade de intimidade e alta inibição. Os líderes, os gerentes e os presidentes norte-americanos possuidores de conjuntos de necessidades consistentes com o padrão de motivo de liderança (grande necessidade de poder, baixa necessidade de afiliação e alta inibição) em geral apresentam melhor desempenho como líderes, e são considerados eficazes pelas outras pessoas.

LEITURAS PARA ESTUDOS ADICIONAIS

Necessidade de Realização

ATKINSON, J. W. (1964). A theory of achievement motivation. *An introduction to motivation* (240-268). Princeton, NJ: D. Van Nostrand.

ELLIOT, A. J. (1999). Approach and avoidance motivation and achievement goals. *Educational Psychologist, 34*, 169-189.

ELLIOT, A. J. & CHURCH, M. A. (1997). A hierarchical model of approach and avoidance achievement motivation. *Journal of Personality and Social Psychology, 72*, 218-232.

ELLIOT, A. J. & SHELDON, K. M. (1997). Avoidance achievement motivation: A personal goals analysis. *Journal of Personality and Social Psychology, 72*, 218-232.

HONG, Y., CHIU, C., DWECK, C. S., LIN, D. M.-S. & WAN, W. (1999). Implicit theories, attributions, and coping: A meaning system approach. *Journal of Personality and Social Psychology, 77*, 588-599.

MCCLELLAND, D. C. (1965). Achievement and entrepreneurship: A longitudinal study. *Journal of Personality and Social Psychology, I*, 389-392.

Necessidades de Afiliação e de Intimidade

MCADAMS, D. P., JACKSON, R. J. & KIRSHNIT, C. (1984). Looking, laughing and smiling in dyads as a function of intimacy motivation and reciprocity. *Journal of Personality, 52*, 261-273.

MCADAMS, D. P. & LOSOFF, M. (1984). Friendship motivation in fourth and sixth graders: A thematic analysis. *Journal of Social and Personal Relations, 1*, 11-27.

Necessidade de Poder

SPANGLER, W. D. & HOUSE, R. J. (1991). Presidential effectiveness and the leadership motive profile. *Journal of Personality and Social Psychology, 60*, 439-455.

STEELE, R. S. (1977). Power motivation, activation, and inspirational speeches. *Journal of Personality, 45*, 53-64.

Parte Dois

Cognições

Capítulo 8

Metas

A PERSPECTIVA COGNITIVA NA MOTIVAÇÃO
PLANOS
Motivação Corretiva
Discrepância
Dois Tipos de Discrepância
METAS
Desempenho
Dificuldade da meta
Especificidade da meta
Metas Difíceis e Específicas Aprimoram o Desempenho
Feedback
Aceitação da Meta
Críticas

O Estabelecimento de Metas de Longo Prazo
Esforços Pessoais
Crescimento pessoal e bem-estar subjetivo
INTENÇÕES DE IMPLEMENTAÇÃO
Simulações Mentais: Concentrando-se na Ação
Formulando as Intenções de Implementação
Busca de uma Meta: Começando
Busca de uma Meta: Persistindo e Terminando
AUTO-REGULAÇÃO
Desenvolvendo uma Auto-Regulação Mais Competente
RESUMO
LEITURAS PARA ESTUDOS ADICIONAIS

Seu espelho não mente. Ultimamente, ele vem lhe mostrando que você está com uns quilos a mais, e isso faz você decidir que é hora de perder uns 5 quilos e voltar à boa forma. Você deseja fazer algo para conseguir isso, mas o quê? Quando? Como?

Correr parece ser algo razoável, de modo que você começa a praticar corrida. No início, a corrida é uma novidade e até mesmo uma atividade divertida, e agrada-lhe ficar ao ar livre e experimentar um senso de realização. Entretanto, semanas se passam e você não perde muito peso. Você começa a especular quanto exercício ainda é preciso fazer. Mais uma semana se passa e as pressões do dia-a-dia aumentam, começando a disputar seu tempo e sua atenção. A cada dia, vai lhe parecendo ser mais difícil encontrar tempo e mobilizar a energia necessária para se exercitar. Depois de um mês de um progresso tímido, a corrida vira coisa do passado.

Meses depois, enquanto visita casualmente uma loja de livros usados, você se depara com um volume intitulado *Aeróbica* (Cooper, 1968). Como continua achando que é importante exercitar-se e ficar em forma, você começa a folhear o livro. A principal característica da obra é a formulação de um sistema de pontos. Página após página, o livro vai listando diversas atividades aeróbicas diferentes, tais como correr, nadar e andar de bicicleta. Para cada exercício, o sistema estabelece uma quantidade de pontos que se ganha para cada distância percorrida e para cada tempo de exercício realizado. Por exemplo, na corrida, as pessoas que percorrem um quilômetro e meio em 8 minutos

ganham 5 pontos aeróbicos, pontuação igual à obtida por um ciclista que pedalar seis quilômetros em 12 minutos. Algumas páginas depois, o livro fornece um gráfico de progresso pessoal com um espaço em branco para que a pessoa registre a data, o tipo de exercício, a distância percorrida e a duração, o número de pontos ganhos e o número de pontos acumulados em cada semana. Segundo o livro, uma pessoa precisa ganhar 30 pontos aeróbicos por semana para melhorar sua forma física e perder peso.

Lendo isso, você agora tem uma meta. Você não mais estará tentando fazer "o melhor que pode", uma vez que agora o que você tem a fazer é ganhar 30 pontos por semana. Você então inicia a primeira semana de exercícios determinado a ganhar 30 pontos, mas seu corpo protesta, dizendo que 20 pontos bastam. Diante da impossibilidade imediata de ganhar os 30 pontos, você começa a conceber estratégias para aumentar sua pontuação (p. ex., correr de manhã, em vez de "correr quando tiver vontade"). Ao término da terceira semana, você enfim ganha os 30 pontos, e com isso experimenta uma deliciosa sensação de realização. E, após um mês exercitando-se, você audaciosamente decide aumentar o número de pontos semanais para 40. Isso o coloca diante de uma nova meta, que lhe demandará mais esforço, persistência e uma estratégia mais aprimorada de exercícios. Mas isso não lhe parece ser problema, uma vez que você alcançou sua meta anterior, tendo agora mais energia e mais disposição para mudar seu estilo de vida. A força de vontade substitui então sua anterior apatia. Quando a nova semana de exercícios começa, você

128 Capítulo Oito

acorda dizendo para si mesmo: "Hoje de manhã vou ganhar mais 10 pontos aeróbicos — antes das aulas, vou à pista do estádio universitário correr três quilômetros em 16 minutos".

Outro programa de emagrecimento bastante utilizado ilustra esses mesmos processos motivacionais. Fazer dieta é uma tarefa ambígua de uma maneira bastante semelhante a exercitar-se, uma vez que as pessoas ficam se perguntando: quanto devo comer? Minha meta é muito ambiciosa? Como saber se estou ou não progredindo? Para fazer com que metas gerais e de longo prazo relacionadas à perda de peso se traduzam em ações específicas do dia-a-dia, esse programa popular de emagrecimento recomenda que cada pessoa consuma diariamente alimentos segundo uma faixa de pontos, dependendo do peso atual do indivíduo. Por exemplo, para uma pessoa que pese 90 kg, uma meta poderia ser algo entre 22 e 27 pontos diários. A faixa de pontos diários é importante porque todos os alimentos têm um certo valor em pontos, dependendo da quantidade de calorias, do número de gramas de gordura e de gramas de fibras neles contidos (p. ex., duas panquecas = 6 pontos). A idéia básica é que a pessoa comece o dia com uma meta relacionada a uma "faixa de pontos", planejando então suas opções de alimentação de modo a comer o correspondente a um número mínimo de pontos (para sustentar seu metabolismo), mas não mais que o número máximo de pontos permitidos (com vistas a emagrecer). Uma atividade corporal vigorosa e diária (como os exercícios físicos) pode aumentar a faixa de pontos diários da pessoa. A idéia é focalizar não em uma dieta vaga e ambígua, mas, em vez disso, em uma meta difícil e específica, atentando-se bastante para os pontos relacionados aos alimentos consumidos, e com um acompanhamento diário da meta de pontos proposta.

A PERSPECTIVA COGNITIVA NA MOTIVAÇÃO

Este capítulo propõe-se a perguntar como e por que eventos mentais como as metas podem mobilizar o esforço e aumentar o compromisso das pessoas com o desempenho em uma ação de longo prazo. A primeira parte deste capítulo concentra-se no estabelecimento de planos e metas, e a segunda parte concentra-se na formulação de intenções que possam fazer com que as pessoas cumpram esses planos e metas. Os dois capítulos subseqüentes a este concentram-se no fato de que diferentes eventos mentais também podem funcionar como determinantes causais para a ação (Gollwitzer & Bargh, 1996). Entre os agentes motivacionais pesquisados com maior intensidade na seqüência cognição → ação encontram-se os seguintes:

Capítulo 8
- Planos (Miller, Galanter & Pribram, 1960)
- Metas (Locke & Latham, 2002)
- Intenções de implementação (Gollwitzer, 1999)
- Simulações mentais (Taylor et al., 1998)
- Auto-regulação (Zimmerman, 2000)

Capítulo 9
- Crenças pessoais de controle (Peterson, Maier & Seligman, 1993)

- Auto-eficácia (Bandura, 1986)
- Atribuições (Weiner, 1986)
- Estilo explicativo (Peterson & Seligman, 1984)

Capítulo 10
- Autoconceito (Markus, 1977)
- Possíveis "selves" (Markus & Nurius, 1986)
- Esforços pessoais (Sheldon & Elliot, 1999)
- Dissonância (Harmon-Jones & Mills, 1999)
- Valores (Brophy, 1999)

Como veremos, eventos mentais cognitivos, como metas e expectativas, podem funcionar como uma "iniciação da ação", ou seja, uma força motriz que energiza e direciona a ação segundo maneiras propositais (Ames & Ames, 1984). A primeira iniciação motivacional da ação estudada pelos psicólogos da motivação cognitiva são os "planos".

PLANOS

O estudo cognitivo contemporâneo da motivação começou quando um trio de psicólogos — George Miller, Eugene Galanter e Karl Pribam — investigou a maneira como os planos motivam o comportamento (1960). Segundo esses pioneiros, as pessoas têm representações mentais dos estados ideais de seu comportamento, dos objetos ambientais e dos eventos. Em outras palavras, as pessoas têm em mente o que seria um serviço de tênis ideal (comportamento ideal), o que seria um presente de aniversário ideal (objeto ambiental ideal) e o que constituiria uma noite ideal para se divertir (evento ideal). Por outro lado, as pessoas estão sempre conscientes do estado corrente do seu comportamento, do seu ambiente e dos eventos que lhes ocorrem. Ou seja, elas sabem como se encontra atualmente seu serviço no tênis (comportamento presente), qual é a qualidade de um presente que receberam (objeto presente) ou a qualidade do programa que escolheram para se divertir à noite (evento presente).

Qualquer descompasso entre o estado presente e o estado ideal suscita na pessoa uma experiência de "incongruência", que tem propriedades motivacionais (Miller et al., 1960; Newell, Shaw & Simon, 1958). Em função disso, o processo motivacional essencial e subjacente a um plano é o seguinte: as pessoas têm conhecimento tanto do seu estado presente quanto do seu estado ideal, e qualquer incongruência percebida entre os dois deixa-as em uma posição desconfortável o suficiente para fazê-las formular e agir conforme um plano de ação para eliminar essa incongruência, de modo que o estado atual mude e se transforme no estado ideal. A incongruência atua como a "fonte para a ação" (fornecendo a energia), e o plano é o meio cognitivo para fazer com que o estado presente seja promovido a estado ideal (fornecendo uma direção).

O mecanismo cognitivo pelo qual os planos energizam e direcionam o comportamento é o modelo testar-operar-testar-sair (TOTE)*, conforme ilustra a Figura 8.1 (Miller, Galanter & Pribram, 1960). *Testar* significa comparar o estado atual com o estado ideal. Um descompasso entre os dois estados (ou seja,

---

*Abreviatura do original inglês: *test-operate-test-exit*. (N. T.)

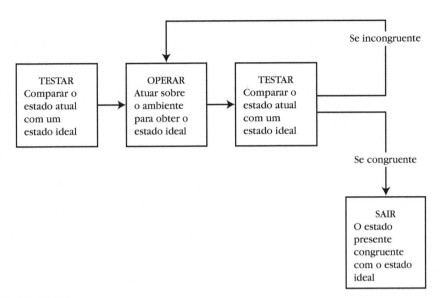

Figura 8.1 Esquema do Modelo TOTE

uma incongruência) leva o indivíduo a agir. Em outras palavras, o descompasso motiva o indivíduo a *operar* no ambiente através de uma seqüência planejada de ação. Ou seja, quando, por exemplo, você se olha no espelho para checar se seu cabelo está bom, você "testa" ou compara a maneira como seu cabelo atualmente se apresenta no espelho com a maneira como seu cabelo idealmente seria. Se o cabelo estiver bom, você diz "tudo bem" e deixa de lado o espelho. Porém, caso você perceba um descompasso entre seu cabelo atual e seu cabelo ideal, é hora de "operar" por meio de um plano de ação — você se penteia, toma um banho, joga um *spray* no cabelo ou simplesmente usa um chapéu. Após um período de ação, a pessoa mais uma vez *testa* seu estado atual em relação ao ideal. Se o feedback revelar que a incongruência persiste, a pessoa continua a *operar* no ambiente (T-O-T-O-T-O, e assim por diante). Na vida diária, T-O-T-O-T-O parece, para continuarmos no exemplo do cabelo em mau estado, o seguinte: olhe-se no espelho — Penteie-se — Olhe-se no espelho para receber um *feedback* — Penteie-se um pouco mais — Olhe-se no espelho novamente — Penteie-se ainda mais, e assim por diante. Enquanto a incongruência persistir, a ação ("operar") irá continuar. E sempre que o estado atual ficar conforme o ideal, a pessoa "sai" (exit) do plano.

Considere um segundo exemplo do modelo TOTE. Uma pintora observa uma cascata, pinta a cena que ela vê e compara sua tela com a cascata, observando que as duas diferem bastante entre si. Uma vez que a tela ainda não constituiu uma representação satisfatória da cascata, a pintora opera no sentido de retratar na tela a imagem ideal que ela tem em mente. A pintora continua a comparar (testar) a pintura da tela com a imagem ideal em sua mente. E enquanto a incongruência persistir, ela continuará pintando (T-O-T-O-T-O, e assim por diante). Somente quando a pintura real e a pintura ideal se adequarem é que a pintora deixará o plano, parando de pintar. O processo de contínua repetição pelo qual se compara o estado presente com o estado ideal, e que se faz acompanhar dos ajustes comportamentais que reduzem a incongruência, é uma característica comum da vida cotidiana.

Ajeitar o cabelo desalinhado e pintar cascatas são ações que ilustram a influência que a cada momento os planos exercem sobre nosso comportamento motivado — começar algo, esforçar-se por isso, persistir durante um tempo, e finalmente parar. É possível mencionar dezenas de outros exemplos de planos de inícios de ação, como o de uma pessoa que vai aos poucos riscando os itens de uma lista de tarefas a serem cumpridas, o de outra que tenta consertar um objeto quebrado até que ele fique bom, o de um motorista que dirige seu carro até o destino, o de uma pessoa que revisa um poema ou um artigo, faz compras, economiza dinheiro para uma viagem, apara a grama do jardim, lava a louça, lê este capítulo, e assim por diante.

Os planos podem também ser de longo prazo. Por exemplo, que grau de satisfação você está atualmente experimentando com sua carreira/profissão? E com seu estado civil? E com o domínio que você tem de uma língua estrangeira? Na vida, acontecem eventos que nos fazem perceber as incongruências existentes entre nosso estado atual e nosso estado ideal. Por exemplo, nossos amigos podem estar vivendo uma situação "ideal" em termos de emprego, de casamento, de viagens ou de morar fora do país. Quando essas incongruências nos causam um desconforto capaz de nos fazer entrar em ação (como quando dizemos a nós mesmos "Quero alcançar o estado ideal mais do que quero o meu estado atual"), formulamos planos de ação e começamos a percorrer o caminho do planejamento de longo prazo, passando a agir conforme a seqüência T-O-T-O-T-O.

Motivação Corretiva

Segundo a seqüência plano → ação, os indivíduos são capazes de: (1) detectar inconsistências entre seu estado atual e seu estado ideal, (2) gerar um plano para eliminar a incongruência, (3) instigar um comportamento regulado por esse plano e (4) monitorar o *feedback* com o propósito de detectar qualquer possível incongruência remanescente entre os estados atual e ideal. Entretanto, a maioria dos pesquisadores contemporâneos (Campion & Lord, 1982; Carver & Scheier, 1981, 1982, 1990,

1998) não mais considera que os planos sejam algo fixo, estático e mecânico. Em vez disso, preferem vê-los como ajustáveis e passíveis de revisão. Existindo uma incongruência entre os estados atual e ideal, é provável que o plano do indivíduo sofra modificações, assim como seu comportamento. A ênfase nos planos modificáveis é importante porque representa os seres humanos como tomadores ativos de decisão, que escolhem o processo que irão seguir (Carver & Scheier, 1981, 1982):

- Agir ("Operar") para alcançar o estado ideal
- Mudar e revisar um plano ineficaz

Desse ponto de vista, uma incongruência qualquer entre os estados atual e ideal não instiga automaticamente uma seqüência de ação motivada por essa discrepância. Em vez disso, a incongruência faz surgir uma "motivação corretiva" mais generalizada (Campion & Lord, 1982).

A motivação corretiva ativa o processo de tomada de decisão no qual o indivíduo considera diversas maneiras de reduzir a incongruência entre os estados atual e ideal: mudar o plano, mudar o comportamento (aumentar o esforço) ou simplesmente abandonar o plano. Ou seja, o comportamento direcionado pelo plano é um processo dinâmico e flexível no qual a motivação corretiva energiza o indivíduo para que opte pelo curso de ação mais adaptativo.

A motivação corretiva também envolve a emoção (Carver & Scheier, 1990, 1998). Quando as pessoas progridem em direção a seus estados ideais e avançam segundo taxas equivalentes a suas expectativas, elas experimentam pouca emoção. Por outro lado, quando as pessoas progridem em direção a seus estados ideais segundo um ritmo mais vagaroso do que o esperado, a persistência e a saliência dessa discrepância produzem emoções negativas como ansiedade, frustração ou desespero. E quando as pessoas progridem em direção a seus estados ideais segundo um ritmo mais rápido do que o esperado, a redução da discrepância produz emoções positivas como entusiasmo, esperança, excitação e alegria. Portanto, os planos motivam as ações, e as avaliações subseqüentes que as pessoas fazem de seu progresso geram emoções.

Quando uma pessoa percebe que existe uma incongruência entre os estados atual e ideal, elaborar um bom plano para eliminar ou reduzir essa incongruência é apenas a primeira metade da batalha. A segunda metade é cumprir o plano, uma vez que com bastante freqüência as pessoas têm dificuldades (p. ex., limitações situacionais, inadequações pessoais) quando tentam colocar seus planos em prática. Após discutir a significância motivacional tanto dos planos quanto das metas, este capítulo retornará ao problemático assunto de como elaborar planos e alcançar metas na seção intitulada "Intenções de Implementação".

Discrepância

A incongruência é um princípio motivacional fundamental. Quanto mais os psicólogos cognitivos trabalhavam com o problema da discrepância entre os estados atual e ideal para estudar os planos e a motivação corretiva, mais eles passaram a ver a "discrepância" como um constructo motivacional de importância central. A idéia básica que há por trás da discrepância é bastante direta e pode ser representada pela magnitude da seta mostrada a seguir, representando a diferença ou discrepância entre o estado atual e o estado ideal de uma pessoa.

O estado atual representa o *status* presente da vida da pessoa, e o estado ideal representa como a pessoa gostaria que sua vida fosse. Quando o estado atual encontra-se muito atrás do desejado estado ideal, evidencia-se uma discrepância. É essa discrepância (em vez do estado atual em si) que tem propriedades motivacionais. A discrepância cria o senso de querer de mudar o estado atual, com o objetivo de aproximá-lo cada vez mais do estado ideal. Apresentamos agora doze exemplos de discrepância entre o estado atual (presente) e o estado ideal (aquele que gostaríamos que existisse) em situações do dia-a-dia. Por exemplo, quem fica preso em um engarrafamento (estado atual) gostaria de estar dirigindo sem interferência (estado ideal) e a consciência dessa discrepância cria um querer que motiva as pessoas a tomarem as ações necessárias para remover essa incômoda discrepância.

Estado Atual	Estado Ideal
Preso no engarrafamento	Dirigir sem interferência
Seu emprego atual	O emprego que você gostaria de ter
Seu grau de habilidade	O grau de habilidade do sujeito da tevê
Qualidade atual de um relacionamento	Qualidade que esse relacionamento pode vir a ter
Sua nota média atual na universidade	A nota média necessária para estar entre os melhores alunos
Mesa de trabalho cheia e desorganizada	Mesa de trabalho limpa e organizada
Sofrer de dor de cabeça	Não sofrer de dor de cabeça
Não ser admitido em um clube	Ser aceito como sócio de um clube
Ganhar R$15 por hora	Ganhar R$25 por hora
Ter pela frente 300 km de percurso	Chegar
Dar 10 voltas na pista	Ter completado as voltas
Ter mais 250 páginas do livro para serem lidas	Concluir a leitura do livro

Essa lista representa uma dúzia de maneiras de dizer essencialmente a mesma coisa. Nessas e em todas as outras situações de discrepância, a pessoa antevê possíveis circunstâncias que diferem das circunstâncias atuais. A conscientização desse descompasso entre "o que está acontecendo agora" e "aquilo que é desejado" cria um senso de incongruência capaz de produzir conseqüências motivacionais. Portanto, quando as pessoas se perguntam: "O que posso fazer para aumentar a motivação?", aqueles que estudam a motivação baseada na discrepância têm uma resposta bastante prática: basicamente, o que você deve fazer é criar um estado ideal em sua mente. Ou, mais precisamente, uma discrepância entre seu estado presente e um estado ideal.

Dois Tipos de Discrepância

Existem dois tipos de discrepância (Bandura, 1990; Carver & Scheier, 1998). O primeiro tipo é a *redução da discrepância*, que se baseia em um *feedback* que detecta essa discrepância.

Algum aspecto do ambiente (p. ex., como um chefe, uma bolsa de estudos ou um adversário em um esporte) fornece à pessoa um *feedback* a respeito do seu desempenho natural, informando-lhe quaisquer possíveis diferenças existentes entre seu desempenho atual e seu desempenho ideal. Por exemplo, no trabalho, um supervisor pode dizer a um vendedor que 10 vendas não são um número suficiente; é preciso que se façam 15. Da mesma forma, um estudante pode ler em um folheto sobre bolsas de estudo que uma média 6 não é suficiente para ser contemplado com uma bolsa; é preciso que a média seja de pelo menos 8. Essencialmente, o ambiente apresenta um certo padrão de excelência (um estado ideal) que é percebido pela pessoa, e que lhe pergunta: "seu desempenho encontra-se nesse nível desejado?" Os 12 exemplos de discrepância que acabamos de fornecer ilustram esse processo de diminuição da discrepância, que se traduz, por exemplo, no fato de a pessoa vislumbrar uma pista livre para o tráfego, ver o tipo de emprego ideal que outras pessoas têm, observar a habilidade demonstrada pelos atores na televisão, perceber o alto nível de qualidade na relação entre determinadas pessoas, e assim por diante.

O segundo tipo de discrepância é a *criação da discrepância*. A criação da discrepância baseia-se em um sistema de "alimentação antecipada", no qual a pessoa olha adiante e proativamente um objetivo futuro mais elevado. A pessoa então deliberadamente estabelece um padrão mais elevado — um estado ideal que existe apenas em sua mente — sem necessitar de um *feedback* — como, por exemplo, um patrão ou uma bolsa de estudos — para impô-lo. Por exemplo, o vendedor pode, por um motivo qualquer, decidir tentar em uma semana realizar 15 vendas, em vez das 10 usuais, e o estudante pode simplesmente tentar obter média 8. Nesses casos, a pessoa estabelece uma meta nova e mais elevada a ser alcançada.

Em ambos os casos — tanto na redução quanto na criação da discrepância — é a discrepância (ou incongruência) que fornece a base motivacional para a ação. Entretanto, existem duas distinções importantes entre a redução e a criação de discrepância: (1) a redução da discrepância corresponde a uma motivação corretiva baseada em um plano (conforme discutimos na seção anterior), enquanto a criação de discrepância corresponde à motivação para uma meta (discutida na próxima seção); e (2) a redução da discrepância é reativa, tem o propósito de eliminar uma deficiência e gira em torno de um sistema de *feedback*, ao passo que a criação das discrepância é proativa, tem o propósito de produzir um crescimento e gira em torno de um sistema de "alimentação antecipada". Como discutiremos a seguir, o estabelecimento de metas é antes de tudo e principalmente um processo de criação de discrepância (Bandura, 1990).

METAS

Uma meta é tudo aquilo que um indivíduo tenta realizar (Locke, 1996). Quando as pessoas se esforçam para ganhar $100, obter média 8, vender 100 caixas de biscoito, ou ficar invictas em uma temporada esportiva, elas estão se engajando em comportamentos direcionados para uma meta. Da mesma maneira que os planos, as metas geram motivação fazendo com que a atenção da pessoa se focalize na discrepância (ou incongruência) entre seu nível

atual de realização (nenhuma caixa de biscoito vendida) e seu nível ideal de realização (100 caixas de biscoito vendidas até o final do mês). Essa discrepância entre os níveis atual e ideal de realização é chamada pelos pesquisadores de "discrepância para o desempenho em uma meta" (Locke & Latham, 1990). As discrepâncias para o desempenho em uma meta obedecem a um processo de criação proativo, discrepante.

Desempenho

Em geral, pessoas com metas têm um desempenho superior ao das que não têm metas (Locke, 1996; Locke & Latham, 1990, 2002). E também, de maneira geral, uma mesma pessoa apresenta melhor desempenho quando tem uma meta do que quando não tem. Dessa forma, as pessoas que criam metas para si e aquelas que aceitam as metas apresentadas pelos outros têm melhor desempenho do que aquelas que nem criam nem aceitam tais metas.

Considere um estudo em que alunos de nível fundamental fizeram exercícios físicos de flexão durante dois minutos (Weinberg et al., 1988). Alguns alunos estabeleceram para si metas como fazer o maior número possível de execuções durante esses dois minutos (constituindo assim o grupo que estabeleceu uma meta), ao passo que outros alunos simplesmente realizaram o exercício sem uma meta predeterminada (grupo sem meta). Após os dois minutos de atividade, o grupo dos alunos que haviam estabelecido uma meta tinha feito significativamente mais exercícios do que o grupo dos estudantes que não tinham meta. O primeiro grupo não era mais saudável ou atlético que o segundo. Entretanto, a presença de uma meta energizou os elementos do primeiro grupo para a realização dos exercícios físicos de uma maneira que a ausência de meta não fez com o segundo grupo.

Esse mesmo resultado pode ser constatado em diversos outros estudos, nos quais as pessoas que têm metas apresentam desempenho superior ao daquelas sem meta, como nos casos de levantamento de pesos, aprendizagem de informações escritas, venda de produtos, prática de arco e flecha, conservação de recursos naturais, tolerância à dor, preparação para testes de conhecimentos e programas de emagrecimento [veja a Tabela 2.5 em Locke & Latham (1990), que lista 88 tarefas diferentes]. A título de ilustração, lenhadores que tinham metas cortaram mais árvores do que lenhadores sem metas (Latham & Kinne, 1974), digitadores com metas mostraram-se mais rápidos que digitadores sem metas (Latham & Yukl, 1976) e motoristas de caminhão com metas fizeram maior número de viagens por dia do que motoristas de caminhão sem metas (Latham & Baldes, 1975).

O estabelecimento de metas em geral melhora o desempenho, mas o tipo de meta que se estabelece é um determinante-chave no grau a que a meta se traduz em ganhos de desempenho. Quanto aos tipos de metas, variam tanto em dificuldade quanto em especificidade.

Dificuldade da Meta

A dificuldade da meta refere-se ao grau de dificuldade para se alcançar uma meta. À medida que as metas aumentam de dificuldade, o desempenho aumenta linearmente (Locke & Latham,

132 Capítulo Oito

1990; Mento, Steel & Karren, 1987; Tubbs, 1986). Em relação a metas como tirar 80 em um teste, correr um quilômetro e meio em dez minutos e fazer uma nova amizade, metas mais difíceis que essas seriam tirar 90 no teste, correr um quilômetro e meio em 8 minutos e fazer três novas amizades. Quanto mais difícil for a meta, mais ela energiza o indivíduo que a persegue. Isso acontece porque as pessoas exercem um esforço proporcional ao que a meta requer. Ou seja, metas fáceis estimulam a produção de pouco esforço, metas médias estimulam um esforço moderado e metas difíceis estimulam um grande esforço (Locke & Latham, 2002). Portanto, o esforço responde à dificuldade da meta.

Especificidade da Meta

A especificidade da meta refere-se ao grau de clareza com que a meta informa a quem tenta alcançá-la exatamente o que é preciso fazer. Dizer ao indivíduo para fazer "o melhor que puder" é algo que soa como um estabelecimento de meta; entretanto, isso não passa de uma orientação ambígua, que não informa de maneira precisa o que a pessoa deve fazer (Locke & Latham,1990). Por outro lado, dizer a uma escritora para apresentar o primeiro esboço do texto dentro de uma semana, um esboço revisado em duas semanas e os originais finais em três semanas é algo que especifica com maior precisão o que e quando a escritora deve fazer. Traduzir uma meta vaga em uma meta específica é algo que geralmente envolve enunciar novamente a meta em termos numéricos. A especificidade da meta é importante porque metas específicas reduzem a ambigüidade de pensamento e a variabilidade de desempenho. Quanto à ambigüidade de pensamento, uma meta vaga como "estudar muito" pode ser interpretada como "ler o capítulo" por um estudante, mas como "ler o capítulo, fazer anotações, revisá-lo e formar um grupo de estudos para discuti-lo" por um segundo estudante. Quanto ao desempenho variável, uma meta vaga (p. ex., "trabalhar rápido" ou "ler bastante") produz uma faixa relativamente ampla de desempenhos em comparação com a situação em que se dá às pessoas uma meta específica (p. ex., "completar a tarefa nos próximos 3 minutos" ou "ler 100 páginas"), algo que produz uma faixa relativamente estreita de desempenhos (Locke et al., 1989).

Metas Difíceis e Específicas Aprimoram o Desempenho

Nem sempre as metas melhoram o desempenho. Somente aquelas metas que são difíceis e específicas o fazem (Locke et al., 1981). A razão pela qual as metas difíceis e específicas melhoram o desempenho, ao passo que as metas fáceis e vagas não o fazem, é motivacional. As metas difíceis energizam quem as persegue, e metas específicas direcionam a pessoa para um determinado curso de ação (Earley, Wojnaroski & Prest, 1987). Portanto, as metas necessitam ser difíceis para criar energia, e necessitam ser específicas para focalizar a direção.

As metas difíceis energizam o comportamento, o que é o mesmo que dizer que aumentam o esforço e a persistência do indivíduo. A produção de esforço é diretamente proporcional à percepção das demandas da tarefa (Bassett, 1979; Locke & Latham, 1990). Quanto mais difícil for a meta, maior é o esforço despendido ao tentar alcançá-la (Earley, Wojnaroski & Prest, 1987; Bandura & Cervone, 1983, 1986). As metas difíceis aumentam a persistência porque o esforço vai sendo empregado continuamente até que a meta seja alcançada (LaPorte & Nath, 1976; Latham & Locke, 1975). Por exemplo, o atleta que tenta fazer 45 exercícios de flexão vai fazendo esses exercícios até ser alcançada a marca de 45 execuções. As metas também diminuem a probabilidade de que o indivíduo se distraia da tarefa ou desista prematuramente (LaPorte & Nath, 1976). O atleta que tem a meta de "45 exercícios de flexão" tem maior probabilidade de continuar se esforçando depois de 30, 35 e 40 exercícios do que um indivíduo que tenha uma meta menor, ou que tenha a meta de "fazer o melhor que puder". Com uma meta em mente, as pessoas deixam a tarefa quando ela é concluída, e não quando se sentem entediadas, frustradas, cansadas ou distraídas.

Metas específicas direcionam a atenção e o planejamento estratégico; também focalizam a atenção do indivíduo para a tarefa que se tem à mão e, portanto, afastam-no das tarefas incidentais (Kahneman, 1973; Locke & Bryan, 1969; Rothkopf & Billington, 1979). As metas dizem ao indivíduo onde ele deve se concentrar e o que especificamente fazer (Klein, Whitener & Ilgen, 1990; Latham, Mitchell & Dossett, 1978; Locke et al., 1989). Por exemplo, em estudos envolvendo a leitura de textos por estudantes, os leitores com metas específicas gastavam significativamente mais tempo examinando seus textos durante uma seção de estudo do que os leitores com metas ambíguas, que tinham maior probabilidade de passear o olhar pela sala (Locke & Bryan, 1969; Rothkopf & Billington, 1979). Metas específicas também fazem os indivíduos planejarem um curso estratégico de ação (Latham & Baldes, 1975; Terborg, 1976), e metas específicas estimulam as pessoas a se valerem de estratégias e do conhecimento que têm da tarefa em questão (Smith, Locke & Barry, 1990). O programa de emagrecimento discutido anteriormente ilustra esse fato, pois mostra que o indivíduo que faz dieta precisa investir um grande montante de conhecimento e de planejamento deliberado na criação de um plano estratégico que lhe permita limitar com sucesso o consumo alimentar em 25 pontos. Além disso, quando tem uma meta específica em mente, um indivíduo que é incapaz de alcançar uma meta na primeira tentativa tenderá a abandonar sua estratégia e a revisá-la, criando uma estratégia nova e aperfeiçoada (Earley & Perry, 1987; Earley, Wojnaroski & Prest, 1987).

As metas geram motivação, mas a motivação é apenas uma das causas subjacentes ao desempenho. O desempenho depende também de outros fatores que não são motivacionais, como a habilidade, o treinamento, a orientação e os recursos (Locke & Latham, 1984). Como esses fatores também contribuem para a qualidade do desempenho, não existe uma correspondência unívoca entre metas e desempenho. Portanto, se dois indivíduos têm níveis comparáveis de habilidade, treinamento, orientação e recursos, é provável que aquele que tenha metas difíceis e específicas apresente um desempenho superior ao do indivíduo que não tenha tais metas. Esse é um importante aspecto prático, uma vez que, quando as metas difíceis e específicas não conseguem melhorar o desempenho, é útil atentar para fatores não-motivacionais relacionados também ao aumento da habilidade (por meio da instrução, da prática, do desempenho de papéis, ou por uma filmagem feita para *feedback* de desempenho) ou atentar também para recursos (através da aquisição de equipamentos, livros, professores, computadores e recursos financeiros).

Feedback

As metas difíceis e específicas aumentam o desempenho, energizando o esforço e a persistência e direcionando a atenção e a estratégia. Porém, há outra variável crucial para a eficácia do estabelecimento de metas: o *feedback* (Erez, 1977). O estabelecimento de metas só se traduz em aumento de desempenho no contexto da existência de um *feedback* que seja fornecido oportunamente e eficiente em informar o progresso do indivíduo na busca de sua meta (Locke et al., 1981). O *feedback*, ou seja, o conhecimento dos resultados, permite às pessoas acompanharem qualquer progresso que fazem em direção à sua meta. Em outras palavras, para maximizar seu desempenho, uma pessoa necessita tanto de ter uma meta *quanto* de receber um *feedback* de sua atuação (Bandura & Cervone, 1983; Becker, 1978; Erez, 1977; Strang, Lawrence & Fowler, 1978; Tubbs, 1986).

Sem o *feedback*, o desempenho emocionalmente perde tanto em quantidade quanto em qualidade. Por exemplo, um corredor pode ter uma meta de correr um quilômetro e meio em 6 minutos, outro que faz dieta pode ter a meta de perder 5 quilos, e um estudante pode ter a meta de dominar uma determinada disciplina. Entretanto, se o corredor nunca tiver acesso a um cronômetro, se a pessoa que faz dieta nunca tiver acesso a uma balança e se o estudante nunca tiver acesso a um teste, o fato de eles exercerem suas respectivas atividades não conseguirá informar-lhes do seu progresso em sua busca do alcance da meta. Entretanto, é preciso lembrar que o *feedback* é somente uma informação, e que necessita de uma meta (um padrão de desempenho) de maneira que a pessoa possa julgar seu desempenho como ruim (abaixo da meta), bom (conforme com a meta) ou excelente (acima da meta).

A combinação de metas com *feedback* produz uma mistura emocionalmente significativa: o alcance de uma meta alimenta a satisfação emocional, ao passo que o fracasso na busca de uma meta alimenta uma insatisfação emocional (Bandura, 1991). Tanto a satisfação quanto a insatisfação têm propriedades motivacionais. A sensação de satisfação contribui favoravelmente para o processo de criação da discrepância. Quando o *feedback* mostra ao indivíduo que seu desempenho se encontra no nível da meta desejada ou acima dele, o indivíduo sente-se satisfeito e competente, talvez competente o suficiente para estabelecer outra meta, mais elevada e difícil (processo de criação da discrepância; Wood, Bandura & Bailey, 1990). Por sua vez, a sensação de insatisfação contribui favoravelmente para o processo de redução da discrepância (Matsui, Okada & Inoshita, 1983). Quando o *feedback* de desempenho mostra ao indivíduo que seu desempenho se encontra abaixo do nível da meta desejada, o indivíduo sente-se insatisfeito e torna-se bastante consciente da discrepância de níveis entre o desempenho e a meta, suficientemente talvez para empregar esforços para eliminar essa incongruência (processo de redução da discrepância; Bandura & Cervone, 1983, 1986). Portanto, é o *feedback* que dá vida ao processo de estabelecimento de uma meta, fazendo o indivíduo experimentar sensações de satisfação e de insatisfação.

A Figura 8.2 resume os elementos motivacionais centrais do processo de estabelecimento de metas. O lado esquerdo da figura explica por que as metas melhoram o desempenho — a saber, por que as pessoas que têm metas trabalham com mais intensi-

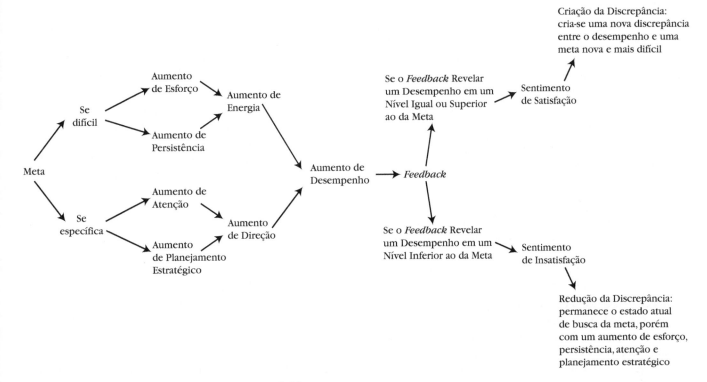

Figura 8.2 Esquema do Processo de Estabelecimento de Metas

134 Capítulo Oito

dade, durante mais tempo, de modo mais inteligente e com maior concentração (ou seja, demonstram aumento de esforço, persistência, planejamento estratégico e atenção). O lado direito explica o processo motivacional resultante do *feedback* no processo de eliminar as discrepâncias desempenho-meta (isto é, redução de discrepância, criação de nova discrepância).

Aceitação da Meta

Além de as metas precisarem de ser difíceis e específicas (1) e vinculadas a um *feedback* (2), também é necessário satisfazer a uma terceira condição para que as metas se transformem em ganhos de desempenho: é preciso que a meta seja aceita (Erez & Kanfer, 1983). A aceitação da meta é uma variável crítica quando seu estabelecimento ocorre dentro de uma relação interpessoal, em que uma pessoa tenta estabelecer uma meta para outra. Por exemplo, um técnico pode solicitar a um atleta que corra 3 quilômetros em 12 minutos, um pai pode pedir ao filho que se encarregue de lavar a louça nas segundas à noite, ou um sacerdote pode solicitar a seus paroquianos que doem 10% de seus ganhos em forma de dízimo. A aceitação da meta envolve por parte da pessoa a decisão de aceitar ou rejeitar essa meta. Isso varia conforme um *continuum*, que vai desde a aceitação total de uma meta imposta externamente até sua rejeição total (Erez & Zidon, 1984). Somente as metas internalizadas (isto é, aceitas) melhoram o desempenho (Erez, Earley & Hulin, 1985). Isso acontece porque a aceitação da meta cria o comprometimento com a meta.

Se o indivíduo aceitar plenamente uma meta externa, ou seja, imposta por outra pessoa ("O.k., treinador, vou fazer isso, correrei 3 quilômetros em 12 minutos"), o processo de estabelecimento de metas, ilustrado na Figura 8.2, procede em conformidade com o diagrama (Erez & Zidon, 1984). Contudo, se a meta é rejeitada, o processo de estabelecimento da meta não procede conforme o diagrama; com efeito, freqüentemente existe uma relação negativa entre uma meta estabelecida externamente e o subseqüente desempenho da pessoa. Mesmo sendo difíceis e específicas — mas rejeitadas —, as metas fazem com que em geral a pessoa empregue pouco ou nenhum esforço.

Quatro fatores determinam se uma meta estabelecida externamente será aceita ou rejeitada:

- A dificuldade percebida da meta imposta
- A participação no processo de estabelecimento da meta
- A credibilidade de quem determina a meta
- Incentivos extrínsecos

Quanto à dificuldade percebida da meta imposta, a aceitação da meta é inversamente relacionada com a sua dificuldade. Enquanto a pessoa primeiro considera o fato de aceitar ou não a meta que lhe é imposta, ela primeiro avalia quão difícil essa meta lhe parece. Metas fáceis de serem alcançadas em geral favorecem a sua aceitação, ao passo que metas difíceis favorecem a sua rejeição (Erez, Earley & Hulin, 1985). Quando, por exemplo, os pais dizem ao filho que ele deve ter um boletim escolar apenas com conceitos A, antes de aceitar essa meta, a criança avalia a probabilidade de conseguir alcançá-la. Se a meta imposta for percebida como sendo relativamente fácil, o aluno tenderá a pensar: "O.k., isso é razoavelmente fácil de conseguir; vou tentar". Mas quando a meta imposta for percebida como bastante difícil, o estudante provavelmente pensará: "Minha nossa!... isso é impossível; não vou nem mesmo tentar".

O segundo fator que afeta a aceitação de uma meta é a extensão em que o indivíduo que tenta alcançá-la participa do processo de estabelecimento da meta. A participação refere-se ao grau a que o indivíduo que tentará alcançar a meta terá sua palavra ouvida (*input*) em relação à meta. Se o indivíduo estabelece por si a meta, esta é aceita de imediato. Por outro lado, quando a meta é imposta externamente, surge uma negociação interpessoal que coloca em jogo a aceitação da meta por parte de quem deve alcançá-la. Em geral, os indivíduos rejeitam as metas que os outros tentam forçá-los a aceitar (Latham & Yukl, 1975), mas tendem a aceitar metas que lhes são designadas quando os outros escutam cuidadosamente seu ponto de vista e também fornecem um argumento claro favorável à aceitação da meta (Latham, Erez & Locke, 1988; Latham & Saari, 1979).

A credibilidade da pessoa que determina a meta refere-se ao grau de confiança, apoio, conhecimento e estima que ela suscita no indivíduo que deve alcançar a meta. Uma pessoa com pouca credibilidade passa uma idéia autoritária, manipuladora e desprezível quando atribui metas. Mantendo-se constantes todos os demais fatores, os indivíduos têm maior probabilidade de aceitar e internalizar as metas que lhes foram atribuídas por quem tem credibilidade e interessa-se pelo bem-estar do outro (Locke & Latham, 1990; Oldham, 1975). Por exemplo, nos ambientes de trabalho, uma maneira que os líderes têm de aumentar sua credibilidade em relação aos trabalhadores é fornecer-lhes uma visão eloqüente do futuro da empresa (Turner, Barling & Zacharatos, 2002).

Quando os incentivos extrínsecos e as recompensas são vinculados à conquista da meta, sua aceitação por parte do indivíduo que tentará alcançá-la aumenta em proporção aos benefícios percebidos do alcance da meta (Locke & Latham, 1990). Incentivos como dinheiro, reconhecimento público e bolsas de estudo contribuem positivamente para o desejo do indivíduo de aceitar uma meta independentemente de sua dificuldade e identidade e da credibilidade de quem atribui a meta. No geral, a aceitação da meta é maior se as metas forem percebidas como fáceis ou apenas moderadamente difíceis, forem propostas pelo próprio indivíduo (ou pelo menos forem negociadas de modo a deixá-lo satisfeito), forem determinadas por quem lhe inspira credibilidade e confiança, e prometerem uma recompensa pessoal a quem alcançá-las. Quando essas condições são satisfeitas, a aceitação da meta prepara o terreno para um desempenho produtivo e direcionado para a meta, conforme mostra a Figura 8.2.

Críticas

O estabelecimento de metas tem suas vantagens, mas também apresenta armadilhas e cuidados a serem tomados (Locke & Latham, 1984). A determinação das metas associa-se a dois cuidados e a três tipos de armadilha.

A teoria do estabelecimento de metas (Locke & Latham, 1990, 2002) desenvolveu-se na área de negócios, administração de empresas, do mundo do trabalho, de vendas e do lucro. Portanto, essa teoria relaciona-se mais à melhora de desempenho (aumento da produtividade dos trabalhadores) do que à melhora da motivação em si. Em função disso, o primeiro cuidado associado ao estabelecimento de metas é que o propósito dessa meta é melhorar o desempenho do indivíduo, e não a sua motivação em si. O segundo cuidado é que o estabelecimento de metas funciona melhor quando as tarefas a serem cumpridas são relativamente desinteressantes e requerem somente um procedimento direto para serem concluídas (Wood, Mento & Locke, 1987), de que são exemplos tarefas como somar números (Bandura & Schunk, 1981), datilografar (Latham & Yukl, 1976), revisar textos (Huber, 1985), montar conjuntos de porcas e parafusos (Mossholder, 1980) e fazer exercícios de flexão (Weiberg, Bruya & Jackson, 1985). O estabelecimento de metas ajuda o desempenho quando as tarefas são desinteressantes e diretas porque geram uma motivação que a tarefa em si não é capaz de gerar (em virtude de serem intrinsecamente tão aborrecidas). Nas tarefas que são inerentemente interessantes e que requerem criatividade ou capacidade de resolução de problemas, o estabelecimento de metas não melhora o desempenho (Bandura & Wood, 1989; Earley, Connolly & Ekegren, 1989; Kanfer & Ackerman, 1989; McGraw, 1978).

O estabelecimento de metas associa-se a três armadilhas que limitam sua utilidade em situações de aplicação prática — a saber, o estresse, as oportunidades de fracasso e o risco de diminuição da criatividade e da motivação intrínseca. A lógica que há por trás do estabelecimento de metas é melhorar as demandas do desempenho, de modo que o esforço, a persistência, a atenção e o planejamento estratégico melhorem, passando para um nível mais elevado. Entretanto, às vezes, metas acentuadamente desafiadoras requerem dos indivíduos um desempenho bastante acima de suas possibilidades. Essas metas marcantemente desafiadoras estressam o indivíduo (primeira preocupação; Csikszentmihalyi, 1990; Lazarus, 1991a). Metas difíceis também criam um padrão de desempenho explícito e objetivo, abrindo, portanto, a porta para uma possibilidade de fracasso. O *feedback* do fracasso acarreta conseqüências debilitadoras que são emocionais (p. ex., sentimento de inadequação), sociais (p. ex., perda de respeito) e tangíveis (p. ex., financeiras). A terceira armadilha é o fato de que as metas são às vezes administradas de maneira controladora, opressiva e intrusiva, e por isso enfraquecem a criatividade e a motivação intrínseca ao interferirem na autonomia, na flexibilidade cognitiva e na paixão do indivíduo por seu trabalho (Amabile, 1998; Harackiewicz & Manderlink, 1984; Hennessey & Amabile, 1998; Mossholder, 1980; Vallerand, Deci & Ryan, 1985).

O Estabelecimento de Metas de Longo Prazo

O estudante que quer se formar médico ou um atleta que quer ganhar um evento olímpico são exemplos de indivíduos envolvidos no estabelecimento de metas de longo prazo. Para alcançar uma meta distante, o indivíduo primeiro tem que conquistar várias metas de curto prazo que funcionam como requisitos para a primeira. Por exemplo, os estudantes que querem um diploma de medicina têm que tirar notas altas antes de entrarem no curso, têm que ser aceitos na faculdade de medicina, precisam despender

ou tomar emprestado um grande montante de dinheiro, talvez também se mudar de cidade, concluir o curso de medicina, fazer uma residência, vincular-se a um hospital ou uma residência e assim por diante, tudo isso antes de realmente começarem a carreira de médicos. Logo, as metas podem ser de curto ou de longo prazos, ou uma série de metas de curto prazo vinculam umas às outras de modo a constituírem uma meta de longo prazo. Não existe diferença significativa de desempenho entre os indivíduos que se ocupam de metas de curto prazo, de longo prazo ou de uma mistura dessas duas (Hall & Byrne, 1988; Weinberg et al., 1985; Weinberg et al., 1988), ao passo que todos os indivíduos que apresentam quaisquer desses tipos de metas apresentam desempenho superior ao dos indivíduos que não estabelecem metas.

Em vez de afetar o desempenho em si, a proximidade da meta afeta a persistência e a motivação intrínseca. Por exemplo, quanto à persistência, muitos candidatos a um diploma de médico ou a uma medalha de ouro olímpica terminarão por desistirem de suas metas de longo prazo em virtude de uma falta de reforços positivos ao longo do caminho. Durante todos os anos de estudo ou de treino, pode acontecer que a meta de formar-se médico ou ganhar a medalha de ouro jamais se concretize. Se o indivíduo engajado em uma meta de longo prazo não tiver oportunidades suficientes de receber *feedback* do seu desempenho e reforço positivo, sua persistência poderá beneficiar-se do estabelecimento de uma série de metas de curto prazo encadeadas de modo a no final constituírem uma meta de longo prazo. As metas de curto prazo repetidamente proporcionam oportunidades de o indivíduo aumentar seu compromisso com a tarefa, em decorrência do reforço pela conquista de uma meta, que as metas de longo prazo não podem fornecer (Latham, Mitchell & Dossett, 1978). As metas de curto prazo também fornecem repetidas oportunidades de recebimento de *feedback* que permitem ao indivíduo avaliar sua competência, informando-lhe se ele se encontra acima, abaixo ou no mesmo nível que sua meta. Um atleta em busca de uma meta de longo prazo, tal como ser campeão estadual, recebe diariamente pouco *feedback* em comparação com um atleta cuja meta é ganhar uma competição a cada semana.

Diversos pesquisadores avaliaram o impacto que as metas de curto e de longo prazos exercem sobre a motivação intrínseca (Bandura & Schunk, 1981; Harackiewicz & Manderlink, 1984; Mossholder, 1980; Vallerand, Deci & Ryan, 1985). Nas tarefas desinteressantes, as metas de curto prazo criam oportunidades para o recebimento de um *feedback* positivo, da experiência de fazer progresso, e um meio de alimentar um senso de competência, o que aumenta a motivação intrínseca (Vallerand, Deci & Ryan, 1985). Entretanto, nas tarefas interessantes, somente as metas de longo prazo facilitam a motivação intrínseca. Quando o indivíduo está bastante interessado, as metas de curto prazo são percebidas como supérfluas, intrusivas e controladoras. Em geral, as pessoas que gostam de uma atividade já se sentem competentes nela, de modo que seu senso de competência não está em questão, e nesse caso não há muito o que ganhar com um *feedback*. Em função disso, o único efeito que uma meta de curto prazo pode exercer sobre uma tarefa interessante é negativo. Por outro lado, as pessoas preferem dedicar-se à conquista de metas de longo prazo à sua própria maneira, e esse senso de

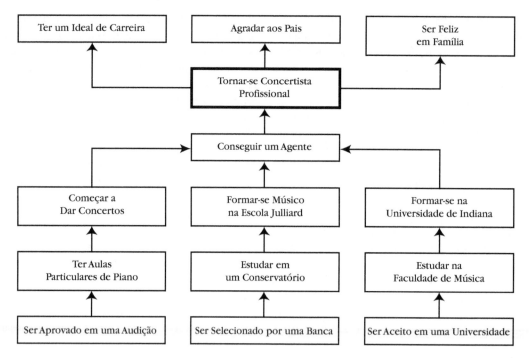

Figura 8.3 Uma Meta de Longo Prazo em Forma de uma Estrutura Cognitiva Complexa e Ordenada
Fonte: extraído de "A Computer Model of Affective Reactions to Goal-Relevant Events", de S. B. Ravlin, 1987, dissertação de mestrado inédita. Universidade de Illinois-Urbana-Champaign. Conforme citado em *The Cognitive Structure of Emotions*, A. Ortony, G. L. Clore e A. Collins (Eds.), 1998. Cambridge: Cambridge University Press.

autodeterminação explica por que as metas de longo prazo podem aumentar a motivação intrínseca (Manderlink e Harackiewicz, 1984; Vallerand et al., 1985).

Uma última observação sobre metas de longo prazo é que estas geralmente existem em forma de estruturas cognitivas complexas (Ortony, Clore & Collins, 1988). Pode-se imaginar as metas de curto prazo como alvos comportamentais específicos, tais como emagrecer 3 quilos, conseguir um emprego ou converter 10 lances livres consecutivos no basquete. Para apresentar as metas de longo prazo como uma estrutura cognitiva encadeada, a Figura 8.3 ilustra a meta de longo prazo de um estudante de piano aspirante a concertista (Ravlin, 1987). No topo dessa estrutura encontram-se as metas mais abstratas (e de longo prazo), ao passo que na base estão as metas mais concretas (e de curto prazo). Cada aspiração encontra-se interconectada com outras no sentido de que elas de modo geral compartilham a meta de longo prazo do músico de se tornar concertista de piano. Além disso, cada aspiração conecta-se a um fluxo causal em que o alcance de uma meta de curto prazo aumenta a probabilidade de se alcançar a próxima meta de curto prazo, ao passo que o fracasso ao se tentar alcançar uma dessas metas diminui a probabilidade de se alcançar outra.

Esforços Pessoais

Os esforços pessoais são "aquilo que uma pessoa está tentando fazer de maneira usual e característica" (Emmons, 1989). Esses esforços representam aquilo que o indivíduo caracteristicamente tenta realizar em seu comportamento diário e ao longo de sua vida (Emmons, 1986, 1996). Os esforços pessoais não são metas em si, mas, em vez disso, existem como aspectos superordenados do self, que organizam e integram as diversas metas que o indivíduo busca. Portanto, os esforços pessoais refletem as disposições gerais de personalidade, ao passo que as metas refletem os alvos situacionalmente específicos. Por exemplo, alguém que se esforça para ficar "fisicamente atraente" pode expressar esse esforço por meio de: (1) freqüentar um curso para realizar uma meta de vestir-se segundo a moda, (2) freqüentar uma academia de ginástica para realizar uma meta de exercitar-se, ou (3) freqüentar uma banca de revistas para realizar uma meta de dispor de publicações que lhe informem sobre como parecer atraente. Os esforços pessoais existem em um nível de personalidade, e funcionam como uma fonte que gera as metas diárias do indivíduo.

A Tabela 8.1 apresenta um exemplo concreto de esforços relatados por uma determinada pessoa. Os esforços dessa mulher organizam-se em torno da sua profissão (tornar-se professora, aperfeiçoar-se em seu trabalho), da sua personalidade (ficar mais independente, ter uma mente mais aberta), das suas relações (encontrar um namorado, não ser tão egoísta), da regulação de suas emoções (ter mais atitude, permanecer calma) e do seu bem-estar (manter-se mais saudável, emagrecer, ganhar mais dinheiro, viajar mais).

Crescimento Pessoal e Bem-Estar Subjetivo

Todos os esforços pessoais diferem quanto às suas implicações com o bem-estar do indivíduo. Em vez de se esforçar por aquilo em que estão interessadas ou por aquilo que valorizam, freqüentemente as pessoas se esforçam por motivos extrínsecos, tais como pressões sociais, ou por haver uma expectativa quanto ao que

Tabela 8.1 Exemplos de Esforços Pessoais

1. Tornar-me professora
2. Ter uma melhor atitude
3. Tornar-me mais independente
4. Manter-me saudável
5. Emagrecer
6. Ter mais dinheiro
7. Permanecer calma
8. Achar um parceiro decente
9. Aperfeiçoar-me no trabalho
10. Ter uma mente mais aberta
11. Viajar mais
12. Não ser tão egoísta

Observação: Para produzir esforços pessoais, colocaram-se 12 linhas em branco do lado esquerdo da página, que começava com as seguintes instruções:

Esforço pessoal é um objetivo que você geralmente está tentando alcançar ou obter. Os esforços pessoais podem ser positivos ou negativos. Em outras palavras, um esforço pessoal pode ser um objetivo que você geralmente tenta buscar ou tenta evitar. Por exemplo, quando uma pessoa diz "Quero ser alguém divertido", esse propósito relaciona-se a um esforço para a obtenção de aproximação e para a conquista de algo. Já quando alguém diz "Quero parar de fumar", esse propósito refere-se a um esforço de evitação.

elas devem fazer (Sheldon & Kasser, 1998). Essas metas não-endossadas pelo self têm tanta probabilidade de gerar conflitos no indivíduo quanto de melhorar seu esforço, sua persistência, sua atenção e seu planejamento estratégico (Sheldon & Elliot, 1999; Sheldon e Houser-Marko, 2001). O tipo de esforço pessoal que promove crescimento individual e bem-estar subjetivo é aquele com o qual as pessoas buscam para si um aumento de autonomia, de competência ou de relacionamento (Sheldon, 2001).

O motivo pelo qual isso acontece pode ser ilustrado por meio de uma analogia com a nutrição (Kasser & Ryan, 2001). Na vida de uma pessoa, os esforços com que ela busca maior autonomia, competência e relação com os outros são aqueles que visam a satisfazer suas necessidades psicológicas inatas (veja o Capítulo 5). Esforçar-se para alcançar esse tipo de meta funciona como uma dieta de maçãs, ao passo que esforçar-se por aspirações extrínsecas funciona como uma dieta de bolo de chocolate. Os esforços pessoais orientados extrinsecamente (pelo dinheiro, ou pela fama) são irrelevantes para as necessidades psicológicas inatas do indivíduo, e portanto não servem para promover o crescimento pessoal ou o bem-estar subjetivo, da mesma maneira que uma dieta de bolo de chocolate não satisfaria às necessidades alimentares da pessoa. Já os esforços pessoais orientados intrinsecamente (por autonomia, competência e relacionamento) são altamente relevantes para as necessidades psicológicas do indivíduo, e servem, portanto, para promover seu crescimento pessoal e seu bem-estar subjetivo, como faria mais ou menos com uma dieta de maçãs. As pessoas que se esforçam de modo a satisfazer suas necessidades psicológicas (em vez de buscarem recompensas extrínsecas) têm maior probabilidade de continuar se esforçando em busca de suas metas, algo que mais provavelmente as levará a progredir na busca por essa meta, ou mesmo a conquistá-la. É como se ela estivesse comendo maçãs, ou criando as experiências psicológicas que a fazem experimentar crescimento pessoal e bem-estar psicológico.

Além disso, o bem-estar não é produzido nem depende realmente da conquista de metas ou de esforços pessoais. Ou seja, as pessoas que alcançam elevados níveis de popularidade, riqueza e recompensas não se apresentam melhor do ponto de vista psicológico do que aquelas que não alcançam esse mesmo tipo de metas. Antes, o bem-estar subjetivo provém do conteúdo daquilo que se está tentando fazer (Emmons, 1996; Sheldon & Elliot, 1998). Quando se esforçam para satisfazer às suas aspirações de autonomia, competência e relação com os outros, as pessoas são capazes de dar à própria vida um sentido que lhes suscita um afeto positivo e um bem-estar subjetivo. Mas quando se esforçam por um bolo de chocolate (popularidade, remuneração ou recompensas), elas dissociam seus esforços do significado pessoal dessas atividades, o que as faz experimentar um afeto negativo, alienação e um sofrimento subjetivo, e isso ocorre mesmo entre aquelas pessoas que alcançam suas metas de popularidade, dinheiro e compensação (Kasser & Ryan, 2001). O bem-estar subjetivo diz mais respeito àquilo pelo qual as pessoas estão se esforçando do que àquilo que de fato elas alcançam.

INTENÇÕES DE IMPLEMENTAÇÃO

Como estratégia motivacional para ajudar as pessoas a conseguir aquilo que desejam, o estabelecimento de metas parece ser algo extremamente promissor e rico em potencial (veja o Boxe 8). Com isso estão em acordo os livros de auto-ajuda que enchem as estantes das grandes livrarias, já que recomendam aos leitores estabelecerem metas e concentrarem-se nelas. Se, por exemplo, você quer tirar notas melhores no seu curso, emagrecer cinco quilos, economizar um enorme montante de dinheiro, ou ser bem-sucedido no amor ou no trabalho, eles dizem que você precisa visualizar sua meta: pense nisso, seja aquilo, concentre-se nisso, visualize aquilo, e enxergue a si próprio como uma nova pessoa, agora que tem uma meta à mão. Infelizmente, porém, os processos motivacionais não são tão simples assim. A lacuna existente entre o pensamento direcionado a uma meta e a ação direcionada a uma meta pode ser bastante grande.

Simulações Mentais: Concentrando-se na Ação

Considere uma série de estudos destinados explicitamente a testar o conselho que as pessoas recebem de "visualizar o sucesso" (Taylor et al., 1998). Nesses estudos, os participantes exerceram a seguinte ação: (1) concentraram-se na meta que desejavam alcançar, (2) concentraram-se na maneira de alcançar a meta ou (3) não se concentraram em nada em particular (constituindo assim um grupo de controle). Com efeito, a ação de concentrar-se na meta veio a se mostrar prejudicial à sua conquista! Como estratégia motivacional, o fato de as pessoas terem se concentrado na meta em si acabou sendo um tiro que saiu pela culatra. Por outro lado, concentrar-se na maneira como alcançar a meta facilitou o alcance da meta. Esses dados são importantes porque: (1) fazem uma distinção entre o conteúdo de uma meta (aquilo pelo qual as pessoas estão se esforçando) e o processo de se esforçar pela meta (os meios que a pessoa utiliza para alcançar o que deseja), e (2) mostram que, uma vez estabelecida a meta, inevitável e automaticamente ela não se traduz em um desempenho eficaz.

138 Capítulo Oito

Os vendedores conhecem bem este truque: peça a alguém que se imagine possuindo ou utilizando um determinado objeto, e essa pessoa significativamente terá maior probabilidade de fazer o que puder para adquiri-lo e utilizá-lo (como acontece quando, por exemplo, o vendedor diz: "Imagine-se sentado ao volante dessa belezura, indo com ela para casa e estacionando-a em frente à sua porta. Você é capaz de ver essa cena? Pode senti-la?"). E em uma demonstração experimental que também já é do conhecimento dos vendedores, os pesquisadores pediram a moradores de uma comunidade que se imaginassem possuindo e utilizando um serviço de tevê a cabo (Gregory, Cialdini & Carpenter, 1982). Pediu-se então a esses indivíduos que visualizassem os eventos positivos relacionados ao serviço (ou seja, que fizessem uma simulação mental da utilização do serviço). Comparadas com as pessoas que não fizeram essa visualização (o grupo de controle), as pessoas que a fizeram apresentaram probabilidade significativamente maior de comprar a assinatura da tevê a cabo (Taylor et al., 1998).

As simulações mentais não são fantasias de sucesso ou pensamentos de desejo. Separar o conteúdo de uma meta do processo de se alcançá-la é uma distinção importante porque a visualização de fantasias de sucesso (ou seja, os pensamentos de desejo) não gera um comportamento produtivo (Oettingen, 1996). Não o leva muito longe o fato de se concentrar em quão rico, esbelto ou bem casado você pode ser. Em vez de terem o foco nos resultados (ou seja, no conteúdo da meta), as simulações mentais concentram-se no planejamento e na resolução dos problemas. Esse tipo de esforço produz uma ação eficaz para o alcance da meta. Para ilustrar esse ponto, imagine que você ouvisse as duas instruções a seguir (Pham & Taylor, 1999):

Simulação de Resultado (Foco na Meta)

Neste exercício, você será solicitado a visualizar-se recebendo uma nota bastante alta no seu curso de psicologia, e também terá que imaginar como será sua sensação. É muito importante que você veja a si mesmo recebendo a nota alta e grave essa imagem em sua mente.

Simulação de Processo (Foco nas Intenções de Implementação)

Neste exercício, você será solicitado a visualizar-se estudando para o exame de psicologia de maneira tal que o levará a obter uma nota elevada na avaliação. Tanto hoje quanto nos demais dias até a realização do exame, você deve se imaginar estudando para tirar uma nota elevada no exame. E é muito importante que você se veja estudando, e grave essa imagem em sua mente.

O primeiro conjunto de instruções basicamente solicita aos estudantes que pratiquem a experiência da alegria do sucesso, ao passo que o segundo conjunto de instruções basicamente solicita aos estudantes que se dediquem ao planejamento e à resolução de um problema. Comparando-se com um grupo de controle que não fez qualquer simulação, os estudantes que fizeram a simulação de resultado vieram a estudar menos e a obter notas mais baixas

---

BOXE 8 *Estabelecendo Metas e Implementando Ações*

Pergunta: Por que essa informação é importante?

Resposta: Para que você consiga traduzir as metas que valoriza em ações eficazes.

O que você gostaria de conseguir? Por exemplo, você desejaria ampliar seu círculo de amizades? Aumentar sua média de notas na faculdade? Emagrecer? Um modo de alcançar suas metas é o estabelecimento de uma meta. O estabelecimento eficaz de uma meta requer a obediência e a implementação da seguinte seqüência de procedimentos:

1. Identificar a meta a ser alcançada.
2. Definir a dificuldade da meta.
3. Especificar a meta de maneira clara.
4. Especificar como e quando avaliar seu desempenho.

Por exemplo, considere a meta de ficar em forma (para continuarmos no mesmo exemplo apresentado no início deste capítulo). Em termos numéricos, ficar em forma é algo que pode ser representado por um acúmulo de pontos aeróbicos ganhos com a prática de corrida. Uma meta estabelecida de forma numérica pode ser, por exemplo, ganhar 30 pontos por semana. Conseguir isto já constitui uma meta suficientemente difícil. Para determinar precisamente a meta, o indivíduo precisa articular as especificidades desses 30 pontos (p. ex., "Vou correr na pista de atletismo quatro dias por semana, 20 minutos de cada vez"). Para especificar como e quando avaliar seu próprio desempenho, o indivíduo pode decidir, por exemplo, escrever um diário a fim de monitorar o número de pontos aeróbicos que seus esforços valeram a cada dia e a cada semana. Ao fim de cada semana, a meta corresponderá a ganhar 30 pontos aeróbicos, e ao fim do mês, ganhar 120.

Identificar a meta já é meio caminho andado. A outra parte do trabalho é gerar estratégias propícias para o alcance da meta e especificar as intenções de implementação necessárias, como no caso de determinar de que modo e quando você:

1. Começará a agir.
2. Persistirá, mesmo diante de dificuldades.
3. Recomeçará, mesmo sofrendo interrupções.

Começar a agir significa especificar quando, onde, como e por quanto tempo você se dedicará à corrida. Por exemplo, você pode decidir correr todas as manhãs às 8:00 no ginásio de esportes da universidade, ou todos os dias em uma pista de atletismo durante 20 minutos por dia, incluindo um período para se aquecer e recuperar-se. Uma intenção de implementação referente à persistência e ao recomeço pode antecipar que você não poderá correr em função de outros compromissos e atividades, como provas, artigos a serem escritos e jogos disputados no estádio, mas que então, para compensar isso, você duplicará seu tempo de exercício na semana seguinte.

Dispondo desse processo de estabelecimento de metas e desse pensamento antecipado para formular suas intenções de implementação, o candidato a corredor possui tanto um plano de ação (meta) quanto um plano para quando, onde e como esse comportamento direcionado para a meta irá se desenrolar (intenção de implementação). Este é apenas um exemplo, mas você pode se surpreender com a facilidade com que esses procedimentos podem se generalizar para outras áreas importantes para os objetivos que você busca.

no teste. Já os estudantes que fizeram a simulação de processo estudaram mais e obtiveram notas mais altas. Concentrar-se no sucesso é algo que pode cultivar nas pessoas a esperança; contudo, não promove um comportamento produtivo para a conquista de uma meta. Para facilitar sua ação, é preciso que as pessoas simulem mentalmente um processo de busca da meta — ou seja, simulem os meios pelos quais alcançarão a meta que têm em mente.

Formulando as Intenções de Implementação

Quando as pessoas não conseguem realizar as metas que estabeleceram para si, parte desse problema pode ser explicada pela maneira como essas metas foram estabelecidas (por exemplo, "Essa meta é difícil? É específica? Foi aceita? Foi pareada com *feedback*?"). Entretanto, a outra parte do problema é simplesmente o fato de que as pessoas simplesmente costumam não agir de modo a alcançar as metas propostas (Orbell & Sheeran, 1998).

Imagine que você tenha estabelecido uma meta, tal como obter um média acadêmica de 9, ler este livro, ou economizar $100 por mês. Como você fará para eliminar a lacuna existente entre meta e ação? Deverá concentrar-se no conteúdo de sua meta (por exemplo, imaginando-se obtendo a média 9) ou nos meios pelos quais sua meta será alcançada (os passos que você deverá seguir)? Deverá investir tempo no planejamento de como você alcançará sua meta, ou isso não passaria de perda de tempo, e o melhor a fazer é simplesmente começar logo? Como discutimos anteriormente, planejar a maneira como alcançar uma meta constitui uma parte integrante da relação entre meta e desempenho (Gollwitzer, 1996, 1999).

Um motivo-chave pelo qual as pessoas falham em alcançar suas metas é que elas freqüentemente não conseguem desenvolver planos específicos de ação que lhes possibilitem alcançar o que desejam. Elas não conseguem especificar o momento em que devem iniciar uma ação para a conquista da meta, e tampouco conseguem especificar a maneira como conseguirão conservar sua persistência ao se depararem com distrações e interrupções (Gollwitzer, 1999). Por outro lado, quando as pessoas que têm metas especificam também suas intenções de implementação, elas aumentam acentuadamente suas chances de sucesso (Aarts, Dijksterhuis & Midden, 1999; Brandstatter, Lengfelder & Gollwitzer, 2001; Gollwitzer & Schaal, 1998; Oettingen, Honing & Gollwitzer, 2000).

Planejar a maneira como alcançar uma meta possibilita ao indivíduo superar os inevitáveis problemas volitivos associados ao comportamento dirigido a uma meta. Uma vez estabelecida a meta e tendo se comprometido em alcançá-la, surgem os seguintes problemas volitivos:

- Começar, a despeito das distrações do dia-a-dia
- Persistir, a despeito das dificuldades e dos reveses
- Recomeçar, uma vez ocorrida uma interrupção

Planejar a maneira como alcançar uma meta envolve decidir quando, onde, como e por quanto tempo se deve agir. Uma intenção de implementação é exatamente um plano desse tipo — quando, onde, como e por quanto tempo uma ação dirigida a uma meta ocorrerá. Por exemplo, nas intenções de implementação para um comportamento direcionado para a meta, o indivíduo decide que fará X quando encontrar a situação Y (Gollwitzer, 1996). Ao planejar uma intenção de implementação, a pessoa relaciona um encontro futuro ("Quando eu me deparar com a situação Y...") a um comportamento específico e voltado para a conquista de uma meta ("... pretendo fazer X").

O estudo das intenções de implementação é o estudo das maneiras como as metas, uma vez estabelecidas, são efetivamente buscadas (Gollwitzer & Moskowitz, 1996). As intenções de implementação são importantes para se compreender a motivação porque há que se considerar que estabelecer uma meta é algo diferente de realmente alcançá-la. Para estabelecer e alcançar uma meta, é preciso solucionar os tipos de problemas volitivos que acabamos de mencionar. Todas as metas levam tempo para serem alcançadas, mas o tempo também abre portas para possíveis distrações, dificuldades e interrupções. O ato de estabelecer intenções de implementação é o esforço que se faz para fechar a porta aos problemas volitivos. Com efeito, as intenções de implementação impedem os indivíduos de serem vítimas de problemas volitivos.

No primeiro experimento sobre intenções de implementação, pesquisadores perguntaram a estudantes que estavam de partida para passar o Natal em casa como eles planejavam gastar seu tempo e o que gostariam de fazer (p. ex., escrever um artigo, ler um livro, resolver um conflito familiar; Golwitzer & Brandstatter, 1997). Os pesquisadores solicitaram a metade dos estudantes que fizesse intenções explícitas de implementação em relação às metas que tinha, pedindo-lhe que determinassem um horário e um local específicos para se dedicar à busca de sua meta. À outra metade dos estudantes eles não solicitaram especificar um horário e lugar em busca do comportamento dirigido a uma meta. Quando os estudantes voltaram, a maioria dos pertencentes ao grupo em que houve intenções de implementação alcançou sua meta, ao passo que apenas uma minoria dos estudantes do grupo de controle foi bem-sucedida em suas metas. Além disso, quanto maior era a dificuldade de alcançar a meta, mais importantes para o sucesso vieram a se mostrar as taxas de intenções de implementação.

O efeito motivacional de uma intenção de implementação é criar um elo entre um comportamento direcionado a uma meta e uma dica situacional (isto é, relacionada com um tempo e um local específicos) de modo que o comportamento voltado para a conquista da meta é realizado automaticamente, sem deliberação consciente e sem que seja necessária uma tomada de decisão. Com uma intenção de implementação em mente, a presença da dica faz com que a ação voltada para o alcance da meta seja feita de modo rápido e sem esforço. Em outras palavras, uma vez formada a intenção (p. ex., quando a pessoa diz "De 27 a 29 de dezembro irei à biblioteca da universidade e escreverei um artigo de dez páginas sobre o assunto X, trabalhando da 13:00 às 17:00"), a mera presença de uma dica situacional antecipada (a proximidade do dia 27 de dezembro) automaticamente inicia uma ação direcionada para a meta. Quando uma intenção desse tipo não é formada, a boa intenção da pessoa para escrever um artigo pode ter o mesmo destino que as famosas promessas de ano-novo.

140 Capítulo Oito

As intenções de implementação favorecem o comportamento direcionado para a meta de duas maneiras: começando e terminando. Começar com o comportamento dirigido a uma meta é um problema volitivo quando as pessoas deixam escapar as oportunidades de realizar suas metas, como acontece quando alguém diz "Tive o dia inteiro para ler o capítulo, mas em nenhum momento consegui sentar e fazê-lo." Terminar uma ação também é um problema volitivo porque as pessoas são interrompidas, distraídas e enfrentam dificuldades, como acontece quando alguém diz: "Comecei a ler o capítulo, mas depois que o telefone tocou, não voltei mais à leitura".

Busca de uma Meta: Começando

Algumas pessoas praticam exercícios físicos durante uma determinada hora todas as tardes; outras conseguem ler de maneira fluente e persistente durante o tempo em que estão na biblioteca; outras sempre param completamente diante das placas de trânsito que lhes pedem isso; e outras ainda vão à igreja todos os domingos. As associações freqüentes e consistentes entre situações específicas e comportamentos específicos levam ao estabelecimento de fortes vínculos entre a situação e o comportamento. Criar uma intenção de implementação para um novo comportamento em uma situação nova corresponde essencialmente a esse mesmo efeito (Gollwitzer, 1996). As intenções de implementação estabelecem as contingências entre comportamento e ambiente que levam a um controle automático e ambiental do comportamento: "As intenções de implementação criam os hábitos" (Gollwitzer, 1999).

Decidir de antemão quando e onde a pessoa deverá desempenhar o seu comportamento direcionado para a meta é algo que facilita o início da busca. Por exemplo, mulheres que escreveram quando e onde iriam realizar um auto-exame de mama o realizaram 100% das vezes ao longo do mês seguinte, ao passo que as mulheres que simplesmente se propuseram a meta de fazer o auto-exame realizaram-no apenas 53% das vezes (Orbell, Hodgkins & Sheeran, 1997). Resultados similares ocorreram quando esses mesmos procedimentos se aplicaram à meta de ter uma alimentação saudável (Verplanken & Faes, 1999), tomar cápsulas de vitaminas (Sheeran & Orbel, 1999) e retomar um estilo de vida ativo após uma cirurgia (Orbell & Sheeran, 2000). Esses estudos deixam claro que o sucesso no alcance de uma meta requer não só um estabelecimento eficaz da meta, mas também um período de pré-ação no qual se decide quando, onde e como buscar a concretização dessa meta.

Busca de uma Meta: Persistindo e Terminando

Uma vez começada a busca de uma meta, freqüentemente as pessoas se deparam com circunstâncias que se mostram mais difíceis que o esperado. Elas costumam encontrar distrações, demandas de tempo, interrupções e ameaças de terem que começar tudo de novo. Porém, as intenções de implementação, uma vez estabelecidas, facilitam a persistência e o reengajamento do indivíduo em busca de sua meta.

As intenções de implementação favorecem a persistência porque ajudam as pessoas a antecipar uma dificuldade futura e, portanto, a formar uma intenção do que elas irão fazer quando a dificuldade surgir. Por exemplo, uma mulher cuja meta para o próximo final de semana seja conhecer pelo menos uma nova pessoa pode antecipar o fato de que, quando o fim de semana chegar, ela se sentirá ansiosa e desanimada. Antecipando esse fato, ela pode lembrar-se da sua necessidade de encontrar pessoas, podendo também buscar em suas amigas um incentivo para alcançar sua meta. Esse planejamento preparatório auxilia as pessoas em sua subseqüente persistência e em sua busca pela meta (Koestner et al., 2002).

As intenções de implementação criam um tipo de restrição mental que estreita o campo de atenção, que inclui a ação voltada para o alcance da meta, ao mesmo tempo que exclui as possíveis distrações. Por exemplo, em um experimento, estudantes foram colocados diante de terminais de computador e instados a resolver uma série de problemas de matemática cuja solução demandava bastante atenção; ao mesmo tempo, mostraram-se a esses estudantes comerciais de televisão em aparelhos montados acima da tela do computador, com o propósito de distraí-los. Pediu-se então a alguns estudantes que fizessem intenções de implementação antes de resolver os problemas (ou seja, quando aparecesse um comercial na tela, os estudantes deveriam ignorá-lo), ao passo que nada se pediu aos outros estudantes. Constatou-se então que os estudantes que antes haviam estabelecido uma intenção de implementação conseguiram solucionar mais problemas do que os estudantes que não estabeleceram intenções de inibir sua distração (Schaal & Gollwitzer, 1999). Sem adotar uma intenção de implementação, os estudantes apresentaram grande vulnerabilidade à distração.

As intenções de implementação também auxiliam as pessoas a concluir metas inacabadas. Por exemplo, em um estudo, funcionários que começaram a escrever uma carta comercial foram interrompidos. Depois disso, pediu-se a metade deles que elaborasse uma intenção de implementação para terminar a carta, ao passo que nada se pediu à outra metade. Quando os dois grupos de funcionários voltaram às suas mesas, aqueles que tiveram uma intenção de concluir a carta ao retornar (intenção de implementação) tiveram maior probabilidade de conclusão da tarefa do que aqueles que também haviam sido interrompidos mas que não fizeram uma intenção de implementação para lidar com a interrupção.

Independentemente de o problema ser o começo ou o final da ação, dispor do tempo necessário para planejar como, quando, onde e por quanto tempo se deve realizar a ação para o alcance da meta é algo que aumenta as chances de sucesso. Naturalmente, estabelecer a meta é uma parte crucial da relação desempenho-meta, mas a adição das intenções de implementação ajuda a diminuir a lacuna que freqüentemente existe entre o estabelecimento de uma meta e o fato de realmente alcançá-la. O Boxe 8 resume o complexo processo de estabelecer metas e implementar ações para conquistá-las.

AUTO-REGULAÇÃO

Os eventos cognitivos, como as metas e as intenções de implementação, permitem às pessoas fazer com que seus pensamentos se traduzam em ações motivadas. Todo os esforços e planejamentos feitos durante o processo de estabelecimento de uma meta ocorrem durante um certo tempo, e durante esse tempo as pessoas constantemente refletem sobre a maneira como as coisas estão se desenrolando. Esse monitoramento metacognitivo do processo de estabelecimento da meta é conhecido como auto-regulação (Zimmerman, 2002). Enquanto tentam iniciar e manter seus esforços para o alcance de uma meta, as pessoas mentalmente olham para trás com o propósito de monitorar e avaliar o processo de estabelecimento e busca dessa meta. Portanto, a auto-regulação corresponde ao ato mental de monitorar e avaliar o esforço contínuo que se faz para alcançar a meta que se procura.

A Figura 8.4 mostra as inter-relações entre o estabelecimento de uma meta, as intenções de implementação, o desempenho e a auto-regulação (baseada em Zimmerman, 2000). A auto-regulação é um processo contínuo e cíclico, que envolve o pensamento antecipado, a ação e a reflexão. O pensamento antecipado refere-se ao estabelecimento da meta e ao planejamento estratégico, incluindo as intenções de implementação. Depois de experimentá-lo, o indivíduo engaja-se na tarefa e começa a atuar e a receber *feedback*. É durante esse período que o indivíduo percebe as discrepâncias existentes entre a meta proposta e o *feedback* de seu desempenho, tornando-se consciente dos diversos obstáculos, dificuldades, distrações e interrupções. Com essas informações à mão, o indivíduo reflete sobre a maneira como ele está se saindo em termos de automonitoramento e auto-avaliação. Essa auto-reflexão deixa-o mais bem informado quando formular um pensamento antecipado relativo a um novo desempenho. A natureza contínua e cíclica da auto-regulação evidencia-se quando a auto-reflexão sobre o desempenho possibilita ao indivíduo experimentar um novo e aperfeiçoado pensamento antecipado.

Uma segunda ilustração de como o processo auto-regulador de monitoramento e avaliação se enquadra no processo mais geral de estabelecimento de uma meta aparece na Tabela 8.2. Uma vez estabelecida uma meta e formulada uma intenção de implementação para realizar uma ação que possibilite sua concretização, a pessoa também olha para trás a fim de monitorar a discrepância

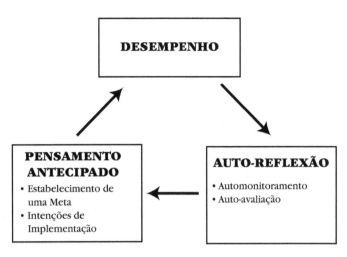

Figura 8.4 Fases Cíclicas da Auto-Regulação

entre a meta e o desempenho apresentado ("A discrepância está sendo reduzida?") e avalia a qualidade de seu desempenho. A tabela ilustra essas inter-relações utilizando os exemplos de um estudante, de um jogador de tênis e de um ator de teatro.

A auto-regulação é tanto um processo de auto-observação quanto de auto-avaliação, no qual a pessoa monitora seu desempenho e o compara com uma determinada meta. Um automonitoramento cuidadoso, consistente e direto viabiliza a auto-avaliação. E uma vez feita, a auto-avaliação contribui para os processos gerais de estabelecimento de metas e de intenções de implementação, fornecendo os meios pelos quais o indivíduo se informa sobre o progresso feito na busca de sua meta. Por exemplo, uma jogadora de tênis que aproveita 80% de seu primeiro serviço percebe que, com isso, ela está progredindo e encontra-se acima do nível estabelecido por sua meta. Essa percepção de progresso cria um sentido de satisfação, conforme mostra a Figura 8.1, suplementando, portanto, a discrepância com o segundo processo motivacional de satisfação-insatisfação.

Tabela 8.2 Ilustração de Processos Auto-Reguladores (Monitoramento e Auto-Avaliação) de um Estudante, de um Jogador de Tênis e de um Ator de Teatro

		Auto-Regulação	
Metas	Intenções de Implementação	Monitoramento	Auto-Avaliação
Estudante Aprender 3 novos conceitos motivacionais no Capítulo 8	Das 19:00 às 22:00, estudar o capítulo e fazer anotações	Identificar nas anotações os 3 conceitos motivacionais	Criticar a validade dessas anotações, para ver se esses conceitos estão claros
Jogador de Tênis Aproveitar 70% do primeiro serviço	Quinta-feira próxima, das 14:00 às 16:00, nas quadras da universidade, rebater 100 serviços	Escrever em uma folha o número de serviços aproveitados e não-aproveitados	Criticar seu desempenho, com base no propósito inicial de 70% de aproveitamento dos serviços
Ator de Teatro Aumentar o volume da voz quando estiver no palco	No ensaio desta noite, aumentar o volume da voz toda vez que iniciar uma fala	Gravar a fala do ensaio e escutá-la mais tarde	Ouvir da última fileira de assentos a gravação da fala, para verificar se está inteligível

Falta de Habilidade Auto-Reguladora	Processo de Aprendizagem Social	Aquisição Competente da Habilidade de Regulação
Incapaz de regular suas próprias metas, suas intenções de implementação e suas estratégias de enfrentamento com uma nova área	1. Observação de um modelo 2. Imitação, orientação social, *feedback* 3. Internalização dos padrões 4. Processo auto-regulador, incluindo o automonitoramento e a auto-avaliação	Capaz de auto-regular as metas, comportamentos e padrões próprios da área de interesse

Figura 8.5 Resumo do Processo Social de Aprendizagem para a Aquisição de uma Habilidade Auto-Reguladora

Desenvolvendo uma Auto-Regulação Mais Competente

Todas as pessoas praticam uma auto-regulação, mas algumas fazem isso melhor do que outras (Winne, 1997). Os processos de auto-regulação precisam ser adquiridos, especialmente quando o indivíduo persegue uma meta pertencente a uma área que não lhe é familiar (Schunk & Zimmerman, 1997). Em geral, os ganhos de competência para a auto-regulação ocorrem dentro de um processo de aprendizagem social e em nível observacional, no qual um indivíduo relativamente novato em uma determinada área observa o comportamento e as verbalizações de um perito na atividade em questão. O novato então passa a imitar o perito e, ao fazer isso, recebe uma orientação social e um *feedback* quanto à eficácia de seus comportamentos de imitação. Atentando para uma história de orientação social e de *feedback*, o novato começa a internalizar os padrões de excelência endossados por seu modelo. O indivíduo torna-se auto-regulador no domínio quando não mais precisa do modelo, sendo capaz de regular a si próprio em termos de automonitoramento e auto-avaliação.

Como mostra a Figura 8.5, a auto-regulação envolve a capacidade de o indivíduo sozinho levar adiante todo o processo de estabelecimento de meta (Schunk & Zimmerman, 1997). O desenvolvimento das habilidades auto-reguladoras envolve três fases. Primeira: a pessoa não tem capacidade de regular seu comportamento nem de levar adiante o processo de estabelecimento de meta, uma vez que este envolve metas, planejamentos, intenções de implementação e estratégias para fazê-lo enfrentar possíveis distratores e interrupções em uma área que não lhe é familiar. Os ganhos de auto-regulação nesse nível ocorrem a partir da observação de um perito. A Figura 8.6 ilustra essa primeira fase com a imagem de uma pequena dançarina observando sua professora. Segunda: a observação leva à imitação, na medida em que a pessoa participa de um processo de aprendizagem social, assumindo as habilidades auto-reguladoras fornecidas segundo o modelo de um perito. A observação leva à imitação, e a imitação por sua vez leva à internalização e às raízes de uma auto-regulação eficaz. Terceira: a pessoa passa a ser capaz de regular competentemente seu comportamento e de, sozinha, levar adiante o estabelecimento de metas e o processo de monitoração de seu desempenho. Por exemplo, um escritor novato que deseja se tornar competente e auto-regulado observa e emula o estilo e os padrões de um escritor tarimbado, aprende a estabelecer metas e a formular intenções de

Figura 8.6 Início da Aquisição de uma Auto-Regulação por Meio da Observação e Imitação de um Modelo

implementação, reestrutura seu ambiente físico de modo a facilitar o ato de escrever, solicita *feedback* e dicas de redação de textos e adquire os meios que lhe permitam monitorar e avaliar seu próprio trabalho (Zimmerman & Risemberg, 1997).

O modelo mostrado na Figura 8.5 apresenta os processos eficientes de auto-regulação através das seguintes fases desenvolvimentais: observação, imitação, autocontrole e auto-regulação.

Porém, em certo sentido, a auto-regulação é apenas o começo da competência. A construção da competência é um processo que consome muito tempo e que requer não só um intenso acompanhamento de um professor, conforme já mencionamos, mas também incontáveis horas de treino que o indivíduo deve praticar sozinho (Ericsson, Krampe & Tesch-Romer, 1993; Ericsson & Charness, 1994). A prática independente é muito importante, mas a tese da literatura da auto-regulação é que as pessoas são capazes de adquirir, desenvolver e dominar habilidades complexas de maneira mais rápida e eficiente se dispuserem de um professor que lhes sirva de modelo para estabelecer metas, desenvolver estratégias, formular intenções de implementação, monitorar o desempenho e avaliar (sozinhas) o processo de meta-desempenho-*feedback*.

Resumindo, considere o provérbio chinês "Comece com seu mestre, termine com você mesmo." O estudo da auto-regulação contribui com a informação de como ocorre o processo tradutório do professor para um aluno que procura desenvolver uma auto-regulação mais competente.

RESUMO

A perspectiva cognitiva sobre a motivação focaliza os processos mentais como sendo os determinantes causais da ação. Portanto, o estudo cognitivo da motivação preocupa-se com a seqüência cognição → ação. Este capítulo discute a significância motivacional de seis elementos da seqüência cognição→ ação: planos, metas, esforço pessoal, intenções de implementação, simulações mentais e auto-regulação.

Os planos, metas e esforços pessoais baseiam-se na discrepância, produzindo uma força motivacional que impele o indivíduo à ação. As discrepâncias cognitivas explicam a motivação salientando a maneira como os descompassos existentes entre o estado atual do indivíduo e seu estado ideal energizam e direcionam sua ação. Existem dois tipos de discrepância: a redução da discrepância e a criação de discrepância. A redução da discrepância capta a essência dos planos, ao passo que a criação de discrepância capta a essência das metas e do processo de estabelecimento de metas.

As pessoas facilmente se conscientizam do estado atual de seu comportamento, de seu ambiente e do *status* dos eventos que ocorrem em sua vida. Elas também têm uma idéia de como é o estado ideal desses mesmos comportamentos, ambientes e eventos. Quando existe um descompasso entre o estado real e o estado ideal, essa incongruência (ou discrepância) produz uma motivação corretiva geral que faz surgir um comportamento pautado em um plano para reduzir (ou eliminar) a discrepância. Por exemplo, uma estudante pode dizer: "Minha mesa de trabalho virou uma bagunça. Gostaria de vê-la limpa e organizada. Essa discrepância entre seu estado atual e o estado em que eu gostaria que ela estivesse é algo que me incomoda, de modo que vou estabelecer um plano para arrumar a mesa". Quando as discrepâncias geram uma motivação corretiva, as pessoas ou geram um plano para melhorar seu comportamento a fim de atingir uma situação ideal ou então fazem uma revisão do estado ideal para fazer com que este se aproxime mais do estado atual. A motivação corretiva tem implicações emocionais, uma vez que as pessoas que progridem rumo à sua meta de uma maneira mais devagar que o esperado experimentam emoções negativas como a frustração, ao passo que as pessoas que progridem mais rapidamente experimentam emoções positivas como o entusiasmo.

Metas são objetivos que as pessoas se esforçam por alcançar. Em geral, metas que sejam ao mesmo tempo difíceis e específicas melhoram o desempenho, e o fazem porque produzem efeitos motivacionais: as metas difíceis mobilizam esforço e aumentam a persistência, enquanto as metas específicas direcionam a atenção e promovem a ocorrência de um planejamento estratégico. São necessárias duas condições para que as metas melhorem o desempenho de uma pessoa: o recebimento de *feedback* e a aceitação da meta. Com o *feedback*, o indivíduo pode avaliar seu desempenho, situando-o acima, abaixo ou no mesmo nível do padrão imposto pela meta que se propôs alcançar. Apresentar um desempenho abaixo do nível da meta é algo que gera insatisfação e que promove o desejo de melhorar; apresentar um desempenho acima do nível da meta é algo que gera insatisfação e que promove o desejo de estabelecer metas mais difíceis no futuro. A aceitação da meta refere-se ao processo no qual o indivíduo aceita por si mesmo uma meta que lhe foi proposta por outras pessoas.

Os esforços pessoais constituem as metas superordenadas que os indivíduos tentam alcançar. Os esforços pessoais são importantes não só porque organizam e antecedem um sistema subjacente de metas do indivíduo, mas também porque prenunciam o bem-estar emocional da pessoa. O bem-estar refere-se mais aos esforços realizados do que aos resultados obtidos na vida. Por exemplo, o desempenho e o bem-estar são os mais elevados possíveis quando os esforços pessoais giram em torno de aspirações intrínsecas, como aquelas relacionadas às necessidades psicológicas de autonomia, competência e relacionamento, do que quando os esforços giram em torno de aspirações extrínsecas, como aquelas relacionadas às pressões e às expectativas sociais, de que são exemplos a popularidade, o dinheiro e as recompensas.

Uma vez estabelecida, uma meta não se traduz em desempenho eficaz de maneira inevitável e automática. Isso ocorre porque as pessoas têm dificuldade de começar a agir, e também porque elas têm dificuldade de persistir na ação e concluir sua tarefa quando se deparam com as distrações e as interrupções que inevitavelmente aparecem. No esforço de traduzir suas metas em ação, os indivíduos beneficiam-se da formulação de intenções de implementação, que especificam um plano para determinar quando, onde, como e por quanto tempo a pessoa deve agir. As pessoas que estabelecem intenções de implementação antes de iniciarem suas ações em direção a uma meta apresentam probabilidade significativamente maior de serem bem-sucedidas do que as pessoas que não estabelecem essas intenções de implementação. As implementações exercem efeito positivo na busca de uma meta porque ajudam as pessoas a superar seus problemas volitivos associados ao fato de começarem a ação, persistirem em face das dificuldades e recomeçarem uma ação voltada para a busca da meta tendo esta sido interrompida. Essencialmente, essas intenções meramente delegam o controle da ação ao encontro de dicas situacionais antecipadas (de que é exemplo a frase "Quando eu encontrar a situação X, terei que fazer Y").

A auto-regulação envolve o monitoramento metacognitivo da pessoa, informando-lhe a situação de seu progresso em direção à meta. Quando tentam iniciar e manter seus esforços na busca de uma meta, as pessoas mentalmente vêem o que ocorreu a fim de monitorar e avaliar o processo. O automonitoramento é um processo de auto-observação e de autocrítica no qual a pessoa compara seu desempenho atual com o nível exigido por sua meta. Os processos auto-reguladores, da mesma maneira que o automonitoramento e a auto-avaliação, são freqüentemente adquiridos por meio de um processo de aprendizagem social no qual o novato observa, imita e então internaliza as habilidades de um perito, pautando-se assim em um modelo de competência e auto-regulação.

LEITURAS PARA ESTUDOS ADICIONAIS

Planos

CAMPION, M. A. & LORD, R. G. (1982). A control systems conceptualization of the goal-setting and changing process. *Organizational Behavior and Human Performance, 30*, 265-287.

CARVER, C. S. & SCHEIER, M. F. (1990). Origins and functions of positive and negative affect: A control-process view. *Psychological Review, 97*, 19-35.

Metas

EMMONS, *R. A.* (1991). Personal strivings, daily life events, and psychological and physical well-being. *Journal of Personality, 59*, 453-472.

EREZ, M., EARLEY, P. C. & HULIN, C. L. (1985). The impact of participation on goal acceptance and performance: A two-step model. *Academy of Management Journal, 28*, 50-66.

LOCKE, E. A. (1996). Motivation through conscious goal setting. *Applied and Preventive Psychology, 5*, 117-124.

LOCKE, E. A. & LATHAM, G. P. (2002). Building a practically useful theory of goal setting and task motivation: A 35-year odyssey. *American Psychologist, 57*, 705-717.

TUBBS, M. E. (1986). Goal setting: A meta-analytic examination of the empirical evidence. *Journal of Applied Psychology, 71*, 474-483.

Intenções de Implementação

GOLLWITZER, P. M. (1999). Implementation intentions: Strong effects of simple plans. *American Psychologist, 54*, 493-503.

GOLLWITZER, P. M. & BRANDSTATTER, V. (1997) Implementations intentions and effective goal pursuit. *Journal of Personality and Social Psychology, 73*, 186-199.

KOESTNER, R., LEKES, N., POWERS, T. A. & CHICOINE, E. (2002). Attaining personal goals: Self-concordance plus implementation intentions equals success. *Journal of Personality and Social Psychology, 83*, 231-244.

Auto-Regulação

SCHUNK, D. H. & ZIMMERMAN, B. J. (1997). Social origins of self-regulatory competence. *Educational Psychologist, 32*, 195-208.

ZIMMERMAN, B. (2002). Attaining self-regulation: A social cognitive perspective. In M. Boekaerts, P. R. Pintrich & M. Zeidner (Eds.), *Handbook of self-regulation* (pp. 13-39) San Diego, CA: Academic Press.

Capítulo 9

Crenças Pessoais de Controle

MOTIVAÇÃO PARA SE EXERCITAR O CONTROLE
  PESSOAL
  Dois Tipos de Expectativa
AUTO-EFICÁCIA
  As Fontes da Auto-Eficácia
    História do comportamento pessoal
    Experiência vicária
    Persuasão verbal
    Estado fisiológico
  Efeitos da Auto-Eficácia sobre o Comportamento
    Escolha: Seleção de atividades e ambientes
    Esforço e persistência
    Pensamento e tomada de decisão
    Emocionalidade
  Dotação de Poder
  Dotando as Pessoas de Poder: Programa de Modelagem
    de Domínio
CRENÇAS PESSOAIS DE CONTROLE
  Orientações Motivacionais de Domínio *versus* Orientações
    Motivacionais de Desamparo

DESAMPARO APRENDIDO
  A Aprendizagem do Desamparo
  Aplicação a Humanos
  Componentes
    Contingência
    Cognição
    Comportamento
  Efeitos do Desamparo
    Deficiências motivacionais
    Deficiências de aprendizagem
    Deficiências emocionais
  Desamparo e Depressão
  Estilo Explicativo
    Estilo explicativo pessimista
    Estilo explicativo otimista
  Críticas e Explicações Alternativas
TEORIA DA REATÂNCIA
  Reatância e Desamparo
JUNTANDO AS PEÇAS: A ESPERANÇA
RESUMO
LEITURAS PARA ESTUDOS ADICIONAIS

O que o futuro lhe reserva? Você se formará na faculdade? As aulas a que assistirá serão interessantes? Você será aprovado? Você achará este Capítulo 9 interessante? Tratará este capítulo de tópicos importantes, ou o assunto apresentado não passará de algo árido e confuso? No próximo inverno, você ficará gripado? Na próxima vez que se candidatar a um emprego, você será bem-sucedido? Você vai se apaixonar? Deixará de ficar apaixonado? Se convidar alguém que você não conhece direito para um encontro, ou se vir seus sogros pela primeira vez, será que essas pessoas, que até então lhe eram estranhas, gostarão de você? Você encontrará alguém com quem compartilhar sua vida, como em um casamento? E quando pegar o carro para ir à escola amanhã, você ficará preso em um engarrafamento? Será multado por estacionar em local proibido? Quando der a partida, o automóvel funcionará na primeira tentativa? Será que você vai chegar aos 50 anos?

Qual é a sua capacidade de enfrentar o que o futuro lhe reserva? Você dispõe do que é necessário para concluir a facul-

dade? Se for reprovado no primeiro exame do seu curso, você conseguirá dar a volta por cima e se sair bem posteriormente? Terá você acesso a um computador para escrever seu trabalho de conclusão de curso? O que aconteceria se você tentasse fazer compras na Internet — a experiência seria boa? Nas suas relações interpessoais, você é capaz de fazer os outros rir? Você consegue despertar alegria em um amigo que se encontra deprimido? Você consegue evitar discussões? Consegue ser o centro das atenções em uma festa? Se uma pessoa agressiva o insulta e perturba, você é capaz de controlar a situação? É capaz de correr 5 km sem parar para descansar? Talvez não 5, mas que tal 2 km? Você sabe cantar? Você é capaz de acertar a cesta do basquete na primeira tentativa? E seria capaz de fazer isso se houvesse pessoas o observando?

As expectativas que temos do que nos ocorrerá e nossas expectativas quanto à nossa capacidade de enfrentar o que nos sobrevier têm importantes implicações motivacionais. Imagine quão motivacionalmente problemática seria sua experiência na faculdade se você achasse que não iria se formar, se achasse que não seria aprovado em uma disciplina específica, que não conseguiria emprego depois da graduação, e que não seria capaz de compreender o que diz o professor ou este livro. E imagine quão motivacionalmente problemáticas seriam suas relações interpessoais se você esperasse que os outros não gostem de você, se achasse que os outros não se preocupam com seu bem-estar, ou se achasse que eles simplesmente lhe são hostis? O que você esperaria se fosse rejeitado por todos aqueles que encontrasse? Imagine quão motivacionalmente problemática seria sua participação nos esportes se tudo o que você esperasse fosse fracassar e causar constrangimento a si próprio e a quem o visse. Imagine como seria difícil reunir motivação para correr 5 km se de antemão você soubesse que não teria condições de fazer isso!

MOTIVAÇÃO PARA SE EXERCITAR O CONTROLE PESSOAL

O foco de todo este capítulo será a motivação dos indivíduos para exercitar controle pessoal sobre o que lhes sobrevém. A um certo grau, não só os ambientes são previsíveis, como também é possível que as pessoas tenham uma idéia de como controlar os aspectos previsíveis do ambiente. Ao prever o que acontecerá e ao tentar influir no que está acontecendo, as pessoas tentam aumentar a probabilidade de ocorrência dos resultados desejáveis e diminuir a probabilidade de ocorrência dos resultados indesejáveis. Exercitando o controle pessoal dessa maneira, as pessoas tentam melhorar sua própria vida e também a vida dos outros.

O desejo de exercitar controle pessoal baseia-se na crença que a pessoa tem de que ela é dotada do poder de produzir resultados favoráveis. Quando as pessoas acreditam que (1) "têm o que é preciso" para influir em seu ambiente e (2) o ambiente responderá a suas tentativas de influenciá-lo, então elas de fato tentam tornar as coisas melhores — ou seja, são motivadas a exercitar seu controle pessoal.

A intensidade com que cada pessoa tenta exercitar controle pessoal relaciona-se com a intensidade das expectativas que elas têm de serem capazes de fazer isso. A expectativa é uma predição subjetiva da probabilidade de ocorrência de um evento. Esse evento pode ser um resultado (p. ex., emagrecer 5 quilos) ou um curso de ação responsável pelo resultado (p. ex., correr 20 minutos em uma pista de atletismo sem sofrer um ataque cardíaco). Quando, por exemplo, políticos decidem participar de uma eleição, ou atletas decidem participar de uma competição, eles avaliam sua probabilidade de vencer. Antes que um sujeito saia correndo pelos campos ou conte uma piada inconveniente, ele avalia sua probabilidade de estar em território seguro. Ao imaginar como serão os eventos e os resultados futuros, as pessoas baseiam-se em suas experiências passadas e em seus próprios recursos prever o que o futuro lhes reserva, e como elas enfrentarão o que está por vir.

Dois Tipos de Expectativa

Existem dois tipos de expectativa: as expectativas de eficácia e as expectativas de resultado (Bandura, 1977, 1986, 1997; Heckhausen, 1977; Peterson, Maier & Seligman, 1993). Uma expectativa de eficácia (veja a Figura 9.1) é um julgamento que a pessoa faz da sua própria capacidade para executar um determinado ato ou curso de ação. E uma expectativa de resultado (veja a Figura 9.1) é um julgamento sobre se uma determinada ação, uma vez realizada, produzirá um determinado resultado. As expectativas de eficácia estimam a probabilidade de que um indivíduo terá condições de se comportar de uma determinada maneira; as expectativas de resultado estimam a probabilidade de ocorrência de determinadas conseqüências uma vez ocorrido esse comportamento.

Para ilustrar as expectativas de eficácia e de resultado, considere uma candidata que deseja vencer uma eleição e acredita que será bem-sucedida caso profira um discurso na convenção

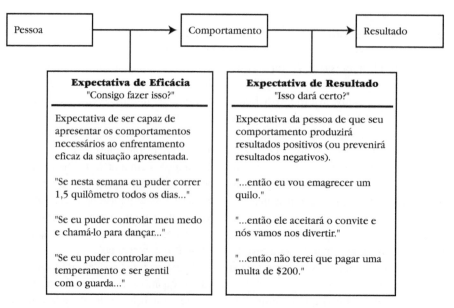

Figura 9.1 Dois Tipos de Expectativa: de Eficácia e de Resultado

de seu partido. As expectativas de eficácia dizem respeito à sua confiança em que ela fará o necessário para fazer um discurso competente. E as expectativas de resultado dizem respeito ao fato de, uma vez tendo ouvido seu discurso competentemente proferido, as pessoas serão persuadidas por sua oratória e votarão nela. Essencialmente, essas duas expectativas são a de que "eu posso fazer isso" (expectativa de eficácia) e a de que "o que eu vou fazer vai dar certo" (expectativa de resultado).

As expectativas de eficácia e de resultado são determinantes causais distintos para a iniciação e a regulação do comportamento (Bandura, 1991). Considere as diferentes expectativas que podem passar pela mente de um cirurgião que está se preparando para começar uma operação. O grau ao qual o cirurgião se engajará nessa operação depende (1) de sua expectativa da eficácia com que espera realizar uma excelente cirurgia e (2) de sua expectativa de que a cirurgia, uma vez realizada, trará determinados benefícios físicos, psicológicos, emocionais, financeiros e sociais para si próprio e para o paciente.

É preciso que tanto as expectativas de eficácia quanto as de resultado sejam razoavelmente elevadas para que o comportamento se energize e se oriente para uma meta. Portanto, uma análise das expectativas de eficácia e de resultado permite-nos compreender a relutância das pessoas em participar de determinadas atividades, tais como falar em público, convidar alguém para sair à noite, competir em um esporte ou participar de uma entrevista para um emprego. Para se dirigir ao público, sair com outra pessoa, participar de uma competição ou submeter-se a uma entrevista de emprego, é preciso que a pessoa esteja confiante não só de que executará esses comportamentos com eficácia, como também de que seu desempenho eficaz será bem recompensado (ou seja, produzirá os resultados desejados). Retire qualquer uma dessas previsões otimistas, e a relutância e a evitação passarão a ser maneiras um tanto lógicas de agir.

AUTO-EFICÁCIA

As expectativas de eficácia centralizam-se em questões como as seguintes: terei condições de me sair bem nessa tarefa específica? Se, enquanto eu estiver agindo, as coisas começarem a dar errado, terei condições de lidar com esses reveses e resolver o problema? Entretanto, expectativa de eficácia e auto-eficácia não são exatamente a mesma coisa. A auto-eficácia é uma capacidade de ordem mais geradora, com a qual o indivíduo organiza e orquestra suas habilidades de modo a enfrentar as demandas e as circunstâncias que se lhe impõem. Trata-se da capacidade que a pessoa tem de utilizar bem seus próprios recursos em diversas circunstâncias desafiadoras. Formalmente, a auto-eficácia é definida como o julgamento que a pessoa faz de quão bem (ou quão mal) ela enfrentará a situação, dadas as suas habilidades e as circunstâncias com que se depara (Bandura, 1986, 1993, 1997).

Auto-eficácia não é o mesmo que "capacidade". O funcionamento competente requer não só a posse de habilidades (ou seja, de capacidade), mas também a possibilidade de traduzir essas habilidades em desempenho eficaz, especialmente em circunstâncias desafiadoras e difíceis. Por exemplo, um esquiador pode ter maravilhosas habilidades em pistas em ziguezague, em rampas e em descidas contra o relógio mas ter péssimo desempenho se o vento estiver forte, se a neve congelar, ou se as pistas estiverem apinhadas de principiantes que caem a toda hora. A auto-eficácia é essa capacidade geradora com que o indivíduo que executa uma ação improvisa maneiras de melhor traduzir suas habilidades pessoais em desempenho eficiente. Assim como a habilidade, a auto-eficácia é um determinante valioso para o funcionamento competente, uma vez que as situações de desempenho freqüentemente são estressantes, ambíguas e imprevisíveis e também pelo fato de que, enquanto a pessoa executa uma ação, as circunstâncias estão *sempre* variando (Bandura, 1997).

Considere o fato de que a maioria de nós tem condições de dirigir bem um carro em uma rodovia, pois consideramos bastante elevadas nossas habilidades de, por exemplo, guiar, frear, comportar-se no tráfego, lembrar das leis de trânsito e encontrar o caminho a seguir. Entretanto, a auto-eficácia torna-se importante quando as circunstâncias que testam nossas habilidades mostram-se mais difíceis, como acontece quando dirigimos um carro pouco confiável em uma estrada desconhecida e mal sinalizada, ou durante uma tempestade, quando enormes caminhões nos cegam ao jogar água em nosso pára-brisa. Mesmo motoristas bastante eficientes têm um desempenho ruim quando as circunstâncias tornam-se estressantes e ruinosas. Em tais condições difíceis, o motorista tem que fazer o que for preciso para controlar sua inquietação, tomar decisões conscientes, evitar perigos, e mesmo para negociar ou para exercer liderança, pedindo a assistência de seu passageiro. Essa mesma análise de auto-eficácia aplica-se à situação de um teste escolar (Bandura et al., 1988), à participação em uma competição esportiva (Feltz, 1992), à prática de autodefesa (Ozer & Bandura, 1990), ao desempenho de um papel de gênero (Bussey & Bandura, 1999), à prática de comportamentos saudáveis (Bandura, 1998) e à ação coletiva para a resolução de problemas sociais (Bandura, 1997).

O oposto da eficácia é a dúvida. Para o motorista que duvida da sua capacidade de enfrentar a viagem, surpresas, problemas e dificuldades criarão ansiedade (Bandura, 1988), confusão (Wood & Bandura, 1989), pensamentos negativos (Bandura, 1983) e excitação fisiológica aversiva e tensão corporal (Bandura et al., 1985). Imagine o possível desenrolar de eventos que devem ocorrer quando um motorista competente experimenta dúvidas ao se deparar com surpresas, reveses e dificuldades. Pode começar a chover de repente (surpresa), os limpadores do pára-brisa podem parar de funcionar (revés), ou a pista pode ficar escorregadia (dificuldade). Em tais condições desafiadoras, a dúvida pode interferir na eficácia do pensamento, do planejamento e da tomada de decisões, gerando ansiedade, confusão, inquietação, tensão e sofrimento, que podem de fazer o desempenho ir ao encontro de um desastre. Naturalmente, as surpresas, os reveses e as dificuldades podem não produzir um mau desempenho, do mesmo modo que a habilidade, o talento e a capacidade podem não produzir um desempenho excelente. Certamente, a quantidade da auto-eficácia (*versus* dúvida de si) é a variável motivacional que determina a quantidade em que o indivíduo é bemsucedido (ou malsucedido) ao enfrentar a situação quando suas habilidades e capacidades são submetidas a pressão.

Considere o exemplo mais geral que ocorre quando uma pessoa tenta passar uma idéia de competência social durante

148 Capítulo Nove

uma entrevista de emprego, durante a seleção do elenco de uma peça de teatro, ou em um primeiro encontro amoroso. Em uma análise de auto-eficácia, constata-se que tanto as habilidades relacionadas ao desempenho da pessoa nesses casos quanto as demandas que essas situações lhe apresentam são complexas e multidimensionais. A lista a seguir descreve o que se passa com um adolescente em seu primeiro encontro romântico (Rose & Frieze, 1989), enumerando algumas demandas que a tarefa lhe impõe (à esquerda) e também as habilidades necessárias para o jovem ser bem-sucedido ao enfrentar essas demandas (à direita).

Demandas em um Encontro	Habilidades em um Encontro
Convidar alguém para sair	Assertividade
Planejar um programa interessante	Criatividade
Comparecer pontualmente ao lugar do encontro	Pontualidade
Ser cordial com os pais ou colegas	Sociabilidade
Brincar, rir e conversar	Senso de humor
Impressionar o outro	Persuasão
Ser cortês	Etiqueta social
Compreender como o outro sente	Empatia
Atentar para as necessidades do outro	Adoção de diferentes perspectivas
Dar um beijo de boa-noite	Romance

Ao considerar o encontro que em breve terá, o jovem se pergunta sobre quais eventos específicos ocorrerão. Que habilidades serão necessárias para ele ter um bom desempenho? Se algo inesperadamente der errado, terá ele condições de fazer as correções necessárias? Como ele espera se sentir durante o encontro e durante cada evento específico? Nessa situação hipotética, o adolescente espera que a tarefa geral que ele tem diante de si irá requerer cerca de uma dezena de habilidades, tais como assertividade, sociabilidade e assim por diante. O jovem também tem algumas expectativas quanto a quão efetivamente ele pode executar cada uma dessas habilidades, e essas expectativas podem variar de um sentimento de deplorável incompetência até um de grande competência. Essas expectativas constituem o cerne das crenças de auto-eficácia, como nas vezes em que o jovem se pergunta: que eficácia terei quando a situação exigir de mim assertividade? Quando estiver tentando ser assertivo, sentirei principalmente confiança ou principalmente dúvida? Minhas habilidades são grandes o suficiente para salvar a noite caso algo dê errado (p. ex., se os pais da garota se mostrarem hostis)? A quantidade de dúvida e de ansiedade sociais sentidas pelo adolescente nessa situação específica pode ser prevista analisando-se as expectativas de eficácia que ele tem em relação a cada uma das dez demandas relacionadas a essa tarefa específica.

Além disso, conhecendo as expectativas de eficácia *versus* as expectativas de dúvida que o adolescente tem em relação à sua capacidade de enfrentar as demandas impostas pela tarefa, podemos predizer sua motivação para ir ao encontro *versus* sua motivação para evitá-lo. Resumida em sua essência, a auto-eficácia prediz o equilíbrio motivacional entre a vontade de tentar, por um lado, e a ansiedade, a dúvida e a evitação, por outro.

As Fontes da Auto-Eficácia

As crenças de auto-eficácia não aparecem do nada; elas têm suas causas, surgindo: (1) da história pessoal de quem tenta executar um determinado comportamento, (2) das observações de pessoas semelhantes que também tentam executar esse comportamento, (3) das persuasões verbais (conversas preparatórias) exercidas por outros e (4) de estados fisiológicos, tais como as taxas normal e acelerada de batimentos cardíacos.

História do Comportamento Pessoal

O grau a que uma pessoa acredita que será capaz de desincumbir-se competentemente de um determinado curso de ação depende de sua história pessoal de tentar realizar esse curso de ação anteriormente (Bandura, Reese & Adams, 1982). As pessoas aprendem sua auto-eficácia atual a partir de interpretações de suas tentativas anteriores de executar esse mesmo comportamento. Quando as tentativas anteriores de execução do comportamento são consideradas competentes, ocorre uma elevação da auto-eficácia, ao passo que, quando as tentativas anteriores de execução do comportamento são consideradas incompetentes, ocorre uma diminuição da auto-eficácia. Por exemplo, quando uma criança se prepara para andar de bicicleta, sua história pessoal relativa à habilidade de andar de bicicleta em situações anteriores funciona como uma informação de primeira mão sobre sua auto-eficácia na situação presente. A força da expectativa preexistente que o indivíduo tem em relação a um determinado comportamento influenciará qualquer participação comportamental que ele venha a ter em relação a um evento similar no futuro. Se a história do comportamento pessoal produziu um forte sentido de eficácia, o sentimento de auto-eficácia não será muito alterado diante da ocorrência ocasional de uma situação de incompetência (do mesmo modo que um sentimento forte de ineficácia não será muito alterado pela ocorrência ocasional de uma situação de competência). Entretanto, caso o indivíduo em questão tenha pouca experiência (ou seja, caso lhe falte uma história comportamental), cada novo componente de desempenho competente ou incompetente exercerá um efeito maior sobre a eficácia futura. Das quatro fontes de auto-eficácia, a história pessoal é a mais influente (Bandura, 1986).

Experiência Vicária

A experiência vicária relaciona-se com a observação de um modelo realizando a mesma ação que um indivíduo está para executar (p. ex., algo que acontece quando alguém diz: "Vá primeiro, que eu verei como é"). O ato de observar os outros desempenhando eficientemente uma tarefa aumenta no observador seu próprio sentido de eficácia (Bandura et al., 1980; Kazdin, 1979). Isso acontece porque o ato de ver pessoas semelhantes realizando o mesmo comportamento inicia um processo de comparação social (p. ex., quando a pessoa diz: "Se eles conseguem fazer isso, eu também consigo"). Porém, a experiência vicária funciona também no sentido contrário, uma vez que o ato de observar alguém desempenhando mal uma tarefa diminui nosso próprio senso de eficácia (p. ex., quando a pessoa diz: "Se eles não são capazes de fazer isso, o que me faz pensar que conseguirei?"; Brown & Inouye, 1978). O grau com que o desempenho de um modelo afeta nossa própria eficácia depende de dois fatores. Primeiro, quanto maior for a similaridade entre o modelo e o observador, maior será o impacto que o comportamento do modelo exercerá sobre a previsão da eficácia do observador (Schunk, 1989a). Segundo, quanto menos experiente o observador for em relação ao comportamento (ou seja, quanto mais novato ele for), maior será o impacto exercido pela experiência vicária (Schunk, 1989b). Portanto, a experiência vicária é uma fonte poderosa de eficácia para observadores relativamente inexperientes que observam o desempenho de indivíduos semelhantes a eles.

Persuasão Verbal

Com freqüência, muitos tentam nos convencer de que temos condições de executar competentemente uma determinada ação — a despeito de nossa arraigada ineficácia —, se simplesmente nos dermos ao trabalho de tentar. Isso é o que ouvimos de técnicos esportivos, pais, professores, patrões, terapeutas, colegas, cônjuges, amigos, espectadores, religiosos, autores de livros de auto-ajuda, propagandas na Internet, cartazes, lembretes otimistas, canções no rádio etc. Quando eficientes, esses estímulos verbais conseguem persuadir as pessoas a se concentrarem cada vez mais em seus potenciais e em seus pontos fortes, e cada vez menos em suas deficiências e em seus pontos fracos. As persuasões verbais fazem a pessoa desviar a atenção de suas fontes de ineficiência para suas fontes de eficiência. Entretanto, a persuasão verbal vai somente até o ponto de ser contradita pela experiência direta. Sua eficiência é limitada pelos limites do possível (na mente do indivíduo que se ocupará da tarefa), e depende do grau de credibilidade, competência e confiança do sujeito da persuasão. As pessoas também ministram a si próprias conversas preparatórias, geralmente em forma de auto-instrução; tal atitude pode de fato aumentar a eficácia, pelo menos durante algum tempo (Schunk & Cox, 1986). A persuasão verbal depende da capacidade de fornecer ao indivíduo um aumento suficiente e temporário de eficácia que gere a motivação necessária para a realização de outra tentativa (Schunk, 1991).

Estado Fisiológico

Fadiga, dor, tensão muscular, confusão mental e tremor nas mãos são sinais fisiológicos de que as demandas das tarefas estão sendo maiores que a capacidade do indivíduo de enfrentá-las (Taylor et al., 1985). Um estado fisiológico anormal é uma mensagem particular e eloqüente que aumenta no indivíduo seu senso de ineficácia. Por outro lado, a ausência de tensão, de medo e de estresse eleva a sensação de eficácia, fornecendo em primeira mão um *feedback* corporal de que o indivíduo é de fato capaz de enfrentar adequadamente com as demandas da tarefa (Bandura & Adams, 1977). É dupla a direção causal entre eficácia e atividade fisiológica: a ineficácia aumenta a excitação e, por sua vez, a excitação aumentada eleva a percepção de ineficácia (Bandura et al., 1988). As informações fisiológicas comunicam as informações de eficácia principalmente quando a eficácia inicial é incerta (p. ex., quando uma pessoa está executando uma tarefa pela primeira vez). Quando a eficácia está relativamente assegurada,

a pessoa às vezes desconta, ou mesmo reinterpreta, suas dicas fisiológicas como uma fonte positiva de eficácia, como quando diz: "Estou com a maior adrenalina para fazer isso" (Carver & Blaney, 1977).

Enquanto as pessoas enfrentam circunstâncias desafiadoras e difíceis, e preparam-se para realizar um curso de ação, essas são as quatro fontes de informações sobre as quais se baseiam para prever seu senso de eficácia durante o desenho. Para uma ilustração concreta, considere uma criança na piscina comunitária esperando na fila a sua vez de saltar do trampolim. O grau de vontade (motivação) que a criança sente depende do grau de capacidade com que ela se desincumbiu do salto no passado, do grau de capacidade apresentado pelas crianças que saltaram antes dela, da conversa da amiga que espera na fila com ela, que pode lhe passar um sentimento de encorajamento, de dúvida ou mesmo de ridículo, e da mensagem de pânico, ou, ao contrário, da mensagem para "esfriar a cabeça, acalmar-se e concentrar-se" que seu coração lhe envia enquanto ela olha para a água dois metros abaixo de si. Por si mesma, nenhuma dessas informações determina a eficácia da criança ou prevê como será seu mergulho. Entretanto, refletindo, ela seleciona as informações disponíveis, pesa a importância de cada uma e finalmente integra as múltiplas (e às vezes contraditórias) fontes de informação em um julgamento geral de auto-eficácia (Bandura, 1997).

A despeito do fato de que integrar essas múltiplas fontes de informação de auto-eficácia em um único julgamento é um processo complexo, as duas primeiras fontes de informação de eficácia — história do comportamento pessoal e da experiência vicária — são em geral as fontes mais fortes de crenças na eficácia (Schunk, 1989a). O poder relativo das diferentes fontes de informação de eficácia é importante por causa de suas implicações nas estratégias terapêuticas para planejar intervenções motivacionais em pessoas com baixos níveis de crença de auto-eficácia. A história do comportamento pessoal e a experiência vicária são possibilidades terapêuticas promissoras, ao passo que a persuasão verbal e a regulação dos estados fisiológicos funcionam como oportunidades suplementares para se alterar as crenças pessimistas de auto-eficácia.

Efeitos da Auto-Eficácia sobre o Comportamento

Uma vez formadas, as crenças de auto-eficácia contribuem de diversas maneiras para a qualidade do funcionamento humano (Bandura, 1986, 1997). Em geral, quanto maior é a esperança que as pessoas têm de executar adequadamente uma ação, maior é também a sua vontade de dedicar esforço e persistência para o caso de possíveis dificuldades requererem tal ação (Bandura, 1989; Bandura & Cervone, 1983; Weinberg, Gould & Jackson, 1979). Por outro lado, quando as pessoas não esperam ter condições de realizar adequadamente a tarefa que lhes é atribuída, falta-lhes vontade de participar das atividades relacionadas a esse comportamento. Dessa forma, elas se esforçam menos, contentam-se prematuramente com resultados medíocres e abandonam a tarefa ao se deparar com obstáculos (Bandura, 1989). Mais especificamente, as crenças de auto-eficácia afetam (1) a escolha das atividades e a seleção dos ambientes, (2) a quantidade de esforço e persistência empregados durante o desempenho, (3)

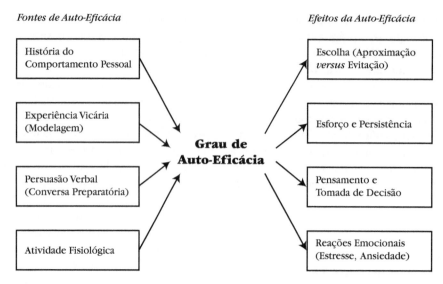

Figura 9.2 Fontes e Efeitos das Crenças de Auto-Eficácia

a qualidade do pensamento e da tomada de decisão durante o desempenho e (4) as reações emocionais, especialmente aquelas relacionadas com o estresse e a ansiedade. A Figura 9.2 representa as quatro fontes de eficácia e os quatro efeitos de produção de crenças de auto-eficácia fortes *versus* fracas.

Escolha: Seleção de Atividades e Ambientes

As pessoas estão continuamente fazendo escolhas sobre que atividades buscar e onde passar seu tempo. Em geral, elas procuram, e se aproximam com excitação daquelas atividades e situações em que experimentam um sentimento de competência e controle; por outro lado, elas se evadem e vigorosamente evitam as atividades e situações que têm probabilidade de quebrantar suas capacidades de enfrentamento (Bandura, 1977, 1989). Em uma análise de auto-eficácia, freqüentemente a evitação de tarefas e de ambientes é um ato de autoproteção da pessoa, que assim evita a possibilidade de ser acabrunhada pelas demandas e desafios. Se, por exemplo, um estudante espera que uma aula de matemática ou de língua estrangeira seja para ele algo massacrante, confuso e frustrante, sua sensação de dúvida supera sua sensação de eficácia, produzindo nele uma decisão de evitação, como, por exemplo, quando resolve não participar das discussões em sala ou simplesmente nem mesmo se matricula na disciplina. Essas mesmas escolhas de evitação decorrentes do sentimento de dúvida aplicam-se às oportunidades sociais, tais como um encontro, dançar, competir em um esporte, selecionar (ou evitar) um determinado instrumento musical, e escolher ou preterir determinadas opções profissionais.

As escolhas de evitação exercem um efeito profundo, nocivo e durável sobre o desenvolvimento da pessoa (Bandura, 1986). As crenças fracas de auto-eficácia estabelecem o cenário para que se evite participar de atividades, contribuindo assim para a supressão dos potenciais de desenvolvimento das pessoas (Holahan & Holahan, 1987). Quando os indivíduos evitam uma atividade devido à dúvida que têm sobre sua própria competência, entram em um processo autodestrutivo de retardar seu próprio desenvolvimento. Além disso, quanto mais evitam essas atividades, mais arraigada se torna sua dúvida, uma vez que quem duvida nunca tem a chance de provar a si próprio que está errado, nem dá a si mesmo a oportunidade de receber instruções, assistência ou conselhos, ou de observar modelos exercendo a atividade em questão. Tal padrão de evitação vai progressivamente limitando o campo de ação das atividades e dos ambientes do indivíduo (Bandura, 1982; Betz & Hackett, 1986; Hackett, 1985).

Esforço e Persistência

Enquanto as pessoas executam uma ação, suas crenças de auto-eficácia influenciam a quantidade e a duração dos esforços que empregam diante das adversidades (Bandura, 1989). Crenças fortes de auto-eficácia produzem esforços persistentes para enfrentar a superação de reveses e dificuldades (Salomon, 1984). Por outro lado, a dúvida leva as pessoas a diminuírem seus esforços quando encontram dificuldades ou a simplesmente desistirem da ação (Bandura & Cervone, 1983; Weinberg, Gould & Jackson, 1979). A percepção da sua dúvida também leva os indivíduos a se contentarem prematuramente com soluções medíocres.

Quando se tenta alcançar a proficiência em atividades complexas, a aprendizagem sempre se reveste de dificuldades, obstáculos, reveses, frustrações, rejeições e irregularidades, pelo menos dentro de um certo grau. A auto-eficácia desempenha um papel vital de favorecer o esforço e a persistência, não só porque silencia a dúvida que se segue ao fracasso e à rejeição (que é, a propósito, uma reação emocional normal e esperada), mas também porque leva a uma *recuperação rápida* da auto-assertividade logo após a ocorrência de reveses (Bandura, 1986). Utilizando exemplos de escritores, cientistas e atletas de grande persistência, Albert Bandura argumenta que é a resiliência da auto-eficácia diante do martelar ininterrupto do fracasso que fornece o apoio motivacional necessário para continuar o esforço persistente e necessário para o alcance de um funcionamento competente e para o desenvolvimento da proficiência (Bandura, 1989).

Pensamento e Tomada de Decisão

Durante episódios estressantes, o pensamento analítico é extraordinariamente eficiente nas pessoas que acreditam fortemente em sua própria eficácia para resolver problemas, ao passo que aquelas que duvidam de suas capacidades pensam erraticamente (Bandura & Wood, 1989; Wood & Bandura, 1989). Para alcançarem seu melhor desempenho, primeiro as pessoas precisam utilizar suas lembranças de eventos passados para decidir qual será seu curso de ação mais eficiente. Elas também precisam fazer uma análise de *feedback* que lhes permita avaliar e reavaliar o mérito de seus planos e estratégias. Além disso, também é preciso que reflitam sobre seu desempenho, lembrando quais cursos de ação foram efetivos e quais não foram. Um forte senso de eficácia permite ao indivíduo permanecer concentrado em sua tarefa, mesmo diante da ocorrência de um estresse situacional e de problemas insolúveis. Por outro lado, em uma tomada de decisão, a percepção da dúvida distrai os indivíduos para longe do pensamento focalizado na tarefa, fazendo sua atenção se concentrar nas deficiências do self e nas demandas acabrunhantes que se lhe impõem. Em suma, a dúvida deteriora, ao passo que a eficiência promove a qualidade do pensamento e da tomada de decisão do indivíduo durante seu desempenho.

Emocionalidade

Antes de começarem a exercer uma atividade, os indivíduos geralmente gastam um certo tempo pensando sobre a maneira como irão agir. Pessoas que têm um forte senso de eficácia atentam para as demandas e os desafios da tarefa, visualizam cenários competentes para comportamentos futuros e reagem com um esforço entusiástico, otimismo e interesse ao *feedback* e aos desafios da tarefa. Por outro lado, as pessoas que têm um fraco senso de eficácia insistem em suas deficiências pessoais, visualizam os obstáculos enormes que terão que enfrentar e reagem aos desafios e ao *feedback* com pessimismo, ansiedade e depressão (Bandura, 1986). Se, uma vez começado o desempenho, as coisas começam a dar errado, uma crença forte de auto-eficácia mantém o indivíduo a salvo da ansiedade. Por outro lado, quem duvida da sua eficácia é facilmente ameaçado pelas dificuldades, é perturbado pelos reveses e tem sua atenção desviada para suas deficiências pessoais.

A vida é em geral pródiga em eventos potencialmente ameaçadores (p. ex., provas, atuações diante de espectadores, ameaças físicas e psicológicas) e a auto-eficácia percebida desempenha papel central na determinação do montante de estresse e ansiedade que esses eventos provocam no indivíduo. Em vez de existir como uma propriedade fixa dos eventos, a "ameaça" sempre depende da relação existente entre o indivíduo e a tarefa (Folkman & Lazarus, 1985; Lazarus & Folkman, 1984). Quando a pessoa sabe que sua capacidade de lidar com o problema é incapaz de satisfazer às demandas conforme ela as percebe, sobrevêm-lhe pensamentos de desastre, excitação emocional e sentimentos de perturbação e de ansiedade (Bandura, 1983; Bandura, Reese & Adams, 1982; Bandura et al., 1985; Lazarus, 1991a).

Um aspecto otimista desse problema é que, quando se aplicam condições de caráter terapêutico às pessoas vitimadas pela percepção da sua dúvida de si, com o propósito de aumentar sua capacidade de enfrentamento dos problemas, os eventos intimidadores que antes desencadeavam uma avalanche de dúvidas, medos e sofrimentos passam não mais a fazê-lo (Bandura & Adams, 1977; Bandura et al., 1980; Bandura et al., 1982; Ozer & Bandura, 1990). À medida que a auto-eficácia aumenta, o medo e a ansiedade tendem a desaparecer. Os pesquisadores da auto-eficácia chegam ao ponto de dizer que as raízes da ansiedade se encontram na baixa sensação de auto-eficácia (Bandura, 1983, 1988). Dessa forma, um aumento qualquer na eficácia significa um decréscimo correspondente na ansiedade.

Dotação de Poder

É importante salientar dois aspectos práticos relativos à auto-eficácia. Em primeiro lugar, as crenças de auto-eficácia provêm da história comportamental do indivíduo, de suas experiências vicárias, da persuasão verbal e dos estados fisiológicos (p. ex., Figura 9.2). Isso é um aspecto prático porque significa que é possível adquirir e alterar crenças elevadas de auto-eficácia. Em segundo, o nível de auto-eficácia prediz as formas de comportamento que se podem associar ao "funcionamento competente" ou à "dotação de poder pessoal" (p. ex., a superação de medos originados na evitação, a realização de mais esforço, a persistência diante das adversidades, o ato de pensar com clareza e o exercício de controle durante o desempenho de uma tarefa). Portanto, as expectativas de auto-eficácia, uma vez aperfeiçoadas, constituem o alicerce cognitivo-motivacional para a dotação do poder pessoal.

A dotação de poder envolve a posse de conhecimentos, competências e crenças que permitam ao indivíduo exercer controle sobre sua vida. Um exemplo de que a auto-eficácia é uma forma de dotação de poder está na aprendizagem pela qual um indivíduo passa para se defender da intimidação e das ameaças de terceiros (Ozer & Bandura, 1990). Quando ameaçadas, as pessoas geralmente se sentem ansiosas, estressadas, vulneráveis, em situação de risco e de perigo. Para dotarem a si mesmas de poder, elas precisam mais do que simplesmente ser hábeis e saber o que fazer. Também necessitam de crenças de auto-eficácia de modo que possam: (1) traduzir seu conhecimento e suas competências em um desempenho eficaz quando ameaçadas e (2) exercer seu controle sobre pensamentos negativos intrusivos.

Em um estudo, durante um período de cinco semanas, pesquisadores ministraram um treinamento de autodefesa e administração de habilidades emocionais a um grupo de mulheres que temiam bastante por sua segurança ao saírem à noite em San Francisco, devido às ameaças e perigos próprios daquela cidade. Primeiramente os pesquisadores instaram as mulheres a observarem modelos especialistas se defendendo de assaltantes (utilizando a experiência vicária); depois, promoveram simulações de ataque e solicitaram às mulheres que tentassem atingir a perícia do modelo observado, sendo que, ao tentarem, elas recebiam apoio e encorajamento de suas colegas (utilização da persuasão verbal) (Ozer & Bandura, 1990). As mulheres então desempenharam o papel com base no que observaram nos modelos, recebendo treinamento e *feedback* corretivo quando necessário (um caso de história de comportamento pessoal). Observou-se então nessas mulheres que, a cada semana, elas aumentaram enormemente suas crenças de auto-eficácia, algo que lhes permitiu comportar-se de modo a enfrentar as ameaças e evitar os pensamentos negativos. Uma vez dotadas de poder, elas se sentiram menos vulneráveis, começando a envolver-se em atividades que antes consideravam extremamente arriscadas (como correr em ambientes abertos, sair à noite, visitar outras partes da cidade). Em outras palavras, a dotação de poder ocorreu à medida que a eficácia e o envolvimento substituíram a dúvida e a evitação.

Uma das mulheres expressou sua experiência de dotação de poder nos seguintes termos: "Sinto-me mais livre e mais capaz do que nunca. Agora que posso por minha própria vontade escolher o que quero e o que não quero fazer, não sinto mais medo" (Ozer & Bandura, 1990). Compreensivelmente, o leitor poderia se perguntar se o aumento de confiança das mulheres as levou a comportar-se mais audaciosamente, o que as colocaria assim em situações de risco. Entretanto, isso não aconteceu. O que houve foi a substituição de um sentimento generalizado de evitação por um comportamento flexível, adaptativo e confiante. É possível que um programa desse tipo também possa ser eficiente em praticamente quaisquer atividades que as pessoas evitam por causa do medo causado por sua crença de que têm habilidades insuficientes para fazer frente aos desafios e demandas situacionais.

Dotando as Pessoas de Poder: Programa de Modelagem de Domínio

A modelagem de domínio é um programa formal que emprega um treinamento de auto-eficácia com o propósito de dotar as pessoas de poder. Nesse tipo de programa, um especialista em uma determinada habilidade trabalha com um grupo de indivíduos relativamente novatos para mostrar-lhes como enfrentar situações que, de outro modo, lhes seriam amedrontadoras. No exemplo que acabamos de fornecer, profissionais ensinaram técnicas de auto-defesa a mulheres. Nas escolas, há também o exemplo dos professores que se valem de um programa de modelagem de domínio para dotar as crianças de habilidades de leitura, de computação e de aprendizagem cooperativa. Nos esportes, os técnicos podem dotar os atletas de técnicas defensivas e confiança para resistir às possíveis agressões dos adversários. No hospital, com a ajuda de terapeutas, pacientes solitários podem ser dotados de poder em habilidades sociais e de resiliência confiante para enfrentar situações sociais com estranhos.

Em um programa de modelagem de domínio, o modelo de excelência faz os novatos passarem por sete passos:

1. O professor identifica os elementos das habilidades para um enfrentamento eficaz, mensurando então a expectativa de eficácia dos alunos em cada um desses elementos da habilidade.
2. O professor apresenta aos alunos um modelo de cada um desses elementos das habilidades.
3. Os estudantes emulam cada habilidade modelada, e o professor lhes fornece um *feedback* corretivo caso necessário.
4. Os estudantes integram esses elementos separados das habilidades na simulação de um desempenho geral, em que o professor lhes apresenta obstáculos moderados, que os fazem valer-se de todas as habilidades distintas.
5. Os estudantes participam cooperativamente em grupos de aprendizagem. Um estudante incumbe-se da simulação de uma tarefa enquanto é observado pelos colegas, que lhe dão dicas e encorajamento. Os alunos então se revezam nesse papel, até que todos tenham realizado a tarefa diversas vezes.
6. Individualmente, os alunos executam tarefas bastante próximas de uma situação natural, que lhes apresentam dificuldades, obstáculos e reveses semelhantes aos que encontrariam na vida real; enquanto isso, o professor lhes serve de modelo e fornece-lhes um *feedback* corretivo.
7. O professor serve de modelo para que os estudantes vejam como é ter um comportamento confiante e como utilizar técnicas que controlam a excitação.

O programa de modelagem de domínio é um procedimento formal que utiliza as quatro fontes de auto-eficácia com o propósito de fazer com que os indivíduos em sua área de atuação passem de novatos ansiosos a mestres confiantes. Ao praticar cada habilidade e receber um *feedback* corretivo do professor, o estudante constrói sua eficácia por meio da sua história de comportamento pessoal. Ao observar o desempenho do professor (passo 2) e ao observar o desempenho dos colegas (passo 5), o aluno constrói sua eficácia por meio da experiência vicária. Ao ouvir o encorajamento e as dicas dadas por seus colegas (passo 5), ele constrói sua eficácia por meio da persuasão verbal. E ao observar e imitar as maneiras como o professor controla a excitação que poderia prejudicar o desempenho (passo 7), o estudante constrói sua eficácia por meio da obtenção da calma fisiológica.

CRENÇAS PESSOAIS DE CONTROLE

As crenças pessoais de controle refletem o grau com que um indivíduo acredita que será capaz de produzir os resultados que deseja e impedir a ocorrência de resultados indesejáveis (Peterson, Maier & Seligman, 1993). Quando as crenças pessoais de controle são fortes e resistentes, o indivíduo percebe um forte elo causal entre suas ações e os resultados que ele obtém. Por outro lado, quando as crenças pessoais de controle são fracas e pouco resistentes, o indivíduo percebe que suas ações e suas iniciativas pessoais exercem pouco efeito sobre o que acontece, de modo que tentar fazer algo não lhe parece ter sentido.

Orientações Motivacionais de Domínio *versus* Orientações Motivacionais de Desamparo

Existem diferentes maneiras pelas quais as pessoas aprendem a reagir ao fracasso com o propósito de controlar os eventos e os resultados que ocorrem em sua vida. Com uma orientação motivacional de domínio, o indivíduo conserva uma imagem forte e resistente do seu self mesmo durante episódios de fracasso. Dotado de uma orientação motivacional de proficiência, o indivíduo responde ao fracasso permanecendo concentrado na tarefa e determinado a obter domínio, a despeito das dificuldades e dos reveses que encontrar (Diener & Dweck, 1978, 1980). Por outro lado, quando tem uma orientação motivacional desamparada, o indivíduo apresenta uma visão frágil do seu self durante os episódios de fracasso. Dotado de uma orientação motivacional desamparada, o indivíduo responde ao fracasso desistindo da tarefa, agindo como se a situação estivesse fora do seu controle (Dweck, 1975; Dweck & Repucci, 1973).

A maioria das pessoas desempenha bem e permanece concentrada em sua tarefa quando trabalha com problemas fáceis e quando é eficiente no que faz. Entretanto, quando as tarefas se tornam difíceis e desafiadoras, salienta-se a diferença entre uma orientação motivacional para o domínio e uma orientação motivacional desamparada. As pessoas orientadas para o domínio aceitam os desafios e sentem-se energizadas pelos reveses. Já as pessoas orientadas para o desamparo evitam os desafios, ficam arrasadas diante dos reveses, passando a questionar, e mesmo a duvidar completamente da sua capacidade. Nas ocasiões em que deixam de ter um *feedback* de sucesso para ter um *feedback* de fracasso, os indivíduos orientados para o domínio aumentam seus esforços e mudam suas estratégias (Diener & Dweck, 1978, 1980). Nessas mesmas circunstâncias, os indivíduos orientados para o desamparo desaprovam suas capacidades e perdem a esperança de obterem sucesso no futuro (Dweck, 1975; Dweck & Repucci, 1973). Em suma, durante o *feedback* de fracasso, verificou-se em crianças que aquelas orientadas para o desamparo concentram-se no motivo de sua falha (baixa habilidade), ao passo que aquelas orientadas para o domínio concentram-se na maneira de remediar sua falha (por meio do esforço e da estratégia; Diener & Dweck, 1978).

Diante do fracasso, essa diferença de reação entre os indivíduos orientados para o domínio e os indivíduos orientados para o desamparo é algo que emana dos diferentes sentidos que cada grupo atribui ao fracasso (Dweck, 1999). Os indivíduos orientados para o domínio não enxergam o fracasso como um julgamento do seu self. Em vez disso, durante os reveses e os fracassos, pode muito bem ocorrer que essas pessoas pensem algo como: "Quanto mais difícil ficar, com mais força eu vou insistir"; "Adoro desafios"; e "Os erros me ajudam". De modo geral, elas vêem o *feedback* do fracasso como simplesmente uma informação. E como as pessoas orientadas para o domínio reconhecem que o *feedback* de fracasso está lhes dizendo que elas precisam de mais esforço, de melhores estratégias e de mais recursos, em geral elas se saem melhor e com mais entusiasmo diante do insucesso. Já os indivíduos voltados para o desamparo enxergam o fracasso como um julgamento do seu self, considerando-o um sinal de sua inadequação pessoal, algo que, por sua vez, os torna desesperançosos.

Talvez o leitor possa pensar que o termo "desamparo" seja um pouco forte, mas a pesquisa de Carol Dweck (1975) sugere que este não é o caso. Quando o fracasso se mostra em toda a sua fealdade, as pessoas orientadas para o desamparo podem começar a dizer coisas do tipo "Não dou para esse tipo de coisa" ou "Acho que não sou muito inteligente". Em outras palavras, elas denigrem suas capacidades e mesmo seu valor próprio (Diener & Dweck, 1978). Suas emoções rapidamente tornam-se negativas, e elas começam a lidar com o crescimento da sua ansiedade e da sua dúvida de modo inusitado, como quando passam a agir de maneira tola, ou tentam mudar a tarefa ou suas regras (Diener & Dweck, 1978). Suas estratégias de resolução de problemas entram em colapso, quando elas simplesmente passam a agir com base em conjecturas absurdas, ou a escolher aleatoriamente as respostas. Se não acredita em si, o moral negativo e a adoção de estratégias imaturas são sinais da presença de desamparo, seu indício típico é a maneira rápida e enfática com que o indivíduo desiste da tarefa (Dweck, 1999).

DESAMPARO APRENDIDO

Da mesma maneira que as expectativas de eficácia que o indivíduo tem influenciam sua auto-eficácia, suas expectativas de resultado influenciam seu desamparo aprendido. Ao iniciar uma tarefa, as pessoas subjetivamente prevêem o grau de controle ou de descontrole do resultado que está em jogo. Para os resultados controláveis, existe uma relação unívoca entre o comportamento (o que a pessoa faz) e o resultado (o que lhe acontece). Já para os resultados incontroláveis, essa relação entre comportamento e resultado é aleatória (p. ex., quando a pessoa diz: "Não faço a menor idéia de como meu comportamento influenciará o que vai acontecer comigo, se é que o fará").

Quando pensam que os resultados desejados (p. ex., fazer amigos, conseguir um emprego) ou indesejados (p. ex., ficar incapacitado por uma doença, ser demitido do emprego) são independentes de seu comportamento, as pessoas desenvolvem o "desamparo aprendido" em relação a obter ou a prevenir tais resultados. O desamparo aprendido é o estado psicológico que resulta quando um indivíduo espera que os resultados em sua vida são para ele incontroláveis (Mikulincer, 1994; Seligman, 1975).

Resumindo-se ao seu aspecto essencial, pode-se entender o desamparo aprendido como a força da relação percebida entre o comportamento do indivíduo e sua sorte ou resultado obtido, conforme mostra a Figura 9.3. A relação entre o comportamento e os resultados obtidos por uma pessoa pode ser bastante elevada, como representa a seta contínua e em negrito que une a ação da pessoa ao resultado por ela alcançado. Essa seta representa graficamente a orientação para a proficiência. Por outro lado, pode ser inexistente a relação entre o comportamento e os resultados obtidos, conforme mostra a seta pontilhada entre a ação da pessoa e o resultado por ela obtido. Esta segunda seta representa graficamente uma orientação para o desamparo. Para uma pessoa que apresenta desamparo aprendido, seu comportamento exerce pouca ou nenhuma influência sobre os resultados que obtêm; em vez disso, os resultados são determinados por outros fatores, situados fora do controle do indivíduo, conforme representa a seta contínua e em negrito entre as influências externas e os resultados alcançados. Por exemplo, caso experimente o desamparo aprendido, o candidato a um emprego pode pensar que seu comportamento durante a entrevista (ou seja, se será capaz de agir profissionalmente, de demonstrar suas habilidades e de responder bem às perguntas) nada terá a ver com o sucesso da sua candidatura; em vez disso, ele pensa que fatores que estão fora do seu controle (como a economia em recessão, o famoso "quem indica" ou a cor da pele) é que irão determinar a contratação. Uma vez que, segundo o candidato, o resultado não é determinado por seu comportamento, mas sim por influências

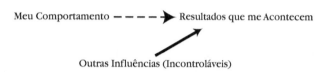

Figura 9.3 Ilustração da Relação entre Comportamento e Resultados, segundo uma Orientação de Proficiência e Segundo uma Orientação de Desamparo Aprendido

externas e incontroláveis, isso o leva a supor que ele é incapaz de influenciar a decisão de sua própria contratação.

A Aprendizagem do Desamparo

O desamparo é aprendido. Considere o seguinte experimento realizado com três grupos de cães, aos quais: (1) aplicou-se um choque inevitável, (2) aplicou-se um choque evitável ou (3) não se aplicou choque (grupo de controle) (Seligman & Maier, 1967). Os cães nos dois grupos que receberam choque foram colocados sobre suportes eletrificados, nos quais uma vez por dia, durante 64 dias consecutivos, recebiam um choque elétrico de intensidade média e de duração de 5 segundos. No grupo que recebia os choques inevitáveis, estes ocorriam aleatoriamente, e nenhuma resposta do animal era capaz de cancelá-los. Independentemente de o cão latir, uivar ou debater-se freneticamente, o choque continuava durante os 5 segundos. Em outras palavras, o choque era inevitável e, portanto, incontrolável. Já no grupo de choque evitável, os cães tinham condições de interrompê-lo. Se o animal pressionasse um botão sobre a parede (colocado exatamente diante do seu focinho), o choque cessava. Portanto, os animais dispunham de uma resposta capaz de evitar o choque — pressionar o botão. Nesse caso, o resultado (choque) era controlável. E, no grupo de controle, os animais eram colocados sobre suportes eletrificados da mesma maneira que os cães nas outras duas condições, porém sem receber o choque elétrico.

A exposição ao choque inevitável, ao choque evitável ou a nenhum choque constituiu a primeira fase — a de aprendizagem — das duas que compuseram esse experimento. Na segunda fase, todos os grupos de cães foram tratados da mesma maneira. Cada cão foi colocado em uma caixa, dividida em dois compartimentos separados por uma parede da altura do cotovelo do animal. Os dois compartimentos tinham o mesmo tamanho e eram similares quanto à maioria dos aspectos, excetuando-se o fato de que o primeiro compartimento tinha um piso gradeado no qual era possível aplicar um choque elétrico de intensidade média, ao passo que o segundo compartimento estava isento

de choque. Para ilustrar esse procedimento, a parte superior da Figura 9.4 (a) mostra um cão sobre o suporte eletrificado (na fase 1), e a parte inferior da figura (b) mostra o cão na caixa (na fase 2; Carlson, 1988). Em todos os ensaios da fase 2, os cães foram colocados no compartimento com o piso gradeado e receberam um choque de intensidade média. A aplicação desse choque era sempre precedida de um sinal (uma diminuição da iluminação na caixa), sendo o choque aplicado 10 segundos após a diminuição das luzes. Se o cão pulasse sobre a divisória, ele escapava do choque. Assim, durante essa segunda fase do estudo, para todos os animais o choque era tanto previsível quanto evitável (ou seja, controlável). Entretanto, se o cão não pulasse sobre a divisória dentro desses 10 segundos, o choque elétrico começava e prolongava-se durante 1 minuto.

A Tabela 9.1 traz um resumo dos procedimentos e resultados desse estudo (Seligman & Maier, 1967). Verificou-se que tanto os cães do grupo do choque evitável quanto os do grupo que não havia antes recebido choque aprenderam rapidamente a escapar do choque na caixa. Ao receber o choque, primeiro esses animais movimentavam-se freneticamente, até que de modo algo casual pulavam a divisória, caíam, tornavam a subir e por fim passavam para o outro lado. Ou seja, por tentativa e erro, os cães aprendiam que, se de alguma maneira eles conseguissem

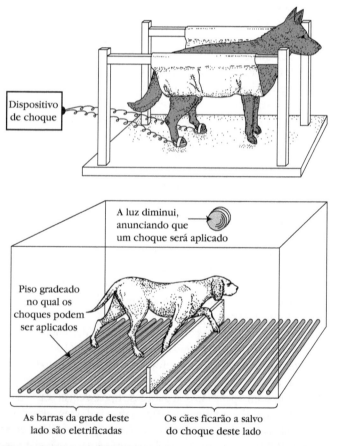

Figura 9.4 Aparato Utilizado no Experimento de Seligman e Maier sobre o Desamparo Aprendido

Fonte: extraído de *Discovering Psychology*, de N. C. Carlson, 1988. Boston, MA: Allyn e Bacon. Copyright© 1988, de Pearson Education. Reproduzido com permissão.

Crenças Pessoais de Controle **155**

Tabela 9.1 Resultados de um Estudo Prototípico de Desamparo Aprendido

Condição experimental	Fase 1	Fase 2	Resultados
Choque Inevitável	Choque recebido, nenhuma resposta de enfrentamento da situação poderia terminar o choque	Recebimento de um choque evitável	Fracasso em escapar do choque
Choque evitável	Choque recebido ao pressionar o nariz contra um botão, podendo terminar o choque	Recebimento de um choque evitável	Aprendizado rápido de como escapar ao choque saltando sobre a barreira
Controle, Ausência de Choque	Não recebeu choques	Recebimento de um choque evitável	Aprendizado rápido de como escapar ao choque saltando sobre a barreira

pular sobre a parede, escapariam do choque. Bastaram então alguns poucos ensaios para fazer com que esses animais rapidamente buscassem sua segurança saltando sobre a divisória tão logo surgisse o aviso de diminuição das luzes. Ao aprender a controlar (prevenir) o choque, esses cães aprenderam a superar uma situação altamente estressante.

Por outro lado, os animais do grupo de choque inevitável comportaram-se de maneira muito diferente. Ao levar o choque, esses cães primeiro agiram como os outros, correndo de um lado para outro e uivando. Entretanto, diferentemente dos animais dos dois outros grupos, eles logo pararam de correr, imobilizando-se até que o ensaio (e o choque) acabasse. E após somente alguns poucos ensaios, os cães simplesmente não mais tentavam escapar, aceitando passivamente o choque e deixando de esboçar qualquer movimento de fuga. O que esses cães aprenderam na primeira fase do ensaio — o fato de que o início, a duração, a intensidade e o término do choque estavam todos fora de seu controle — exerceu um efeito duradouro sobre eles na segunda fase: como percebiam que a fuga estava fora de seu controle, aprenderam assim o desamparo em condições bastante estressantes.

A notável generalização que se faz desse estudo é a de que, sempre que são colocados em uma situação sobre a qual percebem ter pouco ou nenhum controle, os animais desenvolvem a expectativa de que suas ações futuras terão pouco ou nenhum controle sobre o que lhes sobrevier. O centro do desamparo aprendido reside nessa expectativa aprendida de que o comportamento voluntário do indivíduo não exercerá efeito sobre os resultados desejados.

Aplicação a Humanos

Os primeiros experimentos sobre desamparo aprendido utilizaram animais porque, nessas pesquisas, os eventos incontroláveis eram traumáticos, tais como choques elétricos. Estudos posteriores encontraram maneiras de testar o grau com que a impotência se aplicava aos seres humanos (Diener & Dweck, 1978, 1980; Dweck, 1975; Hiroto, 1974; Hiroto & Seligman, 1975; Mikulincer, 1994; Peterson et al., 1993). No experimento de Donald Hiroto (1974), o evento traumático e aversivo para o estímulo era um ruído irritante. Verificou-se então um paralelismo entre os resultados obtidos com os seres humanos e com os cães (veja a Tabela 9.1), no sentido de que os participantes do grupo de ruído inevitável sentaram-se em uma atitude passiva,

mostrando-se incapazes de tentar escapar do ruído, ao passo que os participantes do grupo do ruído evitável e do grupo a quem não se apresentara o ruído aprenderam rapidamente a evitá-lo (por meio do acionamento de uma alavanca). Verifica-se com isso que os seres humanos também aprendem o desamparo.

Para demonstrar como o desamparo aprendido opera, tente resolver os problemas que variam quanto ao fato de serem mais ou menos incontroláveis, como, por exemplo: Você é capaz de resolver seus problemas na faculdade? Seus problemas de relacionamento? Problemas financeiros? Problemas de saúde? Se seu carro quebrar na estrada, você tentará resolver a situação ou ficará passivo? E o que dizer de uma enxaqueca?

Observando a seqüência dos quatro cartões mostrados na Figura 9.5, considere um experimento em que a tarefa do participante é descobrir qual imagem está sendo considerada pelo experimentador — um triângulo ou um quadrado, um ponto ou uma estrela, a cor branca ou a cinza. Uma série de dez cartões aparece em ordem seqüencial, e a tarefa do participante é identificar a característica de interesse do pesquisador. No primeiro cartão, o indivíduo simplesmente escolhe ao acaso "esquerda" ou "direita", e o pesquisador responde "certo" ou "errado". O mesmo procedimento ocorre com os nove cartões seguintes. Por exemplo, uma pessoa que está considerando a hipótese de "quadrado" escolheria direita, direita, esquerda e direita (nos quatro cartões mostrados na Figura 9.5).

Imagine agora uma outra situação, na qual o pesquisador (ou um programa de computador) fornecesse um *feedback* autêntico, de modo que o participante pudesse, com concentração e esforço, utilizar esse *feedback* para chegar à resposta do problema. Em outras palavras, o problema é controlável, pelo menos na medida em que se empregam concentração e esforço. Entretanto, imagine que, em uma outra situação, o *feedback* seja aleatório e falho. Em decorrência disso, ainda que tentasse todas as hipóteses possíveis, o participante só ganharia com isso um senso de confusão e frustração pelo esforço despendido. Após a apresentação dos problemas nessas duas situações diferentes, a segunda fase do estudo consiste em fazer com que todos os participantes (de ambas as situações) resolvam alguns problemas moderadamente difíceis (p. ex., problemas de multiplicação e anagramas de seis letras). O que esse estudo consistentemente verificou foi que as pessoas expostas a problemas solúveis na primeira fase resolveram significativamente mais problemas na segunda fase do que as pessoas que antes haviam sido expostas a problemas inso-

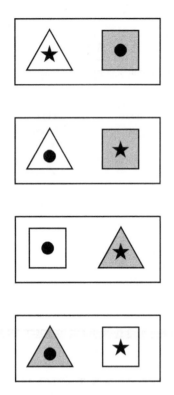

Figura 9.5 Amostra de um Problema Utilizado no Estudo do Desamparo Aprendido em Seres Humanos

Fonte: extraído de "An Analysis of Learned Helplessness: Continuous Changes in Performance, Strategy, and Achievement Cognitions Following Failure", de C. I. Diener e C. S. Dweck, 1978, *Journal of Personality and Social Psychology*, 36, pp. 451—462. Copyright© 1978 da American Psychological Association. Reproduzido com permissão.

lúveis (Diener & Dweck, 1978). Nesse caso, o grau de esperteza e inteligência do participante não contou muito; o que realmente importou foi o grau de resposta e controle apresentado pelo ambiente enquanto o participante tentava resolver os problemas. As pessoas que aprenderam a proficiência (com o auxílio de um *feedback* adequado) tiveram bom desempenho, ao passo que aquelas que aprenderam o desamparo (decorrente de um *feedback* aleatório) tiveram desempenho decepcionante.

Componentes

A teoria do desamparo aprendido apresenta três componentes: a contingência, a cognição e o comportamento (Peterson et al., 1993). Em conjunto, esses três componentes explicam a dinâmica motivacional que se desenrola à medida que a experiência ensina as pessoas a esperarem que os eventos em sua vida estarão além do seu controle pessoal.

Contingência

A contingência refere-se à relação objetiva entre o comportamento da pessoa e os resultados do ambiente, podendo esse ambiente ser a casa, a sala de aula, o local de trabalho, da prática de esporte, o hospital, a relação interpessoal, o laboratório de psicologia etc. A contingência existe em um *continuum* que varia desde os resultados que ocorrem de maneira aleatória e não-contingente (ou seja, resultados incontroláveis) até resultados que ocorrem em perfeita sincronia com o comportamento voluntário do indivíduo (ou seja, resultados controláveis). Ou seja, o grau de contingência de um determinado ambiente pode ser avaliado dentro de um *continuum* que varia de 0 (resultados incontroláveis) a 1 (resultados controláveis).

Pense um pouco e diga o que suas próprias experiências lhe ensinaram sobre a contingência nas seguintes situações: receber uma multa de trânsito, conseguir um trabalho em sua cidade natal, vencer uma partida de tênis contra um rival, ganhar um prêmio de loteria, ficar gripado no inverno, contrair câncer por fumar, engordar nas férias e formar-se na faculdade. Para caracterizar a contingência inerente a cada uma dessas situações, pergunte-se o seguinte: "Em que grau o comportamento estratégico e voluntário de uma pessoa mediana influencia o que lhe ocorre nessas situações?" Ou seja, quanta influência o comportamento voluntário de enfrentamento do problema (considerando as pessoas em geral, e não você em particular) exerce sobre o fato de se evitar uma multa de trânsito, uma gripe, a obtenção de um emprego, a vitória em uma partida, um prêmio de loteria, a evitação de um câncer, a conservação do peso corporal e a obtenção de um diploma universitário?

Cognição

Entre as contingências ambientais reais e objetivas que existem no mundo e a compreensão subjetiva que o indivíduo tem do seu controle pessoal nesses ambientes, existe uma boa dose de intervenção cognitiva. Os eventos mentais distorcem a relação entre as contingências objetivas e as compreensões subjetivas de controle pessoal; em decorrência disso, esses eventos criam uma certa margem de erro entre a verdade objetiva e a compreensão subjetiva.

Três elementos cognitivos são de particular importância: as tendenciosidades (p. ex., a "ilusão de controle"); as atribuições (explicações do motivo pelo qual pensamos ter ou não ter controle); e as expectativas, que são as crenças subjetivas e pessoais de controle que trazemos de nossas experiências passadas para nossa situação atual. Para ilustrar a importância da cognição, pergunte a duas pessoas que experimentam a mesma contingência ambiental por que elas evitaram uma multa de trânsito, uma gripe, um emprego e assim por diante. As crenças de resultado das pessoas (e, em função disso, as respostas que elas dariam à nossa pergunta) derivam não só das informações objetivas sobre o mundo (ou seja, da contingência), mas também das tendenciosidades, das atribuições e das expectativas únicas de cada indivíduo. Em função disso, para compreender o desamparo aprendido, é preciso não só atentar para as contingências ambientais objetivas (ou seja, para a maneira como os eventos incontroláveis realmente se manifestam), mas também para as crenças pessoais e subjetivas de controle (ou seja, o grau de controle que a pessoa julga ter sobre os resultados).

Comportamento

Assim como a contingência, o comportamento de enfrentamento para se alcançar ou prevenir um determinado resultado também existe em forma de um *continuum*. Por exemplo, em um evento traumático, o comportamento voluntário de enfrentamento que as pessoas têm varia de muito passivo a muito ativo.

As respostas de enfrentamento podem ser letárgicas e passivas, ou, ao contrário, enérgicas e ativas. A letargia, a passividade e a desistência são típicas de um moral baixo e do esforço insuficiente, característicos do comportamento de quem sofre de desamparo (lembre-se do comportamento passivo dos cães no grupo que recebia os choques inevitáveis). Por outro lado, o sentido de alerta, a atividade e a assertividade são características de quem não sofre de desamparo (ou seja, dos indivíduos dotados de alguma expectativa de controle). Para ilustrar o comportamento passivo como um componente de desamparo aprendido, considere mais uma vez as situações listadas anteriormente (dirigir em uma estrada, procurar emprego, disputar uma partida com um oponente). Considere seus próprios comportamentos de enfrentamento do ponto de vista de passividade *versus* atividade diante dessas situações e dos resultados que podem surgir. Por exemplo, quando uma pessoa que procura emprego pára de ler os anúncios nos jornais, não mais revisa seu currículo, pára de telefonar para possíveis empregadores e deixa de acordar cedo e de entusiasmar-se para procurar trabalho de manhã, ela está com isso manifestando um comportamento de enfrentamento apático e desmoralizado, característico da impotência.

Efeitos do Desamparo

O desamparo aprendido ocorre quando as pessoas esperam que seu comportamento voluntário produzirá pouco ou nenhum efeito sobre os resultados que elas se esforçam por alcançar ou evitar. O evento mental que é o desamparo aprendido gera o comportamento de passividade afetando o comportamento em três tipos de deficiências: motivacional, de aprendizagem e emocional (Alloy & Seligman, 1979). Em conjunto, todas essas deficiências induzidas pelas expectativas produzem um comportamento passivo e desamparado.

Deficiências Motivacionais

As deficiências motivacionais consistem em uma diminuição da disposição de tentar. Tornam-se evidentes quando a vontade de uma pessoa de produzir voluntariamente respostas de enfrentamento diminui ou desaparece totalmente. Em geral, quando as pessoas se importam com um resultado e quando o ambiente é pelo menos um pouco responsivo quanto à obtenção desses resultados, essas pessoas agem com entusiasmo e assertividade para alcançar o que desejam. Por exemplo, no início de uma temporada, um atleta pode treinar de maneira diligente e persistente, mas após sofrer uma série de derrotas (quando a vitória torna-se para ele um resultado incontrolável), sua vontade de treinar desaparece. O atleta começa a se perguntar se realmente vale a pena gastar tempo treinando. No experimento de desamparo aprendido que descrevemos nos parágrafos anteriores, os pesquisadores perguntaram aos participantes por que eles não tentaram acabar com o ruído desagradável na segunda fase do estudo (Thornton & Jacobs, 1971). Aproximadamente 60% dos participantes (do grupo do ruído inevitável) informaram que sentiam ter pouco controle sobre o ruído, de modo que não viam sentido em

tentar suprimi-lo, preferindo dizer: "Por que tentar?" Portanto, a pergunta "por que tentar?" caracteriza a deficiência motivacional na impotência aprendida.

Deficiências de Aprendizagem

As deficiências de aprendizagem referem-se à aquisição de um pessimismo capaz de interferir na capacidade da pessoa de aprender novas contingências existentes entre a resposta que ela fornece e o resultado que ela obtém. Ao longo do tempo, a exposição a ambientes incontroláveis cultiva nas pessoas uma expectativa de que os resultados são em geral independentes das ações que elas tomam. E, tendo as expectativas assumido esse tom pessimista, as pessoas demonstram grande dificuldade de aprender (ou, mais precisamente, de reaprender) que uma nova resposta pode afetar os resultados. O pessimismo essencialmente perturba, ou retarda, a aprendizagem de futuras contingências entre resposta e resultado (Alloy & Seligman, 1979).

Nas primeiras vezes em que se deparam com os resultados dos experimentos de desamparo aprendido, os estudantes freqüentemente se perguntam por que os cães no grupo do choque inevitável não aprendem na segunda fase do experimento que o ato de transpor a barreira acaba com seu sofrimento. Da mesma maneira que sentem vontade de gritar para o desempregado que desistiu de tentar um novo trabalho, elas também teriam vontade de gritar (para o cão): "Salte, rapaz! Salte! Vamos, é só dar um pulo!"

Entretanto, considere o que os sujeitos humanos da experiência do ruído aprenderam durante a primeira fase do experimento, quando tiveram que escutar o ruído inevitável. Da primeira vez em que ouviram o barulho, elas se contorceram e pularam e, na segunda vez, mexeram na alavanca. Talvez elas tenham percebido que, em algumas vezes, o fato de virarem a cabeça ou mudarem o apoio de seu peso de um lado para outro coincidia com a supressão do ruído. Porém, em ocasiões posteriores, elas de novo viraram a cabeça ou mudaram o apoio do peso, mas isso não impediu que o ruído continuasse durante os 5 segundos programados. Aos poucos elas foram aprendendo que nenhuma resposta era capaz de suprimir confiavelmente o ruído. Tentavam de tudo, porém nada funcionava. Conseqüentemente, quando iniciaram a segunda fase do experimento e vieram a mover a alavanca, que agora estava funcionando, elas passaram a interpretar qualquer resultado positivo (a supressão do ruído) como um "sucesso casual", sendo algo que não valeria a pena ser tentado de novo (da mesma maneira que os atos de girar a cabeça, mexer na alavanca, alterar o apoio do peso, e assim por diante, na primeira fase do experimento). Comparados com os participantes do ruído evitável e do grupo de controle, que rapidamente aprenderam a diferenciar as respostas que funcionavam das respostas que não funcionavam, os participantes do grupo do ruído inevitável tiveram extrema dificuldade de aprender uma resposta eficaz de enfrentamento.

Deficiências Emocionais

As deficiências emocionais consistem em rupturas afetivas nas quais as reações emocionais depressivas e letárgicas ocorrem em situações que exigem uma emoção assertiva e ativa. Diante de um trauma, a resposta natural e típica das pessoas é a de uma emoção altamente mobilizada (p. ex., medo, raiva, assertividade, frustração). Quando amedrontadas, as pessoas lutam vigorosamente para suplantar, escapar, contra-atacar ou fazer o que for necessário para enfrentarem eficazmente a situação. Entretanto, com o tempo, a ocorrência de um massacre implacável de indiferença ambiental faz as pessoas considerarem o enfrentamento como algo inútil. E quando a pessoa passa a considerar que a emocionalidade mobilizada pelo medo é algo improdutivo, instala-se a emocionalidade relacionada com a depressão. Quando o indivíduo se convence de que não há nada que ele possa fazer para escapar do trauma, a expectativa resultante faz com que haja menor probabilidade de se criarem emoções mobilizadoras de energia, e que seja maior a probabilidade de se criarem emoções que exaurem a energia (como a desatenção, a apatia e a depressão).

Desamparo e Depressão

Alguns psicólogos clínicos consideram o desamparo aprendido um modelo de depressão unipolar de ocorrência natural (Rosenhan & Seligman, 1984; Seligman, 1975). O desamparo aprendido e a depressão são similares no sentido de que ambas são causadas pelas mesmas expectativas: o indivíduo espera que eventos ruins ocorrerão, não havendo nada que ele possa fazer para preveni-los (Rosenhan & Seligman, 1984). O desamparo aprendido e a depressão também compartilham alguns sintomas (passividade, baixa auto-estima, perda de apetite) e algumas estratégias terapêuticas de intervenção (tempo, modificação do comportamento cognitivo).

A utilização do modelo de desamparo aprendido para se compreender a etiologia da depressão fez surgir um grande número de pesquisas, que suscitaram desde críticas contundentes (Costello, 1978; Depue & Monroe, 1978) até defesas vigorosas (Seligman, 1975). Um dos achados mais excitantes que então surgiram é a constatação de que os indivíduos deprimidos às vezes consideram os eventos de sua vida como menos controláveis do que julgam os indivíduos não-deprimidos. Essa descoberta levou os pesquisadores a se perguntarem se a tendência depressiva dos indivíduos a verem seu mundo como incontrolável poderia ser a causa central da depressão unipolar. Talvez a raiz da depressão resida na incapacidade que o indivíduo deprimido tem de reconhecer que ele tem mais controle sobre os resultados em sua vida do que ele imagina.

Em um experimento, universitários deprimidos e não-deprimidos (avaliados por meio de um questionário) tiveram que fazer uma tarefa na qual apertavam um botão em algumas tentativas e não apertavam em outras vezes (Alloy & Abramson, 1979). Quando o botão era apertado, às vezes surgia uma luz verde. O interesse do estudo era fazer com que o participante estimasse a proporção de vezes em que a luz verde apareceria. Os pesquisadores controlavam a luz — assim determinando se ela apareceria ou não. Para um grupo, a luz verde apareceu 75% das vezes, e somente quando o botão foi apertado. Esse era o grupo de maior controle. Para um segundo grupo, a luz verde aparecia 75% das vezes quando o botão era apertado, mas também aparecia 50% das vezes quando não se apertava o botão. Esse era o grupo de menor controle. Em um terceiro grupo, a luz verde apareceu 75% das vezes em que o botão foi apertado, mas também apareceu 75% das vezes em que não se apertou o botão. Esse era o grupo em que não havia controle (uma vez que a luz tinha a mesma probabilidade de aparecer, independentemente da participação do indivíduo em apertar o botão).

Os resultados foram bastante surpreendentes (veja a Figura 9.6). Os indivíduos deprimidos avaliaram acuradamente o grau de controle que tinham em cada situação, da mesma maneira que os indivíduos não-deprimidos, exceto em uma condição — ou seja, a de falta de controle (Alloy & Abramson, 1979). Os indivíduos deprimidos julgaram acuradamente que não tinham controle nessa condição. A luz surgia de maneira aleatória, e tal fato foi percebido por eles. Já os indivíduos não-deprimidos não interpretaram bem o grau de controle que tinham — uma vez que superestimaram sua percepção de controle.

Um segundo estudo testou a idéia de que as pessoas não-deprimidas têm uma "ilusão de controle" (Alloy & Abramson, 1982).

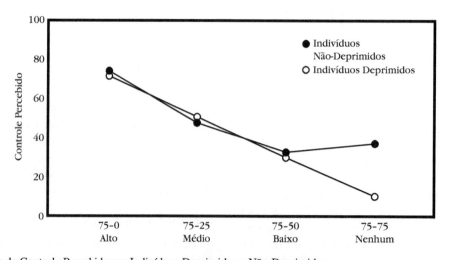

Figura 9.6 Julgamentos de Controle Percebido por Indivíduos Deprimidos e Não-Deprimidos

Fonte: extraído de "Judgments of Contingency in Depressed and Nondepressed Students: Sadder but Wiser?", de L. B. Alloy e L. T. Abramson, 1979, *Journal of Experimental Psychology: General, 108*, pp. 441—485. Copyright 1979 da American Psychological Association. Adaptado com permissão.

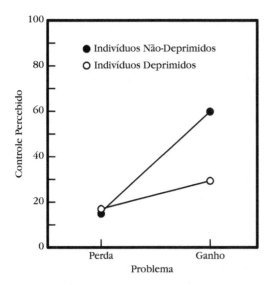

Figura 9.7 Controle Percebido por Indivíduos Deprimidos e Não-Deprimidos após Ganharem e Perderem

Fonte: extraído de "Judgments of Contingency in Depressed and Nondepressed Students: Sadder but Wiser?", de L. B. Alloy e L. T. Abramson, 1979, *Journal of Experimental Psychology: General, 108*, pp. 441—485. Copyright© 1979 da American Psychological Association. Adaptado com permissão.

Uma ilusão de controle é evidente sempre que os indivíduos superestimam o grau de controle que eles têm sobre os eventos (Langer, 1975). Na primeira fase do experimento, os participantes realizaram a tarefa de apertar o botão, tendo sido instruídos que a produção subseqüente do som de uma campainha ocorreria de maneira controlável ou incontrolável. Na segunda fase, os participantes eram ou bem-sucedidos (e recebiam dinheiro a cada vez que conseguissem controlar a situação) ou malsucedidos (e perdiam dinheiro toda vez que não conseguissem exercer controle). Na verdade, os resultados na segunda fase ocorreram aleatoriamente, de modo que os participantes não tinham qualquer controle sobre o desenlace. O experimento testou os julgamentos de controle que as pessoas deprimidas e as não-deprimidas faziam após receberem um *feedback* de sucesso ou de fracasso. A Figura 9.7 apresenta os resultados. Os indivíduos deprimidos em todos os grupos e também os indivíduos não-deprimidos nos grupos de ruído controlável julgaram acuradamente o grau de controle que exerciam sobre esses problemas de erro ou acerto. O grupo interessante foi o dos indivíduos não-deprimidos que receberam *feedback* positivo sobre os resultados incontroláveis. Quando eram bem-sucedidos em uma tarefa incontrolável, eles experimentaram uma forte ilusão de controle.

A conclusão mais interessante que se tira da pesquisa de Lauren Alloy e Lyn Abramson (1979, 1982) é a de que os indivíduos deprimidos *não* têm tendência maior a apresentar deficiências de desamparo aprendido do que os não-deprimidos. Porém, são os indivíduos não-deprimidos que às vezes acreditam ter mais controle pessoal do que realmente possuem (Taylor & Brown, 1988, 1994). Embora esta conclusão possa parecer surpreendente, entre os indivíduos deprimidos as memórias para os eventos positivos e negativos de sua vida são equilibradas e imparciais, ao passo que, entre as pessoas não-deprimidas, essas memórias são afetadas por tendenciosidades relacionadas com os eventos positivos experimentados (Sanz, 1996). Embora as pessoas muitas vezes julguem mal o controle que exercem sobre os eventos de sua vida (Abramson & Alloy, 1980; Alloy & Abramson, 1979, 1982; Langer, 1975; Nisbett & Ross, 1980), a maioria dos erros de julgamento é feita pelos indivíduos não-deprimidos, e não por quem sofre de depressão.

Estilo Explicativo

O estilo explicativo é uma variável de personalidade de base cognitiva e relativamente estável, que reflete a maneira como as pessoas explicam os motivos pelos quais os eventos ruins lhes sobrevêm (Peterson & Barrett, 1987; Peterson & Park, 1998; Peterson & Seligman, 1984). Os eventos ruins ocorrem com todo mundo, mas as pessoas explicam esses reveses com atribuições que variam quanto ao lócus, à estabilidade e ao grau de controle. Um *estilo explicativo otimista* manifesta-se como a tendência a explicar os maus eventos por meio de atribuições externas, instáveis e controláveis (p. ex., "Perdi o jogo porque meu oponente trapaceou"). Já um *estilo explicativo pessimista* manifesta-se como a tendência a explicar os maus eventos por meio de atribuições internas, estáveis e incontroláveis (p. ex., "Perdi o jogo porque minha coordenação motora é ruim").

Estilo Explicativo Pessimista

Reprovações na escola, condicionamento físico deficiente e desempenho inferior ao dos colegas de trabalho são eventos comuns, que acontecem a todas as pessoas. Mas enquanto algumas reagem a esses insucessos com um aumento de esforço e dedicação, outras reagem desistindo. Um estilo explicativo pessimista predispõe as pessoas a esse último tipo de resposta — desistir — diante da ocorrência de fracassos e reveses.

Quando uma estudante que tem um estilo pessimista se defronta com frustrações na escola (p. ex., notas baixas, aulas que ela não compreende, livros confusos), em geral ela responde com um estilo de enfrentamento passivo e fatalista, que a leva a esforçar-se cada vez menos e a obter notas cada vez mais baixas (Peterson & Barrett, 1987). Quanto ao desempenho no trabalho, um tipo de atividade que apresenta uma taxa mais alta que a normal em termos de frustrações, fracassos e rejeições é a venda de seguros de vida, visto que somente um pequeno percentual de clientes potenciais chega de fato a comprar uma apólice. Dois pesquisadores avaliaram os estilos explicativos de corretores de seguro, registrando quais tinham bom ou mau desempenho, e quais permaneciam no emprego ou o deixavam (Seligman & Schulman, 1986). Verificaram que os corretores que apresentavam estilo de atribuição pessimista tinham maior probabilidade de deixar a atividade, e que o desempenho dos corretores de estilo pessimista que continuaram as atividades foi significativamente pior que o de seus colegas mais otimistas.

De modo geral, pode-se associar um estilo explicativo pessimista a fracasso acadêmico (Peterson & Barrett, 1987), inadequação social (Sacks & Bugental, 1987), problemas físicos (Peterson, Seligman & Vaillant, 1988), desempenho ineficaz no trabalho (Seligman & Schulman, 1986), depressão (Beck, 1976) e até mesmo à derrota em uma eleição presidencial (Zullow et al., 1988). Os indivíduos que apresentam um estilo explicativo pessimista em geral obtêm notas menores na faculdade, falam menos com parceiros não-responsivos (incontroláveis), deixam o trabalho, sofrem de depressão e consideram a possibilidade de cometer suicídio.[1]

Estilo Explicativo Otimista

A ilusão de controle é um fenômeno de atribuição que, com o passar do tempo, favorece a adoção de um estilo explicativo otimista. As pessoas que têm um estilo explicativo otimista tendem a se atribuir uma boa dose de crédito por seu sucesso, mas aceitam pouca ou nenhuma responsabilidade por seus fracassos (p. ex., quando a pessoa diz: "Não é culpa minha estar desempregado, divorciado, falido, e ter tido um acidente de carro no mês passado. No entanto, foi por minha causa que meu time venceu o jogo de ontem à noite"). Como seria de se esperar, os indivíduos deprimidos raramente têm um estilo otimista, não sendo suscetíveis à ilusão de controle (Alloy & Abramson, 1979, 1982).

Ao produzirem sua própria tendenciosidade de ilusão de controle, as pessoas de estilo explanatório otimista ignoram com facilidade as informações negativas referentes ao seu self, impõem filtros que distorcem as informações que lhes chegam, e interpretam os resultados positivos e negativos de modo a se autoprotegerem. A atribuição do fracasso a causas externas permite ao indivíduo diminuir sua própria culpa pelo insucesso. Nessa mesma tendência, esses indivíduos atribuem a culpa pelos resultados negativos aos outros, à má sorte e ao ambiente em geral. Portanto, o ato de externalizar o fracasso imuniza o indivíduo contra qualquer efeito danoso do insucesso. Ao longo do tempo, uma história de internalização dos sucessos e de externalização dos fracassos alimenta no indivíduo uma crença resistente de que ele tem mais controle sobre seu destino do que realmente ocorre, ainda que para isso ele precise dispor de um repertório completo de desculpas, negativas e auto-enganos (Lazarus, 1983; Sackeim, 1983; Tennen & Affleck, 1987).

Em um sentido, um estilo explicativo otimista é ilusório, e o grau a que uma pessoa adota esse estilo correlaciona-se com o narcisismo (John & Robins, 1994). Os narcisistas vêem-se pomposamente como detentores de grande importância, tendem a exagerar seus talentos e suas realizações, e esperam ser reconhecidos como superiores mesmo sem apresentar resultados que lhes justifiquem o destaque pretendido (Kohut, 1971; Millon, 1990; Westen, 1990). Entretanto, a maioria das pessoas não é narcisista. Para a maioria de nós (excluindo-se os deprimidos e os narcisistas), um estilo explanatório otimista é funcionalmente um bem, visto que uma "pessoa mentalmente saudável parece ter a invejável capacidade de distorcer a realidade em uma direção que aumenta sua auto-estima, conserva suas crenças na eficácia

pessoal e promove uma visão otimista do futuro" (Taylor & Brown, 1988).

Críticas e Explicações Alternativas

O modelo do desamparo aprendido não está isento de críticas (Costello, 1978; Weiss, Glazer & Pohorecky, 1976; Wortman & Brehm, 1975). A questão central em debate é saber qual é a causa do desamparo. No modelo de desamparo aprendido, o desamparo segue-se a um evento cognitivo, a saber, a expectativa de uma resposta independente do resultado. Porém, os experimentos de desamparo aprendido utilizam traumas para induzir os participantes, e pode ser que os próprios eventos traumáticos (p. ex., choques, ruídos ensurdecedores, problemas insolúveis) induzem o desamparo. Utilizando em suas investigações modelagens engenhosas e sofisticadas (como o emprego de um modelo triádico com pareamento), pesquisadores constataram que é a expectativa aprendida, e não o trauma em si, que produz o desamparo (Weiss, 1972).

Já outros pesquisadores argumentam que é a expectativa do fracasso, e não a expectativa de incontrolabilidade em si, que induz o desamparo. Porém, por meio de estudos eficientemente planejados, pesquisadores mostraram que, na verdade, o fracasso muito frequentemente produz uma motivação positiva (conforme um fenômeno que abordaremos na próxima seção, ao discutirmos o tema "Teoria da Reatância") e que é a expectativa da incontrolabilidade, e não a expectativa do fracasso, que causa as deficiências do desamparo aprendido (Winefield, Barnett & Tiggemann, 1985).

Contudo, uma terceira possibilidade é que os eventos incontroláveis induzem as deficiências do desamparo não porque sejam incontroláveis, mas porque são imprevisíveis (Winefield, 1982). É extremamente difícil, e provavelmente impossível, separar a incontrolabilidade da falta de previsão, e as pesquisas mostram que a previsibilidade diminui as deficiências relacionadas com o desamparo aprendido. A conclusão disso é que a incontrolabilidade é uma condição necessária, mas insuficiente, para induzir as deficiências do desamparo aprendido. Para que fosse uma condição suficiente, seria preciso que a incontrolabilidade coincidisse com a falta de previsão (Tiggemann & Winefield, 1987). Quando as rejeições, as perdas, os fracassos e os reveses da vida são percebidos como sendo *tanto* incontroláveis *quanto* imprevisíveis, as pessoas ficam altamente vulneráveis ao desamparo aprendido.

Uma explicação alternativa do motivo pelo qual as pessoas ficam passivas e desistem diante de resultados incontroláveis é que elas de fato são motivadas a permanecerem passivas. As pessoas são motivadas a ficarem passivas quando percebem que uma resposta ativa só é capaz de piorar as coisas (Wortman & Brehm, 1975). Diante de, por exemplo, um furacão (um evento incontrolável e imprevisível), é possível que as pessoas fiquem passivas e impotentes, pois acreditam que os resultados negativos terão maior probabilidade de ocorrer se elas responderem ao evento do que se não responderem. Se isso ocorrer, a passividade é de fato uma resposta de enfrentamento baseada em uma estratégia aprimorada, cujo objetivo é minimizar o trauma. Em um segundo exemplo, imagine uma pessoa socialmente ansiosa,

---

[1]Entretanto, é preciso ter cuidado ao interpretar esses dados correlacionais, uma vez que pode certamente ocorrer que notas baixas, parceiros não-respondentes e dificuldades no trabalho levam as pessoas a adotarem um estilo pessimista. Portanto, pode-se dizer que estilo pessimista e bem-estar físico e mental correlacionam-se negativamente, mas não se pode dizer com segurança que um estilo pessimista seja a causa de mau funcionamento físico e mental. O problema da causalidade relacionado ao estilo explicativo pessimista adotado pelas pessoas ao enfrentarem os reveses da vida é algo que continua sendo objeto de interesse das pesquisas (Peterson, Maier & Seligman, 1993).

que não participa voluntariamente de interações sociais porque acredita que as coisas só piorarão caso ela resolva conversar com os outros. Talvez essa pessoa esteja certa. Ao intencionalmente evitar o início das interações, essa pessoa ansiosa pode muito bem estar evitando que as circunstâncias fiquem piores (visto que, agindo assim, ela não mostrará aos outros a sua falta de traquejo social). Portanto, olhando sob um prisma diferente, em algumas circunstâncias a passividade pode ser uma resposta estratégica de enfrentamento, e não uma deficiência motivacional. O Boxe 9 trata dessa questão de saber se o exercício do controle pessoal é sempre desejável.

Em uma outra interpretação, o desamparo pode ser visto como um fenômeno fundamentalmente fisiológico, em vez de cognitivo (Weiss, 1972). Quando os animais experimentam um choque inevitável, também experimentam um declínio significativo da quantidade de norepinefrina, um neurotransmissor (Weiss, 1972, Weiss et al., 1976; Weiss, Stone & Harrell, 1970). Freqüentemente se tem associado a depleção de norepinefrina

---

BOXE 9 — *É Sempre Bom Ter Controle Pessoal?*

Pergunta: Por que essa informação é importante?

Resposta: Porque vivemos atualmente na era do controle pessoal, o que nos leva a perguntar: "É sempre bom ter controle pessoal?"

Vivemos na era do controle pessoal. Não por acaso, os títulos de três livros apresentados neste capítulo são: *Self-Efficacy: The Exercise of Control* [*Auto-Eficácia: O Exercício do Controle*] (Bandura, 1997), *Learned Helplessness: A theory for the Age of Personal Control* [*Desamparo Aprendido: uma Teoria para a Era do Controle Pessoal*] (Peterson, Maier & Seligman, 1993) e *The Psychology of Hope: You Can Get There* [*A Psicologia da Esperança: Você Pode Chegar aonde Quiser*] (Snyder, 1994). No Capítulo 13, dois outros livros serão mencionados: *Diferenças Individuais e o Desenvolvimento do Controle Percebido* (Skinner, Zimmer-Gembeck & Connell, 1998) e *O Desejo de Controle: Perspectivas Clínica, Social e Personalística* (Burger, 1992). Esta é, com efeito, a era do controle pessoal. Mas, serão a busca e o ganho do controle pessoal realmente tudo isso que se diz? E será que ter mais sempre quer dizer ter o melhor?

De modo geral, o controle é algo bastante desejado por todos. A maioria de nós superestima nosso grau de controle, somos otimistas quanto à nossa capacidade de obtê-lo, acreditamos sermos mais hábeis e capazes do que realmente somos, e subestimamos nossa vulnerabilidade em circunstâncias de difícil domínio (Lewinsohn et al., 1980; Seligman, 1991; Taylor & Brown, 1988, 1994; Weinstein, 1984, 1993). E, também de modo geral, a percepção de controle é benéfica para as pessoas em termos de bem-estar psicológico e físico (Bandura, 1997; Rodin & Langer, 1977; Seligman, 1991). A conclusão parece ser a seguinte: ter controle é bom, e quanto mais controle se tem, melhor (Evans, Shapiro & Lewis, 1993; Shapiro, Schwartz & Astin, 1996; Thompson, 1981).

Entretanto, essa conclusão presume que o mundo seja um lugar controlável. Às vezes, as pessoas irrealisticamente desejam ter controle, porém suas habilidades e suas capacidades são insuficientes, o que acaba deixando-as em situações incontroláveis. Sob essa perspectiva, ter controle em tudo parece ser algo enganador. Quando falta habilidade e vive-se em um mundo incontrolável, desejar muito controle (ou seja, "ser obcecado por controle") pode causar no indivíduo ansiedade, depressão e doenças físicas (p. ex., hiperatividade cardiovascular, Shapiro et al., 1996).

Considere a figura abaixo. Os indivíduos têm crenças pessoais sobre si próprios (ou seja, têm fatores psicológicos de controle). Eles então levam consigo essas crenças (de auto-eficácia, de orientação de proficiência, de esperança) para situações que variam quanto ao grau de controle e previsibilidade. Algumas situações se apresentam conforme as crenças de controle do indivíduo, ao passo que outras, não. São as paridades entre a pessoa e o ambiente, e não as crenças de controle pessoal em si, que predizem o bem-estar positivo e os resultados verificados na saúde física. E também são os não-pareamentos entre pessoa e ambiente, e não as crenças de vulnerabilidade pessoal, que predizem as doenças físicas e os problemas mentais. Chega-se assim a uma dupla conclusão: (1) às vezes as pessoas desejam exercer muito controle para seu próprio bem e (2) o controle é adaptativo e benéfico quando os ambientes são controláveis, mas podem ser prejudiciais à adaptação quando os ambientes oferecem pouca oportunidade de controle (Shapiro et al., 1996).

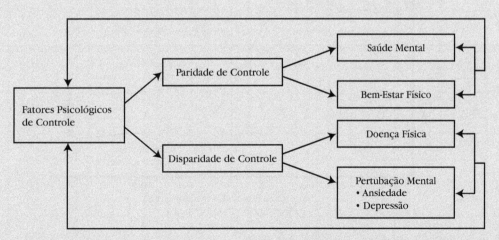

Fonte: adaptado de "Controlling Ourselves, Controlling Our World: Psychology's Role in Understanding Positive and Negative Consequences of Seeking and Gaining Control", de D. H. Shapiro Jr., C. E. Schwartz e J. A. Astin, 1996, *American Psychologist, 51*, pp. 1213—1230. Copyright© 1996 da American Psychological Association. Adaptado com permissão.

cerebral a respostas de desamparo e de desistência (Weiss et al., 1976). Além disso, ao passarem tempo resolvendo problemas difíceis, as pessoas têm seus níveis de glicose cerebral diminuídos, e fica muito mais difícil para elas reunir a motivação necessária para resolverem os problemas quando esse nível de glicose cerebral decresce. Por outro lado, quando elas ingerem alimentos ricos em carboidratos e com baixo teor de gordura (p. ex., pão e massas), sua motivação para resolver os problemas ressurge com o correspondente aumento da glicose cerebral. Nesses exemplos, o que está mudando é a química cerebral, e não as expectativas cognitivas.

TEORIA DA REATÂNCIA

Por que as pessoas às vezes fazem exatamente o oposto do que têm que fazer? Por que às vezes elas se mostram resistentes a quem lhes oferece um favor bem-intencionado? Por que freqüentemente uma propaganda apresenta um efeito contrário ao esperado? Esses são exemplos de questões tratadas pelos teóricos da reatância (Brehm, 1966; Brehm & Brehm, 1981). Qualquer instrução, favor, aviso, não importando quão bem-intencionado seja, tem o potencial de interferir na liberdade com que as pessoas esperam ter de fazer algo conforme seu próprio arbítrio. Quando as crianças fazem exatamente aquilo que lhes foi proibido, quando alguém que recebe um presente fica mais ressentido do que agradecido, e quando o público-alvo de uma propaganda faz o oposto do que a propaganda queria, cada um desses agentes está desempenhando uma manobra contrária cujo propósito é restabelecer um senso ameaçado de liberdade. O termo reatância refere-se à tentativa comportamental e psicológica de restabelecer ("reagir" contra) uma liberdade que foi eliminada ou ameaçada.

Reatância e Desamparo

Freqüentemente, uma ameaça à liberdade pessoal coincide com a percepção de que um resultado é incontrolável. A teoria da reatância prediz que as pessoas só experimentam a reatância quando esperam exercer algum controle sobre o que lhes acontece. E as pessoas reagem a uma perda de controle tornando-se mais ativas, ou mesmo hostis e agressivas. Portanto, tanto a teoria da reatância quanto a teoria do desamparo aprendido concentram-se na maneira como as pessoas reagem aos resultados incontroláveis. Porém, essas duas teorias sugerem que as pessoas agem de maneiras diferentes. Reconhecendo essa discrepância, Camille Wortman e Jack Brehm (1975) propuseram um modelo integrado da reatância e do desamparo aprendido, mostrado na Figura 9.8.

Se uma pessoa espera ser capaz de controlar resultados importantes, sua exposição a resultados incontroláveis aumenta a reatância (Wortman & Brehm, 1975). Portanto, nos ensaios experimentais iniciais sobre desamparo aprendido, espera-se que as pessoas apresentem uma oposição vigorosa a um evento incontrolável. Lembre-se do estudo de desamparo aprendido com cães, em que os animais do grupo de choque inevitável inicialmente uivavam, pulavam e se debatiam, somente para depois assumirem uma atitude de desamparo. Na Figura 9.8, as duas linhas traçadas entre os pontos A e B representam as respostas de

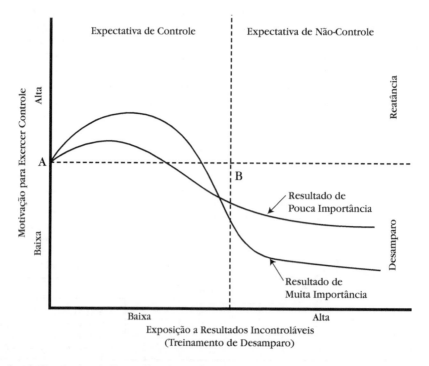

Figura 9.8 Modelo Integrativo da Reatância e do Desamparo Aprendido

Fonte: extraído de "Responses to Uncontrollable Outcomes: An Integration of Reactance Theory and the Learned Helplessness Model", de C. B. Wortman e J. W. Brehm, 1975, em L. Berkowitz (Ed.), *Advances in Experimental and Social Psychology* (Vol. 8, pp. 277—336): Nova York: Academic Press. Copyright© 1975 Academic Press.

reatância. Na vida, esses esforços ativos e assertivos de enfrentamento costumam ser recompensados, pois possibilitam que as pessoas e os animais restabeleçam seu senso perdido de controle. Entretanto, com o tempo, se o ambiente continuar incontrolável, as pessoas acabam por aprender que todas as suas tentativas de exercer controle são inúteis. E, uma vez tendo-se convencido de que os comportamentos de reatância produzem pouca ou nenhuma influência sobre a situação incontrolável, surge na pessoa a passividade da impotência. As linhas traçadas à direita do ponto B representam as respostas de desamparo.

A diferença crítica para predizer se um indivíduo apresentará reatância ou desamparo é a maneira de ele perceber o resultado como sendo incontrolável ou não. Se o indivíduo acredita que seu comportamento de enfrentamento pode afetar os resultados, ele então experimenta um comportamento de reatância. Só quando a pessoa percebe que o resultado desejado independe da sua resposta (ou seja, quando ela percebe inequivocamente a perda da sua liberdade comportamental) é que entra no desamparo. As informações críticas necessárias para se interpretarem as relações mostradas na Figura 9.8 aparecem no topo da figura, intituladas "Expectativa de Controle" e "Expectativa de Não-Controle". As expectativas de controle estimulam a reatância, ao passo que as expectativas de não-controle estimulam o desamparo.

Observe também que a figura mostra duas linhas curvas, uma mostrando a relação entre o controle percebido e a motivação para um resultado de pequena importância, e a outra mostrando a mesma relação para um resultado de grande importância. Quando a pessoa se importa muito com os resultados e os valores em jogo, suas respostas de reatância e de desamparo são intensas, ao passo que, quando os resultados são para ela de importância pequena (ou mesmo nula), sua reatância e seu desamparo tendem a desaparecer (Mikulincer, 1986).

Para tomarmos um exemplo das respostas de reatância e de impotência, considere o seguinte experimento (Mikulincer, 1988), que fez com que um grupo de participantes trabalhasse na tentativa de resolução de um problema insolúvel, um segundo grupo trabalhasse em uma série de quatro problemas insolúveis, e um terceiro grupo não trabalhasse em qualquer problema (grupo de controle). Mario Mikulincer argumentou que a exposição a um problema insolúvel produziria o desamparo e provocaria na verdade um aumento do desempenho, ao passo que uma exposição repetida a problemas insolúveis produziria a impotência e comprometeria o desempenho. Na segunda fase do experimento, todos os participantes trabalharam com o mesmo conjunto de problemas solúveis. Conforme foi predito, os participantes a quem antes se oferecera um problema insolúvel tiveram o melhor desempenho, os participantes a quem se ofereceram os quatro problemas insolúveis tiveram o pior desempenho, e os participantes a quem não se oferecera qualquer problema tiveram um desempenho situado entre esses dois extremos. Essa constatação apóia fortemente as idéias de que: (1) tanto a reatância quanto o desamparo surgem das expectativas de resultados; (2) a reatância tem sua raiz no controle percebido, ao passo que o desamparo tem raiz na ausência desse controle percebido; (3) uma resposta de reatância precede uma resposta de desamparo; e (4) a reatância melhora o desempenho, ao passo que o desamparo o prejudica.

JUNTANDO AS PEÇAS: A ESPERANÇA

A esperança surge de um sistema motivacional cognitivo constituído de duas partes. Quando têm tanto a motivação de trabalhar para alcançar suas metas quanto o conhecimento de maneiras como chegar até elas, as pessoas experimentam a esperança (Snyder, 1994; Snyder et al., 1991). A primeira parte da esperança envolve um alto nível de atuação, ou seja, a crença que a pessoa tem em sua própria capacidade de alcançar as metas que ela estabeleceu para si mesma, dizendo "Eu posso fazer isso". A segunda parte da esperança envolve a clareza dos caminhos, ou seja, a crença que a pessoa tem de que dispõe de diversos modos de alcançar suas metas.

Adotando-se a terminologia que vem sendo utilizada neste capítulo, a atuação representa a auto-eficácia, ao passo que os caminhos representam a proficiência que se sobrepõe à impotência. Juntas, uma elevada auto-eficácia apóia a confiança, ao passo que uma orientação motivacional para a proficiência apóia o otimismo. Uma nova e rápida olhada na Figura 9.1 mostra como a eficácia e os resultados trabalham juntos, de modo a fazer com que, quando ambos são positivos, a experiência emocional geral que se tem é de esperança. A esperança pode ser explicada pela integração da confiança no próprio self com o otimismo sobre os resultados a serem alcançados.

O sentimento de esperança importante é o caminho racional ou a crença de que se é capaz de gerar maneiras viáveis para as metas desejadas, como acontece quando a pessoa diz para si própria: "Vou encontrar um jeito de fazer isso" (Snyder, Lapointe, Crowson & Early, 1998). Uma atleta que se prepara para uma partida ou uma vendedora que tenta fechar um negócio sentem esperança somente quando elas são capazes de divisar pelo menos um, e freqüentemente mais de um, caminho viável rumo à sua meta (pontuar muito, fechar um negócio). A multiplicidade de caminhos é importante porque os obstáculos ambientais (como a estratégia do oponente e os produtos da concorrência) freqüentemente fecham nossa passagem. Entretanto, fechar a passagem para uma meta não diminui a esperança se o indivíduo dispõe de diversos caminhos alternativos para conseguir o que quer. Todos os objetivos apresentam obstáculos para seu alcance, de maneira que a esperança deriva do fato de saber que existem mais caminhos para se chegar à meta do que existem obstáculos que impedem sua conquista.

Na experiência da esperança, o pensamento atuante reflete a capacidade percebida pelo indivíduo de utilizar esses caminhos para alcançar a meta, algo que ocorre quando, por exemplo, as pessoas dizem a si mesmas: "Posso fazer isso" e "Não vou deixar esses obstáculos me deterem" (Snyder et al., 1998). Quando alguém segue um caminho em direção à sua meta, o pensamento atuante ("Sim, sou capaz de fazer isso") funciona como o antídoto ou a contraforça para os obstáculos ambientais (que dizem à pessoa: "Não, você não será capaz de fazer isso"). O pensamento esperançoso surge da ação conjunta do pensamento agenciador e da consideração dos caminhos a serem seguidos (Snyder, 1994).

Na faculdade, os calouros mais esperançosos alcançam índices de rendimento acadêmico mais alto e têm maior probabilidade de se graduarem cinco anos depois do que os calouros menos esperançosos (Snyder et al., 2002). Em competições esportivas estressantes, corredores mais esperançosos têm um desempenho maior que os menos esperançosos (mesmo empregando-se um controle para a habilidade; Curry, Snyder, Cook, Ruby & Rehm, 1997). Ao se defrontar com doenças físicas (p. ex., dores crônicas e cegueira), os pacientes mais esperançosos permanecem apropriadamente energizados e concentrados nas maneiras de enfrentar a doença (Elliott, Witty, Herrick & Hoffman, 1991; Jackson et al., 1998). E, quando estressadas, as pessoas mais esperançosas produzem mais estratégias para enfrentar o agente estressor, além de acreditarem mais na possibilidade de utilizarem as diversas opções de enfrentamento que lhes estiverem disponíveis (Snyder, 1994).

Por que os indivíduos mais esperançosos desempenham e enfrentam melhor os problemas do que suas contrapartes menos esperançosas? As pessoas mais esperançosas (Snyder, 1994; Snyder et al., 1998; Snyder et al., 2002):

1. Estabelecem metas específicas e de curto prazo, em vez de metas vagas e de longo prazo.
2. Estabelecem metas de domínio (ou seja, de aprendizagem), em vez de metas de desempenho e realização.
3. Baseiam-se nas metas estabelecidas internamente, em vez de se basearem nas metas estabelecidas por outros.
4. Empenham-se em metas com uma motivação intrínseca, em vez de extrínseca.
5. Distraem-se menos facilmente com obstáculos externos, com pensamentos irrelevantes para a tarefa e com pensamentos negativos.
6. Quando interrompidas, em vez de teimosamente se prenderem a um único método, encontram outros caminhos e modos de agir.
7. Dispõem de reserva de determinação gerada internamente ("Farei isso"; "Vou continuar tentando!").
8. Enxergam mais valor em sua vida quando olham para o caminho que já percorreram em busca das metas que lhes interessam.

De um ponto de vista cognitivo-motivacional, os indivíduos mais esperançosos exploram seus recursos motivacionais relacionados à confiança e a um elevado nível de auto-eficácia, além de também aproveitarem mais seus recursos de otimismo e de orientação motivacional de proficiência. Ao fazerem isso, encontram o apoio motivacional para superar os obstáculos da vida e alcançar o tipo de enfrentamento e de funcionamento competente mostrado nos oito resultados que acabamos de listar.

RESUMO

A motivação que as pessoas têm para exercer controle pessoal sobre os resultados de sua vida emana das expectativas que elas têm sobre seu grau de influência na produção dos eventos desejados e na prevenção dos eventos indesejados. Enquanto tentam controlar os eventos, as pessoas aprendem expectativas de controle sobre eles. Essas expectativas existem em dois tipos: de eficácia e de resultado. As expectativas de eficácia são previsões sobre a capacidade da pessoa de realizar competentemente um curso de ação específico (p. ex., "Conseguirei fazer isso?"). As expectativas de resultado são previsões de que um resultado particular será alcançado (ou evitado) tendo sido executada adequada-

mente uma determinada ação (p. ex., "Isso dará certo?"). Uma vez que as pessoas desejam empregar intensos esforços de enfrentamento para exercer seu controle pessoal, é preciso que ambas as expectativas — a de eficácia e a de resultado — sejam elevadas.

A auto-eficácia é a crença do indivíduo em que ele tem "o que é preciso" em termos de recursos necessários ao enfrentamento eficiente das diversas e potencialmente acabrunhantes demandas impostas por uma situação. A auto-eficácia surge: (1) da história de comportamento pessoal, considerando-se a hipótese de que o indivíduo já tentou executar esse curso de ação específico no passado, (2) da observação de pessoas parecidas com o indivíduo, enquanto executam esse mesmo comportamento, (3) da persuasão verbal (ou conversa preparatória) dos outros, e (4) do estado fisiológico, tal como batimento cardíaco acelerado ou calmo. Uma vez formada, a auto-eficácia aprimora no indivíduo: (1) a escolha de atividades e a seleção de ambientes (aproximação *versus* evitação), (2) o grau de esforço e persistência empregados, (3) a qualidade do pensamento e da tomada de decisão e (4) as reações emocionais, especialmente aquelas relacionadas ao estresse e à ansiedade. Uma vez que as crenças de auto-eficácia podem ser adquiridas, e uma vez que elas também possibilitam essas formas produtivas de pensar, sentir e comportar-se, a auto-eficácia serve como um modelo para a dotação de poder individual. Quando submetidas a condições de caráter terapêutico cujo propósito é a construção de crenças mais fortes e mais resistentes de auto-eficácia (de que é exemplo um programa de modelagem de proficiência), as pessoas respondem engajando-se no mundo de maneira flexível, adaptativa e confiante. Os ganhos de auto-eficácia confrontam e eliminam a ansiedade, a dúvida e a evitação.

O desamparo aprendido é o estado psicológico que resulta quando um indivíduo pensa que os eventos em sua vida são incontroláveis. O desamparo é aprendido. Quando aprendem que seu comportamento, mais que as influências externas, pode influenciar mais fortemente os resultados da sua vida, as pessoas adquirem uma orientação motivacional de domínio. E quando aprendem que seu comportamento exerce pouca ou nenhuma influência sobre os resultados, visto que são as influências externas que controlam o que lhes sobrevém, elas adquirem uma orientação motivacional de desamparo.

A teoria do desamparo aprendido baseia-se em três componentes fundamentais para se explicarem os efeitos do desamparo: contingência, cognição e comportamento. A contingência refere-se à relação objetiva entre o comportamento de uma pessoa e os resultados positivos ou negativos que se apresentam no ambiente. A cognição inclui todos os processos mentais (p. ex., tendenciosidades, atribuições, expectativas) em que os indivíduos se baseiam para traduzir as contingências ambientais objetivas em crenças subjetivas de controle pessoal. O comportamento refere-se ao procedimento voluntário de enfrentamento, que varia ao longo de um *continuum*, indo desde a ação ativa e enérgica até a passividade e a desistência. Uma vez ocorrido, o desamparo produz profundos danos na motivação, na aprendizagem e na emoção. A deficiência motivacional é um decréscimo na vontade de participar de respostas voluntárias de enfrentamento; a deficiência cognitiva é uma coleção pessimista de aprendizagens que interfere na aprendizagem de contingências futuras entre a resposta e o resultado; e a deficiência emocional envolve o surgimento de emoções nocivas à energia, como a depressão, que tomam o lugar das emoções mobilizadoras de energia e de ocorrência natural, tais como a frustração.

A teoria da reatância, assim como o modelo do desamparo aprendido, explica como as pessoas reagem a eventos incontroláveis da vida. Em suma, as expectativas de controlabilidade alimentam a reatância, ao passo que as expectativas de incontrolabilidade alimentam o desamparo. Quando confrontados com uma situação difícil de ser controlada, os indivíduos apresentam uma resposta inicial de reatância, tornando-se progressivamente mais assertivos em suas tentativas psicológicas e comportamentais de restabelecerem o controle. Porém, se os esforços de reatância falham em restabelecer o controle pessoal, os indivíduos então apresentam uma subseqüente resposta de desamparo.

Juntas, uma forte auto-eficácia e uma forte motivação de domínio combinam-se para dar às pessoas confiança e otimismo durante os encontros com seus problemas motivacionais. Relativamente a isso, a literatura das crenças de controle pessoal também menciona a esperança, ao mostrar a maneira como o pensamento atuante (auto-eficácia) e a consideração dos caminhos a serem seguidos (proficiência *versus* desamparo) funcionam juntos para fornecer a energia e a orientação necessárias aos esforços de enfrentamento. Em áreas como os estudos, esportes e doenças físicas, os indivíduos mais esperançosos, que apresentam uma auto-eficácia resistente e uma forte motivação de domínio, apresentam maior desempenho e maior enfrentamento do que os indivíduos menos esperançosos.

LEITURAS PARA ESTUDOS ADICIONAIS

Auto-Eficácia

BANDURA, A. (1988). Self-efficacy conception of anxiety. *Anxiety Research, 1*, 77-98.

BANDURA, A. (1989). Human agency in social cognitive theory. *American Psychologist, 55*, 1175-1184.

OZER, E. M. & BANDURA, A. (1990). Mechanisms governing empowerment effects: A self-efficacy analysis. *Journal of Personality and Social Psychology, 58*, 472-486.

Desamparo Aprendido

ALLOY, L. B. & ABRAMSON, L. V. (1982). Learned helplessness, depression, and the illusion of control. *Journal of Personality and Social Psychology, 42*, 1114-1126.

DIENER, C. I. & DWECK, C. S. (1978). An analysis of learned helplessness: Continuous changes in performance, strategy, and achievement cognitions following failure. *Journal of Personality and Social Psychology, 36*, 451-462.

MIKULINCER, M. (1986). Motivational involvement and learned helplessness: The behavioral effects of the importance of uncontrollable events. *Journal of Social and Clinical Psychology, 4*, 402-422.

Reatância

MIKULINCER, M. (1988). The relationship of probability of success and performance following unsolvable problems: Reactance and helplessness effects. *Motivation and Emotion, 12*, 139-153.

WORTMAN, C. B. & BREHM, J. W. (1975). Responses to uncontrollable outcomes: An integration of reactance theory and the learned helplessness model. In L. Berkowitz (Ed.), *Advances in experimental social psychology* (Vol. 8, pp. 277-336). New York: Academic Press.

Esperança

SNYDER, C. R., SHOREY, H. S., CHEAVENS, J., PULVERS, K. M., ADAMS, V. H., III & WIKLUND, C. (2002). Hope and academic success in college. *Journal of Educational Psychology, 94*, 820-826.

SNYDER, C. R., HARRIS, C., ANDERSON, J. R., HOLLERAN, S. A., IRVING, L. M., SIGMON, S. T., YOSHINOBU, L., GIBB, J., LANGELLE, C. & HARNEY, P. (1991). The will and the ways: Development and validation of an individual differences measure of hope. *Journal of Personality and Social Psychology, 60*, 570-585.

Capítulo 10

O Self e Seus Enfrentamentos

O SELF
O Problema com a Auto-Estima
AUTOCONCEITO
Auto-Esquemas
Propriedades Motivacionais dos Auto-Esquemas
Self Consistente
Selves Possíveis
DISSONÂNCIA COGNITIVA
Situações Excitantes da Dissonância
Escolha
Justificativa insuficiente
Justificativa do esforço
Novas informações
Processos Motivacionais Subjacentes à Dissonância Cognitiva
Teoria da Autopercepção

IDENTIDADE
Papéis
Teoria do Controle do Afeto
Energia e Direção
Comportamentos de confirmação da identidade
Comportamentos de restauração da identidade
Por que as Pessoas se Autoverificam
AGENCIAMENTO
O Self como Ação e Desenvolvimento Interno
Diferenciação e integração
Internalização e integração do self
Autoconcordância
RESUMO
LEITURAS PARA ESTUDOS ADICIONAIS

Como você tem se sentido ultimamente? Quantos dias felizes teve no último mês que passou? Qual tem sido seu grau de vivacidade e de satisfação na escola ou no trabalho? Como vão suas relações com as outras pessoas? Estarão essas relações lhe proporcionando experiências energizantes e satisfatórias, ou causando-lhe principalmente apatia e frustração? E como vai sua vida financeira? E a sua saúde?

No espírito dessas questões, considere se você concorda ou discorda das seguintes afirmações:

1. Muitas das minhas características pessoais constituem para mim um problema, de modo que eu gostaria de mudá-las.
2. Sinto-me isolado e frustrado em minhas relações interpessoais.
3. Quando tomo decisões importantes, baseio-me na opinião dos outros.
4. Freqüentemente sou incapaz de mudar ou melhorar as circunstâncias que me cercam.
5. Falta sentido em minha vida.
6. Tenho um senso de estagnação pessoal que freqüentemente me causa tédio.

Essas seis afirmações referem-se a aspectos do bem-estar psicológico, que respectivamente correspondem à *auto-acei-*

tação — avaliações positivas de si próprio; às *relações interpessoais positivas* — relações próximas e calorosas com outras pessoas; à *autonomia* — autodeterminação; ao *domínio ambiental* — sensação de eficiência no controle das circunstâncias e dos desafios; ao *propósito na vida* — sentimento de significado que confere direção e propósito à vida do indivíduo; e ao *crescimento pessoal* — manutenção de uma trajetória no desenvolvimento caracterizada pelo aperfeiçoamento e pelo crescimento (Ryff, 1989, 1995; Ryff & Keyes, 1995; Ryff & Singer, 2002). A resposta que você dá a cada uma dessas dimensões reflete um contorno distinto do seu autofuncionamento e do seu bem-estar psicológico. Estar bem psicologicamente é ter um auto-retrato positivo, de relações positivas com os outros, de autonomia, de domínio ambiental, de sentimento de propósito na vida e de uma trajetória de crescimento.

A posse dessas qualidades é o território do self. E as respostas que você dá a essas questões revelam quão bem ou quão mal seu self vem desempenhando o seu trabalho.

A Tabela 10.1 descreve mais detalhadamente essas seis dimensões de autofuncionamento. O progresso em qualquer uma dessas áreas beneficia o self, aumentando seu bem-estar; e quando o progresso se verifica em diversas dessas áreas, o benefício experimentado pelo self torna-se particularmente elevado.

O Self e Seus Enfrentamentos **167**

Tabela 10.1 As Seis Dimensões do Bem-Estar Psicológico

Auto-Aceitação

Alta pontuação: a pessoa tem uma atitude positiva em relação ao self; reconhece e aceita os aspectos múltiplos do self, incluindo suas boas e más qualidades; sente o passado de forma positiva.

Baixa pontuação: a pessoa sente-se insatisfeita com o self; sua vida passada causa-lhe desapontamento; mostra-se perturbada em relação a algumas de suas características; deseja ser diferente do que é.

Relações Positivas com os Outros

Alta pontuação: a pessoa tem relações calorosas, satisfatórias e confiantes com os outros; preocupa-se com o bem-estar dos demais; é capaz de despertar forte empatia, afeição e intimidade; nas relações humanas, compreende o aspecto de dar e receber.

Baixa pontuação: a pessoa tem poucas relações próximas e confiantes com os outros; acha difícil ser calorosa, aberta e preocupada com os demais; encontra-se isolada e frustrada nas relações interpessoais; não deseja assumir compromissos para ter que sustentar elos importantes com os outros.

Autonomia

Alta pontuação: a pessoa é autodeterminante; consegue resistir a pressões sociais que tentam impeli-la a pensar e atuar de determinadas maneiras; regula seu comportamento a partir de si própria; avalia seu self segundo padrões pessoais.

Baixa pontuação: a pessoa preocupa-se com as expectativas e as avaliações dos outros; baseia-se nos julgamentos dos outros para tomar decisões importantes; conforma-se com as pressões sociais que a impelem a pensar e agir de determinadas maneiras.

Domínio Ambiental

Alta pontuação: a pessoa é dotada de um senso de domínio e competência para gerenciar seu ambiente; controla uma complexa gama de atividades externas; utiliza eficazmente as oportunidades que a cercam; é capaz de escolher ou criar contextos adequados para suas necessidades e seus valores pessoais.

Baixa pontuação: a pessoa tem dificuldade de lidar com os assuntos do dia-a-dia; sente-se incapaz de mudar ou melhorar o contexto que a cerca; não toma consciência das oportunidades que estão à sua volta; não tem um senso de controle sobre o mundo externo.

Propósito na Vida

Alta pontuação: a pessoa tem metas e um senso de direção na vida; sente que existe um sentido tanto em seu presente quanto em seu passado; sustenta crenças que dão sentido à sua existência; tem propósitos e objetivos para viver.

Baixa pontuação: a pessoa não tem um senso de sentido na vida; tem poucas metas ou propósitos; não é dotada de senso de direção; não vê propósito no passado; não tem perspectivas ou crenças que dêem sentido à vida.

Crescimento Pessoal

Alta pontuação: a pessoa nutre um sentimento de contínuo desenvolvimento; vê seu self em crescimento e expansão; encontra-se aberta a novas experiências; vê sentido em realizar seu potencial; percebe que seu self e seu comportamento melhoraram com o tempo; experimenta mudanças que se traduzem em ganhos de autoconhecimento e de eficácia.

Baixa pontuação: a pessoa tem um senso de estagnação pessoal; não sente que houve em sua vida melhora ou crescimento com o tempo; sente tédio e desinteresse pela vida; vê-se incapaz de desenvolver novas atitudes ou comportamentos.

Fonte: extraído de Possible selves in adulthood and old age: A tale of shifting horizons, de C. D. Ryff, 1991, *Psychology and Aging, 6,* 286—295. Copyright 1991 da American Psychological Association. Reproduzido com permissão.

O SELF

Para analisar motivacionalmente o self e seus esforços, três problemas assumem uma importância central (Baumeister, 1987):

1. Definir ou criar o self.
2. Relacionar o self com a sociedade.
3. Descobrir e desenvolver o potencial pessoal.

Ao procurarmos definir ou criar o self, perguntamo-nos quem somos, de que modo os outros nos vêem, a que grau nos assemelhamos ou nos diferenciamos, e se temos condições de nos tornar quem desejamos ser. Ao procurarmos relacionar o self à sociedade, contemplamos a maneira como desejamos nos relacionar com os outros, que lugar queremos ocupar na sociedade e quais papéis sociais estão (ou não) disponíveis para nós. E,

ao procurarmos descobrir e desenvolver o self, examinamos o que é ou não é interessante para nós, internalizamos os valores das pessoas que respeitamos, esforçamo-nos por dar sentido à nossa vida, tentamos descobrir e desenvolver nossos talentos, e dedicamos tempo ao desenvolvimento de determinadas habilidades e de relações, ao mesmo tempo em que optamos por preterir outras.

A definição ou criação do self mostra-nos de que maneira o *autoconceito* energiza e direciona o comportamento. Alguns aspectos da autodefinição do self são simplesmente impostos a nós (p. ex., o sexo). Entretanto, outros aspectos precisam ser conseguidos por meio da realização e de escolhas (p. ex., profissão, amigos e valores). Tal responsabilidade faz com que esse esforço incessante por definir e criar o self assuma o aspecto de uma luta motivacional.

Relacionar o self à sociedade mostra de que maneira a *identidade* energiza e direciona o comportamento. Se, em relação a alguns aspectos, a sociedade é rígida quanto aos papéis que ela encoraja, ou mesmo permite, os indivíduos a tentar alcançar, em relação a outros aspectos ela é flexível. A sociedade dá ao indivíduo uma certa possibilidade de escolha, e até mesmo alguma responsabilidade na determinação das relações que ele terá com os outros (p. ex., em termos de parceiros) e com a sociedade (p. ex., em termos de profissões). Essas escolhas e essa internalização da responsabilidade igualmente fazem com que os esforços de relacionamento do self com a sociedade assumam o aspecto de uma luta motivacional.

Descobrir e desenvolver o potencial do self é também uma luta motivacional, que reflete o *agenciamento*. O agenciamento significa que um agente (o self) tem o poder e a intenção de agir, revelando assim a motivação inerente e interior ao self. Em função disso, o agenciamento comunica uma força motivacional natural que provém de dentro da pessoa, em vez de provir do ambiente ou da cultura. Esse desenvolvimento do senso de agenciamento também faz com que a exploração do potencial do self assuma um caráter de luta motivacional.

O Problema com a Auto-Estima

Antes de discutirmos o autoconceito, a identidade e o agenciamento, será útil fazermos uma pausa para desafiarmos uma crença fundamental que muitas pessoas mantêm — ou seja, a de que a melhor maneira de aumentar a motivação dos outros é aumentar sua auto-estima. De maneira enfática e consistente, professores, empregadores e técnicos esportivos afirmam que a maneira de motivar seus alunos, trabalhadores e atletas é provocar neles um aumento da auto-estima. Faça-os sentirem-se bem consigo mesmos e verá todo tipo de maravilha acontecer.

O aumento da auto-estima é um objetivo louvável, visto que, acima de tudo, a auto-estima correlaciona-se positivamente com a sensação de felicidade (Diener & Diener, 1996). Entretanto, o problema de utilizar o aumento da auto-estima como uma intervenção motivacional é que "quase não há constatações de que a auto-estima tenha a capacidade de criar o que quer que seja. Ao contrário, é a auto-estima que é todo um conjunto de sucessos e de fracassos [...]. O que é preciso melhorar não é a auto-estima, mas nossas habilidades [de lidar] com o mundo" (Seligman, citado em Azar, 1994). Em outras palavras, na relação entre auto-estima e autofuncionamento, a auto-estima não é uma variável causal. Seguindo essa mesma linha, uma dupla de pesquisadores concluiu que a auto-estima é "principalmente uma conseqüência da acumulação de sucessos e de fracassos relacionados com a realização, não exercendo um impacto significativo nas realizações posteriores" (Helmke & van Aken, 1995). Esses mesmos estudiosos também defenderam um "modelo de desenvolvimento de habilidades" como a melhor maneira de construir autoconceitos fortes e resilientes em crianças do ensino fundamental.

A principal questão dessas duas últimas citações é a direção da causalidade entre auto-estima e realização/produtividade/autofuncionamento. A auto-estima e a realização têm uma correlação positiva entre si (Bowles, 1999; Davies & Brember, 1999). Entretanto, o aumento da auto-estima *não* produz aumentos

correspondentes de realização; ao contrário, é o aumento da realização que produz um correspondente aumento da auto-estima (Byrne, 1984, 1986, 1996; Harter, 1993; Helmke & van Aken, 1995; Marsh, 1990; Scheier & Kraut, 1979; Shaalvik & Hagtvet, 1990). A auto-estima reflete o estado em que se encontra a vida do indivíduo, porém não é a fonte de motivação que faz a vida dessa pessoa ir bem. Concluindo, simplesmente não existem evidências de que aumentar a auto-estima das pessoas faz aumentar seu funcionamento (Baumeister et al., 2003).

Ter baixa auto-estima não é nada bom. Pessoas com baixa auto-estima tendem a apresentar níveis incomumente elevados de ansiedade. O principal benefício de uma auto-estima elevada é que esta protege o self contra depressão (Alloy & Abramson, 1988) e ansiedade (Greenberg et al., 1992; Solomon, Greenberg & Pyszczynski, 1991). Portanto, uma baixa auto-estima deixa a pessoa vulnerável aos sofrimentos causados pela ansiedade. Porém, o simples fato de que uma baixa auto-estima seja algo ruim não significa que as tentativas de inflar a auto-estima sejam algo bom. Com efeito, uma auto-estima inflada nitidamente apresenta um aspecto negativo. Pessoas que têm uma visão inflada de si próprias têm uma tendência significativamente maior de agir com agressão e violência quando a imagem favorável que elas têm de si é ameaçada (Baumeister, Smart & Boden, 1996). Por exemplo, quando as pessoas de auto-estima muito elevada percebem que foram ridicularizadas ou "gozadas" publicamente, passam a ter uma enorme probabilidade de realizar atos de agressão retaliatória. Por esses dois motivos — de que um aumento da auto-estima não causa nada de bom e que as ameaças à uma visão inflada de si próprio constituem um prelúdio para atos de violência retaliativa —, vê-se que a cruzada pelo aumento da auto-estima tem sua importância superestimada.

Se a lógica do que acabamos de afirmar é verdadeira, vale a pena, em primeiro lugar, perguntar de que modo começou esse "movimento pela auto-estima". Esse movimento teve suas raízes em 1986, quando o estado da Califórnia decidiu aumentar a auto-estima de todos os residentes do estado como uma estratégia para diminuir o fracasso na escola, a dependência dos benefícios públicos, a criminalidade, a gravidez indesejada e o vício de drogas. O pensamento então endossado era o de que praticamente todos os problemas psicológicos podem ser atribuídos à baixa auto-estima das pessoas (Branden, 1984). Seguindo então essa tendência (porém sem disporem de qualquer evidência empírica que a sustentasse), programas para o aumento da auto-estima surgiram aos borbotões, sob diversos nomes, tais como Upward Bound, Head Start, Early Training Project, e talvez a experiência de encorajamento ("Eu *sou* alguém!") que boa parte dos estudantes norte-americanos já experimentou alguma vez nos encontros que as escolas de ensino médio costumam promover. Entretanto, quando chegou a hora de as pesquisas empíricas testarem a eficácia de tais programas, os resultados mostraram que eles falharam drasticamente em sua tentativa de diminuir os problemas sociais identificados pelas autoridades estaduais californianas (Baumeister et al., 2003).

Em suma, a melhor conclusão que se pode oferecer é a de que a auto-estima é como a felicidade. Tentar ficar feliz não é algo que possa fazer uma pessoa ir muito longe; em vez disso, a felicidade é que deriva das satisfações, das vitórias e das relações positivas que a pessoa experimenta em sua vida (Izard, 1991). Nesse mesmo espírito, a auto-estima existe como um produto final do funcionamento adaptativo e produtivo do self, sendo também um subproduto da adoção bem-sucedida de aspirações pessoais e de normas impostas pela cultura (Josephs, Markus & Tafarodi, 1992). O mesmo se verifica para os seis aspectos do bem-estar apresentados anteriormente — auto-aceitação, relações interpessoais positivas, autonomia, domínio ambiental, propósito na vida e crescimento pessoal. Cada um desses aspectos é, em grande parte, um subproduto de outras buscas. Este capítulo trata exatamente dessas "outras buscas". As buscas motivacionalmente significantes para o self são: (1) definir ou criar o self (autoconceito), (2) relacionar o self à sociedade (identidade) e (3) descobrir e desenvolver o potencial do self (agenciamento).

AUTOCONCEITO

Os autoconceitos são as representações mentais que os indivíduos fazem de si mesmos. Da mesma maneira que têm representações mentais de outras pessoas (p. ex., quando pensam sobre o modo de ser dos adolescentes), de lugares (p. ex., como é a cidade de São Paulo) e de eventos (p. ex., como é o Carnaval), os indivíduos também têm representações mentais de si mesmos (p. ex., quando a pessoa se pergunta sobre o que ela própria é). O autoconceito é construído a partir de experiências e de reflexões sobre essas experiências.

Para construir um autoconceito, as pessoas atentam pelo feedback que recebem em suas atividades diárias, e que lhes informa sobre seus atributos, suas características e suas preferências pessoais. Os "tijolos" utilizados na construção e na definição do self provêm das experiências específicas da vida do indivíduo, tal como quando ele diz:

- Durante uma discussão de grupo, senti-me desconfortável e auto-consciente.
- Na excursão escolar ao zoológico, fui de pouca conversa.
- No almoço, evitei sentar-me com os outros.

Ao refletir sobre si próprias, as pessoas não se recordam dos milhares de experiências individuais de sua vida. Em vez disso, agregam suas experiências em conclusões gerais, traduzindo, com o tempo, essa grande quantidade de experiências específicas em uma representação geral do seu self (quando, por exemplo, pensam: os episódios de inibição que tive no grupo de discussão, no zoológico e no almoço fazem com que eu veja a mim mesmo como uma pessoa "tímida"). É essa conclusão geral ("sou tímido"), e não as experiências específicas (como a lista que acabamos de citar), que as pessoas rapidamente lembram e utilizam como "tijolos" para construir e definir seu autoconceito (Markus, 1977).

Auto-Esquemas

Os auto-esquemas são generalizações cognitivas sobre o self relacionadas a áreas específicas, e que são aprendidas a partir de experiências passadas (Markus, 1977, 1983). A ilustração que acabamos de fornecer da generalização feita por uma pessoa de que ela é tímida exemplifica um auto-esquema. Ser tímido é tanto algo relacionado com uma área específica (relações com os outros) quanto algo aprendido a partir de experiências anteriores (nas discussões em grupo, em excursões e nas conversas de almoço). Apesar do fato de que ser tímido não representa o autoconceito do indivíduo, essa característica representa o self em uma área particular, qual seja, a das relações do indivíduo com os outros.

Nos esportes, um estudante de ensino médio pode construir um auto-esquema de área específica lembrando como foram suas experiências ao longo da última semana, recordando então que ele ficou em último lugar na prova dos 100 metros rasos, que o cansaço o fez abandonar a corrida de 1.600 metros e que várias vezes ele derrubou a barra na prova de salto em altura. Por outro lado, em uma área diferente, como a dos estudos, esse mesmo estudante poderia se lembrar de que se saiu bem em um teste, que respondeu a todas as questões formuladas pelo professor, e que teve um de seus poemas aceito para publicação no jornal escolar. Ao final desse processo, caso as experiências esportivas e as experiências acadêmicas atinjam um grau suficiente de consistência e freqüência, o estudante generalizará um self que é principalmente incompetente nos esportes mas habilidoso nos estudos. Essas generalizações (atleticamente inapto; intelectualmente competente) fornecem novos auto-esquemas para novas áreas (da mesma maneira que o fato de ser tímido fez para a área das relações interpessoais).

O autoconceito é uma coleção de auto-esquemas específicos de áreas também específicas. Os auto-esquemas envolvidos na definição do autoconceito correspondem às áreas mais importantes na vida do indivíduo (Markus, 1977). Por exemplo, na infância, os principais domínios da vida geralmente dizem respeito à competência cognitiva, à competência física, à aceitação dos colegas e à conduta comportamental (Harter & Park, 1984). Na adolescência, os principais domínios da vida geralmente incluem a competência escolar, a competência esportiva, a aparência física, a aceitação dos colegas, as grandes amizades, o apelo romântico e a conduta comportamental ou a moralidade (Harter, 1990). Na faculdade, os principais domínios da vida referem-se a competência acadêmica, capacidade intelectual, criatividade, competência no trabalho, competência nos esportes, aparência física, aceitação dos colegas, grandes amizades, relações românticas, relações com os pais, moralidade e senso de humor (Harter, 1990; Neemann & Harter, 1986). O que essa litania dos principais domínios da vida mostra é o espectro de auto-esquemas que uma pessoa qualquer provavelmente possui em diferentes estágios do seu ciclo de vida. Apesar de os domínios específicos da vida variarem de uma pessoa para outra, eles ilustram a estrutura típica relacionada à idade do autoconceito (Harter, 1988; Kihlstrom & Cantor, 1984; Markus & Sentisk, 1982; Scheier & Carver, 1988).

Propriedades Motivacionais dos Auto-Esquemas

Os auto-esquemas geram a motivação de duas maneiras. Primeiro, os auto-esquemas, uma vez formados, levam o indivíduo a comportar-se de modo a produzir um feedback consistente com seus auto-esquemas estabelecidos. Uma pessoa que se vê como tímida direcionará seu comportamento futuro para

170 Capítulo Dez

domínios interpessoais, como reuniões e diálogos, de modo a produzir um feedback que confirme sua autovisão, que a faz dizer: "Sou tímida". Pessoas tímidas gostam de agir timidamente e, portanto, recebem um feedback social de que elas são tímidas, do mesmo modo que pessoas divertidas gostam de agir de modo divertido e recebem um feedback social de que elas são divertidas. Isso acontece porque os auto-esquemas direcionam nosso comportamento de maneira a confirmar nossa autovisão estabelecida. Por outro lado, um feedback inconsistente com o auto-esquema estabelecido produz uma tensão motivacional. Em suma, quando se comportam de maneiras consistentes com seu auto-esquema, as pessoas experimentam um conforto derivado dessa consistência e da confirmação de sua autovisão; e quando se comportam de maneiras inconsistentes com seu auto-esquema, as pessoas experimentam uma tensão derivada da inconsistência e da desconfirmação da sua autovisão.

A idéia básica que há por trás da motivação relacionada com a consistência do auto-esquema é que, se se diz a uma pessoa que ela é introvertida quando ela acredita que seja extrovertida, esse feedback contraditório gera uma tensão motivacional. A tensão motiva o self a restaurar a coerência. Uma pessoa extrovertida que recebe um feedback de que é introvertida direciona seu comportamento no sentido de provar que ela é de fato extrovertida. Portanto, as pessoas se comportam de modos coerentes com seus auto-esquemas no intuito de evitarem a sensação de uma tensão motivacional aversiva. Se essa prevenção não funciona, as pessoas se comportam de modo a restaurar a consistência do seu auto-esquema.

Segundo, os auto-esquemas geram a motivação para fazer com que a pessoa mude seu self do estado atual para um futuro estado desejado. De maneira bastante semelhante ao processo de criação de discrepância (Capítulo 8), a existência de um possível self ideal faz com que se inicie um comportamento direcionado para uma meta. Portanto, um estudante que deseje se tornar ator empreende quaisquer ações que lhe pareçam necessárias para promover seu self do estado de "estudante" para o estado de "ator". "Estudante" corresponde ao self presente, ao passo que "ator" constitui o self ideal.

Buscar possíveis selves ideais é um processo motivacional fundamentalmente diferente da busca por manter uma visão de si consistente. Buscar possíveis selves é um processo de estabelecimento de metas que estimula o desenvolvimento do autoconceito (veja a seção Selves Possíveis), ao passo que buscar uma autovisão consistente é um processo de verificação que preserva a estabilidade do autoconceito (veja a seção Self Consistente).

Self Consistente

Tendo estabelecido um auto-esquema bem articulado em uma determinada área, em geral o indivíduo age de modo a preservar essa autovisão. E, uma vez estabelecidos, os auto-esquemas tornam-se cada vez mais resistentes às informações contraditórias (Markus, 1977, 1983).

As pessoas preservam um self consistente quando ativamente saem em busca de informações condizentes com seu autoconceito, e também quando ignoram as informações que contradizem essa autovisão (Swann, 1983, 1985, 1999; Tesser, 1988).

É psicologicamente perturbador acreditar que algo seja verdadeiro a respeito do próprio self, para então escutar de alguém que o contrário é o que ocorre. Imagine o impacto sofrido por um político de carreira que perde uma eleição local, ou por um atleta de ponta que falha ao tentar se profissionalizar. A inconsistência ou contradição gera desconforto emocional, que sinaliza a necessidade de se restaurar a consistência. É esse estado afetivo negativo que produz a motivação para buscar feedback e informações que confirmem sua autovisão, e para evitar feedback e informações que a desconfirmem.

Para assegurarmos que somos vistos pelos outros da maneira como nós mesmos nos vemos, adotamos sinais e símbolos de auto-apresentação que anunciam quem somos (ou quem pensamos ser). Exemplos desses sinais e símbolos são a aparência que queremos transmitir aos outros com nossas roupas, nossos hábitos alimentares, nossas práticas de musculação, cirurgias plásticas, e mesmo com nossas posses e nossos automóveis. Também nos valemos de aparências externas para comunicar aos outros nossas preferências políticas, como *status* social, nossa preferências sexuais, e assim por diante. Por exemplo, uma pessoa que usa a camiseta de participante de um evento esportivo está enviando aos outros uma mensagem de auto-apresentação que diz: "Sou um entusiasta dos esportes e um atleta". Uma frase no pára-choque de um caminhão também pode transmitir uma mensagem similar. Fazendo isso, a pessoa está tentando criar um ambiente social capaz de lhe enviar um feedback com informações autoconfirmatórias.

Além disso, em nome da preservação do auto-esquema, intencionalmente preferimos interagir com pessoas que nos tratam de maneira consistente com nossa autovisão*, ao mesmo tempo que intencionalmente evitamos as pessoas que nos tratam de modo inconsistente com nossa autovisão, segundo um processo conhecido como "interação seletiva" (Robinson & Smith-Lovin, 1992; Swann, Pelham & Krull, 1989). Ao escolhermos amigos que confirmam nossa autovisão e ao nos mantermos afastados dos que contradizem essa autovisão, estamos aumentando a probabilidade de recebermos um feedback confirmatório de nossa autovisão, e diminuindo a probabilidade de recebermos um feedback desconfirmatório dessa autovisão. A interação seletiva explica por que escolhemos nossos parceiros de interação — nossos amigos, nossos companheiros de quarto, nossos orientadores, nossos professores, nossos colegas de equipe, nosso cônjuge, e assim por diante —, dizendo que preferimos essas pessoas porque utilizamos as interações sociais com o propósito de manter e confirmar nossa autovisão (Swann, 1987). A interação seletiva também explica por que as pessoas tendem a acabar uma relação na qual o outro percebe o self dessa pessoa de maneira diferente de como ela própria se percebe, como no caso de um divórcio (De La Ronde & Swann, 1998; Katz, Beach & Anderson, 1996; Schafer, Wickram & Keith, 1996). Ao decidir casar-se com um indivíduo e não com outro, a pessoa está selecionando um parceiro de interação que seja para ela uma fonte de feedback consistente com sua autovisão; e, ao se separar, a

---

*No original, *self-view*. Mantivemos a tradução *autovisão* para distinguir o termo de *self-perception*, que o Autor cita e define mais adiante. (*N.R.T.*)

pessoa está removendo uma fonte de feedback discrepante de sua autovisão.

A despeito dos esforços preventivos, o feedback discrepante da autovisão de fato às vezes acontece (como nos exemplos do político e do atleta anteriormente mencionados). A primeira linha de defesa nos esforços para manter um self consistente é distorcer essa informação de modo a fazer com que ela perca seu status de informação discrepante. Diante de um feedback discrepante do seu auto-esquema, o indivíduo pode vir a perguntar-se se esse feedback é válido, se a fonte do feedback é confiável, e se o feedback é realmente importante ou relevante (Crary, 1966; Markus, 1977; Swann, 1983). Por exemplo, uma estudante que tem uma autovisão de ser inteligente, mas que foi reprovada em uma disciplina na faculdade, pode funcionalmente desacreditar esse feedback colocando em dúvida: (1) sua validade (ou seja, argumentando que o principal motivo de ela ter sido considerada pouco inteligente foi que estava ocupada demais para se concentrar nos estudos), (2) a avaliação do professor (ou seja, considerando que seu professor era um imbecil), e (3) sua importância ou relevância (ou seja, admitindo que não conhece bem a disciplina em questão, mas considerando que os outros assuntos que ela conhece é que são importantes). As pessoas também se opõem aos feedbacks desconfirmadores inflando compensatoriamente sua autovisão (Greenberg & Pyszczynski, 1985), se auto-afirmando (Steele, 1988) e erguendo uma barreira de novos comportamentos destinados a provar sua autovisão (p. ex., "Não, não sou nada disso que você está pensando; deixe-me lhe mostrar como eu sou..."; Swann & Hill, 1982). O que todas essas formas de manutenção da consistência do autoconceito têm em comum é o fato de elas arregimentarem contra-exemplos e contra-explicações com o propósito de essencialmente desacreditar um feedback pretensamente discrepante. Uma vez invalidado, o feedback discrepante pode então ser ignorado, fazendo com que a pessoa tenha sua autovisão preservada.

A confiança que a pessoa tem na validade e na verdade do seu auto-esquema constitui a "certeza de autoconceito" (Harris & Snyder, 1986; Swann & Ely, 1984). Quando elevada, a certeza de autoconceito funciona como uma âncora estabilizadora dos auto-esquemas, de modo que um feedback discriminante raramente modificará o auto-esquema dessa pessoa. Entretanto, quando a certeza de autoconceito for baixa, um feedback discrepante instiga mudanças no auto-esquema. O conflito entre um auto-esquema incerto e um feedback discrepante instiga uma crise de "autoverificação" (Swann, 1983, 1999): diante de um feedback contraditório e de uma autovisão incerta, como podemos verificar a acurácia da nossa autovisão? Com o propósito de saber quem de fato são, as pessoas resolvem sua crise de autoverificação buscando novos feedbacks relevantes à área de interesse (Swann, 1983), numa espécie de "desempate de melhor de três".

A Figura 10.1 representa o processo algo complicado de autoverificação. As pessoas começam com uma representação do self (um auto-esquema) e uma preferência por um feedback autoconfirmatório, conforme ilustra a parte superior da figura. Assim, a maioria dos eventos da vida diária tem lugar somente entre as duas caixas superiores da Figura 10.1 (Preferência por Feedbacks Autoconfirmatórios → Rotinas de Autoverificação). As coisas só começam a se complicar depois que surge um feedback social

autodiscrepante ("Feedback Autodiscrepante Potente" na Figura 10.1). Como discutimos anteriormente ao comentarmos sobre a apresentação de contra-evidências, as pessoas conseguem lidar bastante bem com informações autodiscrepantes em um nível brando (Swann & Hill, 1982). As duas setas entre Autoverificação Rotineira e Feedback Autoconfirmatório ou Autodiscrepante Não-Potente verificam-se na vida diária, uma vez que as pessoas duvidam dos feedbacks discrepantes ao mesmo tempo em que apresentam auto-afirmações compensatórias. Portanto, um feedback autodiscrepante brando consegue ser integrado de uma maneira razoavelmente fácil à rotina de autoverificação. Por outro lado, a alteração no auto-esquema provocada por um feedback discrepante (e forte) faz com que este não seja integrado de modo assim tão fácil. O efeito de um feedback discrepante e potente depende da certeza do autoconceito (os três triângulos no meio da figura). Quando a certeza do autoconceito é baixa (triângulo à esquerda), um feedback potente *pode* destruir auto-esquemas preexistentes, instigando uma mudança de autoconceito. Por outro lado, quando a certeza do autoconceito é elevada (triângulo à direita), um feedback potente é avaliado como sendo somente mais uma informação no contexto histórico de muitas outras recebidas ao longo de toda uma vida (p. ex., quando a pessoa diz: "Tudo bem, desta vez eu me soltei, mas isso não aconteceu comigo mil vezes antes; portanto, vendo as coisas de um modo geral, continuo achando que sou tímido").

Do ponto de vista do desenvolvimento, o caso mais interessante ocorre quando a certeza de autoconceito é moderada (triângulo central). Quando a certeza de autoconceito é moderada e a pessoa se depara com um forte feedback autodiscrepante (como nos exemplos do político e do atleta), o indivíduo experimenta uma crise de autoverificação. Durante essa crise de autoverificação, o indivíduo suspende seus julgamentos e busca outros feedbacks. Se esses outros feedbacks forem muito convincentes, a crise de autoverificação não muda a autovisão mas, em vez disso, diminui a certeza de autoconceito. E é a diminuição da certeza de autoconceito que deixa a pessoa vulnerável a subseqüentes mudanças de autoconceito no futuro. Observe, por exemplo, que o único caminho que leva à "Mudança de Autoconceito" parte da baixa certeza de autoconceito (conforme mostra a parte inferior esquerda da figura). Se o feedback adicional for autoconfirmatório, a decisão "da melhor de três" é tomada em favor da autovisão preexistente, e a crise de autoverificação termina aumentando-se a certeza de autoconceito.

Antes da mudança do auto-esquema, é preciso que (1) a certeza de autoconceito seja baixa e (2) o feedback autodiscrepante seja potente e sem ambigüidade — ou seja, difícil de ser posto em dúvida (Swann, 1983, 1985, 1987). Embora o autoconceito possa mudar, vale a pena repetir que a mudança do autoconceito é mais a exceção do que a regra. A regra é a autoverificação rotineira, um processo que, por assim dizer, leva a um retrato do self como um arquiteto de sua própria obra — ou seja, o self cria, constrói e mantém a si próprio (McNulty & Swann, 1994).

Selves Possíveis

Às vezes os auto-esquemas mudam em resposta a um feedback social. Porém, é muito mais provável que os auto-esquemas

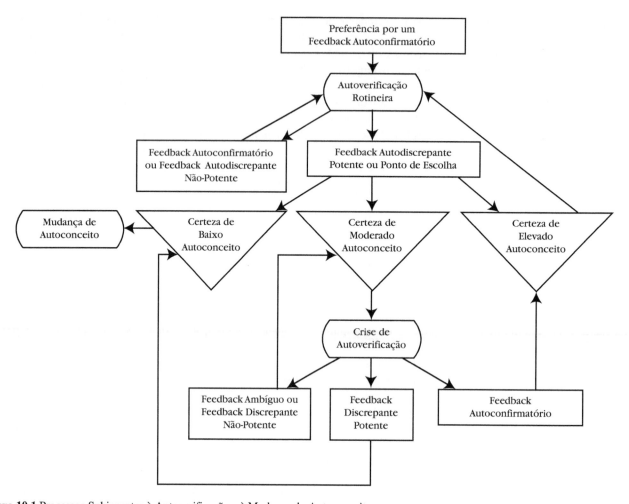

Figura 10.1 Processos Subjacentes à Autoverificação e à Mudança do Autoconceito

Fonte: extraído de "Bringing Social Reality Into Harmony With Self", de W. B. Swann Jr., 1983, em J. Suls e A. Greenwald (Eds.), *Psychological Perspectives on the Self* (Vol. 2, pp. 33—66). Hillsdale, NJ: Lawrence Erlbaum.

mudem de uma outra maneira, mais intencional e proativa. A mudança de auto-esquema pode ocorrer por meio de um esforço deliberado para fazer com que o self atual progrida em direção a um futuro e possível self desejado. Os selves possíveis correspondem às idéias dos indivíduos sobre o que eles gostariam de se tornar, e também sobre o que eles receiam se tornar (Markus & Nurius, 1986; Markus & Ruvolo, 1989). Por exemplo, alguns selves desejados poderiam ser o self bem-sucedido, o self criativo, o self rico, o self magro, o self popular; e alguns selves receados poderiam ser o self desempregado, o self incapacitado, o self gordo, ou o self rejeitado.

A origem dos possíveis selves é principalmente social, uma vez que o indivíduo observa os selves modelados pelos outros (Markus & Nurius, 1986). O indivíduo vê o self presente como seu "estado atual", e vê o modelo como um futuro e desejado "self ideal". Notando essa discrepância, o indivíduo infere que ele também poderia vir a ser esse self desejado, do mesmo modo que o modelo de excelência o fez. Por exemplo, uma criança que vê artistas atuando em um musical pode desejar ser cantora. Entretanto, os selves possíveis nem sempre surgem da observação de modelos positivos; por exemplo, uma pessoa pode ler no jornal sobre a ocorrência de demissões em massa, e com isso pode temer que ela também vá perder o emprego. Nesse caso, em relação a seu "estado atual", o indivíduo vê esse modelo de insucesso como um futuro e indesejado "self temido".

Os selves possíveis representam o self futuro. Portanto, a função motivacional de um self possível é como a de uma meta (ou de um esforço pessoal). Um self possível fornece ao indivíduo um incentivo atraente para o qual se esforçar. Portanto, um self possível atua como um potente ímpeto para a ação, energizando o esforço e a persistência e direcionando a atenção e o planejamento estratégico (veja o Capítulo 8).

Os possíveis selves são mais uma peça importante do quebra-cabeça para se compreender de que modo o self se desenvolve. Os selves possíveis são essencialmente representações mentais dos atributos, das características e das capacidades que o self ainda não possui (p. ex., "Eu gostaria de ser médico, mas não entendo bem de anatomia humana nem de técnicas cirúrgicas"). Quando o self não tem a evidência ou o feedback que confirmem o aparecimento do self possível, ocorre um de dois resultados possíveis (Markus, Cross & Wurf, 1990). Por um lado, a ausência de uma evidência favorável (ou a presença de um feedback desconfirmador) pode levar o self a rejeitar e desistir do self possível. Por outro lado, o self possível pode energizar e direcionar a ação do indivíduo, de modo a fazer com que os atributos, as características e as capacidades do self de fato comecem a se materializar (Cross & Markus, 1994; Nurius, 1991; Oyserman & Markus, 1990). Portanto, o papel motivacional do self possível é fazer um elo entre o self atual e as possíveis maneiras de ele se tornar o self possível (ideal). Em decorrência disso, um indivíduo que se encontra em busca de um self possível baseia-se pouco em seu auto-esquema atual, e muito no self em que ele espera se tornar, possivelmente fazendo a si próprio perguntas como as seguintes: De que modo devo me comportar para alcançar meu self possível? Que atividades devo exercer? Que cursos preciso fazer? (Cantor et al., 1986; Markus & Nurius, 1986; Markus & Wurf, 1987).

A idéia dos selves possíveis representa o self como uma entidade dinâmica, dotada de passado, presente e futuro (Cantor et al., 1986; Day et al., 1994; Ryff, 1991). O indivíduo sem um self possível em uma área em particular carece de uma importante base cognitiva para desenvolver as capacidades necessárias para atuar nessa área (Cross & Markus, 1994). Já um indivíduo que pode vislumbrar um self possível em uma determinada área engendra sentimentos de competência e atua de modo a conquistar a visão futura de seu self (Cross & Markus, 1994, 1999; Markus, Cross & Wurf, 1990). Talvez o leitor seja capaz de se lembrar dos esforços que ele fez nas disciplinas que estudou na faculdade e perguntar: até que ponto um self possível relacionou-se a cada disciplina em que eu fui aprovado ou reprovado, a cada livro que li ou deixei de ler, e a cada aula que assisti ou deixei de assistir? A presença de um self possível cria uma motivação proativa para se desenvolver o self de modos direcionados à meta estabelecida.

Para ilustrar o fato de que os selves positivos desempenham um papel também positivo no desenvolvimento do self ao longo da vida, pesquisadores pediram a adultos jovens (com uma média de idade de 19 anos), a adultos de meia-idade (com uma média de 46 anos) e a adultos idosos (com uma média de 73 anos) que classificassem seu self atual, seu self futuro, seu self passado e seu self ideal ao longo das seis dimensões de bem-estar listadas anteriormente na Tabela 10.1 (Ryff, 1991). A Figura 10.2 apresenta os dados para a primeira dessas dimensões (auto-aceitação). Os adultos jovens classificaram sua auto-aceitação atual de maneira mais elevada do que sua auto-aceitação passada, apresentando uma melhora de auto-aceitação da adolescência (self passado) para a fase inicial da idade madura (self presente). Eles classificaram sua auto-aceitação ideal de modo ainda mais elevado, mostrando uma grande discrepância entre "o self atual e o self ideal". Como tinham um self ideal bastante otimista, os adultos jovens previram uma auto-aceitação bastante elevada para sua meia-idade (self futuro). Esses dados mostram que a adoção de um self ideal positivo parece levar os adultos jovens a melhorar seu bem-estar em relação à adolescência (self presente > self passado) e a prever aumentos de seu bem-estar nos anos que virão (self futuro > self presente).

Os adultos de meia-idade apresentaram um padrão bastante similar de crescimento no desenvolvimento (veja a Figura 10.2). Resultados diferentes ocorreram entre os adultos idosos, que não apresentaram todo esse otimismo em relação a seus selves ideais. Como entre eles não ocorreu uma grande discrepância

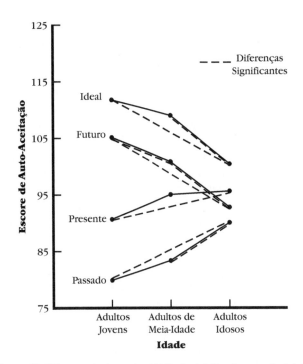

Figura 10.2 Escores de Auto-Aceitação de Adultos Jovens, de Adultos de Meia-Idade e de Adultos Idosos, segundo Seus Selves Passado, Presente, Futuro e Ideal

Fonte: extraído de Possible selves in adulthood and old age: A tale of shifting horizons, de C. D. Ryff, 1991, *Psychology and Aging, 6*, 286—296. Copyright 1991 da American Psychological Association. Reproduzido com permissão.

entre "o self atual e o self ideal" (algo que, se tivesse ocorrido, lhes permitiria desenvolver o self de maneiras orientadas para uma meta), eles classificaram seu self passado, presente e futuro de modo similar em termos de auto-aceitação. De modo geral, esses dados mostram que, quando visualizam e buscam futuros selves possíveis e positivos, as pessoas são capazes de construir uma visão direcionada para uma meta, que as motiva para um progresso desenvolvimental e para uma evolução ao longo dos anos (Ryff, 1991).

DISSONÂNCIA COGNITIVA

A maioria das pessoas tem uma visão favorável de si mesmas, enxergando a si próprias como competentes, éticas e razoáveis. Essa autovisão é representada cognitivamente como um conjunto de crenças sobre o self. Entretanto, às vezes as pessoas adotam comportamentos que as levam a se sentirem estúpidas, imorais e insensatas, como ocorre, por exemplo, quando elas fumam, deixam lixo espalhado no chão, contam pequenas mentiras, param de reciclar o lixo, fazem sexo sem preservativo, dirigem com imprudência, faltam às aulas, comportam-se grosseiramente com estranhos e agem hipocritamente. Quando as crenças sobre o que o self é e o que o self faz são inconsistentes (ou seja, acreditar em uma coisa, mas comportar-se de maneira oposta), as pessoas experimentam um estado psicológico desconfortável conhecido como "dissonância cognitiva" (Aronson, 1969, 1992, 1999; Festinger, 1957; Gerard, 1992; Harmon-Jones & Mills, 1999).

174 Capítulo Dez

No caso da consistência cognitiva, a consonância entre duas crenças existe na medida em que uma crença deriva da outra (ser uma pessoa de moral e dizer a verdade). Já no caso da dissonância cognitiva, a dissonância entre duas crenças existe na medida em que uma crença é seguida por sua oposta (ser uma pessoa de moral, mas mentir). O grau de desconforto psicológico apresentado pela dissonância cognitiva é algo que depende da magnitude. Quando é suficientemente intensa e desconfortável, a dissonância assume propriedades motivacionais, e a pessoa começa a buscar maneiras de eliminar, ou pelo menos reduzir, essa dissonância.

Imagine a seguinte situação de uma mulher cujo sentido de self inclui crenças de defesa do ambiente. Ela é favorável ao movimento pela limpeza das águas, do ar, da terra, pela conservação da energia e pela preservação da natureza, o que a faz, por conseguinte, considerar imorais e insensatos problemas como a poluição do ar, da terra, o desperdício de energia e o ritmo desenfreado das construções. Suas crenças ecológicas são todas consonantes entre si (ou seja, o fato de defender a luta pela limpeza das águas é consistente com o fato de ser favorável à preservação da natureza). Entretanto, suponha que ela leia um artigo em um jornal informando que os gases expelidos pelos automóveis estão destruindo de maneira rápida e irreversível a camada de ozônio. Além disso, segundo o artigo, pneus velhos de automóveis estão poluindo os rios e abarrotando os depósitos de lixo. Suponha ainda que essa ecologista vá todos os dias de carro para o trabalho, além de necessitar de seu automóvel para diversos outros propósitos. Ela defende o meio ambiente, mas também precisa de seu carro. Ela acredita em uma coisa, mas faz outra. Isso tem um certo ar de hipocrisia, e é essa experiência de hipocrisia entre self e ação que causa a dissonância (Aronson, 1999; Fried & Aronson, 1995).

A experiência da dissonância é psicologicamente aversiva (Elliot & Devine, 1994). As pessoas tentam reduzi-la, fazendo isso de uma das seguintes maneiras (Festinger, 1957; Harmon-Jones & Mills, 1999; Simon, Greenberg & Brehm, 1995):

- Removendo a crença dissonante
- Diminuindo a importância da crença dissonante
- Adicionando uma nova crença consonante
- Aumentando a importância da crença consonante

Nossa ambientalista poderia, por exemplo, (1) parar de dirigir seu carro e começar a andar de bicicleta, ou poderia começar a acreditar que são as cinzas vulcânicas, e não os gases dos automóveis, que são a causa do buraco na camada de ozônio (atitudes que a fariam remover a crença dissonante); (2) trivializar seu ato imoral ou insensato de dirigir seu carro justificando que o fato de ela fazer isso não exercerá qualquer impacto sobre a condição global, especialmente quando se considera que muito pior é a poluição causada pelas fábricas e refinarias (atitude que a faria diminuir a importância da crença dissonante; Simon, Greenberg & Brehm, 1995); (3) ler artigos que lhe assegurem que a ciência está ativamente trabalhando nesta questão e que em breve solucionará o problema da poluição, ou então ela poderia pensar sobre quão bom e útil é dirigir seu próprio carro (atitudes que a fariam introduzir uma ou duas novas crenças consonantes); ou (4) chegar à conclusão de que o problema com os gases dos automóveis constitui uma prova de que a cidade precisa de mais pistas de ciclismo, e de que o governo necessita de leis que exijam a utilização de aparelhos controladores de emissão de gases em todos os automóveis (atitude que a faria aumentar a importância da crença consonante). O grau de resistência à mudança dessas crenças depende: (1) de quão próximas da realidade elas se encontram (p. ex., a ciência encontrará uma solução para esse problema?), (2) de quão importantes ou centrais elas são para a visão que a pessoa tem do seu self (Simon et al., 1995; Thibodeau & Aronson, 1992) e (3) da quantidade de inconveniências e custos com que a pessoa terá que arcar (p. ex., quão inconveniente será parar de usar o carro?). Portanto, a realidade, a importância e os custos pessoais trabalham para apoiar as crenças atuais do indivíduo, ao passo que a dissonância estimula um sistema de crenças que exerce uma pressão sobre os modos hipócritas de pensar e agir. Trata-se de uma competição psicológica — realidade *versus* dissonância — com implicações motivacionais.

Situações Excitantes da Dissonância

Freqüentemente as pessoas deparam com informações dissonantes de suas crenças e valores, e elas próprias às vezes também adotam comportamentos dissonantes dessas suas crenças e valores. Quatro situações específicas ilustram as circunstâncias capazes de excitar a dissonância: a escolha, a justificação insuficiente, a justificação do esforço e as novas informações.

Escolha

Com freqüência as pessoas se vêem diante de uma escolha. Em alguns casos, é fácil escolher, uma vez que os méritos de uma alternativa são bastante superiores aos méritos de sua concorrente. Em outros casos, a escolha já não é tão fácil, como ocorre quando ambas as alternativas oferecem diversas vantagens e desvantagens. Se uma pessoa está decidindo com qual apartamento ficar, ela precisa considerar o fato de um apartamento que tem uma localização conveniente ser caro, e o fato de um outro apartamento com uma localização inconveniente ser barato. Ao optar por uma determinada decisão em uma escolha difícil como essa, a pessoa experimenta a dissonância. Tão logo se escolhe um apartamento, tem-se que enfrentar o fato de que o apartamento escolhido tem uma cozinha pequena, ao passo que o apartamento rejeitado tinha uma cozinha maior e era mais barato. Ocorrida a dissonância (ou o "arrependimento pós-decisão"), a pessoa engaja-se em um trabalho cognitivo com vistas a manipular a relativa desejabilidade das duas alternativas. A dissonância é resolvida apreciando-se a alternativa escolhida — vendo-a de modo mais positivo, e depreciando-se a alternativa rejeitada — vendo-a de modo mais negativo (Brehm, 1956; Gilovich, Medvec & Chen, 1995; Knox & Inkster, 1968; Younger, Walker & Arrowood, 1977). Para fazer uma pessoa considerar esse processo em sua própria vida, simplesmente apresente-lhe a seguinte pergunta tanto antes quanto depois de ela ter feito uma escolha difícil: "Que certeza você tem de que fez a escolha certa?" Independentemente de a escolha se referir a uma decisão sobre restaurantes, sobre aulas ou sobre com quem se casar, os tomadores de decisão após a escolha ficam invariavelmente mais confiantes na sabedoria de suas deliberações do que aqueles que ainda se encontram no processo de tomar a decisão.[1]

Justificativa Insuficiente

A justificativa insuficiente trata de como as pessoas explicam suas ações para as quais elas têm pouco ou nenhum estímulo externo. Por exemplo, as pessoas podem se perguntar por que doam dinheiro para obras beneficientes, ou por que pararam de recolher o lixo que produzem. Em um experimento, pesquisadores solicitaram a participantes que executassem uma tarefa horrivelmente maçante e despropositada (Festinger & Carlsmith, 1959). Depois, um pesquisador pediu a cada participante que contasse uma mentira ao participante da vez seguinte, dizendo a seu sucessor que a tarefa era bastante interessante. Para fazer isso, metade dos participantes recebeu US$1 (justificação insuficiente para mentir), ao passo que a outra metade recebeu US$20 (justificação suficiente para mentir). Após os participantes terem concordado em fazer isso (e todos concordaram), um outro pesquisador solicitou a cada participante que classificasse o grau de interesse que a tarefa tinha. O resultado foi que os participantes relacionados com uma justificação insuficiente (US$1) relataram terem apreciado a tarefa de modo significativamente maior do que os participantes relacionados com uma justificação suficiente (US$20). Aqueles que receberam os US$20 tiveram pouca dissonância com que se defrontar (ou seja, pensaram coisas do tipo: "Eu sei por que menti — foi para ganhar esse dinheiro fácil!"). Por outro lado, aqueles que receberam um mísero dólar tiveram que lutar com a dissonância suscitada pelo fato de eles terem enganado outra pessoa sem um bom motivo para isso (p. ex., "Não sei por que menti."). E diante de uma justificação insuficiente de um dólar de recompensa, surge um bom motivo para que a pessoa passe a apreciar mais a tarefa, começando a pensar que a tarefa não era tão enfadonha assim: "Se a tarefa não é de todo tão maçante, então eu não menti, certo?"

Justificativa do Esforço

Nos rituais de iniciação que ocorrem nas forças armadas, nas turmas de universitários, nas equipes esportivas, nas gangues dos bairros, nos *reality shows* da televisão e em outros grupos, freqüentemente os calouros fazem esforços desmesurados, adotando comportamentos extremos que precisam mais tarde ser justificados. Considere o recruta do exército que tem de saltar de pára-quedas como parte de um treinamento de sobrevivência na selva. Para os recrutas, saltar de pára-quedas é um comportamento extremo. E para justificarem o fato de estarem arriscando sua vida desse jeito, os soldados usualmente demonstram possuir uma enorme apreciação por esse tipo de comportamento. Comportamentos extremos geram crenças extremas: "Se eu fiz *isso*, é porque eu *adoro* essa coisa!" A teoria da dissonância propõe que a atratividade de uma tarefa aumenta como função

direta da magnitude do esforço despendido para executá-la (Aronson & Mills, 1959; Beauvois & Joule, 1996; Rosenfeld, Giacalone & Tedeschi, 1984). As pessoas que se engajam em comportamentos extremos precisam desenvolver valores correspondentemente extremos (Aronson, 1988).

Novas Informações

Enquanto você escuta o rádio, vê televisão, assiste a aulas, lê o jornal e interage com os outros, você está expondo suas crenças a oportunidades de contradição. Um grupo de pesquisadores observou os Seekers, membros de uma espécie de seita que estavam convencidos de que sua cidade, bem como toda a costa oeste das Américas, seriam destruídas por um grande dilúvio em um dia específico (Festinger, Riecken & Schachter, 1956, 1958). O dia marcado para o cataclisma chegou e passou sem que nada de diferente ocorresse, de modo que, para os Seekers, sua crença tão cara no Juízo Final caiu por terra inequivocamente. Diante da não-confirmação de sua crença, o que os Seekers, sofrendo com a dissonância, fizeram? Alguns rejeitaram sua crença e abandonaram o grupo. Outros, entretanto, preferiram usar racionalizações em vez de racionalidade. Eles viram a não-confirmação da crença como um teste do compromisso que eles tinham com sua causa, e responderam a isso com tentativas ainda mais fortes e insistentes de proselitismo. Adotando o proselitismo, este último grupo tentou resolver sua dissonância acrescentando novas crenças consonantes (ou seja, arregimentando novas pessoas para concordar com suas crenças).

Processos Motivacionais Subjacentes à Dissonância Cognitiva

As pessoas comportam-se das mais diversas maneiras que as fazem parecer incompetentes, imorais ou insensatas. A inconsistência entre aquilo em que se acredita (eu sou competente) e aquilo que se faz (agi de maneira incompetente) cria a inconsistência cognitiva que é a dissonância. E como a dissonância é algo psicologicamente desconfortável, as pessoas implementam diversas estratégias para reduzi-la (conforme discutimos anteriormente: removendo a crença dissonante, introduzindo uma nova crença consonante etc.). Mudando o número de cognições consonantes ou dissonantes, ou mudando o nível de importância atribuída às cognições consonantes ou dissonantes, as pessoas conseguem diminuir, e às vezes mesmo eliminar, a dissonância.

A seqüência de eventos mostrados na Figura 10.3 resume os processos psicológicos subjacentes à motivação causada pela dissonância cognitiva e às tentativas das pessoas de reduzir ou eliminar essa dissonância (Harmon-Jones & Mills, 1999). Quando existe uma consistência cognitiva, a ação flui do self de maneiras eficazes e não-conflitantes. Entretanto, diante de eventos situacionais excitadores da dissonância, como os quatro discutidos anteriormente, surgem a inconsistência cognitiva e a motivação dissonante, que motivam alterações nos modos de crer e comportar-se. Portanto, como estado motivacional, a dissonância gira em torno principalmente da eliminação de um estado emocional negativo e algo efêmero, com vistas a fazer a pessoa pensar e comportar-se de maneira eficaz, suave e não-

---

[1] Um bom exemplo desse fenômeno é a citação freqüentemente ouvida (porém absurda) de uma pessoa que olha para o que já se passou em sua vida e fala: "Se eu pudesse viver minha vida novamente, não mudaria nada — nem o lugar em que morei, nem a escola que freqüentei, nem com quem me casei, nem a carreira profissional que escolhi, nem qualquer outra coisa que tenha dito ou feito".

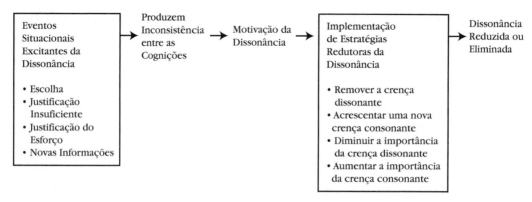

Figura 10.3 Processos de Dissonância Cognitiva

conflitante (Gerard, 1992; Harmon-Jones & Mills, 1999; Jones & Gerard, 1967).

A maioria dos pesquisadores vale-se de uma analogia com a dor para representar a motivação da dissonância — a pessoa muda suas crenças ou comportamentos no intuito de eliminar uma experiência aversiva, persistente e desconfortável. Porém essa caracterização de um estado motivacional aversivo nem sempre conduz ao desespero e à ruína. A dissonância pode também ser utilizada para se alcançarem metas sociais. Por exemplo, utilizando uma estrutura de dissonância, pesquisadores obtiveram sucesso em mudar as atitudes e os comportamentos das pessoas em favor de causas sociais, tais como fazer sexo com preservativo (Aronson, Fried & Stone, 1991), conservar os recursos naturais (como a água; Dickerson et al., 1992) e diminuir o preconceito (Leippe & Eisenstadt, 1994). A conclusão desses três experimentos pode ser resumida da seguinte maneira: "Dizer ou fazer é acreditar". As crenças seguem-se (e atuam de modo a justificar) àquilo que se diz e que se faz. Por exemplo, se você tem uma amiga que sofre de esclerose múltipla e ajuda-a enquanto ela caminha com grande dificuldade, é provável que sua atitude em relação a outros pacientes de esclerose múltipla mude para melhor (ou seja, você estará acrescentando uma nova crença consonante para justificar seu esforço). Você precisa de uma justificação para participar como guia em uma maratona de deficientes físicos, especialmente em um dia de chuva.

Teoria da Autopercepção

Uma interpretação relativa da dissonância cognitiva é que as pessoas não desenvolvem e mudam suas crenças em resposta a um estado emocional negativo nascido de uma contradição cognitiva (ou seja, dissonância), mas sim a partir de observações que fazem de seu próprio comportamento. Por exemplo, comemos lula por uma razão qualquer (talvez nem mesmo saibamos que estamos comendo lula, porque o cardápio do restaurante faz menção a calamar) e, após fazermos isso, supomos que, devido ao fato de termos comido lula, devemos gostar disso. Adquirir ou mudar atitudes por meio de observações do próprio comportamento é o princípio básico da teoria da autopercepção (Bem, 1967, 1972; Bem & McConnell, 1970).

Tanto a teoria da dissonância cognitiva quanto a teoria da autopercepção giram em torno do princípio de que "dizer ou fazer é acreditar". A diferença entre essas duas teorias é que a teoria da dissonância cognitiva argumenta que as crenças mudam por causa de um afeto negativo resultante das inconsistências cognitivas, ao passo que a teoria da autopercepção argumenta que simplesmente passamos a acreditar em uma coisa qualquer que venhamos a fazer ou dizer.

O debate entre dissonância e autopercepção gerou uma grande quantidade de pesquisas (Elliot & Devine, 1994; Fazio, Zanna & Cooper, 1977, 1979; Ronis & Greenwald, 1979; Ross & Shulman, 1973; Snyder & Ebbesen, 1972; Zanna & Cooper, 1976). A conclusão é que tanto a teoria da dissonância cognitiva quanto a teoria da autopercepção estão corretas, mas cada uma se aplica a um diferente conjunto de circunstâncias. A teoria da autopercepção aplica-se melhor a situações em que as crenças das pessoas são inicialmente vagas, ambíguas e fracas. Em casos como esses, as pessoas de fato extraem inferências a partir de seu próprio comportamento. Por exemplo, suponha que você vá ao supermercado comprar loção para as mãos, mas tem pouca ou nenhuma preferência por uma determinada marca. Por acaso ou estimulado por uma promoção, você escolhe a marca X em vez da marca Y. Na próxima vez que comprar esse produto, você tenderá a optar pela mesma marca. Seguindo a interpretação da teoria da autopercepção, pelo fato de ter comprado o produto da marca X na primeira vez, você deve agora preferir essa marca. Por outro lado, a teoria da dissonância aplica-se melhor a situações em que as crenças das pessoas são inicialmente claras, evidentes e fortes. Por exemplo, nas áreas relacionadas ao autoconceito, as pessoas têm autovisões bastante arraigadas. Nesses casos, as pessoas de fato experimentam uma emoção negativa após terem experimentado um comportamento contrário à sua atitude habitual.

IDENTIDADE

Um segundo aspecto importante do self é a identidade. Identidade são os meios pelos quais o self se relaciona com a sociedade, à medida que o self capta a essência de um indivíduo em um contexto cultural (Deaux et al., 1995; Gecas & Burke, 1995). Naturalmente, apesar de as pessoas terem traços únicos de personalidade e diferenciarem-se quanto ao esforço que fazem, elas também fazem parte de grupos sociais e culturais. Por sua vez, essas culturas e grupos sociais oferecem identidade a cada um de seus membros, e é nesse contexto cultural ou social que as pessoas desempenham um papel definido cultural ou socialmente. Tendo a pessoa assumido certo papel, a identidade direciona essa pessoa a buscar determinados comportamentos (que confirmam essa identidade) e a evitar outros comportamentos (que não confirmam essa identidade).

Cinco parâmetros abrangentes de identidade são (com alguns exemplos de respectivos papéis entre parênteses) as relações (amigo, avô), as vocações (músico, vendedor), as afiliações políticas (membro do Partido Republicano, liberal), os grupos estigmatizados (fumante, sem-teto) e os grupos étnicos (católico, sulista; Deux et al., 1995). Além de assumir esses papéis culturais de caráter mais geral, as pessoas também se atribuem uma grande quantidade de papéis sociais, tais como estudante, mãe, atleta de corrida e poeta.

Papéis

Em relação a uma pessoa que ocupa uma determinada posição social, um papel consiste nas expectativas culturais referentes a seu comportamento (Gross, Mason & McEachern, 1958). Cada um de nós ocupa diversas posições sociais diferentes (papéis), e o papel que assumimos em determinado momento depende da situação em que nos encontramos e das pessoas com quem estamos interagindo. Por exemplo, em uma sala de aula na faculdade, você provavelmente assume o papel de aluno quando interage com seus colegas e com um professor. De um ponto de vista sociológico, a interação de João com Maria, Suzana e José (indivíduos dotados de motivações e personalidades únicas) é diferente da interação do professor com as diversas pessoas que assumem o papel de "estudante". Quando você sai da aula e vai trabalhar na clínica de psicologia, muito provavelmente seu papel irá mudar, uma vez que você assumirá o papel de psicoterapeuta ao interagir com seus clientes. Já em casa, o seu papel e os papéis daqueles com quem você interage podem mudar mais uma vez, quando você assumir o papel de mãe (ou pai) interagindo com uma filha.

Quando assumem um papel em detrimento de outro, as pessoas mudam sua maneira de agir, mudando o tópico de suas conversas, o vocabulário utilizado, o tom de voz, e assim por diante. Embora "Maria" seja a mesma pessoa, ela conversa de modo bastante diferente quando assume o papel de "professora" e quando assume o papel de "mãe". De certa maneira, o comportamento varia de um papel assumido para outro, de modo que, em vez de se falar da identidade de uma pessoa, melhor seria falar do seu conjunto de identidades. Os indivíduos possuem muitas identidades, apresentando aos outros a identidade mais apropriada para a situação em que se encontram. Por exemplo, se você telefona para um escritório, a pessoa que atende sua chamada provavelmente assumirá o papel de recepcionista. Portanto, a pessoa que atende ao telefone deve definir quem ela é (o papel que a situação vivenciada está lhe destinando), bem como deve definir com quem está falando.

Talvez isso possa soar tolo, mas decidir o que dizer e o que fazer é algo bastante difícil quando as identidades do self e dos outros não estão bem definidas. Saber quais papéis o self

e os outros assumem em uma determinada situação é algo que informa aos interagentes quais comportamentos e quais modos de interagir são os mais e os menos apropriados (Foote, 1951). Uma vez que você sabe que uma "cliente" está telefonando para uma "recepcionista", ambas essas pessoas sabem como se comportar, o que dizer, e de que modo conduzir a conversa. A cliente expressa comportamentos consistentes com seu papel de cliente, e a recepcionista adota comportamentos consistentes com seu papel de recepcionista.

Esse processo de percepção de papéis é chamado pelos sociólogos de "definição da situação" (Goffman, 1959; Gonas, 1977). Toda vez que as pessoas experimentam uma participação social, sua primeira tarefa é definir os papéis para seu self e para os outros. Feito isso, a interação social pode se desenrolar à medida que ambos os interagentes concordam com suas identidades e com a definição da situação.

Teoria do Controle do Afeto

Segundo a teoria do controle do afeto (Heise, 1979, 1985; MacKinnon, 1994; Smith-Lovin & Heise, 1988), as pessoas atuam diferentemente de uma situação para outra porque convivem com diferentes identidades. Os grupos culturais e sociais oferecem uma ampla gama de identidades, e cada uma dessas identidades tem um perfil comportamental esperado associado a ela. Segundo a teoria do controle do afeto, a multidão de possíveis identidades que uma determinada pessoa provavelmente pode assumir é representada numericamente ao longo de três dimensões, conhecidas como APA: avaliação (A; nível de bondade), potência (P; nível de poder) e atividade (A; nível de vivacidade; Osgood, May & Miron, 1975; Osgood, Suci & Tannenbaum, 1957). Por exemplo, que grau de qualidade, poder e vivacidade tem um professor? um advogado? um viciado em drogas? O importante é que, para entender a ação motivada, não é preciso rastrear uma centena de identidades diferentes; em vez disso, tudo o que se precisa conhecer é o "perfil APA" da identidade que a pessoa está atualmente assumindo.

Os escores APA geralmente variam de –4 a +4, sendo descritos da seguinte maneira: bondade — de ruim a bom; potência — de fraco a forte; e atividade — de quieto a vivaz. Os números de 0 a 4 descrevem o grau de bondade ou ruindade, de força ou fraqueza, e de vivacidade ou quietude. As classificações definem-se como: 0 corresponde a "neutro", 1 a "ligeiramente", 2 a "bastante", 3 a "extremamente" e 4 a "infinitamente".

Segundo a cultura norte-americana (tomada como referência nos exemplos a seguir), o perfil APA para um professor é 1,5, 1,4 e –0,6. Ou seja, vistos pela cultura dos EUA, os professores são considerados bastante bons, ligeiramente poderosos e ligeiramente quietos. Já o perfil de um advogado é 1,0, 1,7 e 0,2 (ligeiramente bom, bastante poderoso e nem quieto nem vivaz). Já o perfil APA para um viciado em drogas é –2,0, –1,7 e 0,7 (bastante ruim, bastante fraco e ligeiramente vivaz). Para perceber melhor como as diversas identidades podem ser compreendidas em termos de um perfil APA (de avaliação, potência e atividade), considere os dez seguintes perfis APA associados a identidades:

178 Capítulo Dez

Identidade	A	P	A	Identidade	A	P	A
Alcoólatra	−1,6	−1,6	−0,5	Músico	1,3	0,4	0,3
Bebê	2,5	−2,3	2,3	Forasteiro	0,9	0,8	0,2
Mendigo	−1,0	−2,1	−1,3	Lambão	−1,6	−1,3	−0,2
Criminoso	−1,8	−0,3	1,1	Superstar	−1,0	2,0	1,8
Filha	1,5	−0,3	1,2	Colega de equipe	1,4	1,2	1,4

Tentar representar uma identidade por um perfil de três dimensões pode a princípio parecer incômodo, mas, uma vez que nos acostumamos a isso, temos muito a ganhar. Os perfis numéricos APA expressam um campo comum e culturalmente concordante (sobre o grau de qualidade, poder e atividade) utilizado para se compreender toda e qualquer possível identidade dentro de uma determinada cultura.

Tal como ocorre com as identidades, o significado cultural dos comportamentos e das emoções também pode ser expresso em termos de perfis APA. Ou seja, qualquer ação que uma pessoa execute e qualquer emoção que uma pessoa expresse pode ser compreendida em termos do seu significado cultural — através de seu grau de qualidade, potência e vivacidade. "Assaltar" alguém é considerado algo extremamente ruim, ligeiramente poderoso e bastante vivaz (APA = −3,0, 1,2, 2,0). "Abraçar" alguém é considerado algo bastante bom, bastante poderoso, e não muito vivaz (APA = 2,3, 1,9, −0,2). Apresentamos a seguir exemplos de perfis APA para cinco comportamentos (à esquerda) e para cinco emoções (à direita):

Comportamento	A	P	A	Emoção	A	P	A
Divertir	1,9	1,3	1,3	Raiva	−0,8	0,2	0,7
Mandar	−0,3	2,0	1,0	Nojo	−1,1	−0,3	0,2
Atraiçoar	−2,5	0,1	1,0	Medo	−0,8	−0,9	−0,2
Fugir	−0,2	−0,6	1,3	Felicidade	1,6	0,9	1,3
Trabalhar	0,1	1,0	0,5	Tristeza	−1,3	−1,1	−1,0

Esses perfis APA derivam de vários conjuntos de dados obtidos entrevistando-se pessoas da cultura norte-americana, que classificaram um grande número de identidades, comportamentos e emoções quanto ao grau de qualidade, potência e vivacidade (Heise, 1991). Atualmente também existem "dicionários" de perfis APA para as culturas (nacionalidades) da China, Japão, Coréia, Irlanda, Canadá e Alemanha.

Na teoria do controle do afeto, os processos motivacionais são explicados por meio dos três seguintes constructos:

Sentimento fundamental: trata-se do perfil APA de uma identidade, conforme definido pela cultura. Por exemplo, um "professor" é 1,5, 1,4, −0,6.

Impressão transitória: é o perfil APA que o comportamento atual de uma pessoa implica. "Divertir-se" corresponde a 1,9, 1,3, 1,3, sendo algo feito por alguém cuja identidade é bastante boa, ligeiramente poderosa e ligeiramente ativa.

Deflexão: trata-se da discrepância entre o sentimento fundamental da pessoa (quem a pessoa é conforme seu papel social) e a impressão transitória da pessoa (quem a pessoa parece ser por meio de um ato comportamental). Calcula-se matematicamente a deflexão observando a diferença entre os dois perfis APA.

Um sentimento fundamental é o perfil APA para uma identidade particular qualquer. Quando as identidades participam da interação social, os comportamentos e as emoções ocorridas criam uma impressão transitória do que a pessoa é. Portanto, se um "professor" (que tem um APA = 1,5, 1,4, −0,6, o que é algo correspondente a um sentimento fundamental) "coage" (APA = −1,0, 1,4, 0,0) um estudante, o ato de coagir cria uma impressão transitória de quem o professor parece ser: será essa pessoa um professor (alguém com um APA de 1,5, 1,4, −0,6), ou será alguém que coage (alguém com um APA de −1,0, 1,4, 0,0)? Essa discrepância é a chamada *deflexão*. A deflexão varia desde inexistente (quando o comportamento mostra-se conforme com a identidade) até muito elevada (quando o comportamento viola a identidade).

O princípio do controle do afeto é basicamente o seguinte: as pessoas comportam-se de maneira a minimizar a deflexão afetiva (MacKinnon, 1994). Ou seja, as pessoas criam novos eventos (comportamento) de modo a conservar antigos significados (identidade). *A deflexão atua da mesma maneira que o fazem tanto a consistência do auto-esquema quanto a dissonância cognitiva.* Para minimizar a deflexão afetiva quando esta se eleva, as pessoas atuam de modo a manter suas identidades e a restaurar essas identidades (atuam de modo a ter um self consistente).

Energia e Direção

Você pode estar se perguntando qual é a importância dos perfis APA para se compreender a motivação e a emoção. Vale observar que a direção para o comportamento e para a emoção origina-se de sentimentos fundamentais. A energia (a intensidade) para o comportamento e a emoção provém da deflexão. Portanto, segundo a teoria do controle do afeto, a motivação e a emoção (1) confirmam a identidade (ou seja, produzem sentimentos fundamentais de confirmação) e (2) produzem comportamentos restauradores da identidade.

Comportamentos de Confirmação da Identidade

Os seres humanos apresentam uma ampla gama de comportamentos potenciais, mas apenas um subconjunto desses comportamentos é apropriado e esperado em uma situação em particular. Definir precisamente quais tipos de comportamento e de emoções são os mais apropriados é algo que se faz pela identidade que a pessoa assume. Por exemplo, para um amigo (APA = 3,0, 1,5, 0,6), os comportamentos mais apropriadas são aqueles aos quais a cultura atribui um perfil APA similar — de ajuda (2,2, 1,5, 0,3) e de riso (2,2, 0,8, 1,0). Os números 2,2, 1,5, 0,3 e 2,2, 0,8, 1,0 são um pouco diferentes de 3,0, 1,5, 0,6 (que correspondem ao perfil APA de "amigo"), mas o importante é que os comportamentos de "ajuda" e "riso" têm perfis APA que se encontram mais próximos do perfil APA para "amigo" do que quaisquer outros comportamentos. Em função disso, ajudar e rir são os comportamentos mais coerentes com uma pessoa que assume a identidade de um amigo. O aspecto importante é que, quando um parceiro de interação ou a sociedade em geral vê você no papel de "amigo", você se sente motivado a adotar comportamentos como ajudar e rir. Por outro lado, para um sujeito "nocivo" (APA = –1,8, –0,5, 1,7), os comportamentos mais apropriados são "desrespeito" (–2,1, –0,2, 1,1) e "perturbação" (–1,6, 0,0, 1,2).

No tocante às predições comportamentais referentes ao comportamento de confirmação da identidade, a essência da teoria do controle do afeto é a seguinte: identidades agradáveis levam as pessoas a comportar-se de maneira agradável; identidades poderosas levam as pessoas a comportar-se de maneira poderosa; identidades passivas levam as pessoas a comportar-se de maneira passiva; e assim por diante. As identidades direcionam o comportamento. A teoria do controle do afeto é uma teoria de manutenção da identidade (Robinson & Smith-Lovin, 1992). Sua prescrição para motivar os outros é: se você quer que as pessoas sejam agradáveis, coloque-as em uma identidade culturalmente considerada agradável. Se você quer que as pessoas sejam assertivas, coloque-as em uma identidade culturalmente considerada assertiva. Por exemplo, se uma professora deseja que seus alunos demonstrem iniciativa e criatividade, ela pode dar-lhes o papel de "detetives". Se o técnico de uma equipe deseja gerar uma iniciativa extra em um de seus atletas, ele pode dar-lhe o papel de "capitão do time" ou de "técnico por um dia".

Comportamentos de Restauração da Identidade

Quando os eventos situacionais produzem uma deflexão em relação à identidade do indivíduo, este inicia ações de restauração com vistas a afetivamente pôr ordem nesses eventos perturbadores, retornando à sua identidade estabelecida (ou aos seus "sentimentos fundamentais"; MacKinnon, 1994). Considere o APA de uma "mãe" (2,7, 1,6, 1,0) *versus* o APA de uma "mãe que ralha com o filho" (–1,4, 0,9, 1,0). As mudanças nos números do perfil APA podem ser calculadas por um programa de computador[2] (Heise, 1991). Uma mãe que ralha com o filho passa a ser considerada pior (cai de 2,7 para –1,4) e de certo modo também menos poderosa (cai de 1,6 para 0,9). Para restaurar o significado culturalmente compreendido de mãe (A = 2,7; P = 1,6), ela precisa adotar um comportamento de restauração da identidade. Para isso, deve engajar-se em um comportamento considerado bom e poderoso (como demonstrar carinho pelo filho, APA = 1,7, 1,0, –0,7) ou expressar uma emoção considerada boa e poderosa (como orgulhar-se do filho que tem, APA = 1,5, 0,8, 0,8). O que a mãe precisa fazer, caso deseje preservar sua identidade cultural, é opor-se ao comportamento de desconfirmação de sua identidade, valendo-se de uma barreira de comportamentos e de expressões emocionais que restaurem sua identidade perdida (Smith-Lovin, 1990; Smith-Lovin & Heise, 1988). Fazendo isso, ela utiliza a interação social para restabelecer seu sentimento fundamental. Caso ela não se engaje nesses comportamentos de restauração de sua identidade, seus parceiros de interação redefinirão seu papel, fazendo-o passar de "mãe" para alguma outra identidade que melhor represente seu comportamento recente. Portanto, os comportamentos de confirmação da identidade são motivados pelas identidades (sentimentos fundamentais), ao passo que os comportamentos de restauração da identidade são motivados pelas deflexões.

Se uma pessoa se comporta de maneira incoerente com sua identidade (um professor que ralha com um aluno), esse indivíduo pode restaurar a identidade original por meio de comportamentos de restauração ou por meio de demonstrações emocionais de restauração. Ou seja, as demonstrações comportamentais e as demonstrações emocionais criam impressões transitória do que a pessoa é. Considere a maneira como as pessoas utilizam demonstrações emocionais para restaurar suas identidades (Robinson, Smith-Lovin & Tsoudis, 1994). As demonstrações emocionais atuam como dicas públicas de identidade, algo que acontece quando, por exemplo, pessoas boas que agem de modo ruim demonstram arrependimento caso sejam realmente boas (da mesma maneira que pessoas ruins que agem de maneira ruim não demonstram arrependimento caso sejam realmente pessoas ruins). Se uma pessoa boa comete uma má ação e não demonstra sentir remorsos, um observador começa a se perguntar se essa pessoa é de fato boa. Pessoas boas devem demonstrar profundo remorso após terem cometido um ato reprovável (uma vez que a deflexão entre o comportamento e a identidade deve ser muito elevada), ao passo que pessoas ruins devem demonstrar pouco remorso após um comportamento reprovável (uma vez que a deflexão entre o comportamento e a identidade deve ser muito baixa para gerar uma demonstração emocional de restauração da identidade). Observe aqui que o comportamento é conhecido, a emoção é observada e a identidade subjacente é a única incógnita. O cálculo mental é utilizar o comportamento e a emoção para imaginar qual é o caráter (identidade) subjacente correspondente à pessoa. Esse é precisamente o motivo pelo qual a teoria do controle do afeto utiliza todos os números de perfis APA.

Por que as Pessoas se Autoverificam

O self prefere receber um feedback que confirma ou verifica seus auto-esquemas e suas identidades sociais. Tanto a teoria da autoverificação quanto a teoria do controle do afeto supõem que a chave para suavizar as relações interpessoais é a capacidade de o indivíduo reconhecer a maneira como as outras pessoas e a sociedade em geral percebem seu self. O self observa como os outros respondem a ele e internaliza essas respostas sociais e culturais em um autoconceito e um sentido de identidade. Na negociação entre o self e a realidade social, o papel desempenhado pelos autoconceitos e pelas identidades estáveis é tão central que estes fazem com que o self prefira receber feedbacks sociais confirmadores de seus auto-esquemas e identidades (Swann, 1992a, 1992b). Pessoas que têm autovisões positivas preferem ficar junto de amigos que aumentam seu feedback positivo e que diminuem seu feedback negativo; já pessoas com autovisões negativas preferem ficar junto de amigos que diminuem seu feedback positivo e que aumentam seu feedback negativo (Robinson & Smith-Lovin, 1992; Swann, 1992a, 1992b; Swann et al., 1990; Swann, Pelham & Krull, 1989; Swann, Wenzlaff & Tafarodi, 1992).

As pessoas preferem um feedback de autoverificação por razões cognitivas, epistêmicas e pragmáticas. Do ponto de vista cognitivo, as pessoas se autoverificam porque tentam conhecer a si mesmas (ser verdadeiras consigo mesmas; Swann, Stein-Servossi & Giesler, 1992). Do ponto de vista epistêmico, as

---

[2]O programa computacional para a teoria do controle do afeto encontra-se disponível no seguinte endereço eletrônico: *www.indiana.edu/~socpsy/ACT/*.

180 Capítulo Dez

BOXE 10 — *Revertendo as Autovisões Negativas*

Pergunta: Por que essa informação é importante?

Resposta: Para que consigamos reverter as autovisões negativas nossas e dos outros.

Existem em geral dois modos de as pessoas responderem a um feedback (Swann & Schroeder, 1995). Primeiro, as pessoas geralmente preferem receber um feedback positivo, visto que gostam de ser elogiadas e admiradas, e que se sentem bem quando isso acontece. Segundo, as pessoas preferem receber feedbacks verificadores de sua autovisão, visto que gostam de ouvir a verdade sobre si mesmas. Em contextos como terapia, amizade e casamento, uma questão crítica é saber qual tipo de feedback as pessoas preferem: o elogioso ou o verificador de sua autovisão (Swann, 1999).

A autoverificação é uma motivação ubíqua em meio aos esforços relacionados ao autoconceito. Porém, autoverificação não significa "feedback negativo", uma vez que as pessoas com autovisões favoráveis também buscam verificar suas qualidades. O fato de ser tão difícil observar a autoverificação entre pessoas com autovisões positivas é porque, nesse caso, o feedback elogioso e o feedback verificador de sua autovisão soam aproximadamente da mesma maneira (isto é, mostram-se apologéticos). Porém, o motivo para a autoverificação evidencia-se quando a autovisão da pessoa é negativa, uma vez que, nesse caso, um auto-elogio (apologia) soa muito diferente de uma autoverificação (crítica; Robinson & Smith-Lovin, 1992).

Este capítulo trata tanto dos motivos quanto dos meios pelos quais as pessoas buscam se autoverificar. Mas o que uma pessoa pode fazer para reverter uma autovisão potencialmente debilitadora em uma outra pessoa (ou em si mesma)? Para começar, esse terapeuta auto-indicado *não* deve cometer o erro de subestimar a força da motivação para se autoverificar. Elogiar alguém que tem uma autovisão negativa previsivelmente leva a uma reação do tipo: "Aprecio essa avaliação que você faz de mim, mas não acho que ela esteja correta. É bom ouvir isso, mas..." (Swann, Stein-Seroussi & Giesler, 1992). Quando uma pessoa que tem uma autovisão negativa ouve um feedback elogioso (p. ex., cumprimentos ou louvores), ela pode muito bem ser motivada a agir de modo a provar a validade da sua autovisão negativa (Robinson & Smith-Lovin, 1992). Por exemplo, Marsha Linehan (1997) utiliza essa lógica para explicar por que as afirmações verbais dos terapeutas são rotineiramente malsucedidas nas tentativas de mudar as autovisões de pessoas que abusam de drogas. Ou seja, os esforços de autoverificação freqüentemente interferem nos processos terapêuticos destinados a superar as fraquezas e a construir os pontos fortes do indivíduo e competem com eles.

A Figura 10.1 sugeriu a possível estratégia para trabalhar com vistas a destruir a certeza de autoconceito do indivíduo (em vez de trabalhar diretamente na positividade do auto-esquema do indivíduo). Mas primeiro o terapeuta precisa se certificar de que a autovisão negativa é de fato injustificada ou incorreta. Quando as pessoas que se vêem como desastradas, estúpidas, sem valor e incompetentes na verdade estão com um excesso de autodefesa e não têm razão para se sentirem assim; nesse caso existem algumas estratégias que podem ajudá-las a reconstruir uma autovisão *desnecessariamente* negativa.

Uma estratégia que abre um certo espaço para mudanças de autoconceito é apresentar um feedback extremo de autoverificação. Por exemplo, Bill Swann (1997) ilustra isso quando se propôs a desafiar a autovisão não-assertiva de uma pessoa passando-lhe a impressão de que ela era um "perfeito saco de pancadas". Sua esperança é de que a pessoa irá comportamentalmente resistir a essa visão extrema de sua identidade (p. ex., irá contra-argumentar, ou invocará "signos e símbolos" que refutem essa impressão). Ele fez o mesmo com pessoas ultraconservadoras, perguntando-lhes: "Por que você acha que os homens são sempre melhores patrões que as mulheres?"

Uma segunda estratégia que abre um certo espaço para a alteração de autoconceito é fazer com que o indivíduo seja elogiado por seus parceiros-chave de interação, tais como amigos, parceiros amorosos, parentes e colegas de trabalho. Isto ocorre porque as autovisões negativas são estabilizadas pelos parceiros produtores de um fluxo constante de feedback negativo. Por exemplo, existe alguma verdade em relação à idéia de que as mulheres que têm baixa auto-estima casam-se com homens que se comportam de maneira altamente negativa e abusiva em relação a elas (Buckner & Swann, 1996). Portanto, mudar uma autovisão negativa envolve mudar um feedback social que se recebe dia após dia, e os parceiros de interação social constituem a fonte mais rica desse feedback social (Swann & Predmore, 1985). Em função disso, ganhar a cooperação e o apoio dos parceiros-chave do indivíduo é de extrema importância para se reverter a sua autovisão negativa. Não se pode perder de vista o problema de que a mensagem terapêutica de que o cliente é amável e competente pode ser rápida e convincentemente desfeita por seus familiares, que bem podem pensar o contrário. Segundo esse ponto de vista, as autovisões não são meramente estruturas psicológicas que existem dentro das pessoas, mas, em vez disso, as pessoas constroem em torno de si um mundo social, e o feedback constante e consistente que lhes chega a partir de seus parceiros é o processo social subjacente à consistência ou à mudança do autoconceito (Swann, 1997, 1999; Swann & Pelham, 2002).

---

pessoas se autoverificam porque essas verificações do self sustentam suas percepções de que o mundo é previsível e coerente (Swann & Pelham, 2002). E, do ponto de vista pragmático, as pessoas se autoverificam porque desejam evitar interações que possam causar-lhes maus entendidos e expectativas e demandas irreais de desempenho, visto que estão em busca de parceiros de interação que saibam o que esperar delas (Swann, 1992a, 1999; Swann & Pelham, 2002).

AGENCIAMENTO

Até aqui o self que apresentamos tem sido cognitivo e social. Porém o self não se restringe às estruturas cognitivas (autocon-

ceito) e às relações sociais (identidade). Dentro do self existe uma motivação intrínseca que lhe fornece uma qualidade de agenciamento (Ryan, 1993). O agenciamento engendra a ação (deCharms, 1987). Esta seção apresenta uma visão do self "como ação e desenvolvimento que partem de dentro do indivíduo, como processos e motivações inatos" (Deci & Ryan, 1991).

O self não entra no mundo como tábula rasa — ou seja, uma lousa vazia — à espera de que as experiências da vida lhe forneçam o autoconceito e as identidades culturais. Em vez disso, o indivíduo recém-nascido já possui um self rudimentar e independente da linguagem, caracterizado por necessidades inerentes, processos do desenvolvimento, preferências e capacidades de interagir com o ambiente. À medida que o recém-nascido começa a explorar suas capacidades inatas (p. ex., andando, falando, a motivação intrínseca), inicia-se um processo de uma vida inteira no qual o self tenta descobrir, desenvolver e satisfazer seu potencial. Fazendo isso, o self começa a distanciar-se da heteronomia (dependência dos outros), e a aproximar-se da autonomia (confiança em si mesmo) com vistas a tornar-se uma "pessoa plenamente funcional" (Rogers, 1961; Ryan, 1993).

O Self como Ação e Desenvolvimento Interno

O Capítulo 5 discutiu as necessidades psicológicas organísmicas de autonomia, competência e relacionamento — necessidades fornecedoras de uma força motivacional natural que promove o agenciamento (ou seja, iniciativa, ação). A motivação intrínseca coordena-se inseparavelmente com a natureza ativa do self em desenvolvimento (Deci & Ryan, 1991), sendo a fonte de motivação subjacente ao agenciamento, uma vez que espontaneamente energiza as pessoas a irem em busca de seus interesses, procurar desafios ambientais, exercitar suas habilidades e desenvolver seus talentos.

Diferenciação e Integração

No agenciamento, a diferenciação e a integração são dois processos diferentes que guiam a motivação e o desenvolvimento contínuos. A diferenciação expande e elabora o self em uma complexidade cada vez maior. Por sua vez, a integração sintetiza essa emergente complexidade em um self total e coerente, preservando assim o sentido de um self único e coeso.

A diferenciação ocorre à medida que o indivíduo exercita seus interesses, suas preferências e suas habilidades de modo a fazer com que um self relativamente geral e indiferenciado passe a especializar-se em diversas áreas da vida. Como exemplo, considere a sua própria história, na qual você aprendeu que, digamos, nem todos os computadores, os esportes, os políticos, as relações e as religiões são iguais entre si. Uma diferenciação mínima manifesta-se quando a pessoa tem apenas uma compreensão simples e unidimensional de uma determinada área de conhecimento; e uma diferenciação rica manifesta-se quando a pessoa é capaz de fazer discriminações sutis e compreender aspectos únicos de um determinado domínio da vida. O mesmo se verifica para a diferenciação dos domínios de autoconceito. A motivação intrínseca, os interesses e as preferências motivam o self a interagir com o mundo de modo a preparar o cenário para o self produzir diferenciações cada vez mais complexas. Por exemplo, um garoto que se interessa por miniaturas de aviões pesquisa em detalhes os catálogos desses brinquedos, vai a reuniões de um clube de colecionadores, conversa com outros aficionados sobre a construção de modelos, assina uma revista especializada no assunto, faz experimentos com novos materiais e com diversas técnicas de construção, e basicamente, enquanto aprende, desenvolve habilidades especializadas. É a motivação intrínseca do self que lhe fornece o agenciamento de que ele necessita para estudar os catálogos, comparecer às reuniões, conversar com os colegas, etc., e é esse constante fluxo de experiência que possibilita ao self diferenciar e crescer em complexidade.

Entretanto, a diferenciação também se transforma enquanto promove uma maior complexidade do self. Existe uma tendência sintética de integrar a complexidade emergente do self em um sentido único de self, ou seja, em uma unidade coerente. A integração é um processo organizacional que promove uma junção das partes diferenciadas do self. A integração ocorre à medida que as partes individuais do self (ou seja, os auto-esquemas, as identidades, os interesses e assim por diante) conseguem ser inter-relacionados e organizados, como sendo mutuamente complementares. Um exemplo de interação entre diferenciação e integração foi fornecido por um estudo que solicitou a adultos jovens e idosos que fizessem uma lista de seus possíveis selves, pedindo-lhes também que listassem as ações que eles empreendiam para realizar esses selves (Cross & Markus, 1991). Os adultos mais jovens apresentaram listas muito maiores de selves possíveis (apresentando assim uma forte diferenciação), ao passo que os adultos idosos apresentaram listas maiores de ações destinadas à realização de possíveis selves específicos (apresentando assim uma maior integração). Portanto, os adultos jovens exploraram e experimentaram diversos selves possíveis, ao passo que os adultos idosos, que já haviam completado seu processo experimental e expansivo, concentraram-se em um self mais coeso e bem definido (integração).

Segundo as idéias de agenciamento (via motivação intrínseca), de diferenciação e de integração, o self apresenta aspectos inatos. As necessidades psicológicas e os processos no desenvolvimento fornecem um ponto de partida para o desenvolvimento do self. À medida que amadurecem, os indivíduos ganham um contato cada vez maior com o contexto social, e alguns desses aspectos do mundo social tornam-se assimilados e integrados ao sistema do self. Portanto, o retrato motivacional do autodesenvolvimento representa uma forte oposição à idéia de que o self é meramente um recipiente passivo do feedback fornecido pelo mundo social (auto-esquemas) e das identidades (locais ocupados pela pessoa na ordem social). O self é um recipiente do feedback social (o que remete, portanto, à idéia de autoconceito) e também existe dentro de uma gama de relações sociais (o que remete, portanto, à idéia de identificação); entretanto, o self também desenvolve-se ativamente por meio de seu agenciamento inerente. Dessa forma, uma compreensão do self em desenvolvimento começa pela adoção de uma estrutura de referência para o indivíduo, em vez de uma estrutura de referência para a sociedade (Deci & Ryan, 1991; Ryan, 1993).

Internalização e Integração do Self

Com suas necessidades inerentes e suas capacidades, potenciais, preferências e interesses emergentes, o self está destinado a crescer, desenvolver-se e diferenciar-se. Entretanto, a necessidade de relação com os outros mantém o indivíduo vinculado a preocupações e regulações sociais, fazendo, portanto, o self desenvolver-se tanto em direção a uma autonomia quanto em direção a uma internalização dos valores e das preocupações da sociedade. Assim, os comportamentos, as emoções e os modos de pensar originam-se não só de dentro do self, mas também do contexto social e da sociedade. À medida que o indivíduo joga, estuda, trabalha, desempenha e interage com as outras pessoas, estas requerem do indivíduo que seu self obedeça a modos particulares de comportar-se, sentir e pensar. Portanto, se os atos

182 Capítulo Dez

intencionais (ou seja, o agenciamento) às vezes surgem a partir do self, outras vezes os atos intencionais também surgem das orientações e das recomendações de outras pessoas. O processo pelo qual os indivíduos assumem e aceitam como se fosse sua uma maneira externamente prescrita de pensar, sentir ou comportar-se é chamada de internalização (Ryan & Connell, 1989; Ryan, Rigby & King, 1993). A internalização refere-se ao processo pelo qual um indivíduo transforma uma maneira de se comportar ou de valorizar que antes foi prescrita externamente em uma maneira interna (Ryan et al., 1993).

A internalização ocorre por duas razões essenciais. Em primeiro lugar, a internalização ocorre a partir do desejo que o indivíduo tem de conseguir relações significativas com seus amigos, seus pais, seus professores, técnicos, empregadores, religiosos, familiares e outros. Portanto, a internalização é motivada pela necessidade de relacionamento. Em segundo lugar, a internalização ocorre a partir do desejo que o indivíduo tem de interagir eficientemente com o mundo social. Portanto, a internalização é motivada pela necessidade de competência. Muito do que uma pessoa internaliza promove seu funcionamento eficaz (p. ex., ir à escola, escovar os dentes, pedir desculpas aos outros). Esse tipo de internalização tem um valor interpessoal adaptativo para o self, na medida em que promove maior unidade entre o self e a sociedade, tal como ocorre, por exemplo, nas relações próximas entre pais e filhos; e muito do que uma pessoa internaliza também tem um valor intrapessoal adaptativo para o self, na medida em que promove maior eficácia nas transações com o ambiente (Ryan, 1993).

São as seguintes as contribuições do agenciamento para que o self seja representado como uma ação e um desenvolvimento de origem interna: (1) reconhecer que os seres humanos possuem um self central, que é energizado pela motivação inata e direcionado pelos processos do desenvolvimento inerentes de diferenciação e integração, e (2) reconhecer que nem todas as auto-estruturas são igualmente autênticas; algumas refletem o self central, ao passo que outras refletem e reproduzem a sociedade (Deci et al., 1994; Deci & Ryan, 1985a, 1991; Ryan, 1991, 1993; Ryan & Connell, 1989).

A autovalorização é uma consequência de se estar aberto às experiências e de valorizar o self pelo que ele é. Quando são favoráveis às experiências as pessoas, agem de maneira mais honesta e aberta durante as interações interpessoais; também assumem mais responsabilidade por seu comportamento, apresentam menor probabilidade de esconder e distorcer informações com vistas a enganar os outros, participam de menos atividades de fuga (p. ex., ver tevê, assistir a filmes, e apresentar comportamentos compulsivos relacionados à comida e ao trabalho), consomem menos substâncias que alteram a consciência, apresentam menos comportamentos defensivos (p. ex., menos negação e menos críticas aos outros) e preferem parceiros de interação que satisfaçam às suas necessidades inatas, em vez de parceiros que promovam metas extrínsecas, tais como as de aparência e riqueza (Hodgins & Knee, 2002; Hodgins, Koestner & Duncan, 1996; Hodgins, Liebeskind & Schwartz, 1996; Knee & Zuckerman, 1996, 1998). Por exemplo, em uma relação amorosa, um indivíduo que está se desenvolvendo na direção de uma maior autonomia preferiria estabelecer uma conexão íntima com uma parceira dotada para o crescimento do que com uma parceira possuidora de atributos físicos socialmente desejáveis, de riqueza ou de *status* social. Se o self desenvolve-se para longe de uma maior autonomia, o valor-próprio passa a derivar de experiências distorcidas, da valorização da prática de determinadas atividades ou da tentativa de apresentar-se de determinadas maneiras para os outros (Hodgins & Knee, 2002).

Nem sempre as pessoas comportam-se de modo a expressar seu self verdadeiro. Às vezes as condições ambientais não facilitam a integração mas, em vez disso, exercem pressões externas sobre as pessoas para que se comportem conforme as demandas sociais. Condições ambientais controladoras (que exercem pressão) levam o self a ignorar suas necessidades e preferências inatas para, em vez disso, desenvolver uma auto-estrutura em torno da meta relacionada à validação externa. Em função disso, as pessoas que buscam a validação externa de um self socialmente desejável podem optar por uma profissão em virtude dos ganhos financeiros, do prestígio ou do poder social que essa profissão oferece, em vez de optarem por uma carreira que seja mais consistente com seus interesses intrínsecos, com suas preferências e suas necessidades inatas. As pessoas organizam seu comportamento e sua autovalorização em torno das necessidades do self verdadeiro quando o ambiente apóia a autonomia e o agenciamento pessoal, ao passo que organizam seu comportamento e sua autovalorização em torno da validação externa para se adaptarem a um ambiente que não apóia sua autonomia ou seu agenciamento pessoal, e que promove nelas, em vez disso, aspirações extrínsecas.

Autoconcordância

A questão formulada pelo modelo de autoconcordância é: de que maneira as pessoas decidem para o quê elas devem se esforçar na vida, e de que modo esse processo às vezes dá errado e diminui o bem-estar, ao passo que em outras vezes ele alimenta o self e promove o bem-estar (Sheldon, 2002)? As pessoas perseguem metas "autoconcordantes" quando decidem conquistar objetivos congruentes, ou "concordantes", com seu self verdadeiro.

A Figura 10.4 representa o modelo de autoconcordância (Sheldon & Elliot, 1999). O modelo tem início quando a pessoa estabelece uma meta pela qual ela se esforçará. Por exemplo, a pessoa pode estabelecer a meta de casar-se; outra pessoa pode estabelecer a meta de conseguir um diploma de ensino médio; e outra ainda pode estabelecer a meta de parar de fumar. Algumas metas refletem e emanam das necessidades, dos interesses e das preferências do self verdadeiro (metas autoconcordantes), ao passo que outras, não.

A Figura 10.5 ilustra graficamente essa idéia de que as metas de uma pessoa podem ou não representar as necessidades, os interesses e os valores internalizados do self (veja Sheldon & Elliot, 1998). Segundo a teoria da autodeterminação (discutida no Capítulo 6), as metas intrínsecas (estabelecidas em decorrência de um forte interesse) e as metas identificadas (estabelecidas em decorrência de uma convicção ou valor pessoal) representam as metas autoconcordantes. As metas autoconcordantes refletem e expressam o self determinado e integrado. Já as metas introjetadas (estabelecidas em decorrência de um senso de obri-

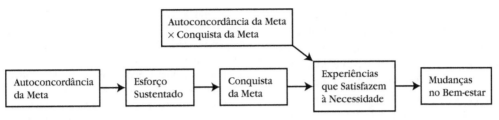

Figura 10.4 O Modelo de Autoconcordância

Fonte: extraído de Goal striving, need satisfaction, and longitudinal well-being: The self-concordance model, de K. M. Sheldon & A. J. Elliot, 1999, *Journal of Personality and Social Psychology, 76*, 482—497. Copyright 1999 da American Psychological Association. Reproduzido com permissão.

gação social — daquilo que a pessoa deve ou precisa fazer) e as metas extrínsecas (estabelecidas em decorrência de um desejo de receber elogio ou recompensa) representam as metas autodiscordantes. As metas autodiscordantes refletem e expressam a ação não-integrada que emana de pressões controladoras internas e externas.

Como mostra a Figura 10.4, as metas autoconcordantes geram um maior esforço sustentado (ou seja, maior "agenciamento") do que as metas autodiscordantes. Um esforço maior aumenta a probabilidade de uma subseqüente conquista da meta, e as metas, uma vez conquistadas, propiciam experiências de satisfação de necessidade. Ou seja, progredir na direção de uma meta é algo que faz as pessoas se sentirem bem, ao passo que fracassar na busca de uma meta faz as pessoas se sentirem mal (Carver & Scheier, 1990). Entretanto, o grau de satisfação de necessidade proporcionado pela conquista de uma meta em particular depende do grau de autoconcordância dessa meta (veja na Figura 10.4 a linha conectando "Objetivo Autoconcordante × Conquista da Meta" → Experiência que Satisfaz à Necessidade"). A conquista de metas autoconcordantes produz experiências que satisfazem às necessidades a um grau mais elevado do que o faz a conquista de metas autodiscordantes. Finalizando, o aumento do bem-estar (ou seja, os ganhos de atitude positiva, vitalidade e saúde física) é obtido por essa satisfação das necessidades autênticas. Ou seja, a conquista de metas autoconcordantes fornece ao self os nutrientes psicológicos que sustentam o bem-estar e a motivação para o agenciamento (Ryan, 1995).

Existe um teste bastante útil, auto-aplicável, para se determinar se uma meta pessoal é autoconcordante ou autodiscordante. As metas autoconcordantes (metas intrínsecas, identificadas) emanam de um sentido de posse — a pessoa está totalmente consciente de que sua busca baseia-se em um interesse, uma necessidade ou um valor pessoal. Sendo assim, o desejo de buscar metas autoconcordantes encaixa-se em um contexto de afeto positivo e de "vontade". Já as metas autodiscordantes (metas extrínsecas, introjetadas) emanam de um senso de pressão — de que o esforço pessoal baseia-se em uma obrigação para com os outros ou para com constrições sociais. Dessa maneira, o desejo de buscar metas autodiscordantes encaixa-se em um contexto de ansiedade, pressão e "obrigação". No Capítulo 5, essa

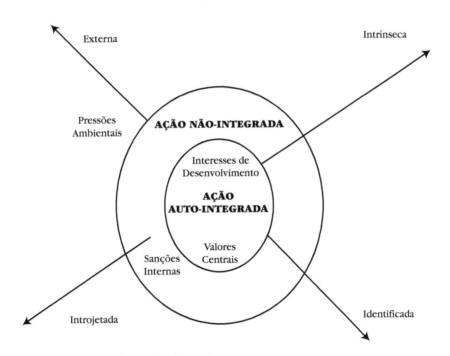

Figura 10.5 Diagrama Ilustrativo da Ação Auto-Integrada e Não-Integrada

Fonte: extraído de Goal striving, need satisfaction, and longitudinal well-being: The self-concordance model, de K. M. Sheldon & A. J. Elliot, 1999, *Journal of Personality and Social Psychology, 76*, 482—497. Copyright 1999 da American Psychological Association. Reproduzido com permissão.

distinção foi chamada de "lócus de causalidade percebido", uma vez que as metas autoconcordantes provêm de um lócus de causalidade interno percebido, ao passo que as metas autodiscordantes provêm de um lócus de causalidade externo percebido. Portanto, a autoconcordância refere-se ao sentido de posse que as pessoas têm (ou não têm) em relação a suas metas e seus esforços.

Para o indivíduo, adquirir um sentido de posse em suas metas é uma tarefa do desenvolvimento crucial do self. Um self caracterizado pelo determinismo é proativo, gerando sozinho iniciativas pessoais objetivadas para a automelhora e a auto-expansão, em vez de ser apenas reativo às forças situacionais e culturais que vão surgindo. A maneira como a autoconcordância cresce através do desenvolvimento está representada pela Figura 10.6. O lado esquerdo da figura essencialmente repete o modelo de autoconcordância apresentada na Figura 10.4 (ou seja, metas autoconcordantes → melhora nos esforços de conquista da meta → melhora na conquista da meta → experiências que satisfazem às necessidades → melhora do bem-estar). Porém, o modelo apresentado na Figura 10.6 expande o modelo de autoconcordância, visto que as experiências que satisfazem às necessidades, ao aumentarem a autoconcordância futura, contribuem para o desenvolvimento do self (Sheldon & Houser-Marko, 2001). Ou seja, a satisfação da necessidade psicológica (sentir-se mais autodeterminado, competente e relacionado) propicia um ganho de auto-afirmação e maior conhecimento do self integrado. Com o aumento da autoconsciência e do autoconhecimento, aumenta a probabilidade futura de as pessoas estabelecerem e tentarem conquistar novas metas autoconcordantes. E, ao fazerem isso, essas pessoas participam de uma "espiral ascendente", na qual a autoconcordância contribui para ganhos subseqüentes de bem-estar, crescimento pessoal e felicidade (Sheldon & Houser-Marko, 2001).

RESUMO

Existem três problemas básicos relacionados ao self: defini-lo e criá-lo, relacioná-lo com a sociedade, e descobrir e desenvolver seu potencial. Este capítulo apresentou esses problemas em forma de autoconceito (definição do self), identidade (relacionamento do self com a sociedade) e agenciamento (desenvolvimento do potencial pessoal). Evidenciando as estruturas cognitivas, as relações sociais e as buscas originadas no próprio self, essas idéias de autoconceito, de identidade e de agenciamento mostram como o self é capaz de gerar motivação.

Os auto-esquemas são generalizações cognitivas sobre o self relacionadas a áreas específicas e que são aprendidas a partir de experiências passadas. O autoconceito é um conjunto de auto-esquemas referentes a áreas específicas (p. ex., como as pessoas representam mentalmente suas características pessoais em áreas como competência esportiva e relações interpessoais). Os auto-esquemas geram a motivação de duas maneiras: pelo self consistente e pelo self possível. Em relação ao self consistente, os auto-esquemas direcionam o comportamento de modo a confirmar a autovisão e a impedir que episódios geradores de feedback possam desconfirmar essa autovisão. Em outras palavras, a pessoa utiliza seu comportamento para verificar seu autoconceito. A teoria da dissonância cognitiva ilustra uma maneira pela qual o self consistente mantém sua autovisão. Os princípios básicos da teoria da dissonância cognitiva são os de que as pessoas não gostam de inconsistência, que a experiência da dissonância é psicologicamente aversiva, e que as pessoas buscam reduzir a dissonância esforçando-se por manter a consistência de suas crenças, atitudes, valores e comportamentos. Já em relação ao self possível, o indivíduo observa outras pessoas e prevê proativamente uma visão do self que essa pessoa gostaria de se tornar no futuro. Os selves possíveis geram a motivação para o desenvolvimento e o crescimento em direção a aspirações particulares.

A identidade são os meios pelos quais o self relaciona-se com a sociedade, captando assim a essência de quem é o self dentro de um contexto cultural. A teoria do controle do afeto explica a maneira como o comportamento é motivado pelas identidades, visto que o comportamento é direcionado por valores culturais (julgamentos de bondade, poder e atividade) e é energizado pelas deflexões afetivas (entre os sentimentos fundamentais e as impressões transitórias). Tendo as pessoas assumido seus papéis sociais (p. ex., de mãe ou de brigão), suas identidades direcionam seu comportamento de maneira a expressar o valor cultural relacionado com a identidade do papel em questão. Pessoas com identidades agradáveis engajam-se em comportamentos agradáveis, e pessoas com identidades poderosas engajam-se em comportamentos poderosos. Portanto, um médico é prestativo e gentil, em vez de ser hostil

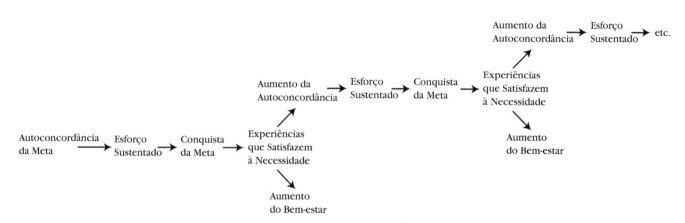

Figura 10.6 Modelo do Caminho Cíclico para o Modelo de Autoconcordância, Ilustrando os Ganhos no Desenvolvimento em Termos de Bem-Estar e Autoconcordância

Nota. Para fins de clareza e simplificação, omitiu-se tanto o dístico "Autoconcordância da Meta × Conquista da Meta" quanto a seta que o une ao dístico "Experiências que Satisfazem à Necessidade" (conforme está na Figura 10.4).

Fonte: adaptado de Sheldon, K. M. & Houser-Marko, L. (2001). Self-concordance, goal attainment, and the pursuit of happiness: Can there be an upward spiral? *Journal of Personality and Social Psychology, 80*, 152—165. Copyright 2001 da American Psychological Association. Reproduzido com permissão.

ou cruel, visto que, comportando-se daquela maneira e não desta, ele está assumindo a identidade boa e poderosa de um doutor. Quando as pessoas agem de maneiras conformes com sua identidade, as interações sociais fluem suavemente. Porém, quando as pessoas agem de maneiras destoantes de sua identidade, ocorre uma deflexão afetiva que energiza ações objetivadas para a restauração da identidade.

O self também possui uma motivação interna, ou agenciamento, que provoca a ação. A ação surge espontaneamente a partir da motivação intrínseca, e seu desenvolvimento se dá por meio dos processos de diferenciação e integração. A motivação intrínseca, que é inerente às necessidades psicológicas, energiza o self para que ele exercite e desenvolva suas capacidades inerentes. A diferenciação ocorre à medida que o self exercita seus interesses, suas preferências e suas capacidades intrínsecas para atingir um crescimento e uma expansão rumo a uma complexidade cada vez maior. A integração ocorre à medida que essas partes diferenciadas do self agrupam-se em um certo sentido de coerência ou unidade. Todo esse processo é dinâmico, visto que a motivação intrínseca, a diferenciação, a integração e a internalização da experiência social contribuem para o desenvolvimento contínuo e o crescimento do self. O modelo da autoconcordância ilustra os benefícios motivacionais e do desenvolvimento na busca das metas emanadas do self verdadeiro ou integrado. A autocongruência entre o self e suas metas gera uma melhora de esforços que leva a uma maior probabilidade de experiências capazes de satisfazer às necessidades, o que, por sua vez, promove tanto o bem-estar quanto ganhos futuros de autoconcordância.

LEITURAS PARA ESTUDOS ADICIONAIS

Autofuncionamento

BAUMEISTER, R. F. (1987). How the self became a problem: A psychological review of historical research. *Journal of Personality and Social Psychology, 52*, 163-176.

RYFF, C. D. (1989). Happiness is everything, or is it? Explorations on the meaning of psychological well-being. *Journal of Personality and Social Psychology, 57*, 1069-1081.

Autoconceito

MARKUS, H. (1977). Self-schemata and processing information about the self. *Journal of Personality and Social Psychology, 35*, 63-78.

SWANN, W. B., JR. (1987). Identity negotiation: Where two roads meet. *Journal of Personality and Social Psychology, 53*, 1038-1051.

Dissonância Cognitiva

ARONSON, E. (1992). The return of the oppressed: Dissonance theory makes a comeback. *Psychological Inquiry, 3*, 303-311.

HARMON-JONES, E. & MILLS, J. (1999). An introduction to cognitive dissonance theory and an overview of current perspectives on the theory. Em E. Harmon-Jones & J. Mills (Eds.), *Cognitive dissonance: Progress on a pivotal theory in social psychology* (Capítulo 1, pp. 3-21). Washington, DC: American Psychological Association.

Identidade

MACKINNON, N. J. (1994). Affect control theory. Em N. J. MacKinnon, *Symbolic interactionism as affect control* (Capítulo 2, pp. 15-40). Albany, NY: SUNY Press.

ROBINSON, D. T. & SMITH-LOVIN, L. (1992). Selective interaction as a strategy for identity maintenance: An affect control model. *Social Psychology Quarterly, 55*, 12-28.

Agenciamento

DECI, E. L. & RYAN, R. M. (1991). A motivational approach to self: Integration in personality. Em R. Dienstbier (Ed.), *Nebraska symposium on motivation: Perspectives on motivation* (Vol. 38, pp. 237-288). Lincoln: University of Nebraska.

SHELDON, K. M. & ELLIOT, A. J. (1999). Goal striving, need satisfaction, and longitudinal well-being: The self-concordance model. *Journal of Personality and Social Psychology, 76*, 482-497.

Parte Três

Emoções

Capítulo 11

Natureza da Emoção: Cinco Questões Permanentes

O QUE É UMA EMOÇÃO?
   Relação entre Emoção e Motivação
      Emoção como motivação
      Emoção como sistema de leitura (*readout*)
O QUE CAUSA EMOÇÃO?
   Biologia e Cognição
      Perspectiva biológica
      Perspectiva cognitiva
   Visão dos Dois Sistemas
   O Problema da Galinha e do Ovo
   Modelo Abrangente da Biologia e da Cognição
QUANTAS EMOÇÕES EXISTEM?
   Perspectiva Biológica
   Perspectiva Cognitiva
   Conciliação da Questão dos Números
   Emoções Básicas
      Medo
      Raiva

      Repugnância
      Tristeza
      Ameaça e dano
      Alegria
      Interesse
      Envolvimento e satisfação de motivo
QUAL A UTILIDADE DAS EMOÇÕES?
   Funções de Enfrentamento (*Coping*)[1]
   Funções Sociais
   Por que Temos Emoções
QUE DIFERENÇA HÁ ENTRE EMOÇÃO E HUMOR?
   Humor Cotidiano
   Afeto Positivo
      Condições que nos fazem sentir bem
      Benefícios do bem-estar
RESUMO
LEITURAS PARA ESTUDOS ADICIONAIS

Segundo os biscoitos chineses da sorte, os grandes filósofos, a Bíblia, os discursos de Franklin Delano Roosevelt, os Vulcanos e o Dalai Lama, emoções como raiva e medo raramente dão bom resultado. Segundo essas fontes, na maioria das vezes as emoções produzem resultados destrutivos. Por outro lado, os pesquisadores das emoções, de modo geral, vêem as emoções como respostas construtivas a tarefas fundamentais da vida. Raiva e medo podem causar uma sensação ruim e às vezes resultar em comportamentos problemáticos, mas mesmo a mais veemente emoção existe como concessão necessária na busca humana da sobrevivência, que é repleta de emoções.

Os pesquisadores das emoções são um grupo afável e de mente aberta, de modo que resolveram fazer as malas, tomar um avião para Dharamsala e visitar o Dalai Lama para ouvirem uma segunda opinião sobre "emoções destrutivas" e o modo de vencê-las (Goleman, 2003). Afinal, faz bastante sentido considerar que algumas emoções são potencialmente perigosas. Você não gostaria de estar no mesmo carro, no trânsito urbano,

com um motorista irascível que "solta fumaça", corre, anda em ziguezague, agarrando o volante como se quisesse estrangular os outros motoristas. Provavelmente ele tiraria proveito de um papo com o Dalai Lama.

Então, que tipo de sabedoria tinha o Dalai Lama para oferecer? Muita coisa, é o que se revela. O pensamento budista organiza-se em torno da meta de reconhecer e depois atenuar emoções destrutivas, especialmente as três grandes: ânsia extrema, agitação e ódio. Ao que parece, essas emoções são as que mais prejudicam a pessoa e os outros. Elas ocupam seu lugar na sobrevivência e na adaptação a situações ameaçadoras, mas, já que nas vizinhanças

---

[1]O termo *coping* possui, no campo do estresse e da emoção, o significado abrangente de "estratégias de enfrentamento e manejo de situações problemáticas". Tendo em vista a complexidade desta tradução, optamos por manter a palavra *coping* entre parênteses após sua tradução, nos casos em que consideramos mais informativo ao leitor. Em geral, o termo é traduzido por "enfrentamento", e o verbo *to cope*, por "lidar". (*N.R.T.*)

não existem mais tigres-de-dentes-de-sabre, a raiva, o medo, e outras, podem custar-nos pelo menos tanto quanto nos dão.

Depois de muitos anos de meditação, os budistas conseguem transmudar a ânsia em contentamento, a agitação em calma e até mesmo o ódio em compaixão. No Ocidente, as pessoas atenuam suas emoções negativas com medicamentos (p. ex., um comprimido para ansiedade, um remédio para depressão). No Oriente, os que praticam meditação transformam as emoções negativas em positivas, já que, potencialmente, a raiva e o ressentimento podem dirigir seu foco para compaixão e até para o amor e o respeito ao próximo. De fato, nossa constituição biológica nos preparou para agirmos com emoção aos eventos importantes da vida, pois todos sentem tristeza ante uma perda e medo ante uma ameaça. Mas muita coisa acontece imediatamente depois da perda ou da ameaça antes que possamos reagir, menos de um segundo depois, com uma resposta destrutiva ou construtiva. Se soubermos o que acontece no curto espaço de tempo entre a exposição a eventos importantes da vida e nossa reação emocional subseqüente, teremos os meios de transformar biologicamente as reações destrutivas em respostas mais construtivas.

As emoções geralmente surgem como reações a eventos situacionais importantes. Uma vez ativadas, geram sentimentos, ativam o corpo para a ação, geram estados motivacionais e se expressam publicamente. Para compreendermos as emoções e o modo como geram ações motivadas, o Capítulo 11 discute a natureza da emoção, enquanto o Capítulo 12 discute os diversos aspectos da emoção. Aqui, o Capítulo 11 discute as cinco perguntas que sempre surgem no estudo da emoção e responde a elas:

1. O que é uma emoção?
2. Qual é a causa da emoção?
3. Quantas emoções existem?
4. Qual a utilidade das emoções?
5. Que diferença há entre emoção e humor?

O QUE É UMA EMOÇÃO?

As emoções são mais complexas do que parecem a princípio. À primeira vista, todos nós conhecemos as emoções como sentimentos. Conhecemos a alegria e o medo porque o aspecto sentimento de uma emoção tem muito destaque em nossa experiência. É quase impossível deixarmos de reparar no aspecto sentimento da emoção quando deparamos com uma ameaça (medo) ou progredimos para uma meta (alegria). Mas, assim como o nariz é apenas uma parte do rosto, os sentimentos são apenas uma parte da emoção.

As emoções são multidimensionais. Existem como fenômenos subjetivos, biológicos, sociais e com um propósito (Izard, 1993). Em parte, as emoções são sentimentos subjetivos, pois nos fazem sentir de determinado modo, tal como zangados (com raiva) ou alegres. Mas as emoções são também reações biológicas, respostas mobilizadoras de energias que preparam o corpo para adaptar-se às situações que enfrentamos, sejam elas quais forem. As emoções são também agentes de um propósito, assim como a fome tem um propósito. A raiva, por exemplo, cria um desejo motivacional de fazer aquilo que, não fosse ela, poderíamos não fazer, tal como combater um inimigo ou protestar contra uma injustiça. E as emoções são fenômenos sociais. Quando emocionados, emitimos sinais faciais, posturais e vocais reconhecíveis que comunicam aos outros a qualidade e a intensidade da nossa emoção (p. ex., movimentos das sobrancelhas, o tom da voz).

Dado o caráter multidimensional da emoção, parece que o conceito vai esquivar-se a uma definição direta. A dificuldade de definir a emoção poderia confundir você a princípio, porque as emoções parecem muito imediatas nas experiências do dia-a-dia. Todos sabem como é sentir alegria e raiva, podendo o leitor perguntar: "Qual é o problema em definir a emoção como ela é?" O problema é o seguinte: "Todos sabem o que a emoção é, até lhes pedirem que a definam" (Fehr & Russell, 1984). Nenhuma dessas dimensões em separado — subjetiva, biológica, propositiva ou social — define adequadamente a emoção. Um sentimento não pode ser equiparado a uma emoção assim como uma expressão facial também não se iguala a uma emoção (Russell, 1995). Na emoção há mais do que apenas um sentimento ou apenas uma expressão. Cada uma dessas quatro dimensões simplesmente dá ênfase a um caráter diferente da emoção. Para compreendermos e definirmos a emoção, é preciso estudarmos cada uma das suas quatro dimensões e o modo como elas atuam umas sobre as outras.

As quatro dimensões (ou componentes) da emoção aparecem na Figura 11.1. Essa figura mostra quatro boxes, cada qual correspondendo a um aspecto em separado da emoção. O componente sentimento dá à emoção a sua experiência subjetiva, que tanto possui significado como importância pessoal. Tanto na intensidade como na qualidade a emoção é sentida e experienciada em nível subjetivo (ou "fenomenológico"). O aspecto sentimento tem raízes em processos cognitivos ou mentais.

O componente de excitação corporal inclui nossa ativação biológica ou fisiológica, inclusive a atividade do sistema autônomo e do sistema hormonal, pois são esses que preparam e regulam o comportamento corporal adaptativo durante a emoção. A excitação corporal e a ativação fisiológica acham-se tão interligadas com a emoção que é quase impossível tentarmos imaginar uma pessoa com raiva, ou revoltada, sem estar excitada. Quando sob efeito emocional, nosso corpo fica preparado para a ação, o que é verdade em termos de nossa fisiologia (freqüência cardíaca, epinefrina na corrente sangüínea) e de nossa musculatura (postura alerta, punhos cerrados).

O componente propositivo dá à emoção seu estado motivacional (busca de metas), para a execução da ação necessária ao manejo das circunstâncias emocionais enfrentadas. O aspecto propositivo explica por que as pessoas se beneficiam das emoções. Uma pessoa sem emoções estaria em substancial desvantagem social e evolutiva em relação às demais. Imagine, por exemplo, a condição desvantajosa de sobrevivência física e social de uma pessoa que não tem capacidade de sentir medo, embaraço, interesse ou amor.

O componente social-expressivo é o aspecto comunicativo da emoção. Através de posturas, gestos, vocalizações e expressões faciais nossas experiências particulares tornam-se expressões públicas. Enquanto expressamos uma emoção, comunicamos de maneira não-verbal de que maneira nos sentimos, e como interpretamos a situação do momento. Por exemplo, quando uma pessoa abre uma carta particular, observamos a sua fisio-

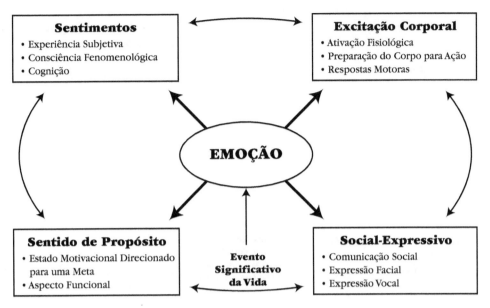

Figura 11.1 Quatro Componentes da Emoção

nomia e prestamos atenção ao tom de sua voz para lermos suas emoções. As emoções envolvem, portanto, a pessoa inteira: sentimentos, excitação corporal, senso de propósito e comunicações não-verbais.

Depois dessa introdução aos quatro componentes da emoção, podemos oferecer uma definição introdutória. As emoções são fenômenos expressivos e propositivos, de curta duração, que envolvem estados de sentimento e ativação, e nos auxiliam na adaptação às oportunidades e aos desafios que enfrentamos durante eventos importantes da vida. Uma vez que as emoções surgem em resposta aos eventos significativos de nossa vida, a Figura 11.1 inclui um caminho que vai do "evento significativo da vida" à "emoção".

Definir a emoção é mais complicado do que definir a "soma de suas partes". A emoção é o constructo psicológico que une e coordena esses quatro aspectos da experiência em um padrão sincronizado. É por isso que o termo "emoção" aparece na Figura 11.1 como um constructo separado de seus componentes individuais. A emoção é aquilo que organiza os componentes sentimento, ativação, propósito e expressão em uma reação coerente a um evento provocador. Por exemplo, no caso do medo, o evento provocador poderia ser representado por encostas íngremes de esqui, ao passo que a reação inclui sentimentos, excitação corporal, desejos direcionados para uma meta e comunicações não-verbais bastante objetivas. Assim, o esquiador ameaçado sente-se apavorado (aspecto sentimento), "com o coração a mil" (aspecto excitação corporal), com um desejo forte de autoproteção (aspecto propositivo) e apresenta os olhos tensos e os cantos da boca repuxados (aspecto expressivo). Esses elementos sincronizados e mutuamente apoiados constituem um padrão de reatividade a um perigo ambiental: a emoção medo.

Essa definição de emoção realça como os diferentes aspectos da experiência se complementam e se coordenam uns com os outros (Averill, 1990; LeDoux, 1989). Por exemplo, o que as pessoas sentem está relacionado com os movimentos de seus músculos faciais. Quando você vê ou cheira um alimento estragado, por exemplo, seu modo de sentir e seu modo de franzir o nariz e recolher o lábio superior coordenam-se como um sistema coerente de expressão e sentimentos (Rosenberg & Ekman, 1994). Assim também, o modo como você movimenta o rosto coordena-se com a sua reatividade fisiológica, de modo que baixar o cenho e apertar os lábios com força coincide com o aumento da freqüência cardíaca e a elevação da temperatura epidérmica (Davidson et al., 1990).

Essas inter-relações e a intercoordenação entre os quatro diferentes componentes da emoção são mostradas graficamente na Figura 11.1 pelas linhas curvas finas que conectam cada aspecto da emoção aos outros três. As setas em dois sentidos indicam que, por exemplo, as alterações nos sentimentos influem na excitação corporal, ocorrendo juntamente com ela, assim como as alterações na excitação corporal influem nos sentimentos e ocorrem juntamente com eles.

A Figura 11.2 traz uma ilustração concreta do princípio mais abstrato mostrado na Figura 11.1. A tristeza é uma reação emocional a um encontro com um evento significativo da vida, como separação ou fracasso. Tomando como exemplo a emoção de angústia/tristeza, o sentimento aversivo influi na letargia corporal, no sentido de propósito para reverter o fato da separação e na expressão facial distintiva de tristeza, ocorrendo juntamente com eles. Portanto, as emoções são sistemas sincronizados que coordenam sentimento, ativação, propósito e expressão, de modo a nos preparar para que nos adaptemos com êxito às circunstâncias da vida. "Emoção" é a palavra usada pelos psicólogos para dar nome a esse processo coordenado e sincronizado.

Relação entre Emoção e Motivação

As emoções relacionam-se com a motivação de dois modos. Em primeiro lugar, as emoções são um tipo de motivo. Assim como todos os outros motivos (p. ex., necessidades, cognições),

Figura 11.2 Quatro Componentes da Tristeza

as emoções dão energia ao comportamento e o dirigem. A raiva, por exemplo, mobiliza recursos subjetivos, fisiológicos, hormonais e musculares (ou seja, dá energia ao comportamento) para se atingir uma determinada meta ou propósito (ou seja, dirige o comportamento), tal como vencer um obstáculo ou corrigir uma injustiça. Em segundo lugar, as emoções servem como um sistema de leitura (*readout*) permanente para indicar se a adaptação pessoal está indo bem ou não. A alegria, por exemplo, revela inclusão social e o progresso em direção às nossas metas, enquanto a angústia revela exclusão social e fracasso.

Emoção como Motivação

A maioria dos pesquisadores está de acordo em que a emoção funciona como um tipo de motivo. Porém, alguns deles vão mais longe. Argumentam que as emoções constituem o sistema motivacional *primário* (Tomkins, 1962, 1963, 1984; Izard, 1991). Durante toda a história centenária da psicologia, os impulsos (*drivers*) fisiológicos (fome, sede, sono, sexo e dor) foram considerados motivadores primários (Hull, 1943, 1952). A privação de ar nos fornece um exemplo. Quando a pessoa é privada de ar, gera-se um impulso fisiológico que pode tomar-lhe toda a atenção, fornecer energia à ação mais vigorosa e dirigir o comportamento decididamente para um único propósito. Como conseqüência, parece lógico concluir que a privação de ar produz um motivo homeostático poderoso e primário para se executar qualquer ação necessária para se conseguir o ar de que se precisa para o restabelecimento da homeostase (veja o Capítulo 4). Todavia, Silvan Tomkins, pesquisador da emoção, chamou esse raciocínio, esse truísmo evidente, de "erro radical" (Tomkins, 1970). Segundo Tomkins, a perda de ar provoca uma reação emocional forte — de medo ou de terror. É esse terror que fornece a motivação para agir. Assim, é o terror, e não a privação de ar ou a ameaça à homeostase corporal a fonte causal e imediata do comportamento motivado de conseguir ar. Tire fora a emoção e você estará retirando a motivação.

Emoção como Sistema de Leitura (*Readout*)

A emoção também fornece uma leitura do *status* em que se encontram os estados motivacionais da pessoa, que estão em contínua mudança, e sua condição de adaptação pessoal (Buck, 1988). As emoções positivas refletem o envolvimento e a satisfação de nossos estados motivacionais, enquanto as emoções negativas refletem o abandono e a frustração de nossas motivações. As emoções positivas também refletem o êxito de nossa adaptação a circunstâncias que enfrentamos, enquanto as emoções negativas refletem o fracasso da nossa adaptação.

Desse ponto de vista, as emoções não são, necessariamente, motivos do mesmo modo que as necessidades e cognições, porém refletem o *status* de satisfação *versus* fracasso dos motivos. Considere a motivação sexual e veja como a emoção fornece uma leitura do progresso corrente (*readout*) de um episódio sexual que facilita alguns comportamentos e inibe outros. Durante tentativas de gratificação sexual, emoções positivas, tais como interesse e alegria, sinalizam que tudo vai bem e facilitam a conduta sexual posterior. Emoções negativas como repulsa, raiva e culpa sinalizam que nem tudo vai bem e inibem a conduta sexual posterior. Emoções positivas durante tentativas de envolvimento e satisfação de motivos pessoais (isto é, interesse, alegria) proporcionam um sinal verde, no sentido metafórico, para que esse curso de ação continue a ser seguido. Por outro lado, emoções negativas durante tentativas de envolvimento e satisfação de motivos pessoais (isto é, repulsa, culpa) fornecem um sinal vermelho, metaforicamente, para que se interrompa o seguimento desse curso de ação.

O QUE CAUSA A EMOÇÃO?

Quando deparamos com um evento significativo da vida, surge a emoção, como está mostrado na Figura 11.3. Conforme ilustramos a seguir, a mente (processos cognitivos) e o corpo (processos biológicos) das pessoas reagem de modo adaptativo

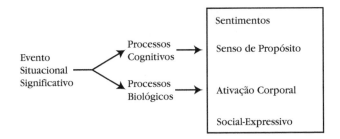

Figura 11.3 Causas da Experiência da Emoção

a eventos significativos da vida. Ou seja: o encontro com um evento significativo da vida ativa processos cognitivos e biológicos que ativam em conjunto os componentes fundamentais da emoção, inclusive os sentimentos, a excitação corporal, o propósito direcionado a uma meta e a expressão.

Uma questão de importância central no estado da emoção é: o que causa uma emoção? Nesta análise causal entram em jogo muitos pontos de vista, inclusive biológicos, psicoevolutivos, cognitivos, desenvolvimentais, psicanalíticos, sociais, sociológicos, culturais e antropológicos. Apesar dessa diversidade, a compreensão do que causa uma emoção alinha-se em torno de uma polêmica central: biologia *versus* cognição. Essencialmente, essa polêmica pergunta se as emoções são fenômenos primariamente biológicos ou primariamente cognitivos. Se as emoções são biológicas na maioria, deveriam emanar de um núcleo causal biológico, tal como circuitos neuroanatômicos cerebrais e o modo pelo o qual o corpo reage a eventos significativos da vida. Porém, caso as emoções sejam principalmente cognitivas, deveriam emanar de eventos mentais causais, tais como avaliações subjetivas do que a situação significa para o bem-estar da pessoa.

Biologia e Cognição

Juntas, as perspectivas cognitiva e biológica fornecem um quadro relativamente abrangente do processo da emoção. Não obstante, reconhecer tanto os aspectos cognitivos como os aspectos biológicos como base da emoção não responde à questão do que é primário: os fatores biológicos ou cognitivos (Lazarus, 1982, 1984, 1991a, 1991b; Scherer & Ekman, 1984; Zajonc, 1980, 1981, 1984). Os que argumentam a favor da primazia da cognição argumentam que os indivíduos não podem responder emocionalmente, a não ser que primeiro avaliem cognitivamente o significado e a importância pessoal de um evento: esse evento é relevante para o bem-estar? É relevante para o bem-estar de um ente querido? É importante? Benéfico? Prejudicial? Primeiro se estabelece o significado e depois a emoção se segue como conseqüência. A avaliação do significado causa a emoção. Os que argumentam a favor da primazia da biologia afirmam que as reações emocionais não exigem, necessariamente, tais avaliações cognitivas. Eventos de tipo diferente, tais como atividade neural subcortical ou expressões faciais espontâneas, ativam a emoção. Para o biólogo teórico, as emoções podem ocorrer, e realmente ocorrem, sem um evento cognitivo prévio, mas não podem ocorrer sem um evento biológico prévio. A biologia, portanto, e não a cognição, é que é primária.

Perspectiva Biológica

Na perspectiva biológica incluem-se três representantes: Carroll Izard (1989, 1991), Paul Ekman (1992) e Jaak Panksepp (1982, 1994). Izard (1984) descobre que os bebês respondem emocionalmente a certos eventos, apesar de suas limitações cognitivas (p. ex., vocabulário limitado, capacidade limitada de memória). Um bebê de 3 semanas, por exemplo, sorri em resposta a uma voz humana em tom alto (Wolff, 1969) e o de 2 meses exprime raiva em resposta à dor (Izard et al., 1983). Na época em que a criança adquire a linguagem e começa a usar as capacidades sofisticadas de memória de longo prazo, a maioria dos eventos emocionais envolve uma boa quantidade de processos cognitivos. Apesar da riqueza da atividade cognitiva no processo da emoção, Izard (1989) insiste em que grande parte do processamento emocional dos eventos da vida permanece não-cognitiva — automática, inconsciente e mediada por estruturas subcorticais. Por serem biologicamente sofisticados, mas cognitivamente limitados, os bebês demonstram melhor a primazia da biologia na emoção.

Ekman (1992) destaca que as emoções têm início muito rápido, duração curta, podendo ocorrer automática e involuntariamente. Assim, as emoções acontecem conosco quando agimos emocionalmente, mesmo antes de termos consciência dessa emocionalidade. As emoções são biológicas porque evoluíram através do seu valor adaptativo no manejo das tarefas fundamentais da vida. Assim como Izard, Ekman reconhece as contribuições cognitivas, sociais e culturais na experiência emocional, mas conclui que a biologia — e não a aprendizagem, a interação social ou a história da socialização — está no âmago causal da emoção.

Para Panksepp (1982, 1994), as emoções surgem de circuitos neurais geneticamente fornecidos que regulam a atividade cerebral (ou seja, eventos bioquímicos e neuro-hormonais). Panksepp admite que é mais difícil estudar os processos ocultos dos circuitos cerebrais do que estudar sentimentos rotulados verbalmente. Insiste, porém, em que os circuitos cerebrais fornecem os fundamentos biológicos essenciais para a experiência emocional. Por exemplo, nós (e outros animais) herdamos um circuito cerebral para a raiva, um circuito cerebral para o medo, um circuito cerebral para a tristeza, e mais alguns. O raciocínio lógico que apóia a perspectiva biológica de Panksepp provém de três descobertas importantes:

1. Como os estados emocionais são muitas vezes difíceis de verbalizar, eles devem, pois, ter origens não-cognitivas (não baseadas na linguagem).
2. A experiência emocional pode ser induzida por procedimentos não-cognitivos, tais como estimulação elétrica do cérebro ou da musculatura facial.
3. As emoções ocorrem em bebês e em animais não-humanos.

Perspectiva Cognitiva

Na perspectiva cognitiva incluem-se três representantes: Richard Lazarus (1984, 1991a, 1991b), Klaus Scherer (1994a, 1994b, 1997) e Bernard Weiner (1986). Para cada um desses teóricos a atividade cognitiva é um pré-requisito necessário para que haja emoção. Elimine o processamento cognitivo e a emoção desaparecerá.

Lazarus argumenta que, sem uma compreensão da importância pessoal do impacto potencial de um evento sobre o bem-estar pessoal, não há razão para uma resposta emocional. Os estímulos avaliados como irrelevantes não provocam reações emocionais. Para Lazarus (1991a, 1991b), a avaliação cognitiva que o indivíduo faz do significado de um evento (e não o evento em si) cria as condições da experiência emocional. Ou seja: é pouco provável que um carro que ultrapasse você no trânsito lhe desperte medo, a não ser que a maneira da ultrapassagem o faça pensar que, de algum modo, seu bem-estar foi posto em risco. O processo gerador da emoção não começa com o evento em si, nem com a reação biológica ao evento, mas com a avaliação cognitiva do seu significado.

Scherer (1994a, 1997) concorda com Lazarus em que algumas experiências da vida produzem emoções enquanto outras não as produzem. Scherer identifica diversas avaliações cognitivas específicas que geram experiências emocionais, entre elas as seguintes: evento é bom ou mau? Consigo lidar com êxito com essa situação?, e: Esse evento está bem, em termos morais? As respostas a essas perguntas sobre o modo como avaliamos a situação que enfrentamos constituem o tipo de processamento cognitivo que dá origem às emoções.

Em sua análise de atribuição da emoção, Weiner (1986) concentra-se no processamento de informações que acontece após resultados de vida ocorrerem. Ou seja, a teoria da atribuição enfoca o pensamento e a reflexão pessoal que empreendemos depois dos êxitos e fracassos da vida. Depois de um êxito, acreditar que este foi causado pela própria pessoa produz uma emoção (orgulho), ao passo que acreditar que o mesmo êxito foi causado por um amigo produz uma emoção diferente (gratidão). Repare que tanto o resultado como o evento da vida podem ser a mesma coisa, mas, se a atribuição for diferente, a experiência emocional é diferente. Assim, as atribuições, e não o evento ou o resultado, dão vida à emoção.

O benefício mais direto a ser auferido do debate entre cognição *versus* biologia é que ambos os lados afirmam com clareza suas respectivas posições. Uma vez apresentados ao pensamento de ambos os lados, pergunta-se agora o seguinte: qual lado está certo? Ou: qual lado está mais certo? Os psicólogos da emoção têm lutado em busca de respostas para essa pergunta e encontraram duas respostas:

Visão dos Dois Sistemas

Uma resposta à pergunta "O que causa a emoção?" é que tanto a cognição como a biologia causam emoção. Segundo Buck (1984), os seres humanos têm dois sistemas sincrônicos que ativam e regulam a emoção.

Um dos sistemas é um sistema inato, espontâneo e fisiológico que reage involuntariamente a estímulos emocionais. O segundo é um sistema cognitivo com base na experiência que reage interpretativa e socialmente. O sistema fisiológico da emoção surgiu primeiro na evolução da humanidade (isto é, o sistema límbico), ao passo que o sistema cognitivo da emoção surgiu mais tarde, à medida que os seres humanos iam se tornando cada vez mais cerebrais e cada vez mais sociais (isto é, o neocórtex). Juntos, o sistema biológico primitivo e o sistema cognitivo contemporâneo combinam-se para fornecer um mecanismo altamente adaptativo de emoção formado por dois sistemas.

A visão dos dois sistemas aparece na Figura 11.4 (Buck, 1984). O sistema inferior é biológico e remonta à antiga história evolutiva da espécie. As informações sensoriais são processadas pelas estruturas e vias subcorticais (ou seja, límbicos) de maneira rápida, automática e inconsciente. O segundo sistema é cognitivo e depende da história da aprendizagem social e cultural particular do indivíduo. As informações sensoriais são processadas pelas vias corticais de maneira avaliativa, interpretativa e consciente. Os dois sistemas emocionais são complementares (e não competidores) e funcionam juntos para ativar e regular a experiência emocional.

Robert Levenson (1994a) leva a visão dos dois sistemas emocionais um pouco mais longe, formulando hipóteses sobre o modo como o sistema biológico e o sistema cognitivo da emoção interagem. Em vez de existirem como sistemas paralelos, os dois sistemas influem um no outro. Panksepp (1994) acrescenta que algumas emoções surgem primariamente do sistema bioló-

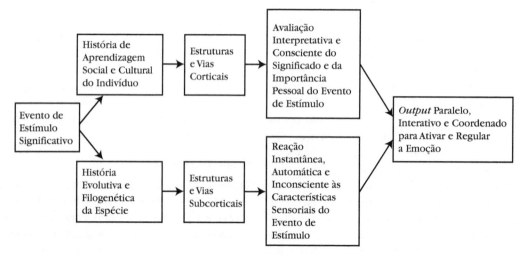

Figura 11.4 Visão dos Dois Sistemas Emocionais

gico, enquanto outras emoções surgem primariamente do sistema cognitivo. Emoções como medo e raiva surgem primariamente dos circuitos de comando neurais subcorticais (das estruturas e vias subcorticais, na terminologia de Buck). Outras emoções, porém, não podem ser bem explicadas pelos circuitos neurais subcorticais. Em vez disso, elas surgem principalmente da experiência pessoal, da modelagem social e do contexto cultural. Essa categoria de emoções surge primariamente a partir de avaliações, expectativas e atribuições (das estruturas e vias corticais, na terminologia de Buck).

O Problema da Galinha e do Ovo

Robert Plutchik (1985) vê o debate entre cognição e biologia como o dilema sobre a galinha e o ovo. A causa da emoção não deveria ser conceituada como cognitiva nem como biológica. A emoção é antes um processo, uma cadeia de eventos que se agregam em um sistema complexo de retroalimentação. Os elementos no circuito de retroalimentação de Plutchik são: cognição, ativação, sentimentos, preparação para a ação, expressões e atividade comportamental manifesta (ou seja, lembre-se dos aspectos multidimensionais da emoção mostrados nas Figuras 11.1 e 11.2). Uma representação possível do circuito de retroalimentação de emoção de Plutchik aparece na Figura 11.5. O sistema de retroalimentação começa com um evento de vida significativo e conclui com a emoção. Situada entre evento e emoção há uma cadeia interativa de eventos. Para influir na emoção, pode-se interferir em qualquer ponto do circuito de retroalimentação. Mude-se a avaliação cognitiva de "isto é benéfico" para "isto é prejudicial" e a emoção mudará. Mude-se a qualidade da ativação (tal como através de um exercício, um medicamento ou um eletrodo no cérebro) e a emoção mudará. Mude-se a expressão corporal (por exemplo, a musculatura facial, a postura corporal) e a emoção mudará, e assim por diante.

A solução de Plutchik para o debate entre cognição e biologia entra no mundo complexo da dialética, no qual cada aspecto da emoção tanto é causa como efeito, devendo-se o resultado final à interação dinâmica entre as seis forças mostradas na figura. O tema mais importante a ser extraído de uma análise do tipo galinha-e-ovo é que as cognições não são causas mais diretas das emoções do que os eventos biológicos. Juntos, cognição, ativação, preparação para ação, sentimentos, expressões e atividade comportamental manifesta formam o caldeirão de experiências que influencia e regula a emoção. Outros fazem eco a essa visão da emoção como processo enfatizando que todas as experiências emocionais existem como episódios que ocorrem no tempo (Scherer, 1994b). Com o passar do tempo, os diversos componentes da emoção se elevam e reduzem, exercendo influências contínuas um sobre os outros.

Modelo Abrangente da Biologia e da Cognição

As emoções são fenômenos complexos (e interativos). Tal como acontece com a maioria das complexidades, faz sentido trabalhar com uma peça do quebra-cabeça de cada vez. Falando de modo geral, os biólogos, os etólogos e os neurofisiologistas enfocam principalmente os aspectos biológicos da emoção, enquanto os psicólogos cognitivistas, os psicólogos sociais e os sociólogos enfocam principalmente seus aspectos cognitivos e socioculturais. É precisamente esse o esquema organizacional adotado no próximo capítulo, o Capítulo 12, que discute primeiro os aspectos biológicos da emoção e depois os aspectos cognitivos. O capítulo também acrescenta uma seção extra a respeito das contribuições sociais e culturais da experiência emocional.

QUANTAS EMOÇÕES EXISTEM?

O debate entre cognição e biologia desperta indiretamente outra questão importante: quantas emoções existem? A orientação biológica enfatiza emoções primárias (p. ex., raiva, medo) e minimiza a importância de emoções secundárias, ou adquiridas. A orientação cognitiva reconhece a importância das emoções primárias, mas destaca que muita coisa interessante sobre as experiências emocionais surge das experiências individuais, sociais e culturais. Assim, a parte interessante e importante na emoção está nas emoções complexas (secundárias, adquiridas). Em última análise, qualquer resposta à pergunta "Quantas emoções existem?" depende da preferência dada, à orientação biológica ou à orientação cognitiva.

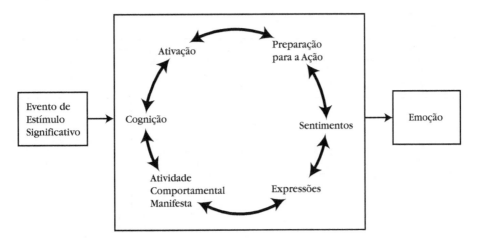

Figura 11.5 Circuito de Retroalimentação na Emoção

Perspectiva Biológica

A perspectiva biológica geralmente enfatiza as emoções primárias, com um limite inferior de duas (Solomon, 1980) ou três (Gray, 1994) até um limite superior de dez (Izard, 1991). Cada biólogo teórico tem uma razão muito boa para propor um número específico de emoções, embora cada proposta tenha por base uma ênfase diferente. As oito principais tradições de pesquisa no estudo biológico das emoções aparecem na Figura 11.6. A figura identifica o número de emoções sugerido pelos achados empíricos dentro dessa tradição, explica a base racional pela qual o teórico propõe esse número de emoções e oferece uma bibliografia de apoio para outras leituras.

Richard Solomon (1980) identifica dois sistemas cerebrais de caráter hedonista e inconsciente que existem de tal modo que qualquer experiência agradável sofre a oposição automática e reflexa de uma experiência aversiva contrária, assim como qualquer experiência aversiva sofre a oposição automática e reflexa de um processo prazeroso contrário (p. ex., o medo é contraposto e rapidamente substituído pelo "processo oposto" da euforia, tal como durante o salto em queda livre). Jeffrey Gray (1994) propõe três emoções básicas com origens em circuitos cerebrais separados: o sistema da aproximação comportamental (alegria), o sistema de luta-ou-fuga (raiva/medo) e o sistema de inibição comportamental (ansiedade). Jaak Panksepp (1982) propõe quatro emoções — medo, raiva, pânico e expectativa —, com base em sua descoberta de quatro vias neuroanatômicas separadas geradoras de emoções dentro do sistema límbico. Nancy Stein e Tom Trabasso (1992) dão destaque às quatro emoções de felicidade, tristeza, raiva e medo porque essas emoções refletem reações diante de acontecimentos vitais essenciais: realização (felicidade), perda (tristeza), obstrução (raiva) e incerteza (medo). Silvan Tomkins (1970) distingue seis emoções — interesse, medo, surpresa, raiva, angústia e alegria — com base no argumento de que existem seis padrões de descarga neural distintos para essas diferentes emoções (p. ex., o aumento rápido na taxa de disparo neural instiga a surpresa). Paul Ekman (1992, 1994a) propõe seis emoções distintas — medo, raiva, tristeza, repugnância, contentamento e desprezo — com o argumento de que cada uma dessas emoções está associada a uma expressão facial universal (transcultural) correspondente. Robert Plutchik (1980) lista oito emoções — raiva, repugnância, tristeza, surpresa, medo, aceitação, alegria e expectativa —, porque cada uma corresponde a uma síndrome de comportamento emocional comum a todos os organismos vivos (p. ex., o medo corresponde à proteção). Por fim, Carroll Izard (1991) lista dez emoções com base em sua teoria diferencial das emoções: raiva, medo, angústia, alegria, repugnância, surpresa, vergonha, culpa, interesse e desprezo.

Cada uma dessas oito tradições de pesquisa concorda em que: (1) existe um número pequeno de emoções básicas, (2) as emoções básicas são universais a todos os seres humanos (e animais) e (3) as emoções básicas são produtos da biologia e da evolução. O ponto de divergência das oito tradições está nas especificações do que constitui o núcleo biológico exato que rege a experiência emocional.

Perspectiva Cognitiva

A perspectiva cognitiva afirma com convicção que os seres humanos experimentam mais emoções do que o número entre 2 e 10 afirmado pela tradição biológica. Os teóricos cognitivistas admitem que há, claro, apenas um número limitado de circuitos neurais, expressões faciais e reações corporais (p. ex., a reação de luta-ou-fuga). Destacam, porém, que da mesma reação biológica podem surgir várias emoções diferentes. Por exemplo, uma única resposta fisiológica, tal como uma elevação rápida da pressão sanguínea, pode servir de base biológica para raiva, ciúme ou inveja. Pressão sanguínea elevada e uma avaliação de injustiça produzem raiva; pressão sanguínea elevada e uma avaliação de que um objeto deveria ser da pessoa, e não de outra,

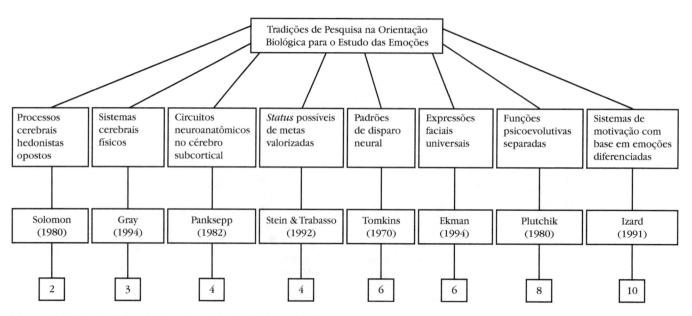

Figura 11.6 Oito Tradições de Pesquisa no Estudo Biológico da Emoção

produzem ciúme; e pressão sangüínea elevada e uma avaliação de que outra pessoa está em posição mais favorável produz inveja. Para os teóricos cognitivistas, o ser humano experiencia uma imensa diversidade de emoções porque as situações podem ser interpretadas de maneiras bem diferentes (Shaver et al., 1987) e porque a emoção surge de uma mistura de avaliação cognitiva (Lazarus, 1991a), linguagem (Storm & Storm, 1987), conhecimento pessoal (Linville, 1982), história de socialização (Kemper, 1987) e expectativas culturais (Leavitt & Power, 1989).

A Figura 11.7 apresenta nove tradições de pesquisa dentro do estudo cognitivo das emoções. A figura esclarece a razão lógica pela qual cada teórico propõe que as emoções surgem, oferecendo referências bibliográficas para outras leituras. A figura mostra que todos os teóricos cognitivistas respondem à pergunta "Quantas emoções existem?" com a mesma resposta, ou seja: que existe um número quase ilimitado de emoções. Assim acontece porque todos os teóricos cognitivistas compartilham da suposição de que "as emoções surgem em resposta às estruturas de significado de determinadas situações; emoções diferentes são respostas a estruturas diferentes de significado" (Frijda, 1998). A diferença entre os teóricos cognitivistas está no modo como retratam a maneira de as pessoas gerarem e interpretarem o significado de uma situação. A situação pode fornecer o contexto para a interpretação do estado de ativação da pessoa (Schachter, 1964), o indivíduo pode interpretar seu próprio estado de ativação (Mandler, 1984) e as pessoas podem ser socializadas para interpretarem seu próprio estado de ativação (Kemper, 1987). Além disso, as pessoas fazem avaliações sobre se seu relacionamento com o ambiente afeta seu bem-estar pessoal (Lazarus, 1991a), o significado e as memórias das situações que enfrentam (Frijda, 1993) e as atribuições do porquê da ocorrência de resultados bons e maus (Weiner, 1986). E as experiências emocionais estão profundamente incorporadas na linguagem (Shaver et al., 1987), nos modos socialmente construídos de ação (Averill, 1982) e em papéis sociais como "chefe de torcida" e "provocador" (Heise, 1989).

Conciliação da Questão dos Números

Todos — pesquisadores de orientação biológica e de orientação cognitiva — concordam em que existem dezenas de emoções. A discussão concentra-se, portanto, no seguinte: se algumas emoções são mais fundamentais ou mais básicas do que outras (Ekman & Davidson, 1994). Uma perspectiva de meio-termo é argumentar que cada emoção básica não é uma emoção sozinha, mas uma *família* de emoções relacionadas (Ekman, 1994a). A raiva, por exemplo, é uma emoção básica, mas é também uma família de emoções que inclui hostilidade, ira, fúria, ultraje, aborrecimento, ressentimento, inveja e frustração. De modo semelhante, a alegria é uma emoção básica, mas é também uma família de emoções que inclui divertimento, alívio, satisfação, contentamento e orgulho pelas realizações. Cada membro de uma família partilha muitas das características da emoção básica — sua fisiologia, seu estado subjetivo de sentimento, suas características de expressão e assim por diante (consulte a Figura 11.2). Existe um número limitado dessas famílias de emoções básicas com raízes na biologia e na evolução (conforme defendem os teóricos de orientação biológica, na Figura 11.6), mas também muitas variações dessas emoções básicas por meio da aprendizagem, da socialização e da cultura (conforme defendem os teóricos de orientação cognitiva, na Figura 11.7). Existem pelo menos cinco famílias de emoções: raiva, medo, repugnância, tristeza e contentamento (Ekman, 1992, 1994a).

As famílias de emoções também podem ser compreendidas a partir de uma perspectiva mais cognitiva. Uma análise da língua inglesa levou um grupo de pesquisadores a concluir que o conhe-

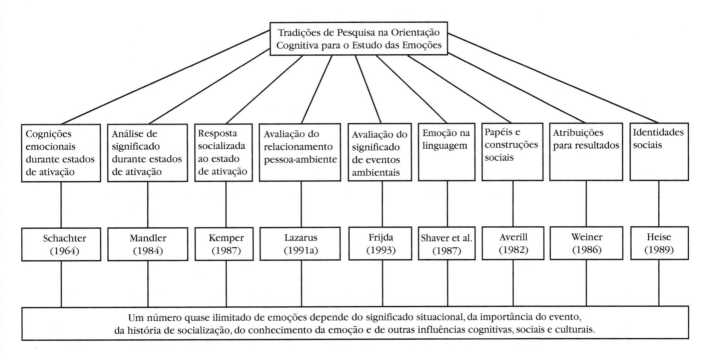

Figura 11.7 Nove Tradições de Pesquisa no Estudo Cognitivo da Emoção

198 Capítulo Onze

cimento da emoção envolve cinco protótipos de emoções básicas: raiva, medo, tristeza, alegria e amor (Shaver et al., 1987). De acordo com esse grupo de pesquisadores, as pessoas aprendem a fazer distinções cada vez mais sutis dentro das causas e conseqüências dessas cinco emoções básicas. Por exemplo: o repertório emocional de uma criança pequena pode incluir somente raiva, medo, tristeza, alegria e amor, mas, depois de muitas experiências e socialização, a criança aprende que situações diferentes dão surgimento a variações diferentes da emoção básica. Por exemplo, é preciso aprendizagem, experiência e socialização para se compreenderem as variedades do medo: alarme, choque, susto, horror, terror, pânico, histeria, mortificação, ansiedade, nervosismo, tensão, inquietude, apreensão, preocupação, pavor, e talvez outras. Assim, o medo é a emoção básica, enquanto as outras variações são adquiridas como emoções secundárias.

Emoções Básicas

Qualquer resposta à pergunta sobre a quantidade de emoções existentes força a pessoa a comprometer-se com um nível de especificidade (Averill, 1994,) o que significa que as emoções podem ser conceituadas em um nível geral, tal como a família ou o protótipo (p. ex., raiva) ou em um nível situacional específico (p. ex., hostilidade, inveja, frustração). Nesta seção, as emoções são examinadas em nível geral. As chamadas emoções básicas são as que satisfazem aos seguintes critérios (Ekman & Davidson, 1994):

1. São inatas, e não adquiridas ou aprendidas por experiência ou socialização.
2. Surgem das mesmas circunstâncias para todas as pessoas (perdas pessoais entristecem a todos, independentemente de idade, cultura e assim por diante).
3. São expressas de maneira própria e distinta (tal como por meio de uma expressão facial universal).
4. Provocam um padrão de respostas fisiológicas distinto e altamente previsível.

Alguns pesquisadores argumentam contra a idéia das emoções básicas (Ortony & Turner, 1990) e outros oferecem uma lista de emoções básicas que é diferente da lista aqui apresentada. Apesar da diversidade de opinião, nenhuma lista de emoções básicas seria tão diversa a ponto de não incluir as seis apresentadas: medo, raiva, repugnância, tristeza, alegria e interesse (extraído de Ekman, 1992; Ellsworth & Smith, 1988a; Izard, 1991; Shaver et al., 1987; Weiner, 1986).

Medo

O medo é uma reação emocional que surge a partir da interpretação da pessoa de que a situação que ela enfrenta é perigosa e uma ameaça ao seu próprio bem-estar. Os perigos e as ameaças percebidos podem ser psicológicos ou físicos. As situações mais comuns que ativam o medo são as que se originam na antecipação de dano físico ou psicológico, a vulnerabilidade a perigos ou a expectativa de que a capacidade de lidar com problemas não seja suficiente para as circunstâncias que estão por acontecer. A percepção de que pouco se pode fazer para lidar com uma ameaça ambiental ou com um perigo é uma fonte de medo pelo menos tão importante como qualquer característica objetiva da ameaça ou do perigo em si (Bandura, 1983). O medo trata, portanto, principalmente de uma vulnerabilidade percebida de a pessoa ser vencida por uma ameaça ou um perigo.

O medo motiva a defesa. Funciona como sinal de aviso para um dano físico ou psicológico iminente que se manifesta na ativação do sistema nervoso autônomo (como na parte de fuga da resposta de luta-ou-fuga). O indivíduo treme, transpira, olha ao redor e sente tensão nervosa para se proteger. É por meio da experiência do medo que nosso sistema emocional nos informa sobre nossa vulnerabilidade (muitas vezes em termos nada incertos). A motivação de proteção se manifesta pela evitação ou afastamento do(s) objeto(s). Fugir estabelece uma distância física (ou psicológica) entre a pessoa e aquilo de que ela tem medo. Se não for possível fugir, o medo motiva estratégias de manejo (*coping*), como no caso de se ficar em silêncio e imóvel.

Sob um aspecto mais favorável, o medo pode fornecer a base motivacional para a aprendizagem de novas respostas de manejo (*coping*) que evitem a pessoa de encontrar antes o perigo. Durante uma chuva torrencial, por exemplo, poucos motoristas na rodovia precisam ser lembrados de prestarem atenção à pista escorregadia (o medo ativa esforços para lidar com o problema) e os motoristas experientes lidam melhor com um perigo desse tipo do que os motoristas novatos (o medo facilita a aprendizagem de respostas adaptativas). O medo, portanto, adverte-nos quanto à nossa vulnerabilidade e também facilita a aprendizagem e ativa estratégias de manejo (*coping*) em situações problemáticas.

Raiva

A raiva é uma emoção universal (Averill, 1982). Quando as pessoas descrevem suas experiências emocionais mais recentes, a raiva é a emoção que vem à mente com mais freqüência (Scherer & Tannenbaum, 1986). A raiva surge da restrição, tal como na interpretação de que os planos da pessoa ou o seu bem-estar possam sofrer interferência de alguma força externa (p. ex., barreiras, obstáculos, interrupções). A raiva também surge de uma traição de confiança, uma rejeição, uma crítica injustificada, da falta de consideração dos outros e de aborrecimentos acumulados (Fehr et al., 1999). A essência da raiva é a crença de que a situação não é o que deveria ser, ou seja: nem a restrição, nem a interferência ou a crítica são legítimas (De Rivera, 1981).

A raiva é a emoção mais passional. A pessoa enraivecida fica com mais força e mais energia (como na parte de luta da resposta de luta-ou-fuga). A raiva também aumenta o senso de controle das pessoas (Lerner & Keltner, 2001). A raiva torna as pessoas mais sensíveis e perceptivas às injustiças do que os outros (Keltner, Ellsworth & Edwards, 1993), sendo a luta e o senso de controle direcionados para superar ou corrigir a restrição não-legítima. Esse ataque pode ser verbal ou não-verbal (gritar ou bater a porta) e direto ou indireto (destruir o obstáculo ou apenas atirar objetos a esmo). Outras respostas comuns motivadas pela raiva são: exprimir sentimentos de mágoa, discutir o assunto, fazer conciliação ou evitar a outra pessoa completamente (Fehr et al., 1999). Quando as pessoas dão vazão à raiva, as pesquisas mostram uma taxa surpreendente de bom êxito (Tafrate,

Kassinove & Dundin, 2002). A raiva muitas vezes esclarece problemas de relacionamento, dá força a programas políticos, e estimula uma cultura a mudar para melhor, tal como ocorreu com o movimento dos direitos civis, o movimento sufragista feminino e a resposta nacional dos americanos aos ataques terroristas de 11 de setembro de 2001 (Tavris, 1989). Em todos esses casos de raiva servindo a uma função positiva, porém, é quase sempre a expressão assertiva e não-violenta da raiva que traz bons resultados, e não a sua expressão violenta, porque a raiva pode servir a uma função importante de alerta ("Estou falando sério!") que leva os outros a terem uma compreensão mais profunda da outra pessoa e do problema causador da raiva.

A raiva não é apenas a emoção mais passional: é também a emoção mais perigosa, já que seu propósito é destruir barreiras no ambiente. Cerca de metade dos episódios de raiva incluem gritos ou berros e cerca de 10% dos episódios de raiva terminam em agressão (Tafrate et al., 2002). Quando a raiva incita à agressão, produz destruição e danos desnecessários, como quando empurramos um rival, insultamos um companheiro de equipe ou, sem pensar, danificamos uma propriedade. Um temperamento alimentado pela raiva também aumenta de maneira impressionante a probabilidade de a pessoa sofrer um ataque cardíaco. Porém, mais uma vez, sob um aspecto mais positivo, a raiva pode ser uma emoção produtiva. A raiva é produtiva quando dá energia ao vigor, à força e à persistência em nossos esforços para lidarmos de modo produtivo à medida que transformamos o mundo ao nosso redor naquilo que ele deveria ser. E as pessoas (p. ex., políticos) que expressam raiva geralmente ganham mais respeito e *status* depois de um erro do que as que manifestam tristeza ou culpa (Tiedens & Linton, 2001). Quando as circunstâncias mudam daquilo que não deveriam ser (injustiça) para o que deveriam ser (justiça), a raiva se dissipa conseqüentemente (Lerner, Goldberg & Tetlock, 1998).

Repugnância

A repugnância implica livrar-se ou afastar-se de um objeto contaminado, deteriorado ou estragado. O que exatamente vem a ser esse objeto depende do desenvolvimento e da cultura (Rozin, Haidt & McCauley, 1993; Rozin, Lowery & Ebert, 1994). Na primeira infância, a causa da repugnância limita-se a sabores amargos ou azedos. Na segunda infância, as reações de repugnância ampliam-se para além do desagrado, incluindo repulsas psicologicamente adquiridas e, de modo geral, qualquer objeto tido como desagradável (Rozin & Fallon, 1987). Ao chegarmos à idade adulta, a repugnância surge quando encontramos qualquer objeto que julgamos estar de certo modo contaminado, tal como nas contaminações corporais (má higiene, sangue coagulado, morte), contaminações interpessoais (contato físico com pessoas indesejáveis) e contaminações morais (abuso de crianças, incesto, infidelidade). A aprendizagem cultural determina muito do que o adulto considera contaminação corporal, interpessoal ou moral, mas na maioria das culturas as pessoas consideram nojentas as coisas que têm origem animal e que se espalham contaminando outros objetos (p. ex., uma barata morta em contato com alimento desencadeia uma repugnância geral e também contamina todo o prato, emocionalmente falando).

A função da repugnância é a rejeição. Por meio da repugnância, o indivíduo rejeita e renega de modo ativo algum aspecto físico ou psicológico do ambiente. Veja as invasões ambientais que a pessoa procura rejeitar por meio da emoção repugnância (Rozin, Lowery & Ebert, 1994): comer uma coisa amarga (sabor ruim), cheirar amônia ou carne podre (cheiro ruim), comer uma maçã com um verme (comida contaminada), assistir a uma dissecação médica (violação do corpo), pensar em alguém envolvido em incesto (violação moral) e dormir em uma cama de hotel cujos lençóis não foram trocados (contaminação interpessoal).

A repugnância é fenomenologicamente aversiva, mas desempenha, paradoxalmente, um papel motivacional positivo em nossas vidas, já que o desejo de evitar objetos repugnantes nos motiva a aprender os comportamentos de manejo (*coping*) necessários para evitar o encontro (ou a criação) de condições que produzam repugnância. Portanto, como as pessoas desejam evitar situações nojentas, elas mudam os hábitos e atributos pessoais, jogam fora o lixo e higienizam os arredores, e reavaliam seus pensamentos e valores. Lavam os pratos, escovam os dentes, tomam banhos e fazem exercícios para evitar um corpo fora de forma ou "repugnante".

Tristeza

A tristeza (ou angústia) é a emoção mais negativa e desagradável. A tristeza surge principalmente de experiências de separação ou fracasso. A separação — perda de um ente querido por morte, divórcio, circunstâncias (p. ex., viagem) ou briga — é aflitiva. Além de estarmos separados daqueles que amamos, também sentimos a separação de um lugar (cidade natal) ou de um emprego, de um cargo ou de uma situação a que damos valor. O fracasso também provoca tristeza, tal como ser reprovado em um exame, perder um concurso ou ser rejeitado como membro de um grupo. Até mesmo o fracasso que está fora no nosso controle volitivo pode causar angústia, tal como guerra, doenças, acidentes e depressão econômica (Izard, 1991).

Em razão da sensação desagradável, a tristeza motiva o indivíduo a assumir qualquer comportamento necessário para suavizar as circunstâncias que provocam angústia antes que elas ocorram novamente. A tristeza motiva a pessoa a fazer o ambiente voltar ao estado anterior à situação angustiante. Depois de uma separação, o enamorado rejeitado se desculpa, envia flores ou telefona, em um esforço de reparar o relacionamento rompido. Depois de um fracasso, o artista exercita-se para recobrar a confiança e evitar nova ocorrência de fracasso semelhante. Ou seja, por nos sentirmos tristes, somos mais propensos a pedir desculpas e a oferecer reparações. Infelizmente, muitas separações e fracassos não podem ser reparados. Em condições em que não há esperança, a pessoa comporta-se não de maneira ativa e vigorosa, mas de maneira inativa, letárgica, que basicamente conduz ao afastamento.

Um aspecto benéfico da tristeza é que, indiretamente, ela facilita a coesão de grupos sociais (Averill, 1968). Como a separação das pessoas importantes para nós provoca tristeza, e como a tristeza é uma emoção bem desconfortável, sua antecipação motiva as pessoas a permanecerem em união com os entes amados (Averill, 1979). Se as pessoas não sentissem tanto a falta das

200 Capítulo Onze

outras, seriam menos motivadas a se darem o trabalho de manter a coesão social. De modo semelhante, se o aluno ou o atleta não antecipasse a possibilidade de sofrer angústia por causa de um fracasso, teria menos motivação para se preparar e se exercitar. Assim, embora a tristeza faça a pessoa sentir-se infeliz, também pode motivar e manter comportamentos produtivos.

Ameaça e Dano

Ameaça e dano são os temas que organizam as diversas emoções de medo, tristeza, raiva e repugnância. Quando eventos ameaçadores ou danosos são previstos ou antecipados, sentimos medo. Durante o esforço para rechaçarmos ou rejeitarmos a ameaça ou o dano, sentimos raiva e repugnância. Uma vez ocorrida a ameaça ou o dano, sentimos tristeza. Como resposta à ameaça e ao dano, o medo motiva o comportamento de evitação ou de fuga da ameaça. A raiva motiva a luta e a defesa vigorosa. A repugnância motiva a rejeição do evento ou do objeto ruim. A tristeza leva à inatividade e ao afastamento e é eficaz quando faz a pessoa desistir dos esforços de lidar (*coping*) com situações das quais não pode fugir, e as quais não pode rejeitar nem combater. Daí, medo, raiva, repugnância e tristeza agirem em conjunto para dotar o indivíduo de um sistema emocional que lide de modo eficaz com todos os aspectos de ameaça e dano.

Alegria

Os eventos que trazem alegria incluem resultados desejáveis — bom êxito em uma tarefa, realizações pessoais, progresso em direção a uma meta, obtenção do que se quer, ganho de respeito, obtenção de amor ou afeição, recebimento de uma surpresa agradável ou experiência de sensações agradáveis (Ekman & Friesen, 1975; Izard, 1991; Shaver et al., 1987). As causas da alegria — resultados desejáveis, relacionados com o sucesso pessoal e com relações interpessoais — são basicamente o oposto das causas da tristeza (resultados indesejáveis relacionados com fracasso e com separação ou perda). O modo como a alegria nos afeta também parece ser o oposto do modo como a tristeza o faz. Quando estamos tristes, sentimos letargia e nos afastamos; quando estamos alegres, sentimos entusiasmo e somos sociáveis. Quando tristes, muitas vezes somos pessimistas; quando alegres ficamos otimistas.

A função da alegria é dupla. Em primeiro lugar, ela facilita nossa disposição de exercer atividades sociais. Os sorrisos de alegria facilitam a interação social (Haviland & Lelwica, 1987) e, se continuam, ajudam os relacionamentos a se formarem e se fortalecerem com o tempo (Langsdorf et al., 1983). Poucas experiências são tão poderosas e recompensadoras como o sorriso e a inclusão interpessoal. A alegria é, portanto, uma cola social que mantém firmes os relacionamentos, tais como bebê e mãe, pessoas que se amam, colegas de trabalho e companheiros de equipe. Em segundo lugar, a alegria tem uma "função calmante" (Levenson, 1999). É o sentimento positivo que torna a vida agradável e equilibra as experiências de vida de frustração, decepção e afeto negativo em geral. Permite-nos conservar o bem-estar psicológico, mesmo diante de eventos angustiantes que atravessam nosso caminho. A alegria também fornece um meio de desfazer os efeitos angustiantes de emoções desagradáveis,

como, por exemplo, quando os pais cantam e fazem caretas para acalmar bebês aflitos e quando pessoas que se amam mostram afeição para dissipar um desentendimento que de outro modo causaria conflito (Carstensen, Gottman & Levenson, 1995).

Interesse

O interesse é a emoção que mais prevalece no funcionamento do dia-a-dia (Izard, 1991). Há sempre um nível de interesse presente. Por isso, os aumentos e declínios de interesse geralmente envolvem uma mudança de interesse de um evento, um pensamento ou uma ação para outro. Em outras palavras, em geral não paramos e iniciamos nosso interesse, mas antes o redirecionamos de um objeto ou evento para outro. Os eventos da vida que dirigem nossa atenção incluem os que envolvem nossas necessidades ou nosso bem-estar (Deci, 1992b). Outros eventos que dirigem nossa atenção são aqueles que instigam um aumento moderado na velocidade dos disparos neurocorticais, bem como os associados a mudanças de estímulos, novidades, incertezas, complexidades, enigmas e curiosidades, desafios, pensamentos de aprendizagem, pensamentos de realizações e atos de descobertas (Berlyne, 1966; Izard, 1991).

O interesse cria o desejo de explorar, investigar, buscar, manipular e extrair informações dos objetos que nos cercam. Motiva atos de exploração e é nesses atos de virar as coisas para tudo quanto é lado que obtemos as informações que buscamos. O interesse também está subjacente ao desejo de sermos criativos, de aprendermos e de desenvolvermos nossas competências e nossas habilidades (Renninger, Hidi & Krapp, 1992). O interesse da pessoa por uma atividade determina o grau de atenção dirigido a essa atividade e quanto a pessoa processa, compreende e lembra informações importantes (Hidi, 1990; Renninger et al., 1992; Renninger & Wozniak, 1985; Schiefele, 1991; Shirey & Reynolds, 1988). O interesse, portanto, aprimora a aprendizagem (Alexander, Kulikowich & Jetton, 1994). É difícil aprender uma língua estrangeira, arranjar tempo para ler um livro ou empenhar-se na maioria de quaisquer atividades de aprendizagem sem o apoio emocional do interesse.

Envolvimento e Satisfação de Motivo

Envolvimento e satisfação de motivo são os temas que unem as emoções positivas de interesse e alegria. Quando um efeito benéfico relativo às nossas necessidades e ao nosso bem-estar é antecipado, sentimos interesse. Se e quando o evento se materializa em satisfação de motivo, sentimos alegria (ou prazer). O interesse motiva a abordagem e o comportamento exploratório necessário para se promover contato com o evento que potencialmente traz satisfação ao motivo. O interesse também prolonga nosso envolvimento na tarefa, de modo que podemos ficar em uma posição de experimentar a satisfação do motivo. A alegria se acrescenta ao interesse, substituindo-o até certo ponto, uma vez ocorrida a satisfação do motivo (Izard, 1991). A alegria promove, pois, a persistência da tarefa e comportamentos subseqüentes de novo envolvimento com o evento que traz a satisfação do motivo. Juntos, interesse e alegria regulam a pessoa que está completa e voluntariamente envolvida em uma atividade (Reeve, 1989).

QUAL A UTILIDADE DAS EMOÇÕES?

Enquanto sentem a angústia inerente à tristeza, à raiva ou ao ciúme, as pessoas, compreensivelmente, fazem a si mesmas a seguinte pergunta: "Qual é o propósito das emoções? — para que servem?" Não é incomum as pessoas que sentem emoções desagradáveis quererem que suas emoções vão embora e as deixem em paz. Quem quer se sentir triste?

O trabalho sobre a utilidade ou a função da emoção começou com *The Expression of Emotions in Man and Animals* (1872), de Charles Darwin, um esforço menos famoso do que sua obra de 1859 sobre a evolução das espécies. Em sua obra sobre as emoções, Darwin argumentou que as emoções ajudam os animais a se adaptarem aos seus ambientes. Exibições de emoção ajudam a adaptação, do mesmo modo que a exibição de características físicas (p. ex., a altura). Por exemplo, quando o cão mostra os dentes para defender seu território, isso o ajuda a lidar com situações hostis (afastando os adversários). Tal expressividade é funcional e, portanto, as emoções são candidatas à seleção natural.

Funções de Enfrentamento (*Coping*)

As emoções não ocorrem inesperadamente. Ocorrem por uma razão. De um ponto de vista funcional, as emoções evoluíram porque ajudaram os animais a lidarem com tarefas fundamentais da vida (Ekman, 1994a). Para sobreviver, os animais precisam explorar seus ambientes, vomitar substâncias nocivas, desenvolver e manter relações, atender imediatamente a emergências, evitar ferimentos, reproduzir-se, lutar, e também fornecer e proporcionar cuidados. Todos esses comportamentos são produzidos por emoções e todos facilitam a adaptação do indivíduo às modificações nos ambientes físico e social.

As tarefas fundamentais da vida são experiências humanas universais, tais como perda, frustração e realização (Johnson-Laird & Oatley, 1992). A emoção durante as tarefas da vida dá energia ao comportamento, dirigindo-o de maneira a beneficiar a evolução (p. ex., depois de uma separação, chorar por socorro mostrava-se mais eficaz do que outros cursos de ação). Ou seja, a emoção e o comportamento emocional fornecem aos animais modos arraigados e automatizados de lidar com os principais desafios e ameaças ao seu bem-estar (Tooby & Cosmides, 1990).

Como se vê na Tabela 11.1, as emoções servem pelo menos a oito propósitos distintos: proteção, destruição, reprodução, reunião, afiliação, rejeição, exploração e orientação (Plutchik, 1970, 1980). Para o propósito da proteção, o medo dá energia e direcionamento ao corpo para retirada e fuga. Para destruir algum aspecto do ambiente (p. ex., um inimigo, um obstáculo, restrições), a raiva prepara o corpo para o ataque. Para explorar o ambiente, a antecipação desperta o interesse e prepara o corpo para a investigação. Para todas as tarefas importantes da vida, os seres humanos desenvolveram uma reação emocional adaptativa correspondente. A função da emoção é, portanto, preparar-nos com uma resposta automática, muito rápida e historicamente bem-sucedida às tarefas fundamentais da vida.

Essa linha de raciocínio leva à seguinte conclusão: a emoção "má" é coisa que não existe. A alegria não é necessariamente uma emoção boa e a raiva e o medo não são necessariamente emoções más (Izard 1982). *Todas* as emoções são benéficas porque dirigem a atenção e canalizam o comportamento para onde é necessário, segundo as circunstâncias enfrentadas. Com isso, cada emoção fornece uma prontidão única para responder a uma situação em particular. Desse ponto de vista, medo, raiva, repugnância, tristeza e todas as outras emoções são boas. Isso acontece porque o medo facilita de maneira ótima a proteção, a repugnância facilita de maneira ótima a repulsa a objetos contaminados e assim por diante. As emoções são, portanto, organizadoras positivas, funcionais, propositivas e adaptativas do comportamento.

Outros pesquisadores da emoção de orientação biológica enfatizam uma maior flexibilidade nos modos de manejo (*coping*) emocional do que a da Tabela 11.1 (Frijda, 1994). Ou seja, enquanto o medo basicamente motiva o comportamento protetor, também nos prepara para ações adicionais e mais flexíveis, inclusive evitando que o evento perigoso ocorra em primeiro lugar ou suprimindo a atividade até passar a ameaça. Assim também, a raiva basicamente motiva a ação destrutiva, mas também nos prepara para cumprir normas sociais ou para desencorajar eventos causadores de raiva antes que ocorram (p. ex., desencorajar a injustiça, as restrições e os insultos com um comportamento preparatório, como regras de negociação). A experiência individual e a aprendizagem cultural expandem muito os itens na coluna do "Comportamento Emocional" na Tabela 11.1. Esse aumento de flexibilidade é importante porque deixa claro que

Tabela 11.1 Visão Funcional do Comportamento Emocional

Emoção	Situação de Estímulo	Comportamento Emocional	Função da Emoção
Medo	Ameaça	Correr, fugir	Proteção
Raiva	Obstáculo	Morder, bater	Destruição
Alegria	Companheiro potencial	Cortejar, acasalar	Reprodução
Tristeza	Perda de pessoa valorizada	Chorar por ajuda	Reunião
Aceitação	Membro de grupo	Limpar um ao outro, compartilhar	Afiliação
Repugnância	Objeto horrendo	Vomitar, repelir	Rejeição
Antecipação	Novo território	Examinar, mapear	Exploração
Surpresa	Objeto novo súbito	Parar, alertar	Orientação

Fonte: extraído de "Functional View of Emotional Behavior", *Emotion: A Psychoevolutionary Synthesis* (p. 289), de R. Plutchik, 1980, Nova York: Harper & Row. Adaptado com permissão.

202 Capítulo Onze

as respostas emocionais são mais flexíveis do que os reflexos (Scherer, 1984b).

Funções Sociais

Além de servir às funções de enfrentamento (*coping*), as emoções servem a funções sociais (Izard, 1989; Keltner & Haidt, 1999; Manstead, 1991). As emoções:

1. Comunicam aos outros os nossos sentimentos.
2. Influem no modo como os outros nos tratam.
3. Promovem e facilitam a interação social.
4. Criam, mantêm e dissolvem relacionamentos.

As expressões emocionais são poderosas mensagens não-verbais que comunicam aos outros os nossos sentimentos. Através das expressões emocionais os bebês transmitem de maneira não-verbal o que não podem transmitir verbalmente, como através da face (Fridland, 1992), da voz (Scherer, 1986) e do comportamento emocional em geral (Huebner & Izard, 1988). Ao nascerem, os bebês são capazes de exprimir alegria, interesse e repugnância; aos dois meses, também são capazes de exprimir tristeza e raiva; e aos seis meses conseguem exprimir medo (Izard, 1989). Durante a primeira infância, as expressões de interesse, alegria, tristeza, repugnância e raiva representam quase 100% das expressões faciais de emoção (Izard et al., 1995). As pessoas que cuidam do bebê reconhecem com segurança e interpretam de maneira correta essas expressões faciais (Izard et al., 1980). As expressões faciais do bebê guiam, pois, o cuidador em relação aos cuidados específicos à emoção do bebê (Huebner & Izard, 1988).

As demonstrações emocionais influem no modo como as pessoas interagem, assim como a expressão emocional de uma pessoa pode promover reações comportamentais seletivas de outra pessoa (Camras, 1977; Coyne, 1976a, 1976b; Frijda, 1986; Klinnert et al., 1983). Em uma situação de conflito por causa de um brinquedo, por exemplo, uma criança que exprima raiva ou tristeza tem muito maior probabilidade de ficar com o brinquedo do que uma criança que não exprima qualquer emoção (Camras, 1977; Reynolds, 1982). A expressão emocional comunica aos outros, de maneira não-verbal, o provável comportamento futuro da pessoa. Se o brinquedo for tomado, a expressão de raiva da criança comunica um provável ataque iminente, enquanto a criança que exprime tristeza comunica a mensagem de que vai haver uma provável enxurrada de lágrimas. O sinal de que a pessoa está propensa a atacar ou chorar muitas vezes tem bom êxito em reaver o brinquedo perdido (ou, antes, em evitar que o brinquedo seja tomado). Portanto, no contexto da interação social, as emoções servem a múltiplas funções, inclusive informativas ("É assim que eu me sinto"), de advertência ("É isso o que vou fazer") e diretivas ("É isso que eu quero que você faça") (Ekman, 1993; Schwartz & Clore, 1983). Desse modo, as expressões emocionais comunicam incentivos sociais (sorriso de alegria), repressões sociais (rosto zangado) e mensagens tácitas (expressão de embaraço) que facilitam e coordenam a interação social (Fernald, 1992; Keltner & Buswell, 1997; Tronick, 1989).

Muitas expressões emocionais são motivadas socialmente, e não biologicamente. Essa afirmação soa estranha porque geralmente se supõe que as pessoas sorriem quando estão alegres e franzem as sobrancelhas quando estão tristes. Não obstante, as pessoas muitas vezes sorriem quando não estão alegres. Às vezes as pessoas sorriem quando querem facilitar a interação social.

Etologistas que estudam o sorriso nos primatas descobriram que os chimpanzés às vezes usam o sorriso voluntário para desviar um comportamento potencialmente hostil de animais dominadores e, outras vezes, para manter ou aumentar interações amigáveis (van Hooff, 1962, 1972). Assim como os primatas sorriem (põem os dentes à mostra) para apaziguar dominadores, as crianças pequenas sorriem quando se aproximam de um estranho e as crianças tendem mais a se aproximar de um estranho que sorri do que de um que não sorri (Connolly & Smith, 1972). Os adultos que ficam embaraçados socialmente também tendem a sorrir (Kraut & Johnston, 1979). Além disso, o sorriso é uma demonstração universal de saudação (Eibl-Eibesfeldt, 1972; van Hooff, 1972) que parece dizer, sem palavras: "Eu sou amigo; quero fazer amizade com você". Em cada um desses casos, o sorrir é motivado socialmente, e não emocionalmente.

A idéia de que um sorriso possa ser socialmente motivado leva à questão de se o sorriso geralmente é uma expressão emocional de alegria ou uma expressão social de amizade (Fernandez-Dols & Ruiz-Belba, 1995; Kraut & Johnston, 1979). Para testarem sua hipótese, Robert Kraut e Robert Johnston observaram o sorriso de pessoas que jogavam boliche, assistiam a uma partida de hóquei e caminhavam pela rua. Os pesquisadores perguntavam a si mesmos se as pessoas sorriam com maior freqüência quando envolvidas em interação social ou quando tinham uma reação de alegria a um evento positivo (pontos altos no boliche, um gol para o time de hóquei, tempo ensolarado). Falando de maneira geral, jogadores de boliche, espectadores e pedestres tendiam mais a sorrir socialmente (para facilitar interações sociais) do que emocionalmente (em resposta a resultados positivos).

Por que Temos Emoções

A vida é cheia de desafios, estresses e problemas a serem resolvidos. As emoções existem como soluções para esses desafios, estresses e problemas (Ekman, 1992; Frijda, 1986, 1988; Lazarus, 1991a; Scherer, 1994b). Coordenando e orquestrando sentimentos, ativação, propósito e expressão (os processos de emoção na Figura 11.1), as emoções "estabelecem nossa posição diante do nosso ambiente" (Levenson, 1999) e "nos equipam com respostas específicas e eficientes, talhadas sob medida para problemas de sobrevivência física e social" (Keltner & Gross, 1999).

Alguns argumentam que as emoções não têm nenhum propósito útil. Alegam que as emoções atrapalham a atividade habitual, desorganizam o comportamento e nos privam da nossa racionalidade e da nossa lógica (Hebb, 1949; Mandler, 1984). Esses pesquisadores da emoção admitem que, embora as emoções tenham servido a funções evolutivas importantes, há milhares de anos, não o fazem mais no mundo moderno. Essa posição está em inteiro contraste com a afirmação de que as emoções priorizam o comportamento de modo a otimizar o ajuste às exigências que enfrentamos (Lazarus, 1991a; Levenson, 1994a, 1999; Oatley & Jenkins, 1992; Plutchik, 1980). Todos estão de acordo em que as emoções afetam o modo como pensamos, sentimos e nos comportamos. Assim, a questão depende de as emoções serem adaptativas e funcionais ou de serem inadaptativas e disfuncionais.

A razão pela qual ambos os lados da questão "funcional *versus* disfuncional" fazem sentido é que ambos estão corretos. As emoções existem como obra-prima do projeto evolutivo (conforme destacado pelos teóricos da emoção) e também como um excesso de bagagem na idade da razão (conforme apontado pelos estóicos, pelos budistas e por outros).

As emoções humanas operam dentro de um projeto de dois sistemas (Levenson, 1999). O núcleo biológico do sistema emocional é um núcleo que os seres humanos têm em comum com os outros animais e isso é a parte do sistema emocional que se desenvolveu para resolver tarefas fundamentais da vida. Como apenas algumas tarefas da vida são verdadeiramente

fundamentais, o sistema emocional responde de um modo estereotipado que recruta e orquestra um conjunto de respostas limitado, porém altamente adequado. Esse modo de responder pode ser caracterizado mais como uma "receita testada pelo tempo" (para usarmos um exemplo de Levenson, 1999). Esses modos prototípicos de responder a tarefas fundamentais da vida são os mesmos citados na Tabela 11.1. Quando apropriados à situação, esses modos automatizados de responder a problemas podem ser altamente adaptativos. Mas, em termos situacionais, eles também podem estar inadequados quando ativados em outras circunstâncias (p. ex., atacar os adversários nem sempre é o melhor modo de lidar com uma situação). Para que sejam adaptativas em muitas situações diferentes, as emoções precisam ser reguladas e controladas.

Como Robert Levenson (1999) destaca, no mundo moderno os tigres raramente saltam em cima de nós, as pessoas raramente roubam nossa comida e as feras raramente ameaçam matar nossos filhos. As ameaças de hoje são em escala menor,

---

BOXE 11 · *O Papel da Emoção no Desenvolvimento*

Pergunta: Por que esta informação é importante?

Resposta: Para entender por que os vulcanistas nunca puderam ser mais espertos que os humanos.

Na ficção científica (isto é, em *Jornada nas Estrelas*), os vulcanos são uma raça que nega e rejeita suas emoções. Estão sempre buscando superar suas emoções. Os vulcanos são uma raça muito esperta, cheia de lógica, inteligência e espantoso desenvolvimento cognitivo. Eles acreditam que atingem essas realizações cognitivas soberbas porque rejeitam as emoções.

Rejeitar emoções para enriquecer o conhecimento cognitivo é mais ficção do que ciência. O sistema emocional é um aliado decisivo no desenvolvimento do sistema cognitivo. Que tal se o bebê vulcano se recusasse a sorrir ou mostrar interesse espontâneo? A quantidade e a qualidade da interação social do pobrezinho do guri com seus cuidadores iria por água abaixo. O sorriso social atrai cuidados e aproximação por parte dos outros. Sem uma série constante de sorrisos, o bebê vulcano não teria meios de obter dos outros um fluxo constante de estimulação e desafio, necessários para o desenvolvimento cognitivo ótimo, para a tomada de perspectiva, para o desempenho de papéis e para a internalização de regras.

O interesse é uma emoção que surge das novidades e mudanças ambientais. Sem interesse, os vulcanos deixariam de ter um recurso motivacional interno para explorar seu ambiente físico — pegar coisas, sacudi-las, atirá-las e realizar todos os tipos de pequenos experimentos no mundo. Os bebês que expressam emoções positivas, como interesse e alegria, trazem os cuidadores para junto de si, e o relacionamento com uma figura à qual se apega é o trampolim do bebê para explorar mais, brincar mais, reduzir a desconfiança contra os estranhos e conseguir mais sociabilidade com outros fora do relacionamento bebê-cuidador (Colin, 1996).

A raiva durante os "terríveis dois anos" ajuda a fomentar o senso da criança pré-escolar na confiança em si mesma (Dunn & Mum, 1987). Imagine uma criança vulcano sem capacidade para a raiva quando as metas fossem obstruídas ou bloqueadas. Ela iria protestar pouco ou nada contra restrições e incômodos. Sentiria pouca motivação para envolver-se no pensamento e na resolução de problemas,

necessários para ela decidir como lidar melhor para reverter e vencer obstáculos.

Tristeza, vergonha, culpa, simpatia e empatia são ingredientes emocionais no desenvolvimento do comportamento pró-social. Sem as informações fornecidas por essas emoções, a criança vulcano demoraria a aprender o que há de errado em tomar um brinquedo que tem valor para outra criança. Empatia e tristeza conferem à criança os meios de entender as consequências deletérias para a outra criança (Davidson, Turiel & Black, 1983). Vergonha e culpa tornam doloroso violar regras sociais (vergonha) e padrões morais (culpa). A vergonha diz à pessoa que ela está agindo de modo inadequado ou inaceitável aos outros (Barrett, 1995). A culpa diz à pessoa que um padrão moral está sendo violado, motivando assim comportamentos reparadores que ajudam a manter nossos relacionamentos com os outros (Baumeister, Stillwell & Heatherton, 1995).

Os vulcanos são conhecidos por seu pensamento abstrato, raciocínio lógico e uma capacidade de considerar múltiplos eventos futuros possíveis. Em contraste, os pesquisadores da emoção são conhecidos pelos estudos que fazem sobre o modo como as alterações emocionais facilitam o desenvolvimento cognitivo (Abe & Izard, 1999; Larson & Asmussen, 1991). Uma análise interessante desse processo aparece no *Diário de Anne Frank*. Seus escritos mostraram de maneira consistente que as experiências de emoção intensa eram logo seguidos por níveis mais elevados de pensamento (Haviland & Kramer, 1991). As experiências emocionais (p. ex., medo, raiva, repugnância, tristeza) têm uma contribuição motivacional na atividade mental da adolescente para a construção do autoconceito, a descoberta do significado, a consideração dos selves ideais e possíveis, e o pensamento abstrato em geral. Desse modo, as emoções alimentam o desenvolvimento cognitivo.

A solução dos vulcanos para lidarem com as emoções é suprimi-las. A solução humana é usar as emoções como aliadas para o manejo de problemas e para modos de ajustamento saudável. Como tinha uma vida inteira de episódios emocionais para enriquecer seu desenvolvimento cognitivo, o Capitão Kirk muitas vezes se saía melhor do que o Dr. Spock.

não exigindo, por isso, o mesmo tipo de mobilização maciça de nossos sistemas emocionais. Tornar-se competente em regular as próprias emoções geralmente melhora com a experiência, constituindo um empreendimento da vida inteira (Carstensen, 1995; Gross et al., 1997). No final, se as emoções nos servem bem depende da nossa capacidade de auto-regularmos nossos sistemas emocionais, de modo que experimentemos a regulação *da* emoção, e não a regulação *pela* emoção (Gross, 1999).

QUE DIFERENÇA HÁ ENTRE EMOÇÃO E HUMOR?

Uma quinta pergunta fundamental sobre a natureza da emoção é: que diferença há entre emoção e humor (Ekman & Davidson, 1994; Russell & Barrett, 1999)? Diversos critérios de distinção podem ser citados (Goldsmith, 1994), mas há três que parecem especialmente notáveis:

- Diferença nos antecedentes
- Diferença na especificidade de ação
- Diferença no decurso de tempo

Em primeiro lugar, quanto aos antecedentes diferentes, as emoções e os estados de humor têm causas diferentes. As emoções surgem de situações de vida significativas e de avaliações do seu significado para o nosso bem-estar. Os estados de humor, ao contrário, emergem de processos maldefinidos e freqüentemente desconhecidos (Goldsmith, 1994). Em segundo lugar, quanto à diferença na especificidade de ação, as emoções na maioria das vezes influem no comportamento e dirigem cursos específicos de ação. Os estados de humor, porém, influem principalmente na cognição e dirigem o pensamento da pessoa (Davidson, 1994). Em terceiro lugar, quanto à diferença no decurso de tempo, as emoções emanam de eventos breves que duram segundos, ou talvez minutos, enquanto os estados de humor emanam de eventos mentais que duram horas, ou talvez dias. Portanto, os estados de humor são mais duráveis do que as emoções (Ekman, 1994a).

Humor Cotidiano

A maioria das pessoas tem cerca de 1.000 minutos de vigília durante o dia, mas somente alguns desses minutos realmente incluem uma emoção prototípica como raiva, medo ou alegria (Clark, Watson & Leeka, 1989; Watson & Clark, 1994). Em contraste, a pessoa média geralmente experimenta um fluxo constante de estados de humor. Embora as emoções sejam relativamente raras na experiência diária, as pessoas estão sempre sentindo alguma coisa. O que normalmente sentem é um estado de humor, uma forma de sentimento que quase sempre existe como um efeito posterior de um episódio emocional experienciado anteriormente (Davidson, 1994).

O humor existe como um estado de afeto positivo ou como estado de afeto negativo (ou seja, bom humor, mau humor; Watson & Tellegen, 1985; Watson, Clark & Tellegen, 1988). O afeto positivo e o afeto negativo, porém, não são modos contrários de sentir. Em vez disso, esses dois tipos de humor são modos independentes — não opostos — de sentir (Diener & Emmons, 1984; Diener & Iran-Nejad, 1986). Por exemplo, durante uma entrevista de emprego as pessoas muitas vezes contam que sentem tanto afetos positivos como afetos negativos, simultaneamente. O entrevistador geralmente se sente, ao mesmo tempo, entusiasmado e nervoso. O afeto positivo também varia sistematicamente de acordo com o ciclo sono-vigília, enquanto o afeto negativo não varia (Watson et al., 1999). Conforme se vê na Figura 11.8, o nível de afeto positivo é baixo ao despertar. Cresce rapidamente durante a manhã e continua a subir gradualmente durante toda a tarde, até atingir o pico das 18:00 às 21:00. Então o afeto positivo declina rapidamente durante o final da noite, para voltar ao nível baixo na madrugada (Clark, Watson & Leeka, 1989).

O afeto positivo reflete um envolvimento agradável. Ele existe como um nível corrente de prazer, entusiasmo e progresso da pessoa em direção às metas. As pessoas que têm afeto positivo elevado geralmente são cheias de entusiasmo e sentem energia, atividade e otimismo, enquanto as pessoas que têm afeto positivo baixo sentem geralmente letargia, apatia e tédio.

O afeto negativo reflete envolvimento desagradável. As pessoas que têm afeto negativo elevado geralmente sentem insatisfação, nervosismo e irritabilidade, enquanto as pessoas com afeto negativo baixo são calmas e relaxadas. Esses sentimentos de atividade *versus* tédio (afeto positivo) e irritabilidade *versus* relaxamento (afeto negativo) não são estados emocionais prototípicos tais como a alegria e o medo, mas antes constituem a natureza essencial da experiência afetiva contínua do cotidiano.

O afeto positivo e o negativo referem-se não só aos estados de humor, mas também aos sistemas cognitivos, motivacionais, biológicos e comportamentais mais vastos (Clark, Watson & Mineka, 1994). O afeto positivo reflete um sistema motivacional apetitivo dirigido por recompensas (Fowles, 1988), enquanto o afeto negativo reflete um sistema motivacional aversivo dirigido por punições (Gray, 1987). Basicamente, o afeto positivo

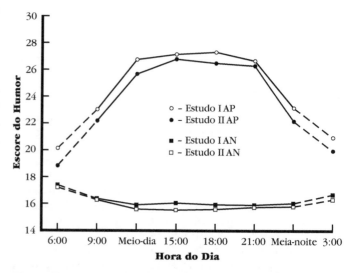

Figura 11.8 Níveis de Afeto Positivo (AP) e Afeto Negativo (AN) como Função da Hora do Dia em Dois Estudos

Fonte: extraído de Diurnal variation in the positive affects, de L. A. Clark, D. Watson & J. Leeka, 1989, *Motivation and Emotion, 13*, 205-234. Copyright 1989 Plenum Press.

e o bom humor favorecem o comportamento de aproximação, enquanto o afeto negativo e o mau humor favorecem o afastamento (Watson et al., 1999). O sistema de afeto positivo tem seu próprio substrato neural — as vias dopaminérgicas. Essas vias são ativadas pela expectativa de eventos desejáveis (Wise, 1996; Ashby, Isen & Turken, 1999). O sistema de afeto negativo tem seu próprio substrato neural — as vias serotonérgicas e noradrenérgicas. Essas vias são ativadas pela expectativa de resultados negativos (MacLeod, Byrne & Valentine, 1996). Mais uma vez, esses achados apontam para a conclusão de que o afeto positivo e o afeto negativo são modos independentes de sentir mais do que opostos emocionais ou neurais. A expectativa de eventos desejáveis ativa as vias dopaminérgicas que geram afeto positivo e comportamento de aproximação (sem exercer impacto nos processos de afeto negativos), enquanto a expectativa de eventos negativos ativa as vias serotonérgicas e noradrenérgicas que geram afeto negativo e comportamento de afastamento (sem exercer impacto nos processos de afeto positivos).

Afeto Positivo

O afeto positivo refere-se ao estado geral de bem-estar cotidiano sem picos emocionais (Isen, 1987). É a sensação de estar de bem com o mundo que freqüentemente acompanha experiências agradáveis do dia-a-dia, tais como passear no parque em um dia ensolarado, receber um presente inesperado ou notícias boas, ouvir música ou fazer progresso em uma tarefa. Embora nos concentremos no cenário do parque, em boas notícias, música agradável ou feedback positivo, essa sensação branda e gostosa surge de modo subconsciente. Podemos sorrir mais, assoviar enquanto caminhamos, devanear com lembranças felizes ou falar de modo mais excitado, mas os sentimentos positivos geralmente permanecem fora da nossa atenção consciente. De fato, se alguém chama nossa atenção para o humor agradável ("Olha, não estamos de bom humor hoje?"), essa atenção, paradoxalmente, é o início do fim do afeto positivo.

Essa falta de consciência do afeto positivo contrasta com as emoções positivas, mais intensas e que prendem a atenção, tais como a alegria. O propósito de uma emoção é captar a atenção e dirigir o comportamento de enfrentamento (*coping*) (de modo que a pessoa possa adaptar-se efetivamente a exigências situacionais). O afeto positivo é mais sutil. Não afeta a atenção nem o comportamento. Em vez disso, o afeto positivo influi sutilmente no fluxo de processamento da informação: aquilo em que pensamos, as decisões que tomamos, criatividade, julgamentos e assim por diante (Isen, 1987, 2002).

Condições que Nos Fazem Sentir Bem

As pessoas acham difícil explicar por que se sentem bem. Se pressionadas, costumam dizer que a vida vai bem, em geral. Os pesquisadores do humor, por outro lado, têm aprendido quais são as condições que levam as pessoas a se sentirem bem, sendo que a maioria dessas condições cria afeto positivo de maneira tal que as pessoas não tomam consciência da fonte causal do seu bom humor (Isen, 1987). Veja essas manipulações experimentais, indutoras de afeto positivo, de um pequeno ganho,

diversão ou prazer: encontrar dinheiro na fenda de devolução de fichas de um telefone público (Isen & Levin, 1972), receber de presente um saquinho de doces (Isen & Geva, 1987; Isen, Niedenthal & Cantor, 1992), ganhar uma amostra grátis de um produto (Isen, Clark & Schwartz, 1976), ganhar uma barra de chocolate (Isen et al., 1985; Isen, Daubman & Nowicki, 1987), saber que um desempenho foi bem-sucedido (Isen, 1970), ganhar um biscoito (Isen & Levin, 1972), ganhar uma bebida, tal como um suco de laranja (Isen et al., 1985), receber feedback positivo (Isen, Rosenzweig & Young, 1991), pensar em eventos positivos (Isen et al., 1985), desfrutar do tempo ensolarado (Kraut & Johnston, 1979), ver um filme divertido (Isen & Nowicki, 1981) ou classificar desenhos animados engraçados (Carnevale & Isen, 1986).

Uma vez instigada por um evento provocador (p. ex., receber um pequeno presente), a sensação boa de um humor positivo continua por até 20 minutos (Isen, Clark & Schwartz, 1976). Como gostamos de nos sentir bem, as pessoas felizes tomam decisões e agem de maneira que lhes mantém o bom-humor além de 20 minutos (Forest et al., 1979; Isen et al., 1978). Na maioria dos casos, porém, algum evento rival ou tarefa interruptiva de vida desvia nossa atenção do evento positivo indutor de afeto. Ou seja, perdemos nosso humor positivo envolvendo-nos em eventos neutros e aversivos (p. ex., trabalho entediante, trânsito congestionado, más notícias, um risco que não deu certo).

Benefícios do Bem-Estar

Comparadas às pessoas de humor neutro, as pessoas expostas a condições que lhes permitem sentir-se bem tendem mais a ajudar os outros (Isen & Levin, 1972), agir socialmente (isto é, iniciar conversação; Batson et al., 1979), expressar maior afeição pelos outros (Veitch & Griffitt, 1976), ser mais generosas com os outros (Isen, 1970) e consigo mesmas (Mischel, Coates & Raskoff, 1968), assumir riscos (Isen & Patrick, 1983), agir de maneira mais cooperativa e menos agressiva (Carnevale & Isen, 1986), resolver problemas de maneira criativa (Isen, Daubman & Nowicki, 1987), persistir apesar do fracasso (Chen & Isen, 1992), tomar decisões com mais eficiência (Isen & Means, 1983) e mostrar maior motivação intrínseca em atividades interessantes (Isen & Reeve, 2003). Veja duas ilustrações:

O afeto positivo facilita nossa disposição de ajudar os outros (Isen & Levin, 1972). Um grupo de pesquisadores realizou um estudo de campo no shopping de sua cidade, no qual deixavam aleatoriamente o local de retorno da ficha da cabine telefônica com ou sem troco. Seu pensamento era que todos iriam conferir o local depois do telefonema e os que encontrassem o troco iriam sentir-se bem, enquanto os que não o encontrassem continuariam no mesmo estado regular de humor cotidiano. Depois que cada participante saía da cabine telefônica, os pesquisadores faziam uma jovem passar por perto e derrubar "por acaso" uma braçada de livros ao cruzar com o participante. Se o afeto positivo facilita ajudar os outros, então os participantes que obtinham o troco estariam significativamente mais propensos a ajudar a jovem do que os participantes que não o obtivessem. Os resultados são mostrados na Tabela 11.2. As pessoas que se achavam em seu estado de humor normal regular (sem levarem o troco) quase

206 Capítulo Onze

Tabela 11.2 Efeito do Afeto Positivo na Ajuda aos Outros

	Mulheres		Homens	
Condição	Ajudou	Não Ajudou	Ajudou	Não Ajudou
Afeto Positivo (Recebeu Moeda)	8	0	6	2
Afeto Neutro (Não Recebeu Moeda)	0	16	1	8

Fonte: extraído de The effect of feeling good on helping: Cookies and kindness, de A. M. Isen & P. F. Levin (1972), *Journal of Personality and Social Psychology, 21*, 384-388. Copyright© 1972, American Psychological Association. Reproduzido com permissão.

nunca ajudavam (somente uma em 25 ajudou). As pessoas em bom estado de humor (que ganharam o troco) quase sempre ajudavam (num total de 14 em 16). Esses resultados mostram que um sentimento agradável muito leve aumentava de maneira impressionante a disposição das pessoas para ajudarem um estranho que precisava.

O afeto positivo facilita a flexibilidade cognitiva (Isen, Niedenthal & Cantor, 1992) e a solução criativa de problemas (Estrada, Isen & Young, 1994, 1997; Isen, Daubman & Nowicki, 1987). Alice M. Isen e colegas (1987) induziram afeto positivo ou neutro em grupos de estudantes universitários, pedindo-lhes depois que executassem duas tarefas de resolução de problemas que exigiam criatividade — a tarefa da vela (Dunker, 1945) ou o Remote Associate Test (RAT; Mednick, Mednick & Mednick, 1964). Na tarefa da vela, o participante recebe um punhado de tachinhas, uma vela e uma caixa de fósforos, com instruções para fixar a vela à parede (um painel de cortiça) de modo que a vela queime sem pingar cera no chão. No RAT, o participante encontra três palavras (*soul, busy, guard*)[2], tendo de fornecer uma quarta palavra que se relacione com as outras três (neste caso, "body"). Os participantes que tinham afeto positivo resolveram a tarefa da vela, que exigia criatividade, e fizeram associações criativas (pouco comuns ou "remotas") no RAT (Isen, Daubmen & Nowicki, 1987). Em contraste, a tarefa da vela foi difícil demais para os participantes de afeto neutro, que deram respostas rotineiras e estereotipadas ao RAT. Assim, existem vantagens inerentes de processamento conferidas pela sensação de bem-estar, já que o afeto positivo atua como recurso para resolução de problemas e alcance de metas (Aspenwall, 1998).

A explicação sobre o *como* e o *porquê* de o afeto positivo facilitar a criatividade, a eficiência na tomada de decisões, a sociabilidade, o comportamento pró-social, a persistência, e assim por diante, não é tão simples como possa parecer a princípio. Sendo um estado de humor e não uma emoção, o afeto positivo influi nos processos cognitivos, tais como memórias, julgamentos e estratégias de resolução de problemas. Influi, portanto, no conteúdo da memória de trabalho (de curto prazo), predispondo o pensamento do indivíduo e as memórias e expectativas que acodem à mente (Isen, 1984, 1987, 2002). Quando as pessoas se sentem bem, o afeto positivo serve essencialmente como "pista" de recuperação para enfocar o material positivo armazenado na memória (Isen et al., 1978; Laird et al., 1982; Nasby & Yando,

1982; Teasdale & Fogarty, 1979). Como resultado, as pessoas que se sentem bem têm pronto acesso a pensamentos felizes e memórias positivas (em comparação com as pessoas que se sentem neutras). Com pensamentos felizes e memórias agradáveis em destaque na mente, as pessoas demonstram aumento de criatividade, ajudam mais aos outros, demonstram persistência diante do fracasso, tomam decisões com eficiência, demonstram alta motivação intrínseca, e assim por diante.

RESUMO

Este capítulo aborda cinco questões decisivas para a compreensão da natureza da emoção. A primeira questão indaga: "O que é uma emoção?" As emoções têm um caráter quádruplo, no sentido de que se caracterizam pelas quatro dimensões de sentimento, excitação (ou ativação), propósito e expressão. Os sentimentos dão às emoções um componente subjetivo de significado pessoal. A excitação inclui a atividade biológica, tal como a freqüência cardíaca, que prepara o corpo para o comportamento adaptativo de enfrentamento (*coping*). O componente propósito dá à emoção o senso de motivação dirigido a uma meta para tomar um curso específico de ação. O componente social da emoção é o seu aspecto comunicativo, como a expressão facial. A emoção é o constructo psicológico que coordena e unifica esses quatro aspectos de experiências em um padrão adaptativo sincronizado.

A segunda questão indaga: "Qual é a causa da emoção?" Reformulada, esta pergunta discute se a emoção é principalmente um fenômeno biológico ou um fenômeno cognitivo. Segundo a perspectiva biológica, as emoções surgem a partir de influências corporais, tais como as vias neurais no sistema límbico. Segundo a perspectiva cognitiva, as emoções surgem a partir de eventos mentais, tais como as avaliações do significado pessoal do evento causador da emoção. Ambos os lados do debate biologia-cognição reúnem uma quantidade impressionante de evidências para apoiar suas posições. Tanto a biologia como a cognição desempenham papel essencial na ativação e na regulação da emoção, e os pesquisadores especificam dois modos pelos quais a biologia e a cognição causam a emoção. O primeiro argumenta a favor de dois sistemas paralelos de emoção: um sistema emocional biológico inato, espontâneo e primitivo e um sistema emocional cognitivo adquirido, interpretativo e social. O segundo argumenta que a emoção ocorre como processo dialético dinâmico, e não como produção linear, seja do sistema biológico, seja do sistema cognitivo.

A terceira questão indaga: "Quantas emoções existem?" A resposta depende da perspectiva da pessoa. Segundo a perspectiva biológica, os seres humanos possuem algo em torno de duas a dez emoções básicas. Esses pesquisadores ilustram como as emoções primárias surgem de vias neurais límbicas físicas, padrões de disparo neuronal, expressões faciais universais, funções evolutivas e padrões distintos de feedback facial. Segundo a perspectiva cognitiva, os seres humanos possuem um repertório emocional mais rico e mais diverso do que apenas as emoções básicas. Esses pesquisadores ilustram como um número quase

---

[2]As palavras significam, respectivamente, *alma, ocupado* e *guarda. Body* relaciona-se às três do seguinte modo: por contraste com *soul* e nos substantivos compostos *busibody* (bisbilhoteiro) e *body-guard* (guarda-corpo). (N.T.)

infinito de emoções secundárias é adquirido por meio de experiências pessoais, histórias de desenvolvimento, influências de socialização e regras culturais. Apesar dessa diversidade de opiniões, a maioria das listas de emoções inclui as seis discutidas em alguma profundidade: medo, raiva, desconfiança, tristeza, alegria e interesse.

A quarta questão indaga: "Para que servem as emoções?" Essa questão realça que as emoções servem a um propósito. De um ponto de vista funcional, as emoções evoluíram como reações biológicas que nos ajudaram a nos adaptarmos com êxito a tarefas fundamentais da vida, tais como enfrentar uma ameaça. A emoção que surge durante uma tarefa importante (*coping*) da vida serve a uma finalidade direcionada a uma meta que tem propósitos de enfrentamento e propósitos sociais. Sem um repertório emocional sofisticado, as pessoas apresentariam um funcionamento deficiente em seu ambiente físico e social. Mesmo assim as pessoas precisam regular suas emoções. Se as emoções nos servem bem, isso depende de nossa capacidade de experimentar a regulação da emoção, e não de sermos regulados pela emoção.

A questão final indaga: "Qual é a diferença entre emoção e humor?" As emoções surgem em resposta a um evento específico, motivam comportamentos adaptativos específicos e têm duração curta. Os estados de humor surgem de fontes maldefinidas, afetam os processos cognitivos e têm duração longa. O humor existe como um estado de afeto positivo ou negativo. O afeto positivo refere-se ao estado geral cotidiano, e sem picos, de bem-estar. Quando as pessoas se sentem bem, são mais sociáveis, cooperativas, criativas, persistentes durante um fracasso, eficientes na tomada de decisões e intrinsecamente motivadas durante tarefas interessantes. O afeto positivo exerce esses efeitos afetando processos cognitivos tais como a memória e o julgamento. Como resultado, as pessoas que se sentem bem têm acesso maior a pensamentos felizes e a memórias positivas, comportando-se, portanto, de maneiras que refletem o acesso fácil a pensamentos felizes (p. ex., são mais criativas e mais prestativas).

LEITURAS PARA ESTUDOS ADICIONAIS

O que São As Emoções?

Izard, C. E. (1993). Four systems for emotion activation: Cognitive and noncognitive processes. *Psychological Review, 100*, 68-90.

Lazarus, R. S. (1991). Cognition and motivation in emotion. *American Psychologist, 46*, 352-367.

Oatley, K., & Duncan, E. (1994). The experience of emotions in everyday life. *Cognition and Emotion, 8*, 369-381.

Quantas Emoções Existem?

Ekman, P. (1992). An argument for basic emotions. *Cognition and Emotion, 6*,169-200.

Kemper, T. D. (1987). How many emotions are there? Wedding the social and autonomic components. *American Sociological Review, 93*, 263-289.

Funções da Emoção

Carstensen, L. L., Gottman, J. M., & Levenson, R. W. (1995). Emotional behavior in long-term marriage. *Psychology and Aging, 10*, 140-149.

Kraut, R. E, & Johnston, R. E. (1979). Social and emotional messages of smiling: An ethological approach. *Journal of Personality and Social Psychology, 37*, 1539-1553.

Tooby, J., & Cosmides, L. (1990). The past explains the present: Emotional adaptations and the structure of ancestral environment. *Ethology and Sociobiology, 11*, 375-424.

Humor e Afeto Positivo

Isen, A. M. Daubman, K. A., & Nowicki, G. P. (1987). Positive affect facilitates creative problem-solving. *Journal of Personality and Social Psychology, 51*, 1122-1131.

Watson, D., Clark, L. A., & Tellegen, A. (1988). Development and validation of brief measures of positive and negative affect: The PANAS Scales. *Journal of Personality and Social Psychology, 54*, 1063-1070.

Capítulo 12

Aspectos da Emoção

ASPECTOS BIOLÓGICOS DA EMOÇÃO
  Teoria de James-Lange
  Perspectiva Contemporânea
    Circuitos neurais específicos
    Ativação neural
  Teoria Diferencial das Emoções
  Hipótese do Feedback Facial
    Musculatura facial
    Teste da hipótese do feedback facial
    As expressões faciais de emoção são universais em todas as culturas?
    Podemos controlar voluntariamente as emoções?
ASPECTOS COGNITIVOS DA EMOÇÃO
  Avaliação
    Da percepção à avaliação
    Da avaliação à emoção
    Da emoção sentida à ação

  Avaliação Complexa
    Avaliação primária
    Avaliação secundária
    Modelo de avaliação da emoção
    Motivação
  Processo de Avaliação
    Diferenciação das emoções
  Conhecimento das Emoções
  Atribuições
ASPECTOS SOCIAIS E CULTURAIS DAS EMOÇÕES
  Interação Social
  Socialização Emocional
  Manejando as Emoções
  Deduzindo Identidades a Partir de Demonstrações Emocionais
RESUMO
LEITURAS PARA ESTUDOS ADICIONAIS

Tente parecer triste — procure produzir uma expressão facial de tristeza. Enquanto tenta, preste atenção às mudanças de sensações que você sente a partir dos movimentos da musculatura facial. Se você apenas fez um beicinho com o lábio inferior e repuxou para baixo os cantos da boca, provavelmente não se sentiu muito triste. Então, tente outra vez.

Faça uma segunda expressão facial de tristeza. Mas desta vez movimente não apenas o lábio inferior e os cantos da boca, mas movimente também as sobrancelhas para dentro, ao mesmo tempo. Puxar as sobrancelhas para dentro vai exigir certa perícia; por isso, faça de conta que está com uns tacos de golfe presos aos cantos internos das sobrancelhas. Faça de conta que esses tacos de golfe estão à distância de 2,5 cm e apontando para fora a partir do seu rosto, paralelamente (a base de cada taco se apóia no canto interno da sobrancelha, com a ponta para fora). Agora movimente as sobrancelhas para dentro até as pontas dos tacos se tocarem. Procure então movimentar os três músculos juntos: faça os tacos de golfe se tocarem, faça um beicinho com o lábio inferior e vire os cantos da boca para baixo (Larsen, Kasimatis & Frey, 1992).

Sentiu alguma coisa enquanto estava tentando fazer essa expressão facial? Sentiu começar uma pontinha de sensação triste? A freqüência cardíaca caiu? Sentiu um vago desejo de chorar? Se isso aconteceu, o sentimento será leve porque uma expressão facial forçada não é tão autêntica e não produz emoção como uma expressão facial espontânea. Mas o leve sentimento de tristeza causado pela expressão facial é um bom modo de apresentar um dos muitos aspectos da emoção discutidos neste capítulo: neste caso, a "hipótese do feedback facial".

À medida que os eventos importantes da vida nos atingem, ativam nossas reações biológicas e cognitivas. Os processos biológicos e cognitivos resultantes geram emoção. E a emoção nos prepara para enfrentar de maneira adaptativa o evento importante com que nos deparamos. A Tabela 12.1 apresenta um esboço dos processos biológicos e cognitivos envolvidos na emoção. A primeira metade deste capítulo dará uma visão geral dos processos biológicos na emoção (lado esquerdo da figura), enquanto a segunda metade dará uma visão geral dos processos cognitivos na emoção (lado direito).

ASPECTOS BIOLÓGICOS DA EMOÇÃO

Em parte, as emoções são reações biológicas a eventos importantes da vida. A lista de eventos biológicos da Tabela 12.1 é

Tabela 12.1 Aspectos Biológicos e Cognitivos da Emoção

Aspectos Biológicos	Aspectos Cognitivos, Sociais e Culturais
1. Sistema nervoso autônomo	1. Avaliações
2. Sistema endócrino	2. Conhecimento
3. Circuitos neurais do cérebro	3. Atribuições
4. Taxa de disparo neural	4. História de socialização
5. Feedback facial	5. Identidades culturais

importante porque esses itens identificam as reações biológicas corporais relativas às emoções diante de eventos importantes da vida. Diante de uma situação de importância pessoal (p. ex., uma ameaça), o corpo prepara-se para lidar de maneira eficaz (p. ex., fica pronto para correr) ativando o seguinte: (1) coração, pulmões e músculos (sistema nervoso autônomo); (2) glândulas e hormônios (sistema endócrino); (3) estruturas límbicas cerebrais, tais como o hipotálamo (circuitos neurais do cérebro); (4) atividade neural e velocidade de processamento da informação (taxa de disparo neural); e (5) padrões distintos da musculatura facial (feedback facial). Com o envolvimento desses sistemas biológicos, a pessoa experiencia emoção, ficando significativamente mais preparada para lidar com a ameaça iminente.

O estudo da emoção começou há cerca de cem anos com a seguinte pergunta: que papel desempenha o sistema nervoso na experiência subjetiva da emoção? A teoria de James-Lange, a primeira teoria da emoção, perguntava se havia ou não reações corporais exclusivas associadas a cada uma das diversas emoções. Todos nós sabemos que o medo e a alegria causam sensações diferentes, mas será que o medo e a alegria também têm suas próprias reações corporais exclusivas? Nosso coração, nossos pulmões e nossos hormônios comportam-se de um modo quando estamos com medo e de outro modo quando sentimos alegria? E se for assim, essas diferenças biológicas explicam por que as emoções que sentimos são diferentes? O padrão de atividade do nosso coração, de nossos pulmões e de nossos hormônios causa na verdade o medo e a alegria que sentimos?

Teoria de James-Lange

A experiência pessoal sugere que sentimos uma emoção e que a emoção sentida é imediatamente seguida de alterações corporais. Tão logo vemos o piscar de luzes vermelhas e ouvimos a sirene do carro da polícia, surge o medo, e em seguida o sentimento de medo provoca aceleração no ritmo cardíaco e suor nas palmas das mãos. A seqüência de eventos parece ser estímulo → emoção → reação corporal. William James (1884, 1890, 1894) discordou desse ponto de vista do senso comum. Ele sugeriu que nossas alterações corporais não se seguem à experiência emocional, mas que a experiência emocional acompanha nossas respostas corporais e comportamentais ao piscar das luzes e aos sons da sirene, e que dependem dessas respostas. Logo, as alterações corporais causam a experiência emocional estímulo → reação corporal → emoção.

A teoria de James apoiava-se em duas suposições: (1) o corpo reage de maneira própria (discriminativa) a diferentes eventos causadores de emoção e (2) o corpo não reage a eventos não-emocionais. Para entender as hipóteses de James, pense nas respostas fisiológicas do seu corpo a um banho frio inesperado. A reação fisiológica — aumento da freqüência cardíaca, aceleração da respiração, olhos arregalados — começa antes que você tenha tempo de pensar por que o coração disparou e os olhos se arregalaram. O corpo reage e as reações emocionais decorrentes estão diante de nós antes que possamos perceber o que está acontecendo. James argumentava que essas reações corporais instantâneas ocorrem em padrões discerníveis e que a experiência emocional é a maneira que a pessoa tem de dar sentido a cada padrão diferente de reações corporais. Se não ocorressem alterações corporais, não ocorreria a emoção decorrente.

A teoria das emoções, de James-Lange, tornou-se rapidamente popular, mas também enfrentou críticas (Cannon, 1927).[1] Os críticos argumentaram que o tipo de reações corporais a que James se referia eram, na verdade, parte da resposta mobilizadora geral do corpo, de luta-ou-fuga, que não variava de uma emoção para a seguinte (Cannon, 1929; Mandler, 1975; Schachter, 1964).[2] Esses críticos também argumentavam que a experiência emocional era mais rápida do que as reações fisiológicas. Ou seja, enquanto a pessoa sente raiva em um décimo de segundo, seu sistema nervoso leva um ou dois segundos inteiros para ativar glândulas importantes e enviar hormônios excitatórios através da corrente sangüínea. Esses críticos sustentavam que o papel da ativação fisiológica era aumentar a emoção, e não causá-la (Newman, Perkins & Wheeler, 1930). Os críticos concluíram que a contribuição das alterações fisiológicas à experiência emocional era pequena, suplementar e relativamente sem importância. Uma década depois de proposta, a primeira teoria importante da emoção estava posta em dúvida.

Perspectiva Contemporânea

Diante das críticas, as idéias de James foram aos poucos perdendo a aceitação e teorias rivais da emoção surgiram e se tornaram populares (p. ex., Schachter & Singer, 1962). Não obstante, suas idéias continuam a orientar estudos contemporâneos (Ellsworth, 1994; Lang, 1994) e as pesquisas contemporâneas agora encontram apoio para a especificidade fisiológica em algumas emoções (Buck, 1986; Levenson, 1992; Schwartz, 1986). Paul Ekman, Robert Levenson e Wallace Friesen (1983), por exemplo, procu-

---

[1]Ao mesmo tempo em que James apresentava suas idéias, Carl Lange (1885), psicólogo dinamarquês, propunha essencialmente a mesma teoria (porém mais limitada). Por essa razão, a idéia de que as emoções emanam da interpretação que damos aos padrões de ativação fisiológica é tradicionalmente chamada teoria James-Lange (Lange & James, 1992). (N. A.)

[2]Por exemplo, a pessoa vive emoções específicas depois de ingerir um medicamento estimulante conhecido por induzir alterações corporais — aumento da freqüência cardíaca, redução da atividade gastrintestinal e dilatação dos bronquíolos? A estimulação visceral induzida por medicamentos leva as pessoas a se sentirem "como se estivessem com medo" ou "como se estivessem a ponto de chorar sem saber por quê", e não propriamente com medo ou tristes (ou seja, de modo geral as pessoas se sentem ativadas, mas não especificamente com medo). (N. A.)

210 Capítulo Doze

raram saber se cada uma das diversas emoções tem ou não um padrão próprio de alterações corporais. Esses pesquisadores reuniram pessoas capazes de experimentar emoções sob instrução (atores profissionais), pedindo a cada uma que procurasse vivenciar cinco emoções diferentes — raiva, medo, tristeza, alegria e repugnância — enquanto os pesquisadores mediam os padrões de atividades fisiológicas específicas das emoções. Surgiram diferenças distintas na freqüência cardíaca (*heart rate* — HR) e na temperatura epidérmica (*skin temperature* — ST). Com a raiva, a HR e a ST aumentavam. Com o medo, a HR crescia enquanto a ST diminuía. Com a tristeza, aumentava a HR enquanto a ST permanecia estável. Com a alegria, a HR permanecia estável enquanto a ST aumentava. E, com a repugnância, tanto a HR como a ST diminuíam. Tal como James suspeitava, emoções diferentes apresentavam realmente padrões distinguíveis de atividade corporal.

Existem evidências persuasivas para a atividade distinta do sistema nervoso autônomo (SNA) associada a raiva, medo, repugnância e tristeza (Ekman & Davidson, 1993; Ekman, Levenson & Friesen 1983; Levenson, 1992; Levenson et al., 1991; Levenson, Ekman & Friesen, 1990; Sinha & Parsons, 1996; Stemmler, 1989). Supõe-se que esses padrões de atividade do SNA surgiram porque podiam recrutar formas de comportamento que se revelavam adaptativas. Por exemplo, em uma luta que provoque raiva, o aumento da freqüência cardíaca e da temperatura epidérmica facilita o comportamento vigoroso e afirmativo.

Porém, nem todas as emoções têm padrões distintos de atividade do SNA. Se nenhum padrão específico de comportamento tiver valor de sobrevivência para uma emoção, há pouca razão para o desenvolvimento de um padrão específico de atividade do SNA (Ekman, 1992, 1994a). Por exemplo: qual é o padrão comportamental mais adaptativo para o ciúme? para a alegria? a esperança? Para essas emoções, não há uma única atividade adaptativa que pareça mais universalmente adequada, assim como a estratégia adaptativa depende mais das condições específicas da situação do que da emoção em si. Logo, há pouco motivo para se esperar que se desenvolva um padrão específico de atividade do SNA.

Ao discutirmos a teoria da emoção de James-Lange, a questão fundamental é se a ativação fisiológica causa a ativação da emoção ou se apenas se segue a ela. Essa questão é importante porque, se a ativação é causa da emoção, então o estudo da ativação fisiológica passa a ser a pedra angular para compreendermos a emoção. Mas, se a ativação simplesmente se segue à

BOXE 12 | *Computação Afetiva*

Pergunta: Por que esta informação é importante?

Resposta: Porque vai ajudar você a preparar-se para a tecnologia vindoura que irá ler suas emoções e adaptar-se a elas.

A descoberta de que as emoções mostram especificidade do SNA tem implicações intrigantes para a tecnologia vindoura. Se as alterações na pressão sangüínea e na temperatura epidérmica podem mostrar distinções confiáveis entre as emoções de raiva, medo, tristeza, alegria e repugnância, e se um estetoscópio e um termostato eletrônicos puderem detectar essas alterações corporais, então poderemos construir máquinas que saibam como nos sentimos. As máquinas capazes de ler nossas emoções não se encontram longe.

Imagine sensores eletrônicos embutidos em volantes, em telefones celulares e no guidão das bicicletas, em simuladores de pilotagem, *joysticks* e clubes de golfe fazendo monitoração constante da ativação do usuário enquanto ele dirige, conversa etc. Imagine sensores eletrônicos em um dispositivo na mão de pessoas do público durante uma peça teatral, uma palestra, um espetáculo musical e um debate político.

Em breve não será preciso imaginar essa tecnologia, já que os cientistas no novo campo da "computação afetiva" estão trabalhando seriamente para construir tais dispositivos (Azar, 2000; veja também "Soon: Computers that know you hate them", *The New York Times*, 6 de janeiro de 2000). Uma invenção particularmente interessante é o "mouse da emoção", que funciona como um mouse comum de computador, exceto por ter sensores especiais para monitorar a freqüência cardíaca, a temperatura epidérmica, os movimentos das mãos e a condutibilidade elétrica da pele. O computador monitora os dados coletados pelo mouse da emoção e os analisa de modo a tirar deduções sobre o estado emocional do usuário.

Se um computador pode ler as emoções do usuário, então ele obtém a capacidade de ajustar sua programação ao estado emocional do usuário. Um *game* de computador pode tornar-se menos ou mais desafiador. Pode-se ajustar um tutorial para diminuir o medo, por exemplo, reapresentando informações já conhecidas em vez de informações novas e estressantes. Uma sessão de aconselhamento on-line pode fornecer feedback emocional com relação aos sentimentos de um cliente em momentos diferentes da entrevista. Esse feedback seria especialmente útil durante um aconselhamento a distância (o cliente em um lugar e o terapeuta em outro).

Mas mesmo o melhor mouse da emoção ficaria limitado a monitorar apenas as cinco emoções: raiva, medo, tristeza, alegria e repugnância (isto é, somente as emoções que mostrem especificidade do SNA). Para expandir a capacidade de monitoração e análise de outras emoções pelo computador, poder-se-ia acrescentar mais um aspecto — algo semelhante a uma câmera de vídeo embutida em um computador ou um telefone manual para monitorar e analisar as expressões faciais. Tal câmera poderia monitorar movimentos faciais do usuário: os músculos frontais, os corrugadores, os orbiculares das pálpebras, os zigomáticos, os nasais, os depressores, os orbiculares da boca e o *quadratus labii* (veja a Figura 12.3). Com esses movimentos faciais, o computador obtém os dados necessários para deduzir tanto a presença como a intensidade da raiva, do medo, da angústia, da repugnância, da alegria, do interesse e do desprezo (veja a Figura 12.5).

Os computadores podem analisar e interpretar os músculos faciais do usuário porque os pesquisadores já desenvolveram um sistema elaborado de codificação para isso, chamado "FACS" — *facial action coding system* (Ekman & Friesen, 1978). Já existe um programa de computador baseado no FACS. Os computadores que usam esse programa têm mais ou menos a mesma precisão das pessoas que interpretam os mesmos movimentos faciais (e são muito mais rápidos do que elas) (Cohn et al., 1999). A capacidade dos computadores para reconhecerem de imediato as expressões emocionais das pessoas parece ser apenas uma questão de tempo (Ekman & Friesen, 1975; Ekman & Rosenberg, 1997).

emoção e a aumenta, a atividade fisiológica é, portanto, muito menos importante — importante, porém não vital. Em geral, os pesquisadores contemporâneos estão de acordo em que a ativação fisiológica acompanha e regula a emoção e abre caminho para ela, mas não é a sua causa direta. A perspectiva moderna é que as emoções arregimentam apoio biológico e fisiológico para capacitar os comportamentos adaptativos, tais como lutar, fugir e cuidar da cria. Logo, o papel do sistema nervoso autônomo é criar o meio biológico ótimo que irá dar suporte ao comportamento adaptativo exigido por uma situação de vida particular causadora de emoção (Levenson, 1994b).

Circuitos Neurais Específicos

Assim como os primeiros pesquisadores procuravam padrões de atividade fisiológica específicos de emoções, os pesquisadores contemporâneos buscam padrões de atividade cerebral específicos de emoções (Gray, 1994; LeDoux, 1987; Panksepp, 1982, 1986). Por exemplo, as descobertas neuroanatômicas de Jeffrey Gray (1994) (com mamíferos não-humanos) documentam a existência de três circuitos neurais distintos no cérebro, cada um dos quais regula um padrão distinto de comportamento emocional: (1) um *sistema de aproximação comportamental* que deixa o animal em condições de procurar oportunidades ambientais atrativas e interagir com elas, (2) um sistema *de luta-ou-fuga* que prepara o animal para fugir de eventos aversivos e defender-se agressivamente de outros eventos e (3) um *sistema de inibição comportamental* que prepara o animal para imobilizar-se diante de eventos adversos. Esses três circuitos neurais estão na base de quatro emoções: alegria, medo, raiva e ansiedade.

Ativação Neural

As diversas emoções são ativadas por taxas diferentes dos disparos neurais corticais (Tomkins, 1970). Disparo neural significa o padrão de atividade eletrocortical (no cérebro) em determinado momento. Segundo Silvan Tomkins, existem três padrões básicos de disparo neural: a atividade aumenta, a atividade diminui ou a atividade permanece constante. Se a taxa de disparo neural está aumentando, diminuindo ou se permanece constante, isso depende principalmente de eventos ambientais. Por exemplo, se você estiver dormindo (a uma taxa baixa de disparo neural, conforme medido pelo eletroencefalograma, ou EEG) e um gato saltar sobre o seu rosto (evento estimulante), a taxa de disparo neural aumentará. Se você estiver em um concerto de *rock* (outro evento estimulante) e se retirar para um contexto relativamente calmo, a taxa de disparo neural diminuirá. Em outras ocasiões, a atividade neural é constante, tal como no esforço cognitivo persistente enquanto se lê um jornal.

Com esses três padrões básicos de disparo neural, a pessoa está equipada para praticamente qualquer evento importante da vida. Se houver um aumento súbito do disparo neural, a pessoa experimentará uma classe de emoções — surpresa, medo ou interesse —, e a emoção específica dependerá da subitaneidade do aumento da taxa de disparo neural (isto é, aumento leve → interesse; aumento moderado → medo; e aumento intenso → surpresa). Se o disparo neural atingir um nível elevado, mantendo-o, então o disparo neural constante (e elevado) ativará angústia

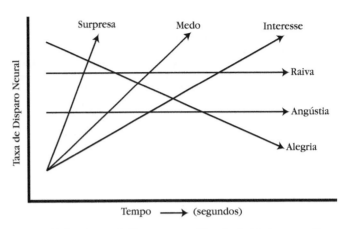

Figura 12.1 Ativação da Emoção como Função de Mudanças na Taxa de Disparo Neural

Fonte: extraído de "Affect as the Primary Motivational System", de S. S. Tomkins (1970), in M. B. Arnold (Ed.), *Feelings and emotions* (pp. 101-110), Nova York: Academic Press.

ou raiva, dependendo da magnitude da estimulação neural (isto é, continuamente elevado → angústia; continuamente muito elevado → raiva). Por fim, se os disparos neurais diminuírem, a alegria é ativada à medida que o indivíduo ri e sorri de alívio. A relação entre cada uma dessas mudanças na taxa de disparo neural e a emoção associada aparece na Figura 12.1.

Pense na atividade neural de um público que está assistindo a um filme de horror. Em primeiro lugar, esse público é apresentado devagar aos personagens, ao cenário e às circunstâncias do enredo. A exposição a todas essas novas informações aumenta gradualmente o disparo neural e o público se torna interessado. De repente, salta um louco com um machado de trás da moita, evento que aumenta drasticamente o disparo neural do público, ativando a surpresa. Mais tarde, o público observa o protagonista movimentando-se pela floresta escura e vendo coisas estranhas. O disparo neural do público fica mais rápido e o medo é despertado. Se os disparos neurais permanecerem altos, isso provocará angústia. Então o autor tem a preocupação de incluir uma ou outra piada e garante que o herói ou a heroína irá vencer o louco no final, eventos que diminuem a taxa de disparo neural e ativam a alegria.

Teoria Diferencial das Emoções

A teoria diferencial das emoções ganhou esta denominação pela ênfase dada às emoções básicas que servem a propósitos motivacionais exclusivos, ou diferentes (Izard, 1991, 1992, 1993; Izard & Malatesta, 1987). A teoria endossa os seguintes postulados (Izard, 1991):

1. Há dez emoções que constituem o sistema principal de motivação para os seres humanos.
2. Sentimento Único: cada emoção tem sua qualidade única subjetiva e fenomenológica.
3. Expressão Única: cada emoção tem seu padrão único de expressões faciais.

212 Capítulo Doze

Tabela 12.2 As Dez Emoções Fundamentais de Izard Incluídas em Sua Teoria Diferencial das Emoções

Emoções Positivas	Emoções Neutras	Emoções Negativas
Interesse	Surpresa	Medo
Alegria		Raiva
		Repugnância
		Angústia
		Desprezo
		Vergonha
		Culpa

4. Atividade Neural Única: cada emoção tem sua taxa específica de disparo neural que a ativa.
5. Motivação Exclusiva/Propósito Exclusivo: cada emoção gera propriedades motivacionais distintas e serve a funções adaptativas.

As dez emoções distintas que se encaixam nesses cinco postulados são mostradas na Tabela 12.2. Cada emoção, de acordo com a teoria diferencial das emoções, atua como um sistema que coordena componentes de sentimento (postulado 2), expressão (postulado 3), atividade neural (postulado 4) e propósito/motivação (postulado 5). Observe como esses quatro aspectos correspondem de perto aos quatro aspectos da emoção apresentados no início do Capítulo 11 (veja a Figura 11.1).

A teoria diferencial das emoções argumenta que essas dez emoções distintas atuam como sistemas de motivação que preparam o indivíduo para agir de maneira adaptativa (Izard, 1989, 1991, 1992). Cada emoção existe para prover ao indivíduo uma heurística organizada para lidar de modo eficaz com tarefas e problemas importantes e recorrentes da vida (p. ex., estabelecer vínculos sociais, enfrentar ameaças).

O exame da lista de emoções na Tabela 12.2 pode evocar uma pergunta como a seguinte: onde estão emoções como ciúme, esperança, amor, ódio, presunção e preocupação? As teorias de inclinação biológica costumam não contar experiências como essas entre as emoções básicas. Paul Ekman (1992) oferece como explicação sete razões:

1. Existem as famílias de emoções, de modo que as emoções não-básicas são derivativos baseados na experiência de uma única emoção básica (p. ex., a ansiedade é um derivativo do medo).
2. Muitos termos utilizados para emoções na verdade descrevem melhor estados de humor (p. ex., irritação).
3. Muitos termos utilizados para emoções na verdade descrevem melhor atitudes (p. ex., ódio).
4. Muitos termos utilizados para emoções na verdade descrevem melhor traços de personalidade (p. ex., hostil).
5. Muitos termos utilizados para emoções na verdade descrevem melhor transtornos (p. ex., depressão).
6. Algumas emoções não-básicas são misturas de emoções básicas (p. ex., o amor romântico mistura interesse, alegria e impulso sexual).

7. Muitas palavras utilizadas para emoções referem-se, na verdade, a aspectos específicos de uma emoção básica (p. ex., o que provoca a emoção [saudades de casa] ou o modo de a pessoa comportar-se [agressão]).

Hipótese do Feedback Facial

Segundo a hipótese do feedback facial, o aspecto subjetivo da emoção tem origem em sentimentos gerados por (1) movimentos da musculatura facial, (2) alterações na temperatura facial e (3) alterações na atividade glandular na pele da face. Portanto, as emoções são "conjuntos de respostas musculares e glandulares localizadas na face" (Tomkins, 1962). Em outras palavras, a emoção é a consciência do feedback proprioceptivo do comportamento facial.

Depois de apresentado à hipótese de que as emoções são informações de feedback facial, o leitor poder ficar um pouco céptico: "Ora, sorrir faz a gente ficar feliz?" Veja, porém, a seguinte seqüência de eventos, descrita na Figura 12.2, para compreender como as sensações da face retroalimentam o córtex cerebral para se produzir a experiência emocional (Izard, 1991). A exposição a um evento externo (ruído alto) ou interno (lembrança de haver sido prejudicado) aumenta a taxa de disparo neural com rapidez suficiente para ativar um programa de emoção subcortical, tal como o medo (nº 1 na Figura 12.2). O cérebro subcortical do ser humano (sistema límbico) possui programas inatos específicos de emoções, geneticamente conectados ao cérebro (nº 2). Quando ativados, esses programas enviam impulsos aos gânglios basais e ao nervo facial para gerarem expressões faciais distintas (nº 3). Dentro de microssegundos depois de revelada a expressão facial de medo (nº 4), o cérebro interpreta a estimulação proprioceptiva facial retroalimentada (quais os músculos que se contraíram, quais os que estão relaxados, alterações no fluxo de ar, alterações na temperatura epidérmica, secreções glandulares; nº 5). Esse padrão particular de feedback facial é integrado corticalmente — adquire sentido — para dar surgimento ao sentimento subjetivo de medo (nº 6). Só então é que o lobo frontal do córtex tem percepção do estado emocional em nível consciente. Pouco depois, todo o corpo se junta ao feedback facial, ficando envolvido na emoção do medo, já que os sistemas glandular-hormonal, cardiovascular e respiratório ficam ativados, amplificando e sustentando a experiência de medo que foi ativada.

O feedback facial cumpre uma tarefa: ativa a emoção (Izard, 1989, 1994). Uma vez ativada uma emoção, é o programa da emoção, e não o feedback facial, que recruta participação cognitiva e corporal adicional para continuar mantendo a experiência emocional. A pessoa então monitora e fica ciente não do seu feedback facial, mas das alterações em seus batimentos cardíacos, na respiração, no tônus muscular, na postura etc. Não obstante, é o feedback facial que ativa a cadeia de eventos subjacentes à experiência emocional.

A ação facial também modifica a temperatura do cérebro, de modo que os movimentos faciais associados a uma emoção negativa (tristeza) constringem a respiração, elevam a temperatura cerebral e produzem sensações negativas, enquanto os movimentos faciais associados a uma emoção positiva (felicidade) melhoram a respiração, baixam a temperatura cerebral e

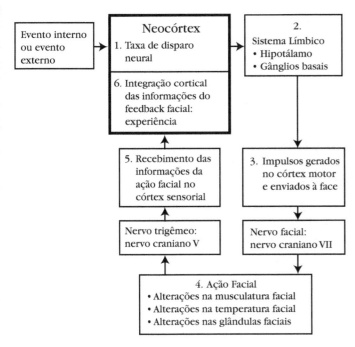

Figura 12.2 Seqüência de Eventos Ativadores da Emoção, Segundo a Hipótese do Feedback Facial

produzem sensações positivas (McIntosh et al., 1997; Zajonc, Murphy & Inglehart, 1989). Para entender esse resultado, faça uma expressão facial triste e veja se a ação facial em torno do nariz constringe um pouco o fluxo de ar. Faça também uma expressão alegre e veja se a ação facial não favorece e libera o fluxo de ar do nariz. As mudanças de temperatura no cérebro têm realmente conseqüências emocionais (suaves).

Musculatura Facial

Existem 80 músculos faciais, dos quais 36 são ligados à expressão facial. Para fins de exposição, porém, os oito músculos faciais mostrados na Figura 12.3 são suficientes para se estabelecer a diferenciação entre as emoções básicas (para mais informações, veja Ekman & Friesen, 1975; Izard, 1971). A face superior (olhos e testa) tem três músculos principais: o frontal (que cobre a testa), os corrugadores (abaixo de cada sobrancelha) e os orbiculares das pálpebras (ao redor de cada olho). A face média tem dois músculos principais: os zigomáticos (que se estendem dos cantos da boca ao osso malar) e o nasal (que franze o nariz). A face inferior tem três músculos principais: o depressor (que repuxa os cantos da boca para baixo), o orbicular da boca (músculo circular em torno dos lábios) e o *quadratus labii* (repuxa os cantos da boca para trás).

Os padrões de comportamento facial produzem emoções distintas. Raiva, medo, repugnância, angústia e alegria, por exemplo, todos têm uma expressão facial reconhecível. Essas expressões faciais estão descritas em palavras, músculo por músculo, na Figura 12.3 e também na apresentação fotográfica da Figura 12.4 (Ekman & Friesen, 1975). Há duas outras emoções associadas a um padrão específico de comportamento facial: interesse (Reeve, 1993) e desprezo (Ekman & Friesen, 1986). A expressão de interesse está ilustrada em 18 dos 19 rostos mostrados na Figura 12.5 (todos, menos o do menino no canto inferior direito). Para o interesse, os orbiculares das pálpebras abrem as pálpebras e o orbicular da boca afasta os lábios (repare nas posições próprias dos olhos e da boca). Para expressar desprezo, o zigomático eleva unilateralmente um canto dos lábios. No desprezo a pessoa "torce" um canto da boca para cima.

Teste da Hipótese do Feedback Facial

Quando transformado em percepção consciente, o feedback do comportamento facial constitui a experiência da emoção (Laird, 1974; Tomkins, 1962, 1963). É esta a hipótese do feedback facial (*facial feedback hypothesis* — FFH). As investigações para se testar a validade da FFH têm usado duas metodologias diferentes, pois há duas versões testáveis da FFH: a versão forte e a versão fraca (McIntosh, 1996; Rutledge & Hupka, 1985).

Na versão forte, a FFH propõe que a manipulação da musculatura facial para formar um padrão que corresponda a uma expressão de emoção (p. ex., veja Figura 12.4) irá ativar essa experiência emocional. Em outras palavras: franzir os lábios e elevar o canto interno das sobrancelhas ativa a tristeza (reveja o exemplo no início deste capítulo). Em testes empíricos, um pesquisador instrui o participante a contrair e relaxar músculos específicos da face e, exibindo uma expressão facial específica, preencher um questionário para avaliação da experiência emocional. Em um estudo, por exemplo, os participantes foram instruídos a: (1) "erguer as sobrancelhas e aproximá-las", (2) "erguer as pálpebras superiores" e (3) "esticar os lábios horizontalmente, em direção às orelhas" (Ekman, Levenson & Friesen, 1983). Com essa expressão assumida, os participantes responderam a um questionário sobre seu estado emocional (medo, neste caso). As pesquisas tanto têm apoiado (Laird, 1974, 1984; Larsen, Kasimatis & Frey, 1992; Rutledge & Hupka, 1985; Srack, Martin e Stepper, 1988) como refutado (McCaul, Holmes & Solomon, 1982; Tourangeau & Ellsworth, 1979) a versão forte da FFH. Uma área de consenso é que posar com a musculatura facial produz mudanças confiáveis nas reações fisiológicas, com alterações nas taxas cardiovascular e respiratória (Tourangeau & Ellsworth, 1979; Ekman et al., 1983). Ainda se discute se a musculatura facial posada produz experiência emocional, mas a maioria dos estudos sugere que ela realmente produz pelo menos um pequeno efeito (Adelmann & Zajonc, 1989; Izard, 1990; Laird, 1984; Matsumoto, 1987; Rutledge & Hupka, 1985).

Na versão mais fraca (mais conservadora), a FFH propõe que o feedback facial modifica a intensidade da emoção, mas não é a causa da emoção. Assim, dispor a própria musculatura facial em uma expressão emocional específica irá aumentar (exagerar), mas não necessariamente ativar (causar) a experiência emocional. Em outras palavras: se você sorrir intencionalmente quando estiver alegre, sentirá uma alegria mais intensa. Em um experimento, os participantes ora exageravam, ora suprimiam as expressões faciais espontâneas enquanto viam um vídeo que mostrava uma seqüência de fatos agradáveis, neutros ou desagradáveis (Zuckerman et al., 1981). Exagerar as expressões faciais que ocorriam naturalmente aumentava realmente tanto a experiência emocional como a fisiológica, assim como suprimir as expressões faciais que ocorriam naturalmente atenuava tanto a experiência emocional como a fisiológica (Lanzetta, Cartwright-Smith & Kleck, 1976).

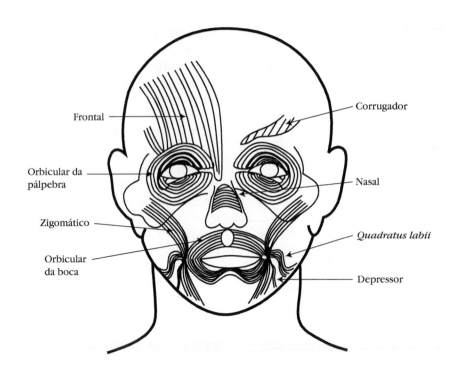

Músculo Facial	Raiva	Medo	Repugnância	Tristeza	Alegria
Frontal (Testa)	não-aplicável	contrai a testa, produzindo rugas	não-aplicável	não-aplicável	não-aplicável
Corrugador (Sobrancelhas)	repuxa as sobrancelhas para dentro e para baixo	eleva os cantos internos das sobrancelhas	não-aplicável	eleva e aproxima os cantos internos das pálpebras	não-aplicável
Orbicular da Pálpebra (Olhos)	tensiona as pálpebras inferiores para cima	eleva as pálpebras superiores, tensiona as pálpebras inferiores	não-aplicável	eleva os cantos superiores internos das pálpebras	relaxa, fazendo rugas abaixo dos olhos
Nasal (Nariz)	não-aplicável	não-aplicável	franze o nariz	não-aplicável	não-aplicável
Zigomático (Maças do rosto)	não-aplicável	não-aplicável	eleva as maças do rosto	não-aplicável	1. repuxa os cantos do lábio para trás e para cima; 2. eleva as maças do rosto, apresentado pés-de-galinha abaixo dos olhos
Orbicular da Boca (Lábios)	comprime os lábios firmemente	não-aplicável	eleva o lábio superior	não-aplicável	não-aplicável
Quadratus labii (Mandíbula)	não-aplicável	repuxa os lábios para trás	não-aplicável	não-aplicável	não-aplicável
Depressor (Boca)	não-aplicável	não-aplicável	não-aplicável	repuxa os cantos dos lábios para baixo	não-aplicável

Figura 12.3 Oito Músculos Faciais Importantes Envolvidos na Expressão da Emoção

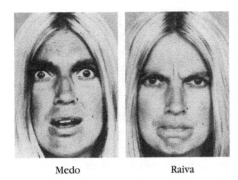
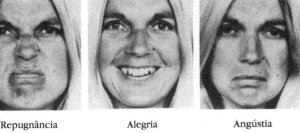

Figura 12.4 Expressões Faciais de Cinco Emoções
Fonte: extraído de *Unmasking the face*, de P. Ekman e W. V. Friesen, 1975, Englewood Cliffs, NJ: Prentice Hall.

Figura 12.5 Dezoito Expressões Faciais de Interesse
Fonte: AP/Wide World Photos

Diferentemente da versão mais forte, a versão mais fraca da FFH tem tido apoio consensual (McIntosh, 1996). Esses resultados esclarecem a via de mão dupla entre as emoções que sentimos e as emoções que expressamos: as emoções ativam as expressões faciais e, por sua vez, as expressões faciais retroalimentam para exagerar e suprimir as emoções que sentimos. Os críticos, porém, sustentam que a contribuição desse feedback facial é pequena e que há outros fatores mais importantes (Matsumoto, 1987).

As Expressões Faciais de Emoção São Universais em Todas as Culturas?

A hipótese do feedback facial supõe que as expressões faciais sejam inatas. Mas boa parte do comportamento facial certamente é aprendida. É raro encontrar um indivíduo que não tenha aprendido a exprimir um sorriso educado e a inibir uma expressão de raiva ao conversar com o patrão. Mas o fato de alguns comportamentos faciais serem aprendidos (e estejam, portanto, sob controle voluntário) não elimina a possibilidade de o comportamento facial ter também um componente genético inato, conforme sugeriram os proponentes da FFH.

Uma série de investigações em diversas culturas testou a proposição de que os seres humanos exibem expressões faciais semelhantes, independentemente das diferenças culturais (Ekman, 1972, 1994b; Izard, 1994). Em cada um desses estudos, representantes de diversas nacionalidades olhavam três fotografias, cada qual mostrando uma expressão facial diferente (Ekman, 1972, 1993; Ekman & Friesen, 1971; Ekman, Sorenson & Friesen, 1969; Izard, 1971, 1980, 1994). A partir dessas fotografias, os participantes escolhiam, por múltipla escolha, aquela que julgavam expressar melhor determinada emoção. Por exemplo, os participantes viam fotografias de três rostos: um exprimindo raiva, outro exprimindo alegria e outro exprimindo medo. Os participantes escolhiam a foto que julgavam mostrar como seria um rosto quando a pessoa deparasse com uma injustiça ou um obstáculo a uma meta (p. ex., raiva). O problema (pergunta) da pesquisa é se pessoas de culturas diferentes seriam concordantes em relação à correspondência entre expressões faciais e experiências emocionais. A descoberta de que pessoas de culturas diferentes (culturas diferentes, línguas diferentes, nacionalidades diferentes) associavam as mesmas expressões faciais às mesmas emoções é uma evidência de que o comportamento facial é culturalmente universal (Ekman, 1994b; Ekman & Friesen, 1971; Izard, 1971).[3] Isso é uma evidência de que o comportamento facial relacionado com as emoções tem um componente inato, não-aprendido.

Para testar a si mesmo do modo como os participantes dos experimentos interculturais foram testados, olhe as fotos mostradas na Figura 12.6. Essas fotos mostram quatro expressões diferentes de um nativo da Nova Guiné (alguém que pertence a uma cultura muito diferente da sua). Sua tarefa é identificar o rosto de quem acabou de encontrar um objeto contaminado (ou seja, repugnância).

---

[3] Pesquisas feitas com bebês apóiam a idéia de que o comportamento facial tenha um forte componente inato (Izard et al., 1980) porque os bebês pré-socializados exibem expressões faciais distintas e identificáveis. As crianças cegas, que não têm oportunidade de aprender expressões faciais com os outros por meio da modelação e da imitação, exibem as mesmas expressões faciais reconhecíveis das crianças da mesma idade que têm visão (Goodenough, 1932). Crianças que têm deficiências mentais graves, que têm dificuldade de aprender novos comportamentos motores, também exibem expressão total das emoções (Eibl-Eibesfeldt, 1971). (N. A.)

Figura 12.6 Que Expressão Facial Demonstra Repugnância? A fotografia de um nativo da Nova Guiné exprimindo repugnância aparece no canto inferior direito. No sentido horário, a partir do canto inferior esquerdo, estão as expressões de raiva, alegria e angústia.

Fonte: extraído de "Universal and Cultural Differences in Facial Expression of Emotion", de P. Ekman, 1972, in J. R. Cole (Ed.), *Nebraska Symposium on Motivation* (Vol. 19, pp. 207-283), Lincoln: University of Nebraska Press.

Podemos Controlar Voluntariamente as Emoções?

Um pergunta intrigante nas pesquisas sobre a emoção é: "Podemos controlar voluntariamente nossas emoções?" (Ekman & Davidson, 1994). Podemos no sentir felizes por nossa própria vontade ou, por vontade própria, não sentir medo? A dificuldade de fornecer uma resposta definitiva surge quando lembramos que as emoções têm quatro aspectos: sentimentos, ativação, propósito e expressão. A natureza multidimensional da emoção deixa dúvidas quanto à questão de os sentimentos, a freqüência cardíaca e os estados fisiológicos, os desejos motivacionais e as expressões faciais serem, ou não, controláveis. Ao tentarmos responder à pergunta mais geral, porém, fica claro que algumas emoções simplesmente nos acontecem e que, portanto, não podemos ser responsabilizados pelos sentimentos involuntários, pela fisiologia, pelos desejos e pelos comportamentos que se seguem (Ekman, 1992, 1994a).[4] Por outro lado, todos nós temos dificuldade de provocar algumas emoções à nossa vontade: coragem, amor, otimismo, interesse, e daí por diante. É muito difícil dizer apenas: "Tudo bem, agora vou sentir alegria". Em vez disso, é preciso a exposição a um evento emocional capaz de provocar esse estado emocional específico. As emoções são principalmente reações e precisamos de algum evento ao qual reagir antes de provocar uma emoção.

Se as emoções são principalmente fenômenos biológicos governados por estruturas e vias subcorticais, então faz sentido o fato de que grande parte de uma emoção fuja ao nosso controle voluntário. Se, porém, as emoções são principalmente fenômenos cognitivos governados por pensamentos, crenças e modos de pensar, faz sentido que uma boa parte de experiências emocionais possa, mesmo assim, ser controlada voluntariamente, pelo menos até o ponto em que podemos controlar voluntariamente os nossos pensamentos, as nossas crenças e os nossos modos de pensar. Tal perspectiva introduz a discussão sobre os aspectos cognitivos da emoção.

ASPECTOS COGNITIVOS DA EMOÇÃO

Para aqueles que estudam a emoção de um ponto de vista cognitivo, social ou cultural, os eventos biológicos não são, necessariamente, os aspectos mais importantes da emoção. As emoções surgem realmente de processos biológicos. Mas também surgem do processamento da informação, da interação social e do contexto cultural. Por exemplo, uma análise puramente biológica com enfoque nos circuitos cerebrais subcorticais, na atividade dos sistemas autônomo e endócrino e nas expressões faciais não nos dá uma compreensão de emoções como esperança, orgulho e alienação. A "decepção" provém não apenas da atividade do SNA ou de alterações das expressões faciais, mas sim de uma compreensão cognitiva, social e cultural de não se ter aquilo que se esperava (van Dijk, Zeelengerb & van der Pligt, 1999). O mesmo poderíamos dizer da "vergonha" (não haver feito aquilo que se esperava de nós), e de muitas outras emoções.

Avaliação

O constructo central em uma compreensão cognitiva das emoções é a avaliação (Frijda, 1993; Scherer, Schorr & Johnstone, 2001; Smith et al., 1993). A avaliação é uma estimativa do significado pessoal de um evento — esse evento da vida é importante? Esse evento tem implicações para o meu bem-estar? Todos os teóricos cognitivos da emoção apóiam duas crenças relacionadas entre si (Frijda, 1986; Lazarus, 1991a; Ortony, Clore & Collins, 1988; Roseman, 1984; Scherer, 1984a; Smith & Ellsworth, 1985; Weiner, 1986):

1. As emoções não ocorrem sem uma avaliação antecedente (cognição) do evento.
2. A avaliação, e não o evento em si, é a causa da emoção.

Considere uma criança que vê um homem se aproximar. Imediatamente e de modo automático, a criança faz uma avaliação do significado da aproximação do homem como "boa" ou "má". A avaliação se baseia nas características evidentes do homem que se aproxima (gênero, expressão facial, velocidade da aproximação), nas expectativas sobre quem poderá estar se aproxi-

---

[4]A experiência diária confirma que podemos regular voluntariamente as emoções quando estas nos acontecem, pelo menos até certo ponto. Intencionalmente, nós mascaramos e ocultamos nosso medo diante de um salto em queda livre e disfarçamos o tédio enquanto prestamos atenção ao que outra pessoa está falando conosco. Uma vez que podemos regular nossas emoções, principalmente pela inibição (Levenson, 1994a), somos, portanto, um pouco responsáveis pela nossa emocionalidade (ou seja, quanto ficamos com raiva ou tristes e o tempo que permanecemos assim). Portanto, o que é tão difícil de controlar é o ponto de partida de uma emoção. Mas a nossa capacidade de regulação emocional nos permite exercer controle sobre a intensidade do aumento e da redução de nossas emoções quando estas nos acontecem (Ekman, 1992; Levenson, 1994a). (N. A.)

mando, nas crenças acerca do que pessoas que se aproximam costumam fazer e nas lembranças anteriores de pessoas se aproximando. Não é a pessoa que se aproxima, em si, que explica a qualidade da reação emocional da criança, mas sim é como a criança pensa que a pessoa que se aproxima irá afetar o seu bem-estar o que dá vida à emoção que ela sente. Se a criança vir o homem que se aproxima sorrir e lhe acenar, e se ela se lembrar de que o homem é seu amigo, é provável que ela faça uma avaliação do evento como bom. Se vir que o homem que se aproxima está falando alto e gesticulando, e se ela se lembrar de que esse homem é o valentão da vizinhança, provavelmente irá fazer uma avaliação do evento como mau. Essas avaliações causam a experiência emocional (bem como alterações corporais fisiológicas). Se a criança não fez uma avaliação da importância pessoal do homem que se aproxima, não terá uma reação emocional a esse homem porque os eventos irrelevantes para o bem-estar não geram emoções (Lazarus, 1991a; Ortony & Clore, 1989; Ortony, Clore & Collins, 1988).

As avaliações antecedem e provocam as emoções. Situações e resultados não causam emoções do modo como as avaliações (interpretações) das situações e resultados fazem. Para reforçar essa idéia, considere a descoberta contra-intuitiva de que os ganhadores olímpicos de medalhas de bronze experimentam mais satisfação pós-competitiva do que os que ganham medalha de prata. Para que isso seja verdade, a avaliação que o atleta faz do que poderia ter acontecido é pelo menos tão importante quanto a situação que realmente ocorreu (p. ex., "Eu poderia ter ganhado ouro" *versus*. "Eu poderia ter ficado sem nada"; Medvec, Madey & Gilovich, 1995). O mesmo tipo de construção cognitiva também funciona em emoções como vergonha ("Se ao menos eu não fosse...") e culpa ("Se ao menos eu não tivesse..."; Niedenthal, Tangney & Gavanski, 1994). As emoções seguem as avaliações. Mude a avaliação e a emoção mudará.

Um dos primeiros teóricos cognitivos foi Magda Arnold (1960, 1970). Ela especificou de que maneira a avaliação, a neurofisiologia e a ativação atuam juntas para produzir a experiência e a expressão da emoção, enfocando três questões: (1) Como a percepção de um objeto ou de um evento produz uma avaliação boa ou má? (2) Como a avaliação gera emoção? E (3) Como a emoção sentida se expressa na ação?

Da Percepção à Avaliação

Segundo Arnold, as pessoas fazem uma avaliação categórica dos eventos e objetos de estímulo como positiva ou negativa. Para fundamentar suas idéias, Arnold prestou atenção detalhada às vias neurológicas do cérebro. Em todos os contatos com o ambiente, as estruturas do sistema límbico (p. ex., a amígdala) avaliam automaticamente o tom hedônico das informações sensoriais. Por exemplo, um som áspero é avaliado instantaneamente como intrinsecamente desagradável (mau), enquanto o perfume de uma rosa é avaliado como intrinsecamente agradável (bom). Pesquisas neuroanatômicas recentes confirmam a alegação de Arnold de que o sistema límbico (e a amígdala em especial) é o centro focal do cérebro que avalia o significado emocional dos estímulos sensoriais (LeDoux, 1992a, 1992b). Além disso, na sua maioria os estímulos são ainda avaliados corticalmente pelo

acréscimo do processamento de informações e, em conseqüência, de expectativas, lembranças, crenças, metas, julgamentos e atribuições. A avaliação total, portanto, deriva tanto das interpretações e avaliações subcorticais (sistema límbico) como das interpretações e avaliações corticais.

Da Avaliação à Emoção

Uma vez avaliado um objeto como bom ou mau (como benéfico ou danoso), segue-se imediata e automaticamente uma experiência de gostar ou de não gostar. Para Arnold, gostar ou não gostar é a emoção sentida.

Da Emoção Sentida à Ação

Gostar gera uma tendência motivacional de aproximação do objeto que gera a emoção; não gostar gera uma tendência motivacional a evitá-lo. Durante a avaliação, o indivíduo depende da memória e da imaginação para gerar vários cursos possíveis de ação a fim de lidar com o objeto do qual gosta ou não gosta. Quando um determinado curso de ação é decidido, o hipocampo cerebral ativa o córtex motor, o que produz a ação comportamental. As pesquisas contemporâneas acrescentam que o sistema límbico também tem acesso direto aos músculos que controlam as expressões faciais (Holstedge, Kuypers & Dekker, 1977), às reações do sistema autônomo e do sistema endócrino (Kapp, Pascoe & Bixler, 1984; LeDoux et al., 1988) e aos sistemas de ativação geral (tronco encefálico; Krettek & Price, 1978). Através de seus efeitos sobre esses sistemas biológicos as emoções produzem ação.[5]

A teoria inovadora de Arnold sobre a avaliação da emoção pode ser resumida assim:

	Avaliação	Emoção	Ação
Evento da Vida	→ Bom *versus* Mau (Benéfico *versus* Danoso)	→ Gostar *versus* Não Gostar	→ Aproximação *versus* Afastamento

Avaliação Complexa

Assim como Arnold, Richard Lazarus enfatizou os processos cognitivos intervenientes que se colocam entre eventos importantes da vida (condições ambientais) e as reações fisiológicas e comportamentais. Ao seguir as idéias de Arnold como um guia, Lazarus expandiu a avaliação geral de bom/mau para uma conceituação mais complexa do processo de avaliação (Lazarus, 1968, 1991a; Lazarus & Folkman, 1984). Como se vê a seguir, as avaliações "bom" foram conceituadas em diversos tipos de

---

[5]Um aspecto importante da teoria de Arnold é que a emoção é definida em termos de motivação. A tendência à aproximação ou à evitação dá à emoção uma força direcional, enquanto as mudanças fisiológicas nos músculos e nas vísceras fornecem a energia da emoção. Um segundo aspecto importante da teoria de Arnold trata a emoção como um constructo unitário, já que ela preferia falar sobre forças emocionais de aproximação e de evitação, de atração e repulsa, de gostar e não gostar, em vez de falar sobre emoções específicas, tais como raiva, tristeza ou orgulho. (N. A.)

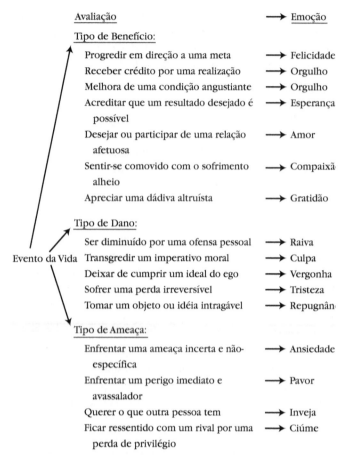

Figura 12.7 Avaliações Complexas de Lazarus: Tipos de Benefício, Dano e Ameaça

benefícios, ao passo que as avaliações "mau" foram diferenciadas em diversos tipos de dano e em diversos tipos de ameaça. O esquema das avaliações complexas de Lazarus (1991a) aparece na Figura 12.7.

Ao articular uma visão mais abrangente da avaliação, Lazarus destacou que as pessoas avaliam se a situação que elas enfrentam tem ou não importância pessoal para o seu bem-estar. Quando o bem-estar está em jogo, as pessoas avaliam o dano, a ameaça ou o benefício potencial que enfrentam, como foi mostrado anteriormente. Para Lazarus (1991a), essas avaliações tomam forma por meio de perguntas como: isso tem importância para o meu bem-estar? Esse evento é congruente com minhas metas? Até que ponto ele afeta minha auto-estima? Com essas avaliações a respeito da relevância pessoal, da congruência de metas e do envolvimento do ego, as pessoas fazem a avaliação de situações como tipos específicos de dano, como tipos específicos de ameaça ou tipos específicos de benefício (veja Lazarus, 1991a, 1994).

O processo de avaliação não termina com a avaliação da relevância pessoal, da congruência de metas e do envolvimento do ego. As capacidades percebidas de enfrentamento continuam a alterar o modo como as pessoas interpretam (avaliam) as situações que elas enfrentam (Folkman & Lazarus, 1990; Lazarus, 1991a, 1991b). A pessoa pergunta a si mesma: sou capaz de lidar com o benefício, a ameaça ou o dano potencial que estou enfrentando? Posso fazer com que o benefício se realize e evitar que o dano ou a ameaça aconteçam? A antecipação do modo de lidar muda o modo de avaliar uma situação (se eu for capaz de lidar com a ameaça, então não se trata de uma grande ameaça). Uma mudança de avaliação leva a uma mudança de emoção. De modo geral, porém, as pessoas primeiro fazem uma avaliação de sua relação com o evento da vida ("avaliação primária") e depois avaliam seu potencial de enfrentamento dentro desse evento ("avaliação secundária").

Avaliação Primária

A avaliação primária envolve uma estimativa de a pessoa ter ou não qualquer coisa em jogo em um encontro com o ambiente (Folkman et al., 1986). O que se segue está potencialmente em jogo na avaliação primária: (1) saúde, (2) auto-estima, (3) uma meta, (4) situação financeira, (5) respeito e (6) o bem-estar de um ente querido. Em outras palavras: as avaliações primárias perguntam se o bem-estar físico ou psicológico da pessoa, as metas e a situação financeira ou as relações interpessoais estão em jogo durante esse encontro em particular com o ambiente. Tão logo um desses seis resultados esteja em jogo, um evento comum da vida passa a ser um "evento significativo da vida", com potencial para gerar uma reação emocional. Por exemplo, quando estamos dirigindo e o carro derrapa na água, o sistema cognitivo gera imediatamente a avaliação primária de que no momento há muita coisa em jogo: saúde pessoal, reputação como motorista habilidoso, um bem valioso (o carro) e o bem-estar físico e psicológico do nosso passageiro.

Avaliação Secundária

A avaliação secundária, que ocorre depois de alguma reflexão, envolve a avaliação da pessoa para o manejo do possível benefício, dano ou ameaça (Folkman & Lazarus, 1990). O modo de enfrentar a situação envolve esforços cognitivos, emocionais e comportamentais para administrar o benefício, dano ou ameaça. Imagine, por exemplo, as opções de enfrentamento, no caso de um músico escalado para tocar para uma platéia. Esse músico poderia pedir conselhos a um mestre, praticar durante a noite, achar um meio de escapar, fazer um plano de ação e segui-lo, imitar o estilo de outro músico, brincar e não dar tanta importância ao significado do evento, e daí por diante. A experiência emocional do músico dependerá não apenas de sua avaliação inicial do benefício, dano ou ameaça potenciais dentro da apresentação da noite, mas também de sua reflexão sobre o potencial de eficácia de suas estratégias de enfrentamento para alcançar o benefício ou evitar o dano ou a ameaça.

Modelo de Avaliação da Emoção

O modelo completo de Lazarus sobre a emoção aparece na Figura 12.8. Na hora de um encontro com o ambiente — um evento da vida —, o indivíduo faz uma avaliação primária referente à relevância e ao significado pessoal do evento para si. Se o evento não for esperado como um benefício, dano ou ameaça potenciais, será percebido como irrelevante para o bem-estar. Portanto, não ocorre hiperatividade do sistema nervoso autônomo (SNA). A falta de uma descarga do SNA indica que não se exige uma estra-

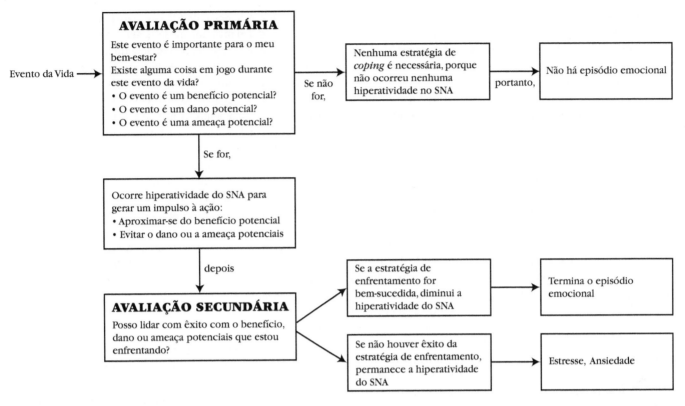

Figura 12.8 Conceituação de Lazarus da Emoção como Processo

tégia de enfrentamento para aquele evento particular da vida. Os eventos benignos deixam de gerar um episódio emocional. Se o evento da vida for percebido como um benefício potencial, um dano potencial ou uma ameaça potencial, então a descarga e a hiperatividade do SNA ocorre para ajudar a pessoa a se preparar para adaptar-se ao evento importante da vida (Tomaka et al., 1993). A ativação do SNA prepara o indivíduo para se envolver em um comportamento de aproximação ou de evitação e também ativa ou favorece a avaliação secundária, já que o indivíduo leva em conta o ponto até o qual ele pode lidar com êxito com o evento da vida. A ativação do SNA sinaliza a necessidade de avaliação secundária. Se o indivíduo tiver êxito em seus esforços de enfrentamento para a aproximação ou a evitação, então a hiperatividade do SNA começa a se acalmar e o evento gerador de emoção perde importância como episódio emocional, porque o benefício é alcançado ou a ameaça ou o dano se dissipam. Se, porém, as respostas de enfrentamento não tiverem êxito, a hiperatividade do SNA continua em nível elevado e a pessoa experiencia estresse ou ansiedade porque o benefício escapa ou a ameaça ou o dano ocorrem.

Motivação

A descrição que Lazarus faz da emoção é motivacional. A pessoa traz motivos pessoais (metas, bem-estar) para uma situação. Quando há motivos pessoais em jogo, acontece a emoção. Além disso, as emoções mudam constantemente à medida que mudam as avaliações primária e secundária. Todo o processo da emoção se caracteriza não tanto pela seqüência linear de evento da vida → avaliação → emoção, mas pela mudança contínua nas condições dos motivos de uma pessoa. Os eventos da vida oferecem benefícios, danos e ameaças potenciais ao bem-estar e os esforços contínuos de enfrentamento têm implicações importantes para o grau em que esses benefícios, danos e ameaças são realizados. Assim, os motivos pessoais do indivíduo (metas, bem-estar) situam-se no âmago do processo emocional e o indivíduo está continuamente fazendo avaliações primárias e secundárias sobre as condições desses motivos pessoais à medida que os eventos se desenrolam e que os esforços de enfrentamento são implementados.

Lazarus rotula sua teoria da emoção como uma teoria cognitivo-motivacional-relacional (Lazarus, 1991b). *Cognitivo* nos transmite a importância da avaliação, *motivacional* nos transmite a importância das metas pessoais e do bem-estar, e *relacional* nos transmite que a emoção surge da relação que se tem com as ameaças, os danos e os benefícios oriundos do ambiente.

Processo de Avaliação

Acompanhando o trabalho de Arnold e Lazarus, os teóricos de orientação cognitiva continuaram a desenvolver uma compreensão cada vez mais sofisticada do processo de avaliação (De Rivera, 1977; Frijda, 1986; Johnson-Laird & Oatley, 1989; Oatley & Johnson-Laird, 1987; Ortony, Clore & Collins, 1988; Roseman, 1984, 1991; Scherer, 1984a, 1997; Smith & Ellsworth, 1985; Weiner, 1986). Cada teórico adota a seqüência evento da vida → avaliação → emoção, mas eles diferem quanto à quantidade de dimensões de avaliação necessárias para a explicação da experiência emocional. Arnold usava a avaliação para

220 Capítulo Doze

explicar duas emoções (gostar e não gostar), e as avaliações primária e secundária de Lazarus explicam aproximadamente 15 emoções (veja a Tabela 15.2). Já os teóricos cognitivistas da emoção procuram, em última análise, explicar *todas* as emoções por meio das avaliações.

Esses teóricos cognitivistas acreditam que cada emoção pode ser descrita por um padrão único de avaliações compostas. Uma avaliação composta consiste na interpretação de significados múltiplos dentro de um evento ambiental, de modo que um evento pode ser tanto agradável como causado pela pessoa (donde o orgulho). Em último caso, se alguém conhecer o padrão completo das avaliações de um indivíduo, então prever que emoção a pessoa sentirá em seguida será uma tarefa bastante simples.

Para explicar toda a complexidade das emoções, os teóricos têm argumentado em favor da importância tanto (1) das avaliações compostas como (2) das dimensões extras de avaliação. As dimensões de avaliação começam com a avaliação agradável-desagradável, de Arnold, e também com a significância pessoal e o potencial de enfrentamento (*coping*) de Lazarus (avaliações primária e secundária). Mas uma lista mais abrangente de avaliações poderia acrescentar avaliações do quanto um evento é esperado e sua compatibilidade com padrões internalizados (Scherer, 1997). Outras avaliações poderiam incluir avaliações da certeza do evento, do esforço antecipado exigido da pessoa e de sua legitimidade (Smith & Ellsworth, 1985). É difícil dizer quantas dimensões de avaliação existem ou quais avaliações são mais fundamentais e quais têm apenas uma importância periférica. A lista de avaliações que damos a seguir, porém, representa o pensamento da maioria dos teóricos de orientação cognitiva da emoção (essas dimensões são uma combinação das que foram propostas por Roseman, 1984, 1991; Smith & Ellsworth, 1985; Scherer, 1984a, 1997).

Avaliação de Arnold:

Agradabilidade — O evento é bom ou mau?

Avaliações de Lazarus:

Relevância Pessoal — O evento é relevante para o bem-estar pessoal? O evento é desejável ou indesejável?

Capacidade de enfrentamento — Posso lidar com êxito com o evento? Quanto esforço de enfrentamento será necessário para isso?

Outras Avaliações Possíveis:

Expectativa — Eu esperava que esse evento acontecesse?

Responsabilidade — Quem causou o evento — a pessoa? Os outros? As circunstâncias?

Legitimidade — O que aconteceu é justo? É merecido?

Compatibilidade com os padrões da pessoa, da sociedade — Esse evento é aceitável em nível moral?

Veja como uma combinação de avaliações diferentes pode produzir uma emoção específica. A raiva, por exemplo, é uma combinação das seguintes avaliações: (1) há uma meta valorizada em jogo (relevância pessoal); (2) a meta foi perdida (desagradabilidade); (3) alguém me impediu de alcançar a meta (irresponsabilidade); e (4) a perda foi imerecida (ilegitimidade). Ou seja, relevância pessoal + desagradabilidade + irresponsabilidade + ilegitimidade = raiva. Como segundo exemplo, o "sentimentalismo" é uma função das seguintes avaliações: relevância pessoal, alto potencial de enfrentamento, expectativa, agradabilidade e compatibilidade com padrões. Mude-se uma dessas avaliações, porém, e a emoção experimentada também mudará. Ou seja, mude-se uma alta capacidade de enfrentamento para uma baixa capacidade de enfrentamento (mantendo-se constantes as outras quatro avaliações) e o "sentimentalismo" se transforma em "anseio".

Talvez agora esteja evidente a meta final dos teóricos da avaliação da emoção. Eles trabalham muito para construir uma árvore de decisão na qual cada padrão possível de avaliação leve a uma única emoção (Scherer, 1993, 1997). Ou seja, se a pessoa faz as avaliações X, Y e Z, certamente a emoção A se seguirá, inevitavelmente.

Diferenciação das Emoções

O ponto forte de uma teoria da avaliação da emoção é a sua capacidade de explicar processos diferentes de emoção (p. ex., como as pessoas sentem emoções diferentes com relação ao mesmo evento). A Figura 12.9 mostra uma possível árvore de decisão para mostrar como seis dimensões de avaliação podem estabelecer diferenças entre 17 emoções diferentes (Roseman, Antoniou & Jose, 1996). As dimensões de avaliação são mostradas à margem da figura, enquanto as emoções diferenciadas aparecem nos boxes dentro da figura. As dimensões de avaliação no lado esquerdo da figura são: responsabilidade (causada por circunstâncias, causada por outros, causada pela pessoa), expectativa (inesperada) e certeza (incerto, certo). As dimensões de avaliação no alto da figura são: meta/necessidade em jogo (coerente com o motivo, incoerente com o motivo) e agradabilidade (apetitiva *versus* aversiva). A dimensão de avaliação à direita da figura é: capacidade de enfrentamento (baixa *versus* alta). E a dimensão de avaliação na parte inferior é: fonte do evento aversivo (não-caracterológico, caracterológico). Admitimos que a figura pode ser difícil de seguir, mas ela deixa uma coisa bastante clara, ou seja: em um episódio emocional, as pessoas se envolvem bastante na avaliação cognitiva para interpretar o que lhes está acontecendo e, se alguma dessas interpretações (avaliações) mudar, também mudará a experiência emocional da pessoa.

Uma árvore de decisão de avaliações, tal como a que ilustra a Figura 12.8, jamais irá predizer 100% corretamente as emoções decorrentes (Oatley & Duncan, 1994). Os teóricos da avaliação geralmente concordam em que conhecer a configuração de avaliações de uma determinada pessoa lhes permite uma taxa de exatidão de 65 a 70% na previsão das emoções dessa pessoa (Reisenzein & Hofmann, 1993). Há quatro razões pelas quais uma teoria das avaliações não pode explicar as reações emocionais com cem por cento de exatidão (Fischer, Shaver & Carnochan, 1990; Reisenzein & Hofmann, 1993; Scherer, 1997):

1. Outros processos, além da avaliação, contribuem para a emoção (como foi discutido na primeira parte do capítulo).

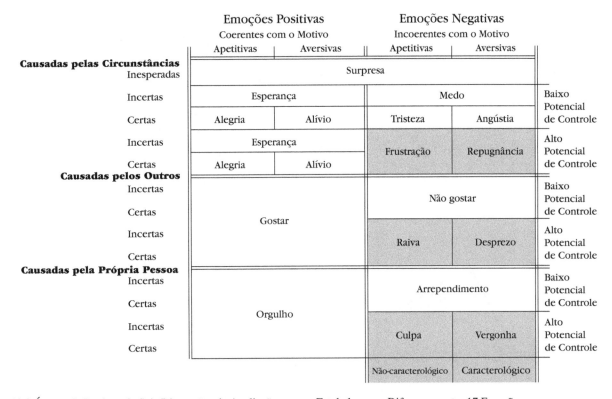

Figura 12.9 Árvore de Decisão de Seis Dimensões de Avaliação para se Estabelecerem Diferenças entre 17 Emoções

Fonte: extraído de "Appraisal Determinants of Emotions: Constructing a More Accurate and Comprehensive Theory", de I. J. Roseman, A. A. Antoniou e P. E. Jose, 1996, *Cognition and Emotion, 10,* pp. 241-277. Reproduzido com permissão da Psychology Press, Ltd.

2. Enquanto cada emoção específica tem um padrão próprio de avaliações associadas a ela, os padrões de avaliação para muitas emoções se sobrepõem, criando confusão (p. ex., a culpa e a vergonha têm padrões semelhantes de avaliação).
3. Existem diferenças desenvolvimentais entre as pessoas, de modo que as crianças normalmente experimentam emoções básicas gerais (p. ex., alegria), ao passo que os adultos socializados geralmente experimentam uma variedade mais rica de emoções de avaliações específicas (p. ex., orgulho, alívio, gratidão).
4. O conhecimento das emoções e as atribuições (os dois próximos tópicos deste capítulo) representam outros fatores cognitivos, além da avaliação, que afetam a emoção.

Conhecimento das Emoções

Os bebês e as crianças pequenas compreendem e distinguem apenas algumas emoções básicas. Aprendem a dar nome às poucas emoções básicas de raiva, medo, tristeza, alegria e amor (Kemper, 1987; Shaver et al., 1987). À medida que vão ganhando experiência com diferentes situações, as pessoas vão aprendendo a discriminar nuanças em uma emoção isolada. As nuanças da alegria, por exemplo, incluem felicidade, alívio, otimismo, orgulho, contentamento e gratidão (Ellsworth & Smith, 1988b). As nuanças de raiva incluem fúria, hostilidade, vingança, furor, irritação e ira (Russell & Fehr, 1994). Essas distinções são armazenadas cognitivamente em hierarquias de emoções básicas e seus derivados. Assim, o número de diferentes emoções que uma pessoa pode distinguir constitui seu *conhecimento das emoções* (Shaver et al., 1987). Por meio da experiência construímos uma representação mental das diferentes emoções e do modo pelo qual cada emoção individual se relaciona com outras emoções e com as situações que as produzem.

O conhecimento das emoções de uma pessoa hipotética (gerada por computador) aparece na Figura 12.10. Um nível no topo da figura inclui as categorias das emoções básicas: amor, alegria, surpresa, raiva, tristeza e medo. Para essa pessoa, essas emoções são as suas seis emoções básicas (ou famílias de emoções). Com a experiência, o indivíduo vem a conhecer nuanças dessas emoções básicas (alistadas na parte inferior da figura). Por exemplo, o indivíduo representado na figura compreende três nuanças de amor — afeição, tesão e saudade — e seis nuanças de tristeza — sofrimento, depressão, decepção, vergonha, descaso e compaixão. O asterisco em cada coluna de palavras que indicam a emoção denota o protótipo dentro das nuanças daquela emoção.

Boa parte da diversidade da experiência emocional vem da aprendizagem de distinções sutis entre as emoções e as situações específicas que as causam. Os teóricos da avaliação acreditam que existem tantas emoções quantas possibilidades de avaliação cognitiva de uma situação (Ellsworth & Smith, 1998a; Smith & Ellsworth, 1985, 1987). Por exemplo, um indivíduo que acabou de perder a namorada para um rival poderia, potencialmente, experimentar aflição, raiva, medo, repugnância e ciúme (Hupka, 1984). Aprendemos que essas emoções podem coincidir e que são, portanto, relacionadas umas às outras (como no complexo

222 Capítulo Doze

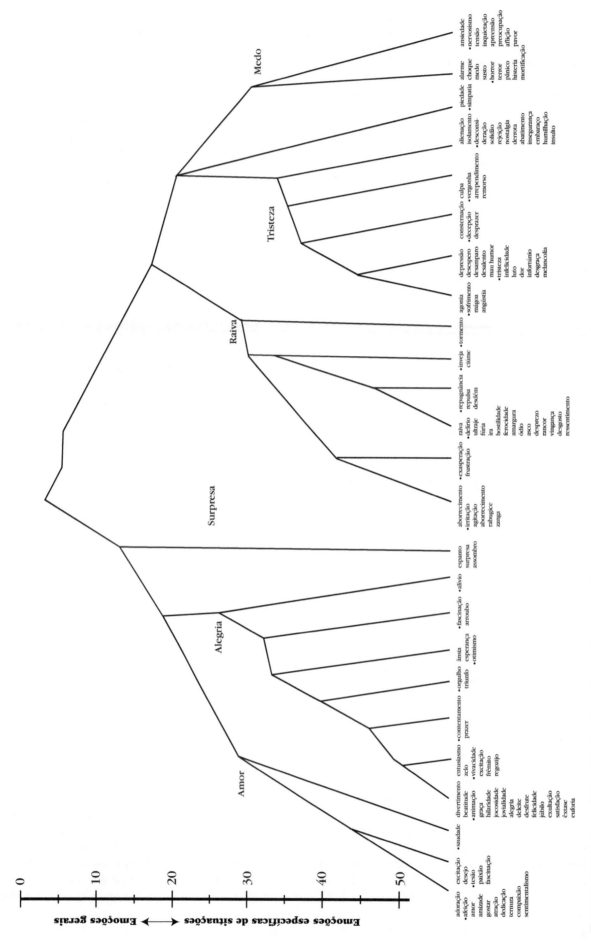

Figura 12.10 Representação Hipotética do Conhecimento Emocional de Uma Pessoa

Fonte: extraído de "Emotion knowledge: Further exploration of a prototype approach", de P. Shaver, J. Schwartz, D. Kirson e C. O'Connor, 1987, *Journal of Personality and Social Psychology*, 52, pp. 1061-1086. Copyright © 1987 by American Psychology Association. Adaptado com permissão.

de ciúme; Hupka, 1984; White, 1981). Também aprendemos que há outras emoções (p. ex., amor, alegria) muito afastadas desse grupo de experiências emocionais. Por fim, aprendemos as diferenças entre as nuanças de raiva — as diferenças entre ciúme, ódio, irritação, e assim por diante. Conseqüentemente, depois de vivermos uma vida com essa aprendizagem, obtemos um conhecimento de emoções altamente pessoal. É esse reservatório de conhecimento emocional que capacita o indivíduo a apreciar situações com alto grau de discriminação e, por isso, a responder com emoções adequadas às situações (e não com as emoções gerais). Logo, quanto mais sutil e mais sofisticado for o conhecimento das suas próprias emoções, maior a capacidade da pessoa de responder a cada evento da vida com uma reação emocional especializada e altamente adequada.

Atribuições

A teoria da atribuição repousa na suposição de que as pessoas desejam muito explicar por que sofreram um determinado resultado de vida (Heider, 1958; Jones & Davis, 1965; Kelley, 1967, 1973; Weiner, 1980, 1985, 1986). Depois de um resultado, perguntamos: Por que não passei na prova de química? Por que o Brasil venceu a Copa do Mundo? Por que Susan abandonou o colégio? Por que esta pessoa é rica enquanto aquela outra é pobre? Por que não consegui aquele emprego? Por que Frank não retornou meu telefonema?

Atribuição é o motivo de que a pessoa lança mão para explicar um resultado importante da vida (Weiner, 1985, 1986). É a explicação causal para responder "por quê?" um resultado ocorreu. Por exemplo, se respondermos à pergunta "Por que não passei na prova de química?" dizendo "Porque não estudei", então o "pouco esforço" é a atribuição para explicar o resultado de fracasso. As atribuições são importantes porque a explicação que usamos para explicar nosso resultado gera reações emocionais. Depois de resultados positivos, as pessoas geralmente se sentem felizes e, depois de resultados negativos, geralmente se sentem tristes ou frustradas. Em sua teoria atribucional da emoção, Bernard Weiner (1985, 1986) refere-se à reação emocional dependente de um resultado como uma "avaliação primária do resultado". As emoções básicas de felicidade e tristeza simplesmente acompanham resultados bons ou maus (Weiner, Russell & Learman, 1978, 1979). A teoria da atribuição propõe que, além dessas reações emocionais primárias geradas por resultados, as pessoas ainda explicam por que venceram ou fracassaram. Uma vez explicado o resultado, novas emoções vêm à tona de modo que a reação emocional inicial, em geral de felicidade/tristeza, torna-se diferenciada em emoções secundárias específicas. A atribuição do porquê do resultado constitui a "avaliação secundária do resultado". A seqüência de eventos na teoria da atribuição das emoções de Weiner aparece na Figura 12.11.

Conforme se vê na Figura 12.11, há sete emoções que ocorrem de modo seguro como função do fluxo atribucional do processo de informações (Weiner, 1985, 1986; Weiner & Graham, 1989). As raízes atribucionais das sete emoções são as seguintes:

Orgulho   Atribuir um resultado positivo a uma causa interna.
"Venci graças à minha excelente capacidade."

Gratidão   Atribuir um resultado positivo a uma causa externa.
"Venci graças à ajuda de meus colegas de equipe."

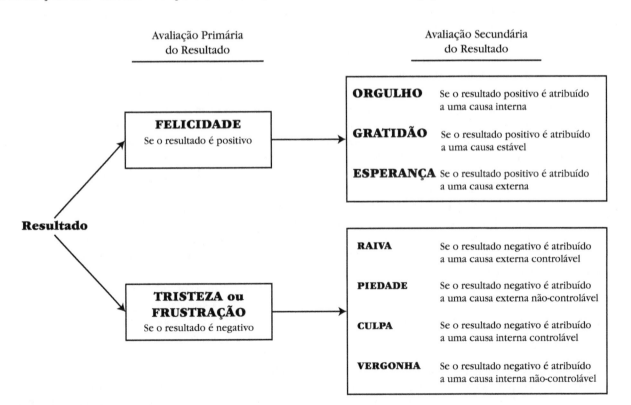

Figura 12.11 Teoria da Atribuição da Emoção

224 Capítulo Doze

Esperança	Atribuir um resultado positivo a uma causa estável. "Saio-me bem nos esportes porque sou atleta por natureza."
Raiva	Atribuir um resultado negativo a uma causa externa controlável. "Perdi porque meu adversário trapaceou."
Piedade (Compaixão)	Atribuir um resultado negativo a uma causa externa não-controlável. "Perdi meu emprego por causa da economia ruim."
Culpa	Atribuir um resultado negativo a uma causa interna controlável. "Perdi porque não empreguei muito esforço."
Vergonha	Atribuir um resultado negativo a uma causa interna não-controlável. "Fui rejeitado porque sou feio."

Observe que, em cada uma dessas sete emoções (três positivas e quatro negativas), a análise atribucional do porquê de o resultado ter ocorrido é causalmente anterior à emoção específica. Por exemplo, a afirmação fundamental de uma análise atribucional da emoção é que, se a atribuição mudasse, a emoção também mudaria (p. ex., mude a atribuição e a emoção mudará). Se uma estudante sente orgulho porque acha que sua capacidade lhe granjeou uma bolsa de estudos e depois fica sabendo que o verdadeiro motivo de haver ganho a bolsa foi que alguém deu um forte apoio à sua solicitação durante uma reunião, a emoção experimentada passa então de orgulho para gratidão. O resultado é o mesmo (ela ganhou a bolsa), mas quando a atribuição muda, muda também a reação emocional da pessoa.

Os teóricos da avaliação iniciam suas análises com avaliações relativamente simples, tais como se um evento significa dano, ameaça ou perigo (Lazarus, 1991a). Eles continuam com avaliações cada vez mais complexas, tais como legitimidade (Ellsworth & Smith, 1998a). Os teóricos cognitivistas então acrescentam o conhecimento das emoções para explicar como as pessoas fazem avaliações ainda mais sutis. Em sua análise atribucional, Bernard Weiner (1982, 1986) acrescenta ainda mais um tipo de avaliação para ajudar a explicar os processos emocionais — a avaliação pós-resultado do porquê da ocorrência do resultado. Assim, o papel da cognição não é só avaliar o significado do evento da vida (avaliação), mas também avaliar por que o resultado da vida aconteceu como aconteceu (atribuição). Tomadas em conjunto, as avaliações pré-resultado, tais como benefício, dano e ameaça potenciais, explicam alguns processos emocionais, assim como fazem as avaliações pós-resultado (atribuições) que explicam outros aspectos das reações emocionais das pessoas aos eventos importantes da vida (Leon & Hernandez, 1998).

ASPECTOS SOCIAIS E CULTURAIS DAS EMOÇÕES

Assim como a avaliação contribui para uma compreensão cognitiva da emoção, a interação social contribui para uma compreensão social da emoção. Além disso, o contexto sociocultural em que a pessoa vive contribui para uma compreensão cultural da emoção. Psicólogos sociais, sociólogos, antropólogos, e outros, argumentam que a emoção não é, necessariamente, um fenômeno biológico privado e intrapsíquico. Em vez disso, sustentam que muitas emoções se originam tanto da interação social quanto do contexto cultural (Averill, 1980, 1983; Kemper, 1987; Manstead, 1991).

Os que estudam a construção cultural da emoção destacam que, se você mudar a cultura em que vive, seu repertório emocional também mudará (Mascolo, Fischer & Li, 2003). Veja, por exemplo, o repertório emocional das pessoas nos Estados Unidos e na China. Os bebês chineses são menos emocionalmente reativos e menos emocionalmente expressivos do que os bebês americanos, provavelmente porque os pais chineses dão ênfase à restrição da emoção e a esperam, ao passo que os pais americanos realçam e esperam a expressão emocional.

No mesmo espírito, a Figura 12.12 ilustra em forma gráfica as emoções básicas semelhantes e dessemelhantes para as pessoas de ambas as culturas. As linhas cheias que vão até raiva, tristeza, medo e felicidade ilustram que os membros de ambas as culturas vêem essencialmente o mesmo significado nessas experiências emocionais. As linhas interrompidas que vão até vergonha e amor ilustram que os membros das duas culturas vêem significados diferentes nessas emoções. Para os chineses, o amor não é uma emoção positiva. O significado de amor está muito mais próximo do "amor triste", sendo considerado uma emoção negativa. Para as pessoas na China, a vergonha é considerada uma emoção básica. Assim, as pessoas nos Estados Unidos descobrem significado em duas emoções positivas e em três emoções negativas, enquanto as pessoas na China descobrem significado em uma emoção positiva e em cinco emoções negativas. (As dezessete emoções subordinadas — ciúme, ira, repugnância e assim por diante — são de participantes chineses, e não de participantes americanos.)

Caso você, leitor, tenha ficado surpreso de saber que os participantes de língua chinesa entendem o amor ("amor triste") como uma emoção negativa, esse exemplo ajuda a ilustrar a base cultural da emoção. Na cultura chinesa tradicional, os pais arranjam o casamento dos filhos. O casamento funciona como a união de duas famílias no sentido amplo, além da união de duas pessoas. Quando se espera um casamento arranjado, o amor romântico assume o significado de uma força potencialmente destruidora que pode separar o filho ou a filha dos pais (Potter, 1988). Se aceito, o amor romântico tem, pois, o potencial de romper o respeito e a deferência apropriados que se espera que os filhos e as filhas demonstrem pelos pais (Russell & Yik, 1996). A experiência do amor romântico assume, pois, uma valência negativa, sendo representada melhor pela experiência de "amor triste".

Os que estudam a construção social da emoção destacam que, se você mudar a situação em que se encontra, suas emoções também mudarão. Forme uma idéia das emoções típicas sentidas em um *playground*, no trabalho, em uma festa de fim de semana, um evento esportivo, lavando o banheiro, durante uma briga e assim por diante. As situações definem quais as emoções são mais apropriadas e esperadas e, uma vez que as pessoas sabem quais emoções têm probabilidade de ocorrer em determinados contextos, podem selecionar um contexto e com isso "construir"

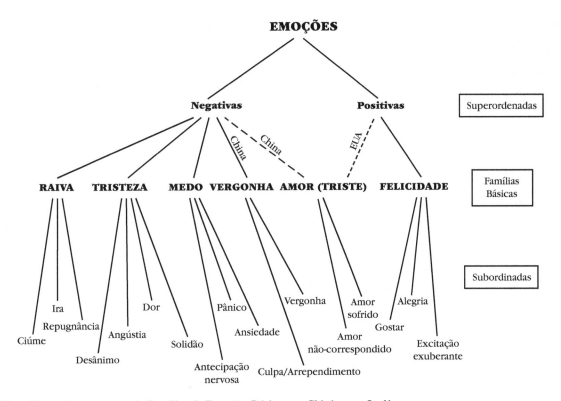

Figura 12.12 Análise do Agrupamento de Famílias de Emoções Básicas em Chinês e em Inglês

Fonte: extraído de Cross-cultural similarities and differences in emotion and its representation: A prototype approach, de P. R. Shaver, S. Wu & J. C. Schwartz, 1992, in M. S. Clark (Ed.), *Review of Personality and Social Psychology*, Volume 13, pp. 231-251. Thousand Oaks, CA: Sage.

determinada experiência emocional para si. Se você quiser construir alegria, por exemplo, vai a uma festa de fim de semana; se quiser construir repugnância, limpa o banheiro. Forme também uma idéia das emoções típicas sentidas durante o convívio com alguém de *status* superior (chefe, pai ou mãe), com alguém de *status* equivalente (amigo, cônjuge) ou com alguém de *status* inferior (criança, novo empregado). As diferenças de *status* entre interagentes definem as emoções apropriadas e esperadas e, uma vez que as pessoas sabem quais emoções ocorrem com quais interagentes, podem escolher as pessoas com quem vão interagir e com isso "construir" uma experiência emocional específica. Assim, com a seleção estratégica das situações em que queremos estar e a seleção estratégica das pessoas com quem queremos interagir, cada um de nós tem os meios para construir socialmente as emoções que mais provavelmente iremos sentir.

Interação Social

As outras pessoas geralmente são a nossa fonte mais freqüente de emoções do dia-a-dia (Oatley & Duncan, 1994). Experimentamos um número maior de emoções ao interagirmos com os outros do que ao estarmos sós.

Se você acompanhou os eventos e as experiências que causaram suas reações emocionais — a ação de outra pessoa, uma ação sua, alguma coisa que você viu ou leu —, é provável que tenha descoberto que a interação com os outros desencadeou a maioria das suas emoções (Oatley & Duncan, 1994). As emoções são intrínsecas às relações interpessoais. Também desempenham papel central na criação, na manutenção e na dissolução de relações interpessoais, pois as emoções nos aproximam e as emoções nos separam (Levenson, Carstensen & Gottman, 1994; Levenson & Gottman, 1983). Por exemplo, a alegria, a tristeza e a raiva atuam juntas para afetar o tecido social de relacionamentos. A alegria promove o estabelecimento de relações. A tristeza mantém as relações em épocas de separação (motivando a reaproximação). E a raiva motiva a ação necessária para rompermos relacionamentos prejudiciais.

Outras pessoas não só nos causam emoções instigando-nos, como também nos afetam indiretamente, através do *contágio emocional*. O contágio emocional é "a tendência a imitar automaticamente expressões, vocalizações, posturas e movimentos de outra pessoa e sincronizar com eles e, em conseqüência, convergir emocionalmente" (Hatfield, Cacioppo & Rapson, 1993a). As três proposições — mímica, feedback e contágio — explicam por que, durante a interação social, as emoções alheias criam emoções em nós (Hatfield, Cacioppo & Rapson, 1993b).

Mímica: "Na conversação, as pessoas automaticamente mimetizas e sincronizam seus movimentos com as expressões faciais, a voz, a postura, os movimentos e o comportamento instrumental de outras pessoas".

Feedback: "A experiência emocional é afetada, momento a momento, pela ativação e pelo feedback da mímica facial, vocal, postural e de movimentos".

Contágio: "Conseqüentemente, as pessoas tendem a 'pegar' as emoções alheias".

226 Capítulo Doze

Conforme nos expomos à expressão emocional dos outros, tendemos a imitar-lhes a expressão facial (Dimberg, 1982; Strayer, 1993), o modo de falar (Hatfield et al., 1995) e a postura (Bernieri & Rosenthal, 1991). Uma vez ocorrida a mímica, a hipótese do feedback facial ilustra como a mímica (não apenas da face, mas também da voz e da postura) pode afetar a experiência emocional do observador e com isso causar um efeito de contágio.

Durante a interação social, nós não apenas nos expomos aos efeitos do contágio emocional, mas também nos colocamos em um contexto conversacional que fornece uma oportunidade de sentirmos novamente e revivermos experiências emocionais passadas, processo conhecido como "compartilhamento social da emoção" (Rimé et al., 1991). O compartilhamento social de conversações emocionais geralmente ocorre mais tarde no dia e quando estamos na companhia de pessoas íntimas (amigo íntimo, namorado, colegas de equipe). Quando as pessoas compartilham suas emoções, geralmente o fazem dando um relato total do que aconteceu durante o episódio emocional, o que ele significou e como a pessoa se sentiu ao longo do tempo (Rimé et al., 1991). Durante esse compartilhamento social da emoção, um ouvinte empático pode oferecer apoio ou assistência, fortalecer respostas de enfrentamento, ajudar a compreender a experiência emocional e reconfirmar o autoconceito (Lehman, Ellard & Wortman, 1986; Thoits, 1984). É nesse período de compartilhamento de nossas emoções que construímos e mantemos os relacionamentos fundamentais nas nossas vidas (Edwards, Manstead & McDonald, 1984), tal como o relacionamento conjugal (Noller, 1984).

Socialização Emocional

A socialização emocional ocorre quando os adultos dizem às crianças o que elas devem saber sobre a emoção. A socialização emocional ocorre também entre adultos, mas o processo é mais bem ilustrado quando os adultos interagem com as crianças com o propósito explícito de lhes transmitirem informações de socialização (Pollak & Thoits, 1989). Os adultos contam às crianças a respeito das situações que causam emoções, do modo como as emoções se expressam e de palavras ou rótulos de emoções para seus sentimentos e comportamentos. Por sua vez, as crianças aprendem que uma emoção básica pode ser diferenciada em emoções específicas (conhecimento das emoções; Shaver et al., 1987), que certas demonstrações expressivas devem ser controladas (manejo das expressões; Saarni, 1979) e que as emoções negativas podem ser manipuladas deliberadamente para se tornarem emoções neutras ou positivas (controle das emoções; McCoy & Masters, 1985). Quando as crianças aprendem dos adultos a respeito das emoções, a maior parte do que aprendem pode ser categorizada como conhecimento da emoção, manejo da expressão e controle da emoção.

Veja a socialização que ocorre em contextos como centros de assistência diurna, pré-escolas e escolas primárias (Denham et al., 1997; Pollak & Thoits, 1989). Durante um episódio emocional de uma criança, um cuidador ou um professor podem explicar os sentimentos da criança, apontar as causas de uma emoção e instruir a criança sobre as demonstrações expressivas que são mais adequadas e mais bem-vindas e quais as outras que não o são.

Veja um exemplo de um conhecimento de emoção — como os adultos falam às crianças sobre as causas da emoção (Pollak e Thoits, 1989):

MENINA (diversas vezes):	Mamãe está demorando.
Funcionário:	Isso deixa você com raiva?
Menina:	Deixa.
Funcionário:	Às vezes as crianças ficam com raiva quando as mães demoram a vir buscá-las.

Veja um exemplo de manejo da expressão — como os adultos dizem às criança para expressarem suas emoções (Pollak e Thoits, 1989):

FUNCIONÁRIO (enquanto segura um menino que dá chutes e grita no intervalo):	Roberto, acho que você está com muita raiva.

Veja um exemplo de controle da emoção — como os adultos ensinam as crianças a controlarem suas demonstrações de emoção (Pollak & Thoits, 1989):

Na hora da rodinha, Alexandre ficava querendo subir em cima de John, um voluntário.

JOHN:	Se você quiser ficar perto, tem umas coisas que você pode fazer. [...] Você pode sentar perto de mim e nós dois ficamos de mãos dadas, ou eu posso ficar com o braço nas suas costas, ou você pode sentar no meu colo.

Diferentes sociedades socializam as emoções das crianças de maneiras diferentes. Veja a seguir, por exemplo, as diferentes mensagens de socialização transmitidas pelos pais de uma criança nos Estados Unidos (primeiro parágrafo) e pelos pais de uma criança na China (segundo parágrafo):

Danny, de 3 anos, e sua mãe estão montando as peças de um quebra-cabeça. Danny encaixa uma peça na posição certa. Imediatamente, olha para a mãe, sorri e diz: "Consegui!" Desviando o olhar do que está fazendo, a mãe sorri e diz: "Conseguiu!" Danny bate palmas, e depois a mãe bate palmas e diz "Que ótimo!"

A mãe pede a Lin, de 3 anos, que cante para os convidados. Depois que ela termina, com sorrisos e expressões exageradas um convidado diz: "Maravilhoso! Você canta melhor que a minha filha!" A mãe responde: "Haihao, ela é razoável. Só que a voz dela está meio desafinada. Mas ela gosta de cantar". E para Lin: "Você cantou muito bem, mas precisa treinar mais. Vá devagar com o sucesso!" (Mascolo, Fischer & Li, 2003, p. 375).

Essas duas citações retratam os modos diferentes pelos quais os agentes da socialização reagem às realizações das crianças. Como as citações sugerem, nos Estados Unidos os pais tendem a elogiar as realizações dos filhos e encorajam a auto-expressão positiva. Na China, os pais tendem a fazer observações depreciativas aos outros sobre os esforços dos filhos. Convidados, parentes e outros, porém, geralmente são pródigos em elogios à criança, mesmo que depreciem os próprios filhos. Anos de uma socialização de um tipo levam as crianças americanas a sentirem orgulho por suas realizações, e anos do outro tipo de socialização levam as crianças chinesas a se harmonizarem com os outros por meio da autodepreciação (Chen, 1993; Stipek, 1999).[6]

Manejando as Emoções

O modo como as pessoas aprendem a manejar suas emoções pode ser visto em profissionais que lidam com o público com freqüência, de perto e intimamente, tais como comissárias de bordo (Hochschild, 1983), cabeleireiros (Parkinson, 1991) e médicos (Smith & Kleinman, 1989). Nesses campos as pressões da socialização para levar a pessoa a manejar suas emoções giram principalmente em torno do tema do enfrentamento com sentimentos adversos, de modos socialmente desejáveis e também pessoalmente adaptativos (Saarni, 1997). Não se espera que os médicos, por exemplo, sintam atração ou repulsa por seus pacientes, independentemente da beleza ou repulsividade de sua aparência. Portanto, durante a prática acadêmica, os médicos precisam aprender a neutralidade afetiva, uma preocupação distanciada dos pacientes.

Imagine que você seja um estudante de medicina solicitado a fazer exames pélvicos, retais e mamários e realizar cirurgias, dissecações e autópsias. Essas situações são eventos da vida claramente geradores de emoções, mas os médicos precisam aprender uma neutralidade afetiva profissional — mesmo quando há sangue jorrando de uma artéria ou quando tocam com as mãos os intestinos do paciente. O modo como os médicos aprendem essa neutralidade afetiva nos dá uma visão do modo pelo qual também aprendemos a manejar nossas emoções.

Durante dois anos, pesquisadores observaram e entrevistaram acadêmicos de medicina para identificar as estratégias de manejo das emoções aprendidas durante o curso para atingirem a neutralidade afetiva (Smith & Kleinman, 1989). Os acadêmicos de medicina aprendiam a manejar as emoções internalizando estas cinco estratégias:

Transformar o contato emocional em outra coisa.
Transformar mentalmente um contato corporal íntimo em algo qualitativamente diferente, tal como um procedimento passo a passo.

Acentuar o positivo.
Identificar a satisfação de aprender ou a oportunidade de praticar a medicina.

---

[6]As sociedades claramente socializam as experiências e expressões emocionais de seus membros. Mesmo assim, existem limites para o ponto até o qual uma cultura pode socializar determinadas emoções em seus constituintes. Veja a alegação de que, em algumas culturas, as pessoas trocam par romântico sem ciúmes. Os teóricos de orientação biológica argumentam que partilhar um companheiro sexual certamente causaria ciúme, e os teóricos da avaliação poderiam apresentar um argumento semelhante (veja a Tabela 12.2). Mas podem as pessoas ser socializadas para não sentirem ciúme durante uma troca de par romântico? A resposta resumida é, basicamente, "não" (Reis, 1986). As culturas realmente variam quanto aos comportamentos que sinalizam ciúme, quanto aos sinais de afeição que justificam o ciúme e ao modo pelo qual as pessoas exprimem ciúme, mas a angústia emocional do ciúme sexual ocorre em todas as culturas (Reis, 1986). Assim como muitas outras emoções básicas, o ciúme é universal, embora muitas de suas nuanças (causas, expressões) variem de uma cultura para outra. (N. A.)

Usar o paciente.
Transferir a consciência de sentimentos desconfortáveis para o paciente, como na projeção ou na culpa.

Rir a respeito do fato.
Brincar a respeito do fato, pois a brincadeira livra o médico de admitir fraqueza.

Evitar o contato.
Manter o paciente coberto, olhar para outro lado ou fazer o procedimento às pressas.

Essas cinco estratégias de manejo das emoções ilustram a cultura do que é a medicina ocidental. Quando os acadêmicos dependem dessa cultura para orientação do modo como podem manejar suas emoções, eles reproduzem a cultura para a geração seguinte de acadêmicos (Smith & Kleinman, 1989).

Veja também os cabeleireiros (Parkinson, 1991). Para alcançarem sucesso profissional, os cabeleireiros precisam desenvolver um estilo aberto de comunicação caracterizado por expressividade, intensidade de afeto, empatia, postura, expressões faciais positivas freqüentes e ocultamento de emoções negativas. Além disso, quanto mais natural e espontâneo o cabeleireiro for com os clientes, melhor para o seu trabalho. Como é que os cabeleireiros aprendem a manejar suas emoções dessa maneira? Essencialmente, o problema enfrentado pelos cabeleireiros é: como podem conseguir um estilo aberto de interação com clientes que são, muitas vezes, tensos e socialmente distanciados (Straub & Roberts, 1987). Parte do trabalho do cabeleireiro é fazer uma idéia disso, e aqueles que desenvolvem essa capacidade de manejar suas emoções revelam maior satisfação com seu trabalho. Os cabeleireiros que deixam de desenvolver essa capacidade de manejar as emoções revelam-se menos satisfeitos na profissão.

As comissárias de bordo precisam adotar um estilo aberto de interação, semelhante ao dos cabeleireiros. Para fazer isso, a comissária de bordo muitas vezes emprega métodos de "vestir o personagem" que não são muito diferentes dos métodos usados por atores de teatro durante uma apresentação de duas horas. Com o emprego de métodos de vestir o personagem, a comissária de bordo substitui suas reações emocionais naturais e espontâneas por um repertório emocional caracterizado por uma cortesia constante com os passageiros (Hochschild, 1983). Em todos esses casos — estudantes de medicina, cabeleireiros e comissárias de bordo —, as pessoas aprendem a manejar seus sentimentos espontâneos particulares e a exprimi-los em modos de agir que são moldados para o público e socialmente desejáveis. Fazer isso ajuda a suavizar o trato profissional com os clientes (Manstead, 1991).

Deduzindo Identidades a Partir de Demonstrações Emocionais

As pessoas reagem emocionalmente aos eventos de suas vidas, e o modo como elas reagem nos informa algo sobre o tipo de pessoas que elas são. Nos esportes, por exemplo, há um dito popular de que o jogo não constrói o caráter, mas o revela. O atleta revela seu caráter em grande parte por meio de suas exibições de emoção e essas exibições funcionam para confirmar ou negar a sua própria identidade (Heise, 1989). As exibições emocionais são expressões públicas (*readouts*) da identidade subjacente de uma pessoa.

Durante a interação social, cada pessoa usa informações de expressões emocionais para tirar deduções da identidade subjacente do outro e de seu comportamento futuro provável. Os julgamentos nos tribunais ilustram esse processo, já que juízes e jurados precisam (1) observar uma pessoa sobre a qual pouco sabem (o réu), (2) tirar deduções sobre seu caráter (identidade) e (3) prever o provável comportamento futuro do réu, de modo a poderem fazer recomendações quanto à sentença, caso necessário (Robinson, Smith-Lovin & Tsoudis, 1994). Quando as pessoas falam de seus atos delituosos (como o réu durante um processo), seu comportamento as dota de uma identidade correspondente, como ladrão, assassino ou explorador. A expressão emocional da pessoa ao falar demonstra uma confirmação ou uma negação da identidade deduzida. O ladrão que soluça cheio de remorsos e arrependimento é, de certo modo, um tipo de sujeito que se envolveu em um acidente, enquanto o ladrão tranqüilo e frio de certo modo é um detestável patife que perpetrou um crime.

Dê uma olhada nas duas fotos da Figura 12.13. Imagine que dois homens acabaram de confessar um roubo de propriedade alheia. A pessoa à esquerda conta ao tribunal seu delito mostrando pouca emoção e pouco remorso. A pessoa à direita, porém, conta ao tribunal o mesmo delito, mas com uma farta demonstração de remorso. Quando uma pessoa comete uma ação má sem mostrar sinais de remorso, o observador deduz que certamente se trata de uma pessoa má — um monstro mau e frio que precisa ser posto no xadrez por bastante tempo. Mas, quando uma pessoa comete uma ação má e realmente demonstra remorso, o observador deduz que essa pessoa, afinal, não deve ser tão má assim — apenas um sujeito comum que se envolveu em um acidente (Robinson, Smith-Lovin & Tsoudis, 1994).

RESUMO

Existem três aspectos principais da emoção: biológico, cognitivo e sociocultural. O capítulo começa com uma análise biológica da emoção porque, em parte, as emoções são reações biológicas a eventos importantes da vida. Servem às funções de enfrentamento que possibilitam ao indivíduo preparar-se para se adaptar de modo eficaz a circunstâncias importantes da vida. As emoções energizam e direcionam as ações corporais (p. ex., correr; lutar) afetando (1) o sistema nervoso autônomo e o modo como regula as funções do coração, dos pulmões e dos músculos; (2) o sistema endócrino e a regulação das glândulas, dos hormônios e dos órgãos; (3) circuitos neurais do cérebro, tais como os do sistema límbico; (4) a taxa de disparo neural e, com isso, a rapidez do processamento da informação; e (5) o feedback facial e os padrões distintos da musculatura facial.

As pesquisas sobre os fundamentos biológicos da emoção identificam que a ativação e a manutenção de cerca de dez emoções diferentes podem ser entendidas a partir de uma perspectiva biológica: interesse, alegria, medo, raiva, repugnância, angústia, desprezo, vergonha, culpa e surpresa. Por exemplo, quatro das emoções mostram um padrão característico de especificidade fisiológica do sistema nervoso autônomo e do sistema endócrino. Quatro das emoções possuem circuitos neurais anatômicos característicos no cérebro. A teoria diferencial das emoções mostra que há dez emoções com expressões faciais características em todas as culturas. E há seis emoções associadas a uma taxa específica de disparo neural no córtex.

A hipótese do feedback facial afirma que o aspecto subjetivo da emoção é, na verdade, a percepção do feedback proprioceptivo da ação facial. A hipótese do feedback facial aparece sob duas formas: fraca e forte. De acordo com a versão forte, as expressões faciais posadas ativam emoções específicas, de modo que sorrir ativa a alegria. De acordo com a versão fraca, as expressões faciais exageradas e suprimidas aumentam e atenuam naturalmente a emoção que ocorre. Embora as pesquisas apresentem resultados divergentes na versão forte, as evidências confirmam a validade da versão mais fraca. O controle facial modera a experiência emocional, já que as pessoas podem intensificar ou reduzir sua experiência emocional natural através do exagero ou da supressão das ações faciais.

Figura 12.13 Representação das Expressões Emocionais de Dois Réus durante um Julgamento por Roubo. (Fotos de David Young-Wolff/Photo Edit.)

O constructo central em uma compreensão cognitiva da emoção é a avaliação. Há dois tipos de avaliação — primária e secundária — que regulam o processo da emoção. A avaliação primária diz respeito a se há ou não alguma coisa importante em jogo em uma situação: bem-estar físico, auto-estima, uma meta, situação financeira, respeito, ou o bem-estar de um ente querido. A avaliação secundária ocorre depois de alguma reflexão e gira em torno de uma avaliação do modo de lidar com um possível benefício, dano ou ameaça. Os teóricos da avaliação perseguem o objetivo de construir uma árvore de decisão em que o conhecimento de todas a diferentes avaliações feitas pela pessoa durante um episódio emocional irá fornecer uma previsão da emoção que será inevitavelmente experimentada (p. ex., há alguma coisa em jogo, foi perdida, e se perdeu por causa de uma força externa e ilegítima → raiva).

A emoção também se integra na cognição por meio do conhecimento da emoção e das atribuições. O conhecimento das emoções envolve aprender distinções sutis entre emoções básicas e aprender quais situações podem provocar quais emoções. O conhecimento apurado das emoções capacita o indivíduo a avaliar a situação com uma discriminação mais alta e, com isso, responder com emoções mais altamente adequadas. Uma análise atribucional se concentra em atribuições pós-resultado para explicar quando e por que as pessoas experimentam orgulho, gratidão ou esperança, depois de resultados positivos, e culpa, vergonha, raiva e pena depois de resultados negativos.

Em uma análise social e cultural da emoção, os outros são nossas fontes mais ricas de experiências emocionais. Durante a interação social, muitas vezes "captamos" as emoções dos outros por meio de um processo de contágio emocional que envolve mímica, feedback e, por fim, contágio. Também partilhamos e revivemos nossas experiências emocionais recentes quando conversamos com os outros, processo conhecido como compartilhamento social da emoção. E a cultura socializa seus membros para que experimentem e expressem emoções de determinadas maneiras. As outras pessoas e culturas em geral nos instruem sobre as causas de nossas emoções (conhecimento das emoções), sobre o modo como devemos expressar nossas emoções (manejo das expressões) e sobre quando controlar nossas emoções (manejo das emoções). E o modo como as pessoas reagem emocionalmente aos eventos de suas vidas nos diz algo sobre o tipo de pessoas que elas são.

LEITURAS PARA ESTUDOS ADICIONAIS

Aspectos Biológicos da Emoção

EKMAN, P. (1993). Facial expression and emotion. *American Psychologist, 48,* 384-392.

IZARD, C.E. (1989). The structure and functions of emotions: Implications for cognition, motivation, and personality. In I.S. Cohen (Ed.), The G. Stanley Hall lecture series (Vol. 9, pp. 39-73). Washington, DC: American Psychological Association.

LEVENSON, R.W. (1992). Autonomic nervous system differences among emotions. *Psychological Science, 3,* 23-27.

MCINTOSH, D.N. (1996). Facial feedback hypotheses: Evidence, implications, and directions. *Motivation and Emotion, 20,* 121-147.

Aspectos Cognitivos da Emoção

LAZARUS, R.S. (1991). Progress on a cognitive-motivational-relational theory of emotion. *American Psychologist, 46,* 819-834.

LAZARUS, R.S. & SMITH, C.A. (1988). Knowledge and appraisal in the cognition-emotion relationship. *Cognition and Emotion, 2,* 281-300.

SCHERER, K.R. (1993). Studying the emotion-antecedent appraisal process: An expert system approach. *Cognition and Emotion, 7,* 325-355.

SHAVER, P., SCHWARTZ, J., KIRSON, D., & O'CONNOR, C. (1987). Emotion knowledge: Further exploration of a prototype approach. *Journal of Personality and Social Psychology, 52,* 1061-1086.

Aspectos Culturais da Emoção

POLLAK, L.H., & THOITS, P.A. (1989). Process in emotional socialization. *Social Psychology Quarterly, 52,* 22-34.

SMITH, A.C., III, & KLEINMAN, S. (1989). Managing emotions in medical school: Students' contacts with the living and the dead. *Social Psychology Quarterly, 52,* 56-69.

Parte Quatro

Diferenças Individuais

Capítulo 13

Características de Personalidade

FELICIDADE
  Extroversão e Felicidade
  Neuroticismo e Sofrimento
  Os Extrovertidos São Geralmente Felizes, os Neuróticos São
    Geralmente Infelizes
ATIVAÇÃO
  Desempenho e Emoção
  Estimulação Insuficiente e Subativação
  Estimulação Excessiva e Superativação
  Credibilidade da Hipótese do U Invertido
  Busca de Sensações
    Procurando novas experiências

  Assunção de riscos
  Base biológica
  Intensidade do Afeto
CONTROLE
  Percepção de Controle
  Ciclos de Autoconfirmação de Engajamento Alto e Baixo
  Desejo de Controle
    Estabelecendo o controle
    Perdendo o controle
RESUMO
LEITURAS PARA ESTUDOS ADICIONAIS

Você é feliz? Se um pesquisador acompanhasse você o dia inteiro, durante dias seguidos, iria observar alguém que é freqüentemente feliz? Veria uma pessoa que tem experiências de emoção positiva com freqüência, ou somente de modo raro? Quando você está feliz, que tipo de felicidade é: um sentimento intenso e profundo de alegria ou alguma coisa mais parecida com contentamento?

Você é infeliz? Tem um sofrimento emocional? Com que freqüência, durante o dia, você costuma ficar infeliz? Se esse mesmo pesquisador acompanhasse você diariamente por mais alguns dias, veria alguém que está sempre sofrendo de angústia emocional, ou apenas raramente e somente como resposta a circunstâncias especiais? Quando você sofre as "pedradas e as flechas"[1] da emocionalidade negativa, suas emoções negativas são muito intensas? Suas emoções negativas afetam você apenas superficialmente, e apenas por um breve período, ou o afetam profundamente e por um período longo? Seu dia típico é um sobe-e-desce de uma montanha-russa de emoções negativas como ansiedade, estresse e irritabilidade? Ou o dia típico de experiência de emoções negativas lhe parece mais como estar dirigindo pelo Planalto Central?

Na verdade, os pesquisadores levam a cabo investigações de experiências como estas empregando o "método de amostragens de experiências" (Larson, 1989). Nessa pesquisa, os participantes portam um dispositivo eletrônico (p. ex., um *Palm pilot*) que os pesquisadores usam para enviar sinais em diversos momentos durante o dia, pedindo que os participantes registrem as emoções e o estado de humor naquele exato momento. Quando as pessoas relatam seu estado emocional do dia-a-dia, geralmente revelam níveis altos de emoção positiva e níveis baixos de emoção negativa. Esse padrão de emoção é verdadeiro para universitários (Thomas & Diener, 1990), valendo também para mães que exercem múltiplos papéis o dia inteiro (Williams et al., 1991). Basicamente, a maioria das pessoas é feliz (Diener & Diener, 1996). Mas um tema presente em todo este capítulo é que algumas pessoas são mais felizes do que outras. E algumas são mais infelizes do que outras. Quem é feliz e quem é infeliz é coisa que só pode ser prevista de modo razoavelmente seguro a partir das características de personalidade.

Este capítulo concentra-se em três princípios motivacionais relacionados às características de personalidade: (1) felicidade, (2) ativação (3) e controle. Qualquer evento situacional tem o potencial de afetar todas essas três experiências subjetivas. As características de personalidade apresentadas neste capítulo — extroversão, neuroticismo, busca de sensações, intensidade do afeto, percepção de controle e desejo de controle — explicam por que pessoas diferentes têm estados motivacionais e emocionais diferentes, mesmo quando se encontram na mesma situação.

Fazer uma prova, por exemplo, é tipicamente estressante (um aborrecimento), excitante e de certo modo controlável em termos de resultado. Pense que todas as situações têm uma capacidade

---

[1]No original: "slings and arrows", do monólogo "Ser ou não ser", do Hamlet de Shakespeare. (*N.T.*)

variada de produzir em nós emoções positivas ou negativas (p. ex., as festas são divertidas, os acidentes são angustiantes). Todas as situações variam quanto ao grau de estimulação e ativação que apresentam (p. ex., as bibliotecas são calmas, os concertos de *rock* são estimulantes). E todas as situações variam quanto ao grau de controlabilidade (p. ex., perder peso está um pouco sob nosso controle e um pouco fora). O que tem importância especial para o presente capítulo é que os indivíduos também apresentam características de personalidade que afetam o modo pelo qual respondem a essas situações em termos da felicidade sentida, da ativação sentida e do controle percebido.

Em todo o capítulo aplica-se uma advertência importante: quando a discussão se referir a diferenças individuais específicas, não se esqueça de que em cada um dos extremos das características situam-se relativamente poucas pessoas. Há poucas que buscam sensações e poucas que evitam sensações, mas a maioria situa-se em algum ponto do meio, conforme está apresentado na metade superior do gráfico da Figura 13.1. Conforme ilustra a figura, quando um número grande de pessoas preenche a Escala de Busca de Sensações (Sensation-Seeking Scale — SSS), somente uma minoria (cerca de 15%) situa-se entre 15 e 21 pontos, a extremidade de pontuação mais alta da SSS, mostrando-se como buscadores de sensações típicos. Somente uma minoria (cerca de 15%) situa-se entre 0 e 7 pontos, a extremidade de pontuação mais baixa da SSS, que identifica os que evitam sensações. A maioria (cerca de 70%) situa-se entre 7 e 15 pontos (no meio), não se identificando, assim, como buscadores de sensações nem como evitadores de sensações. Igualmente, atenção às tipologias, mostradas na parte inferior da Figura 13.1. As tipologias caracterizam as pessoas como um ou como outro tipo de personalidade (p. ex., como buscadoras de sensações ou como evitadoras de sensações). Assim, as tipologias supersimplificam a contribuição dos processos da personalidade na motivação. As características de personalidade existem dentro de cada um. Somente algumas pessoas apresentem um nível alto ou intenso da característica de personalidade, mas a maioria apresenta uma quantidade moderada da característica de personalidade e mais algumas outras apresentam somente um nível baixo ou médio da característica.

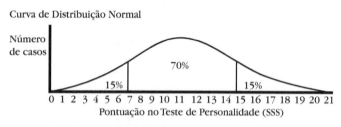

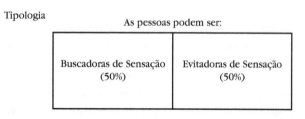

Figura 13.1 Características de Personalidade Conforme Entendidas dentro de uma Distribuição Normal *versus* uma Tipologia

FELICIDADE

A maioria das pessoas é feliz e isso é uma verdade que quase não depende de suas circunstâncias de vida (Diener & Diener, 1996). De modo geral, pessoas de grupos de baixa renda se dizem felizes, há pessoas com pouca instrução formal que se dizem felizes e pessoas de quase todos os lugares que se dizem felizes. Não obstante, todos sabemos intuitivamente que aquilo que acontece em nossas vidas afeta nossas emoções e nosso humor. Não é verdade que as pessoas que têm toda a sorte são mais felizes do que as que a não têm?

Veja a felicidade dos que ganharam na loteria e das vítimas de um acidente (Brickman, Coates & Janoff-Bulman, 1978). Existem eventos dramáticos na vida que produzem emoções fortes. Não há dúvida em dizermos que ganhar na loteria é um evento positivo da vida e também não há dúvida de que um acidente que deixa a pessoa tetraplégica é um evento negativo da vida. Quando os pesquisadores perguntam a quem ganhou na loteria e a vítimas de acidentes se eles se sentem felizes um ano após o evento dramático, tanto os que ganharam grandes quantias de dinheiro como os que sofreram lesões debilitantes não diferem da pessoa média.

As pessoas reagem de maneira enérgica aos eventos da vida e reagem de maneira muito enérgica a eventos como sorte na loteria e acidentes com risco de vida. Mas também parece que elas voltam ao mesmo nível de felicidade de antes do evento. Quando os pesquisadores monitoraram as emoções de vítimas de lesões na coluna, descobriram que, uma semana após o acidente, essas pessoas sentiam emoções negativas muito fortes e somente raras emoções positivas, como se esperaria nas circunstâncias enfrentadas. Durante os dois meses seguintes, porém, as emoções negativas declinavam, enquanto as emoções positivas aumentavam. Depois de dois meses, as emoções positivas eram mais fortes e mais freqüentes do que as emoções negativas (Silver, 1982).

As pessoas parecem ter um "ponto fixo" de felicidade (Lykken & Tellegen, 1996). Imagine que você fez a avaliação do grau de felicidade de um grupo de pessoas de 20 anos e que depois aguardou dez anos para que todos pudessem passar pelos eventos da vida (casamento, carreira, família, acidentes, problemas financeiros, morte dos pais etc.). Quando encontramos essas pessoas aos 30 anos, é bem provável descobrirmos que aquelas que eram felizes aos 20 ainda o são aos 30, e aquelas que eram infelizes aos 20 ainda são infelizes aos 30. Assim como têm um ponto fixo que regula o seu peso corporal (discutido no Capítulo 4), as pessoas também parecem ter um ponto fixo que lhes regula a felicidade e o bem-estar subjetivo (Williams & Thompson, 1993). Um grupo de pesquisadores chegou a concluir: "Talvez tentar ser mais feliz seja tão inútil como tentar ser mais alto" (Lykken & Tellegen, 1996, p. 189). Certamente essa afirmação é forte demais, mas deixa bem claro que a felicidade está tanto em nossos genes e em nossa personalidade como no que nos acontece na vida.

Na verdade, parece que temos dois pontos fixos emocionais, em vez de apenas um. Um ponto fixo é para a emocionalidade positiva (ponto fixo de felicidade). O outro é para a emocionalidade negativa (ponto fixo de infelicidade). Além disso, nosso grau de felicidade e nosso grau de infelicidade são indicadores independentes (e não opostos) de bem-estar.

A condição dos pontos fixos de felicidade e infelicidade pode ser explicada pelas diferenças individuais de personalidade. O ponto fixo de felicidade surge principalmente das diferenças individuais em extroversão. O ponto fixo de infelicidade surge principalmente das diferenças individuais em neuroticismo.

Extroversão e Felicidade

A característica de personalidade associada a "Quem é feliz?" é a extroversão. Para definirem a extroversão, os psicólogos da personalidade discutem suas três facetas. A primeira é a sociabilidade, ou a preferência e o prazer por outras pessoas e situações sociais. A segunda é a assertividade, ou tendência à afirmação social. A terceira é o espírito de aventura, ou tendência a buscar situações excitantes e estimulantes e comprazer-se nelas. Assim, os extrovertidos diferem dos introvertidos porque têm tendências maiores acentuadas para sociabilidade, assertividade e para a busca de excitação (Depue & Collins, 1999; Watson & Clark, 1997).

Emocionalmente, os extrovertidos são mais felizes do que os introvertidos e desfrutam com mais freqüência de estados positivos de humor do que eles (Costa & McCrae, 1980; Diener, Sandvik, Pavot & Fujita, 1992; Emmons & Diener, 1986; Larsen & Ketelaar, 1991; Lucas & Fujita, 2000; Watson et al., 1992; Williams, 1990). Os extrovertidos são altamente sociáveis, mas isso não explica o motivo pelo qual são mais felizes. Os extrovertidos são mais felizes, vivam sozinhos ou com outras pessoas, vivam em grandes cidades ou em áreas rurais afastadas, trabalhem em ocupações sociais ou não-sociais. Em vez de serem mais sociais, os extrovertidos são mais felizes do que os introvertidos, por serem mais sensíveis às recompensas inerentes à maioria das situações sociais (Lucas et al., 2000). Sensíveis a recompensas, os extrovertidos são mais suscetíveis a sentimentos positivos do que os introvertidos. Assim, como têm uma sensibilidade maior a sentimentos positivos, abordam com mais garra as situações potencialmente recompensadoras do que os introvertidos (Elliot & Thrash, 2002).

Os extrovertidos são mais felizes do que os introvertidos porque têm uma capacidade inerente maior para experimentar emoções positivas. Observe, por exemplo, as reações emocionais de um extrovertido e de um introvertido quando lhes sucede um evento positivo na vida, e verá como que uma alegria no extrovertido, mas apenas contentamento no introvertido. Essa capacidade diferencial para emoções positivas ocorre porque os extrovertidos e os introvertidos têm níveis diferentes de sensibilidade a um sistema subjacente de motivação biológica, apresentado no Capítulo 3, o Behavioral Activating System* (BAS; Depue & Collins, 1989). Assim, basicamente, os extrovertidos têm um BAS mais forte do que os introvertidos. O sistema cerebral detecta e regula sinais de recompensa no ambiente. No BAS, os sinais de recompensa iminente são a fonte de emoções positivas. Assim, a emocionalidade dos extrovertidos se beneficia de sinais mais freqüentes e mais intensos de recompensa que os fazem antecipar situações em que há excitação, sentimento de felicidade e vontade de aproximação.

A função motivacional do BAS é dar energia ao comportamento orientado para aproximação, direcionado a uma meta (como sociabilidade, assertividade e espírito de aventura). Para os extrovertidos, os sinais de recompensa ativam muito o BAS, enquanto esses mesmos sinais ambientais de recompensa apenas ativam de modo leve o BAS dos introvertidos. Assim, os extrovertidos experimentam um incentivo motivacional mais forte que dá energia e orientação ao seu comportamento de aproximação. O BAS ativado também fornece ao extrovertido um fluxo constante de estados motivacionais e emocionais, tais como sentimentos de felicidade, desejo, vontade, excitação, entusiasmo, energia, potência e confiança (Depue & Collins, 1999). Com isso, os extrovertidos são mais propensos a exibirem um comportamento de aproximação e também mais propensos a terem satisfação em comportamentos como conversar e agir de maneira assertiva.

A idéia de que a extroversão está associada ao funcionamento cerebral (BAS forte) significa que a extroversão é uma diferença individual de base biológica. O apoio à idéia de que os extrovertidos não se fazem, mas já nascem assim, pode ser encontrado em estudos que mostram que a extroversão pode ser herdada (Eaves, Eysenck & Martin, 1989; Pedersen et al., 1988; Shields, 1976; Viken et al., 1994). Por exemplo, gêmeos criados em separado em ambientes muito diferentes pontuarão de maneira semelhante em questionários destinados a avaliar a extroversão, o que sugere que a extroversão se baseia mais em fatores genéticos do que em fatores ambientais (Pedersen et al., 1988).

Neuroticismo e Sofrimento

A característica de personalidade associada a "Quem é infeliz?" é o neuroticismo. O neuroticismo é definido como uma predisposição para a pessoa sentir afeto negativo e sentir-se cronicamente insatisfeita e infeliz (McCrae, 1990; Watson & Clark, 1984). Dia após dia, os neuróticos experienciam cada vez mais estresse e mais emoções e estados de humor negativos como ansiedade, medo e irritabilidade. O contrário do neuroticismo é a estabilidade emocional. Assim, a emocionalidade dos neuróticos atinge um grau maior de sofrimento do que a emocionalidade dos que têm estabilidade emocional (Bolger & Zuckerman, 1995; Suls, Green & Hillis, 1998).

Os neuróticos têm sofrimento emocional. Isso lhes acontece principalmente por causa de sua capacidade maior de experimentar emoções negativas, mas também porque sua negatividade emocional é acompanhada com muita freqüência de pensamentos perturbadores e problemáticos (McCrae & Costa, 1987). Ou seja, eventos ruins da vida trazem ao neurótico não só um evento ruim da vida, mas também uma multidão de pensamentos perturbadores e pessimistas que teimam em permanecer muito tempo depois de passado o evento ruim.

Essa capacidade diferencial para emoções negativas ocorre porque os indivíduos neuróticos e os emocionalmente estáveis apresentam níveis diferentes de sensibilidade do sistema subjacente de motivação biológica, apresentado no Capítulo 3 como Behavioral Inhibition System* (BIS; Gray, 1987b; Tellegen, 1985). Assim, basicamente os neuróticos têm um BIS mais

---

*Sistema de Ativação Comportamental. (*N.R.T.*)

*Sistema de Inibição Comportamental (*N.R.T.*)

236 Capítulo Treze

forte. Esse sistema cerebral detecta e regula sinais ambientais de punição. No BIS, os sinais de punição iminente são a fonte das emoções negativas, como medo e ansiedade. Por esse motivo, os neuróticos são mais vulneráveis e mais suscetíveis a emoções negativas (Larsen & Ketelaar, 1991). Assim, os neuróticos sofrem com sinais mais freqüentes e mais intensos de punição que os levam a prever situações com medo e ansiedade, sentindo-se abalados e querendo evitar tais situações.

A função motivacional do BIS é dar energia ao comportamento orientado para a evitação e direcionado a uma meta (como fuga, isolamento e evitação). Para os neuróticos expostos a uma situação potencialmente punitiva (p. ex., uma entrevista de emprego, fazer uma prova, estar em uma casa barulhenta), os sinais de punição ativam-lhes energicamente o BIS, ao passo que esses mesmos sinais de punição ativam apenas de maneira branda o BIS de indivíduos emocionalmente estáveis. Os neuróticos experimentam, portanto, um estado motivacional de incentivo mais forte que energiza e orienta seu comportamento de evitação. O BIS ativado também fornece ao neurótico um fluxo constante de estados motivacionais e emocionais, tais como sentimentos de medo, ansiedade, irritabilidade, angústia, hostilidade, raiva, depressão e autoconsciência (McCrae & Costa, 1986). Portanto, os neuróticos são mais propensos a exibir o comportamento de evitação, sendo também mais propensos a sofrer angústia emocional em comportamentos como fazer uma prova (Bolger, 1990) ou discutir com o cônjuge (Bolger & Schilling, 1991).

Os Extrovertidos São Geralmente Felizes, os Neuróticos São Geralmente Infelizes

A extroversão e o neuroticismo representam duas dimensões básicas da personalidade. A dimensão da personalidade que predispõe o indivíduo a uma emocionalidade positiva, ao sistema de ativação comportamental e ao temperamento de aproximação é a extroversão. A dimensão da personalidade que predispõe o indivíduo a uma emocionalidade negativa, ao sistema de inibição comportamental e ao temperamento de evitação é o neuroticismo (Costa & McCrae, 1980; McCrae & Costa, 1991; Elliot & Thrash, 2002; Gray, 1982, 1987a, 1987b; Tellegen, 1985).

Existem diversos questionários confiáveis e válidos para se mensurarem essas dimensões de personalidade, inclusive as escalas NEO PI-R (Costa & McCrae, 1992), o Inventário dos Cinco Grandes Fatores (BFI[2]; John & Srivastrava, 2000) e o Questionário de Personalidade de Eysenck (EPQ-R; Eysenck, Eysenck & Barrett, 1985). Com base nos pontos alcançados nesses questionários, os psicólogos podem prever com segurança quem ficará excitado, entusiasmado e feliz por se ver em situações potencialmente recompensadoras (os extrovertidos, por exemplo); e podem prever com segurança quem se mostrará inibido, hesitante e ansioso por se ver em situações potencialmente ameaçadoras (ou seja, os neuróticos). A confiança dos psicólogos provém do seguinte conhecimento: quando os extrovertidos deparam com uma situação, seu sistema motivacional

BAS deixa-os, de modo geral, especialmente sensíveis aos aspectos potencialmente recompensadores dessa situação; com isso, eles experimentam emoções positivas e querem se aproximar da situação. Quando os neuróticos entram em uma situação, seu sistema motivacional BIS deixa-os, de modo geral, especialmente sensíveis aos aspectos potencialmente punitivos dessa situação; com isso eles experimentam emoções negativas e desejam evitar a situação.

ATIVAÇÃO

A ativação representa uma série de processos que governam os estados de alerta, de vigília e de atividade (Anderson, 1990). Esses processos são mecanismos corticais, comportamentais e autônomos. Assim, a atividade do cérebro (cortical), do sistema musculoesquelético (comportamental) e do sistema nervoso autônomo (autônomo) constitui, em conjunto, a maior parte do constructo motivacional da ativação.

Há quatro princípios que explicam a contribuição da ativação para a motivação:

1. O nível de ativação de uma pessoa é principalmente função do grau de estimulação do ambiente.
2. As pessoas adotam um comportamento para aumentar ou diminuir seu nível de ativação.
3. Quando subativadas, as pessoas procuram oportunidades para aumentar seu nível de ativação, porque o aumento da estimulação ambiental é agradável e melhora o desempenho, ao passo que a diminuição é aversiva e atrapalha o desempenho.
4. Quando superativadas, as pessoas procuram oportunidades para diminuir seu nível de ativação, porque o aumento da estimulação ambiental é aversivo e atrapalha o desempenho, ao passo que a diminuição é agradável e melhora o desempenho.

Esses quatro princípios podem ser coletivamente organizados na relação do "U invertido" entre ativação e desempenho/bem-estar, mostrada na Figura 13.2. A curva do U invertido, apresentada há cem anos por Robert Yerkes e John Dodson (1908), ajuda a explicar a relação entre a ativação percebida e os estados motivacionais e emocionais decorrentes (Berlyne, 1967; Duffy, 1957; Hebb, 1955; Lindsley, 1957; Malmo, 1959).

Desempenho e Emoção

A curva do U invertido ilustra como um nível baixo de ativação produz um desempenho relativamente fraco (canto inferior esquerdo). À medida que a ativação cresce de baixa para moderada, tanto a intensidade como a qualidade do desempenho melhoram. À medida que o nível de ativação continua a aumentar de moderado para alto, tanto a qualidade como a eficiência (mas não a intensidade) do desempenho diminuem (canto inferior direito). Assim, o desempenho ótimo é uma função de se estar ativado, mas não em excesso. Para compreender a relação ativação-desempenho, reveja a eficiência de seu próprio desempenho enquanto faz alguma coisa importante: uma fala em público, uma competição atlética ou uma entrevista de emprego,

---

[2]Big Five Inventory (refere-se ao modelo dos Cinco Grandes Fatores — CGF) (*N.T.*)

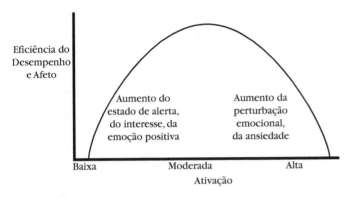

Figura 13.2 Curva do U Invertido: Relação entre Nível de Ativação e Desempenho/Bem-Estar

Fonte: extraído de "Drive and the C. N. S. — Conceptual Nervous System", de D. O. Hebb, 1955, *Psychological Review, 62,* pp. 245-254.

por exemplo. Quando a pessoa se mostra desinteressada e subativada, ou quando está ansiosa e superativada, o desempenho tende a sofrer. Quando moderadamente ativada — em alerta, mas não tensa — o desempenho tende a permanecer no nível ótimo.

O nível moderado de ativação coincide com a experiência do prazer (Berlyne, 1967). A baixa estimulação produz tédio e inquietação; a alta estimulação produz tensão e estresse. Tanto o tédio como o estresse são experiências desagradáveis e as pessoas lutam para fugir de ambos. A pessoa subativada e que está sofrendo afeto negativo irá procurar atividades que ofereçam estimulação maior, oportunidades de explorar alguma coisa nova, até mesmo com riscos. Por outro lado, com ativação acima do ponto ótimo, a pessoa evitará e será repelida pelo aumento da estimulação ambiental. Quando a pessoa está superativada, o aumento da estimulação, da novidade e do risco criam afeto negativo: estresse, frustração e contratempos. As pessoas superativadas vêem-se atraídas por um ambiente calmo: férias, a leitura casual de um jornal ou uma saída para passear tranqüila. Assim, a curva do U invertido prevê quando o aumento ou a diminuição da estimulação terão como resultado o afeto positivo e o comportamento de aproximação, e quando terão como resultado o afeto negativo e a evitação.

Estimulação Insuficiente e Subativação

As pesquisas com privação sensorial ilustram as conseqüências psicológicas da subativação (Bexon, Heron & Scott, 1954; Heron, 1957; Zubek, 1969). A privação sensorial refere-se à experiência sensorial e emocional de um indivíduo em um ambiente rigidamente imutável. Em seus estudos, Woodburn Heron (1957) pagou a rapazes universitários uma boa quantia diária para ficarem deitados em uma cama confortável por quantos dias quisessem (veja a Figura 13.3). A tarefa do participante era simplesmente permanecer em um ambiente imutável, com horário para refeições e idas ao banheiro. Para restringir as informações sensoriais do tato, os participantes usavam luvas de algodão com longos canos de papelão cobrindo o antebraço. Usavam também um visor translúcido especial que lhes restringia as informações visuais. Para restringir as informações auditivas,

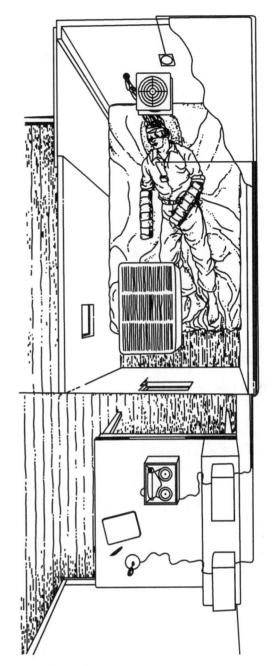

Figura 13.3 Câmara de Privação Sensorial

Fonte: extraído de "The Pathology of Boredom", de W. Heron, 1957, *Scientific American, 196,* pp. 52-56. Copyright 1957 by *Scientific American*. Adaptado da ilustração de Eric Mose com permissão.

um condicionador de ar ronronava um *hum* constante que mascarava a maioria dos sons.

Mesmo no primeiro dia os participantes revelaram incapacidade de pensar com clareza. À medida que as horas iam passando, muitos experimentavam períodos em branco (sem ter em que pensar) e outros apenas deixavam a mente divagar. Quase todos relataram sonhos e visões em estado de vigília. Durante o estudo, os rapazes privados sensorialmente fizeram uma série de testes aritméticos, de anagramas e associação de palavras depois de 12, 24 e 48 horas de privação. Até o desempenho em problemas simples de matemática caiu depressa. Depois do segundo dia,

238 Capítulo Treze

contas como $16 \times 65 = ?$ eram difíceis demais de resolver. Os participantes também foram ficando cada vez mais irritadiços. De fato, com o estado de irritação, Heron achou difícil mantê-los no experimento por mais de dois ou três dias, apesar do grande incentivo financeiro para ficarem.

Os estudos de privação sensorial realçam o fato de que o cérebro e o sistema nervoso preferem um nível contínuo e moderado de ativação gerado pela estimulação ambiental. Imagine as experiências emocionais de animais de zoológico em jaulas, presidiários em celas, idosos em casas assistenciais, prisioneiros políticos em confinamento solitário, pacientes que permanecem por muito tempo em enfermarias de hospitais e estudantes que tenham de agüentar aulas monótonas. Mas os seres humanos não são simplesmente recipientes passivos de quaisquer estimulações oferecidas pelo ambiente. Quando subestimuladas, as pessoas utilizam diversos meios cognitivos e comportamentais para aumentarem o nível de ativação (p. ex., imaginação mental, interação social) — ou seja, os seres humanos nutrem motivos para combater a estimulação insuficiente e a subativação.

Estimulação Excessiva e Superativação

Às vezes a vida é tediosa, mas outras vezes é estressante. O estresse provém de eventos importantes como divórcio, lesões físicas e desemprego (Holmes & Rahe, 1967; Iversen & Sabroe, 1989); de contratempos diários, como deixar coisas no lugar errado ou perdê-las, e ficar retido no trânsito (DeLongis, Folkman & Lazarus, 1988; Lazarus & DeLongis, 1983); e de circunstâncias crônicas, tais como cuidados inadequados com crianças, morar em lugares superpovoados ou dificuldades repetitivas no relacionamento (DeLongis et al., 1982; Eckenrode, 1984). Os eventos importantes da vida abalam o sistema nervoso e o sistema endócrino, enquanto os contratempos diários e as circunstâncias crônicas produzem um efeito cumulativo oneroso nos sistemas corporais.

Ambientes superestimulantes e estressantes perturbam os estados emocionais, prejudicam a atividade cognitiva e aceleram os processos fisiológicos. A perturbação emocional manifesta-se em sentimentos de ansiedade, irritabilidade e raiva (Horowitz et al., 1980). A perturbação cognitiva manifesta-se em confusão, esquecimento e prejuízo da concentração (Broadbent et al., 1982). A perturbação fisiológica manifesta-se em hiperatividade do sistema nervoso simpático, como pressão alta (Seyle, 1956). Como ilustração, imagine que seu trabalho do bimestre tenha de ser entregue em duas horas e que está longe de ficar pronto. Sua amabilidade está decididamente negativa (poucas pessoas superestressadas conseguem sorrir, dar risadas e contar piadas), sua eficiência mental provavelmente está perturbada (não sendo você capaz de pensar direito) e a freqüência cardíaca, o tônus muscular e a vulnerabilidade a uma dor de cabeça estão provavelmente altas e subindo mais.

Como o estresse e a tensão são sentimentos desagradáveis, as pessoas geralmente querem fugir de ambientes superestimulantes. Quando não podem fazer isso, o funcionamento diário se caracteriza por afeto negativo, confusão cognitiva, redução de desempenho e problemas de saúde. Por sorte, assim como alimentamos motivos para combater a estimulação insuficiente e a subativação, também nutrimos motivos para combater a estimulação excessiva e a superativação.

Credibilidade da Hipótese do U Invertido

A credibilidade da curva do U invertido (veja a Figura 13.2) não deixa de suscitar discussão. Rob Neiss (1988) levantou quatro críticas contra essa hipótese, duas das quais são relevantes para a motivação e a emoção (Anderson, 1990). A primeira crítica de Neiss é que a curva do U invertido é mais descritiva do que explicativa. Ou seja, a hipótese sintetiza a relação entre ativação e desempenho/emoção, mas não chega a explicar *como* a ativação facilita ou prejudica o desempenho/a emoção.

A segunda crítica de Neiss é que, mesmo que fosse verdadeira, a hipótese do U invertido ainda é de pouca importância. Em outras palavras: a hipótese do U invertido aplica-se somente em níveis extremos de ativação, tal como nos estudos de privação sensorial. Neiss conclui que a hipótese do U invertido não se aplica à atividade do dia-a-dia, em que o nível de ativação muda relativamente pouco. Enquanto alguns psicólogos da motivação concordam com essa crítica, outros dela discordam.

Para ilustrar como a hipótese do U invertido se aplica a alterações muito comuns na ativação, universitários responderam a alguns testes de vocabulário em condições de ausência de pressão ou de estresse (pressão do tempo; Revelle, Amaral & Turriff, 1976). Além disso, antes de se submeterem aos testes, todos os alunos ingeriram uma pílula de 200 mg de cafeína (equivalente ao teor de cafeína de duas xícaras de café) ou uma pílula de placebo (sem cafeína). O propósito da pressão do tempo e das manipulações com cafeína era criar o tipo de estimulação alta que ocorre na vida diária. O experimento tinha mais uma variável importante: cada aluno preencheu um inventário de personalidade, cujo objetivo era estabelecer diferença entre os introvertidos (pessoas cronicamente superativadas) e os extrovertidos (pessoas cronicamente subativadas). Com base na hipótese do U invertido, os experimentadores previram que (1) os introvertidos superativados iriam apresentar um desempenho melhor quando relaxados, porém fraco quando estimulados, enquanto (2) os extrovertidos subativados iriam apresentar um desempenho mais fraco quando relaxados, porém melhor quando estimulados. Os resultados confirmaram as previsões. O experimento é importante porque mostra que a hipótese do U invertido aplica-se perfeitamente a fontes de estimulação de todos os dias: cafeína e pressão do tempo. A ativação diária moderada está associada ao desempenho e a estados emocionais ótimos, enquanto a subativação ou a superativação não estão.

Busca de Sensações

Os seres humanos diferem geneticamente no nível da linha de base de ativação e na reatividade aos estímulos ambientais. O nível da linha de base é o grau de ativação de uma pessoa sem estimulação externa. A reatividade refere-se à reação de ativação do indivíduo quando exposto à estimulação externa.

A busca de sensações é a característica da personalidade relativa à ativação e à reatividade. Quem busca altos níveis de sensação prefere um fornecimento externo contínuo de estimulação cerebral, entedia-se com a rotina e está sempre em busca de um modo de aumentar a ativação por meio de experiências excitantes. Quem busca baixas sensações prefere menos estimulação cerebral e tolera a rotina relativamente bem. De modo geral, o constructo de busca de sensações depende do grau em que o sistema nervoso central da pessoa (cérebro e medula espinhal) exige mudança e variabilidade, já que os buscadores de sensações preferem mudanças de atividade, mudanças de canal de televisão, mudanças de drogas, mudanças de parceiros sexuais, e assim por diante (Zuckerman, 1994).

A busca de sensações é definida como "a busca de sensações e experiências variadas, novas, complexas e intensas e a disposição de correr riscos físicos, sociais, legais e financeiros por causa dessas experiências" (Zuckerman, 1994). Marvin Zuckerman (1994) usa o exemplo de dirigir a uma velocidade excessiva depois de uma bebedeira para ilustrar a disposição que o buscador de sensações tem para assumir riscos físicos (ferir a si mesmo ou aos outros), riscos sociais (ficar exposto como um motorista bêbado), riscos legais (ser detido e preso) e riscos financeiros (ser demitido do emprego). Esses riscos são o preço que os buscadores de sensações estão dispostos a pagar para encontrarem as sensações e as experiências que buscam.

Procurando Novas Experiências

O buscador de sensações vive em busca contínua de novas experiências — comida temperada (Terasaki & Imada, 1988), mudar de programa de televisão (Schierman & Rowland, 1985), ouvir música incrementada (Litle & Zuckerman, 1986) e daí por diante. Uma das manifestações da busca de novas experiências é o sexo. Comparados aos evitadores de sensações, os buscadores de sensações relatam uma freqüência e uma variedade maiores (número de parceiros) na atividade sexual (Zuckerman et al., 1972; Zuckerman, Tushup & Finner, 1976). Para os buscadores de sensações, relacionamento e envolvimento emocional não são pré-requisitos tão necessários à participação nas relações sexuais quanto são para os evitadores de sensação (Hendrick & Hendrick, 1987; Zuckerman et al., 1976). Além disso, como pais, os buscadores de altas sensações estabelecem padrões mais permissivos para a atividade sexual de seus filhos (Zuckerman et al., 1976).

As drogas também podem fornecer meios para uma elevação rápida da ativação. Elas também abrem portas para novas experiências (alucinações), liberam inibições contra o comportamento de risco e servem de escape ao tédio. Por intermédio de qualquer um ou de todos esses meios de alterar experiências, o uso de drogas funciona como forma de buscar sensações (Zuckerman, 1978, 1994; Zuckerman et al., 1972). Para fundamentar essas alegações, Zuckerman e colegas (1972) pediram a universitários que preenchessem uma escala de busca de sensações (Sensation-Seeking Scale — SSS) e respondessem a um questionário sobre o uso que faziam de drogas e álcool. Os buscadores de sensações relataram uso freqüente de álcool e drogas. Sua busca de novas experiências também se estende a desvios de comportamento, tais como vandalismo, agressão, roubo e criminalidade (Newcomb & McGee, 1991; White, Labourvie & Bates, 1985; Zuckerman, 1979).

Assunção de Riscos

Ninguém realmente gosta do risco pelo risco — essencialmente a previsão de que um comportamento irá ter conseqüências desagradáveis. Os riscos relacionados à busca de sensações envolvem riscos físicos, sociais, legais ou financeiros. Não que os buscadores de sensações sejam atraídos por tais riscos, mas eles vêem as sensações e experiências como dignas desses riscos, enquanto os evitadores de sensações não agem desse modo. Assim, a expressão "aceitar um risco" parece mais adequada do que "correr um risco".

As pessoas que buscam altos níveis de sensações envolvem-se voluntariamente em *hobbies* fisicamente arriscados, tais como andar de moto (Brown et al., 1974), saltar de pára-quedas e praticar queda livre (Hymbaugh & Garrett, 1974), fazer viagens arriscadas (Jacobs & Koeppel, 1974), mudar-se para outro país (Winchie & Carment, 1988), tabagismo (Zuckerman, Ball & Black, 1990), esquiar em encostas (Calhoon, 1988) e jogos de azar (Kuhlman, 1975). Por outro lado, as pessoas que buscam baixas sensações reagem de modo aversivo a fontes de estimulação de risco (Mellstrom, Cicala & Zuckerman, 1976). Os jogos de apostas ilustram como a motivação dos buscadores de sensações para correr riscos à guisa de excitação, e não por dinheiro, motiva as apostas feitas pela maioria dessas pessoas (Anderson & Brown, 1984).

A exposição dos buscadores de sensações aos riscos manifesta-se em muitas áreas da vida, tais como comportamento criminoso (furto em lojas, tráfico de drogas), violações de menor importância (infrações no trânsito), finanças (jogos de apostas, negócios arriscados) e esportes (pára-quedas; Horvath & Zuckerman, 1993). Dirigir em alta velocidade, por exemplo, oferece potenciais riscos físicos, sociais, legais e financeiros. Comparados aos evitadores de sensações, os buscadores de sensações revelam que, em condições normais, dirigem depressa (bem além dos limites fixados de velocidade) (Arnett, 1991; Clement & Jonah, 1984; Zuckerman & Neeb, 1980) e que não percebem que dirigir a pouca distância do carro que está à frente é arriscado ou fisiologicamente perturbador (Heino, van der Molen & Wilde, 1992, citado por Zuckerman, 1994).

Base Biológica

Os eventos bioquímicos cerebrais determinam o modo de agir das pessoas à estimulação ambiental. Assim, os pesquisadores investigam os elos entre o traço de busca de sensações e eventos bioquímicos no cérebro. A descoberta mais confiável é que os buscadores de sensações apresentam níveis baixos de mono-amina oxidase (MAO; Schooler et al., 1978). A MAO é uma enzima do sistema límbico que atua na decomposição dos neurotransmissores cerebrais, tais como a dopamina e a serotonina. A dopamina contribui para as experiências de recompensa, facilitando com isso os comportamentos de aproximação (Stellar & Stellar, 1985). A serotonina contribui para a inibição biológica, ou sistema bloqueador fisiológico do cérebro, inibindo com isso os comportamentos de aproximação (Panksepp, 1982). Os buscadores de sensações tendem a apresentar níveis relativamente elevados de dopamina; portanto, sua bioquímica favorece a abordagem em detrimento da inibição (Zuckerman, 1994).

240 Capítulo Treze

Essas pessoas tendem também a apresentar níveis baixos de serotonina, donde sua bioquímica deixa de inibi-los em relação a riscos e novas experiências.

Intensidade do Afeto

A intensidade do afeto liga-se à capacidade das pessoas de sofrerem ativação emocional. É definida em termos da força com que os indivíduos geralmente experimentam emoções (Larsen & Diener, 1987). Os indivíduos com intensidade de afeto sentem as emoções com muita força e mostram reatividade e variabilidade emocionais em muitas situações que provocam emoções. Os indivíduos com estabilidade de afeto sentem emoções apenas de maneira branda, mostrando apenas flutuações pequenas nas reações emocionais de um momento para outro ou de um dia para outro.

Os pesquisadores mensuram a intensidade do afeto com um questionário de auto-relato que inclui itens como os seguintes: "Quando me sinto feliz, é uma espécie de forte exuberância" e "Quando estou nervoso, fico todo agitado" (Larsen & Diener, 1987). Originalmente, os pesquisadores avaliavam a intensidade do afeto de uma maneira interessante, embora trabalhosa, que bem ilustra a emocionalidade das pessoas no decorrer do tempo (Larsen, 1988). Durante um período de oitenta ou noventa dias consecutivos, os respondentes preenchiam um questionário de humor diário com palavras de humor positivas (p. ex., feliz,

alegre) e negativas (p. ex., deprimido, preocupado). Para se calcular a intensidade do afeto, a pontuação diária do indivíduo nas palavras negativas de humor era totalizada e subtraída da pontuação total diária nas palavras positivas de humor; isso fornecia a pontuação de humor do dia. A cada dia consecutivo o escore total de humor diário era lançado em um gráfico. O grau de desvio da pontuação do humor diário da pessoa a partir do neutro (0) definia sua intensidade de afeto. A Figura 13.4 mostra um gráfico do humor diário de três pessoas diferentes que participaram no experimento. O humor diário do indivíduo que apresentava intensidade de afeto (sujeito 23) sofria um aumento e uma queda bastante consideráveis. Os dias eram muito bons ou muito ruins. O humor diário do indivíduo que tinha estabilidade de afeto (sujeito 21) estava sempre mais ou menos neutro. Os dias eram, na maior parte, a mesma coisa, emocionalmente falando. O gráfico mais típico de humor diário aparece no centro (sujeito 74) e mostra a emocionalidade diária de uma pessoa que não era nem de afeto intenso nem de afeto estável.

Para fins de ilustração, imagine que cada um dos seguintes eventos, alguns bons e outros ruins, aconteceram a você há pouco tempo: você ganhou uma bolsa de estudos de que precisava desesperadamente ou recebeu uma carta de um amigo que há muito tempo não via (eventos positivos da vida); um pneu do seu carro arriou ou você viu o(a) ex-namorado(a) com uma nova paixão (eventos negativos da vida; Larsen, Diener & Emmons, 1987). Suponha ainda que lhe pediram para avaliar com precisão até

BOXE 13 | *Ativação e Estresse*

Pergunta: Por que esta informação é importante?

Reposta: Para explicar por que as experiências psicológicas de controle percebido e competência percebida têm o poder de desligar a resposta fisiológica ao estresse.

O ambiente nos estimula e nos desafia. A ativação e o estresse são duas respostas de base motivacional aos ambientes estimulantes e exigentes. Em resposta aos estímulos e desafios procuramos resolver a situação e nos adaptar. Ou seja: quando você fica conhecendo os pais da sua noiva, isso irá estimulá-lo e desafiá-lo, e para relacionar-se bem com os parentes dela, seu coração se acelera e sua atenção se focaliza na tarefa do momento. As respostas corporais que nos permitem adaptação constituem os fundamentos biológicos da ativação sentida e do estresse sentido.

A ativação é principalmente uma função do grau de estimulação do ambiente. O estresse é principalmente uma função do grau de exigência e de controle do ambiente.

Nosso corpo dá a ambientes estimulantes e estressantes uma resposta aguda e rápida produzida pelo sistema simpático suprarenal e medular. Quando a estimulação é elevada, esse sistema ativa o sistema nervoso simpático para gastar energia (como na resposta de luta-ou-fuga). Quando a estimulação é baixa, o sistema ativa o sistema nervoso parassimpático para conservar energia (como no repouso e na digestão dos alimentos). Um evento fundamental na ativação do sistema nervoso simpático é a liberação da epinefrina (ou adrenalina). A epinefrina é a catecolamina responsável pelo aumento da freqüência cardíaca, da pressão sangüínea e da taxa respiratória. As pessoas não experimentam diretamente um aumento do nível da

epinefrina, mas sim um estado elevado de ativação corporal. É esse estado de ativação corporal que as pessoas experimentam quando estão ativadas.

Nosso corpo também dá a ambientes estimulantes e estressantes uma resposta crônica duradoura produzida pelo sistema pituitárioadrenocortical. Quando as exigências e os desafios são grandes, a glândula supra-renal segrega corticosteróides, dos quais o mais importante é o cortisol. Diferentemente da epinefrina, liberada pelo corpo em segundos, o cortisol é liberado pelo sistema pituitário-adrenocortical em minutos ou horas. Na medida que se continua a experimentar o estresse, o cortisol continua a ser liberado. Dependendo do êxito com que se enfrenta o evento estressante, o cortisol diminui ou pára completamente. Quando o enfrentamento bem-sucedido inibe a liberação do cortisol, a pessoa sente a experiência psicológica de diminuição do estresse. Quando uma atitude sem êxito não consegue "desligar" o cortisol, a pessoa sente a experiência psicológica de aumento do estresse.

A supressão do cortisol é de suma importância para enfrentarmos com eficácia os problemas, porque o aumento do cortisol diminui o funcionamento intelectual, altera o metabolismo, diminui a resposta imunológica, reduz a resposta do corpo a infecções e suprime o processo reprodutivo. Por exemplo, quando o cortisol está alto, a capacidade da pessoa para resolver problemas intelectuais é significativamente prejudicada (Kirschbaum et al., 1996). Por um lado mais positivo, uma percepção de competência, domínio ou controle suprime o cortisol (Booth et al., 1989). Assim, o antídoto para o cortisol e o estresse é o aumento do controle percebido.

que ponto cada um dos eventos tinha sido bom ou ruim imediatamente depois de ocorrido. Por exemplo: você se sentiu bem ao receber uma carta do amigo que há muito tempo não via? Até que ponto? Sentiu-se mal quando o pneu arriou? Como? A Figura 13.5 mostra quanto os eventos foram bons ou maus na vida de indivíduos que apresentavam intensidade de afeto e de indivíduos que tinham estabilidade de afeto. Para todos os eventos ruins (figura superior) os indivíduos que tinham intensidade de afeto (quadrados negros) relatavam uma emocionalidade negativa pior do que a que afetava os indivíduos que tinham estabilidade de afeto. Para todos os eventos bons (figura inferior) os indivíduos que demonstravam intensidade de afeto (quadrados negros) relatavam uma emocionalidade significativamente mais positiva do que a que afetava os indivíduos que mostravam estabilidade de afeto.

Os indivíduos com intensidade de afeto e com estabilidade de afeto não diferem fisiologicamente uns dos outros (Blascovich et al., 1992). Antes, diferem psicologicamente, pois os indivíduos com intensidade de afeto têm maior sensibilidade psicológica a alterações na ativação do que os indivíduos com estabilidade de afeto. É como se as pessoas que têm intensidade de afeto tivessem um "termostato de ativação" altamente sensível que lhes monitorasse o aumento da ativação. Por outro lado, os indivíduos que demonstram estabilidade de afeto têm um termostato de ativação relativamente invariável e insensível (Blascovich et al., 1992).

CONTROLE

Há muitas características possíveis de personalidade que poderiam ser incluídas na categoria de crenças sobre controle pessoal, inclusive lócus de controle (Findley & Cooper, 1983; Levenson, 1981; Rotter, 1966), controle percebido (Skinner, 1985), orientações da causalidade (Deci & Ryan, 1985b), orientação de domínio *versus* desamparo (Diener & Dweck, 1978, 1980), estilo explanatório (Peterson & Seligman, 1984), desejo de controle (Burger, 1992), padrão de comportamento do tipo A (Strube et al., 1987) e auto-eficácia (Bandura, 1986; Berry & West, 1993). Duas dessas características de personalidade, porém, captam de modo adequado a maior parte do espírito das crenças sobre o controle: o controle percebido e o desejo de controle. O controle percebido refere-se às diferenças nas expectativas de pré-desempenho das pessoas em relação à posse da capacidade necessária para produzir resultados positivos (Skinner, Zimmer-Gembeck & Connell, 1998). O desejo de controle refere-se ao ponto até o qual as pessoas se esforçam para tomar suas próprias decisões, influenciar os outros, assumir papéis de liderança e enfrentar situações de modo excessivamente planejado (Burger, Oakman & Bullard, 1983).

Percepção de Controle

A percepção de controle refere-se às crenças e expectativas que uma pessoa tem de poder interagir com o ambiente de maneira a apresentar os resultados desejados e evitar resultados indesejados (Skinner, 1995; Skinner, Zimmer-Gembeck & Connell, 1998). A fim de se perceber se a pessoa tem controle sobre determinada situação, é necessário que duas coisas sejam verdadeiras.

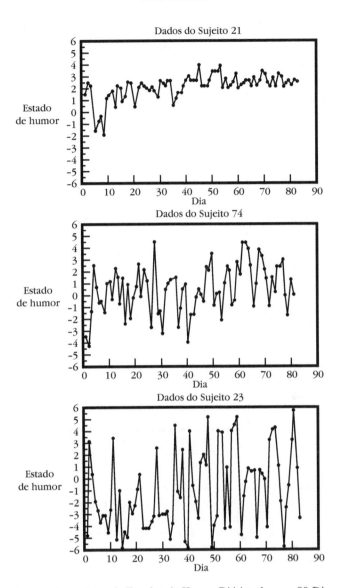

Figura 13.4 Relatos de Estados de Humor Diários durante 80 Dias Consecutivos

Fonte: extraído de "Individual Differences in Affect Intensity", de R. J. Larsen, 1988, artigo apresentado na reunião anual da Motivation and Emotion Conference, em Nags Head, NC.

Em primeiro lugar, que a pessoa seja capaz de obter o resultado desejado disponível. Em segundo, que a situação sobre a qual se tenta exercer controle seja pelo menos razoavelmente previsível e responsiva.

As pesquisas sobre o desamparo aprendido (Capítulo 9) mostram que, quando as pessoas se acham em ambientes imprevisíveis e não-responsivos, aprendem que suas ações e seus esforços são inúteis. Mas o inverso não é necessariamente verdadeiro. Ou seja, quando o ambiente é previsível e responsivo, as pessoas não apresentam, necessariamente, um esforço grande para exercerem controle sobre seus resultados. Isso é verdade porque até mesmo as situações estruturadas podem ser difíceis de controlar, como acontece com freqüência na educação, nos esportes, nos relacionamentos e no trabalho. Quando há alguma barreira, tal como dificuldade da tarefa, que não deixa que a pessoa tenha resultados atraentes (p. ex., notas altas, fama, casamento, promoção),

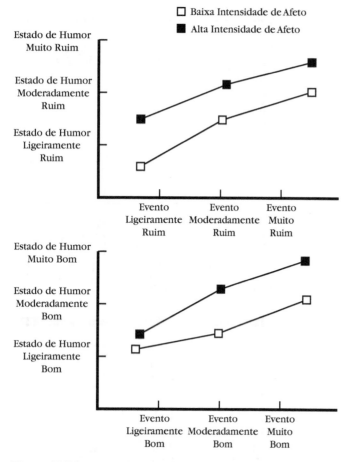

Figura 13.5 Reações Afetivas a Eventos Bons e a Eventos Ruins de Indivíduos com Intensidade de Afeto e com Estabilidade de Afeto

Fonte: extraído de "Affect Intensity and Reactions to Daily Life Events", de R. J. Larsen, E. Diener e R. A. Emmons, 1987, *Journal of Personality and Social Psychology*, 51, pp. 803-814. Copyright 1987 by American Psychological Association. Adaptado com permissão.

as diferenças individuais na percepção do controle intervêm, explicando quando e por que motivo as pessoas apresentam o desejo de engendrar os esforços necessários para controlarem seu destino.

As crenças do controle percebido prevêem o esforço que uma pessoa está disposta a fazer (Skinner, 1985; Skinner, Zimmer-Gembeck & Connell, 1998). Quando uma pessoa que apresenta percepção de controle relativamente alta se depara com uma situação razoavelmente estruturada, procura e escolhe tarefas relativamente desafiadoras, estabelece metas relativamente altas e gera planos elaborados sobre como ter êxito e sobre o que fazer se o progresso for lento. Com esse pensamento prévio, a pessoa que tem alta percepção de controle inicia a ação, exerce esforços, concentra-se e persiste diante da dificuldade. Enquanto age, esse indivíduo de alta percepção de controle não deixa de pensar em seus planos e suas estratégias, mantém estados emocionais positivos, monitora estratégias de resolução de problemas e gera e monitora o feedback para ajustar ou melhorar habilidades relevantes. Esse enfoque engajado na tarefa geralmente leva a um desempenho enérgico, tornando possível controlar os resultados desejáveis e indesejáveis. Por outro lado, quando uma pessoa que apresenta percepção de controle relativamente baixa enfrenta a mesma situação, busca e seleciona tarefas relativamente fáceis, estabelece metas mais baixas e mais imprecisas e elabora planos simples com poucas estratégias emergenciais. Se as coisas dão errado, a concentração tende a divagar, a confiança cai rapidamente e a atenção muitas vezes gira em torno de ruminações sobre o motivo de a tarefa ser tão difícil. À medida que o esforço diminui e o envolvimento cognitivo e emocional declina, instalam-se o desânimo e a passividade e, como conseqüência, o desempenho sofre. Com o tempo, esses eventos levam as pessoas a ficarem mais pessimistas, a reduzirem suas expectativas de controle futuro e a deixarem de fazer planos e estratégias para evitarem a recorrência do insucesso.

Para avaliarem as diferenças individuais nas percepções de controle os pesquisadores empregam questionários com as seguintes questões (Skinner, Chapman & Baltes, 1988):

1. Se você resolver aprender alguma coisa realmente difícil, é capaz de aprendê-la?
2. Aposto que você não gosta de ganhar notas baixas. Você pode fazer algo para evitá-las?
3. Digamos que você resolva não errar em nenhum problema (tal como em um trabalho de matemática ou ortografia). Você é capaz disso?

A partir dessas questões (escritas para alunos do ensino fundamental), o controle percebido parece conceitualmente semelhante aos constructos relacionados, tais como competência percebida, auto-eficácia e habilidade percebida. Uma diferença, porém, é que a percepção de controle funciona como o embasamento antecedente sobre o qual essas outras crenças são construídas. Por exemplo, a percepção de controle favorece a competência percebida e a competência percebida prevê resultados de desempenho, tais como preferência pelo desafio e emocionalidade positiva (Boggiano, Main & Katz, 1988). A percepção de controle é, portanto, um precursor necessário à construção de crenças sobre a competência, a eficácia e a habilidade da pessoa. Outra diferença entre o controle percebido e esses outros constructos é que a crença do controle percebido pode derivar de qualquer capacidade, não apenas da competência, da eficácia ou da habilidade pessoal. Por exemplo, um atleta pode possuir uma alta percepção de controle por causa de uma capacidade de solicitar assistência do treinador, dos companheiros de equipe ou da Providência Divina. A crença de que a pessoa tem alto controle sobre os resultados significa, pois, que ela tem controle sobre o que quer que seja que controle os resultados: ela mesma, os companheiros de equipe, a sorte ou a Providência.

Ciclos de Autoconfirmação de Engajamento Alto e Baixo

O engajamento no esforço para ganhar controle sobre um resultado importante apresenta um *continuum* que vai da indiferença ao engajamento (Skinner & Belmont, 1993; Wellborn, 1991). Quando altamente engajadas, as pessoas exercem um esforço forte e persistente, expressando emoção positiva; quando alheias, as pessoas se comportam passivamente e expressam emoção negativa (Patrick, Skinner & Connell, 1993). Assim, o engajamento capta a intensidade e a qualidade emocional da participação de uma pessoa durante empreendimentos um tanto difíceis de controlar os resultados que são importantes para ela (Connell & Wellborn, 1991; Skinner, 1991).

As crenças sobre a percepção de controle influem no indivíduo: em seu engajamento, na emoção, no modo de lidar com problemas e na busca de desafios (Boggiano et al., 1998; Skinner, 1995; Skinner, Zimmer-Gembeck & Connell, 1998). As pessoas que têm alta percepção de controle apresentam um esforço relativamente alto, concentram-se e prestam atenção, são persistentes diante do fracasso, mantêm interesse e curiosidade na tarefa e otimismo para futuros resultados positivos. As pessoas que apresentam baixa percepção de controle apresentam um esforço relativamente baixo, duvidam da sua própria capacidade, tendem a desistir diante de um desafio ou de um fracasso, perdem a coragem com rapidez, são propensas à passividade, à ansiedade e até mesmo à raiva, e parece que simplesmente participam por participar (Skinner, Zimmer-Gembeck & Connell, 1998). Esses padrões de engajamento *versus* alheamento são importantes porque prevêem os resultados alcançados. Por sua vez, a obtenção de resultados produz efeitos sobre as percepções de controle pós-desempenho. Logo, o esforço empenhado produz os resultados positivos e as percepções pós-desempenho de alto controle que produziram antes o esforço empenhado. O alheamento (ou seja, passivamente fazer apenas por fazer) produz resultados negativos e percepções pós-desempenho de baixo controle que produziram antes a ausência de empenho. É esse o chamado ciclo de autoconfirmação do engajamento alto *versus* engajamento mais baixo.

Um grupo de pesquisadores testou a validade desses ciclos de autoconfirmação durante um período de quatro meses pedindo a alunos de segundo grau que respondessem a questionários curtos (Schmitz & Skinner, 1993). Os pesquisadores avaliaram o controle esperado das crianças, o grau de extensão do engajamento, o desempenho real, o desempenho percebido e as estimativas de controle futuro. Em cada tarefa designada, os pesquisadores examinaram as seguintes relações: (1) efeitos do controle esperado pré-desempenho sobre o engajamento subseqüente, (2) efeitos do engajamento no desempenho real e (3) efeitos dos resultados do desempenho nas expectativas subseqüentes de controle. Os resultados confirmaram a validade dos três efeitos. As crenças sobre a percepção de controle contribuíram de modo positivo para o esforço, que melhorava o desempenho, o que levou a ganhos no desenvolvimento da percepção de controle das crianças (Schmitz & Skinner, 1993). No decurso de muitos meses e anos, esse ciclo de autoconfirmação explica como e por que algumas pessoas desenvolvem fortes crenças de controle pessoal, ao passo que outras não o fazem.

Desejo de Controle

O desejo de controle (DC) reflete o grau de motivação dos indivíduos para estabelecerem controle sobre os eventos em suas vidas (Burger, 1992; Burger & Cooper, 1979). Os indivíduos que apresentam DC alto abordam as situações perguntando a si mesmos se serão ou não capazes de controlar o que acontecer. Não se contentam em pegar o que a vida põe em seu caminho,

mas, ao contrário, são motivados para influir na vida e no que acontece (Burger, 1992). As pessoas que têm DC alto preferem tomar suas próprias decisões, preparar-se para as situações com antecedência, evitar depender dos outros e assumir papéis de liderança em situações de grupos. As pessoas que apresentam DC baixo tendem a evitar responsabilidades e a se sentir à vontade quando têm quem tome decisões por elas (Burger, 1992; Burger & Cooper, 1979). Preferem levar a vida do jeito que a encontram: ir ao sabor dela.

A escala de avaliação do desejo de controle é a escala DC (Burger, 1992; Burger & Cooper, 1979). Eis dois itens da escala DC:

1. Prefiro um trabalho em que possa ter bastante controle sobre o que faço e quando o faço.
2. Antes de começar, gosto de ter uma idéia de como o trabalho é.

O que torna o desejo de controle diferente da percepção de controle é que os indivíduos que manifestam alto desejo de controle querem exercer controle sobre seu destino, não importando quanto controle tenham no momento nem quão estruturada ou responsiva a situação pareça. O desejo de controle está relacionado com uma variedade de experiências e comportamentos fundamentais (isto é, os prevê) para as crenças sobre controle pessoal, inclusive o desamparo aprendido, depressão, ilusão de controle, hipnose, realizações, percepção de aglomerados de pessoas, estresse e enfrentamento (*coping*), estilo interpessoal com os hábitos de saúde dos amigos e até mesmo o lugar escolhido por uma pessoa idosa para morrer — em casa, com controle, ou tratada por outros em um hospital (Burger, 1984, 1992; Burger & Arkin, 1980; Burger & Cooper, 1979; Burger, Oakman & Bullard, 1983; Burger & Schnerring, 1982; Smith et al., 1984). Os elos em comum entre o desejo de controle e essas manifestações comportamentais de controle pessoal são o desejo alto de, em primeiro lugar, estabelecer controle e, em segundo, restaurar o controle perdido.

Estabelecendo o Controle

O controle é muitas vezes um assunto na nossa conversa diária e no convívio com os outros. Para estabelecerem uma medida de controle sobre conversas interpessoais (sobre o que se falará, as atitudes a serem tomadas na conversação, os planos a serem feitos), os indivíduos que têm DC alto falam alto, de maneira explosiva e rápida; respondem rápido a perguntas e comentários; e interrompem e falam enquanto o outro está falando (Dembroski, MacDougall & Musante, 1984). As pessoas que apresentam DC alto também tendem a encerrar a conversa quando querem, geralmente depois de terem terminado o que queriam dizer ou depois de terem tido êxito em persuadir o outro de que o ponto de vista delas é que está certo (isto é, depois de estabelecerem controle; Burger, 1990, 1992).

O desejo de controle é geralmente adaptativo e produtivo em situações controláveis. Muitas vezes, porém, os indivíduos que têm DC alto querem e esperam controle sobre eventos, quando, na verdade, seus resultados são determinados pelo acaso. Por exemplo, muitas probabilidades em jogos de apostas, como caçaníqueis, loterias e roleta, são determinadas pelo acaso (Burger

244 Capítulo Treze

	Nível de Aspiração	Resposta ao Desafio	Persistência	Atribuições para Sucesso e Fracasso
DC Alto Comparado a DC Baixo	Escolhe tarefas mais difíceis; estabelece metas de maneira mais realista	Reage com maior esforço	Trabalha por mais tempo em tarefa difícil	Mais propenso a atribuir o sucesso a si mesmo e o fracasso a fontes instáveis
Benefícios do DC Alto	Alcançam-se metas mais elevadas	Tarefas difíceis são completadas	Tarefas difíceis são completadas	O nível de motivação permanece alto
Riscos do DC Alto	Pode tentar tarefas demasiadamente difíceis	Pode desenvolver reações de inibição ao desempenho	Pode investir esforços em demasia	Pode desenvolver uma ilusão de controle

Figura 13.6 Influência do Desejo de Controle durante o Desempenho Relacionado com a Realização

Fonte: extraído de "Desire for Control and Achievement-Related Behaviors", de J. M. Burger, 1985, *Journal of Personality and social Psychology, 48,* pp. 1520-1533. Copyright 1985 by American Psychological Association. Adaptado com permissão.

& Cooper, 1979). Mesmo assim, os indivíduos com DC alto tendem a perceber que podem controlar esses resultados por meio do esforço pessoal. O *desejo* de controle alimenta a *ilusão* de controle (Burger, 1986, 1992).

As situações de realização fornecem um campo para os indivíduos que têm DC alto estabelecerem controle (Burger, 1985). Os indivíduos de DC alto geralmente interpretam uma tarefa difícil como um desafio à sua capacidade de controle. Assim, quando confrontado com uma tarefa difícil, o indivíduo de DC alto deverá persistir mais tempo do que o indivíduo de DC baixo. Desistir de uma tarefa difícil é admitir que a tarefa está além do controle pessoal. Para testar essa idéia, Jerry Burger entregou a estudantes uma série de problemas insolúveis, observando o tempo de persistência de indivíduos de DC e alto e de indivíduos de DC baixo. Tal como se previa, os indivíduos de alto DC persistiram mais tempo nos problemas do que os indivíduos de DC baixo.

A Figura 13.6 traz um modelo em quatro etapas para ilustrar a natureza multidimensional da busca que o indivíduo de DC alto dedica ao estabelecimento do controle em situações de realização (Burger, 1985). As pessoas com DC alto escolhem tarefas difíceis porque geralmente têm aspirações e padrões elevados, fazem esforços extraordinariamente altos quando desafiadas, persistem em tarefas difíceis e demoram para desistir e passar para outra coisa, e fazem atribuições que atendem a seus próprios propósitos e aumentam o controle, tais como atribuir o mérito do sucesso a si próprias e o fracasso a uma causa instável (Burger, 1985, 1992). De modo geral, o desejo de controle é um recurso positivo na realização de situações. Mas a Figura 13.6 também esquematiza o desejo de controle pelo lado contraproducente. Por terem um desejo forte de controle, os indivíduos de DC alto às vezes tentam metas excessivamente difíceis, exibem um efeito de reação hostil diante do fracasso, persistem por tempo demasiado em tarefas que não podem ser resolvidas e desenvolvem uma ilusão de controle. O que esses dados mostram é que o desejo de controle leva as pessoas a superestimarem o modo como irão se sair, a superinvestir suas energias, a persistirem por um tempo demasiado longo em tarefas difíceis e a interpretarem o feedback do êxito e do fracasso de modo a alimentar a ilusão de controle.

Perdendo o Controle

Às vezes as pessoas enfrentam situações em que há pouca possibilidade de controle. Em circunstâncias como excesso de gente, vida militar, lares assistenciais, hospitais, prisões e morar próximo a um aterro de lixo ou a um aeroporto há pouca possibilidade de controle. Tais situações apresentam dificuldades óbvias para o indivíduo de DC alto. Quando seu controle é ameaçado ou fica completamente perdido, os indivíduos de DC alto apresentam reações distintas, tais como angústia, ansiedade, depressão, dominância e assertividade (Burger, 1992).

Ir ao dentista é uma dessas situações de baixo controle (Law, Logan & Baron, 1994). Quando pessoas que têm DC alto vão ao dentista, a idéia de outra pessoa usando instrumentos em seus dentes provoca níveis excepcionalmente altos de ansiedade, antecipação da dor e angústia. Interessante é que uma sessão de treinamento em inoculação de estresse* por 20 minutos, pouco antes da consulta, pode dar aos indivíduos de DC alto as estratégias de controle e respostas de *coping* que desejam (Law, Logan & Baron, 1994).

Estar em um lugar muito cheio de pessoas é outra situação de baixo controle. O excesso de gente, definido pelo número de pessoas por metro quadrado, prejudica o controle porque o deslocamento livre não é possível (Stokols, 1972). O fato de haver muita gente ao redor, tal como no tráfego intenso, nas calçadas apinhadas e em longas filas de caixa de supermercados, interfere na capacidade de qualquer pessoa conseguir fazer as coisas. Os indivíduos de DC alto são mais vulneráveis à percepção de estarem em lugares cheios e por isso procuram evitar essas situações angustiantes (Burger, 1992).

Quando desejam o controle mas o ambiente se recusa a dá-lo, as pessoas se tornam vulneráveis ao desamparo aprendido e à depressão. Jerry Burger e Robert Arkin (1980) pediram a indivíduos de DC alto e DC baixo que participassem em um experimento típico de desamparo aprendido, no qual foram expostos a barulhos estridentes, incontroláveis e imprevisíveis. Comparadas às pessoas de DC baixo, as pessoas de DC alto apre-

---

*Técnica cognitivo-comportamental desenvolvida com o uso de imagens e auto-instruções de manejo do estresse. (*N.R.T.*)

sentaram níveis mais altos de depressão pós-tarefa. Além disso, a magnitude do desamparo e da depressão variava em proporção ao grau de importância do controle para aquela pessoa naquela situação (Mikulincer, 1986). Assim, em ambientes que podem ser controlados, o desejo de controle funciona como um recurso motivacional importante, mas em ambientes que não podem ser controlados o desejo de controle funciona como um problema para a motivação.

RESUMO

No estudo da motivação, o Capítulo 1 identificou muitas perguntas que podem ser mais bem respondidas por meio de um estudo da personalidade e das diferenças individuais. Essas perguntas foram as seguintes: quais são os motivos das diferenças individuais? Como surgem essas diferenças motivacionais entre as pessoas? E: quais são as implicações dessas diferenças individuais motivacionais? Este capítulo identificou duas características de personalidade relativas à felicidade e ao bem-estar, duas características de personalidade relativas à ativação e duas relativas ao controle. Desse modo, explicou como surgem essas diferenças de personalidade e as implicações que elas têm na motivação, na emoção e na vida cotidiana.

Duas características de personalidade relacionadas à felicidade são a extroversão e o neuroticismo. A característica de personalidade que explica "Quem é feliz?" é a extroversão. Os extrovertidos são mais felizes do que os introvertidos. Os extrovertidos são felizes porque têm um sistema de ativação comportamental (BAS) mais forte que os torna altamente responsivos a sinais de recompensa do ambiente. A característica de personalidade que responde a "Quem é infeliz?" é o neuroticismo. Os neuróticos sofrem emocionalmente. Sofrem porque têm um sistema de inibição comportamental (BIS) mais forte que os torna altamente responsivos a sinais de punição do ambiente.

A extroversão predispõe o indivíduo a uma emocionalidade positiva, ao sistema de ativação comportamental e a um temperamento de aproximação. O neuroticismo predispõe o indivíduo a uma emocionalidade negativa, ao sistema de inibição comportamental e a um temperamento de evitação. Quando os extrovertidos enfrentam uma situação, o BAS os predispõe a uma sensibilidade especial para os aspectos potencialmente recompensadores, o que os faz experimentarem emoções positivas e apresentarem um comportamento orientado para a aproximação. Quando os neuróticos enfrentam uma situação, o BIS os predispõe a uma sensibilidade especial para os aspectos potencialmente punitivos, o que os faz experimentarem emoções negativas e apresentarem um comportamento orientado para a evitação.

A busca de sensações e a intensidade dos afetos representam duas características de personalidade relacionadas à ativação e à curva do U invertido da ativação, ao desempenho e à emoção ou ao estado de humor. A busca de sensações é a necessidade de sensações variadas, novas, complexas e intensas e a disposição de correr riscos físicos, sociais, legais e financeiros para atingirem tais experiências. Para alcançarem essas sensações, os buscadores de sensações procuram novas experiências, tais como sexo e drogas, e se envolvem em comportamentos que aceitam risco, como nos jogos de apostas. A intensidade do afeto representa a força com a qual os indivíduos geralmente sentem emoções. Os indivíduos que têm intensidade de afeto sentem as emoções com muita intensidade, demonstrando hiperatividade emocional em situações provocadoras de emoções. Os indivíduos que têm estabilidade de afeto sentem emoções apenas de maneira branda, demonstrando somente flutuações pequenas nas reações emocionais.

A percepção de controle e o desejo de controle representam duas características de personalidade relativas ao controle. A percepção de controle refere-se à capacidade de iniciar e regular o comportamento

necessário para se conseguirem os resultados desejáveis e evitarem os indesejáveis. Quando o controle percebido é forte, as pessoas se envolvem em tarefas com enfrentamento ativo e emoção positiva; e esse engajamento na tarefa aumenta a probabilidade de elas alcançarem os resultados que buscam. Mas, quando o controle percebido é fraco, as pessoas se engajam em tarefas de maneira meio indiferente, já que demonstram passividade e emoção negativa. Por sua vez, essa indiferença diminui a possibilidade de elas alcançarem os resultados que buscam. Assim, ao afetar o engajamento das pessoas, as crenças no controle percebido iniciam um ciclo autoconfirmador em que as pessoas que têm alta percepção de controle dão partida ao esforço que produz os resultados positivos que, por sua vez, aumentam as percepções de controle subseqüentes. O desejo de controle reflete até que ponto as pessoas são motivadas a controlar os eventos de suas vidas. Os indivíduos de DC alto abordam situações querendo controlar o que acontece nelas, de modo que se esforçam para estabelecer o controle e restaurá-lo quando ele se perde ou é ameaçado. Para estabelecerem o controle, os indivíduos com DC alto adotam padrões e aspirações elevadas, apresentam um grande esforço quando desafiados, persistem por tempo demasiado em tarefas difíceis e interpretam o feedback de êxito/fracasso de maneiras que atendam a seus próprios propósitos e aumentem o controle. Quando o controle se vê ameaçado ou se perde, tal como quando se vai ao dentista, quando se entra em um cômodo apinhado de gente ou se participa em um experimento de desamparo aprendido, os indivíduos com DC alto demonstram reações distintas, tais como angústia e depressão.

LEITURAS PARA ESTUDOS ADICIONAIS

Personalidade e Felicidade

BRICKMAN, P., COATES, D., & JANOFF-BULMAN, R. (1978). Lottery winners and accident victims: Is happiness relative? *Journal of Personality and Social Psychology, 36,* 917-927.

COSTA, P.T., & McCRAE, R.R. (1980). Influence of extraversion and neuroticism on subjective well-being: Happy and unhappy people. *Journal of Personality and Social Psychology, 38,* 668-678.

DUPUE, R.A., & COLLINS, P.F. (1999). Neurobiology of the structure of personality: Dopamine facilitation of incentive motivation and extraversion. *Behavioral and Brain Sciences, 22,* 491-569.

ELLIOT, A. J., & THRASH, T.M. (2002). Approach-avoidance motivation in personality: Approach and avoidance temperament and goals. *Journal of Personality and Social Psychology, 82,* 804-818.

Personalidade e Ativação

ANDERSON, K.J., (1990). Arousal and the inverted-U hypothesis: A critique of Neiss's reconceptualizing arousal. *Psychological Bulletin, 107,* 96-100.

LARSEN, R.J., & DIENER, E. (1987). Affect intensity as an individual difference characteristic: A review. *Journal of Research in Personality, 21,* 1-39.

ZUCKERMAN, M., BONE, R.N., NEARY, R., MANGELSDORFF, D., & BRUSTMAN, B. (1972). What is the sensation seeker? Personality trait and experience correlates of the Sensation Seeking Scale. *Journal of Clinical and Counseling Psychology, 39,* 308-321.

Personalidade e Controle

BOGGIANO, A.K., MAIN, D.S., & KATZ, P.A. (1988). Children's preference for challenge: The role of perceived competence and control. *Journal of Personality and Social Psychology, 54,* 134-141.

BURGER, J.M. (1985). Desire for control and achievement-related behaviors. *Journal of Personality and Social Psychology, 53,* 1520-1533.

LAW, A., LOGAN, H., & BARON, R.S. (1994). Desire for control, felt control, and stress inoculation training during dental treatment. *Journal of Personality and Social Psychology, 67,* 926-936.

SCHMITZ, B., & SKINNER, E.A. (1993). Perceived control, effort, and academic performance: Interindividual, intraindividual, and multivariate time-series analyses. *Journal of Personality and Social Psychology, 64,* 1010-1028.

Capítulo 14

Motivação Inconsciente

PERSPECTIVA PSICANALÍTICA
 O que É Psicanalítico Passa a Ser Psicodinâmico
 Teoria do Instinto Dual
 Impulso ou Desejo?
 Teoria Psicodinâmica Contemporânea
O INCONSCIENTE
 O Inconsciente Freudiano
 O Inconsciente Não-Freudiano
PSICODINÂMICA
 Repressão

 Supressão
 O Id e o Ego Existem Realmente?
PSICOLOGIA DO EGO
 Desenvolvimento do Ego
 Defesa do Ego
 Efectância do Ego
TEORIA DAS RELAÇÕES OBJETAIS
CRÍTICAS
RESUMO
LEITURAS PARA ESTUDOS ADICIONAIS

Imagine-se acompanhando um amigo à consulta com um psiquiatra. No começo da sessão, seu amigo é hipnotizado. Uma vez hipnotizado, o psiquiatra sugere que seu amigo trouxe um jornal para a sessão e que vai querer lê-lo assim que despertar. Na verdade, seu amigo não trouxe jornal algum. Além disso, o terapeuta sugere que, ao despertar, seu amigo irá procurar o jornal mas não conseguirá encontrá-lo; que, depois de procurar durante alguns minutos, ocorrerá a seu amigo a idéia de que outra pessoa levou o jornal — que de fato o roubou. Também sugere que essa descoberta provocará raiva em seu amigo. Além disso, ele pede que seu amigo direcione a raiva para o ladrão. Infelizmente para você, em seguida o psiquiatra diz que você é o ladrão; que, no acesso de raiva, seu amigo primeiro insistirá e depois exigirá que você lhe devolva o jornal. Para concluir a sessão de hipnose, o psiquiatra diz a seu amigo que ele irá esquecer que a fonte de toda essa (des)informação foi, na verdade, uma série de sugestões dadas a ele pelo terapeuta.

Seu amigo desperta. Começa a bater um papo despreocupado sobre os acontecimentos do dia e observa: "A propósito, isso me faz lembrar uma coisa que li hoje no jornal. Vou mostrar a vocês". Olha em volta, não vê o jornal e começa a procurá-lo. Você começa a sentir uma pontinha de ansiedade porque esteve com ele o dia todo e sabe que ele não leu nem comprou jornal algum. Então, de repente, ele se volta para você com um olhar de quem quer atravessá-lo. Em tom acusador, afirma que você lhe tirou o jornal e que agora o quer de volta. Você está começando a pensar que ter vindo com ele não foi uma boa idéia e, com certa timidez, diz que não sabe nada desse jornal. Mas seu amigo insiste. Ele está transtornado de verdade. Ressentido de

raiva, começa a acusar energicamente você de lhe haver roubado o jornal. E vai mais além, dizendo que você tirou o jornal porque é muito sovina para comprar um com o seu dinheiro. Para dar fundamento à acusação, diz que alguém viu você roubar o jornal e contou a ele.

Isso já deixou de ser engraçado. Seu amigo *realmente* acredita que você lhe roubou o jornal e *realmente* o quer de volta.

O que essa sessão de hipnose (baseada em Fromm, 1941) ilustra? A seqüência de eventos mostra que os seres humanos podem ter pensamentos e emoções que eles sentem subjetivamente como próprias, mas que de fato lhes foram introjetadas a partir de outra fonte. Seu amigo queria uma coisa: mostrar-lhe um artigo do jornal. Pensava uma coisa: você lhe havia roubado o jornal. E sentia uma coisa: raiva de um pretenso ladrão. Mas essas vontades, esses pensamentos e esses sentimentos não eram dele no sentido de que não se haviam originado de dentro. Mesmo assim, ele agiu como se fossem dele. Essa demonstração da sugestão pós-hipnótica evidencia o paradoxo de que, embora tenhamos certeza daquilo que queremos, pensamos e sentimos, ao mesmo tempo temos pouca idéia quanto à origem do que queremos, pensamos e sentimos. A seqüência toda dá testemunho da idéia de que a motivação pode surgir de uma fonte externa à percepção consciente e à intenção volitiva.

PERSPECTIVA PSICANALÍTICA

Em contraste com o humanismo (Capítulo 15), a abordagem psicanalítica apresenta uma imagem determinista e pessimista da natureza humana. A psicanálise é determinista no sentido de sustentar que a causa final da motivação e do comportamento deriva de impulsos biologicamente herdados e socialmente adquiridos que determinam nossos desejos, nossos pensamentos, nossos sentimentos e nossos comportamentos, queiramos ou não. A psicanálise é ainda determinista no sentido de que a personalidade pouco se altera depois da puberdade. Assim, muitos dos impulsos motivacionais de um adulto podem ter origem em eventos ocorridos na infância. A motivação se apresenta como algo que nos acontece, e não como algo que escolhemos ou criamos. A psicanálise também tem um tom relativamente pessimista, já que coloca o foco nos desejos sexuais e agressivos, em conflitos, ansiedade, repressão, mecanismos de defesa e um batalhão de cargas emocionais, vulnerabilidades e imperfeições da natureza humana. Ela vê a ansiedade como inevitável e o colapso da personalidade mais como uma questão de grau do que um fato excepcional que acontece somente a alguns de nós. Somos todos perseguidos pela culpa, a ansiedade é nossa companheira constante, o narcisismo e a homofobia são comuns e as distorções da realidade são o nosso *modus operandi*. Não é uma figura bonita, disse Freud, mas, apesar de tudo, é a realidade. Em seu modo de ver, Freud não era um pessimista; era um realista.

A psicanálise é estranhamente atraente e admiravelmente popular. Parte da sua atração é que, ao ler a teoria psicanalítica, o leitor se vê face a face com alguns aspectos difíceis da natureza humana. Segundo a psicanálise, as pessoas "estão mais interessadas no prazer sexual do que admitirem" e que têm "raivas cegas, desejos selvagens e anseios infantis parasitas" (Holt, 1989). Esses aspectos difíceis e misteriosos da natureza humana nos apresentam um enigma psicológico que prende nossa curiosidade. Quem consegue resistir à vontade de aprender mais sobre uma teoria que revela os segredos da mente — paixonites e ciúmes secretos, fantasias e desejos, lembranças de coisas feitas e não feitas e todos os tipos de intrigas e desesperos ocultos?

Parte do apelo da psicanálise é que ela faz do inconsciente o seu tema. Assim, a psicanálise entra de bom grado "onde nenhuma teoria já esteve antes" (parafraseando *Guerra nas Estrelas*) — dentro dos sonhos, da hipnose, de lembranças inacessíveis, da fantasia e de todas as forças ocultas que moldam nossos motivos e nossos comportamentos sem que o percebamos e sem o nosso consentimento. Desse modo, a psicanálise oferece uma chance para se falar a respeito de um assunto profundamente interessante: o conteúdo da nossa experiência subjetiva privada e por que nossos desejos e nossos medos não desejados fazem ali seu ninho.

O que É Psicanalítico Passa a Ser Psicodinâmico

Há poucas décadas, os termos psicanalítico e psicodinâmico podiam ser empregados como sinônimos. Contudo, um número cada vez maior de estudiosos via-se na posição desconfortável de aceitar as idéias de Freud sobre os processos mentais do inconsciente, rejeitando, porém, algumas de suas outras idéias, tais como a teoria do instinto dual da motivação (discutida a seguir). Hoje, o termo psicanalítico refere-se a clínicos que permanecem comprometidos com a maioria dos princípios tradicionais de Freud, enquanto o termo psicodinâmico refere-se ao estudo dos processos mentais dinâmicos do inconsciente. Em outras palavras, pode-se estudar os processos mentais inconscientes (p.

ex., preconceito, depressão, supressão do pensamento, mecanismos de defesa) dentro ou fora da tradição freudiana. Ou seja: muitos pesquisadores estudam os processos psicodinâmicos sem adotarem a abordagem psicanalítica. O presente capítulo fala, conseqüentemente, da motivação do inconsciente psicodinâmico e não necessariamente dos princípios freudianos tradicionais. Mas, para compreendermos o embasamento da perspectiva psicanalítica, o capítulo começa no ponto em que Freud começou o estudo da motivação, ou seja: a controversa teoria do instinto dual.

Teoria do Instinto Dual

De formação médica, Sigmund Freud via a motivação como regulada por forças biológicas dirigidas pelos impulsos. O corpo humano era visto como um sistema complexo de energia organizado com o propósito de aumentar e diminuir suas energias através do comportamento. Alguns comportamentos aumentavam a energia corporal (comer, respirar) e outros a gastavam (trabalhar, divertir-se). Uma parte da energia corporal era a energia mental e a mente precisava da energia mental para desempenhar suas funções (p. ex., pensar, lembrar). A mente recebia essa energia psíquica da energia física do corpo. A fonte de toda energia física era o impulso (ou instinto) biológico, uma força de raízes biológicas "que emanava de dentro do organismo e penetrava na mente" (Freud, 1915). Logo, os impulsos instintivos corporais explicavam a origem de toda motivação.

Para Freud havia tantos impulsos biológicos quantas exigências corporais (p. ex., alimento, água, sono). Mas Freud reconhecia que havia muitas necessidades corporais diferentes para serem citadas. Em vez de compilar uma taxonomia dos impulsos corporais, Freud (1920, 1923) dava ênfase a duas categorias gerais: instintos de vida e instintos de morte.

A primeira classe de instintos — Eros, os instintos de vida — são os mais facilmente definidos. Os instintos de Eros mantêm a vida e garantem a sobrevivência individual e coletiva (da espécie). Assim, todos os instintos dirigidos a alimento, água, ar, sono, etc. contribuem para a vida e a sobrevivência do indivíduo. São instintos de autopreservação. Os instintos para o sexo, a alimentação e a afiliação contribuem para a vida e a sobrevivência da espécie, uma ênfase reprodutiva que Freud tomou emprestada a Darwin (Ritvo, 1990). São instintos de preservação da espécie. Em sua discussão sobre os instintos de vida, Freud dava importância primária ao sexo, embora conceituasse o sexo de maneira muito ampla como "busca do prazer" (inclusive chupar o dedo, sentir cócegas, ser embalado, ser acariciado, ser atirado ao ar, estimulações rítmicas, masturbação e contato sexual; Freud, 1905).

A segunda classe de instintos — Tanatos, os instintos de morte — impelem o indivíduo ao repouso, à inatividade e à conservação da energia. A ausência de qualquer perturbação corporal só poderia ser alcançada através do repouso total, que era a morte. Ao discutir os instintos de morte, Freud deu ênfase primária à agressão. Quando centralizada no *self**, a agressão se manifesta como autocrítica, sadismo, depressão, suicídio, masoquismo,

---

*Utilizamos o termo *self* no original para designar o "si mesmo", o "eu" psicológico. (*N.R.T.*)

248 Capítulo Quatorze

alcoolismo, dependência de drogas e riscos desnecessários, como jogos de apostas. Quando focalizada nos outros, a agressão manifesta-se como raiva, ódio, preconceito, insultos verbais, crueldade, rivalidade, vingança, assassinato e guerra. Por exemplo: uma piada maldosa sobre um grupo étnico representava uma expressão de Tanatos (Freud, 1905).

Esses impulsos instintivos corporais para com a vida e com a morte — sexo e agressão — fornecem energia para motivar o comportamento. Mas as pessoas não agem somente de maneira impulsiva segundo suas energias sexuais e agressivas inatas. Em vez disso, o indivíduo aprende com a experiência a dirigir seu comportamento para metas de satisfação de necessidades. Por meio da experiência, que é sinônimo de "desenvolvimento psicossexual", o indivíduo aprende reações de defesa para gerir suas energias sexuais e agressivas. A maneira habitual de defesa aprendida é o que Freud quis dizer com ego, ou "personalidade". Assim, o impulso sexual fornece a energia para o comportamento, enquanto o ego fornece a direção: atingir satisfação biológica (instintiva) da maneira mais apropriada socialmente e menos causadora de ansiedade.

Impulso ou Desejo?

A teoria da motivação do instinto dual representa a psicanálise por volta de 1930. Os tempos mudaram e houve progresso. Poucos psicanalistas contemporâneos compreendem a motivação como função da teoria do instinto dual (Kolb, Cooper & Fishman, 1995; Westen, 1991), o que tem valido durante muitas décadas (Berkowitz, 1962).

Ao contrário da fome e da sede, nem o sexo nem a agressão se conformam a um modelo fisiológico de impulso. Repare, por exemplo, que uma análise da agressão se encaixaria muito mal no padrão cíclico de homeostase descrito na Figura 4.1: homeostase → necessidade → impulso → comportamento orientado para uma meta → consumação → retorno à homeostase. A privação fisiológica raramente produz impulsos agressivos e o impulso de agredir não se intensifica com o passar do tempo. Além disso, o comportamento consumatório geralmente alimenta e intensifica os desejos agressivos em vez de saciá-los e atenuá-los. Já que sexo e agressão têm uma importância tão fundamental na visão de Freud sobre a motivação e que sexo e agressão se enquadram tão mal na conceituação de impulso, os psicanalistas contemporâneos descartam a idéia do impulso instintivo como seu constructo motivacional central (Holt, 1989).

Como princípio motivacional substituto, sexo e agressão são conceituados como desejos psicológicos e não como impulsos fisiológicos (Holt, 1989; Klein, 1967). O "modelo de desejo" reformulado é essencialmente uma teoria da discrepância da motivação (veja o Capítulo 8) e propõe o seguinte: em qualquer época, as pessoas conhecem, consciente ou inconscientemente, seu estado do momento e, ao depararem com quase qualquer situação, percebem algum estado potencialmente mais desejável. Por exemplo: um homem se ocupa de seus afazeres diários sem qualquer impulso agressivo, mas, se for insultado, humilhado, desrespeitado ou ridicularizado, percebe que há um estado social potencialmente mais favorável do que seu presente estado de humilhação. Em consequência, ocorre uma incompati-

bilidade entre "estado atual" e "estado ideal" e o desejo agressivo surge como motivação para aproximar mais o estado presente do estado ideal. Psicanalistas contemporâneos propõem que são os desejos psicológicos, e não os impulsos instintivos, que regulam e dirigem o comportamento humano (Holt, 1989). Como as pessoas sempre desejam estados ideais na esfera social e na agressiva, o desejo retém todo o espírito da motivação freudiana, mas suplanta a evidência contraditória de que sexo e agressão não funcionam como impulsos fisiológicos.

A meta da terapia psicanalítica sempre foi entender as atividades do inconsciente que causam confusão, libertando assim o ego para lidar com a realidade. Para isso, os terapeutas psicodinâmicos contemporâneos concentram-se cada vez mais nas forças cognitivas e interpessoais e cada vez menos nas forças biológicas e intrapessoais (Wegner, 1989; Westen, 1998). Terapeutas psicodinâmicos e pesquisadores contemporâneos não escrevem muito sobre ids e egos nem gastam a maior parte do tempo empreendendo como que expedições arqueológicas em busca de lembranças perdidas para descobrir a psicopatologia que o paciente sofre no momento (Kolb, Cooper & Fishman, 1995; Mitchell, 1988; Watchel, 1993; Westen, 1998). Em vez disso, o enfoque contemporâneo é decididamente interpessoal, pois se concentra em ajudar as pessoas a reconhecer, aperfeiçoar relacionamentos interpessoais problemáticos ou fugir imediatamente deles (Hazan & Shaver, 1987; Loevinger, 1976; Scharff & Scharff, 1995; Westen et al., 1991). Por exemplo: um problema comum na terapia psicodinâmica é reconhecer e desenvolver habilidades necessárias para vencer a tendência crônica ao envolvimento em relacionamentos íntimos com o tipo errado de pessoa (Greenberg & Mitchell, 1983; Westen et al., 1991).

Teoria Psicodinâmica Contemporânea

Basicamente, muita coisa mudou desde Freud. Hoje, temos quatro postulados que definem a teoria psicodinâmica (Westen, 1998). O fato de esses princípios serem contemporâneos, em oposição aos princípios classicamente freudianos, tem importância por dois motivos. Em primeiro lugar, o pensamento psicodinâmico teve tempo de submeter as esclarecedoras proposições de Freud a testes empíricos a fim de ver quais são os postulados que resistem e os que não resistem aos testes objetivos do tempo e da avaliação empírica. Em segundo lugar, a maioria dos leitores deve estar mais familiarizada com a psicanálise clássica de Freud do que com aquilo que é adotado pela teoria psicodinâmica contemporânea, fato que torna necessário rever os seguintes postulados principais (Westen, 1998):

1. O Inconsciente
   Grande parte da vida mental é inconsciente.
2. Psicodinâmica
   Os processos mentais funcionam em paralelo uns com os outros.
3. Desenvolvimento do Ego
   O desenvolvimento saudável envolve a passagem de uma personalidade imatura e socialmente dependente para uma personalidade mais madura e interdependente com os outros.

4. Teoria das Relações Objetais

Na infância formam-se, sobre a própria pessoa e sobre os outros, as representações mentais que mais tarde orientam as motivações e as relações sociais posteriores dessa pessoa.

O primeiro postulado dá ênfase ao inconsciente. Seu argumento enfático é que existem pensamentos, sentimentos e desejos em nível inconsciente. Assim, uma vez que a vida mental inconsciente afeta o comportamento, as pessoas podem comportar-se de maneiras inexplicáveis, até para si mesmas.

O segundo postulado enfatiza a psicodinâmica. Seu argumento é que os processos motivacionais e emocionais funcionam freqüentemente em paralelo uns com os outros — as pessoas normalmente querem e temem as mesmas coisas ao mesmo tempo. É regra, e não exceção, que as pessoas têm sentimentos conflitantes que as motivam em direções opostas. Logo, as pessoas normalmente abrigam atitudes divergentes, conscientes e inconscientes, raciais (Fazio et al., 1995) e de gênero (Banaji & Hardin, 1996) cujos resultados são, simultaneamente, de aproximação e de evitação.

O terceiro postulado enfatiza o desenvolvimento do ego. Enquanto reconhece a significância motivacional das energias sexuais e agressivas, os psicólogos do ego se concentram no modo como crescemos, nos desenvolvemos e deixamos para trás nosso início de vida relativamente imaturo, frágil, egocêntrico e narcisista para nos tornarmos seres relativamente maduros, pertinazes, empáticos e socialmente responsáveis.

O quarto postulado destaca a teoria das relações objetais. Seu argumento é que os padrões de personalidade estável começam a formar-se na infância, quando as pessoas vão construindo representações mentais de si mesmas e dos outros. Uma vez formadas, essas crenças sobre si mesmo e os outros dão forma a padrões de motivação duradouros (grau de relacionamento, ansiedade) que orientam a qualidade dos relacionamentos interpessoais do adulto.

O INCONSCIENTE

A psicologia científica tem tido dificuldades na exploração empírica do inconsciente. Afinal, se o inconsciente está oculto tanto da consciência privada quanto da observação pública, como pode um observador conseguir acesso a ele? Este problema, porém, não é mais insuperável do que conceitos como o do elétron para os que estudam física. Assim como os processos mentais inconscientes, é também difícil, mas não impossível, medir e estudar cientificamente os elétrons, a velocidade e o universo em expansão.

Freud acreditava que o indivíduo deveria expressar desejos e impulsos fortes inconscientes, embora de maneira disfarçada. Portanto, o inconsciente é um "fenômeno de sombra" que não pode ser conhecido diretamente, mas que pode ser inferido a partir de suas manifestações indiretas (Erdelyi, 1985). Acreditando que o inconsciente constituía o "processo primário" enquanto o consciente não passava de um "processo secundário", Freud e colegas exploraram os conteúdos e os processos do inconsciente de diversas maneiras, inclusive a hipnose, a associação livre, a

análise de sonhos, o humor, os testes projetivos, os erros e lapsos de linguagem e os chamados "acidentes" (Exner, 1986; Freud, 1900, 1901, 1905, 1920, 1927; Murray, 1943).

Esse debate tem sido árduo e carregado de emoções, já durando há um século, mas hoje aceita-se como verdade a conclusão de que grande parte da vida mental é inconsciente (Westen, 1998). Em vez do debate sobre se parte da vida metal é inconsciente, hoje o debate se concentra nas duas diferentes descrições do inconsciente. Essas duas idéias podem ser chamadas de inconsciente freudiano e inconsciente não-freudiano. Assim como Freud empregou métodos como a hipnose e os lapsos de linguagem, os psicólogos modernos empregam métodos como ativação subliminar, atenção seletiva, aprendizagem inconsciente e memória implícita para estudarem o inconsciente não-freudiano (Greenwald, 1992; Kihlstrom, 1987).

O estudo empírico do inconsciente não-freudiano começou com um paciente que sofria de epilepsia. Por causa dos ataques, removeram-lhe o hipocampo e, como resultado, ele passou a ter amnésia. Foi levado ao laboratório em vários dias consecutivos para praticar um exercício motor. Todos os dias, ao entrar novamente no laboratório, ele não se lembrava absolutamente de ter estado lá antes, não se lembrava das pessoas que lá trabalhavam nem do exercício motor que praticava diariamente. Mesmo assim, mostrava uma melhora bem acentuada na habilidade motora, dia após dia. Esse experimento sugeriu que deveria existir uma memória inconsciente. Hoje, os neurocientistas cognitivos não-freudianos admitem, de maneira geral, que as pessoas normais têm ambos os tipos de memória: uma memória consciente e uma memória inconsciente.

Uma questão que divide os dois modos de ver o inconsciente é se este é inteligente ou tolo (Loftus & Klinger, 1992). Na conceituação freudiana, o inconsciente é muito inteligente, na verdade tão inteligente quanto sua contraparte consciente. O inconsciente é inteligente porque usa defesas sofisticadas, é complexo e dinâmico, flexível, lida com corpos complexos de conhecimento e conhece a melhor maneira de evitar que a mente consciente sofra prejuízos. Os que estudam o inconsciente não-freudiano, porém, vêem o inconsciente como tolo. Chamar o inconsciente de tolo é dizer que ele é (em comparação com a mente consciente) simples, automático e capaz de desempenhar apenas processamentos rotineiros de informações. O inconsciente realiza processamentos habituais ou automáticos, tais como o que ocorre quando estamos dirigindo um carro ou tocando um instrumento musical (isto é, conhecimento de procedimento inconsciente).

Uma segunda questão que surge refere-se ao fato de o inconsciente ser motivacionalmente ardente e passional ou apenas cognitivamente frio e automático. O inconsciente freudiano era ardente. Cheirava a lascívia e raiva; era irracional, impulsivo, primitivo, exigente e alucinatório. O inconsciente não-freudiano estudado pelos psicólogos de hoje, porém, é frio. É mecânico e automático, já que realiza inúmeros cálculos e inúmeros ajustes durante atos como amarrar os cordões dos sapatos (Greenwald, 1992).

O Inconsciente Freudiano

A divisão da vida mental em consciente e inconsciente é a premissa fundamental da psicanálise (Freud, 1923). Freud rejeitava a idéia de que a consciência era a essência da vida mental, e por isso dividiu a mente em três componentes: consciente, pré-consciente e inconsciente. O consciente (isto é, a "memória de curto prazo" ou "consciência") inclui todos os pensamentos, sentimentos, sensações, lembranças e experiências de que a pessoa está ciente em determinado tempo. O pré-consciente armazena todos os pensamentos, sentimentos e lembranças que se acham ausentes da consciência imediata mas que podem ser recuperados para a consciência com um pouco de estímulo (p. ex., você sabe seu nome e a cor da tinta em que estas palavras estão impressas, mas no momento não está pensando nisso). O componente mais importante e, decididamente, o maior da mente é o inconsciente. O inconsciente é o armazém mental de impulsos instintivos inacessíveis, experiências reprimidas, memórias da infância (antes da aquisição da linguagem) e desejos fortes mas não-satisfeitos (Freud, 1915, 1923).

Como exemplificação do conceito do inconsciente como flexível e estratégico (ou seja, inteligente), pense na atividade inconsciente durante o sonho. Para Freud, as tensões da vida diária avolumavam-se continuamente no inconsciente, vindo à tona durante o sonho. Uma vez que trazem à tona as tensões inconscientes, os sonhos forneciam uma oportunidade para se ter acesso ao núcleo de desejos do inconsciente. Supondo-se que a pessoa era capaz de lembrar seus sonhos, a análise de sonhos começava pedindo que o indivíduo contasse o enredo de um sonho e terminava com a interpretação, pelo terapeuta, do significado latente do sonho. O enredo de um sonho representa seu conteúdo manifesto (o valor superficial e a fachada defensiva), enquanto os significados simbólicos dos eventos do enredo representam o conteúdo latente (o significado latente e o núcleo de desejos). Como a manifestação explícita de desejos inconscientes iria provocar ansiedade (e, com isso, despertar a pessoa que estava sonhando), o inconsciente expressa seus impulsos de modo latente e simbólico, e não de modo óbvio e manifesto.

Como ilustração, veja o seguinte sonho, relatado por uma das pacientes de Freud (Freud, 1900):

Uma turma grande de crianças — todos os irmãos, irmãs e primos dela, de ambos os sexos — estavam brincando em um campo. De repente, todos criaram asas, voaram e desapareceram.

A paciente sonhou isso quando criança e continuou a ter o mesmo sonho de modo recorrente até a idade adulta. No sonho, todos os irmãos, irmãs e primos da paciente fugiam e ela ficava sozinha no campo. Segundo Freud, o sonho não faz muito sentido em nível manifesto e, para ter uma compreensão do seu significado e da sua importância, o analista deve tomar lugar dentro do conteúdo latente, usando a técnica da associação livre. Em nível latente, o sonho é (para essa pessoa em particular) um desejo de morte que vem de Tanatos. Segundo Freud, a pessoa que sonha está desejando que seus irmãos, suas irmãs e seus primos criem asas e voem para longe como uma borboleta (visão que a criança tem da alma deixando o corpo depois da morte), deixando para ela toda a atenção e a afeição dos pais.

Porém, antes que possamos concluir que os sonhos funcionam para dar vazão a desejos inconscientes, precisamos reconhecer o que as pesquisas do século XX já descobriram desde Freud.

Além de servirem como função de vazão, os sonhos servem a (1) uma *atividade neurofisiológica*, em que o tronco encefálico (não os desejos inconscientes) produz inputs neurais aleatórios para o neocórtex processar e conferir sentido (Crick & Mitchison, 1986); (2) uma *função consolidadora da memória*, na medida em que as lembranças do dia são transferidas da memória de curto prazo para a memória de longo prazo (Greenberg & Perlman, 1993); (3) uma *função de atenuar o estresse ou coping*, fornecendo uma oportunidade para combinar mecanismos de defesa contra eventos ameaçadores, tais como o estresse no trabalho (Koulack, 1993); e (4) uma *função de resolução de problemas*, na medida em que durante o sonho as pessoas processam informações, organizam idéias e chegam a construções criativas para resolverem seus problemas (Winson, 1992). Enquanto algumas evidências apóiam a idéia de que os sonhos fornecem uma saída para dar vazão a desejos e tensões (Fisher & Greenberg, 1996), também é verdade que o conceito freudiano do sonho era por demais limitado. Os sonhos expressam desejos inconscientes, mas também são eventos neurofisiológicos, cognitivos, de *coping* e de resolução de problemas que pouco têm a ver com desejos inconscientes (Fisher & Greenberg, 1996; Levin, 1990; Moffitt, Kramer & Hoffman, 1993).

O Inconsciente Não-Freudiano

O conceito de inconsciente que surgiu na moderna psicologia científica oferece uma compreensão bem diferente daquilo sobre o que Freud e seus contemporâneos falaram e escreveram (Greenwald, 1992; Kihlstrom, 1987; Schacter, 1992). Essas pesquisas modernas reconhecem a existência de um processamento de informações inconsciente, mas argumentam que suas aptidões analíticas (isto é, de solução de problemas) são limitadas (Greenwald, 1992) e que sua influência no comportamento tem sido superestimada (Jacoby & Kelly, 1992). Grande parte do inconsciente não-freudiano tem pouco a ver com processos motivacionais. Em vez disso, lança mão do conhecimento de procedimentos (o "conhecimento de como fazer" subjacente às capacidades motoras), reconhece eventos familiares (Roediger, 1990) e adquire o tipo de conhecimento implícito que obtemos quando ouvimos e lembramos uma música.

O processamento de informações subliminares nos dá um bom exemplo para discutirmos essas duas visões contrastantes do inconsciente. Para ativar subliminarmente as informações inconscientes, é apresentado um estímulo em nível muito fraco de energia (ou por apenas um período muito curto) a uma pessoa que participa da pesquisa. Por exemplo, enquanto a pessoa olha através de um taquistoscópio, a frase "Mamãe e eu somos uma só pessoa" aparece durante quatro milissegundos, tempo muito curto para qualquer pessoa dizer se realmente viu alguma coisa, e muito menos se leu, reconheceu e compreendeu a mensagem. Tanto a abordagem freudiana como a não-freudiana do inconsciente estão de acordo em que a informação é realmente processada em nível inconsciente. Os dois pontos de vista diferem de maneira radical apenas quanto ao que a mente faz com essas informações.

Segundo o ponto de vista freudiano, a frase funciona exatamente do mesmo modo que a sugestão hipnótica, já que ativa desejos profundos embutidos na experiência de infância — de quem a vê — com uma mãe confortadora, protetora e nutridora. Essa ativação produz efeitos positivos, tais como aumento da auto-estima e decréscimo da ansiedade (Hardaway, 1990; Silverman & Weinberger, 1985). Segundo o ponto de vista não-freudiano, porém, a idéia de que o cérebro pode processar, durante uma exposição tão rápida, uma frase complexa como "Mamãe e eu somos uma só pessoa" é, digamos, "generosa". Quando muito, as pessoas processam uma única palavra ou talvez o esboço de uma figura. Neste ponto de vista, o fato de que elas podem responder de alguma maneira a uma mensagem subliminar (isto é, com uma certeza íntima de reconhecimento) não quer dizer, de modo algum, que irão automaticamente seguir suas diretivas.

Veja o tipo de processamento de informações subliminares que se tornaram populares nos anos 1960, quando um executivo de marketing sobrepôs flashes rápidos de mensagens — "Coma pipoca", "Beba Coca-Cola" — a um filme exibido em um cinema local. As vendas de pipoca explodiram (Morse & Stoller, 1982). Desde então os profissionais de marketing vêm tentando enviar mensagens subliminares às mentes das massas sem que estas o suspeitem, como acontece com as lojas de departamentos, que transmitem mensagens subliminares ao público por meio do sistema de alto-falantes, contra furtos no estabelecimento ("Se você roubar, será pego"; Loftus & Klinger, 1992). Mas os pesquisadores testaram para ver se as pessoas agem movidas pelas mensagens subliminares e descobriram que elas não agem assim. As pessoas não se comportam de maneira consistente com a diretiva subliminar. O inconsciente pode reconhecer e compreender a mensagem de algum modo, mas agir sob sua diretiva é outro assunto. É nisso que reside a controvérsia atual: enquanto as mensagens subliminares de marketing não costumam influir nas pessoas, mensagens subliminares como "Mamãe e eu somos uma só pessoa" podem aumentar a auto-estima e diminuir a ansiedade.

Um grupo de pesquisadores testou a validade de fitas de áudio disponíveis com mensagens subliminares destinadas a melhorar a memória ou a reforçar a auto-estima (Greenwald et al., 1991). As fitas de áudio rodam mensagens subliminares (p. ex., "Você é ótimo"; "Eu te amo") junto com material de relaxamento (p. ex.: música popular, sons naturais da floresta) para melhorar a auto-estima de quem as ouve diariamente. Os pesquisadores convocaram voluntários de nível universitário que queriam aumentar a auto-estima ou melhorar a memória. Cada voluntário fez mensurações iniciais de sua auto-estima e memória, ouviu diariamente a fita durante cinco semanas e depois fez mensurações de acompanhamento da auto-estima e da memória. Em poucas palavras, os resultados mostraram que as fitas de áudio não exerceram efeito algum. Assim como as mensagens "Coma pipoca" e "Se você roubar, será pego", as mensagens subliminares "Eu te amo" não foram processadas de modo a afetar pensamentos ou comportamentos (Greenwald et al., 1991).

PSICODINÂMICA

Freud observou que as pessoas muitas vezes se envolviam em comportamentos que nitidamente não desejavam (p. ex.,

lavagem ritual das mãos). Como às vezes as pessoas faziam o que não queriam fazer, ele raciocinou que a motivação deveria ser mais complexa do que aquilo que segue a volição intencional. A volição consciente precisa lutar contra uma contravontade inconsciente. Acompanhando essa linha de raciocínio, o conceito de Freud era de que as pessoas têm duas mentes: "A mente é uma arena, um tipo de campo de batalha, para a luta entre impulsos antagônicos" (Freud, 1917). As pessoas têm idéias e vontades, mas também têm contra-idéias e contravontades. Quando a vontade consciente (do ego) e a contravontade inconsciente (do id) apresentam força aproximadamente igual, acontece um tipo de guerra civil interna na qual nenhuma das duas é plenamente satisfeita. Os combatentes mentais podem ser diagramados da seguinte maneira:

Vontade → ← Contravontade

A descrição de Freud da mente humana era de conflito — idéia *versus* contra-idéia, vontade *versus* contravontade, desejo *versus* repressão, excitação *versus* inibição e catexe (atração sexual) *versus* anticatexe (culpa). Embate de forças é o que o termo *psicodinâmica* quer dizer.

Para Freud, a psicodinâmica referia-se ao conflito entre as estruturas da personalidade do id e do ego (e do superego, não discutido aqui). As motivações do id eram inconscientes, involuntárias, dirigidas pelo impulso e hedonistas, já que o id obedecia ao princípio do prazer: obter prazer e evitar a dor, fazendo isso a qualquer custo e sem demora. As motivações do ego eram, em parte, conscientes e, em parte, inconscientes, imbuídas de defesas e organizadas em torno do retardo da gratificação, já que o ego obedecia ao princípio da realidade: mantenha a busca de prazer a distância até encontrar um objeto socialmente aceitável que satisfaça às necessidades. Hoje, os psicanalistas destacam que os desejos, os medos, os valores, as metas, as emoções, os pensamentos e os motivos nunca se acham em harmonia e que o conflito mental é uma constante inevitável (p. ex., queremos e tememos a mesma coisa, tal como durante uma entrevista de emprego, um pedido de casamento ou pensando em assistir às aulas de motivação no dia seguinte). Como ilustração, Drew Westen (1998) destaca que os sentimentos das crianças com relação aos pais quase *têm* de ser crivados de conflito, já que estes lhes dão não apenas segurança, conforto e amor, mas também frustração, angústia e decepção.

Repressão

Quando a maioria dos leitores pensa em psicodinâmica, o que lhes vem à mente são conceitos como id, ego, libido e o complexo de Édipo (Boneau, 1990). Mas, quando o próprio Freud definiu a psicodinâmica, o conceito central foi a repressão (Freud, 1917).

Freud imaginava o inconsciente como um apartamento abarrotado. O consciente funcionava como uma sala de recepção, em que se entra pouco antes de se entrar no mundo público. A repressão funcionava como um porteiro metafórico que verifica as carteiras de identidade dos pensamentos inconscientes para julgar se estão aptos a deixar o apartamento para entrar no mundo público. Como é no inconsciente que jazem muitas motivações, as pessoas necessariamente permanecem sem saber delas. Mais do que isso, as pessoas se empenham em permanecer inconscientes das motivações. Isso acontece porque elas não suportariam saber sobre si mesmas as coisas que ou contradizem a visão que têm de si ou contradizem a opinião pública. O conhecimento dos verdadeiros motivos pessoais geraria conflito, seja com o self ideal, seja com o que a sociedade considera ser uma pessoa respeitável. Assim, a repressão — porteiro metafórico que confere as carteiras de identidade de cada pensamento — constituía a base da psicodinâmica (Fromm, 1986).

A repressão é o processo de esquecimento de informações ou de uma experiência por um modo inconsciente, não-intencional e automático. É a contraforça psicodinâmica do ego aos desejos exigentes do id. A repressão é um processo defensivo que mantém fora da consciência desejos, idéias ou memórias que possam trazer angústia. Sem a repressão, a tarefa do ego para coordenar as exigências do id, do superego e da realidade física e social seria impossível. Quando os pensamentos e os impulsos inconscientes começam a vir à tona, surge a ansiedade como sinal de perigo. É essa ansiedade que leva a mente inconsciente à ação — à repressão e talvez também a outras estratégias de *coping* (Freud, 1926; Holmes, 1974, 1990).

Estudar a repressão de maneira empírica é tremendamente difícil, porque é preciso indagar das pessoas coisas que elas não lembram. Estudar a repressão é mais ou menos como imaginar se a luz da geladeira fica acesa depois que se fecha a porta. As pesquisas sobre a repressão ainda não apresentaram resultados notáveis (Erdelyi & Goldberg, 1979; Erdelyi, 1985, 1990), mas as pesquisas sobre o processo de controle mental correlato de supressão têm trazido esclarecimentos.

Supressão

A capacidade de parar um pensamento está além da mente humana. Quando um pensamento indesejado ou uma preocupação nos acodem à mente, não conseguimos parar e afastar esse pensamento ou essa preocupação. Assim, o que as pessoas geralmente procuram fazer é controlar o intruso por meio da supressão. Supressão é o processo de afastar um pensamento de maneira consciente, intencional e deliberada (Wegner, 1992). De modo geral, a supressão falha.[1] Quando tentamos suprimir um pensamento, tudo o que conseguimos é uma lição de que temos menos controle sobre nossos pensamentos do que cuidamos admitir (Wegner, 1989). Assim como balões mantidos debaixo

---

[1]Suprimir um pensamento fornecido por uma fonte externa (isto é, outra pessoa) é o que fica além da capacidade da mente humana para suprimir. Os pensamentos intrusivos gerados pela pessoa são outra coisa (Kelly & Kahn, 1994). A estratégia número um que funciona com pensamentos intrusivos gerados pela pessoa é a distração (Wegner, 1989). Com pensamentos intrusivos familiares, as pessoas geralmente têm uma magnífica rede de pensamentos que elas já usaram para se distraírem de seus pensamentos indesejados (Kelly & Kahn, 1994). Mas sempre ocorre um efeito de ricochete psicodinâmico quando os pensamentos são gerados por um agente externo, como quando um pesquisador diz para não se pensar em um urso branco (Wegner et al., 1987) ou quando um amigo pede para guardar um segredo (Lane & Wegner, 1995). Com os pensamentos intrusivos externamente induzidos, falta às pessoas a experiência de que precisam para suprimi-los. (*N.A.*)

d'água, pensamentos e emoções só podem ser suprimidos durante algum tempo.

Veja a psicodinâmica do seguinte:

- Não *pense* sobre determinada coisa.
  (Tente não pensar sobre a ida de hoje ao dentista.)
- Não *faça* determinada coisa.
  (Tente passar o dia todo sem fumar.)
- Não *queira* determinada coisa.
  (Tente não querer comida quando estiver de dieta.)
- Não *lembre* determinada coisa.
  (Tente esquecer uma experiência profundamente humilhante.)

Quando tais pensamentos entram na nossa consciência, nosso processo de pensar se detém porque o pensamento antecipa algo que queremos que não aconteça. Ou seja, a auto-instrução de "não pensar naquela barra de chocolate" antecede o ato não-desejado de comer o chocolate. Com o fluxo de pensamento interrompido — na verdade detido — o pensamento não-desejado permanece lá na consciência, sozinho, com um foco de luz em cima. Podemos suprimir tal pensamento por alguns segundos, ou talvez até por alguns minutos, porém existe uma tendência curiosa de ele voltar à mente outra vez (Wegner, 1989; Wegner et al., 1987).

Veja esse experimento de laboratório em que alunos universitários foram instruídos a não pensar em um urso branco (Wegner et al., 1987). Cada participante ficou sozinho em uma mesa sobre a qual havia uma campainha (como as campainhas usadas em balcões de hotel). Durante os primeiros cinco minutos, o participante dizia qualquer coisa que lhe viesse à mente. A "associação livre" era fácil. Durante os cinco minutos seguintes, porém, o participante era solicitado explicitamente a não pensar em um urso branco, mas, se pensasse, tinha que tocar a campainha como sinal de que o pensamento indesejado tinha retornado acidentalmente à sua mente. A tentativa de supressão do pensamento era muito difícil. Houve uma porção de toques de campainha. Durante um período final de cinco minutos, o participante mais uma vez tinha de dizer o que lhe viesse à mente (isto é, associação livre). Nesse último período, os participantes experimentaram um "efeito de ricochete", em que o pensamento do urso branco lhes absorvia a atenção. O toque das campainhas lembrava um balcão de recepção de hotel em horário de saída.

Esses resultados contradizem o senso comum. A supressão do pensamento não penas falhou, mas também produziu uma preocupação obsessiva com os ursos brancos (efeito de ricochete). Paradoxalmente, a supressão do pensamento abriu as portas para a obsessão do pensamento.

As pessoas confiam na supressão do pensamento para controlarem seus pensamentos e suas ações em praticamente todas as áreas da vida. As pessoas confiam na supressão do pensamento para o autocontrole comportamental, como quando se esforçam para se absterem de certos alimentos (Polivy & Herman, 1985) ou de consumirem substâncias adictivas (Marlatt & Parks, 1982). As pessoas confiam na supressão do pensamento para manterem um segredo (Pennebaker, 1990) e para enganarem outra pessoa (DePaulo, 1992). As pessoas confiam na supressão do pensamento para exercerem autocontrole sobre a dor (Cioffi, 1991) e o medo (Rachman, 1978). E as pessoas confiam na supressão do pensamento para evitarem que se tornem públicos as maquinações internas de sua mente e as vontades, os desejos e as intenções socialmente ofensivos (Wegner & Erber, 1993). As pessoas confiam basicamente na supressão do pensamento por razões aparentemente boas. Muitos dos nossos pensamentos privados causariam confusão em público (para dizer o mínimo) se pudessem expressar-se livremente. A supressão do pensamento transforma o potencial conflito social em uma luta mental privada que se trava entre pensamentos desejados e pensamentos indesejados (Wegner, 1992). Aprendemos depressa que a supressão do pensamento pode ser um aliado social que nos impede de deixar escapar nossos pensamentos, como às vezes acontece quando estamos estressados (Jacobs e Nadel, 1985) ou prejudicados por drogas e álcool (Steele & Josephs, 1990).

Tudo isso produz uma psicodinâmica interessante. Um pensamento não-desejado vem à mente, então nós o suprimimos. Mas a supressão consciente do pensamento ativa um contraprocesso inconsciente. Enquanto a mente consciente está ocupada em suprimir o pensamento não bem-vindo, a mente inconsciente está igualmente ocupada procurando e detectando a presença do pensamento a ser suprimido. A mente inconsciente fica de vigília buscando descobrir se os ursos brancos voltaram ou não. Por ironia, o processo inconsciente de monitoramento mantém ativados os pensamentos a serem suprimidos, que é exatamente o que a intenção consciente estava buscando evitar. Com esse processo psicodinâmico em mente, é fácil ver por que as pesquisas mostram que a supressão produz sobre o pensamento um efeito de ricochete não-desejado. Na verdade, com o tempo a supressão contínua constrói uma poderosa força contrária que impele o pensamento não-desejado à obsessão (p. ex., uma pessoa em dieta que procura não pensar em comida fica propensa a pensar somente em comida; Polivy & Herman, 1985). Segundo Dan Wegner (1989, 1992), o modo de sair do lodaçal da supressão do pensamento é parar de suprimir e, em vez disso, concentrar-se no pensamento não-desejado e pensar nele. Paradoxalmente, só somos capazes de esquecer os pensamentos inconscientes que acolhemos na consciência (Frankl, 1960).

O Id e o Ego Existem Realmente?

Em vista da discussão anterior sobre a psicodinâmica, surge uma pergunta interessante: o que as pesquisas empíricas contemporâneas têm a dizer sobre o *status* científico do id e do ego? Será o cérebro organizado de tal modo que existe essa parte como um caldeirão de desejos e emoções inatos e impulsivos, enquanto outra parte existe como centro executivo de controle que percebe o mundo e aprende a adaptar-se a ele?

A percepção consciente responsável pelo controle executivo sobre a vida mental é um desenvolvimento evolucionário relativamente novo, estruturalmente sobreposto a um sistema de processamento de informações primitivo e motivacionalmente rico (Reber, 1992). Alude-se às estruturas límbicas cerebrais — o hipotálamo, o tálamo, a amígdala, o feixe medial do cérebro anterior e assim por diante — como centros cerebrais de prazer e desprazer. Estimulações elétricas no cérebro revelam que algumas áreas límbicas são centros de prazer (ou seja, o septo, o hipotálamo lateral, o feixe medial do cérebro anterior), enquanto outras áreas límbicas são centros de desprazer (isto é, o tálamo, a amígdala, o hipotálamo medial; Olds & Fobes, 1981; Stellar & Stellar, 1985; Wise e Bozarth, 1984). O sistema límbico contribui para um id bastante razoável. O neocórtex pode ser considerado a estrutura cerebral que corresponde ao ego, já que desempenha todas as funções que refletem aprendizagem, memória, tomada de decisões e resolução de problemas intelectuais. Além disso, as vias e estruturas neurais do neocórtex e do sistema límbico têm uma relação intricada. As interconexões neurais unilaterais e bidirecionais encontram-se por todo o cérebro. Mesmo dentro do córtex, e até mesmo dentro do sistema límbico, há muitas inter-relações no modo como uma estrutura afeta outra (p. ex., a amígdala tanto excita como inibe o hipotálamo, a amígdala tanto excita o neocórtex como é inibida por ele). A figura resultante corresponde a um padrão psicodinâmico, de forças e contraforças, de excitações e inibições, de ativação do sistema límbico e de inibição neocortical.

PSICOLOGIA DO EGO

Freud postulou que toda energia psíquica tinha origem no id. Ao nascer, o bebê era todo id, enquanto o ego estava apenas nos processos iniciais de formação (Freud, 1923). Durante a primeira infância, o ego se desenvolvia desde a percepção dos instintos até o controle deles. O id era força; o ego — a personalidade — desenvolvia-se para cumprir o papel adaptativo de contraforça.

Os neofreudianos viam o funcionamento do ego como muito mais. Heinz Hartmann (1958, 1964), "pai da psicologia do ego", via o ego envolvido em um processo de amadurecimento que o tornava cada vez mais independente de suas origens. Para Hartmann, o ego, ao contrário do id, desenvolvia-se através da aprendizagem da experiência. A aprendizagem ocorria porque a criança se ocupava com uma enorme quantidade de atividades manipulativas, exploratórias e experimentais (tais como agarrar, caminhar e pensar), todas as quais forneciam ao ego as informações sobre si mesmo e seus arredores. Com o feedback de suas atividades manipulativas, exploratórias e experimentais, o ego começou a adquirir propriedades de ego — linguagem, memória, intenções, idéias complexas e assim por diante — que facilitavam sua capacidade de adaptar-se com êxito às realidades, às exigências e às restrições do mundo. Hartmann criou esse conceito porque, pela capacidade de aprender, de adaptar-se e de crescer, o ego maduro era, na maior parte, autônomo do id. Os neofreudianos estudaram a dinâmica motivacional do "ego autônomo".

Desenvolvimento do Ego

É difícil definir o ego porque ele é mais um processo desenvolvimental do que uma coisa. A essência do desenvolvimento do ego é uma progressão desenvolvimental rumo ao que é possível em termos de crescimento psicológico, maturidade, ajustamento, interdependência pró-social, competência e funcionamento autônomo (Hartmann, 1958; Loevinger, 1976). Partindo de suas origens na primeira infância e progredindo para o que é possível, o ego desdobra-se ao longo das seguintes fases da trajetória desenvolvimental (Loevinger, 1976):

- Simbiótica
- Impulsiva
- Autoprotetora
- Conformista
- Consciente
- Autônoma

Durante a fase simbiótica (primeira infância), o ego é extremamente imaturo e constantemente dominado por impulsos. O ego é simbiótico no sentido de que seu bem-estar depende do seu cuidador, que lhe supre todas as necessidades, e não de si mesmo. Com a linguagem, o ego simbiótico começa a diferenciar-se do cuidador, porém continua extremamente imaturo. Na fase impulsiva, as forças externas (restrições dos pais, regras), e não o ego *per se*, impõem limites aos impulsos e desejos da criança. O autocontrole surge quando a criança começa a prever conseqüências e compreende que existem as regras. O ego então internaliza as conseqüências e regras ao orientar suas aptidões autoprotetoras de defesa. Durante a fase conformista, o ego internaliza regras aceitas pelo grupo e a ansiedade quanto à desaprovação do grupo torna-se uma poderosa contraforça que se opõe aos próprios impulsos. O ego consciente tem uma consciência, um conjunto internalizado de regras e um senso pró-social de responsabilidade para com os outros. A consciência funciona como um conjunto de padrões internos para limitar os impulsos e se contrapor a eles. O ego autônomo é aquele em que os pensamentos, os planos, as metas e os comportamentos provêm de dentro do ego e de seus recursos, e não dos impulsos do id ou das exigências e pressões de outras pessoas (inclusive as da sociedade) (Ryan, 1993). O ego autônomo motiva e regula a si mesmo.

O desenvolvimento do ego é importante para o estudo da motivação de duas maneiras. Em primeiro lugar, o ego se desenvolve para defender-se contra a ansiedade. Se for incapaz de cumprir sua tarefa de mediar as exigências do id, do superego e do ambiente, o ego sofre ansiedade. A ansiedade é a reação emocional em que o ego é "obrigado a admitir sua fraqueza" (Freud, 1964, p. 78). O desenvolvimento forte do ego cria, pois, defesas maduras contra a ansiedade (conforme discutimos a seguir, na seção Defesa do Ego). Em segundo lugar, o ego se desenvolve para habilitar a pessoa a interagir de maneira mais eficaz e mais proativa com o que a rodeia. Aumentando seu senso de competência, o ego ganha uma capacidade cada vez maior de lidar efetivamente com os desafios ambientais e também de gerar sua própria motivação interna e tornar-se automotivador (conforme discutimos adiante, na seção Efectância do Ego).

Defesa do Ego

A condição da existência do ego no dia-a-dia é de vulnerabilidade. A pessoa que entra em uma sala de aula está em estado de vulnerabilidade. A pessoa que sai para um encontro está em estado de vulnerabilidade. E a pessoa que tenta aprender algo novo está em estado de vulnerabilidade. Por meio de seus mecanismos de defesa, o ego protege a consciência contra níveis potencialmente esmagadores de ansiedade provenientes do conflito com os impulsos do id (ansiedade neurótica), as exigências do superego (ansiedade moral) e os perigos ambientais (ansiedade realista). O papel dos mecanismos de defesa para manter a distância a patologia mental pode ser visto na Figura 14.1, a qual mostra que o conflito emanado do ambiente, do id e do superego cria ansiedade e, por fim, angústia e depressão, caso os conflitos não sejam evitados. O papel dos mecanismos de defesa é exercer essa função defensiva e protetora. Sem o emprego dos mecanismos de defesa, as mudanças na realidade interna e na realidade externa geram um fluxo constante de ansiedade na nossa vida. Na Tabela 14.1 aparecem catorze desses mecanismos de defesa, juntamente com uma definição e um exemplo para cada um deles (American Psychiatric Association, 1994; A. Freud, 1946; Vaillant, 2000).

Os mecanismos de defesa existem em uma ordenação hierárquica do menos maduro para o mais maduro, do menos adaptativo para o mais adaptativo (Vaillant, 1977, 1992, 1993). No nível mais imaturo, os mecanismos de defesa negam a realidade ou inventam uma realidade imaginária. Os mecanismos de defesa tais como negação e fantasia são os mais imaturos, porque o indivíduo deixa até de reconhecer a realidade externa. No segundo nível de maturidade estão defesas tais como a projeção, em que a pessoa reconhece a realidade, mas age mantendo longe do self seus aspectos perturbadores. No terceiro nível de maturidade estão as defesas mais comuns, inclusive a racionalização

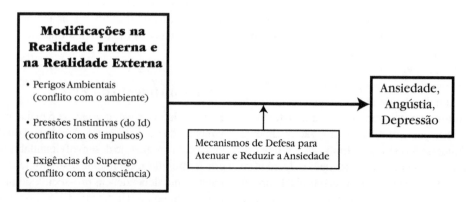

Figura 14.1 Papel dos Mecanismos de Defesa na Proteção do Ego contra os Eventos Geradores de Ansiedade

Tabela 14.1 Mecanismos de Defesa do Ego

Mecanismo de Defesa	Definição (com *Exemplo em Itálico*)
Negação	Desconhecimento das realidades externas desagradáveis ou recusa em tomar conhecimento delas. *Preocupação com o trabalho, de modo a não se prestar atenção às mensagens de rejeição provenientes de um relacionamento pessoal problemático.*
Fantasia	Satisfação de desejos frustrados por meio da realização imaginária e onipotente. *A pessoa se imagina um corajoso herói nacional que executa façanhas incríveis para ganhar a admiração de todos.*
Projeção	Atribuição do próprio desejo ou impulso inaceitável a outra pessoa. *A ansiedade do tipo "estou fracassando neste curso porque não sou inteligente" é expressa como "Este livro de estudos é idiota" ou "O professor é um imbecil".*
Deslocamento	Liberação da própria ansiedade contra um objeto substituto porque fazer isso contra a fonte de ansiedade poderia ser prejudicial. *Descarregar impulsos agressivos acumulados contra uma figura paterna (o chefe) em cima de um objeto mais manejável em termos de ansiedade, tal como o cachorro da casa. O trabalhador chuta o cachorro como um substituto para a figura do pai.*
Identificação	Assumir características de alguém tido como bem-sucedido. *Ver o país adorar uma celebridade e depois adaptar a própria aparência (estilo de penteado, modo de vestir-se e de caminhar) para ser amado e tratado como a celebridade.*
Regressão	Regresso a uma fase anterior de desenvolvimento ao sofrer estresse ou ansiedade. *Falar como bebê para conseguir a atenção e a simpatia de outra pessoa, a fim de vencer uma discussão argumento que provoca ansiedade.*
Formação reativa	Adoção ou expressão do oposto absoluto dos seus verdadeiros sentimentos ou motivos. *Expressão e apoio de um forte otimismo ("Tudo vai dar muito certo") diante da realidade impiedosa da fome mundial, da guerra nuclear ou de rejeição interpessoal.*
Racionalização	Justificativa de um pensamento ou sentimento perturbador ou inaceitável pela escolha de uma razão lógica para pensar ou sentir desse modo. *Apresentação de uma razão aceitável para justificar o ódio a um determinado grupo de pessoas, tal como "porque elas mentem e trapaceiam o tempo todo".*
Antecipação	Previsão de um perigo futuro em pequenas etapas, de modo a lidar com o perigo aos poucos, e não com tudo de uma vez só. *A pessoa antecipa uma provável perda futura lidando com essa perda a um passo de cada vez: preparando uma lista de coisas a serem feitas, estabelecendo um plano, praticando o que irá dizer em fases diferentes do perigo etc.*
Humor	Capacidade de não se levar muito a sério, tal como na aceitação das suas próprias imperfeições e falar sobre elas de maneira socialmente aceitável. *Uma caricatura no editorial de um jornal exagera um traço físico de um político de alto escalão de modo que os leitores riem dele e ainda assim sentem afeição pela figura da autoridade.*
Sublimação	Transformação de uma ansiedade socialmente inaceitável em fonte de energia que não apresente quaisquer conseqüências adversas e que se torne socialmente aceitável — e até mesmo excitante. *Lascívia e impulsos sexuais são canalizados para amor, preliminares do jogo sexual ou trabalho que seja criativo, científico ou manual.*

e a formação reativa. Essas defesas lidam efetivamente com a ansiedade a curto prazo, mas deixam de obter qualquer ganho de ajustamento a longo prazo (por ser a realidade reprimida, e não acomodada). A racionalização, por exemplo, desculpa temporariamente os desejos inaceitáveis, mas deixa de fornecer meios para se lidar com o problema que produziu a ansiedade. As defesas do nível quatro são as mais adaptativas e mais maduras, incluindo mecanismos como sublimação e humor. A sublimação aceita os impulsos inconscientes, mas efetivamente os canaliza para saídas socialmente benéficas, tais como a energia criativa que produz um quadro ou um poema (tornando os impulsos inconscientes aceitáveis e pessoalmente produtivos). O humor é uma defesa madura porque permite que a pessoa olhe diretamente para aquilo que é doloroso ou que causa ansiedade e lide com isso de maneira socialmente aceitável (Freud, 1905; Vaillant, 2000). Ainda assim, tal como ocorre com todas as defesas, o humor não transforma a realidade, mas somente a percepção da realidade (para diminuir o peso da angústia subjetiva; Lefcourt & Martin, 1986; Nezu, Nezu & Blissett, 1988).

Para testar suas idéias de que o nível de maturidade das defesas pessoais reflete a força do ego e prevê o ajustamento à vida, Vaillant (1977) acompanhou a vida de 56 homens durante um período de mais de 30 anos. Entrevistou-os nos anos de universidade e testadores independentes classificaram cada um deles

segundo o uso de mecanismos de defesa predominantemente maduros (níveis 3 e 4) ou predominantemente imaturos (níveis 1 e 2) como estilo pessoal contra angústia e ansiedade. O estudo procurou determinar como esses dois grupos iriam se sair na vida e as pesquisas avaliaram o ajustamento à vida de cada um, 30 anos depois, em quatro categorias: de carreira, social, psicológica e clínica. A força do ego, conforme indexada pelo nível de maturidade dos mecanismos de defesa, estabeleceu com êxito a diferença entre os homens que sofriam com o peso de problemas da carreira, problemas sociais, psicológicos e clínicos e aqueles que não tinham esses problemas (veja Tabela 14.2). Os mecanismos de defesa maduros permitiam aos homens viver uma vida bem ajustada, mostrar maturidade psicológica, encontrar e manter um emprego em que se realizassem, desenvolver um padrão rico e estável de amizades, evitar o divórcio, evitar a necessidade de consultas psiquiátricas, não ter problemas psicopatológicos nem de doenças mentais e assim por diante. Um segundo estudo longitudinal semelhante, feito com homens e mulheres, e também com pessoas das mais diversas procedências, mostrava que o nível de maturidade das defesas pessoais previa — 30 anos depois — nível de renda, promoções no emprego, ajustamentos psicossociais, apoios sociais, alegria de viver, satisfação conjugal e funcionamento físico, tal como a capacidade de subir escadas na velhice (Vaillant, 2000).

Capítulo Quatorze

Tabela 14.2 Relação entre Maturidade dos Mecanismos de Defesa e o Ajustamento à Vida

	Estilo Adaptativo Predominante (%)	
	Maduro (N = 25)	Imaturo (N = 31)
Ajustamento geral		
1) Terço superior no ajustamento adulto	60%	0%
2) Terço inferior no ajustamento adulto	4%	61%
3) "Felicidade" (terço superior)	68%	16%
Ajustamento na carreira		
1) Renda acima de $20.000 por ano	88%	48%
2) Trabalho corresponde à ambição da pessoa	92%	58%
3) Serviço ativo para a comunidade fora do trabalho	56%	29%
Ajustamento social		
1) Padrão de amizades muito variado	64%	6%
2) Casamento no quartil menos harmonioso ou divorciado	28%	61%
3) Padrão estéril de amizades	4%	52%
4) Não pratica esportes competitivos	24%	77%
Ajustamento psicológico		
1) 10 ou mais consultas psiquiátricas	0%	45%
2) Sempre teve diagnóstico de mentalmente enfermo	0%	55%
3) Problemas emocionais na infância	20%	45%
4) Pior ambiente na infância (quarto inferior)	12%	39%
5) Deixa de tirar férias completas	28%	61%
6) Capaz de ser agressivo com os outros (quarto superior)	36%	6%
Ajustamento clínico		
1) 4 ou mais interações hospitalares quando adulto	8%	26%
2) Mais de 5 dias de licença por doença ao ano	0%	23%
3) Problema recente de saúde, segundo exame objetivo	0%	36%
4) Saúde subjetiva constantemente considerada excelente desde a época da universidade	68%	48%

N = tamanho da amostra

Fonte: extraído de Adaptation to Life (p. 87), de G. E. Vaillant, 1977, Boston: Little, Brown & Company. Copyright 1977 by George E. Vaillant.

Uma ilustração de como os mecanismos de defesa maduros promovem o bem-estar aparece na Figura 14.2 (Cui & Vaillant, 1996). No eixo x, o horizontal, o gráfico mostra até que ponto os adultos no estudo empregaram mecanismos de defesa maduros (com o 5 representando os mecanismos de defesa mais maduros). O eixo y assinala a medida dependente nesse estudo: depressão. A linha diagonal, assinalada por bolinhas, mostra a pontuação em depressão dos adultos que tiveram vida repleta de estresse (pobreza, incapacidade física, perda de um ente querido). Os quatro adultos que viviam de maneira muito estressante e que tinham mecanismos de defesa imaturos eram muito propensos a sofrer depressão (75%), enquanto os nove adultos que viviam de maneira igualmente estressante mas que tinham mecanismos de defesa maduros estavam essencialmente vacinados contra depressão (0%). Os adultos que não tinham tido uma vida estressante não sofriam depressão (conforme mostrado pela reta horizontal, marcada com a letra x.) Assim, a depressão ocorria quando as pessoas empregavam mecanismos de defesa imaturos para enfrentar o estresse da vida. Quando a vida não era estressante ou quando os adultos empregavam defesas maduras, a depressão era evitada. Esta mesma conclusão (as defesas maduras evitam doenças) também foi alcançada na prevenção do transtorno de estresse pós-traumático depois de combate (Lee et al., 1995).

Efectância* do Ego

A efectância do ego refere-se à competência do indivíduo para lidar com desafios, as exigências e as oportunidades ambientais (White, 1959; Harter, 1981). A motivação de efectância começa durante a infância como uma fonte indiferenciada da energia do ego. Com sua energia difusa, suas propriedades (p. ex., agarrar, engatinhar, caminhar) e suas capacidades adquiridas (p. ex., linguagem, habilidade de escrever, habilidades sociais), o ego tenta lidar de maneira satisfatória com as circunstâncias e os estressores que lhe atravessam o caminho. No processo de adaptação e desenvolvimento, a energia indiferenciada do ego começa a diferenciar-se em motivos específicos, tais como as necessidades de realização, de afiliação, de intimidade e de poder (veja o Capítulo 7). Assim começa o desenvolvimento de várias motivações do ego, mas a motivação do ego mais essencial é a motivação de efectância, ou o desejo de interagir de maneira eficaz com o ambiente (veja o Capítulo 5, especialmente a Figura 5.1).

---

*No original, *effectance*, sentimento de eficácia pessoal que alguns autores denominaram "efectância". Entende-se o conceito como a capacidade de produzir respostas contingentes do ambirnte. (*N.R.T.*)

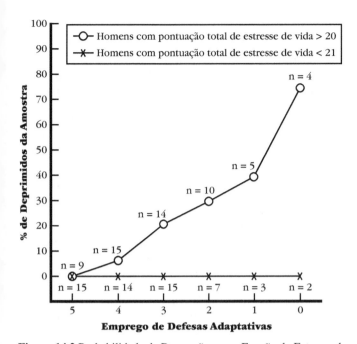

Figura 14.2 Probabilidade de Depressão como Função de Estresse da Vida e o Nível de Maturidade dos Mecanismos de Defesa da Pessoa

Fonte: extraído de "The Antecedents and Consequences of Negative Life Events in Adulthood: A Longitudinal Study", de X. Cui & G. E. Vaillant, 1996, *American Journal of Psychiatry, 152,* 21-26. Copyright 1996 by American Psychiatric Association. http://psychiatryonline.org. Reproduzido com permissão.

A efectância do ego desenvolve-se como mais do que apenas uma resposta defensiva e reativa de enfrentamento das exigências da vida. À medida que a criança exercita suas habilidades, começa a aprender como produzir mudanças bem-sucedidas no ambiente. A criança aprende a usar giz de cera, subir em árvores, atravessar ruas, manter a atenção dos adultos, alimentar-se, escrever, fazer novos amigos, andar de bicicleta e dezenas de outras tarefas. Quando ela tem êxito, essas interações produzem um senso de que ela está sendo eficaz, uma percepção de competência e sentimentos de satisfação e prazer. O ego agrega essas percepções e sentimentos em um senso geral de competência. Quanto maior a motivação de efectância do ego, maior a disposição da pessoa para usar as propriedades do ego de maneira proativa (e não apenas reativa), alterando intencionalmente o ambiente para melhor. Com cada transação bem-sucedida com o ambiente (fazer uma amizade, construir uma casa na árvore), cresce a motivação de efectância do ego. Quanto maior a motivação de efectância, maior o desejo de procurar interações novas e desafiadoras com o ambiente. Desse ponto de vista, a motivação de efectância é quase sinônimo de "motivação intrínseca", como foi apresentado no Capítulo 6.

TEORIA DAS RELAÇÕES OBJETAIS

O estudo da motivação inconsciente começou com um enfoque um pouco restrito sobre os impulsos sexuais e agressivos. Com o tempo, o pensamento sobre a motivação inconsciente passou a ser menos biológico e mais interpessoal. A ênfase na necessidade biológica de gratificação sexual, por exemplo, aos poucos foi dando lugar a uma ênfase na necessidade psicológica de vinculação (Horney, 1939). Os pontos fundamentais da teoria das relações objetais são a necessidade do bebê de apego ao cuidador e a ligação interpessoal subseqüente do adulto com as pessoas que têm importância em sua vida.

"Relações objetais" é uma expressão complicada. Mas, quando se conhece a sua etiologia, é menos complicada do que poderia parecer a princípio. Freud empregava a palavra "objeto" para referir-se ao alvo de gratificação dos impulsos individuais. Portanto, a teoria das relações objetais estuda o modo como as pessoas satisfazem sua necessidade de relacionamento por meio representações mentais e de vinculações reais com objetos sociais e sexuais (isto é, outras pessoas). A teoria das relações objetais estuda a necessidade das pessoas de estarem em relacionamento com outras que possam satisfazer-lhes a necessidade emocional e psicológica de vinculação.

A teoria das relações objetais enfoca a natureza e o desenvolvimento das representações mentais do self e de outros e os processos afetivos (desejos, medos) associados a essas representações (Bowlby, 1969; Eagle, 1984; Greenberg & Mitchell, 1983; Scharff & Scharff, 1995; Westen, 1990). Em particular, a teoria das relações objetais enfoca como as representações mentais do cuidador são captadas na infância pela personalidade [da criança] e persistem pela vida adulta. O que persiste na vida adulta são as representações mentais do self e de outras pessoas significativas (Main, Kaplan & Cassidy, 1985; van IJzendoorn, 1995). Por exemplo, a pessoa é passível de ser amada ou não? É digna da atenção e do cuidado de outras pessoas, ou indigna dessa afeição e desse investimento? As outras pessoas são ternas e atenciosas, ou egoístas e não-confiáveis? Pode-se confiar nos outros? Você pode depender dos outros quando precisa deles?

As relações objetais muitas vezes acentuam o impacto que o abuso ou a negligência por parte dos pais tem sobre as representações em surgimento que a criança tem de si e dos outros (Blatt, 1994; Luborsky & Crits-Christoph, 1990; Strauman, 1992; Urist, 1980). Em essência, o laço entre mãe (a cuidadora) e a criança passa ser o modelo da criança para si e para outras representações mentais. Quando o principal cuidador é caloroso, atencioso, responsivo, disponível e digno de confiança, o objeto parental satisfaz a necessidade de relacionamento do bebê, transmite uma mensagem de aprovação e envia uma mensagem não-verbal sobre relacionamentos que encoraja um apego seguro e afetuoso. Quando o principal cuidador é uma pessoa fria, abusiva, não-responsiva, negligente e imprevisível, o objeto parental frustra a necessidade de relacionamento do bebê, transmite uma mensagem de desaprovação e envia uma mensagem não-verbal sobre relacionamentos que encoraja insegurança e ansiedade (Ainsworth et al., 1978; Sullivan, 1953).

Os modelos mentais positivos que a pessoa tem de si prevêem níveis adultos de autoconfiança, confiança social e auto-estima (Feeney & Noller, 1990; Klohnen & Bera, 1998). De modo semelhante, como se vê no Boxe 14, os modelos mentais seguros que a pessoa tem do outro prevêem a qualidade das relações românticas adultas da pessoa (Feeney & Noller, 1990; Hazan & Shaver, 1987), inclusive se essa pessoa vai casar-se ou não e, caso isso aconteça, por quanto tempo permanecerá comprometida com o casamento (Klohnen & Bera, 1998). Por outro lado, uma infância de traumas interpessoais (p. ex., maus-tratos físicos, negligência

258 Capítulo Quatorze

BOXE 14 *O Amor como um Processo de Apego*

Pergunta: Por que esta informação é importante?

Reposta: Para compreender como nossas primeiras ligações afetivas se manifestam em nossos relacionamentos amorosos atuais (adultos).

Veja a seguinte questão de múltipla escolha com três itens. Leia cada afirmação com cuidado e marque aquela que melhor descreve você:

— Acho fácil aproximar-me dos outros. Fico à vontade em depender dos outros. Fico à vontade com as pessoas dependendo de mim. Não me preocupo em ser abandonado e não me preocupo com que alguém se aproxime demais de mim.

— Não me sinto muito à vontade perto dos outros. Acho difícil confiar plenamente nos outros. Acho difícil me permitir depender dos outros. Fico nervoso quando os outros querem forçar mais intimidade com eles do que eu gostaria.

— Acho que os outros relutam em se aproximar tanto quanto eu gostaria. Preocupo-me com que os outros não me amem realmente ou que na verdade não queiram estar comigo. Quero misturar-me completamente com os outros, especialmente os parceiros amorosos, e esse desejo às vezes afugenta as pessoas.

Assim como a teoria das relações objetais, a teoria do apego argumenta que os laços afetivos se desenvolvem entre bebês e seus cuidadores e que esses laços afetivos, sejam eles positivos ou negativos, continuam na idade adulta, afetando as relações do adulto com as pessoas que ele ama (Bowlby, 1969, 1973, 1980). Tanto na teoria das relações objetais como na teoria do apego, os bebês têm uma necessidade psicológica de vinculação que os motiva fortemente a desejarem laços afetivos íntimos com seus cuidadores. Com base na qualidade dos cuidados recebidos, os bebês formam modelos mentais do modo como aqueles com quem convivem se relacionam com eles, modelos que podem ser caracterizados por apego seguro, apego ansioso e apego evitativo (Ainsworth et al., 1978).

Qual das três afirmações acima está mais de acordo com a sua experiência? Por ordem, as três afirmativas caracterizam um estilo de apego: seguro, evitativo e ansioso. Cerca de 55% dos adultos se classificam como seguros, cerca de 20% se classificam como ansiosos e cerca de 25% se classificam como evitativos, respectivamente (Hazan & Shaver, 1987; Shaver & Hazan, 1987).

Cindy Hazan e Phillip Shaver (1987) entregaram essa questão de múltipla escolha que vimos linhas atrás a cerca de 600 adultos na área de Denver, no Colorado, pedindo-lhes que preenchessem questionários sobre sua história de apego, sobre aquilo que acreditavam ser amor e sobre suas experiências com o companheiro do momento. Os três grupos de apego viviam o amor romântico adulto de modo muito diferente.

Os adultos de apego seguro sentiam o amor como uma trilogia de amizade, confiança e felicidade. Aceitavam e apoiavam o companheiro e suas relações perduraram anos. Os adultos de apego evitativo sentiam o amor como um medo permanente de intimidade e comprometimento, muitas vezes sentindo ciúme, e relatavam uma ausência acentuada de emoção positiva no relacionamento. É esta a abordagem do amor ouvida a cada 15 minutos nas novelas de tevê: "Ele tem medo do comprometimento". Os que amavam com apego ansioso sentiam o amor como uma obsessão, um desejo de estar constantemente juntos e de reciprocidade, como uma atração extrema e um ciúme extremo que produziam altos e baixos emocionais. As preocupações obsessivas poderiam representar bem em novelas, mas na vida real geralmente o resultado é de companheiros "necessitados e aderentes", freqüentemente perturbados por episódios de solidão e cujos relacionamentos tendem a durar menos do que os relacionamentos dos amantes de apego seguro.

As experiências de apego dos bebês não apenas se projetam a grande velocidade até a idade adulta. Em vez disso, as experiências, as emoções e os modelos mentais da infância transbordam no que os adultos crêem sobre o amor e lhes dão colorido. Para exprimir como as experiências infantis dão colorido à mente adulta, Freud comparou a Roma antiga (a criança) à Roma moderna (o adulto; veja *Civilization and Its Discontents*, 1958, pp. 15-20). Debaixo da grande metrópole do século XXI jazem séculos de ruínas que foram sepultadas depois de uma série de traumas repetidos, tais como incêndios, terremotos e invasões. Assim como a metáfora da Roma antiga, os traumas psicológicos da primeira e da segunda infâncias e da adolescência contêm, ainda latentes, raiva, frustração, tristeza, desejos ardentes, anseios e um medo de desconfiança e comprometimento que continuam até os modelos adultos mentais subseqüentes de amor romântico e lhes dão colorido.

---

grave, molestamento sexual) e a psicopatologia parental (p. ex., depressão, ansiedade, uso abusivo de substâncias, convívio conjugal violento) prevêem relacionamentos disfuncionais na vida adulta (Mickelson, Kessler & Shaver, 1997).

Como exemplo concreto, veja o esquema de representação mental que uma mulher tem dos homens, ilustrado na Figura 14.3 (Westen, 1991). A jovem, que sofria de uma depressão bastante grave e de isolamento social, contou uma história da infância em que caracterizava os pais como pessoas que desdenhavam abertamente uma à outra. A mãe lhe falava constantemente da maneira como sofria maus-tratos verbais e sexuais do marido e dos três filhos. No decorrer da psicoterapia, a representação mental que a mulher fez do relacionamento esperado e do relacionamento verdadeiro com os homens tornou-se evidente. Sua representação mental, conforme ilustrado na Figura 14.3, contém aspectos de uma necessidade psicológica de vinculação (proximidade, sexualidade), mas também contém muitos maus-tratos

(escravidão), raiva e ressentimento (rejeição) e conflito (próxima do pai e ainda assim rejeitada por ele).

Os sentimentos associados aos homens são difíceis de representar em uma figura, mas são também parte das relações objetais ("homens") da mulher. Como você deve desconfiar, as necessidades e sentimentos conflitantes da mulher levaram-na a adotar com os homens um estilo interpessoal extremamente ansioso e cheio de evitações.

Segundo a teoria das relações objetais, a qualidade das representações mentais dos relacionamentos de qualquer pessoa (p. ex., Figura 14.3) pode ser caracterizada em três dimensões principais:

- tom inconsciente (benévolo *versus* malévolo)
- capacidade de envolvimento emocional (egoísmo/narcisismo *versus* preocupação mútua)
- mutualidade de autonomia com os outros

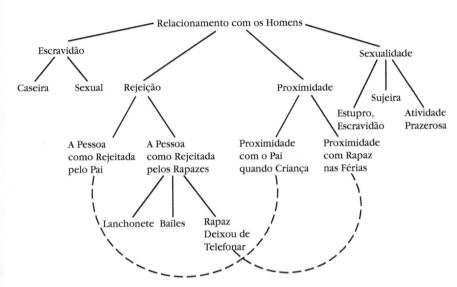

Figura 14.3 Representação, por Uma Mulher, de Seu Relacionamento com os Homens

Fonte: extraído de "Social Cognition and Object Relations", de D. Westen, 1991, *Psychological Bulletin, 109,* pp. 429-455. Copyright 1991 by American Psychological Corporation. Reproduzido com permissão.

Na primeira dimensão, as representações mentais têm um tom afetivo inconsciente (Westen, 1991). Esse colorido afetivo do mundo objetal se estende desde a percepção das relações como boas e benévolas até más e malévolas. Na segunda, as representações mentais têm uma capacidade inconsciente para o envolvimento emocional (Westen, 1991). Essa capacidade vai de uma orientação narcisista, exploradora e unilateral até um relacionamento baseado na preocupação mútua, no respeito mútuo e em uma vontade muito grande de investir no relacionamento. Na terceira dimensão, as representações mentais têm uma capacidade de mutualidade de autonomia (Urist, 1980). No nível mais alto (mutualidade de autonomia), os objetos são vistos como tendo uma existência autônoma face um ao outro e as relações não apresentam qualquer risco à integridade e à autonomia dos participantes. No nível mais baixo, os objetos são vistos com ausência de qualquer sentido de pessoas como agentes autônomos, sendo os relacionamentos vistos como ameaças excessivas (Ryan, Avery & Grolnick, 1985; Urist, 1977).

As pesquisas sobre a teoria das relações objetais sublinham a significância motivacional fundamental da necessidade psicológica de vinculação das pessoas. Quando essa necessidade é nutrida por uma assistência calorosa e responsiva, a pessoa desenvolve modelos mentais positivos de si mesma, dos outros significativos e dos relacionamentos em geral. Por sua vez, as relações objetais positivas capacitam a pessoa a se desenvolver, a relacionar-se com os outros de maneira saudável, orientada para o crescimento e resistente à psicopatologia. Porém, quando essa necessidade de vinculação é frustrada ou ignorada por uma assistência fria, rejeitadora e não-responsiva, a pessoa desenvolve modelos mentais inadaptados que a deixam vulnerável à psicopatologia e ao desenvolvimento de orientações motivacionais defensivas pouco saudáveis, conforme ilustra a representação defensiva feita por uma mulher em relação aos homens, na Figura 14.3.

CRÍTICAS

Apesar de seu fascínio, a contribuição de Freud para o estudo da motivação humana é objeto de pelo menos duas críticas. As pesquisas contemporâneas em psicodinâmica têm abordado e atenuado muitas delas, mas mesmo assim ajudam a identificar as mais importantes e limitadoras, porque os pesquisadores contemporâneos ainda têm mais alguma coisa a atenuar.

A crítica mais devastadora contra Freud é que muitos de seus conceitos não são cientificamente testáveis (Crews, 1996; Eysenck, 1986). Não tendo esses conceitos passado pelo crivo da ciência, é melhor tomá-los com ceticismo e entendê-los como metáforas, e não como constructos científicos dignos de crédito. Em ciência, os constructos teóricos que ainda não foram aprovados no teste da experimentação objetiva têm de permanecer como culpados até que se prove a sua inocência, inválidos até que se prove a sua validade. Por esse motivo, os pensadores psicanalíticos passaram os últimos 50 anos descobrindo modos de testar as idéias de Freud e, feito isso, reúnem suas muitas idéias em um conjunto principal de postulados como os quatro mencionados antes neste capítulo. Algumas das idéias de Freud (mas certamente não todas) já passaram no teste de validação empírica (Fisher & Greenberg, 1977; Masling, 1983; Silverman, 1976). Outras idéias e outros fenômenos têm sido reinterpretados de maneiras que não dependem de conceitos psicanalíticos (p. ex., veja a análise de Brown do fenômeno ponta-da-língua [1991] e a análise feita por Wegner do controle mental [1994]). Mas, a respeito de muitos pontos sobre a motivação e a emoção humanas, Freud estava simplesmente errado (p. ex., sua teoria sobre a formação do superego; Fisher & Greenberg, 1977).

Uma segunda crítica é que, embora a teoria psicodinâmica seja um recurso interpretativo maravilhoso para eventos ocorridos no passado, é lamentavelmente inadequada como recurso de previsão. Por exemplo, suponha que uma pessoa sonhe com gêmeos morrendo (tal como discutimos antes neste capítulo). Para determinada pessoa, o sonho poderia ser mais bem interpretado como um desejo de que os irmãos morressem. Para outra, porém, ele poderia ser mais bem interpretado (via formação reativa) como desejo de que os irmãos sobrevivessem. Para outra pessoa ainda, a morte ou a sobrevivência dos irmãos poderia representar sentimentos associados a terceiros, como por exemplo, os próprios filhos. Todas essas interpretações *post hoc* (depois

260 Capítulo Quatorze

do fato) fazem sentido na psicanálise. A teoria, porém, é muito fraca para se saber *a priori* (antes do fato) que uma pessoa irá ter um sonho específico com irmãos que criam asas e voam para o céu. Para que possa ser preditiva, a teoria deve permitir que antecipemos quando uma pessoa irá ter ou não um determinado tipo de sonho (ou empregar determinado mecanismo de defesa ou atingir um determinado nível do desenvolvimento do ego, ou suicidar-se, ou fazer, ou dizer isso ou aquilo, e assim por diante). Uma teoria científica deve ser capaz de prever o que irá acontecer no futuro. É difícil confiar em uma teoria que explica apenas o passado. Muito mais difícil é aplicar essa teoria de maneira produtiva a contextos reais da vida, tais como colégios ou locais de trabalho.

Na era neofreudiana os psicólogos do ego levaram a fundo essas críticas. Eles respeitam tanto os insights de Freud como às críticas erguidas contra seus métodos subjetivos (não-científicos) de coleta de dados. O estudo contemporâneo de supressão do pensamento, desenvolvimento do ego, mecanismos de defesa e motivação de efectância empregam métodos de pesquisa científicos relativamente mais rigorosos e dão relativamente mais atenção à construção de uma estrutura teórica que valoriza a predição acima das explicações *post hoc*.

RESUMO

A psicanálise se encaminha para um estudo estranhamente atraente. Estudando o inconsciente e adotando uma visão um tanto pessimista da natureza humana, a psicanálise abre as portas para o estudo de tópicos como lembranças traumáticas, adições inexplicáveis, ansiedade quanto ao futuro, sonhos, hipnose, lembranças inacessíveis e reprimidas, fantasias, masoquismo, repressão, comportamentos autoderrotistas, pensamentos suicidas, impulsos avassaladores de vingança e todas as forças ocultas que dão forma às nossas necessidades, aos nossos sentimentos e aos nossos modos de pensar e de nos comportarmos que provavelmente não queremos que nossos vizinhos saibam. O assunto principal da psicanálise reflete de modo estranho aquilo que parece ser tão popular nos filmes contemporâneos (logo, na sociedade contemporânea): sexo, agressão, psicopatologia, vingança, e daí por diante.

O pai da perspectiva psicanalítica foi Sigmund Freud. Sua visão da motivação apresentava um modelo de base biológica em que os dois impulsos instintivos de sexo e agressão forneciam ao corpo a energia física e a energia mental. Os psicanalistas contemporâneos, porém, dão ênfase à importância motivacional dos desejos psicológicos (mais do que aos impulsos biológicos) e do processamento cognitivo da informação. O conceito de desejo psicológico retém inteiramente o espírito da motivação freudiana, mas supera a evidência contraditória de que sexo e agressão não funcionam como impulsos fisiológicos.

A teoria psicodinâmica contemporânea é definida por quatro postulados. O primeiro é que boa parte da vida mental é inconsciente. Esse postulado argumenta de modo enfático que existem pensamentos, sentimentos e desejos em nível inconsciente. Assim, uma vez que a vida mental inconsciente afeta o comportamento, as pessoas podem comportar-se de maneiras inexplicáveis, mesmo para elas. No estudo contemporâneo, alguns pesquisadores estudam o inconsciente freudiano inteligente e motivacionalmente ardente, enquanto outros estudam o inconsciente não-freudiano tolo e automatizado.

O segundo postulado de uma compreensão psicodinâmica contemporânea da motivação e da emoção é que os processos mentais funcionam paralelamente uns aos outros, de modo que as pessoas comumente querem e temem a mesma coisa ao mesmo tempo. É o postulado da psicodinâmica. É regra, e não exceção, que as pessoas têm sentimentos conflitantes que as motivam de maneiras opostas. Logo, as pessoas normalmente apresentam atitudes raciais divergentes, conscientes e inconscientes, bem como preconceitos de gênero e relacionamentos de amor/ódio (aproximação e evitação) com os pais, com o emprego e praticamente com tudo o mais na vida.

O terceiro postulado é o do desenvolvimento do ego. O desenvolvimento sadio inclui a passagem de uma personalidade imatura e socialmente dependente para uma personalidade mais madura e socialmente responsável. Segundo os neofreudianos, o ego desenvolve motivos próprios passando pela seguinte progressão desenvolvimental: fases simbiótica, impulsiva, autoprotetora, conformista, consciente e autônoma. Para desenvolver e vencer a imaturidade e a vulnerabilidade, o ego precisa ganhar recursos e forças, inclusive mecanismos de defesa resistentes para enfrentar com êxito as ansiedades inevitáveis da vida (p. ex., defesa do ego) e um senso de competência que fornece uma capacidade gerativa para mudar o ambiente para melhor (p.ex., efectância do ego).

O quarto postulado da compreensão psicodinâmica contemporânea é que as representações mentais de si próprio e dos outros formam-se na infância para orientar as motivações sociais adultas. Esse é o postulado das relações objetais. Seu argumento é que na infância começam a se formar padrões de personalidade duradouros à medida que as pessoas vão construindo representações mentais de si, dos outros e dos relacionamentos. Uma vez formadas, essas crenças passam a constituir a base de estados motivacionais (p. ex., vinculação, ansiedade) que orientam o curso das relações interpessoais adultas. Os modelos mentais positivos que a pessoa tem de si, por exemplo, prevêem níveis adultos de autoconfiança, confiança social, auto-estima e parcerias de amor e comprometimento. Os modelos mentais negativos, por outro lado, prevêem relacionamentos interpessoais disfuncionais.

LEITURAS PARA ESTUDOS ADICIONAIS

A Psicodinâmica e o Inconsciente

KOLB, J., COOPER, S., & FISHMAN, G. (1995). Recent developments in psychoanalytic technique: A review. *Harvard Review of Psychiatry, 3*, 65-74.

WEGNER, D. M. (1992). You can´t always think what you want: Problems in the suppression of unwanted thoughts. In M. P. Zanna (Ed.), *Advances in experimental social psychology* (Vol. 25, pp. 193-225). San Diego: Academic Press.

WEGNER, D. M., SCHNEIDER, D. J., CARTER, S., III, & WHITE, L. (1987). Paradoxical effects of thought suppression. *Journal of personality and Social Psychology, 53*, 5-13.

WESTEN, D. (1988). The scientific legacy of Sigmund Freud: Toward a psychodynamically informed psychological science. *Psychological Bulletin, 124*, 333-371.

Desenvolvimento do Ego

LOEVINGER, J. (1976). Stages of ego development. In *Ego development* (Chap. 2, pp. 13-28). San Francisco: Jossey-Bass.

WHITE, R. W. (1959). Motivation reconsidered: The concept of competence. *Psychological Review, 66*, 297-333.

VAILLANT, G. E. (2000). Adaptive mental mechanisms: Their role in a positive psychology. *American Psychologist, 55*, 89-98.

Teoria das Relações Objetais

HAZAN, C., & SHAVER, P. (1987). Romantic love conceptualized as an attachment process. *Journal of Personality and Social Psychology, 52*, 511-524.

WESTEN, D., KLEPSER, J., RUFFINS, S. A., SILVERMAN, M., LIFTON, N., & BOEKAMP, J. (1991). Object relations in childhood and adolescence: The development of working representations. *Journal of Consulting and Clinical Psychology, 59*, 400-409.

Capítulo 15

Motivação para o Crescimento e Psicologia Positiva

HOLISMO E PSICOLOGIA POSITIVA
   Holismo
   Psicologia Positiva
AUTO-ATUALIZAÇÃO
   Hierarquia de Necessidades Humanas
      Necessidades por deficiências
      Necessidades de crescimento
      Pesquisas sobre a hierarquia de necessidades
   Encorajando o Crescimento
TENDÊNCIA ATUALIZANTE
   Emergência do Self
   Condições de Valor
   Congruência
   O Indivíduo de Funcionamento Integral
ORIENTAÇÕES DE CAUSALIDADE

BUSCA DE CRESCIMENTO *VERSUS* BUSCA DE VALIDAÇÃO
COMO OS RELACIONAMENTOS APÓIAM A TENDÊNCIA
   ATUALIZANTE
      Auxiliando os Outros
      Relacionamento com os Outros
      Liberdade para Aprender
      Autodefinição e Definição Social
O PROBLEMA DO MAL
PSICOLOGIA POSITIVA E SAÚDE MENTAL
      Otimismo
      Significado
CRÍTICAS
RESUMO
LEITURAS PARA ESTUDOS ADICIONAIS

Nosso temperamento inato nos predispõe a agir de maneira naturalmente inibida e introvertida ou de maneira naturalmente impulsiva e extrovertida. No sentido real, alguns de nós somos introvertidos por natureza, enquanto outros são extrovertidos por natureza. O que faz a pessoa ser "natural" é a herança biológica do seu temperamento.

Mas as culturas também têm idéias sobre o modo como as pessoas devem se comportar. Por exemplo, a cultura do campus universitário típico valoriza a extroversão, a intensidade emocional e a pessoa interessante e divertida, mas não dá valor à introversão, à calma emocional e à pessoa que fica em um baile sem dançar. Assim, cada um de nós recebe duas mensagens sobre como se comportar socialmente: uma do nosso temperamento biológico e outra das prioridades culturais. Essa situação de mensagem dual não causa muito problema aos extrovertidos: basta agir naturalmente e a cultura lhe dará valor. A mensagem dual, porém, é um problema para os introvertidos.

Os introvertidos enfrentam um dilema. O que acontece quando a disposição biológica vai contra a preferência de socialização? O que acontece quando uma experiência parece certa e natural, mas a cultura desvaloriza qualquer pessoa que gire em torno dessa

experiência? Deveria o introvertido ceder à pressão cultural e rejeitar sua natureza interna, tentando substituí-la por um estilo extrovertido mais aceitável pela sociedade?

Com o tempo, tudo pode ficar bem. Os introvertidos que agem como extrovertidos podem experimentar alguns benefícios emocionais positivos por agirem de maneira extrovertida (p. ex., divertindo-se em uma festa; Lucas et al., 2000). E o que há de errado com os esforços feitos pelo indivíduo para ser sensível à sua cultura, ajustar-se e acomodar-se a ela? A psicologia humanista está disposta a responder a essa pergunta. Seu argumento é que rejeitar a própria natureza em favor de prioridades sociais põe em risco o crescimento pessoal e o bem-estar psicológico.

Imagine-se fazendo o seguinte experimento (Ford, 1991a): para começar, pede-se que você fale sobre seu próprio temperamento, usando questionários tais como os discutidos no Capítulo 13 para extroversão, busca de sensações e intensidade de afeto. O pesquisador também pede permissão para enviar questionários idênticos a um de seus genitores (ou seja, seu cuidador principal), pedindo-lhe que responda aos questionários em termos do modo como você se comportava na idade pré-escolar dos 3 aos 5 anos. Essa idade dos 3 aos 5 anos é importante por ser um período em

262 Capítulo Quinze

que a criança já cresceu o suficiente para seu temperamento se expressar e ser observado pelos pais, mas em que ainda não tem idade para haver começado a socialização maciça que ocorre quando as crianças de sua faixa etária começam a se preparar para se aventurarem fora de casa. A previsão do estudo é que os adultos que expressam algo além do seu temperamento infantil irão apresentar desajuste. Ou seja, a previsão é que, quando a cultura tenta substituir a natureza íntima da pessoa por um estilo socialmente valorizado — ou seja, quando a cultura tenta socializar o introvertido para que ele se torne mais semelhante ao extrovertido —, o resultado é o desajuste, não o ajustamento esperado.

Para medir o desajuste, o pesquisador também pede que você complete questionários que forneçam índices de ansiedade, depressão, hostilidade, sentimentos de inadequação e perturbações físicas e somáticas. Para testar a hipótese humanista, o pesquisador calcula um índice de discrepância na diferença entre a expressão do seu temperamento adulto e o conceito que seus pais têm sobre o seu temperamento quando criança. Os resultados têm mostrado que, quanto maior a discrepância, maior o desajuste do adulto. As pessoas que sofreram pressão — querendo ou não — para agir de maneira contrária à base biológica do seu temperamento tiveram problemas.

Esses achados apresentam o tema deste capítulo: "Se esse núcleo essencial (natureza interna) da pessoa for frustrado, negado ou suprimido, o resultado é a doença" (Maslow, 1968). Ao tema de Abraham Maslow podemos acrescentar seu complemento lógico: se esse núcleo essencial receber alimento, apreço e apoio, o resultado é a saúde.

A escolha diária de seguir a "própria natureza interna" contra as "prioridades culturais" não é uma escolha neutra. As preferências sociais e as prioridades sociais nos são transmitidas e fortemente reforçadas como maneiras desejáveis de agir, por todos os meios de apoio, inclusive incentivos; recompensas; aprovação; amor; mensagens publicitárias; exigências, normas e expectativas sociais, e todas as vozes que ouvimos todos os dias que nos falam o que deveríamos fazer, o que temos de fazer e o que precisamos fazer. As orientações internas são mais sutis. Ao contrário da cultura que nos cerca, elas não têm um consenso de opiniões organizado para nos persuadir quanto ao que fazer. Assim, na vida diária, nossas orientações internas são relativamente silenciosas, enquanto as expectativas sociais e as prioridades culturais são relativamente barulhentas.

É fácil ouvir as prioridades da cultura, mas segui-las sem discussão não pode ser tão saudável do ponto de vista psicológico. Por exemplo; as pessoas que escolhem dedicar a vida a perseguir o "sonho americano" (ir em busca de dinheiro, fama e popularidade) sofrem mais angústias psicológicas (ansiedade, depressão, narcisismo) do que as pessoas que vão em busca de orientações internas, como a auto-realização. Isso é verdade mesmo quando os que perseguem o sonho americano conseguem o dinheiro, a fama e a popularidade que procuram (Kasser & Ryan, 1993, 1996). A psicologia humanista desempenha um papel-chave na motivação instando as pessoas a que parem, ouçam suas orientações internas e examinem os benefícios potenciais da coordenação dessas orientações (interesses, preferências, valores) como o estilo de vida do dia-a-dia. As pesquisas sobre

a psicologia positiva acrescentam ainda que orientações internas como significado, autenticidade e a paixão de aprender nos dão mais reservas de força e senso de bem-estar.

HOLISMO E PSICOLOGIA POSITIVA

Os motivos humanos podem ser entendidos a partir de muitas perspectivas diferentes, que vão dos pontos de vista mais objetivos do objetivismo (Diserens, 1925), do behaviorismo (Watson, 1919) e do positivismo lógico (Bergman & Spence, 1941) aos pontos de vista mais subjetivos do existencialismo (May, 1961), da psicologia da Gestalt (Goldstein, 1939; Perls, 1969) e do holismo (Aristóteles, *Sobre a alma*). Juntamente com o existencialismo e a psicologia da Gestalt, o holismo afirma que o ser humano é mais bem compreendido como um todo integrado e organizado do que como uma série de partes diferenciadas. É o organismo inteiro que é motivado, e não apenas uma parte dele, como o estômago ou o cérebro. No holismo, qualquer evento que afete um sistema afeta a pessoa inteira. Tomando de empréstimo uma expressão de Maslow, é o João da Silva que quer comida, e não o estômago do João da Silva.

Na linguagem moderna, o holismo vê pouco valor na abordagem "bottom-up" (isto é, no enfoque em motivos específicos e individuais, um de cada vez e em relativo isolamento uns dos outros), preferindo, em vez desta, uma abordagem "top-down" (ou seja, enfoque em motivos gerais e abrangentes, vendo como os motivos dominantes governam os motivos mais específicos). Tanto a abordagem bottom-up como a top-down do estudo da motivação têm seus méritos. Este capítulo, porém, destaca a abordagem top-down (enquanto os Capítulos 3 e 4 destacam a abordagem bottom-up).

Holismo

O nome holismo vem de "inteiro" ou "inteireza", relacionando-se, portanto, com o estudo do que é saudável, ou não-fragmentado. Em contraste, uma visão fragmentada da personalidade enfatiza os seres humanos como conjuntos fragmentados de estruturas ou forças que se opõem uns aos outros. Por exemplo, uma visão fragmentada fala do conflito entre o self ideal e o self real, ou do conflito entre o desejo biológico de alimento e a exigência social de uma figura esbelta. Na teoria psicanalítica (veja o Capítulo 14), o self fragmentado manifesta-se sob um tipo de competição psicológica entre as três estruturas da personalidade: id, ego e superego. Por outro lado, o humanismo identifica-se fortemente com a perspectiva holística, uma vez que enfatiza os motivos "top-down" dominantes, como o self e seus esforços para a auto-realização.

Resumindo, a psicologia humanista trata da descoberta do potencial humano e do encorajamento de seu desenvolvimento. Para alcançar isso, a perspectiva humanista envolve esforços (1) para aproximar-se do crescimento e da auto-realização e (2) para afastar-se da fachada, do auto-engano, e para agradar e cumprir expectativas alheias (Rogers, 1966). Em cada página escrita por pensadores humanistas o leitor pode ouvir um comprometimento com o crescimento pessoal como a força motivadora final.

Psicologia Positiva

A psicologia positiva é um novo campo que está surgindo na psicologia (Seligman & Csikszentmihalyi, 2000; Snyder & Lopez, 2002). Busca articular a visão da vida boa (psicologicamente falando) e emprega os métodos empíricos da psicologia para compreender o que faz com que a vida valha ser vivida. Sua meta é mostrar quais são as ações que conduzem a experiências de bem-estar, ao desenvolvimento de indivíduos positivos que sejam otimistas e pertinazes e à criação de instituições e comunidades promovedoras e prósperas. O assunto principal da psicologia positiva é, portanto, a investigação de experiências positivas subjetivas, como bem-estar, contentamento, satisfação, gosto em participar, esperança, otimismo, fluxo, competência, amor, paixão pelo trabalho, coragem, perseverança, autodeterminação, habilidades interpessoais, talento, criatividade, originalidade, autenticidade, visão do futuro, sabedoria, responsabilidade interpessoal, boa cidadania, altruísmo, tolerância e civilidade, uma forte ética de trabalho e preocupação com o bem-estar alheio.

A psicologia positiva não é um subcampo da psicologia humanista. Ela escolhe o mesmo assunto da psicologia humanista, de modo que os dois campos se sobrepõem de maneira considerável. O que separa a psicologia positiva da psicologia humanista não é o assunto principal, mas a grande confiança nas pesquisas empíricas que testam hipóteses e são baseadas em dados. Desses dois campos de estudo, a psicologia positiva é o que apresenta maior rigor científico.

Dito de modo sucinto, a psicologia positiva examina uma pessoa e pergunta: "O que seria possível?" Como campo, a psicologia positiva tanto percebe o fato de que as pessoas habitualmente não atingem "o que seria possível" como também a prevalência, como uma epidemia, de patologias como depressão, abuso de substâncias, apatia e violência. Além disso, ela percebe o papel importante desempenhado pelo esforço para curar ou reverter essas patologias humanas. Na maioria das vezes, porém, a psicologia positiva dedica atenção à construção proativa de forças e competências pessoais. Para evitar a doença, as pessoas precisam de forças como esperança, otimismo, habilidades, perseverança, motivação intrínseca e capacidade de desenvolvimento. A pergunta não é tanto "como podemos corrigir os pontos fracos das pessoas?", mas "como podemos desenvolver e ampliar os pontos fortes das pessoas?". Como é que a família, a escola e as corporações podem desenvolver os pontos fortes humanos? Como podem essas comunidades incentivar a excelência? A psicologia positiva procura tornar as pessoas mais fortes e mais produtivas e também realizar o potencial humano em todos nós.

AUTO-ATUALIZAÇÃO

A auto-atualização é um empenho desenvolvimental inerente. É um processo que deixa para trás a timidez, as avaliações defensivas e uma dependência dos outros que anda de mãos dadas com o processo paralelo: partir na direção da coragem de criar, das avaliações realistas e da autonomia da auto-regulação. É "um fluxo de movimento subjacente em direção à realização construtiva de suas possibilidades inerentes" (Rogers, 1980). Refere-se a uma realização sempre mais plena dos próprios talentos da pessoa, de suas capacidades e suas potencialidades (Maslow, 1987).

As duas direções fundamentais que caracterizam a auto-atualização como processo são a autonomia e a abertura à experiência. *Autonomia* significa afastar-se da heteronomia e seguir em direção a uma capacidade cada vez maior de depender de si mesmo e de regular seu próprio comportamento (Deci & Ryan, 1991). *Abertura* significa um modo de receber informações e sentimentos de tal maneira que nenhum deles seja reprimido, ignorado ou filtrado, nem distorcido por desejos, medo ou experiências anteriores (Mittelman, 1991). Assim, a abertura indica quanto deixamos para trás a timidez e as avaliações defensivas, aproximando-nos da coragem de criar e das avaliações realistas, enquanto a autonomia indica quanto deixamos para trás a dependência dos outros, passando para a auto-regulação autônoma.

Hierarquia de Necessidades Humanas

A pedra angular da compreensão maslowiana da motivação é a proposição de que as necessidades humanas podem constituir-se em cinco grupos. Os arranjos desses grupos de necessidades, sentiu Maslow, eram transmitidos melhor de maneira visual por uma hierarquia, tal como ilustra a Figura 15.1. O primeiro conjunto de necessidades contém as necessidades fisiológicas, como foi discutido no Capítulo 4. Todas as outras necessidades que compõem a hierarquia são necessidades psicológicas (segurança física e emocional, amor e pertencimento, estima e auto-atualização).

A apresentação hierárquica transmite três temas sobre a natureza das necessidades humanas (Maslow, 1943, 1987).

1. As necessidades se dispõem na hierarquia de acordo com a potência ou a força. Quanto mais baixo o nível de uma necessidade na hierarquia, mais forte e com mais urgência ela é sentida.
2. Quanto mais baixo o nível de uma necessidade na hierarquia, mais depressa ela surge no desenvolvimento. Os jovens experimentam apenas as necessidades inferiores da hierarquia, ao passo que os mais velhos tendem mais a experimentar a gama total da hierarquia.
3. As necessidades que compõem a hierarquia são satisfeitas em seqüência, da inferior para a superior, da base da pirâmide para o ápice.

O tema 1 propõe que as necessidades básicas de sobrevivência (na parte inferior da hierarquia) têm predominância como motivos mais fortes, enquanto as necessidades de auto-atualização (no alto) são as mais fracas. No tema 1, Maslow queria ressaltar que as necessidades de auto-atualização são urgências relativamente tranqüilas, que facilmente passam na pressa das ocupações do dia-a-dia. O tema 2 mostra que as necessidades inferiores (p. ex., segurança e proteção) caracterizam as necessidades típicas de animais não-humanos e das crianças, enquanto as necessidades mais elevadas (p. ex., estima) são exclusivamente humanas e têm a ver com os adultos. O tema 3 estipula que a satisfação das necessidades mais baixas é um pré-requisito para satisfazer às necessidades mais elevadas. Logo, antes de

Figura 15.1 Hierarquia das Necessidades, de Maslow

buscarem a estima e o respeito dos colegas, as pessoas precisam primeiro gratificar o suficiente suas necessidades fisiológicas, de segurança e de pertencimento.

Necessidades por Deficiências

As perturbações e as necessidades fisiológicas de segurança, pertencimento e estima são mencionadas em conjunto como necessidades por deficiência. As necessidades por deficiência são como as vitaminas: as pessoas precisam delas porque sua ausência inibe o crescimento e o desenvolvimento. A presença de qualquer necessidade por deficiência indicaria que o indivíduo estava em estado de privação, se esse estado de privação estava ligado à alimentação, à segurança no trabalho, à filiação a um grupo ou à condição social. Maslow (1971) caracterizou essa privação como uma doença humana, termo que ele usava para conotar um fracasso na busca do crescimento e da auto-atualização.

Necessidades de Crescimento

Com a satisfação de todas as necessidades por deficiência, as necessidades de crescimento vêm à tona e tornam a pessoa inquieta e descontente. A pessoa não mais sente fome, insegurança, isolamento nem inferioridade, mas sente uma necessidade de cumprir um potencial pessoal. As necessidades de crescimento — ou necessidades de auto-atualização — fornecem energia e direção para que a pessoa se torne o que ela é capaz de ser: "O músico deve fazer música, o pintor deve pintar, o poeta deve escrever, se, em última instância, quiser ser feliz. O que um homem pode ser, ele precisa ser. A essa necessidade podemos chamar auto-atualização" (Maslow, 1943). Deixando de lado a linguagem sexista, pode ser difícil assinalar exatamente o que as necessidades de auto-atualização são e o que elas não são. Pode-se entender as necessidades fisiológicas pensando-se em fome e sede, mas a auto-atualização é um termo mais complicado. Na verdade, é um motivo muito importante que agrupa 17 "metanecessidades", tais como o anseio por um senso de inteireza, de estar vivo, de ser único, e de significado.

Uma maneira de descobrir o que são as necessidades de auto-atualização é prestar atenção ao estado patológico que surge quando a pessoa se vê privada de cada metanecessidade (Maslow, 1971). Por exemplo, quando privada da necessidade de inteireza, a pessoa sente que seu mundo está se desintegrando em um caos. Quando privada do senso de estar vivo, a pessoa sente, dia após dia, que faz as coisas por ter que fazê-las, mas não por desejo. Um homem privado da necessidade de ser único poderia ficar imaginando que sua mulher tem facilidade de achar outro homem tão bom quanto ele. Em outras palavras: às vezes é mais fácil ver as pessoas em estados patológicos de desintegração, apatia, monotonia, desonestidade, falta de senso de humor e desespero do que em estados atualizados de inteireza, de estar vivo, de ser único, de verdade, de alegria e de significado.

Pesquisas sobre a Hierarquia de Necessidades

A hierarquia de necessidades de Maslow era, e ainda é, tremendamente popular. Tem sido adotada como *modus operandi* em educação, negócios, gerenciamento, local de trabalho, psicoterapia e nas profissões da área de saúde: medicina, enfermagem e geriatria (Cox, 1987). A hierarquia de necessidades ainda pode ser encontrada em praticamente todos os livros didáticos de introdução à psicologia. Também se enquadra perfeitamente tanto na experiência pessoal como no senso comum. Apesar de sua tremenda popularidade, na verdade as pesquisas têm encontrado pouco apoio empírico para a hierarquia de necessidades (Wahba & Bridwell, 1976).

Uma estratégia de pesquisa investiga as mudanças na motivação com relação à idade (Goebel & Brown, 1981). De acordo com o segundo tema de Maslow, os jovens tendem a se ocupar das necessidades fisiológicas e de segurança, enquanto os adultos tendem a se ocupar das necessidades de estima e atualização, de modo geral. Goebel & Brown (1981) solicitaram que crianças, adolescentes, adultos jovens, adultos de meia-idade e adultos mais velhos relatassem quais eram as necessidades mais importantes para eles. A idade não previu a importância da necessidade. Por exemplo, a auto-atualização obteve o grau mais baixo (e não o mais alto) entre os adultos mais velhos. Uma segunda estratégia de pesquisa testa a validade da hierarquia usando o método de ordem de classificação (Blai, 1964; Goodman, 1968; Mathes, 1981). Nessa metodologia, os participantes classificam as necessidades em ordem de desejabilidade ou importância. De modo geral, a maneira como as pessoas ordenam as necessidades não se conforma à ordem prevista por Maslow. As prioridades dos universitários, por exemplo, foram (em ordem do menos importante para o mais importante): necessidades de estima, de segurança, de auto-atualização, de pertencimento, e necessidades físicas/fisiológicas (Mathes, 1981).

Esses dados envolvem somente auto-relatos de necessidades (e não realmente experiências diretas de privação), mas, acima de tudo, o padrão dos resultados lança uma dúvida considerável sobre a validade da hierarquia. O único achado que tem algum apoio empírico é a conceituação de uma hierarquia em dois (e não em cinco) níveis. Na hierarquia em dois níveis, a única distinção está entre as necessidades por deficiência e as de crescimento (Wahba & Bridwell, 1976). Quando os pesquisadores fazem essa distinção, encontram realmente apoio empírico para a hierarquia em dois níveis (Sheldon, Elliot, Kim & Kasser, 2001). Assim, três conclusões das pesquisas sobre a hierarquia de necessidades são que devemos:

1. Rejeitar a hierarquia de cinco níveis.
2. Reunir as necessidades fisiológicas, de segurança, pertencimento e estima como uma só na categoria de necessidades por deficiência.
3. Formular a hipótese de uma hierarquia simplificada em dois níveis, fazendo distinção apenas entre necessidades por deficiência e necessidades de crescimento.

Em vista dessas conclusões, veja novamente a Figura 15.1. Apague mentalmente as três linhas horizontais que separam as necessidades fisiológicas, de segurança, pertencimento e estima. Com essas linhas atenuadas, você verá um triângulo grande incluindo o âmbito total das necessidades por deficiência e um triângulo pequeno no alto para as necessidades de auto-atualização.

Encorajando o Crescimento

Apesar de gozarem de tremenda popularidade, as pesquisas sobre a hierarquia demonstraram suas deficiências. Ao falar e teorizar sobre as necessidades por deficiência, Maslow cometeu alguns erros. Mas, ao falar sobre as necessidades de crescimento, ele estava muito mais no seu elemento e algumas de suas idéias sobre as necessidades de crescimento passaram realmente pelo teste do tempo.

Pelas estimativas de Maslow, menos de 1% da população conseguia alcançar a auto-atualização. Como se supunha que as necessidades de auto-atualização fossem inatas, somos deixados a imaginar por que nem todas as pessoas acabam por se auto-atualizar. Em alguns casos, raciocinava Maslow, as pessoas deixavam de alcançar seu potencial por causa do ambiente interno (p. ex., dor crônica nas costas) ou do ambiente externo (p. ex., privação crônica de alimentos e de abrigo) que não lhes davam apoio. Em outros casos, a pessoa era responsável pela sua própria falta de crescimento (ou seja, cada um de nós teme seu próprio potencial,

chamado por Maslow de "complexo de Jonas", nome do personagem bíblico que tentou fugir ao seu destino).[1] Assim como Maslow, todos os pensadores humanistas continuam a destacar que o processo de auto-emergência é um processo inerentemente estressante e que provoca ansiedade, porque sempre faz com que a pessoa enfrente as inseguranças da responsabilidade pessoal. Quando a pessoa trabalha para a auto-emergência, geralmente se sente isolada e, até certo ponto, sozinha, o que Erich Fromm chamou de "estado intolerável de impotência e solidão". Ao enfrentarem essa insegurança e o ônus da responsabilidade pela sua própria liberdade e seu próprio crescimento pessoal, muitas pessoas — como Jonas — buscam a fuga (Fromm, 1941). O popular musical *A Noviça Rebelde* ilustra esse processo em dois jovens que estão buscando a identidade: Marie canta "I'll need someone older and wiser showing me what do do" (vou precisar de alguém mais velho e mais sábio que me mostre o que fazer), enquanto Peter se torna um autômato dentro da poderosa e autoritária força militar da época.

Maslow reconhecia a contradição entre a proposição de que a auto-atualização era inata (e, portanto, operativa em todos os seres humanos) e a observação de que poucos de nós na verdade gratificam as necessidades de auto-atualização. Sempre conselheiro e clínico, Maslow (1971) oferecia, portanto, diversos comportamentos diários para encorajar o crescimento, como se vê na Tabela 15.1.

Além disso, Maslow enfatizava o papel importante dos relacionamentos — relacionamentos íntimos e satisfatórios, em vez dos relacionamentos por demais comuns e superficiais — como o solo para o cultivo de experiências de pico (Hardeman, 1979). Estabelecer condições para fomentar o crescimento em nossas vidas envolvia não apenas a atuação dos tipos de comportamentos citados na Tabela 15.1, mas envolvia também o nosso comprometimento em relacionamentos que apóiam tanto a autonomia como a receptividade.

TENDÊNCIA ATUALIZANTE

A ênfase dada pela psicologia humanista ao holismo e à auto-atualização pode ser representada por esta afirmação freqüentemente citada de Carl Rogers: "O organismo tem uma tendência e um empenho básicos: atualizar, manter e melhorar o self que experimenta" (1951). A satisfação das necessidades fisiológicas mantém e melhora o organismo, assim como a satisfação das necessidades de pertencimento e *status* social. Além disso, um motivo como a curiosidade melhora e atualiza a pessoa por meio de uma aprendizagem maior e o desenvolvimento de novos interesses. Acima de tudo, Rogers (1959, 1963) reconhecia a existência de motivos humanos específicos e até a existência de agrupamentos de necessidades como as propostas pela hierarquia de Maslow, mas enfatizava muito a proposição holística de que todas as necessidades humanas servem ao propósito coletivo de manter, melhorar e atualizar a pessoa.

Assim como Maslow, Rogers acreditava que a tendência atualizante era inata, uma presença contínua que guia tranqüilamente

---

[1]Jonas: profeta que recebeu ordem de pregar em Nínive, mas, fugindo à missão, tomou um navio para Tarsis.

266 Capítulo Quinze

Tabela 15.1 Seis Comportamentos que Encorajam a Auto-Atualização

1. Faça Escolhas para o Crescimento
Veja a vida como uma série de escolhas, uma escolha perene em direção ao progresso e ao crescimento *versus* regressão e medo. A escolha de progresso e crescimento é um movimento que se aproxima da auto-atualização, enquanto a escolha de regressão e medo é um movimento que se afasta da auto-atualização. Por exemplo, matricule-se em um curso universitário difícil, mas para adquirir habilidades, em vez de matricular-se em um curso que não oferece riscos e em que se conseguem notas altas fáceis.

2. Seja Honesto
Ouse ser diferente, impopular, não-conformista. Prefira ser honesto, especialmente quando estiver em dúvida. Assuma a responsabilidade das suas escolhas e as conseqüências delas. Por exemplo, em uma livraria, pegue um livro que reflita seu interesse pessoal (mas não necessariamente popular) em vez de um livro que figure na lista dos *best-sellers*.

3. Coloque-se em Posição para Experiências de Pico
Estabeleça condições para facilitar as experiências de pico. Livre-se de noções falsas e de ilusões. Descubra aquilo em que você não é bom, e aprenda o que é e o que não é o seu potencial. Use a inteligência. Se você tem talento e se interessa por tocar piano, gaste cada vez mais tempo nesse área e cada vez menos tempo em áreas de recompensa social nas quais lhe falta talento e interesse.

4. Desista das Defensivas
Identifique as defesas e tome coragem para desistir delas. Por exemplo, em vez de usar fantasias para escorar o self e manter a ansiedade a distância, abandone a fantasia indulgente e ponha mãos à obra desenvolvendo as habilidades necessárias para você se tornar realmente esse tipo de pessoa.

5. Deixe o Self Emergir
Olhe para dentro de si mesmo, e veja e ouça as vozes inatas dos impulsos. Deixe de fora os ruídos do mundo. Em vez de somente escutar os outros para saber o que você deve tornar-se, ouça também seus interesses e as aspirações da pessoa que você deseja tornar-se.

6. Esteja Aberto a Experiências
Experimente de maneira completa, vívida e sem egoísmo, com concentração plena e total absorção. Experimente sem constrangimento, sem defesas ou timidez. Seja espontâneo, original e esteja aberto a experiências. Em outras palavras: pare e sinta o perfume das rosas.

---

o indivíduo em direção a seus potenciais determinados pela genética. Esse padrão de desenvolvimento progressivo caracterizava-se por "luta e dor" e Rogers ofereceu o seguinte exemplo para ilustrar o caminho da tendência à auto-atualização em direção ao desenvolvimento e ao crescimento. Um bebê de 9 meses tem potencial genético para caminhar, mas precisa fazer esforços para progredir do engatinhar para o caminhar. O esforço para dar os primeiros passos inclui, inevitavelmente, episódios de queda e sentimentos de frustração, feridas e decepção. Apesar do esforço e da dor, mesmo assim a criança persiste em direção ao caminhar, deixando de engatinhar. A dor e a decepção solapam e desencorajam sua motivação para caminhar, mas a tendência atualizante, "impulsão vital para adiante", sempre apóia a criança para que prossiga. A tendência atualizante é a fonte dessa energia que motiva o desenvolvimento "em direção à autonomia e afastando-se da heteronomia" (Rogers, 1959).

Todas as experiências compreendidas na luta e na dor da atualização do próprio potencial são avaliadas segundo um "processo organísmico de avaliação", uma capacidade inata de julgar se determinada experiência promove ou reverte o crescimento. As experiências percebidas como mantenedoras ou intensificadoras da pessoa recebem valoração positiva. Essas experiências de promoção do crescimento recebem o sinal metafórico verde do processo organísmico de avaliação, sendo posteriormente empreendidas. As experiências percebidas como regressivas têm valoração negativa. Essas experiências que bloqueiam o crescimento recebem o sinal metafórico amarelo ou vermelho, sendo posteriormente evitadas. Com efeito, o processo de avaliação do organismo fornece um sistema experiencial de alimentação proativa (*experiential feedforward system*) que possibilita ao indivíduo coordenar as experiências de vida de acordo com a tendência atualizante.

A tendência atualizante motiva o indivíduo que quer empreender experiências novas e desafiadoras e o processo de avaliação do organismo fornece as informações interpretativas necessárias para se decidir se o novo empreendimento promove ou não o crescimento. O sistema de alimentação proativa do processo de avaliação do organismo é um acréscimo interessante a uma análise motivacional do comportamento, uma vez que complementa os muitos sistemas de feedback já discutidos (ou seja, sistema de brecagem fisiológica, no Capítulo 4; sistema de feedback das metas, no Capítulo 9). Com um sistema de feedback, a informação segue o comportamento afetando a motivação contínua e a persistência subseqüente; com um sistema de alimentação (*feedforward*), a informação antecede o comportamento dando um sinal metafórico verde, amarelo ou vermelho quanto à *intenção* da pessoa para agir e, portanto, quanto à iniciação (e não persistência) comportamental.

Emergência do Self

A tendência atualizante caracteriza o indivíduo como um todo. Com a emergência do self, a pessoa cresce em complexidade e o processo de avaliação do organismo começa a aplicar-se não apenas ao organismo como um todo, mas também ao self em particular. A implicação motivacional mais importante da emergência do self é que a tendência atualizante começa a exprimir-se, em parte, em direção à porção do organismo conceituada como self. Isso significa que o indivíduo ganha uma segunda força motivacional importante além da tendência atualizante, ou seja: a tendência à atualização do self. Repare que atualização e atualização do self não são a mesma coisa (Ford, 1991b), já que a tendência atualizante e a tendência à atualização do self podem trabalhar em sentido contrário uma à outra, como discutiremos na próxima seção.

A emergência do self estimula a emergência da necessidade de consideração positiva — aprovação, aceitação e amor pelos outros. A necessidade de consideração positiva é de especial significância porque torna o indivíduo sensível ao feedback que ele recebe dos outros (críticas e elogios). A avaliação e as prioridades expressas por outros assumem uma importância maior na vida da pessoa. Com o tempo, a avaliação do self, a partir do ponto de vista alheio, passa a ser um processo bastante automatizado e internalizado.

Condições de Valor

Logo depois do nascimento, as crianças começam a aprender as "condições de valor" pelas quais seu comportamento e suas características pessoais (o self) são julgados como positivos e dignos de aceitação ou negativos e merecedores de rejeição. Por fim, já que a necessidade de consideração positiva sensibiliza o indivíduo a dar atenção à aceitação e à rejeição alheias, a criança internaliza as condições parentais de valor na estrutura do self. Através do desenvolvimento, a estrutura do self expande-se para além das condições parentais de valor, passando a incluir também as condições sociais de valor. Ao chegar à idade adulta, o indivíduo já aprendeu dos pais, dos amigos, dos professores, clérigos, cônjuges, treinadores, empregadores, e de outros, quais comportamentos e quais características são bons e maus, certos e errados, belos e feios, desejáveis e indesejáveis.

Segundo Rogers (1959), todos nós vivemos em dois mundos: o mundo interior de valorização organísmica e o mundo exterior de condições de valor. Conforme o grau de internalização das condições de valor, essas condições adquiridas de valor ganham capacidade de assumir o lugar do processo organísmico de avaliação inato e de substituí-lo em grande parte. Quando governados por condições de valor, os indivíduos necessariamente abandonam seus meios inerentes de coordenar a experiência com a tendência atualizante. A experiência não mais é julgada segundo o processo organísmico inato de avaliação. Pelo contrário, a experiência é julgada segundo as condições de valor.

Rogers via na criança os movimentos de aproximação das condições de valor e de afastamento da avaliação organísmica como antitéticas ao desenvolvimento da tendência atualizante. Quando o indivíduo em desenvolvimento adere às condições de valor, distancia-se bem mais da capacidade inerente de fazer as escolhas comportamentais necessárias à atualização do self. O processo geral e as consequências da adesão ao processo de avaliação organísmica ou às condições socializadas de valor estão resumidos na Figura 15.2.

O modo de não interferir na avaliação organísmica é fornecer a "consideração positiva incondicional", e não a "consideração positiva condicional" proveniente de condições de valor. Se receber consideração positiva incondicional, a criança não tem necessidade de internalizar as condições sociais de valor. As experiências são julgadas como sendo de valor segundo o grau em que melhoram a pessoa (veja a parte superior da Figura 15.2). Se os pais aprovam o filho, se o amam e o aceitam pelo que ele naturalmente é (ou seja, consideração positiva incondicional) e não pelo que eles querem que ele seja (ou seja, consideração positiva condicional), a criança e sua estrutura de self serão uma representação relativamente transparente das suas preferências, dos seus talentos, de suas capacidades e potencialidades inerentes. Uma condição de valor surge, porém, quando a consideração positiva de outra pessoa é condicional — dependendo de certo modo de ser ou de certo modo de comportamento (veja a

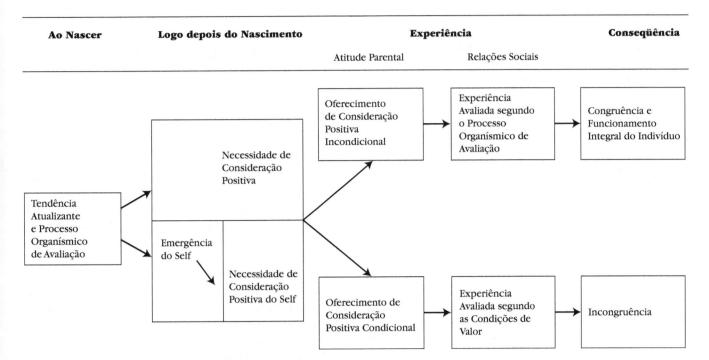

Figura 15.2 Modelo Rogeriano do Processo de Auto-Atualização

268 Capítulo Quinze

metade inferior da Figura 15.2). Aí as experiências são julgadas como sendo de valor na medida em que recebem a aprovação alheia.

Na ausência de condições importantes de valor, não há conflito entre a tendência atualizante e a tendência à atualização do self, permanecendo unificadas as duas tendências motivacionais (Rogers, 1959). Todavia, as condições internalizadas de valor do self criam o potencial para o conflito emocional. Com a consideração condicional do self, os conflitos entre a tendência atualizante e a tendência à atualização do self criam tensão e confusão internas, já que alguns aspectos do comportamento são regulados pela tendência atualizante, ao passo que outros aspectos do comportamento são regulados pela tendência à atualização do self (Ford, 1991b; Rogers, 1959). Paradoxalmente, a atualização do self, quando avaliada e direcionada através de condições de valor e não por avaliação organísmica, pode levar uma pessoa a desenvolver-se de maneira incongruente, conflitante e inadaptativa (Ford, 1991b). Assim, a atualização do self não resulta, necessariamente, em saúde e crescimento. Às vezes a busca da atualização do self tem como resultado o desajuste, tal como acontece quando as condições de valor definem e direcionam os processos de atualização do self. A saúde e o crescimento somente ocorrem quando a tendência atualizante e a tendência à atualização do self se acham sincronizadas e quando todas as experiências são avaliadas internamente, dentro do esquema organísmico de avaliação.

Os pais, por exemplo, se vêem em posições difíceis quando o filho expressa uma característica um tanto indesejável do ponto de vista social, tal como timidez, alterações de humor, irritabilidade ou temperamento explosivo (lembre-se, por exemplo, do exemplo que abre este capítulo). A consideração positiva condicional implica rejeição e retreinamento do temperamento da criança em nome da promoção da inclusão social e da popularidade. Mas a consideração positiva incondicional implica aceitação e apoio ao temperamento natural do filho. A posição difícil enfrentada pelos pais manifesta-se no dilema entre evitar os custos psicológicos (p. ex., depressão) *versus* evitar os custos sociais (p. ex., rejeição pelos companheiros) para a criança em desenvolvimento (Dykman, 1998).

Congruência

Congruência e incongruência descrevem o ponto até o qual o indivíduo nega e rejeita (incongruência) ou aceita (congruência) toda a gama de suas características, suas capacidades, seus desejos e suas crenças pessoais. A incongruência psicológica é essencialmente o grau de discrepância ou a diferença entre "o self como percebido e a experiência em si do organismo" (Rogers, 1959). O indivíduo pode perceber-se como possuidor de um conjunto de características e um conjunto de sentimentos, mas expressar publicamente um conjunto diferente de características e um conjunto diferente de sentimentos. A independência entre experiência e expressão revela incongruência; a coordenação entre experiência e expressão revela congruência.

Quando as pessoas buscam identificar-se com as condições externas de valor, adotam uma fachada. A fachada é, basicamente, uma máscara social usada pela pessoa, relativa a modos de

Emergência	Aceitação	Expressão
Início do desejo, do impulso ou do motivo inatos	Desejo, impulso ou motivo é aceito "como é" na consciência	Comunicação não-alterada de desejo, impulso ou motivo

Figura 15.3 Funcionamento Integral como Emergência, Aceitação e Expressão de um Motivo

comportamento que pouco têm a ver com as orientações internas e muito a ver com uma falsa aparência social atrás da qual a pessoa se esconde (Rogers, 1961). Veja, por exemplo, o sorriso forçado (o sorriso-fachada de quem age de maneira contente e amigável). Muitas vezes os introvertidos se vêm usando regularmente a fachada do sorriso forçado, tal como quando sorriem forçosamente durante horas em uma reunião social. O agir assim regularmente — agir de um modo e sentir de outro — prevê propensão ao desajuste, inclusive ansiedade, depressão, insegurança e baixo nível de assertividade (Ford, 1995). A adoção de fachadas sociais desejáveis tem seus custos psicológicos.

O Indivíduo de Funcionamento Integral

Segundo Rogers, o indivíduo de funcionamento integral vive em relação estreita e segura com o processo organísmico de avaliação, confiando nessa direção interna. A congruência é uma companheira constante. Além disso, o indivíduo de funcionamento integral espontaneamente demonstra seus impulsos internos tanto de maneira verbal como não-verbal. Está aberto a experiências, aceita as experiências tal como são e as exprime de maneira não-alterada e autêntica. Como caracterização da experiência de cada momento do indivíduo de funcionamento integral, a Figura 15.3 ilustra o processo seqüencial da emergência, aceitação e expressão não-alterada de um motivo.

ORIENTAÇÕES DE CAUSALIDADE

As pessoas variam segundo o modo pessoal de compreender as forças causadoras de seu comportamento. Algumas adotam uma orientação geral de que seu comportamento é causado principalmente por orientações internas e forças autodeterminadas; outras adotam uma orientação geral de que seu comportamento é causado principalmente por orientações sociais e incentivos ambientais. Até onde os indivíduos habitualmente dependem de orientações internas (p. ex., necessidades, interesses), eles têm uma "orientação de causalidade de autonomia". Até onde os indivíduos habitualmente dependem de orientações externas (p. ex., indicações sociais), eles têm um "orientação de causalidade de controle".

A orientação pela autonomia envolve um alto grau de escolha baseada na experiência com relação à iniciação e à regulação do comportamento (Deci & Ryan, 1985b). Quando orientado pela autonomia, o comportamento da pessoa se desenvolve com um senso total de volição e um lócus interno de causalidade. O comportamento da pessoa é iniciado por necessidades, interesses e metas pessoalmente valorizados e sua decisão de persistir

BOXE 15 — *Perfeccionismo como Condições de Valor*

Pergunta: Por que esta informação é importante?

Resposta: Porque convida você a examinar as origens e as implicações do seu próprio senso de perfeccionismo.

Em nenhum lugar do mundo industrializado a taxa de suicídio de rapazes é mais elevada do que na Nova Zelândia. As expectativas culturais cotidianas desses homens diante do estresse inflaram os padrões de masculinidade, autoconfiança, controle emocional total e excelência irrestrita na escola e nos esportes. Vistos de uma perspectiva humanista, esses homens são solicitados a internalizar condições sociais de valor caracterizadas pelo perfeccionismo.

Os padrões pessoais elevados não são maus. Os padrões elevados geralmente cultivam esforços de realização e bons hábitos de trabalho (Frost et al., 1990). Os custos psicológicos do perfeccionismo tornam-se evidentes quando o indivíduo passa por eventos de vida estressantes e negativos (Blatt, 1995).

No "perfeccionismo normal" as pessoas permanecem capazes de sentir prazer e satisfação no trabalho (Hamachek, 1978; Timpe, 1989). Mas o perfeccionismo, assim como o sorvete, é apresentado em sabores, que incluem o "perfeccionismo orientado para a própria pessoa", o "perfeccionismo socialmente prescrito" e o "perfeccionismo neurótico" (Hewitt & Flett, 1991a, 1991b).

O perfeccionismo orientado para a própria pessoa apresenta padrões extremamente altos, auto-impostos e pouco realistas, combinados com autocrítica extrema e indisposição para aceitar o fracasso e falhas pessoais. Quando o perfeccionista orientado para si mesmo sofre um fracasso, as prováveis conseqüências são autocrítica e depressão.

O perfeccionismo socialmente prescrito tem raízes na crença do próprio indivíduo de que os outros têm para ele expectativas exageradas e pouco realistas, difíceis, quando não impossíveis, de cumprir — e ainda assim devem ser cumpridas se ele quiser ganhar aceitação e aprovação (Hewitt & Flett, 1991a, 1991b). Esses padrões impostos não são apenas externos à pessoa, mas também são padrões incontroláveis. Portanto, quando não se corresponde a esses padrões externos e incontroláveis, produz-se uma grande dose de ansiedade, desamparo e pensamentos suicidas (Blatt, 1995).

Quando as relações (como com os pais e com os professores) dão apoio e acalento, tanto a dimensão orientada para a própria pessoa como a dimensão socialmente prescrita de perfeccionismo podem facilitar os esforços construtivos (Nystul, 1984). Porém, quando as relações não são apoiadoras, esses dois tipos de perfeccionismo costumam soçobrar no "perfeccionismo neurótico" (Hamachek, 1978), que é essencialmente a necessidade *intensa* de evitar o fracasso. Com o perfeccionismo neurótico, nenhum desempenho é bom o suficiente e até os trabalhos bem executados causam pouca satisfação, quando causam. Sentimentos profundos de inferioridade atiram o indivíduo em um ciclo infindável de derrota pessoal, esforço excessivo acompanhado de autocrítica, ataques a si mesmo e sentimentos negativos intensos. De modo geral, o perfeccionismo neurótico está associado a um vasto leque de psicopatologias: depressão (Hewitt & Dyck, 1986; LaPointe & Crandell, 1980), suicídio (Adkins & Parker, 1996; Delisle, 1986; Shaffer, 1977) e transtornos alimentares (Brouwers & Wiggum, 1993; Druss & Silverman, 1979; Katzman & Wolchik, 1984).

O perfeccionismo neurótico surge a partir de experiências na infância com pais desaprovadores, cujo amor se condiciona ao grau de desempenho e bom comportamento do filho (Hamachek, 1978). Esses pais instam incessantemente o filho para que ele aja melhor. O filho nunca se sente satisfeito porque seu comportamento e seus desempenhos nunca acertam no alvo movediço dos pais — ou seja, que ele seja bom o suficiente para merecer aprovação e amor. O resultado é que ele vive procurando evitar erros. E, geralmente, os padrões rigorosos dos pais se internalizam como uma voz de autocrítica que usa a retirada do amor-próprio como meio de punição pessoal. Essa voz do perfeccionismo neurótico é a antítese da valorização organísmica.

---

ou desistir é regulada por necessidades, interesses e metas. Ao escolher um curso universitário ou uma carreira a seguir, fatores externos como remuneração e *status* não são influências irrelevantes, mas os indivíduos orientados pela autonomia prestam mais atenção às suas necessidades e seus sentimentos do que às contingências e às pressões ambientais.

A orientação pelo controle envolve uma relativa insensibilidade às orientações internas, já que os indivíduos orientados pelo controle preferem prestar uma atenção maior aos incentivos e indicações comportamentais existentes, seja no ambiente ou dentro deles mesmos (Deci & Ryan, 1985b). Quando orientadas pelo controle, as pessoas tomam decisões em resposta à presença e à qualidade dos incentivos, tais como recompensas extrínsecas ou preocupações quanto ao alcance de algum resultado, tal como agradar aos outros. Um ingrediente indispensável na determinação do modo de pensar, de sentir e de agir das pessoas orientadas pelo controle é um senso de pressão para se comportar de acordo com o que é exigido ou com o que deve ser feito. Fatores ambientais como remuneração e *status* são muito importantes. Quando os pesquisadores perguntam a indivíduos orientados pelo controle a que eles aspiram, suas metas giram em torno de êxito financeiro e material (Kasser & Ryan, 1993).

A Escala Geral de Orientação de Causalidade[2] (Deci & Ryan, 1985b) mensura as orientações de causalidade apresentando uma série de 12 exemplos (histórias curtas). Cada exemplo apresenta uma situação e uma lista de respostas a essa situação, das quais uma é orientada pela autonomia e a outra é orientada pelo controle. (Há uma terceira escala, não discutida aqui, para se avaliar a orientação impessoal.) Um dos exemplos apresenta a seguinte situação:

Você recebeu oferta de um novo cargo na empresa em que já trabalha há algum tempo. A primeira pergunta que provavelmente lhe virá à mente é:

Será que o novo trabalho vai ser interessante? (Autonomia)

Vou ganhar mais dinheiro nesse cargo? (Controle)

As orientações de causalidade refletem a autodeterminação da personalidade. Assim, a teoria da autodeterminação (veja o Capítulo 6) explica as origens e a dinâmica das orientações de causalidade (Capítulo 6; Deci & Ryan, 1985a). A personalidade

---

[2]General Causality Orientations Scale. (N.T.)

orientada pela autonomia caracteriza-se por motivação intrínseca e regulação identificada, já que as forças causadoras do comportamento são necessidades e interesses pessoais (motivação intrínseca), bem como crenças e valores que foram integrados ao self (regulação identificada). A personalidade orientada pelo controle caracteriza-se por motivação extrínseca e regulação introjetada, pois as forças causadoras do comportamento são recompensas e restrições ambientais (regulação extrínseca), bem como crenças e valores que foram forçados ao self (regulação introjetada). Por causa de sua relação bem próxima com a autodeterminação na personalidade, a orientação pela autonomia, assim como a autodeterminação em geral, tem correlação positiva com medidas de funcionamento positivo, tais como auto-atualização, desenvolvimento do ego, auto-estima, abertura a experiências, consistência entre atitude e comportamento e aceitação dos próprios sentimentos verdadeiros (Deci & Ryan, 1985b; Koestner, Bernieri & Zuckerman, 1992; Scherhorn & Grunert, 1988). Isso é verdadeiro em domínios tão diversos como religião, educação, comportamento pró-social e tentativas de habilitar o self a realizar mudanças importantes na vida, como perder muito peso (Ryan & Connell, 1989; Ryan, Rigby & King, 1993; Williams et al., 1996).

Quando as pessoas procuram uma mudança de comportamento, geralmente confiam nas orientações internas (metas pessoais) ou nas orientações externas (pressões de relacionamento) para isso. Enquanto participam em um programa de perda de peso, por exemplo, as pessoas geralmente confiam tanto no apoio interno como no externo para assistência e motivação para modificarem seu comportamento (Williams et al., 1996). Todavia, depois de terminado o programa as pessoas perdem muito do apoio externo (a equipe, a estrutura do programa) para modificarem seu comportamento. Por isso os pesquisadores raciocinaram que, quanto mais os participantes eram orientados pela autonomia, maior probabilidade havia de que permanecessem no programa de uma semana para outra, perdessem peso durante o programa e, o que é mais importante, mantivessem a perda de peso depois que o programa acabasse (ou seja, mantivessem a modificação de comportamento). O modo como os indivíduos orientados pela autonomia conseguiram manter a modificação de comportamento aparece na Figura 15.4. Quanto mais os participantes eram orientados pela autonomia (e quanto mais apoiadoras de autonomia eram as relações entre equipe e paciente), mais esses participantes confiavam em razões relativamente autônomas para perderem peso, tais como a regulação identificada ("É importante para minha saúde que eu perca mais peso") de preferência à regulação externa ("Minha mulher/Meu marido vai querer o divórcio se eu não perder mais peso"). Basear a motivação de perda de peso em razões autônomas incentivava as pessoas a comparecerem às reuniões semanais e, quanto mais compareciam, mais êxito tinham em perder peso e manter a perda, conforme indica na figura o declínio no índice final de massa corporal (BMI).[3]

BUSCA DE CRESCIMENTO *VERSUS* BUSCA DE VALIDAÇÃO

Quando se identificam com as condições sociais de valor e as internalizam, as pessoas fazem mais do que adotar fachadas socialmente desejáveis. Surgem quase-necessidades. Uma quase-necessidade (veja o Capítulo 7) surge à medida que o indivíduo *necessita* de aprovação social — direta ou simbólica — durante a interação social. Ou seja, a valorização de si mesmo de acordo com as condições sociais de valor conduz as pessoas a processos de busca de validação. Para a pessoa que *necessita* da aprovação alheia para se sentir bem com respeito a si mesma, o preenchimento de condições alheias de valor tem como resultado a validação, ao passo que deixar de atender às condições alheias de valor tem como resultado a percepção de ausência de valor, competência e atração pessoais.

Durante a interação social, as pessoas que procuram validação externa muitas vezes usam situações interpessoais para testar ou medir seu valor, sua competência e sua atração pessoais. Ou seja: outras pessoas — os colegas, o patrão, os professores e o namorado — são vistas como fontes de validação externa e padrões sociais de comparação pelos quais elas mensuram seu valor pessoal (Dykman, 1998). De modo geral, os resultados positivos deixam o indivíduo que busca validação sentindo-se aceito e validado. Os problemas de ajustamento vêm à tona depois de resultados negativos porque esses problemas implicam falta de valor, de competência e de atração pessoais.

Ao contrário dos indivíduos que buscam validação, os indivíduos que buscam crescimento centralizam seus esforços na aprendizagem, no aprimoramento e no alcance de potencial pessoal. A busca do crescimento leva a pessoa a adotar um padrão de

---

[3]BMI (Body Mass Index). (N.T.)

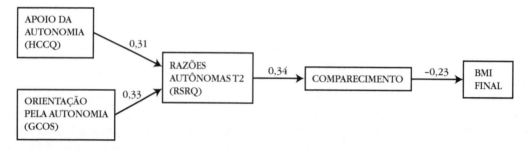

Figura 15.4 Modelo de Perda de Peso Autodeterminada

Fonte: adaptado de "Motivational Predictors of Weight Loss and Weight-Loss Maintenance", de G. C. Williams, V. M. Grow, E. R. Freedman, R. M. Ryan e E. L. Deci, 1996, *Journal of Personality and Social Psychology, 70*, pp. 115-126. Copyright 1996 by American Psychological Association. Adaptado com permissão.

Motivação para o Crescimento e Psicologia Positiva **271**

pensamento em que as situações e os relacionamentos são vistos como oportunidades de crescimento pessoal, aprendizagem ou auto-aprimoramento. Assim como acontece com os indivíduos que buscam validação, os resultados positivos de intercâmbio pessoal (p. ex., inclusão social, aceitação interpessoal, sucesso atlético ou acadêmico) geralmente fazem com que as pessoas que buscam crescimento se sintam validadas também, porque o indivíduo em busca de crescimento experimenta um senso de progresso. Diferentemente dos indivíduos que buscam validação, porém, os resultados interpessoais negativos (p. ex., exclusão, rejeição, fracasso) deixam de provocar problemas de ajustamento porque os resultados negativos simplesmente identificam e transmitem informações sobre áreas da vida que precisam ser aprimoradas.

O Inventário de Orientação de Metas[4] (GOI; Dykman, 1998) mensura esforços de busca de validação e busca de crescimento como características de personalidade relativamente permanentes. A pessoa que se submete ao inventário tem de responder se é verdade ou não que o item descreve seu modo de pensar e de agir, de modo geral:

> Em vez de desfrutar de atividades e intercâmbios sociais, a maioria das situações parece-me um teste importante do meu valor, da minha competência ou da minha capacidade de atração pessoal. (Busca de Validação).

> O crescimento pessoal é mais importante para mim do que a proteção contra meus medos (Busca de Crescimento).

A distinção entre o esforço pela validação *versus* crescimento é importante porque prevê a vulnerabilidade com relação a dificuldades de saúde mental. Por exemplo, quanto mais as pessoas se esforçam em busca de validação, mais propensas se tornam a sofrer ansiedade durante a interação social, medo ou fracasso, baixa auto-estima, pouca persistência nas tarefas e nível alto de depressão (veja, na Tabela 15.2 a primeira coluna de números).

[4]Goal Orientation (N.T.)

Por outro lado, quanto mais as pessoas se esforçam por obter o crescimento, mais propensas se tornam a sofrer um nível baixo de ansiedade na interação social, baixo nível de medo de fracasso, alto nível de auto-estima, alto nível de persistência na tarefa e baixo nível de depressão (veja, na Tabela 15.2, a segunda coluna de números). Em termos de auto-atualização, os indivíduos em busca do crescimento são mais propensos a se verem vivendo no presente (altamente competentes em relação ao tempo) e comportando-se de acordo com seus próprios princípios (dirigidos interiormente; veja a Tabela 15.2).

Essa distinção entre busca de validação e busca de crescimento é um outro modo de expressar a distinção feita por Maslow entre necessidades por deficiências e necessidades de crescimento. Buscar a validação é ir no encalço da restauração das suas próprias necessidades por deficiência, pelo menos em nível interpessoal, ao passo que buscar o crescimento é ir no encalço de oportunidades de realizar seu próprio potencial. A distinção também expressa um clima de consideração positiva condicional *versus* um clima de consideração positiva incondicional. A busca de validação é um esforço que surge a partir de uma interação entre pais e filhos, que se caracteriza por uma educação crítica, condicional e perfeccionista por parte dos pais (metade inferior da Figura 15.2), ao passo que a busca do crescimento é um esforço que surge a partir de uma interação entre pais e filhos que se caracteriza por uma criação apoiadora, nãojulgadora e de aceitação (metade superior da Figura 15.2; Blatt, 1995; Dykman, 1998).

COMO OS RELACIONAMENTOS APÓIAM A TENDÊNCIA ATUALIZANTE

O grau em que os indivíduos se desenvolvem para a congruência e para o ajuste depende grandemente da qualidade de seus relacionamentos interpessoais. Em um extremo, os relacionamentos assumem um tom controlador, já que os outros impõem suas agendas às outras pessoas, impelindo-as à heteronomia e a um

Tabela 15.2 Correlações com Índices de Bem-Estar Psicológico para as Duas Orientações de Meta de Busca de Validação e Busca de Crescimento

Medida Dependente	Escala de Busca de Validação do GOI	Escala de Busca de Crescimento do GOI
Ansiedade de interação	0,46**	−0,48**
Ansiedade social	0,42**	−0,41**
Medo do fracasso	0,50**	−0,48**
Auto-estima	0,59**	−0,56**
Persistência na tarefa	−0,40**	0,55**
Depressão	0,38**	−0,36**
Auto-atualização:		
Escala de competência de tempo	−0,51**	0,20*
Escala de direcionamento interno	−0,56**	0,31**

*p < 0,05; ** p < 0,01. Variação de N de 101 a 251 para cada correlação relatada acima.

Observação: a escala de personalidade para cada medida na lista acima foi a seguinte: ansiedade de interação, Interaction Anxiousness Scale (Leary, 1983); ansiedade social, Social Anxiety Subscale of the Self-Consciuosness Scale (Fenigstein, Scheier & Buss, 1975); medo do fracasso, Fear of Failure Scale (Dykman, 1998); auto-estima (pontuação invertida), Rosenberg's Self-Esteem Scale (Rosenberg, 1965); persistência na tarefa, Hope Scale (Snyder et al., 1991); depressão, Beck Depression Inventory (Beck et al., 1979); e auto-atualização, Personality Orientation Inventory (Shostrom, 1964, 1974).

Fonte: extraído de "Integrating Cognitive and Motivational Factors in Depression: Initial Tests of a Goal-orientation Approach", de B. M. Dykman, 1998, *Journal of Personality and Social Psychology, 74,* pp. 139-158. Copyright 1998 by American Psychological Association. Adaptado com permissão.

compromisso com condições de valor. No outro extremo, os relacionamentos assumem um tom de apoio, já que promovem a autonomia concedendo às pessoas a oportunidade e a flexibilidade necessárias para passarem da heteronomia para a autonomia. Esses relacionamentos alimentam a tendência atualizante.

Na terapia humanista, por exemplo, o cliente passa para a saúde e a congruência psicológica quando o terapeuta traz para o relacionamento as seguintes características: calor humano, genuinidade, empatia, aceitação interpessoal e confirmação da capacidade do outro para a autodeterminação (Kramer, 1995; Rogers, 1973, 1980, 1995). O *calor humano* significa essencialmente dar cuidados a uma pessoa e apreciar o tempo que se passa com ela. A *genuinidade* reconhece que cada pessoa precisa estar completamente presente e aberta ao aqui-e-agora do relacionamento, oferecendo autenticidade pessoal, não uma fachada profissional de terapeuta, ou de "expert". A *empatia* refere-se a ouvir e dar atenção a todas as mensagens enviadas pelo outro e também a compreender verdadeiramente e adotar de bom grado a perspectiva do outro quanto à experiência. A empatia ocorre à medida que uma pessoa ganha capacidade de entrar no mundo perceptivo privado do outro, ficando inteiramente à vontade nesse mundo. A *aceitação interpessoal* significa que cada pessoa que participa no relacionamento experimenta aceitação básica e confiança do outro (consideração positiva incondicional). Por fim, a *confirmação da capacidade do outro para a autodeterminação* reconhece que a outra pessoa é capaz e competente, e tem uma direção desenvolvimental inerentemente positiva. Dentro de uma estrutura humanista, essas cinco características refletem a qualidade do relacionamento interpessoal.

Auxiliando os Outros

Os relacionamentos interpessoais tornam-se construtivos e úteis quando a pessoa se torna, em virtude do contato com outra, mais madura, mais aberta a experiências e mais bem integrada (Rogers, 1995). Na tradição humanista, auxiliar não quer dizer que um expert acorra para resolver um problema, acertar as coisas, dar conselhos ou moldar e manipular as pessoas de algum modo. Em vez disso, auxiliar significa deixar que o outro se descubra e seja ele mesmo. Este último insight transmite a antítese das condições de valor.

Relacionamento com os Outros

Um índice do desenvolvimento psicossocial saudável é o grau em que o indivíduo aceita as convenções sociais, acomoda o self à sociedade, internaliza os valores culturais, coopera com os outros, demonstra respeito por eles e assim por diante. Em vez de serem independentes, egoístas e socialmente isolados, as pessoas que se auto-atualizam são, na verdade, bons cidadãos. O que motiva a boa vontade para se acomodarem aos outros é a necessidade de relacionar-se com os outros (Goodenow, 1993; Ryan & Powelson, 1991). Interpessoalmente, o relacionamento com os outros (Capítulo 5) refere-se à qualidade do relacionamento entre socializador e socializado. Quando uma pessoa sente-se conectada emocionalmente ao outro, interpessoalmente envolvida com o outro, gostada, respeitada e valorizada pelo outro, o grau de relacionamento é alto e a internalização de regulações externas ocorre de bom grado (Ryan & Powelson, 1991).

Mas o grau de relacionamento pode ter seu preço: uma agenda oculta em que uma pessoa pede submissão à outra antes de lhe conceder seu amor ou aprovação (Gruen, 1976). As condições de valor, por exemplo, significam basicamente que o amor, a aprovação, as atenções e a ligação emocional do outro (ou da sociedade) dependem da obediência a esses padrões e normas de socialização. Existe, porém, um outro tipo de relacionamento entre as pessoas além de uma consideração positiva condicional de conformidade e exigência — ou seja, a aceitação e o apoio incondicionais entre pessoas (Hodgins, Koestner & Duncan, 1996; Ryan, 1993). Considere o tipo de relacionamento, tanto na infância quanto no desenvolvimento adulto. A qualidade do relacionamento na formação dos primeiros vínculos (bebê e cuidador) depende do grau de sensibilidade dos cuidadores em relação às necessidades e às iniciativas do bebê e como a elas respondem (Colin, 1996). A conclusão paradoxal que surgiu no programa clássico de pesquisa sobre o vínculo infantil, feito por Mary Ainsworth, foi que os bebês que recebiam das mães cuidados calorosos, responsivos e sensíveis e que satisfaziam às suas necessidades não se tornavam dependentes nem necessitados; antes, os cuidados capacitavam e até mesmo liberavam a autonomia da criança (Ainsworth, 1989). Paradoxalmente, os relacionamentos ricos em aceitação, apoio e envolvimento emocional facilitam a autonomia (Hodgins, Koestner & Duncan, 1996). Por outro lado, quando outros fornecem condições de valor contingenciais, as pessoas muitas vezes abrem mão da autonomia a fim de preservarem o relacionamento. No grau ótimo de desenvolvimento, nem a autonomia nem o relacionamento são postos de lado (Ryan, 1993).

Liberdade para Aprender

Rogers vivia lamentando as práticas educacionais contemporâneas. Ele não gostava da idéia de haver um "professor" porque sentia que a aprendizagem que realmente importava era a aprendizagem por iniciativa própria (Rogers, 1969). Como professor, olhando em retrospectiva o resultado dos seus próprios esforços, Rogers sentia que era responsável por mais dano do que benefícios. O resultado é limitado quando um professor fornece aos alunos montanhas de informações para serem digeridas. Em vez de "professor", Rogers preferiu o termo "facilitador", que descreve o regente de classe como aquele que cria e apóia uma atmosfera que facilita a aprendizagem dos alunos. A aprendizagem não acompanha o ensino. Antes, a aprendizagem é o resultado da identificação com os interesses da pessoa, de sua facilitação e apoio. A autodescoberta e a auto-avaliação são de importância primordial, enquanto as críticas e a avaliação por parte dos professores são inconseqüentes e prejudiciais. Assim, a educação não é algo que um professor possa dar ou impor ao aluno. Antes, a educação deve ser adquirida pelo aluno por meio de um investimento de suas energias e seus interesses.[5]

---

[5]Ao lhe perguntarem por que não havia escrito outro livro de instruções, o golfista Ben Hogan, dentro de um espírito rogeriano, deu a seguinte resposta: "O golfe é um jogo que não pode ser ensinado: tem de ser aprendido". (N. A.)

Na prática, a educação humanista geralmente se manifesta em três temas (Allender & Silberman, 1979):

1. O facilitador (ou seja, o professor) funciona como agente estruturador em uma classe aberta.
2. Os alunos assumem a responsabilidade pela iniciativa da sua própria aprendizagem.
3. Os alunos aprendem em cooperação e dentro de um contexto do seu grupo de colegas.

O facilitador depende do estabelecimento de centros ou estações de aprendizagem na sala de aula para encorajar as escolhas e iniciativas dos alunos, dedicando a maior parte de sua atenção a identificar e apoiar suas necessidades, seus desejos e interesses e suas preferências (McCombs & Pope, 1994). A responsabilidade pessoal pela aprendizagem tira os alunos do papel de receptores passivos do conhecimento, colocando-os no papel de aprendizes ativos que constroem a sua própria compreensão. A aprendizagem cooperativa baseada no grupo facilita a aprendizagem individual, possibilitando que os alunos transmitam suas idéias aos colegas e também que aprendam a partir de feedback, modelação e insight dos colegas (Johnson & Johnson, 1985). Quando as aulas apóiam as iniciativas dos alunos (em vez de lhes ensinarem o que aprender), os alunos ganham confiança nos estudos, demonstram maior motivação para dominar o assunto e participam mais ativamente durante as atividades de aprendizagem (deCharms, 1976; Ryan & Grolnick, 1986). Falando francamente, as pesquisas sobre a psicologia educacional contemporânea mostram muitos benefícios do ensino tradicional (Ausubel, 1977). Assim, a contribuição de Rogers à prática educacional era mais de acrescentar ao repertório do educador a abordagem centrada no aluno do que substituir a instrução colegial centrada no professor.

Autodefinição e Definição Social

Autodefinição e definição social são processos de personalidade relativos ao modo como os indivíduos conceituam quem eles são (Jenkins, 1996; Stewart, 1992; Stewart & Winter, 1974). Os indivíduos socialmente definidos aceitam as definições externas de quem eles são. Os indivíduos autodefinidos resistem a essas definições externas, preferindo, em vez delas, as definições internas do self. Segundo seu próprio conceito, muitas pessoas usam ambas as fontes de informações, mas algumas dependem quase completamente ou dos processos de autodefinição ou dos processos de definição social.

Os processos de autodefinição e de definição social são especialmente instrutivos no desenvolvimento de identidades femininas (Jenkins, 1996). Em comparação com as contrapartes socialmente definidas, as mulheres autodefinidas são mais autônomas e independentes em suas relações interpessoais (dependem menos dos outros) e seus papéis sociais (talvez prefiram ocupações nãotradicionais). Executam ações decisivas e orientadas com sucesso para uma meta, como nas decisões e estratégias ocupacionais para o desenvolvimento da carreira. Organizam suas metas em torno de aspirações autodeterminadas, nas quais se incluem as decisões pessoais de se casarem ou não e de terem filhos ou não. Também se comprometem menos com os chamados papéis tradicionais, como de esposa e mãe. Por outro lado, as mulheres socialmente definidas preferem trabalhar com outros e depender deles. Preferem os papéis femininos tradicionais, tanto em casa como no trabalho. Geralmente estão dispostas a escolher um meio-termo para seus planos, suas aspirações a um diploma universitário, sua persistência na carreira e em seus relacionamentos em geral. As decisões e a experiência não fluem delas mesmas, mas do apoio social dos outros e das crenças, aptidões e aspirações desses outros. E, por dependerem dos outros, as mulheres casadas socialmente definidas esperam maridos que lhes possam prover uma vida estimulante e desafiadora.

O PROBLEMA DO MAL

Boa parte do espírito da psicologia humanista segue o pressuposto questionável de que "a natureza humana é inerentemente boa". Mas, como sociedade, ousamos confiar nas pessoas que seguem suas orientações internas? A liberdade e a autodeterminação são coisas boas quando a natureza humana é benévola, cooperativa e cordial. Mas e quando a natureza humana é malévola, egoísta e agressiva? O que dizer se a natureza humana for má, ou pelo menos parcialmente má?

Os pensadores humanistas lutam com a natureza do mal (Goldberg, 1995; Klose, 1995). Em geral a discussão assume uma dessas duas formas. Por um lado, a discussão indaga: *quanto* a natureza humana é má? Esta pergunta significa: "Se os sistemas familiares, políticos, econômicos e sociais fossem benévolos e promotores de crescimento, o mal humano seria reduzido a zero, ou permaneceriam alguns resíduos de ferocidade?" (Maslow, 1987). Por outro lado, a discussão tenta entender os malfeitores (p. ex., assassinos, estupradores) que confessam satisfação no que fazem e expressam disposição de continuarem praticando as mesmas ações (Goldberg, 1995).

Mal é imposição deliberada, voluntária e intencional de dor e sofrimento a outrem, sem respeito à sua condição humana ou à sua condição como pessoa. Rogers tinha como convicção que o mal não era inerente à natureza humana. Seu argumento era que: se os cuidadores fornecessem assistência e aceitação suficientes e se estabelecessem uma conexão genuína com aqueles de quem cuidam, as pessoas inevitavelmente iriam escolher o bem em vez do mal (Rogers, 1982). Portanto, os seres humanos se comportam de maneira malévola somente segundo o grau em que foram feridos ou prejudicados por suas experiências. A violência reflete uma história de relacionamentos fundados no poder e no controle (Muehlenhard & Kimes, 1999), enquanto o altruísmo reflete uma história de relacionamentos fundados na empatia e na assistência (Batson, 1991).

Outros humanistas procuram ver mais ambigüidade na natureza humana. Supõem que benevolência *e* malevolência fazem parte de todos. Na opinião deles, em uma série de condições sociais a tendência atualizante se combina com valores afirmativos de vida, adotando modos de relacionamento e comportamento construtivos; mas em outra série de condições a tendência atualizante se combina com valores maus, ocasionando crueldade e comportamento destrutivo (May, 1982). Assim, a pessoa precisa de um sistema de valores (padrões de certo e de errado) para apoiar e complementar o processo organísmico de avaliação.

274   Capítulo Quinze

Se os adultos (os pais) não proverem o filho de um sistema benevolente de valores, esse filho se apegará a um sistema de valores em qualquer lugar, seja na rua, entre colegas tão confusos quanto ele, seja nas associações estudantis, ou na Wall Street (Maslow, 1971). Um recente estudo sobre terroristas suicidas mostra que esses indivíduos eram bastante normais, intensamente comprometidos com uma causa e com um conjunto de valores que eles consideravam maiores do que eles próprios (Atran, 2003). Se uma sociedade não puder fornecer um sistema benevolente de valores a todos os seus membros, deverá construir salvaguardas e estruturas em seus sistemas sociais para abster-se da crueldade e contrariar os impulsos de praticar o mal (Bandura, 1999).

Quando as pessoas *desejam* agir de modo a promover o mal, elas têm uma personalidade malévola (Goldberg, 1995). A degradação para uma personalidade malévola é um percurso escorregadio de escolhas e progressões desenvolvimentais (Baumeister & Campbell, 1999; Fromm, 1964; Goldberg, 1995). Desenvolvimento do mal (Stuab, 1999): (1) os adultos humilham e desdenham a criança de modo que ela chega à conclusão de que ela é falha e incompetente como ser humano; (2) a criança incuba uma visão negativa sobre si mesma e, a um exame autocrítico, acaba preferindo ouvir mentiras e enganar-se; (3) ocorre uma transição do estado de vítima para o estado de perpetrador insensível; (4) a pessoa inicia o comportamento malévolo de modo experimental; e (5) a personalidade malévola é forjada por meio de uma recusa rígida ao envolvimento no exame autocrítico. O self se indispõe a examinar a si mesmo (o bode expiatório é usado como estratégia para sacrificar os outros a fim de preservar a auto-imagem; Baumeister, Smart & Boden, 1996) e o êxito conseguido em intimidar os outros favorece o autoengrandecimento, que se contrapõe à necessidade de auto-exame (Goldberg, 1995).

Para explicar atos abomináveis, esse ponto de vista argumenta que o mal surge da grandiosidade e do prejuízo ao conceito de self. A causa parece estar na cultura e não na natureza humana. É difícil determinar se o mal é inerente ou não à natureza humana. Dentro de um clima interpessoal de apoio, as escolhas das pessoas levam-nas a uma socialização maior, a relacionamentos melhores e ao que é saudável e bom (Rogers, 1982). Portanto, já que homicídio, guerra e preconceito continuam com a mesma força através da história humana, o culpado pode não ser o mal na natureza humana, e sim a doença na cultura. Enquanto a sociedade oferece escolhas, permanece a possibilidade de que seus membros internalizem um sistema de valores patológicos que torna possível a degradação para o mal e a formação de uma personalidade malévola (May, 1982).[6]

---

[6]Uma pergunta final é se o mal humano pode ser curado. Uma constante no pensamento humanista é que este nunca condena sem uma afirmação de esperança. Mas a personalidade malévola é uma personalidade tenaz. Existem quatro razões para explicar a dificuldade de se curar o mal: (1) a natureza fechada da personalidade malévola (má vontade de efetuar um exame autocrítico), (2) a raridade da motivação genuína para a personalidade malévola mudar, (3) a pouca possibilidade de que a personalidade malévola encontre essas condições de apoio em que a motivação para a mudança pessoal possa criar raízes e realizar-se e (4) a forte influência da escolha do indivíduo para mudar ou não (Klose, 1995). (N. A.)

Tabela 15.3   Pontos Fortes Pessoais Investigados como Tema da Psicologia Positiva

* Felicidade	* Paixão pelo Saber
* Desfrute	* Sabedoria
* Resiliência	* Autenticidade
* Capacidade de Fluir	* Tenacidade
* Controle Pessoal	* Autodeterminação
* Otimismo	* Capacidade de Perdoar
* Estilo Explanatório Otimista	* Compaixão
* Esperança	* Empatia
* Auto-Eficácia	* Altruísmo
* Estabelecimento de Metas	* Senso de Humor
* Significado	* Espiritualidade

PSICOLOGIA POSITIVA E SAÚDE MENTAL

A psicologia positiva examina a saúde mental e a qualidade de vida das pessoas perguntando: "O que seria possível?" (Seligman & Csikszentmihalyi, 2000). Ela procura construir os pontos fortes e as competências da pessoa. Não pergunta se elas usam óculos cor-de-rosa ou se adotam Poliana[7] como modelo de papel. Em vez disso, a psicologia positiva argumenta que os pontos fortes são tão importantes quanto os pontos fracos, a capacidade de recuperação (resiliência) é tão importante como a vulnerabilidade e a longa tarefa da vida para cultivar o bem-estar é tão importante quanto uma tentativa de intervenção para sanar a patologia. A Tabela 15.3 traz uma amostra dos pontos fortes dos seres humanos que constituem o tema da psicologia positiva (de Snyder & Lopez, 2002).

A construção dos pontos fortes na Tabela 15.3 produz dois resultados inter-relacionados: (1) incentivar crescimento e bem-estar pessoais e (2) evitar que doenças humanas (p. ex., depressão, suicídio) criem raízes na personalidade. Para termos uma idéia de como isso pode acontecer, vejamos dois pontos fortes ilustrativos: otimismo e significado.

Otimismo

A maioria das pessoas não é realista nem exata na maneira de pensar. A maioria se acha melhor do que a média, inclusive em todos os tipos de áreas (p. ex., dirigir, lecionar, ser honesto, qualquer coisa). Muitos de nós guardamos uma inclinação à positividade. Essa tendência onipresente a nos vermos sob uma luz positiva está associada ao bem-estar e à melhora do desempenho (Taylor, 1989; Taylor & Brown, 1988). O otimismo surge dessa positividade e pode ser entendido como uma atitude positiva ou bom humor associado àquilo que esperamos revelar-se no futuro imediato e especialmente a longo prazo (Peterson, 2000).

O pensamento desiderativo pode fazer mais mal do que bem (Oettingen, 1996), mas as evidências empíricas apóiam a conclusão de que as pessoas otimistas vivem uma vida de mais

---

[7]Poliana: personagem de um livro americano do mesmo nome, uma menina que vê coisas boas em tudo. Fazia o "joguinho do contente", dizendo sempre "Que bom!". (N.T.)

valia do que pessoas as não-otimistas. Os otimistas gozam de melhor saúde psicológica e física (Scheier & Carver, 1992), assumem comportamentos que promovem mais saúde (Peterson, Seligman, Yurko, Martin & Friedman, 1998), mostram maior persistência e mais eficácia na resolução de problemas e são mais populares socialmente (Peterson, 2000). A razão disso é que o otimismo dá às pessoas um senso de esperança e motivação de que seu futuro pode de fato ser melhorado, como nos casos de aumento de realizações escolares, na melhora da saúde pessoal e no crescimento de relações interpessoais (Seligman, 1991).

O otimismo pode ser ensinado e aprendido (Seligman et al., 1995), mas também parece ser inerente à nossa natureza. Quando estamos equipados com o otimismo, ele dá colorido às nossas expectativas e emoções e, de modo geral, correspondemos à nossa profecia auto-realizadora (otimista), lidando com problemas e saindo-nos melhor do que quando somos mais objetivos.

Significado

Do ponto de vista motivacional, o significado na vida provém de três necessidades (Baumeister & Vohs, 2002). A primeira necessidade é o propósito. Para que a atividade e a luta de hoje tenham um sentido de propósito, será útil que a pessoa gere metas orientadas para o futuro, tais como procurar concluir o curso médio, apaixonar-se durante as férias de verão ou ir para o céu depois de morrer. Vincular a atividade do dia a uma meta futura realmente dota a atividade cotidiana de um sentido de propósito que de outro modo ela não teria. A segunda necessidade é de valores. Os valores definem o que é bom e o que é direito e, quando internalizamos um valor ou agimos de acordo com ele, afirmamos o senso do bem em nós. A terceira necessidade é de eficácia. É importante ter um senso de controle ou de competência pessoal porque isso nos capacita a acreditar que aquilo que fazemos exerce um efeito. Em conjunto, um sentido de propósito, os valores internalizados e o alto grau de eficácia em afetar as mudanças ambientais dão cultivo ao significado da vida (Baumeister & Vohs, 2002).

A criação do significado é um processo ativo em que as pessoas interpretam os eventos de suas vidas (Taylor, 1983), encontram o benefício que existe nesses eventos (Davis, Nolen-Hoeksema & Larson, 1998) e descobrem o significado do que lhes acontece (Park & Folkman, 1997). Portanto, o significado surge tanto dos eventos específicos de nossa vida — aquilo que nos acontece — quanto das necessidades de propósito, valores e eficácia. Ou seja, as pessoas criam significado em resposta a uma crise de saúde (câncer, por exemplo), perda de um ente querido, fracasso nos estudos, desemprego e esgotamento por excesso de trabalho (Baumeister & Vohs, 2002). As pessoas que têm êxito em criar um significado dentro de uma experiência de vida em particular geralmente começam enquadrando o evento como um fardo ou evento ruim. Explicam então que o evento ruim pôs em andamento uma trajetória desenvolvimental em que esse evento ruim é, em última instância, traduzido como um resultado positivo. Desse modo, elas essencialmente usam o fardo como um trampolim para criarem um self dotado de pontos fortes como propósito, bem moral e forte eficácia (McAdams, Diamond, de St. Aubin & Mansfield, 1997). Por outro lado, as pessoas que não enfrentam os fardos da vida com propósito, bem moral e eficácia (ou seja, significado) são significativamente mais propensas a sofrerem uma patologia mental em decorrência do evento ruim (McAdams, 1993, 1996). A partir desse ponto de vista, o ato de criar significado ajuda a evitar doenças no futuro (depressão, por exemplo).

CRÍTICAS

Depois de algumas horas lendo Maslow, Rogers ou um artigo sobre psicologia positiva, é fácil à pessoa sentir-se bem e otimista quanto a si mesma e aos seres humanos em geral. Por exemplo, se você ler qualquer um dos quinze capítulos de *A Way of Being* [Um Jeito de Ser], de Rogers (1980), provavelmente experimentará um senso de enriquecimento pessoal. Ainda assim, é preciso conciliar o otimismo do humanismo com a realidade diária e perguntar a si mesmo se conceituar a natureza humana como intrinsecamente boa não seria uma atitude por demais ingênua. Se a natureza humana é algo a ser cultivado e não restringido, então nos perguntamos por que o ódio, o preconceito, a criminalidade, a exploração e a guerra vêm persistindo ininterruptamente durante toda a história da humanidade (Geller, 1982). Talvez as pessoas não sejam tão intrinsecamente respeitáveis e dignas de confiança. Talvez elas tenham dentro de si não apenas potencialidades humanas positivas, mas também o potencial para destruírem a si mesmas e aos outros (Baumeister & Campbell, 1999; May, 1982; Staub, 1999). Podem-se imaginar as consequências potencialmente adversas de um genitor ou de um governo que pressuponha orientações internas benévolas, dando com isso um amplo espaço a crianças e cidadãos de comportamento pouco louvável (Bandura, 1999). Parece que a visão humanista enfatiza apenas uma parte da natureza humana.

Uma segunda crítica é que os teóricos humanistas empregam muitos constructos vagos e mal definidos. É difícil, por exemplo, assinalar exatamente o que seja um "processo organísmico de avaliação" e uma "pessoa de funcionamento integral". Qualquer constructo teórico que se esquive a uma definição operacional exata precisará permanecer cientificamente dúbio. Por esse motivo, os pontos de vista humanistas sobre a motivação têm recebido críticas duras (Daniels, 1988; Neher 1991). Os críticos recomendam essencialmente que abandonemos esses conceitos quase-científicos. Mas existe um corpo de opinião de meio-termo que reconhece que os estudos humanistas ainda estão principiando (O'Hara, 1989). Por enquanto, no balanço da psicologia humanista entre método e tópico, o tópico recebe mais atenção do que o método. À medida que a psicologia humanista vai amadurecendo, seu estudo vai aos poucos deixando para trás as especulações de gabinete, em prol de uma compreensão mais científica das origens, da dinâmica e das consequências da potencialidade humana. No campo emergente da psicologia positiva, podemos ver evidências claras desse movimento em direção a metodologias científicas rigorosas.

Uma terceira crítica questiona como se pode saber o que *realmente* se quer ou o que é realmente necessário à tendência atualizante (Geller, 1982). Como uma tendência atualizante inerente, a aprendizagem precoce, a socialização e as internalizações também podem resultar na convicção pessoal de que

276 Capítulo Quinze

o modo de pensar ou de se comportar é certo e natural. Por exemplo, se uma pessoa está totalmente certa de que o aborto é mau, é errado e algo que não deve ser aceito, como é que ela vai saber com certeza que essa preferência é um produto do processo organísmico de avaliação e não uma internalização de condições societais de valor? Pode ser difícil encontrar a origem da verdadeira fonte do conhecimento do que é certo e do que é errado. Se os padrões de certo e errado são introjetados desde a primeira infância, a pessoa pode enganar-se pensando que suas preferências são suas mesmo, e não de seus pais.

A quarta crítica é o "sentimentismo" (*feelingism*) (Rowan, 1987). Às vezes o humanismo apresenta sentimentos como "a via régia para o self verdadeiro" (adaptando a expressão freudiana), de tal modo que os sentimentos fornecem marcos de identificação das orientações internas da tendência atualizante e do processo organísmico de avaliação. O "sentimentismo" passa a ser um problema, porém, quando os humanistas outorgam aos sentimentos uma condição conceitual acima de todos os outros aspectos da experiência, tal como o pensamento. Alguns clínicos humanistas que exercem terapia de grupo realmente exaltam bastante o sentimentismo, tais como os que são parodiados em filmes populares como *Couch trip* [*Uma alucinante viagem*], estrelado por Dan Akroyd. Em conjunto, essas quatro críticas dão uma forte sugestão de que o entusiasmo com a psicologia humanista e a psicologia positiva deve ser forçado a reconhecer que elas abordam apenas um peça do quebra-cabeça geral da motivação — e não o quebra-cabeça completo do estudo da motivação.

RESUMO

A psicologia humanista enfatiza as idéias de potencialidades inerentes, holismo e esforços em direção a uma realização pessoal. Na prática, a psicologia humanista trata da identificação e do desenvolvimento do potencial humano. A psicologia positiva examina a saúde mental das pessoas e o modo como elas vivem a vida, perguntando: "O que seria possível?". Na prática, a psicologia positiva busca construir os pontos fortes da pessoa e suas competências, de modo a cultivar o bem-estar psicológico.

Para Maslow, a auto-atualização referia-se à realização completa e ao uso dos próprios talentos, capacidades e potencialidades. Em sua hierarquia de necessidades, Maslow criou uma distinção entre necessidades por deficiências e necessidades de crescimento. Apesar do apelo intuitivo e da grande popularidade, as pesquisas empíricas na verdade encontram pouco apoio para a hierarquia de necessidades. A contribuição maslowiana para o estudo contemporâneo da motivação não está na hierarquia, mas sim nos insights sobre o modo como as pessoas deixam de se auto-atualizar e as atitudes que elas possam tomar para encorajar seu crescimento pessoal rumo à auto-atualização.

Para Rogers, uma necessidade fundamental — a tendência atualizante — agrupava e coordenava todos os outros motivos de modo a servir ao propósito coletivo de aprimorar e atualizar o self. Com a socialização, as crianças aprendem as condições sociais de valor segundo as quais seu comportamento e suas características pessoais são julgados. Como conseqüência, todos nós vivemos em dois mundos: o mundo interior das tendências atualizantes e da avaliação organísmica e o mundo exterior de prioridades sociais e das condições de valor. Quando as pessoas passam da avaliação organísmica para as condições externas de valor, adotam fachadas e rejeitam ou negam características, preferências

e crenças pessoais. Os termos "congruência" e "incongruência" descreviam o ponto até o qual o indivíduo nega e rejeita qualidades pessoais (incongruência) ou aceita toda a gama de suas características pessoais e seus desejos (congruência). A pessoa congruente de funcionamento integral está bastante próxima da tendência atualizante, experimentando com isso um senso acentuado de autonomia, de abertura a experiências e de crescimento pessoal.

As orientações de causalidade refletem a extensão da autodeterminação na personalidade e tratam das diferenças de compreensão das pessoas sobre aquilo que causa e regula seu comportamento. Para a pessoa cuja orientação é de causalidade de autonomia, o comportamento surge em resposta a necessidades e interesses com um senso integral de escolha pessoal. Para a pessoa cuja orientação é de causalidade de controle, as orientações internas são relativamente ignoradas. Em vez disso, o comportamento surge em resposta a sentimentos de pressão para se agir de acordo com o que se espera ou com o que deve ser feito. Os indivíduos que se orientam pela autonomia conhecem um funcionamento positivo relativamente maior do que os que se orientam pelo controle, inclusive a manutenção a longo prazo de mudanças de comportamento que elas tentam alcançar, tal como perder um bocado de peso.

Um forte comprometimento com as condições sociais de valor conduz as pessoas a um processo de busca da validação pelos outros. Na interação social os indivíduos que buscam a validação esforçam-se por provar seu valor, sua competência e sua atração. Por outro lado, os indivíduos que buscam o crescimento concentram esforços em aprender, melhorar e alcançar o potencial pessoal. A distinção entre os dois tipos é importante por dois motivos. Em primeiro lugar, os indivíduos que buscam a validação são mais vulneráveis à perda do senso de valor e a sofrerem ansiedade e depressão. Em segundo, a distinção entre a busca da validação e a busca do crescimento é um bom modo de expressar (1) a distinção maslowiana entre necessidades por deficiência e necessidades de crescimento e (2) a distinção rogeriana entre consideração positiva condicional e consideração positiva incondicional.

As relações interpessoais apóiam a tendência atualizante em pelo menos quatro modos: ajudar os outros (como na terapia), relacionar-se com os outros de maneira autêntica, promover a liberdade de aprender (como na educação) e definir o self. As relações interpessoais caracterizadas por calor humano, pela genuinidade, pela empatia, pela aceitação interpessoal e pela confirmação da capacidade do outro para a autodeterminação fornecem o clima social que dá apoio ótimo à tendência atualizante em outra pessoa. Outro problema com que os pensadores humanistas lutam é o do mal — ou seja: quanto a natureza humana é inerentemente má e por que algumas pessoas têm prazer em infligir sofrimento a outras? Alguns pensadores humanistas argumentam que o mal não é inerente à natureza humana — que a natureza humana é inerentemente boa e o mal surge somente quando as experiências causam lesões e danos às pessoas. Outros humanistas supõem que tanto a benevolência quanto a malevolência são inerentes a todos: que a natureza humana precisa internalizar um sistema de valores benevolentes antes de evitar o mal.

A psicologia positiva examina a saúde mental das pessoas e a sua qualidade de vida perguntando: "O que seria possível?" Ela busca construir os pontos fortes e as competências das pessoas, fazendo desses pontos fortes e dessas competências o seu tema de estudo. Para ilustrar de que maneira a psicologia positiva investiga os pontos fortes do ser humano, o capítulo examinou em profundidade o otimismo e o significado.

O capítulo se encerra oferecendo várias críticas de uma compreensão humanista da motivação, inclusive o otimismo de Poliana, conceitos não-científicos, origens desconhecidas das orientações internas e "sentimentismo".

LEITURAS PARA ESTUDOS ADICIONAIS

Teóricos Humanistas

HARDEMAN, M. (1979). A dialogue with Abraham Maslow. *Journal of Humanistic Psychology, 19*, 23-28.

ROGERS, C.R. (1959). A theory of therapy, personality, and interpersonal relationships, as developed in the client-centered framework. In S. Koch (Ed.), *Psychology: A study of science* (Vol. 3, pp. 184-256). New York: McGraw-Hill.

ROGERS, C.R. (1995). What understanding and acceptance mean to me. *Journal of Humanistic Psychology, 35*, 7-22.

Testes Empíricos das Hipóteses Humanistas

BAUMEINSTER, R.F., & CAMPBELL, W.K. (1999). The intrinsic appeal of evil: Sadism, sensational thrills, and threatened egotism. *Personality and Social Psychology Review, 3*, 210-221.

DECI, E.L. & RYAN, R.M. (1985). The General Causality Orientations Scale: Self-determination in personality. *Journal of Research in Personality, 19*, 109-134.

DYKMAN, B.M. (1988). Integrating cognitive and motivational factors in depression: Initial tests of a goal-orientation approach. *Journal of Personality and Social Psychology, 74*, 139-158.

FORD, J.G. (1991). Inherent potentialities of actualization: An initial exploration. *Journal of Humanistic Psychology, 31*, 65-88.

JENKINS, S.R. (1996). Self-definition in thought, action, and life path choices. *Personality and social Psychology Bulletin, 22*, 99-111.

Psicologia Positiva

SELIGMAN, M.E.P. & CSIKSZENTMIHALYI, M. (2000). Positive psychology: An introduction. *American Psychologist, 55*, 5-14.

Capítulo 16

Conclusão

COMPREENDENDO E APLICANDO A MOTIVAÇÃO
  Explicando a Motivação: Por que Fazemos o que Fazemos
  Prevendo a Motivação: Identificando Antecedentes
  Aplicando a Motivação: Resolução de Problemas
MOTIVANDO A SI MESMO E AOS OUTROS
  Motivando a Si Mesmo
  Motivando aos Outros

Feedback: o Esforço para Motivar a Si Mesmo e aos Outros Está Indo Bem ou Mal
PROJETANDO INTERVENÇÕES MOTIVACIONAIS
  Quatro Estudos de Caso
  Quatro Histórias de Êxito
    Atingindo metas pessoais
    Motivando estudantes
    Suprimindo a fome, revertendo a obesidade
    Pais que dão apoio à autonomia

Sua vizinha entra com ar aflito e como quem não agüenta mais nada. A filha está indo muito mal no colégio e anda até pensando em deixar os estudos. O rosto da vizinha fica sério quando ela lhe pede um conselho: "O que posso fazer? Como posso motivar minha filha?" Depois de ler 15 capítulos de um livro intitulado *Motivação e Emoção* e de refletir sobre eles, o que aconteceu foi isto: uma batida na porta e o rosto aflito de uma mãe preocupada. O que você pode recomendar?

Seria uma boa estratégia oferecer à filha um incentivo em dinheiro para obter boas notas ou para continuar freqüentando as aulas? É uma estratégia bastante comum, mas seria uma estratégia boa o suficiente para ser recomendada? Que tal sugerir que a vizinha fale com a filha sobre o colégio e o que ele significa para ela? A conversa poderia explorar os interesses e as metas da filha, discorrer sobre seu senso de competência no colégio, seu futuro e as possíveis identidades que ela adota, ou se o colégio pode ou não ajudá-la a tornar-se a pessoa que ela deseja ser. A conversa poderia também enfocar a qualidade do relacionamento que ela tem com os professores. Seria essa uma boa estratégia? Você a recomendaria? Você tem algo melhor a sugerir? Diante de você está um problema motivacional real que está afetando a vida de pessoas com quem você se preocupa e você vê no rosto da mãe a dor que lhe diz com certa clareza que ela não foi capaz de resolver o problema. Você pode fazer algo melhor com esse problema motivacional específico?

Compreender a motivação e a emoção é um empreendimento importante e que vale a pena, porque traz compensações. Ou seja: a motivação dá resultados. Se aprendermos a motivar alunos, podemos melhorar seu comprometimento durante as atividades de aprendizagem. Se aprendermos a motivar empregados, sua produtividade e satisfação no emprego irão aumentar. Se aprendermos a motivar atletas, suas habilidades se desenvolverão e eles terão maior probabilidades de participar em seu esporte ao longo da vida. Se os médicos aprenderem a motivar os pacientes, a saúde deles será beneficiada.

COMPREENDENDO E APLICANDO A MOTIVAÇÃO

Até aqui você já ganhou algum nível de confiança na sua própria compreensão da motivação e da emoção. Provavelmente, o grau de confiança que você agora possui depende de até que ponto você pode fazer o seguinte:

1. Explicar por que as pessoas fazem o que fazem.
2. Prever com antecedência como as condições irão afetar a motivação e a emoção.
3. Aplicar princípios motivacionais para resolver problemas práticos.

No intento de responder a essas três perguntas, este capítulo vai em busca de três metas. A seção de abertura averigua a sua compreensão da motivação propondo perguntas como: você consegue explicar a motivação? Pode explicar por que fazemos o que fazemos? Pode explicar por que queremos o que queremos e tememos o que tememos? É capaz de antever mudanças na motivação das pessoas antes que ocorram? Pode prever as condições em que os estados motivacionais e os estados emocionais irão aumentar ou diminuir? Consegue aplicar princípios de motivação para ajudar as pessoas a resolverem os problemas práticos cotidianos que elas enfrentam na vida? Pode ajudar a habilitar outros a melhorarem seu próprio desempenho e a vencerem suas deficiências ou vulnerabilidades pessoais? Quanto mais perguntas puder responder, mais você será capaz de explicar, prever e aplicar princípios motivacionais.

A seção do meio do capítulo adota um tom muito prático. São páginas que pedem que você aplique o que você sabe sobre motivação, primeiro na tarefa de motivar a si mesmo e, segundo, na tarefa de motivar os outros.

A última seção encerra o livro oferecendo uma série de estudos de caso para instigar sua imaginação sobre a maneira de procurar resolver problemas motivacionais comuns. A seção também apresenta uma série de histórias de êxitos em que os psicólogos motivacionais têm projetado e implementado programas de intervenção para melhorar a vida das pessoas.

Explicando a Motivação: Por que Fazemos o que Fazemos

Explicar as razões do comportamento — explicar por que fazemos o que fazemos — exige capacidade de gerar respostas psicologicamente satisfatórias a perguntas como: por que ele fez o que fez? Por que ele quer isso? Por que ele tem tanto medo ou tanta resistência contra determinado tipo de ação? As respostas a essas perguntas estão na compreensão das fontes da motivação e de como os motivos, uma vez despertados, se intensificam, se modificam e se desvanecem.

Para explicar por que fazemos o que fazemos, o Capítulo 1 apresentou uma lista de 24 teorias da motivação (veja a Tabela 1.5). Cada teoria fornece uma peça do quebra-cabeça incompleto: o grande esforço para explicar as vontades, os desejos, os medos e os esforços humanos. Descendo pela lista de teorias da Tabela 1.5, por exemplo, a teoria da motivação de realização explica por que as pessoas às vezes reagem a um padrão de excelência com emoção positiva e comportamento de aproximação, mas outras vezes demonstram uma emoção negativa e buscam apenas evitar esse padrão. A teoria do desamparo aprendido explica por que as pessoas se tornam acentuadamente passivas e autoderrotistas quando expostas a um ambiente que julgam oferecer-lhes pouco ou nenhum controle pessoal. Em conjunto, essas teorias abordam a maioria das circunstâncias nas quais o leitor possa estar interessado.

Para explicar os estados motivacionais, é útil termos ao lado uma teoria de motivação empiricamente validada e familiar. A teoria explicará por que um determinado fenômeno motivacional surge, persiste e declina, e quais são as condições específicas da pessoa do contexto social e da cultura que afetam o fenômeno dessa maneira. Com essa teoria em mente, fica mais fácil responder a perguntas como: por que as pessoas estabelecem para si metas elevadas? Por que as pessoas procrastinam quando é tão óbvio que há trabalho a ser feito? Por que as pessoas se envolvem em comportamento de risco como saltar de pára-quedas ou dirigir a alta velocidade? Por que amigos separados se dão tanto trabalho para manter contato? Vistas em conjunto, as teorias da motivação fornecem um meio de entendermos e explicarmos por que fazemos o que fazemos e por que queremos o que queremos.

Prevendo a Motivação: Identificando Antecedentes

O estudo da motivação está muito atento às condições que dão surgimento aos estados motivacionais e emocionais, fazendo pergunta como: Quais são as condições antecedentes que dão energia ao comportamento e o direcionam? A compreensão da motivação e da emoção inclui a capacidade de prever os efeitos das diversas condições ambientais, interpessoais, intrapsíquicas e fisiológicas sobre a motivação e a emoção.

Vejamos as implicações motivacionais dos eventos a seguir: Quais são algumas das implicações motivacionais esperadas de se expor a um modelo de papel altamente competente? Que implicações tem essa experiência observacional para um aluno de ensino básico que fica vendo um colega resolver problemas de matemática no quadro? E o vendedor de uma empresa que observa enquanto seu supervisor conversa sem tropeços nem falhas com os clientes? E o atleta que assiste ao vídeo do desempenho de um campeão? Para o aluno de matemática da quarta série, o funcionário de uma firma e o atleta potencial, que efeito a exposição ao modelo de um expert terá sobre a eficácia deles? Sobre seu estabelecimento de metas? Sobre seu senso de domínio *versus* incapacidade? Sobre as possíveis personalidades que possam adotar? Sobre sua capacidade de auto-regulação autônoma?

Faça um teste com você mesmo sobre alguns dos antecedentes abordados nos primeiros capítulos. Para cada antecedente, verifique se lhe vem ou não à mente uma teoria que lhe permita oferecer uma previsão confiante quanto ao efeito que essa condição possa ter sobre a motivação de uma pessoa:

- 24 horas de privação (de alimento, de contato com pessoas)
- presença de um amigo caloroso, genuíno e empático que ouve com atenção
- pressões culturais (p. ex., para emagrecer ou alcançar notas altas)
- uma escolha do que fazer
- um recompensa esperada e palpável (p. ex., dinheiro)
- um padrão de excelência
- ambientes não-responsivos e fora de controle
- um professor que apóia a autonomia
- feedback sobre o desempenho direcionado para uma meta
- um obstáculo aos seus planos que pareça ilegítimo ou injusto

Aplicando a Motivação: Resolução de Problemas

Quanto mais você compreender os princípios da motivação e da emoção, mais capacidade terá de encontrar soluções exeqüíveis para os problemas motivacionais do mundo real. Resolver problemas motivacionais significa dar condições para que as pessoas tenham experiências ótimas, desenvolvimento saudável e funcionamento positivo e distante de defesas imaturas, evitação intencional e emocionalidade negativa por demais intensa.

As duas perguntas que definem o esforço de aplicação dos princípios motivacionais são: "Como eu mesmo me motivo?" e

280 Capítulo Dezeseis

"Como motivo os outros?" Criar condições motivacionais para si mesmo e para os outros implica amplificar os pontos fortes e reparar os pontos fracos. A amplificação dos pontos fortes requer cultivo, apoio e construção de recursos motivacionais para que as pessoas possam desenvolver e usar esses recursos na melhora de seu funcionamento. O reparo dos pontos fracos envolve a reversão de déficits motivacionais para que as pessoas possam reduzir vulnerabilidades e superar patologias. Isso implica que a descoberta de soluções exeqüíveis para os problemas motivacionais — pessoais e alheios — trará ganhos proporcionais no funcionamento e no bem-estar.

Veja, em primeiro lugar, o esforço para ampliar os pontos fortes e melhorar o funcionamento — aumentar o esforço nos estudos, o desempenho nos esportes, a produtividade no trabalho, a capacidade de recuperação na terapia, o crescimento pessoa na velhice e assim por diante. Cada capítulo forneceu algum insight na tarefa prática de ampliar os pontos fortes, mas aqui vão alguns lembretes. Faça outro teste com você mesmo, desta vez perguntando: o que eu poderia fazer para promover esse estado motivacional em mim e nos outros?

- promover crenças duradouras de auto-eficácia
- cultivar a autonomia pessoal
- estabelecer condições que promovam a experiência de fluxo
- fomentar as necessidades de crescimento e tornar-se uma pessoa de funcionamento integral
- desenvolver uma orientação motivacional de domínio
- adotar identidades sociais positivas
- estabelecer metas difíceis e específicas
- encorajar metas de aprendizado de preferência a metas de desempenho
- encorajar teorias incrementais de preferência a teorias de existência
- incentivar à diferenciação e à integração do self
- fomentar o desenvolvimento do ego maduro
- realçar auto-regulação autônoma e mais capaz

Em segundo lugar, examine o esforço para reparar os pontos fracos e vencer a patologia — apatia do aluno, ansiedade de realização, desamparo, depressão, estratégias imaturas de coping, evitação de desafios, absenteísmo no trabalho, falhas nos relacionamentos e falhas na regulação, tais como não tomar conhecimento de pistas fisiológicas de fome ou de preferências pessoais para o que se quer fazer. Mais uma vez, cada capítulo forneceu algum insight no esforço de reparar os pontos fracos e reverter vulnerabilidades, mas aqui vão alguns lembretes. Faça um teste final com você mesmo perguntando: o que eu poderia fazer para vencer a patologia em mim mesmo e nos outros?

- promover uma reação construtiva, em vez de destrutiva, ao fracasso
- evitar os custos ocultos da recompensa
- reverter liberação da restrição que leva a descontrole alimentar
- canalizar impulsos agressivos para saídas produtivas
- reverter tomadas de decisão cheias de dúvidas e dominadas pelo medo

- evitar o desamparo e suas deficiências
- desafiar o pensamento existencial de modo a descobrir valor no esforço
- redefinir o significado de fracasso
- reverter expectativas pessimistas e estilos explanatórios
- dominar dependências
- resolver o paradoxo da supressão do pensamento
- identificar mecanismos imaturos de defesa e ter coragem para abandoná-los

MOTIVANDO A SI MESMO E AOS OUTROS

Boa parte do apelo do estudo da motivação está em seu potencial em falar para motivar a nós mesmos e aos outros. Queremos promover esforço, realização, busca de desafios e excelência em nós mesmos, e promover esses mesmos resultados para quem é importante para nós. Também queremos ajudar a nós mesmos e aos outros a reverter e vencer o pessimismo, a ansiedade, a dúvida, a preocupação, a hesitação e o desamparo.

Motivando a Si Mesmo

Imagine que você não consegue gerar em si mesmo a motivação para estudar, fazer exercícios ou treinos. Como você motiva um senso de iniciativa dentro de você mesmo? Ou imagine que você não consegue deixar de fumar, comer ou enfrentar os fatos de maneira raivosa e hostil. Como você motiva um senso de restrição em você mesmo? Como ilustração, reflita sobre sofrer do problema motivacional de hesitação, procrastinação ou evitação total quando não se quer realmente praticar uma habilidade, como tocar piano. Como a pessoa alimenta necessidades de incentivar envolvimentos, cognições e emoções? Como ela se cerca de ambientes que incentivam envolvimento e relacionamentos interpessoais de apoio?

Em termos de necessidades, a energia e a direção podem surgir de uma percepção de competência ou de uma necessidade de realização, mas podem decair por causa de uma percepção de incompetência e de medo do fracasso. Em termos de cognição, a energia e a direção podem surgir de crenças de auto-eficácia, de metas de domínio ou de um estilo explanatório otimista, mas podem decair por causa de dúvida, de uma meta de evitação do desempenho e de um estilo explanatório pessimista. Em termos de emoção, a energia e a direção podem surgir do interesse, da alegria, da esperança, mas decair por causa de medo, raiva e embaraço. Em termos de ambientes e relacionamentos, a energia e a direção podem surgir do desafio de uma competição ou de um teste iminente, ou de um professor que apóia a autonomia e que ouve e fornece feedback informativo, mas pode decair por causa de um público crítico ou das diretivas e ordens de um professor controlador.

O esforço para motivar a si mesmo, portanto, é empreender um exame crítico para diagnosticar potenciais e deficiências nas necessidades, cognições, emoções, ambientes e relações interpessoais do momento. Por exemplo, tocar piano é um desafio adequado que envolve a necessidade de competência da pessoa ou induz, de modo geral, uma experiência de apatia ou de ansiedade? O fato de a pessoa tocar piano está associado a expectativas de eficácia, fluxo e controle pessoal, ou a expectativas de ser subjugado pela experiência? Enquanto toca piano ou enquanto pensa em tocar piano em uma ocasião futura, a pessoa sente principalmente interesse e alegria, ou raiva e ressentimento? Quando você toca, como as pessoas em volta respondem: dão-lhe apoio ou são exigentes e rudes? Se você puder diagnosticar por que a motivação de aproximação é baixa ou por que a motivação de evitação é alta, será possível tomar providências para resolução dos problemas e das deficiências motivacionais que você enfrenta no momento.

O esforço para motivar a si mesmo e o esforço para motivar os outros diferem em alguns modos importantes. A Figura 16.1 mostra que todos os esforços para motivar envolvem a introdução e o manejo de condições ambientais, inclusive a oferta de incentivos, desafios ótimos, ameaças ambientais e coisas interessantes para fazer (linha b). Porém, o que há de exclusivo sobre a motivação de si mesmo é a tarefa permanente de se desenvolverem recursos motivacionais internos, como se vê na linha a. O que há de exclusivo sobre motivar os outros é a oferta de relacionamentos interpessoais de alta qualidade, como se vê na linha c.

Cultivar recursos motivacionais internos envolve o esforço desenvolvimental para construir motivação de efectância, crenças firmes e persistentes na auto-eficácia, uma orientação motivacional de domínio, crenças fundamentadas de controle pessoal, esforços por realização, um senso saudável de si mesmo e de identidade, senso de competência, uma orientação de causalidade de autonomia, mecanismos de defesa maduros, a capacidade de estabelecer metas, capacidades de auto-regulação, interesses e preferências, um estilo explanatório otimista, e assim por diante. Desenvolver recursos motivacionais internos significa cultivar suas próprias necessidades, cognições e emoções orientadas para a aproximação. Quanto mais a pessoa cultivar e desenvolver recursos motivacionais internos fortes, resilientes e produtivos durante a vida, maior será a freqüência com que experimentará estados motivacionais fortes, resilientes e produtivos em determinada situação (veja linha a da Figura 16.1). Por exemplo, quando recebe aulas de língua estrangeira no colégio, o aluno que tem uma possível personalidade de "viajante", ou que tenha intenção de um dia tornar-se "professor de espanhol no segundo grau", irá engajar-se na aula com a ajuda motivacional de um recurso motivacional interno (o self possível).

Dados esses benefícios motivacionais dos recursos motivacionais internos, tente resolver o problema motivacional do medo de falar em público que motiva o comportamento de evitação. Parte do problema pode ser entendida nas condições ambientais da situação (linha b da Figura 16.1), que pode ser o caso quando a pessoa enfrenta um público hostil, crítico, controlador ou competitivo. Assim, parte do problema pode ser encontrada no ambiente ou no modo como a pessoa percebe o ambiente. Não obstante, a presença de recursos motivacionais internos pode dar apoio à motivação do orador, mesmo em face de um ambiente não apoiador. As pessoas podem construir dentro de si crenças firmes na eficácia que podem silenciar suas dúvidas e sua ansiedade. Podem aprender a deixar para trás suas metas de evitação do desempenho ("durante a palestra, não esqueça suas falas") e adotar as metas de aproximação do desempenho ("durante a palestra, apresente três pontos principais"). E podem aprender a adotar teorias incrementais sobre sua capacidade de falar em público para opô-las às suas crenças existenciais que as deixam vulneráveis a padrões de evitação quando as coisas dão errado. Assim, quando as pessoas estabelecem metas, enfrentam um feedback de fracasso ou precisam envidar grandes esforços para fazerem face aos desafios de suas vidas, será útil se tiverem recursos motivacionais internos para manterem um senso de propósito, atenuar o estresse, silenciar a dúvida e manter uma emocionalidade positiva.

A chave para motivar a si mesmo é o empreendimento permanente no cultivo de uma reserva de recursos motivacionais internos produtivos. Desse ponto de vista, boa parte do esforço para motivar a si passa a ser o esforço para imaginar como alimentar recursos motivacionais internos dentro de si. Motivar a si mesmo é, portanto, não tanto um evento situacional que se possa empreender para resolver os problemas do momento, mas um empreendimento desenvolvimental que se assume para habilitar a si mesmo por toda a vida.

Motivando aos Outros

O que há de exclusivo sobre a motivação dos outros é que a pessoa que enfrenta um problema motivacional age assim dentro do contexto de um relacionamento interpessoal, como se vê na linha c da Figura 16.1. Quando uma pessoa procura motivar

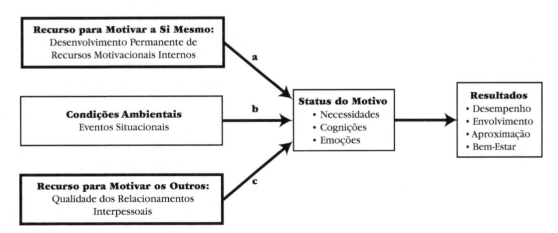

Figura 16.1 Esquema para se Pensar sobre Motivação de Si Mesmo (Linha "a") e Motivação dos Outros (Linha "c")

282 Capítulo Dezeseis

BOXE 16 — *Quatro Estudos de Caso*

Pergunta: Por que esta informação é importante?

Resposta: Para construir sua capacidade de explicar, prever e resolver problemas motivacionais.

Veja quatro estudos de caso em que, em cada um, uma pessoa diferente enfrenta uma questão motivacional. Use cada estudo de caso para treinar a tarefa tríplice de (1) explicar, (2) prever e (3) aplicar a motivação. A finalidade é explicar por que a motivação da pessoa é o que é, prever como sua motivação mudaria em resposta a eventos diferentes, e projetar uma tentativa de intervenção para afetar intencionalmente a motivação da pessoa para melhor.

Criança em Casa
A criança resiste a escovar os dentes à noite antes de dormir. Não gosta disso. Não escova os dentes. E, quando os escova, faz isso mal feito e sem muita vontade. Mas os pais dão grande valor à escovação dos dentes, e incentivam-na a fazê-lo, embora receiem ter que lidar com a resistência da filha noite após noite.

Empregado no Trabalho
Uma representante de vendas de uma grande empresa recebe uma quota mensal de vendas do supervisor, que lhe informa que tudo estará bem enquanto ela continuar a cumprir ou exceder sua quota. Ela acha que tem habilidade para o trabalho, mas a rotatividade de emprego entre seus colegas de trabalho é alta porque 90% das chamadas que ela faz não resultam em venda. A experiência do dia-a-dia no trabalho é de rejeição e frustração. Ela está pensando em demitir-se e procurar outro emprego.

Atleta ou Músico
Uma atleta (ou uma musicista) sai-se bem no desempenho e gosta muito de seu esporte (instrumento). Ela adora fazer apresentações e treinar, mas gostaria de desenvolver ainda mais seus talentos — muito mais, na verdade. Por alguma razão, ultimamente seu índice de aperfeiçoamento tem sido lento. Ela quer fazer apresentações de elite, mas parece não ser isto o que está acontecendo.

Paciente Clínico
O médico diz ao paciente que ele precisa perder 20 quilos se não quiser correr o risco de um ataque cardíaco. O paciente compreende a necessidade de mudar seu estilo de vida. Embora concorde com a idéia, mesmo assim está pessimista de que venha a seguir o conselho do médico e mudar seu estilo de vida. Exercícios e dieta saudável não fazem o gênero dele. No íntimo, ele duvida de que a mudança de estilo de vida valha toda essa agitação.

---

outra, a que está sendo motivada reage segundo um desses três modos prototípicos — ou seja, de maneira passiva, agressiva ou construtiva (deCharms, 1987). Interações repetidas entre o motivador e o motivado ensinam à pessoa que está procurando resolver seu problema motivacional ou (1) a passividade da falta de motivação e do desamparo aprendido, (2) a negatividade agressiva da resistência obstinada quando outros procuram moldar ou controlar seus pensamentos e seu comportamento, ou (3) o esforço de cooperação construtiva de procurar compreender novos modos de pensar, sentir e de se comportar que alteram para melhor a situação da pessoa.

Os dois primeiros resultados dentro da relação motivador-motivado são negativos, já que lançam o motivado contra o motivador. O terceiro resultado da relação é positivo e coloca a pessoa em relação cooperativa entre motivador e motivado, em que ela aprende a agir por si mesma. Com o terceiro resultado a pessoa aprende a resolver seu próprio problema motivacional, a construir suas próprias habilidades, a dar origem às suas próprias ações e iniciá-las. Em outras palavras: aprende a causação pessoal. Por outro lado, as manifestações de passividade ou de reatividade agressiva são sinais indicadores de que a relação está fazendo piorar, e não melhorar, os problemas motivacionais da pessoa (deCharms, 1987).

A maioria das tentativas para motivar os outros acontece dentro do contexto de um relacionamento que envolve algum diferencial de poder interpessoal entre o motivador e a pessoa que está sendo motivada (Deci & Ryan, 1987). Veja, por exemplo, os seguintes relacionamentos interpessoais em que a primeira pessoa tem alguma responsabilidade na motivação da outra: professores que motivam alunos, pais que motivam filhos, empregadores que motivam empregados, médicos que motivam pacientes, terapeutas que motivam clientes, treinadores que motivam atletas, clérigos que motivam paroquianos, expertos que motivam novatos.

Em cada relacionamento, a primeira pessoa exerce alguma influência sobre a segunda, quer a base dessa influência se manifeste em perícia, recompensas, força, *status* ou posição. Como conseqüência, a pessoa situada abaixo no relacionamento torna-se vulnerável a ser controlada ou ficar recebendo ordem da pessoa situada acima. Controlar outras pessoas e ficar dando ordens em geral produz padrões de motivação que podem ser caracterizados como a passividade do desamparo ou a negatividade agressiva da resistência. Essa abordagem diretiva controladora de motivar os outros pode ser vista em líderes militares, empregadores do tipo linha-dura, treinadores extremamente competitivos de atletas, professores controladores, políticos controladores, pais autoritários e médicos que se sentem superiores.

Os que motivam os outros de modo produtivo concentram-se na qualidade do relacionamento que proporcionam àqueles a quem buscam motivar. Buscam cultivar causação pessoal nos outros usando o relacionamento como conduto para dar energia ao esforço construtivo, cooperativo e promotor de crescimento em outras pessoas menos hábeis, com menos poder, ou menos motivadas a aprender meios novos e mais adaptativos de pensar, sentir e comportar-se.

Depois desta introdução, será útil fazer duas perguntas quando se procura motivar outras pessoas:

1. Quem está motivando a pessoa?
2. O contexto social está dando apoio à causação pessoal dessa pessoa e aos seus recursos motivacionais internos, ou a está privando disso?

Quanto à primeira pergunta, o motivador será ou a própria pessoa ou alguma força externa, tal como um supervisor ou um treinador. A segunda pergunta apresenta qualquer relação interpessoal como uma faca de dois gumes, que pode apoiar ou derrubar a motivação da pessoa. Essas duas perguntas apontam para a conclusão de que, na arte e na prática de motivar ou outros, a meta principal não é provocar assentimento no outro nem um padrão predeterminado de comportamento desejado, mas, em vez disso, melhorar a capacidade do outro para a causação pessoal.

Feedback: o Esforço para Motivar a Si Mesmo e aos Outros Está Indo Bem ou Mal

Promover iniciativa, ação e causação pessoal em si e nos outros é tanto uma arte quanto uma ciência. Mas até mesmo os artistas precisam de feedback. Mudanças contínuas na emoção, no comportamento e no bem-estar chegam a ser fontes excelentes de feedback.

As emoções revelam a condição motivacional da pessoa, conforme discutimos no Capítulo 12. Quando você se envolve em uma atividade que lhe desperta interesse, satisfação e otimismo, as coisas vão bem, motivacionalmente falando, e quando você sente apatia, irritação e pessimismo, as coisas não vão bem. E quando você vê interesse, satisfação e otimismo naqueles que você procura motivar, as coisas provavelmente vão bem; assim como provavelmente vão mal quando aqueles que você procura motivar expressam apatia, irritação e pessimismo.

Outro mecanismo de feedback para se usar enquanto se motiva a si e aos outros é a expressão de seus comportamentos, inclusive esforço, persistência e latência para começar (conforme discutimos no Capítulo 1). As tentativas de motivar a si e aos outros vão bem em proporção ao comportamento que demonstrar esforço intenso, latência curta, persistência longa e alta probabilidade de ocorrência, expressividade facial e gestual e enfoque ou direção para uma meta.

As mudanças na vitalidade e no bem-estar também indicam progresso motivacional e crescimento *versus* estagnação motivacional. Os motivos nos dão energia e as melhoras no nosso estado motivacional podem ser vistas na vitalidade e no bem-estar que expressamos.

Quando o leitor confia no seu próprio conhecimento de teorias para gerar estratégias motivacionais, pode acompanhar de perto o feedback emocional, comportamental e de bem-estar para indicar como as coisas vão indo na arte de motivar os outros. Feito isso, o leitor começará a compreender a espantosa capacidade que a compreensão da motivação e da emoção tem de melhorar a vida das pessoas.

PROJETANDO INTERVENÇÕES MOTIVACIONAIS

Depois de 15 capítulos, espero que você concorde em que aqueles que estudam a motivação e a emoção conhecem muita coisa. Como um todo, esses pesquisadores dedicam um tempo e uma energia enormes a desenvolver, testar e refinar as teorias cada vez mais sofisticadas da motivação. Isso é bom, mas, em certo

sentido, a recompensa real do estudo da motivação é usar esse conhecimento para melhorar a vida das pessoas. Esta seção discute várias histórias de sucesso que mostram como aqueles que estudam a motivação têm projetado e implementado intervenções motivacionais de êxito para melhorar a vida das pessoas de maneira importante.

Antes de examinarmos algumas dessas histórias de êxito, porém, será útil retrocedermos um pouco para reconhecermos como pode ser difícil e arriscado traduzir os avanços do conhecimento científico em melhoramentos práticos que modifiquem a vida para melhor. Examine a lamentável taxa de êxito nas pesquisas médicas, por exemplo. Os pesquisadores desenvolveram em ratos uma vacina bem-sucedida para a doença de Alzheimer. Fizeram com que ratos que sofriam paralisia por lesões graves na medula conseguissem caminhar novamente. E mais: curaram uma série impressionante de diferentes tipos de câncer em ratos de laboratório. Contudo, para os seres humanos, não há cura para a doença de Alzheimer, para lesões na medula nem para o câncer, para não mencionar a esclerose múltipla, a doença de Parkinson, a osteoporose, a fibrose cística, entre outras. Existem muitas razões válidas para explicar esse hiato entre os ganhos na compreensão teórica e o êxito na aplicação prática desse conhecimento, mas o principal é que a aplicação prática do conhecimento teórico não é algo que se possa tomar como certo.

Quando você começou a ler este livro, é provável que tenha feito isso com um tipo de concordância implícita de que, se você trabalhasse com afinco todas as páginas de texto, no final todo esse esforço seria compensatório porque você ganharia algumas estratégias práticas do mundo real para enfrentar com êxito os problemas motivacionais com os quais mais se preocupava. Por sorte, os pesquisadores da motivação têm tido grande êxito nos esforços para traduzir suas teoria em soluções, embora isso só tenha sido verdadeiro nos últimos dez anos ou pouco mais.

Vejam a seguir vários estudos de caso para acender sua imaginação sobre os problemas motivacionais com que as pessoas deparam. Esses estudos de caso são seguidos de quatro histórias de sucesso nas quais pessoas que estudam a motivação aplicaram com êxito suas idéias para resolver problemas motivacionais importantes.

Quatro Estudos de Caso

Examinemos os quatro estudos de caso apresentados no Boxe 16. Em cada caso, uma pessoa se defronta com uma questão motivacional diferente. A criança em casa acha difícil gerar a motivação de que precisa para engajar-se em um comportamento desinteressante e ao qual dá pouco valor. A vendedora enfrenta o desafio de manter confiança, interesse, otimismo e esperança diante do fracasso freqüente e do esgotamento potencial. O atleta quer desenvolver o talento e aprimorar o desempenho, mas está tendo dificuldades em fazer isso. O paciente enfrenta a difícil tarefa, que lhe exige energia, de iniciar e manter uma mudança no seu estilo de vida.

Ao ler cada um dos estudos de caso, tente cumprir os três objetivos mencionados no início deste capítulo, ou seja: explicar a motivação, prever a motivação e aplicar a motivação. Em

284 Capítulo Dezeseis

primeiro lugar, procure identificar o motivo pelo qual a pessoa está passando por aquela experiência motivacional específica. Naturalmente você não terá acesso a detalhes importantes da situação, mas mesmo assim pode gerar muitas hipóteses possíveis para explicar por que a pessoa está experimentando esse nível de motivação e qual é o tipo de motivação. Em segundo, assim que tiver algumas hipóteses para trabalhar, identifique as principais fontes de motivação da pessoa. Que condições poderiam afetar-lhe a motivação? Em terceiro lugar, aplique seu conhecimento de motivação para gerar um curso produtivo de ação para cada pessoa a fim de ajudá-las a gerar melhor a energia e a direção de que precisam no comportamento diário para resolver a questão da motivação. À medida que for lendo cada estudo de caso e pensando sobre as necessidades, as cognições, as emoções, as circunstâncias ambientais e os relacionamentos interpessoais da pessoa, lembre-se do conteúdo dos 15 capítulos anteriores. Além disso, pense a respeito das metas desenvolvimentais mais amplas de construção e amplificação de pontos fortes e reparação de pontos fracos e reversão de deficiências.

Quatro Histórias de Êxito

Se você procurar, você verá à sua volta, todos os dias, várias tentativas de projetar intervenções motivacionais. Em uma academia de ginástica, por exemplo, você talvez veja um pôster como o da Figura 16.2 na parede, junto às esteiras ergométricas. O pôster, na verdade, está convidando o futuro corredor a saltar na esteira e começar a fazer exercícios tentando cumprir uma série de metas de curto prazo (corridas diárias de 8 quilômetros), que conduzem a uma meta maior e de longo prazo (42 quilômetros). Correr "Minha Maratona" é um programa explícito de estabelecimento de metas. Seu propósito motivacional é criar no futuro corredor uma *intenção de agir*, ou seja, uma intenção de correr. Um membro de uma academia que tenha intenção de agir será mais motivado do que um membro que não tenha tal intenção. Não existem dados para avaliar se esse pôster realmente produz efeito motivacional, e isso vale para a maioria das intervenções motivacionais que você irá encontrar. Mas os pesquisadores se esforçam para testar a eficácia de suas intervenções motivacionais, e alguns de seus achados são mostrados a seguir.

Uma intervenção como essa, de estabelecimento de metas, ocorreu em um ambiente de trabalho. Pesquisadores interessados em elevar a freqüência no emprego trabalhavam com um grupo de empregados para discutirem modos de superar os obstáculos da vida diária que estavam interferindo em sua capacidade de comparecer ao trabalho (Frayne & Latham, 1987). Durante a intervenção, os empregados estabeleceram metas específicas e difíceis para o comparecimento e foram realizadas tentativas de melhorar suas habilidades auto-reguladoras por meio da monitoração dos modos pelos quais o ambiente ora ajudava no comparecimento, ora interferia nele. Três meses depois, a auto-eficácia dos empregados tinha aumentado (pois eles haviam passado a ser agentes ao exercerem influência sobre o comportamento de freqüência), assim como sua freqüência, com relação ao grupo controle de trabalhadores que não recebera a intervenção. Um estudo de acompanhamento mostrou que tanto o aumento da auto-eficácia quanto o aumento da freqüência continuavam três meses mais tarde (Frayne & Latham, 1989).

Atingindo Metas Pessoais

Em vários estudos, os pesquisadores trabalharam com universitários durante o decurso de um semestre, pedindo-lhes que anotassem diversas metas pelas quais desejavam lutar (Koestner, Lekes, Powers & Chicoine, 2002). Algumas metas eram acadêmicas (redigir um trabalho de pesquisa), outras tinham relação com a saúde (dormir pelo menos oito horas por noite), enquanto outras eram sociais, relativas a diversão ou tarefas pessoais. O aluno também avaliava até que ponto cada meta refletia seus interesses e valores pessoais. Alguns alunos participaram de um programa de intervenção para estabelecer intenções de implementação nas quais aprendiam a especificar um tempo e um lugar para buscar suas metas. Também desenvolveram planos de autogestão identificando possíveis fontes de distração e um contra-comportamento para cada uma delas. Uma mulher que estabeleceu a meta de ler a obra *Paraíso Perdido*[1] especificou tempo e lugar para a leitura e identificou o namorado e as interrupções de telefonemas como possíveis fontes de distração. Seus contra-comportamentos incluíam uma programação para encontrar com o namorado em um horário mais tardio, desligar o telefone e lembrar-se de como era importante terminar a leitura do livro.

Por conta própria, os alunos completaram cerca de 62% das metas estabelecidas. Cumpriram um percentual significativamente mais elevado das metas que eram altas em autoconcordância (as que refletiam seus interesses e valores pessoais). O mais importante é que os participantes do grupo experimental eram especialmente propensos a cumprirem suas metas autoconcordantes para as quais haviam estabelecido intenções de implementação. Os participantes também relataram afeto positivo bastante forte, assim como bem-estar pelo cumprimento dessas metas autoconcordantes. Assim, a combinação exclusiva de ter metas autoconcordantes e intenções claras de implementação para vencer obstáculos e distrações resultou em níveis especialmente elevados de progresso e cumprimento da meta (e também um aumento correspondente no afeto positivo). Esta história de êxito mostra que todo o conhecimento que os pesquisadores ganharam em compreensão do estabelecimento de metas, esforços pessoais, teoria da autodeterminação e intenções de implementação dá retorno, mostrando que as pessoas atingem o progresso máximo em direção às metas pessoais quando ponderam com deliberação não apenas aquilo que querem cumprir (metas), mas também porque estão perseguindo essas metas em particular (autoconcordância) e o modo pelo qual planejam alcançá-las (intenções de implementação).

Motivando Estudantes

Em um colégio, os alunos estavam tendo freqüência relativamente baixa e o desempenho acadêmico era fraco. Uma equipe de pesquisadores da motivação prontificou-se como voluntária para passar anos no colégio trabalhando com os professores a

---

[1]Do poeta inglês John Milton (1608-1674). (N.T.)

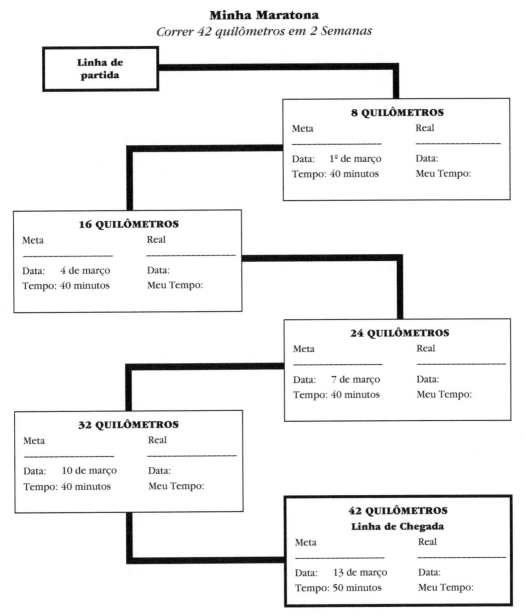

Figura 16.2 Pôster Motivacional para Incentivar o Estabelecimento de Metas e Esforço Despendido

fim de dar apoio ao desenvolvimento motivacional dos alunos. Os professores tiveram experiências de *workshop* e uma colaboração contínua projetada de acordo com a meta de despertar nos alunos um senso maior de "causação pessoal" (ou percepção de autodeterminação, um lócus interno de percepção de causalidade) em relação ao seu trabalho escolar (deCharms, 1976, 1984). O *workshop* envolvia muitos tipos de atividades, discussões e autoavaliações. Por exemplo, uma discussão enfocou a promoção de um desejo de melhorar nos alunos, quando esse desejo em princípio não existe, fazendo a apresentação de um self ideal que se desenvolve com o passar do tempo. Uma das atividades era realçar a sensação motivacional de ser uma "origem" (autodeterminação alta, um lócus interno de causalidade) *versus* a de ser um "peão" (baixa autodeterminação, um lócus externo de causalidade). Nessa atividade o professor distribuía folhas de papel com números e pontos. Para os alunos, a tarefa era ligar os pontos. A figura era uma casa simples à esquerda com uma árvore à direita. Agindo de maneira autoritária, o professor tratava os alunos como peões[2], mandando-os pegar o lápis, ligar o ponto 1 ao ponto 2, pousar o lápis, pegar o lápis, ligar o ponto 2 ao ponto 3, pousar o lápis, pegar o lápis, ligar o ponto 3 ao ponto 4, e assim por diante. Depois do exercício, o professor discutia o conceito de peão com os alunos. Pedia-lhes que pensassem em outras ocasiões em que tinham agido como peões ou tinham sido tratados como peões e as discussões muitas vezes duravam o resto do tempo de aula. Dois dias depois, o professor apresentava pela segunda vez o exercício "ligue os pontos". Dessa vez os alunos eram incentivados a usar a criatividade. Deveriam ligar os pontos de qualquer modo, colorir a figura e acrescentar

---

[2]Peão: peça de menor importância no jogo de xadrez. Desloca-se uma casa de cada vez. (N.T.)

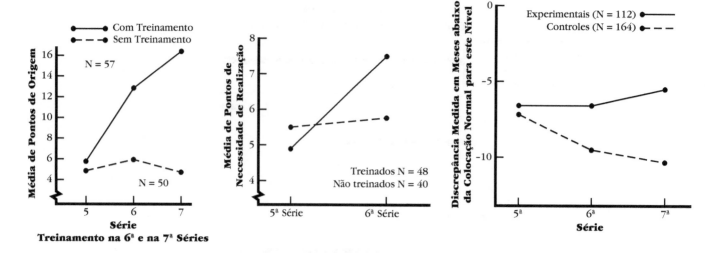

Figura 16.3 Benefícios para os Alunos quando os Professores Promovem seu Desenvolvimento Motivacional: Maior Causação Pessoal (gráfico à esquerda), Motivação de Realização (gráfico do meio) e Realização Escolar (gráfico à direita)
Fonte: "Enhancing Motivation: Change in the Classroom", de R. deCharms, 1976, Nova York: Irvington Publishers.

detalhes. Tinham liberdade para pedir ajuda, mas eram incentivados a agir por conta própria. Depois de tudo pronto, discutiam com o professor o conceito de origem. Dessa vez a discussão se concentrava na autodeterminação e na responsabilidade pessoal pelo próprio trabalho.

Alguns professores do colégio foram designados aleatoriamente para o grupo experimental (para receberem o treinamento motivacional) enquanto outros foram designados para o grupo controle. Os pesquisadores acompanhavam todo o desenvolvimento motivacional, a freqüência e as realizações escolares dos alunos durante a quinta, a sexta e a sétima séries. As notas da quinta série serviram como medida de linha de base e os pesquisadores esperavam ver mudanças do tipo origem surgirem na sexta e na sétima séries. O esforço para apoiar o desenvolvimento motivacional dos alunos foi um sucesso, conforme mostra a maior causação pessoal das crianças (ou percepção de autodeterminação; veja o gráfico à esquerda, na Figura 16.3), motivação de realização (veja gráfico do meio, na Figura 16.3), freqüência e realização escolar (veja gráfico à direita, na Figura 16.3). Os estudos de acompanhamento mostraram um efeito benéfico de longo prazo para esses alunos de ensino médio, já que, entre os que terminavam o curso secundário, o número de alunos de professores participantes era significativamente maior do que o de alunos de professores que não tinham participado do treinamento motivacional (deCharms, 1984). Esta história de êxito mostra que a motivação muitas vezes tem raízes em relacionamentos interpessoais e também que os pesquisadores podem transferir seu conhecimento de como motivar outros para a sala de aula, de modo a cultivar o desenvolvimento motivacional saudável dos alunos.

Suprimindo a Fome, Revertendo a Obesidade

A maioria das intervenções motivacionais procura aumentar a motivação das pessoas. Algumas intervenções, porém, buscam diminuir os estados motivacionais hiperativos que, por causa de sua intensidade incomum, estão associados a comportamentos não-saudáveis. Apetites e desejos podem levar as pessoas a comerem demais e, com isso, ficarem obesas, o que é um modo não-saudável de comportamento por causa da associação a diabetes, cardiopatias, pressão alta e outros transtornos. Os pesquisadores sabem que a estimulação direta de certas áreas do cérebro pode aumentar a fome, ao passo que a estimulação de outras áreas pode aumentar a saciedade. Uma droga capaz de acertar no alvo da excitação e da inibição de estruturas cerebrais relacionadas à fome poderá, portanto, afetar a experiência motivacional da fome. Um medicamento desse tipo (Zonegran, ou zonisamida) estimula a saciedade através da liberação, da síntese e do reaproveitamento da serotonina no núcleo estriado, e também altera o paladar reduzindo o prazer dos alimentos de alto teor calórico através dos agonistas da dopamina no estriado.

Cientes disso, os pesquisadores ministraram o medicamento a 30 adultos obesos durante 12 semanas, acompanhando-lhes o peso semana após semana (Gadde, Franciscy, Wagner & Krishnan, 2003). Enquanto 30 adultos que tomavam placebo perdiam pouco peso, os que tomavam o medicamento experimental continuavam a perder peso, conforme mostra a Figura 16.4. O efeito motivacional em duas fases do medicamento (estimular a serotonina, estimular os agonistas da dopamina) estimulavam a saciedade, fazendo com que os alimentos de alto teor calórico tivessem um gosto insosso. Esta história de êxito mostra que todo o conhecimento que os pesquisadores ganharam na compreensão do cérebro motivado e emocional (Capítulo 3) está começando a dar compensações importantes, que mudam literalmente a vida e promovem a saúde.

Pais que Dão Apoio à Autonomia

A última história de êxito não é uma investigação de pesquisa, mas uma história de pais (Grolnick, 2003). A Tabela 16.1 nos conta como esses pais negociaram a tarefa arriscada de apoiar os esforços motivacionais da filha durante um período difícil.

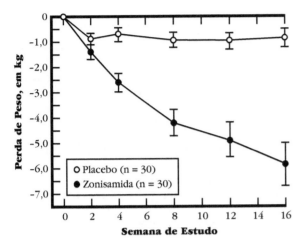

Figura 16.4 Padrão de Alteração de Peso a Partir da linha de base até a 16ª Semana em Adultos Obesos que Tomaram o Medicamento ou um Placebo

Fonte: Gadde, K.M., Franciscy, D.M., Wagner II, H.R. & Krishnan, K.R.R. (2003). Zonisamide for weight loss in obese adults. *JAMA: Journal of the American Medical Association, 289*, 1820-1825.

O senso comum e os livros populares sobre educação dos filhos sugerem como conduzir os filhos pelo caminho do desenvolvimento ótimo com uma abordagem controladora que emprega instrumentos como recompensas e elogios. Em vez disso, o que esses pais fizeram foi reconhecer os sentimentos da filha. Não assumiram o controle da situação impondo à filha sua vontade mais experiente.

Em suma, o que esses pais fizeram de certo para motivar a filha foi que eles deram apoio à sua autonomia. Agindo assim, eles evitaram com êxito as duas armadilhas na motivação dos outros mantendo longe a falta de motivação/desamparo aprendido da filha e sua resistência agressiva aos esforços de intervenção dos pais. Conseguiram motivar a filha com um relacionamento construtivo do tipo "faça você mesmo".

Em nível mais amplo, o genitor-pesquisador conseguiu fazer algo mais — algo que espero que o leitor também seja capaz de fazer em anos vindouros. A mãe usou a profunda compreensão que tinha da motivação para ajudar na compreensão daquilo que motivava a filha. Com esse conhecimento, ela construiu uma abordagem eficiente para motivar os outros.

Tabela 16.1 Tentativa dos Pais para Ajudar a Filha a Resolver um Dilema Motivacional

---

Jennifer, de 10 anos, havia feito aulas de dança desde os 4. No outono, ela avisou aos pais que ia parar de dançar para praticar esportes de equipe: basquete, *softball*[3] e futebol. "Todas as minhas amigas estão jogando nessas equipes", disse ela ao pai. "Estou cansada de ficar de fora."

Seus pais previram alguns problemas com esse plano. Primeiro: Jennifer não era especialmente boa em esportes coletivos. Acima de tudo, ela tinha alta sensibilidade aos aspectos competitivos dos esportes. Em outras palavras: seus sentimentos muitas vezes ficavam feridos, e com facilidade. Segundo: Jennifer tinha gostado especialmente de estar em evidência nos recitais de dança. O esporte coletivo não lhe proporcionaria tanta oportunidade de aparecer. Terceiro: os pais haviam investido muito tempo e dinheiro nas aulas de dança. Jennifer finalmente estava ficando muito boa em dança. Parecia inoportuno deixar essa atividade.

Como poderiam eles lidar com isso? Iriam forçar Jennifer a continuar a dançar por terem investido tanto e porque viam claramente quanto ela iria abandonar? O que era melhor para a filha?

Pesando todas essas questões complexas, a mãe de Jennifer conversou com a filha sobre as possíveis consequências de abandonar a dança. Todavia, ela deixou claro que a decisão final era de Jennifer. Jennifer manteve-se firme na decisão. Optou pelo esporte. Embora não tivesse grande destaque, fez grande progresso ao lidar com a competição e as inevitáveis decepções. Os pais a apoiavam nos eventos e consolavam-na quando ela ficava aborrecida depois de perder um jogo. Jennifer aprendeu a perseverar.

No final da primavera, para grande surpresa dos pais, Jennifer anunciou que queria voltar a dançar. Poderia continuar em uma ou duas equipes esportivas, mas não com tanta intensidade. Os pais seguraram a vontade de dizer alguma coisa. Não houve nenhum "Eu bem que lhe disse".

Fonte: Grolnick, W.S. (2003). *The psychology of parental control: How well-meant parenting backfires*. Mahwah, N.J.: Lawrence Erlbaum.

[3]*Softball*: jogo semelhante ao beisebol, mas jogado em campo menor e com uma bola maior e mais macia.

Referências Bibliográficas

Aarts, H., Dijksterhuis, A., & Midden, C. (1999). To plan or not to plan: Goal achievement of interrupting the performance of mundane behavior. *European Journal of Social Psychology, 29*, 971–979.

Abe, J. A. A., & Izard, C. E. (1999). The developmental functions of emotions: An analysis in terms of differential emotions theory. *Cognition and Emotion, 13*, 523–549.

Abramson, L. Y., & Alloy, L. B. (1980). Judgment of contingency: Errors and their implications. In A. Baum & J. Singer (Eds.), *Advances in environmental psychology: Applications of personal control* (Vol. 2, pp. 111-130). Hillsdale, NJ: Lawrence Erlbaum.

Adelmann, P. K., & Zajonc, R. B. (1989). Facial efference and the experience of emotion. *Annual Review of Psychology, 40*, 249–280.

Adkins, K. K., & Parker, W. (1996). Perfectionism and suicidal preoccupation. *Journal of Personality, 64*, 529–543.

Adolph, E. F. (1980). Intakes are limited: Satieties. *Appetite, 1*, 337–342.

Adolphs, R., Tranel, D., Damasio, H., & Damasio, A. (1994). Impaired recognition of emotion in facial expressions following bilateral damage to the human amygdala. *Nature, 372*, 669–672.

Aggleton, J. P. (1992). The functional effects of amygdala lesions in humans: A comparison with findings from monkeys. In J. P. Aggleton (Ed.), *The amygdala: Neurobiological aspects of emotion, memory, and mental dysfunction* (pp. 485–503). New York: Wiley.

Agnati, L. F., Bjelke, B., & Fuxe, K. (1992). Volume transmission in the brain. *American Scientist, 80*, 362–373.

Ainley, M., Hidi, S., & Berndorf, D. (2002). Interest, learning, and the psychological processes that mediate their relationship. *Journal of Educational Psychology, 94*, 545–561.

Ainsworth, M. D. S. (1989). Attachments beyond infancy. *American Psychologist, 44*, 709–716.

Ainsworth, M. D. S., Blehar, M. C., Waters, E., & Wall, S. (1978). *Patterns of attachment: A psychological study of the strange situation.* Hillsdale, NJ: Lawrence Erlbaum.

Alexander, P. A., Kulikowich, J. M., & Jetton, T. L. (1994). The role of subject-matter knowledge and interest in the processing of linear and nonlinear text. *Review of Educational Research, 64*, 201–252.

Algozzine, B., Browder, D., Karvonen, M., Test, D. W., & Wood, W. M. (2001). Effects of interventions to promote self-determination for individuals with disabilities. *Review of Educational Research, 71*, 219–277.

Allender, J. S., & Silberman, M. L. (1979). Three variations of student-directed learning: A research report. *Journal of Humanistic Psychology, 19*, 79–83.

Alloy, L. B., & Abramson, L. T. (1979). Judgment of contingency in depressed and nondepressed students: Sadder but wiser? *Journal of Experimental Psychology: General, 108*, 441–485.

Alloy, L. B., & Abramson, L. T. (1982). Learned helplessness, depression, and the illusion of control. *Journal of Personality and Social Psychology, 42*, 1114–1126.

Alloy, L. B., & Abramson, L. Y. (1988). Depressive realism: Four theoretical approaches. In L. B. Alloy (Ed.), *Cognitive processes in depression* (pp. 223–265). New York: Guilford.

Alloy, L. B., & Seligman, M. E. P. (1979). On the cognitive component of learned helplessness and depression. *The Psychology of Learning and Motivation, 13*, 219–276.

Amabile, T. M. (1979). Effects of external evaluations on artistic creativity. *Journal of Personality and Social Psychology, 37*, 221–233.

Amabile, T. M. (1983). *The social psychology of creativity.* New York: Springer-Verlag.

Amabile, T. M. (1985). Motivation and creativity: Effect of motivational orientation on creative writers. *Journal of Personality and Social Psychology, 48*, 393–399.

Amabile, T. M. (1998). How to kill creativity. *Harvard Business Review, 76*, 76–87.

Amabile, T. M., DeJong, W., & Lepper, M. R. (1976). Effects of externally-imposed deadlines on subsequent intrinsic motivation. *Journal of Personality and Social Psychology, 34*, 92–98.

Amabile, T. M., Hennessey, B. A., & Grossman, B. S. (1986). Social influences on creativity: The effects of contracted-for reward. *Journal of Personality and Social Psychology, 50*, 14–23.

American Psychiatric Association. (1994). *Diagnostic and statistical manual of mental disorders* (4th ed.), Washington, DC: American Psychiatric Association.

Ames, C. A. (1987). Enhancing student motivation. In M. Maehr & D. Kleiber (Eds.), *Recent advances in motivation and achievement: Enhancing motivation* (Vol. 5, pp. 123–148). Greenwich, CT: JAI Press.

Ames, C. A., & Archer, J. (1988). Achievement goals in the classroom: Student learning strategies and motivational processes. *Journal of Educational Psychology, 80*, 260–267.

Referências Bibliográficas **289**

Ames, R., & Ames, C. A. (1984). Introduction. In R. Ames & C. A. Ames (Eds.), *Research on motivation in education: Student motivation* (Vol. 1, pp. 1–11). Orlando, FL: Academic Press.

Anand, B. K., Chhina, G. S., & Singh, B. (1962). Effect of glucose on the activity of hypothalamic feeding centers. *Science, 138*, 597–598.

Anastasi, A. (1982). *Psychological testing* (5th ed.). New York: Macmillan.

Andersen, B. L., & Cyranowski, J. M. (1994). Women's sexual self-schema. *Journal of Personality and Social Psychology, 67*, 1079–1100.

Anderson, C. A. (1989). Temperature and aggression: Ubiquitous effects of heat on occurrence of human violence. *Psychological Bulletin, 106*, 74–106.

Anderson, G., & Brown, R. I. (1984). Real and laboratory gambling sensation seeking and arousal. *British Journal of Psychology, 5*, 401–411.

Anderson, K. J. (1990). Arousal and the inverted-U hypothesis: A critique of Neiss's Reconceptualizing arousal. *Psychological Bulletin, 107*, 96–100.

Anderson, R., Manoogian, S. T., & Reznick, J. S. (1976). The undermining and enhancing of intrinsic motivation in preschool children. *Journal of Personality and Social Psychology, 34*, 915–922.

Andreassi, J. L. (1986). *Psychophysiology: Human behavior and physiological response* (2nd ed.). Hillsdale, NJ: Lawrence Erlbaum.

Applerloo, M. J. A., van der Stege, J. G., Hoek, A., & Schultz, W. C. M. W. (2003). In the mood for sex: The value of androgens. *Journal of Sex and Marital Therapy, 29*, 87–102.

Appley, M. H. (1991). Motivation, equilibration, and stress. In R. A. Dienstbier (Ed.), *Nebraska symposium on motivation* (Vol. 38, pp. 1–67). Lincoln: University of Nebraska Press.

Arnett, J. (1991). Still crazy after all these years: Reckless behavior among young adults aged 23–27. *Personality and Individual Differences, 12*, 1305–1313.

Arnold, M. B. (1960). *Emotion and personality* (Vols. 1 & 2). New York: Columbia University Press.

Arnold, M. B. (1970). Perennial problems in the field of emotion. In M. B. Arnold (Ed.), *Feelings and emotions* (pp. 169–185). New York: Academic Press.

Aronson, E. (1969). The theory of cognitive dissonance: A current perspective. In L. Berkowitz (Ed.), *Advances in experimental social psychology* (Vol. 4, pp. 1–34). New York: Academic Press.

Aronson, E. (1988). *The social animal* (5th ed.). San Francisco: W. H. Freeman.

Aronson, E. (1992). The return of the repressed: Dissonance theory makes a comeback. *Psychological Inquiry, 3*, 303–311.

Aronson, E. (1999). Dissonance, hypocrisy, and the self-concept. In E. Harmon-Jones & J. Mills (Eds.), *Cognitive dissonance: Progress on a pivotal theory in social psychology* (pp. 103–126). Washington, DC: American Psychological Association.

Aronson, E., Fried, C. B., & Stone, J. (1991). Overcoming denial and increasing the intention to use condoms through the induction of hypocrisy. *American Journal of Public Health, 81*, 1636–1637.

Aronson, E., & Mills, J. (1959). The effect of severity of initiation on liking for a group. *Journal of Abnormal and Social Psychology, 59*, 177–181.

Ashby, F. G., Isen, A. M., & Turken, A. U. (1999). A neuropsychological theory of positive affect and its influence on cognition. *Psychological Review, 106*, 529–550.

Aspinwall, L. G. (1998). Rethinking the role of positive affect in self-regulation. *Motivation and Emotion, 22*, 1–32.

Atkinson, J. W. (1957). Motivational determinants of risk-taking behavior. *Psychological Review, 64*, 359–372.

Atkinson, J. W. (1964). A theory of achievement motivation. In *An introduction to motivation* (pp. 240–268). New York: Van Nostrand.

Atkinson, J. W. (1981). Studying personality in the context of an advanced motivational psychology. *American Psychologist, 36*, 117–128.

Atkinson, J. W. (1982). Motivational determinants of thematic apperception. In A. J. Stewart (Ed.), *Motivation and society* (pp. 3–40). San Francisco: Jossey-Bass.

Atkinson, J. W., & Birch, D. (Eds.). (1970). *The dynamics of action*. New York: Wiley.

Atkinson, J. W., & Birch, D. (1974). The dynamics of achievement-oriented activity. In J. W. Atkinson & J. O. Raynor (Eds.), *Motivation and achievement* (pp. 271–325). Washington, DC: Van Nostrand Reinhold.

Atkinson, J. W., & Birch, D. (1978). *Introduction to motivation* (2nd ed.). New York: Van Nostrand.

Atkinson, J. W., Bongort, K., & Price, L. H. (1977). Explorations using computer simulation to comprehend TAT measurement of motivation. *Motivation and Emotion, 1*, 1–27.

Atkinson, J. W., Heyns, R. W., & Veroff, J. (1954). The effect of experimental arousal of the affiliation motive on thematic apperception. *Journal of Abnormal and Social Psychology, 49*, 405–410.

290 Referências Bibliográficas

Atran, S. (2003). Genesis of suicide terrorism. *Science, 299*, 1534–1539.

Austin, J., Alvero, A., & Olson, R. (1998). Prompting patron safety-belt use at a restaurant. *Journal of Applied Behavior Analysis, 31*, 655–657.

Austira, J., Hatfield, D. B., Grindle, A. C., & Bailey, J. S. (1993). Increasing recycling in office environments: The effects of specific, informative cues. *Journal of Applied Behavior Analysis, 26*, 247–253.

Ausubel, D. P. (1977). The facilitation of meaningful verbal learning in the classroom. *Educational Psychologist, 12*, 162–178.

Averill, J. R. (1968). Grief: Its nature and significance. *Psychological Bulletin, 70*, 721–748.

Averill, J. R. (1979). The functions of grief. In C. Izard (Ed.), *Emotions in personality and psychopathology* (pp. 339–368). New York: Plenum.

Averill, J. R. (1980). A constructivist view of emotion. In R. Plutchik & H. Kellerman (Eds.), *Theories of emotion* (pp. 305–340). New York: Academic Press.

Averill, J. R. (1982). *Anger and aggression: An essay on emotion.* New York: Springer-Verlag.

Averill, J. R. (1983). Studies on anger and aggression. *American Psychologist, 38*, 1145–1160.

Averill, J. R. (1985). The social construction of emotion: With special reference to love. In K. Gergen & K. Davis (Eds.), *The social construction of the person* (pp. 89–109). New York: Springer-Verlag.

Averill, J. R. (1990). Emotions as related to systems of behavior. In N. L. Stein, B. Leventhal, & T. Trabasso (Eds.), *Psychological and biological approaches to emotion* (pp. 385–404). Hillsdale, NJ: Lawrence Erlbaum.

Averill, J. R. (1994). In the eyes of the beholder. In P. Ekman & R. J. Davidson (Eds.), *The nature of emotion: Fundamental questions* (pp. 7–14). New York: Oxford University Press.

Azar, B. (1994, October). Seligman recommends a depression vaccine. *APA Monitor, 27*, 4.

Azar, B. (2000, January). Two computer programs 'face' off. *Monitor on Psychology*, 48–49.

Azrin, N. H., Rubin, H., O'Brien, F., Ayllon, T., & Roll, D. (1968). Behavioral engineering: Postural control by a portable operant apparatus. *Journal of Applied Behavior Analysis, 2*, 39–42.

Bailey, J. M., Gavlin, S., Agyei, Y., & Gladue, B. A. (1994). Effects of gender and sexual orientation on evolutionary relevant aspects of human mating psychology. *Journal of Personality and Social Psychology, 66*, 1081–1093.

Bailey, J. M., & Pillard, R. C. (1991). A genetic study of the male sexual orientation. *Archives of General Psychiatry, 48*, 1089–1096.

Bailey, J. M., Pillard, R. C., Neale, M. C., & Agyei, Y. (1993). Heritable factors influence sexual orientation in women. *Archives of General Psychiatry, 50*, 217–223.

Baize, H. R., & Schroeder, J. E. (1995). Personality and mate selection in personal ads: Evolutionary preferences in a public mate selection process. *Journal of Social Behavior and Personality, 10*, 517–536.

Baldwin, J. D., & Baldwin, J. I. (1986). *Behavior principles in everyday life* (2nd ed.). Englewood Cliffs, NJ: Prentice-Hall.

Banaji, M., & Hardin, C. (1996). Automatic stereotyping. *Psychological Science, 7*, 136–141.

Bandura, A. (1977). Self-efficacy: Toward a unifying theory of behavioral change. *Psychological Review, 84*, 191–215.

Bandura, A. (1982). Self-efficacy mechanism in human agency. *American Psychologist, 37*, 122–147.

Bandura, A. (1983). Self-efficacy mechanisms of anticipated fears and calamities. *Journal of Personality and Social Psychology, 45*, 464–469.

Bandura, A. (1986). Self-efficacy. In *Social foundations of thought and action: A social cognitive theory* (pp. 390–453). Englewood Cliffs, NJ: Prentice-Hall.

Bandura, A. (1988). Self-efficacy conception of anxiety. *Anxiety Research, 1*, 77–98.

Bandura, A. (1989). Human agency in social cognitive theory. *American Psychologist, 44*, 1175–1184.

Bandura, A. (1990). Conclusion: Reflections on nonability determinants of competence. In R. J. Sternberg & J. Kolligian Jr. (Eds.), *Competence considered* (pp. 315–362). New Haven, CT: Yale University Press.

Bandura, A. (1991). Self-regulation of motivation through anticipatory and self-regulatory mechanisms. In R. A. Dienstbier (Ed.), *Nebraska symposium on motivation: Perspectives on motivation* (Vol. 38, pp. 69–164). Lincoln: University of Nebraska Press.

Bandura, A. (1993). Perceived self-efficacy in cognitive development and functioning. *Educational Psychologist, 28*, 117–148.

Bandura, A. (1997). *Self-efficacy: The exercise of control.* New York: W. H. Freeman.

Bandura, A. (1998). Health promotion from the perspective of social cognitive theory. *Psychological Health, 13*, 623–649.

Bandura, A. (1999). Moral disengagement in the perpetration of inhumanities. *Personality and Social Psychology Review, 3*, 193–209.

Bandura, A., & Adams, N. E. (1977). Analysis of self-efficacy theory of behavioral change. *Cognitive Therapy and Research, 1*, 287–308.

Bandura, A., Adams, N. E., Hardy, A. B., & Howells, G. N. (1980). Tests of the generality of self-efficacy theory. *Cognitive Therapy and Research, 4*, 39–66.

Bandura, A., & Cervone, D. (1983). Self-evaluative and self-efficacy mechanisms governing the motivational effects of goal systems. *Journal of Personality and Social Psychology, 45*, 1017–1028.

Bandura, A., & Cervone, D. (1986). Differential engagement of self-reactive influences in cognitive motivation. *Organizational Behavior and Human Decision Processes, 38*, 92–113.

Bandura, A., Cioffi, D., Taylor, C. B., & Brouillard, M. E. (1988). Perceived self-efficacy in coping with cognitive stressors and opioid activation. *Journal of Personality and Social Psychology, 55*, 479–488.

Bandura, A., Reese, L., & Adams, N. E. (1982). Microanalysis of action and fear arousal as a function of differential levels of perceived self-efficacy. *Journal of Personality and Social Psychology, 43*, 5–21.

Bandura, A., & Schunk, D. H. (1981). Cultivating competence, self-efficacy, and intrinsic interest through proximal self-motivation. *Journal of Personality and Social Psychology, 41*, 586–598.

Bandura, A., Taylor, C. B., Williams, S. L., Mefford, I. N., & Barchas, J. D. (1985). Catecholamine secretion as a function of perceived coping self-efficacy. *Journal of Consulting and Clinical Psychology, 53*, 406–414.

Bandura, A., & Wood, R. E. (1989). Effect of perceived controllability and performance standards on self-regulation of complex decision making. *Journal of Personality and Social Psychology, 56*, 805–814.

Barrett, K. C. (1995). A functionalist approach to shame and guilt. In J. P. Tangney & K. W. Fischer (Eds.), *Self-conscious emotions: The psychology of shame, guilt, embarrassment, and pride* (pp. 25–63). New York: Guilford Press.

Bassett, G. A. (1979). A study of the effects of task goal and schedule choice on work performance. *Organizational Behavior and Human Performance, 24*, 202–227.

Basson, R. (2001). Human sex-response cycles. *Journal of Sex and Marital Therapy, 27*, 33–43.

Basson, R. (2002). Women's sexual desire—disordered or misunderstood? *Journal of Sex and Marital Therapy, 28*, 17–28.

Basson, R. (2003). Commentary on "In the mood for sex—The value of androgens." *Journal of Sex and Marital Therapy, 29*, 177–179.

Batson, C. D. (1991). *The altruism question: Toward a social-psychological answer*. Hillsdale, NJ: Lawrence Erlbaum.

Batson, C. D., Coke, J. S., Chard, F., Smith, D., & Taliaferro, A. (1979). Generality of the "glow of goodwill": Effects of mood on helping and information acquisition. *Social Psychology Quarterly, 42*, 176–179.

Baucom, D. H., & Aiken, P. A. (1981). Effect of depressed mood on eating among obese and nonobese dieting and nondieting persons. *Journal of Personality and Social Psychology, 41*, 577–585.

Baumeister, R. F. (1987). How the self became a problem: A psychological review of historical research. *Journal of Personality and Social Psychology, 52*, 163–176.

Baumeister, R. F., & Campbell, W. K. (1999). The intrinsic appeal of evil: Sadism, sensational thrills, and threatened egotism. *Personality and Social Psychology Review, 3*, 210–221.

Baumeister, R. F., Campbell, J. D., Krueger, J. I., & Vohs, K. D. (2003). Does high self-esteem cause better performance, interpersonal success, happiness, or healthier lifestyles? *Psychological Science in the Public Interest, 4*, 1–44.

Baumeister, R. F., Heatherton, T. F., & Tice, D. M. (1994). *Losing control: How and why people fail at self-regulation*. San Diego: Academic Press.

Baumeister, R. F., & Leary, M. R. (1995). The need to belong: Desire for interpersonal attachments as a fundamental human motivation. *Psychological Bulletin, 117*, 497–529.

Baumeister, R. F., Smart, L., & Boden, J. M. (1996). Relation of threatened egotism to violence and aggression: The dark side of self-esteem. *Psychological Review, 103*, 5–33.

Baumeister, R. F., Stillwell, A. M., & Heatherton, T. F. (1995). Interpersonal aspects of guilt: Evidence from narrative studies. In J. P. Tangney & K. W. Fischer (Eds.), *Self-conscious emotions: The psychology of shame, guilt, embarrassment, and pride* (pp. 255–273). New York: Guilford Press.

Baumeister, R. F., & Vohs, K. D. (2002). The pursuit of meaningfulness in life. In C. R. Snyder & S. J. Lopez (Eds.), *Handbook of positive psychology* (pp. 608–618). New York: Oxford University Press.

Beach, F. A. (1955). The descent of instinct. *Psychological Review, 62*, 401–410.

Beatty, W. W. (1982). Dietary variety stimulates appetite in females but not in males. *Bulletin of the Psychonomic Society, 19*, 212–214.

Beauvois, J. L., & Joule, R. V. (1996). *A radical dissonance theory*. London: Taylor & Francis.

Beck, A. T. (1976). *Cognitive therapy and the emotional disorders*. New York: International Universities Press.

Beck, A. T., Rush, A. J., Shaw, B. F., & Emery, G. (1979). *Cognitive therapy of depression*. New York: Guilford Press.

Beck, R. C. (1979). Roles of taste and learning in water regulation. *Behavioral and Brain Sciences, 1*, 102–103.

Beck, S. P., Ward-Hull, C. I., & McLear, P. M. (1976). Variable related to women's somatic preferences of the male and female body. *Journal of Personality and Social Psychology, 34*, 1200–1210.

Becker, L. J. (1978). Joint effect of feedback and goal setting on performance: A field study of residential energy conservation. *Journal of Applied Psychology, 63*, 428–433.

Belfoire, P. J., Browder, D. M., & Mace, C. (1994). Assessing choice making and preference in adults with profound mental retardation across community and center-based settings. *Journal of Behavioral Education, 4*, 217–225.

Bell, A. P., Weinberg, M. S., & Hammersmith, S. K. (1981). *Sexual preference: Its development in men and women*. Bloomington: Indiana University Press.

Bem, D. J. (1967). Self-perception: An alternative interpretation of cognitive dissonance phenomena. *Psychological Review, 74*, 183–200.

Bem, D. J. (1972). Self-perception theory. In L. Berkowitz (Ed.), *Advances in experimental social psychology* (Vol. 6, pp. 1–62). New York: Academic Press.

Bem, D. J., & McConnell, H. K. (1970). Testing the self-perception explanation of dissonance phenomena: On the salience of premanipulation attitudes. *Journal of Personality and Social Psychology, 14*, 23–31.

Beninger, R. J. (1982). The behavioral function of dopamine. *Behavioral and Brain Sciences, 5*, 55–56.

Beninger, R. J. (1983). The role of dopamine in locomotor activity and learning. *Brain Research, 287*, 173–196.

Benjamin, L. T., Jr., & Jones, M. R. (1978). From motivational theory to social cognitive development: Twenty-five years of the Nebraska Symposium. *Nebraska symposium on motivation* (Vol. 26, pp. ix–xix). Lincoln: University of Nebraska Press.

Bennett, W. I. (1995). Beyond overeating. *New England Journal of Medicine, 332*, 673–674.

Benware, C., & Deci, E. L. (1984). The quality of learning with an active versus passive motivational set. *American Educational Research Journal, 21*, 755–765.

Berenbaum, S. A., & Snyder, E. (1995). Early hormonal influences on childhood sex-typed activity and playmate preferences: Implications for the development of sexual orientation. *Developmental Psychology, 31*, 31–42.

Bergmann, G., & Spence, K. W. (1941). Operationalism and theory construction. *Psychological Review, 48*, 1–14.

Berkowitz, L. (1962). *Aggression: A social psychological analysis*. New York: McGraw-Hill.

Berlyne, D. E. (1966). Curiosity and exploration. *Science, 153*, 25–33.

Berlyne, D. E. (1967). Arousal and reinforcement. In D. Levine (Ed.), *Nebraska symposium on motivation* (Vol. 15, pp. 1–110). Lincoln: University of Nebraska Press.

Berlyne, D. E. (1975). Behaviourism? Cognitive theory? Humanistic psychology? To Hull with them all. *Canadian Psychological Review, 16*, 69–80.

Berman, L. A., & Berman, J. R. (2000). Viagra and beyond: Where sex educators and therapists fit in from a multidisciplinary perspective. *Journal of Sex Education and Therapy, 25*, 17–24.

Bernard, L. L. (1924). *Instinct: A study of social psychology*. New York: Holt.

Bernieri, F. J., & Rosenthal, R. (1991). Interpersonal coordination: Behavior matching and interactional synchrony. In R. S. Feldman & B. Rimeí (Eds.), *Fundamentals of nonverbal behavior* (pp. 401–432). New York: Cambridge University Press.

Berry, D. S., & McArthur, L. Z. (1985). Some components and consequences of a babyface. *Journal of Personality and Social Psychology, 48*, 312–323.

Berry, D. S., & McArthur, L. Z. (1986). Perceiving character in faces: The impact of age-related craniofacial changes on social perception. *Psychological Bulletin, 100*, 3–18.

Berry, J. M., & West, R. L. (1993). Cognitive self-efficacy in relation to personal mastery and goal setting across the life span. *International Journal of Behavioral Development, 16*, 351–379.

Berry, S. L., Beatty, W. W., & Klesges, R. C. (1985). Sensory and social influences on ice cream consumption by males and females in a laboratory setting. *Appetite, 6*, 41–45.

Betz, N. E., & Hackett, G. (1986). Applications of self-efficacy theory to understanding career choice behavior. *Journal of Social and Clinical Psychology, 4*, 279–289.

Bexton, W. H., Heron, W., & Scott, T. H. (1954). Effects of decreased variation in the sensory environment. *Canadian Journal of Psychology, 8*, 70–66.

Binder, L. M., Dixon, M. R., & Ghezzi, P. M. (2000). A procedure to teach self-control to children with attention deficit hyperactivity disorder. *Journal of Applied Behavior Analysis, 33*, 233–237.

Bindra, D. (1959). *Motivation: A systematic reinterpretation*. New York: Ronald Press.

Bindra, D. (1979). *Motivation, the brain, and psychological theory*. Unpublished manuscript, Psychology Department, McGill University, Montreal.

Birch, H. G. (1956). Sources of odor in maternal behavior in animals. *American Journal of Orthopsychiatry, 26*, 279–284.

Birch, L. L., & Fisher, J. A. (1996). The role of experience in the development of children's eating behavior. In E. D. Capaldi (Ed.), *Why we eat what we eat: The psychology of eating*. Washington, DC: American Psychological Association.

Birch, L. L., Johnson, S. L., Anderson, G., Peters, J. C., & Schulte, M. C. (1991). The variability of young children's energy-intake. *New England Journal of Medicine, 324*, 232–235.

Birch, L. L., Zimmerman, S. I., & Hind, H. (1980). The influence of social affective context on the formation of children's food preferences. *Child Development, 51*, 856–861.

Birney, R. C., Burdick, H., & Teevan, R. C. (1969). *Fear of failure*. New York: Van Nostrand.

Blackburn, G. (1995). Effect of degree of weight loss on health benefits. *Obesity Research, 3*, 211S.

Blai, B., Jr. (1964). An occupational study of job satisfaction and need satisfaction. *Journal of Experimental Education, 32*, 383–388.

Blais, M. R., Sabourin, S., Boucher, C., & Vallerand, R. J. (1990). Toward a motivational model of couple happiness. *Journal of Personality and Social Psychology, 59*, 1021–1031.

Blanchard, D. C., & Blanchard, R. J. (1972). Innate and conditioned reactions to threat in rats with amygdaloid lesions. *Journal of Comparative Psychological Psychology, 81*, 281–290.

Blandler, R. (1988). Brain mechanisms of aggression as revealed by electrical and chemical stimulation: Suggestions of a central role for the midbrain periaqueductal grey region. In A. N. Epstein & J. M. Sprague (Eds.), *Progresses in psychobiology and physiological psychology* (Vol. 13, pp. 67–154). San Diego, CA: Academic Press.

Blank, P. D., Reis, H. T., & Jackson, L. (1984). The effects of verbal reinforcements on intrinsic motivation for sex-linked tasks. *Sex Roles, 10*, 369–387.

Blankenship, V. (1987). A computer-based measure of resultant achievement motivation. *Journal of Personality and Social Psychology, 53*, 361–372.

Blascovich, J., Brennan, K., Tomaka, J., Kelsey, R. M., Hughes, P., Coad, M. L., & Adlin, R. (1992). Affect intensity and cardiac arousal. *Journal of Personality and Social Psychology, 63*, 164–174.

Blasi, A. (1976). Concept of development in personality theory. In J. Loevinger (Ed.), *Ego development* (pp. 29–53). San Francisco: Jossey-Bass.

Blass, E. M., & Hall, W. G. (1976). Drinking termination: Interactions among hydrational, Orogastric, and behavioral controls in rats. *Psychological Review, 83,* 356–374.

Blatt, S. J. (1994). *Therapeutic change: An objects relations approach*. New York: Plenum.

Blatt, S. J. (1995). The destructiveness of perfectionism: Implications for the treatment of depression. *American Psychologist, 50*, 1003–1020.

Boggiano, A. K., & Barrett, M. (1985). Performance and motivational deficits of helplessness: The role of motivational orientations. *Journal of Personality and Social Psychology, 49*, 1753–1761.

Boggiano, A. K., Barrett, M., Weiher, A. W., McClelland, G. H., & Lusk, C. M. (1987). Use of the maximal-operant principle to motivate children's intrinsic interest. *Journal of Personality and Social Psychology, 53*, 866–879.

Boggiano, A. K., Flink, C., Shields, A., Seelbach, A., & Barrett, M. (1993). Use of techniques promoting students' self-determination: Effects on students' analytic problem-solving skills. *Motivation and Emotion, 17*, 319–336.

Boggiano, A. K., Main, D. S., & Katz, P. A. (1988). Children's preference for challenge: The role of perceived competence and control. *Journal of Personality and Social Psychology, 54*, 134–141.

Boggiano, A. K., & Ruble, D. N. (1979). Competence and the overjustification effect: A developmental study. *Journal of Personality and Social Psychology, 37*, 1462–1468.

Bolger, N. (1990). Coping as a personality process: A prospective study. *Journal of Personality and Social Psychology, 59*, 525–537.

Bolger, N., & Zuckerman, A. (1995). A framework for studying personality in the stress process. *Journal of Personality and Social Psychology, 69*, 890–902.

Bolger, N., & Shilling, E. A. (1991). Personality and the problems of everyday life: The role of neuroticism in exposure and reactivity to daily stressors. *Journal of Personality, 59*, 355–386.

294 Referências Bibliográficas

Bolles, R. C. (1972). A motivational view of learning, performance, and behavior modification. *Psychological Review, 81*, 199–213.

Bolles, R. C. (1975). *A theory of motivation* (2nd ed.). New York: Harper & Row.

Bolles, R. C., & Fanselow, M. S. (1980). A perceptual-defensive-recuperative model of fear and pain. *Behavioral and Brain Sciences, 3*, 291–323.

Bolm-Avdorff, J., Schwammle, J., Ehlenz, K., & Kaffarnik, H. (1989). Plasma level of catecholamines and lipids when speaking before an audience. *Work and Stress, 3*, 249–253.

Boneau, C. A. (1990). Psychological literacy: A first approximation. *American Psychologist, 45*, 891–900.

Booth, A., Shelley, G., Mazur, A., Tharp, G., & Kittok, R. (1989). Testosterone and winning and losing in human competition. *Hormones and Behavior, 23*, 556–571.

Borecki, I. B., Rice, T., Peírusse, L., Bouchard, C., & Rao, D. C. (1995). Major gene influence on the proximity to store fat in trunk versus extremity depots: Evidence from the Quebec family study. *Obesity Research, 3*, 1–8.

Bosenbaum, M., Leibel, R. L., & Hirsch, J. (1997). Obesity. *New England Journal of Medicine, 337*, 396–407.

Bowlby, J. (1969). *Attachment and loss: Vol. 1. Attachment*. New York: Basic Books.

Bowlby, J. (1973). *Attachment and loss: Vol. 2. Separation: Anxiety and anger*. New York: Basic Books.

Bowlby, J. (1980). *Attachment and loss, Vol. III. Loss, sadness, and depression*. New York: Basic Books.

Bowles, T. (1999). Focusing on time orientation to explain adolescent self concept and academic achievement: Part II. Testing a model. *Journal of Applied Health Behavior, 1*, 1–8.

Boyatzis, R. E. (1972). *A two factor theory of affiliation motivation*. Unpublished doctoral dissertation, Harvard University.

Boyatzis, R. E. (1973). Affiliation motivation. In D. C. McClelland & R. S. Steele (Eds.), *Human motivation: A book of readings*. Morristown, NJ: General Learning Press.

Bozarth, M. A. (1991). The mesolimbic dopamine system as a model reward system. In P. Willner & J. Scheol-Kroger (Eds.), *The mesolimbic dopamine system: From motivation to action* (pp. 301–330). New York: Wiley.

Branden, N. (1984). *The six pillars of self-esteem*. New York: Bantam Books.

Brandstatter, V., Lengfelder, A., & Gollwitzer, P. M. (2001). Implementation intentions and efficient action initiation. *Journal of Personality and Social Psychology, 81*, 946–960.

Brehm, J. W. (1956). Postdecision changes in the desirability of alternatives. *Journal of Abnormal and Social Psychology, 52*, 384–389.

Brehm, J. W. (1966). *A theory of psychological reactance*. New York: Academic Press.

Brehm, S. S., & Brehm, J. W. (1981). *Psychological reactance: A theory of freedom and control*. New York: Academic Press.

Brewer, M. B. (1979). Ingroup bias in the minimal intergroup situation: A cognitive-motivational analysis. *Psychological Bulletin, 86*, 307–324.

Brickman, P., Coates, D., & Janoff-Bulman, R. (1978). Lottery winners and accident victims: Is happiness relative? *Journal of Personality and Social Psychology, 36*, 917–927.

Brigham, T. A., Maier, S. M., & Goodner, V. (1995). Increased designated driving with a program of prompts and incentives. *Journal of Applied Behavior Analysis, 28*, 83–84.

Broadbent, D. E., Cooper, P. F., FitzGerald, P., & Parkes, K. R. (1982). The cognitive failures questionnaire (CFQ). *British Journal of Clinical Psychology, 21*, 1–16.

Brobeck, J. R. (1960). Food and temperature. *Recent Progress in Hormone Research, 16*, 439.

Brophy, J. (1981). Teacher praise: A functional analysis. *Review of Educational Research, 51*, 5–32.

Brophy, J. (1999). Toward a model of the value aspects of motivation in education: Developing appreciation for particular learning domains and activities. *Educational Psychologist, 34*, 75–85.

Brothers, K. J. (1994). Office paper recycling: A function of container proximity. *Journal of Applied Behavior Analysis, 27*, 153–160.

Brouwers, M., & Wiggum, C. D. (1993). Bulimia and perfectionism: Developing the courage to be imperfect. *Journal of Mental Health Counseling, 15*, 141–149.

Brown, A. S. (1991). A review of the tip-of-the-tongue experience. *Psychological Bulletin, 109*, 204–223.

Brown, I., Jr., & Inouye, D. K. (1978). Learned helplessness through modeling: The role of perceived similarity in competence. *Journal of Personality and Social Psychology, 36*, 900–908.

Brown, J. S. (1961). *The motivation of behavior*. New York: McGraw-Hill.

Brown, L. T., Ruder, V. G., Ruder, J. H., & Young, S. D. (1974). Stimulation seeking and the change seeker index. *Journal of Consulting and Clinical Psychology, 42*, 311.

Referências Bibliográficas **295**

Brownell, K. D. (1991). Dieting and the search for the perfect body: Where physiology and culture collide. *Behavior Therapy, 22*, 1–12.

Bryne, D. (1961). Anxiety and the experimental arousal of affiliation need. *Journal of Abnormal and Social Psychology, 63*, 660–662.

Buck, R. (1984). *The communication of emotion.* New York: Guilford Press.

Buck, R. (1986). The psychology of emotion. In J. LeDoux & W. Hirst (Eds.), *Mind and brain: Dialogues in cognitive neuroscience* (pp. 275–300). New York: Cambridge University Press.

Buck, R. (1988). *Human motivation and emotion.* New York: John Wiley & Sons.

Buckner, C. E., & Swann, W. B. Jr. (1996, August). *Physical abuse in close relationships: The dynamic interplay of couple characteristics.* Paper presented at the annual meeting of the American Psychological Association, Washington, DC.

Bugental, J. F. T. (1967). *Challenges and humanistic psychology.* New York: McGraw-Hill.

Burger, J. M. (1984). Desire for control, locus of control, and proneness to depression. *Journal of Personality, 52*, 71–89.

Burger, J. M. (1985). Desire for control and achievement-related behaviors. *Journal of Personality and Social Psychology, 48*, 1520–1533.

Burger, J. M. (1986). Desire for control and illusion of control: The effects of familiarity and sequence of outcomes. *Journal of Research in Personality, 20*, 66–76.

Burger, J. M. (1990). Desire for control and interpersonal interaction style. *Journal of Research in Personality, 24*, 32–44.

Burger, J. M. (1992). *Desire for control: Personality, social, and clinical perspectives.* New York: Plenum.

Burger, J. M., & Arkin, R. M. (1980). Prediction, control, and learned helplessness. *Journal of Personality and Social Psychology, 38*, 482–491.

Burger, J. M., & Cooper, H. M. (1979). The desirability of control. *Motivation and Emotion, 3*, 381–393.

Burger, J. M., Oakman, J. A., & Bullard, N. G. (1983). Desire for control and the perception of crowding. *Personality and Social Psychology Bulletin, 9*, 475–479.

Burger, J. M., & Schnerring, D. A. (1982). The effects of desire for control and extrinsic rewards on the illusion of control and gambling. *Motivation and Emotion, 6*, 329–335.

Buss, D. M., & Schmitt, D. P. (1993). Sexual strategies theory: An evolutionary perspective on human mating. *Psychological Review, 100*, 204–232.

Bussey, K., & Bandura, A. (1999). Social cognitive theory of gender development and differentiation. *Psychological Review, 106*, 676–713.

Buston, P. M., & Emlen. S. T. (2003). Cognitive processes underlying human mate choice: The relationship between self-perception and mate preference in Western society. *Proceedings of the National Academy of Sciences, 100*, 8805–8810.

Byrne, B. M. (1984). The general/academic self-concept nomological network: A review of construct validation research. *Review of Educational Research, 54*, 427–456.

Byrne, B. M. (1986). Self-concept/academic achievement relations: An investigation of dimensionality, stability, and causality. *Canadian Journal of Behavioral Science, 18*, 173–186.

Byrne, B. M. (1996). Academic self-concept: Its structure, measurement, and relation with academic achievement. In B. A. Bracken (Ed.), *Handbook of self-concept.* New York: Wiley.

Cabanac, M., & Duclaux, P. (1970). Obesity: Absence of satiety aversion to sucrose? *Science, 168*, 496–497.

Calhoon, L. L. (1988). Explorations in the biochemistry of sensation seeking. *Personality and Individual Differences, 9*, 941–949.

Cameron, J., & Pierce, W. D. (1994). Reinforcement, reward, and intrinsic motivation: A meta-analysis. *Review of Educational Research, 64*, 363–423.

Campfield, L. A., Smith, F. J., & Burn, P. (1997a). The OB protein (leptin) pathway: A link between adipose tissue mass and central neural networks. *Hormone and Metabolic Research, 28*, 619–632.

Campfield, L. A., Smith, F. J., & Burn, P. (1997b). OB protein: A hormonal controller of central neural networks mediating behavioral, metabolic and neuroendocrine responses. *Endocrinology and Metabolism, 4*, 81–102.

Campfield, L. A., Smith, F. J., & Burn, P. (1998). Strategies and potential molecular targets for obesity treatment. *Science, 280*, 1383–1387.

Campfield, L. A., Smith, F. J., Rosenbaum, M., & Hirsch, J. (1996). Human eating: Evidence for a physiological basis using a modified paradigm. *Neuroscience and Biobehavioral Reviews, 20*, 133–137.

Campion, M. A., & Lord, R. G. (1982). A control systems conceptualization of the goal-setting and changing process. *Organizational Behavior and Human Performance, 30*, 265–287.

296 Referências Bibliográficas

Camras, L. (1977). Facial expressions used by children in a conflict situation. *Child Development, 48*, 1431–1435.

Camras, L. A. (1992). Expressive development and basic emotions. *Cognition and Emotion, 6*, 269–283.

Cannon, W. B. (1927). The James-Lange theory of emotion: A critical examination and an alternative theory. *American Journal of Psychology, 39*, 106–124.

Cannon, W. B. (1929). *Bodily changes in pain, hunger, fear, and rage*. New York: Appleton.

Cannon, W. B. (1932). *The wisdom of the body*. New York: W. W. Norton.

Cantor, N., Markus, H., Niedenthal, P., & Nurius, P. (1986). On motivation and the self-concept. In R. M. Sorrentino & E. T. Higgins (Eds.), *Handbook of motivation and cognition* (Vol. 1, pp. 96–121). New York: Guilford Press.

Carlsmith, J. M., Ellsworth, P. C., & Aronson, E. (1976). *Methods of research in social psychology*. New York: Random House.

Carlson, N. C. (1988). *Discovering psychology*. Boston: Allyn & Bacon.

Carnelley, K. B., Pietromonaco, P. R., & Jaffe, K. (1994). Depression, working models of others, and relationship functioning. *Journal of Personality and Social Psychology, 66*, 127–140.

Carnevale, P. J. D., & Isen, A. M. (1986). The influence of positive affect and visual access on the discovery of integrative solutions in bilateral negotiation. *Organizational Behavior and Human Decision Processes, 37*, 1–13.

Carstensen, L. L. (1993). Motivation for social contact across the life span. In J. Jacobs (Ed.), Nebraska Symposium on Motivation: Developmental perspectives on motivation (Vol. 40, pp. 209–254). Lincoln: University of Nebraska Press.

Carstensen, L. L. (1995). Evidence for a life-span theory of socioemotional selectivity. *Current Directions in Psychological Science, 4*, 151–156.

Carstensen, L. L., Gottman, J. M., & Levenson, R. W. (1995). Emotional behavior in long-term marriage. *Psychology and Aging, 10*, 140–149.

Carter, R. (1988). *Mapping the mind*. Berkeley: University of California Press.

Carver, C. S., & Scheier, M. F. (1998). *On the self-regulation of behavior*. Cambridge, United Kingdom: Cambridge University Press.

Carver, C. S., & Blaney, P. H. (1977). Avoidance behavior and perceived control. *Motivation and Emotion, 1*, 61–63.

Carver, C. S., & Scheier, M. F. (1981). *Attention and self-regulation: A control theory approach to human behavior*. New York: Springer-Verlag.

Carver, C. S., & Scheier, M. F. (1982). Control theory: A useful conceptual framework for personality: Social, clinical, and health psychology. *Psychological Bulletin, 92*, 111–135.

Carver, C. S., & Scheier, M. F. (1990). Origins and functions of positive and negative affect: A control-process view. *Psychological Review, 97*, 19–35.

Carver, C. L., & White, T. L. (1994). Behavioral inhibition, behavioral activation, and affective responses to impending reward and punishment: The BIS/BAS scales. *Journal of Personality and Social Psychology, 67*, 319–333.

Chen, M., & Isen, A. M. (1992). *The influence of positive affect and success on persistence on a failed task*. Unpublished manuscript, Cornell University.

Chen, R. (1993). Responding to compliments: A contrastive study of politeness strategies between American English and Chinese speakers. *Journal of Pragmatics, 20*, 49–75.

Cioffi, D. (1991). Beyond attentional strategies: A cognitive-perceptual model of somatic interpretation. *Psychological Bulletin, 109*, 25–41.

Clark, L. A., Watson, D., & Leeka, J. (1989). Diurnal variation in the positive affects. *Motivation and Emotion, 13*, 205–234.

Clark, L. A., Watson, D., & Mineka, S. (1994). Temperament, personality, and the mood and anxiety disorders. *Journal of Abnormal Psychology, 103*, 103–116.

Clark, M. S. (1984). Record keeping in two types of relationships. *Journal of Personality and Social Psychology, 47*, 549–557.

Clark, M. S., & Mills, J. (1979). Interpersonal attraction in exchange and communal relationships. *Journal of Personality and Social Psychology, 37*, 12–24.

Clark, M. S., Mills, J., & Powell, M. C. (1986). Keeping track of needs in communal and exchange relationships. *Journal of Personality and Social Psychology, 51*, 333–338.

Clark, M. S., Ouellette, R., Powell, M. C., & Milberg, S. (1987). Recipient's mood, relationship type, and helping. *Journal of Personality and Social Psychology, 53*, 94–103.

Clement, R., & Jonah, B. A. (1984). Field dependence, sensation seeking and driving behavior. *Personality and Individual Differences, 5*, 87–93.

Clifford, M. M. (1984). Thoughts on a theory of constructive failure. *Educational Psychologist, 19*, 108–120.

Clifford, M. M. (1988). Failure tolerance and academic risk-taking in ten- to twelve-year-old students. *British Journal of Educational Psychology, 58*, 15–27.

Clifford, M. M. (1990). Students need challenge, not easy success. *Educational Leadership, 48*, 22–26.

Cofer, C. N., & Appley, M. H. (1964). *Motivation: Theory and research.* New York: John Wiley.

Cohen, S., Sherrod, D. R., & Clark, M. S. (1986). Social skills and the stress-protective role of social support. *Journal of Personality and Social Psychology, 50*, 963–973.

Cohn, J. F., Zlochower, A. J., Lien, J., & Kanade, T. (1999). Automated face analysis by feature point tracking has high concurrent validity with manual FACS coding. *Psychophysiology, 36*, 35–43.

Coles, M. G. H., Ponchin, E., & Porges, S. W., (Eds.) (1986). *Psychophysiology: Systems, processes, and applications.* New York: Guilford Press.

Colin, V. L. (1996). *Human attachment.* New York: McGraw-Hill.

Condry, J. (1977). Enemies of exploration: Self-initiated versus other-initiated learning. *Journal of Personality and Social Psychology, 35*, 459–477.

Condry, J. (1987). Enhancing motivation: A social development perspective. *Advances in motivation and achievement: Enhancing motivation, 5*, 23–49.

Condry, J., & Chambers, J. (1978). Intrinsic motivation and the process of learning. In M. R. Lepper & D. Greene (Eds.). *The hidden costs of reward: New perspectives on the psychology of human motivation* (pp. 61–84). Hillsdale, NJ: Lawrence Erlbaum.

Condry, J., & Stokker, L. G. (1992). Overview of special issue on intrinsic motivation. *Motivation and Emotion, 16*, 157–164.

Connell, J. P. (1990). Context, self, and action: A motivational analysis of self-system processes across the life-span. In D. Cicchetti (Ed.), *The self in transition: From infancy to childhood* (pp. 61–97). Chicago: University of Chicago Press.

Connell, J. P., & Wellborn, J. G. (1991). Competence, autonomy, and relatedness: A motivational analysis of self-system processes. In M. R. Gunnar & L. A. Sroufe (Eds.), *Self processes in development: Minnesota symposium on child psychology* (Vol. 23, pp. 167–216). Chicago: University of Chicago Press.

Connolly, K., & Smith, P. K. (1972). Reactions of pre-school children to a strange observer. In N. G. Blurton-Jones (Ed.), *Ethological studies of child behavior.* Cambridge: Cambridge University Press.

Cooper, K. H. (1968). *Aerobics.* New York: Bantam Books.

Cooper, K. J., & Browder, D. M. (1998). Enhancing choice and participation for adults with severe disabilities in community-based instruction. *Journal of the Association for Persons with Severe Handicaps, 23*, 252–260.

Cooper, M. L., Frone, M. R., Russell, M., & Mudar, P. (1995). Drinking to regulate positive and negative emotions: A motivational model of alcohol use. *Journal of Personality and Social Psychology, 69*, 990–1005.

Cooper, W. H. (1983). An achievement motivation nomological network. *Journal of Personality and Social Psychology, 44*, 841–861.

Cordova, D. I., & Lepper, M. R. (1996). Intrinsic motivation and the process of learning: Beneficial effects of contextualization, personalization, and choice. *Journal of Educational Psychology, 88*, 715–730.

Costa, P. T., Jr., & McCrae, R. R. (1980). Influence of extraversion and neuroticism on subjective well-being: Happy and unhappy people. *Journal of Personality and Social Psychology, 38*, 668–678.

Costa, P. T., & McRae, R. R. (1992). *Revised NEO Personality Inventory (NEO PI-R) and NEO Five-Factor Inventory Professional manual.* Odessa, FL: Psychological Assessment Resources.

Costello, C. G. (1978). A critical review of Seligman's laboratory experiments on learned helplessness and depression in humans. *Journal of Abnormal Psychology, 87*, 21–31.

Covington, M. (1984a). The self-worth theory of achievement motivation: Findings and implications. *The Elementary School Journal, 85*, 5–20.

Covington, M. (1984b). Motivation for self-worth. In R. Ames & C. A. Ames (Eds.), *Research on motivation in education* (Vol. 1, pp. 77–113). New York: Academic Press.

Covington, M. W., & Omelich, C. L. (1984). Task-oriented versus competitive learning structures: Motivational and performance consequences. *Journal of Educational Psychology, 76*, 1038–1050.

Cox, B. S., Cox, A. B., & Cox, D. J. (2000). Motivating signage prompts safety-belt use among drivers exiting senior communities. *Journal of Applied Behavior Analysis, 33*, 635–638.

Cox, R. (1987). The rich harvest of Abraham Maslow. In A. Maslow's, *Motivation and personality* (3rd ed., pp. 245–271). New York: Harper & Row.

Coyne, J. C. (1976a). Towards an interactional description of depression. *Psychiatry, 39*, 28–40.

Coyne, J. C. (1976b). Depression and the response of others. *Journal of Abnormal Psychology, 85*, 186–193.

Coyne, J. C., & DeLongis, A. (1986). Going beyond social support: The role of social relationships in adaptation. *Journal of Consulting and Clinical Psychology, 54*, 454–460.

Crago, M., Yates, A., Beutler, L. E., & Arizmendi, T. G. (1985). Height-weight ratios among female athletes: Are collegiate athletics the precursors to an anorexic syndrome? *International Journal of Eating Disorders, 4*, 79–87.

Crandall, C. S. (1988). Social cognition of binge eating. *Journal of Personality and Social Psychology, 55*, 588–598.

Crary, W. G. (1966). Reactions to incongruent self-experiences. *Journal of Consulting Psychology, 30*, 246–252.

Crews, F. (1996). The verdict on Freud. *Psychological Science, 7*, 63–67.

Crick, F., & Mitchison, G. (1986). REM sleep and neural networks. *Journal of Mind and Behavior, 7*, 229–250.

Cross, S. E., & Markus, H. R. (1991). Possible selves across the life span. *Human Development, 34*, 230–255.

Cross, S. E., & Markus, H. R. (1994). Self-schemas, possible selves, and competent performance. *Journal of Educational Psychology, 86*, 423–438.

Crowne, D. P., & Marlowe, D. (1964). *The approval motive*. New York: Wiley.

Csikszentmihalyi, M. (1975). *Beyond boredom and anxiety: The experience of flow in work and play*. San Francisco: Jossey-Bass.

Csikszentmihalyi, M. (1982). Toward a psychology of optimal experience. *Review of Personality and Social Psychology, 3*, 13–36.

Csikszentmihalyi, M. (1990). *Flow: The psychology of optimal experience*. New York: Harper & Row.

Csikszentmihalyi, M. (1997). *Finding flow: The psychology of engagement with everyday life*. New York: Basic Books.

Csikszentmihalyi, M., & Csikszentmihalyi, I. (Eds.) (1988). *Optimal experiences: Psychological studies of flow in consciousness*. New York: Cambridge University Press.

Csikszentmihalyi, M., & Nakamura, J. (1989). The dynamics of intrinsic motivation: A study of adolescents. In C. A. Ames & R. Ames (Eds.), *Research on motivation in education* (Vol. 3, pp. 45–61). San Diego: Academic Press.

Csikszentmihalyi, M., Rathunde, K., & Whalen, S. (1993). *Talented teenagers: The roots of success and failure*. New York: Cambridge University Press.

Cui, X., & Vaillant, G. E. (1996). The antecedents and consequences of negative live events in adulthood: A longitudinal study. *American Journal of Psychiatry, 152*, 21–26.

Cummings, D. E., Weigle, D. S., Frayo, R. S., Breen, P. A., Ma, M. K., Dellinger, E. P., & Purnell, J. Q. (2002). Plasma ghrelin levels after diet-induced weight loss or gastric bypass surgery. *New England Journal of Medicine, 346*, 1623–1630.

Cummings, D. E., Purnell, J. Q., Frayo, S., Schmidova, K., Wisse, B. E., & Weigle, D. S. (2001). A preprandial rise in plasma ghrelin levels suggests a role in meal initiation in humans. *Diabetes, 50*, 1714–1719.

Cunningham, M. R. (1986). Measuring the physical in physical attractiveness: Quasi-experiments on the sociobiology of female facial beauty. *Journal of Personality and Social Psychology, 50*, 925–935.

Cunningham, M. R., Barbee, A. P., & Pike, C. L. (1990). What do women want? Facialmetric assessment of multiple motives in the perception of male facial physical attractiveness. *Journal of Personality and Social Psychology, 59*, 61–62.

Cunningham, M. R., Roberts, A. R., Barbee, A. P., Druen, P. B., & Wu, C. (1995). Their ideas of beauty are, on the whole, the same as ours: Consistency and variability in the cross-cultural perception of female physical attractiveness. *Journal of Personality and Social Psychology, 68*, 261–279.

Curry, L. A., Snyder, C. R., Cook, D. L., Ruby, B. C., & Rehm, M. (1977). The role of hope in student-athlete academic and sport achievement. *Journal of Personality and Social Psychology, 73*, 1257–1267.

D'Amato, M. R. (1974). Derived motives. *Annual Review of Psychology, 25*, 83–106.

Daniels, M. (1988). The myth of self-actualization. *Journal of Humanistic Psychology, 28*, 7–38.

Darwin, C. A. (1859). *On the origin of species by means of natural selection*. London: John Murray; New York: Modern Library, 1936.

Darwin, C. A. (1872). *The expression of the emotions in man and animals*. London: John Murray.

Davidson, P., Turiel, E., & Black, A. (1983). The effects of stimulus familiarity in the use of criteria and justification in children's social reasoning. *British Journal of Developmental Psychology, 1*, 49–65.

Davidson, R. J. (1994). On emotion, mood, and related affective constructs. In P. Ekman & R. J. Davidson (Eds.), *The nature of emotion: Fundamental questions* (pp. 51–55). New York: Oxford University Press.

Davidson, R. J. (2003). Affective neuroscience and psychophysiology: Toward a synthesis. *Psychophysiology, 40*, 655–665.

Davidson, R. J., Ekman, P., Saron, C., Senulis, J., & Friesen, W. V. (1990). Approach/withdrawal and cerebral asymmetry. *Journal of Personality and Social Psychology, 58*, 330–341.

Davies, J., & Brember, I. (1999). Reading and mathematics attainments and self-esteem in years 2 and 6—an eight-year cross-sectional study. *Educational Studies, 25*, 145–157.

Davis, C. G., Nolen-Hoeksema, S., & Larsen, J. (1998). Making sense of loss and benefiting from the experience: Two construals of meaning. *Journal of Personality and Social Psychology, 75*, 561–574.

Davis, M. (1992). The role of the amygdala in conditioned fear. In J. P. Aggleton (Ed.), *The amygdala: Neurobiological aspects of emotion, memory, and mental dysfunction* (pp. 255–305). New York: Wiley.

Davis, M., Hitchcock, J. M., & Rosen, J. B. (1987). Anxiety and the amygdala: Pharmacological and anatomical analysis of the fear-potentiated startle paradigm. *The Psychology of Learning and Motivation, 21*, 263–305.

Davis, M., & Whalen, P. J. (2001). The amygdala: Vigilance and emotion. *Molecular Psychiatry, 6*, 13–34.

Davis, S. (2000). Testosterone and sexual desire in women. *Journal of Sex Education and Therapy, 25*, 25–32.

Day, J. D., Borkowski, J. G., Punzo, D., & Howsepian, B. (1994). Enhancing possible selves in Mexican American students. *Motivation and Emotion, 18*, 79–103.

Deaux, K., Reid, A., Mizrahi, K., & Ethier, K. A. (1995). Parameters of social identity. *Journal of Personality and Social Psychology, 53*, 281–295.

DeCastro, J. M., & Brewer, E. M. (1991). The amount eaten in meals by humans is a power function of the number of people present. *Physiology and Behavior, 51*, 121–125.

deCharms, R. (1968). *Personal causation.* New York: Academic Press.

deCharms, R. (1976). *Enhancing motivation: Change in the classroom.* New York: Irvington.

deCharms, R. (1984). Motivation enhancement in educational settings. In R. E. Ames & C. A. Ames (Eds.), *Research on motivation in education: Student motivation* (Vol. 1, pp. 275–310). New York: Academic Press.

deCharms, R. (1987). The burden of motivation. In M. L. Maehr & D. A. Kleiber (Eds.), *Advances in motivation and achievement: Enhancing motivation* (Vol. 5, pp. 1–21). Greenwhich, CT: JAI Press.

deCharms, R., & Moeller, G. H. (1962). Values expressed in American children's readers: 1800–1950. *Journal of Abnormal and Social Psychology, 64*, 136–142.

Deci, E. L. (1971). Effects of externally mediated rewards on intrinsic motivation. *Journal of Personality and Social Psychology, 18*, 105–115.

Deci, E. L. (1972). Intrinsic motivation, extrinsic reinforcement, and inequity. *Journal of Personality and Social Psychology, 22*, 113–120.

Deci, E. L. (1975). *Intrinsic motivation.* New York: Plenum.

Deci, E. L. (1980). *The psychology of self-determination.* Lexington, MA: Lexington Books.

Deci, E. L. (1992a). On the nature and function of motivation theories. *Psychological Science, 3*, 167–171.

Deci, E. L. (1992b). The relation of interest to the motivation of behavior: A self-determination theory perspective. In K. A. Renninger, S. Hidi, & A. Krapp (Eds.), *The role of interest in learning and development* (pp. 43–60). Hillsdale, NJ: Erlbaum.

Deci, E. L. (1995). *Why we do what we do: Understanding self-motivation.* New York: Penguin Books.

Deci, E. L., & Casio, W. F. (1972, April). *Changes in intrinsic motivation as a function of negative feedback and threats.* Paper presented at the meeting of the Eastern Psychological Association, Boston, MA.

Deci, E. L., Connell, J. P., & Ryan, R. M. (1989). Self-determination in a work organization. *Journal of Applied Psychology, 74*, 580–590.

Deci, E. L., Eghrari, H., Patrick, B. C., & Leone, D. R. (1994). Facilitating internalization: The self-determination theory perspective. *Journal of Personality, 62*, 119–142.

Deci, E. L., Koestner, R., & Ryan, R. M. (1999). A meta-analytic review of experiments examining the effects of extrinsic rewards on intrinsic motivation. *Psychological Bulletin, 125*, 627–668.

Deci, E. L., Nezlak, J., & Sheinman, L. (1981). Characteristics of the rewarder and intrinsic motivation of the rewardee. *Journal of Personality and Social Psychology, 40*, 1–10.

Deci, E. L., & Ryan, R. M. (1985a). *Intrinsic motivation and self-determination in human behavior.* New York: Plenum.

Deci, E. L., & Ryan, R. M. (1985b). The General Causality Orientations Scale: Self-determination in personality. *Journal of Research in Personality, 19*, 109–134.

Deci, E. L., & Ryan, R. M. (1987). The support of autonomy and the control of behavior. *Journal of Personality and Social Psychology, 53*, 1024–1037.

Deci, E. L., & Ryan, R. M. (1991). A motivational approach to self: Integration in personality. In R. Dienstbier (Ed.), *Nebraska symposium on motivation: Perspectives on motivation* (Vol. 38, pp. 237–288). Lincoln: University of Nebraska Press.

Deci, E. L., & Ryan, R. M. (1995). Human autonomy: The basis for true self-esteem. In M. Kernis (Ed.), *Efficacy, agency, and self-esteem* (pp. 31–49). New York: Plenum.

Deci, E. L., Ryan, R. M., & Williams, G. C. (1995). Need satisfaction and the self-regulation of learning. *Learning and Individual Differences, 8*, 165–183.

Deci, E. L., Schwartz, A., Scheinman, L., & Ryan, R. M. (1981). An instrument to assess adult's orientations toward control versus autonomy in children: Reflections on intrinsic motivation and perceived competence. *Journal of Educational Psychology, 73*, 642–650.

Deci, E. L., Spiegel, N. H., Ryan, R. M., Koestner, R., & Kauffman, M. (1982). Effects of performance standards on teaching styles: Behavior of controlling teachers. *Journal of Educational Psychology, 74*, 852–859.

De La Ronde, C., & Swann, W. B., Jr. (1998). Partner verification: Restoring shattered images of our intimates. *Journal of Personality and Social Psychology, 75*, 374–382.

Delisle, J. (1986). Death with honors: Suicide among gifted adolescents. *Journal of Counseling and Development, 64*, 558–560.

DeLongis, A., Coyne, J. C., Dakof, G., Folkman, S., & Lazarus, R. S. (1982). Relations of daily hassles, uplifts, and major life events to health status. *Health Psychology, 1*, 119–136.

DeLongis, A., Folkman, S., & Lazarus, R. S. (1988). The impact of daily stress and mood: Psychological and social resources as mediators. *Journal of Personality and Social Psychology, 54*, 486–495.

Dember, W. N. (1965). The new look in motivation. *American Scientist, 53*, 409–427.

Dember, W. N. (1974). Motivation and the cognitive revolution. *American Psychologist, 29*, 161–168.

Dembroski, T. M., MacDougall, J. M., & Musante, L. (1984). Desirability of control versus locus of control: Relationship to paralinguistics in the Type A interview. *Health Psychology, 3*, 15–26.

Dempsey, E. W. (1951). Homeostasis. In S. S. Stevens (Ed.), *Handbook of experimental psychology* (pp. 209–235). New York: John Wiley.

Denham, S. A., Mitchell-Copeland, J., Strandberg, K., Auerbach, S., & Blair, K. (1997). Parental contributions to preschooler's emotional competence: Direct and indirect effects. *Motivation and Emotion, 21*, 65–86.

DePaulo, B. (1992). Nonverbal behavior and self-presentation. *Psychological Bulletin, 111*, 203–243.

Depue, R. A., & Monroe, S. M. (1978). Learned helplessness in the perspective of the depressive disorders: Conceptual and definitional issues. *Journal of Abnormal Psychology, 87*, 3–20.

de Rivera, J. (1977). *A structural theory of the emotions.* New York: International Universities Press.

de Rivera, J. (1981). The structure of anger. In J. de Rivera (Ed.), *Conceptual encounter: A method for the exploration of human experience.* Washington, DC: University Press of America.

Deutsch, J. A., & Gonzalez, M. F. (1980). Gastric nutrient content signals satiety. *Behavior Neural Biology, 30*, 113–116.

Deutsch, J. A., Young, W. G., & Kalogeris, T. J. (1978). The stomach signals satiety. *Science, 201*, 165–167.

Di Chiara, G., Acquas, E., & Carboni, E. (1992). Drug motivation and abuse: A neurobiological perspective. *Annals of New York Academy of Sciences, 654*, 207–219.

Dickerson, C., Thibodeau, R., Aronson, E., & Miller, D. (1992). Using cognitive dissonance theory to encourage water conservation. *Journal of Applied Social Psychology, 22*, 841–854.

Diener, C. I., & Dweck, C. S. (1978). An analysis of learned helplessness: Continuous changes in performance, strategy, and achievement cognitions following failure. *Journal of Personality and Social Psychology, 36*, 451–462.

Diener, C. I., & Dweck, C. S. (1980). An analysis of learned helplessness: II. The processing of success. *Journal of Personality and Social Psychology, 39*, 940–952.

Diener, E., & Diener, M. (1995). Cross-cultural correlates of life satisfaction and self-esteem. *Journal of Personality and Social Psychology, 68*, 653–663.

Diener, E., & Diener, C. (1996). Most people are happy. *Psychological Science, 7*, 181–185.

Diener, E., & Emmons, R. A. (1984). The independence of positive and negative affect. *Journal of Personality and Social Psychology, 47*, 105–1117.

Diener, E., & Iran-Nejad, A. (1986). The relationship in experience between various types of affect. *Journal of Personality and Social Psychology, 50*, 1031–1038.

Diener, E., Sandvik, E., Pavot, W., & Fujita, F. (1998). Extraversion and subjective well-being in a U.S. national probability sample. *Journal of Research in Personality, 26*, 205–215.

Dienstbier, R. A. (1991). Introduction. In R. A. Dienstbier (Ed.), *Nebraska symposium on motivation* (Vol. 38, pp. ix–xiv). Lincoln: University of Nebraska Press.

Dimberg, U. (1982). Facial reactions to facial expressions. *Psychophysiology, 19*, 643–647.

Diserens, C. M. (1925). Psychological objectivism. *Psychological Review, 32*, 121–125.

Dollinger, S. J., & Thelen, M. H. (1978). Over-justification and children's intrinsic motivation: Comparative effects of four rewards. *Journal of Personality and Social Psychology, 36*, 1259–1269.

Donovan, J. M., Hill, E., & Jankowiak, W. R. (1989). Gender, sexual orientation, and truth-or-consequences in studies of physical attractiveness. *Journal of Sex Research, 26*, 264–271.

Driver-Linn, E. (2003). Where is psychology going? Structural fault lines revealed by psychologists' use of Kuhn. *American Psychologist, 58*, 269–278.

Druss, R. G., & Silverman, J. A. (1979). Body image and perfectionism of ballerinas. *General Hospital Psychiatry, 2*, 115–121.

Duffy, E. (1957). Psychological significance of the concept of arousal or activation. *Psychological Review, 64*, 265–275.

Dunker, K. (1945). On problem-solving. *Psychological Monographs, 58*, Whole No. 5.

Dunlap, K. (1919). Are there any instincts? *Journal of Abnormal Psychology, 14*, 35–50.

Dunn, J., & Munn, P. (1987). Development of justification in disputes with mother and sibling. *Developmental Psychology, 23*, 791–798.

Dupue, R. A., & Collins, P. F. (1999). Neurobiology of the structure of personality: Dopamine facilitation of incentive motivation and extraversion. *Behavioral and Brain Sciences, 22*, 491–569.

Dweck, C. S. (1975). The role of expectancies and attributions in the alleviation of learned helplessness. *Journal of Personality and Social Psychology, 31*, 674–685.

Dweck, C. S. (1986). Motivational processes affecting learning. *American Psychologist, 41*, 1040–1048.

Dweck, C. S. (1990). Motivation. In R. Glaser & A. Lesgold (Eds.), *Foundations for a cognitive psychology of education*. Hillsdale, NJ: Lawrence Erlbaum.

Dweck, C. S. (1999). *Self-theories: Their role in motivation, personality, and development*. Philadelphia: Psychology Press.

Dweck, C. S., & Elliot, E. S. (1983). Achievement motivation. In P. Mussen & E. M. Hetherington (Eds.), *Handbook of child psychology* (pp. 643–692). New York: Wiley.

Dweck, C. S., & Leggett, E. L. (1988). A social-cognitive approach to motivation and personality. *Psychological Review, 95*, 256–273.

Dweck, C. S., & Repucci, N. D. (1973). Learned helplessness and reinforcement responsibility in children. *Journal of Personality and Social Psychology, 25*, 109–116.

Dykman, B. M. (1998). Integrating cognitive and motivational factors in depression: Initial tests of a goal-orientation approach. *Journal of Personality and Social Psychology, 74*, 139–158.

Eagle, M. (1984). *Recent developments on psychoanalysis*. New York: McGraw-Hill.

Earley, P. C., Connolly, T., & Ekegren, G. (1989). Goals, strategy development and task performance: Some limits on the efficacy of goal setting. *Journal of Applied Psychology, 74*, 24–33.

Earley, P. C., & Perry, B. C. (1987). Work plan availability and performance: An assessment of task strategy priming on subsequent task completion. *Organizational Behavior and Human Decision Processes, 39*, 279–302.

Earley, P. C., Wojnaroski, P., & Prest, W. (1987). Task planning and energy expended: Exploration of how goals influence performance. *Journal of Applied Psychology, 72*, 107–113.

Eaves, L. J., Eysenck, H. J., & Martin, N. G. (1989). *Genes, culture, and personality: An empirical approach*. San Diego: Academic Press.

Eccles, J. S. (1984a). Sex differences in achievement patterns. In T. Sonderegger (Ed.), *Nebraska symposium on motivation: Psychology and gender* (Vol. 32, pp. 97–132). Lincoln: University of Nebraska Press.

Eccles, J. S. (1984b). Sex differences in mathematics participation. In M. Steinkamp & M. L. Maehr (Eds.), *Advances in motivation and achievement* (Vol. 2, pp. 93–137). Lincoln: University of Nebraska Press.

Eccles-Parsons, J. E., Adler, T. F., & Kaczala, C. M. (1982). Socialization of achievement attitudes and beliefs: Parental influences. *Child Development, 53*, 310–321.

Eccleston, C., & Crombez, G. (1999). Pain demands attention: A cognitive-affective model of the interruptive function of pain. *Psychological Bulletin, 125*, 356–366.

Eckenrode, J. (1984). Impact of chronic and acute stressors on daily reports of mood. *Journal of Personality and Social Psychology, 46*, 907–918.

Eckert, T. L., Ardoin, S. P., Daly III, E. J., & Martens, B. K. (2002). Improving oral reading fluency: A brief experimental analysis of combining an antecedent intervention with consequences. *Journal of Applied Behavior Analysis, 35*, 271–281.

Edwards, R., Manstead, A. S. R., & MacDonald, C. J. (1984). The relationship between children's sociometric status and ability to recognize facial expressions of emotion. *European Journal of Social Psychology, 14*, 235–238.

Eibl-Eibesfeldt, I. (1971). *Love and hate*. London: Methuen.

Eibl-Eibesfeldt, I. (1972). Similarities and differences between cultures in expressive movements. In R. A. Hinde (Ed.), *Nonverbal communication*. Cambridge: Cambridge University Press.

Eibl-Eibesfeldt, I. (1989). *Human ethology*. New York: Aldine De Gruyter.

Eidelson, R. J. (1980). Interpersonal satisfaction and level of achievement: A curvilinear relationship. *Journal of Personality and Social Psychology, 39,* 460–470.

Eisenberger, R., Pierce, W. D., & Cameron, J. (1999). Effects of reward on intrinsic motivation: Negative, neutral, and positive: Comment on Deci, Koestner, and Ryan (1999). *Psychological Bulletin, 125*, 677–691.

Ekman, P. (1972). Universal and cultural differences in facial expression of emotion. In J. R. Cole (Ed.), *Nebraska symposium on motivation* (Vol. 19, pp. 207–284). Lincoln: University of Nebraska Press.

Ekman, P. (1992). An argument for basic emotions. *Cognition and Emotion, 6*, 169–200.

Ekman, P. (1993). Facial expression and emotion. *American Psychologist, 48*, 384–392.

Ekman, P. (1994a). All emotions are basic. In P. Ekman & R. J. Davidson (Eds.), *The nature of emotion: Fundamental questions* (pp. 15–19). New York: Oxford University Press.

Ekman, P. (1994b). Strong evidence for universals in facial expressions: A reply to Russell's mistaken critique. *Psychological Bulletin, 115*, 268–287.

Ekman, P., & Davidson, R. J. (1993). Voluntary smiling changes regional brain activity. *Psychological Science, 4*, 342–345.

Ekman, P., & Davidson, R. J. (Eds.). (1994). *The nature of emotion: Fundamental questions* (pp. 20–24). New York: Oxford University Press.

Ekman, P., & Friesen, W. V. (1971). Constants across cultures in facial expressions of emotion. In J. K. Cole (Ed.), *Nebraska symposium on motivation* (pp. 207–283). Lincoln: University of Nebraska Press.

Ekman, P., & Friesen, W. V. (1975). *Unmasking the face*. Englewood Cliffs, NJ: Prentice-Hall.

Ekman, P., & Friesen, W. V. (1978). *Facial action coding system*. Palo Alto, CA: Consulting Psychologists Press.

Ekman, P., & Friesen, W. V. (1986). A new pan-cultural facial expression of emotion. *Motivation and Emotion, 10*, 159–168.

Ekman, P., Levenson, R. W., & Friesen, W. V. (1983). Autonomic nervous system activity distinguishes between emotions. *Science, 221*, 1208–1210.

Ekman, P., & Rosenberg, E. (1997). *What the face reveals*. New York: Oxford University Press.

Ekman, P., Sorenson, E. R., & Friesen, W. V. (1969). Pan-cultural elements in facial displays of emotion. *Science, 164*, 86–88.

El-Haschimi, K., Pierroz, D. D., Hileman, S. M., Bjorbake, C., & Flier, J. S. (2000). Two defects contribute to hypothalamic leptin resistance in mice with diet-induced obesity. *Journal of Clinical Investigation, 105*, 1827–1832.

Ellingson, S. A., Miltenberger, R. G., Stricker, J. M., Garlinghouse, M. A., Roberts, J., Galensky, T. L., & Rapp, J. T. (2000). Analysis and treatment of finger sucking. *Journal of Applied Behavior Analysis, 33*, 41–52.

Elliot, A. J. (1997). Integrating the "classic" and "contemporary" approaches to achievement motivation: A hierarchical model of approach and avoidance achievement motivation. In M. L. Maehr & P. R. Pintrich (Eds.), *Advances in motivation and achievement* (Vol. 10, pp. 143–179). Greenwich, CT: JAI Press.

Elliot, A. J. (1999). Approach and avoidance motivation and achievement goals. *Educational Psychologist, 34*, 169–189.

Elliot, A. J., & Church, M. (1997). A hierarchical model of approach and avoidance achievement motivation. *Journal of Personality and Social Psychology, 72*, 218–232.

Elliot, A. J., & Devine, P. G. (1994). On the motivational nature of cognitive dissonance: Dissonance as psychological discomfort. *Journal of Personality and Social Psychology, 66*, 382–394.

Elliot, A. J., & Harackiewicz, J. (1996). Approach and avoidance goals and intrinsic motivation: A mediational analysis. *Journal of Personality and Social Psychology, 70*, 461–475.

Elliot, A. J., & McGregor, H. (1999). Test anxiety and the hierarchical model of approach and avoidance achievement motivation. *Journal of Personality and Social Psychology, 76*, 628–644.

Elliot, A. J., & Sheldon, K. (1997). Avoidance achievement motivation: A personal goals analysis. *Journal of Personality and Social Psychology, 73*, 171–185.

Elliot, A. J., Sheldon, K., & Church, M. (1997). Avoidance personal goals and subjective well-being. *Personality and Social Psychology Bulletin, 23*, 915–927.

Elliot, A. J., & Thrash, T. M. (2002). Approach-avoidance motivation in personality: Approach and avoidance temperament and goals. *Journal of Personality and Social Psychology, 82*, 804–818.

Elliot, E., & Dweck, C. (1988). Goals: An approach to motivation and achievement. *Journal of Personality and Social Psychology, 54*, 5–12.

Elliot, T. R., Witty, T. E., Herrick, S., & Hoffman, J. T. (1991). Negotiating reality after physical loss: Hope, depression, and disability. *Journal of Personality and Social Psychology, 61*, 608–613.

Ellsworth, P. C. (1994). William James and emotion: Is a century of fame worth a century of misunderstanding? *Psychological Review, 101*, 222–229.

Ellsworth, P. C., & Smith, C. A. (1988a). From appraisal to emotion: Differences among unpleasant feelings. *Motivation and Emotion, 12*, 271–302.

Ellsworth, P. C., & Smith, C. A. (1988b). Shades of joy: Patterns of appraisal differentiating pleasant emotions. *Cognition and Emotion, 2*, 301–331.

Elman, D., & Killebrew, T. J. (1978). Incentives and seat belts: Changing a resistant behavior through extrinsic motivation. *Journal of Applied Social Psychology, 8*, 73–83.

Elmquist, J. K., Elias, C. F., & Saper, C. B. (1999). From lesions to leptin: hypothalamic control of food intake and body weight. *Neuron, 22*, 221–232.

Emmons, R. A. (1989). The personal striving approach to personality. In L. A. Pervin (Ed.), *Goal concepts in personality and social psychology* (pp. 87–126). Hillsdale, NJ: Lawrence Erlbaum.

Emmons, R. A. (1996). Striving and feeling: Personal goals and subjective well-being. In P. M. Gollwitzer & J. A. Bargh (Eds.), *The psychology of action: Linking cognition and motivation to behavior* (pp. 313–337). New York: Guilford Press.

Emmons, R. A., & Diener, E. (1986). Influence of impulsivity and sociability on subjective well-being. *Journal of Personality and Social Psychology, 50*, 1211–1215.

Engerman, J., Austin, J., & Bailey, J. (1997). Prompting patron safety-belt use at a supermarket. *Journal of Applied Behavior Analysis, 30*, 577–579.

Epstein, A. N. (1973). Epilogue: Retrospect and prognosis. In A. N. Epstein, H. R. Kissileff, & E. Stellar (Eds.), *The neuropsychology of thirst: New findings and advances in concepts* (pp. 315–332). New York: Wiley.

Epstein, J. A., & Harackiewicz, J. H. (1992). Winning is not enough: The effects of competition and achievement orientation on intrinsic interest. *Personality and Social Psychology Bulletin, 18*, 128–138.

Erdelyi, M. H. (1985). *Psychoanalysis: Freud's cognitive psychology*. New York: W. H. Freeman.

Erdelyi, M. H. (1990). Repression, reconstruction, and defense: History and integration of the psychoanalytic and experimental frameworks. In J. L. Singer (Ed.), *Repression and dissociation* (pp. 1–31). Chicago: University of Chicago Press.

Erdelyi, M. H., & Goldberg, B. (1979). Let's not sweep repression under the rug: Toward a cognitive psychology of repression. In J. F. Kilstrom & F. J. Evans (Eds.), *Fundamental disorders of memory*. Hillsdale, NJ: Lawrence Erlbaum.

Erez, M. (1977). Feedback: A necessary condition for the goal setting performance relationship. *Journal of Applied Psychology, 62*, 624–627.

Erez, M., Earley, P. C., & Hulin, C. L. (1985). The impact of participation on goal acceptance and performance: A two-step model. *Academy of Management Journal, 28*, 50–66.

Erez, M., & Kanfer, F. H. (1983). The role of goal acceptance in goal setting and task performance. *Academy of Management Review, 8*, 454–463.

Erez, M., & Zidon, I. (1984). Effects of goal acceptance on the relationship to goal difficulty and performance. *Journal of Applied Psychology, 60*, 69–78.

Ericsson, K. A., Krampe, R. T. C., & Tesch-Romer, C. (1993). The role of deliberate practice in the acquisition of expert performance. *Psychological Review, 100*, 363–406.

Ericsson, K. A., & Charness, N. (1994). Expert performance: Its structure and acquisition. *American Psychologist, 49*, 725–747.

Estrada, C. A., Isen, A. M., & Young, M. J. (1994). Positive affect improves creative problem-solving and influences reported source of practice satisfaction in physicians. *Motivation and Emotion, 18*, 285–299.

Estrada, C. A., Isen, A. M., & Young, M. J. (1997). Positive affect influences integration of information and decreases anchoring in reasoning among physicians. *Organizational Behavior and Human Decision Making Processes, 72*, 117–135.

Ethington, C. A. (1991). A test of a model of achievement behaviors. *American Educational Research Journal, 28*, 155–172.

Evans, G. E., Shapiro, D. H., & Lewis, M. (1993). Specifying dysfunctional mismatches between different control dimensions. *British Journal of Psychology, 84*, 255–273.

Exline, R. V. (1962). Need affiliation and initial communication behavior in problem solving groups characterized by low interpersonal visibility. *Psychological Reports, 10*, 79–89.

Exner, J. E., Jr. (1986). *The Rorschach: A comprehensive system* (Vol. 1, 2nd ed.). New York: Wiley-Interscience.

Eysenck, H. J. (1986). Can personality study ever be scientific? *Journal of Social Behavior and Personality, 1*, 3–19.

Eysenck, H. P. (1991). Biological dimensions of personality. In L. A. Pervin (Ed.), *Handbook of personality* (pp. 244–276). New York: Guilford Press.

Eysenck, S. B., Eysenck, H. J., & Barrett, P. (1985). A revised version of the psychoticism scale. *Personality and Individual Differences, 6*, 21–29.

Faust, I. M., Johnson, P. R., & Hirsch, J. (1977a). Adipose tissue regeneration following lipectomy. *Science, 197*, 391–393.

Faust, I. M., Johnson, P. R., & Hirsch, J. (1977b). Surgical removal of adipose tissue alters feeding behavior and the development of obesity in rats. *Science, 197*, 393–396.

Fazio, R. H., Jackson, J. R., Dunton, B., & Williams, C. J. (1995). Variability in automatic activation as an unobtrusive measure of racial attitudes: A bona fide pipeline? *Journal of Personality and Social Psychology, 69*, 1013–1027.

Fazio, R. H., Zanna, M., & Cooper, J. (1977). Dissonance and self-perception: An integrative view of each theory's proper domain of application. *Journal of Experimental Social Psychology, 13*, 464–479.

Fazio, R. H., Zanna, M., & Cooper, J. (1979). On the relationship of data to theory: A reply to Ronis and Greenwald. *Journal of Experimental Social Psychology, 15*, 70–66.

Feather, N. T. (1961). The relationship of persistence at a task to expectation of success and achievement related motives. *Journal of Abnormal and Social Psychology, 63*, 552–561.

Feather, N. T. (1963). Persistence at a difficult task with alternative tasks of intermediate difficulty. *Journal of Abnormal and Social Psychology, 66*, 604–609.

Feeney, J. A., & Noller, P. (1990). Attachment style as a predictor of adult romantic relationships. *Journal of Personality and Social Psychology, 58*, 281–291.

Fehr, B., Baldwin, M., Collins, L., Patterson, S., & Benditt, R. (1999). Anger in close relationships: An interpersonal script analysis. *Personality and Social Psychology Bulletin, 25*, 299–312.

Fehr, B., & Russell, J. A. (1984). Concept of emotion viewed from a prototype perspective. *Journal of Experimental Psychology: General, 113*, 464–486.

Felson, R. B. (1984). The effect of self-appraisals of ability on academic performance. *Journal of Personality and Social Psychology, 47*, 944–952.

Feltz, D. L. (1992). Understanding motivation in sport: A self-efficacy perspective. In G. C. Roberts (Ed.), *Motivation in sport and exercise* (pp. 93–105). Champaign, IL: Human Kinetics.

Fenigstein, A., Scheier, M. F., & Buss, A. H. (1975). Public and private self-consciousness: Assessment and theory. *Journal of Consulting and Clinical Psychology, 43*, 522–527.

Fernald, A. (1992). Human maternal vocalizations to infants as biologically relevant signals: An evolutionary perspective. In J. H. Barkow, L. Cosmides, & J. Tooby (Eds.), *The adapted mind* (pp. 391–428). New York: Oxford University Press.

Fernandez-Dols, J. M., & Ruiz-Belba, M. A. (1995). Are smiles a sign of happiness? Gold medal winners at the Olympic games. *Journal of Personality and Social Psychology, 69*, 1113–1119.

Feshbach, S. (1984). The personality of personality theory and research. *Personality and Social Psychology Bulletin, 10*, 446–456.

Festinger, L. (1957). *A theory of cognitive dissonance*. Stanford: Stanford University Press.

Festinger, L., & Carlsmith, J. M. (1959). Cognitive consequences of forced compliance. *Journal of Abnormal and Social Psychology, 58*, 203–210.

Festinger, L., Riecken, H. W., & Schachter, S. (1956). *When prophecy fails*. Minneapolis: Minnesota University Press.

Festinger, L., Riecken, H. W., & Schachter, S. (1958). When prophecy fails. In E. E. Maccoby, T. M. Newcomb, & E. L. Hartley (Eds.), *Readings in social psychology* (pp. 156–163). New York: Holt, Rinehart & Winston.

Findley, M. J., & Cooper, H. M. (1983). Locus of control and academic achievement: Literature review. *Journal of Personality and Social Psychology, 44*, 419–427.

Fischer, H., Andersson, J. L. R., Furmark, T., Wik, G., & Fredrikson, M. (2002). Right-sided human prefrontal brain activation during acquisition of conditioned fear. *Emotion, 2*, 233–241.

Fischer, K. W., Shaver, P. R., & Carnochan, P. (1990). How emotions develop and how they organise development. *Cognition and Emotion, 4*, 81–127.

Fisher, C. D. (1978). The effects of personal control, competence, and extrinsic reward systems on intrinsic motivation. *Organizational Behavior and Human Performance, 21*, 273–288.

Fisher, S., & Greenberg, R. P. (1977). *The scientific credibility of Freud's theories and therapy.* New York: Basic Books.

Fisher, S., & Greenberg, R. P. (1996). *Freud scientifically reappraised: Testing the theories and therapy.* New York: John Wiley & Sons.

Fisher, W., Piazza, C., Cataldo, M., Harrell, R., Jefferson, G., & Comer, R. (1993). Functional communication training with and without extinction and punishment. *Journal of Applied Behavior Analysis, 26*, 23–36.

Flegel, K. M., Carroll, M. D., Kucznarski, R. J., & Johnson, C. L. (1998). Overweight and obesity in the United States: Prevalence and trends, 1960–1994. *International Journal of Obesity Relat. Matabolism Disorder, 22*, 39–47.

Flink, C., Boggiano, A. K., & Barrett, M. (1990). Controlling teaching strategies: Undermining children's self-determination and performance. *Journal of Personality and Social Psychology, 59*, 916–924.

Flink, C., Boggiano, A. K., Main, D. S., Barrett, M., & Katz, P. A. (1992). Children's achievement-related behaviors: The role of extrinsic and intrinsic motivational orientations. In A. K. Boggiano & T. S. Pittman (Eds.), *Achievement and motivation: A social-developmental perspective* (pp. 189–214). New York: Cambridge University Press.

Foch, T. T., & McClearn, G. E. (1980). Genetics, body weight, and obesity. In A. E. Stunkard (Ed.), *Obesity* (pp. 48–61). Philadelphia: W. B. Saunders.

Foder, E. M., & Farrow, D. L. (1979). The power motive as an influence on the use of power. *Journal of Personality and Social Psychology, 37*, 2091–2097.

Foder, E. M., & Smith, T. (1982). The power motive as an influence on group decision making. *Journal of Personality and Social Psychology, 42,* 178–185.

Folkman, S., & Lazarus, R. S. (1985). If it changes it must be a process: Study of emotion and coping during three stages of a college examination. *Journal of Personality and Social Psychology, 48*, 150–170.

Folkman, S., & Lazarus, R. S. (1990). Coping and emotion. In N. Stein, B. Leventhal, & T. Trabasso (Eds.), *Psychological and biological approaches to emotion* (pp. 313–332). Hillsdale, NJ: Lawrence Erlbaum.

Folkman, S., Lazarus, R. S., Dunkel-Schetter, C., DeLongin, A., & Gruen, R. J. (1986). Dynamics of a stressful encounter: Cognitive appraisal, coping, and encounter outcomes. *Journal of Personality and Social Psychology, 50*, 992–1003.

Foote, N. N. (1951). Identification as the basis for a theory of motivation. *American Sociological Review, 16*, 14–21.

Ford, J. G. (1991a). Inherent potentialities of actualization: An initial exploration. *Journal of Humanistic Psychology, 31*, 65–88.

Ford, J. G. (1991b). Rogerian self-actualization: A clarification of meaning. *Journal of Humanistic Psychology, 31*, 101–111.

Ford, J. G. (1995). The temperament/actualization concept: A perspective on constitutional integrity and psychological health. *Journal of Humanistic Psychology, 35*, 57–67.

Forest, D., Clark, M. S., Mills, J., & Isen, A. M. (1979). Helping as a function of feeling state and nature of the helping behavior. *Motivation and Emotion, 3*, 161–169.

Fowles, D. C. (1988). Psychophysiology and psychopathology: A motivational approach. *Psychophysiology, 25*, 373–391.

Frankl, V. E. (1960). Paradoxical intention: A logotherapeutic technique. *American Journal of Psychotherapy, 14*, 520–525.

Frayne, C. A., & Latham, G. P. (1987). The application of social learning theory to employee self-management of attendance. *Journal of Applied Psychology, 72*, 387–392.

Freud, A. (1946). *The ego and mechanisms of defense.* New York: International Universities Press.

Freud, S. (1914). *Psychopathology of everyday life* (A. A. Brill, Trans.). New York: Macmillan. (Original work published 1901)

Freud, S. (1915). Instincts and their vicissitudes (translated by J. Riviere, 1949). In *Collected papers of Sigmund Freud* (Vol. 4, pp. 60–83). London: Hogarth.

Freud, S. (1917). *Wit and its relation to the unconscious* (A. A. Brill, Trans.). New York: Moffat, Yard. (Original work published 1905)

Freud, S. (1920). *A general introduction to psychoanalysis* (J. Riviefre, Trans.). New York: Liverright. (Original work published 1917)

Freud, S. (1922). *Beyond the pleasure principle* (J. Strachey, Trans.). London: Hogarth. (Original work published 1920)

Freud, S. (1927). *The ego and the id* (J. Riviefre, Trans.). London: Hogarth. (Original work published 1923)

Freud, S. (1932). *The interpretation of dreams* (A. A. Brill, Trans.). London: Allen & Irwin. (Original work published 1900)

Freud, S. (1949). Instincts and their vicissitudes. In J. Rivieíre (Trans.), *Collected papers of Sigmund Freud* (Vol. 4, pp. 60–83). London: Hogarth. (Original work published 1915)

Freud, S. (1958). *Civilization and its discontents* (J. Rivieíre, Trans.). London: Hogarth Press. (Original work published 1930)

Freud, S. (1959). Inhibitions, symptoms, and anxiety (A. Strachey & J. Strachey, Trans.). In J. Strachey (Ed.) *The standard edition of the complete psychological works of Sigmund Freud* (Vol. 20). London: Hogarth Press. (Original work published 1926)

Freud, S. (1961). Humour (J. Rivieíre & J. Strachey, Trans.). In J. Strachey (Ed.) *The standard edition of the complete psychological works of Sigmund Freud* (Vol. 21). London: Hogarth press. (Original work published 1927)

Freud, S. (1964). New introductory lectures on psychoanalysis. In J. Strachey (Ed. and Trans.), *The standard edition of the complete psychological works of Sigmund Freud*. London: Hogart Press.

Fridlund, A. J. (1992). *The behavioral ecology and sociality of human faces*. In M. S. Clark (Ed.), Emotion. Newbury Park, CA: Sage.

Fried, C. B., & Aronson, E. (1995). Hypocrisy, misattribution, and dissonance reduction. *Personality and Social Psychology Bulletin, 21*, 925–933.

Frijda, N. H. (1986). *The emotions*. New York: Cambridge University Press.

Frijda, N. H. (1988). The laws of emotion. *American Psychologist, 43*, 349–358.

Frijda, N. H. (1993). The place of appraisal in emotion. *Cognition and Emotion, 7*, 357–388.

Frijda, N. H. (1994). Universal antecedents exist, and are interesting. In P. Ekman & R. J. Davidson (Eds.), *The nature of emotion: Fundamental questions* (pp. 155–162). New York: Oxford University Press.

Fromm, E. (1941). *Escape from freedom*. New York: Rinehart.

Fromm, E. (1956). *The art of loving*. New York: Harper & Brothers.

Fromm, E. (1964). *The heart of man*. New York: Harper & Row.

Fromm, E. (1986). *For the love of life*. New York: The Free Press.

Frost, R. O., Marten, P., Lahart, C., & Rosenblate, R. (1990). The dimensions of perfectionism. *Cognitive Therapy and Research, 14*, 449–468.

Gable, S. L., Reis, H. T., & Elliot, A. J. (2000). Behavioral activation and inhibition in everyday life. *Journal of Personality and Social Psychology, 78*, 1135–1149.

Gadde, K. M., Franciscy, D. M., Wagner II, H. R., & Krishnan, K. R. R. (2003). Zonisamide for weight loss in obese adults. *JAMA: Journal of the American Medical Association, 289*, 1820–1825.

Gagnon, J. H. (1974). Scripts and the coordination of sexual conduct. In J. K. Cole & R. Diensteiber (Eds.), *Nebraska symposium on motivation* (Vol. 21, pp. 27–59). Lincoln: University of Nebraska Press.

Gagnon, J. H. (1977). *Human sexualities*. Glenview, IL: Scott Foresman.

Gallagher, M., & Chiba, A. A. (1996). The amygdala and emotion. *Current Opinion in Neurobiology, 6*, 221–227.

Gallagher, S. M., & Keenan, M. (2000). Independent use of activity materials by the elderly in a residential setting. *Journal of Applied Behavior Analysis, 33*, 325–328.

Garbarino, J. (1975). The impact of anticipated reward upon cross-aged tutoring. *Journal of Personality and Social Psychology, 32*, 421–428.

Gardner, H. (1985). *The mind's new science: A history of the cognitive revolution*. New York: Basic Books.

Gecas, V., & Burke, P. J. (1995). Self and identity. In K. S. Cook, G. A. Fine, & J. S. House (Eds.), *Sociological perspectives on social psychology* (pp. 41–67). Boston: Allyn & Bacon.

Geller, E. S. (1988). A behavioral science approach to transportation safety. *The New York Academy of Medicine, 64*, 632–661.

Geller, E. S., Altomari, M. G., & Russ, N. W. (1984). *Innovative approaches to drunk driving prevention*. Warren, MI: Societal Analysis Department, General Motors Research Laboratories.

Geller, E. S., Casali, J. G., & Johnson, R. P. (1980). Seat belt usage: A potential target for applied behavior analysis. *Journal of Applied Behavior Analysis, 13*, 669–675.

Geller, E. S., Rudd, J. R., Kalsher, M. J., Streff, F. M., & Lehman, G. R. (1987). Employer-based programs to motivate safety-belt use: A review of short-term and long-term effects. *Journal of Safety Research, 18*, 1–17.

Geller, L. (1982). The failure of self-actualization theory: A critique of Carl Rogers and Abraham Maslow. *Journal of Humanistic Psychology, 22*, 56–63.

Gerard, H. (1992). Dissonance theory: A cognitive psychology with an engine. *Psychological Inquiry, 3*, 323–327.

Gershoff, E. T. (2002). Corporal punishment by parents and associated child behaviors and experiences: A meta-analytic and theoretical review. *Psychological Bulletin, 128*, 539–579.

Gibson, E. J. (1988). Exploratory behavior in the development of perceiving, acting and the acquiring of knowledge. *Annual Review of Psychology, 39*, 1–41.

Gilovich, T., Medvec, V. H., & Chen, S. (1995). Commission, omission, and dissonance reduction: Coping with regret in the Monty Hall problem. *Personality and Social Psychology Bulletin, 21*, 182–190.

Gjesme, T. (1981). Is there any future in achievement motivation? *Motivation and Emotion, 5*, 115–138.

Goebel, B. L., & Brown, D. R. (1981). Age differences in motivation related to Maslow's need hierarchy. *Developmental Psychology, 17*, 809–815.

Goffman, E. (1959). *The presentation of self in everyday life*. Garden City, NY: Doubleday.

Gold, M. S., & Fox, C. F. (1982). Antianxiety and opiates. *Brain and Brain Sciences, 3*, 486–487.

Gold, M. S., Pottash, A. L. C., Extein, I., & Kleber, H. D. (1980). Chonidine in acute opiate withdrawal. *New England Journal of Medicine, 302*, 1421–1422.

Goldberg, C. (1995). The daimenic development of the malevolent personality. *Journal of Humanistic Psychology, 35*, 7–36.

Goldsmith, H. H. (1994). Parsing the emotional domain from a developmental perspective. In P. Ekman & R. J. Davidson (Eds.), *The nature of emotion: Fundamental questions* (pp. 68–73). New York: Oxford University Press.

Goldstein, K. (1939). *The organism*. New York: American Book Company.

Goleman, D. (2003). *Destructive emotions: How can we overcome them?* New York: Bantam Books.

Gollwitzer, P. M. (1993). Goal achievement: The role of intentions. In W. Stroebe & M. Hewstone (Eds.), *European review of social psychology* (Vol. 4, pp. 141–185). Chichester, England: Wiley.

Gollwitzer, P. M. (1996). The volitional benefits of planning. In P. M. Gollwitzer & J. A. Bargh (Eds.), *The psychology of action: Linking cognition and emotion to behavior* (pp. 287–312). New York: Guilford Press.

Gollwitzer, P. M. (1999). Implementation intentions: Strong effects of simple plans. *American Psychologist, 54*, 493–503.

Gollwitzer, P. M., & Bargh, J. A. (Eds.). (1996). *The psychology of action: Linking cognition and motivation to behavior*. New York: Guilford Press.

Gollwitzer, P. M., & Brandstatter, V. (1997). Implementation intentions and effective goal pursuit. *Journal of Personality and Social Psychology, 73*, 186–199.

Gollwitzer, P. M., & Moskowitz, G. B. (1996). Goal effects on action and cognition. In E. T. Higgins & A. W. Kruglanski (Eds.), *Social psychology: Handbook of basic principles* (pp. 361–399). New York: Guilford Press.

Gollwitzer, P. M., & Schaal, B. (1998). Metacognition in action: The importance of implementation intentions. *Personality and Social Psychology Review, 2*, 124–136.

Gonas, G. (1977). Situation versus frame: The interactionist and the structuralist analysis of everyday life. *American Sociological Review, 42*, 854–867.

Goodenough, F. L. (1932). Expressions of emotions in a blind-deaf child. *Journal of Abnormal and Social Psychology, 27*, 328–333.

Goodenow, C. (1993). The psychological sense of school membership among adolescents: Scale development and educational correlates. *Psychology in the Schools, 30*, 79–90.

Goodman, R. A. (1968). On the operationality of Maslow's need hierarchy. *British Journal of Industrial Relations, 6*, 51–57.

Gottfried, A. (1985). Academic intrinsic motivation in elementary and junior high school students. *Journal of Educational Psychology, 77*, 631–645.

Gras, M. E., Cunill, M., Planes, M., Sullman, M. J. M., & Oliveras, C. (2003). Increasing safety-belt use in Spanish drivers: A field test of personal prompts. *Journal of Applied Behavior Analysis, 36*, 249–251.

Gray, J. A. (1982). *The neuropsychology of anxiety: An inquiry into the functions of the septohippocampal systems*. Oxford, England: Oxford University Press.

Gray, J. A. (1987). Perspectives on anxiety and impulsivity: A commentary. *Journal of Research in Personality, 21*, 493–509.

Gray, J. A. (1987). *The psychology of fear and stress* (2nd ed.). Cambridge, United Kingdom: Cambridge University Press.

Gray, J. A. (1994). Three fundamental emotion systems. In P. Ekman & R. J. Davidson (Eds.), *The nature of emotion: Fundamental questions* (pp. 243–247). New York: Oxford University Press.

Gray, J. R., Braver, T. S., & Raichle, M. E. (2002). Integration of emotion and cognition in the lateral prefrontal cortex. *Proceedings of the National Academy of Science, 99*, 4115–4120.

Green, C. W., Reid, D. H., White, L. K., Halford, R. C., Brittain, D. P., & Gardner, S. M. (1988). Identifying reinforcers for persons with profound handicaps: Staff opinion versus systematic assessment of preferences. *Journal of Applied Behavior Analysis, 21*, 31–43.

Greenberg, J. R., & Mitchell, S. (1983). *Object relations in psychoanalytic theory*. Cambridge, MA: Harvard University Press.

Greenberg, J. R., & Pyszczynski, T. (1985). Compensatory self-inflation: A response to the threat to self-regard of public failure. *Journal of Personality and Social Psychology, 49*, 273–280.

Greenberg, J. R., Solomon, S., Pyszczynski, T., Rosenblatt, A., Burling, J., Lyon, D., Simon, L., & Pinel, E. (1992). Why do people need self-esteem? Converging evidence that self-esteem serves an anxiety-buffering function. *Journal of Personality and Social Psychology, 63*, 913–922.

Greenberg, R., & Pearlman, C. (1993). An integrated approach to dream theory: Contributions from sleep research and clinical practice. In A. Moffitt, M. Kramer, & R. Hoffman (Eds.), *The functions of dreaming* (pp. 363–380). Albany: State University of New York.

Greene, D., & Lepper, M. R. (1974). Effects of extrinsic rewards on children's subsequent intrinsic interest. *Child Development, 45*, 1141–1145.

Greeno, C. G., & Wing, R. R. (1994). Stress-induced eating. *Psychological Bulletin, 115*, 444–464.

Greenwald, A. G., (1992). New look 3: Unconscious cognition reclaimed. *American Psychologist, 47*, 766–779.

Greenwald, A. G., Spangenberg, E. R., Pratkanis, A. R., & Eskenazi, J. (1991). Double-blind tests of subliminal self-help audiotapes. *Psychological Science, 2*, 119–122.

Gregory, L. W., Cialdini, R. B., & Carpenter, K. M. (1982). Self-relevant scenarios as mediators of likelihood estimates and compliance: Does imagining make it so? *Journal of Personality and Social Psychology, 43*, 89–99.

Grilo, C. M., & Pogue-Geile, M. F. (1991). The nature of environmental influences on weight and obesity: A behavior genetics analysis. *Psychological Bulletin, 110*, 520–537.

Grilo, C. M., Shiffman, S., & Wing, R. R. (1989). Relapse crises and coping among dieters. *Journal of Consulting and Clinical Psychology, 57*, 488–495.

Grolnick, W. S. (2003). *The psychology of parental control: How well-meant parenting backfires*. Mahwah, NJ: Lawrence Erlbaum.

Grolnick, W. S., Deci, E. L., & Ryan, R. M. (1997). Internalization within the family: The self-determination perspective. In J. E. Grusec & L. Kuczynski (Eds.), *Parenting and children's internalization of values: A handbook of contemporary theory* (pp. 135–161). New York: Wiley.

Grolnick, W. S., Frodi, A., & Bridges, L. (1984). Maternal control styles and the mastery motivation of one-year-olds. *Infant Mental Health Journal, 5*, 72–82.

Grolnick, W. S., & Ryan, R. M. (1987). Autonomy in children's learning: An experimental and individual difference investigation. *Journal of Personality and Social Psychology, 52*, 890–898.

Gross, J. J. (1999). Emotion regulation: Past, present, future. *Cognitive and Emotion, 13*, 551–573.

Gross, J. J., Carstensen, L. L., Pasupathi, M., & Tsai, J. (1997). Emotion and aging: Experience, expression, and control. *Psychology and Aging, 12*, 590–599.

Gross, N., Mason, W. S., & McEachern, A. W. (1958). *Explorations in role analysis: Studies of the school superintendency role*. New York: Wiley.

Gruen, A. (1976). Autonomy and compliance: The fundamental antithesis. *Journal of Humanistic Psychology, 16*, 61–69.

Guay, A. T. (2001). Decreasing testosterone in regularly menstrating women with decreased libido: A clinical observation. *Journal of Sex and Marital Therapy, 27*, 513–519.

Guisinger, S., & Blatt, S. J. (1994). Individuality and relatedness: Evolution of a fundamental dialectic. *American Psychologist, 49*, 104–111.

Hackett, G. (1985). The role of mathematics self-efficacy in the choice of math-related majors of college women and men: A path analysis. *Journal of Counseling Psychology, 32*, 47–56.

Haggbloom, S. J., Warnick, R., Warnick, J. E., Jones, V. K., Yarbrough, G. L., Russell, T. M., Borecky, C. M., McGahhey, R., Powell, J. L., Beavers, J., & Monte, E. (2002). The 100 most eminent psychologists of the 20th century. *Review of General Psychology, 6*, 139–152.

Hall, H. K., & Byrne, A. T. J. (1988). Goal setting in sport: Clarifying recent anomalies. *Journal of Sport and Exercise Psychology, 10*, 184–198.

Hall, J. F. (1961). *Psychology of motivation*. Philadelphia: J. B. Lippincott.

Hall, R. V., Axelrod, S., Tyler, L., Grief, E., Jones, F. C., & Robertson, R. (1972). Modification of behavior problems in the home with a parent as observer and experimenter. *Journal of Applied Behavior Analysis, 5*, 53–64.

Hall, W. G. (1973). A remote stomach clamp to evaluate oral and gastric controls of drinking in the rat. *Physiology and Behavior, 173*, 897–901.

Hamachek, D. E. (1978). Psychodynamics of normal and neurotic perfectionism. *Psychology, 15*, 27–33.

Hamann, S. B., Ely, T. D., Hoffman, J. M., & Kilts, C. D. (2002). Ecstasy and agony: Activation of the human amygdala in positive and negative emotion. *Psychological Science, 13*, 135–141.

Hamer, D. H., Hu, S., Magnuson, V. L., Hu, N., & Pattatucci, A. M. L. (1993). A linkage between DNA markers on the X chromosome and male sexual orientation. *Science, 261*, 321–327.

Hansford, B. C., & Hattie, J. A. (1982). The relationship between self and achievement/performance measures. *Review of Educational Research, 52*, 123–142.

Harackiewicz, J. (1979). The effects of reward contingency and performance feedback on intrinsic motivation. *Journal of Personality and Social Psychology, 37*, 1352–1363.

Harackiewicz, J. M., Barron, K. E., Carter, S. M., Lehto, A. T., & Elliot, A. J. (1997). Predictors and consequences of achievement goals in the college classroom: Maintaining interest and making the grade. *Journal of Personality and Social Psychology, 73*, 1284–1295.

Harackiewicz, J. M., & Elliot, A. J. (1993). Achievement goals and intrinsic motivation. *Journal of Personality and Social Psychology, 65*, 904–915.

Harackiewicz, J. M., & Manderlink, G. (1984). A process analysis of the effects of performance-contingent rewards on intrinsic motivation. *Journal of Experimental Social Psychology, 20*, 531–551.

Harackiewicz, J. M., Sansone, C., & Manderlink, G. (1985). Competence, achievement orientation, and intrinsic motivation: A process analysis. *Journal of Personality and Social Psychology, 48*, 493–508.

Hardaway, R. A. (1990). Subliminally activated symbiotic fantasies: Facts and artifacts. *Psychological Bulletin, 107*, 177–195.

Hardeman, M. (1979). A dialogue with Abraham Maslow. *Journal of Humanistic Psychology, 19*, 23–28.

Hardre, P. L., & Reeve, J. (2003). A motivational model of rural students' intentions to persist in, versus drop out of, high school. *Journal of Educational Psychology, 95*, 347–356.

Harlow, H. F. (1953). Motivation as a factor in the acquisition of new responses. In M. R. Jones (Ed.), *Nebraska symposium on motivation* (Vol. 1, pp. 24–49). Lincoln: University of Nebraska Press.

Harmon-Jones, E., & Mills, J. (1999). An introduction to cognitive dissonance theory and an overview of current perspectives on the theory. In E. Harmon-Jones & J. Mills (Eds.), *Cognitive dissonance: Progress on a pivotal theory in social psychology* (pp. 3–21). Washington, DC: American Psychological Association.

Harper, R. M., Frysinger, R. C., Trelease, R. B., & Marks, J. D. (1984). State-dependent alteration of respiratory cycle timing by stimulation of the central nucleus of the amygdala. *Brain Research, 306*, 1–8.

Harris, R. N., & Snyder, C. R. (1986). The role of uncertain self-esteem in self-handicapping. *Journal of Personality and Social Psychology, 51*, 451–458.

Harrison, A. A., & Saeed, L. (1997). Let's make a deal: An analysis of revelations and stipulations in lonely hearts advertisements. *Journal of Personality and Social Psychology, 35*, 257–264.

Harter, S. (1974). Pleasure derived by children from cognitive challenge and mastery. *Child Development, 45*, 661–669.

Harter, S. (1978a). Effectance motivation reconsidered: Toward a developmental model. *Human Development, 21*, 34–64.

Harter, S. (1978b). Pleasure derived from optimal challenge and the effects of extrinsic rewards on children's difficulty level choices. *Child Development, 49*, 788–799.

Harter, S. (1981). A model of mastery motivation in children: Individual differences and developmental changes. In W. A. Collin (Ed.), *Aspects of the development of competence* (Vol. 14, pp. 215–255). Hillsdale, NJ: Erlbaum.

Harter, S. (1988). The construction and conservation of the self: James and Cooley revisited. In D. K. Lapsle & F. C. Power (Eds.), *Self, ego, and identity: Integrative approaches* (pp. 43–60). New York: Springer-Verlag.

Harter, S. (1990). Causes, correlates and the functional role of global self-worth: A life-span perspective. In R. J. Sternberg & J. Kolligian, Jr. (Eds.), *Competence considered* (pp. 67–97). New Haven, CT: Yale University Press.

Harter, S. (1993). Causes and consequences of low self-esteem in children and adolescents. In R. Baumeister (Ed.), *Self-esteem: The puzzle of low self-regard* (pp. 87–116). New York: Plenum Press.

Harter, S., & Park, R. (1984). The pictorial perceived competence scale for young children. *Child Development, 55*, 1969–1982.

Hartmann, H. (1958). *Ego psychology and the problem of adaptation* (D. Rapaport, Trans.). New York: International Universities Press.

Hartmann, H. (1964). *Essays on ego psychology: Selected problems in psychoanalytic theory*. New York: International Universities Press.

310 Referências Bibliográficas

Harvey, J., & Ashford, M. L. J. (2003). Leptin in the CNS: Much more than a satiety signal. *Neuropharmacology, 44*, 845–854.

Hatfield, E., Cacioppo, J. T., & Rapson, R. L. (1993a). *Emotional contagion.* Cambridge: Cambridge University Press.

Hatfield, E., Cacioppo, J. T., & Rapson, R. L. (1993b). Emotional contagion. *Current Directions in Psychological Science, 2*, 96–99.

Hatfield, E., Hsee, C. K., Costello, J., Weisman, M. S., & Denney, C. (1995). The impact of vocal feedback on emotional experience and expression. *Journal of Social Behavior and Personality, 10*, 293–312.

Haviland, J. J., & Lelwica, M. (1987). The induced affect response: Ten-week old infants' responses to three emotion expressions. *Developmental Psychology, 23*, 997–1004.

Haviland, J. M., & Kramer, D. A. (1991). Affect-cognition relationships in adolescent diaries: The case of Anne Frank. *Human Development, 34*, 143–159.

Hazan, C., & Shaver, P. (1987). Romantic love conceptualized as an attachment process. *Journal of Personality and Social Psychology, 52*, 511–524.

Heath, R. G. (1964). Pleasure response of human subjects to direct stimulation of the brain. In R. G. Heath (Ed.), *The role of pleasure in behavior* (pp. 219–243). New York: Harper & Row.

Heatherton, T. F., Herman, C. P., & Polivy, J. (1991). Effects of physical threat and ego threat on eating behavior. *Journal of Personality and Social Psychology, 60*, 138–143.

Heatherton, T. F., Polivy, J., & Herman, C. P. (1989). Restraint and internal responsiveness: Effects of placebo manipulations of hunger state on eating. *Journal of Abnormal Psychology, 98*, 89–92.

Hebb, D. O. (1949). *The organization of behavior.* New York: Wiley.

Hebb, D. O. (1955). Drives and the C.N.S.: Conceptual nervous system. *Psychological Review, 62*, 245–254.

Heckhausen, H. (1967). *The anatomy of achievement motivation.* New York: Academic Press.

Heckhausen, H. (1977). Achievement motivation and its constructs: A cognitive model. *Motivation and Emotion, 1*, 283–329.

Heckhausen, H. (1980). *Motivation and Handeln.* New York: Springer-Verlag.

Heckhausen, H. (1982). The development of achievement motivation. In W. W. Harup (Ed.), *Review of child development research* (Vol. 6, pp. 600–668). Chicago: University of Chicago Press.

Heider, F. (1958). *The psychology of interpersonal relations.* New York: John Wiley.

Heimer, L. (1995). *The human brain and spinal cord* (2nd ed.). New York: Springer-Verlag.

Heise, D. R. (1979). *Understanding events: Affect and the construction of social action.* New York: Cambridge University Press.

Heise, D. R. (1985). Affect control theory: Respecification, estimation, and tests of the formal model. *Journal of Mathematical Sociology, 1*, 191–222.

Heise, D. R. (1989). Effects of emotion displays on social identification. *Social Psychology Quarterly, 52*, 10–21.

Heise, D. R. (1991). *INTERACT 2: A computer program for studying cultural meanings and social interaction.* Department of Sociology, University of Indiana: Bloomington, IN.

Helmke, A., & van Aken, M. A. G. (1995). The causal ordering of academic achievement and self-concept of ability during elementary school: A longitudinal study. *Journal of Educational Psychology, 87*, 624–637.

Henderlong, J., & Lepper, M. R. (2002). The effects of praise on children's intrinsic motivation: A review and synthesis. *Psychological Bulletin, 128*, 774–795.

Hendrick, S. S., & Hendrick, C. (1987). Love and sexual attitudes, self-disclosure, and sensation seeking. *Journal of Social and Personal Relationships, 4*, 281–297.

Hennessey, B. A., & Amabile, T. M. (1998). Reward, intrinsic motivation, and creativity. *American Psychologist, 53*, 674–675.

Henry, M. C., Hollander, J. E., Alicandro, J. M., Casara, G., O'Malley, S., & Thode, H. C. Jr. (1996). Prospective countrywide evaluation of the effects of motor vehicle safety device use on hospital resource use and injury severity. *Annals of Emergency Medicine, 28*, 627–634.

Herman, C. P., & Mack, D. (1975). Restrained and unrestrained eating. *Journal of Personality, 43*, 647–660.

Herman, C. P., Polivy, J., & Esses, J. M. (1987). The illusion of counter-regulation. *Appetite, 9*, 161–169.

Heron, W. (1957). The pathology of boredom. *Scientific American, 196*, 52–56.

Hewitt, P. L., & Dyck, D. G. (1986). Perfectionism, stress, and vulnerability to depression. *Cognitive Therapy and Research, 10*, 137–142.

Hewitt, P. L., & Flett, G. L. (1991a). Dimensions of perfectionism in unipolar depression. *Journal of Abnormal Psychology, 100*, 98–101.

Hewitt, P. L., & Flett, G. L. (1991b). Perfectionism in the self and social contexts: Conceptualization, assessment, and association with psychopathology. *Journal of Personality and Social Psychology, 60,* 456–470.

Heyman, G. D., & Dweck, C. S. (1992). Achievement goals and intrinsic motivation: Their relation and their role in adaptive motivation. *Motivation and Emotion, 16,* 231–247.

Hidi, S. (1990). Interest and its contribution as a mental resource for learning. *Review of Educational Research, 60,* 549–571.

Hill, J. O., Pagliassotti, M. J., & Peters, J. C. (1994). In C. Bouchard (Ed.), *Genetic determinants of obesity* (pp. 35–48). Boca Raton, FL: CRC Press.

Hill, J. O., & Peters, J. C. (1998). Environmental contributions to the obesity epidemic. *Science, 280,* 1371–1374.

Hiroto, D. S. (1974). Locus of control and learned helplessness. *Journal of Experimental Psychology, 102,* 187–193.

Hiroto, D. S., & Seligman, M. E. P. (1975). Generality of learned helplessness in man. *Journal of Personality and Social Psychology, 31,* 311–327.

Hochschild, A. R. (1983). *The managed heart.* Berkeley: University of California Press.

Hodgins, H. S., & Knee, C. R. (2002). The integrating self and conscious experience. In E. L. Deci & R. M. Ryan's (Eds.), *Handbook of self-determination* (pp. 65–86). Rochester, NY: University of Rochester Press.

Hodgins, H. S., Koestner, R., & Duncan, N. (1996). On the compatibility of autonomy and relatedness. *Personality and Social Psychology Bulletin, 22,* 227–237.

Hodgins, H. S., Liebeskind, E., & Schwartz, W. (1996). Getting out of hot water: Facework in social predicaments. *Journal of Personality and Social Psychology, 71,* 300–314.

Hodgson, R., & Rachman, S. (1974). Desynchrony in measures of fear. *Behaviour Research and Therapy, 12,* 319–326.

Hoebel, B. G. (1976). Brain stimulation reward and aversion in relation to behavior. In A. Wauquier & E. T. Rolls (Eds.), *Brain stimulation reward* (pp. 355–372). New York: Elsevier.

Hokoda, A., & Fincham, F. D. (1995). Origins of children's helpless and mastery achievement patterns in the family. *Journal of Educational Psychology, 87,* 375–385.

Holahan, C. K., & Holahan, C. J. (1987). Self-efficacy, social support, and depression in aging: A longitudinal analysis. *Journal of Gerontology, 42,* 65–68.

Holmes, D. S. (1974). Investigation of repression: Differential recall of material experimentally or naturally associated with ego threat. *Psychological Bulletin, 81,* 632–653.

Holmes, D. S. (1990). The evidence for repression: An examination of sixty years of research. In J. L. Singer (Ed.), *Repression and dissociation* (pp. 85–102). Chicago: University of Chicago Press.

Holmes, T. H., & Rahe, R. H. (1967). The social readjustment rating scale. *Journal of Psychosomatic Research, 11,* 213–218.

Holstedge, G., Kuypers, H. G. J. M., & Dekker, J. J. (1977). The organization of the bulbar fibre connections to the trigeminal, facial, and hypoglossal motor nuclei: II. An autoradiographic tracing study in cat. *Brain, 100,* 265–286.

Holt, E. B. (1931). *Animal drive and the learning process.* New York: Holt.

Holt, R. R. (1989). *Freud reappraised: A fresh look at psychoanalytic theory.* New York: Guilford Press.

Hom, H. L., Jr. (1994). Can you predict the overjustification effect? *Teaching of Psychology, 21,* 36–37.

Hong, Y., Chiu. C., Dweck, C. S., Lin, D. M.-S., & Wan, W. (1999). Implicit theories, attributions, and coping: A meaning system approach. *Journal of Personality and Social Psychology, 77,* 588–599.

Horney, K. (1939). *New ways in psychoanalysis.* New York: Norton.

Horney, K. (1937). *The neurotic personality of our time.* New York: W. W. Norton.

Horowitz, M. J., Wilner, N., Kaltreidr, N., & Alvarez, W. (1980). Signs and symptoms of post-traumatic stress disorder. *Archives of General Psychology, 37,* 85–92.

Horvath, P., & Zuckerman, M. (1993). Sensation seeking, risk appraisal, and risky behavior. *Personality and Individual Differences, 14,* 41–52.

Horvath, T. (1979). Correlates of physical beauty in men and women. *Social Behavior and Personality, 7,* 145–151.

Horvath, T. (1981). Physical attractiveness: The influence of selected torso parameters. *Archives of Sexual Behavior, 10,* 21–24.

Hosobuchi, Y., Adams, J. E., & Linchitz, R. (1977). Pain relief by electrical stimulation at the central gray matter in humans and its reversal by naloxone. *Science, 197,* 183–186.

Huber, V. L. (1985). Effects of task difficulty, goal setting, and strategy on performance of a heuristic task. *Journal of Applied Psychology, 70,* 492–504.

312 Referências Bibliográficas

Huebner, R. R., & Izard, C. E. (1988). Mothers responses to infants facial expressions of sadness, anger, and physical distress. *Motivation and Emotion, 12,* 185–196.

Hull, C. L. (1943). *Principles of behavior.* New York: Appleton-Century-Crofts.

Hull, C. L. (1952). *A behavior system: An introduction to behavior theory concerning the individual organism.* New Haven, CT: Yale University Press.

Hull, J. G. (1981). A self-awareness model of the causes and effects of alcohol consumption. *Journal of Abnormal Psychology, 90,* 586–600.

Hupka, R. B. (1984). Jealousy: Compound emotion or label for a particular situation. *Motivation and Emotion, 8,* 141–155.

Hymbaugh, K., & Garrett, J. (1974). Sensation seeking among skydivers. *Perceptual and Motor Skills, 38,* 1–18.

Isaacson, R. L. (1982). *The limbic system* (2e.). New York: Plenum.

Isen, A. M. (1970). Success, failure, attention, and reactions to others: The warm glow of success. *Journal of Personality and Social Psychology, 15,* 294–301.

Isen, A. M. (1984). Toward understanding the role of affect in cognition. In R. Wyer & T. Srull (Eds.), *Handbook of social cognition* (pp. 179–236). Hillsdale, NJ: Erlbaum.

Isen, A. M. (1987). Positive affect, cognitive processes, and social behavior. In L. Berkowitz (Ed.), *Advances in experimental social psychology* (Vol. 20, pp. 203–253). New York: Academic Press.

Isen, A. M. (2002). A role for neuropsychology in understanding the facilitating influence of positive affect on social behavior and cognitive processes. In C. R. Snyder & S. J. Lopez (Eds.), *Handbook of positive psychology* (pp. 528–540). New York: Oxford University Press.

Isen, A. M., Clark, M. S., & Schwartz, M. F. (1976). Duration of the effects of good mood on helping: Footprints in the sands of time. *Journal of Personality and Social Psychology, 34,* 385–393.

Isen, A. M., Daubman, K. A., & Nowicki, G. P. (1987). Positive affect facilitates creative problem-solving. *Journal of Personality and Social Psychology, 51,* 1122–1131.

Isen, A. M., & Geva, N. (1987). The influence of positive affect on acceptable level of risk: The person with a large canoe has a large worry. *Organizational Behavior and Human Decision Processes, 39,* 145–154.

Isen, A. M., Johnson, M. M. S., Mertz, E., & Robinson, G. F. (1985). The influence of positive affect on the unusualness of word associations. *Journal of Personality and Social Psychology, 48,* 1413–1426.

Isen, A. M., & Levin, P. F. (1972). The effect of feeling good on helping: Cookies and kindness. *Journal of Personality and Social Psychology, 21,* 384–388.

Isen, A. M., & Means, B. (1983). The influence of positive affect on decision-making strategy. *Social Cognition, 2,* 18–31.

Isen, A. M., Niedenthal, P., & Cantor, N. (1992). An influence of positive affect on social categorization. *Motivation and Emotion, 16,* 65–68.

Isen, A. M., & Nowicki, G. P. (1981). *Positive affect and creative problem solving.* Paper presented at the annual meeting of the Cognitive Science Society, Berkeley, CA.

Isen, A. M., & Patrick, R. (1983). The effect of positive feelings on risk-taking: When the chips are down. *Organizational Behavior and Human Performance, 31,* 194–202.

Isen, A. M., & Reeve, J. (2003). *The influence of positive affect on intrinsic motivation.* Unpublished manuscript, Cornell University.

Isen, A. M., Rosenzweig, A. S., & Young, M. J. (1991). The influence of positive affect on clinical problem solving. *Medical Decision Making, 11,* 221–227.

Isen, A. M., Shalker, T., Clark, M., & Karp, L. (1978). Affect, accessibility of material in memory, and behavior: A cognitive loop? *Journal of Personality and Social Psychology, 36,* 1–12.

Iversen, L., & Sabroe, S. (1989). Psychological well-being among unemployed and employed people after a company closes down: A longitudinal study. *Journal of Social Issues, 44,* 141–152.

Iwata, B. A. (1987). Negative reinforcement in applied behavior analysis: An emerging technology. *Journal of Applied Behavior Analysis, 20,* 361–378.

Izard, C. E. (1971). *The face of emotion.* New York: Appleton-Century-Crofts.

Izard, C. E. (1980). Cross-cultural perspectives on emotion and emotion communication. In H. Triandis & W. J. Lonner (Eds.), *Handbook of cross-cultural psychology* (Vol. 3). Boston: Allyn & Bacon.

Izard, C. E. (1982). Comments on emotion and cognition: Can there be a working relationship? In M. S. Clark & S. T. Fiske (Eds.), *Affect and cognition.* Hillsdale, NJ: Lawrence Erlbaum.

Izard, C. E. (1984). Emotion-cognition relationships in human development. In C. E. Izard, J. Kagan, & R. B. Zajonc (Eds.), *Emotions, cognition and behavior* (pp. 17–37). Cambridge, United Kingdom: Cambridge University Press.

Izard, C. E. (1989). The structure and functions of emotions: Implications for cognition, motivation, and personality. In I. S. Cohen (Ed.), *The G. Stanley Hall lecture series* (Vol. 9, pp. 39–63). Washington, DC: American Psychological Association.

Izard, C. E. (1990). Facial expressions and the regulation of emotions. *Journal of Personality and Social Psychology, 58*, 487–498.

Izard, C. E. (1991). *The psychology of emotions*. New York: Plenum.

Izard, C. E. (1992). Basic emotions, relations among the emotions, and emotion-cognition relations. *Psychological Review, 99*, 561–565.

Izard, C. E. (1993). Four systems for emotion activation: Cognitive and noncognitive development. *Psychological Review, 100*, 68–90.

Izard, C. E. (1994). Innate and universal facial expressions: Evidence from developmental and cross-cultural research. *Psychological Bulletin, 115*, 288–299.

Izard, C. E., Fantauzzo, C. A., Castle, J. M., Haynes, O. M., Rayias, M. F., & Putnam, P. H. (1995). The ontogeny and significance of infants' facial expressions in the first nine months of life. *Developmental Psychology, 31*, 997–1013.

Izard, C. E., Hembree, E. A., Dougherty, L. M., & Spizzirri, C. C. (1983). Changes in facial expressions of 2- to 19-month-old infants following acute pain. *Developmental Psychology, 19*, 418–426.

Izard, C. E., Huebner, R. R., Risser, D., McGinnes, G., & Dougherty, L. (1980). The young infant's ability to reproduce discrete emotion expressions. *Developmental Psychology, 16*, 132–140.

Izard, C. E., & Malatesta, C. Z. (1987). Perspectives on emotional development: I. Differential emotions theory of early emotional development. In J. D. Osotsky (Ed.), *Handbook of infant development* (2nd ed., pp. 494–554). New York: Wiley-Interscience.

Jackson, W. T., Taylor, R. E., Palmatier, A. D., Elliott, T. R., & Elliot, J. L. (1998). Negotiating the reality of visual impairment: Hope, coping, and functional ability. *Journal of Clinical Psychology in Medical Settings, 5*, 173–185.

Jacobs, K. W., & Koeppel, J. C. (1974). Psychological correlates of the mobility decision. *Bulletin of the Psychodynamic Society, 3*, 330–332.

Jacobs, W. J., & Nadel, L. (1985). Stress-induced recovery of fears and phobias. *Psychological Review, 92*, 512–531.

Jacoby, L., & Kelly, C. M. (1992). A process-dissociation framework for investigating unconscious influences: Freudian slips, projective tests, subliminal perception, and signal detection theory. *Current Directions in Psychological Science, 1*, 174–179.

James, W. (1884). What is an emotion? *Mind, 9*, 188–205.

James, W. (1890). *The principles of psychology* (2 Vols.). New York: Henry Holt.

James, W. (1894). The physical basis of emotion. *Psychological Review, 1*, 516–529.

Janssen, E., Vorst, H., Finn, P., & Bancroft, J. (2002). The sexual inhibition (SIS) and Sexual excitation (SES) scales: I. Measuring sexual inhibition and excitation proneness in men. *The Journal of Sex Research, 39*, 114–126.

Jeffrey, D. B., & Knauss, M. R. (1981). The etiologies, treatments, and assessments of obesity. In S. N. Haynes & L. Gannon (Eds.), *Psychosomatic disorders: A psychophysiological approach to etiology and treatment* (pp. 269–319). New York: Praeger.

Jenkins, S. R. (1987). Need for achievement and women's careers over 14 years: Evidence for occupational structural effects. *Journal of Personality and Social Psychology, 53*, 922–932.

Jenkins, S. R. (1996). Self-definition in thought, action, and life path choices. *Personality and Social Psychology Bulletin, 22*, 99–111.

John, O. P., & Robins, R. W. (1994). Accuracy and bias in self-perception: Individual differences in self-enhancement and the role of narcissism. *Journal of Personality and Social Psychology, 66*, 206–219.

John, O. P., & Srivastava, S. (2000). The big five trait taxonomy: History, measurement, and theoretical perspectives. In L. A. Pervin & P. John (Eds.), *Handbook of personality: Theory and research* (2nd ed., pp. 102–138). New York: The Guilford Press.

Johnson, D. W., & Johnson, R. T. (1985). Motivational processes in cooperative, competitive, and individualistic learning situations. In C. A. Ames & R. Ames (Eds.), *Research on motivation in education: The classroom milieu* (Vol. 2, pp. 249–286). Orlando, FL: Academic Press.

Johnson-Laird, P. N., & Oatley, K. (1989). The language of emotions: An analysis of a semantic field. *Cognition and Emotion, 3*, 81–123.

Johnson-Laird, P. N., & Oatley, K. (1992). Basic emotions, rationality and folk theory. *Cognition and Emotion, 6*, 201–223.

Jones, E. E., & Davis, K. E. (1965). From acts to dispositions: The attribution process in person perception. In L. Berkowitz (Ed.), *Advances in experimental social psychology* (Vol. 2, pp. 214–266). New York: Academic Press.

Jones, E. E., & Gerard, H. B. (1967). *Foundations of social psychology*. New York: Wiley.

314 Referências Bibliográficas

Josephs, R. A., Markus, H. R., & Tafarodi, R. W. (1992). Gender and self-esteem. *Journal of Personality and Social Psychology, 63*, 391–402.

Joussemet, M., Koestner, R., Lekes, N., & Houlfort, N. (2003). Introducing uninteresting tasks to children: A comparison of the effects of rewards and autonomy support. *Journal of Personality.*

Kahneman, D. (1973). *Attention and effort.* Englewood Cliffs, NJ: Prentice-Hall.

Kagan, J. (1972). Motives and development. *Journal of Personality and Social Psychology, 22*, 51–66.

Kanfer, R., & Ackerman, P. L. (1989). Motivation and cognitive abilities: An integrative aptitude treatment interaction approach to skill acquisition. *Journal of Applied Psychology, 74*, 657–690.

Kapp, B. S., Gallagher, M., Underwood, M. D., McNall, C. L., & Whitehorn, D. (1982). Cardiovascular responses elicited by electrical stimulation of the amygdala central nucleus in the rabbit. *Brain Research, 234*, 251–262.

Kapp, B. S., Pascoe, J. P., & Bixler, M. A. (1984). The amygdala: A neuroanatomical systems approach to its contributions to aversive conditioning. In N. Buttlers & L. R. Squire (Eds.), *Neuropsychology of memory* (pp. 473–488). New York: Guilford Press.

Karabenick, S. A., & Yousseff, Z. I. (1968). Performance as a function of achievement level and perceived difficulty. *Journal of Personality and Social Psychology, 10*, 414–419.

Karoly, P. (1993). Mechanisms of self-regulation: An overview. *Annual Review of Psychology, 44*, 23–52.

Kaschak, E., & Tiefer, L. (Eds.) (2002). *A new view of women's sexual problems.* Binghamton, NY: Haworth Press.

Kasser, T., & Ryan, R. M. (1993). A dark side of the American dream: Correlates of financial success as a central life aspiration. *Journal of Personality and Social Psychology, 65*, 410–422.

Kasser, T., & Ryan, R. M. (1996). Further examining the American dream: Differential correlates of intrinsic and extrinsic goals. *Personality and Social Psychology Bulletin, 22*, 280–287.

Kasser, T., & Ryan, R. M. (2001). Be careful what you wish for: Optimal functioning and the relative attainment of intrinsic and extrinsic goals. In P. Schmuck & K. M. Sheldon (Eds.), *Life goals and well-being: Toward a positive psychology of human striving.* Seattle, WA: Hogrefe & Huber.

Kasser, V. G., & Ryan, R. M. (1999). The relation of psychological needs for autonomy and relatedness to vitality, well-being, and mortality in a nursing home. *Journal of Applied Social Psychology, 29*, 935–954.

Kassirer, J. P., & Angell, A. (1998). Losing weight: An ill-fated New Year's resolution. *New England Journal of Medicine, 338*, 52–54.

Kast, A., & Connor, K. (1988). Sex and age differences in response to informational and controlling feedback. *Personality and Social Psychology Bulletin, 14*, 514–523.

Katz, J., Beach, S. R. H., & Anderson, P. (1996). Self-enhancement versus self-verification: Does spousal support always help? *Cognitive Therapy and Research, 20*, 345–360.

Katzman, M., & Wolchik, S. (1984). Bulimia and binge eating in college women: A comparison of personality and behavioral characteristics. *Journal of Consulting and Clinical Psychology, 52*, 423–428.

Kazdin, A. E. (1979). Imagery elaboration and self-efficacy in the covert modeling treatment of unassertive behavior. *Journal of Consulting and Clinical Psychology, 47*, 725–733.

Keating, C. F., Mazur, A., & Segall, M. H. (1981). A cross-cultural exploration of physiognomic traits of dominance and happiness. *Ethology and Sociobiology, 2*, 41–48.

Keesey, R. E. (1980). A set-point analysis of the regulation of body weight. In A. J. Stunkard (Ed.), *Obesity* (pp. 144–165). Philadelphia: Saunders.

Keesey, R. E. (1989). Physiological regulation of body-weight and the issue of obesity. *Medical Clinics of North America, 73*, 15–27.

Keesey, R. E., Boyle, P. C., Kemnitz, J. W., & Mitchell, J. S. (1976). The role of the lateral hypothalamus in determining the body weight set point. In D. Novin, W. Wyrwicka, & G. A. Bray (Eds.), *Hunger: Basic mechanisms and clinical implications* (pp. 243–255). New York: Raven Press.

Keesey, R. E., & Powley, T. L. (1975). Hypothalamic regulation of body weight. *American Scientist, 63*, 558–565.

Kelley, A. E., & Stinus, L. (1984). The distribution of the projection from the parataenial nucleus of the thalamus to the nucleus accumbens in the rat: An autoradiographic study. *Experimental Brain Research, 54*, 499–512.

Kelley, H. H. (1967). Attribution theory in social psychology. In D. Levine (Ed.), *Nebraska symposium on motivation* (Vol. 15, pp. 192–238). Lincoln: University of Nebraska Press.

Kelly, A. E., & Kahn, J. H. (1994). Effects of suppression of personal intrusive thought. *Journal of Personality and Social Psychology, 66*, 998–1006.

Kelly, D. D. (1991). Sexual differentiation of the nervous system. In E. R. Kandel, J. H. Schwartz, & T. M. Jessell (Eds.), *Principles of neural science* (3rd ed., pp. 959–973). Norwalk, CT: Appleton & Lange.

Keltner, D., & Buswell, B. N. (1997). Embarrassment: Its distinct form and appeasement functions. *Psychological Bulletin, 122*, 250–270.

Keltner, D., Ellsworth, P. C., & Edwards, K. (1993). Beyond simple pessimism: Effects of sadness and anger on social perception. *Journal of Personality and Social Psychology, 64*, 740–752.

Keltner, D., & Gross, J. J. (1999). Functional accounts of emotions. *Cognitive and Emotion, 13*, 467–480.

Keltner, D., & Haidt, J. (1999). Social functions of emotions at four levels of analysis. *Cognitive and Emotion, 13*, 505–521.

Kemper, T. D. (1987). How many emotions are there? Wedding the social and the autonomic components. *American Sociological Review, 93*, 263–289.

Kenrick, D. T., Groth, G. E., Trost, M. R., & Sadalla, E. K. (1993). Integrating evolutionary and social exchange perspectives on relationship: Effects of gender, self-appraisal, and involvement level on mate selection criteria. *Journal of Personality and Social Psychology, 64*, 951–969.

Kihlstrom, J. F. (1987). The cognitive unconscious. *Science, 237*, 1445–1452.

Kihlstrom, J. F., & Cantor, N. (1984). Mental representations of the self. In L. Berkowitz (Ed.), *Advances in experimental and social psychology* (Vol. 17, pp. 2–47). New York: Academic Press.

Kimble, G. A. (1990). Mother nature's bag of tricks is small. *Psychological Science, 1*, 36–41.

Kirkpatrick, L. A., & Shaver, P. (1988). Fear and affiliation reconsidered from a stress and coping perspective: The importance of cognitive clarity and fear reduction. *Journal of Social and Clinical Psychology, 7*, 214–233.

Kirschbaum, C., Wolf, O. T., May, M., Wippich, W., & Hellhammer, D. H. (1996). Stress and treatment-induced elevations of control levels associated with impaired declarative memory in healthy adults. *Life Sciences, 58*, 1475–1483.

Kirschenbaum, D. S. (1987). Self-regulatory failure: A review with clinical implications. *Clinical Psychology Review, 7*, 77–104.

Klein, C. S. (1967). Peremptory ideation: Structure and force in motivated ideas. In R. R. Holt (Ed.), Motives and thought: Psychoanalytic essays in honor of David Rapaport. *Psychological Issues, 5* (Monograph No. 18/19), 80–128.

Klein, H. J., Whitener, E. M., & Ilgen, D. R. (1990). The role of goal specificity in the goal-setting process. *Motivation and Emotion, 14*, 179–193.

Klesges, R. C., Coates, T. J., Brown, G., Sturgeon-Tillisch, J., Moldenhauer-Klesges, L. M., Holzer, B., Woolfrey, J., & Vollmer, J. (1983). Parental influences on children's eating behavior and relative weight. *Journal of Applied Behavioral Analysis, 16*, 371–378.

Klien, G. (1954). Need and regulation. In M. R. Jones (Ed.), *Nebraska symposium on motivation* (Vol. 2, pp. 224–274). Lincoln: University of Nebraska Press.

Kling, A. S., & Brothers, L. A. (1992). The amygdala and social behavior. In J. P. Aggleton (Ed.), *The amygdala: Neurobiological aspects of emotion, memory, and mental dysfunction* (pp. 353–377). New York: Wiley.

Klinnert, M. D., Campos, J. J., Sorce, J. F., Emde, R. N., & Suejda, M. (1983). Emotions as behavior regulators: Social referencing in infancy. In R. Plutchik & H. Kellerman (Eds.), *Emotion: Theory, research, and experience, emotions in early development* (Vol. 2, pp. 57–86). New York: Academic Press.

Klohnen, E. C., & Bera, S. (1998). Behavioral and experiential patterns of avoidantly and securely attached women across adulthood: A 31-year longitudinal perspective. *Journal of Personality and Social Psychology, 74*, 211–223.

Klose, D. A. (1995). M. Scott Peck's analysis of human evil: A critical review. *Journal of Personality and Social Psychology, 35*, 37–66.

Knee, C. R., & Zuckerman, M. (1996). Causality orientations and the disappearance of the self-serving bias. *Journal of Research in Personality, 30*, 76–87.

Knee, C. R., & Zuckerman, M. (1998). A nondefensive personality: Autonomy and control as moderators of defensive coping and self-handicapping. *Journal of Research in Personality, 32*, 115–130.

Knox, R. E., & Inkster, J. A. (1968). Postdecision dissonance at post time. *Journal of Personality and Social Psychology, 8*, 319–323.

Koestner, R., Bernieri, F., & Zuckerman, M. (1992). Self-regulation and consistency between attitudes, traits, and behaviors. *Personality and Social Psychology Bulletin, 18*, 52–59.

Koestner, R., Lekes, N., Powers, T. A., & Chicoine, E. (2002). Attaining personal goals: Self-concordance plus implementation intentions equals success. *Journal of Personality and Social Psychology, 83*, 231–244.

Koestner, R., Losier, G. F., Vallerand, R. J., & Carducci, D. (1996). Identified and introjected forms of political internalization: Extending self-determination theory. *Journal of Personality and Social Psychology, 70,* 1025–1036.

Koestner, R., Ryan, R. M., Bernieri, F., & Holt, K. (1984). Setting limits on children's behavior: The differential effects of controlling versus informational styles on intrinsic motivation and creativity. *Journal of Personality, 52,* 233–248.

Koestner, R., Zuckerman, M., & Koestner, J. (1987). Praise, involvement, and intrinsic motivation. *Journal of Personality and Social Psychology, 53,* 383–390.

Kohn, A. (1993). *Punished by rewards: The trouble with gold stars, incentive plans, A's, praise, and other bribes.* Boston: Houghton Mifflin.

Kohut, H. (1971). *The analysis of self.* New York: International Universities Press.

Kolb, J., Cooper, S, & Fishman, G. (1995). Recent developments in psychoanalytic technique: A review. *Harvard Review of Psychiatry, 3,* 65–74.

Koulack, D. (1993). Dreams and adaptation to contemporary stress. In A. Moffitt, M. Kramer, & R. Hoffman (Eds.), *The functions of dreaming* (pp. 321–340). Albany: State University of New York Press.

Kramer, P. D. (1993). *Listening to Prozac.* New York: Penguin books.

Kramer, R. (1995). The birth of client-centered therapy: Carl Rogers, Otto Rank, and "The Beyond." *Journal of Humanistic Psychology, 35,* 54–110.

Krantz, P. J., & McClannahan, L. E. (1993). Teaching children with autism to initiate to peers: Effects of a script-fading procedure. *Journal of Applied Behavior Analysis, 26,* 121–132.

Kraut, R. E., & Johnston, R. E. (1979). Social and emotional messages of smiling: An ethological approach. *Journal of Personality and Social Psychology, 37,* 1539–1553.

Krettek, J. E., & Price, J. L. (1978). Amygdaloid projections to subcortical structures within the basal forebrain and brainstem in the rat and cat. *Journal of Comparative Neurology, 178,* 225–254.

Kuhl, J. (1978). Standard setting and risk preference: An elaboration of the theory of achievement motivation and an empirical test. *Psychological Review, 85,* 239–248.

Kuhl, J., & Blankenship, V. (1979). The dynamic theory of achievement motivation. *Psychological Review, 86,* 141–151.

Kuhlman, D. M. (1975). Individual differences in casino gambling? In N. R. Eadington (Ed.), *Gambling and society.* Springfield, IL: Thomas.

Kuhn, T. S. (1962). *The structure of scientific revolutions.* Chicago: University of Chicago Press.

Kuhn, T. S. (1970). *The structure of scientific revolutions* (2nd ed.). Chicago: University Press.

Kulik, J. A., Mahler, H. I. M., & Earnest, A. (1994). Social comparison and affiliation under threat: Going beyond the affiliative-choice paradigm. *Journal of Personality and Social Psychology, 66,* 301–309.

Kuo, Z. Y. (1921). Giving up instincts in psychology. *Journal of Philosophy, 17,* 645–664.

Laird, J. D. (1974). Self-attribution of emotion: The effects of expressive behavior on the quality of emotional experience. *Journal of Personality and Social Psychology, 29,* 475–486.

Laird, J. D. (1984). Facial response and emotion. *Journal of Personality and Social Psychology, 47,* 909–917.

Laird, J. D., Wagener, J. J., Halal, M., & Szegda, M. (1982). Remembering what you feel: The effects of emotion on memory. *Journal of Personality and Social Psychology, 42,* 646–657.

Lane, J. D., & Wegner, D. M. (1995). The cognitive consequences of secrecy. *Journal of Personality and Social Psychology, 69,* 237–253.

Lang, P. J. (1994). The varieties of emotional experience: A mediation of James-Lange theory. *Psychological Review, 101,* 211–221.

Lange, C. (1922). The emotions. In K. Dunlap (Ed.), *The emotions* (Istar A. Haupt, Trans.; pp. 33–90). Baltimore: Williams & Wilkins. (Original work published 1885).

Lange, R. D., & James, W. (1922). *The emotions.* Baltimore: Williams & Wilkins.

Langer, E. (1975). The illusion of control. *Journal of Personality and Social Psychology, 32,* 311–328.

Langer, E., & Rodin, J. (1976). The effects of choice and enhanced personal responsibility for the aged: A field experiment in an institutionalized setting. *Journal of Personality and Social Psychology, 34,* 191–198.

Langsdorff, P., Izard, C. E., Rayias, M., & Hembree, E. (1983). Interest expression, visual fixation, and heart rate changes in 2- to 8-month old infants. *Developmental Psychology, 19,* 375–386.

Lann, E., & Everaerd, W. (1995). Determinants of female sexual arousal: Psychophysiological theory and data. *Annual Review of Sex Research, 6,* 32–76.

Lansing, J. B., & Heyns, R. W. (1959). Need affiliation and frequency of four types of communication. *Journal of Abnormal and Social Psychology, 58,* 365–372.

Lanzetta, J. T., Cartwright-Smith, J. E., & Kleck, R. E. (1976). Effects of nonverbal dissimulation of emotional experience and autonomic arousal. *Journal of Personality and Social Psychology, 33*, 354–370.

LaPointe, K. A., & Crandell, C. J. (1980). Relationship of irrational beliefs to self-reported depression. *Cognitive Therapy and Research, 4*, 247–250.

Lapore, S. J. (1992). Social conflict, social support, and psychological distress: Evidence of cross-domain buffering effects. *Journal of Personality and Social Psychology, 63*, 857–867.

LaPorte, R. E., & Nath, R. (1976). Role of performance goals in prose learning. *Journal of Educational Psychology, 68*, 260–264.

Larson, R., & Asmussen, L. (1991). Anger, worry, and hurt in early adolescence: An enlarging world of negative emotion. In M. Colton & S. Gore (Eds.), *Adolescent stress: Causes and consequences* (pp. 21–42). New York: Aldine de Gruyter.

Larsen, R. J. (1988, June). *Individual differences in affect intensity.* Paper presented at the Motivation and Emotion conference at Nags Head, NC.

Larson, R. J. (1989). A process approach to personality: Utilizing time as a facet of data. In D. Buss & N. Cantor (Eds.), *Personality psychology: Recent trends and emerging directions* (pp. 177–193). New York: Springer-Verlag.

Larsen, R. J., & Diener, E. (1987). Affect intensity as an individual difference characteristic: A review. *Journal of Research in Personality, 21*, 1–39.

Larsen, R. J., Diener, E., & Emmons, R. A. (1987). Affect intensity and reactions to daily life events. *Journal of Personality and Social Psychology, 51*, 803–814.

Larsen, R. J., Kasimatis, M., & Frey, K. (1992). Facilitating the furrowed brow: An unobtrusive test of the facial feedback hypothesis applied to unpleasant affect. *Cognition and Emotion, 6*, 321–338.

Larsen, R. J., & Ketelaar, T. (1991). Personality and susceptibility to positive and negative emotional states. *Journal of Personality and Social Psychology, 61*, 132–140.

Latham, G. P., & Baldes, J. J. (1975). The practical significance of Locke's theory of goal setting. *Journal of Applied Psychology, 60*, 122–124.

Latham, G. P., Erez, M., & Locke, E. A. (1988). Resolving scientific disputes by the joint design of crucial experiments by the antagonists: Application to the Erez-Latham dispute regarding participation in goal setting. *Journal of Applied Psychology, 73*, 753–772.

Latham, G. P., & Frayne, C. A. (1989). Self-management training for increasing job attendance: A follow-up and a replication. *Journal of Applied Psychology, 74*, 411–416.

Latham, G. P., & Kinne, S. B. (1974). Improving job performance through training in goal setting. *Journal of Applied Psychology, 59*, 187–191.

Latham, G. P., & Locke, E. A. (1975). Increasing productivity with decreasing time limits: A field replication of Parkinson's law. *Journal of Applied Psychology, 60*, 524–526.

Latham, G. P., Mitchell, T. R., & Dossett, D. L. (1978). Importance of participative goal setting and anticipated rewards on goal difficulty and job performance. *Journal of Applied Psychology, 63*, 163–171.

Latham, G. P., & Saari, L. M. (1979). Importance of supportive relationships in goal setting. *Journal of Applied Psychology, 64*, 151–156.

Latham, G. P., & Yukl, G. A. (1975). Assigned versus participative goal setting with educated and uneducated woods workers. *Journal of Applied Psychology, 60*, 299–302.

Latham, G. P., & Yukl, G. A. (1976). Effects of assigned and participative goal setting on performance and job satisfaction. *Journal of Applied Psychology, 61*, 166–171.

Laumann, E. O., Paik, A., & Rosen, R. C. (1999). Sexual dysfunction in the United States: Prevalence and predictors. *Journal of the American Medical Association, 281*, 537–544.

Lavrakas, P. J. (1975). Female preferences for male physiques. *Journal of Research in Personality, 9*, 324–334.

Law, A., Logan, H., & Baron, R. S. (1994). Desire for control, felt control, and stress inoculation training during dental treatment. *Journal of Personality and Social Psychology, 67*, 926–936.

Lazarus, R. S. (1966). *Psychological stress and the coping process.* New York: McGraw-Hill.

Lazarus, R. S. (1968). Emotions and adaptation: Conceptual and empirical relations. In W. J. Arnold (Ed.), *Nebraska symposium on motivation* (Vol. 16, pp. 175–266). Lincoln: University of Nebraska Press.

Lazarus, R. S. (1982). Thoughts on the relations between emotion and cognition. *American Psychologist, 37*, 1019–1024.

Lazarus, R. S. (1983). The costs and benefits of denial. In S. Bresnitz (Ed.), *The denial of stress* (pp. 1–32). New York: International Universities Press.

Lazarus, R. S. (1984). On the primacy of cognition. *American Psychologist, 39*, 124–129.

Lazarus, R. S. (1991a). *Emotion and adaptation.* New York: Oxford University Press.

318 Referências Bibliográficas

Lazarus, R. S. (1991b). Progress on a cognitive-motivational-relational theory of emotion. *American Psychologist, 46*, 819–834.

Lazarus, R. S. (1994). Universal antecedents of the emotions. In P. Ekman & R. J. Davidson (Eds.), *The nature of emotion: Fundamental questions* (pp. 163–171). New York: Oxford University Press.

Lazarus, R. S., & DeLongis, A. (1983). Psychological stress and coping in aging. *American Psychologist, 38*, 245–254.

Lazarus, R. S., & Folkman, S. (1984). *Stress, appraisal, and coping*. New York: Springer-Verlag.

Leary, M. R. (1983). Social anxiousness: The construct and its measurement. *Journal of Personality Assessment, 47*, 66–75.

Leavitt, R. L., & Power, M. B. (1989). Emotional socialization in the postmodern era: Children and day care. *Social Psychology Quarterly, 52*, 35–43.

LeDoux, J. E. (1987). Emotion. In F. Plum (Ed.), *Handbook of psychology: I. The nervous system* (pp. 419–460). Bethesda, MD: American Physiological Society.

LeDoux, J. E. (1989). Cognitive-emotional interactions in the brain. *Cognition and Emotion, 3*, 267–289.

LeDoux, J. E. (1992a). Brain mechanisms of emotion and emotional learning. *Current Opinion in Neurobiology, 2*, 191–198.

LeDoux, J. E. (1992b). Emotion and the amygdala. In J. P. Aggleton (Ed.), *The amygdala: Neurobiological aspects of emotion, memory, and mental dysfunction* (pp. 339–351). New York: Wiley-Liss.

LeDoux, J. E. (2000). Emotion circuits in the brain. *Annual Review of Neuroscience, 23*, 155–184.

LeDoux, J. E., Iwata, J., Cicchetti, P., & Reis, D. J. (1988). Different projections of the central amygdaloid nucleus mediate autonomic and behavioral correlates of conditioned fear. *Journal of Neuroscience, 8*, 2517–2529.

LeDoux, J. E., Romanski, L. M., & Xagoraris, A. E. (1989). Indelibility of subcortical emotional memories. *Journal of Cognitive Neuroscience, 1*, 238–243.

Lee, K. A., Vaillant, G. E., Torrey, W. C., & Elder, G. H. (1995). A 50-year prospective study of the psychological sequelae of World War II combat. *American Journal of Psychiatry, 152*, 516–522.

Lefcourt, H. M., & Martin, R. A. (1986). *Humor and life stress: An antidote to adversity*. New York: Springer-Verlag.

Lehman, D. R., Ellard, D. R., & Wortman, C. B. (1986). Social support for the bereaved: Recipients and providers perspectives on what is helpful. *Journal of Consulting and Clinical Psychology, 54*, 438–446.

Leippe, M. R., & Eisenstadt, D. (1994). Generalization of dissonance reduction: Decreasing prejudice through induced compliance. *Journal of Personality and Social Psychology, 67*, 395–413.

Leon, I., & Hernandez, J. A. (1998). Testing the role of attribution and appraisal in predicting own and other's emotions. *Cognition and Emotion, 12*, 27–43.

Lepper, M. R. (1983). Social-control processes and the internalization of social values: An attributional perspective. In E. T. Higgins, D. N. Ruble, & W. W. Hartup (Eds.), *Social cognition and social development* (pp. 294–330). New York: Cambridge University Press.

Lepper, M. R., & Greene, D. (1975). Turning play into work: Effects of adult surveillance and extrinsic rewards on children's intrinsic motivation. *Journal of Personality and Social Psychology, 31*, 479–486.

Lepper, M. R., & Greene, D. (Eds.). (1978). *The hidden costs of reward*. Hillsdale, NJ: Erlbaum.

Lepper, M. R., Greene, D., & Nisbett, R. E. (1973). Undermining children's intrinsic interest with extrinsic rewards: A test of the overjustification hypothesis. *Journal of Personality and Social Psychology, 28*, 129–137.

Lepore, S. J. (1992). Social-conflict, social support, and psychological distress: Evidence of cross-domain buffering effects. *Journal of Personality and Social Psychology, 63*, 857–867.

Lerner, J. S., & Keltner, D. (2001). Fear, anger, and risk. *Journal of Personality and Social Psychology, 81*, 146–159.

Lerner, J. S., Goldberg, J. H., & Tetlock, P. E. (1998). Sober second thoughts: The effects of accountability, anger, and authoritarianism on attributions of responsibility. *Personality and Social Psychology Bulletin, 24*, 563–574.

Levenson, H. M. (1981). Differentiating among internality, powerful others, and chance. In H. M. Lefcourt (Ed.), *Research with the locus of control construct: Vol. 1. Assessment methods* (pp. 15–63). New York: Academic Press.

Levenson, R. W. (1992). Autonomic nervous system differences among emotions. *Psychological Science, 3*, 23–27.

Levenson, R. W. (1994a). Human emotion: A functional view. In P. Ekman & R. J. Davidson (Eds.), *The nature of emotion: Fundamental questions* (pp. 123–126). New York: Oxford University Press.

Levenson, R. W. (1994b). The search for autonomic specificity. In P. Ekman & R. J. Davidson (Eds.), *The nature of emotion: Fundamental questions* (pp. 252–257). New York: Oxford University Press.

Levenson, R. W. (1999). The intrapersonal functions of emotion. *Cognitive and Emotion, 13*, 481–504.

Levenson, R. W., Carstensen, L. L., Friesen, W. V., & Ekman, P. (1991). Emotion, physiology, and expression in old age. *Psychology and Aging, 6*, 28–35.

Levenson, R. W., Carstensen, L. L., & Gottman, J. M. (1994). Influence of age and gender on affect, physiology, and their interrelations: A study of long-term marriages. *Journal of Personality and Social Psychology, 67*, 56–68.

Levenson, R. W., Ekman, P., & Friesen, W. V. (1990). Voluntary facial action generates emotion-specific autonomic nervous system activity. *Psychophysiology, 27*, 363–384.

Levenson, R. W., & Gottman, J. M. (1983). Marital interaction: Physiological linkage and affective exchange. *Journal of Personality and Social Psychology, 45*, 587–597.

Levin, R. (1990). Psychoanalytic theories of the function of dreaming: A review of the empirical literature. In J. Masling (Ed.), *Empirical studies of psychoanalytic theories* (Vol. 3, pp. 1–53). Hillsdale, NJ: Analytic Press.

Levine, S. B. (2002). Reexploring the concept of sexual desire. *Journal of Sex & Marital Therapy, 28*, 39–51.

Lewinsohn, P. M., Mischel, W., Chaplin, W., & Barton, R. (1980). Social competence and depression: The role of illusory self-perceptions. *Journal of Abnormal Psychology, 89*, 203–212.

Li, N. P., Bailey, J. M., Kenrick, D. T., & Linsenmeier, J. A. W. (2002). The necessities and luxuries of mate preferences: Testing the tradeoffs. *Journal of Personality and Social Psychology, 82*, 947–955.

Lindsley, D. B. (1957). Psychophysiology and motivation. In M. R. Jones (Ed.), *Nebraska symposium on motivation* (Vol. 5, pp. 44–105). Lincoln: University of Nebraska Press.

Lindzey, G. (Ed.). (1958). *Assessment of human motives.* New York: Rinehart.

Linehan, M. M. (1997). Self-verification and drug abusers: Implications for treatment. *Psychological Science, 8*, 181–183.

Linville, P. W. (1982). Affective consequences of complexity regarding the self and others. In M. S. Clark & S. T. Fiske (Eds.), *Affect and cognition* (pp. 79–109). Hillsdale, NJ: Erlbaum.

Litle, P., & Zuckerman, M. (1986). Sensation seeking and music preferences. *Personality and Individual Differences, 4*, 575–578.

Locke, E. A. (1968). Toward a theory of task motivation and incentives. *Organizational Behavior and Human Performance, 3*, 157–189.

Locke, E. A. (1996). Motivation through conscious goal setting. *Applied and Preventive Psychology, 5*, 117–124.

Locke, E. A. (2002). Setting goals for life and happiness. In C. R. Snyder & S. J. Lopez (Eds.), *Handbook of positive psychology* (pp. 299–312). New York: Oxford University Press.

Locke, E. A., & Bryan, J. F. (1969). The directing function of goals in task performance. *Organizational Behavior and Human Performance, 4*, 35–42.

Locke, E. A., Chah, D. O., Harrison, S., & Lustgarten, N. (1989). Separating the effects of goal specificity from goal level. *Organizational Behavior and Human Decision Processes, 43*, 270–287.

Locke, E. A., & Kristof, A. L. (1996). Volitional choices in the goal achievement process. In P. M. Gollwitzer & J. A. Bargh (Eds.), *The psychology of action: Linking cognition and motivation to behavior.* New York: Guilford Press.

Locke, E. A., & Latham, G. P. (1984). *Goal-setting: A motivational technique that works!* Englewood Cliffs, NJ: Prentice Hall.

Locke, E. A., & Latham, G. P. (1990). *A theory of goal setting and task performance.* Englewood Cliffs, NJ: Prentice Hall.

Locke, E. A., & Latham, G. P. (2002). Building a practically useful theory of goal setting and task motivation. *American Psychologist, 57*, 705–717.

Locke, E. A., Shaw, K. N., Saari, L. M., & Latham, G. P. (1981). Goal setting and task performance: 1969–1980. *Psychological Bulletin, 90*, 125–152.

Loevinger, J. (1976). Stages of ego development. In J. Loevinger (Ed.), *Ego development* (pp. 13–28). San Francisco: Jossey-Bass.

Loewenstein, G. (1996). Out of control: Visceral influences on behavior. *Organizational Behavior and Human Decision Processes, 65*, 272–292.

Loftus, E. F., & Klinger, M. R. (1992). Is the unconscious smart or dumb? *American Psychologist, 47*, 761–765.

Longcope, C. (1986). Adrenal and gonadal androgen secretion in normal females. *Clinics in Endocrinology and Metabolism, 15*, 213–228.

320 Referências Bibliográficas

Lorenz, K. (1965). *Evolution and modification of behavior: A critical examination of the concepts of the "learned" and the "innate" elements of behavior.* Chicago: The University of Chicago Press.

Lowe, M. R. (1993). The effects of dieting on eating behavior: A three-factor model. *Psychological Bulletin, 114*, 100–121.

Luborsky, L., & Crits-Christoph, P. (1990). *Understanding transference: The core conflictual relationship theme method.* New York: Basic Books.

Lucas, R. E., Diener, E., Grob, A., Suh, E. M., & Shao, L. (2000). Cross-cultural evidence for the fundamental features of extraversion. *Journal of Personality and Social Psychology, 79*, 452–468.

Lucas, R. E., & Fujita, F. (2000). Factors influencing the relation between extraversion and pleasant affect. *Journal of Personality and Social Psychology, 79*, 1039–1056.

Lykken, D., & Tellegen, A. (1996). Happiness is a stochastic phenomenon. *Psychological Science, 7*, 186–189.

MacKinnon, N. J. (1994). *Symbolic interactionism as affect control.* Albany, NY: SUNY Press.

MacLean, P. D. (1990). *The triune brain in evolution: Role in paleocerebral functions.* New York: Plenum Press.

MacLeod, A. K, Byrne, A., & Valentine, J. D. (1996). Affect, emotional disorder, and future-directed thinking. *Cognition and Emotion, 10*, 69–86.

Madsen, K. B. (1959). *Theories of motivation.* Copenhagen: Munksgaard.

Maehr, M. L., & Kleiber, D. A. (1980). The graying of achievement motivation. *American Psychologist, 36*, 787–793.

Mahoney, E. R. (1983). *Human sexuality.* New York: McGraw-Hill.

Main, M., Kaplan, N., & Cassidy, J. (1985). Security in infancy, childhood, and adulthood: A move to the level of representation. In I. Bretherton & E. Waters (Eds.), Growing points of attachment theory and research. *Monographs of the Society for Research in Child Development, 50*, 67–104.

Malmo, R. B. (1959). Activation: A neurological dimension. *Psychological Review, 66*, 367–386.

Manderlink, G., & Harackiewicz, J. M. (1984). Proximal versus distal goal setting and intrinsic motivation. *Journal of Personality and Social Psychology, 47*, 918–928.

Mandler, G. (1975). *Mind and emotion.* New York: John Wiley & Sons.

Mandler, G. (1984). *Mind and body: Psychology of emotion and stress.* New York: Norton.

Mandrup, S., & Lane, M. D. (1997). Regulating adipogenesis. *Journal of Biology and Chemistry, 272*, 5367–5370.

Manstead, A. S. R. (1991). Emotion in social life. *Cognition and Emotion, 5*, 353–362.

Markus, H. (1977). Self-schemata and processing information about the self. *Journal of Personality and Social Psychology, 35*, 63–68.

Markus, H. (1983). Self-knowledge: An expected view. *Journal of Personality, 51*, 543–565.

Markus, H., Cross, S., & Wurf, E. (1990). The role of self-esteem in competence. In R. J. Sternberg & J. Kolligian (Eds.), *Competence considered* (pp. 205–225). New Haven: Yale University Press.

Markus, H., & Nurius, P. (1986). Possible selves. *American Psychologist, 41*, 954–969.

Markus, H. R., & Ruvolo, A. P. (1989). Possible selves: Personalized representations of goals. In L. A. Pervin (Ed.), *Goal concepts in personality and social psychology* (pp. 211–241). Hillsdale, NJ: Lawrence Erlbaum.

Markus, H., & Sentisk, K. (1982). The self in social information processing. In J. Suls (Ed.), *Psychological perspectives on the self* (Vol. 1, pp. 41–60). Hillsdale, NJ: Erlbaum.

Markus, H., & Wurf, E. (1987). The dynamic self-concept: A social psychological perspective. *Annual Review of Psychology, 38*, 299–337.

Marlatt, G. P., & Parks, G. A. (1982). Self-management of addictive behaviors. In P. Karoly & F. H. Kanfer (Eds.), *Self-management and behavior change* (pp. 443–488). New York: Pergamon.

Marsh, H. W. (1990). Causal ordering of academic self-concept and academic achievement: A multivariate, longitudinal panel analysis. *Journal of Educational Psychology, 82*, 646–656.

Mascolo, M. F., Fischer, K. W., & Li, J. (2003). Dynamic development of component systems of emotions: Pride, shame, and guilt in China and the United States. In R. J. Davidson, K. R. Scherer, & H. H. Goldsmith (Eds.), *Handbook of affective sciences* (pp. 375–408). New York: Oxford University Press.

Masling, J. (Ed.). (1983). *Empirical studies of psychoanalytic theories.* Hillsdale, NJ: Analytic Press.

Maslow, A. H. (1943). A theory of human motivation. *Psychological Review, 50*, 370–396.

Maslow, A. H. (1954). *Motivation and personality.* New York: Harper.

Maslow, A. H. (1968). *Toward a psychology of being.* New York: Van Nostrand.

Maslow, A. H. (1971). *The farther reaches of human nature.* New York: Viking Press.

Maslow, A. H. (1987). *Motivation and personality* (3rd ed.). New York: Harper & Row.

Mason, A., & Blankenship, V. (1987). Power and affiliation motivation, stress, and abuse in intimate relationships. *Journal of Personality and Social Psychology, 52,* 203–210.

Masters, W. H., & Johnson, V. E. (1966). *Human sexual response.* Boston: Little, Brown.

Mathes, E. W. (1981). Maslow's hierarchy of needs as a guide for living. *Journal of Humanistic Psychology, 21,* 69–72.

Matsui, T., Okada, A., & Inoshita, O. (1983). Mechanism of feedback affecting task performance. *Organizational Behavior and Human Performance, 31,* 114–122.

Matsumoto, D. (1987). The role of facial response in the experience of emotion: More methodological problems and a meta-analysis. *Journal of Personality and Social Psychology, 52,* 769–774.

May, R. (Ed.). (1961). *Existential psychology.* New York: Random House.

May, R. (1982). The problem of evil: An open letter to Carl Rogers. *Journal of Humanistic Psychology, 22,* 10–21.

Mayer, D. J. (1952). The glucostatic theory of regulation of food intake and the problem of obesity. *Bulletin of the New England Medical Center, 14,* 43.

Mayer, D. J. (1953). Glucostatic mechanism of regulation of food intake. *New England Journal of Medicine, 249,* 13–16.

McAdams, D. P. (1980). A thematic coding system for the intimacy motive. *Journal of Research in Personality, 14,* 413–432.

McAdams, D. P. (1982a). Intimacy motivation. In A. J. Stewart (Ed.), *Motivation and society.* San Francisco: Jossey-Bass.

McAdams, D. P. (1982b). Experiences of intimacy and power: Relationships between social motives and autobiographical memory. *Journal of Personality and Social Psychology, 42,* 292–302.

McAdams, D. P. (1993). *The stories we live by: Personal myths and the making of the self.* New York: Morrow.

McAdams, D. P. (1996). Personality, modernity, and the storied self: A contemporary framework for studying persons. *Psychological Inquiry, 7,* 295–321.

McAdams, D. P., Diamond, A., de St. Aubin, E., & Mansfield, E. (1997). Stories of commitment: The psychosocial construction of generative lives. *Journal of Personality and Social Psychology, 72,* 678–694.

McAdams, D. P., & Constantian, C. A. (1983). Intimacy and affiliation motives in daily living: An experience sampling analysis. *Journal of Personality and Social Psychology, 45,* 851–861.

McAdams, D. P., Healy, S., & Krause, S. (1984). Social motives and patterns of friendship. *Journal of Personality and Social Psychology, 47,* 828–838.

McAdams, D. P., Jackson, R. J., & Kirshnit, C. (1984). Looking, laughing, and smiling in dyads as a function of intimacy motivation and reciprocity. *Journal of Personality, 52,* 261–273.

McAdams, D. P., & Losoff, M. (1984). Friendship motivation in fourth and sixth graders: A thematic analysis. *Journal of Social and Personal Relationships, 1,* 11–27.

McAdams, D. P., & Powers, J. (1981). Themes of intimacy in behavior and thought. *Journal of Personality and Social Psychology, 40,* 573–587.

McAdams, D. P., & Vaillant, G. E. (1982). Intimacy motivation and psychosocial adaptation: A longitudinal study. *Journal of Personality Assessment, 46,* 586–593.

McAuley, E., & Tammen, V. V. (1989). The effect of subjective and objective competitive outcomes on intrinsic motivation. *Journal of Sport and Exercise Psychology, 11,* 84–93.

McCaul, K. D., Holmes, D. S., & Solomon, S. (1982). Facial expression and emotion. *Journal of Personality and Social Psychology, 42,* 145–152.

McClelland, D. C. (Ed.). (1955). *Studies in motivation.* New York: Appleton-Century-Crofts.

McClelland, D. C. (1961). *The achieving society.* Princeton, NJ: Van Nostrand.

McClelland, D. C. (1965). Achievement and entrepreneurship: A longitudinal study. *Journal of Personality and Social Psychology, 1,* 389–392.

McClelland, D. C. (1975). *Power: The inner experience.* New York: Irvington.

McClelland, D. C. (1978). Managing motivation to expand human freedom. *American Psychologist, 33,* 201–210.

McClelland, D. C. (1982). The need for power, sympathetic activation, and illness. *Motivation and Emotion, 6,* 31–41.

McClelland, D. C. (1985). *Human motivation.* San Francisco: Scott, Foresman.

McClelland, D. C. (1987). Characteristics of successful entrepreneurs. *The Journal of Creative Behavior, 21,* 219–233.

McClelland, D. C., Atkinson, J. W., Clark, R. A., & Lowell, E. L. (1953). *The achievement motive.* New York: Appleton-Century-Crofts.

McClelland, D. C., & Burnham, D. H. (1976, March–April). Power is the great motivator. *Harvard Business Review, 100–110,* 159–166.

McClelland, D. C., Colman, C., Finn, K., & Winter, D. G. (1978). Motivation and maturity patterns in marital success. *Social Behavior and Personality, 6,* 163–171.

322 Referências Bibliográficas

McClelland, D. C., Constantian, C., Pilon, D., & Stone, C. (1982). Effects of child-rearing practices on adult maturity. In D. C. McClelland (Ed.), *The development of social maturity*. New York: Irvington.

McClelland, D. C., Davis, W. B., Kalin, R., & Wanner, E. (1972). *The drinking man: Alcohol and human motivation*. New York: Free Press.

McClelland, D. C., & Pilon, D. A. (1983). Sources of adult motives in patterns of parent behavior in early childhood. *Journal of Personality and Social Psychology, 44*, 564–574.

McClelland, D. C., & Teague, G. (1975). Predicting risk preferences among power-related tasks. *Journal of Personality, 43*, 266–285.

McClelland, D. C., & Watson, R. I., Jr. (1973). Power motivation and risk-taking behavior. *Journal of Personality, 41*, 121–139.

McCombs, B. L., & Pope, J. E. (1994). *Motivating hard to reach students*. Washington, DC: American Psychological Association.

McCoy, C. L., & Masters, J. C. (1985). The development of children's strategies for the social control of emotion. *Child Development, 56*, 1214–1222.

McCrae, R. R. (1990). Controlling neuroticism in the measurement of stress. *Stress Medicine, 6*, 237–241.

McCrae, R. R., & Costa, P. T. Jr. (1986). Personality, coping, and coping effectiveness in an adult sample. *Journal of Personality, 54,* 385–405.

McCrae, R. R., & Costa, P. T. (1987). Validation of the five-factor model of personality across instruments and observers. *Journal of Personality and Social Psychology, 52*, 81–90.

McCrae, R. R., & Costa, P. T. (1991). Adding Liebe und Arbeit: The full five-factor model and well-being. *Personality and Social Psychology Bulletin, 3*, 173–175.

McDougall, W. (1908). *Introduction to social psychology*. London: Methuen.

McDougall, W. (1926). *Introduction to social psychology*. Boston: Luce and Co.

McDougall, W. (1933). *The energies of men*. New York: Scribner.

McGinley, H., McGinley, P., & Nicholas, K. (1978). Smiling, body position and interpersonal attraction. *Bulletin of the Psychonomics Society, 12*, 21–24.

McGraw, K. O. (1978). The detrimental effects of reward on performance: A literature review and a prediction model. In M. R. Lepper & D. Greene (Eds.), *The hidden costs of reward* (pp. 33–60). New York: John Wiley.

McGraw, K. O., & McCullers, J. C. (1979). Evidence of detrimental effects of extrinsic incentives on breaking a mental set. *Journal of Experimental Social Psychology, 15*, 285–294.

McHugh, P. R., & Moran, T. H. (1985). The stomach: A conception of its dynamic role in satiety. In J. M. Sprague & A. N. Epstein (Eds.), *Progress in psychobiology and physiological psychology* (Vol. 11, pp. 197–232). Orlando, FL: Academic Press.

McIntosh, D. N. (1996). Facial feedback hypotheses: Evidence, implications, and directions. *Motivation and Emotion, 20*, 121–147.

McIntosh, D. N., Zajonc, R. B., Vig, P. S., & Emerick, S. W., (1997). Facial movement, breathing, temperature, and affect: Implications of the vascular theory of emotional efference. *Cognition and Emotion, 11*, 171–195.

McKeachie, W. J. (1976). Psychology in America's bicentennial year. *American Psychologist, 31*, 819–833.

McKeachie, W. J., Lin, Y., Milholland, J., & Issacson, R. (1966). Student affiliation motives, teacher warmth, and academic achievement. *Journal of Personality and Social Psychology, 4*, 457–461.

McNally, R. J. (1992). Disunity in psychology: Chaos or speciation? *American Psychologist, 47*, 1054.

McNulty, S. E., & Swann, W. B., Jr. (1994). Identity negotiation in roommate relationships: The self as architect and consequence of social reality. *Journal of Personality and Social Psychology, 67*, 1012–1023.

Mednick, M. T., Mednick, S. A., & Mednick, E. V. (1964). Incubation of creative performance and specific associative priming. *Journal of Abnormal and Social Psychology, 69*, 84–88.

Medvec, V. H., Madey, S. F., & Gilovich, T. (1995). When less is more: Counterfactual thinking and satisfaction among Olympic medalists. *Journal of Personality and Social Psychology, 69*, 603–610.

Meece, J., Blumenfeld, P., & Hoyle, R. (1988). Students' goal orientations and cognitive engagement in classroom activities. *Journal of Educational Psychology, 80*, 514–523.

Mellstrom, M., Jr., Cicala, G. A., & Zuckerman, M. (1976). General versus specific trait anxiety measures in the prediction of fear of snakes, heights, and darkness. *Journal of Consulting and Clinical Psychology, 44*, 83–91.

Mento, A. J., Steel, R. P., & Karren, R. J. (1987). A meta-analytic study of the effects of goal setting on task performance: 1966–1984. *Organizational Behavior and Human Decision Processes, 39*, 52–83.

Meston, C. M. (2000). The psychophysiological assessment of female sexual function. *Journal of Sex Education and Therapy, 25*, 6–16.

Meuhlenhard, C. L., & Kimes, L. A. (1999). The social construction of violence: The case of sexual and domestic violence. *Personality and Social Psychology Review, 3*, 234–245.

Mickelson, K. D., Kessler, R. C., & Shaver, P. R. (1997). Adult attachment in a nationally representative sample. *Journal of Personality and Social Psychology, 73*, 1092–1106.

Mikulincer, M. (1986). Motivational involvement and learned helplessness: The behavioral effects of the importance of uncontrollable events. *Journal of Social and Clinical Psychology, 4*, 402–422.

Mikulincer, M. (1988). The relationship of probability of success and performance following failure: Reactance and helplessness effects. *Motivation and Emotion, 12*, 139–152.

Mikulincer, M. (1994). *Human learned helplessness: A coping perspective.* New York: Plenum Press.

Miller, D. L., & Kelley, M. L. (1994). The use of goal setting and contingency contracting for improving children's homework performance. *Journal of Applied Behavior Analysis, 27*, 73–84.

Miller, E. K., & Cohen, J. D. (2001). An integrative theory of prefrontal cortex function. *Annual Review of Neuroscience, 24*, 167–202.

Miller, G. A., Galanter, E. H., & Pribram, K. H. (1960). *Plans and the structure of behavior.* New York: Holt, Rinehart & Winston.

Miller, N. E. (1948). Studies of fear as an acquirable drive: 1. Fear as motivation and fear-reduction as reinforcement in the learning on new responses. *Journal of Experimental Psychology, 38*, 89–101.

Miller, N. E. (1959). Liberalization of basic S-R concepts: Extensions to conflict behavior, motivation, and social learning. In S. Koch (Ed.), *Psychology: A study of a science* (Vol. 2, pp. 196–292). New York: McGraw-Hill.

Miller, N. E. (1960). Motivational effects of brain stimulation and drugs. *Federation Proceedings, Federation of American Societies for Experimental Biology, 19*, 846–853.

Millon, T. (1990). The disorders of personality. In L. A. Pervin (Ed.), *Handbook of personality: Theory and research* (pp. 339–370). New York: Guilford Press.

Mills, J., & Clark, M. S. (1982). Communal and exchange relationships. In L. Wheeler (Ed.), *Review of personality and social psychology* (Vol. 3, pp. 121–144). Beverly Hills, CA: Sage.

Mirenowicz, J., & Schultz, W. (1994). Importance of unpredictability for reward responses in primate dopamine neurons. *Journal of Neurophysiology, 72*, 1024–1027.

Mischel, H. N., & Mischel, W. (1983). The development of children's knowledge of self-control strategies. *Child Development, 54*, 603–619.

Mischel, W. (1996). From good intentions to willpower. In P. M. Gollwitzer & J. A. Bargh (Eds.), *The psychology of action: Linking cognition and motivation to behavior.* New York: Guilford Press.

Mischel, W., Coates, B., & Raskoff, A. (1968). Effects of success and failure on self-gratification. *Journal of Personality and Social Psychology, 10*, 381–390.

Mischel, W., Shoda, Y., & Rodriguez, M. L. (1989). Delay of gratification in children. *Science, 244*, 933–938.

Miserandino, M. (1996). Children who do well in school: Individual differences in perceived competence and autonomy in above-average children. *Journal of Educational Psychology, 88*, 203–214.

Mitchell, S. (1988). *Relational concepts in psychoanalysis.* Cambridge, MA: Harvard University Press.

Mittelman, W. (1991). Maslow's study of self-actualization: A reinterpretation. *Journal of Humanistic Psychology, 31*, 114–135.

Moffitt, A., Kramer, M., & Hoffman, R. (1993). *The functions of dreaming.* Albany: State University of New York.

Mogenson, G. J., Jones, D. L., & Yim, C. Y. (1980). From motivation to action: Functional interface between the limbic system and the motor system. *Progress in Neurobiology, 14*, 69–97.

Moltz, H. (1965). Contemporary instinct theory and the fixed action pattern. *Psychological Review, 72*, 27–47.

Money, J. (1988). *Gay, straight, and in-between: The sexology of erotic orientation.* New York: Oxford University Press.

Money, J., Wiedeking, C., Walker, P. A., & Gain, D. (1976). Combined antiandrogenic and counseling program for treatment of 46 XY and 47 XYY sex offenders. In E. J. Sachar (Ed.), *Hormones, behavior, and psychopathology, 66*, 105–109.

Mook, D. G. (1988). On the organization of satiety. *Appetite, 11*, 27–39.

Mook, D. G. (1996). *Motivation: The organization of action* (2nd ed.). New York: W. W. Norton.

324 Referências Bibliográficas

Mook, D. G., & Kozub, F. J. (1968). Control of sodium chloride intake in the nondeprived rat. *Journal of Comparative and Physiological Psychology, 66*, 105–109.

Mook, D. G., & Wagner, S. (1989). Orosensory suppression of saccharin drinking in rat: The response, not the taste. *Appetite, 13*, 1–13.

Moran, T. H. (2000). Cholecystokinin and satiety: Current perspectives. *Nutrition, 16*, 858–865.

Morgenson, G. J., & Calaresu, F. R. (1973). Cardiovascular responses to electrical stimulation of the amygdala in the rat. *Experimental Neurology, 39*, 166–180.

Montague, P. R., Dayan, P., & Sejnowski, T. J. (1996). A framework for mesencephalic Dopamine systems based on predictive Hebbian learning. *Journal of Neuroscience, 16*, 1936–1947.

Morse, R. C., & Stoller, D. (1982, September). The hidden message that breaks habits. *Science Digest, 28*.

Moruzzi, G., & Magoun, H. W. (1949). Brain stem reticular formation and activation of the EEG. *EEG and Clinical Neurophysiology, 1*, 455–473.

Mossholder, K. W. (1980). Effects of externally mediated goal setting on intrinsic motivation: A laboratory experiment. *Journal of Applied Psychology, 65*, 202–210.

Muehlenhard, C. L., & Kimes, L. A. (1999). The social construction of violence: The case of sexual and domestic violence. *Personality and Social Psychology Review, 3*, 234–245.

Mueller, C. M., & Dweck, C. S. (1997). *Implicit theories of intelligence: Malleability beliefs, definitions, and judgments of intelligence*. Unpublished data.

Munarriz, R., Talakoub, L., Flaherty, E., Gioia, M., Hoag, L., Kim, N. N., Traish, A., Goldstein, I., Guay, A., & Spark, R. (2002). Androgen replacement therapy with dehydroepiandrosterone for androgen insufficiency and female sexual dysfunction: Androgen and questionnaire results. *Journal of Sex and Marital Therapy, 28*, 165–173.

Murray, H. A. (1937). Facts which support the concept of need or drive. *Journal of Personality, 3*, 115–143.

Murray, H. A. (1938). *Explorations in personality*. New York: Oxford University Press.

Murray, H. A. (1943). *Thematic apperception test*. Cambridge: Harvard University Press.

Nasby, W., & Yando, R. (1982). Selective encoding and retrieval of affectively information. *Journal of Personality and Social Psychology, 43*, 1244–1255.

Nauta, W. J. H. (1986). Circuitous connections linking cerebral cortex, limbic system, and corpus striatum. In B. K. Doane & K. E. Livingston (Eds.) *The limbic system: Functional organization and clinical disorder* (pp. 43–54). New York: Raven.

Neemann, J., & Harter, S. (1986). *The self-perception profile for college students*. [Manual]. Denver: University of Denver.

Neher, A. (1991). Maslow's theory of motivation: A critique. *Journal of Humanistic Psychology, 31*, 89–112.

Neiss, R. (1988). Reconceptualizing arousal: Psychobiological states in motor performance. *Psychological Bulletin, 103*, 345–366.

Neisser, U. (1967). *Cognitive psychology*. Englewood Cliffs, NJ: Prentice-Hall.

Newby, T. J. (1991). Classroom motivation: Strategies of first-year teachers. *Journal of Educational Psychology, 83*, 195–200.

Newcomb, M. D., & McGee, L. (1991). Influence of sensation seeking on general deviance and specific problem behaviors from adolescence to young adulthood. *Journal of Personality and Social Psychology, 61*, 614–628.

Newell, A., Shaw, J. C., & Simon, H. A. (1958). Elements of a theory of human problem solving. *Psychological Review, 65*, 151–166.

Newman, E. B., Perkins, F. T., & Wheeler, R. H. (1930). Cannon's theory of emotion: A critique. *Psychological Review, 37*, 305–326.

Newman, R. S. (1991). Goals and self-regulated learning: What motivates children to seek academic help? In M. L. Maehr & P. R. Pintrich (Eds.), *Advances in motivation and achievement* (Vol. 7, pp. 151–183). Greenwich, CT: JAI Press.

Nezu, A. M., Nezu, C. M., & Blissett, S. E. (1988). Sense of humor as a moderator of the relation between stressful events and psychological distress: A prospective analysis. *Journal of Personality and Social Psychology, 54*, 520–525.

Nicholls, J. G. (1978). The development of the concepts of effort and ability, perceptions of academic achievement, and the understanding that difficult tasks require more ability. *Child Development, 49*, 800–814.

Nicholls, J. G. (1979). Development of perception of own attainment and causal attributions for success and failure in reading. *Journal of Educational Psychology, 71*, 94–99.

Nicholls, J. G. (1984). Achievement motivation: Conceptions of ability, subjective experience, task choice, and performance. *Psychological Review, 91*, 328–346.

Niedenthal, P. M., Tangney, J. P., & Gavanski, I. (1994). "If only I weren't" versus "If only I hadn't": Distinguishing shame and guilt in counterfactual thinking. *Journal of Personality and Social Psychology, 67*, 585–595.

Nisbett, R. E., & Ross, L. (1980). *Human inference: Strategies and shortcomings of social judgment*. Englewood Cliffs, NJ: Prentice-Hall.

Nolen, S. B. (1988). Reasons for studying: Motivational orientations and study strategies. *Cognition and Instruction, 5*, 269–287.

Nolen-Hoeksema, S., Wolfson, A., Mumme, D., & Guskin, K. (1995). Helplessness in children of depressed and nondepressed mothers. *Developmental Psychology, 31*, 377–387.

Noller, P. (1984). *Nonverbal communication and marital interaction*. Oxford: Pergamon.

Nurius, P. (1991). Possible selves and social support: Social cognitive resources for coping and striving. In J. A. Howard & P. L. Callero (Eds.), *The self-society interface: Cognition, emotion, and action* (pp. 239–258). New York: Cambridge University Press.

Oatley, K., & Duncan, E. (1994). The experience of emotions in everyday life. *Cognition and Emotion, 8*, 369–381.

Oatley, K., & Jenkins, J. M. (1992). Human emotions: Function and dysfunction. *Annual Review of Psychology, 43*, 55–85.

Oatley, K., & Johnson-Laird, P. N. (1987). Toward a cognitive theory of emotions. *Cognition and Emotion, 1*, 29–50.

Oettingen, G. (1996). Positive fantasy and motivation. In P. M. Gollwitzer & J. A. Bargh (Eds.), *The psychology of action: Linking cognition and motivation to behavior* (pp. 236–259). New York: Guilford Press.

Oettingen, G., Honig, G., & Gollwitzer, P. M. (2000). Effective self regulation of goal attainment. *International Journal of Education Research, 33*, 705–732.

O'Hara, M. (1989). When I use the term humanistic psychology . . . *Journal of Humanistic Psychology, 29*, 263–273.

Oldham, G. R. (1975). The impact of supervisory characteristics on goal acceptance. *Academy of Management Journal, 18*, 461–475.

Olds, J. (1956). Pleasure centers in the brain. *Scientific American, 195*, 105–116.

Olds, J. (1969). The central nervous system and the reinforcement of behavior. *American Psychologist, 24*, 114–132.

Olds, J., & Milner, P. (1954). Positive reinforcement produced by electrical stimulation of septal area and other regions in the rat brain. *Journal of Comparative and Physiological Psychology, 47*, 419–427.

Olds, M. E., & Fobes, J. L. (1981). The central basis of motivation: Intracranial self-stimulation studies. *Annual Review of Psychology, 32*, 523–574.

Olds, M. E., & Olds, J. (1963). Approach-avoidance analysis of the rat diencephalon. *Journal of Comparative Neurology, 217*, 1253–1264.

Orbell, S., Hodgkins, S., & Sheeran, P. (1997). Implementation intentions and the theory of planned behavior. *Personality and Social Psychology Bulletin, 23*, 945–954.

Orbell, S., & Sheeran, P. (1998). "Inclined abstainers": A problem for predicting health-related behavior. *British Journal of Social Psychology, 37*, 151–165.

Orbell, S., & Sheeran, P. (2000). Motivation and volitional processes in action initiation: A field study of the role of implementation intentions. *Journal of Applied Social Psychology, 30*, 780–797.

Orlick, T. D., & Mosher, R. (1978). Extrinsic rewards and participant motivation in a sport related task. *International Journal of Sport Psychology, 9*, 27–39.

Ortony, A., & Clore, G. L. (1989). Emotion, mood, and conscious awareness. *Cognition and Emotion, 3*, 125–137.

Ortony, A., Clore, G. L., & Collins, A. (1988). *The cognitive structure of emotions*. Cambridge: Cambridge University Press.

Osgood, C. E., May, W. H., & Miron, M. S. (1975). *Cross-cultural universals of affective meaning*. Urbana: University of Illinois Press.

Osgood, C. E., Suci, G. C., & Tannenbaum, P. H. (1957). *The measurement of meaning*. Urbana: University of Illinois Press.

Overskeid, G., & Svartdal, F. (1996). Effects of reward on subjective autonomy and interest when initial interest is low. *The Psychological Record, 46*, 319–331.

Oyserman, D., & Markus, H. (1990). Possible selves and delinquency. *Journal of Personality and Social Psychology, 59*, 112–125.

Ozer, E. M., & Bandura, A. (1990). Mechanisms governing empowerment effects: A self-efficacy analysis. *Journal of Personality and Social Psychology, 58*, 472–486.

326 Referências Bibliográficas

Pace, G. M., Ivancis, M. T., Edwards, G. L., Iwata, B. A., & Page, T. J. (1985). Assessment of stimulus preference and reinforcer value with profoundly retarded individuals. *Journal of Applied Behavior Analysis, 18*, 249–255.

Pallak, S. R., Costomiris, S., Sroka, S., & Pittman, T. S. (1982). School experience, reward characteristics, and intrinsic motivation. *Child Development, 53*, 1382–1391.

Panksepp, J. (1982). Toward a general psychobiological theory of emotions. *Behavioral and Brain Science, 5*, 407–467.

Panksepp, J. (1986). The anatomy of emotions. In R. Plutchik & H. Kellerman (Eds.), Emotion: Theory, research, and experience: Biological foundations of emotions (Vol. 5, pp. 91–124). New York: Academic Press.

Panksepp, J. (1994). The basics of basic emotion. In P. Ekman & R. J. Davidson (Eds.), *The nature of emotion: Fundamental questions* (pp. 20–24). New York: Oxford University Press.

Park, C. L., & Folkman, S. (1997). Meaning in the context of stress and coping. *Review of General Psychology, 1*, 115–144.

Parkes, A. S., & Bruce, H. M. (1961). Olfactory stimuli in mammalian reproduction. *Science, 134*, 1049–1054.

Parkinson, B. (1991). Emotional stylists: Strategies of expressive management among trainee hairdressers. *Social Psychology Quarterly, 5*, 419–434.

Parsons, J. E., & Ruble, D. N. (1977). The development of achievement-related expectancies. *Child Development, 48*, 1975–1979.

Patrick, B. C., Skinner, E. A., & Connell, J. P. (1993). What motivates children's behavior and emotion? Joint effects of perceived control and autonomy in the academic domain. *Journal of Personality and Social Psychology, 65*, 781–791.

Patterson, C. J., & Mischel, W. (1976). Effects of temptation-inhibiting and task-facilitating plans on self-control. *Journal of Personality and Social Psychology, 33*, 209–217.

Paul, J. P. (1993). Childhood cross-gender behavior and adult homosexuality: The resurgence of biological models of sexuality. *Journal of Homosexuality, 24*, 41–54.

Pederson, N. C., Plomin, R., McClearn, G. E., & Friberg, L. (1988). Neuroticism, extraversion, and related traits in adult twins reared apart and reared together. *Journal of Personality and Social Psychology, 55*, 950–957.

Penfield, W. (1958). *The excitable cortex in conscious man*. England: Liverpool University Press.

Pennebaker, J. W. (1990). *Opening up*. New York: Morrow.

Perls, F. S. (1969). *Gestalt therapy verbatim*. Lafayette, CA: Real People Press.

Pert, C. B. (1986, Summer). The wisdom of the receptors: Neuropeptides, the emotions, and body-mind. *Advances* (Intitute for the Advancement of Health), *3*, 8–16.

Peters, R. S. (1958). *The concept of motivation*. London: Routledge and Kegan Paul.

Peterson, C. (2000). The future of optimism. *American Psychologist, 55*, 44–55.

Peterson, C., & Barrett, L. C. (1987). Explanatory style and academic performance among university freshmen. *Journal of Personality and Social Psychology, 53*, 603–607.

Peterson, C., Maier, S. F., & Seligman, M. E. P. (1993). *Learned helplessness: A theory for the age of personal control*. New York: Oxford University Press.

Peterson, C., & Park, C. (1998). Learned helplessness and explanatory style. In D. F. Barone, V. B. Van Hasselt, & M. Hersen (Eds.), *Advanced personality* (pp. 287–310). New York: Plenum.

Peterson, C., & Seligman, M. E. P. (1984). Causal explanations as a risk factor for depression: Theory and evidence. *Psychological Review, 91*, 347–374.

Peterson, C., Seligman, M. E. P., & Vaillant, G. E. (1988). Pessimistic explanatory style is a risk factor for physical illness: A thirty-five year longitudinal study. *Journal of Personality and Social Psychology, 55*, 23–27.

Peterson, C., Seligman, M. E. P., Yurko, K. H., Martin, L. R., & Friedman, H. S. (1998). Catastophizing and untimely death. *Psychological Science, 9*, 49–52.

Pfaffmann, C. (1960). The pleasures of sensation. *Psychological Review, 67*, 253–268.

Pfaffmann, C. (1961). The sensory and motivating properties of the sense of taste. In M. R. Jones (Ed.), *Nebraska symposium on motivation* (Vol. 9, pp. 71–108). Lincoln: University of Nebraska Press.

Pfaffmann, C. (1982). Taste: A model of incentive motivation. In D. W. Pfaff (Ed.), *The physiological mechanisms of motivation* (pp. 61–97). New York: Springer-Verlag.

Pham, L. B., & Taylor, S. E. (1999). From thought to action: Effects of process- versus outcome-based mental simulations on performance. *Personality and Social Psychology Bulletin, 25*, 250–260.

Phillips, A. G., Pfaus, J. G., & Blaha, C. D. (1991). Dopamine and motivated behavior: Insights provided by in vivo analysis. In P. Willner & J. Scheel-Kruger (Eds.), *The mesolimbic dopamine system: From motivation to action* (pp. 199–224). New York: Wiley.

Phillips, D. (1984). The illusion of incompetence among academically competent children. *Child Development, 55*, 2000–2016.

Pierce, G. R., Sarason, B. R., & Sarason, I. G. (1991). General and specific support expectations and stress as predictors of perceived supportiveness: An experimental study. *Journal of Personality and Social Psychology, 63*, 297–307.

Pierce, K. L., & Schreibman, L. (1994). Teaching daily living skills to children with autism in unsupervised settings through pictorial self-management. *Journal of Applied Behavior Analysis, 27*, 471–481.

Pittman, T. S., Boggiano, A. K., & Ruble, D. N. (1983). Intrinsic and extrinsic motivational orientations: Limiting conditions on the undermining and enhancing effects of reward on intrinsic motivation. In J. Levine & M. Wang (Eds.), *Teacher and student perceptions: Implications for learning* (pp. 319–340). Hillsdale, NJ: Erlbaum.

Pittman, T. S., Davey, M. E., Alafat, K. A., Wetherill, K. V., & Kramer, N. A. (1980). Informational versus controlling verbal rewards. *Personality and Social Psychology Bulletin, 6*, 228–233.

Pittman, T. S., Emery, J., & Boggiano, A. K. (1982). Intrinsic and extrinsic motivational orientations: Reward induced changes in preference for complexity. *Journal of Personality and Social Psychology, 42*, 789–797.

Pittman, T. S., & Heller, J. F. (1988). Social motivation. *Annual Review of Psychology, 38*, 461–489.

Plutchik, R. (1970). Emotions, evolution, and adaptive processes. In M. B. Arnold (Ed.), *Feelings and emotions* (pp. 3–24). New York: Academic Press.

Plutchik, R. (1980). *Emotion: A psychoevolutionary analysis*. New York: Harper & Row.

Plutchik, R. (1985). On emotion: The chicken-and-egg problem revisited. *Motivation and Emotion, 9*, 197–200.

Polivy, J. (1976). Perception of calories and regulation of intake in restrained and unrestrained subjects. *Addictive Behaviors, 1*, 237–243.

Polivy, J., & Herman, C. P. (1976a). Clinical depression and weight change: A complex relation. *Journal of Abnormal Psychology, 85*, 338–340.

Polivy, J., & Herman, C. P. (1976b). Effect of alcohol on eating behavior: Influences of mood and perceived intoxication. *Journal of Abnormal Psychology, 85*, 601–606.

Polivy, J., & Herman, C. P. (1983). *Breaking the diet habit*. New York: Basic Books.

Polivy, J., & Herman, C. P. (1985). Dieting and binging. *American Psychologist, 40*, 193–201.

Pollak, L. H., & Thoits, P. A. (1989). Processes in emotional socialization. *Social Psychology Quarterly, 52*, 22–34.

Potter, S. H. (1988). The cultural construction of emotion in rural Chinese social life. *Ethos, 16*, 181–208.

Powley, T. L., & Keesey, R. E. (1970). Relationship of body weight to the lateral hypothalamus feeding syndrome. *Journal of Comparative and Clinical Psychology, 70*, 25–36.

Premack, D. (1959). Toward empirical behavior laws: I. Positive reinforcement. *Psychological Review, 66*, 219–233.

Price, R. A. (1987). Genetics of human obesity. *Annals of Behavioral Medicine, 9*, 9–14.

Quattrone, C. A. (1985). On the congruity between internal states and action. *Psychological Bulletin, 98*, 3–40.

Rachman, S. (1978). *Fear and courage*. San Francisco: Freeman.

Rachman, S., & Hodgson, R. I. (1974). Synchrony and desynchrony in fear and avoidance. *Behaviour Research and Therapy, 12*, 311–318.

Ramamurthi, B. (1988). Stereotactic operation in behaviour disorders. *Amygdalotomy and hypothalamotomy. Acta Neurochir* (Supplement), *44*, 152–157.

Rand, A. (1964). The objectivist ethics. In *The virtue of selfishness*. New York: Signet.

Rapaport, D. (1960). On the psychoanalytic theory of motivation. *Nebraska symposium on motivation* (Vol. 8, pp. 173–247). Lincoln: University of Nebraska Press.

Ravlin, S. B. (1987). A computer model of affective reactions to goal-relevant events. Unpublished master's thesis, University of Illinois, Urbana-Champaign. As cited in A. Ortony, G. L. Clore, & A. Collins (Eds.), *The cognitive structure of emotions*. Cambridge: Cambridge University Press.

Raynor, J. O. (1969). Future orientation and motivation of immediate activity: An elaboration of the theory of achievement motivation. *Psychological Review, 76*, 606–610.

Raynor, J. O. (1970). Relationship between achievement-related motives, future orientation, and academic performance. *Journal of Personality and Social Psychology, 15*, 28–33.

Raynor, J. O. (1974). Future orientation in the study of achievement motivation. In J. W. Atkinson & J. O. Raynor (Eds.), *Motivation and achievement*. Washington, DC: V. H. Winston.

Raynor, J. O., & Entin, E. E. (1982). *Motivation, career striving, and aging*. New York: Hemisphere.

Reber, A. (1992). The cognitive unconscious: An evolutionary perspective. *Consciousness and Cognition, 1*, 93–133.

328 Referências Bibliográficas

Reeve, J. (1989). The interest-enjoyment distinction in intrinsic motivation. *Motivation and Emotion, 13*, 83–103.

Reeve, J. (1993). The face of interest. *Motivation and Emotion, 17*, 353–375.

Reeve, J. (1996). *Motivating others: Nurturing inner motivational resources.* Needham Heights, MA: Allyn and Bacon.

Reeve, J. (2002). Self-determination theory applied to educational settings. In E. L. Deci & R. M. Ryan's (Eds.), *Handbook of self-determination* (pp. 183–203). Rochester, NY: University of Rochester Press.

Reeve, J., Bolt, E., & Cai, Y. (1999). Autonomy-supportive teachers: How they teach and motivate students. *Journal of Educational Psychology, 91*, 537–548.

Reeve, J., & Deci, E. L. (1996). Elements of the competitive situation that affect intrinsic motivation. *Personality and Social Psychology Bulletin, 22*, 24–33.

Reeve, J., Deci, E. L., & Ryan, R. M. (2003). Self-determination theory: A dialectical framework for understanding the sociocultural influences on student motivation. In D. M. McInerney & S. Van Etten (Eds.), *Research on sociocultural influences on motivation and learning: Big theories revisited* (Vol. 4). Greenwhich, CT: Information Age Press.

Reeve, J., Jang, H., Hardre, P., & Omura, M. (2002). Providing a rationale in an autonomy-supportive way as a strategy to motivate others during an uninteresting activity. *Motivation and Emotion, 26*, 183–207.

Reeve, J., & Jang, H. (2003). *What teachers say and do to support students' autonomy during a learning activity.* Unpublished manuscript, University of Iowa.

Reeve, J., Nix, G., & Hamm, D. (2003). Testing models of the experience of self-determination in intrinsic motivation and the conundrum of choice. *Journal of Educational Psychology, 95*, 375–392.

Reeve, J., Olson, B. C., & Cole, S. G. (1985). Motivation and performance: Two consequences of winning and losing in competition. *Motivation and Emotion, 9*, 291–298.

Reifman, A. S., Larrick, R. P., & Fein, S. (1991). Temper and temperature on the diamond: The heat-aggression relationship in major league baseball. *Personality and Social Psychology Bulletin, 17*, 580–585.

Reis, H. T., Sheldon, K. M., Gable, S. L., Roscoe, R., & Ryan, R. M. (2000). Daily well-being: The role of autonomy, competence, and relatedness. *Personality and Social Psychology Bulletin, 26*, 419–435.

Reis, I. L. (1986). A sociological journey into sexuality. *Journal of Marriage and the Family, 48*, 233–242.

Reisenzein, R., & Hofman, T. (1993). Discriminating emotions from appraisal-relevant situational information: Baseline data for structural models of cognitive appraisals. *Cognition and Emotion, 7*, 271–293.

Renninger, K. A. (1996). Learning as the focus of the educational psychology course. *Educational Psychologist, 31*, 63–76.

Renninger, K. A., Hidi, S., & Krapp, A. (Eds.). (1992). *The role of interest in learning and development.* Hillsdale, NJ: Lawrence Erlbaum.

Renninger, K. A., & Wozniak, R. H. (1985). Effect of interest on attentional shift, recognition, and recall in young children. *Developmental Psychology, 21*, 624–632.

Revelle, W., Amaral, P., & Turriff, S. (1976). Introversion/extraversion, time stress, and caffeine: Effect on verbal performance. *Science, 192*, 149–150.

Reynolds, P. C. (1982). Affect and instrumentality: An alternative view on Eibl-Eibesfeldt's human ethology. *Behavioral and Brain Science, 5*, 267–268.

Rigby, C. S., Deci, E. L., Patrick, B. P., & Ryan, R. M. (1992). Beyond the intrinsic-extrinsic dichotomy: Self-determination in motivation and learning. *Motivation and Emotion, 16*, 165–185.

Rimé, B., Mesquita, B., Philippot, P., & Boca, S. (1991). Beyond the emotional event: Six studies on the social sharing of emotion. *Cognition and Emotion, 5*, 435–465.

Ritvo, L. B. (1990). *Darwin's influence on Freud: A Tale of Two Sciences.* New Haven, CT: Yale University Press.

Robbins, T. W., & Everitt, B. J. (1996). Neurobehavioural mechanisms of reward and motivation. *Current Opinion in Neurobiology, 6*, 228–236.

Roberts, D. C. S., Corcoran, M. E., & Fibiger, H. C. (1977). On the role of ascending catecholaminergic systems in intravenous self-administration of cocaine. *Pharmacology, Biochemistry, and Behavior, 6*, 615–620.

Roberts, G. C. (Ed.). (1992). *Motivation in sport and exercise.* Champaign, IL: Human Kinetics Books.

Robertson, L. S., Kelley, A. B., O'Neil, B., Wixom, C. W., Eiswirth, R. S., & Haddon, W. (1974). A controlled study of the effect of television messages on safety belt use. *American Journal of Public Health, 64*, 1071–1080.

Robinson, D. T., & Smith-Lovin, L. (1992). Selective interaction as a strategy for identity maintenance: An affect control model. *Social Psychology Quarterly, 55*, 12–28.

Robinson, D. T., Smith-Lovin, L., & Tsoudis, O. (1994). Heinous crime or unfortunate accident? The effects of remorse on responses to mock criminal confessions. *Social Forces, 73*, 175–190.

Rodin, J. (1981). Current status of the external-internal hypothesis for obesity. *American Psychologist, 36*, 361–372.

Rodin, J. (1982). Obesity: Why the losing battle? In B. B. Wolman (Ed.), *Psychological aspects of obesity: A handbook* (pp. 30–87). New York: Van Nostrand Reinhold.

Rodin, J., & Langer, E. J. (1977). Long-term effects of a control-relevant intervention with the institutionalized aged. *Journal of Personality and Social Psychology, 35*, 897–902.

Roediger, H. L. (1990). Implicit memory: Retention without remembering. *American Psychologist, 45*, 1043–1056.

Rofé, Y. (1984). Stress and affiliation: A utility theory. *Psychological Review, 91*, 251–268.

Rogers, C. R. (1951). *Client-centered therapy: Its current practice, implications, and theory.* Boston: Houghton Mifflin.

Rogers, C. R. (1959). A theory of therapy, personality, and interpersonal relationships, as developed in the client-centered framework. In S. Koch (Ed.), *Psychology: A study of a science* (Vol. 3, pp. 184–256). New York: McGraw-Hill.

Rogers, C. R. (1961). *On becoming a person.* Boston: Houghton Mifflin.

Rogers, C. R. (1963). Actualizing tendency in relation to motives and to consciousness. *Nebraska symposium on motivation* (Vol. 11, pp. 1–24). Lincoln: University of Nebraska Press.

Rogers, C. R. (1966). *A therapist's view of personal goals* [A Pendle Hill pamphlet, #108]. Wallingford, PA: Pendle Hill.

Rogers, C. R. (1969). *Freedom to learn: A view of what education might become.* Columbus, OH: Merrill.

Rogers, C. R. (1973). My philosophy of interpersonal relationships and how it grew. *Journal of Humanistic Psychology, 13*, 3–15.

Rogers, C. R. (1980). *A way of being.* Boston: Houghton Mifflin.

Rogers, C. R. (1982). Notes on Rollo May. *Journal of Humanistic Psychology, 22*, 8–9.

Rogers, C. R. (1995). What understanding and acceptance mean to me. *Journal of Humanistic Psychology, 35*, 7–22.

Rolls, B. J. (1979). How variety and palatability can stimulate appetite. *Nutrition Bulletin, 5*, 78–86.

Rolls, B. J., Bell, E. A., & Thorwart, M. L. (1999). Water incorporated into a food but not served with a food decreases energy intake in lean women. *American Journal of Clinical Nutrition, 70*, 448–455.

Rolls, B. J., Rowe, E. T., & Rolls, E. T. (1982). How sensory properties of food affect human feeding behavior. *Physiology and Behavior, 29*, 409–417.

Rolls, B. J., Wood, R. J., & Rolls, E. T. (1980). Thirst: The initiation, maintenance, and termination of drinking. In J. M. Sprague & A. N. Epstein (Eds.), *Progresses in psychobiology and physiological psychology* (Vol. 9, pp. 263–321). New York: Academic Press.

Rolls, E. T. (1992). Neurophysiology and the functions of the primate amygdala. In J. P. Aggleton (Ed.), *The amygdala: Neurobiological aspects of emotion, memory, and mental dysfunction* (pp. 143–165). New York: Wiley.

Rolls, E. T., Sanghera, M. K., & Roper-Hall, A. (1979). Latency of activation of neurons In the lateral hypothalamus and substantia innominata during feeding in the monkey. *Brain Research, 164*, 121–135.

Roney, C., Higgins, E. T., & Shah, J. (1995). Goals and framing: How outcome focus influences motivation and emotion. *Personality and Social Psychology Bulletin, 21*, 1151–1160.

Ronis, D., & Greenwald, A. (1979). Dissonance theory revised again: Comment on the paper by Fazio, Zanna, and Cooper. *Journal of Experimental Social Psychology, 15*, 62–69.

Rose, S., Frieze, I. H. (1989). Young singles scripts for a first date. *Gender and Society, 3*, 258–268.

Roseman, I. J. (1984). Cognitive determinants of emotion: A structural theory. In P. Shaver (Ed.), *Review of personality and social psychology: Emotions, relationships, and health* (Vol. 5, pp. 11–36). Beverly Hills, CA: Sage.

Roseman, I. J. (1991). Appraisal determinants of discrete emotions. *Cognition and Emotion, 5*, 161–200.

Roseman, I. J., Antoniou, A. A., & Jose, P. E. (1996). Appraisal determinants of emotions: Constructing a more accurate and comprehensive theory. *Cognition and Emotion, 10*, 241–277.

Rosen, B., & D'Andrade, R. C. (1959). The psychological origins of achievement motivation. *Sociometry, 22*, 185–218.

Rosenberg, E. L., & Ekman, P. (1994). Coherence between expressive and experiential systems in emotion. *Cognition and Emotion, 8*, 201–229.

Rosenberg, M. (1965). *Society and the adolescent self-image*. Princeton, NJ: Princeton University Press.

Rosenfeld, P., Giacalone, R. A., & Tedeschi, J. T. (1984). Cognitive dissonance and impression management explanations for effort justification. *Personality and Social Psychology Bulletin, 10*, 394–401.

Rosenhan, D. L., & Seligman, M. E. P. (1984). *Abnormal psychology*. New York: W. W. Norton.

Rosenholtz, S. J., & Rosenholtz, S. H. (1981). Classroom organization and the perception of ability. *Sociology of Education, 54*, 132–140.

Ross, M., & Shulman, R. (1973). Increasing the salience of initial attitudes: Dissonance versus self-perception theory. *Journal of Personality and Social Psychology, 28*, 138–144.

Rothkopf, E. Z., & Billington, M. J. (1979). Goal-guided learning from text: Inferring a descriptive processing model from inspection times and eye movements. *Journal of Educational Psychology, 71*, 310–327.

Rotter, J. B. (1966). Generalized expectancies for internal and external control of reinforcement. *Psychological Monographs*, Whole No. 80.

Rowan, J. (1987). Nine humanistic heresies. *Journal of Humanistic Psychology, 27*, 141–157.

Rozin, P., & Fallon, A. E. (1987). A perspective on disgust. *Psychological Review, 94*, 23–41.

Rozin, P., Haidt, J., & McCauley, C. R. (1993). Disgust. In M. Lewis & J. Haviland (Eds.), *Handbook of emotions* (pp. 575–594). New York: Guilford Press.

Rozin, P., Lowery, L., & Ebert, R. (1994). Varieties of disgust faces and the structure of disgust. *Journal of Personality and Social Psychology, 66*, 870–881.

Ruble, D. N., Crosovsky, E. H., Frey, K. S., & Cohen, R. (1992). Developmental changes in competence assessment. In A. Boggiano & T. S. Pittman (Eds.), *Motivation and achievement: A social-developmental perspective* (pp. 138–166). New York: Cambridge University Press.

Ruble, D. N., Parsons, J., & Ross, J. (1976). Self-evaluative responses of children in an achievement setting. *Child Development, 47*, 990–997.

Ruckmick, C. A. (1936). *The psychology of feeling and emotion*. New York: McGraw-Hill.

Rudd, J. R., & Geller, E. S. (1985). A university-based incentive program to increase safety belt use: Towards cost-effective institutionalization. *Journal of Applied Behavior Analysis, 18,* 215–226.

Ruderman, A. J., & Wilson, G. T. (1979). Weight, restraint, cognitions, and counter-regulation. *Behaviour Therapy and Research, 17*, 581–590.

Rummel, A., & Feinberg, R. (1988). Cognitive evaluation theory: A meta-analytic review of the literature. *Social Behavior and Personality, 16*, 147–164.

Russek, M. (1971). Hepatic receptors and the neurophysiological mechanisms controlling feeding behavior. In S. Ehrenpreis (Ed.), *Neuroscience research*. New York: Academic Press.

Russell, J. A. (1995). Facial expressions of emotion: What lies beyond minimal universality? *Psychological Bulletin, 118*, 379–391.

Russell, J. A., & Barrett, L. F. (1999). Core affect, prototypical emotional episodes, and other things call emotion: Dissecting the elephant. *Journal of Personality and Social Psychology, 76*, 805–819.

Russell, J. A., & Yik, M. S. M. (1996). Emotion among the Chinese. In M. H. Bond (Ed.), *The handbook of Chinese psychology* (pp. 166–188). Hong Kong: Oxford University Press.

Rutledge, L. L., & Hupka, R. B. (1985). The facial feedback hypothesis: Methodological concerns and new supporting evidence. *Motivation and Emotion, 9*, 219–240.

Ryan, E. D., & Lakie, W. L. (1965). Competitive and noncompetitive performance in relation to achievement motive and manifest anxiety. *Journal of Personality and Social Psychology, 1*, 342–345.

Ryan, R. M. (1982). Control and information in the intrapersonal sphere: An extension of cognitive evaluation theory. *Journal of Personality and Social Psychology, 43*, 450–461.

Ryan, R. M. (1991). The nature of the self in autonomy and relatedness. In J. Strauss & G. R. Goethals (Eds.), *The self: Interdisciplinary approaches* (pp. 208–238). New York: Springer-Verlag.

Ryan, R. M. (1993). Agency and organization: Intrinsic motivation, autonomy, and the self in psychological development. In J. E. Jacobs (Ed.), *Nebraska symposium on motivation: Developmental perspectives on motivation* (Vol. 40, pp. 1–56). Lincoln: University of Nebraska Press.

Ryan, R. M. (1995). Psychological needs and the facilitation of integrative processes. *Journal of Personality, 63*, 397–427.

Ryan, R. M., Avery, R. R., & Grolnick, W. S. (1985). A Rorschach assessment of children's mutuality of autonomy. *Journal of Personality Assessment, 49*, 6–12.

Ryan, R. M., & Connell, J. P. (1989). Perceived locus of causality and internalization: Examining reasons for acting in two domains. *Journal of Personality and Social Psychology, 57*, 749–761.

Ryan, R. M., & Deci, E. L. (2000a). Self-determination theory and the facilitation of intrinsic motivation, social development, and well-being. *American Psychologist, 55,* 68–78.

Ryan, R. M., & Deci, E. L. (2000b). Intrinsic and extrinsic motivations: Classic definitions and new directions. *Contemporary Educational Psychology, 25,* 54–67.

Ryan, R. M., & Deci, E. L. (2001). On happiness and human potentials: A review of research on hedonic and eudaimonic well-being. *Annual Review of Psychology, 52,* 141–166.

Ryan, R. M., & Frederick, C. M. (1997). On energy, personality, and health: Subjective vitality as a dynamic reflection of well-being. *Journal of Personality, 65,* 529–565.

Ryan, R. M., Frederick, C. M., Lepes, D., Rubio, N., & Sheldon, K. M. (1997). Intrinsic motivation and exercise adherence. *International Journal of Sport Psychology, 28,* 335–354.

Ryan, R. M., & Grolnick, W. S. (1986). Origins and pawns in the classroom: Self-report and projective assessments of individual differences in children's perceptions. *Journal of Personality and Social Psychology, 50,* 550–558.

Ryan, R. M., Koestner, R., & Deci, E. L. (1991). Ego-involved persistence: When free-choice behavior is not intrinsically motivated. *Motivation and Emotion, 15,* 185–205.

Ryan, R. M., & Lynch, J. (1989). Emotional autonomy versus detachment: Revisiting the vicissitudes of adolescent and young adulthood. *Child Development, 60,* 340–356.

Ryan, R. M., Mims, V., & Koestner, R. (1983). Relation of reward contingency and interpersonal context to intrinsic motivation: A review and test using cognitive evaluation theory. *Journal of Personality and Social Psychology, 45,* 736–750.

Ryan, R. M., Plant, R. W., & O'Malley, S. (1995). Initial motivations for alcohol treatment: Relations with patient characteristics, treatment involvement and dropout. *Addictive Behaviors, 20,* 586–596.

Ryan, R. M., & Powelson, C. L. (1991). Autonomy and relatedness as fundamental to motivation and education. *Journal of Experimental Education, 60,* 49–66.

Ryan, R. M., Rigby, S., & King, K. (1993). Two types of religious internalization and their relations to religious orientations and mental health. *Journal of Personality and Social Psychology, 65,* 586–596.

Ryan, R. M., Stiller, J., & Lynch, J. H. (1994). Representations of relationships to teachers, parents, and friends as predictors of academic motivation and self-esteem. *Journal of Early Adolescence, 14,* 226–249.

Ryff, C. D. (1989). Happiness is everything, or is it? Explorations on the meaning of psychological well-being. *Journal of Personality and Social Psychology, 57,* 1069–1081.

Ryff, C. D. (1991). Possible selves in adulthood and old age: A tale of shifting horizons. *Psychology and Aging, 6,* 286–295.

Ryff, C. D. (1995). Psychological well-being in adult life. *Current Directions in Psychological Science, 4,* 99–104.

Ryff, C. D., & Keyes, C. L. M. (1995). The structure of psychological well-being revisited. *Journal of Personality and Social Psychology, 69,* 719–727.

Ryff, C. D., & Singer, B. (2002). From social structure to biology: Integrative science in pursuit of human health and well-being. In C. R. Snyder & S. J. Lopez (Eds.), *Handbook of positive psychology* (pp. 541–555). New York: Oxford University Press.

Saarni, C. (1979). Children's understanding of display rules for expressive behavior. *Developmental Psychology, 15,* 424–429.

Saarni, C. (1997). Coping with aversive feelings. *Motivation and Emotion, 21,* 45–63.

Sackeim, H. A. (1983). Self-deception, self-esteem, and depression: The adaptive value of lying to oneself. In J. Masling (Ed.), *Empirical studies of psychoanalytic theories* (Vol. 1, pp. 101–157). Hillsdale, NJ: Analytic Press.

Sackeim, H. A., Greenberg, M. S., Weiman, A. L., Gur, R. C., Hungerbuhler, J. P., & Geschwind, N. (1982). Hemispheric-asymmetry in the expression of positive and negative emotion: Neurological evidence. *Archives of Neurology, 39,* 210–218.

Sacks, C. H., & Bugental, D. B. (1987). Attributions as moderators of affective and behavioral responses to social failure. *Journal of Personality and Social Psychology, 53,* 939–947.

Sakurai, T., Amemiya, A., Ishii, M., Matsuzaki, I., Chemelli, R. M., Tanaka, H., Williams, S. C., Richardson, J. A., Kozlowski, G. P., Wilson, S., Arch, J. R. S., Buckingham, R. E., Haynes, A. C., Carr, S. A., Annan, R. S., McNulty, D. E., Liu, W. S., Terrett, J. A., Elshourbagy, N. A., Bergsma, D. J., & Yanagisawa, M. (1998). Orexins and orexin receptors: A family of hypothalamic neuropeptides and G protein-coupled receptors that regulate feeding behavior. *Cell, 92,* 573–585.

Salomon, G. (1984). Television is easy and print is tough: The differential investment of mental effort in learning as a function of perceptions and attributions. *Journal of Educational Psychology, 76,* 647–658.

332 Referências Bibliográficas

Sansone, C. (1989). Competence feedback, task feedback, and intrinsic interest: The importance of context. *Journal of Experimental Social Psychology, 25*, 343–361.

Sansone, C., & Harackiewicz, J. M. (2000). *Intrinsic and extrinsic motivation: The search for optimal motivation and performance.* San Diego, CA: Academic Press.

Sansone, C., & Smith, J. L. (2000). Self-regulating interest: When, why, and how. In C. Sansone & J. M. Harackiewicz (Eds.), *Intrinsic motivation: Controversies and new directions* (pp. 343–373). New York: Academic Press.

Sansone, C., Weir, C., Harpster, L., & Morgan, C. (1992). Once a boring task always a boring task?: Interest as a self-regulatory mechanism. *Journal of Personality and Social Psychology, 63*, 379–390.

Sanz, J. (1996). Memory biases in social anxiety and depression. *Cognition and Emotion, 10*, 87–105.

Sarason, B. R., Pierce, G. R., Shearin, E. N., Sarason, I. G., Waltz, J. A., & Poppe, L. (1991). Perceived social support and working models of self and actual others. *Journal of Personality and Social Psychology, 60*, 273–287.

Schaal, B., & Gollwitzer, P. M. (1999). *Implementation intentions and resistance to temptation.* Unpublished manuscript, New York University.

Schacter, D. L. (1992). Understanding implicit memory: A cognitive neuroscience approach. *American Psychologist, 47*, 559–569.

Schachter, S. (1959). *The psychology of affiliation.* Stanford, CA: Stanford University Press.

Schachter, S. (1964). The interaction of cognitive and physiological determinants of emotion. In L. Berkowitz (Ed.), *Advances in experimental social psychology* (Vol. 1, pp. 49–80). New York: Academic Press.

Schachter, S., & Singer, J. E. (1962). Cognitive, social, and physiological determinants of emotional states. *Psychological Review, 69*, 379–399.

Scharff, J. S., & Scharff, D. E. (1995). *The primer of object relations therapy.* Northvale, NJ: Jason Aronson.

Schafer, R. B., Wickram, K. A. S., & Keith, P. M. (1996). Self-concept disconfirmation, psychological distress, and marital happiness. *Journal of Marriage and the Family, 58*, 167–177.

Scheier, M. F., & Carver, C. S. (1992). Effects of optimism on psychological and physical well-being: Theoretical overview and empirical update. *Cognitive Therapy and Research, 16*, 201–228.

Scheier, M. A., & Kraut, R. E. (1979). Increasing educational achievement via self-concept change. *Review of Educational Research, 49*, 131–150.

Scheier, M. F., & Carver, C. S. (1988). A model of behavioral self-regulation: Translating intention into action. In L. Berkowitz (Ed.), *Advances in experimental social psychology* (Vol. 21, pp. 303–346). New York: Academic Press.

Scherer, K. R. (1984a). Emotion as a multicomponent process: A model and some cross-cultural data. In P. Shaver (Ed.), *Review of personality and social psychology* (Vol. 5, pp. 37–63). Beverly Hills, CA: Sage.

Scherer, K. R. (1984b). On the nature and function of emotion: A component process approach. In K. Scherer & P. Ekman (Eds.), *Approaches to emotion* (pp. 293–318). Hillsdale, NJ: Erlbaum.

Scherer, K. R. (1986). Vocal affect expression: A review and a model for future research. *Psychological Bulletin, 99*, 143–165.

Scherer, K. R. (1993). Studying the emotion-antecedent appraisal process: An expert systems approach. *Cognition and Emotion, 7*, 325–355.

Scherer, K. R. (1994a). An emotion's occurrence depends on the relevance of an event to the organism's goal/need hierarchy. In P. Ekman & R. J. Davidson (Eds.), *The nature of emotion: Fundamental questions* (pp. 227–231). New York: Oxford University Press.

Scherer, K. R. (1994b). Toward a concept of modal emotions. In P. Ekman & R. J. Davidson (Eds.), *The nature of emotion: Fundamental questions* (pp. 25–31). New York: Oxford University Press.

Scherer, K. R. (1997). Profiles of emotion-antecedent appraisal: Testing theoretical predictions across cultures. *Cognition and Emotion, 11*, 113–150.

Scherer, K. R., Schorr, A., & Johnstone, T. (Ed.) (2001). *Appraisal processes in emotion: Theory, methods, research.* New York: Oxford University Press.

Scherer, K. R., & Ekman, P. (1984). *Approaches to emotion.* Hillsdale, NJ: Lawrence Erlbaum.

Scherer, K. R., & Tannenbaum, P. H. (1986). Emotional experience in everyday life. *Motivation and Emotion, 10*, 295–314.

Scherhorn, G., & Grunert, S. C. (1988). Using the causality orientations concept in consumer behavior research. *Journal of Consumer Psychology, 13*, 33–39.

Schiefele, U. (1991). Interest, learning, and motivation. *Educational Psychologist, 26*, 299–323.

Schierman, M. J., & Rowland, G. L. (1985). Sensation seeking and selection of entertainment. *Personality and Individual Differences, 6*, 599–603.

Schildkraut, J. J. (1965). The catecholamine hypothesis of affective disorders: A review of supporting evidence. *American Journal of Psychiatry, 12*, 509–522.

Schmalt, H. D. (1982). Two concepts of fear of failure motivation. *Advances in Test Anxiety Research, 1*, 45–52.

Schmalt, H. D. (1999). Assessing the achievement motive using the grid technique. *Journal of Research in Personality, 33*, 109–130.

Schmitt, M. (1973). Influences of hepatic portal receptors on hypothalamic feeding and satiety centers. *American Journal of Physiology, 225*, 1089–1095.

Schmitz, B., & Skinner, E. A. (1993). Perceived control, effort, and academic performance: Interindividual, intraindividual, and multivariate time-series analyses. *Journal of Personality and Social Psychology, 64*, 1010–1028.

Schooler, C., Zahn, T. P., Murphy, D. L., & Buchsbaum, M. S. (1978). Psychological correlates of monoamine oxidase in normals. *Journal of Nervous and Mental Disease, 166*, 177–186.

Schraw, G., Flowerday, T., & Reisetter, M. F. (1996). The role of choice in reader engagement. *Journal of Educational Psychology, 90*, 705–714.

Schultz, D. P. (1987). *A history of modern psychology* (4th ed.). San Diego, CA: Harcourt Brace Jovanovich.

Schunk, D. H. (1989a). Self-efficacy and achievement behaviors. *Educational Psychology Review, 1*, 173–208.

Schunk, D. H. (1989b). Self-efficacy and cognitive skill learning. In C. A. Ames & R. Ames (Eds.), *Research on motivation in education: Goals and cognition* (Vol. 3, pp. 13–44). San Diego: Academic Press.

Schunk, D. H. (1991). Self-efficacy and academic motivation. *Educational Psychologist, 26*, 207–231.

Schunk, D. H., & Cox, P. D. (1986). Strategy training and attributional feedback with learning disabled students. *Journal of Educational Psychology, 78*, 201–209.

Schunk, D. H., & Hanson, A. R. (1989). Self-modeling and children's cognitive skill learning. *Journal of Educational Psychology, 83*, 155–163.

Schunk, D. H., & Zimmerman, B. J. (1997). Social origins of self-regulatory competence. *Educational Psychologist, 32*, 195–208.

Schwartz, M. W., Woods, S. C., Porte, D., Jr., Seeley, R. J., & Baskin, D. G. (2000). Central nervous system control of food intake. *Nature, 404*, 661–671.

Schwartz, G. E. (1986). Emotion and psychophysiological organization: A systems approach. In M. G. H. Coles, E. Ponchin, & S. W. Proges (Eds.), *Psychophysiology: Systems, processes, and applications* (pp. 354–377). New York: Guilford Press.

Schwartz, M. W., & Seeley, R. J. (1997). Neuroendocrine responses to starvation and weight loss. *New England Journal of Medicine, 336*, 1802–1811.

Schwartz, N., & Clore, G. L. (1983). Mood, misattribution, and judgments of well-being: Informative and directive functions of affective states. *Journal of Personality and Social Psychology, 45*, 513–523.

Sclafani, A. (1980). Dietary obesity. In A. J. Stunkard (Ed.), *Obesity* (pp. 166–181). Philadelphia: W. B. Saunders.

Sclafini, A., & Springer, D. (1976). Dietary obesity in adult rats: Similarities to hypothalamic and human obesity syndromes. *Physiology and Behavior, 17*, 461–471.

Segal, E. M., & Lachman, R. (1972). Complex behavior or higher mental process: Is there a paradigm shift? *American Psychologist, 27*, 46–55.

Segraves, R. T. (Ed.) (2001). Historical and international context of nosology of female sexual disorders [Special issue.]. *Journal of Sex and Martial Therapy, 27* (2).

Seligman, M. E. P., Reivich, K., Jaycox, L., & Gillham, J. (1995). *The optimistic child*. New York: Houghton Mifflin.

Seligman, M. E. P. (1975). *Helplessness: On depression, development, and death*. San Francisco: W. H. Freeman.

Seligman, M. E. P. (1991). *Learned optimism*. New York: Alfred A. Knopf.

Seligman, M. E. P., & Csikszentmihalyi, M. (2000). Positive psychology: An introduction. *American Psychologist, 55*, 5–14.

Seligman, M. E. P., & Maier, S. F. (1967). Failure to escape traumatic shock. *Journal of Experimental Psychology, 94*, 1–9.

Seligman, M. E. P., & Schulman, P. (1986). Explanatory style as a predictor of productivity and quitting among life insurance agents. *Journal of Personality and Social Psychology, 50*, 832–838.

Sepple, C. P., & Read, N. W. (1989). Gastrointestinal correlates of the development of hunger in man. *Appetite, 13*, 183–191.

Seyle, H. (1956). *The stress of life*. New York: McGraw-Hill.

Seyle, H. (1976). *Stress in health and disease*. Reading, MA: Butterworth.

334 Referências Bibliográficas

Shaalvik, E. M., & Hagtvet, K. A. (1990). Academic achievement and self-concept. *Journal of Personality and Social Psychology, 58*, 292–307.

Shaffer, D. (1977). Suicide in childhood and early adolescence. *Journal of Child Psychology and Psychiatry, 45*, 406–451.

Shapira, Z. (1976). Expectancy determinants of intrinsically motivated behavior. *Journal of Personality and Social Psychology, 34*, 1235–1244.

Shapiro, D. H., Schwartz, C. E., & Astin, J. A. (1996). Controlling ourselves, controlling our world: Psychology's role in understanding positive and negative consequences of seeking and gaining control. *American Psychologist, 51*, 1213–1230.

Shaver, P., & Hazan, C. (1987). Being lonely, falling in love: Perspectives from attachment theory. *Journal of Social Behavior and Personality, 2*, 105–124.

Shaver, P., Schwartz, J., Kirson, D., & O'Connor, C. (1987). Emotion knowledge: Further exploration of a prototype approach. *Journal of Personality and Social Psychology, 52*, 1061–1086.

Shaver, P. R., Wu, S., & Schwartz, J. C. (1992). Cross-cultural similarities and differences In emotion and its representation: A prototype approach. In M. S. Clark (Eds.), *Review of personality and social psychology* (Vol. 13). Thousand Oaks, CA: Sage.

Sheeran, P., & Orbell, S. (1999). Implementation intentions and repeated behaviors: Augmenting the predictive validity of the theory of planned behavior. *European Journal of Social Psychology, 29*, 349–370.

Sheffield, F. D., & Roby, T. B. (1950). Reward value of a non-nutritive sweet taste. *Journal of Comparative and Physiological Psychology, 43*, 471–481.

Sheldon, K. M. (2001). The self-concordance model of healthy goal striving: When personal goals correctly represent the person. In P. Schmuck & K. M. Sheldon (Eds.), *Life goals and well-being: Towards a positive psychology of human striving* (pp. 18–36). Seattle: Hogrefe & Huber Publishers.

Sheldon, K. M. (2002). The self-concordance model of healthy goal striving: When personal goals correctly represent the person. In E. L. Deci & R. M. Ryan's (Eds.), *Handbook of self-determination* (pp. 65–86). Rochester, NY: University of Rochester Press.

Sheldon, K., M., & Elliot, A. J. (1998). Not all personal goals are personal: Comparing autonomous and controlled reasons as predictors of effort and attainment. *Personality and Social Psychological Bulletin, 24*, 546–557.

Sheldon, K., M., & Elliot, A. J. (1999). Goal striving, need-satisfaction, and longitudinal well-being: The self-concordance model. *Journal of Personality and Social Psychology, 76*, 482–497.

Sheldon, K., M., Elliot, A. J., Kim, Y., & Kasser, T. (2001). What is satisfying about satisfying events? Testing 10 candidate psychological needs. *Journal of Personality and Social Psychology, 80*, 325–339.

Sheldon, K. M., & Houser-Marko, L. (2001). Self-concordance, goal attainment, and the pursuit of happiness: Can there be an upward spiral? *Journal of Personality and Social Psychology, 80*, 152–165.

Sheldon, K. M., & Kasser, T. (1998). Pursuing personal goals: Skills enable progress but not all progress is beneficial. *Personality and Social Psychology Bulletin, 24*, 1319–1331.

Sheldon, K. M., & Kasser, T. (1995). Coherence and congruence: Two aspects of personality integration. *Journal of Personality and Social Psychology, 68*, 531–543.

Sheldon, K. M., Ryan, R. M., & Reis, H. T. (1996). What makes for a good day? Competence and autonomy in the day and in the person. *Personality and Social Psychology Bulletin, 22*, 1270–1279.

Sheldon, K. M., Ryan, R. M., & Reis, H. T. (1998). What makes for a good day? Competence and autonomy in the day and in the person. *Personality and Social Psychology Bulletin, 22*, 1270–1279.

Shields, J. (1976). Heredity and environment. In H. J. Eysenck & G. D. Wilson (Eds.), *A textbook of human psychology*. Baltimore: University Park Press.

Shipley, T. E., Jr., & Veroff, J. (1952). A projective measure of need for affiliation. *Journal of Experimental Psychology, 43*, 349–356.

Shirey, L. L., & Reynolds, R. E. (1988). Effect of interest on attention and learning. *Journal of Educational Psychology, 80*, 159–166.

Shostrom, E. L. (1964). An inventory for the measurement of self-actualization. *Educational and Psychological Measurement, 24*, 207–218.

Shostrom, E. L. (1974). *Manual for the personal orientation inventory*. San Diego, CA: EDITS.

Sid, A. K. W., & Lindgren, H. C. (1981). Sex differences in achievement and affiliation motivation among undergraduates majoring in different academic fields. *Psychological Reports, 48*, 539–542.

Silver, R. L. (1982). *Coping with an undesirable life event: A study of early reactions to physical disability*. Unpublished doctoral dissertation, Northwestern University.

Silverman, L. H. (1976). Psychoanalytic theory: The reports of my death are greatly exaggerated. *American Psychologist, 31,* 621–637.

Silverman, L. H., & Weinberger, J. (1985). Mommy and I are one: Implications for psychotherapy. *American Psychologist, 40,* 1296–1308.

Simon, L., Greenberg, J., & Brehm, J. (1995). Trivialization: The forgotten mode of dissonance reduction. *Journal of Personality and Social Psychology, 68,* 247–260.

Simon, W., & Gagnon, J. H. (1986). Sexual scripts: Permanence and change. *Archives of Sexual Behavior, 15,* 97–120.

Singh, D. (1993a). Adaptive significance of female physical attractiveness: Role of waist-to-hip ratio. *Journal of Personality and Social Psychology, 65,* 293–307.

Singh, D. (1993b). Body shape and women's attractiveness: The critical role of waist-to-hip ratio. *Human Nature, 4,* 297–321.

Singh D. (1995). Female judgment of male attractiveness and desirability for relationships: Role of waist-to-hip ratio and financial status. *Journal of Personality and Social Psychology, 69,* 1089–1101.

Sinha, R., & Parsons, O. A. (1996). Multivariate response patterning of fear and anger. *Cognition and Emotion, 10,* 173–198.

Skinner, B. F. (1938). *The behavior of organisms.* New York: Appleton-Century-Crofts.

Skinner, B. F. (1953). *Science and human behavior.* New York: Macmillan.

Skinner, B. F. (1986). What is wrong with daily life in the Western world? *American Psychologist, 41,* 568–574.

Skinner, E. A. (1985). Action, control judgments, and the structure of control experience. *Psychological Review, 92,* 39–58.

Skinner, E. A. (1986). The origins of young children's perceived control: Caregivers contingent and sensitive behavior. *International Journal of Behavioral Development, 9,* 359–382.

Skinner, E. A. (1991). Development and perceived control: A dynamic model of action in context. In M. Gunnar & L. A. Sroufe (Eds.), *Minnesota Symposium on Child Psychology* (Vol. 23). Hillsdale, NJ: Erlbaum.

Skinner, E. A. (1995). *Perceived control, motivation, and coping.* Newbury Park, CA: Sage.

Skinner, E. A., & Belmont, M. J. (1993). Motivation in the classroom: Reciprocal effects of teacher behavior and student engagement across the school year. *Journal of Educational Psychology, 85,* 571–581.

Skinner, E. A., Chapman, M., & Baltes, P. B. (1988). Control, means-ends, and agency beliefs: A new conceptualization and its measurement during childhood. *Journal of Personality and Social Psychology, 54,* 117–133.

Skinner, E. A., Zimmer-Gembeck, M. J., & Connell, J. P. (1998). Individual differences and the development of perceived control. *Monographs of the Society for Research in Child Development, 63,* Serial number 254.

Slade, L. A., & Rush, M. C. (1991). Achievement motivation and the dynamics of task difficulty choices. *Journal of Personality and Social Psychology, 60,* 165–172.

Smith, A. C., III, & Kleinman, S. (1989). Managing emotions in medical school: Students' contacts with the living and the dead. *Social Psychology Quarterly, 52,* 56–69.

Smith, C. A., & Ellsworth, P. C. (1985). Patterns of cognitive appraisal in emotion. *Journal of Personality and Social Psychology, 48,* 813–838.

Smith, C. A., & Ellsworth, P. C. (1987). Patterns of appraisal and emotion related to taking an exam. *Journal of Personality and Social Psychology, 52,* 475–488.

Smith, C. A., Haynes, K. N., Lazarus, R. S., & Pope, L. K. (1993). In search of the "hot" cognitions: Attributions, appraisals, and their relation to emotion. *Journal of Personality and Social Psychology, 65,* 916–929.

Smith, K., Locke, E., & Barry, D. (1990). Goal setting, planning and organizational performance: An experimental simulation. *Organizational Behavior and Human Decision Processes, 46,* 118–134.

Smith, P. K. (1982). Does play matter? Functional and evolutionary aspects of animal and human play. *Behavioral and Brain Sciences, 5,* 139–184.

Smith, R. A., Wallston, B. S., Wallston, K. A., Forsberg, P. R., & King, J. E. (1984). Measuring desire for control of health care processes. *Journal of Personality and Social Psychology, 47,* 415–426.

Smith, R. G., Iwata, B. A., & Shore, B. A. (1995). Effects of subject- versus experimenter-selected reinforcers on the behavior of individuals with profound developmental disabilities. *Journal of Applied Behavior Analysis, 28,* 61–71.

Smith-Lovin, L. (1990). Emotion as confirmation and disconfirmation of identity: An affect control model. In T. D. Kemper (Ed.), *Research agendas in the sociology of emotions.* New York: SUNY Press.

336 Referências Bibliográficas

Smith-Lovin, L., & Heise, D. R. (Eds.). (1988). *Analyzing social interaction: Advances in affect control theory*. New York: Gordon & Breach.

Snyder, C. R. (1994). *The psychology of hope: You can get there from here*. New York: Free Press.

Snyder, M., & Ebbesen, E. B. (1972). Dissonance awareness: A test of dissonance theory versus self-perception theory. *Journal of Experimental Social Psychology, 8*, 502–517.

Snyder, C. R., Harris, C., Anderson, J. R., Holleran, S. A., Irving, L. M., Sigmond, S. T. Yoshinobu, L., Gibb, J., Langelle, C., & Harney, P. (1991). The will and the ways: Development and validation of an individual-differences measure of hope. *Journal of Personality and Social Psychology, 60*, 570–585.

Snyder, C. R., Lapointe, A. B., Crowson, J. J., Jr., & Early, S. (1998). Preferences of high-and low-hope people for self-referential input. *Cognition and Emotion, 12*, 807–823.

Snyder, C. R., & Lopez, S. J. (Eds.) (2002). *Handbook of positive psychology*. New York: Oxford University Press.

Snyder, C. R., Rand, K. L., & Sigmon, D. R. (2002). Hope theory: A member of the positive psychology family. In C. R. Snyder & S. J. Lopez (Eds.), *Handbook of positive psychology* (pp. 257–276). New York: Oxford University Press.

Snyder, C. R., Shorey, H. S., Cheavens, J., Pulvers, K. M., Adams, V. H. III, & Wiklund, C. (2002). Hope and academic success in college. *Journal of Educational Psychology, 94*, 820–826.

Sobal, J., & Stunkard, A. J. (1989). Socioeconomic status and obesity: A review of the literature. *Psychological Bulletin, 105*, 260–275.

Solomon, R. L. (1980). The opponent-process theory of motivation: The costs of pleasure and the benefits of pain. *American Psychologist, 35*, 691–712.

Solomon, S., Greenberg, J., & Pyszczynski, T. (1991). A terror management theory of social behavior: The psychological functions of self-esteem and cultural worldviews. In M. P. Zanna (Ed.), *Advances in experimental social psychology* (Vol. 24, pp. 93–159). San Diego: Academic Press.

Sorrentino, R. M., & Higgins, E. T. (1986). Motivation and cognition. In R. M. Sorrentino & E. T. Higgins (Eds.), Handbook of motivation and cognition: *Foundations of social behavior* (pp. 3–19). New York: Guilford Press.

Spangler, W. D., & House, R. J. (1991). Presidential effectiveness and the leadership motive profile. *Journal of Personality and Social Psychology, 60*, 439–455.

Spence, J. T., & Helmreich, R. L. (1983). Achievement-related motives and behavior. In J. T. Spence (Ed.), *Achievement and achievement motives: Psychological and sociological approaches* (pp. 10–74). San Francisco: W. H. Freeman.

Spencer, J. A., & Fremouw, W. J. (1979). Binge eating as a function of restrained and weight classification. *Journal of Abnormal Psychology, 88*, 262–267.

Spiegelman, B. M., & Flier, J. F. (2001). Obesity and the regulation of energy balance. *Cell, 104*, 531–543.

Spitzer, L., & Rodin, J. (1981). Human eating behavior: A critical review of studies in normal weight and overweight individuals. *Appetite, 2*, 293–329.

Sprecher, S., Sullivan, Q., & Hatfield, E. (1994). Mate selection preferences: Gender differences examined in a national sample. *Journal of Personality and Social Psychology, 66*, 1074–1080.

Squire, S. (1983). *The slender balance*. New York: Pinnacle.

Staats, H., van Leeuwen, E., & Wit, A. (2000). A longitudinal study of informational interventions to save energy in an office building. *Journal of Applied Behavior Analysis, 33*, 101–104.

Stacey, C. L., & DeMartino, M. F. (Eds.). (1958). *Understanding human motivation*. Cleveland, OH: Howard Allen.

Staub, E. (1999). The roots of evil: Social conditions, culture, personality, and basic human needs. *Personality and Social Psychology Review, 3*, 179–192.

Stevens, J., Cai, J., Pamuk, E. R., Williamson, D. F., Thun, M. J., & Wood, J. L. (1998). The effect of age on the association between body-mass index and mortality. *New England Journal of Medicine, 338*, 1–7.

Steele, C. M. (1988). The psychology of self-affirmation: Sustaining the integrity of the self. In L. Berkowitz (Ed.), *Advances in experimental social psychology* (Vol. 20, pp. 261–302). New York: Academic Press.

Steele, C. M., & Josephs, R. A. (1990). Alcohol myopia: Its prized and dangerous effects. *American Psychologist, 45*, 921–933.

Steele, R. S. (1977). Power motivation, activation, and inspirational speeches. *Journal of Personality, 45*, 53–64.

Stein, G. L., Kimiecik, J. C., Daniels, J., & Jackson, S. A. (1995). Psychological antecedents of flow in recreational sport. *Personality and Social Psychology Bulletin, 21*, 125–135.

Stein, N. L., & Trabasso, T. (1992). The organisation of emotional experience: Creating links among emotion, thinking, language and intentional action. *Cognition and Emotion, 6*, 225–244.

Stellar, J. R., & Stellar, E. (1985). *The neurobiology of motivation and reward.* New York: Springer-Verlag.

Stemmler, G. (1989). The autonomic differentiation of emotions revisited: Convergent and discriminant validity. *Psychophysiology, 26,* 617–632.

Stern, J. S., & Lowney, P. (1986). Obesity: The role of physical activity. In K. D. Brownell & J. P. Foreyt (Eds.), *Handbook of eating disorders: Physiology, psychology, and treatment of obesity, anorexia, and bulimia* (pp. 145–158). New York: Basic Books.

Stevens, J., Cai, J. W., Pamuk, E. R., Williamson, D. F., Thun, Ml J., & Wood, J. L. (1998). The effect of age on the association between body-mass index and mortality. *New England Journal of Medicine, 338,* 1–7.

Stevenson, J. A. F. (1969). Neural control of food and water intake. In W. Haymaker, E. Anderson, & W. J. H. Nauta (Eds.), *The hypothalamus.* Springfield, IL: Thomas.

Stewart, A. J. (1992). Self-definition and social definition: Personal styles reflected in narrative style. In C. P. Smith (Ed.), *Motivation and personality: Handbook of thematic content analysis.* New York: Cambridge University Press.

Stewart, A. J., & Rubin, Z. (1976). Power motivation in the dating couple. *Journal of Personality and Social Psychology, 34,* 305–309.

Stewart, A. J., & Winter, D. G. (1974). Self-definition and social definition in women. *Journal of Personality, 42,* 238–259.

Stipek, D. (1999). Differences between Americans and Chinese in the circumstances evoking pride, shame, and guilt. *Journal of Cross-Cultural Psychology, 29,* 616–629.

Stipek, D. J. (1983). A developmental analysis of pride and shame. *Human Development, 26,* 42–56.

Stipek, D. J. (1984). Young children's performance expectations: Logical analysis or wishful thinking? In J. G. Nicholls (Ed.), *The development of achievement motivation* (pp. 33–56). Greenwich, CT: JAI.

Stipek, D. J., & Gralinski, H. (1996). Children's beliefs about intelligence and school performance. *Journal of Educational Psychology, 88,* 397–407.

Stipek, D. J., & Kowalski, P. S. (1989). Learned helplessness in task-orienting versus performance-orienting testing conditions. *Journal of Educational Psychology, 81,* 384–391.

Stokols, D. (1972). On the distinction between density and crowding: Some implications for future research. *Psychological Review, 79,* 275–277.

Storm, C., & Storm, T. (1987). A taxonomic study of the vocabulary of emotions. *Journal of Personality and Social Psychology, 53,* 805–816.

Strack, F., Martin, L. L., & Stepper, S. (1988). Inhibiting and facilitating conditions of the human smile: Unobtrusive test of the facial feedback hypothesis. *Journal of Personality and Social Psychology, 54,* 768–777.

Strang, H. R., Lawrence, E. C., & Fowler, P. C. (1978). Effects of assigned goal level and knowledge of results on arithmetic computation: A laboratory study. *Journal of Applied Psychology, 63,* 446–450.

Straub, R. R., & Roberts, D. M. (1983). Effects of nonverbal oriented social awareness training program on social interaction ability of learning disabled children. *Journal of Nonverbal Behavior, 7,* 195–201.

Straub, W. F., & Williams, J. M. (Eds.). (1984). *Cognitive sport psychology.* Lansing, NY: Sport Science Associates.

Strauman, T. (1992). Self-guides, autobiographical memory, and anxiety and dysphoria: Toward a cognitive model of vulnerability to emotional distress. *Journal of Abnormal Psychology, 101,* 87–95.

Strayer, J. (1993). Children's concordant emotions and cognitions in response to observed emotions. *Child Development, 64,* 188–201.

Strube, M. J., Boland, S. M., Manfredo, P. A., & Al-Falaij, A. (1987). Type A behavior pattern and the self-evaluation of abilities: Empirical tests of the self-appraisal model. *Journal of Personality and Social Psychology, 52,* 956–974.

Stunkard, A. J. (1988). Some perspectives on human obesity: Its causes. *Bulletin of New York Academy of Medicine, 64,* 902–923.

Sullivan, H. S. (1953). *The interpersonal theory of psychiatry.* New York: Norton.

Suls, J., Green, P., & Hillis, S. (1998). Emotional reactivity to everyday problems, affective inertia, and neuroticism. *Personality and Social Psychology Bulletin, 24,* 127–136.

Sutherland, S. (1993). Impoverished minds. *Nature, 364,* 767.

Sutton, S. K., & Davidson, R. J. (1997). Prefrontal brain asymmetry: A biological substrate of the behavioral approach and inhibition systems. *Psychological Science, 8,* 204–210.

Swann, W. B., Jr. (1983). Self-verification: Bringing social reality into harmony with self. In J. Suls & A. Greenwald (Eds.), *Psychological perspectives on the self* (Vol. 2, pp. 33–66). Hillsdale, NJ: Lawrence Erlbaum.

Swann, W. B., Jr. (1985). The self as architect of social reality. In B. Schlenker (Ed.), *The self and social life* (pp. 100–125). New York: McGraw-Hill.

Swann, W. B., Jr. (1987). Identity negotiation: Where two roads meet. *Journal of Personality and Social Psychology, 53*, 1038–1051.

Swann, W. B., Jr. (1992a). Why people self-verify. *Journal of Personality and Social Psychology, 62*, 392–401.

Swann, W. B., Jr. (1992b). Seeking truth, finding despair: Some unhappy consequences of a negative self-concept. *Current Directions in Psychological Science, 1*, 15–18.

Swann, W. B., Jr. (1997). The trouble with change: Self-verification and allegiance to the self. *Psychological Science, 8*, 177–180.

Swann, W. B., Jr. (1999). *Resilient identities: Self, relationships, and the construction of social reality*. New York: Basic Books.

Swann, W. B., Jr., & Ely, R. J. (1984). A battle of wills: Self-verification versus behavioral confirmation. *Journal of Personality and Social Psychology, 46*, 1287–1302.

Swann, W. B., Jr., & Hill, C. A. (1982). When our identities are mistaken: Reaffirming self-conceptions through social interactions. *Journal of Personality and Social Psychology, 43*, 59–66.

Swann, W. B., Jr., Hixon, J. G., Stein-Seroussi, A., & Gilbert, D. T. (1990). The fleeting gleam of praise: Behavioral reactions to self-relevant feedback. *Journal of Personality and Social Psychology, 59*, 17–26.

Swann, W. B., Jr., & Pelham, B. W. (2002). The truth about illusions: Authenticity and positivity in social relationships. In C. R. Snyder & S. J. Lopez (Eds.), *Handbook of positive psychology* (pp. 366–381). New York: Oxford University Press.

Swann, W. B., Jr., Pelham, B. W., & Krull, D. S. (1989). Agreeable fancy or disagreeable truth: Reconciling self-enhancement and self-verification. *Journal of Personality and Social Psychology, 57*, 782–791.

Swann, W. B., Jr., & Pittman, T. S. (1977). Initiating play activity in children: The moderating influence of verbal cues on intrinsic motivation. *Child Development, 48*, 1125–1132.

Swann, W. B., Jr., & Predmore, S. C. (1985). Intimates as agents of social support: Sources of consolation or despair? *Journal of Personality and Social Psychology, 49*, 1609–1617.

Swann, W. B., Jr., & Schroeder, D. G. (1995). The search for beauty and truth: A framework for understanding reactions to evaluations. *Personality and Social Psychology Bulletin, 21*, 1307–1318.

Swann, W. B., Jr., Stein-Seroussi, A., & Giesler, B. (1992). Why people self-verify. *Journal of Personality and Social Psychology, 62*, 392–401.

Swann, W. B., Jr., Wenzlaff, R. M., & Tafarodi, R. W. (1992). Depression and the search for negative evaluations: More evidence of the role of self-verification strivings. *Journal of Abnormal Psychology, 101*, 314–317.

Sweeney, D. R., Gold, M. S., Ryan, N., & Pottash, A. L. C. (1980). Opiate withdrawal and panic anxiety. *APA Abstract, 123*.

Symons, D. (1992). What do men want? *Behavioral and Brain Sciences, 15*, 113.

Szagun, G., & Schauble, M. (1997). Children's and adults' understanding of the feeling experience of courage. *Cognition and Emotion, 11*, 291–306.

Tafrate, R. C., Kassinove, H., & Dundin, L. (2002). Anger episodes in high- and low-trait anger community adults. Journal of Clinical Psychology, 58, 1573–1590.

Talwar, S. K., Xu, S. H., Hawley, E. S., Weiss, S. A., Moxon, K. A., & Chapin, J. K. (2002). Behavioral neuroscience: Rat navigation guided by remote control—free animals can be 'virtually' trained by microstimulating key areas of their brain. *Nature, 417* (6884), 37–38.

Taubes, G. (1998). Obesity rates rise, experts struggle to explain why. *Science, 280*, 1367–1368.

Tauer, J. M., & Harackiewicz, J. M. (1999). Winning isn't everything: Competition, achievement orientation, and intrinsic motivation. *Journal of Experimental Social Psychology, 35*, 209–238.

Tavris, C. (1989). *Anger: The misunderstood emotion*. New York: Simon & Schuster.

Taylor, C. B., Bandura, A., Ewart, C. K., Miller, N. H., & DeBusk, B. F. (1985). Exercise testing to enhance wives' confidence in their husbands' cardiac capabilities soon after clinically uncomplicated acute myocardial infarction. *American Journal of Cardiology, 55*, 635–638.

Taylor, S. E. (1983). Adjustment to threatening events: A theory of cognitive adptation. *American Psychologist, 38*, 1161–1173.

Taylor, S. E. (1989). *Positive illusions: Creative self-deception and the healthy mind*. New York: Basic Books.

Taylor, S. E., & Brown, J. D. (1988). Illusion and well-being: A social psychological perspective on mental health. *Psychological Bulletin, 103*, 193–210.

Taylor, S. E., & Brown, J. D. (1994). Positive illusions and well-being revisited: Separating fact from fiction. *Psychological Bulletin, 116*, 21–27.

Taylor, S. E., Pham, L. B., Rivkin, I. D., & Armor, D. A. (1998). Harnessing the imagination: Mental simulation, self-regulation, and coping. *American Psychologist, 53*, 429–439.

Teasdale, J. D., & Fogarty, S. J. (1979). Differential effects of induced mood on retrieval of pleasant and unpleasant events from episodic memory. *Journal of Abnormal Psychology, 88*, 248–257.

Tellegen, A. (1985). Structures of mood and personality and their relevance to assessing anxiety, with an emphasis on self-report. In A. H. Tuma & J. D. Maser (Eds.), *Anxiety and the anxiety disorders* (pp. 681–706). Hillsdale, NJ: Erlbaum.

Tennen, H., & Affleck, G. (1987). The costs and benefits of optimistic explanations and dispositional optimism. *Journal of Personality, 55*, 377–393.

Terasaki, M., & Imada, S. (1988). Sensation seeking and food preferences. *Personality and Individual Differences, 9*, 87–93.

Terborg, J. R. (1976). The motivational components of goal setting. *Journal of Applied Psychology, 61*, 613–621.

Terhune, K. W. (1968). Studies of motives, cooperation, and conflict within laboratory microcosms. In G. H. Snyder (Ed.), *Studies in international conflict* (Vol. 4, pp. 29–58). Buffalo, NY: University of Buffalo.

Tesser, A. (1988). Toward a self-evaluation maintenance model of social behavior. In L. Berkowitz (Ed.), *Advances in experimental social psychology* (Vol. 21, pp. 181–227). New York: Academic Press.

Thibodeau, R., & Aronson, E. (1992). Taking a closer look: Reasserting the role of the self-concept in dissonance theory. *Personality and Social Psychology Bulletin, 18*, 591–602.

Thoits, P. A. (1984). Coping, social support, and psychological outcomes. In P. Shaver (Ed.), *Review of personality and social psychology* (Vol. 5, pp. 219–238). Beverly Hills, CA: Sage.

Thomas, D., & Diener, E. (1990). Memory accuracy in the recall of emotions. *Journal of Personality and Social Psychology, 59*, 291–297.

Thompson, S. (1981). Will it hurt less if I can control it? A complex answer to a simple question. *Psychological Bulletin, 90*, 89–101.

Thorton, J. W., & Jacobs, P. D. (1971). Learned helplessness in human subjects. *Journal of Experimental Psychology, 87*, 369–372.

Thorton, J. W., & Powell, G. D. (1974). Immunization to and alleviation of learned helplessness in man. *American Journal of Psychology, 87*, 351–367.

Tiedens, L. Z., & Linton, S. (2001). Judgment under emotional certainty and uncertainty: The effects of specific emotions on information processing. *Journal of Personality and Social Psychology, 81*, 973–988.

Tiggenmann, M., & Winefield, A. H. (1987). Predictability and timing of self-report in learned helplessness experiments. *Personality and Social Psychology Bulletin, 13*, 253–264.

Timberlake, W., & Farmer-Dougan, V. A. (1991). Reinforcement in applied settings: Figuring out ahead of time what will work. *Psychological Bulletin, 110*, 379–391.

Timpe, R. L. (1989). Perfectionism: Positive possibility or personal pathology. *Journal of Psychology and Christianity, 8*, 23–24.

Toates, F. M. (1979). Homeostasis and drinking. *Behavior and Brain Science, 2*, 95–139.

Tolman, E. C. (1923). The nature of instinct. *Psychological Bulletin, 20*, 200–218.

Tomaka, J., Blascovich, J., Kelsey, R. M., & Leitten, C. L. (1993). Subjective, physiological, and behavioral effects of threat and challenge appraisals. *Journal of Personality and Social Psychology, 65*, 248–260.

Toman, W. (1960). *An introduction to the psychoanalytic theory of motivation.* New York: Pergamon Press.

Tomkins, S. S. (1962). *Affect, imagery, and consciousness: The positive affects (Vol. 1).* New York: Springer.

Tomkins, S. S. (1963). *Affect, imagery, and consciousness: The negative affects (Vol. 2).* New York: Springer.

Tomkins, S. S. (1970). Affect as the primary motivational system. In M. B. Arnold (Ed.), *Feelings and emotions* (pp. 101–110). New York: Academic Press.

Tomkins, S. S. (1984). Affect theory. In K. R. Scherer & P. Ekman (Eds.), *Approaches to emotion* (pp. 163–196). Hillsdale, NJ: Lawrence Erlbaum.

Tooby, J., & Cosmides, L. (1990). The past explains the present: Emotional adaptations and the structure of ancestral environment. *Ethology and Sociobiology, 11*, 375–424.

Tourangeau, R., & Ellsworth, P. C. (1979). The role of facial response in the experience of emotion. *Journal of Personality and Social Psychology, 37*, 1519–1531.

Tronick, E. Z. (1989). Emotions and emotional communication in infants. *American Psychologist, 44*, 112–119.

340 Referências Bibliográficas

Trope, Y. (1975). Seeking information about one's own ability as a determinant of choice among tasks. *Journal of Personality and Social Psychology, 32*, 1004–1013.

Trope, Y. (1983). Self-assessment in achievement behavior. In J. Suls & A. G. Greenwald (Eds.), *Psychological perspectives on the self* (Vol. 2, pp. 93–121). Hillsdale, NJ: Lawrence Erlbaum.

Trope, Y., & Brickman, P. (1975). Difficulty and diagnosticity as determinants of choice among tasks. *Journal of Personality and Social Psychology, 31*, 918–925.

Trudewind, C. (1982). The development of achievement motivation and individual differences: Ecological determinants. In W. Hartrup (Ed.), *Review of Child Development Research* (Vol. 6, pp. 669–703). Chicago: University of Chicago Press.

Tubbs, M. E. (1986). Goal-setting: A meta-analytic examination of the empirical evidence. *Journal of Applied Psychology, 71*, 474–483.

Tuiten, A., van Honk, J., Koppeschaar, H., Bernaards, C., Thijssen, J., & Verbaten, R. (2000). Time course of effects of testosterone administration on sexual arousal in women. *Archives of General Psychiatry, 57*, 149–153.

Turner, N., Barling, J., & Zacharatos, A. (2002). Positive psychology at work. In C. R. Snyder & S. J. Lopez (Eds.), *Handbook of positive psychology* (pp. 715–728). New York: Oxford University Press.

Turner, J. H. (1987). Toward a sociological theory of motivation. *American Sociological Review, 52*, 15–27.

Urist, J. (1977). The Rorschach test and the assessment of object relations. *Journal of Personality Assessment, 41*, 3–9.

Urist, J. (1980). Object relations. In R. W. Woody (Ed.), *Encyclopedia of clinical assessment* (Vol. 2, pp. 821–833). San Francisco: Jossey-Bass.

Vaillant, G. E. (1977). *Adaptation to life*. Boston: Little, Brown, & Company.

Vaillant, G. E. (1992). *Ego mechanisms of defense: A guide for clinicians and researchers*. Washington, DC: American Psychiatric Association.

Vaillant, G. E. (1993). *The wisdom of the ego*. Cambridge, MA: Harvard University Press.

Vaillant, G. E. (2000). Adaptive mental mechanisms: Their role in a positive psychology. *American Psychologist, 55*, 89–98.

Vallerand, R. J. (1997). Toward a hierarchical model of intrinsic and extrinsic motivation. In M. P. Zanna (Ed.), *Advances in experimental social psychology* (Vol. 29, pp. 271–360). San Diego, CA: Academic Press.

Vallerand, R. J., Deci, E. L., & Ryan, R. M. (1985). Intrinsic motivation in sport. In K. B. Pandolf (Ed.), *Exercise and sport sciences reviews* (Vol. 15, pp. 389–425). New York: Macmillan.

Vallerand, R. J., Gauvin, L. I., & Halliwell, W. R. (1986). Negative effects of competition on children's intrinsic motivation. *Journal of Social Psychology, 126*, 649–656.

Vallerand, R. J., Fortier, M. S., & Guay, F. (1997). Self-determination and persistence in a real-life setting: Toward a motivational model of high school dropout. *Journal of Personality and Social Psychology, 72*, 1161–1176.

Vallerand, R. J., Pelletier, L. G., Blais, M. R., Briere, N. M., Senecal, C., & Vallieres, E. F. (1992). The Academic Motivation Scale: A measure of intrinsic, extrinsic, and amotivation in education. *Educational and Psychological Measurement, 52*, 1003–1017.

Vallerand, R. J., & Reid, G. (1984). On the causal effects of perceived competence on intrinsic motivation: A test of cognitive evaluation theory. *Journal of Sport Psychology, 6*, 94–102.

Valtin, H. (2002). "Drink at least eight glasses of water a day." Really? Is there scientific evidence for "8 x 8"? *American Journal of Physiology: Regulatory, Integrative, and Comparative Physiology, 283*, R993-R1004.

van Dijk, W. W., Zeelenberg, M., & van Der Plight, J. (1999). Not having what you want versus having what you do not want: The impact of type of negative outcome on the experience of disappointment and related emotions. *Cognition and Emotion, 13*, 129–148.

van Hooff, J. A. R. A. M. (1962). Facial expressions in higher primates. *Symposium of the Zoological Society of London, 8*, 97–125.

van Hooff, J. A. R. A. M. (1972). A comparative approach to the phylogeny of laughter and smiling. In R. A. Hinde (Ed.), *Non-verbal communication*. Cambridge: Cambridge University Press.

Van Houten, R., & Retting, R. A. (2001). Increasing motorist compliance and caution at stop signs. *Journal of Applied Behavior Analysis, 34*, 185–193.

van IJzendoorn, M. H. (1995). Adult attachment representations, parental responsiveness, and infant attachment: A meta-analysis on the predictive validity of the adult attachment interview. *Psychological Bulletin, 117*, 387–403.

Veitch, R., & Griffitt, W. (1976). Good news bad news: Affective and interpersonal effects. *Journal of Applied Social Psychology, 6*, 69–75.

Veroff, J. (1957). Development and validation of a projective measure of power motivation. *Journal of Abnormal and Social Psychology, 54*, 1–8.

Veroff, J., Depner, C., Kulka, R., & Douvan, E. (1980). Comparison of American motives: 1957 versus 1976. *Journal of Personality and Social Psychology, 39*, 1249–1262.

Verplanken, B., & Faes, S. (1999). Good intentions, bad habits, and effects of forming implementation intentions on healthy eating. *European Journal of Social Psychology, 29*, 591–604

Viken, R. J., Rose, R. J., Kaprio, J., & Kosken, V. U. O. (1994). A developmental genetic analysis of adult personality: Extraversion and neuroticism from 18 to 59 years of age. *Journal of Personality and Social Psychology, 66*, 722–730.

Vinogradova, O. S. (1975). Functional organization of the limbic system in the process of registration of information: Facts and hypotheses. In R. L. Isaacson & K. H. Pribram (Eds.), *The hippocampus: 2. Neurophysiology and behavior* (pp. 1–70). New York: Plenum.

Volmer, F. (1986). Why do men have higher expectancy than women? *Sex Roles, 14*, 351–362.

Vroom, V. H. (1964). *Work and motivation.* New York: Wiley.

Wachtel, P. (1993). *Therapeutic communication.* New York: Guilford Press.

Wahba, M. A., & Bridwell, L. G. (1976). Maslow reconsidered: A review of research on the need hierarchy theory. *Organizational Behavior and Human Performance, 15*, 212–240.

Waterman, A. S. (1988). Identity status theory and Erikson's theory: Commonalities and differences. *Developmental Review, 8*, 185–208.

Watson, D., & Clark, L. A. (1984). Negative affectivity: The disposition to experience aversive emotional states. *Psychological Bulletin, 96*, 465–490.

Watson, D., & Clark, L. A. (1997). Extraversion and its positive emotional core. In R. Hogan, J. Johnson, & S. Briggs (Eds.), *Handbook of personality psychology* (pp. 767–793). San Diego, Ca: Academic Press.

Watson, D., & Clark, L. A. (1994). The vicissitudes of mood: A schematic model. In P. Ekman & R. J. Davidson (Eds.), *The nature of emotion: Fundamental questions* (pp. 400–405). New York: Oxford University Press.

Watson, D., Clark, L. A., McIntyre, C. W., & Hamaker, S. (1992). Affect, personality, and social activity. *Journal of Personality and Social Psychology, 63*, 1011–1025.

Watson, D., Clark, L. A., & Tellegen, A. (1988). Development and validation of brief measures of positive and negative affect: The PANAS scales. *Journal of Personality and Social Psychology, 54*, 1063–1070.

Watson, D., & Tellegen, A. (1985). Toward a consensual structure of mood. *Psychological Bulletin, 98*, 219–235.

Watson, D., Wiese, D., Vaidya, J., & Tellegen, A. (1999). The two general activation systems of affect: Structural findings, evolutionary considerations, and psychobiological evidence. *Journal of Personality and Social Psychology, 76*, 820–838.

Watson, J. B. (1919). *Psychology from the standpoint of a behaviorist.* Philadelphia: Lippincott.

Watson, J. B. (1924). *Behaviorism.* New York: W. W. Norton.

Wegner, D. M. (1989). *White bears and other unwanted thoughts.* New York: Guilford Press.

Wegner, D. M. (1992). You can't always think what you want: Problems in the suppression of unwanted thoughts. In M. P. Zanna (Ed.), *Advances in experimental social psychology* (Vol. 25, pp. 193–225). San Diego: Academic Press.

Wegner, D. M. (1994). Ironic processes of mental control. *Psychological Review, 101*, 34–52.

Wegner, D. M., & Erber, R. (1993). Hyperaccessibility of suppressed thoughts. *Journal of Personality and Social Psychology, 63*, 903–912.

Wegner, D. M., Schneider, D. J., Carter, S., III, & White, T. (1987). Paradoxical effects of thought suppression. *Journal of Personality and Social Psychology, 53*, 5–13.

Weinberg, A., & Minaker, K. (1995). Council of Scientific Affairs, American Medical Association: Dehydration evaluation and management in older adults. *Journal of the American Medical Association, 274*, 1552–1556, 1995.

Weinberg, R. S., Bruya, L., & Jackson, A. (1985). The effects of goal proximity and goal specificity on endurance performance. *Journal of Sport Psychology, 7*, 296–305.

Weinberg, R. S., Bruya, L., Longino, J., & Jackson, A. (1988). Effect of goal proximity and specificity on endurance performance of primary-grade children. *Journal of Sport and Exercise Psychology, 10*, 81–91.

Weinberg, R. S., Gould, D., & Jackson, A. (1979). Expectations and performance: An empirical test of Bandura's self-efficacy theory. *Journal of Sport Psychology, 1*, 320–331.

Weiner, B. (1972). *Theories of motivation: From mechanism to cognition.* Chicago: Rand McNally.

Weiner, B. (1979). A theory of motivation for some classroom experiences. *Journal of Educational Psychology, 71*, 3–25.

Weiner, B. (1980). *Human motivation.* New York: Holt, Rinehart & Winston.

342 Referências Bibliográficas

Weiner, B. (1982). The emotional consequences of causal attributions. In M. S. Clark & S. T. Fiske (Eds.), *Affect and cognition* (pp. 185-209). Hillsdale, NJ: Lawrence Erlbaum.

Weiner, B. (1985). An attributional theory of achievement motivation and emotion. *Psychological Review, 92*, 548–573.

Weiner, B. (1986). *An attributional theory of motivation and emotion.* New York: Springer-Verlag.

Weiner, B. (1990). History of motivational research in education. *Journal of Educational Psychology, 82*, 616–622.

Weiner, B., & Graham, S. (1989). Understanding the motivational role of affect: Life-span research from an attributional perspective. *Cognition and Emotion, 3*, 401–409.

Weiner, B., Russell, D., & Learman, D. (1978). Affective consequences of causal ascriptions. In J. Harvey, W. J. Ickes, & R. F. Kidd (Eds.), *New directions in attribution research* (Vol. 2, pp. 59–88). Hillsdale, NJ: Erlbaum.

Weiner, B., Russell, D., & Learman, D. (1979). The cognition-emotion process in achievement-related context. *Journal of Personality and Social Psychology, 37*, 1211–1220.

Weingarten, H. P. (1985). Stimulus control of eating: Implications for a two-factor theory of hunger. *Appetite, 6*, 387–401.

Weinstein, N. D. (1984). Why it won't happen to me: Perceptions of risk factors and susceptibility. *Health Psychology, 3*, 431–457.

Weinstein, N. D. (1993). Optimistic biases about personal risks. *Science, 155*, 1232–1233.

Weiss, J. M. (1972). Psychological factors in stress and disease. *Scientific American, 226*, 104–113.

Weiss, J. M., Glazer, H. I., & Pohorecky, L. A. (1976). Coping behavior and neurochemical changes in rats: An alternative explanation for the original learned helplessness experiments. In G. Serban & A. King (Eds.), *Animal models in human psychobiology.* New York: Plenum.

Weiss, J. M., & Simson, P. G. (1985). Neurochemical basis of stress-induced depression.

Weiss, J. M., Stone, E. A., & Harrell, N. (1970). Coping behavior and brain norepinephrine level in rats. *Journal of Comparative and Physiological Psychology, 72*, 153–160.

Wellborn, J. G. (1991). *Engaged and disaffected action: The conceptualization and measurement of motivation in the academic domain.* Unpublished doctoral dissertation, University of Rochester.

Wertheimer, M. (1978). Humanistic psychology and the humane but tough-minded psychologist. *American Psychologist, 33*, 739–745.

Westen, D. (1990). Psychoanalytic approaches to personality. In L. Pervin (Ed.), *Handbook of personality: Theory and research* (pp. 21–65). New York: Guilford Press.

Westen, D. (1991). Social cognition and object relations. *Psychological Bulletin, 109*, 429–455.

Westen, D. (1998). The scientific legacy of Sigmund Freud: Toward a psychodynamically informed psychological science. *Psychological Bulletin, 124*, 333–371.

Westen, D., Klepser, J., Ruffins, S. A., Silverman, M., Lifton, N., & Boekamp, J. (1991). Object relations in childhood and adolescence: The development of working representations. *Journal of Consulting and Clinical Psychology, 59*, 400–409.

Whalen, P. J. (1998). Fear, vigilance, and ambiguity: Initial neuroimaging studies of the human amygdala. *Current Directions in Psychological Science, 7*, 177–187.

Wheeler, L., Reis, H. T., & Nezlek, J. (1983). Loneliness, social interaction, and sex roles. *Journal of Personality and Social Psychology, 45*, 943–953.

White, G. L. (1981). A model of romantic jealousy. *Motivation and Emotion, 5*, 295–310.

White, H. R., Labourvie, E. N., & Bates, M. E. (1985). The relationship between sensation seeking and delinquency: A longitudinal analysis. *Journal of Research in Crime and Delinquency, 22*, 197–211.

White, R. W. (1959). Motivation reconsidered: The concept of competence. *Psychological Review, 66*, 297–333.

White, R. W. (1960). Competence and the psychosexual stages of development. In M. R. Jones (Ed.), *Nebraska symposium on motivation* (Vol. 8, pp. 97–141). Lincoln: University of Nebraska Press.

Wicker, A. W. (1969). Attitudes versus action: The relationship of verbal and overt behavioral responses to attitude objects. *Journal of Social Issues, 25*, 41–68.

Wiederman, M. W. (1993). Evolved gender differences in mate preferences: Evidence from personal advertisements. *Ethology and Sociobiology, 13*, 331–352.

Wiersma, U. J. (1992). The effects of extrinsic rewards in intrinsic motivation: A meta-analysis. *Journal of Occupational and Organizational Psychology, 65*, 101–114.

Wilder, D. A., & Thompson, J. E. (1980). Intergroup contact with independent manipulations of in-group and out-group interaction. *Journal of Personality and Social Psychology, 38*, 589–603.

Williams, D. E., & Thompson, J. K. (1993). Biology and behavior: A set-point hypothesis of psychological functioning. *Behavior Modification, 17*, 43–57.

Williams, D. G. (1990). Effects of psychoticism, extraversion, and neuroticism in current mood: A statistical review of six studies. *Personality and Individual Differences, 11*, 615–630.

Williams, D. R., & Teitelbaum, P. (1956). Control of drinking by means of an operant conditioning technique. *Science, 124*, 1294–1296.

Williams, G. C., & Deci, E. L. (1996). Internalization of biopsychological values by medical students: A test of self-determination theory. *Journal of Personality and Social Psychology, 70*, 767–779.

Williams, G. C., Grow, V. M., Freedman, Z. R., Ryan, R. M., & Deci, E. L. (1996). Motivational predictors of weight loss and weight-loss maintenance. *Journal of Personality and Social Psychology, 70*, 115–126.

Williams, J. G., & Solano, C. H. (1983). The social reality of feeling lonely: Friendship and reciprocation. *Personality and Social Psychology Bulletin, 9*, 237–242.

Williams, K. J., Suls, J., Alliger, G. M., Learner, S. M., & Choi, K. W. (1991). Multiple role juggling and daily mood states in working mothers: An experience sampling study. *Journal of Applied Psychology, 76*, 664–674.

Willner, P., Ahlenius, S., Muscat, R., & Scheel-Kruger, J. (Eds.) (1991). The mesolimbic dopamine system. In P. Willner & J. Scheel-Kruger (Eds.), *The mesolimbic dopamine system: From motivation to action* (pp. 3–15). New York: Wiley.

Winchie, D. B., & Carment, D. W. (1988). Intention to migrate: A psychological analysis. *Journal of Applied Psychology, 18*, 727–736.

Windle, M. (1992). Temperament and social support in adolescence: Interrelations with depression and delinquent behavior. *Journal of Youth and Adolescence, 21*, 1–21.

Winefield, A. H. (1982). Methodological differences in demonstrating learned helplessness in humans. *Journal of General Psychology, 107*, 255–266.

Winefield, A. H., Barnett, A., & Tiggemann, M. (1985). Learned helplessness deficits: Uncontrollable outcomes or perceived failure? *Motivation and Emotion, 9*, 185–195.

Winne, P. H. (1997). Experimenting to bootstrap self-regulated learning. *Journal of Educational Psychology, 88*, 397–410.

Winson, J. (1992). The function of REM sleep and the meaning of dreams. In J. W. Barron, M. N. Eagle, & D. L. Wolitzky (Eds.), *Interface of psychoanalysis and psychology* (pp. 347–356). Washington, DC: American Psychological Association.

Winter, D. G. (1973). *The power motive.* New York: Free Press.

Winter, D. G. (1993). Power, affiliation, and war: Three tests of a motivational model. *Journal of Personality and Social Psychology, 65*, 532–545.

Winter, D. G. (1987). Leader appeal, leader performance, and the motive profiles of leaders and followers: A study of American presidents and elections. *Journal of Personality and Social Psychology, 52*, 196–202.

Winter, D. G. (1988). The power motive in women and men. *Journal of Personality and Social Psychology, 54*, 510–519.

Winter, D. G., & Stewart, A. J. (1978). Power motivation. In H. London & J. Exner (Eds.), *Dimensions of personality.* New York: Wiley.

Winterbottom, M. (1958). The relation of need for achievement to learning experience in independence and mastery. In J. Atkinson (Ed.), *Motives in fantasy, action, and society* (pp. 453–478). Princeton, NJ: Van Nostrand.

Wise, R. A. (1989). Opiate reward: Sites and substrates. *Neuroscience and Biobehavioral Reviews, 13*, 129–133.

Wise, R. A. (1996). Addictive drugs and brain stimulation reward. *Annual Review of Neuroscience, 19*, 319–340.

Wise, R. A., & Bozarth, M. A. (1984). Brain reward circuitry: Four circuit elements wired in apparent series. *Brain Research Bulletin, 12*, 203–208.

Wittrock, M. C. (1992). An empowering conception of educational psychology. *Educational Psychologist, 27*, 129–142.

Wolff, P. H. (1969). The natural history of crying and other vocalizations in early infancy. In B. M. Foss (Ed.), *Determinants of infant behavior* (pp. 81–109). London: Methuen.

Wood, R. E., & Bandura, A. (1989). Impact of conceptions of ability on self-regulatory mechanisms and complex decision making. *Journal of Personality and Social Psychology, 56*, 407–415.

Wood, R. E., Bandura, A., & Bailey, T. (1990). Mechanisms governing organizational performance in complex decision-making environments. *Organizational Behavior and Human Decision Processes, 46*, 181–201.

Wood, R. E., Mento, A. J., & Locke, E. A. (1987). Task complexity as a moderator of goal effects: A meta-analysis. *Journal of Applied Psychology, 72*, 416–425.

Woods, S. C., Seeley, R. J., Porte, D., Jr., & Schwartz, M. W. (1998). Signals that regulate food intake and energy homeostasis. *Science, 280*, 1378–1383.

Woodworth, R. S. (1918). *Dynamic psychology.* New York: Columbia University Press.

Woody, E. Z., Costanzo, P. R., Leifer, H., & Conger, J. (1981). The effects of taste and caloric perceptions on the eating behavior of restrained and unrestrained subjects. *Cognitive Research and Therapy, 5,* 381–390.

World Health Organization (1998). *Obesity: Preventing and managing the global epidemic.* World Health Organization, Geneva.

Wortman, C. B., & Brehm, J. W. (1975). Responses to uncontrollable outcomes: An integration of reactance theory and the learned helplessness model. In L. Berkowitz (Ed.), *Advances in experimental social psychology* (Vol. 8, pp. 277–336). New York: Academic Press.

Wren, A. M., Seal, L. J., Cohen, M. A., Brynes, A. E., Frost, G. S., Murphy, K. G., Dhillo, W. S., Ghatei, M. A., & Bloom, S. R. (2001). Ghrelin enhances appetite and increases food intake in humans. *The Journal of Clinical Endocrinology and Metabolism, 86,* 5992.

Wyrwicka, W. (1988). *Brain and feeding behavior.* Springfield, IL: Charles C. Thomas.

Yanovsky, S. Z., & Yanovsky, J. A. (2002). Drug therapy: Obesity. *New England Journal of Medicine, 346,* 591–602.

Yerkes, R. M., & Dodson, J. D. (1908). The relation of strength of stimulus to repidity of habit formation. *Journal of Comparative Neurology and Psychology, 18,* 459–482.

Young, P. T. (1961). *Motivation and emotion: A survey of the determinants of human and animal activity.* New York: Wilev.

Younger, J. C., Walker, L., & Arrowood, A. J. (1977). Postdecision dissonance at the fair. *Personality and Social Psychology Bulletin, 3,* 284–287.

Zajonc, R. B. (1980). Feeling and thinking: Preferences need no inferences. *American Psychologist, 35,* 151–175.

Zajonc, R. B. (1981). A one-factor mind about mind and emotion. *American Psychologist, 36,* 102–103.

Zajonc, R. B. (1984). On the primacy of affect. *American Psychologist, 39,* 117–123.

Zanna, M. P., & Cooper, J. (1976). Dissonance and the attribution process. In J. H. Harvey, W. J. Ickes, & R. F. Kidd (Eds.), *New directions in attribution research* (Vol. 1, pp. 199–217). Hillsdale, NJ: Lawrence Erlbaum.

Zajonc, R. B., Murphy, S. T., & Inglehart, M. (1989). Feeling and facial efference: Implications of the vascular theory of emotions. *Psychological Review, 96,* 395–416.

Zimmerman, B. J. (2000). Attaining self-regulation: A social cognitive perspective. In M. Boekaerts, P. R. Pintrich, & M. Zeidner's (Eds.), *Handbook of self-regulation* (pp. 13–39). San Diego, CA: Academic Press.

Zimmerman, B. J. (2002). Becoming a self-regulated learner: An overview. *Theory into Practice, 41,* 64–70.

Zimmerman, B. J., & Risemberg, R. (1997). Become a proficient writer: A social cognitive perspective. *Contemporary Educational Psychology, 22,* 73–101.

Zubek, J. P. (Ed.). (1969). *Sensory deprivation.* New York: Appleton-Century-Crofts.

Zuckerman, M(arvin). (1978). Sensation seeking. In H. London & J. E. Exner (Eds.), *Dimensions of personality* (pp. 487–559). New York: John Wiley.

Zuckerman, M. (1979). *Sensation-seeking: Beyond the optimal level of arousal.* Hillsdale, NJ: Erlbaum.

Zuckerman, M. (1994). *Behavioral expressions and biosocial bases of sensation seeking.* New York: Cambridge University Press.

Zuckerman, M., Ball, S., & Black, J. (1990). Influences of sensation seeking, gender, risk appraisal, and situational motivation on smoking. *Addictive Behaviors, 15,* 209–220.

Zuckerman, M., Bone, R. N., Neary, R., Mangelsdorff, D., & Brustman, B. (1972). What is the sensation seeker? Personality trait and experience correlates of the Sensation Seeking Scale. *Journal of Clinical Counseling Psychology, 39,* 308–321.

Zuckerman, M., & Neeb, M. (1980). Demographic influences in sensation seeking and expressions of sensation seeking in religion, smoking, and driving habits. *Personality and Individual Differences, 1,* 197–206.

Zuckerman, M., Tushup, R., & Finner, S. (1976). Sexual attitudes and experience: Attitude and personality correlates and changes produced by a course in sexuality. *Journal of Consulting and Clinical Psychology, 44,* 7–19.

Zuckerman, M(iron)., Klorman, R., Larrance, D. T., & Spiegel, N. H. (1981). Facial, autonomic, and subjective components of emotion: The facial feedback hypothesis versus the externalizer-internalizer distinction. *Journal of Personality and Social Psychology, 41,* 929–944.

Zuckerman, M., Kieffer, S. C., & Knee, C. R. (1998). Consequences of self-handicapping effects on coping, academic performance, and adjustment. *Journal of Personality and Social Psychology, 74,* 1619–1628.

Zullow, H. M., Oettingen, G., Peterson, C., & Seligman, M. E. P. (1988). Pessimistic explanatory style in the historical record: CAVing LBJ, presidential candidates, and East versus West Berlin. *American Psychologist, 43*, 673–682.

Zumoff, B., Strain, G. W., Miller, L. K., & Rosner, W. (1995). Twenty-four-hour mean plasma testosterone concentration declines with age in normal premenopausal women. *Journal of Clinical Endocrinology and Metabolism, 80*, 1429–1430.

LISTA DE CRÉDITOS

Figura 1.2   Adaptado de "Cognitive Control of Action," de D. Birch, J. W. Atkinson, e K. Bongort in *Cognitive View of Human Motivation* (pp. 71-84), B. Weiner's (Ed.), 1974, New York: Academic Press.

Figura 3.2   De "The Excitable Cortex in Conscious Man," de W. Penfield, 1958. England: Liverpool University Press.

Tabela 3.3   De "Behavioral Inhibition, Behavioral Activation, and Affective Responses to Impending Reward and Punishment: The BAS/BIS Scales" de C. S. Carver e T. L. White, 1994, *Journal of Personality and Social Psychology*, 67, 319-333.

Figura 3.7   De "Mapping the Mind," de R. Carter, 1998. Berkeley, CA: University of California Press. Publicado por acordo com Weidenfeld & Nicolson.

Figura 4.4   De "The Pleasures of Sensation," de C. Pfaffmann, 1960, *Psychological Review*, 67, pp. 253-268. Copyright 1960 by American Psychological Association. Reproduzido com permissão.

Tabela 4.1   De "Sensory and Social Influences on Ice Cream Consumption by de Males and Females in a Laboratory Setting," de S. L. Berry, W. W. Beatty, e R. C. Klesges, 1985, Appetite, 6, pp. 41-45.

Figura 4.7   "Measuring the Physical in Physical Attractiveness: Quasi-Experiments on the Sociobiology of Female Facial Beauty," de M. R. Cunningham, 1986, *Journal of Personality*, 50, pp. 925-935. Copyright 1986 by American Psychological Association. Reproduzido com permissão.

Figura 4.8   Foto de David Young-Wolff/Photo Edit.

Tabela 4.2   De "Mate Selection Preferences: Gender Differences Examined in a National Sample," de S. Sprecher, Q. Sullivan, e E. Hatfield, 1994, *Journal of Personality and Social Psychology*, 66, pp. 1074-1080. Copyright 1994 by American Psychological Association. Adaptado com permissão.

Figura 5.4   Adaptado de "Self-Determination and Persistence in a Real-Life Setting: Toward a Motivational Model of High School Dropout," de R. J. Vallerand, M. S., Fortier, e G. Guay, 1997, *Journal of Personality and Social Psychology*, 72, pp. 1161-1172. Copyright 1997 by American Psychological Association. Adaptado com permissão.

Tabela 5.2   Adaptado de "Setting Limits on Children's Behavior: The Differential Effects of Controlling versus Informational Styles on Intrinsic Motivation and Creativity," de R. Kestner, R. M. Ryan, F. Bernier e K. Holt, 1984, *Journal of Personality*, 52, 233-248.

Figura p. 76   Foto Charles Gupton/Corbis Images.

Figura 6.1   De "University-Based Incentive Program to Increase Safety Belt Use: Towards Cost-Effective Institutionalization," de J. R. Rudd e G. S. Geller, 1985, *Journal of Applied Behavior Analysis*, 18, pp. 215-226. Copyright 1985 by *Journal of Applied Behavior Analysis*. Reproduzido com permissão.

Figura 6.2   De "Modification of Behavior Problems in the Home with a Parent as Observer and Experimenter," R. V. Hall, S. Axelrod, L. Tyler, E. Grief, F. C. Jones, & R. Robertson, 1972, *Journal of Applied Behavior Analysis*, 5, pp. 53-64. Copyright 1972 by Journal of Applied Behavior Analysis. Reproduzido com permissão.

Figura 6.3   De "Behavioral Engineering: Postural Control by Portable Operant Apparatus," N. H. Azrin, H. Rubin, F. O'Brien, T. Ayollon, e D. Rool, 1968, *Journal of Applied Behavior Analysis*, 2, pp. 39-42. Copyright 1968 by Journal of Applied Behavior Analysis. Reproduzido com permissão.

Figura 6.4   De "Corporal Punishment by Parents and Associated Child Behaviors and Experiences: A Meta-Analytical and Theoretical Review," de E. T. Gershoff, 2002, *Psychological Bulletin*, 128, 539-579. Copyright 2002 by American Psychological Association. Adaptado com permissão.

Figura 6.5   De "Self-Determination Theory and Facilitation of Intrinsic Motivation, Social Development, and Well Being," de R. M. Ryan e E. L. Deci, 2000,

	American Psychologists, 55, 68-78. Copyright 2000 by American Psychological Association. Reproduzido com permissão.
Figura 6.6	De "Providing a Rationale in an Autonomy-Supportive Way as a Strategy to Motivate Others During an Uninteresting Activity," J. Reeve, H. Jang, P. Hardre, & M. Omura, 2002, *Motivation and Emotion*, 26, pp. 183-207. Copyright 2002, Plenum Press.
Figura 7.1	Adaptado de "A Computer-Based Measure of Resultant Achievement Motivation," de V. Blankenship, 1987, *Journal of Personality and Social Psychology*, 53, pp. 361-372. Copyright 1987 by American Psychological Association. Adaptado com permissão.
Tabela 7.3	De "Achievement Goals in the Classroom: Students' Learning Strategies and Motivational Processes," de C. A., Ames e J. Archer, 1988, *Journal of Educational Psychology*, 80, pp. 260-267. Copyright 1988 by American Psychological Association. Adaptado com permissão.
Figura 7.2	De "A hierarchical model of approach and avoidance achievement motivation," de A. J. Elliot e M. Church, 1997, *Journal of Personality and Social Psychology*, 72, pp. 218-232. Copyright 1997 by American Psychological Association. Reproduzido com permissão.
Tabela 7.4	De "Approach and Avoidance Motivation and Achievement Goals," de A. J. Elliot, 1999, *Educational Psychologist*, 34, pp. 160-189.
Tabela 7.5	De "A Social Cognitive Approach to Motivation and Personality," de C. S. Dweck e E. L. Legget, 1988, *Psychological Review*, 95, pp. 256-273. Copyright 1988 by American Psychological Association. Reproduzido com permissão.
Figura 8.3	Adaptado de "A Computer Model of Affective Reactions to Goal-Relevant Events" de S. B. Ravlin, tese inédita de Mestrado, Universidade de Illinois-Urbana-Champaign. Citado em A. Ortony, G. L. Clore, e A. Collins (Eds.), *The Cognitive Structure of Emotions*, 1987, New York: Cambridge University Press.
Figura 8.6	Foto de AFP/Corbis Images.
Figura 9.5	De "An Analysis of Learned Helplessness: Continuous Changes in Performance, Strategy, and Achievement Cognitions Following Failure," C. I. Diener e C. S. Dweck, 1978, *Journal of Personality and Social Psychology*, 36, pp. 451-462. Copyright 1978 by American Psychological Association. Adaptado com permissão.
Figura 9.6	Adaptado de "Judgments on Contingency in Depressed and Nondepressed Students: Sadder but Wiser?" de L. B. Alloy e L. T. Abramson, *Journal of Experimental Psychology: General*, 108, pp. 441-485. Copyright 1979 by American

	Psychological Association. Reproduzido com permissão.
Boxe 9	Adaptado de "Controlling Ourselves, Controlling Our World: Psychology's Role in Understanding Positive and Negative Consequences of Seeking and Gaining Control," de D. H. Shapiro, Jr., C. E. Schwartz, e J. A. Astin, 1996, *American Psychologist*, 51, pp. 1213-1230. Copyright 1996 by American Psychological Association. Adaptado com permissão.
Figura 9.8	De "Responses to Uncontrollable Outcomes: an Integration of Reactance Theory and the Learned Helplessness Model," de C. B. Wortman e J. W. Brehm, 1975, in L. Berkowitz' (Ed.), *Advances in Experimental Psychology* (Vol. 8, pp. 277-336). New York: Academic Press. Copyright 1975 by Academic Press.
Tabela 10.1	De "Possible Selves in Adulthood and Old Age: A Tale of Shifting Horizons," de C. D. Ryff, 1991, *Psychology and Aging*, 6, pp. 286-295. Adaptado com permissão by Psychological Association.
Figura 10.1	De "Self-Verification: Bringing Social Reality into Harmony with Self," de W. B. Swann, Jr., 1983, in J. Suls e A. Greenwald (Eds.), *Psychological Perspectives on the Self* (Vol. 2, pp. 33-66). Hillsdale, NJ: Lawrence Erlbaum.
Figura 10.2	De "Possible Selves in Adulthood and Old Age: A Tale of Shifting Horizons," de C. D. Ryff, 1991, *Psychology and Aging*, 6, pp. 286-296. Adaptado com permissão by American Psychological Association.
Figura 10.4	De "Goal Striving, Need Satisfaction, and Longitudinal Well-Being: The Self-Concordance Model," de K. M. Sheldon e A. J. Elliot, 1999, *Journal of Personality and Social Psychology*, 76, pp. 482-497. Copyright 1999 by American Psychological Association.
Figura 10.5	De "Goal Striving, Need Satisfaction, and Longitudinal Well-Being: The Self-Concordance Model," de K. M. Sheldon e A. J. Elliot, 1999, *Journal of Personality and Social Psychology*, 76, pp. 482-497. Copyright 1999 by American Psychological Association.
Figura 10.6	Adaptado de "Self-Concordance, Goal Attainment, and the Pursuit of Happiness: Can There be an Upward Spiral?," de K. M. Sheldon e L. Houser-Marko, 2001, *Journal of Personality and Social Psychology*, 80, pp. 152-165. Copyright 2001 by American Psychological Association. Adaptado com permissão.
Figura 11.8	De "Diurnal Variation in the Affects," de L. A. Clark, D. Watson, e J. Leeka, 1989, *Motivation and Emotion*, 13, pp. 205-234. Copyright 1989, Plenum Press.

348 Lista de Créditos

Tabela 11.2   De "The Effect of Feeling Good on Helping: Cookies and Kindness," de A. M. Isen e P. F. Levin, 1972, *Journal of Personality and Social Psychology*, 21, pp. 384-388. Copyright 1972 by American Psychological Association.

Figura 12.1   De "Affect as the Primary Motivational System," de S. S. Tomkins, 1970, in M. B. Arnold (Ed.), *Feelings and Emotions* (pp. 101-110). New York: Academic Press.

Figura 12.5   Foto de AP/Wide World Photos.

Figura 12.7   De "Emotion and Adaptation," de Richard S. Lazarus. Copyright 1991 by Oxford University Press, Inc. Usado com permissão by Oxford Press, Inc.

Figura 12.10   De "Emotion Knowledge: Further Exploration of a Prototype Approach," de P. Shaver, J. Schwartz, D. Kirson e C. O'Connor, 1987, *Journal of Personality and Social Psychology*, 52, 1061-1086. Copyright 1987 by American Psychological Association. Adaptado com permissão.

Figura 12.13   (esquerda e direita) Fotos de David Young-Wolff/Photo Edit.

Figura 13.2   Adaptado de "Drive and the C. N. S. — Conceptual Nervous System," de D. O. Hebb, 1955, *Psychological Review*, 62, pp. 245-254. Copyright 1955 by American Psychological Association. Adaptado com permissão.

Figura 13.5   De "Affect Intensity and Reactions to Daily Life Events," de R. J. Larsen, E. Diener, e R. A. Emmons, 1987, *Journal of Personality and Social Psychology*, 51, pp. 803-814. Copyright 1987 by American Psychological Association. Adaptado com permissão.

Figura 13.6   De "Desire for Control and Achievement Related Behaviors," de J. M. Burger, 1985, *Journal of Personality and Social Psychology*, 48, pp. 1520-1533. Copyright 1985 by American Psychological Association. Adaptado com permissão.

Figura 14.2   De "The Antecedents and Consequences of Negative Life Events in Adulthood: A Longitudinal Study," de X. Cui e G. E. Vaillant, 1996, *The American Psychiatric Association*. http://psychiatryonline.org. Reproduzido com permissão.

Figura 14.3   De "Social Cognition and Object Relations," de D. Western, 1991, *Psychological Bulletin*, 109, pp. 429-455. Copyright 1991 by American Psychological Association. Adaptado com permissão.

Figura 15.4   De "Motivational Predictors of Weight-Loss Maintenance," de G. C. Williams, V. M. Grow, E. R. Freedman, R. M. Ryan, e E. L. Deci, 1996, *Journal of Personality and Social Psychology*, 70, pp. 115-126. Copyright 1996 by American Psychological Association. Adaptado com permissão.

Índice

A

Abertura a experiências, 263, 266, 268, 270
Abordagem
  evolucionária
    da emoção, 194, 196, 201, 202
    da motivação, 15, 25
  humanista da motivação, 22, 25, 262
    busca de crescimento *versus* busca de
      validação, 270
    críticas, 275, 276
    de Maslow, 263, 265
    de Rogers, 265
    liberdade para aprender, 272
    orientações de causalidade, 268-270
    papel das relações interpessoais, 271-273
  organísmica da motivação, 65-67
  psicanalítica do estudo da motivação
    popularidade da, 247
    psicologia do ego, 253-257
    teoria das relações objetais, 249, 257-259
    visão freudiana, 247, 249
Aborrecimento, 197, 198
Absenteísmo, 279
Abuso de substâncias, 263
Ação coletiva, 147
Acasalamento (estratégias de acasalamento), 39, 61, 62
Aceitação, 196, 201
Acidente, 249
Administração de habilidades emocionais, 151-152, 227
Aeróbica, 127
Afeição, 221
Afeto
  negativo (emoção negativa), 114, 130, 137, 175, 176,
    192, 204, 212, 224, 233, 238, 279, 281
  positivo (emoção positiva), 3, 12, 30, 34, 35-37, 39,
    41, 69, 79-81, 130, 183, 192, 193, 204-206, 212,
    224, 233, 279, 281
    ajuda aos outros e, 205, 206
    benefícios do, 205, 206
    cognição e, 206
    criatividade e, 205, 206
    motivação sutil, 205
    origens do, 205
    sensação boa, 205
Afiliação, necessidade de. *Veja também* Intimidade, 46,
  65, 117-120, 122, 247
  antecedentes na criação das crianças, 105
  condições que envolvem e satisfazem, 105, 106,
    118-120
  definição de, 117, 118
  medo e ansiedade, 118, 119
  relacionamento
    com a necessidade de intimidade, 118
    interpessoais, 117-120, 123
Agenciamento, 168, 169, 180-184, 283
Agitação, 189
Aglomerações, 238

Agressão, 89, 121, 169, 199, 205, 212, 248, 273, 280,
  282, 283
  impulsos para, 121, 248, 257, 280
  na psicanálise, 247, 248
Álcool (alcoolismo), 51, 54, 62, 97, 98, 121, 178, 248
Alegria, 119, 130, 190, 192, 196, 197, 198, 200, 203,
  204, 214, 215, 216, 225, 235, 280
  função calmante, 200
  nuanças, 221
Alemanha, 178
Alienação, 137, 216
Alívio, 47, 75, 120, 197, 218, 221
Alteração comportamental, 71
Altruísmo, 263
Alucinante Viagem, Uma, 276
Ameaça, 5, 34, 41, 84, 118, 151, 162, 190, 198, 199-200,
  201, 259, 281
  ao ego, 54
  definição de, 151
  e dano, 200
Amígdala, 32, 33, 34, 40, 217, 253
Amigos (amizade), 77, 149, 246, 255-256, 258, 267, 279
Amnésia, 249
Amor, 77, 118, 190, 198, 199-200, 212, 215, 218, 224,
  251, 258, 263, 267, 269, 272, 275
  como processo de apego, 258
  falta de, 118
  nuanças do, 221
  sentimento de, 118
  triste, 224
Anagramas, 76
Anfetamina, 39, 41
Angústia, 80, 137, 151, 160, 191, 192, 196, 199-200,
  210, 212, 213, 223, 236, 244, 251, 255-256, 262
Animais de zoológico, 238
Anorexia, 19
Anseio, 220, 221, 247, 258
Ansiedade, 6, 18, 34, 35, 37, 38, 47, 55, 97, 107, 113,
  118-120, 130, 147, 148, 149-152, 161, 183, 212, 218,
  233, 235, 236, 238, 243, 244, 251, 252, 254, 255-256
  causa básica da, 151
  como sinal de perigo, 252
  de realização, 115
Antecipação, 196, 201, 255-256
Aparelho ortodôntico, 86-89, 93
Apatia, 73-74, 83, 157, 204, 262, 280, 281, 283
Apavorado, 191
Apego (estilos), 257, 258
Apetite, 29, 45, 51-53, 62, 286
Apoio à competência, 76
Apostas, 239
Apreciação (avaliação) na emoção, 197, 208,
  216-221, 223
  complexa, 218, 220, 224
  composta, 220, 224
  definição de, 216
  primária, 218, 223
  secundária, 218, 223

  teoria
    de Arnold, 217, 220
    de Lazarus, 197, 217-219
Aprendizagem, 93, 113, 115, 151, 157, 200, 271, 272
Aprovação dos outros, 84, 85, 86, 97, 106, 118, 120, 267,
  269, 270, 272
Arco e flecha, 131
Área tegmental ventral, 32, 33
Arrependimento pós-decisão, 174
Artista, 283
Árvore de decisões de dimensões, 221
Aspectos social e cultural da emoção, 224-228
  deduzindo identidades a partir de demonstrações
    emocionais, 227
  interação social, 225
  lidando com as emoções, 227
  socialização emocional, 226
Aspirações, 66, 107, 244
  extrínsecas, 137, 237
  intrínsecas, 137, 237
Assassinato, 248, 274
Associação
  Americana de Psicologia (American Psychological
    Association - APA), 11, 19
  livre, 249, 252
Ataques terroristas de 11 de setembro de 2001, 199
Atenção, 79, 80, 87, 93, 113, 132, 151, 200, 204
  seletiva, 249
Atitudes, 66, 249
  de gênero, 249
  raciais, 249
Ativação. *Veja* Excitação
  subliminar, 249, 250
Atividade(s)
  desinteressantes, 70, 93, 99-101, 135, 174, 175
  glandular do rosto, 212
  interessantes, 66, 93, 281
Atletas (e desempenho atlético), 2, 3, 5, 9, 11, 41, 68,
  70, 71, 75, 99, 109, 116, 133, 134, 135, 147, 150, 152,
  157, 167, 168, 169, 170, 175, 217, 227, 242, 278, 279
Atores, 227
Atos de violência, 41
Atração pessoal, 270
Atratividade física, 57-66
Atribuição, 12, 107, 128, 156, 159, 198, 197, 208,
  223, 244
  definição de, 223
  desamparo aprendido e, 157, 159
  dimensões da, 159
  emoção e, 194, 197, 208, 223
  estilo explicativo e, 159
  ilusão de controle, 156
Autenticidade, 262, 263
Auto-aceitação, 166, 167
Autoconceito, 4, 21, 128, 169-173, 180, 181, 203
  certeza, 171, 180
  mudança, 171-173
Autoconcordância, 182-184

350 Índice

bem-estar, 182-184
espiral ascendente, 184
Autoconsciência, 236
Autocontrole, 16, 93, 252, 253-254
Autodefinição, 273
Autodeterminação. *Veja* Autonomia, 12, 78, 84, 95, 98, 101, 135-136, 263, 268, 273, 286
percebida, 101
Auto-eficácia, 12, 21, 128, 147-152, 163, 164, 241, 242, 275, 284
definição de, 147
esperança, 163, 164
funcionamento competente, 147, 151, 152, 164
dotação de poder, 151-152
efeitos no comportamento, 149-152
emocionalidade, 151
fontes de, 148, 151-152
programa de modelagem de domínio, 152
Auto-esquemas, 21, 169, 178, 181
consistência, 170, 178
definição de, 169
propriedades motivacionais de, 171
tendências ao desenvolvimento, 169
Auto-estima, 11, 71, 97, 98, 99, 105, 109, 168, 218, 251, 263, 270, 271
movimento pela, 168
necessidades de estima, 263
problema com, 168, 169
realizações e, 161, 169
Autofuncionamento, 166, 167
dimensões do, 166, 167
Autonomia, 46, 65, 66, 67-73, 78-81, 90, 93, 94, 96, 98, 105, 107, 137, 166, 167, 169, 181, 182, 263, 272, 280, 287
apoio à, 68-73, 78, 270, 280, 287
ambientes de, 68-73, 75, 93, 101
benefícios, 71
elementos, 68-70
oposto de, 68
estratégias de
dependência da linguagem
informacional, 69
promove valorização, 70
promovendo recursos motivacionais
internos, 69
reconhece e aceita afeto negativo, 70
auto-atualização, 263
envolvendo e satisfazendo necessidades de, 67-73, 78-81
lócus de causalidade percebido, 67, 80, 91, 94
orientação de causalidade da, 268, 281
funcionamento positivo, 270
origens e peões, 67
relacionamento, 272
Auto-realização, 12, 20, 262, 263-265, 267, 268, 270
Auto-regulação, 62, 92, 128, 140-143, 254, 280, 281, 284
auto-avaliação, 151
automonitoramento, 151
autônoma, 92, 253-254, 263, 279, 280
auto-realização, 263
auto-reflexão, 141
definição de, 151
desenvolvimento de, 142
pensamento antecipado, 151
processo de aprendizagem social, 142
Autoverificação (crise de), 171, 179
por que as pessoas se autoverificam, 179
Auxiliando os outros, 41, 178, 205, 272
Aversão (conseqüências aversivas), 84, 88, 155

B

Basquete, 73, 113
Bater, 89
Beber
esquemas para, 50
oito copos de água por dia, 51
muito, 50, 51, 121
Bebês, 193, 200, 224, 253-254, 258
Behaviorismo, 262
Beisebol, 41, 74, 76
Bem-estar, 4, 7, 41, 46, 77, 78, 79, 94, 97, 100, 114,

134, 137, 160, 161, 166, 182-184, 193, 197, 218, 274, 280, 283
espiral ascendente do, 184
psicológico. *Veja* Bem-estar
Biologia
da emoção, 208-216
da recompensa, 39
Bolsa de estudo, 84, 87, 91, 93, 131, 134
Bom humor. *Veja* Afeto positivo
Bônus, 83, 84, 91, 95
Brincar, 65, 90
Bulimia, 22
Busca
de crescimento, 270, 271
de sensações, 4, 12, 234, 239, 261
base biológica da, 239
definição da, 238
sexo, 238, 239
uso de drogas, 239
de validação, 270, 271

C

Cabeleireiros, 227
Café, 62
Cafeína, 51, 239
Canadá, 178
Capacidades, 263, 267
Casamento, 77, 105, 118, 121, 170, 179, 224, 257
como apoio, 77
Catecolaminas, 6
Catexia, 251
Causação pessoal, 281, 283, 285, 286
Causalidade, orientações de, 241, 268
da autonomia, 268
de controle, 268
definição de, 268
manutenção de alteração do comportamento, 270
medições, 269
Centros
de aprendizagem, 273
de prazer no cérebro, 20, 38-40, 42, 253
Cérebro emocional e motivado, 28-42, 286
Cessação de comportamento, 2, 110
Céu, 275
China (Chineses), 178, 224, 226
Choques, 118, 119, 154, 160
Choro, 77
Ciclismo, 127
Ciclo
de resposta sexual, 56
sono-vigília, 204, 205
Cinco Grandes Fatores, Os (BFI), 236
Cinema, 211
Cintos de segurança, 82, 83
Circuitos neurais cerebrais, 209, 217
Cirurgiões. *Veja* Médicos
Ciúme, 78, 197, 201, 209, 212, 218, 223, 253, 258
Civilidade, 263
Civilization and Its Discontents, 258
Clero, 267, 282
Clientes, 152
Clima emocional, 66
Clínicos. *Veja* Médicos
Cocaína, 39, 41
Cognições, 4, 13, 24, 73, 156, 192, 194, 206, 280
definição de, 4
Comer, 22, 32, 39, 45, 51-56
muito, 53
Comida temperada, 239
Comilança, 54, 55, 280
Comissários de bordo, 227
Compaixão, 190, 218
Companheiros necessitados e aderentes, 258
Comparação social, 76, 149
Compartilhamento social da emoção, 226
Competência, 4, 5, 7, 46-47, 65, 66, 73-77, 78-81, 84, 93-97, 101, 105, 106, 112, 113, 114, 135, 136, 152, 181, 240, 253-254, 256, 263, 270, 272, 280
condições que envolvem e satisfazem, 73-81
do ego, 254, 256
fluxo e, 73-75

metas de realização, 111
necessidade psicológica, 73-77
percebida, 3, 69, 71, 72, 76, 242
Competição, 5, 62, 84, 90, 96, 106, 107, 111, 120, 121, 164, 236, 262, 280
Complexo
de Édipo, 252
de Jonas, 265
Comportamento(s)
confirmadores de identidade, 177, 178
de aproximação direcionado para uma meta, 40
de evitação, 75, 88, 89, 111, 150, 236, 280, 281
efeitos no desenvolvimento, 150
de fuga, 88, 89
desinteressantes, 283
destrutivos, 273
e resultado, relação entre, 153, 157, 160, 162, 163
pró-social, 205-206, 253-254, 270
que promovem saúde, 147, 284, 287
restauradores de identidade, 177, 179
Compreensão conceitual, 71, 96-97
Computação afetiva, 210
Concentração, 16, 73, 75, 155, 238, 243
Condição
de ser único, 264
de valor, 267, 270, 272
Condicionamento operante, 85
Confiança, 76, 134, 149, 170, 198, 258
Conflito, 77, 120, 247, 251, 252, 254, 258, 263, 268
de aproximação e evitação, 20, 108, 111, 218, 249, 251, 279
de papel de gênero, 147
Conforto, 251
Confusão, 147, 149, 150, 238
Congruência, 99, 267, 268, 271
Conhecimento das emoções, 208, 221-223, 226
Cônjuge, 149, 267
Conseqüência(s), 75, 83, 87-89, 91, 98, 102
atraentes, 85
aversiva, 83
desagradáveis, 85
diferentes dos incentivos, 86
Consideração positiva, 267
condicional, 267, 271, 272
incondicional, 267, 271
Contágio
emocional, 225
social do comer, 54
Contentamento, 221
Contingência, 156
Continuum de autodeterminação da motivação, 97
Contratempos, 237, 238
Controle. *Veja* Crenças pessoais de controle
da emoção, 226
mental, 62
percebido, 3, 71, 121, 161, 234, 240, 275, 281
autoconfirmação de engajamento, 242
como característica de diferença individual, 234
motivação de poder e, 121
reatância e, 162
Copa do Mundo, 223
Copular (estratégias de acasalamento), 32
Coragem, 215, 263, 280
para criar, 263
Coréia, 178
Corpos mamilares, 33, 34, 42
Corredores, 3, 127, 132
Corretor de ações, 106, 111
Corrida vigorosa, 3
Córtex cerebral, 31, 41
pré-frontal, 32, 35-37
direito, 33, 35-37
esquerdo, 33, 35-37
Cortisol, 240
Crenças, 4, 22
de habilidades, 107, 111, 117, 132, 147, 153, 216
diagnóstico de, 111
influências do desenvolvimento, 107, 108
pessoais de controle, 128, 145-165, 233, 241, 279, 281
Crescimento
encorajador, 265, 266, 268
pessoal, 166, 167, 169, 184, 253-254, 263, 274

Criança(s), 3, 11, 41, 65, 66, 68, 70, 78, 88, 89, 91, 93, 95, 98, 99, 152, 179, 226, 243, 249, 251, 253-254, 257, 264, 267, 271, 280, 282, 283, 287
Criatividade, 38, 62, 71, 72, 92, 96, 135, 200, 205, 263
Crise dos mísseis em Cuba, 123
Crítica, 77, 88, 248, 269, 281
Crueldade, 248, 273
Culpa, 98, 99, 192, 196, 199, 203, 212, 217, 218, 221, 223, 224, 247
Curiosidade, 68, 84-85, 243, 265
Custo(s)
    da resposta, 89
    ocultos da recompensa, 89-93, 280

D

Dança, 106, 150
Dançarinos, 73
De Volta para o Futuro, 14
Decepção, 35, 41, 200, 216, 221, 226, 251
Defesa, 107
    do ego, 254-256
Deficiências
    pessoais, 151
    pessoas portadoras de, 93
Definição
    de situação, 177
    social, 273
Deflexão, 178
Dentista, 244, 252
Dependências de drogas, 252, 280
Depressão, 22, 55, 78, 97, 151, 158-160, 168, 212, 221, 236, 243, 244, 245, 247, 254, 255, 256, 258, 262, 263, 268, 269, 271, 280
    desamparo aprendido, 158-160
Desafio, 66, 68, 71, 73-77, 78, 84, 96, 105, 107, 111, 151, 153, 200, 202, 224, 243, 244, 256
    desejo de, 68, 112, 113, 243, 280
    experiência psicológica do, 75
    feedback e, 75
    ótimo, 71, 73-75, 78, 81, 107, 281
        prazer do, 71, 76
    prazer do, 71, 76
    resposta ao, 244
Desajuste, 262, 268
Desamparo. *Veja* Desamparo aprendido, 152
    aprendido, 12, 21, 112, 153-162, 241, 243, 244, 279, 280, 282, 287
        aparato experimental prototípico, 154
        aplicações a seres humanos, 155
        componentes, 156
        críticas ao, 160
        deficiências
            de aprendizagem, 157, 280
            emocionais, 157, 280
            motivacionais, 157, 280
        definição de, 153
        depressão e, 158-160
        efeitos, 157
        explicações alternativas, 160
        fisiologia do, 162
        sinal revelador de, 153
        teoria de reatância e, 160, 162
Desdém, 196, 212, 213
Desejo(s), 247
    de controle, 233, 241, 243
        aglomerações, 243
        definição de, 243
        desamparo aprendido, 243, 244
        Escala do (DS), 243
        estabelecendo controle, 243, 244
        ilusão de controle, 243, 244
        perda do controle, 244
        realização e, 243, 244
    fortes, 190, 258, 286
    selvagens, 221, 247, 249
    sexual, 212
Desejo de Controle: Perspectivas Clínica, Social e Personalística, O, 161
Desempenho, 71, 107, 112, 114, 116, 131-133, 135, 153, 154, 159, 236, 237, 238, 243, 283
Desemprego, 238

Desenvolvimento
    do ego, 12, 248, 270, 280
    psicossexual, 248
    psicossocial, 272
Desespero, 130, 247
Deslocamento, 255
Desvantagem voluntária, 74
Dialética pessoa-ambiente, 66
Dieta, 22, 24, 28, 45, 46, 54, 55, 128, 133, 252
Diferenças Individuais e o Desenvolvimento do Controle Percebido, 161
Diferenciação, 181, 280
    das emoções, 220
Dificuldade da tarefa, 74, 76, 109, 111, 117, 132, 134, 152, 244
Dinheiro, 84, 86, 89, 91, 94, 105, 134, 137, 175, 205, 237
Diplomatas, 121
Dirigir, 75, 82, 84, 103, 147, 190, 198, 217, 239, 279
Discrepância, 130-131, 133, 248
    criação, 131, 133
    no desempenho da meta, 131-133, 151
    redução, 130-131, 133
Disparo neural na emoção, 209, 217
Disponibilidade de água, 50
Distúrbio hepático, 56
Diversão, 85
Divertimento, 197, 205
Divórcio, 238, 255-256
Dizer ou fazer é acreditar, 176
Doença, 262, 264, 274, 275
    e lesões, 160, 161, 164, 199-200, 234, 238, 255, 256
Domínio ambiental, 166, 167, 169
Dopamina, 30, 38, 42, 204, 239, 286
Dor, 31, 38, 47, 48, 87, 118, 131, 149, 176, 251, 252, 267
Dotação de poder, 270
Drogas
    antidepressivas, 40
    dependência de, 180, 248
Dúvida, 243, 268, 280

E

Early Training Project, 168
Educação, 10, 24, 264, 270, 272
    centrada no estudante, 273
    humanista, 272, 273
EEG, 210
Eficiência dos presidentes norte-americanos, 122
Ego, 251, 252, 253-257, 262
    autônomo, 253-254
Elogios, 11, 24, 76, 84, 86, 91, 92, 94, 96, 179, 226, 287
Embaraço, 190, 202, 280
Embebedar, 51
Emoção(ões), 4, 5, 9, 13, 24, 34, 73, 104, 107, 116, 130, 179, 189-229, 283
    amígdala, 33, 34
    ativação neural, 210
    atribuições e, 194, 197, 223
    básicas, 221, 223
    biologia e cognição, 193-195
    causas, 193-195
    como receitas testadas pelo tempo, 209
    como sistema
        de leitura (*readout*), 192, 228
        motivacional, 24, 192, 217, 219
    compartilhamento social, 226
    confirmação da identidade, 228
    construtivas *versus* destrutivas, 190
    contágio, 225, 226
    controle voluntário das, 216
    definição de, 4, 25, 190
    demonstrações, 179, 227
    destrutivas, 190
    expressão, 4, 33
    famílias, 197, 198, 212, 221
    força desorganizadora, 202
    função(ões), 5, 201-204
        de enfrentamento das, 201
        no desenvolvimento, 203
        sociais, 202
    funcionais *versus* disfuncionais, 203

humor e, 204-206
motivação corretiva e, 130
natureza multidimensional das, 190
número de, 195-200
padrões de excelência, 107
papel no desenvolvimento de necessidades sociais, 104
perspectiva
    biológica, 193, 196, 208-216
    cognitiva, 193-194, 197, 216-224
    social e cultural, 216, 224
preparo fisiológico, 4, 190, 195
problema da galinha e do ovo, 195
prontidão fisiológica, 194
regulação das, 204
relação com a motivação, 191, 193
sentimentos, 4
sistema
    cognitivo, 194
    motivacional primário, 191, 193
visão de dois sistemas, 194, 203
Empatia, 203, 272
Empreendedorismo, 106, 111
Empregados, 2, 3, 9, 71, 84, 95, 279, 282, 284
Emprego, 77
Encorajamento, 152
Endorfinas, 35, 38, 41
Enfermagem, 106
Enfrentamento (do estresse, do fracasso ou da ameaça), 22, 35, 149-152, 156-157, 160, 162, 198, 199, 201, 215, 240, 244, 250, 252, 256, 280
Entrevista de emprego, 147, 153, 204, 236
Entusiasmo, 130, 151, 153, 200, 204
Envolvimento, 5, 71, 73, 79, 80, 152, 201, 243, 278
    definição de, 5, 79
    do ego, 218
Epilepsia, 249
Eros, 247
Escala(s)
    de Busca de Sensações (Sensation-Seeking Scale – SSS), 234, 239
    de Orientações Gerais de Causalidade, 269
    NEO PI-R, 236
Esclerose múltipla, 176
Escola, 68, 71, 72, 75, 77, 79, 84, 96, 107, 111, 113, 114, 169, 226, 263, 269, 278, 284
Escolha, 6, 16, 60, 66, 107, 149, 150, 152, 174, 175, 266, 270, 273, 279
    percebida, 67
Escovando os dentes, 78
Escritores, 132, 142, 150
Esforço(s), 5, 16, 79, 80, 98, 101, 107, 112, 113, 144-116, 128, 129, 130, 132, 135, 150, 152, 153, 155, 159, 183, 184, 223, 242, 262, 268, 269, 271, 280, 281, 284
    como remédio para o fracasso, 153
    definição de, 6
    pessoais, 128, 136, 270, 284
        analogia com a nutrição, 137
        bem-estar subjetivo, 137
        definição de, 136
        intrínsecos e extrínsecos, 137
    significado, 117, 152, 153
    utilidade, 117
Esgotamento, 283
Esperança, 105, 106, 107, 108, 130, 163, 164, 209, 212, 216, 218, 223, 224, 263, 275, 280, 283
    crenças
        de auto-eficácia e, 163, 164
        em proficiência e, 163, 164
    sistema motivacional cognitivo constituído de duas partes, 163
Esportes, 10, 24, 75, 79, 111, 113, 116, 150, 224, 227, 269, 278
Esquemas sexuais, 60
Esquiar na neve, 3, 74, 147, 191, 239
Estado
    atual, 248
    ideal, 248
Estilo
    explanatório, 128, 159, 241, 280
        definição de, 159
        otimista, 107, 160, 280, 281
            como valor positivo, 160
            definição de, 159

352 Índice

pessimista, 159, 280
   definição de, 159
motivacional, 69
Estimulação elétrica do cérebro, 31, 39, 42
Estímulos verbais. *Veja* Persuasão verbal
Estresse (e enfrentamento do), 7, 12, 41, 47, 56, 77, 121, 135, 147, 149, 164, 202, 233, 235, 237, 238, 240, 243, 253, 255-256
Estriado, 286
Estrutura, 75, 79, 80
   das necessidades, 65
   definição de, 75, 79
   dialética, 66, 195
Estudante, 3, 6, 9, 11, 16, 41, 68, 70, 72, 73, 75, 84, 89, 113, 115, 116, 131, 134, 150, 159, 168, 169, 170, 224-228, 238, 242, 272, 273, 282, 285
Estudar, 110
Ética de trabalho, 263
Euforia, 196
Evasão escolar, 71, 72
Eventos
   externos, 5, 24, 68, 84, 86, 93-97
   traumáticos, 155, 157, 160, 257, 258
Evitadores de sensações, 234, 239
Excelência, 263, 280
Excitação (ativação), 12, 20, 27, 33, 35, 38, 86, 130, 147, 151, 190, 195, 197, 215, 217, 233, 236-241
   efeito sobre desempenho e emoção, 147, 236, 238
   fisiológica (estado de), 120, 147, 149, 151, 190, 208-211, 219, 280
   hipótese do U invertido, 236, 237, 238, 239
   motivação, 236
   nível ótimo de, 20, 236, 237, 238
   sexual, 56
   subativação, 236, 237
   superativadas, 236, 237, 238
Exclusão social, 192
Executivos, 121
Exercício, 2-3, 11, 55, 80, 96, 98, 127, 138, 199, 280
   de casa, 74
   de flexão, 131
Existencialismo, 262
Expectativa(s), 5, 21, 75, 107, 128, 145-165, 196
   alheias, 263
   de controle, 162, 163
   de eficácia, 146, 147, 151, 281
     definição de, 146
   de êxito, 107
   de resultados, 146, 153, 154
     definição de, 146, 147
   definição de, 146
   emoção da, 196
   sociais, 262
Experiência(s)
   de identificação, 101
   de pico, 266
   de satisfação de necessidades, 182, 184
   máxima, 12
   ótima, 74
   que promovem o crescimento, 265
   vicária, 148, 151
Exploração, 200
Expressão(ões)
   de motivação, 5-7
   emocionais, 5, 33, 195, 202, 226, 227
     tendências de desenvolvimento, 202
   facial das emoções, 5, 6, 196, 208, 210, 212, 216, 217
     investigações multiculturais, 215
     músculos faciais na emoção, 210, 213
     voluntárias e involuntárias, 215
Extroversão, 117-118, 170, 233, 235, 238, 261
   comportamento de aproximação, 235
   emoções positivas, 235, 236
   felicidade, 235
   inata, 235
   sensibilidade à recompensa, 235, 236
   sistema ativador do comportamento, 235

F

Fachada, 263, 268, 270
Facilitador, 272

FACS - facial action coding system, 210
Fadiga, 149
Falar em público, 6, 281
Famílias de emoções, 197, 198, 212, 221
Fantasia, 247, 255-256
Fantasia, 48
Feedback, 66, 75, 96, 106, 111, 131, 132, 135, 151, 155, 171, 179, 180, 225, 267, 279, 280, 283
   aleatório, 155
   auto-esquemas, 171, 179, 180
   corretivo, 151-152
   emoções, 133
   facial, 208, 212-216
     ativação das emoções, 212
   negativo, 48, 50, 52, 55, 117
Feedforward, 266
Feixe prosencefálico medial, 30, 33, 40, 42, 86, 253
Felicidade, 77, 168, 178, 184, 196, 212, 218, 221, 223, 224, 233, 258
   extroversão, 235
   ponto fixo, 234, 235
   quem é feliz?, 235
Feromônio, 56
Fígado, 49, 50, 52
Fisiologia, 6, 13, 15
Flexibilidade, 68, 71, 92, 97, 152, 205
Fluência, 3
Fluxo, 73-75, 263, 280, 281
   definição de, 73
   implicações práticas, 74
Fome, 4, 5, 7, 28, 45, 46, 48, 49, 51-56, 62, 68, 105, 190, 286
   ativação, 51-53
   estilo regulado cognitivamente, 54
   hipótese
     glicostática, 52, 53, 54
     lipostática, 52, 54
   influências ambientais, 53
   papel da glicose, da insulina, 51-52
   regulação fisiológica da, 51-53
   situações de restrição-liberação, 54
   teoria do set-point, 53
Formação
   de reação, 255-256, 259
   reticular, 32, 33, 35, 41
Fórnix, 34
Fracasso, 35, 41, 75, 135, 150, 152, 153, 159, 191, 192, 199-200, 269, 280, 283
   em auto-regular necessidades fisiológicas, 55, 62
   reações ao, 152, 153, 280
   significado de, 280
   sinal de inadequação, 153, 269
Frustração, 47, 75, 77, 89, 121, 130, 150, 157, 159, 192, 197, 198, 200, 223, 237, 251, 258
Funcionamento ótimo, 97
Fúria, 197, 221

G

Gânglios basais, 212, 213
Ganhadores
   na loteria, 234
   olímpicos, 217
Gentileza, 62
Gerentes (supervisores), 68, 71, 96, 99, 131, 41, 279, 11, 283
Gestos corporais, 5, 6
Giro cingulado, 34
Glândula
   pituitária, 33
   supra-renal, 240
Glicose, 49, 51-52, 162
Golfe, 69
Gordura, 52, 53, 56
   termostato da, 53
Grandes teorias da motivação, 15-20, 27
Gratidão, 194, 218, 221, 223, 224
Grelina, 28, 41, 52
Grupos
   de apoio, 119
   estigmatizados, 177
Guerra, 122, 123, 253-254, 274

H

Habilidade, 73-75, 84-85, 263, 280
   de autodefesa, 147, 151-152
Hábito, 18, 140
Head Start, 168
Hedonismo, 10, 26, 84, 86, 196, 251
Hesitação, 280
Hierarquia de necessidades, 263
   de dois níveis, 265
   humanas, 263
   pesquisas sobre, 264
Hipnose, 120, 243, 246, 249
Hipocampo, 32, 34, 35, 41, 249
Hipotálamo, 28, 30, 32, 34, 42, 49, 50, 52, 56, 209, 213, 253
Hipótese
   do *feedback* facial, 12, 208, 212-216
   glicostática, 52, 53, 54
   lipostática, 52, 54
História do comportamento pessoal, 148, 151
Holismo, 262
Homeostase, 21, 47, 48, 52, 192, 248
   definição de, 47-48
Homofobia, 247
Hormônios, 30, 33, 34, 46, 49, 50, 52, 56, 190
Hospitais, 84, 152, 156, 243, 244
Hostilidade, 197, 198, 212, 221, 236, 261
Humanismo, 246
Humilhação, 108-109, 252
Humor, 38, 204-206, 62, 249, 255-256
   benefícios do afeto positivo, 205
   como afeto positivo, 205
   como experiência diária e afetiva continuada, 204-206
   diferente da emoção, 204-206
   fontes de afeto positivo, 205

I

Id, 251, 253, 262
Identidade, 168, 169, 176-180, 181, 227, 280, 281
Identificação, 255
Idosos, 73, 80, 238, 243
Igreja, 68
Ilusão de controle, 156, 158, 160, 244
Importância percebida, 100, 163
Impressões transitórias, 178
Imprevisibilidade, 147
Impulso, 12, 17-20, 23, 26, 47, 56, 86, 192, 247
   declínio da teoria do, 19
   definição de, 47
   teoria
     de Freud, 17-18, 247
     de Hull, 18-19, 47
   variável interveniente, 48
Incentivo, 5, 13, 20, 26, 50, 85-89, 92, 98, 100, 102, 108-109, 134, 281
   definição de, 85
   diferente das conseqüências, 86
   na luta pela realização, 108-109
   negativo, 86
   positivo, 85
Inclusão social, 192, 200, 268
Incongruência, 267
Incongruidade, 129, 133
Inconsciente, 248, 258
   aprendizagem, 249
   atividades confusas do, 248
   conhecimento
     implícito, 250
     processual, 251
   conteúdo das, 250
   estudo científico do, 249, 259, 260
   fenômeno da sombra, 249
   inconsciente freudiano, 249
   inteligente ou tolo?, 249
   não-freudiano, 249, 251
   núcleo de desejos, 250
   processo
     primário, 249
     secundário, 249

psicodinâmica, 248, 249, 251-253
quente ou frio?, 249-250
Índice de Massa Corporal (IMC), 55
Informações subliminares, 250, 251
Iniciação da ação, 128
Iniciativa, 280
Instinto, 16, 23, 26, 247
de morte, 247
de vida, 247
Insulina, 49
Insulto, 248
Integração, 181, 280
Inteireza, 264
Inteligência, 62, 114-116
Intenção(ões)
de agir, 266, 284
de implementação, 128, 130, 137-140, 284
começando, 139, 140
como hábitos, 140
como planos, 139
metas e, 138, 139
simulações mentais *versus,* 137
terminando, 140
Intensidade do afeto, 262, 233, 240-241
definição de, 240
Interação
emocional, 118
seletiva, 170
social, 77, 224, 225, 226
Interesse, 24, 66, 68, 78, 84, 91, 96, 101, 114, 151, 181,
182, 184, 190, 192, 196, 198, 200, 201, 202, 203, 210,
213, 215, 242, 268, 280, 283
Internalização, 78, 89, 90, 101, 134, 181, 203, 253-254,
268, 269, 272, 274
definição de, 78, 181
Intervenções motivacionais, 283-297
Intimidade (necessidade de), 65, 84, 104, 105, 106,
117-120, 122
condições que envolvem e satisfazem, 106
definição de, 118
incentivo ativador, 106
necessidades de intimidade, 104
perfil, 118
relação com necessidade de afiliação, 118
Introversão, 235, 238, 262, 268
Inveja, 196, 198, 218
Inventário de Orientação de Metas (GOI), 271
Ira, 221
Irlanda, 178
Irritação, 212, 221, 223, 233, 236, 238

J

Japão, 178
Jornada nas Estrelas, 203, 247
Julgamentos legais, 228
Justificativa
do esforço, 175
insuficiente, 175

K

Kentucky Derby, 103

L

Lapsos de linguagem, 249
Latência, 5, 107, 109-111, 283
definição de, 6
Lazer, 74
*Learned Helplessness: A Theory for the Age of Personal
Control (Desamparo Aprendido: Uma Teoria para a
Era do Controle Pessoal),* 161
Leitura, 2
Lembranças
inacessíveis, 247
perdidas, 248
Leptina, 29, 41, 52, 56
Liberdade, 68, 85, 152, 162
para aprender, 273
para decidir, 67, 162, 273

Libido, 18, 252
Liderança, 120
Linguagem, 41, 197, 253-254
coerciva, 68, 72
Livros de auto-ajuda, 149
Lócus de causalidade percebido (LCP), 67, 80, 91, 94,
97, 184, 268, 285
definição de, 67
Luta
e dor, 266
livre, 108

M

Mãe, 179, 200, 250, 257, 258, 287
Mãos trêmulas, 149
Mapeamento por ressonância magnética funcional
(IRMf), 31
Masoquismo, 253-254
Mecanismos de defesa, 247, 254-256, 280, 281
Medições de motivação em questionários, 6
Médicos (clínicos), 9, 11, 41, 68, 70, 71, 73, 100, 134,
135, 147, 172, 227, 278, 282
Meditação, 189
Medo, 5, 33, 38, 41, 85, 106, 112-114, 118, 120, 149,
151, 157, 178, 190, 195, 196, 198, 199-200, 201, 204,
214, 215, 224, 236, 252, 258, 271, 280, 281
da rejeição, 117-118, 120
de falar em público, 281
do fracasso, 109, 112-114, 271, 280
Memória implícita, 249
Mente
consciente, 249
pré-consciente, 250
Meta (Estabelecimento de metas), 3, 4, 12, 16, 21, 22,
66, 127-144, 163, 164, 182-184, 218, 275, 279,
281, 284
aceitação da, 134
autoconcordância, 182-184, 284
comprometimento, 133
conquista da, 182-184, 284
críticas, 134
de desempenho, 112-117, 164, 280, 281
de aproximação-desempenho, 112-117, 280, 281
de evitação-desempenho, 112-114
de domínio (aprendizagem), 112-117, 164, 280, 281
de longo prazo, 135, 284
de realização, 98, 108, 111-117, 280, 281
de abordagem do desempenho, 112-114
de desempenho, 112-117, 164, 280, 281
de domínio (aprendizagem), 112-117, 164,
279, 281
de evitação-desempenho, 112-114
teorias implícitas, 114-116
desempenho, 131-133
dificuldade e especificidade, 132, 138, 280
esperança, 163, 164
estrutura cognitiva complexa, 136
feedback, 131
intenção de implementação e, 137-140, 284
motivação intrínseca, 135
orientada para o futuro, 274
proximidade, 135
selves possíveis, 171-173
Metabolismo, 53, 56, 240
Metanecessidades, 264
Método de amostragem de experiências, 233
Métrica facial, 57-66
Militares, 67, 175, 244, 265, 282
Mímica, 225
Miniteorias da motivação, 20-27
Modelo(s)
da dinâmica de ação, 12, 108, 109
do papel, 279
especialistas, 151-152
TOTE, 128-131
Modo de relacionamento. *Veja também* Relações, 3, 47,
65, 66, 77-81, 105, 136, 181, 200, 249, 257, 258,
259, 273
autonomia e, 273
condições que envolvem e satisfazem, 77-81
definição de, 77

internalização e, 78, 181
relações de comunhão versus relações de troca, 78
Monoamina oxidase (MAO), 239
Montanhistas, 73
Morte, 248
Motivação
cognitiva, 24
como constructo unitário, 9
como disciplina científica, 23-26
compreendendo e aplicando a, 278, 279, 280, 283
corretiva, 129-130
da evitação, 10, 37, 106, 107, 110, 114, 147, 148,
151-152, 196, 204, 205, 210, 223, 235, 258, 280
metas de realização, 114
superação, 115, 147, 151-152
de aproximação, 37, 106, 109-111, 196, 201, 204,
205, 210, 235, 239, 279
de crescimento, 21, 47, 85, 120, 264
de domínio, 69, 75, 107, 152, 163, 164, 240, 241,
272, 279, 280, 281
definição de, 152
esperança e, 163, 164
de incentivo (*K*), 19
de "que tipo?", 9
deficiência, 105, 264
definição de, 1, 4, 24
e competência, 5, 12, 21, 256, 281
explicando a, 279, 283
extrínseca, 3, 9, 68, 82-102, 164, 183, 184
benefícios da, 92
definição de, 85
motivação intrínseca e, 9, 164
problemas com, 93
regulação externa, 98
falta de, 97, 98, 281, 287
fisiológica, 24, 25
inconsciente, 41, 55, 196, 246-260
intrínseca, 3, 9, 21, 66, 68, 71, 82-102, 112, 113,
114, 134, 135, 164, 180, 181, 195, 205, 263, 270
benefícios da, 96, 97
definição de, 84
estabelecimento de metas, 135
motivação extrínseca e, 9, 84-85, 89, 90, 97,
112, 164
no desenvolvimento, 24
para a realização, 12, 21, 269, 279, 285, 286
por deficiência, 21, 47, 65, 119
prevendo a, 279, 283
"quanto?", 9
sexual, 25, 56, 61, 62
social, 24
tipos de, 65
Motivar
a si próprio, 279
os outros, 101, 280, 281
Motivation and Emotion, 21
Motivos
condicionados, 20
definição de, 4
envolvimento e satisfação, 200, 201
para evitar o fracasso, 109, 113, 114
para se aproximar do sucesso, 108, 111, 113, 114
Mouse da emoção, 210
Movimento
pelos direitos civis, 199
sufragista feminino, 199
Musculatura facial, 213
Música (músicos), 79, 80, 84, 150, 178, 218, 239,
264, 282

N

Narcisismo, 160, 247
Natação, 149
Natureza
ativa da pessoa, 21, 26
humana, 10, 247, 273, 274, 275
Necessidade(s), 4, 13, 20, 24, 45-81, 84, 103-124, 192,
269, 280
adquiridas, 104-106
de afiliação, 104
de crescimento, 264, 271, 280

354 Índice

de estima, 264
de pertencimento, 4, 25, 264
definição de, 4, 46, 104
fisiológicas, 45-63, 65, 84, 105, 263
  definição de, 105
  fracasso na auto-regulação, 62
  inputs múltiplos/outputs múltiplos, 48
por deficiência, 105, 264, 271
psicológicas, 46, 64-81, 84, 94, 137, 182-184
  definição das, 105
  envolvimento e satisfação das necessidades, 65, 81, 84
  esforços pessoais, 137
  metas autoconcordantes, 182-184
  organísmicas, 65-67, 181
regulação de, 47-49
sociais, 46, 65, 103-124
  antecedentes na criação de filhos, 105
  ativando potenciais emocionais e comportamentais, 105, 106
universal, 20
Negação, 254, 255
Nervo
  facial, 212, 213
  trigêmeo, 213
Neuroticismo, 114, 233, 235, 236
  comportamento de evitação, 236
  emoções negativas, 235, 236
  sensibilidade à punição, 236
  sistema de inibição comportamental, 235, 236
  sofrimento, 235, 236
Neurotransmissores, 30, 42
Neutralidade afetiva, 227
Nível ótimo de excitação, 20, 236, 238
Norepinefrina, 38, 161, 205
Notas escolares, 83, 84, 87, 91, 94, 113, 159, 278
Nova Guiné, 215
Nova Zelândia, 269
Novas informações, 175
Noviça Rebelde, A, 265
Novidade, 35, 41, 200
Nucleus accumbens, 39
Nutrientes psicológicos, 71, 80, 81, 183

O

Obesidade, 22, 52, 55, 286, 287
  conseqüências para a saúde, 55
  definição de, 55
  epidemia global, 55, 56
Objetivismo, 262
Obsessão, 252, 258
Obstáculos, 149, 151, 163, 164, 201, 279
Ódio, 190, 212, 223, 248, 275
Ofertas do ambiente, 66
Ônus e vulnerabilidades emocionais, 247
Ordem, 90, 280
Orexinas, 52
Orgulho, 107, 108, 111, 194, 216, 218, 220, 221, 223, 224
Orientação(ões)
  de realização futura, 109
  internas, 262, 268, 269, 270, 276
  sexual, 60, 61
Origens
  e peões, 67, 285
  filosóficas dos conceitos motivacionais, 14
Originalidade, 263
Otimismo, 151, 161, 200, 204, 215, 221, 243, 263, 274, 275, 283
  aprendido, 275
  benefícios do, 275

P

Pacientes, 11, 41, 68, 70, 71, 84, 227, 238, 249, 282, 283
Padrão(ões)
  de auto-regulação fisiológica, 62
  de comportamento do tipo A, 241
  de desempenho, 133
  de excelência, 104, 106, 107, 108, 109, 111, 131, 142, 269, 179

de motivo de liderança, 122
explícitos, 107
faca de dois gumes, 107, 108, 269
inclinação para o orgulho e inclinação para a vergonha, 108
realistas, 107
Pais, 11, 41, 67, 70, 71, 88, 89, 99, 149, 200, 224, 226, 251, 262, 267, 268, 269, 271, 276, 282, 287
Paixão
  de aprender, 262
  pelo trabalho, 263
Paladar (sabor), 50, 53, 286
Pânico, 196
Papel, 66, 177, 197, 273
Paradigma (mudança de paradigma), 23
Pára-quedismo, 175, 196, 239, 279
Participação
  política, 98
  verbal, 79, 80
Parto, 77
Passividade, 157, 160, 163, 243, 279, 281, 282
Patologia. *Veja* Psicopatologia
Pavor, 218
Pena. *Veja* Piedade
Pensamento
  atuante, 163, 164
  budista, 189
  negativo, 147, 152
Percepção
  de controle, definição de, 241
  do progresso, 75, 76, 96, 114, 137, 190
Perda de peso (controle do peso), 28, 45, 52, 55, 98, 127, 128, 131, 132, 270, 286, 287
Perfeccionismo, 269, 271
Perfis APA, 177-180
Perseverança, 263
Persistência, 5, 79, 80, 96, 107, 110, 114, 128, 129, 132, 135, 139, 150, 205, 206, 242, 271, 283
  definição de, 6
Personalidade, 113, 114, 115, 247, 248
  colapso da, 247
  excitante, 62
  malévola, 272, 274
    desenvolvimento de, 273
Perspectiva
  cognitiva da motivação, 25
  comportamental da motivação, 25
  psicanalítica do estudo da motivação, 25, 246-260
    críticas da, 259, 260
    premissa fundamental da, 249
    teoria do instinto dual, 247
    tom determinista, 246
    tom pessimista, 246
Persuasão verbal, 149, 150, 151
Pesquisas aplicadas à relevância social, 22, 26
Pessimismo, 151, 157, 200, 247, 280, 283
Pessoa plenamente funcional, 181, 268, 275, 280
Piada maldosa, 248
Piedade, 221, 223, 224
Pintura, 72, 129, 255-256
Planejamento estratégico, 132, 135, 139, 151
Plano, 4, 21, 128-131, 139
  intenções de implementação, 139
  modelo TOTE, 128-131
  motivação corretiva, 129-130
Poder, 65, 104-106, 120-123
  agressão, 121
  antecedentes da educação infantil, 105
  condições que envolvem e satisfazem, 106
  definição de, 120
  eficiência presidencial, 122
  incentivo de ativação, 106
  liderança, 120
  necessidades pelo, 104
  ocupações influentes, 105, 121
  pertences de prestígio, 122
Poderoso Chefão, O, 78
Política, 106, 147, 170, 177, 282
Pontos
  de participação, 83
  fortes
    do ego, 255-256
    humanos, 263

Positivismo lógico, 262
Pôsteres inspiradores, 149, 284, 285
Postura, 88, 226
Potencial, 263, 267, 270
  excitatório (E), 18
Prática, 280
Prazer, 33, 35, 38, 41, 42, 65, 72, 73, 75, 77, 78, 80, 81, 96, 114, 196, 204, 205, 247, 251, 256, 269, 283, 286
  sexual, 247
Preconceito, 248, 274, 275
Preferências, 66, 68, 181, 182, 262, 267, 276, 280, 281
Prêmios, 84, 87, 91, 94
Preocupação, 73-74, 212, 280
Prescrições, 66, 78
Pressão, 68, 72, 96, 105, 135, 183, 254, 262, 269, 273
Presunção, 212
Primeira Guerra Mundial, 123
Princípio
  da realidade, 251
  de criatividade da motivação intrínseca, 96
  do prazer, 251
Prioridades, 262
  culturais, 262
Privação
  de ar, 191
  sensorial, 237
Probabilidade de resposta, 5, 6
Problemas volitivos, 139, 251
Problems in Schools Questionnaire, 69
Processamento ativo da informação, 70, 97
Processo organísmico de avaliação, 267, 273, 275
Procrastinação, 107, 110, 279, 280
Professores, 11, 41, 68, 69, 72, 78, 84, 100, 111, 113, 121, 149, 152, 178, 267, 270, 272, 279, 280, 282, 285, 286
Proficiência, 150, 282
Programa(s)
  de fidelidade (milhas de vôo), 83, 92
  de incentivo, 83, 92
  de modelagem de domínio, 152
Progresso em direção a metas, 191, 199-200, 204, 205
Projeção, 255-256
Promessas de Ano Novo, 139
Propaganda na Internet, 149
Proporção cintura-quadris (PCQ), 58
Propósito na vida, 166, 167, 168, 275
Propriedades do ego, 253-254, 256
Proscrições, 66, 78
Psicodinâmica, 12, 15, 247, 248, 251-253
  conceito central, 252
  contemporânea, 248
  definição de, 251
Psicofisiologia, 6
Psicologia
  da Gestalt, 262
  do ego, 253-257
  positiva, 263, 274-276
    saúde mental, 274-276
    tema, 263
Psicólogos educacionais, 112
Psicopatologia, 248, 255-256, 257, 264, 269, 274
Psicoterapia, 264
Psiquiatra, 246
Punição, 35, 88-89, 110, 121
  física, 89
  funciona?, a, 89
Punidores, 84
  definição de, 88-89

Q

Qualidade do pensamento e da tomada de decisão, 151
Quase-necessidades, 104
  definição de, 105
  origens das, 104
Questionário
  de metas de realizações, 113
  de Personalidade de Eysenck (EPQ-R), 236
Questões permanentes no estudo da motivação
  como posso motivar os outros?, 9, 41, 102, 280, 281
  como posso motivar-me?, 9, 41, 279
  o que causa o comportamento?, 2, 21

Índice **355**

o que dá qualidade ao nosso dia, 79
o que seria possível?, 263, 274
por que fazemos o que fazemos?, 11
por que o comportamento varia de intensidade?, 3, 22, 27
por que se comportar?, 26
por que tentar?, 157
qual é a relação entre cognição e emoção?, 20

R

Raciocínio, 78, 99-101, 134
    definição de, 100
Racionalização, 249, 254
Raiva, 34, 89, 157, 167, 178, 190, 192, 195, 196, 197, 198, 201, 203, 204, 209, 210, 214, 215, 218, 220, 221, 236, 238, 243, 246, 247, 248, 249, 258, 280, 283
    nuanças da, 221, 223
Reality shows da televisão, 175
Realização
    acadêmica, 72, 98, 99, 244, 275, 280, 284-286
    necessidade de, 65, 106-117, 123, 280
        antecedentes na criação das crianças, 105, 107
        aproximação *versus* evitação, 108, 112
        condições que envolvem e satisfazem, 105, 106
        definição de, 106
        dilema sobre correr riscos, 109, 111
        emoções e, 107, 111
        empreendedorismo, 105, 106, 111
        inclinação para o orgulho e inclinação para a vergonha, 108
        influências
            cognitivas, 107
            da socialização, 107
            do desenvolvimento, 106, 107
        modelo
            da dinâmica de ação, 108, 109
            de Atkinson, 108-109, 113, 114
        ocupações inerentes de realização, 106
        orientação futura e, 109
        padrões de excelência, 104, 106, 107
        tendência
            a evitar o fracasso, 109
            a se aproximar do sucesso, 108
        pensamentos relacionados à, 3, 104, 113, 116, 281
Reatância, 12, 21, 160, 162, 281, 287
    desamparo e, 160, 162
Reciclagem, 98, 99
Reciprocidade, 78
Recompensa(s)
    esperadas e recompensas tangíveis, 91
    extrínseca(s), 11, 38, 41, 84, 91-93, 101, 109, 121, 279, 282, 287
        benefícios das, 92
        biologia das, 39
        esperadas, 91, 92, 279
        extrínsecas, 101
        inesperadas, 39, 41, 91
        propósito das, 93-97
        sacarina, 19
Recursos motivacionais internos, 69, 84, 281
Reforço(s), 86
    definição de, 86
    negativos, 87
    positivos, 87
Regressão, 255
Regulação
    da temperatura, 48, 52, 66
    extrínseca, 270
    identificada, 99, 101, 268, 270
    integrada, 99
    introjetada, 3, 99, 105, 182, 184, 246, 270, 276
Rejeição, 150, 160, 199-200, 201, 268
Relação(ões), 78, 106, 118, 120, 121, 177, 225, 248, 265, 269, 272, 280, 283, 287
    aceitação, 272
    alta qualidade, 280
    calorosas e seguras, 106, 118, 119, 265, 269, 272
    capacidade de autodeterminação, 272
    construtiva, 287
    de apoio, 66
    de comunhão, 78, 79

emoções e, 225
empatia, 272
faca de dois gumes, 283
genuinidade, 272
interpessoais positivas, 166, 167, 169
motivação de poder e, 120
problemáticas, 248
troca, 78
Religião, 270
Remorso, 179, 227
Remote Associate Test (RAT), 206
Representações mentais de relações, 257-259
Repressão, 247, 251
Repugnância, 178, 190, 192, 196, 198, 199, 200, 201, 202, 209, 210, 212, 213, 215, 218, 223, 225
Resiliência, 274
Resolução de problemas, 151
Responsabilidade, 263
    pessoal
        pela aprendizagem, 273
        por resultados, 106, 107, 111, 265
Ressentimento, 197, 281
Restrição-liberação, 54
Resultados incontroláveis, 153-162, 279
Retardamento da gratificação, 16, 251
Retenção, 71
Revolução cognitiva, 21, 26
Rir, 178
Risco, comportamento de, 237, 239, 279
Rivalidade, 248
Roma, 258
Roteiros sexuais, 58, 60
Ruído, 86, 87, 88, 155, 159, 160

S

Sabedoria, 263
Sadismo, 247
Salários, 84, 87
Salas de aula, 116, 156, 272
Satisfação, 77, 85, 96, 111, 113, 133, 182-184, 192, 197, 256, 263, 269, 278
Saudades de casa, 212
Saúde, 22, 238, 243, 262, 268, 272, 274, 286
Sede, 4, 47, 49-51, 65, 105
    ativação, 49
    hipotálamo e fígado, 50
    influências ambientais, 50
    modelo da dupla exaustão, 49
    osmométrica, 49
    paladar, 50
    regulação fisiológica da, 49
    saciedade, 50
    volumétrica, 49
Seekers, 175
Segredos, 252
    da mente, 247
Segurança e necessidades de proteção, 264
Self, 172-173
    assertividade, 150
    autêntico, 77
    autodifamação, 153
    auto-engrandecimento, 273
    autovalorização, 71
    como ação e desenvolvimento interno, 181-184
    consistente, 170
    esperado, 172-173
    ideal, 172-173, 252, 262
    instrução, 149
    integrado, 184
    melhora do, 179
    presente, 172-173
    surgimento, 77, 266
    três problemas do, 167
    verdadeiro, 77, 182
    verificação, 171
    visão
        forte do, 152
        frágil do, 152-153
Self-Efficacy: The Exercise of Control (Auto-Eficácia: O Exercício do Controle), 161
Selves possíveis, 3, 128, 171-173, 181, 203, 279

definição de, 171-172
Sensibilidade
    à punição, 236
    à recompensa, 235
Senso
    de estar vivo, 264
    de obrigação, 182-183
Sentido de posse, 184
Sentimentalidade, 220
Sentimentalismo, 276
Sentimentos, 178, 179, 190, 195, 201, 202, 204-206, 215, 217, 276
    a via régia para o self verdadeiro, 276
    conflitantes, 249, 258, 262, 268
Sentir-se bem. *Veja* Afeto positivo
Separação (perda), 40-41, 118, 191, 200, 225, 279
Septo, 253
Serotonina, 38, 205, 239, 286
Sexo, 32, 35, 39, 56-62, 65, 105, 192, 193, 239, 247, 253-254, 257
    androgênios e estrogênios, 56
    ciclo trifásico de resposta sexual, 56, 58
    emoções e, 191, 193
    estratégias de acasalamento, 61, 62
    métrica facial, 57-66
    modelo baseado na intimidade, 57
    operações evolucionistas, 61
    psicanálise no, 247
    regulação fisiológica do, 56-57
Significado, 264, 274
Simpatia, 203
Simpósio sobre motivação na Universidade de Nebraska, 25
Simulações mentais, 128, 137
Sinais e símbolos de auto-apresentação, 170
Sistema
    de Ativação Comportamental - SAC (Behavioral Activating System - BAS), 37, 196, 211, 235
    de Inibição Comportamental - SIC (Behavioral Inhibition System - BIS), 37, 196, 211, 235
    de luta-ou-fuga, 33, 196, 198, 209, 210, 240
    endócrino, 33, 49, 209, 217
    límbico, 30, 32, 34, 35, 41, 196, 208, 212, 213, 217, 253
    nervoso autônomo (SNA), 33, 190, 198, 209, 217, 218, 236
    parassimpático, 33
    pituitário-adrenocortical, 240
    simpático, 33, 35
    suprar e medular, 240
Sobre a Alma (Aristóteles), 262
Sociabilidade, 35
Socialização emocional, 226
Sofrimento, 221, 233, 235, 236
    neuroticismo e, 235, 236
Solidão, 77, 78, 114, 118, 258
Sonho(s)
    americano, 66, 262
    e análise de sonhos, 247, 249, 261-277
        conteúdo latente e conteúdo manifesto, 250
        função dos, 250
Sorrir, 76, 86, 119, 193, 200, 202, 212, 268
Sublimação, 249, 250
Sucesso, 108, 113, 194, 199-200
    fácil, 75
Sugestão
    hipnótica, 246, 250
    pós-hipnótica, 246
Suicídio, 247, 269, 274
Surpresa, 196, 201, 210, 212, 221, 222

T

Tabagismo, 114, 239, 252, 280
Tálamo, 34, 253
Talento, 263, 267, 283
Tanatos, 247, 250
Tarefas fundamentais da vida, 193, 201
Tédio, 73-74, 101, 105, 204
Televisão, 73, 74, 97, 239
Temas essenciais no estudo da motivação, 4, 10, 24
    a motivação beneficia a adaptação, 7

356 Índice

a motivação inclui tanto a tendência à aproximação como a tendência à evitação, 7, 9

a motivação não pode ser separada do contexto social em que está inserida, 40-41

as forças do motivo variam com o tempo e influem no fluxo do comportamento, 7, 8

é preciso haver situações favoráveis para que a motivação floresça, 7, 10

existem tipos de motivação, 7, 9

não há nada tão prático como uma boa teoria, 7, 11

nem sempre temos consciência da base motivacional de nosso comportamento, 41

o estudo da motivação revela o que as pessoas querem, 7, 10

os motivos direcionam a atenção, 7

Temperamento, 262

Temperatura, 41, 52

cerebral, 212-213

emoções positivas e negativas, 212-213

respiração, 212-213

facial, 212

Tendência

atualizante, 265, 271, 272, 273, 276

apoio dos relacionamentos, 271, 272

impacto forte da vida, 267

de evitar o fracasso (Taf), 109

de se aproximar do sucesso (Ts), 108

Tênis, 65, 128, 141

Tensão, 47, 73, 118, 147, 149, 234, 250

Tentação, 16

Teoria(s), 11, 13, 279

atribucional da motivação da realização, 21

cognitiva-motivacional-relacional da emoção, 219

da autodeterminação, 97-99, 182, 269, 284

da autopercepção, 176

da avaliação cognitiva, 12, 93-97

e competição, 96

e elogio, 96

proposições da, 94

da dissonância cognitiva, 12, 21, 128, 173-176, 178

analogia da dor, 176

fontes de, 174-175

processos motivacionais, 175

teoria da autopercepção, 176

da emoção de James-Lange, 209

da expectativa × valor, 12, 21

das relações objetais, 249, 257-259

representações mentais alheias, 257, 258

de existência, 114-116, 280

dilema motivacional para, 117

definição da, 11

diferencial das emoções, 12, 212

postulados, 211

do controle do afeto, 177-180

energia e direção, 179

princípio de controle do afeto, 178

do fluxo, 21

do instinto dual, 247

do mal, 15, 273

definição, 273

do ponto fixo

felicidade, 234, 235

infelicidade, 235

do processo oposto, 3, 12, 196

do set-point, 53

dos impulsos de Hull, 18-19, 47

implícitas, 114-116

metas de realização, 114-116

significado do esforço, 117

incrementais, 114-116, 280

utilidade da, 279

Terapeuta, 71, 149, 152, 180, 246, 248, 272, 282

Terapia, 10, 179, 180, 272

de reposição de androgênios, 56

humanista, 272

Terríveis dois anos, 203

Terror, 192

Terroristas, 274

Testes (e aplicação de testes), 106, 111, 131, 132, 147, 151, 223, 236, 280

projetivos, 249

Testosterona, 56

The Expression of Emotions in Man and Animals, 201

The Little Engine That Could, 107

The Psychology of Hope: You Can Get There From Here (A Psicologia da Esperança: Você Pode Chegar Aonde Quiser), 161

Tipologias, 234

Tipos

de motivação, 9

extrínseca, regulação, 85, 98-99, 102

externa, 98, 100

identificada, 99, 101

integrada, 99

introjetada, 99

de público, 280, 281

"Tirania do dever", 99

Tocar piano, 84, 136, 280, 281

Tolerância, 263

ao erro. *Veja* Tolerância ao fracasso

ao fracasso, 75

Trabalhador, 41, 68, 71, 96, 99, 131, 279, 282

Trabalho, 10, 21, 24, 74, 75, 84, 90, 107, 111, 113, 116, 134, 156, 178, 224, 242, 264, 282, 284

Transtorno(s)

alimentares, 269

de estresse pós-traumático, 256

Treinador, 11, 41, 68, 70, 71, 132, 133, 149, 151, 152, 179, 242, 267, 283

Treinamento de recrutas, 175

Tristeza, 78, 178, 189, 191, 196, 198, 199, 203, 208, 209, 210, 213, 218, 221, 223, 225, 258

nuanças da, 221

Troféu, 84, 87, 91

Tronco encefálico, 217

U

Upward Bound, 168

Urgência, 105

Urso branco, 252

Uso

de drogas, 121, 239

do fio dental, 70

V

Valor, 3, 66, 68, 70, 78, 113, 128, 267, 270, 274, 275

pessoal, 270

Valorizando as realizações, 107, 113

Variável interveniente, 48

Verdade, 264

Vergonha, 108, 109, 196, 203, 212, 221

Viagens, 107, 239

Vínculo (estilos), 272

sociais, 77, 78

Vingança, 221, 248

Violência, 41, 198, 262, 273

Visão do futuro, 263

Vitalidade, 78, 81, 97, 283

Vítimas de lesões, 234

Vivacidade, 62

Volição, 67, 247, 251, 268

Vontade, 15, 23, 26, 251

contravontade, 251

Vulcanos, 203

Vulnerabilidade do ego, 254

W

Way of Being, A, 275

X

Xadrez, 67, 73

Z

Zeitgeist, 21

Zonegran, 286